《满族民间故事·辽东卷》工作委员会

顾　问/乌丙安　江　帆

主　任/洪兆惠

副主任/武　斌

成　员/孟庆宇　金文莲　康喜鹏

景殿龙　乔小伟　李笑娟

《满族民间故事·辽东卷》编辑委员会

主　编/夏　秋

副主编/石少涛　詹　娜　隋　丽

编　委/韩雪峰　刘益令　王庆福

孙金瑛　高振民　靳宏琴

满族民间故事·辽东卷

夏秋 主编

上卷

辽宁民族出版社

© 夏秋 2010

图书在版编目（CIP）数据

满族民间故事. 辽东卷 / 夏秋主编. —沈阳：辽宁民族出版社，2010. 12

ISBN 978-7-5497-0069-1

Ⅰ. ①满… Ⅱ. ①夏… Ⅲ. ①满族—民间故事—作品集—辽宁省 Ⅳ. ①I277.3

中国版本图书馆CIP数据核字（2010）第253872号

出版发行者：辽宁民族出版社
地　　址：沈阳市和平区十一纬路25号　邮编：110003
印 刷 者：沈阳市北陵印刷厂有限公司
幅面尺寸：170mm×240mm
印　　张：88¾
字　　数：1200千字
插　　页：8
出版时间：2010年12月第1版
印刷时间：2010年12月第1次印刷
责任编辑：吕　怡
封面设计：杜　江
责任校对：姚飞天　洪　松　侯俊华

标准书号：ISBN 978-7-5497-0069-1
定　　价：185.00元

联系电话：024-23284336　　邮购热线：024-23284335
http://www.lnmzcbs.com

如有印装质量问题，请与承印厂调换

新宾永陵

沈阳昭陵（陈德志/摄）

沈阳故宫（孙丕任/摄）

满族万字炕（许魁武/摄）

满族房舍烟囱出在地面上（高贵山/摄）

满族农家场院（吴广君/摄）

满族悠车（吴广君/摄）

本溪满族人家过年时穿上民族服装（孟庆贺/摄）

辽东满族猎户（牟心海/摄）

春节时满族人家门楣上的挂笺（王光/摄）

辽东满族农舍（郑永吉/摄）

满族火锅（张淑媛/摄）

满族祭祖唱
《萨满神歌·使唤刀》
(赵同印/摄)

祭海龙王（胡蓉/摄）

满族过年祭祖（晁啸/摄）

满、汉风俗歌《跳虎神》(明辉/摄)

本溪满族自治县的社火（孟庆贺/摄）

满族少女服饰（许魁武/摄）

满族太平秧歌

娘娘庙祭娘娘生日（孟庆贺/摄）

满族人家小孩百天穿的阴阳裤

辽东柞蚕（赵朝勋/摄）

满族民间刺绣（马锡福/摄）

“满族民间故事”项目普查培训班（张伟/摄）

到本溪清河城拜访民间故事家（詹娜/摄）

在本溪泥塔村采访故事家金庆凯（夏秋/摄）

岫岩组采访故事家张文英

沈阳东陵组在采录故事家肇庆昌（曹阳/摄）

桓仁县李楠博士在采访李呈俊

金庆凯与调查组成员在乡间路上

在桓仁县白远成家采访

清原组在上大堡子采访

辽东满族民间故事的文化质素与文本张力

江 帆

满族是在素有“白山黑水”之称的我国东北地区崛起的一个民族。在数千年的社会历史进程中，满族民众一直生活在被人称为“绝域”的白山黑水，世代以渔猎、畜牧和农耕为生。

满族历史悠久，其渊源可上溯到公元前商周时的肃慎、汉至两晋时的挹娄、北魏时的勿吉、隋唐时的靺鞨、北宋至明时的女真。元末明初，女真人大致分为三大部分，在明朝记载中分别被称为“建州女真”、“海西女真”、“野人女真”。建州女真主要是南迁到吉林省和辽宁省北部、东部定居的这部分女真人。建州女真首领即是努尔哈赤，他率族人先后统一了女真各部，于1616年在赫图阿拉（今辽宁省新宾满族自治县）即汗位，国号“金”，史称“后金”。努尔哈赤在统一各部的征战过程中，创建了军政合一的八旗制度，凭着八旗劲旅，后金政权打败了明朝十多万军队的围剿，随后，又陆续建立了蒙古八旗和汉军八旗，这些蒙古族和汉族旗人后裔其后也逐渐融进了满族当中。1626年，努尔哈赤去世，其子皇太极即位。后金天聪九年十月十三日（1635年11月22日），皇太极正式宣布废除女真旧族称，定族名为“满洲”。1636年，皇太极在盛京(今沈阳)改国号为“大清”。1644年，八旗铁骑入关，彻底推翻了明朝，建立起大清帝国。清王朝成为中国

历史上最后一个，也是统治时间最长久的少数民族中央统一政权，持续了260多年。

以我国的满族人口分布来看，辽宁是我国满族人口最多的省份。据2000年统计，辽宁满族人口为538.53万，占全国满族人口的50%以上，主要分布在辽宁东部的岫岩、宽甸、凤城、本溪、桓仁、清原、新宾、抚顺、开原、铁岭、沈阳东陵区等地区。其中，岫岩、新宾、清原、本溪、桓仁、宽甸六县为满族自治县。

辽宁东部地区地处长白山余脉，俗称“东山里”。这里群峦环抱，风光旖旎，是一片自然资源富集与人文内涵深厚的热土。世代生活在辽宁东部山区的广大满族民众，不仅创造了本民族辉煌的历史，也创造了丰富多彩、蔚为大观的民间文学。由于地处“东山里”这一特殊的地理位置，历史上，当地的满、汉族群在文化建构上很少受中原礼教的束缚，有着相对于中原内地较为自由、自主的发展空间，在文化创造方面也便有了一种大俗大雅之气。莽山野水不仅滋养了辽东人健壮的体魄，也磨砺了辽东人坚韧豁达的文化品格，辽东文化除具有关东文化的一些普遍特征之外，其构形与内质还浸润了辽东山林的精神气韵，别具“这一方水土”的独特风格。

从文化发生学的角度来看，民间文学本是人们的行为和思维在其所直观感知的生活世界的一种构形，人的行为和所处的时空背景相互作用，相互阐释，从而才产生民间文学作品的意义。从辽东地区满族民间文学所展现的文化空间来看，不是以区域性的山川地理作为自然背景，就是以满族的社会历史、文化传统、岁时节令、人生仪礼以及民间信仰作为叙事的依托。因此，辽东满族民间文学作品中展现的生态景观以及生活图景便体现为一种文化的行为体系，作品所表现的空间也可以视为辽东满族社会现实生活空间的缩影。

辽宁是满族形成、崛起、壮大的地区，辽宁满族民间文学即生成于满族由渔猎转向农耕，并且与汉族文化密切接触、融合，而逐渐形成满汉杂糅的文化特征这样一个特定的历史时期。南迁至辽宁境内的满族支系，其文化既与整个满族的发展历史以及积淀形成的民族整体风貌一脉相承，又与未作南迁至今仍生活在白山黑水的满族其他支系同中有异。仅以满族民间故事来看，地处白山黑水的吉林、黑龙江两

地的满族故事，主要以表现采集、打鱼、围猎生活的作品为主；而在辽沈地区，则以表现挖参、放蚕、农耕生活的故事居多。辽宁满族民众创作与传承的口头叙事作品，不仅蕴涵着独特而深厚的文化内涵，表现出满族强烈的民族意识和尚武的民族精神，同时，也折射着辽宁满族民众对社会历史和自然生境的许多独特认识与切身感悟。

由于东北区域内各小生境之间的地理环境与资源条件不同，辽宁满族主要是清代实行屯垦戍边时从吉林、黑龙江两地调拨来的“八旗”兵民，他们定居的辽东地区处于长白山支脉上。历史上，辽东山区人烟稀少，山林草莽密布，野生动植物资源异常丰厚，这为迁徙此地的满族民众从事传统的渔猎生产以及农耕提供了得天独厚的自然条件。但是，犹如一柄双刃剑，山林的密布阻隔，也造成满族居处地的极端闭塞，这在很大程度上限制和束缚了族群的发展。辽宁满族在此地已定居十几代人，区域性小生境既维系着族群民众的生计，也给他们精神上带来许多困惑，使得他们对滋养生命的这方水土怀有深厚而又复杂的情感。例如在辽东的满族山乡，有关山门、石岭怎样才能打开，山里人怎样才能走出山外的传说，在民间流传甚广，有多种讲述文本。这些文本都以一种无形的张力，诉说着辽东山区民众在生存实践中形成的某种人生思考。在辽宁满族民间文学中，更多的作品是以一种“恋乡情结”来表述区域内民众的生态哲学的。总之，辽宁满族民间故事无论是内容题材、语言风格，还是作品映射出的性格气质、心理结构、民俗风情、审美情趣，均与族群历史与特定生境密切关联，带有鲜明的民族文化与区域文化印记。

辽东满族民间文学是栖居于此地的历代满族民众在与自然和社会的多维度对话中建构的，蕴涵着独特而深厚的文化内涵，形象地表达了辽东满族民众对这一区域的天文、地理、气象、水文、生物、无生物等自然界万物生态、习性、变化的细致观察和生存体验，折射着满族民众对辽宁区域历史和社会生境的文化认知，体现着辽宁满族民众特有的人生观念与哲学思维。这些传承至今的民间文学作品，对于与辽宁区域生境抗争的族群生存史，有近乎全景式地展演，是对族群生命意识的艺术展现与诗化歌颂。同时，也是辽宁满族民众在生存实践中积累起来的文化财富，在其日常生活中，具有独特的功能与意义。

2008年6月，在文化部公布的《第二批国家级非物质文化遗产名录》中，辽宁省申报的“满族民间故事”成功入选，被列为国家级的非物质文化遗产保护对象。

盛世爽风，终使久藏于“东山里”的满族民间故事吹沙见金，显现在世人的面前。

从广义上看，辽宁满族民间文学应该囊括区域内满族民众创造和承传的所有的口头文学样式，诸如神话、史诗、传说、故事、歌谣、谚语、谜语、俗语、说唱等等。然而，对民间文学进行诸如神话、传说、故事等体裁的划分，实乃学术界的所思所为，在辽宁满族民间，人们对神话、传说、故事这些体裁并无分类的概念，从来都是笼统地称为“故事”、“瞎话”、“古趣儿”等等。本书冠以《满族民间故事·辽东卷》，并非沿用通常意义上的“民间故事”概念，而是取其带有辽宁满族民间“地方性话语”意味的“故事”概念，即包括满族神话、传说、幻想故事、生活故事、笑话等在内。

辽东满族民间故事主要有以下类别及其特点：

神话　满族神话是借助于幻想和神化的手法，采用文学的形式表达出来的原始时代的满族先民对自然的奥秘、社会人文状况、人类本身以及人们在生产生活中的原始知识的一种积累和解答，其思想是建立在原始仿生观念、原始宗教观念和原始哲学观念的基础上的。与其他故事类别相比较，辽东满族神话作品的数量并不多，内容也比较瘠弱。这类作品为今人承载与保留了满族早期社会文化与生活的讯息。在满族先民看来，天地间的万事万物与人类一样都是有生命的，在这些自然物的背后，都有一个神在支配着，日、月、星辰、云雾、彩虹、火、水、雷、雹、雪、风、雨、石、山、河、海等，都被满族先民赋予了人格化的想象和神秘化的灵性，成为主宰自然界和人间的神灵，各种自然神祇崇拜就这样形构产生，“万物有灵论”也由此生成。对支配世间万物的神灵的由来的解释，对这些神灵事迹的说明以及幻想出来的众神的故事，构成了满族原始神话系列作品。

辽东满族神话的内容主要指向两个方面，一是解释“起源”，如宇宙的起源、自然界的起源、人类的起源，以及各种知识的起源等，这

类神话在满族神话中占有的比重较大。在辽东地区满族民间，有关始祖由来及族源的社会记忆方面，“三仙女佛库仑吞朱果”的古老神话一直被视为满族族源由来的权威版本，在民间流传甚广。这则神话作为满族族源由来的一种社会记忆，在满族社会有着极高的认同性，同时也是唯一被写入正史的解释满族族源的民间叙事。其最早的记录见于《旧满洲档》的《天聪九年档》档册中的一段文字：

> **彼布勒霍里湖有天女三人，恩库仑、哲库仑、佛库仑，前来沐浴。时有一鹊，衔来朱果一，为三女中最小者佛库仑得之，含于口中吞下，遂有身孕。生布库里雍顺，其同族即满洲部是也。**

这个仅有寥寥数句的神话，因其内涵的重要，受到满族社会的高度重视，不仅在满族族众中广为流传，在《清太祖武皇帝实录》和《满洲实录》中，均被作为开篇文字而入载。与《旧满洲档》的初始记载相比较，这一神话在辽东地区满族民间后世的流传中更为丰满与详尽，附会了更多的内容与细节，其代表性文本有《布库里雍顺》《天池缘》《罕王出世》《天鹅仙女》等。当然，在辽东满族民间，有关始祖的神话并非上述一种版本。“三仙女佛库仑吞朱果”是此中较有影响的一个类型。

另一方面，辽东满族神话从不同角度反映了满族先民的史前文化遗迹，向我们展示了一幅满族原始宗教信仰与观念的历史画卷。这种人与自然彼此不分，融为一体的古老叙事，是满族先民对人与自然关系的最初认识。尽管这种认识是一种充满幻想的，形象而生动的，甚至是很幼稚的，但就人与自然的关系是互相依存，不可分离这一点来看，还是具有现实意义的，同样发自人类对大自然的体悟，折射着远古初民素朴的生态意识，包含有一定的古朴的人生哲理。

传说 满族是一个讲究慎终追远、重视求本寻根的民族。自古以来，满族及其先民通过“说史”、“颂唱根子”以及日常生活中的“讲古”等民间叙事活动，对本民族及本民族的英雄业绩和非凡经历进行讴歌和礼赞，对族群的文化传统、道德伦理、价值取向及生存技艺、智慧、哲学等代代承传，使之铸成一种“民族文化记忆”而得到升华和延续。

辽东满族民间传说是由区域内满族民众创作的与一定的历史人

物、历史事件和地方古迹、自然风物、社会习俗有关的故事。辽东满族民间传说可分为人物传说、史事传说和地方风物习俗传说三个大类。其中，以反映满族部落时期围猎生活和部落之间的征战史事为背景而展开的王杲、努尔哈赤等为主人公的英雄传说构成了满族传说中最具特色的部分。由于满族各分支长期积淀的文化和审美惯性，以及满族刚性尚武的民族性格，决定他们视打天下的英雄要比坐天下的英雄伟大得多。这一意识使他们的集体文化心理依然顽强地维系着以创始神话、英雄创业传说为中心的故事传承体系。有关部落征战、英雄创业的传说与故事是满族民间文学作品主要的表现主题。古往今来，满族民间流传着大量有关各族群支系的创业英雄们的传说与故事，这类作品的民族特征非常突出。历史上，从阿骨打直至努尔哈赤时代，满族先民经历了频仍的部落征战，部族的统一、民族的强盛以及需要一个稳定的生息地的愿望成为整个民族的共同心理。在辽东地区满族民间，努尔哈赤即是满族尊崇的民族英雄，是民族的精神所在，有关他的传说和故事，以艺术叙事的形式书写并记录了民族的历史，寄托着民族的情感。例如，在黑龙江、吉林两地的满族神话与传说中，三仙女佛库伦吞红果后，生下的是满族始祖布库里雍顺，但在辽东地区普遍流传的满族传说中，却多讲述佛库伦吞红果后生下了王杲，王杲的后代便是老罕王努尔哈赤，表现了辽东地区满族民众受本土文化背景的影响对民族英雄的特殊崇拜和爱戴。

在辽东满族民间，有关努尔哈赤、皇太极以及乾隆皇帝的传说很多，尤以努尔哈赤的传说呈密集型分布，若将这些传说连缀起来，足以生动地展现出努尔哈赤不平凡的一生。在这类传说中，有努尔哈赤十三副铠甲起兵的壮举，也有女真内部各族系之间的激烈冲突，有金戈铁马的战争场面，也有明朝与后金的政治风雨，其中较有代表性的传说有《罕王出世》《老罕王名字的来历》《小罕子找活佛》《小罕子与半拉背》《罕王学艺》《义犬救罕王》《乌鸦救驾》《万历妈妈》《罕王脱险》《罕王战锁阳》《罕王与五副甲》《努尔哈赤智取哈达部》《努尔哈赤征服乌拉部落》《老罕王劝潞王》《老汗王登点将台》《努尔哈赤封蛇王》《罕王封树》《罕王打虎》《罕王井的来历》《罕王送酒》《罕王嫁女》《老罕王为什么葬东陵》《破不了的龙脉》等等。在这些传说中，

满族民众用他们最真实的感情，按照本民族的性格，塑造了努尔哈赤纯厚朴实、坚忍不拔、勇敢抗争和知恩重义的神勇形象，生动地表达了满族民众对这位民族英雄的敬仰和赞美。

辽东满族风物与习俗传说也大多与满族的历史人物及民族英雄有一定的关联，如《金兀术与嘎拉哈》《旗人结婚坐帐的来历》《大妃衮代做豆瓣酱》《顺治与修鞋匠》《慈禧卖荒》《满族吃背灯肉由来》《花翎顶戴的来历》《扣指来历》等。此中，与努尔哈赤有关联的满族风物与习俗传说呈密集型发布，主要有《萨尔浒地名的来历》《赫图阿拉城的来历》《索伦杆的传说》《大伙房的来历》《太子河的传说》《平顶山点将台的传说》《温泉寺的传说》《连枷的来历》《马兜铃的传说》《穿云剑和救兵草》《汤山寺的传说》《索伦杆子和影壁的来历》《烟的传说》等。这些风物与习俗传说都映射着满族民众对历史人物的情感与评价。一些传说还生动而别致地解释了满族一些古老习俗的由来，如《酸汤子的来历》《萨琪马的来历》《穿寸子鞋的由来》《太平鼓的由来》等等。

还有一些风物传说表现了处于不同生境中的满族民众对居处地生态环境及自然资源的认知与利用。以《细玉沟的传说》为例，讲述的是一个家住岫岩山沟的打柴小伙子，为人善良，热心助人。他以诚实的人品，经受住了神仙的考验，在其指点下，获悉家门口的河水里有细玉石宝贝。从此，每逢雨后，山沟里的穷人们都到河里去摸玉，这条沟也渐渐地被人称作“细玉沟”了。不难看出，这则风物传说是以艺术折光的方式反映了迁徙辽东的满族民众在对这一地区的开发过程中，对岫岩特有的矿产——岫岩玉石的发现与认知过程。

故事　辽东满族居处的特定生境中的自然条件和资源产物结构，在很大程度上决定了区域内民间故事的内容指向。辽东满族民间故事中较多地表现渔猎、挖参、养蚕、耕作等生计活动，多数故事都以此为背景展开，充满了神奇浪漫的幻想及理想主义色彩，带有鲜明的辽东地域性与民族性文化印记，许多故事都蕴涵着丰富的文化史信息。

辽东满族的幻想故事中常常嵌有某些动物、植物甚至无生物帮助人类改善生存环境的情节与母题，这是辽东满族幻想故事的主要特色。在这类故事中，帮助人类的动物、植物或无生物，多为满族民众

所居处的东北区域生境中常见的花草树木，山区、林区的飞禽走兽，以及特有的物产矿藏等。这些动物、植物或无生物，与满族民众同处在一个食物链或生态链上，与人们的生产、生活有密切的关联。满族民众不仅谙熟这些植物、动物的生长、生活习性，也与他们赖以生存的这些自然资源有着深厚的感情。满族自先民时代即有对森林、树木、动物崇拜的信仰传统，满族民间流传着形形色色的动植物信仰故事，许多都与图腾崇拜有着关联。例如，鹿聪明机敏，能辨识毒草和某种草药，同时，鹿也是很珍贵的经济动物，鹿茸、鹿皮、鹿鞭等都可入药，所以在满族民间，鹿被奉为善良的精灵，曾被视为族群的图腾加以崇拜。但一些有如鹿这类的原始动植物图腾崇拜在千载岁月的传承中，也伴随着满族社会的发展而逐渐发生了演化。在一些民间叙事中，满族民众逐渐由崇拜有神性的自然物发展到崇拜人——有显赫地位的始祖，族群始祖的形象不再是动物、植物，而是人，某些原初的动植物图腾信仰意识明显淡化了。在这类民间文学作品中，对动物的崇信虽然依旧存在，但此时人们已不再认为与这种动物之间还存在某种血缘方面的关系。随着满族社会的进化与发展，满族民众自我意识的觉醒和人的本质力量的提升，人们已逐渐从动植物图腾崇拜中摆脱出来，对其的崇信已演变为一般性的精灵崇拜。

值得提及的是，由于与关内其他区域相比较，我国东北地区的开发历史较为晚近，直到20世纪初，东北地区广袤的乡村多数还处于空旷和闭塞的状态，满目荒凉和贫穷。在满族聚居的辽东偏僻山乡，人们在生产和生活的某些方面，甚至还停留在文明前的状态。在满族乡村社会的精神生活层面，各种原始性的文化观念异常活跃。许多脍炙人口的满族民间故事，都向我们透露出这样的信息。由于辽东地处偏远，山高林密，交通闭塞，在相当长的一个历史阶段里，当地民众基本处于一种近乎原始的生存状态，人们对栖居地周边的山水等自然景物普遍怀有一种虔诚的神秘感，寄托着许多荒诞的幻梦。从一些故事来看，情节大都取材于满族传统的狩猎生计以及南迁辽沈地区后的农耕生活，带有切近现实生活的特点。但在叙事情节的推衍上，这些作品又多表现为借助某种“超人间”、超自然的神奇力量来处理人类与自然的关系，情节多是以变形、禁忌、魔术、感应、咒语、灵魂不死等

古老观念为基础构建的。可以说，满族民间故事的内容，是在一种人类与自然的多维度对话中建构的，抒发和表达的是满族民众认知与崇拜自然、渴望征服自然、改造自然的理想与愿望。正是上述观念意识，催生了辽东满族山乡广为流传的各种精怪故事，成为辽东满族故事百花园中尤具特色的艺术奇葩。追本溯源，辽东满族民间盛传各种精怪故事，主要源于满族古老的萨满教信仰传统中的动植物崇拜，以及弥漫于人类早期社会的“万物有灵”原始文化观念影响。在这类故事中，辽东满族民众依托种种离奇的想象，渲染辽东山区各种动物、植物乃至民间日常生活用品幻化成精灵，作福或作祟于人类，情节堪称光怪陆离，故事可谓百态千姿。较有代表性的作品有：《雷劈精怪》《水上吃饭的精怪》《山里的四不像》《妖精沟》《石磙子成精》《趿啦——叶噔》《猪槽子闹事》《癞蛛子精》《蚊子精》《白老鼠成精》《蝙蝠成精》《种瓜老头儿与泥鳅精》《斗蟒仙》《精灵运木头》《狐仙赠豆》《黄皮子闹事》《黄仙洞》《二杆子治黄鼠狼》《树精》等等。

在满族幻想故事中，山水虫鸟、风花雪月，以及自然界其他美好的事物，往往都和故事中的人物连在一起，相映生辉，使得自然和人类变得同样美好而富有灵性。对于帮助人类的动物、植物精灵形象，满族民众常常将它们拟人化处理，叙述起来语气十分亲切。诸如《渔郎与红姑娘》《玉石姑娘》《蝈蝈绿宝石》《火燎缎》《泪滴玉杯》《松阿里与小羊姑娘》《蛤蜊三姐妹》《放蚕姑娘》《炸干海》《天神娶小姑》《荷花棒槌》《绣花女》《猪妞》《桦树姑娘》等故事。这类故事大多构思精妙，以清新而夸张的手法表现了下层社会民众的人生理想与愿望，赞颂了反抗者的形象。一些故事突出反映了贫穷的男主人公如何巧得神妻，并在神妻的帮助下，痛快地惩治了破坏他们幸福生活的压迫者。可以说，满族的幻想故事想象丰富而绮丽，向人们展示了一个色彩斑斓、神人交融的超现实图景，充盈着浪漫主义色彩，极富民族特色。作品不仅在环境、语言外壳中体现出民族风韵，在神奇、丰富的想象间也渗透着古老社会的图腾崇拜观念，描写优美缠绵，情节迂回曲折，引人入胜。

辽东满族民间还有一些幻想故事是以自然界中的动物或其他自然物来喻征人类社会的阶级关系，表现阶级社会里的矛盾冲突与斗争，

如《黑狐精》《戴草帽的狼》《孟老道除猪妖》《弟变老虎报兄仇》《不咬人咯应人的癞蛤蟆》《斗蟒仙》《蚊子精》等。在这类故事中，吃人、害人的动物、精怪主要为黑狐精、豺狼、老虎等。这类故事在间接地反映出满族民众对区域环境的生态认知的同时，以象征的形式表达了满族民众在阶级较量与斗争中积累的经验和教训，带有明显的时代性与区域文化的特点。

生活故事在辽东满族民间中占有较大的比重。这类故事以描写满族民众的各种生活为主要内容，现实性较强，反映的生活面十分广阔，是满族民间意识、底层生活的一种形象记录，洋溢着浓郁的民族特色与地方风情，表达了满族民众的喜怒哀乐，抒发了他们对人生的种种期待和憧憬，同时，也为我们勾描出东北各地满族“小社会”的历史变迁，展演了一方水土上的民生百态及各色人等的脸谱。例如，在辽东地区满族民间流传的《石门开山》《养蚕姑娘》《地头种线麻》《高粱的故事》《碴房瓦》《蚕姑姑》《酒煞》《箍轳匠打熊瞎子》《打年纸捆子》《镜子》《赶礼的故事》等故事，便向我们讲述了随着社会的发展，辽东满族民众如何由渔猎生计向农耕生计转型，跑马圈地、围猎造田，开始了躬耕生涯。透过这些故事，我们看到，农耕生产推动了辽东地区满族手工业及其他行业的发展，满族民众种田，开矿，养蚕，织布，穿着不再以毛皮类为主，住房不再穴居而建起了屋舍，在日常交往中也开始习汉人讲究礼节，这些生活中的新气象与新风俗在上述故事中都有具体而充分的表现。与此同时，一些故事还反映了这一时期满族社会内部的诸种矛盾也在加剧，伴随着生产的较大发展，随之出现的便是资源占有者与普通贫民之间日益对立的阶级关系。诸如满人对汉人的剥削、欺压，地主对雇工的掠夺、压榨，这类矛盾日趋尖锐。与这一历史现象相呼应，在辽东地区满族民间故事中涌现出大量的类同于汉民族“长工斗地主” 型的生活故事，如《聚宝盆惩财主》《请东家吃饭》《哈里布捡银子》《绣花女》《骡子下金蛋》等等。

在辽东满族生活故事中，最有特点的是一些从现实生活基础出发，表现满族民众的人生理想与追求的故事。这些故事寄寓着满族民众的道德伦理与价值观念，具有深刻的教育意义和很高的审美价值，深受满族民众的喜爱，久传而不衰。诸如《雷打恶人》《财神和喜

神》《人为财死鸟为食亡》《妯俩救燕》《背夹子不能丢》《不行清风哪得细雨》《老二背河》《黄金与黄米饭》《巴士库与疙瘩郎》《欢喜岭》《嫁给花子的三姑娘》等等。以上述生活故事中所塑造的人物来看，尽管他（她）们职业不同，身份各异，但基本上都带有贴近现实的时空特点，都是满族民众尤其是乡间民众非常熟悉的人物，甚至就是普普通通的庄稼人。在故事中，这些人物都以各自的人生角色构成一定的关系，在一个讲者和听众都熟悉并认同的空间，展演着满族传统社会里错综复杂的家族关系、宗族关系、圈层关系以及社会关系，揭示了蕴藏在日常素朴的“生活事件”中的人性善恶美丑，传达了满族民众对此的率直品评。

总之，辽东满族民间故事多角度多侧面地展现了满族剽悍骁勇、善战崇武、质朴淳厚、诚信好客、开放包容、淡泊豁达的民族性格，反映了满族民众的思想感情和审美追求，是展示满族民族文化个性的一扇窗口。无论是极具幻想色彩的幻想故事，还是切近现实几近“白描”的生活故事，乃至谐趣盎然、喜感十足的短小笑话，穿越由此建构的辽东满族民间故事的艺术长廊，我们可以体察到辽东满族民众在这片充满神秘色彩的土地上的生存样态及精神状貌，把握到历代族众对自然生境的观察与认知，对祖先的尊敬与追念，对历史的回顾与记忆，对生活的理解与感悟，对本族同胞的认同与情感，对异族文化的接纳与包容，对生产与生活的操作与承继，对真善美的赞美与追求，对假恶丑的讽刺与抗争。一言以蔽之，辽东满族民间故事的浩浩长卷昭示了区域内满族民众对生存现实的深深关注，寄托着他们对理想人生的执著追求。

本书收录的辽宁满族民间故事以近年来在辽东地区满乡采录的作品为主，同时也收录少量20世纪80年代以来在辽宁境内发现的满族民间故事精品。

20世纪80年代初，国家有关部门决定编写《全国少数民族文学史》，辽宁省有关部门参加了《满族文学史》中民间文学部分的撰写工作，并联合吉林、黑龙江、河北三省组成“满族民间文学调查小组”，远赴黑龙江省依兰、宁安，吉林省的吉林以及辽宁新宾、岫岩、凤城

等地采录满族民间文学。几次调查共采录满族民间故事、传说、歌谣50余万字，从中精选出满族民间故事117篇，编辑出版了《满族民间故事选》一、二卷。此书被翻译成日文出版，曾在德国、前苏联、美国的民间文学研究领域获得较好的反响。之后，辽宁岫岩县文化馆的干部张其卓、董明在普查时发现了满族故事家李马氏、佟凤乙、李成明。他们用三年的时间采录了三位老人讲述的满族民间故事，其中李马氏73则、佟凤乙115则、李成明117则，出版了《满族三老人故事集》，这本故事集的出版再一次轰动了国内外学术界，曾行销到日本。

1984年，根据文化部、国家民委及中国民间文艺研究会的决定，我国开始着手编纂《中国民间故事集成》《中国歌谣集成》和《中国谚语集成》三套丛书。从1984年开始，辽宁省民间文艺家协会组织全省各级相关部门在全省开展了大规模的民间文学普查。至1987年，辽宁省各县以及部分市区累计出版县、区民间文学资料本133卷，共收录故事3716篇，约1167万字。在这次普查中，发现能讲述百则以上的故事家百余人，编印故事家专辑11部。除此前已经名驰遐迩的满族三老人故事家之外，这次普查，在辽宁境内又发现了一批优秀的满族故事家，如姜淑珍、何忠良、白清桂、关昌五、李明吉、彭永发、赵福臣、洪福来、查树元、爱新觉罗·庆凯、富察德生等。这些满族故事家，每人都能讲述百则以上的故事，他（她）们讲述的许多精彩故事，都被收录到辽宁省各级集成卷本中，此中的佼佼者如姜淑珍、何忠良等人还出版了故事专辑。这些数据表明，截至20世纪80年代，辽宁境内的满族民间文学仍属蕴藏丰厚，质量精良，而且在民间还活跃着一大批名不见经传的优秀故事家。就在2008年“满族民间故事”项目组组织的辽东满族民间故事调查中，还常常听到当地一些满族民众忆起二三十年前乡间的讲故事盛景。

古往今来，辽东地区满族民间始终盛行讲故事之风。漫漫长夜的火炕地炉边，劳作休息时的田间地头，村头大院，街首巷尾，处处可见人们兴致勃勃地聊天讲古。尤其是逢年过节或是举行婚丧嫁娶等礼俗活动时，一些人家还要请来说书、唱戏、讲大鼓书的民间艺人，使原本一片宁静的乡村立刻变得像节日一样，充满了喜气与活力，全村男女老少围聚一处，听戏、讲戏、讲故事，开心得不亦乐乎。此情此

景，在当今50岁左右及以上年龄段人的回忆当中，印象尤其深刻，因为这些人几乎都是听故事长大的。

俺们小时候就爱听故事，大下晚的，整整一屋子人，那我八爷才能讲呢，那嘴都冒沫子地讲呀。俺们这帮小孩就来地下听，那都听到几点也不困，都不回家。再么，茧摘回家了，晚上弄一屋子人扒茧，这我爷就开讲上了，那越听越精神，扒茧也不困。（满族民间故事本溪县调查组提供资料，2008）

客观地说，通过国家与地方有关部门的努力以及文化工作者的自觉行动，在20世纪80年代至90年代的十年中，辽宁地区的一些满族民间文学作品得到了较好的保存。

这次的满族民间故事普查，是作为国家级非物质文化遗产项目的民间文学普查，而对于国家级非物质文化遗产项目，国家有关部门已出台科学而又严格的保护标准：不但要求实地调查采录“活态”的民间讲述作品，还要立体地调查其传承的情境，撰写相关的研究性调查报告。“满族民间故事”项目组按照国家要求，在2008年7月，选拔出辽宁大学、沈阳师范大学的二十几名民俗学、民间文学专业硕士研究生，经过专业培训，组成六个调查组，由六位民俗学、人类学博士带队，分赴辽东地区的清原、新宾、本溪、桓仁、岫岩、凤城、沈阳东陵区等满族聚居地的乡村，在当地联络员的配合下，住在村民家中，开始了拉网式的调查工作，对当地蕴藏的满族民间故事展开了普查采录。调查组深入山乡，历时十余天，一个村一个村地寻找线索，调查、采录了200余位村民，运用现代影像设备和技术手段，采集了700余则满族民间故事。

与以往的普查不同，这一次针对“满族民间故事”的调查，深入且具有拓展性。调查的目标包括：回访、重访20年前民间文学集成普查时期发现的故事家；调查20年来因生活变化给故事文本带来的变化，诸如20世纪90年代以来，农村社会的变化，现代化媒体的普及，商业性的通俗文化给农村社会带来的冲击，近十年来农村城镇化的文化变迁，中老年人故事听众与青年人的比较，受众文化心理与审美情感上的变化，等等；拾遗补阙，重点搜寻20世纪80年代民间文学集成普查时被忽略、遗漏的讲述者以及故事；同时，注重考察辽东地区满

族文化圈形成的诸多因素：如区域内族群生境、民族经济生活形态、社会生活与精神信仰，考察辽东地区的人文、历史、民俗；尤其要特别关注民间故事的传承语境及重点传承人的生命史及口述史调查。每个调查组除采录作品外，带队的六位博士还要围绕上述内容撰写出较为详尽且带有一定研究深度的调查报告。

通过调查发现，满族民间文学消失的速度远比人们想象的还要惊人。对照20年前辽宁省能讲50则以上的故事家名单，其中大多数人都已离世了。即使一些健在者，也由于讲述故事环境的消失，多年不讲故事，讲述质量明显下降了。这次采录的满族故事家中，年龄最小的也已60多岁。本溪满族自治县泥塔村满族原住民爱新觉罗·庆凯，新宾满族自治县新宾镇的查树元等人，在20年前曾是省内驰名的"故事篓子"，现在却由于年老患病，记忆力明显减退，讲述故事已没有当年流畅了。正如桓仁满族自治县拐磨子镇的满族老一辈故事家富查德生所说："我们已经是最后一批人了，我们不在了，就没人再会讲这些故事了！"

在调查中还发现，与20世纪80年代相比较，辽东满族民间故事呈现出的满汉文化融合特点比此前更为突出，融合程度又有所发展。辽东地区是满族、汉族杂居区，满汉文化融合不可避免，既表现为满族向汉族学习先进的农耕技术，进而引发生产、生活方式上的变化；同时也表现为满族文化对汉族文化的渗透，多数汉族民众都程度不同地操习满族的生活习俗。最典型的例子便是当地"随旗占地"的汉族民众融入到了满族这一民族共同体当中，并且多数人都认可自己的满族身份。从当地的满族民间故事讲述和传承情况来看，这种满汉融合的文化特色尤为突出。例如老罕王努尔哈赤的传说，在辽东地区不分汉族还是满族，几乎村村皆有流传；再如，辽东地区很多满族故事传承人讲述的故事都带有明显的农耕文化色彩，而当地的汉族民众也都能讲述一些带有满族原生文化特色的故事。又如，除满族历史人物传说、满族风俗故事外，当地有些故事已很难确切划分出民族属性，这些故事或情节明显汉化，但语言上仍保留一定的满族特色；或讲述风格和语言上已经汉化，但情节及思想内涵却又体现满族特点。总之，这类故事在辽东满族民间随处可闻可见。

基于这一田野事实，为科学体现辽东满族民间故事流传与演变的真实样态，本书收录的故事文本既有发源于白山黑水之间、一路辗转而来的满族后裔所讲述的具有鲜明的满族原生文化特色的民间故事，也有在满汉文化融合的过程中对汉族民间故事的吸纳、选择和筛选后所形成的新的故事文本，这后一类故事虽经过满族民众对汉文化的吸收与再造，却仍包含有一定的满族文化因子，成为兼有满汉文化特色的民间故事；既收录有少量由汉族民众讲述的满族故事，这类故事大多在辽东地区广为流传，故事内容一般都包含有或多或少的满族文化要素，一些故事的传承来源也可寻溯到当地的满族民众；也收录一定数量的由满族民众讲述的在我国广为流传的汉族故事。尤其值得提及的是，本书还收录了一些满族故事家在20世纪80年代及时隔二十余年后的今天讲述的同一则故事的对比性文本，此举意在聚焦于一则故事的具体流变，实证性地诠释近几十年的社会变迁对满族民间故事的讲述者及其文本的种种冲击与影响。同时，本书还收录有少量“荤故事”，意在科学地体现满族民间故事的真实传播形态，提升本书的学术研究资料价值。

总之，通过辽东满族民间故事调查，我们深切地感受到：自20世纪80年代伊始，经济全球化和社会生活现代化汹涌大潮的冲击，数字化生活对传统生活模式的刷新，大众传媒对日常生活及文化市场的高度覆盖，使满族民间文学与我国各民族传统文化一样，面临着空前的生存危机。尤为让人感到忧虑的是：民间故事是以人为载体的，而承载着满族民间故事的众多传承人如今都年事已高，步入暮年，更有许多像“满族三老人”中的李马氏、李成明一样的著名故事家先后辞世，离开了我们。就在“满族民间故事”被列入“国家级第二批非物质文化遗产名录”不久，本溪满族自治县高官镇泥塔村一位重要的满族故事家就离世了。严峻的现实使我们强烈意识到：满族民间故事确实到了濒危的境地，“抢救”已迫在眉睫，保护已刻不容缓。正是基于这一认识，“满族民间故事”项目组是在国家保护经费没有下拨之前即采取了上述保护行动，对辽东满族民间故事进行了抢救性调查和采录，如此地争分夺秒，也才有了现在这部厚重的大书。

客观地说，是“东山里”与外界相对隔离的特殊地理环境，为辽东满族民间故事的保存与流传提供了得天独厚的条件，也使得我们在当下进行满族民间故事普查采录仍能有上述不菲的斩获。令我们欣喜的是，这次调查采录的一些满族民间故事涉及的某些历史内容有的鲜为人知，有的弥补了我国北方历史文献记载之不足，这无疑是研究我国北方区域民族史、疆域史、民族关系史以及人类学、社会学和民俗学的珍贵资料。

如果将民间叙事也视为一种历史记忆，那么，作为“历史本文”的投影，辽东满族民间故事诸多情节和事件都充满了经验性和历程感，有着大量可与正史形成“互释互证”的情节。以“满族民间故事”桓仁调查组2008年采录的满族故事家富察德生讲述的《马寡妇开店》为例，这个故事就将清末至20世纪30年代时期桓仁县沙尖子镇水旱码头的繁华景象以口述史的方式予以了“建档”和“存档”：

马寡妇丈夫当兵，在战场上死了，再也没有回来。她还有个小叔子，俩人开店干活。干活时马寡妇就想怎么能让走马帮的、运船的来住店，挣钱呢？那时候不兴蹦蹦戏（二人转，笔者注）嘛，里面全是下流话，女的唱上庄男的唱下庄。她小叔子才十六七岁，马寡妇就问他：“能不能唱下庄？”他小叔子就说：“我能。”唱来唱去，这小叔子就和他嫂子好了。既然她和他小叔子都这样了，马寡妇就干脆在桓仁到丹东之间的水旱码头开了个店，这样走马帮的、赶车路过的、上船下船的就都能在这店里住。

沙尖子这个水旱码头是在1880年到1931年这50年间形成的，旱路从桓仁到通化、到新宾，还有到本溪的。水路就从这个码头运到丹东，从浑江到鸭绿江，每年往外卖大豆，几千到几万石。

当时那个水旱码头可热闹了，各行各业都涉及，五行八作，干什么的都有：饭店、旅店、铁匠工、木匠铺、水运、药铺等，说是八作指各个作坊，其实不止八种。以前沙尖子叫“热闹盖”，说书的、唱蹦子的、看着蹦蹦戏玩着女人的，可热闹了，从南江沿儿到沙尖子这一段，人家都叫“桓仁小上海”。有的船从安东（今丹东，作者注）过来，还有从上海过来的，水运之后把粮食变成钱，把钱换成百货再拉回来，就拉一些棉布、鞋帽、盐，还有日用品什么的。桓仁县以前用

泥盆，因为不能生产铁铝，但是现在已经很少有人用了。

小日本占领中国以后，修拉古哨水电站，把水截断，这船才下不去了，这条路也就断了……（满族民间故事桓仁县调查组提供资料，2008）

对于桓仁县沙尖子镇当年的繁华、热闹景象，1996年版的《桓仁县志》也有类似记载：

清末、民国前期，沙尖子曾是桓仁仅次于县城的第二商业大镇。30年代前，境内交通运输主要靠浑江水运。沙尖子位于浑江下游北岸，地理位置决定其成为县内小水旱码头。县内及通化、新宾的部分粮谷，都在冬季集运此地，春季冰雪消融后装船运往安东，再从安东运回日用工业品。民国初期，为沙尖子街的全盛时期，街道两旁遍布商户。东北沦陷初期，民国24年，沙尖子街仍有各类工商业户104户，从业人员及其家属共933人，全街居民达8835人，是县内当时农商交易的重要集镇。

诚如调查所见，对于这一段属于桓仁县的历史记忆，民众的记忆与官方的文字达成了统一。桓仁县沙尖子镇的水旱码头在历史上确实存在过，而且在辽东地区的经济发展和对外交流当中发挥了不可忽视的作用。但这则故事所传达的信息显然要比正史更为丰富和真切，如战争给人们生活带来的影响，满族兄死小叔可娶嫂的风俗，对“热闹盖”“五行八作”的具体解释，对“桓仁小上海”繁华景象的描述，对历史上桓仁由于自然生境的原因而缺少食盐所进行的交换贸易等。口承叙事可谓更形象地勾描出其时桓仁沙尖子镇的经贸繁盛程度，并将当地民众的日常生活场景呈现在我们眼前，真实而生动，具有很高的文化史价值。辽东满族民间故事为我们展示了千年或百年间无复可见的历史画卷，提供了各个时期活生生的人文景观，对于明王朝与满族先民女真人的交往，其时辽沈地区马市的交易内幕，满族及其先民女真人各部落之间的争锋角逐，努尔哈赤创建八旗与对女真诸部的分化、流徙、恩威手段等等，都有所涉及或折光式描述。此外，一些故事还以生动的细节表现了八旗兵丁率领妻儿老小开拓辽东山域、屯垦戍边的生活。不难想象，这些故事对于辽东满族民众来说，并不是被从生活中抽离出去的“故事”，而是他们实实在在的生活，是他们安身

立命的生存背景，也是地方民众形成族群认同的依据，对民族学和其他学科研究都是弥足珍贵的。可以说，辽东满族民间故事不仅是满族文化、历史、宗教、伦理和习俗等有关生活经历和心理经验的口头艺术叙事，更是“东山里”这“一方水土”上的满族民众在特定的历史阶段内生活风貌和心路历程的真实展现，是具有独特关东韵味的“别一种口述史”，具有重要的历史价值与文化价值。通过对历史“本文”与作为民间叙事的辽东满族民间故事“文本”之间的关联的探析，可以发现历史本文怎样经由民间叙事的创作者创化为艺术叙事，以及民间叙事文本如何在与族群历史语境的互动中生成并获得意义。

辽东满族民间故事既体现出对“历史本文”的投影，又呈现着鲜明的边缘性历史记忆特点。众所周知，传统的历史书写多是宏大性叙事，至少要经过四道筛子，即：意识形态、精英意识、道德伦理、历史编纂原则。意识形态决定史书纂写的全部的价值取向；精英意识决定历史的聚焦点一定是上层精英的活动，因为在传统的史学观看来，历史变迁是由这些少数精英决定的；道德伦理规定了一些所谓难登大雅之堂的东西不可以进入历史著作；历史学编纂原则则以记事体例的方便与否，排除了大量资料，因为毕竟不是什么都可以记载到历史里面的，历史承担不了这么多，所以一定会省掉诸如日常生活、业余娱乐、私人空间的内容等等。此外，还有因写作语境而引起的历史扭曲。仅以对努尔哈赤、康熙、乾隆等留名青史的帝王的记载为例，一般正史中都是记取其光辉面和闪光点，鲜见对其性格的多侧面描摹。而民间叙事没有官方或主流社会的上述价值标准，在民间故事中，对这些历史人物的另一面往往有相对真实的呈现，使我们得以了解到一些较之正史而言相对边缘的、矛盾的，甚至相异的历史述说与情感表达。

辽东满族民间叙事是满族民众的历史记忆，是民族精神、民族智慧的艺术载体，是区域内满族社会史、民族史、家庭史的浓缩与剪影，蕴涵着博大精深的民间知识体系，并以其特殊的叙事序列，展示了这方面的知识和资料，具有极其丰厚的历史文化积淀和十分广泛的社会生活内涵。若对辽东满族民间故事中的史实性叙事序列予以剖层式文化透视，可以在一定意义上复原和再现辽东地区满族社会的文化

自然积累、发展的原生形态，构筑“复线”的区域小写历史。有助于我们摆脱宏大历史文献的束缚，发现草根社会民众被遮蔽了的历史情感和“真实的”历史活动细节，接触到多元的边缘性历史记忆，使满族民间思想与话语在以往满族文化史构建中“缺失”的现象得以匡正，为当代社会重构满族“真正意义上的历史”提供一个多元的视角，使“历史本文”原本具有的多种对话关系及多种含义得以真正呈现。

若将目光深及后世，毋庸置疑，这部书的价值与意义还远远不止于上述。当然，对此只能由后人去评说了。

2011年1月于沈阳

江帆　辽宁大学文学院教授，民俗学硕士研究生导师。主要从事东北区域民族与文化、生态人类学与民俗学、民间文学研究。

凡 例

一、《满族民间故事·辽东卷》为国家级非物质文化遗产名录“满族民间故事”的组成部分。该书的编纂遵照文化部非物质文化遗产保护条例精神的具体规定，本着科学性、全面性、代表性的要求加以编选的。

二、本卷作品以2008年7月，组织28人分成6个采录小组，分赴桓仁、本溪、清原、岫岩、新宾、东陵满堂乡等6个满族聚集区现场采录的故事为主，同时，为比较20年来满族民间故事的变化，收录了部分20世纪80年代全国民间文学普查时采集的满族故事。全书分上、中、下三册，共计513篇，约计120万字。

三、本卷作品按照地区分为6大组成部分：桓仁满族民间故事、本溪满族民间故事、清原满族民间故事、新宾满族民间故事、岫岩满族民间故事、沈阳东陵满堂乡满族民间故事在鉴别、精选、分类、编排等诸项工作中，着力反映不同地区的不同特点。每个地区的作品又分为神话篇、传说篇、故事篇。

四、本卷收录了重点讲述人同一题材的故事20年前后的对照，在正本中我们采用（一）、（二）加以标示，（一）为新采录故事，（二）为20世纪80年代讲述的同题材故事。

五、正文中各篇作品后尾均标明该文讲述者、采录者、采录时间、采录地点等相关采录信息。

六、对满语音译词、方言、特殊用语、习俗、生僻词等本卷加以适当注释，均作页内注。

七、本卷作品（下）后附有《重要讲述人小传》《编余篇目》。其中《重要讲述人小传》所选故事家均为各地代表性优秀故事家；编余篇目所列存目119篇，为2008年采录作品，这些作品或重或不完整，没有编入卷本。

目录

桓仁满族民间故事

本溪满族民间故事

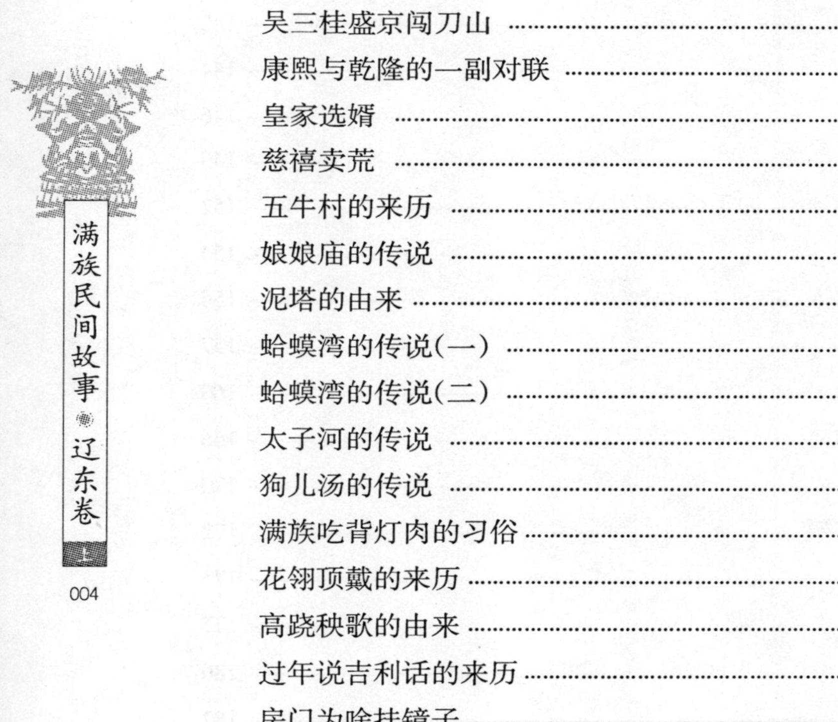

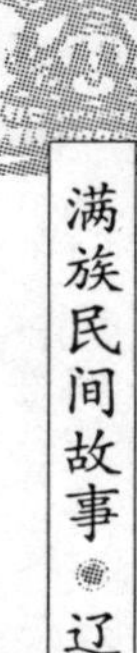

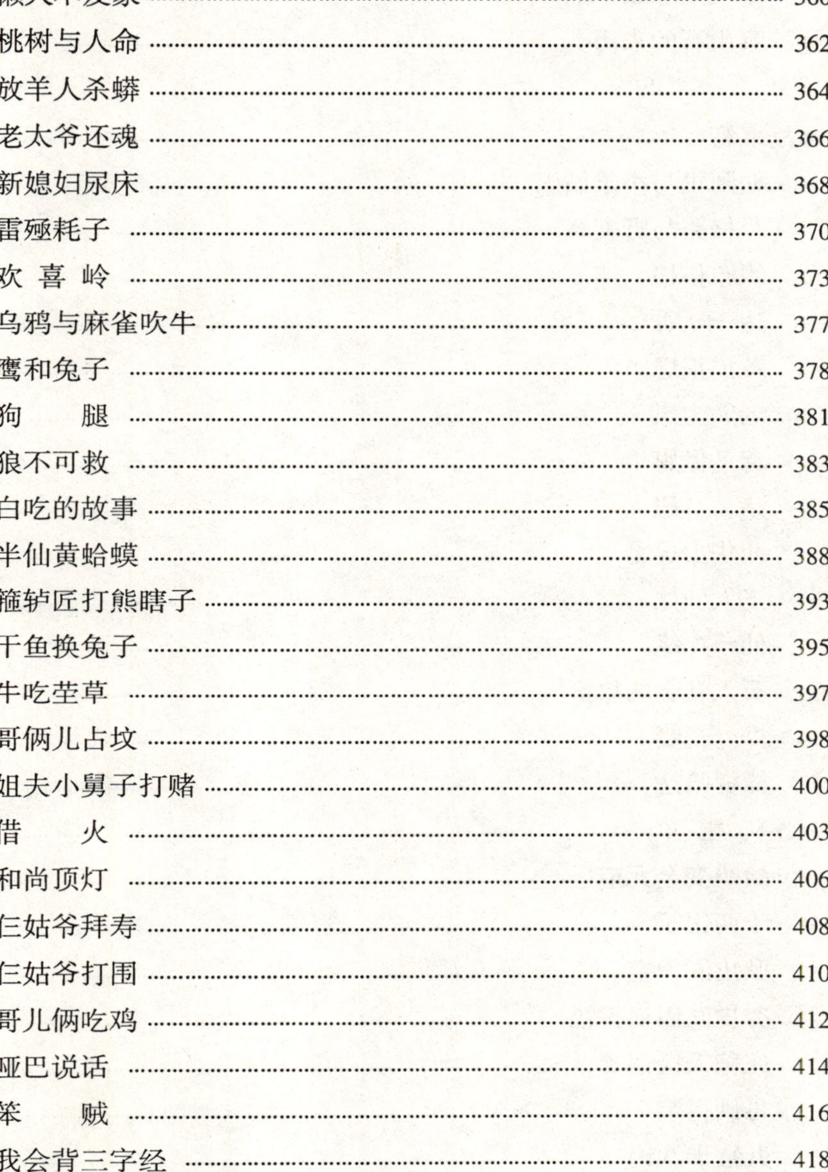

桓仁

满族民间故事

◉神话篇

额娘的由来

在很久很久以前，有这么一天，长白山上有八个猎人正在打猎，突然大地颤抖，响声如雷，雾气腾腾，天暗地旋，长白山变成一片汪洋大海。又过了不多时候，水呢，都退了。八个猎人往山底下一看，所有的村庄房屋，都淹没了，大地也变了样。没办法，八个猎人只好留在山上。

有一天晌午，八个猎人到山顶上，在天池边歇着。他们突然看到有八个姑娘在天池里头洗澡呢。这八个猎人一想，山下的人都死光了，怎么能出来女人呢？她们是从哪哈儿来的呢？八个猎人第二天早早就来到天池附近观察，想看看这几个姑娘到底是从哪儿来的。可是一连好几天，也没见八个姑娘的影儿，猎人们不死心，还是在天池边上等。

这天又到中午啦，就见从西方的天边，飞来八只雪白的天鹅，落到天池边就变成了八个俊俏的姑娘。这八个姑娘脱了衣服，跳到天池里洗澡。大约洗了半个时辰吧，哈！上岸穿上衣服，又变成了八只天鹅，往西边天上飞走了。这八个猎人光傻愣愣地看着，谁也没敢吱声，等姑娘们变成天鹅飞走了，才从藏身的地方出来，合计一阵子，说好明天再来。

第二天，这八个猎人又悄悄藏在天池旁边，等姑娘们下了水以后，跑过去，一人拿了一套姑娘的衣服又藏起来。姑娘们洗完澡上来一看，完了，衣服没了，哪去了？就开始找，这时八个猎人就从树棵楞里出来了，对姑娘们说："这世上，已经没有人了，就剩我们兄弟八个了，你们正好是八个姑娘，咱们结为夫妻吧，繁衍后代，别让人类灭绝。"

一个姑娘说："地上的事，天庭早已知道了，俺们就是天神派来与你们做夫妻的，在这等你们好几天了，把衣服还给俺们吧，穿上衣服俺们也不会飞走的。"

就这样，八个猎人把衣服还给了姑娘们，成了八对夫妻。

他们就在长白山建立了家园，辛勤耕种，过上了幸福美满的生活，并且生儿育女，繁衍后代。

猎人们非常感激天鹅，就让子女管妈妈叫"额娘"。这个"额"还是天鹅的"鹅"。也不知叫到了哪一年哪一代，把这个"鹅娘"的"鹅"叫成了额头的"额"。这就是满族人的祖先。

八个猎人，八对夫妻，八个家族，就按照坐落位置又分了八旗，也就是现在说的：正黄旗，正红旗，正蓝旗，正白旗，镶黄旗，镶红旗，镶蓝旗，镶白旗。

讲 述 者/白远成　男　53岁　高中文化　教师

采 录 者/郭永平　刘先富

采录时间/2008年7月24日

采录地点/古城镇拐磨子村

布库里雍顺和他的八个兄弟

远古时候，天神阿布卡恩都里受玉皇大帝之命，开天辟地创世纪，功成后，玉皇大帝把自个儿小姨子女娲娘娘赐给他当媳妇，还加封阿布卡恩都里为东天王，权位只比玉皇大帝小一点儿。恩都里是满语天王或至高无上的天神的意思。

阿布卡恩都里和女娲婚后，生有二男三女：巴颜图和萨颜图，恩古伦、正古伦和佛库伦。

巴颜图哥儿俩神武英俊，恩古伦姐儿仨美貌无双。玉帝老爷听信宦官神荼谗言，打算选恩古伦姐儿仨进宫为妃。这姐儿仨为逃避选妃，私下凡间，来到兀拉山落脚，当时正赶上义渡五精灵得道成仙，镇守兀拉山。后人为纪念这五位仙女，改名兀拉山为“五女山”。

三位仙女帮助五位精灵修炼文功武略，医道法术。五位精灵学业大成后，三位仙女东游，到长白山天池，见那里风光景色比天上还好，就脱衣到天池里洗澡，上岸穿衣时候，一只黑毛白肚的大鹰，嘴叼一颗红果，落在三妹佛库伦的裙子上。佛库伦捡起红果，爱不释手，但手拿红果没法儿穿衣系带，就把红果含在嘴里。一伸衣袖的工夫，红果“咕噜”一下，进肚了。佛库伦使劲儿呕咳，想把红果吐出来，可是越使劲儿，红果越往下坠。

晚上，三位仙女在天池边的山阳坡住下，佛库伦觉得肚子特别疼，大姐恩古伦为她把脉，大吃一惊，三妹有孕了！就问佛库伦怎回事儿。三妹把误咽红果的事儿如实说了。恩古伦掐指一算，说：“这是天意，佛主令你为人间生下一代英王，你身子沉重，只能在这里生

产，然后再回天庭。可是，你生的孩子是一代英主，没人帮扶不行，这样吧，咱们的五个女弟子正好青春年少，让她们比武招亲，选天下武功最好的人做你的丈夫。”商量完，大姐恩古伦起身回五女山，操持五位精灵比武招亲的事。

阿布卡恩都里和女娲娘娘在女儿下凡后，为隐瞒此事，选了三名侍女，把她们点化成三位仙女的模样儿，想蒙混过去。玉皇大帝发现进宫的三位仙女不是恩古伦姐儿仨，大发脾气，被王母娘娘臭骂一顿，玉帝大帝知道自己这样做有悖常理没有追究阿布卡恩都里两口子的欺君之罪，事情也就平息了。

阿布卡恩都里两口子想念女儿，派两个儿子巴颜图和萨颜图，下界寻找妹妹。

巴颜图哥儿俩驾祥云，来到五女山点将台，停下一看，当时正是人间卯时，日头刚刚升起，紫霞万道，瑞气千条，五女山顶的点将台下，五名女子正在习武。

萨颜图问哥哥巴颜图说：“哥，阿玛、额娘说，阿妹三人就在此山上，怎不见她们影子，这五位女子是哪来的？”

巴颜图说：“是啊！我也纳闷儿，你看，这五个女子刀法剑法的套路，很像咱们家传的。再说，她们也不是凡人哪，咋回事儿呢？”

本来，巴颜图哥儿俩下凡，施用了隐身法，说话也用心音法术，可万没想到，这哥儿俩对话刚停，点将台下的五位女子里，有一人朝巴颜图哥儿俩招手：“喂！请问你们是谁？到家中喝杯淡茶吧，要是能指教一下，我们姐妹感谢不尽！”

巴颜图兄弟一听，只好现出原形，跳到点将台，来到五位姑娘的面前。

巴颜图说：“实不相瞒，我们兄弟俩是天神阿布卡恩都里的儿子，因为三个妹妹下凡多日，父母想念，派我们来寻找。”

五位精灵女子听说他们来找三个妹妹，赶紧把巴颜图兄弟请到上房，拿出师傅临走时留给她们的招魂幡和斩妖剑，巴颜图认出，这是自家的传家宝，三位妹妹下凡时，母亲给她们的。姑娘们告诉哥俩儿，师傅去长白山了。

五位姑娘彬彬有礼，接待了巴颜图哥儿俩，还说附近常有妖魔作

乱。巴颜图哥儿俩一见五个精灵仙体，立马儿被迷住了，虽然他们从小家教严厉，但是在天仙美女面前，还是大动凡心。两兄弟当下商定，先帮五女杀掉妖魔，再去长白山寻找妹妹们。

事也赶巧，就在巴颜图哥儿俩帮五女除掉了作乱的妖魔后，正想去长白山寻找三个妹妹，这时，大姐恩古伦，回到了五女山，为妹妹招亲。兄妹见面，无比高兴。听说为妹妹招亲，也赞成。比武招亲的告示，贴遍了天下古堡乡村。

恩古伦看出两位哥哥动了凡心，叫他们与凡间应召的人一起比武，以胜败招亲。

巴颜图和萨颜图是天神啊！凡间的人武功再高也比不过他们。结果，巴颜图娶了天女木兰，萨颜图娶了芙蓉仙子。恩古伦又叫两位哥哥带着媳妇，去长白山天池，陪同三妹佛古伦。

再说，佛古伦吃下红果怀孕。天女木兰和芙蓉仙子又和巴颜图哥俩儿结婚受孕。孕妇们在巴颜图兄弟照料下，佛库伦怀胎整整一年，天女木兰和芙蓉仙子都怀孕九个月，偏巧儿都赶上一天生产。佛库伦生个白白胖胖的男孩儿。说来也怪，这男孩儿落草就会说话，见风就长，大伙儿喜欢的不知说啥好，巴颜图为外甥取名，布库里雍顺。

到了巳时，天女木兰生下四个粉红色的大肉球，众人愁得够戗！不一会儿，芙蓉仙子临盆，也生了四个粉红色大肉球！巴颜图和萨颜图两对夫妻八目相对：“唉！该着咱们没有儿女的命啊！”

佛库伦劝说：“你们都年轻，这回生了怪胎，往后可以再生嘛。”

萨颜图问：“这些肉球该怎办?

巴颜图扯过一块布，把八个肉球包好说：“老二，你把这些肉球扔到天池里吧，让鱼鳖虾蟹饱吃一顿!”

萨颜图提着肉球，来到天池边，一边流泪一边叨咕：“儿呀，不是阿玛心狠，是你们自个儿不成器呀!”说完，打开包袱，把八个肉球倒进天池。

嗬！不得了了！这些肉球一沾水，一个个立马儿涨大，天池里的鱼鳖虾蟹吓得东躲西逃。眨眼工夫，一个肉球裂开，里面跳出一个白白胖胖的小哈哈珠子（满语小男孩儿的意思），萨颜图看傻啦！不知怎办才好，就听那小哈哈珠子直叫：“阿玛，快把我捞出来吧，这水太凉

了！”

萨颜图缓过神儿来，赶紧把小哈哈珠子捞出来。紧接着，那七个肉球也都裂开，蹦出七个小哈哈珠子。萨颜图这个乐呀！把八个小哈哈珠子连背带抱加上怀里揣，都带回家。巴颜图、佛库伦和天女木兰、芙蓉仙子也都乐得不知说啥好。

可是呢，这八个小哈哈珠子混在一起，到底哪四个是天女木兰生的，哪四个是芙蓉仙子生的，分不清了！

巴颜图说：“分不清就别分，咱哥儿俩是八个孩子共同的阿玛，她们俩是孩子们共同的额娘，他们每人都有俩阿玛和俩额娘，我们每人都有八个儿子，这不更好吗？”

大伙儿都赞同巴颜图的说法。巴颜图又给八个小哈哈珠子们起名：佟佳、瓜尔加、索察、马佳、富察、叶赫那、齐加、钮古录。

巴颜图兄弟夫妻与佛库伦共同抚养布库里雍顺等九个孩子。一转眼，十年过去了，九个小孩儿都长成了英俊的小伙儿，他们自小聪明伶俐，学啥会啥，过目不忘，到了十岁，个个文武双全。巴颜图兄弟与佛库伦商定：让九个孩子走出深山，闯荡天下。

巴颜图和萨颜图，从后山伐倒一棵巨松，掏空木心，做成一个小船儿，放在天池北出水口上，叫九个孩子坐上去，告诉他们：你们的名字就是姓氏，要永世团结，共同打天下坐江山。

后来，布库里雍顺的后代努尔哈赤，果然在八兄弟后代满族八大家的帮助下，建立了后金，努尔哈赤的后代皇太极又建立了大清国。

讲 述 者／富察德升　男　63岁　中专文化 职员

采 录 者／郭永平　刘先福

采录时间／2009年7月21日

采录地点／古城镇双岭子村

人参仙女额莫齐

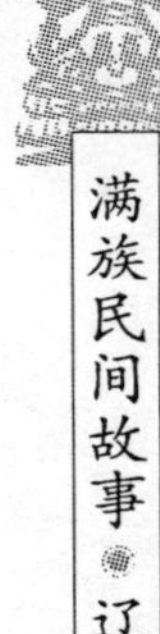

我们满族人的祖先，绝大多数都结庐在依山面水的地方，过着半渔猎采集、半农耕养殖的日子。采挖人参，几乎是每个满族男人都做过的事。清太祖努尔哈赤青少年时候，经常上山挖参。在早，满族人管野山参叫棒槌。

王皋，是建州卫右卫都督、古埒城城主。这一天，他与大福晋娅戛哈骑马巡视领地里的村落，走到一个山崖下边，“呼啦啦”飞起一群棒槌鸟，边飞边叫：“棒槌！棒槌！”

王皋心说：棒槌？这旮嗒真有大货？他见那群棒槌鸟没飞远，落到崖顶上继续叫：“棒槌，棒槌！”

王皋从小习武，飞檐走壁不在话下，攀登悬崖峭壁就像走平地。他跳下马，几步来到崖下，脚登手攀，不一会儿工夫就攀上崖顶。

大福晋娅戛哈是野人女真部落的人，更是一位逞强好胜的主儿，她也紧随王皋，攀上崖顶。

两口子左右一看，哪旮嗒能有棒槌呢？左右撒目，冷丁一个碗口大的红榔头，在眼前一闪。王皋仔细一看，有株一人多高的棒槌苔棵，长在石砬子背后。

王皋与娅戛哈乐得合不上嘴：天呐！真的会有这么大的棒槌？放了几十年的山，也没见过这么高的棒槌苔棵呀！王皋不敢耽误，赶紧叫娅戛哈，用红线把鸡蛋粗的棒槌苔棵秆拴住，自个儿拔出宝剑，“唰！”砍下一根腊木棍，削了尖，做成索罗棍和棒槌针，精心地挖起棒槌来。

两口子忙了两个多时辰，才把这棵大棒槌挖出来。你说这棵棒槌有多大？足有三尺长！还是双芋双腿，和人的形体一模一样。把王皋两口子乐得天旋地转。王皋赶忙砍倒一棵碗口粗的椴树，扒下一段七尺多长的椴树皮筒子。因为那棒槌榔头（果实）好看，王皋没舍得掰掉苔棵，连同棒槌体一起，用青苔裹了，装进椴皮筒子，背回古埒城家中。到家，王皋把棒槌藏到珠宝库内。

那天晚上，王皋做了个梦：天神阿布卡恩都里告诉他，你挖的那棵棒槌参，不是一般的参，是个人参仙女，这人参仙女能生育一代人王帝主！

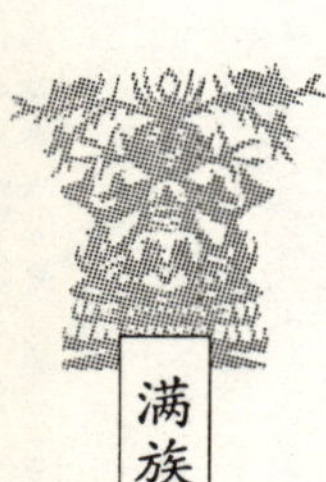

王皋一惊，醒了，半信半疑，叫了娅戞哈掌灯，一起去珠宝库窗外观看。果不其然，见一位美貌无比的格格，坐在那里。两口子生怕惊着人参仙女，蹑手蹑脚回到寝宫。

王皋对娅戞哈说："天神告诉我说这人参仙女是一代国母，谁娶她做福晋，生儿子就能当皇帝，我为啥不娶她当侧福晋，也好让咱的儿子当皇帝光宗耀祖呢?"

女真人是多妻制，一个男人可以拥有许多老婆。当时，名震一时的古埒城主王皋，人称风流罕王，他已有大福晋和八个侧福晋。

娅戞哈"咯儿咯儿"一笑说："既然这人参仙女生儿子能当皇帝，你就娶她吧。"

这王皋，睡下后又做了个梦，阿布卡恩都里说，这人参仙女名叫额莫齐，与你只有父女之缘，没有夫妻情分，天定你只有做国丈的名分，没有做太上皇的福分。你要认额莫齐做义女，再为她比武选贤招婿。

天亮时候，王皋和娅戞哈又来东屋，见额莫齐已经梳洗完毕。额莫齐见了王皋两口子，立马儿起身下个万福礼，叫道："阿玛、额娘，小女额莫齐这厢有礼了！"

王皋心想：看来只能按照天神的意思办了，认下了额莫齐做女儿，还立即张榜，召告天下英雄，八月十五中秋节，到古埒城来比武招婿。胜者，娶额莫齐为妻，也是王家的女婿。

王皋的大名，没有不知道的，榜文一下，东到鞑靼海峡，西到蒙古大漠，南到朝鲜半岛，北到贝尔加湖，各族各部英雄，纷纷聚到建

州女真古埒山城。王皋呢，命令部下，登记造册，应招者，总共一百二十多人。

八月十五这天，秋高气爽，看热闹的人山人海。比赛项目三个：赛马、射箭、刀功。三项夺魁者，选为女婿。

结果呢，建州女真左卫都督觉昌安四儿子塔克世，夺得三项第一名。

当天晚上，在圆月初升的时候，王皋为塔克世和额莫齐，举办了行婚大礼。

果不其然，额莫齐与塔克世婚后十年，生了三子一女，大儿子努尔哈赤，真的坐了天下，建立了后金，成了一代帝王。

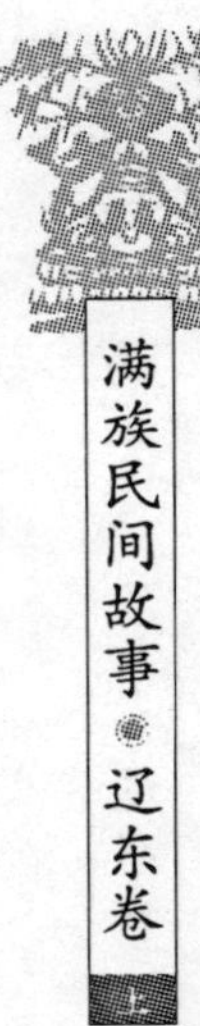

讲 述 者/富察德升　男　63岁　中专文化 职员

采 录 者/郭永平　刘先福

采录时间/2009年7月21日

采录地点/古城镇双岭子村

先祭王皋后祭永陵

王皋的坟，在现在的古埒城沙干河子一带，离永陵有几十里路。

在早，清代皇帝来边外祭祖，到东北祭永陵的时候，都先到王皋墓前祭奠一番，然后再到永陵，祭努尔哈赤。为啥呢？按正史说，王皋是努尔哈赤的外祖父，按民间说法，就有好几种了。我呢，就讲一个民间传说。

天上有三个仙女下凡，住在山洞里，她们到天池去洗澡，上岸穿衣服的时候，碰见一群大天鹅，叼着红果。三个仙女中的三姑娘，偏巧红果掉到她衣服上。三姑娘见这红果好看，一闻，香味儿扑鼻，就吃了，结果怀孕了。大姐和二姐就对三姑娘说："你怀孕了走不动，把这孩子生下来再走吧。"后来呢，三姑娘就在天池边把孩子生了下来。怎么办？扔了吧，怪可惜的，这也是条命。可也不能把他带上天啊！那还了得。三姑娘弄个小木板，扯下一条罗裙，把孩子包绑好，放在天池的出水口，让他顺水漂流，看他的命，要有命活着，就让好心人捡去，就给他当儿子；没这个命，就哪来回哪去吧。

这孩子顺流往下漂，正巧，下游有人在河边洗衣服，干农活儿。这俩女人，一个老罕家的，一个老王家的，边洗衣服边唠嗑儿。老罕家有孩子，老王家的结婚二十来年也没生个一男半女。俩人看见河里

漂个木板，木板上还绑个罗裙，啥东西呢？一看，哎呀！是个小孩儿，在水面上漂着，还“嘎嘎”叫唤呢。河面挺宽，水还深，用啥拉上来呢？身边有把长镐，钩了过来，细一看，挺好个小男孩儿，又白又胖，水水灵灵的，健健康康的。

老罕家的说：“你没儿子，正好儿你留下。俺家有个小子了。”

老王家的挺乐，赶紧抱回家，当家的一看是个男孩儿也挺乐，天上掉下个儿子能不乐嘛！赶紧给孩子起名吧！俩人一合计，本家姓王，在河边用镐头钩过来的，就叫王镐吧。这样呢，老王家也有了儿子！

一晃儿，王镐长到十多岁了，父母相继去世，他就归到老罕家。老罕家父母给儿子大罕娶了媳妇以后，也死了，就剩哥儿俩和大罕媳妇，三口人过日子。

大罕和王镐呢，靠放山挖参过日子。放山之前，有规矩，先到山下的山神庙插香、上供，祭拜山神爷，然后才能上山挖参。

大罕跪着，磕仨头，叨咕叨咕。冷丁一看，老山神爷真在庙里坐着呢，闭着眼睛，眼皮睁都不睁，不搭理人。等王镐去拜的时候，磕个头，老山神爷还个头，他再磕，他再还，来去磕了三个头，山神爷还了三个头。大罕心想：怪事儿，我给老山神爷磕头，他理都不理，眼皮都不抬，我兄弟磕头，他还给我兄弟磕头，赶明儿我得问问老山神爷，咋回事儿。

第二天，大罕自己到山神庙，烧香上供，老山神爷又显灵，在庙台上坐着。

大罕说：“山神爷啊，我年年放山，你也没少给我上货，我感谢你，可昨天我给你磕头，你连理都不理我，眼皮都不抬，为啥我兄弟给你磕头，你也给他磕头哇?”

山神爷说：“唉呀！你不知道，你哪有那个福分，你兄弟王镐，是真龙天子之父，他有龙种，跟谁睡觉，那女人就能怀上皇帝。”

大罕听了这话，跑回家，和媳妇商量：“咱兄弟不是凡人，他的孩子将来能当皇帝。你跟他睡觉，生了儿子还是咱们的，能当皇上，咱也跟着借光儿。”

大罕媳妇不同意：“那好吗？他是咱兄弟，我是你媳妇，怎能办出

这事儿呢？”

大罕说：“你就按我说的办，将来你就能当母后。”

媳妇不吱声儿了。

这一天，大罕告诉王镐，今年放山我自个儿去，你在家好好照顾你嫂子。王镐呢，听话，大哥说怎的就怎的。大罕躲出去了，这一躲不打紧，一个月不回来。

大罕出去了，王镐就跟嫂子在家。嫂子就和王镐住到一块儿了，后来大罕的媳妇就怀孕了，生了个孩子，就是努尔哈赤，长大后，征战南北，打了天下，坐了江山。

因此，王镐才是建州女真满族人的祖先，他这名叫来叫去后人就写成“皋”了。所以说皇家到永陵祭祖，得先祭王皋的陵，再祭爱新觉罗家世的陵。

讲 述 者／富察德升　男　63岁　中专文化　职员

采 录 者／郭永平 刘先福

采录时间／2009年7月21日

采录地点／古城镇双岭子村

老皋子

在咱东北，桓仁、新宾到通化这一带，小孩儿要是哭闹，不听话，大人就吓唬："再闹，老皋子来啦！大虎皋子来啦啊！""老皋子" 这名是啥时候留下来的呢？是在王皋做古埒城城主的时候留下来的。

当年，明朝的边将李成梁，在抚顺一带守边。明朝朝廷呢，挺好，在东北设挺多马市，当中就有清原马市、抚顺关马市。那时候的马市，每个月定期开放两次，让女真人和汉人交换物品，就像现在的自由市场。朝廷呢，在边关收税，明朝朝廷的规定挺好，都正常交税。可是守关的明军，欺负、勒索女真人，女真人野性，不服他们勒索，就跟守关的明军干仗，仇也越积越深。

古埒城城主王皋是女真部落的头领，他一听女真人受欺负，急眼了，就带着一伙儿人，骑着马，闯进抚顺关马市，见着守边收税的明军就杀，杀红眼了，最后连交易的汉民也杀，抢走了他们的马匹和物品，占领了马市。把那些手无寸铁的抚顺关内的汉人，吓得一个个不知怎的好，私底下就给王皋起了个外号儿："王老皋子。"所以说呢，当地人平时就用这话吓唬小孩儿，小孩儿一听，王老皋子来了，一声不敢哭，也不敢叫。

后来，朝廷下令，把抚顺关马市关闭了，这一关就是几个月。马市不开，女真人没盐，没铁器，没马匹，生活不了，他们就上书朝廷，要求开关，恢复交易。朝廷又重新开市，开市以后，地方上的守关明军照样勒索。王皋呢，再带女真人去打。

这样，把朝廷又惹翻儿了，一面安抚，一面带兵去围剿女真人。李成梁受命带领几万明军，把古埒城团团围住。

古埒城这地方，三面靠山，一面朝水，易守难攻，可是天长日久，城里没柴没粮，王皋带领女真部落守着古埒城，就是不投降。

有个叫尼堪外兰的女真人，投降了明军，作向导，把明军引到古埒城，抓住了王皋。

王皋被抓，被明朝朝廷施了“千刀万剐”之刑，土话叫“活割肉”、“刮刑”。行刑时候，王皋一直破口大骂，剩下不点肉了，叫骂声仍不停，最后给活活刮死了。

讲 述 者／白远成　男　53岁　高中文化　教师

采 录 者／郭永平　刘先福

采录时间／2009年7月21日

采录地点／古城镇拐磨子村

破不了的龙脉

明朝末年，明朝的观星官在南京观星台观星。这天，观星官禀告皇上说："东北方向，地气上升，要有真龙天子出世。"皇上一听，这还得了，这不是要改朝换代吗？朝廷立即派人去查，查出来，把这龙脉挑了，不能让真龙天子降临。皇上派的这个人叫邢建陵，是堪舆，就是风水先生，他堪舆特别厉害。

邢建陵奉命，带着一队人马，出宫往东北方向走，凡是看到有龙脉的地方，就把这个山挖一道沟，叫挑龙脉。龙脉断了，地气也没了。

像我们双岭子村，后山有个刀挑背，就是那时候留下的。所谓刀挑背，不是用刀挑，是挖沟，像刀切得那样齐，说是这样就能把龙脉给破了。

邢建陵的人马，走到现在的永陵一带，搭眼往山上一看，就觉得这山有点不一般，再一看这山势，就认定天星官说的东北方向肯定是这里。眼看龙脖子就要伸到苏子河里喝水了，要是夏天，苏子河涨水，这个龙喝到水，就飞起来了。邢建陵指挥大伙儿上山挖沟，从哪挖呢？从龙脖子开挖。结果，挖开山皮，里边全是石头，根本没法用锹镐，刨一下，一个火星，挖一下，一个白印儿。邢建陵想：哎呀，在这儿挑不了，我去找龙穴，找到龙穴钉根杆子也能破了龙脉。邢建陵围着山到处找龙穴。

这一天，邢建陵走得又饥又渴，就到一户人家，正赶上这家死人，办丧事呢。他想找口水喝，人家老讷讷出来，舀了一瓢水，见他急着要喝，抓一把谷糠，"唰！"扬在水瓢里，让他喝。邢建陵一看，

气得够戗，又不敢顶撞，没办法，渴呀，就得喝。吹吹谷糠，喝一口儿，吹吹谷糠，喝一口儿，挺长工夫才喝完。他边喝边寻思：这老太太心眼儿不好，我得熊熊她。

邢建陵问："你们家老家主去世，坟地采好了吗？"

老太太说："没呢。"

邢建陵就说自个儿是堪舆，哪哪地方好，你们就把家主葬那儿吧。那家人就信了。其实，邢建陵想借这家葬坟挖坑，帮他挑龙脉。

在早，死人一般都停放七天。这户人家儿有钱，扎的满宅子纸活儿，碾子、磨、房子啥的。七天头上，都抬出来，按照邢建陵说的地方，就是龙头的地方，准备下葬。结果到那地方，刚挖一锹，出水了，再挖，还出水，没法儿埋啊。家里有人就说，有水就有财呀，抬棺材压吧，大伙儿就把棺材往水里放。这工夫，冷不丁来一阵大风。这风刮的，就像现在的龙卷风，刮得飞沙走石，天旋地转，人都站不住，纸活儿啥的还没烧呢，全刮上天，没影了。棺材呢，也没了。这家人到处找也没找到，家里人说，是老事主上天了，别找了，回去吧，这家也没别的办法，没就没了吧，拉倒吧，不找了。

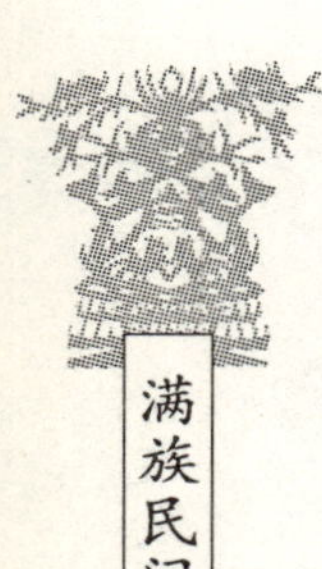

邢建陵寻思，这仇我可报了。他来到老太太家，问老太太："我没得罪你，为啥给点水喝还撒谷糠。"

老太太说："年轻人呐，我那是救你。你出了那么多汗，又渴又累，要是'咕咚！咕咚！'把一瓢水喝急喽，就得炸肺！我撒了谷糠，你得吹一口喝一口，慢慢地喝，就没事儿了。"

邢建陵一听，哎呀，人家是好心救我，我这不是恩将仇报么！我这也不能堪舆了，看绝地了。到现在我也没挑了龙脉。看来这地方非得出个帝王了，我要给破了，我还不得遭报应啊！我逃吧。邢建陵从此游走四方，再没回皇宫。

讲 述 者／富察德升　男　63岁　中专文化　职员

采 录 者／郭永平　刘先福

采录时间／2009年7月21日

采录地点／古城镇双岭子村

老罕王名字的来历

早先年的满族人，重名不重姓。重名也不是把刚生的婴儿名字起得越有意义越好听才好，一般是根据自个儿喜好或崇信的动物给孩子起名，也有用父母年龄相加或者祖父母年龄啥的给孩子起名，还有用山啊、水啊、地方风物为孩子起名的。

努尔哈赤的名字翻译成汉话是野猪皮。为啥叫个野猪皮呢？这得从老罕王努尔哈赤的生母额莫齐说起。

当年，王皋为义女额莫齐比武招亲选中塔克世之后，当晚在古埒城为他们操办了婚事。婚后第二天，塔克世领额莫齐回到赫图阿拉老城住。

不久，额莫齐身怀有孕，一年多才临产，这时候正是严冬腊月，塔克世请了接生婆准备接生，请萨满婆子跳神驱鬼。跳神的萨满婆子敲单鼓摆腰铃，"嗬嗬咧咧"闹腾了三天三宿，孩子还没生下来。额莫齐被折腾得死去活来，只剩一口气了！萨满婆子说："额莫齐是妖怪转世，不能为人生儿育女，得把她送到老山涧里喂狼喂虎，要不塔克世家永远不得安宁。"

塔克世的阿玛觉昌安一听，信了萨满婆子的话，命老家奴，用马爬犁把额莫齐送到老山涧里，抛到荒郊野外，喂虎狼。

老家奴领命，赶着马爬犁，把昏迷不醒的额莫齐拉到很远的一个山上。他实在不忍心额莫齐死，在山坳里搭建了一个窝棚，窝棚地上铺了一张野猪皮，又给额莫齐盖好被子。然后呢，自己跳崖了。

这时候，天眼突开，三九天打雷，额莫齐的孩子出生在野猪皮

上。额莫齐醒了，身子特别虚弱，天上又飘飘扬扬下起大雪，刚生下的孩子哇哇直哭。额莫齐经过好几天折腾，也没能力照顾孩子。这时，来了一只老虎。额莫齐心想：完了，我们母子命丧虎口啦！额莫齐虽有武功，可这时候连动都动不了！她只好闭上眼睛，等死。过一会儿，孩子不哭了，老虎没吃她。她睁眼一看，老虎正侧卧在对面，给儿子喂奶呢！额莫齐泪流满面，朝老虎点头致谢。老虎眨了眨眼睛，像似冲她笑了笑。

这时候，大雪飞舞，老家奴搭的简易窝棚，根本不能遮风挡雪，额莫齐却觉得挺温暖，仰头一看，数十只大鹰，张开翅膀，层层叠叠，遮住飞扬的大雪。那匹拉爬犁的老马，站在一边，时不时地舔舔地上的雪，啃旁边的树皮，它是又渴又饿呀！

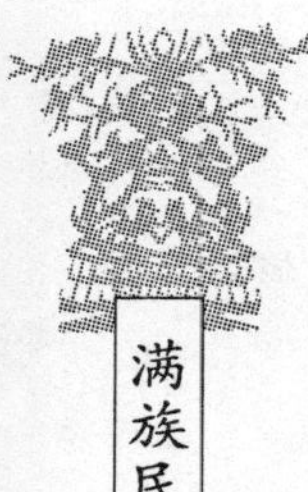

三天后，额莫齐觉得身体稍微好些，她用野猪皮包上孩子，拜谢了老虎和群鹰，坐上马爬犁，回到赫图阿拉老城。

觉昌安见儿媳平安无事归来，又添了个白白胖胖的大孙子，乐得够戗，后悔三天前听信萨满婆子的瞎话，差点把额莫齐母子冻死，就下令，斩了妖言惑众的萨满婆子，又见新生的小孙子用野猪皮包裹，就给孙子取名——努尔哈赤，就是野猪皮的意思。

讲 述 者／富察德升　男　63岁　中专文化　职员

采 录 者／郭永平　刘先福

采录时间／2009年7月21日

采录地点／古城镇双岭子村

罕王采参

罕王九岁那年，母亲额莫奇就得病死了。

在额莫奇死前，努尔哈赤的父亲先娶了个大福晋，叫李佳氏。李佳氏呢，非常嫉妒额莫奇，为啥？额莫奇活着的时候受宠呗。她一死，李佳氏特别高兴，对额莫奇所生的三儿一女，就百般虐待。她让小努尔哈赤，跟大人一块儿干力气活，还不给饱饭吃，大冬天也穿不上个保暖的衣裳，非常的苦。

后来呢，努尔哈赤跑到外祖父王杲的古埒城去了，到那不长时间，王杲就被李成梁击败了。努尔哈赤怎么办？一个十来岁的孩子，就到处躲藏、流浪。

那时候，咱这有上山放山的，放山就是采人参，也叫挖棒槌。放山得会一帮子人，约莫十几个人，这帮人里，有头棍、二棍、末棍、边棍。放山时候，每个人都得拿个索罗棍，用它扒拉草，先打草惊蛇，蛇走了，再找人参。

小努尔哈赤呢，听说有放山的，就去找参把头（参把头就是放山人的领头人），找到了就央求参把头，“带我上山吧！”

参把头说：“不能带你，你这么大点儿，上山能干啥？走道你都跟不上。”

小努尔哈赤说：“我肯定能跟上你，我当个边棍，要是找着棒槌，就算你的。”

参把头说：“那要遇上山老爷子，吃了你怎么办？”

小努尔哈赤说：“吃了我就认了，我先去喂老虎，保住你的命。”

参把头见小孩说得挺坚决，又挺机灵，就说："你要去就带你去吧！"

结果呢，参把头领着十多个人进山，走了半个多月，也没挖着一个棒槌。

放山的都带着干粮，水啊，酒啊啥的，快吃光了，也就剩个三顿五顿的。结果呢，连个棒槌毛都没挖着，还时不时地听着老虎叫唤。这天傍晚，大伙儿坐下刚要吃饭。

有人说："完了，把头，该然咱们这回挖不着货。这放不着货不要紧，就怕叫山老爷子把咱吃喽。"

参把头说："这么办，大伙儿啊，坐这等着。我这么大岁数了，我去喂山老爷子，叫它吃饱了拉倒。我一个人，够它吃了。等它吃饱你们就回家！"

大伙儿说："那哪行啊，没有你谁领俺们放山，还得往回走呢。这么的吧，按老规矩办，大伙儿都在这等着，让老虎闻，它要吃谁就吃谁。"

有人冲小努尔哈赤说："你不说愿意去喂老虎吗？你去呗。"

小努尔哈赤说："行！我去喂老虎，你们都走吧。"

参把头说："不行！你岁数小，才这么大点儿，你要是真喂了老虎，叫俺们心里怎么过得去？哎！我这老当家的了，这么大岁数了，应该去喂老虎。"

结果呢，大伙儿不同意，最后定下，老虎来了，挨个闻，它叼谁算谁。

老虎真来了，把这些人，挨个闻一遍，谁也没叼，走到小努尔哈赤面前，一口把他叼起来，跑了。

大伙儿说："完喽！这小子喂老虎了。"

参把头站着一个劲儿掉泪。

这老虎叼着小努尔哈赤，跑了一阵儿，把他放下了。小努尔哈赤闭着眼睛躺在那等死。左等右等，老虎也不吃他，睁眼一看，老虎在他旁边，坐着看他呢。

小努尔哈赤说："你怎么不吃我啊！"

老虎用下巴往前一比画。小努尔哈赤一看，我的妈呀！这片大棒

槌摊儿，老大老大一片啦！小努尔哈赤这才明白，老虎不是要吃我，是来引路的。怎么办？我也得挖点啊！不挖不行，老虎拽他手，让他挖。他身上也带着红丝线呀、棒槌针这套玩意儿。棒槌针呢，就是木头棍削的尖，扒土用的。哎！他三挖两挖，就看着棒槌样了，我先挖两棵大的。老虎一看他挖参了，就走了。

小努尔哈赤呢，轻而易举就挖了两棵六品叶棒槌，再挖天就太黑了，看不着了。他拿着棒槌，用椴木筒子一包，下山了。

小努尔哈赤急急忙忙往山下跑，跑啊跑啊，跑了一宿儿，不知跑多远。天亮了，一下子遇到同他一起上山的那伙儿人，都在山底下坐着唉声叹气呢。因为啥？放山没挖着货，还把小努尔哈赤害了，参把头更是哭哭啼啼的泪不干。大伙儿正叨咕呢，小努尔哈赤回来了，这大伙儿还不惊愣，再一看，小努尔哈赤身上还背着椴木筒子，那指定是货啊！货还不小呢。一问，小努尔哈赤一五一十都说了。

大伙儿说："哎呀！这老山神爷原来是给咱们指路啊，就你有这个财命，赶紧上街里，买些祭品，祭老山神爷。"

后来呢，小努尔哈赤把两棵参卖了，把钱给了参把头。

参把头说："你都留着吧。"

小努尔哈赤说："不用，我留点儿就行，给大伙儿分了吧！"

同伙儿都说："别介，你留一半。"

从此，小努尔哈赤有了钱，以后又到古埒城谋生。再以后的经过就说不上了。

讲 述 者／富察德升　男　63岁　中专文化　职员
采 录 者／郭永平　刘先福
采录时间／2009年7月21日
采录地点／古城镇双岭子村

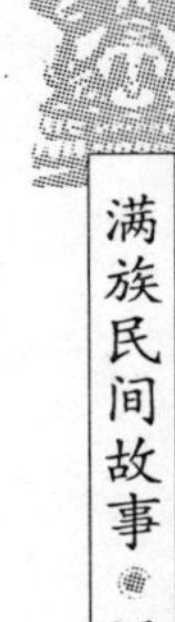

大妃衮代做豆瓣酱

努尔哈赤，前前后后总共十六个福晋，除了佟佳氏死得早，剩下的都在位。

在努尔哈赤众多福晋中，唯一能跟努尔哈赤一桌儿吃饭的，就是衮代。因为她会说话儿，智谋多，能干活儿，干得还好。特别受努尔哈赤的宠爱。

衮代嫁给努尔哈赤的时候，他就开始东征西讨，打天下，但是家境儿不富裕。有时候，衮代就领着家人上山去摘山菜，采蘑菇、木耳，有时候还能看到棒槌，填补家用。

有一天，努尔哈赤带兵打仗。他去了不过五天，就打胜仗回来了。衮代亲手做了一桌子好饭好菜，陪着努尔哈赤喝酒。

努尔哈赤一看这桌酒菜，就说："唉！还是在家好哇，有酒有菜有饽饽吃。出门儿就难了！"

衮代就问："你们每次出征，弟兄们不都带着饽饽嘛，不够吃？"

努尔哈赤说："带的饽饽够吃了，可这菜没法弄啊。我们没招儿的时候，有的弟兄上山采点野菜，找个锅焯巴焯巴，攥一攥，弄点咸盐水，野菜蘸着咸盐水吃。不好吃啊，饭吃不好就打不动仗，你说怎么办？要是往后上哪去，想啥法儿带点好吃的，像汉人一样，添些调料，人家汉人做的就好吃。"

两口子吃饭就这么叨咕。努尔哈赤说完，过后儿就拉倒了，也没在意。衮代就琢磨：汉人吃蘸菜有一种酱，能不能给出门儿的弟兄们带点儿？她又一想，这个酱稀溜溜的，没法儿拿。当时也不像现在这

年头儿，有塑料袋、塑料瓶什么的。不好拿，怎么办呢。她就琢磨，怎么能让他们带着不沉，还够吃个十天半月的。想来想去想出个招儿，把酱去水，做成干面块儿，让他们带上。

说干就干。衮代就把大豆放在水里，泡开豆粒，泡透以后呢，放在大锅里，加水，把豆粒烀得稀烂。烀豆的时候，加上盐和一些调料。过去，像八角、花椒、葱、蒜这些东西都有。然后，她用杵把豆瓣都杵成豆泥，再把豆泥像揣面似的，揉成团儿，成一个一个的方块，放在通风地方，让风吹干了，做成酱块儿。

以后，士兵们出征，把酱块分出来，大块分成半块，再分成四分之一，给大伙儿带上，还轻便。到山上的时候，要是想吃，就弄点水，把酱块儿泡泡，一捏，碎了，再一拨拉，黏糊了。然后，蘸菜吃也行，就饽饽啥的怎么吃都行。

大妃衮代做的豆瓣酱，非常受士兵们的欢迎。直到今日，仍没有离开满族人的餐桌。这种酱，吃起来挺特殊，用它蘸山菜，特别好吃，你们城里人可能没吃过，像我们农村人，吃这样的酱蘸山菜，特别有滋味儿。

讲 述 者/富察德升　男　63岁　中专文化　职员
采 录 者/郭永平　刘先福
采录时间/2009年7月21日
采录地点/古城镇双岭子村

罕王嫁女

当初，清太祖努尔哈赤，借十三副铠甲万余名武士，杀青牛白马，誓师起义抗明之后，先除了叛徒诺密纳；又斩了仇人尼堪外兰；再以德服和武攻，征服了相邻的三个建州女真部落，达到了四部统一。这样一来，建州女真五大部，就有四部统一了，唯有最强大的董鄂部还没有臣服。

怎样才能征服董鄂部呢？努尔哈赤心里明白，他眼下四部统一的兵力和人口，还不及董鄂部的一半！要对董鄂部以“德服”吧，苏克素浒部在六祖掌政期间，曾因联姻的事闹掰了，发生械斗，伤了和气，恐怕办不到。可是呢，要是连建州五部都统一不了，又怎能统一女真三大部落，再夺明朝江山呢？

思来想去，努尔哈赤决定采取蚂蚁啃骨头的办法，先弱后强，攻取疆界搭边兵力相对较弱的村寨。

六月的一天，努尔哈赤率领五百兵丁，攻打附近一个董鄂部村寨。当时，强壮男女都在地里干活，家中只剩老弱病残和小孩。努尔哈赤不费吹灰之力，轻取一寨。

第二天，努尔哈赤再攻翁哥洛寨时，吃了大亏，被神箭手费英东一箭射断左肋两根肋骨，差点丧命，将养九个月才好。后来，采用智取的办法，攻得翁哥洛寨。费英东被抓，满以为努尔哈赤会杀掉他，报一箭之仇，没想到，努尔哈赤亲自为他解绑，还赏给官职。费英东佩服努尔哈赤宽宏大量，诚心诚意归顺。

夺得董鄂部两个村寨后，剩下的村寨，特别警惕，纷纷加固寨

墙，加紧操练兵马，加强防守力量。这时候，董鄂部原部落长病死了，他弟弟何和礼接替部落长职务。

努尔哈赤长叹一声："哎！天不助我呀！"

原来，新部落长何和礼和努尔哈赤打过几回照面。努尔哈赤知道，这人文功武略可了不得，是建州女真或者说全女真人当中少有的人才，和这样的人一争高下，以自个儿眼下的兵力，那就是拿着鸡蛋打石头，找死！只好等待时机再说啦。

这时候，海西女真部老王台，听说建州女真明封的龙虎大将军努尔哈赤眼下已经统一四个部落，兵精粮足，就下书联姻，愿意把女儿嫁给努尔哈赤做侧福晋。部落联姻，是女真人统治阶级一个政治手段。当时，海西女真的地盘比建州女真大得多，努尔哈赤也早有扩张的心意，同意联姻。

但是呢，建州赫图阿拉城距海西哈达部道路遥远，走大路约500多里，走小路也有400多里，不管大小路，都要经过董鄂部领地，还要经过海西女真其他几个部落的地界，才能到达海西哈达部。要是率领兵马太多，一来开支太大，二来会引起其他部落的嫌疑，努尔哈赤与众将士再三商量，决定只带费英东和额亦都两人，他俩骁勇善战，武艺高强。再另选七名武功高强的兵丁，一共十人，装作过往客商，到哈达部迎亲。他们又选了十匹精壮战马，准备起程。

十个人尽抄小路，走了不过七八十里，就到董鄂部领地，这里叫转石湖，山高林密，道路曲折。额亦都提醒大伙："这条山沟里经常有劫匪出没，大家留神！"话音刚落，从山背后转出一群人马，拦住去路。为首的一个小将，白马银枪，白盔白甲，脸色白净。努尔哈赤一看：坏了，这人正是董部部落长何和礼，他身后大约有三十名武士，个个盔明甲亮，自个儿才十人，肯定不是人家对手。努尔哈赤勒住马缰，没吱声，看看对方动静，再想法脱身。

何和礼呢，两手当胸抱拳，深施一礼说："对面可是建州右卫龙虎大将军努尔哈赤阁下？"

额亦都提马上前，挡在努尔哈赤面前答话："是又怎样，你想以多胜少截我们钱财吗？你们董鄂部要行不义之事，往后谁还敢与你们做生意？"

何和礼也不生气：“你就是额亦都兄弟吧？我早上得到传报，说努尔哈赤大将军乔装客商，到哈达部迎亲。这里去哈达部路途遥远，山高水险，有很多部落准备半路截杀你们，我是特意来保驾护航的，你们做‘客商’，我当保镖那不正好？”

额亦都又说：“难道你不记我们夺寨的仇吗？”

何和礼哈哈一笑说：“区区两个寨子算啥？海西女真、野人女真地界千里，大明江山广袤万里，我们女真人内部，应该和谐统一，共同抵御外鬼才行啊！”

一番话特别诚恳，又合情合理，努尔哈赤深信不疑，就在何和礼等人保护下，一路过关斩将，顺利接回了哈达部老王台的女儿。

一路上，努尔哈赤与何和礼无话不说，特别投机，商定两部联合。回到赫图阿拉城，努尔哈赤为了进一步笼络何和礼，决定把长女东果赐给何和礼做福晋。

何和礼对赐婚的事，有些为难，不敢痛痛快快答应，推说回去商议商议再定。

努尔哈赤呢，奇怪地说：“你连两部合盟的大事都敢自个儿做主，为啥婚事自个儿却做不了主？”努尔哈赤见何和礼还是不愿正面回答，只好说：“回去商议商议再定也好，但愿及早定下。”

何和礼为啥不敢答应婚事呢？因为他早已娶了椒棋。这椒棋不仅人长得美似天仙，武功也特别高强，十五岁就与男将军们驰骋疆场，为董鄂部的强大，与何和礼有同等功劳，现在当董鄂部副帅。椒棋呢，天生是个醋坛子，自从与何和礼成亲，再也不准丈夫接触其他女人，连丈夫身边的佣人也一律换成男的，所以何和礼不敢应亲。

何和礼回到董鄂部，先把与努尔哈赤合兵联盟的事说了，尽管许多旧部将和椒棋都记前仇，不愿与努尔哈赤联盟。何和礼动情讲理，解说一番，总算通过了合兵联盟的事。努尔哈赤赐婚的事，何和礼没敢向椒棋提起。

一天，何和礼见椒棋高兴，乘机说了努尔哈赤赐婚的事。椒棋一听，立马儿火冒三丈，拿过身边的铜镜，朝何和礼砸了过来。何和礼闪身躲过，椒棋又摘下镇宅宝剑，刺向何和礼，边刺边骂：“你这臭老爷们，今儿个联盟，明儿个合兵，闹了归齐你是看上人家格格了，我

杀死你，我没了你，叫她也得不到你！”

何和礼与椒棋围着桌子绕圈，见椒棋渐渐逼近，抽冷子逃到门外。椒棋一剑刺来，何和礼关门一挡，剑刺在门板上。趁椒棋拔剑的工夫，何和礼逃到城外，看见小将扈尔汉骑马回城，就借了扈尔汉的马，逃向赫图阿拉。

椒棋见丈夫真的投奔了努尔哈赤，更着急了，亲点了五十名女兵，随后狂追。何和礼来到赫图阿拉城下，守城门的将官认识他，放下吊桥，放何和礼进城。不差两个时辰，椒棋也到了，守城的官兵们不认识椒棋，不放吊桥，也不开城门。

椒棋就在城外叫阵：“努尔哈赤，赶快放我丈夫出来，要不，我杀进城去，杀你个鸡犬不宁！”

守城官兵赶忙向努尔哈赤禀报：“城外来了一员女将，率领女兵五十人左右，叫放出何和礼，要不就杀进城来！”

努尔哈赤瞅瞅满头流汗的何和礼，心中立马儿明白了，哈哈一笑说：“放下吊桥，打开城门，以贵宾礼节迎接！”

放下吊桥，打开城门，从赫图阿拉城里开出一队女兵：黄盔甲，红战袍，打头的女将官骑马来到椒棋马前，抱拳行军礼说：“我家罕王有请董鄂部副帅进城！”

椒棋一见这阵势，人家以礼相待，还说啥？进城吧！

椒棋进城边走边看，看得椒棋眼花缭乱！你看人家这宫殿房舍修建地，飞檐斗拱，金碧辉煌，就跟画上画的似的，说书讲古里讲的似的，这努尔哈赤还真是了不起呀，这才像个干大事的样儿！你董鄂部虽然有钱，兵精粮足，可那房舍城郭，差远了。

努尔哈赤的女将官与椒棋的人马，一直走到银銮宝殿大门口，下了坐骑，早有侍卫接过马缰，牵到外边伺喂。椒棋呢，跟女将官来到大殿里，见努尔哈赤居中，上座，两厢侧坐文武百官。椒棋只好编谎：“早就听说龙虎大将军天威，今儿个得见，果然不凡，小女椒棋误闯宝地，还望大将军海涵！”

努尔哈赤哈哈一笑：“原来是董鄂部副帅光临寒舍，快快看座！久闻董鄂部副帅巾帼英雄，的确不假，但有一事本罕不明，将军能否赐教？”

椒棋说："罕王请讲。"

努尔哈赤说："我们女真人向来重视人口发展，只有人丁兴旺，家族才能兴旺，事业才能有成。因此呢，无论王台诸绅，工农商贾，只要是巴图鲁，哪个不是三妻四妾？哈达老王台有正侧福晋四十人，请问副帅，你丈夫何和礼将军是不是位巴图鲁？"

椒棋说："当然是啊，我丈夫十几岁就与父兄一起驰骋疆场打天下，董鄂部能有今日的辉煌，我丈夫功不可没。"

努尔哈赤说："既然如此，你希不希望你的家族人丁兴旺，你的丈夫多子多孙呢？"

椒棋说："当然希望啦！"

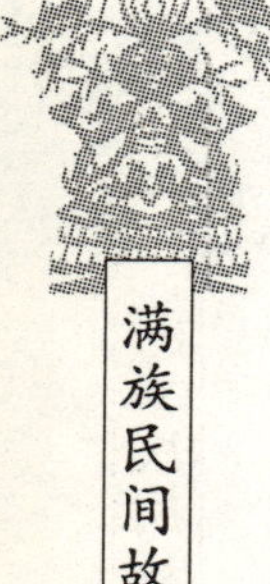

努尔哈赤笑了，说："你身为董鄂部副帅，军务公事繁忙，能照顾好夫君生活么？我家格格虽然称不上国色天香，也算得上是十成的人才，女红也都不差，多少王子贝勒前来求亲我都不应，如今赐与你丈夫为妻，你怎不高兴呢？"

椒棋说："我……我没不高兴，请问罕王，您把女儿嫁给我夫，我们谁为大谁为小呢？"

努尔哈赤说："办啥事都得有个先来后到，你先与丈夫结婚在前，当然你是大福晋，我女儿是侧福晋啦。"

椒棋说："能不能把您女儿叫来让我看看？"

努尔哈赤说："行啊。"

努尔哈赤向殿侧一招手，一位杨柳细腰的女子，从殿角屏风后走出，口里甜甜地叫了一声："姐姐！"

椒棋一见东果格格，立马儿就喜欢上了，走过去搂住东果肩膀说："妹妹又美丽又温柔，我整天只知道带兵打仗东奔西跑，往后咱俩同侍一夫，你可要多受累哟！"

第二天，努尔哈赤为何和礼与东果举办了婚礼。

三天后，何和礼回董鄂部把属下的六万多部众留下一万左右驻扎原地，其余五万多兵将，全部迁往赫图阿拉。从此建州五部完全统一，努尔哈赤又加封何和礼为议事五大臣之一。

讲 述 者/富察德升　男　63岁　中专文化　职员
采 录 者/郭永平　刘先福
采录时间/2009年7月21日
采录地点/古城镇双岭子村

多贝勒打虎救王忠

当年，明朝勾结高句丽部落，把建州女真差点儿斩尽杀绝，财物也被抢得十室九空。当时，五女山下有很多的女真人，都逃到山上避难。

在五女山上住有五位姑娘。其中有个最小的姑娘，叫乌英，她比武招亲，招来个女婿叫王兀堂，是个彪形汉子，体格特别健壮，手使一根218斤重的镔铁大棍，一口气能打死七狼八狈。他与乌英成婚后，一晃儿三年多过去，就是没有孩子。

这一天，大姐富察木兰就问五妹："你们结婚这么长时间了，咋还没有孩子呢?"

乌英说："大姐，我都愁坏了，咋办呢?"

富察木兰说："问问你三姐，她会看病。"

乌英说："问过了，她说她也正在寻找能生孩子的偏方。"

姐儿俩正说话呢，三姐笑嘻嘻地来了，说："有办法，但是你必须听我的，叫你怎么做就怎么做，我保证你怀孕。"正好儿，王兀堂也来了，问两位大姐说啥呢。大姐把她们说的事儿学了一遍。王兀堂听说三姐有办法让媳妇怀孕，忙不迭地问啥办法。

三姐说："第一，你俩得分房一个月；第二，你得吃素，不吃肉，不能喝酒。"

王兀堂说："行，只要有孩子，戒饭都行!"

当天晚上，王兀堂就和乌英分住，很快，一个月过去。王兀堂又戒酒又素食，觉得身瘦了，腰细了，肚子也小了。果不其然，和媳妇

同房不久，乌英怀孕了。

十个月后，孩子出生了。大伙儿一见这孩子，都愣了。这小孩儿啊，除了脸上和手掌没毛，浑身上下长满黄毛，像个猴子。背地里，大伙儿取笑说，这孩子，安上个尾巴就是活猴儿了！但是王兀堂两口子不嫌弃，这不就应了那句话嘛：一垄萝卜一垄菜，谁的孩子谁不爱？两口子还特别喜欢这小孩儿。

孩子长到两三岁，非常作（淘气），给他穿上衣服，不一会儿就扯巴了，钻水缸里了。不管怎么作，王兀堂都喜欢，给他起名叫多贝勒。这小孩儿，两三岁不穿衣服行，到六七岁了，还不穿衣服，成天光个腚，露个膀。两三岁在家钻水缸，六七岁时候水缸搁不下他了，就上浑江，浑江当时叫婆猪江，成天待在那里头，饿了呢，在水里摸鱼，摸虾，嘴对嘴活吃，就这么茬楞！冬天呢，凿个冰窟窿，也钻到江水里面去，抓活鱼活虾吃，成天不着家，也不穿衣服。

一转眼，多贝勒长到十五六岁了，长成大小伙子了，还不穿衣服，成什么样子？这王兀堂和乌英是干着急，又舍不得打。

多贝勒虽说三天两天不回家，却特别孝顺，隔几天他就打个野猪，打个狍子，捞个大鱼啥的，扛回家往屋地一撂，见王兀堂没在家，就问乌英："阿玛上哪儿了？"

乌英说："出去了。"

多贝勒又问："你们都好吧？"

乌英说："都好。"

多贝勒问完，抹身就走。王兀堂和乌英呢，也习惯了，来就来走就走。

这天，多贝勒又扛个狍子回来，王兀堂不在家，乌英就说："儿啊，你站一会儿，讷跟你说几句话，你都这么大了，得穿衣服啊！"

多贝勒说："额娘，你看山上的山猫野兽，啥衣服也不穿。"

乌英说："山猫野兽是牲口、畜生，它们可以不穿衣裳，你是人，不穿衣裳人家会笑话！"

多贝勒说："咳，像你们这些穿衣服的，我一看，身上哪长瘩子我都看得清清楚楚，穿衣服啥用？自个儿找那麻烦干啥。"

乌英说："你将来可怎么办啊。"

多贝勒说："没事。"

多贝勒说完，转身又走了。

王兀堂回家后，乌英和他叨叨："咱这儿子可怎么办？成天在水里，十五六岁了也不穿衣服，难不难看啊。"

王兀堂不太在意，笑笑说："这得问你啊，原来那仙女五格格是啥？是锦鳞柳花，是鲤鱼精变的。你想想，鲤鱼精的后代能离开水吗？将来他就是一方水神呐！"

乌英说："哎呀！他现在不是水神，得穿衣服！"

王兀堂说："那行，等他再回来，我说说。"

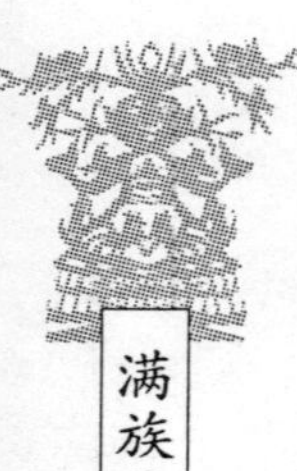

没过两天，多贝勒又回来了，这回扛个大黑瞎子，后边还跟来一对梅花鹿。王兀堂看见高兴，说："我儿子真能耐，一下子打仨，还弄了一对儿活的。"

多贝勒喊："阿玛快来，取熊胆割熊掌！"

王兀堂乐了："行，咱一堆儿宰仨！"

多贝勒指着梅花鹿："那可不行，它们是我朋友，可不能伤了，是它俩帮我抓着大熊的。"

王兀堂说："噢！那行，下屋儿有细草细料，你带它们去吃吧。"

多贝勒挺高兴，引领梅花鹿到下屋儿，让梅花鹿管够吃。

王兀堂告诉多贝勒："儿子，今儿个别着急走，你十天八天的不在家吃顿饭，今儿个咱爷儿俩好好喝一盅。"

多贝勒说："行，我也挺长时间没和阿玛在一起吃饭了。"

喝酒期间，王兀堂拿出个黄包袱，往桌子上一放。连乌英也纳闷儿。王兀堂正儿八经地对儿子说："这是建州左卫的大印！我父亲你的爷爷是建州卫的首领，后来你爷爷被明军杀了，你现在十六七岁了，将来得执掌这个大印，夺回古埒城。你一点儿衣服不穿，那不行啊！"

多贝勒一听："叫我掌印？行！请讷做几条短裤，冬天夏天我都穿这个，行不？"

从此，多贝勒开始穿衣服，虽然还是光着膀子光着腿。

这一天，鸭绿江部要和海西女真老王台联姻，海西女真老王台要嫁一个女儿给鸭绿江部。海西部这个大贝勒王忠，要到鸭绿江部要亲。

王忠带着十几个人，赶着马驼队，路过五女山。他们走到山脚下，冷不丁跳出一只斑斓猛虎，拦住道路。王忠带的兵将也不行啊！让老虎咬得伤的伤死的死。这时候，王忠也是自身难保，他拿着刀，劈不着老虎，老虎却步步逼他。正要紧的时候，对面跑出个半大小子，谁呢？多贝勒。

那天，王兀堂打发儿子下山。多贝勒手里拿着大印，准备去古埒城，正赶上王忠一伙儿跟老虎厮杀呢，他顺手就把铜印砸过去，正好击中老虎天灵盖。老虎脑门儿碎了，蹬了蹬腿儿，死了。这王忠得救了，赶紧过来拜谢少年英雄，问多贝勒哪儿的人，要上哪儿去。多贝勒说：要去古埒城当城主，阿玛打发我修建古埒城，今个儿遇见老虎要吃你，就把它打死了。王忠一听，哎呀！我得赶紧上山，拜谢你阿玛！吩咐剩下的兵丁，用葛条缠上老虎，抬着上山。

几个兵丁抬着老虎，走不动，迈一步就累够呛。

多贝勒说：“你们四个人换班儿抬还累这样，山上道窄，不得走，给我。”

多贝勒说完，把老虎往肩头一搭，“蹭！蹭！蹭！”转眼工夫，到了山顶。

王兀堂一看，问儿子：“你咋回来了？”

多贝勒说：“我打死个老虎。”

王兀堂说：“哎呀，儿子出师有功，刚出山就打死个老虎，你到那一定能把古埒城建好！”

爷儿俩正说话，王忠到了。多贝勒介绍，这就是我阿玛。王忠就把事情的经过学说一番，千恩万谢。

王兀堂呢，真心留王忠：“住几天吧，我再派人护送你到鸭绿江部。”

王忠不好推辞，在五女山住了几天，受伤的兵丁也差不多好了，多贝勒陪着，到鸭绿江部娶亲。娶亲回来，王兀堂再催儿子，去修建古埒城。

多贝勒呢，把古埒城修到一半儿，没钱了，那哪行啊！王忠听说了，为报救命之恩，就拨了十车金银财宝送去。当时海西女真特别有钱。这样，古埒城很快就修建好了。

这个多贝勒，天生就是水里待着的主儿，家里待不住。白天呢，他就掌管苏克素浒河上下四十里船渡，就是现在的苏子河。那时候，河水量特别大，有过往行人，穷的，他一分钱不收。贼眉鼠眼的，不像样儿的，等船到江心一盘问，和盘说出还好，不然，一刀结果你性命，往河里一推，拉倒！凡是抢劫的，都别想逃过他的眼睛。所以说，没几年工夫，古埒城就兴盛起来。多贝勒后来娶个福晋，生了个儿子。

多贝勒想：我一个大字儿不识，得找个汉人，教儿子念书，让他文武双全，不能像我这样，一点儿文化没有，光知道打打杀杀。多贝勒请了个汉人，做儿子老师，自个儿呢，传授儿子武艺。汉人还为儿子起了个汉名儿，叫王皋。

后来，多贝勒死了，王皋就接继了阿玛的职位。

讲 述 者／富察德升　男　63岁　中专文化　职员

采 录 者／郭永平 刘先福

采录时间／2009年7月21日

采录地点／古城镇双岭子村

彭春水炮击败罗刹兵

罗刹，实质上就是指俄罗斯。在过去，老百姓把俄罗斯人都叫老毛子、红毛子、大鼻子啥的，把俄罗斯军人就叫老毛子兵。

咱先说彭春。彭春是谁呢？是咱们建州女真的一个部落的部长赫赫里的第四代孙子。

康熙坐江山的时候，朝廷派彭春率兵守边。守卫哪儿呢？现在黑龙江的珲春和黑河一带。那时候，江东那一百五十万平方公里的土地，还是咱中国的领土。当时的俄国人呢，老想进犯这个地方。

这一天，俄国人又来到珲春边，想要攻破珲春城。咱们这头，就派兵守边。派去人少，怎能击败罗刹兵呢？罗刹兵就把整个城围得水泄不通。城里没法往外送信求援，外边也没法往里进粮草，是里不出外不进。

这怎么办，想啥法能击退罗刹兵呢？当时已经发明了一种火药炮，得往炮膛里装填铁砂火药。那炮管呢，外头是粗筒的，打炮时候坐在地上，对准外面，往炮管里装上火药铁砂，一点着，“轰”的一下子，出去了。那种炮啊，威力不行，也轰不退围在城边的罗刹兵。

东北这地方，立秋以后，就开始上冻，到了冬天，更冷得受不了。城里呢，被困得粮草很快就没了。人家老毛子那边呢，枪炮粮草有的是。后来，彭春想了个办法，制作出一种滋水炮，像滋水枪一样，一滋一发射。罗刹兵不是攻到城下了吗？当时，正是滴水成冰的三九寒天，把这个滋水炮搭到城墙上，一看他们集合，就把水加足，“滋滋滋……”这一滋，“哗！哗！”这家伙，凉水就像从天降下的冰

雨，把这些罗刹兵浇得啊，呱儿呱儿湿，呱儿呱儿透。不一会儿，浑身就结成冰甲了，动弹不了了。

这时候彭春呢，从里面一声令下，打开城门，四面出击，把罗刹兵一下子全杀败了（这故事前面，我讲的落下不老少，就挑简短的说说。这个故事挺大，还有中段的叛徒出卖啊啥的，主要故事情节呢，就这么个情节）。

彭春的士兵一杀出来，城里的百姓也跟着杀了出来。本来老毛子围城，围了这么长时间，断柴又断粮，早已受不了了。出来一看，这些家伙浑身一冻，胳膊腿儿也动弹不了，城里的百姓拿起大刀，一砍一个，一砍一个，杀得这些罗刹兵是只有等死的份儿没有还击的份儿。

这场大战，就用这个水炮击败了老毛子。这一下，安稳了几年，罗刹兵再也没敢来侵犯。

讲 述 者/富察德升　男　63岁　中专文化　职员
采 录 者/郭永平　刘先福
采录时间/2009年7月21日
采录地点/古城镇双岭子村

海青伙洛穆昆达

现今的桓仁全境，还有周边的通化县、集安县、宽甸县、本溪县、新宾县，大部分是当年建州女真董鄂部的地盘。

在桓仁满族自治县铧来镇，有个名叫海青伙洛的小村子。这个小伙洛，有几十户人家，家家都靠养海东青（鱼鹰）捕鱼为生，远近各穆昆（谋克）人，都把这里叫海东青伙洛，后来简化为海青伙洛。

这一天，远处来了一队三十多人的马帮。他们每人都带着一两只或三四只海东青，就在富察河岸边的一个柳林子里，伐木架窝棚，住下了。然后呢，他们在富察河上放海东青捕鱼。

起初，海青伙洛人见这伙人来势汹汹，以为他们是经过董鄂部部落长批准，前来捕鱼的，谁也没拦挡。几天之后，到董鄂部总部开会议事的穆昆达回来，沿河边一看，有二十几名素不相识的人捕鱼。再一看田野里，还有几个人在放马，那马都进庄稼地吃青苗了，放马人也不理不睬。穆昆达这火“腾”就上来了，朝放马人喊：“喂，哪旮来的阿哈，敢在我的庄稼地里放马，赶快滚出来！”

放马人不答话，也不理睬。穆昆达气不打一处来，从马鞍桥摘下弓箭，“嗖！嗖！”两箭射出去，两匹在田里吃青苗的红马，倒地死了。这下可惹了大祸喽！就见几名放马人，“嗷”的一声呐喊，抽出腰间长剑短刀，直奔穆昆达杀过来。穆昆达立马儿明白：这些捕鱼人和放马人，肯定是一伙儿的，自个儿寡不敌众，得仔细应付。

果不其然，放鹰捕鱼的人也纷纷抄起兵器，围了过来。穆昆达呢，边战边走，渐渐靠近海青伙洛，摘下牛角号一吹：三短一长

“嘟！嘟！嘟——”立即有一百多名妇女和半大小伙子，手拿鱼叉、长茅、锄头、铁镐，从各个马架子中奔跑出来，与外来人混战在一起。

女真族的女人与男人一样，自幼学习骑射武功，个个英勇善战，外来这二十来人，哪是对手。眨眼工夫，被打得稀里哗啦，死两人，伤十多人，剩下的被生擒活捉。

那时候，女真人捉住来犯敌人，不管是外部落女真人还是别族人，统统留下来当做自家阿哈。正当海青伙洛的人欢呼胜利的时候，穆昆达又吹响了牛角号，大家立马儿静了下来。

穆昆达说：“乡亲们，大伙儿先别高兴得太早，这二十几名俘虏咱不能留，得把他们交到总部，由总部发落。”

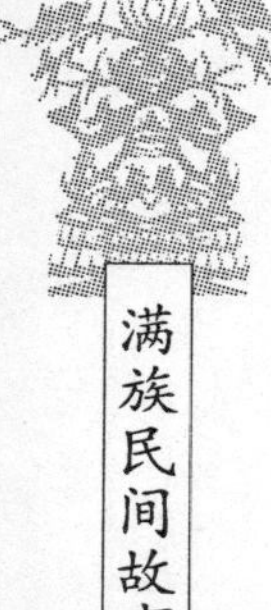

有人问：“为什么?”

穆昆达说：“为了我们部落多过几年太平日子!”

穆昆达说完，派了二十名青壮年，把这批人押送到董鄂城去了。

妇女们看着被押走的俘虏背影，挺失望地说：“大伙儿这不白费劲了吗?”

穆昆达说：“不白费劲，河边苞米地里还有二十几匹好马，把它们圈回来。”

穆昆达说完，又派十几名强壮汉子一起去圈。

大家把马圈回来一看，这些马耳朵上都打了印记，是明朝边军的战马！不用说，这些人侵的人都是明朝派来的探子！穆昆达要是留下这些俘虏作奴隶，或者杀掉他们，都会引起一场战乱。要是放掉他们，又担心这些探子会探到董鄂部虚实，对战事不利。所以，必须将这些人交到总部发落。

讲 述 者／富察德升　男　63岁　中专文化　职员

采 录 者／郭永平　刘先福

采录时间／2009年7月21日

采录地点／古城镇双岭子村

富察氏逃生

这个故事在俺们桓仁地区流传很广。

富察氏是清朝的满洲大姓。富察氏从努尔哈赤时候起，有挺多格格嫁给皇室，或者为后，或者为妃，尤其康熙、乾隆年间，所说的康乾盛世时候，富察氏家族将相辈出，多数是清朝的大官，一人之下万人之上！所以呢，富察氏家族的后代，忠君爱国思想都特别强烈。像我刚才讲的傅恒，就身兼多职，死后还被封为郡王。从那往后，富察氏家族辈辈都是郡王衔儿。

到了清朝末年，朝廷就晃晃悠悠，江山不稳了。所以，光绪皇帝就要搞维新变法。富光珪这支儿人，老王爷和他的父亲少王爷，当时都支持变法，他们不敢明面儿说啥，但暗中支持。准备变法的时候，翁同龢是光绪皇帝的老师，他跟富光珪的爷爷是好朋友，通过他支持变法，就等于支持光绪皇帝了。

后来，变法失败啦。老王爷觉得，慈禧太后肯定要对他们下毒手。这怎么办，他就想：让儿子、孙子逃出京城，他是肯定得被慈禧太后处死了。

当时，富光珪的父亲就是当年殿试考中的第七名亚员，是翰林院大学士。变法失败后，慈禧下了一道圣旨，让他出任凤城府官。老王爷想：这不是封官，是打发他出去，然后在半路上劫杀他，是要暗杀他呀！老王爷精明啊，算透了，就让他的两个孙子：一个叫富光珪，一个叫富光璞，跟随父亲，一块儿出京城。老王爷嘱咐孙子们：“你们俩跟你阿玛走到半路上，别让佣人知道，就去寻根问祖，回到咱的老

家，边外桓仁，上那去找生路吧！”

就这样，父亲领俩儿子，神不知鬼不觉，逃出京城。走到现在的新宾，父亲和富光珪、富光璞分了手。临别，父亲拨给他们两个家奴：一个叫黄奴儿，一个叫洪成金。当时，富光珪16岁，富光璞14岁，哥俩儿在京师文武馆都读过书，文韬武略也不差，可毕竟年岁还小，他父亲富振邦，就派黄奴儿和洪成金，护送哥儿俩出边。

哥俩儿走到现在新宾县江家街（读gāi）江家老店。住店的时候，富光珪就叫黄奴儿，去跟店家雇两匹牲口，好驮着带的东西。这时候跑堂儿过来了，一听说雇牲口出边外，就说：“那可不好办，听说外边少人烟，狼虫虎豹还多，这牲口不能雇给你们！要不，你们就在店里住下吧，别走了。正好俺店家的小姐都没出嫁，给店家当女婿得了。”

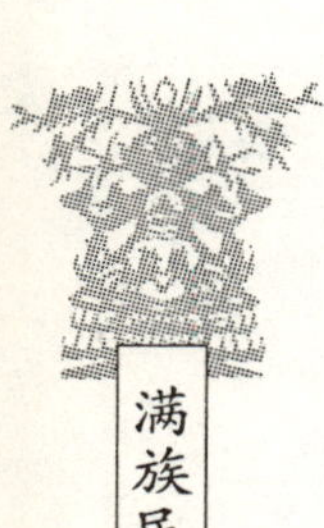

跑堂儿的是开玩笑，黄奴儿动心了，边外有狼虫虎豹，咱上哪儿，这不要坏嘛。结果呢，晚上，他就起坏心眼儿了。

富振邦给兄弟俩带了很多包裹。王爷家能没钱吗？这黄奴儿跟洪成金说：“咱俩儿今晚儿跑了得了，把银子都带上。”

洪成金说：“那好吗？咱这不背主弃义吗！”

黄奴儿说：“好不好这俩小孩牙子能怎的，咱连个家口都没有，把银子拿着，每人儿说个媳妇多好！”

架不住嘀咕，洪成金答应了。晚上，黄奴儿和洪成金，有意让富光珪、富光璞多喝点酒，一会儿工夫，小哥儿俩睡得呼呼的。趁这时候，两个家奴把所带的金银财宝，包巴包巴，走人啦。赶上店房外边有大墙，黄奴儿说：“你先把我掫（推）上去，再把包袱递我，我再把你拽上来。”

洪成金说：“行。”

这店家有个义女，还有个亲闺女，俩人武功特别高强。那时候的桓仁，土匪胡子多得是，这地方靠近边外，不太安生，每天晚上，这俩闺女一替一宿，代班守夜。洪成金刚把黄奴儿掫上墙，就被巡院的抓着了，五花大绑，押到后堂，去见老掌柜。一问：黄奴儿把他们的事儿就说了。老掌柜没多说啥，准备等天亮，让他们主人处理，就把俩小子押下去，关了。

第二天一早，跑堂儿过来喊富光珪和富光璞：“你们赶快起来，看

看你们的东西哪去了。”

哥儿俩起来一看，人和东西全没了，哥儿俩急得直转。

跑堂儿又过来说：“我们老掌柜请你们二位，东西没了，店钱还没交呢。”

见到老掌柜，老掌柜问：“你们从哪来?”哥儿俩没敢实说。

老掌柜听出是京城口音：“你们不用瞒，从北京来的吧?”

哥儿俩答：“是。”

老掌柜说：“你们俩都是富察氏家后代，你叫富光珪，你叫富光璞，对不对?”

富光璞说：“您什么都知道，就别问了。”

老掌柜说：“我找你们来，是因为你祖父老玛法对我曾经有举荐之恩。原来我也在官场上，有二十年，后来辞职不做了。”老掌柜见他俩还不信，又说出你们家住的是什么什么院落，后花园都有什么花树，说得分毫不差。哥儿俩这才放心了。

老掌柜又说：“我今天就设宴，招待你们哥儿俩。别着急走，先住这儿。”

光珪和光璞连忙道谢：“店掌柜，实不相瞒，我们俩的东西银两都被奴仆偷跑了，现在身无分文，连店钱都交不上，哪敢劳您破费。”

老掌柜哈哈一笑：“交不上就不交，放心，有我吃的就有你们吃的，有我住的就有你们住的。”吩咐家人，把酒席摆到后山的亭子上。

来到山顶亭子上，近看，这亭子是整个儿一块石头凿修的，四柱中空，相当不错。光珪、光璞在京城家里，王爷府那还用说，亭台楼阁，要啥有啥，就是没见过这样的亭子。山野小乡里，能有这么个亭子，挺好。亭子边上还有兵器架，摆着一排兵器，刀枪剑戟，全是石头做的。尤其是那对大锤，斗那么大个儿。富光璞心想：锤这么大，能拿动吗？说：我试试。一拿，没有想象那么沉，往起一提，石锤“哗啦”一家伙，张开了。原来是个空锤，像个开了的荷花。他一看，觉得挺有意思，这石匠太巧了。玩弄一阵子，就坐下喝酒。

酒过三巡，菜过五味。老店掌柜突然说：“把犯人给我押上来!”

店小二应声下去，把黄奴儿和洪成金押了上来。他俩被反绑着手，那包金银财宝还在手里提着呢。

老掌柜说："撂下！光珪、光璞少爷，你们看怎么处置他俩。"

光璞说："杀了！"

光珪说："别介，咱还是放他俩一条生路吧，给他俩十两银子，愿意去哪去哪！"

黄奴儿和洪成金立马跪地磕头，谢两位少爷不杀之恩，起身走了。

光珪和光璞，在江家老店住下了，继续读书，习文练武。后来，哥儿俩真成了江家老店的两个上门女婿。

过了三四年，富光珪、富光璞想起祖父的嘱托，还想出边寻找祖地。老店掌柜也不拦，哥儿俩带着媳妇们来到边外，找到桓仁，在富察大野，就是现在怀来镇的地方，落了脚。

后来，富光珪当了教书先生，富光璞学医，开了个小小的中药店。以后就在这里扎下根，世代生活在这里。

讲 述 者／富察德升　男　63岁　中专文化　职员

采 录 者／郭永平　刘先福

采录时间／2009年7月21日

采录地点／古城镇双岭子村

顺治与修鞋匠

顺治皇帝是皇太极的儿子。顺治名叫福临，顺治是他的年号。顺治六岁登基，由多尔衮辅政，福临十八岁才独自执政。这时侯，是清朝初年，国内刚刚平定，战乱暂时停止，老百姓生活比较安稳，尤其靠近京华的地方，老百姓生活好过，算是安居乐业了。

年三十儿晚上，顺治在宫里待的有点腻歪，想出去走走，看看老百姓生活到底怎样。他穿上便服，戴上小帽儿，出宫了。

顺治在北京城大街小巷一走，红灯高挂，家家户户大门新贴的门神对子，喜庆祥和，真是一派节日景象，他心里挺美，正在兴头上，顺治就走进一个小胡同。

顺治进去看到一户人家，哎呀，不对劲，那户人家没挂灯笼没贴对子，一点儿过节的意思都没有。顺治有点奇怪，就想进屋看看这家人家怎么回事。

顺治一推门，进了屋，一看，一个老太太领个瘸儿子，就娘儿俩过日子。这瘸儿子干什么呢？正在油灯碗儿底下修鞋。老太太呢，在纺车上纺麻绳，为儿子修鞋用。顺治一看，哎呀！别人家都过年了，家家门口都贴红对子，都在忙乎年夜饭，这娘儿俩，一个纺线，一个修鞋，家门上连副对联儿都没有，生活挺苦哇。

顺治就问这个老太太："老讷讷，好容易忙过一年，家家都在过年，你们娘儿俩咋还在忙活，家门咋连副对子都没贴？不怕人笑话嘛？"

老讷讷说："唉！我这么大岁数了，一个瘸儿子，连个媳妇都说不上，我俩生活都得靠我儿子，一锤子一锥子地掌鞋，换几斗米度日，

啥年不年的，也不怕你笑话。”

顺治说：“这门上贴对子喜庆，你去找笔墨，再找张红纸，我给你们写一副吧。”

小鞋匠一瘸一颠站起来说：“我阿玛活着时还真留下一套笔墨，红纸呢，也有那么一旮嗒。”找出一看，红纸太小，贴房门不够。那就写副小对子。顺治想了想，挥毫写道：“锤打针扎穷神去，补洞加底财神来。”横批“发家致富”。小鞋匠挺乐，一比量，正好贴在鞋箱子上。

第二天，大年初一，吃完早饭，小修鞋匠背着鞋箱子，上了大街，在马路边，支上小凳，一坐，开始修鞋。正好户部天官要进宫，给皇上和后宫老太后拜年，走这一看，这副对联儿的字体咋这眼熟（读shóu）呢，细端详一会儿，哎呦我的天哪！这不是当今皇帝的御笔吗？

户部天官问这鞋匠：“兄弟，你这修鞋箱上的对儿谁写的？”

小鞋匠说：“我也不认识，昨天晚上，我在家修鞋，我娘纺线，进来个瘦脊格拉的人，他看我家门上没贴对儿。说要给我家门上写副对儿，我好容易找出块儿红纸，太小，不够贴门的，就让我贴鞋箱上了。”

户部天官听说写对儿人的长相，知道是顺治皇帝。哎呀！我得帮助鞋匠，这是皇上的意思。

户部天官就说：“你生活挺困难的，我借给你几个钱得了。”

小鞋匠说：“不！我不借，借了还不起。”

户部天官说：“不用还，你需要多少？”

小鞋匠说：“给我五吊钱吧。”

天官摇摇头：“五吊太少。”

小鞋匠说：“太少？那十吊吧。”

户部天官说：“还是太少。”

小鞋匠说：“那一百吊？”

户部天官说：“这还差不多。”

户部天官打发身后的管家：“拿十两银子。”

当时，一百吊钱相当于十两银子。那时候，小鞋匠修十年鞋也挣不出十两银子。

在早，初一到初三，文武百官都上朝给皇上、后宫和老太后请安、拜年。皇上御笔给小鞋匠写对儿这事儿，经户部天官添枝加叶一说，就传开了。这些人一看，户部天官都给撂银子，那可是皇上的御笔，咱也得去呀！也不讲价了，去一个，坐着大轿，到地方撂下十两银子就走。再去一个，招呼也不打，撂十两银子就走。三弄两弄，小鞋匠得了不少银子。小鞋匠一想，老讷跟自己没得啥好，就用这钱买了个好房子，搬出了胡同，让讷过上好日子，不再受冻挨饿。以后小鞋匠还背着鞋箱子掌鞋，人们慕名来找他，为的是看看皇帝御笔，沾点儿喜气。小鞋匠的生意越做越大，日子越过越好，媳妇也娶上了。这副对儿把这穷家给救了。

讲 述 者/白远成　男　53岁　高中文化　教师
采 录 者/郭永平　刘先福
采录时间/2009年7月21日
采录地点/古城镇拐磨子村

康熙寻父

这个故事正史上没有，就是民间传说。正史上，康熙是顺治的儿子。实际上，顺治二十四岁就出天花死了，民间传说，他不愿意当皇上，过够了皇帝生活，偷偷出家了。现在有的电视剧，也演顺治出家的这段历史，这都是根据民间野史编写的。

说康熙八岁登基，为啥选他当皇帝呢？是听信一个西洋传教士建议，因为康熙出过天花，有抵抗力，不会再感染。那时候的人，被天花吓怕了，所以选了康熙坐皇位。

康熙当朝以后，没见过父亲，就问皇太后，我皇阿玛在哪儿。皇太后说，你皇阿玛到五台山出家了。康熙想：既然皇阿玛去五台山出家，我得借南巡机会，到五台山找找他。

康熙趁着南巡，去了五台山。

康熙上了五台山，不好明说来找阿玛，一国之君，怕啥呀？过去的皇帝呢，都信佛，不敢得罪佛家和出家人。

老方丈让一个老和尚接待康熙，他跟这老和尚闲谈的时候说："请问师傅法号？"

老和尚回说："我啊，民间姓氏没了，出家后师父送我法号'八乂'，大伙儿叫我'八乂'师傅。"

康熙就跟"八乂"和尚谈了一气。谈完，康熙又在庙里转了一圈，然后就走了。

康熙回到京城，心里放不下这个事儿，总寻思，我去寻找阿玛没找着，只见到一个"八乂"和尚，哎呀！上面一个"八"，下面一个

“乂”，这不是个“父”字嘛！这就是父亲的父呀，我当时咋没别过这个劲呢，兴许他就是我阿玛？不行！我还得南巡，把阿玛接回来，哪能让他出家呢。

因为忙，这事儿搁了几年。这年，康熙又去了五台山。

老方丈早就算到了，他还得来。这回没让见“八乂”和尚，让康熙去见见十八罗汉。

康熙一看十八罗汉，都是塑像，身上的袈裟破了，金身都挺好，脸上的金光还挺亮。袈裟呢，因为年深日久，旧了。康熙就跟老方丈说，我给十八罗汉每人做套袈裟吧。

皇帝那是金口玉言，说到做到。康熙回到北京城，立马儿请来裁缝工匠，精心加工了十八套袈裟，又亲自带着袈裟、随从，来到五台山。

到了寺庙，老方丈说：“你是皇上，为了表明真心，皇上亲自给十八罗汉披上袈裟吧，他们都是佛啊！”

康熙说：“好！”

康熙亲自动手，给十八罗汉披袈裟。披了十五位罗汉，少了三位，在哪儿呢？

老方丈说：“那边躺着呢。”

康熙给十八罗汉披袈裟的时候，心里就有点胆怯，披前面站着的十五位还行，给倒地的罗汉披袈裟时，心里不知为什么很紧张。不敢近前。

老方丈觉出来了，说：“披不上你就盖上吧。”

康熙就把袈裟一一盖在倒着的罗汉身上。到最后一位，刚盖上袈裟，佛像“嗖”的一声，没影了。

康熙纳闷儿：“请问方丈，这位罗汉金体怎么不见了？”

方丈微微一笑，口念：“阿弥陀佛。”

据说，这位罗汉，就是康熙父亲，顺治皇帝的化身。

讲 述 者／白远成　男　53岁　高中文化　教师

采 录 者／郭永平　刘先富

采录时间／2008年7月24日

采录地点／古城镇拐磨子村

乾隆挨打

乾隆爷在位时候，有一天，皇上说："朕要出去走走，刘爱卿跟朕一块走吧，咱远了不走，就在近郊，随便看看春景儿，眼下正是春暖花开的时候，咱俩当是游春了。"

君臣二人换上长袍马褂，戴上瓜皮小帽儿，手里拿着扇子，悠悠荡荡出了京城。

到了京郊，君臣二人看见种地的、播种的、做买卖的，感觉挺好。往前再走，山脚下荒山坡上，正有十来个年轻姑娘，在挖野菜，还说说笑笑，自由自在的，也挺好。乾隆在宫中，有后宫粉黛、宫娥才女多得是，成天生活在女人堆儿里，看着那些擦胭抹粉儿的女人们，都腻歪了，冷丁一看这些村姑啊，淳朴天然，清清靓儿靓儿的，这种美，他从心底里喜欢。他左瞅瞅，右看看，就有点儿心旌神摇的。

乾隆走到一个姑娘面前，见她十八九岁的样儿，那真是杏核儿眼睛水汪汪，两道弯眉细又长，脸蛋儿光光滑滑，又白又嫩。

这姑娘被乾隆一瞅，就不好意思了。你想啊，一个黄花儿大闺女，让一个四十来岁的男子细瞅，怎能好意思呢？就低下头，别过身去。

乾隆不管这些，他上前用手托住姑娘的脸，还要细端详端详。这姑娘可急眼了，扬起手来"叭！叭！"俩嘴巴子。这可了不得啦。乾隆那是皇上啊，从小到大，谁敢动他一指头？这会儿"叭！叭！"挨人削俩嘴巴子，能不发火儿吗？乾隆喊："来人啊！"想要把打他的姑娘抓住治罪。刘墉急忙上前，扯了扯皇上衣襟儿，指了指头上的瓜皮小

帽儿。噢！皇上明白了，咱是私访啊，御林军离这老远呢，隔着有半里地。咱又没穿龙袍，人家老百姓也不认识咱，打就打了吧。这边儿姑娘们一看这架势，一哄都走了。

皇上回到宫里，越想越不是滋味儿。我是皇上，要你，你就得跟我，不然就是杀头之罪，我才看看你的脸，就“啪啪”给俩嘴巴，不行！得给她治罪！

这个刘墉呢，心里就想：我得救这姑娘，要不，她挨斩刑不说，她们全家也都完了。

刘墉赶紧出宫，找到姑娘家的地方官，把皇上挨打的事一说，地方官当时就吓哆嗦了，赶忙给刘墉下跪磕头作揖：“哎呀！刘大人，您可得救我！要是皇上怪罪下来，不但她们没命了，我也性命难保哇。这个疯丫头！你怎么敢打皇上呢？”

刘墉说：“要我救你性命不难，你得按我说的去做。这样不但救了你，也能救姑娘和她们全家的命。”

地方官连连说：“好好好，就按刘大人吩咐的办。”

第二天，果不其然，皇上这回可不是私访的便装了，穿上龙袍，戴上皇冠，坐着八抬大轿，满朝銮驾，出了京城。

到了姑娘住的村子，皇上下令御林军：把昨天挖菜的姑娘们挨个儿都给我找出来！这一找出来不要紧，皇上一看，十个姑娘，穿得一模一样，都是一样的上衣，一样的裙子，一样的领儿，一样的袖儿，打扮的也完全一样。请皇上认人吧，没认出来。

刘墉问：“昨天是谁打的人？”

姑娘们谁也不吱声儿。

刘墉问皇上：“那咋办？”

乾隆说：“把这十个都给我带到衙门去！”又命令当地的地方官：“你得给我找出那个姑娘来，我要治她全家的罪！还有你，你也逃不了干系！”

地方官哪敢不听，把十个姑娘带回衙门。回到衙门以后，皇上又认，还是认不出来。刘墉就贴着皇上耳边：“皇上，法不责众啊，您认不出来，这么多人都得杀头吗？传出去影响您的圣德圣名啊！”皇上一听，可也对，人家不认识你呀，不知者不怪嘛。再说，因为这事儿把

十个姑娘都给杀喽，是不妥，传出去也真不好。可我是皇上，面子上还得抻着。就说："刘爱卿，朕有点累了，这事儿你处理吧！"说完，起驾回宫了。

刘墉呢，等皇上一走，就把十个姑娘全放了："赦你们无罪，都回家去吧，以后可不能这么粗鲁了。"

这就是刘墉救姑娘们的一个故事。

讲 述 者/富察德升　男　63岁　中专文化　职员
采 录 者/郭永平　刘先福
采录时间/2009年7月21日
采录地点/古城镇双岭子村

五女山传说（一）

五女山最早不叫五女山，叫“靴山”。“靴山”是怎么来的呢？这里有个传说。

玉皇大帝有个小舅子，叫二颠，这人游手好闲，不务正业，每天东游西逛，还有人捧，吃香的喝辣的，沾了姐姐的光啊。这样清闲，他也闷得慌，一天到晚不知干点啥好。

这天，二颠觉得实在没有意思，冷丁想起，不如到姐姐那里去逛逛，没准儿还能遇上好事呢！说去就去，二颠歪里歪斜地往天宫走，一路走一路观赏美景。

二颠来到了天宫大门口。把门的将士们都认识他，谁不认得玉皇大帝的小舅子呀？溜（逢迎巴结）都溜不过来呢，都急忙扬手，和他打招呼。二颠美滋滋的，笑嘻嘻的，也点头和把门的将士们打招呼，就这样，不用检查，二颠进去了。

往后宫里走，这一路的景致更是美得没比，看得二颠一会儿咧嘴，一会儿点头，不知道的还以为来了一个傻蛋。刚走到姐姐寝宫门口，二颠冷丁看见右边有棵不知名的小树开花了，开得满枝头霜雪，没有半点杂色，特别干净。二颠既赞赏又好奇，向那棵树走去，他来到树下，转着圈地打量：“啧啧啧！这到底是棵什么树呢？叫什么呢？怎么这大点儿就开花了呢？”嘟嘟囔囔自言自语。说着说着就动手去拽。这一拽，可了不得啦！猛听得“轰隆”一声巨响，天塌地陷一般，把二颠抛出去百丈开外，摔得他“妈呀”一声惨叫，差点晕过去。二颠急忙爬起来，再看那棵树，满树的白花落了三分之一，可是

地上却没有一个花朵，一片儿花瓣。二颠太纳闷儿了，赶紧费劲地爬起身，发现右脚上的鞋子没有了，就一瘸一颠地到处找。

王母娘娘正在屋里与人说话，忽然听到外面一声巨响，知道坏事了，不知是谁动了霜雪树，慌慌忙忙跑出来看，见是亲兄弟二颠，这要是换了别人，她非上去给他两耳刮子不可，再命人把他抓起来杀了！可是，这是亲弟弟啊，手足相关，怎能和他人一样呢？没办法，上前大声呵斥："一天尽惹事儿！你知道动了这棵树是什么后果吗？天底下的人要遭大雪灾的！看把你得瑟的，什么都敢动！看这回你姐夫不宰了你才怪！"

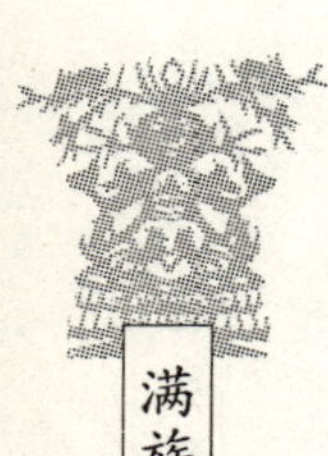

二颠听了这话，吓坏了，知道这回惹的祸事不小，犯了天条，活不了了，急忙"扑通"一声跪下，爬到姐姐脚下，磕头像捣蒜，让姐姐在姐夫面前，给自己求情，只要不杀头，怎样处罚都行。

王母娘娘看着弟弟的可怜样，没办法，长叹一声，让他起来，答应在玉皇大帝面前给他求情。二颠这才稍微放宽了心。

不久，天下各界管事的神仙齐上天庭奏报，说现今正当六月天气，火热火热的，不知为什么，下了一场有史以来从没有过的大雪，把庄稼苗都冻死了，百姓遭了大灾了！

卒本川城隍哈赤德满奏报："我们那里不但下了一场从未有过的大雪，还从天上掉下了一座大山，很像一只大鞋，又像一艘没有桅杆的大船，破坏了老百姓的生活。"

玉皇大帝一听，大发雷霆，拍桌子跳脚，甚至都骂出了脏话，非要查出是谁动了霜雪树不可！玉皇大帝一发话，整个天庭就动起来了，一会儿工夫，根本没费劲，就查出了罪魁祸首，奏报玉帝大帝知道，怎样整治，那就全凭他的了。

玉皇大帝听说是小舅子惹的祸，心中颤动了好一阵子，又气又恨，马上派人把他抓来。玉帝亲自审问，二颠也不隐瞒，照实说了事情经过："我只动了一下那棵小树，谁知它能有那么大威力，还能造成那么大灾难？哎呀！姐夫，不管怎么说，我也是你小舅子，饶了我吧，我不是故意的，手下留情啊！咿咿咿……"二颠哭上了。

玉皇大帝听完，老半天不吱声，他一看内弟可怜巴巴的样子，就动了恻隐之心，最后决定，先把他押进天牢，等候发落。玉帝这么

做，就是留下说情余地，要是换了别人，他早就下令：拉出去砍了！

果然，王母娘娘当夜就给弟弟讲情，说自己就这么一个不争气的弟弟，要是把他杀了，家里就绝后了。说得凄凄凉凉，悲悲切切。玉皇大帝本来就有偏袒的意思，自家人嘛！怎能说杀就杀！正好顺水推舟，交个人情，答应了王母娘娘，但得想个办法，掩人耳目。

有知趣的天官们，知道是玉皇大帝的小舅子犯罪，谁不想送个人情啊？都送上求情奏本。开始，玉帝还假装不准，那些专门揣摩玉帝心思的天官们，哪能不知道他的想法：要杀早就杀了，还能再议？就再奏。

玉皇大帝顺着众天官的建议："免去死罪，活罪难免！打下天庭，让他到卒本川一带，托生凡人，向当地百姓谢罪。"

再说二颠丢的那只鞋，不知飞到什么地方去了。后来，把天门的将士说：当时，忽然从头上飞过一样东西，好像是一只鞋，没大看清楚，直奔西南角，落了。原来，那只鞋一直飞到了卒本川，山摇地动的一声响，掉在了盐滩水畔，就这一下，砸坏了无数良田，压倒了无数民房。平地上忽然多了一座像大鞋样的高山。灾难过后，给这座大山取了个名，叫"靴山"。这就是后来的五女山。

讲 述 者/高培智
采 录 者/郭永平　刘先福
采录时间/2009年7月21日
采录地点/古城镇双岭子村

五女山传说（二）

玉皇大帝的小舅子二颠，因为违反了天条，被贬下界，另行投胎，谁知他慌里慌张，投了个猪胎。那副长相，要多丑有多丑，气得他寻死觅活，又舍不得这条小命，就打消了这个念头。

这天，二颠从猪圈里逃出来，想要寻找一个好一点的地方安身。他顶着太阳，不知走了多少日子，也不知走了多远路程，眼前出现一座大山。二颠抬头向山顶一看，上面是个平顶，他想，上面一定很平整，是个安身的好地方。可是，上面影影绰绰，好像有人走动，二颠想，一定被人占据了。二颠不敢轻易往山上走，寻找人多的地方，藏起脸来，偷听消息，这才知道，这座山叫“靴山”，上面已经有五个姑娘占据称王。二颠只好唉声叹气地往别处走，他不知道，这座山的前身，就是当年他从天宫掉落的那只鞋。

二颠又走过两道江水，眼前又出现一座高山，顶上也是平的，看样子很小，他想：要是这上面没人住，我上去住下也行。二颠边想边往山上走，慢慢地，他沿着峭壁小路攀到山顶，一看，果然没人，很是高兴，稍微休息一下，就开始用嘴巴平整场地。平整出的场地，也有二三十亩大小，暂时住着也不赖，再说，峭壁之下有个屯子，屯上几百口子人马，只是山上山下分做两拨不太方便。二颠又一想，先不想这些，暂时住下，等以后有了条件，再扩展也不晚。

天上一天，地下一年，二颠这样过了几年。王母娘娘得知弟弟错投了猪胎，就打发太白金星下界，把二颠变成人形，只是相貌还是丑陋，紧要关头，一不留神，还能现出猪的原形。

靴山上有五位姑娘，老大叫德燕，老二叫德娇，老三叫德莹，老四叫德娴，老五叫德琛。这五姐妹跟着父亲练就一身好武艺，长得都很漂亮，心地也善良。父母去世后，五姐妹来到靴山做大王，行侠仗义，为民除害，当地的人们由此过上了幸福安逸的生活，把靴山也改叫五女山。

五姐妹有位哥哥叫德龙，后来取孟为姓。德龙早年跟着九鼎铁刹山八宝云光洞的长眉大仙李庚学道。这天，德龙得知妹妹们占据了靴山，就跟师傅请假，来到山上看望妹妹。五姐妹非常高兴，把如何为当地百姓造福，做了哪些好事，全都跟哥哥述说一番，还说这座山上有天池水，水源充足，长年不干，足够附近百亩的良田灌溉，数百人马饮用。德龙听了很高兴，赞许妹妹们的这些做法，但是告诫她们："不要掉以轻心，说不定会有人看中这座山寨，前来抢夺。不如这样，咱们定一个信号，要是有人前来抢占山寨，你们就点起三堆狼烟，我一见狼烟升起，马上赶过来增援。"

五姐妹非常感激大哥的叮嘱和爱护，备下上等素食菜肴，招待大哥。德龙临走时，再三嘱咐，千万注意防范，不要忘了啊！五姐妹一一点头应下。

自从二颠托生的猪精，变回人形后，自己起了个名，叫朱金大。几年的工夫，他的人马聚集不少。朱金大有点厌烦这块巴掌大的平地了，每天都派出探子，到靴山周围打探消息，他一心要占据靴山。

探子去了几天，回来报告说，那五姐妹有个哥哥叫德龙，在长眉李大仙那里学道，武功了不得，他们定了增援信号，点起狼烟，德龙就过来帮忙。朱金大听了汇报后，不敢贸然行动，把抢占靴山的想法暂时放下了。

一晃又是好几年，靴山上一直没发生过什么情况，五姐妹就产生了松懈思想。

这天，老五德琛提议说："咱们好几年没看见大哥了，好想他呀，应该传信把他找来，咱们兄妹聚会一下该多好。"

众姐妹们说："那怎么传啊？"

老五说："那还不简单？咱们把狼烟点起来，大哥见到狼烟，一会儿就到。"

众姐妹有的说不可，有的说太好了！老五在众姐妹中性子最急，说话也快。她急火火地说："有什么不行的？不是没人来抢山吗？有人来抢时，咱再点烟照样行。"

在老五德琛的强烈提议和坚持下，大家也觉得没什么不妥。老五乐颠颠带上几个人，跑去把狼烟点着了。狼烟滚滚，直冲云霄，德龙正与师傅谈道，忽然有道童进洞，向师傅禀报，说东南方向发起三股狼烟。

德龙听说大惊，向师傅说："一定是妹妹们遭难了，我得马上赶过去救援。"

德龙辞别了师傅，架起云头，顷刻间就来到了靴山，见妹妹们嬉笑着站在崖头抬头看他，心中纳闷儿，哪有什么贼寇啊？立即按下云头问："贼寇在哪里？"

五姐妹马上跑过去拉着哥哥的手说："没人来抢山，是我们想哥哥了！"

德龙一听大怒："胡闹！如此大事岂能当做儿戏?!"说完，气呼呼架起云头，走了。

五姐妹气走了哥哥的事，很快就被朱金大探听去了，他高兴得一个高儿蹦起来说："好！太好了！"他下令全部喽啰，马上集合，去攻打靴山。

朱金大几百号人，呼呼啦啦来到了靴山下，一声喊喝，往山上进攻。山上没有严密防范，被朱金大钻了空子。

五姐妹见有敌人来攻山，带领全部人马，拼命抵抗，抽人去点狼烟报急。

德龙回到铁刹山，满脸怒容，师傅问他发生了什么事，他就把妹妹们如何戏点狼烟的事说了一遍，师傅听完，默不作声，只是微微地点了点头。过了两天，道童又报，东南方狼烟又起。德龙说了声："唉！这几个丫头，不像话，还不汲取教训，又点狼烟戏我！"就一动不动，还与师傅继续谈道。

靴山上，经过两天两夜的激战，渐渐失去了抵抗力，退到聚义厅。朱金大命令众喽啰，一起放火箭。顷刻间，大火烧天，五姐妹和部下一同被烧死在聚义厅里。

朱金大占据了靴山，不时下山抢夺周边百姓的财物，老百姓从此遭了大难。

过了许多日子，道童听到香客们谈论，靴山被强人夺去，五姐妹惨死在聚义厅里。道童立即向德龙说了，德龙听后大惊失色，慌忙向师傅汇报情况。师傅说："唉，这都是定数啊。"说着，在袖子里拿出一根小铁链，有筷子那么粗，一尺来长，还有一个小石头槽子，一把小金锁，链子的一头还有一根铁针。长眉李大仙把这几样东西交给德龙说："这个朱金大是个猪妖，原是玉皇大帝的小舅子，王母娘娘的亲兄弟，因为违反天条，被贬下界，他慌里慌张，错投了猪胎。后来，王母娘娘派太白金星下界，把他变成人形，可他不知悔改，还变本加厉地做坏事，玉帝派人，让我把他锁起来，扔进天池，让天池龙王好好看管。他什么时候把铁链磨断，灾难也就满了，这件事就由你代我前去了断吧。"

德龙领了师傅之命，前往靴山。他来到山上，看着妹妹们建成的山寨，想到妹妹们都已经死去，不觉伤心，流下泪来。德龙愤怒地大喝一声："朱金大！赶快出来受死！"

朱金大正在屋里喝酒，忽听有人骂他，顿时大怒，撂下酒碗，提起开山大斧，窜出来就骂："是谁这样大胆！还敢在朱爷爷这里撒野？找死！"

朱金大见是一个老道，站在那里，神威飘飘的样子，吓了一跳，猜想这一定是那五个姑娘的哥哥前来讨债，替妹妹们报仇来了，虽说惧怕他的威名，事到如今，也只能硬撑着跟他拼一拼了，一边想，一边轮起开山大斧，直奔德龙杀来。

德龙不惊不慌，从袖子里拿出铁链，向朱金大抛去，"哗啦啦"一串响声，震得朱金大头昏脑涨。那根铁链金光四射，就像晴空里打了道厉闪，变得又粗又长，"呼啦啦"一下子缠住朱金大的脖子，金锁也变得个大如斗，"咔嚓"一声，铁链锁在朱金大的脖子上。铁链的那头，拴在变大了的石头槽子上，那根细铁针，变得高有数丈，带着"呼呼"的风声，"轰隆"一声，插在了天池旁。朱金大一下子变回猪身，"嗵嗵嗵"，随着铁链猪槽金锁，落到天池水中。

猪妖被锁在天池水底，天池龙王每天拎着食物喂他，不知过了多

久，妖猪觉得忧闷憋屈，就问天池龙王：“敢问龙王，不知我什么时候才能被放出去？”

天池龙王说：“你只要磨断了铁链子，灾难也就满了。”

猪妖听了大喜，就每日不停地在猪槽子上拼命地蹭，打算早日把铁链子磨断，也好早日得到自由。从那时起，靰山上的天池里，就整日传出“哗啷啷哗啷啷”的响声。

日伪时期，日本鬼子听说五女山上的天池里有根拉不完的铁链子，挺好奇，派去许多人拉铁链子。一连拉了好几天，铁链子堆成了山，也没拉到头。

到了“文革”时期，铁链子不知什么时候没了，其他的物件也没了，只剩下那个污糟糟的天池。

二十一世纪初，当年的靰山现今的五女山，申报世界自然遗产成功。人们把五女山进行了修整，天池的水淘干了，也没发现什么铁链，什么猪槽子，什么金锁头。

讲 述 者／高培智

采 录 者／郭永平　刘先福

采录时间／2009年7月21日

采录地点／古城镇双岭子村

火神庙沟的来历

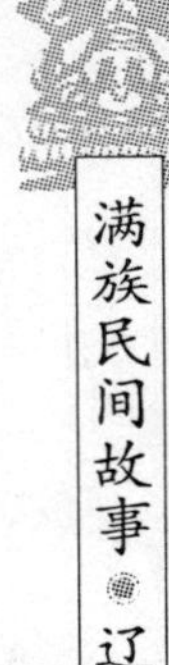

离桓仁县沙尖子乡的冰沟和石门沟东边几里远的地方，有个火神庙沟。古年间在关东山打围的、放山采棒槌的人，都朝拜这里的火神庙。传说火神爷显灵给人们送过火。

古年间，在关东山打猎的人要保住火种可真不易，提着几盏野猪油灯笼，白天晚上都得点着，雨浇不行，风大也不行，有山洞的地方还好办，没山洞的地方可就苦了。有这么一伙打围的，遇到了连雨天，在山沟里蹲了半个月，没打到野牲口。大伙在一起合计：兽肉没了，野猪油没了，总待在这里，人挨饿不行，灯没油也不行，咋办好呢？还是挪动挪动吧！

人到背运的时候，干啥都别扭，雨越下越大，打围的挪不了窝，只得拣回些湿木头，在山沟的窝棚里点火烤。不料刮起了大风，几百年的大树吹折了，碗口大的石头满天飞，打猎的窝棚被风卷上了天，火堆被大雨浇得直冒烟。不一会，火灭了，灯也灭了，冷风凉雨浇得猎手浑身起鸡皮疙瘩。

雨停了，打围的却没有火煮肉了，饿得肚子咕噜叫，打了野牲口只得吃生肉，那股土腥味真让人没法咽下去。你不吃，扛不住饿，你吃了，又拉肚子，可把人苦透了。

到了夜晚，野牲口在林子里叫，恶狼那绿莹莹的眼睛盯着猎人，嚎叫着扑过来，打围的被野兽围住了，挥刀挺叉和野兽对垒，到天放亮，野兽才向老林子里跑去。要是有火堆，呼呼睡大觉的野牲口也不敢叫，虎狼都怕火光！

打围的人以为到相邻的猎人那里能借到火，谁知找谁也白费口舌，一群一伙的猎人都没火，也在寻找火种。他们在那场大旋风中，不只是火灭了，人都被风刮丢了，连伤带病苦得更邪乎。

熬过一秋，关东山下大雪了，这一年的雪比哪一年都大，一些山林里的乱石头坑被雪封住，掉进里边就是一人多深的大洞，好不容易捣鼓出来，肚子饿了，吃啥呀？用刀削的冰碴肉！睡哪呀？在阳坡背风的地方搭个草窝棚，夜晚没有火，穿着狐狸皮袄，狼皮裤子，铺着狍皮褥子，仍然扛不了冻，到了腊七腊八那几天，冻死不少人。至今人们想起那个冬天，还说“腊七腊八，冻掉下巴”，凡冻死的人都合不上嘴，据说是下巴冻掉了！

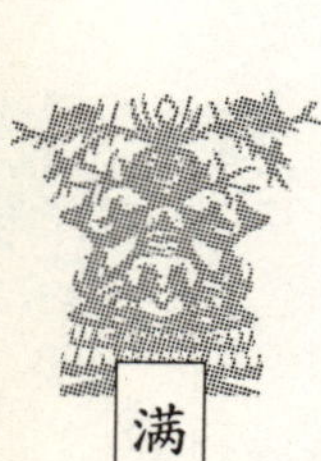

就在关东山的打猎人和干其他营生的老百姓因没有火被冻得万般无奈的节骨眼，出来一个救星，他是一个怀抱葫芦满脸胡须的红脸大汉，看到路上一个被冻坏了的死倒（露天的死尸），便把九个诚实的猎手带走了。

在一座大山前，红脸大汉用手一拍石砬子，大山裂开了，闪出一条小路，里边是温暖的大房子。大汉让每个人拿两块石头，出了大房子，到了山门外，石门“砰”的一声，关了个严丝合缝。

红脸大汉领着九个小伙子出了石门一直向东走，走了有四五里路，看到前边有一条河，河西有道沟，沟里有一座小房，房子里有两个女孩，还在用手摘万年蒿上长的白骨朵。又有两个男孩，正在用小棍敲打从水缸里捞出的泡得发黄的万年蒿骨朵，一直搥成了黄色的绵子，挂在了墙上，墙上早已有九串已晾开了的黄色绵子。

红脸大汉问九个猎手：“你们都认得这蒿子吗？”

猎手们都说：“认得，这是万年蒿，想不到蒿子上的白骨朵能搥成绵子，不知这是干啥用的东西。”

红脸汉子对九个猎手说：“你们用手里的两块石头，敲一敲那干黄的绵子，看看它有啥用。”

九个猎手从墙上一人摘下一串黄绵子，放在石头上一砸，砸出了火花来。九个人乐得都叫：“好宝贝，真是奇宝啊，有了火种，就不能冻死人了。”

红脸大汉说：“你们看好了吗，想要吗？”

猎手说：“这样救命的宝贝你要能给俺们拿回去点着火种，俺们世代不忘你的大恩大德。”

红脸大汉摆了摆手：“你们要是把这东西当宝贝，就拿回去吧，可要记住，你们办事要大方点，别光顾自己用不给别人用。这火用时要小心，别闹成灾。什么恩呀德呀，俺老火不听这个，你们快回去点火堆去吧！”

九个猎手得了宝，谢过红脸大汉，一溜烟似的跑回自己的窝棚，一堆一堆的火在冰天雪地里点着了。烧得好旺，人们伸开了手脚，吃着烧肉，乐乐呵呵的！

第二天，九个猎手带了九伙人，抬着野牲口肉，一直往东走，去拜谢那个赠送火种的恩人。

可是，昨天的红脸大汉不知哪里去了，那座小房和四个童男童女也不知哪里去了，连一点踪迹也没留下。

人们来到石头山前，只见石头不见门，石山紧锁不见人。开头众人埋怨取火种的小伙子记性不好，是不是忘了地方，人走了，那房子还能搬走吗！九个小伙子到一起，才明白是遇到了神仙，那红脸大汉自称“老火”一定是火神爷，凡人哪能打开山门呀！

九个猎手把火神赠的万年蒿的嘟噜绵子用完后，仿照童男童女的做法，做出的火绵也好使。从此，关东山的老百姓发明了火镰，千百年来一直用万年蒿的白骨朵做火绵。至今还有老年人会自己做火绵的。

关东山的老百姓不忘火神爷赠火恩德，在红脸大汉赠火绵的那个沟里修了一座火神庙。那个山沟被叫成了火神庙沟。火神开山门的地方叫“石门沟”，路上尽是冻坏的死倒那个地方成了“冰沟”。那地方至今在夏天还能冻坏鸡蛋，不知这是咋回事！大概是让人们懂得，如果没有九个猎手取回火绵，那人还不知在冰沟里待多久呢。

讲 述 者／石进勇　男　农民

采 录 者／徐延顺

采录时间／1979年8月

流传地区／桓仁东部地区

古年岭的传说

桓仁满族自治县古城镇，原来有个叫古年岭的小村子。古年岭村被一道岭岗分成岭前岭后和下头子三个自然屯。

金朝时期，富尔江一带，流行一种怪病，原本好好的一个人，好好的一双眼睛，冷不丁就红肿起来，疼痛无比，过了几天，眼睛不疼了，也双目失明了！这种怪病，哪家有一人得上，过不了半个月，全家人都眼睛疼，不过一个月，全家人都瞎眼。不过半年，富尔江中下游一带，有一半人得了瞎眼病！有钱人家请大夫治也是白花钱，穷人家呢，就硬挺着。

有的老年人得了瞎眼病，眼瞎了怕给儿女添罗乱，干脆投江自尽了，也有上吊死的。

老百姓遭难，当官的也着急呀！县官上报到府，府上报到路，路都督再八百里急报到中都（现在的北京）。金章宗当即下令：从宫廷选拔了十名御医，由几十名武功高强的大内高手保护着，星夜兼程，直奔辽东路安东府。

这些御医们，有的骑马，有的坐轿，也经不起路途遥远，长时间颠簸，每天行程不到百里，从京城到辽东差不多走了一个月。老百姓听说朝廷派来了给皇上治病的御医，来给他们治眼病，乐得奔走相告，直喊大金国万岁！皇上万岁！可万万没想到，他们高兴的太早了！御医们第一天开诊，接待了好几十个瞎眼病人，望闻问切，四诊到底。结果呢，没一个御医能说出个子午卯酉，是啥眼病，稀里糊涂地给病人开些药方。病人煎了药，又喝又洗，几天也不见效。后来，

还有俩御医和俩侍卫，也得上了瞎眼病。领队的御医完颜博大叫一声："快走！再不走咱这把老骨头就扔这旮了！"御医们叽里咕噜地撤走了。

富尔江下梢左岸边，有个名叫兀骨突的伙洛，伙洛里有一半人家都得了瞎眼病，这可急坏了穆昆达。穆昆达有五个女儿，没有男孩。五个女儿都是花容月貌，她们的名字是大娘、二娘、三娘、四娘、五娘。这五位姑娘中的大姐二姐已经嫁人，家中还有三娘、四娘、五娘。偏巧，她们的额娘也得了瞎眼病，急坏了三位姑娘。

四娘说："当年五女山上的五仙女除暴安良救苦救难，回春仙子舍身救黎民百姓的故事流芳千古，我也排行老四，我要是献出生命，能让那些得了瞎眼病的人重见光明，我也愿意！"

五娘说："要是用我们的身体能治好额娘和所有闹眼病的人，我也宁愿献身！"

当天晚上，四娘和五娘做了同样一个梦：云霞中，仙女告诉她们说，要治好瞎眼病不难，只要你们有武艺和胆量就能办到。你们逆水上行四十里，到富尔江左转弯处，有一个滴台砬子，高二十丈，砬子顶上有一株千年灵芝草，采下灵芝草煎一锅药汤，没得病的眼睛滴一滴就不得病，刚得病的眼睛滴两滴就能好，已经瞎了的眼睛滴三滴就能复明。但是呢，这千年灵芝旁边有一条大蟒守护着，要不战败大蟒，就得不到灵芝草。去的人多了也不行，人多响动大，惊了大蟒，它会叼着灵芝钻进石头洞里，这株灵芝仙草就永绝人世了！

四娘和五娘一觉醒来，姐俩一说，梦境分毫不差，心说这是神仙指点迷津啊！咱姐妹二人豁出性命也要斗败大蟒，夺回仙草为额娘和乡亲们治好眼病。

第二天天亮，四娘和五娘告别额娘，带了宝剑钢刀起身，三娘听说了，也要去，多一个人多一份力量。四娘和五娘劝她："三姐，你啥武功不会，去了也帮不上忙。再说，额娘也得有人照顾啊。"

四娘和五娘说完，甩开飞毛腿，逆流行走。不到一个时辰，姐俩来到那个滴台砬子崖下，仰头往上一看，石壁像刀削一样，见不到崖顶。两人从山冈攀登，绕道行走，她们有生以来也没见过灵芝仙草啥样，在梦中，仙女也没说灵芝仙草是啥形状，看来只有找到大蟒，它

守护的东西就是了！大蟒呢，到底有多大？姐俩心里没底，只好悄手蹑脚，一点儿一点儿地向崖顶寻找。冷不丁的，她们闻到一股刺鼻的腥臭味，姐俩对看一眼，心里猜想：离大蟒不远了。据老人们说，大蟒要是发现敌害之物，第一招就是放射一股腥臭气，熏跑敌害！姐俩握紧刀剑，并排向发出腥臭味的地方搜寻。果不其然，绕过一株虬龙古松，一条大蟒正用身体盘旋着一棵棕红色雨伞样的特大蘑菇。大蟒头抬得老高，像铜盆口粗，嘴里吐出好几尺长的蟒芯子，一伸一缩，两只铜铃大的眼睛，射出凶狠的绿光，让人头皮发麻，腿软筋酥！

四娘和五娘低声商量：咱俩一块儿刀劈剑刺，主动进攻，看它怎样敌挡！姐俩找准落脚地方，喊声“一、二！”一左一右，跳到蟒头近处，脚没沾地，刀剑先连砍带刺蟒头。那大蟒呢，不慌不忙，向后一缩，躲过了刀剑，又冷不丁抬高蟒头，露出凶样，吐出芯子，“嘶嘶”直响，喷出一大口毒汁。姐俩早有防备，躲过后和大蟒斗在一起。拼杀了挺长工夫，人杀不了蟒，蟒也伤不着人。可是呢，在陡峭的崖顶上，蟒蛇行走自在，人却得十二分小心，一不小心掉下悬崖，就得粉身碎骨。

打了十几个回合，五娘说：“四姐，这样斗下去我们非吃亏不可，咱俩狠下一招，假装败走，激怒大蟒，把它引到山冈石头砬子上，再杀它。”

四娘说：“对！就这么办。”

姐俩为啥想出这招呢？原来蟒和蛇这种动物，在草上行走，“吱溜”就没影了，在石头沙子上爬费劲。姐俩瞅准机会，一块出手，挥刀舞剑。四娘砍到了蟒头，震得手臂发麻，只砍破了头皮，没砍碎骨头。五娘一剑刺中蟒脖子，剑尖刺进挺深。那大蟒鲜血直流，发出一声瘆人的惨叫，张着血盆大嘴，直奔四娘、五娘。四娘五娘呢，转身跳到山冈石砬子上，大蟒紧追不放，没过五六十步，大蟒已经追到五娘身后。五娘返身抽剑，狠刺蟒口，也是用力过猛，连半条胳膊都送进了大蟒嘴里。大蟒一合嘴，咬住了五娘的手和半条胳膊。四娘听背后声音不对，急忙返身，见妹妹被大蟒咬住，举刀往大蟒脖子上猛剁，连砍数刀，大蟒的脑袋才“啪嚓”一声摔在石头砬子上，身子软了，肚皮也朝天了，只有尾巴还动弹，要死了，可是呢，不松口。再

看五娘，蟒毒攻心，已经昏迷倒地了。四娘用刀撬开蟒口，才拽出妹妹的胳膊。

五娘说：“四姐，别管我，赶紧取那灵芝仙草，回家给额娘和乡亲们治眼吧！”说完，五娘闭上了眼睛。

四娘哭了很长工夫，在岭上埋了妹妹，取了灵芝仙草，回家熬煮，治好了额娘，也治好了所有得眼病的人。

当地老百姓，为了纪念五娘的功德，在她死去的岭上，修了一座五娘庙，长年累月有人烧香祭拜。从此，那个山冈就叫五娘岭。年深日久，五娘岭被人们误叫古年岭了。

讲 述 者／富察德升　男　63岁　中专文化　职员
采 录 者／郭永平　刘先福
采录时间／2009年7月21日
采录地点／古城镇双岭子村

韭菜沟的来历

关东山有一首古老的民谣说："要想孩子不尿炕，韭菜沟里去一趟，一天三顿吃韭菜，九天过后信偏方。"这韭菜沟在哪里？就在桓仁县八里甸子。关东山人知道韭菜又好吃又能治病，是从韭菜沟传出的。

在很久很久以前，关东山里的人们穿的是野牲口皮，吃的是野牲口肉，住在窝棚、石棚、山洞里，铺着狍子皮，盖着熊虎皮，一代又一代地度日月。山里的水凉、地凉、天冷，人总受凉，尿炕的就多。二十岁以下的丫头小伙子尿炕是常事，谁也不笑话谁，这毛病成亲以后就好了，不算病。

偏偏有这么一家，娶了个新媳妇，天天尿炕，洞房里那股味，赶上牲口圈了。公婆和男爷们没说啥，媳妇自己面子上觉得难堪，偏偏有两个多嘴多舌的小姑子，总是拿话斥哒嫂子，后来当着众人的面骂嫂子是"尿炕精"。新媳妇觉得这个家待不下去了，自己跑到山沟里去了。

两个小姑子惹了祸，还不知道，光顾着玩嘎啦哈去了，嫂子走了也不知道。哥哥上山打猎去了，到了第二天早上看哥嫂房中没晾被褥兽皮，也没在意，以为嫂子回娘家去了。

过了九天，哥哥从山上打猎回来了，一看屋里挺干净，挺高兴，小伙子招呼媳妇煮肉，不见应声，正要出屋去找，两个妹妹说："那'尿炕精'回娘家去了，找她干啥！"

俗话说，"谁的媳妇谁疼爱"。哥哥叫妹妹煮肉，自己提着一只死狐狸，一口气跑到了老丈人家，狐狸送给了丈母娘。接着就问媳妇在

哪儿。老丈人和丈母娘都说："俺闺女嫁你家，有一个多月没回来了，怎么到这来问?"

小伙子一听慌了神，把媳妇走了九天的事说了。老丈人一家也着急了，这就到处打听，谁看见俺家姑娘了。

小伙子回去和爹妈一说，爹妈着急了，两个妹妹也傻眼了，咋办呢？这就撒开人马找。

找到第三天晌午，小伙子在一个山沟里看见媳妇正在山坡吃青草叶呢。

这时正是初春，残冬的余寒未尽，草木尚待滋生，一种绿莹莹的草叶破土而出，满沟都是。媳妇大概是饿了，她扯着草叶大把大把往嘴里填。小伙子心疼地说："那草叶猴辣猴辣的，别吃它，别毒死你，快跟我回家吧!"

媳妇见自己男人来了，委屈地哭了起来，诉说了出走的经过。原来她这九天饿急眼了，净吃这种绿叶子草。

小伙子把拳头一晃说："咱回去，谁要再说你是'尿炕精'，俺就揍!"

家里出了这惊村动邻的大事，公婆直怨自己女儿不懂事，劝媳妇别懊恼，两个小姑子吓得一声也不敢再吭了。嫂子会跑，哥哥的拳头，哪一样她俩也不敢嘲乎了。

媳妇回家之后，晚上也不尿炕了，一连半个月，被窝都是干干爽爽，尿炕的毛病好了。

好事不出门，怪事传得快。附近的那些尿炕男女，都来打听病是怎么好的，一听说是吃了山沟里的一种青草叶，都跑去吃。这时已是春暖花开了，沟里的青草让人们吃了一茬，又发一茬，吃过几个月，村里的大人小孩没有一个尿炕的。都把这草当成了宝。

这山沟里的人和外村人亲连亲，互相传，越传越远，来吃过这草的人，连吃九天病就好了，于是编了一首民谣："要想孩子不尿炕，九菜沟里去一趟……"你想小孩都不愿尿炕，大人有这毛病还不赶紧往那儿跑，就这样，偏远山沟里的九菜沟也出了名。

后来肃慎向周天子进贡，说了这仙草的好处，周天子把一班文人找来，描其形状，写成了"韭"字，这就是韭菜沟的来历。

金朝的时候，被称为“小舜尧”的金世宗在关东山里避过难，审乐知政，知道了这韭菜沟的好处，在他当了金国皇帝以后，看出家当了尼姑的妈妈李氏不吃荤腥，就派人在韭菜沟南边开了一个菜园，专种宽叶子的“马莲韭菜”，年年送到辽阳垂庆寺供李氏皇娘吃。后来那个菜园成了一个村庄，叫做“韭菜园子”。外地的人提起关东山，都知道韭菜园子和韭菜沟。

讲 述 者／于中发

采 录 者／刘先福　潘玲玲

采录时间／2009年7月24日

采录地点／沙尖子镇头道阳岔村

王大娘泡子的传说

后金年代，富尔江中下游右岸，有一条大山沟，名叫荒沟子。沟口偏左，有一个长一里宽半里的大水塘，当地人叫大泡子。大泡子天旱不干，连雨天不漫。泡子里天生许多鱼鳖虾蟹蝲喇蛄。

泡子岸边住着一户人家，一个老娘领个儿子和儿媳妇过日子。儿子名叫大郎，勤快厚道。媳妇名叫大娘，长得美貌又贤惠。那时候，女真人（尤其是建州女真）崇尚汉文化，以改汉姓为荣。这户人家呢，就改姓王。大郎就叫王大郎，媳妇就叫王大娘。

当时，伙洛里穆昆达有个儿子，名叫钮古拉。钮古拉仗着阿玛的势力，游手好闲，无恶不作，他家里已有大福晋、侧福晋十二人，偏偏又看上了王大娘，每天借着收渔税地税啥的，领着一帮狗腿子，时不时到王大娘家，想撩拨人家。有王大郎在家，钮古拉一直没得逞。

这一天，后金国又派下征兵任务，三丁抽一，每个伙洛都要从强壮男人中抽三分之一的人，到前方打仗。

钮古拉暗中高兴：时候到了，有王大郎在家守着媳妇，我没法把王大娘弄到手，这回派他去当兵，要是被打死最好，不被打死，也得几年才能回来。趁这工夫，我软硬兼施，不怕你王大娘不从！主意一定，就跟当穆昆达的阿玛说，派王大郎去当兵。这个穆昆达呢，对这么个独生儿子，娇生惯养，儿子说啥阿玛信啥。王大郎就被派去当兵。

王大郎临走时，再三叮嘱媳妇："照顾好额娘，照顾好自个儿，时刻防着钮古拉这个王八羔子。大泡子水深莫测，不要乘伐子到中间去，在岸边少种点儿地，够你们娘俩吃就行，等我三年服役期满，回

来就好了。”

王大娘说：“你放心去吧，我会照顾好额娘和自个儿的，你在外面充军打仗，千万小心，我跟额娘等你好好生生地回来。”

说完，小两口洒泪分别。

这钮古拉见王大郎一走，立马儿派狗腿子到王家察看。狗腿子回来报告说，王大娘正在铲地。钮古拉心里说好，我明天猫地边棵子里，等你一不留神，从后面一下子抱住，不怕你不从。

第二天蒙蒙亮，钮古拉起早来到王大娘家地边，藏在一块大石头后面。一看王大娘没到，他只好探头探脑在石头后面干等。

不一会儿，王大娘来到地边，向四周看了看，没发现啥，就挥锄铲地。钮古拉乐得心里怦怦直跳：时候到了！他悄手蹑脚绕过石头，从王大娘背后凑过来，只差一步就要抱着王大娘了。正这工夫，王大娘察觉身后有声，人没回头，先拿锄头往后抡，正好打在钮古拉小腿上。钮古拉“哎哟”一声嚎叫，向后倒退了好几步。王大娘回头怒斥说：“钮古拉，你仗势欺人，太过分啦！三丁抽一，不准抽独根独苗，你为啥叫我家大郎充军？想占我便宜？休想！”

钮古拉被打得一瘸一拐，回到家，阿玛问他腿咋瘸了？钮古拉不敢说出实情，但他贼心不死呀，又派狗腿子，乘夜拔掉王大娘家所有的庄稼苗。

第二天，王大娘见地里的青稞子都被拔掉了，知道是钮古拉一伙人干的。但没抓到证据，没法说理呀！这一年，王大娘家没了粮食，婆婆又得了病，她只好下泡子捕鱼，一边卖钱给婆婆治病，一边换点儿米，娘儿俩熬点稀饭度日。

钮古拉呢，又想出坏主意，我把你家的筏子和渔网都毁了，看你还拿啥家什捕鱼！就又派狗腿子，乘夜沉了王大娘家的筏子，烧了王大娘家的渔网。

钮古拉以为王大娘没了生计，这回肯定得向他告饶，又来到王家，调戏大娘。大娘严辞拒绝。老太太也操起剪刀说：“别看你是穆昆达的儿子，我老太太也不怕，杀死你，我一命抵一命，你要再不要脸，我就一刀扎死你！”

钮古拉被骂得狗血喷头，狼狈逃回家中，他想：这个老太婆太碍

眼，把她除掉，只剩下大娘，事儿就好办了。咋除呢？

一个狗腿子献计说："王家穷得吃不上饭，弄点好饭好菜，里面下点毒药，命令王家亲戚送去，老太太吃了不就毒死了！"

钮古拉说："要是王大娘也一起吃了，毒死不就可惜了？"

狗腿子说："咳，王家的事我了如指掌，王大娘特别孝顺，有啥好吃喝她都舍不得吃一口，上顿饭老人没吃光，她还留到下顿，再给老人吃。"

"好，就按你的主意办！"钮古拉说完，叫厨子备了白面饽饽和炖肉，亲手下毒，又叫王大娘一个亲戚给送去，并嘱咐说："别说是我送的。"

果不其然，王大娘一口不舍得吃。老太太吃了，七窍流血而亡。王大娘泪流成河，把婆婆埋在大泡子边上。

这回，钮古拉扫除了一切障碍，带着一帮狗腿子，抬着花轿，赶奔王大娘家，说是要娶王大娘到他家过好日子。

王大娘手握一把剪刀，站在泡子边上，厉声警告钮古拉："你欺压良善，坏事做绝，要是再不回转，我就死在你眼前！"

钮古拉嘻皮笑脸地说："王大娘，应该叫你钮古拉大娘了，现在你家一无所有，这个老不死的婆婆也死了，无牵无挂，跟我走吧！"说着话，一步步逼近王大娘。

王大娘手里握着剪刀，本想在无路可走的时候刺死自个儿，落个清白，但是眼见钮古拉那副色迷迷又得意的眼神，冷丁改了主意：留下这种坏东西，将来还要祸害别人！就说："钮古拉，我们女真人娶亲上轿都要抱轿，你能来抱我吗？"

钮古拉一听，心花怒放："咳！你要早这么说，事儿不早成了！"说着就急步来到王大娘眼前，刚一伸手，王大娘叉着剪刀刺向钮古拉！

仇恨太深，下手太狠，钮古拉的前半个脖子，全给剪断了！血喷几尺高，当场毙命。在场的狗腿子都吓傻了，王大娘没事似的，理了理头发，一头扎进大泡子。从此，人们把大泡子的名字改叫王大娘泡子。

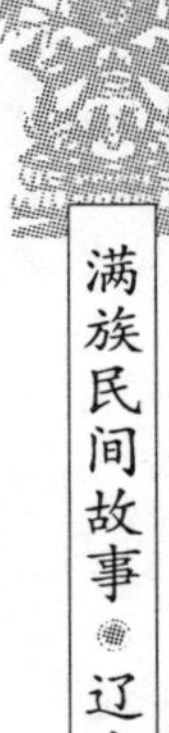

讲 述 者/富察德升　男　63岁　中专文化　职员
采 录 者/郭永平　刘先福
采录时间/2009年7月21日
采录地点/古城镇双岭子村

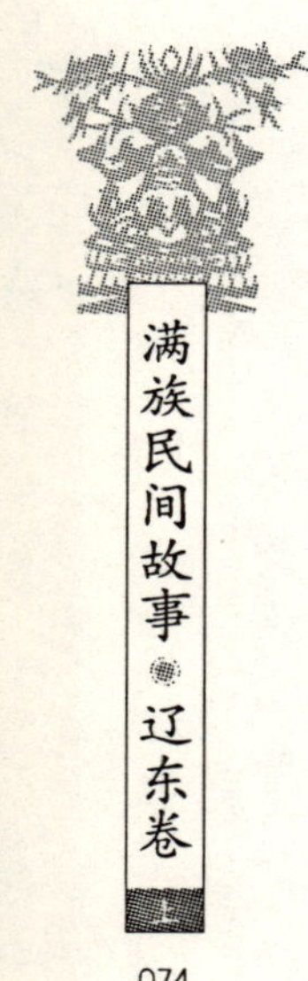

大屁股沟的故事

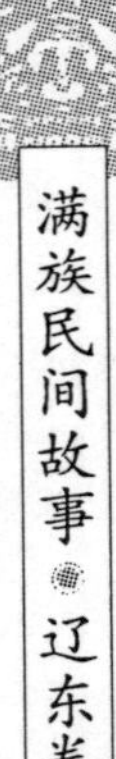

在桓仁满族自治县古城镇洼泥甸子村东，有一条山沟，叫大屁股沟。当地人在那里世世代代打渔种地，谁也没想过这条沟的名字不好。

早先年，咱这旮旯有老虎，人们管老虎叫“老爷子”。老虎是百兽之王，一般时候，就在深山老林里，捉些野猪、野山兔啥的吃，不到村里祸害人畜。

那年春天，不知咋的了，北到老岗山，南到卒本川，东到蜂蜜砬子，西到五女山，方圆几百里，三天两头有人畜被老虎吃掉。老百姓们谈虎色变，苦不堪言。

地方官们也特别犯愁，猛虎伤害人畜，老百姓不敢出屋，没法种地捕鱼做生意，这可怎么办？地方官把实情上报到州府，州府官立马儿再报朝廷。皇上一听，说这些地方官真是些白吃俸禄的废物！多组织人把老虎打死不就得了！

地方官这就指派四个精悍武士，组成打虎队进山打虎。地方官许愿说：打死老虎论功行赏，每人赏银一百两，主要打手封千户侯。

打虎队进山寻找老虎。老虎就跟打虎队藏猫猫，你东我西，你南我北，还常在大天白日闯进村寨，伤人伤畜。打虎队呢，却找不到老虎的踪影！

两个月过去，打虎队被老虎拖得筋疲力尽，只见虎踪虎粪，还有被老虎嚼剩下的人畜肢体，就是看不着老虎的影儿。这些打虎队员每到一处，都要老百姓们好吃好喝伺候，哪个伙洛招待不周，立马儿走人！老百姓这边受虎害，那边还要受打虎队害！

这一天，在温都里，就是现在的洼泥甸子村，挺身站出一位名叫巴罕的青年。巴罕年方一十八岁，是家里的独生根苗。

巴罕要上山打虎，阿玛和额娘坚决不同意！

阿玛说：“巴罕，官府派了那么多武功高强的人，带着钢刀利剑都没打死老虎，你一个人，身单力薄，真遇上老虎，你斗得过吗？再说了，老虎是伤了邻家的人和牛马，但没伤着咱家人，牲畜也好好的，你干啥要冒这么大风险呢？”

额娘流着泪说：“儿啊，你是咱家的独苗，阿玛靠你传宗接代，额娘靠你养老送终，你要是有个三长两短，我和你阿玛咋活？”

巴罕说：“老虎伤害人畜，官府的打虎队个个是草包饭桶，欺软怕硬，鱼肉邻舍，比老虎还可恶。只有我们自个儿动手，除掉虎害，到那时，打虎队就撤了，两害也都除了！”

巴罕的两个朋友听说巴罕要上山打虎，知道他的脾气，他决定的事，十头老牛也拉不回。咋办？他们要帮巴罕一把，又联络两名胆大心细很义气的青年，想悄悄跟在巴罕身后，紧要关头也好保护巴罕。

这天，巴罕听说邻近伙洛又有人被虎害了，就带上准备好的长刀短剑，强弩利箭，全副武装，出发了。他的两位朋友和另外俩小伙子，也远远跟在巴罕身后。

冤家路窄，巴罕刚走进一条山沟，就发现了老虎的踪迹。正是三九腊月天，老虎踩下的新脚印特别明显，雪地上，还有点点滴滴的血迹。

巴罕不敢怠慢，瞄着老虎脚印，跟了上去，走着走着，看见前面三四十步远的一堆石砬子下，有只大老虎，正在撕嚼一头犍牛，旁边还有两具残缺不全的人尸！巴罕气得眼睛都红了：这还了得，这样下去，伙洛里的人畜早晚被糟蹋光了！

巴罕摘下弓箭，屏住呼吸，拉弓搭箭，“嗖”的一声，射中了老虎的脖子。受伤的老虎呢，没致命，竖起耳朵，吸吸鼻子，立马儿发现了巴罕。老虎呲牙咧嘴，“嗷”的一声，震得山谷“嗡嗡”作响，忽地一下子蹿起，带起一阵风，身边草木“唰唰”直响。老虎脖子上带着利箭，看样儿没咋的，“蹭蹭蹭”几步就蹿到巴罕眼前，张开大口，前爪抓地，尾巴竖直，“嗷嗷”狂叫，扑向巴罕。巴罕的几位朋友，吓得

腿软筋麻，破着嗓子喊了一声：“巴罕!”就瘫在地上。

老虎听到喊声，一愣神的工夫，巴罕使足吃奶的力气，手起刀落，奋力劈下。好家伙！这一刀，不偏不倚，正好劈中老虎的天灵盖，大刀被老虎的头骨夹住。老虎向前又是一纵，巴罕闪身躲过，刀把也出了手。老虎用尾巴一扫，也没伤着巴罕，晃晃悠悠，摔倒在地，蹬蹬腿死了。巴罕呢，也一屁股坐在雪地上。

巴罕劈虎，为民除害的事到处传扬。从此，这条山沟，就被称作“大劈虎沟”。后来，叫白了，被叫成了“大屁股沟”。

讲 述 者／富察德升　男　63岁　中专文化　职员
采 录 者／郭永平　刘先福
采录时间／2009年7月21日
采录地点／古城镇双岭子村

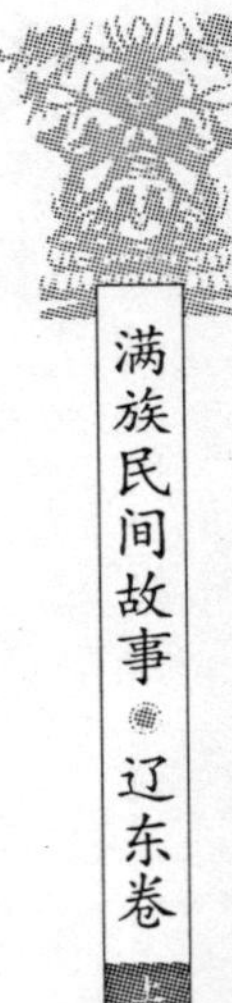

拐磨子的来历

当今的桓仁满族自治县古城镇政府，设在拐磨子街。

拐磨子在早叫拐子磨，据说是五女山上的仙女芙蓉仙子和祥瑞梅花姐妹俩为当地人民制造石磨留下的地名。

商周时期，浑江流域住着许多女真人的原始部落，他们的一个部落就称一国。富尔江过去叫沸流水，沸流水流域就是古沸流国旧地。听史学家说，现在的古城镇东古城村，就是当年沸流国国都兀弥府的所在地。

沸流国人靠半渔猎采集、半农耕养殖生活，过着自给自足的日子。他们把五谷杂粮粉碎成米面，做成饭和饽饽。他们把一块大石头中心地方，凿个圆坑，叫“石臼”。再用石头硬木，制成石棒或者木棒，叫“杵”。使用时候，把粮食放在臼子里，用杵子杵捣，效率很低，两个硬劳动力拼死拼活干一天，杵出来的米面不够二十人吃一顿！

有天晚上，五女山上的二姐芙蓉仙子和四妹祥瑞梅花，搭伴儿视察人间。她们走出五女宫，脚踏祥云，在低空慢慢悠悠，往东北方向飘。这时候，劳作一天的诸申（满语自由人）和阿哈（奴隶），大多数已经熄灯熟睡了。但是过了兀弥府往北不远的一个大伙洛（村寨）里，有一个白发老人和一个八九岁的小女孩，还在院子里杵米。

芙蓉仙子和祥瑞梅花稳住云头一看，听见那小女孩央求：“玛法（爷爷），我饿，咱吃点饭再干吧！”

老玛法无奈地说：“饿，饿，你就知道饿！谁让你没托生到穆昆达家当格格？你要是穆昆达家的格格，能天天吃糠咽菜受苦受累吗？咱

家是阿哈，天生就是受苦的命！我打了一辈子石头，咱家还没住上一间石头房，到死我也得死在马架子里！咱干不完穆昆达派的杵米数量，就得受罚。”

芙蓉仙子和祥瑞梅花是什么主儿？南海观世音菩萨的徒弟啊！除暴安良，救苦救难，那是她们的主业。姐儿俩对看一眼，想到一处：下去看看，芙蓉仙子一招手，拘来一篮藕粉麦面香饽饽。

姐儿俩按落云头，走进杵米老玛法的院子。老玛法一愣，喊道：“老伴儿，丫蛋儿，快过来，拜见五女山的仙女格格！”

老玛法和老伴儿拉着孙女，刚要跪拜芙蓉仙子和祥瑞梅花，芙蓉仙子连忙拦住：“老玛法，千万不要多礼，您就把我们姐儿俩看做是自家格格吧！”随手把饽饽篮子递给老当家的，说：“我们姐儿俩给你们带点儿饽饽和菜肴，你们杵了一天米，累得够戗，也该歇歇手吃点东西了。杵米的活让我们姐儿俩干，保证耽误不了明早向穆昆达交米。”

老当家的和老伴儿从芙蓉仙子祥瑞梅花手中接过篮子，千恩万谢地领着孙女进屋吃饭去了。

芙蓉仙子对祥瑞梅花说：“这里的人们还用石臼杵米，实在太笨拙了，咱五女山上已经用碾子碾压米面，但碾子太大，得用畜力才能拉动，能不能造出一种小型的家什，一个人操作就能粉碎出很多米面呢？”

祥瑞梅花说：“二姐，咱五姐妹中数你心灵手巧，琢磨啥像啥，你说咋干就咋干呗，我帮忙。”

老玛法原本是石匠，专为穆昆达打石建造房屋，院子里堆放不少斗大的方石。芙蓉仙子心想：石碾靠碾砣重量滚压粮食，脱皮成米，碾压成粉。人或动物呢，靠牙齿咀嚼，磨碎食物，能不能给石头也“镶”上牙齿？她拔下头上的百宝簪，变成一把凿石宝铲，把两块石头削平，一面凿出数道均匀的棱槽，把两块带棱槽的扁平石面合在一起，就像人的上下牙齿，再把米粒放在两石中间，推转上面的石块，米粒就磨碎了。可是太费力气了，她又一琢磨：石器的“牙齿”管用，怎样才能更省力呢？芙蓉仙子稍一皱眉，咳！有了，石碾子靠碾砣转动碾压粮食，那我也叫上面这层石块转动不就行了吗！

芙蓉仙子自个儿凿出一块石头，叫祥瑞梅花按照样子再凿一块。姐儿俩先把方石凿成月饼样，扁圆形，又把扁圆石块的圆面等分八份，每份凿出扇形和依次渐短的八槽八棱，圆石正中安一个铁轴，把上面扁石掏洞，粮食填进洞口，转动上层石块，粉碎的粮食就从圆石周边流出。祥瑞梅花特别高兴："嘿！这个物件真好！"

芙蓉仙子又一皱眉："不完美，用手直接转动上面这块石头，还是太费劲。"她又在上层石块边上凿个小孔，安上直角木柄，手握木柄摇转，石块就转动不停。操作的人呢，一手推木柄，一手抓粮食，往圆洞中装填，磨出的米面就源源不断地流出来了。

芙蓉仙子和祥瑞梅花制成这件宝贝器物，正好用了石匠老玛法的一顿饭的工夫。见了这件宝贝，老玛法特别高兴，问仙女格格，这个物件叫啥？

芙蓉仙子想了想说："这个东西用麻石制作，这种加工粮食方式又是'研磨'，为了使用方便，旁边又加个木拐，全名就叫拐子磨得了。"

芙蓉仙子和祥瑞梅花又帮老玛法磨了一阵子米面，看看足够交付穆昆达了，姐儿俩才告辞回山。

偏巧，那一夜，老玛法的儿子打死伤人猛虎立了大功，皇上一高兴，封老玛法儿子为巴图鲁，还在皇宫里为巴图鲁安排了官职，解除老玛法全家阿哈身份，升级为诸申（自由民）。从此，老玛法以芙蓉仙子制作的拐子磨为样儿，凿制拐子磨，送给全伙洛人家使用。

消息很快传开，不仅沸流国人都到老玛法家来买拐子磨，别的地方的人也都来买。工夫一长，这个伙洛就被周边的人叫成了拐子磨。再后来，又慢慢被人叫成了拐磨子。

讲 述 者／富察德升　男　63岁　中专文化　职员
采 录 者／郭永平　刘先福
采录时间／2009年7月21日
采录地点／古城镇双岭子村

蜂蜜砬子

出了桓仁县城，往东南走约摸十五公里，有一座红色石砬子，三丈多高，十几丈长。这座石砬子虽然不高也不长，但是非常陡峭，像刀劈斧剁一样。只是缝隙较多，有的缝隙里长着总也长不大的油松。石砬子顶上草树更多。过去，那里居住着十几户满族人家，他们把这座石砬子当成吉祥物，又根据石砬子的颜色，起了个名，叫红砬子。自从清朝光绪年间营口海防同知厅同知章樾在石砬子下住了一宿后，“红砬子”就改名叫“蜂蜜砬子”了。

说是这天，章樾带着几个随从，到东路去巡查民情，刚走到石砬子附近，老天忽然阴的漆黑，不一会儿就下起了大雪。走不了了，前后一看，有一个砬子山，也不知叫什么，几个人赶忙跑到石砬子下，想避一避，等雪停了再走。他们一伙人跑到跟前一看，发现石砬子下头有一个不大的山洞，几个人就赶忙躲了进去。虽说山洞不大，几个人躲在里面也够用。

这大雪越下越猛，一直下到天黑，也没有停的意思。天渐渐黑下来了，洞里很冷，不能赶路，也只好在这个山洞里过了夜再走。为了取暖，几个人顶着大雪，出去掰了些树枝回来点着火。大家围着取暖。工夫一长，石洞顶上被火烤得“啪啦啪啦”直响，就看许多汁液顺着四壁的石缝流出来，看上去有点像蜂蜜，这帮人用手指蘸着尝尝，呵！很甜！果然是蜂蜜！就拿出带来的饽饽蘸着吃。

原来，这座石砬子的缝隙里，有许多野蜜蜂在里面做窝，产出很多蜂蜜，天长日久，这石洞就被蜂蜜越堆越厚。这个事从来没被发

现，却被章樾一伙人用火给烤出来了。

从那以后，这座不大的红色砬子山，就改叫“蜂蜜砬子”了。住在附近的人们都到那去刮蜂蜜。

现在去看那座砬子山，靠东面的那段，不知在什么时候塌陷了，石洞没了，蜜蜂也看不到了，就剩一个不完整的石山了，还有这个石砬子改名的故事。

讲 述 者/高培智

采 录 者/郭永平　潘玲玲

采录时间/2009年7月21日

采录地点/古城镇双岭子村

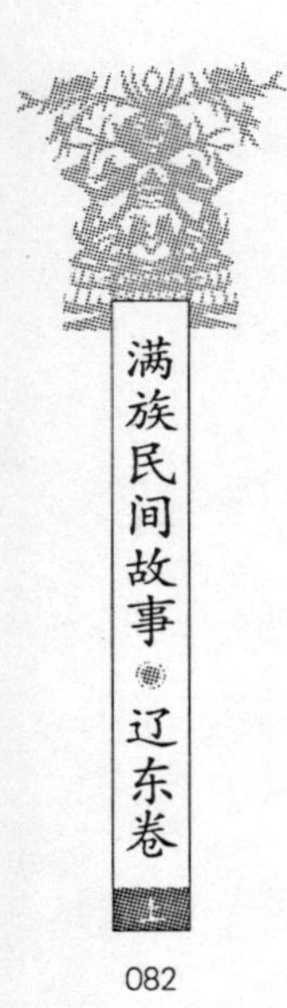

青马义犬索伦杆

额莫齐生大儿子努尔哈赤时，在冰天雪地里生的，从此坐下病根儿。十年后，额莫齐因病去世，扔下了三子一女。大额娘李佳氏，对额莫齐的四个孩子百般刁难，那可遭老罪了。特别是努尔哈赤，长得和别人不一样，就更不得好脸，吃不饱穿不暖，饥一顿饱一顿的，每天还要跟家奴一起干重活。努尔哈赤受不了大额娘虐待，跑到古埒城外祖父王皋家里长住。

努尔哈赤十三岁那年，明朝边将总兵李成梁攻破古埒城，王皋被擒，城中百姓多数被杀被掳，财物洗劫一空。努尔哈赤也在被掳的人里。

李成梁见努尔哈赤聪明伶俐，就把他留在府中，做他的书童，每天伺候他起居。这样，努尔哈赤在李府，一住就是三年。一天，努尔哈赤为李成梁打水洗脚，见李成梁左脚掌心有三颗黑痦子，就问李成梁："大人，您脚下长了三颗痦子？"

李成梁得意地说："这三颗痦子可了不得，我能当上总兵官，全仗这三颗痦子呢。"

努尔哈赤说："那算啥，我脚下有七颗红痦子，咋还得伺候您呢？"

李成梁一惊："嗯？你脚下有七颗红痦子？快脱鞋我看看。"

努尔哈赤脱掉鞋子，李成梁一看，果不其然，七颗红痦子，像北斗七星，排列有序。

李成梁暗想：京城里早就传下缉捕公文，说是东北方出现了真龙天子，将来必夺明朝江山，原来这真龙天子就藏在自个儿家里！我得

把他逮住，押送京城，大明皇帝一定重赏我，提拔我。

李成梁老谋深算，不动声色，打算到五更天，努尔哈赤睡熟的时候，再叫人下手捆绑。

李成梁越想心越乐，乘兴来到小妾喜兰的房中睡觉。李成梁当年将近七十岁，喜兰呢，十七八岁，心里别提多苦了。老夫少妻，表面恩爱，没真格的。李成梁自个儿觉得挺好，就把发现真龙天子的事和盘托出，还告诉喜兰，明早五更就把努尔哈赤打入木笼囚车，押进京城，献给皇上。

夜深了，李成梁毕竟年老体虚，睡着了。喜兰睡不着，她想：要把努尔哈赤绑缚进京，肯定没命啦。我得救他！喜兰悄悄起身，来到努尔哈赤睡处，叫他赶快逃走，要不下半夜就没命了！

努尔哈赤当时只有十五岁，听了喜兰的话，吓得真魂出窍，这可怎么办，深更半夜的往哪逃啊？咋逃啊？李总兵手下十几万大兵，我能逃得出去吗？

喜兰说不怕，李成梁不是有大清、二清两匹战马么，你骑上大清，我给你带了出城令箭，你拿着赶快跑吧！

努尔哈赤骑上大清马，带着大黄狗，一路狂逃。喜兰知道自个儿告密，一准得到李成梁加害，就在西厢房梁上吊死了。

李成梁一觉醒来，见喜兰不在，就知道大事不好，急忙到努尔哈赤房间察看。果不其然，努尔哈赤逃走了。李成梁立马儿集合兵马，到处缉拿。

努尔哈赤手拿李成梁令箭，逃出抚顺关，直奔正东方向，打马飞跑，但是夜色太黑，伸手不见五指，跑来跑去迷路了。

天刚蒙蒙亮，后边的追兵渐近，大清马又“咕咚”一声，倒地累死了。没办法，努尔哈赤钻进一片芦苇塘。追兵赶到芦苇塘边上，人影不见了。李成梁一想，努尔哈赤一定藏在芦苇塘里面，命令兵将，点火！烧掉芦苇。这时正是早春时候，干芦苇遇火，很快烧到努尔哈赤身边。努尔哈赤心说：完了，我命不保啊！趴在地上等死。

这时候，跟随努尔哈赤跑出来的大黄狗，见主人危险，就跑进水溏，沾湿身子，往努尔哈赤身上淋水，不知往返多少回，努尔哈赤的衣裤鞋帽湿得透透的。大火烧过，努尔哈赤毫发无损。大黄狗呢，却

累死在努尔哈赤身边。

大火烧了一天一宿，芦苇都烧光了，追兵搜寻过来，眼看就要发现倒地装死的努尔哈赤，一大群乌鸦飞来，落在努尔哈赤身上，严严实实地遮住努尔哈赤身体。追兵以为，努尔哈赤必死无疑，乌鸦是不吃活人肉的，就撤兵回去，向李成梁交令："努尔哈赤已被烧死！"

李成梁因喜兰告密，气得要死，命令军兵，扒光喜兰衣服，鞭尸三百，尔后抛尸荒郊，喂野狗了。

努尔哈赤立国称罕以后，为纪念喜兰、大清马、乌鸦和大黄狗的救命之恩，下令满族人家，每到年底，都要供祭喜兰妈妈。因为喜兰在西厢房上吊死后，又被裸体鞭尸，所以要在西厢房背（熄）灯祭奠。没有西厢房的人家，在西屋祭。每个满族人家，还要立一根索伦杆子，祭神鸟。杆顶安一个锡斗，盛放五谷杂粮，并挂一盏明灯，为乌鸦寻食照亮。每年腊月二十三杀年猪，还要往索伦杆顶挂一串猪下水，或者猪肉啥的。满族人家不准吃狗肉，不准穿戴狗皮帽子和衣服。怎样报答大清马呢？努尔哈赤还未等下令，就驾崩了。

皇太极即位以后，努尔哈赤给皇太极托梦，要他把后金国改称大清国，来纪念大清马的功劳。在供奉祖先的素洋方上，除了楼名殿阁，还要画上一匹大清马，让它和祖先享受同样待遇。

讲 述 者／富察德升　男　63岁　中专文化　职员
采 录 者／郭永平　刘先福
采录时间／2009年7月21日
采录地点／古城镇双岭子村

灶王爷钻富台的传说

富台是满语烟囱的意思。满族人家每到大年三十儿这天，除了在西屋的西山墙供宗谱，还要在锅台后供灶王爷，在正房前墙垛子外面供天地牌。

在这儿，咱单讲讲灶王爷钻富台的来历。

传说在老早年儿，章佳河边住着一户章佳氏人家。章佳氏家财万贯，土地千顷，牛马成群。章佳氏家有个独生儿子，名叫章郎，他从小好吃懒做，游手好闲。反正家里有的是钱，阿玛、额娘也不管他，心想你爱咋着就咋着，俺们给你攒下这些钱，你两辈子也花不完，只要你乐呵就行。

章郎到了娶妻的年龄，父母给娶了个媳妇，名叫丁香。

丁香过门不久，章郎父母先后去世。丁香见丈夫整天没有正事，也不料理家业，就劝他收收心管管家，说轻了，章郎不理，说重了，章郎就挥拳打媳妇。打完再跑到姘妇家嫖宿，还把在家惹气的事儿告诉姘妇。

姘妇说："这样的贱女人要她干啥？休了算了。你休了她，我就可以到你家去明铺夜盖，省得她碍眼。"

章郎说："行，明儿回去我就休了她！"

这个章郎办别的事儿经常秃噜，休妻这事儿可是说到做到。他回家就写了一封休书，往丁香眼前一撂："走吧，有你这丧门旋娘们儿，我多咱也得不着舒心！"

丁香说："你真要休我？"

章郎把眼一瞪："不真的还假的，你当我跟你闹着玩呢？赶快收拾

收拾，滚蛋！走得远远的，越远越好，看见你我就心烦！”

丁香说：“你要休我也行，可有个条件，你要不答应，我就不走！”

章郎说：“甭说一条，就是十条八条我也答应，只要你走就行。”

丁香说：“你得让我把章哥和章姐这俩孩子带走，我怕孩子们跟你遭罪！”

章郎说：“领走领走，领走了我清静！”

丁香又说：“章哥章姐是你的子女，你得分些土地房产给他们，当做抚养费。”

章郎想了想说：“我阿玛活着的时候，说北省有两百垧地，租给十家地户种了，这些年，也没人去收地租，那些地都归你们娘仨。”

丁香说：“你把地契给我！”

章郎把地契找出来，摔给了丁香：“拿去吧，正好，省得我年年往北省跑！”

丁香捡起了地契说：“你可别后悔！”

章郎一撇嘴：“我一个大老爷们儿，吐口唾沫就是钉，从来不知道啥叫后悔！”

丁香叫一个下人，套上一挂车，带着章哥章姐走了。

章郎这回乐了，招了一帮狐朋狗友，在家天天肉山酒海，大吃二喝，吃饱喝足就赌，输多少钱也不惧，又把两个姘妇一起接到家里鬼混。姘妇们，混几个月摸到了钱柜钥匙，偷了银子，跑了。章郎也毫不在乎，跑了旧的换新的。

一来二去，不出三年工夫，万贯家财被章郎折腾个一干二净。他卖地，卖牲畜，又卖房宅。又过两年，房产土地牲畜都卖光了，章郎还得了杨梅大疮，啥都没了，只好讨饭为生。

起初，旧时那些狐朋狗友，还给他一口残汤剩饭。后来，干脆闭门不见，还放恶狗出来咬他。章郎常常被咬得鲜血直流，一瘸一拐的，家乡混不下去了，听说北省那边粮食多，好要饭，就拄着根棍子，一路乞讨，往北走。

腊月二十三傍晚，章郎已经两天没吃着饭了，看到一个大户人家，青堂瓦舍，屋子里灯火通明，就上前敲门。一位老人出来，开了大门，把章郎领进了屋。这家的女主人亲自下厨，给章郎现擀了一碗

面条，还给他打了两个荷包蛋。章郎蹲在门口，一面烤火取暖，一面吃面条荷包蛋，觉得这碗面条特别可口。哎！已经六七年没尝过这么好吃的面条了！擀面条这人是谁呢？口味咋这么像以前的媳妇丁香擀的呢，又匀又细又筋道。他饿呀，稀哩呼噜吃得特别香，还一边吃一边想，越想越不是滋味。

女主人见章郎三口两口就把面条吃光了，就问："吃饱没？锅里还有。"

章郎听声音，有点儿耳熟，就问："好心的大姐您贵姓？怎么有点像我的一个老乡？"

女主人说："瞎眼的章郎，你抬头看看我是谁？还老乡呢！"

章郎抬头一看，女主人正是媳妇丁香！章郎羞愧得有个地缝都能钻进去："我还有啥脸活在人世上？得啦！"一头栽进灶坑门，烧死了。

章郎的魂灵，顺着富台上了天。玉皇大帝见了章郎，说你的阳寿没到，咋就来了，快回去吧！

章郎说："唉！都怪我当初不听媳妇丁香的好言相劝，还嫌她磨叽，把媳妇休掉后，不过六年，败尽了万贯家财，落到乞讨为生的下场，偏巧又要饭要到了媳妇家。丁香亲手做了我最爱吃的面条荷包蛋，我哪还有脸再活在世上啊！这不，我就钻灶坑，顺着富台上天来了。"

玉皇大帝说："看在你还有廉耻之心悔改之意的份上，就封你做灶王吧，掌管每家每户家务诸事，每年腊月二十三，到天庭来汇报一回，在天上休假七天，年三十半夜再回去。"

从此，章郎的神位就被安排在灶台后。满族人家举办丧礼时候，有个叫"指路"的环节，要在西屋富台根下指，也是希望死人的魂灵能随着富台上天堂。每年腊月二十三这天晚饭后，要给灶王爷烧香上供，用黏米饭和灶糖粘灶王爷的嘴，让他上天汇报时说好话，再在灶门口烧掉灶王爷像。

讲 述 者／高培智

采 录 者／郭永平　刘先福

采录时间／2009年7月19日

采录地点／古城镇双岭子村

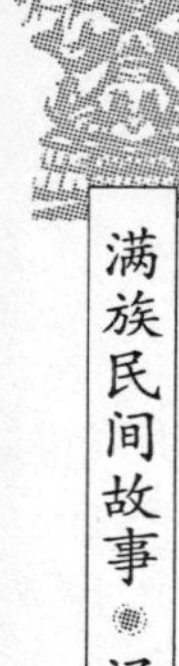

插艾蒿的传说

从前，有这么一个地方，这个地方坏人特别特别多，这些坏人把坏事都做绝了。

这件事儿也不知道怎么的，就传到了皇帝的耳朵里了。这皇帝大怒，马上传下了圣旨，命当朝的一位姓刘的大人去查看查看，说："如果要真是这样的话，咱们把这个地方所有的人都杀掉。"

刘大人接旨以后，就换成便装，去那个地方查看查看。他一进村子，就看见一个村妇，背上背着一个大孩子，地上领着一个小孩儿。刘大人看了挺奇怪，他就在道旁瞅。

这个村妇可能有急事，走的又急又快，把这个小孩拽得跟头把式的。刘大人一看生气了，这个地方民风真是有问题，这个村妇也真是可恶，你该背小的，领大的，瞅她把小的拽的，这是何道理呀？难道不是她亲生的，才这样对他？就叫随从："把这个村妇叫来问问！咋回事？"

这个村妇被带到刘大人面前。刘大人就问："你怎么能背着大孩子领着小孩子呢？"

这个村妇说："老爷呀！是这么回事，我背着这个大一点的孩子，是我丈夫前窝儿留下的，在地上走的小孩，是我到他家以后生的。因为我是后妈，后妈就得把前窝的孩子高一眼看待，所以我背着他，这个小的是我亲生的，就得严一点。"

刘大人一听，哎呀！你这个村妇心眼挺好使唤啊，这样的人不是坏人，该留下来。刘大人就说了："我告诉你呀，我这次是奉皇帝的旨

意，在五月初五那天，要把这个村子里的人全都杀掉。你是好人，到那天，你就把艾蒿插在你的房檐上，我告诉士兵，有艾蒿的这家人不杀，你就没事了。”

这个村妇一听，是这么回事儿。她谢过刘大人，回到了家里。农村谁家都有个三亲六故，这不，她就为了让大伙儿都不死，就告诉这些亲戚，五月初五房檐下插艾蒿，可以免死。这就一传十，十传百，你告诉我，我还有亲戚呢，就这么往外扩延。也真就怪了，平时作恶的人家，就没人告诉。

就这样，五月初五那天，皇上派兵，凡是没有艾蒿的人家，都通通抓去杀头了，插艾蒿的人家就留住了性命。

打那以后，就成了规矩，每年五月初五这天，家家都插上艾蒿，变成了插艾蒿避灾祸的习俗。这个习俗一直流传到今天。

讲 述 者／白远成　男　53岁　高中文化　教师

采 录 者／郭永平　刘先富

采录时间／2008年7月24日

采录地点／古城镇拐磨子村

太平鼓的由来

太平鼓，也称单面鼓或抓鼓，是满族人请神、祭祀或娱乐时的一种敲击乐器。

满族人自他们的先人女真人时起，就崇信萨满教，崇信天神地鬼。认为神鬼可以主宰人间祸福。

每当部落出征或家庭中有天灾病热，都要请萨满来跳神，乞求神灵保佑出征胜利或驱赶邪鬼，保护家人平安。

那么，后来这纯宗教活动怎么又跟满族人的娱乐活动混淆在一起了呢？

原来，这萨满是专职的神职人员。在奴隶制社会，这些神职人员多是由平民或贵族妇女所从事，奴隶是没有资格充当萨满的。到奴隶制社会后期和封建社会时期，萨满是比较吃香的。

传说在好久好久以前，长白山七道沟里住着马佳氏一个大家族，有三百多口人。马佳氏家族有自己的萨满队伍，大萨满一师一徒，是马家的婆媳二人，二萨满十来个人，男女各半。因为萨满是专业的神职人员，除了祭祀请神之外，就无事可做。虽然马家这支萨满队伍也常常被周边的部落或家族请去做神事，但还是闲多忙少。老族长在世几十年，这规矩一直没改。老族长去世，少族长接任，他发现这支萨满队伍其实也是一支可利用的劳动力，闲着的时候也可以上山打猎下河捕鱼，到农田里种地除草和收割。于是，他就在萨满闲下来的时候派他们去田里干活。萨满们自幼就是靠神吃饭的人，四体不勤五谷不分，而且还吃香的喝辣的。他们哪里受得了田间劳作的苦和累呢？没

干几天，他们就受不了了。但是，他们也没理由不去田间劳动啊！都是自家的人，不能眼看着田里的庄稼白白地扔在地里吧？

萨满中有一位名叫马四浪的二萨满，脑子活、鬼点子多。他想，我们是请神和替神说话的人，咋能同他们一样下田干活呢？想来想去，想出主意了：借神的名义编个谎，叫我们多请几回神不就可以减少下地劳动的时间了吗？

事也凑巧，这两天马佳氏家族中德高望重的八爷又犯病了。这八爷一个多月前生病，请神之后就好了，现在又犯了，还得请神。神案摆好后，一切程序跟往常一样。但是，没等大萨满来神，二萨满马四浪却改了神调，哈欠喷嚏连连不断，一跳四五尺高，把在场的人都惊呆了。经验丰富一点儿的香童立刻意识到：神在二萨满马四浪身上附体了！于是马上敬烟递酒，询问是何方大仙下凡。这马四浪身上的神起初不依不饶，像很是生气的样子。经过香童几番劝慰道歉才安静下来，接了递过来的烟和酒享用了。才嗑嗑巴巴地唱道："俺是八宝铁刹山九顶云光洞的长眉李大仙，因你府中老仙童病重才下凡，你们光许愿不还愿，这病怎能不重犯？"

众人急问，咋个还愿法呢？这马四浪借着神嘴说："凡是请神为你们办了事，事后必须再摆香案谢神。当然，谢神的时候神不一定来，你们心到神知……"

此后，摆香案跳神的事就多了一倍。但是，谢神的歌词与请神的歌词就大不一样了，大多是为神歌功颂德。后来，每次战争胜利后、狩猎后、每年秋收后庆丰收，满族人家都要摆香案请萨满跳神打太平鼓，庆太平、庆丰收。因那单鼓舞（即腰铃舞）舞姿奔放、豪壮，很受满族人的欢迎，这个习俗一直延续到新中国成立之前。

讲 述 者／富察德升　男　63岁　中专文化　职员

采 录 者／郭永平　刘先福

采录时间／2009年7月21日

采录地点／古城镇双岭子村

萨其马的传说

咱们满族人，过去等级制度非常严，有奴隶，有家奴。家奴叫嘎哈，奴隶叫阿哈。他们可以结婚，但是所生子女还是家奴或奴隶。而从自由人这个阶段往上生的闺女，没出嫁的叫格格，再往上，还有称郡主的。

萨其马是奴隶的闺女，这小孩儿从一两岁就生活在主人的厨房里，跟着父母长大，她父母是做饭的阿哈。萨其马虽然没读过书，但特别聪明，五六岁时候就能帮助阿玛、额娘洗碗烧火。然后她逐渐锻炼，到了十一二岁，就能做一些厨艺活计，成了父母的好帮手。

有一年冬天，主人家来客人，告诉萨其马的父母说："赶紧熬几个菜，我们要喝酒。"萨其马父母把菜做好，端去，摆上。喝酒的时候，话多，闲唠嗑儿。结果喝来喝去，酒菜凉了，主人让萨其马父母赶紧端下去热热。正好这天下雪，阴天，灶坑犯病，一半会儿点不着火，酒菜端不上去，客人等得着急，没吃就都走了。主人觉得特别丢面子，就到厨房，把萨其马的父母臭骂了一顿。萨其马看在眼里，急在心里，也没办法，阿哈挨打受骂是常事儿，父母说这就是命。

过后儿，萨其马琢磨：怎能让酒菜不凉呢？冷丁看见一个炭火盆。在早，咱东北人为了取暖，冬天都生个火盆，有的用黄泥做的，叫泥火盆；有的用生铁铸的，叫铁火盆。冬天，在盆里生上木炭火，暖和手脚。过去，有钱人家都用铜钵盛菜。萨其马想：火盆里有火，把菜盛出一些，坐在火盆上焐着，菜凉时候，换上火盆里的热菜，不就总能吃上热菜了吗？

果不其然，不几天，主人家又来客人。萨其马告诉父母，不用你们上菜，我上。她把做好的四样菜，用铜钵一一盛好，搁在方盘里，端上去，彬彬有礼，摆上。主人客人边吃边唠，酒菜又凉了，主人就喊："快点儿，把菜热热！"萨其马立马儿把热在火盆里的酒菜换上。客人一看：哎！这么快就热好啦？挺好啊！主人一听客人夸奖，非常高兴。

客人走后，主人问萨其马："怎儿回事儿？"

萨其马说："事前准备好的，上回没待好客人，让您生气了，我就想出这个办法。"

主人也挺聪明，说："这样吧，再来客人，把这几种菜，都放在大号铜钵里，坐在火盆上，大伙儿围着火盆，边喝热酒，边吃热菜，一会儿就暖和过来了。"

再来客人，按着萨其马和主人想出的办法，这么一做。客人们吃的都挺高兴，吃饭唠嗑儿，还能随时往锅里下菜，越吃越热乎。这就是满族火锅的雏形，火锅是满族人发明的一道名菜。

当时围着火盆不好放酒杯，后来改放桌子。满族人讲究用炕桌，放在炕上，盘腿坐着吃饭。但是桌上放火盆，火盆里再坐铜锅，太高了，个儿矮的够不着，主人又问萨其马咋办。

萨其马想了想说："你要是舍得，把桌子中间挖个圆坑，再把火盆坐到下面，上面放菜钵。"

主人按萨其马说的，做了一个炕桌儿，一试，果然方便，这就更接近现在的火锅了（上个世纪80年代，还有这种桌子和这种火锅呢，现在没了。在场人插话）。

这样一传十，十传百，火锅的做法就传开了。满族人喜欢吃锅子，这是萨其马的功劳。

主人一看萨其马这么聪明伶俐，对她格外地好，也不像以前那样对她父母啦，挺客气。以后，她父母亲也不挨打受骂了。

满族人，除了米饭，把面做的主食都叫饽饽，苞米面做的叫苞米饽饽，豆面做的叫豆面饽饽，馒头叫白面饽饽。还有一类叫饼，有三摞饼、九摞饼、春饼、秋饼等等，都是黏的。满族人喜欢黏食，比如说春饼吧，用黏米磨成面粉。过去没有糖精，加点蜂蜜，或者加糖和

面，和好做饼，两面沾点芝麻，放在锅里烙熟。一吃呢，又甜又香。

在早，每年打春那天，满族人家都吃春饼。萨其马想：白面香，色儿还白；黄米面呢，黏，色儿发黄；高粱米面呢，发酥，色儿还红。能不能把这几种面和到一块，做成饽饽，也许会又甜又香又酥，兴许好吃。

萨其马先做实验，用白面、黄米面、高粱米面、豆面各擀成一个薄饼，饼与饼之间抹上蜂蜜，摞到一起，再用刀切成小菱形块，下锅，经油一炸，果然特别香甜，又酥又脆又黏。

萨其马做出的这种饽饽，只有她自个儿和父母知道，主人不知。

这天，一个千户统领，到主人家做客。主人想用三套碗席招待统领。三套碗席是满族的中等宴席，每套中又分三套，一套八碗，总共二十四道菜，分凉、热、汤三类，还有主食类等等。萨其马就做了这种饽饽，在头一道主食，给客人端上。这种菱形块的面食，有黄、红、白三色，特别鲜艳。

在那时，千户统领是大官，好像相当于现在的省长。那时候满族人口特别少。还有，他手下所谓的千户，不一定就一千户，兴许两千户、三千户，反正他职衔叫千户。你想啊，那么大官，人家什么好吃的没见过？但是就没看过这玩意儿是怎么整的。他用手捏起一块，放在嘴里，甜、香、酥、脆还带点黏，特别好吃，就非常高兴，连吃好几块。统领问主人，这叫啥？主人见千户统领吃得挺香，也吃一块，是挺好的。千户统领问他饽饽名的时候，他没听明白，以为问是谁做的呢，就说："萨其马。"这个统领就说："萨其马好吃，萨其马好吃。"连说两遍。

当时，萨其马站在一边，准备随时伺候。她听统领说萨其马好吃，当时脸都吓白了。那时候的阿哈，主人叫你死你就得死，要吃你你就得让人吃。萨其马不敢吱声啊，低头侍立。

千户统领不停地说萨其马好吃。主人心想：你可别吃萨其马，她厨艺好着呢，我还得留着她做菜呢。

主人说："你要吃别的阿哈，别的阿哈有的是，随便你挑，就这个萨其马阿哈不能吃。"

千户统领一听说："啊！你叫我吃阿哈？让我吃人？我可没那么大

口福。”

主人说：“你不是说萨其马好吃嘛!”

噢！弄错了，千户统领和主人哈哈大笑，原来是误会。

千户统领说：“这饽饽反正没名，就叫萨其马吧。”主人把萨其马拉过来，谢过千户统领。统领说：“萨其马，你得把这个技术传给大伙儿，让全族的人都会做。你有啥要求？今儿个本统领高兴，金银财宝，房梁地产我都可以给你。”

萨其马想一想说：“统领大人，我什么都不要，就要你一句话。”

千户统领说：“那还不容易？叫我摘星星、摘月亮、摘太阳办不到，只要我能办的，一定答应。”

萨其马说：“我就要做诸申（自由人)!”

千户统领一听：“那就当个自由人呗！好说。我也有个条件，你也得答应我。”

萨其马说：“只要我能办到的就答应。”

千户统领说，想请萨其马到府上，当厨艺师，带更多徒弟，不光做萨其马，还要做很多好吃的菜和饽饽。萨其马答应了。千户统领还说按月给薪俸。

萨其马就跟着千户统领到了千户府，开办学堂，传授厨艺。徒弟们特别崇拜萨其马，叫她天神格格，夸她的厨艺都赶上天神了。

以后呢，萨其马父母的奴隶身份也解除了，做了自由人。满族食品萨琪马也流传下来了。

讲 述 者／富察德升　男　63岁　中专文化　职员

采 录 者／郭永平　刘先福

采录时间／2009年7月21日

采录地点／古城镇双岭子村

酸汤子的来历

在早，辽东山区，雨水特别多。有一年，大雨一个劲地下，江河都涨水了，平地沼泽，旱地行船。

有户人家，有点粮食，他的房子被雨浇漏了，把粮食全都泡了。这咋办？把粮食泡了，一家人吃什么呢？这要都扔了，不得饿死呀？当家的迷了魔了似的，愁得直转磨磨，那个盼哪，盼老天别下了，赶紧停了吧。雨不听他的，还是下个不停。

当家的没招，就上河沿儿去看看，河水涨啥样了。过去，他们在河里挑水，钉个橛子，橛子顶上绑个横杆，横杆绑着四根松木杆，一般上河里挑水做饭，侍弄庄稼，饮个牲口，都用它往上挑水。当家的到河沿儿一看，橛子顶上，横杆冲没有了，光剩木橛子在里头，露不点头，水“哗哗”地淌。当家的一想，这玩意可有年头了，在水里泡了多少年了？有好几辈儿了，它怎么不烂呢？当家的看了半天，想出了主意。

当家的急忙跑回家，跟老娘们儿说：“粮食不都湿了吗？天也不放晴，晒也晒不过来，咱们给它拿河水泡上。”

老娘们儿说：“那能行吗？”

当家的说：“那木头橛子泡那么些年都不烂，粮食拿水泡上指定也行。”

那就泡吧。好家伙！缸啊，盆啊，所有能装东西的都用上了，泡上后怎么吃呢？就推磨磨吧。磨成面搅糊糊喝，那也不扛饿啊，就和面烀饽饽。这么吃时间长了，也腻了。后来，就把盆钻成眼儿，把面

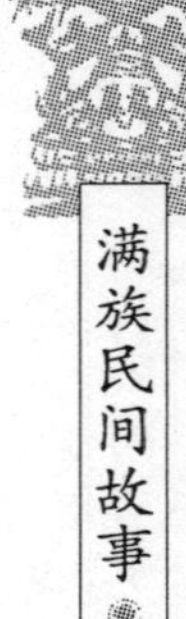

团往下按。按按就顺着眼儿漏出三棱八角的条，就煮着吃。哎！这玩意挺好吃。

后来，这么吃也吃不过来。粮食一泡上，就长毛了。这怎么弄啊？不能扔啊，扔了不得饿死呀。就用河水淘，左一次右一次地淘，把上面发霉的都淘掉了。这样再做出的条，更好吃。艮啾啾的，酸溜溜的，甜丝丝的。这下子就传出去了，一传十，十传百。人们把这种面条叫“酸汤子”。

“酸汤子”一直流传到现在。现在的吃法多了去了，加上各种调料，那是真好吃。

讲 述 者/高培智

采 录 者/刘先福　潘玲玲

采录时间/2009年7月21日

采录地点/古城镇双岭子村

哈什玛叫声的来历

据说，在很早很早以前，哈什玛（河蛤蟆）不会叫唤，那后来怎么会叫了呢？这里面有一个很有趣儿的故事。

那时候，有这么老两口儿，可仔细了，什么也舍不得吃，什么也舍不得穿，就知道攒钱，老当家的一挣回来点钱，老太太就把它装在一个大瓜里。

这年夏季，他们堡子发大水，老当家的急急忙忙，什么东西也没顾上拿，只拎着他经常拄的那个拐棍上树了。老太太没忘那个瓜，抱起来，也急着忙着爬到一棵大树上。

这水越涨越大，把房子都冲倒了，树木也都淹没顶了。老当家的落水后，被水灌得把拐棍扔了；老太太掉水里后，也被水灌得把那个瓜扔了。老当家的喊："我棍儿呢?"老太太喊："我的瓜呢?"老两口儿就这样一替一句，"我的棍儿呢？""我的瓜呢？""棍儿呢？""瓜呢?""棍儿!""瓜!""棍儿!""瓜!"……

老两口儿这样喊叫了好一阵儿。后来，老当家的棍儿，老太太的瓜都没找着，两人双双死在水里。

可巧，就在老两口儿喊叫的时候，惊动了水里的一群哈什玛，这些哈什玛就学着老两口儿喊的话，"棍儿瓜""棍儿瓜"地叫了起来。它们叫了一会儿，以为老两口还能喊点儿别的，再学学别的话，可老两口没了。这样，它们只从老两口嘴里，学到了这么两个词儿。

讲 述 者/于中发
采 录 者/刘先福 潘玲玲
采录时间/2009年7月24日
采录地点/沙尖子镇头道阳岔村

癞蛤蟆的由来

很久很久以前，有个叫叶赫章多的人，这人无恶不作，祸害乡里，依仗家里有几个钱，就为非作歹，抢男霸女，人们恨入骨髓。可是他家有钱有势，没人敢惹。

这天，村里来个疯疯癫癫的癞头道士，身穿破烂灰道袍，脚上趿拉着一双黑色破布鞋，手里拿着一把还剩几根毛的蝇甩子，一走三晃，还哼哼叽叽。他跟在叶赫章多身后，叨叨咕咕地说："好人有好报啊，作恶做癞头——无量天尊……"叶赫章多听得很不耐烦，回身就给了他一脚。癞头道士随着他的脚风，飘出好几步远，倒在地上，嘻嘻哈哈还在说："好人有好报啊，作恶做癞头——无量天尊……"叶赫章多又狠狠地呸了他一口，气哼哼地还往前走，他急着要到山后那个村里去，抢一个姑娘给他做小。那个癞头道士不依不饶，跟在后面一个劲叨叨，叶赫章多不再理他，一口气来到山后，看见那个漂亮姑娘正在水泡子边洗衣裳。

叶赫章多嘻嘻笑着，张开胳膊，嘴里贱咧咧地说："哎呀，你可想死我了……"跑过去要抱她。

姑娘见这个恶棍来起贱，慌忙起身，围着泡子跑。叶赫章多就在后面追，刚要抓住姑娘，姑娘一闪身，把叶赫章多一下子闪进了水泡子里。这个地方的水正好深，叶赫章多一头扎进去，没脖了。他大呼小叫，"救命啊……救命……"

癞头道士颠颠地来到泡子边，把蝇甩子往泡子里一甩，又往上一扬，恶棍就浮上了水面，一个劲地哀求癞头道士救命。

癞头道士说：“苍天不渡该死鬼。你不识好歹，作恶多端，让你死了那倒便宜你了，现在天下少一种小兽，你就做它吧！”

恶棍听了大叫大吵，说什么也不愿做一个小兽。

癞头道士说：“你做坏事太多，这是天在惩罚你。”说着，用蝇甩子朝他一甩，叶赫章多“嗵”的一声，又沉进水里。一会儿，只见他的衣服漂了上来，人不见了，从水里爬上一只灰了吧唧浑身长满了疙瘩的大怪物，把姑娘吓了一跳：“妈呀！这是什么东西？太咯应(恶心)人了。”

癞头道士嘻嘻笑着说：“这个东西还没有名字。你看它像不像人趴着爬呀？不如就叫它‘癞蛤爬’吧。”

从此，世上多了一种物种，“癞蛤爬”。“癞蛤爬”前世就愿纠缠女人，变成“癞蛤爬”后，再到人前，不管男女老少都躲它远远的。人们叫长了，就叫成“癞蛤蟆”。后来形成一句话：“这‘癞蛤蟆’落脚面，不咬人咯应人。”

讲 述 者／高培智

采 录 者／郭永平　刘先福

采录时间／2009年7月21日

采录地点／古城镇双岭子村

十二属里为什么没有猫

据说，在很久以前，猫和耗子的关系可好了！它们吃在一起，住在一起。猫的鼻子尖，耳朵灵，哪都好，就是爱睡觉。老鼠呢，腿快，会扒洞，会藏粮食，就是记性不好。

头多少日子，猫就听说玉皇大帝要排属相，害怕自己觉大，睡过了时辰，就对耗子说："天庭要给咱们排属，到时候，咱俩一块去，你千万想着，去的时候，别把我给忘了。"

耗子说："放心吧，忘不了！"

过了些日子，排属相的日子到了。

这天，耗子只顾在一家粮囤子里偷粮食吃，早把排属相这码事儿忘了。它吃饱之后，一步一步地正往回走，走到半道儿，遇见一头黄牛，它就问："黄牛阿浑，你干什么去？"

黄牛说："排属相去。"

耗子说："啊，排属相啦，我也排去！"

耗子说着，就跟黄牛往排属相的地方走。这时候，它根本没想起来猫嘱咐它的那番话。

耗子走了一会儿，对黄牛说："阿浑，我走得慢，你背着我走行不？"

黄牛说："好吧。"

黄牛就背着耗子，来到排属相的地方。管排属相的那个天官和前来参加排属相的动物，一看耗子在牛背上，数它站得高，就说："好高好大的老鼠！"就把耗子排在十二属的第一位，把黄牛排在第二位吧。

排完十二属相，猫才睡醒，等猫去时，属相已经排完了，是耗子把它忘了。从那以后，猫见了耗子就咬，耗子见了猫就跑。

讲 述 者／于中发
采 录 者／郭永平　潘玲玲
采录时间／2009年7月24日
采录地点／沙尖子镇头道阳岔村

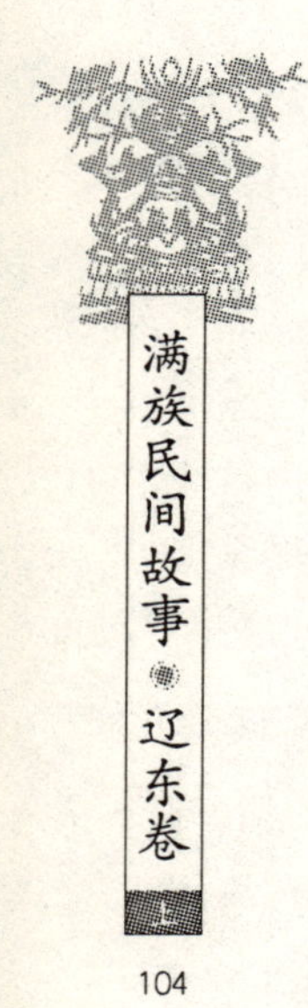

人参鸟

很久很久以前，边达哈一个村里，有个满族姑姑和她的一个侄女，姑姑十八岁，侄女十六岁，两人上山下河，牧羊放牛，形影不离。

这天，姑姑见男人们要去“放山”，也要跟着去，男人们不让，说老辈子传下的规矩，放山队伍中不能有女人，有女人晦气，冲走棒槌，那样放山的人，就会白走路得不着货。姑侄俩不听这个邪，男人们不带咱，咱自己去！学着男人的样子，带上干粮和“索罗棍”上山了。

姑姑侄女头一回放山，不认得路，不知道哪有货，棒槌长在山里是个什么样儿，都不知道，在山里盲目乱走，走来走去就麻达山（迷路）了。她们带的干粮吃完了，天要黑了，还是没转出大山。姑姑和侄女心里这个急呀。腿酸腰软，要多痛苦有多痛苦，姑姑心想，这要出点什么事，对不起侄女。侄女心想，这要走不出，晚上被虎豹吃了，多对不起姑姑。心里就有些后悔了。走着走着，侄女要小解，姑姑说你就解吧，我先慢慢走，前边看看路，等你。姑姑说着，慢慢往前走。

侄女小解完了，站起身去撵姑姑，谁知天晚了，她辨不清方向，撵的方向反了，越撵离姑姑越远。侄女撵了很久也没撵上，心里害

怕，就大声叫喊起来："姑姑——等等——""姑姑——等等——"……可是怎么喊也没有回声。姑姑也焦急地满山喊侄女："侄女——快来呀——""侄女——快来呀——"

姑姑侄女不知走散了多少日子，这天，侄女不行了，倒在山坡上死了，她的身体变成一只小鸟，飞起来，一直叫着"姑姑——等等——""姑姑——等等——"，小鸟一直这样飞着，在大山里到处叫着寻找，渴了就喝山泉水，饿了就吃棒槌子，从此就有了棒槌鸟。

山上还出现一种鸟儿，它的叫声细一些，听起来更焦躁，它就是姑姑变的，在寻找她的侄女："侄女——快来呀——""侄女——快来呀——"……其实是"吱啦——吱啦啦——"

以后，放山人只要听到"姑姑——等等——"和"吱啦——吱啦啦——"的鸟叫声，就顺声找去，一般都能找到好山货。

过去，人们认为女人不干净，会把神灵气坏了，女人不但不能采人参，还有许多地方也不能去：油坊、酒坊里不能有女人出入，有女人来，酒和油变味儿。出海不能有女人，有女人跟着会翻船，瓜地不能有女人进，老丧人不到圆坟日女人不能到场……凡是大事，都不能有女人出现。现在呢？一不论百不论，女人什么事都能做，上天入地下海，男人能做的女人也都能做了。

讲 述 者／高培智
采 录 者／郭永平　刘先福
采录时间／2009年7月21日
采录地点／古城镇双岭子村

人参娃

古时候，咱关东地界儿有个大堡子。堡子边上的山根下住着这么一户人家，三口人，老两口儿和一个小丫头。这老两口儿为啥单门独户住得离堡子这么远呢？因为这家屋里的40岁上也没开怀，两口子那叫盼哪！盼了个眼睛蓝，就是没动静。过去，讲究家大业大，人丁兴旺。夫妻俩见不能延续家族香火，觉得没面子，怕堡子里人说三道四，就躲到这儿，开荒种地，过着清苦的日子。

还好，两口子40多岁的时候，终于盼来个独生女。说来也怪，这丫头生来就小，心眼儿够用，就是不怎么长个儿。老两口儿都是厚道人，不贪心，不管丫头小子，老天爷开恩赏赐一个，咱就把她当宝贝。那可真是顶在头上怕吓着，含在嘴里怕化喽，放在背上怕闪着，搂在怀里怕挤着，放在炕上不放心，捧在手里又怕摔着。屋里的整天大门不出，二门不迈，就管看孩子，哎呀那个娇哇！

一晃儿，小丫头长到七八岁，满地跑了。两口子为了让孩子将来过上好日子，省吃俭用，起早贪黑地忙活。

这年，赶上春天农忙铲地，夫妻俩房前屋后侍弄园子，孩子也和往常一样，在自家院子里玩儿。

有一天，小丫头中午没回家吃饭，人也不在院子里，晚上才回家。这样一来二去过了一个多月。老两口儿寻思："这地方左邻右舍离得远，孩子净跟谁玩呢？也没见有人，咋天天早出晚归不着家呢？老两口儿有点担心。

第二天，老两口儿偷偷跟着她，来到家门西墙的大碾盘上，也没

见别人，就见丫头自己嘻嘻哈哈又说又笑。老两口儿没言语，心想孩子没事就好。

又过了一阵子，有一天吃完饭没事，老两口儿就问丫头："你都在哪玩啊？"

丫头说："就在咱家碾盘上玩儿。"

老两口儿问："和谁玩啊？"

丫头说："和一个胖小子玩儿。"

老两口儿又问："胖小子长啥样啊？"

丫头说："戴个红兜兜儿，顶个红樱樱儿，唠嗑嘎儿嘎儿的，一笑哈哈的，长得可胖了。"

老两口儿又问："他从哪儿来，走哪儿去了？"

丫头说："他早上来，天黑走，不知道从哪儿来，走哪儿去。"

老两口儿心理琢磨：怪呀，咱们近处没人家，搁哪儿冒出来个胖小子呢？左思右想不对劲儿。老两口儿一合计，对丫头说："这么的吧，明儿一早，我给你纫上针和线，胖小儿再来，你就把针别在他兜兜上，可别让他看见。"

丫头说："行。"

第二天，丫头又和胖小玩儿，玩着玩着，就把针线的事儿忘到耳前脖子后啦。眼看日头还剩一竿子高，丫头被针扎了一下，才想起讷讷告诉她的话，悄悄地把针别在胖小子兜兜上，一转身，胖小儿不见了。

丫头回家一说，老俩口儿就顺着针上的红线，"呼啦呼啦"往前找。翻了三架冈，蹚了两条河，才找到。近前一看，针线正好别在一棵人参叶子上。老太太说："哎呀！这一定是棵宝参啊！"

老当家的就喊："棒槌！"

老当家的一吓唬，人参一抖搂，妥了，定住了。老当家的慢慢地把人参刨出来，一称，八两还多呢。俗话说，七两为参，八两为宝。

后来，老两口儿把这宝贝人参卖了，小丫头儿也长成了水灵灵的大姑娘。从此，全家过上了好日子。

讲 述 者/赵光英

采 录 者/郭永平　刘先福

采录时间/2009年7月21日

采录地点/古城镇双岭子村

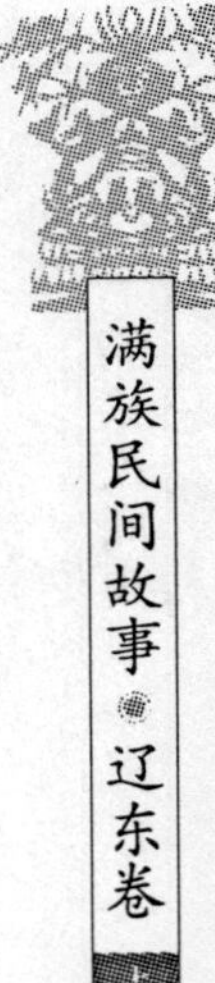

发 山

咱们关东山的棒槌海去（很多）了。挖着挖不着，得看你有没有发财的命。

早先，关里有位放山老把头，他放了大半辈子山，从山势、位置、土质、树木和飞禽走兽居住情况，就能看出此山有没有“货”。

这一年，老把头从关里领帮人来到关东山，进山快两个月了，连根棒槌毛也没摸着。

有几个小年轻的泄劲了：“这叫什么活，成天钻深山老林，青草没腰，树木遮天，登山爬砬子，衣服鞋袜刮零碎了不说，有时还叫狼虫虎豹撵得可哪跑，饥一顿饱一顿的，连说话唠嗑都受约束。”

他们在背地里嘀咕，张罗散伙回老家。

老把头看出他们的心思，跟大伙说：“乍来时大伙咋说的，不得货不回家嘛，放山这活怕苦怕累不行，性子急也不行。哪有上山就挖到大山货的。”

又过了一个月。还是没见到“货”。

几个小年轻的，再也受不了了，就都不辞而别回关里去了。

老把头谁也没怪罪，对留下的人说：“谁心诚，就跟我走，愿意走的也不强留。”

第二天傍黑，这帮人来到一个叫驴子沟的深山老林，老把头站在一个大砬子上，四下一撒目就乐了，他叫大伙儿在这地方过夜歇息。

当星星出齐的时候，老把头谁也没告诉，一个人哑默悄声地爬到一棵大柞树上。等了一袋烟的工夫，就听到离这棵树不远的草棵里，

有不少棒槌在说话唠嗑。老把头竖着耳朵听完了，他又哑默悄声地回到住处。傍鸡叫时候，老把头催着快煮饭，天还没放亮，他把大伙儿叫醒说：“咱们快吃饭，吃完收拾行李回家。”大伙儿心里凉了半截子，心想这趟来关东山算是白跑了。老把头把这帮人领下了山。走到山下苇墙边上就发了话：“大伙用‘索拨棍’把苇塘子打圈儿围上，什么东西也不要放出去。”

大伙儿围住苇塘往里细看：“哎呀！可了不得了，这棒槌可海了。”

正挖的时候，有一道红光冲出圈外，老把头看得真切，等大伙儿挖完后，他才惋惜地说：“你们光顾挖了，有个白胡子老头，背个带红布兜兜的小孩儿冲出了圈外又上山了，那是一对长成了的大山货啊。”大伙儿问老把头怎么知道这儿有“货”，老把头这才把昨晚在树上听到棒槌合计往苇塘里搬家的事告诉了大伙儿。大伙儿这个乐呀。这帮人发了，老把头怕在回家路上遇到劫道的，特意买口薄板棺材把一捆捆棒槌全放进去才上路。

讲 述 者／赵广英

采 录 者／郭永平　刘先福

采录时间／2009年7月24日

采录地点／古城镇双岭子村

神仙度萨克达

从前，有这么个人，名叫萨克达。他整天吃斋念佛，一心想成仙。

这天，他进山，走到一个山坡，看见一老一少两个老道在一块大石头上下棋，萨克达就站在旁边卖呆儿。看着看着，天就要晌午了。年轻一点儿的老道说："我饿了。"

年老一点的老道说："等一会吃点吧。"

年轻一点的老道问："吃什么?"

年老一点的老道没吱声儿。萨克达低头一瞅，一群屎壳郎飞到他和两个老道面前的地上。

两个老道见了，就用手抓起这些屎壳郎，把翅膀掐掉，送嘴里吃了。

这两个老道吃了一阵子，年轻一点的老道顺手抓一个屎壳郎给萨克达。

萨克达不要，问老道："这能吃吗?"

老道对他说："能吃不能吃在你。"

一盘棋下完，两个老道说了一声："该走了!"

说走，转眼就不见了。萨克达搓搓眼睛，低头看了一下老道扔下的东西：哪里是屎壳郎的翅膀，是一堆栗子皮！他这才明白：这两个神仙是来引渡我的啊！面对神仙不识仙，我也太力巴了，他后悔不及，已经晚了，自己说，看来我还没修行成啊！

讲 述 者 / 于中发

采 录 者 / 刘先福　潘玲玲

采录时间 / 2009年7月24日

采录地点 / 沙尖子镇头道阳岔村

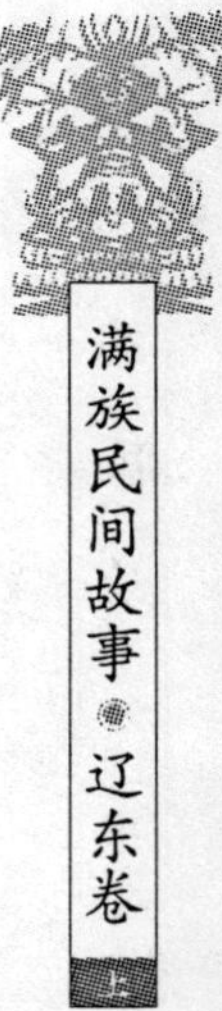

草圣王与除草咒

咱辽东地区故事太多了，其中，草圣王与除草咒的故事就挺有意思。

那时，咱满族人和汉族人一样："面朝黄土背朝天，汗流浃背腚沟黏，刨土育秧铲与耥，样样不落（读là）在人旁。"这不是我说的，是生活在辽东的满族人编的几句顺口溜。

老早年，人们种地、种庄稼，没有工具，就靠一双手。播种，薅草。大太阳底下干活，把人烤得昏头涨脑，草还是长得比苗快，不等铲完这块地，草又把苗淹了，特别咱这山里，石多地薄，苗被草欺的干黄拉瘦，长得像大针似的。长出点儿粮食，家雀儿就上来了。因此，庄稼人对种地失去了信心，一年到头收不了多少粮食。都说"家雀儿不劳动，尽吃米谷儿，这人都比不上家雀儿！"整天就那么抱怨着。

这天，天上的草圣王，变成一个老头儿，下界来视察人间。他见人们种地这么辛苦，就动了恻隐之心，觉得自己身为草的圣祖，不应该让草棵长得那么茂盛，看把可怜的人累的，成什么样了？哎！叹了一声，走到除草人的面前，一抱拳，向大家说："哎呀，诸位，看你们干得这样辛苦啊，那些高高在上的人，却只知道吃粮和作践粮食，哪知道粮食是这样的来之不易呀？可悲呀可悲！不如这样吧，我教给大家一个咒语，你们背熟了，从地这头念着走到地那头，一天念三遍，草就死了，苗就旺了，地也暄了，你们也就不用再受反复铲耥之苦啦！"

人们根本不信他说的话，一个疯老头儿，尽说胡话，叨咕话草就不长了？

老头儿不理会人们怎么说，嘟囔嘟囔叨咕咒语：“草死苗活地发暄，秋天粮食堆成山。你们千万要记住这几句话呀！”说完，“忽”地不见了。

干活的人本来对老头儿话就不信，可是，看老头儿的表情，不像是胡说。他又来无影去无踪，哎呀！一定是天上的草圣王，看咱们受苦受累，这才来点化咱们，嗯！兴许他说的好使呢，就试着念了几遍。哎！人们发现，刚刚念过咒语的地里，所有的草真的就打蔫儿了，大家这才相信了，高兴得直蹦高儿，通通跪下，向老头儿消失的方向，直磕响头。

不几天，那个除草咒语向外传开，从此，整个辽东地区，人们背着手来回走在地里，上下嘴唇一个劲儿地翕动着，时间长了，人们两眼微垂着，显出一副疲惫的神态。

自从有了咒语，每年的收成比在早翻了几番儿。人们看着收成，高兴的不知如何是好了。都说，咱们得感谢神仙的帮忙啊！于是，每逢过年过节，人们都庆贺一番，还要摆下最丰盛的供品，来纪念这位救苦救难的草圣王，这就是老百姓报答恩德的最好方式了。

人们走在地里嘟囔常了，懒惰思想来了，就琢磨，要是坐在地头念也好使的话，那可就省事了！有人这么一提，大家伙儿真就坐在地头，嘟囔着念叨咒语。哎呦！果然照样好使，秋天的收成，还是那样丰厚。

人们少出力了，私欲越来越大，无底洞啊！没个满足。人们坐在地头嘟囔，日子长了，也觉得累，有人又开始琢磨，要是坐在家里念咒语，也能好使，就不用下地了，那该多好呀。大家跑回家，有的坐在院里，有的躺在炕头上念，隔天再到地里去看看，咦？果然和以前一样，照样“草死苗活”。从这开始，人们不再下地照看庄稼，在家里玩牌赌博。

这年，草圣王又下界来视察，他发现地里一个人影也没有，心中纳闷儿，立即化作一阵清风，飘到各家各户去查看。只见人们有的聚在一起玩牌，有的躺在炕上睡大觉。草盛王生气了，这些人，都养得

身肥体胖，满面红光，怎么会懒成这样？真是亵渎神灵啊！自言自语地骂了句：这种人真不像样子，给点恩遇就不知好歹！我得狠狠收拾收拾他们才行！一甩袖子，收回了咒语。

从此，地里的草长得更加旺盛，而且百铲不绝，民间有句俗话说："千年草籽，万年鱼籽。"就是说，草籽不管在什么情况下，发芽生根，一千年死不绝，这就是草圣王发狠造成的后果。

到了秋天，躺在家里念咒的人们，想起要到地里去看看庄稼的长势，还没来到地头，老远就被茂盛的草给吓住了，满地的草，就像绿油油的汪洋，哪里还能看到一棵庄稼苗呢？这才知道是自己的懒惰惹恼了草圣王，把法术给收回去了。

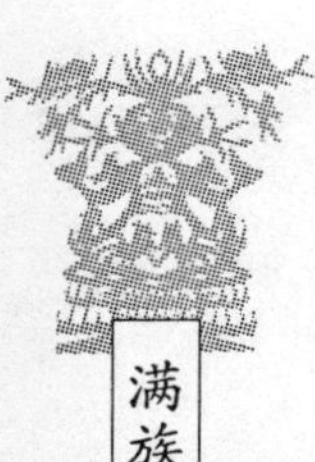

人们慌里慌张地来回走在地里念咒，念得极虔诚极上心。可是，人们越念，草长得越旺。人们这才知道，在草圣王面前，人们犯下了不可饶恕的过错。不得已，人们只好重新捡起了老式耕种方式，日出而作，日落而归，躬着腰在地里铲草，不敢有一点儿懒惰。草圣王再也没出现过。人只有靠自己劳动了。

讲 述 者／高培智

采 录 者／郭永平　刘先福

采录时间／2009年7月21日

采录地点／古城镇双岭子村

癞头猪倌

在早，那时不兴自个找对象，都是爹妈包办，爹妈让你跟谁就跟谁。

有这么一位小姐，遇着一个自己可心的人，两人都挺中意，就私定了终身。回家和爹妈一说，她爹妈死活不同意。

这小姐白天就跟那小子商定："今儿晚上，三更天的时候，你到墙外接应我，我和丫鬟踏梯子上墙，先把包给你递出去，俺们俩隔一会就出来。我用白布做了三身孝衣，给你一身，我和丫鬟各穿一身，穿上孝衣后，家人就撵不上了。"

小姐说这话的时候，让她们家的小猪倌听见了。这小猪倌，生了大疮，无意间听了他们的话，一寻思：哎呀，我要能领着她跑就好了。小猪倌想了个主意，要让小姐成为他的人。小猪倌一夜没睡，二更天的时候，小猪倌就去找那小伙，假装给小姐传信，说今晚不走了，爹妈发现了。小猪倌给小伙儿打发走了。等到三更天，这小姐和丫鬟就踏上梯子，先把孝衫扔下去了。小猪倌就先穿上了，又接过包袱，再接小姐和丫鬟。

天黑，小姐也没看清是谁，小猪倌穿的是新孝衫，她也没认出来，以为就是那个小伙儿。小姐就在墙那边吆喝，小猪倌在墙这边，不说话。小姐从墙上下来后，带着金银首饰，跟小猪倌跑了。

跑到天亮，过河了，出去老远了。

天亮的时候，小姐家人发现小姐不见了，知道是私自跑了，就派家奴骑着马去撵，都撵上了，也没看出来，还以为他们是上坟的，穿

着孝衫，背的包以为是上坟的烧纸。从他们身边过去也没瞅他们。

小姐、丫鬟和小猪倌，接着走，走啊走，走到天快黑了，看见前面有个人家，去借住一宿吧。这个人家也是有钱人家，见他们三人来借宿，就说："大门外边不是有两间房吗，你们不害怕就进去住吧，里面有柴火，自个烧。"这两间房呢，谁到那谁住。小姐他们就住进去了，那炕老也不烧，冰凉的，就自个烧炕。

等到了房里，脱下孝衫，这小姐和丫鬟才发现，那小子根本没来，来的是癞头小猪倌。小姐就哭，癞头小猪倌可心满意足了。小姐在地上哭，怎么劝也不行，丫鬟就加火烧炕。癞头小猪倌就在炕上睡着了，越睡越热乎，嘴里流的哈喇子都淌褥子上了。

小丫鬟挺会来事的，就说："小姐小姐你别愁，先泼点凉水解解气。"

就舀了半瓢凉水，往小猪倌脑袋上泼，泼完没咋地，待会又弄了半瓢凉水泼猪倌。泼着泼着，丫鬟说："小姐，你看猪倌的脑袋，怎么起翘了，像扣个帽子似的，流脓淌水啊。"

小姐一看，真的哎。小姐见小猪倌出汗了，这回找点凉水让他喝。小猪倌睡得迷迷糊糊，就喝了。一会儿，脑袋上的秃疮起缝了。小丫鬟又舀半瓢凉水，一泼，掉了。掉下来个什么呢？一个大金碗。

小丫鬟说："哎呀，那外边流脓淌水的，里面是个金碗，还扣着一个挺漂亮的小伙儿。"

小姐就不哭了，天快要亮了，小丫鬟说："咱们也睡一觉吧。"

小姐、丫鬟就睡下了，那小猪倌，还不醒。房主打发家人来了，一看，哎呦！门还开着呢，进去一看，说今儿个怪啊，三个人都在炕上睡觉呢，赶紧回去告诉东家。

东家说："真的吗？"

家人说："真的。"

东家说："哎呀，这房子都盖五六年了，没有一个活着出来的，就他们三个特殊。"

等他们起来了，东家过来，就跟他们说："这房子给你们了，你们就在这儿住吧。"

原来这癞头小猪倌是个金身命，和小姐的命和了。遇事呈祥。从

此他们就在那儿住下了。

讲 述 者/赵广英
采 录 者/刘先福　潘玲玲
整 理 者/韩雪峰
采录时间/2009年7月24日
采录地点/古城镇双岭子村

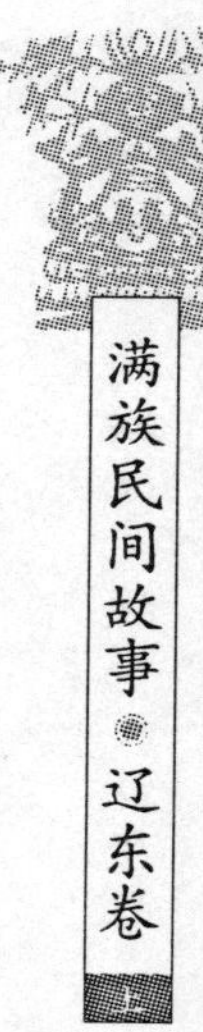

徒儿当天官

有个老道，在山上住。他有个徒弟，是个孤儿，十来岁了，天天在外边玩儿，很晚才回来。

老道就起了疑心，这近处也没人家，是谁天天和徒儿玩儿呢？有一天，老道就问徒儿，你成天出去，和谁玩儿呢。徒儿就告诉老道，他和一个跟自己年龄差不多的半大小子一起玩儿。

老道问："你怎么不领他到庙里住呢？"

徒儿说："天一黑，他就要回家。"

老道取来一大轱轳线，纫了一根针，告诉徒儿："明天你玩儿的时候，你趁他不注意，把针线别在他衣服上。"

第二天到吃饭时，老道招呼他徒儿，回来吃饭，就打了个口哨。老道一喊吃饭，小孩就没有了。等徒儿回来吃饭了，老道就沿着线去缠，缠着缠着，到头了，针线头别在一棵人参花上。原来，跟徒儿玩儿的半大小子是一根人参。

老道想要吃了人参上天，就把这个人参抠出来。一看，这人参已成了人形，像个小胖孩儿。老道就洗啊洗啊，洗得干干净净，两手捧着，回到庙里煮了，等煮透了再吃。正在这时候，有人请老道做法事，老道不敢耽误。老道把菜板放到锅盖上了，磨刀用的磨石也放上了，把那锅压住了。

老道出门前，告诉徒儿，在家看家，千万不要揭那锅盖，等他回来再揭锅。

这徒儿呀，待着闷，那小孩儿也不找他了，就没人跟他玩儿了。

锅里飘出一股股奇特的香味儿，是什么呀？师傅不让揭锅，徒儿越想越觉得好奇，一咬牙，就把磨石搬下来了，又一咬牙，把菜板也搬下来了。揭开锅盖一看，哎呀！怎么锅里煮了个胖孩子？漂白漂白的，怎么这么香！揪下一块，就尝了一口。师傅还没回来，徒弟就一会儿捏点，一会儿捏点，都叫他给吃了，吃完了一看，他说："坏了，我师傅回来，还不得打死我？告诉我不让揭那锅，我呢，还把锅里面的东西给吃了，就剩汤了。"徒弟一寻思，跑吧。刚一起步，他就跑到天上了。

老道回来了，刚到庙门，他就开始喊徒儿，怎么喊怎么没动静，进去一看，得了，锅给打开了，锅里只剩下汤了。老道知道坏了，人参叫徒弟给吃了。老道只把那汤喝了。

结果，徒弟上天当了天官，老道成了徒儿的手下了。

讲 述 者／赵广英
采 录 者／郭永平　刘先福
采录时间／2009年7月24日
采录地点／古城镇双岭子村

女真人鬼孩儿的故事

这个鬼孩儿的母亲叫达亚玛。

达亚玛是一个阿哈的女儿，长相特别俊俏，后来呢，跟一个阿哈结婚了。

达亚玛结婚以后，有一家诸申的少爷，家里挺有钱，他总想强暴达亚玛，达亚玛誓死不从。这个少爷就把她丈夫害死了，丈夫死了，达亚玛也不从，少爷又对她下狠手，达亚玛还是不从。

这时候，达亚玛已经怀有身孕了，她别不过少爷，咋办呢？就喝下鹿胎膏。鹿胎膏是行血的药，女人怀孕就不能喝这东西，为什么她喝了？达亚玛要自杀。

达亚玛喝完鹿胎膏，流血不止，死了。死了咋办？她也没丈夫，亲属邻居不忍心，就把她装殓了。弄个薄皮棺材也没怎么钉，怕那个少爷闹事，也没怎么办丧，草草抬到山沟了。

鹿胎膏这东西，在古代都是好药。达亚玛虽然死了，肚子里的婴儿还在，吸收营养，到了降生日期，他自个儿降生了，还从棺材里钻出来了。

婴儿钻出来以后，狐狸呀野狗呀，就都来喂养他，就这么的，这小鬼孩儿长大了。长到七八岁，小鬼孩儿发誓，非要替母亲达亚玛报仇不可，要把害死父母的少爷和他一家人全杀死。怎么报仇呢？小鬼孩儿扮成一个会看病的小先生。

正好这家的少爷，得了怪病，找了远近多少郎中，就是看不好。

这天，小鬼孩儿戴了个小道帽，上门说，我专门治这种病。少爷

家一听，说好吧，请你先看看，说说我们家少爷得的是啥病？小鬼孩儿进屋了，一五一十把少爷得的病，啥症状，说得一点不差。少爷家人一听，哎呀，这个小郎中啊，一看就知道，说得真准。小鬼孩儿又说："你儿子的病不是真病，是他做了坏事，得罪了仙家，人家找上门来了。"自己儿子自己知道，少爷家人就说："小神仙，你看咋治呀？"小鬼孩儿说："能治，你得破费点儿。你得多拿钱，多办善事。"少爷家人说："行，只要能治好我儿子的病就行。"小鬼孩儿就给少爷开了方，下了药。

少爷吃上小郎中的药，不哭不闹了，也不蹦不跳了，哎！老实了，也安稳了，挺好。

少爷家人把少爷残害过的人家，该修房的修房，该赔钱的赔钱。小鬼孩儿又给少爷下了一副药，吃完，少爷的病全好了，能起来了。小鬼孩儿说："得了，这回行了，你好了我得走了。"

少爷好了，晚上，全家人就庆祝，请来七大姑八大姨，坐在前屋一起喝酒。正在吃呢，后院起火了，前屋还不知道。后院咋那么亮啊！赶快去看看。过去一看，火烤得受不了，赶紧往前跑，人往后退，火往前烧，结果大火把所有财产都烧光了，少爷受惊吓，又犯病了，没跑出来，烧死了。

小鬼孩儿报完仇，又回到山里，和狐狸野狗待在一起，守着他妈的坟墓。

讲 述 者／李呈俊　男　74岁　中专文化　教师
采 录 者／郭永平　刘先福
采录时间／2009年7月24日
采录地点／沙尖子镇头道阳岔村

纸媳妇

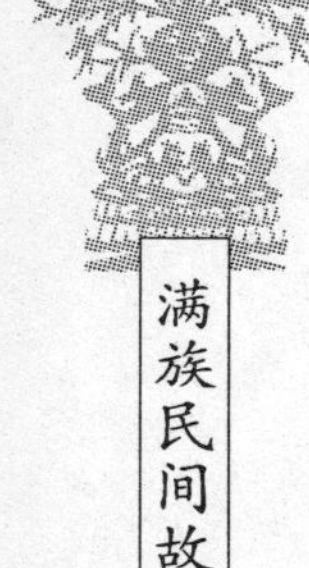

有那么一家，这小子守着爹妈过日子，日子过的挺好，后来爹妈去世了，剩这个小子一个人了，他不务正业，跟人耍钱，把家产什么都输个溜光，什么也没有了，就到处骗。

这天，这小子就到舅舅家，和他舅舅借钱。

他舅舅说："不借，借给你你都输了，老坑骗也不还，等你娶媳妇那天，我再借给你。"

这小子一寻思：哎呀，你非要等到我娶媳妇了才借给我钱。那得什么时候呀！再说我穷光蛋一个，哪家姑娘能嫁给我呀。他为了要他舅舅的钱，就上扎纸人的地方，告诉扎纸匠："给我扎个姑娘，俊点的，越俊越好，你要多少钱我给你多少钱。"

扎纸匠说："行！"就给他扎了个俊姑娘。

这小子就把纸人取回家，放在炕上，靠着墙一坐，就去找他舅舅。

这小子说："舅舅啊，你不是说我娶媳妇你就借给我钱吗？这回我娶媳妇了。"

舅舅说："净他妈扯淡，谁给你当媳妇？"

这小子说："不信你去看看。"

舅舅寻思，真的吗？就跟他去看。一进屋，舅舅看见炕上是坐了个人。

这小子就说："咱舅来了，你让咱舅坐炕沿上。"

她是个纸人，能动弹吗？这小子又说了一句："你看，咱舅来了，你给装点烟啊。"

纸人也没动弹。这小子说到第三句，纸人就动弹了，羞羞答答下地装烟，把烟点着了，递给他舅舅。这小子吓得把炕沿板子都抄起来了。

舅舅就朝那小子骂："你他妈了个巴子的，你媳妇下炕才晚了这么一会儿，你就抄板子要打，你还是人不!"

舅舅就在那骂。那小子正寻思，舅舅抽的烟也是真烟，也冒烟，看那样她也是个人呐，她躲在舅舅身后，不敢动弹。

舅舅说："你那么的吧，明天到我家，拿点儿米、面，再给你点儿钱，扯块布给你媳妇做身衣裳。"

舅舅要走，他赶紧跟舅舅到了大门口，他害怕呀，本来是个纸人，她怎么能起来呢?

舅舅就往回推他："快回去吧，你媳妇自个儿在家。"

这小子送走舅舅，也不敢回屋，就在大门口的石头上坐着，摇摇晃晃要睡着了。

那纸媳妇做好饭了，喊他："你倒是回来吃饭呐!"

这小子也不吭声，害怕呀。媳妇又招呼两声，他还没回去，就不再叫他了，他呢，就坐在那睡着了。

这小子醒后，想：哎呀，还有个纸人呢，她怎么招呼我呢？回去看看吧，不敢，不回去吧，又惦记着是回事儿。

傍黑了，纸媳妇从屋里出来，一把就把他抓住了："回屋吧，你在这睡什么呢？快回屋。"就拽他，他摸摸她的手，也是个人呐，有肉，不是纸人呀，就跟她回屋了。到屋也不敢上炕，纸媳妇把他拽上炕，他就躺那睡着了。

一来二去，两人就过上日子了，过得也挺好，看不出来是纸人。

快到秋天了，纸媳妇就说："明天，你把舅舅那挂车借来，咱俩串门去。"

这小子问："上哪串门去?"

纸媳妇说："你赶车去吧。别问那么多。"

纸媳妇就收拾了个小包，两人上车，坐下就走。一走走到一个花圈房。

这小子就问："咱就到这串门啊?"

纸媳妇说："上这串门干啥呀，还得往前走。"

这就往前走，这小子也不知道她要上哪串门，本来他寻思着这是个纸人，你说你哪来的亲戚，串什么门呀？没法，叫往哪赶就往哪赶，一直往前走。走到日头快要落了，遇到一个四院套的房子，门口还有把门的。

纸媳妇说："到了，下车，咱们就到这家串门。"又告诉把门的："你快去告诉老爷，说你家姑娘姑爷回来了，快出来迎接！"

这把门的就回去报："老爷，外边来了挂车，车上两口子，那女的说是咱家闺女，叫你快出去接。"

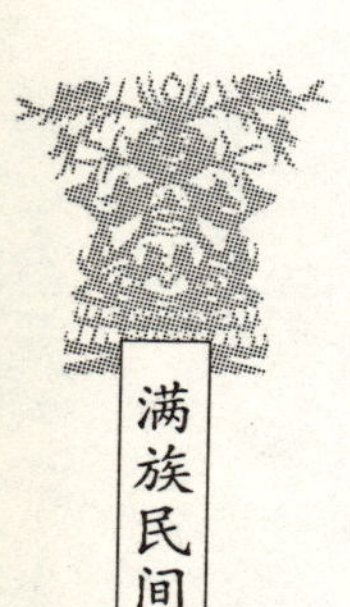

这家老头儿、老太太、哥哥、嫂子出来一大帮，都来接，一看，是那么回事，出嫁闺女回来串门了。就接进屋，住了几天，这小子也没看出有什么毛病。住到五天啊，纸媳妇就告诉当家的：咱们明天要往回走了。

这天，媳妇妈寻思，闺女明天就要回去了，就把姑娘叫来，枕在她的大腿上，给姑娘头上抓虱子。边抓边琢磨：闺女不是死了吗？怎么又回来了呢？这是怎回事？就问她："闺女啊，你不是死了吗？你怎么又回来了呢？"闺女没吱声。她吗又问，还不吱声，连问了三句也不吱声。她妈一扒拉，是个纸人，这下可给老太太吓坏了。

赶紧把老头儿找来说："这怎么弄，惹这么大祸，来时好好的，到咱家成了个纸人，这不完了吗？这还了得，这不得和咱要人吗？"

老头儿心里也纳闷，说："这二闺女不是死了吗，怎么又回来了呢？"

老头儿和老伴一合计：那么的吧，给她三妹妹打扮打扮，看看像不像，要是像的话就让老三跟他走。老当家的把三闺女叫到旁边，给她打扮打扮，像那么点样。可这三闺女不同意，老哭，委屈，他也不是我当家的，你们硬给我安排这么回事，不干，就是哭。

第二天早，三闺女哭着上了车，爹妈给拿了不少东西。本来，这个事三闺女就挺委屈，就多给拿点，家里有钱，拉了满满一车。

这个小子见三闺女一边走一边哭，就纳闷：来也是你，走也是你，哭什么呢？就安慰媳妇："要是想你妈，那咱们以后再来呗，别哭了。"

这三姑娘看这小子挺会疼人的，心想，就这样跟他走吧，我二姐是欠他的，要不怎能到他家呢?

跟这小子到了家，以后过上日子，他也改了毛病。直到生了孩子，三姑娘才把实情告诉他。这个小子呢，偷着乐，因为啥呀，娶了个真媳妇啊。

讲 述 者/赵广英
采 录 者/郭永平　潘玲玲
采录时间/2009年7月24日
采录地点/古城镇双岭子村

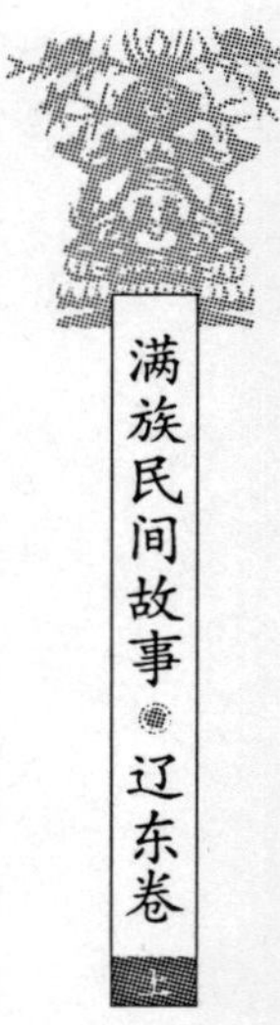

抓罩子

我讲个抓罩子吧，先解释一下，抓罩子是啥意思。

在早，咱满族人讲究啥呢？有病就请萨满跳神，跳神的过程叫抓鬼，抓罩子就是把抓住的鬼魂装到罩子里。

罩子怎样做呢？用毛头纸，粗粗拉拉的，挺厚，有点儿像牛皮纸，比牛皮纸白，多少透点儿明。用纸糊个桶，里面用萝卜抠个坑，装上点儿灰，成了。再拿三炷香，用线缠一块儿，点着，插到香炉里。然后呢，罩子顶口儿开着。

萨满有男有女，一般在前面跳神的，多数是女的。跳神的时候，女的不拿单鼓，拿香，边上香边唱，“请胡家胡长仙，请黄家黄长路……”后面的二神，头戴神帽，腰系神裙和腰铃，手拿单鼓，一边唱，一边敲，“咣！咣！”唱啥呢？张家长，李家短，谁家的小顽童丢了魂，赶快附体吧！就这么请神。一会儿，神来了，就说神去抓鬼，抓住，装到罩子里，魂回来了，神也跳完了。

说有这么一家儿，正好儿姓赵。赵家小孩儿呢，有病了，躺在炕上昏迷不醒，也不吃东西，过了好几天。赵家也是没钱，请不起先生，怎么办？请大神吧。

一开始，大神先跳一会儿，停住，说这小孩儿的魂灵让鬼抓去了，得拘魂，把魂灵拘回来，再抓罩子。抓罩子要先抓鬼，圈到罩子里，送到荒郊野外，埋上，叫它永世不能出来。

赵家说好吧，先拘魂吧。这就开始拘魂，大神先请神，神来了，找个小饭碗，再用毛头纸蒙碗，底下留个口儿，用手掐住。萨满开

唱，谁家抓了赵家小灵魂，赶快送回来。边唱边往毛头纸上倒水。哎！来个水珠，赶快拿刀，把魂拨出去，这就是鬼魂！拨出去后，让小孩儿喝水，又说拨跑的鬼魂得抓回来，用罩子罩住。抓吧，又在院子摆上香供，跳神，又开抓，三念两念，拿起缠着线的三炷香点着，摇晃摇晃，一看，鬼来了，在纸里呢，赶紧封口儿。说着，一把捂住毛头纸上的口儿，捏住，然后赶紧往外送。

街坊邻居有卖呆儿的，那时候，谁家跳神大伙儿都来卖呆儿。大伙儿一听把鬼抓住了，赶紧拿着锹镐、罩子，其实就装一个萝卜碗加上香，送到荒郊野外，挖个坑埋上，就永世不得翻身了。

送走鬼魂，赵家得感谢跳大神儿的，招待人家。过去说成席，实际上就是弄几个菜，一点儿酒，伺候一下，再给拿点钱。大神二神都在赵家喝酒吃菜，三吃两吃，三喝两喝，天就傍亮儿了。哎！小孩儿呢，咽气了，死了。这怎么办？不是说魂拘回来鬼也抓走了吗？

大神二神说：哎呀！不对，抓罩子抓罩子，你家姓赵，这小孩儿该然不能活，把他抓走了，自个儿闹的，你们就没有这个儿子的命啊。这帮人起来，扑拉扑拉屁股，走了。

这赵家呀，花了不少钱，结果把小孩儿的病给耽误了。

讲 述 者 / 富察德升　男　63岁　中专文化　职员
采 录 者 / 郭永平　刘先福
采录时间 / 2009年7月21日
采录地点 / 古城镇双岭子村

狐仙女与八十二

清朝末年，富尔江流域流传一个人与狐仙女恋爱生子的故事。

富尔江中游右岸的一条小山沟里，散散落落地住着七八十户人家，名叫成佳伙洛。成佳伙洛里多半住户祖姓成吉佳氏，改汉字姓“成”。成佳伙洛山沟里有个成老汉，家里有四儿一女一个儿媳一个孙子，以种田打猎为生。成老汉的四个儿子的名字分别叫八十、八十二、八十四和八十六，女儿叫凤丫。

成家是自耕农，自家有土地，有山林，有牲畜，不租种别人家的土地，也不给别人家扛活。

这一年春天，爷儿五个种完自家的老地，又开了一大片生荒地，完全种上了大苞米。爷儿五个精心侍弄，大苞米长得贼拉壮实。父子五人看在眼里，乐在心头。

这一天，成家老二八十二（小名，当时满族人家无论儿女长多大，只要没结婚，家人和乡邻都习惯叫他的小名）。上山看庄稼，发现还没成熟的大苞米棒子被野猪黑瞎子糟蹋不少，就跟阿玛和哥兄弟说一声，带一套简单行李，上山护秋。

八十二在地边搭了一个遮风蔽雨的窝棚，在窝棚里搭个铺，夜间巡地回来，就在铺上睡一觉。这天夜里，天下起了雷阵雨，雷鸣电闪，折腾得八十二睡不着，冷丁听见不远处好像有什么野牲口崽子的叫声。八十二自个儿言语：“怎么还有这么狠心的妈，在大雨天里扔下自个儿的孩子不管呢?”说着，就点着了松树明子，披了一件椴树皮编织的老簑衣，顺着发出叫声的方向找。走近了，看见地隔子间几块大

石头缝隙中，蜷缩着三只一拃多长的小狐狸崽子，被雨淋湿了毛，冻得直哆嗦。八十二捧起三只小狐狸崽儿，用簑衣裹回了窝棚，拿布给狐狸崽儿擦干了毛，摸摸狐狸崽儿的肚子，瘪瘪的，又自跟自地说："咳，你们的妈咋不喂饱你们再走呢？"

八十二掰了一块苞米面大饼子，送到三只狐狸崽儿嘴边，仨狐狸崽儿都不吃。八十二冷丁想起：狐狸是专吃肉的主儿，嘿，有了！八十二把家里送来的鸡肉炖蘑菇，专挑鸡肉块分给仨狐狸崽儿，这回可好，狐狸崽儿连鸡骨头都吞下去了。喂就喂饱吧，八十二把半钵子鸡肉块都喂光了，仨狐狸崽儿也吃饱了。雨停了，八十二说："狐狸兄弟，本想留你们在窝棚里过夜，可又怕你们的妈回来找不着你们心里着急，还是回原窝睡吧。"

八十二把铺上的干草划拉一抱，给仨狐狸崽儿在原窝絮了暖窝，把狐狸崽儿放进窝里。

第二天一早，八十二的四弟八十六上山来给二哥送饭，八十二把昨夜发生的事告诉了四弟。

八十六问："狐狸崽儿在哪里？"八十二告诉了四弟，八十六出了窝棚直奔狐狸窝。八十二发现弟弟情形不对，立马儿追了出来。果不其然，看见八十六抓起一只狐狸崽儿正要往石头上摔。

八十二大喊一声："住手"，上前劈手夺过狐狸崽儿，放回窝中，教训弟弟："狐狸崽儿也是一条生命，你为啥要祸害它们？"

弟弟不服："狐狸经常叼小鸡、鸭子，留它们长大了也是祸害！"

八十二说："狐狸不到特别饥饿的时候，不叼鸡鸭，这三只小狐狸崽刚会吃东西，啥罪过没有，留它们一命吧。"

傍晚，天又阴得很沉，眼见大雨就要来了，八十二担心仨狐狸崽儿被浇，来到狐狸窝跟前一看，狐狸崽儿不见了，又自言自语："仨狐狸兄弟，你们到哪旯去了？眼看又要下大雨，你们可别挨浇啊！"

忽地，八十二听窝棚里传出一个娇滴滴的女人声："成二哥，您别担心它们了，它们已经跟娘回老家了。"

八十二心中犯疑："我认识的人中从来没人叫我成二哥的，这女人是谁，啥时来的？"

八十二走进窝棚一看，明晃晃的松树明子下，一位妙龄少女，正

坐在他的床铺上。

“姑娘，天这么晚了，你咋还不回家，你是哪儿的人，我咋不认识你呢?”八十二问。

那少女也不害羞，随口就答：“我叫胡凤仙，家住杨家山，我替兄弟来报恩，咱俩有一段好姻缘。”

八十二问：“替兄弟报恩，谁是你兄弟，替他们报什么恩呢?”

胡凤仙说：“你救的那仨狐狸崽儿就是我兄弟，我是奉父母之命来向你报恩的，你干一天活怪累的，快过来坐，我给你带了酒菜，你吃饱喝足好歇着。”

当时，八十二已是二十五六的大小伙子，老爹四处托媒说亲，总说不成，他见这少女身段苗条，面目清秀，天仙一样，一点儿也没感觉出狐仙跟人有啥不同，相反倒有一种亲切感，就坐到了床铺另一头。胡凤仙提过来食盒，取出四样炒菜，一壶酒，两套杯盘碗筷，都摆到床铺中间，说：“二哥，小妹陪你喝杯酒吧。”说完，手提银壶，斟了满满两杯酒，窝棚里立马儿充满了酒香。

八十二不喝也想喝，端起酒杯说：“好吧，恭敬不如从命，为你兄弟平安回家干杯!”

胡凤仙又殷勤布菜，八十二三杯酒下肚就心猿意马，把持不住自个儿了。胡凤仙呢，这时候也是脸像桃花，这就一人一狐仙，在窝棚里成就了好事。

从这往后，胡凤仙每夜都来陪八十二，天亮就走。很快，秋收时节到了，山上的苞米割倒了，晚上，胡凤仙又拎着酒菜，来到窝棚，八十二忍不住落泪说：“哎呀，凤仙小妹，难道咱俩只有这么一个来月的缘分吗？明早，家里来拉粮食，我就得卷铺盖回家去住，你能不能跟我到家去，咱们做个长久夫妻呢?”

胡凤仙说：“我也愿意跟你做长久夫妻，可我是狐仙你是人，恐怕你家容不下我呀!”

八十二说：“俺家都是老实人，他们不会伤害你，你跟我到家，给我做名正言顺的媳妇，也了了我爹给我娶媳妇的心愿。”

胡凤仙说：“好吧，明日晚饭后，你到南山根接我。”

第二天傍晚，八十二按约定，到南山根接回了胡凤仙。成老汉一

见儿子领回一个陌生姑娘，心里犯疑，责问儿子：“我们成家是忠厚老实的根本人家，娶亲聘女都要三媒六证，明媒正娶，你这么稀里糊涂地领了人家姑娘，算咋回事？”

八十二见爹不高兴，支支吾吾说不出个子午卯酉。倒是胡凤仙沉着冷静，大大方方地走到成老汉面前，侧身一礼说：“公爹在上，儿媳这厢有礼了，小女名叫胡凤仙，家住杨家山，受父母之命报恩，与成二公子结亲，月老为媒，土地爷为证，到今日已成婚一个多月，望公爹别嫌儿媳丑陋愚钝，儿媳愿在公爹膝下孝顺终生。”

成老汉见这狐仙儿媳谦恭有礼，又通达人情，心下也觉得不花钱就给儿子娶上了媳妇，捡了个大便宜，就缓了缓口气，问：“八十二，你诚心娶这个狐仙做媳妇？”

八十二说：“诚心，我死心塌地跟她过一辈子！”

成老汉说：“好，既然这样，咱成家也得预备几桌酒席，让老亲少友知道咱八十二娶上了媳妇。”

成老汉说一不二，几天后就摆了酒席，为儿子正式娶了媳妇。

本伙洛的人都说是奇事，也都见到了成八十二娶了一位貌似天仙的狐仙媳妇。十里八村的人却半信半疑：“这人世间真有狐仙吗？人能跟狐仙结婚吗？”就有好事的，借机会到成家来串门，打探真假。他们也真正见到了成八十二的狐仙媳妇，美如天仙，知书达理。

不久，消息传到一位成姓老道耳朵里。成老道心想：“姓成就是一家人，成家人咋能娶个狐狸精做媳妇呢？不行，这事我得管！”

成老道来到成老汉家大门外，躲在柴垛后面，他要来个突然袭击，一下子抓住狐仙，叫她现原形，显显自己本事。

胡凤仙在成家孝敬公爹，疼爱丈夫，与大伯子、小叔子、嫂子和小姑子和睦相处。当时，嫂子已生了孩子，家务活干不了多少，胡凤仙就把烧水做饭、缝洗衣服等活计全部包揽下来。

这一天，胡凤仙起来做早饭，到柴垛抱柴，冷丁被成老道从背后拦腰抱住，成老道大喊：“赶快来人捉妖，快来人捉狐狸精啊！”

胡凤仙胳膊被成老道抱住，一着急，低头咬在成老道手腕上。成老道疼痛难忍，一撒手，松开胡凤仙，胡凤仙向前一纵的工夫，乘势蹬了成老道一脚，这一脚，正蹬在成老道要害部位，成老道疼得眼冒

金星，双手捂住下腹，不敢大喊大叫了。胡凤仙抱了柴没事人一样，回屋做饭去了。

成老道没逮住胡凤仙，反而吃了大亏，心里更加恼怒，就直接找到成老汉说："你儿子与狐妖成亲，将来不仅你儿子被狐妖吸干精血不治而亡，连你们全家人的性命，也会被狐妖害死。"

成老汉说："我儿子娶狐仙为妻不假，但时过两个月，毫发无损。再说，这狐仙媳妇孝顺能干，我看她没有害人之心。"

成老道说："老哥哥，你错了，一笔写不出俩'成'字，咱是一家子，我才来管这件事，要换旁人，花多少钱请我我都不管！妖魔鬼怪哪有良善之心？没成精的狐狸偷人家鸡鸭解馋，成了精的狐狸再吃那些玩意觉得没意思，才来吸人精血！"

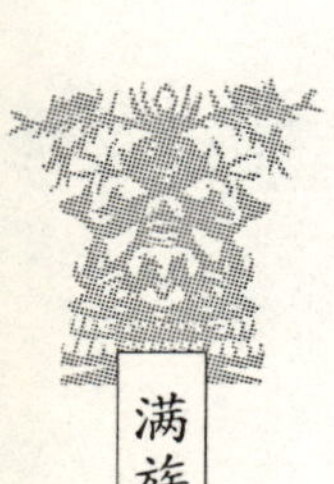

成老汉架不住成老道再三鼓说，问："那你说该咋办？"

成老道说："休了狐狸精，给你儿子另娶一房媳妇不就结了！"

成老汉说："咳，要是早能给老二娶上媳妇，哪能有今天这事儿？我成家虽说比不上那些大财主，却也不愁吃穿吧，可这五六年了，托了十几个媒人，哪哪儿也说不妥呀，光请媒人的钱我也花了十几两银子了。再说，眼下十里八村，哪家不知道我家老二已经娶了狐仙媳妇？谁还愿意给俺老二做二房？您既然是道人，捉拿妖怪不在话下，为啥不先替俺拿住狐妖，叫大伙儿看看狐妖的真面目，俺才好再给儿子托媒娶亲啊！"

"不行，不行！"成老道的头摇得跟拨浪鼓似的："我拿别的妖魔鬼怪不在话下，唯你这狐狸精媳妇我拿不了！"

"那为啥？"成老汉问。

成老道说："我这属相不好，属鼠的。那狐狸在山上天天就捉老鼠兔子吃！你们这次托媒说亲，往正南方走五十里，有家姓豹的，他家有俩闺女，一个属龙，一个属虎，媒人到那里一说，准成，娶哪个都能镇住狐狸精！"

成老汉听信了老道的话，背着儿子出去花大价钱雇媒婆给儿子说亲，可雇谁谁不干，人家说，你家娶的这个狐仙媳妇又好看又能干，俺可不能图俩钱做那缺德事儿。

成老道一计不成，又生一计，他跑到几百里以外，找到一个萨满

婆子，对萨满婆子说："成佳伙洛有户人家娶了一个狐妖做媳妇，已经把这家人闹得不能过了，这家主人许下愿说，谁能降妖除魔，他愿意给百两黄金百两白银的谢礼。"

萨满婆子一听，乐了，她这一辈子也没见过十两银子，更没见过金子啥样儿，就跟着成老道来到成佳伙洛。到了成佳伙洛，老道和萨满婆子挨家挨门游说，说成老汉家娶狐妖做儿媳，不久会害死成老汉一家，然后就祸害你们整个伙洛里的人，你们必须得除掉她。

起初，人们不信老道和神婆的话，架不住老道和神婆再三劝说，人们就问，我们咋能除掉那个狐妖呢？

老道说："很容易，你们今晚儿到富尔江边大沙滩上，拢一大堆火，到二更天，我和这位神仙（指萨满婆子）到成家把狐妖引出来，她必然往亮处跑，你们多带些猎叉钉耙，要有长矛大刀更好，见狐妖跑来，你们棍棒铁齿猎叉钉耙一齐上，几下子就能把狐妖打死，再扔到火堆里烧化，她就彻底完蛋了。"

成老汉那个最小的孩子是小姑娘，名叫凤丫，当年不过十二三岁，狐仙二嫂子没来之前，大嫂待她不好，狐仙嫂子来了，她吃得饱穿得暖，心里很感激这个狐仙嫂子。凤丫听到老道和萨满婆子在别人家说的坏话，立马儿回家，告诉了二哥二嫂。成八十二一听，气得够戗："我娶什么妖做媳妇我自个儿愿意，碍你们什么事？今晚我非教训教训你们不可！"就手提一柄渔叉，躲在大门里候着。

再说那老道，吃过胡凤仙的亏，不敢轻易上前，对萨满婆子说："你带上我画的这两道符，到成家大门外，去喊胡凤仙出来，你是女人，她不疑心。等她一出大门，你抽冷子把一道符贴她脑门上，转身就往江边大沙滩有火光的地方跑，那狐妖一定追你不放。你手里拿着一道符，凡人看不见你，狐妖脑门上贴了符，凡人一见她，就是现了原形的狐狸。大家就把她打死。"

那萨满婆子当着老道和乡民的面，吹得比神仙还神仙，可到了成老汉家大门外，心虚了，颤着音喊了一嗓子："胡凤仙你出来，有点事儿……"

八十二站在门里，早等得不耐烦了，"哗啦"一声拉开大门，破口大骂："骚老道臭神婆，我肏你们祖宗，俺先打死你俩再说！"

那神婆本来就胆战心惊，听人一骂，磨身就跑，成老道本来躲在暗处，听八十二一骂，以为被八十二发现了，也随后跟神婆子跑开了。八十二拎着渔叉随后追来，但他只是吓唬吓唬这一道一神两个不知好歹的家伙，没想真正打死他们，所以也没快撵。

那神婆呢，没命地狂跑，她没忘老道叫她往江边沙滩火堆处跑的话，直奔火光处跑去。当时，已是深秋，江套子风大，村民们等了多时，已经不耐烦了，只好围着火堆烤火，猛听有人跑来，黑影处见是女人装束，棍棒铁齿齐下，后面跟上来的老道穿着长衫，也被一顿乱打给揍死了。大伙儿一听，被打的人没了动静，都停下手，有人说，看看狐仙现没现原形。仔细一看，妈呀！这不是那老道和神婆子么，根本不是什么狐妖啊！

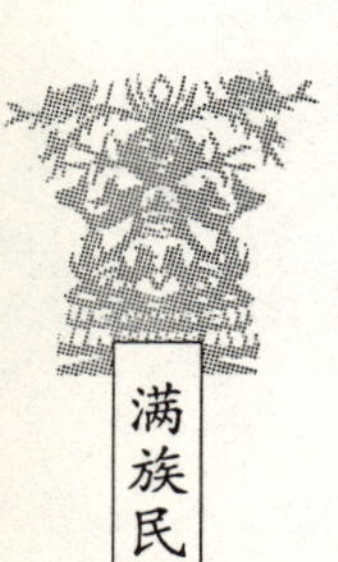

八十二跟到江边大沙滩，老远就见乡亲们打倒了老道和神婆子，心中很解气，可一听说老道和神婆被打死了，就害怕了：“出人命啦！”官府要追究下来，不得找我们成家算账吗？急忙磨身赶回自家，见胡凤仙已穿好出门的衣服。八十二问胡凤仙：“你这……？”

胡凤仙说：“江边出了人命，咱在这里还能住下去吗？你要是舍不了家，我就回山上老家去，你要是能舍下家，咱俩就搬到别处去住，走得越远越好！”

八十二化名成忠，与胡凤仙星夜离家出走，到现在的黑龙江啥地方落了户。据说，成忠百岁之后，与胡凤仙同时归天。东北解放初期，成忠的孙辈儿当了大官，遵照爷爷的遗嘱，护送祖父母骨灰回老家安葬，被遗忘多年的人与狐仙的故事，再次流传。

讲 述 者／富察德升　男　63岁　中专文化　职员

采 录 者／郭永平　刘先福

采录时间／2009年7月21日

采录地点／古城镇双岭子村

二杆子治黄鼠狼

百十年前，米仓沟村有一个车老板儿，姓王，叫王井。他家是在旗的纯满族人。人们传说他的太爷爷曾经在皇宫里赶过车，那时老罕王就要进关了，王井的祖先不愿离别故土，这才留下来，没跟着进关。

王井赶车从来不用长鞭，只用一把五尺的二杆手鞭，这杆手鞭是他家的祖传。别看二杆子不用长鞭，几匹马叫他训练得好像通了人性，不论拉多少东西，从来不知道什么是坞（陷）车。只见他手里的小鞭子在马头顶上一晃悠，几匹马的劲儿就使足了，一声“驾！”大车“噌”地就拔出了窝儿。

王井从来不打马，如果真的要打时，也只打一下。好车老板儿打马有个规矩，从不打马的身子和脊背，那样会影响拉车干活儿。好鞭头的车伙子，只打马的嘴角丫，一鞭子下去，马的嘴角丫就冒出了血，只这一下，再淘气的马也得规规矩矩，不敢再犯错。人们就按王井不使大鞭专使手鞭的习惯，给他起了个外号，叫“二杆子”。你说，大家给起个什么样的外号不行啊？非给起个“二杆子”？这在满语里，可是个骂人的话，“二杆子”，就是半嘲儿的意思，傻的意思，但是王井不在乎，他这人忠厚老实，乐意助人。

有一回，二杆子出外拉脚，几天没有回来，家里就出了一件闹心的事。那天呐，因为二杆子的老婆多嘴，惹了祸，遭了魔，村里的一个小伙子抓了一只黄鼠狼，她在现场看见了，就说：“你抓它干什么，快放了吧。”谁知就这么一句善心求情的话，却遭来了祸事。剩下的那只黄鼠狼，不敢去找杀害它伙伴的人报复，却去找为它说情的人出

气，正是软的欺硬的怕，把这个女人折磨得死去活来。

这天，二杆子拉完脚回来了，一进村，就有人告诉他：你老婆被黄鼠狼给迷着了。二杆子一听，赶忙把车停在了大门外，就要进屋，忽然看见他家东头的栅栏上，有一个葫芦在晃动，心里一阵犯疑，无风无雨的，怎么葫芦还会动？就悄悄地走过去，想看个究竟。只见葫芦不知道什么时候被咬了一个洞，洞里影影绰绰有个黄鼠狼，正在里边乱蹬跶。二杆子登时火冒三丈，把鞭子一顺，“啪”地打过去。鞭梢“噌”地钻进洞里，一个挽花儿，把黄鼠狼的脖子给绕住了，再狠命一拉，甩向天空。他是要把黄鼠狼一下子摔死，谁知，鞭梢毕竟是绕在脖子上的，当黄鼠狼飞在半空往下摔的时候，鞭梢忽然开了，没摔着，让它给逃掉了。二杆子见没达到目的，赶忙跑过去，想要再补一鞭子，可是这黄鼠狼啊，早就钻进道边的草棵里，没影了。二杆子气得“呼哧呼哧”直喘，赶忙进屋看老婆。他一进屋，老婆已经好了，只是说浑身上下又酸又痛。

黄鼠狼大难没死，却被吓得没魂儿了，琢磨不能在这待了，这个二杆子太厉害了！就一溜烟跑到百里之外的华尖子村，它被人打了，心里记下仇，觉得这个村子里一定不会有像二杆子那样厉害的人。它就在村里寻找可以发泄仇怨的软蛋，没用几天，找到一个，也是个妇女，身子弱，这黄鼠狼，就使出浑身招法，折磨起她来。

这个妇女一家都是老实人，在村里原本就不被人看重，这回更糟，被黄鼠狼折磨得没法儿，当家的整天愁眉苦脸的。这个妇女一犯病，就蹦高，几个人都按不住，嘴里直吵吵：“我天不怕，地不怕，就怕二杆子那一下！”

有年岁大的人说：“看来啊，它也有个害怕的人，这个二杆子啊，一定是谁的外号儿，不如出去访一访，要是真能访到这个人，你媳妇儿就得救了，不然让它魔怔了，就把人给魔死了。”

当家的听了大家的话，就四处打听，大家也都帮着打听。过了两个多月，总算是打听到了，听说在米仓沟有一个外号叫二杆子的人。那家的当家人，赶忙带上干粮，步行来到米仓沟。他来到村里，见一个小孩儿在那里玩儿，就上前问他，知不知道有一个叫二杆子的人？住在哪？小孩儿往前一指：“那家就是，他家有大车。”这个人就来到

了二杆子家。二杆子一家人非常热情地接待他，这人就把为什么来的事述说了一遍。

二杆子很爽快地答应他说：“今儿个眼看黑了，明儿个一早咱就赶路。”

那人说：“没有车，得走着去。”

二杆子说：“咱家有大车，赶上就行了。”

第二天一早，他们上路了，用了多半天工夫，到了华尖子村。大车还没走到这家大门口，那个人的老婆正犯着病，得瑟的正欢，忽然喊了一声：可不好了！二杆子来了！喊完，忽的一下倒了，摔得“咣当”一声，妇女的病立马就好了。

从这以后，那个妇女再也没犯过病，那只黄鼠狼也跑得无影无踪，再也没听到它作妖的事。估计它知道走到哪里，弄出个什么动静，那个爱管闲事的二杆子，就会赶着大车撵来，一旦再叫他打上，可就活不了了。它纳闷：这二杆子，太爱管闲事，我都不折腾你们家了，你咋还撵来了？哎！还是老实点吧……

讲 述 者／高培智

采 录 者／郭永平　刘先福

采录时间／2009年7月21日

采录地点／古城镇双岭子村

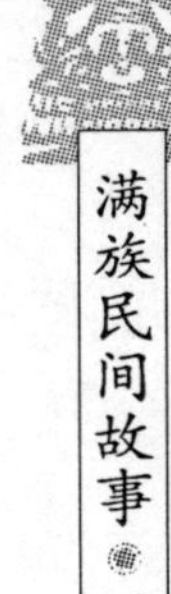

蚊子精

从前，有个葛珊里老是丢人，几天工夫丢了好几十口，人们都怕得要命。

一天，有个和尚到葛珊里化缘，人们纷纷向他讨教，请他帮助解除灾难。和尚说："这是一个千年的巴勒道作怪，你们只要每天晚上往庙里送一个人，就没事了。"和尚说完，就风飘飘地走了。从这以后，葛珊里每天挨家往庙里送人。

这天，轮到老王头家往庙里送人。老王头家很有钱，老两口儿只有一个妞妞，老王头儿说："我反正没几天活头儿了，让我去吧！"老伴儿和女儿说："这怎么行，家里挑门户，怎么能没有你？"妞妞对阿玛和额娘说："我是一个女儿家，早晚得嫁给别人，就让孩儿我去吧！""那不行！"老两口儿怎么舍得让她去，但是老两口儿架不住女儿一说再说，无奈，只好忍痛把女儿送到庙里。把她的所有衣服、用品都一起送到庙里。

天黑了，庙外风呼呼响，庙里黑咕隆咚，妞妞躲在庙的角落里，只觉得头皮一乍一乍的，浑身起满了鸡皮疙瘩。为了壮胆，她把阿玛和额娘送来的衣服点着，一件一件地烧。带来的衣服烧没了，她就把身上穿的衣服脱下来烧。到了后半夜，突然一阵风吹开了庙门，不大一会儿，一个身长三尺开外，长相跟蚊子似的巴勒道闪进庙门，刚要朝妞妞扑去，可一见到妞妞烧衣服的烟和火，就吓得浑身哆嗦，一个劲儿地往后退，折腾了一宿，也没敢靠近妞妞。天放亮时，就丧气地走了。

一清早，妞妞一蹦一跳地跑回家。阿玛、额娘见了，一下子吓的不知如何是好，战战兢兢地问女儿：“儿呀！你怎么没被巴勒道吃掉？”妞妞一笑说：“我看明白了，那个害人的巴勒道是个蚊子精，原来它最害怕烟火，叫我用烟火给熏跑了。”老头儿、老太太听了女儿的话，乐得直流泪水。

这个消息像长了翅膀似的，很快就传遍了全葛珊。从此以后，每天一到晚上，人们便根据王家妞妞烧衣服的道理，把干草和野蒿点着，让整个屋里都布满黄白色的烟雾。从此，那个蚊子精就再也不敢到村里来祸害人了。后来，蚊子咬人的季节一来，人们就用烟驱赶，这办法一传十，十传百，父传子，子传孙，一代传一代，一直流传到今天。

讲 述 者/于中发

采 录 者/郭永平　潘玲玲

采录时间/2009年7月24日

采录地点/沙尖子镇头道阳岔村

雷劈精怪

有个女人生孩子后，胎盘没埋。日子长了就成精，变成了精怪。这个东西成精后，特别坏，老祸害人，所以，雷公老是用雷劈它。这东西一般爱落在古树上，雷公一劈它，这古树就受难了，每一次雷击，树就像被龙爪抓过似的，把树皮都扒了，里边的树干都能劈碎。但是，精怪手里攥着个脐，是胎盘上的东西，雷公一打，它就躲，雷公打不着它。

有一天，这个精怪落在山顶上了。一个猎人正在山顶上打猎呢，突然乌云密布，天墨黑墨黑的，不一会儿就下起了瓢泼大雨。这个猎人就想：是不是我打的生灵太多了？雷公要劈我啊？他就躲进离山顶不远的一个山洞里头，雷就在他跟前炸开。猎人心想：这下完了，雷公指定是劈我呢，我伤害生灵无数，遭报应了。他就跪地磕头，求老天爷饶恕他。等他抬头，向外一看，洞外有棵树，树顶上有个光溜的小孩儿，上跳下跳，电闪雷鸣，雷把树干都劈碎了，也没打着这小孩儿。猎人想，大雨天，这山顶上，一个小孩儿在树上蹦来蹦去的，这小孩儿一定不是好东西，是个精怪。再看雷左劈右打，怎么也打不着他。住了一会儿（过了一会儿），雷声停了，那小孩儿就跑了。

猎人回来以后，就跟人学（跟别人说）这个事，还找了个大仙儿说道说道，大仙儿说："这小孩儿一定是胎盘成精了，雷劈不了它，人有办法治它，你要是能除掉它，你也算是积德了。"猎人一听，说："这得用啥法治它？"大仙儿说："那精怪是脏物，你也得用脏物打。用女人的阴毛，装在枪里头，就好使。"猎人把他媳妇的阴毛，装枪筒子

里，上山去找精怪，找到后，看准了，一枪就给（把）精怪打下来了，一看是一个胎盘。

后来，当地人就用雷劈下的木屑儿做成吊坠，就像洗衣服的棒槌似的，挂在刚出生的小孩儿身上，就像护身符一样，保佑孩子平安无事。

讲 述 者／高术文　男　中专文化　村文化站站长

采 录 者／李　楠

采录时间／2008年7月24日

采录地点／向阳乡爬宝山村

猪槽子闹事

有家人家，养了不少猪，猪槽子放到猪圈外边的院子里。喂猪的时候，把猪放出来，在槽子那吃，吃饱了，就回圈里。

有一天，这家小子在院子里劈柴，把手划破了，血流不止，血就流到猪槽子里，他也不知道。过了几天，他们家老的小的，天天尿炕。

就这样，尿了一年，给屋里尿得那个味啊，一条街都能闻着！那被子，老洗也不行啊，棉花都沤烂了。有亲戚串门，在他们家住一宿，也尿炕，觉得没脸面。那家人说："哎，不瞒你说，俺们家不管谁，都尿炕，这都有一年了。"

有一天，这家媳妇的外甥来了。外甥听说他姨家大人小孩都尿炕，亲戚谁去都得尿。这小伙儿不信。等到家人刚把灯吹了，这个小伙儿就起来了，说："我在这坐着，看还能尿炕不?"

小伙儿坐在院子里，半夜了，这个小伙儿看到有个东西，从院墙边站起来，围着房子转，转了一圈又一圈，小伙儿觉得奇怪，"是什么东西?"他就跟着那东西转，转了几圈以后，就听见有人喊："尿！尿！尿！"然后就有小河淌水似的声音，"哗哗哗"一阵响。再看姨家的大人小孩儿就一起尿起来。小伙儿在那站着，都有点控制不住。人们尿完了，忽的一下，没影了。小伙儿这才钻进被窝，睡觉了。

第二天早上，别人都起来了，小伙儿不是半宿没睡嘛，他还在睡，他姨以为他昨晚尿炕，不好意思出被窝呢，就喊他："起来吧，外甥，俺们家谁的被窝都是水涝涝的，别不好意思。"

姨夫伸手去摸小伙儿的被窝，没湿，说："哎呦，怪事，你怎么没

尿炕。”

小伙儿笑着说：“我得出去溜达溜达。”

小伙儿就到院子里四处撒目：从东边，到西边，又围着房子转一圈，没什么东西啊，就一个大猪槽子在东边院墙放着。这小伙儿说：“姨夫啊，你把那猪槽子劈了吧。”

姨夫说：“那槽子喂猪喂得挺好，哪能劈呢。”

小伙儿说：“你把它劈了，我帮你再凿个新的。”

姨夫说：“那为啥？”

小伙儿说：“我看它和你们家尿炕有关系，劈了它，看看大伙儿还尿炕不。”

姨夫叫来几个家人，拿斧头把猪槽子给劈了，一看，那槽子里头都出血了，通红通红的，拿开水一浇，“吱吱”直叫。

劈了猪槽子以后，这家大人孩子再也不尿炕了。

原来呀，是猪槽子成精了。

讲 述 者／赵广英

采 录 者／郭永平　潘玲玲

采录时间／2009年7月24日

采录地点／古城镇双岭子村

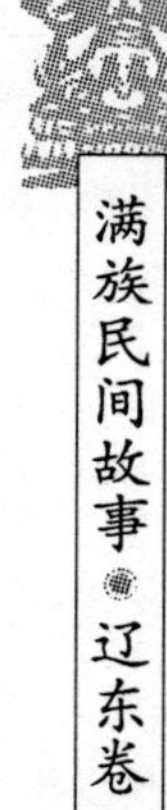

人不可太贪心

从前，有一家就在山沟住，娘儿俩过日子，孩子叫王小。家里挺穷，王小成天上山去打柴，回来卖了，弄点粮米娘儿俩过活。

这一天，王小他妈也和王小上山打柴。娘儿俩在树林里捡了一个蛋，这蛋比鹅蛋还大。老太太看着稀罕，弄完柴火，就把这个蛋捧家去了。

回家后，老太太有耐性，把蛋搁炕上，用棉花套子捂着。过了一段时间，孵出来一条小长虫。老太太就像伺候儿子似的，养活这条小长虫。还给它起个名，叫“大青”。

这王小呢，每天照样上山打柴。原来打柴，打一天，卖两天，娘俩吃喝就够用了。养了这个长虫以后，它挺能吃，比人吃得都多，这样，王小上山砍柴，得多弄，弄少了养活不起三张嘴。

这个长虫呢，慢慢地长大了，变成一条蟒蛇，黑不溜秋的，在屋里院外，“刺溜刺溜”地爬。老太太说：“大青啊大青，可惜你不是个人，不能给你哥当个帮手，上山打点柴。”老太太说着话，一回头，蟒蛇不见了。

原来这个蟒蛇，变成一个小伙儿，穿得“青嗖嗖”的。小伙儿就上山找哥哥，一看，哥哥正在砍柴。

蟒蛇说：“哥，你把柴火捆起来，我挑。”

王小看见来了一个小伙儿，管他叫哥，就说：“你能挑吗?”

蟒蛇说：“我能挑，哥你歇会儿吧。”

这蟒蛇挑着柴火，行走如飞！挑到大门口，把柴火一撂，一打

滚，又变回蟒蛇了。

王小一看，小伙儿不见了，蟒蛇在他伴拉。王小也没细想，就把柴火挑家去了。

他妈就问："今天挑柴火怎么挑得这么多呢？回来还快。"

王小说："我在山顶上看见一小伙儿，穿得青嗖嗖的，他给我把柴挑到门口就没影了。"

他妈想了一阵，就说："哎呀，我在家里说，大青啊，你不是个人，你要是个人，去帮你哥哥挑柴火多好啊，它就没影了。是不是大青变的？"

王小一合计："兴许呀。反正挺奇怪的。"

老太太就问这个大青："大青啊，你是不是帮哥哥挑柴火了？"

大青不说话，点点头，实际它会说话。大青想：既然这个事已经说破了，我就得走了，我得去大青山修行去。大青山离他们这有七八十里。

大青临走时候对这娘儿俩说："以后有什么疑难事，到大青山去找我。"

这一年冬天，皇宫里下了一道榜文，说是国母得了病，要吃蛇肉。三九天没有蛇，蛇到冬天和熊一样，要冬眠，进洞就猫起来了，不吃也不喝。

王小一合计，我兄弟说，要有什么疑难事就去找它。它是条大蛇啊，兴许能行，要是我能给皇宫献上蛇肉，皇上一定给我一官半职的，我就不用打柴了。

王小就来到大青山根底下，喊了三声："兄弟，我来了。"就看山顶上飘风扬土的，从山上下来一条大蟒，到地上打了个滚，说："哥，有什么事？"

王小说："今天我来找兄弟，是因京城里的国母，得了病，说别的药不好使，只有蛇肉能治，贴了告示，我想上你这来取点蛇肉拿回去，到京城献宝，得个一官半职，好养活老母亲。"

大蟒一听，说："行，那你就割吧！"

王小拿着刀，上去就拉了二三斤那么一条子，把大蟒疼得浑身乱颤。

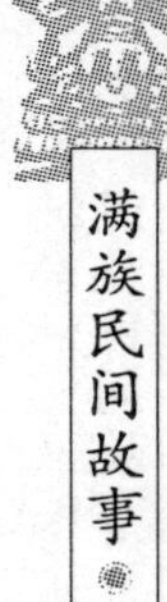

大蟒说："哥，你回去吧，我也要回山了。"大青蛇带着伤口，就回山了。

王小拿着蛇肉，进京去了，把蛇肉献给皇帝爷。国母把蛇肉吃了，病好得利利索索的。皇帝爷说，这小子行，三九天还能弄来蛇肉，就封了他个地方官。

王小从京城回来，就搬到县里了，当官了，吃着俸禄也不用上山打柴了，娘儿俩生活得像神仙一样，衣来伸手，饭来张口。干什么有人伺候。

这一转眼，过了三年，国母的病又犯了，找了御医，一看，说这回蛇肉不行，得用蛇心，没有蛇心治不好这个病，又找到王小。

王小一听，说是再弄来蛇心，还给他升官。王小就答应了。

王小到大青山里，又找大蟒说："国母有病，非要蛇心做药引子不可。"

大蟒一听，打了个哈欠说："谁让我欠母亲这个情呢。罢！罢！要蛇心你就取吧。你拿刀，我张嘴。"

那时候，大蟒已经长得有大碾盘那么粗了，张开大嘴，王小往里进也不费劲。王小站在蛇肚子里，正要动刀，想割蛇心，天上打了个沉雷。

大蟒怕雷，马上就把嘴闭上了，王小在大蟒肚子里也出不来了。

讲 述 者/丁元道　男　78岁　小学文化　农民

采 录 者/李　楠

采录时间/2009年7月24日

采录地点/向阳乡爬宝山村

没这个命

有这么一家，这个老当家的靠给人看坟地养家，赚了不少钱。他有三个儿子两个姑娘，日子过得挺好。

老当家的给人看了坟地，人家升官的升官，发财的发财，他的三个儿子就说："爹，你天天给人看好坟地，自个的坟地呢，你怎么就不选个好地方？俺们哥仨也沾沾光。"

老当家的说："你们的命不行。"

儿子不服："你怎么知道俺们命不行，你又没试过。"

老当家的说："那好，等今年三十晚上，给你们一人一把弓箭，你们出去，到离家二里远的一个岔道，在那堵着，不管见到什么，见着什么你们就射什么。"

哥仨说："行！"

以前，年三十晚上，都黑咕隆咚，静悄悄的，兄弟姐妹来家，都不喊小名，说是外边有提名喊号的收魂大师，专收孤坟孤庙孤人家的，让人听见名字，收去了，就不好了。

今年，年三十晚上，哥仨做伴，就到离家二里远的岔道口，到那就遇到一个人，穿一身黄，骑着一匹大黄马，从那边过来了，老三说："快射！"

老大和老二说："不行，这个是大将，回家过年的，不能射。"

没射，人家骑马过去了。不一会，又过来一个穿一身白的，骑着一匹大白马，老三说："快射！"

老大和老二说："别射，人家回家过年，半道不能截路，不能射人

家。”

白衣人又过去了。第三个来的是穿着一身黑衣服的，骑着一匹大黑马。老大老二还是不让射，老三说：“还不让射，从家临走的时候，咱爹告诉了，看到什么射什么，你们怎么忘了这句话了，都过去俩了，赶紧吧，这回再放过去，就没了，你们不射拉倒，我射！”

老三就射了一箭，中了，倒地上是个大铁人，哥仨挺乐，就抬回去，累得够戗。老大老二说：“俺们也算射到了，过年吧。”

吃完饺子，该玩就玩，过了三十了，老当家的就说：“你们哥仨，把那铁人送到铁匠炉，和铁匠铺的人说，把这块铁做成铁链子，等我死了，就用这条铁链子把我往外抬，别用绳。你们记住往哪抬，从咱家门口出去，一直往南走，奔南门，铁链子在哪断了，就在哪挖坑埋。啥都不能给我穿，连个裤头都不能穿。”

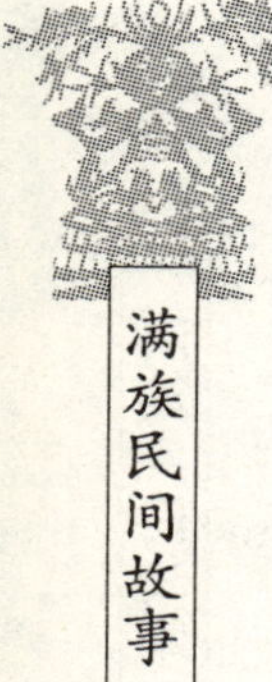

哥仨说：“爹！你这钱也不少挣，怎么能光着来光着去呢？”

老当家的还告诉三个儿子：“老大老二都娶媳妇了，老三媳妇刚过门。把我埋了后，头三宿晚上到坟地去守坟：第一宿是老大的，第二宿是老二的，第三宿是老三的。” 老当家的还告诉他们这三个媳妇，没超过一百天，不准出大门，她们都答应了。

等到老当家的咽气了，出殡了，哥仨就用铁链子抬着老爹，走啊走，走出去不怎么远，铁链子就断了，就在那埋了。

埋了老当家的，头一宿，老大去守坟，到了半夜就见东西南北，一面出来一个人，有黑脸的，白脸的，还有黄脸的，红脸的，都出来喊，王八骨头鳖骨头，给我拿出来，就听见“噼里啪啦”往外扔东西的声音，一直闹到鸡叫了，就没有动静了。

天亮了，老大一看，哎呀，满地的骨头都出来了，老大想，才埋的新坟可能土不实，就把骨头捡了捡，又重新埋上，往实了砸一砸。弄好后，就回家了。

第二天晚上，老二守坟。夜里发生的事和头一夜一样。第三天晚上，该轮到老三守坟了，老三是新婚，没到半夜就跑家去跟媳妇亲热去了。

过去，皇宫里都有观星台，天星官每天都在观天象。这天，天星官突然发现天象有变，民间有做龙胎的，看了好一会儿，也没找到在哪个

方向。一直到九十五天了龙胎做成了还是没找到。皇上着急呀，龙胎在宫外，将来江山难保了。就派人去查，一定要除掉，以消除后患。

这时，老三的老丈人家，大门外搭个戏台子，唱大戏，人山人海，可热闹了。头两天，老三媳妇在屋里坐着，不敢出屋门，老公公嘱咐百天内不让出大门。这戏唱到了第三天，老三媳妇坐不住了，说："哎呀，这戏怎么越听越好听，这锣鼓打得这个紧。"她一寻思：老公公说不让出大门，我踩梯子上墙头上看还不行吗？她就找了个大梯子，卡那墙头上，刚露出头，看了一眼，就让皇帝派出找龙的人发现了，一瞅，那院墙上金光闪闪，哎呀！这不龙出来了吗？

找龙的人赶紧跑过来，到老三家大门外叫："开门，开门。"

老三媳妇从梯子上下来，把门打开。人家一看，是个穿孝服的小媳妇。

就问："最近家里谁死了？"

老三媳妇说："老公公。"

又问："你公公的坟埋哪了？"

老三媳妇就告诉了坟埋在哪。找龙的人又找到那哥仨，领着他们到他爹的坟上看看。到那以后，就把那坟给挑开了。挑开后一看，尸首找不着了，坟里什么都没有了，坟底下有一个溜光的道。他们就顺着那个道往前走，一直走到海边，看见一条像鱼一样的东西，身上长满了鳞，差一点儿就进海了，进海就变龙了。这时离一百天还差两天。找龙的人上去就把这鱼样的东西给挑了。这边把老公公的尸首挑了，家里那边，三媳妇怀孕三个多月的孩子从肚子里就蹦出来了，娘儿俩全死了。

这家风水被破了，还是没这个命。

讲 述 者／赵广英

采 录 者／郭永平　刘先福

整 理 者／韩雪峰

采录时间／2009年7月24日

采录地点／古城镇双岭子村

不孝的报应

早年间，人们结婚都早，不像现在晚婚，十七八的，就结婚了。

这家人，爹妈结婚早，生孩子也早，大孩子是小子，小子长到十七八岁，也结婚了。这样，老婆婆也不老，照样还生孩子。这老婆婆呢，一生又生一个小子，老公公就给老伴儿买点猪肉，告诉儿媳妇，给老婆婆包点饺子吃。这媳妇不太孝顺，见老公公买肉给婆婆包饺子，有点来气。

在早，生孩子，衣胞（胎盘）搁门槛那埋下。媳妇抠出衣胞，洗巴洗巴，剁巴剁巴，给婆婆当馅儿包上饺子了。

老公公出去干活儿，走了。婆婆猫月子，那媳妇包好饺子就端上来给婆婆吃。婆婆一吃，就觉得味儿有点儿不对，心里犯疑，掰开饺子一看，肉不是色儿，紫毫烂青的。在早，有炕琴柜儿，老婆婆把这碗饺子就搁那柜底下了，把那个空碗拿回来搁炕沿儿了。媳妇儿来拣碗，问婆婆："吃饱没?"

婆婆说："吃饱了，不要了。"

下午，老公公回来了，婆婆说："你买的什么肉啊?"

老公公说："买的猪肉呗，我给你买二斤猪肉呐。"

老婆婆说："什么猪肉，你看看!"

老婆婆把饺子拿出来，老公公掰开一看，哎呀，这不是猪肉，不是色儿，拉倒，不吃不吃吧。

没过三天，西北天上来块云彩，带着"嘁吡咔嚓"的雷，那火球子就进屋里，直滚啊。儿媳妇知道做坏事了，不孝，就给婆婆跪下了。

老婆婆说："怎的了？"

儿媳妇说："我做错事了。"

把实情说了。老婆婆就说："雷公娘娘雷公爷爷，儿媳妇不懂事，她做错了，饶了她吧。"

不行，这火球围着儿媳妇直滚，非要劈她不可。她就抱住老婆婆不放，雷没法打她。你看雷电，也有神灵管着，劈恶人行，不能伤着好人。老婆婆一看，火球不走，没法，想起外头有口大缸，把媳妇扣缸里吧。刚扣到缸里，"咔嚓"一个响雷，天晴了，老婆婆把大缸掀开，让媳妇出来，一看，从里面出来条狗。

媳妇变成狗了，手和脚还没变，脑袋身子都变了，这狗，不吃别的，净找人屎狗屎屉屉吃。婆家人赶紧告诉她娘家来人。娘家来人一听事情的前前后后，就说，这是她自作自受，罪有应得。

后来，县官知道了，为了教育别人，就把她赶到集市上游街，告诉人们，这就是不孝顺老人的下场。

（百善孝为先，万恶淫为首，孝顺老人啊，是天经地义。我说你们不愿意听，人心不古啊，天道逆行，现在老为家奴，少为尊长，妻无夫权，子无父纲，老娘儿们打你一点辄没有。在早，老人管儿子，现在，儿子管爹。现场听故事人插话）

讲 述 者／罗万明　男　81岁　小学文化　农民
采 录 者／李　楠
采录时间／2009年7月24日
采录地点／向阳乡爬宝山村

长虫的报复

早年，人们秋天打柴不往家拉，放在大地里垛起来晾着。在俺们这个村子头，住着一家人家，这家有个小孩儿。这天，小孩儿去地里背柴火，弯腰刚把柴火抱起来，从柴火垛里爬出来个小长虫。小孩儿撂下柴火拿烧火棍就把小长虫打死了，打死这根又出来一根，打死这根就出来那根，小长虫一根一根往外爬，小孩儿一根一根往死打。没有了，小孩儿就站在那等着，看看还有没有小长虫出来。正等着，小长虫没有了，出来个大长虫。大长虫出来就照着小孩儿脑袋瓜子，嘎嘎叫唤，这小孩儿照着大长虫脑袋就打两棍子，两棍子没打住，小孩儿就害怕了，吓得撒腿就跑。小孩儿快跑，长虫就快撵，小孩儿慢跑，长虫就慢撵，回头一看就隔那么远。小孩儿一寻思，这么跑也甩不掉它呀，就把小棉袄脱了，往地上一放，长虫闻味儿，就爬到小孩儿棉袄上，没撵他，小孩儿就又跑起来了，跑着跑着回头一看，大长虫又撵来了，还隔他那么远。小孩跑着跑着就跑到他姥娘家，进屋就说："姥娘快把我藏起来，我打小长虫，大长虫撵我来了。"说话的工夫，长虫进屋了，把这个脑瓜子往炕沿儿上一搁，嘎嘎乔叫唤，小孩儿舅妈和他姥娘都害怕了，窗户下有口大缸，姥娘抓过小孩儿就塞进缸底下，用这个大缸就把小孩儿扣上了。

小孩的姥娘、舅妈跪在神像面前磕头啊，求神保佑，让大长虫赶快走吧！

大长虫出来了，围着大缸左盘了三圈，右盘了三圈，盘完之后就走了。

小孩他姥娘、舅妈冲着大长虫拜了拜说，可走了。送走了大长虫，姥娘、舅妈赶紧回来，悄悄说：“你快出来吧，大长虫走了。”说了好几遍小孩儿也没动静，赶紧把大缸搬开，一看，完了，小孩儿坐在那儿，光剩骨头架子了，血肉都被长虫吸没有了。

讲 述 者 / 张秀云
采 录 者 / 李　楠
采录时间 / 2009年7月24日
采录地点 / 向阳乡爬宝山村

牛蹄窝儿能淹死人

有个小孩儿，也就是十来岁吧，家里让人给看相，人家看完后说："这小孩儿这个月有坎儿，有水就能把他淹死。"

家人听了就看着这孩子，天天不是他爹就是他妈，老是有人看他。

到这个月最后两天了，他们家来客（qiě）了。吃饭的时候，派个人出去买酒，老半天也没回来。怎没回来呢？那人出去后遇到别的事，就把打酒的事耽搁了。这边呢，这小孩儿的爹和妈怎么等这人也不回来，一着急，就忘了看相那码事。他们忙着别的，就让这小孩儿去接人："你快去看看，怎么买酒的还没回来呢？"

酒铺离家不远，小孩儿就去了，出去就没回来。他爹他妈在家，左等右等，就是等不回来，怎么俩人都不回来呢？爹妈就出来找。一找，看见孩子趴在地上，爹妈吓了一跳，那地方有个牛蹄窝儿，小孩的脸正趴在上面，牛蹄窝里有水，一下子就给呛死了。这把他爹他妈后悔的呀，说是别让他去就好了，剩两天就没看住，小孩儿没了。

讲 述 者／赵广英

采 录 者／刘先福　潘玲玲

采录时间／2009年7月24日

采录地点／古城镇双岭子村

守孝三年

早年有规矩，阿玛死了儿子要到坟地守孝三年。三年之内不准回家，也不准出来溜达，吃在坟地，睡在坟地。汉族有这个规矩，满族跟汉人学，也有了这个规矩。

这个严公子的阿玛死了，他在坟地搭了个屋，在那儿给他阿玛守孝。

严公子守孝的时候，就来坟地待着，一步不离。每天由他讷一天送两顿饭。家里有什么事，讷讷来时都跟他告对。这天，讷来送饭，跟他说，邻村有个姑娘长得俊，还贤惠，听说你孝心，她讷托人说媒，要嫁给你，给你做媳妇，等你守孝期满了就跟你完婚。

严公子讷和姑娘讷没事就闲磨牙。这天，姑娘讷问严公子讷："亲家婆儿，你一天两遍上坟地，五六里的，来回十来里地，这也够你这腿脚戗啊，你在家还得做饭，做完还得给送去，哎！老当家的走了，你可遭了罪了。"

"哎呀，亲家讷，你可怜我，那你说怎么办？俺们那个老死鬼走就走，还折腾他儿子，还折腾我。"

姑娘讷说："你看那样好不好？俺们姑娘在家啊，也迷了魔了的，要不让俺家姑娘上你家，帮你做饭，你光管送，挎个筐，那不好吗？"

严公子讷说："哎呀，那敢情好啦，亲家讷，那我可给你作揖了，那明天就叫你姑娘来吧，上我家待两天。"

这姑娘就到了婆家。女大都外向，她着急赶紧出门子啊，这娘家不是久待之地啊！姑娘到了婆家，洗洗涮涮，抹抹扫扫，心想，这就

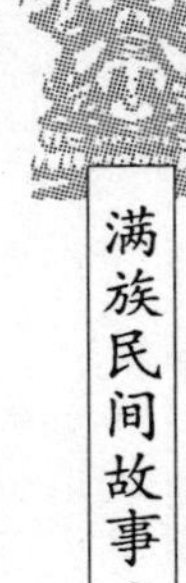

是我的家呀！尽心竭力地按照家里的柴米油盐，掂量着给做饭。

这老太太生怕儿子饿着，送饭挺及时。这一天呢，又去送饭，严公子心想：怎么干净了呢？老太太今儿怎么来精神了，这个碗儿啊，这个筷儿啊，这个筐啊，怎么和往常不一样呢？怎么收拾得这么立整呢？不对劲儿，就问他讷怎么回事。

讷说："你就赶紧吃吧，就你事儿多。"讷也没告诉他。

七天过去了。这一天下晚儿，没过门的媳妇儿跟婆婆一个屋睡觉，儿子不在家，门得插好啊。

那早年的规矩，严啊！男女授受不亲，男的给女的递东西，手得高点，男的再拿，手递手不行，就这么大的礼教。这是汉人留下的，满洲人没有那个事。汉族人男和女，手递手，特别是当龄的汉子和姑娘，手对手碰一下子，不行，不礼貌，犯规。轻了啊，让人笑话，重了啊，能引出情债。轻了坐牢，重了就得杀头。那可是不得了的大事儿。

这回呢，婆婆和没过门的媳妇正睡觉，那时候，也没有个准点，五更半夜，外面有人叫门："开门！"

婆婆媳妇睡得迷迷糊糊，一听，嗯？好像有人叫门，谁叫门？过一会儿，又听一听：

"开门啊，开门。"

"谁啊？"婆婆问。

"我。"敲门人答。

"你是谁？"婆婆又问。

"开开门就知道了，开吧，开门！"

不行，老太太晃头，没听出来语声，不能随便开，咱俩一老一小，那要闯进来盗贼，就都完了，活不成了。名声也不好听啊，人家不杀咱俩，自个也得上吊死啊！没给开。

后来，婆婆听出是儿子语声，没给开门，姑娘在屋呢。

老太太说话了："回来干什么啊你，臭美呀，你阿玛死还没到三年，看门守孝，那得心诚，你怎么三心二意的？三年满了才给你娶媳妇，着什么急？回去，在坟子地守着！"

老太太一顿暴训，严公子溜溜地回去了。第二天，媳妇给饭做好了，老太太去送，严公子说有点想家。

他讷骂儿子："你想家？你小子这是心不老实，昨晚你干什么去了？人家姑娘呢，怕我孤单，来帮几天忙，你昨晚偷着回去，想干什么？啊？你怎么就忍受不了了，你这叫孝子吗？你对得起你阿玛的养育吗？"

严公子讷劈头盖脑，一顿暴骂。这儿子呢，老实，哪受得了这个，骂两句倒没啥，说我昨晚回家了，还说媳妇来了，好像我想媳妇想行不轨似的，我也不知道她在咱家住啊。

完喽！老太太这顿骂可惹了祸了。

第二天，老太太再来送饭，叫不开门，怎么招呼也没人应，严公子讷使劲用手一推，柴火门就开了。近屋一看，哎呀！我的妈呀，"哇"的一声，坐地上就哭，儿子上吊了，吊死了。严公子讷明白了，昨儿骂儿子，把儿子屈死了。这不完了吗！老当家的死了，这回儿子也死了，以后的日子还怎么过呀！

老太太哭够了，不能回家啊，姑娘要问怎么说啊？拉倒吧，也这么大岁数了，咱一家人到阴间团聚吧。老太太找棵树杈，也吊死了。

这没过门的媳妇，干等婆婆也不回来。她不敢睡，越捱夜越深，稀里糊涂熬到天亮，做饭吧，不管怎么的，老太太不回来，这是有事啦。这回我自个给她娘儿俩送饭去。姑娘做好饭就出门送饭去了。

姑娘到地方一看，严公子上吊了，老太太在儿子不远的树上也上吊了。姑娘一想，这娘儿俩都吊死了，这是不是和昨晚叫门有关啊？得啦，一定是，这不是从我身上引起的吗？那我不是望门丧吗？这事传出去，我还怎么活啊？没办法，赶到这步，一块儿死吧，她也找棵树杈上吊了，也吊死了。

讲 述 者 / 李呈俊　男　74岁　中专　教师

采 录 者 / 李　楠　潘玲玲

采录时间 / 2009年7月24日

采录地点 / 沙尖子镇头道阳岔村

洞房认父

咸丰年间，太平天国起义，闹得是江南六省那个不安定啊。

这一年，这个屯中有一个姓茹的先生，这个茹先生刚刚结婚不到一年，屯子里也不安定了，各路贼寇、杂牌军祸害老百姓，抢男霸女。

这一天，有人给茹先生捎信儿，说："你要摊灾了，赶紧跑吧。"

茹先生不信，心想，我一个教书的，能摊什么灾。他路过一个卦摊儿，被算命先生给叫住了，说："你嘴角青，额头青，大祸小祸上门厅，你不出三日有凶祸呀！不好哇，你要摊杀头之灾啊。"

茹先生说："老先生你看看，有没有什么消解的办法？"

算命先生说："你是连续大业，你在家乡，那指定就是杀头之灾。三十六计，走为上策。"

茹先生听了这话，吓得他浑身直哆嗦，回家就把他爻得那个卦，向他媳妇说了："我有大祸了，我得赶紧走啊，我遭杀头是小事儿，你也得受牵连，你不是刚刚怀喜了吗，我今儿晚上就走。"媳妇一听就哭了，光哭也没有什么招，能够避过连续大业，只能出去躲。他媳妇给他收拾个包裹，他就走了。

茹先生没有目的地走，一直走到江南，临出门媳妇给带的银子也都花啦。他走到一个村庄，又饿又累，真是没钱吃饭了，可他是教书先生啊！也没讨过饭，面子矮，张不开嘴讨要。他宁可饿着，也不去敲人家门。走到一个黑门楼前，他站不住，坐下了，又饿又累，不知是困还是饿没劲了，反正就倒下迷糊过去了。

黑门楼这家住的是个老商人，就老两口和一个姑娘。这个姑娘七

八岁，还是个顽童。这个老当家的五十多岁，经商做买卖，有房有地有店铺，日子过得挺好。

老商人外出回来，打老远看着门楼前边黑糊糊地倒个什么东西，到跟前一看，是个白面书生，也不像小偷做贼的，这是哪儿来的呢？就招呼老伴，快倒点水来，给他这个灰垢脸擦一擦，看看眼睛，看看口唇，还有点气息。

老商人叫来了家奴，把这个茹先生抬到屋里去。过一会儿，茹先生缓过来气儿了。老太太就端着米汤喂他。肚子里有食儿了，又有水儿了，他睁开眼睛一瞅，是个老太太，挺慈祥的。茹先生坐起来了，老商人就问他怎么回事儿。他就讲了："我是个教书的，家乡闹荒了，兵匪分不清，土匪帮要陷害我，所以我就逃跑了，带的钱花光了，我也抹不开面儿要饭，就饿昏了。"

老商人一听茹先生的话，再看茹先生的举动，也不像个歹人。就说："我没有儿，只有一个女儿，她还小，你就来我这儿住下吧，帮着我看看家，做点儿事，不知你愿意不？"

茹先生一听，说："老先生，我走投无路了，只要有个安身之地就知足了。"这就讲定了，茹先生就在这家住下了。

老商人有了帮手，也有了力量了，原来开的是南方丝绸儿店，那个店铺是他自个儿管，这回他又开一个店铺，叫茹先生经营。这一干，就是十七年。

再说茹先生的媳妇柳枝儿，自从丈夫黑夜出走，一晃十七年，一点信儿也没有。这十七年她是怎么活过来的？咱慢慢说。柳枝儿有个娘家哥哥，自从妹夫走了之后，经常过来，逢年过节送柴送米。柳枝儿后来生了个小女孩儿，他哥哥两头跑，哥哥想，我这么跑也不是常事呀，这妹夫也不知道啥时候回来，干脆我把她接回来一起住吧！哥哥跟柳枝儿一说，柳枝儿当然高兴了。

哥哥赶着车，柳枝儿抱着孩子，就接到哥哥家来了，这一住就是十七年。孩子是在舅妈的眼皮底下长大的，一开始，嫂子对她们娘俩儿还行，到后来就不行了，你不推完磨不拉完那二篓半就不让你吃饭。妈妈干不动，孩子小胳膊小腿地帮着推，一天到晚有干不完的活。别人都脱衣服睡觉了，她们娘儿俩还在那干活。

他哥哥一看，这也不是办法呀，我这么拉帮她，拉帮到多会儿是个头儿呀！她哥哥就出去找妹夫，一去影无踪，不知道走哪儿去了。

哥哥走了，家里没人挣钱了，日子过得艰难了。娘儿俩一合计呀，明天咱们也去找你阿玛吧。娘儿俩把随身穿的衣服收拾收拾，第二天就走了。一路讨饭，走到最后，鞋走的帮做底底做帮，这衣服变成了扯丝挂绺的破布片，那脸也没地方洗呀，外表和傻子一样。

这一天，又赶上个冷天，娘儿俩来到这个员外庄，冻得呀，想找一个茅草屋避避风也找不着，妈妈把姑娘搂在怀里。姑娘已经十七岁了，在妈妈怀里头直哆嗦，天黑了，越到深夜越冷。妈妈走到一户楼门前，带栓的这个大门插得登登的，敲也没有人答应，这娘儿俩抱成一团，时间长了昏昏迷迷地就都倒地下了。

第二天一早，这家的管家推开门，一看，门口倒了两个死倒，这可了不得了，转身回去就喊："不好了老爷，咱门口有两个死倒！"

这是谁家？不说你也知道，老商人家。老商人一听，心想，我家不愁吃不愁穿，就怕摊官司，这是谁跟我过不去呀，死倒上咱们家来死？赶紧跟着管家到门口去看。一看，是娘儿俩，回屋把老伴喊出来："你过去看看吧。"这都是上年纪的人，讲礼数，老当家的不能到女尸伴拉。老太太来了，扒开柳枝儿的眼睛一瞅，说："这还是活人的眼睛，还没定。"老太太用手摸摸脸儿冰凉，摸摸心窝还热乎呢。告诉老当家的："没死定呢。"老商人招呼人，赶紧把娘俩儿抬到火炕屋子，放到炕上，又告诉家人熬点儿姜糖水儿，烧好了一口一口地喂。喂了几匙以后，口唇变色儿了，也暖和过来了。家人端来了小米粥，娘儿俩喝了，活了。

柳枝儿明白之后，先淌眼泪，说不出来话了。等到能说话的时候，就把家事一五一十向老太太都讲啦。把老太太说得呀，直掉眼泪。

老太太说："好好养着，就在俺们家待着吧，俺们家四合大院，正房五间，东西厢房各三间，你们就来这住下吧！"

这娘儿俩跪地下就给老太太磕头。

柳枝儿娘儿俩身体养好后，娘儿俩主动找活干，把家里家外收拾得干干净净。姑娘在这生活好了，身体也胖了，水灵灵的像一朵鲜花似的。姑娘会来事，说话也招人听，老商人和老太太都很喜欢这姑娘。

再说那个茹先生，在外帮着老商人经营店铺，生意做得很火，深得老两口的信任。老商人认了茹先生做干儿子了。茹先生更是一心扑在生意上，也不经常回家。

家中来了娘儿俩，这老太太相中了这个姑娘了。老太太就向柳枝儿探话："我儿呀，今年三十九岁了，长得也少相，说话文质彬彬，你要是愿意呀，把你姑娘许配给我儿子吧。"

柳枝儿一听，忙说："我求之不得呀，我得烧高香了，我们娘儿俩在这伺候二老一辈子都甘心情愿。"

老太太就把这个话跟干儿子说了，茹先生也偷偷看了姑娘。看过之后，就觉得像在哪儿见过似的，就觉面恍恍的，好像跟自己的媳妇有点连像。茹先生想，十七年了，家乡的媳妇也不知道还有没有了，这兵荒马乱的，估计是活不成了。许亲的事儿，老太太提出来了，这是怕我走啊，给我找个媳妇成个家拴住我，老人这是看重我呀！我先答应了吧。

老商人一听，干儿子答应了婚事，非常高兴，这就找先生择日子，老商人说："咱们要大伺候，张灯结彩，亲朋好友们都请来。"

这就开始准备。到正日子这天，贴红对，挂红灯，老商人家里里外外满堂红，亲朋好友都来贺喜，灶房帮工的雇了十来个，临时在当街（gāi）找个打下睡的地方（就是临时驿站，姑娘在那儿好比是娘家，从那儿娶到婆家来）。

拜了花堂，入了洞房，茹先生就问姑娘："你姓什么？"

姑娘说："我姓茹。"

茹先生问："家住哪儿？"

姑娘说："家住北方。"

茹先生又问："你怎么走到南方来了？"

姑娘一五一十地把前因后果都讲出来了。茹先生一听，哎呀！这讲的不就是我嘛！说她阿玛出逃了，我不就是出逃的嘛！

茹先生接着问姑娘："你今年多大了？"

姑娘说："转过年儿十八了。"

茹先生这心里头"咯噔"一下子就翻滚了。这是我没见面的亲姑娘呀！我今天已经跟我的姑娘拜堂成亲了，这在道义上就是明媒正娶

的夫妻了，但是父女怎能成夫妻呢？茹先生说：“我就是你阿玛，我走的时候你妈揣着你，我出来已十八年了。今天入了洞房，没法说清楚了，没脸再见人了，姑娘啊，咱俩都死吧，不能再活了，咱俩上吊吧！”

姑娘不干，说：“我刚刚跟我讷过上了几天好日子，为什么要叫我死呢？你是我阿玛就是我阿玛呗，咱不结婚就拉倒，我还干我的活儿，你还干你的活儿，为什么死呢？”

两人就吵吵起来了。这一吵吵，屋外有听房的，站在这个窗外越听越不对劲儿，这怎么尽说呛嘴的话，伤心的话呢，说一说还有哭的声音，觉得不对劲儿，就叫门，也不开，最后就报告了老商人。

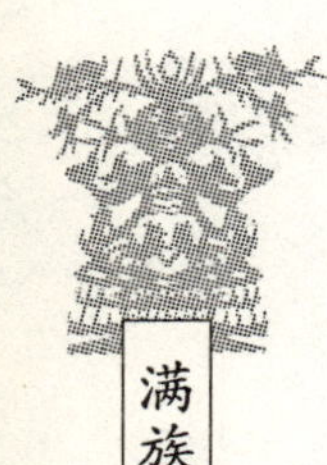

老商人也纳闷儿，说去看看吧。老商人就叫门，也不开，最后告诉阿哈伙计，把门给撬开。撬开以后，这茹先生就给老商人跪下了，这茹小姐呢，哭成个泪人似的了。

老商人说：“大喜的日子，这是怎么了？”

这茹先生就把事情的前前后后，原原本本都说出来了，听的人也都跟着掉眼泪。

老商人说：“不管怎么说，没有这个难，就没有这个洞房认父，你们父女也不能相见，这是坏事儿变成好事儿了。”

这时，柳枝儿进来了，说：“我们走遍了江南，快赶上孟姜女寻夫了，鞋是帮当底，底当帮，衣服扯撕挂绺，天神天意指点我们亲人遭难也相遇，这是天大的好事儿。”说的大家也都不悲叹了。

老商人说：“今天的喜事照办，新娘子换成妈了，你们十八年没见，就再入一回洞房吧！”

大家都说好。第二天，老商人家正常招待客人，并且三天舍善放席，百八十里的叫花子，一听说老商人家娶儿媳妇儿，大操大办，杀猪宰羊，要大伺候三天，远的近的都来白吃。这花子帮里就有柳枝儿的哥哥。听人们议论洞房认父这种惊奇的事，他就想看看这茹先生是什么人，他一看，这不是自己的妹夫吗？所以说善有善报，恶有恶报，一家人就都团圆了。

以后，茹先生还经营商号，她们母女还帮着员外管家，姑娘的舅舅也给老员外当差。

讲 述 者/李呈俊　男　74岁　中专文化　教师
采 录 者/郭永平　刘先福
采录时间/2009年7月24日
采录地点/沙尖子镇头道阳岔村

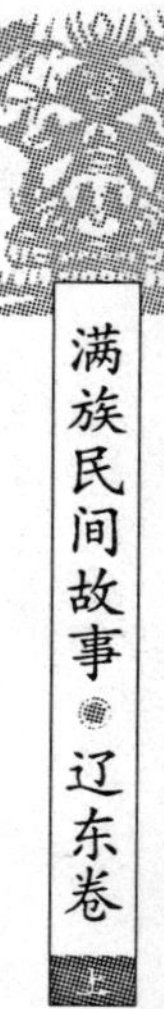

哥五个选当家的

以前那时候，哪家都有老祖宗的祠堂，供的祖宗牌位都在祠堂里。

这家哥儿五个，自然就娶了五房媳妇。哥儿五个分季节去给祠堂打扫卫生。那时，谁家都是老大当家，他们这家老大，当了多少年家，老五都娶媳妇了，他还在当家。这老大就说："我当这么多年家，哥儿五个使劲干，日子过得还是将儿打将儿，这个家我没当好。"意思是没过上好日子，他就有意借助今天扫祠堂的时候，用心选一个当家的。

平常扫完祠堂，那把笤帚就应该挂起来，或是放在边上。今天，老大就把那个笤帚随便往门口一扔。他就注意了，哥儿五个，他是老大，待一会后面又来了四个，都从笤帚上跨过去了，谁也没管。之后就是老大、老二、老三、老四、老五的媳妇，前四个媳妇都跨过去了，老五的媳妇就把笤帚从地上捡起来，问："大哥，这笤帚往哪挂？"

老五的媳妇是第一回来扫祠堂。大哥一看，哎呀！这老五媳妇，岁数最小，就她把笤帚捡起来了，嗯，是个有心人。就这么的，大哥就注意了，他处处观察老五媳妇的表现，也不声张。

这老五媳妇，就是比其他四个媳妇表现得好。那四个媳妇，老监督别人干活，自个儿却不干。人家老五媳妇，不吱声，能看着的就自个伸手干，别人干不干她不管，她小，也管不了。

扫完祠堂，老大回家就提出："咱哥五个还有你们五个媳妇，坐下来好好合计合计，另选一个当家的，男的女的都行。"

大伙说："除了老大就是老二，那当家的哪能给别人？再说，有老

大在，老二也不敢接呀。”

老大说：“这样不对，谁有这个能力，谁就管这个家，没能力就是老大也白费，我的意见啊，就选老五媳妇。”

这可把老五媳妇给吓得够戗，说：“我小啊，怎能当家呢？我能说谁啊，说谁谁也不服啊？”

老大就说：“你来当，这个名是你的，好事都是你说了算，谁要不服管，你就告诉我，我收拾他，我是老大，我有权。”

老五媳妇说：“我实在是不行啊。”

老大见老五媳妇坚决不同意，没办法，就把全家亲戚都请来，这不，各家媳妇的爹也都来了。

这些老丈人们，听老大一说，就齐吭儿吭儿地同意：“老大说的话对，不论谁管，能把这个家管好就这行，就让老五媳妇当吧。”

老五媳妇说：“我岁数最小，那么的吧，你们要是听我支配呢，我就答应。不管是能走的小孩儿，还是白发的老人，不管是谁，到大门外出去一趟，就抓一把土回来，扔在那两间空房里。每次出大门一回，就抓一把；要是一天出去五回，就抓五把；出去十回，就抓十把，不出去就不用，大伙儿依我我就当这个家，不依就拉倒。”

老大说：“行，我依你。大伙儿说行不？”

大伙儿齐吭儿吭儿地说：“行。”

哎呀，打那以后，大人小孩都听，出去一回，抓一把土回来。那屋门老开着，就往屋里送。这么一抓，就抓了两年，家里人多，都抓，攒了一大堆。

大伙儿私下里都说：“这老五媳妇真能扯，看她怎么往外弄。”不过，他们不敢明说，要是老大知道了，不让。

有一天，来俩南方蛮子，一个老蛮子和一个小蛮子，到他们家就不走，要住。大伙儿都不乐意，一大家子人，往哪住呀？

老五媳妇当家呀，就说：“这没有单间了，除了对面炕，就是小炕梢了，不隔音，连说话都能听见，你们能住吗？”

老蛮子说：“能住。”

老五媳妇就把老蛮子和小蛮子安排在她的对面屋，告诉家人，打个炕，两个蛮子就住下了。这老蛮子，晚上不好好睡觉，乱撒目。这

不，住了一宿，第二天不走，还要住一宿。

第二天晚上，老蛮子要买大伙儿抓回来的那堆土。老大说，这事得和老五媳妇商量，她当家。

老五媳妇说：“行！给二百两银子就卖，买了你就拿走。”

老蛮子同意了，小蛮子就不同意：“花二百两银子，买那堆破泥！还得往外拿，买那玩意儿有什么用？”

老蛮子怎么劝小蛮子也不同意。晚上，大伙儿都睡觉了，老蛮子听听动静，全家都在打呼噜，才小声对小蛮子说：“哎呀，你哪知道，那土里有个金马驹，值老钱了，二百两银子咱就拿走，便宜啊！等到没人时候，咱就把那金马驹取出来。”

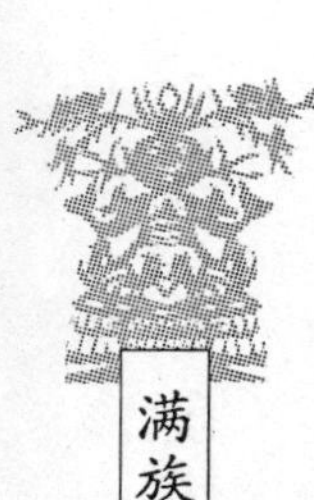

小蛮子说：“哦，那你怎么往外取啊？”

老蛮子说：“弄点高粱，舀碗水，半夜十二点去，你去唤它。一唤，它就出来了，吃高粱喝水，你用女人裤子，一下子就把它套住了。”

小蛮子说：“啊，我懂了，你给我带条女人裤子，装在我包里。”

小蛮子又问老蛮子怎么唤，老蛮子就教他。

老蛮子和小蛮子唠嗑的时候，老五媳妇也假装睡觉打呼噜，他们那些话，都叫她给听见了。等老蛮子和小蛮子合计完，他们就睡着了。这老五媳妇，就假装上厕所，出去了。临上厕所前，她把老五捅咕醒，告诉他在十二点前，陪那两个蛮子唠嗑，把他们缠住，别让他们出屋。

老五媳妇拿着高粱，舀了碗水，把她自己穿的裤子拿出一条来。她按老蛮子的教法，一唤，那金马驹真的出来了。当它喝水时，她把那裤子一点一点往上套，套住了，就把它拿回来，放到箱子里，又上炕睡觉了。

这老五，一看媳妇叫他陪两个蛮子唠嗑，自个儿上厕所回来，却睡觉了，就不乐意，五更半夜让我陪着唠嗑，净瞎扯。

两个蛮子光顾唠嗑了，一看，过点了，就得再住一天。第三天，说不能住了，那金马驹没了。那二百两银子呢，不给不行，老五媳妇看着呢，不但给二百两银子，还得把那堆泥清理出去。挺大一堆土，把那老蛮子和小蛮子累够呛，这就给弄出去了，二百两银子也给人家

了，什么没得着，走了。

老五媳妇，根本没说金马驹的事，一直在箱子里锁着。

那以后，老大和老五媳妇，一心一意抓这个家。那些哥们和其他人，都不使劲儿，日子过得也不怎么好，反正光吃光用还行，没大余富。就这样，过了十年。

这时候，这个一言，那个一语，就说要分家。老大一寻思：可也是，分家就分家吧，也难为那老五媳妇了，岁数小，给她累够戗，倒是挺使劲儿地干，可家也没见啥起色，分就分吧。他把那些亲戚，还有能写会算的都请过来。这亲戚朋友在一块儿，就吃啊，吃了一顿又一顿，就说："房子怎么分，地怎么分？按人口分，什么都分了，明儿就各干各的，今儿是最后一顿饭。"

老五媳妇，这时候才把金马驹抱出来，说："大哥，什么都分了啊，也把这个东西分分吧。"

大伙儿谁也不知道那个包是什么，一打开，这些哥们媳妇都傻了眼，就问从哪弄的。老五媳妇就把事情经过说了。又说："那时候，我一直没告诉大伙儿，这回咱们要分家了，这都是大伙儿抓土抓来的，我不能一个人留着，分了吧。"

一说要分金马驹，那些老丈人就说了："这家还能分吗？有这样的当家人，还分啥，别分了！"

这哥几个就说："对，老五媳妇你放心，以后对错都是你说了算，你说让我们怎么着就怎么着。"

这个家就没分。后来，有这个金马驹，大伙儿使劲过日子，就发家了。

讲 述 者／赵广英
采 录 者／郭永平　刘先福
采录时间／2009年7月24日
采录地点／古城镇双岭子村

磙房瓦

有一个姓孙的财主家盖房子，雇了一帮泥瓦匠。那时，耍手艺的人比较少，请回来的手艺人得供吃供住，一天三顿饭，比东家吃得要好一些。干活的心里都有数，吃得好了，活儿就得往好干，不能糊弄，不能对不起东家。

有钱人家盖的都是瓦房，瓦得都是小鱼鳞青瓦，这都是从内地汉人那里学来的。这种小瓦是一头稍宽，一头稍窄，凹形，好像劈开的竹筒，长有二十来公分，宽约十五六公分的样子。瓦这种小瓦，先在芭板上抹一层黄泥，再往泥上粘瓦，瓦与瓦挨得越紧越好，一层一层往上挤压。漏不漏雨要看瓦得严不严实，用老百姓话说，叫瓦得紧不紧。如果东家对工匠们伺候不好，他们在这道工序上就会耍奸熊人，把瓦给往松里瓦，底下空一点，泥瓦结合差点，也不会漏，渗一点水只能把黄泥湿了，这样芭板几年就得腐烂，东家就得重新修理，把吃饭省下的钱浪费进去还不够。不论什么民族的瓦匠都有一个口头禅叫："什么饭，什么活儿，小米饭，打仰壳儿。"这也是手艺人给自己留的后手，往后怎么也会有活干。

老孙家知道这个理儿，就把师傅们恭敬得非常好，平时，给泥瓦匠们吃得比自家吃得都好，这叫工匠师傅们很感动。

这帮瓦匠领头的是个哑巴，手艺非常过硬，他觉得东家对他们太好了，因此，从打基垒墙开始，就不偷懒耍奸。东家见师傅们这样卖力，很满意，只是嫌活儿干得慢了些。

该到上瓦的时候，东家知道，这才到了最关键的时候，就把饭菜

加了码，每日几乎都是八中碗席的招待。谁知，活儿干得更慢了，一天上不了几趟瓦。东家有点儿上火，急得嘴角起了水泡，心里老大的不乐意，但是不敢明说，如果这时得罪了他们，那就白费了，只能跟老伴儿嘀咕，活干的这么慢，是不是他们对饭菜不满意呀？那还得吃啥呢？没有办法，只有不惜花钱了，又加了大鱼大肉，凡是能买到的，就都做给师傅们吃。谁知，伺候得越好，活儿干得就越慢，这下东家傻眼了，搓手顿足不知再做啥好了。想来想去，还得豁上，亲自跑东跑西，往回置办好吃货，想着法儿给他们调换口味。

别人家上瓦不过才用四五天，东家见自家用了十多天还没上完，心里的不乐意就憋不住了，找到领头的哑巴师傅说："怎么越恭敬还越瓦得慢呢？我这样对你们还不行吗？"

哑巴师傅也不做解释，该咋干还咋干。又过了几天，活终于干完了。哑巴师傅到东家的场院里扛来一个石磙子，然后让人帮着弄到房脊上。东家在一边看着，不知这个哑巴要干什么。一看这哑巴把石磙子弄房顶上，来回滚，这把东家吓的，说："你这不是祸害人吗？把瓦压坏了不白上了吗？我哪得罪你们啦……"哑巴师傅跳下去，拉起东家让他上房看。东家哭唧唧地爬上房，仔细观看磙子滚过的地方，一块瓦都没碎，连一个角都没坏，这才明白，原来越恭敬活干得越慢，是质量越好啊，东家高兴得跳起来了，一把拉住哑巴师傅哈哈大笑。哑巴师傅和他的搭档们也都跟着大笑，笑得前仰后合。

你看看，这做人还真的不能小气了，谁心里没有个数呢？啊？

讲 述 者 / 高培智

采 录 者 / 郭永平　刘先福

采录时间 / 2009年7月21日

采录地点 / 古城镇双岭子村

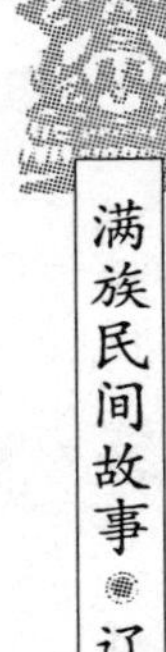

格达和巴哈的故事

很久以前，卒本川这地方很少有人家，自从努尔哈赤扫平了金邦女真国，才陆陆续续来了人家。有一个叫格达的人，把家迁了过来，不久，又有一个叫巴哈的人，也迁到了这里，两家在一个地方落了户，自然成了邻居。那时，都是外地来的，没有什么亲属，一家家隔的不远，同住在一起，就相处得亲近，比亲戚还亲，不论谁家有大事小情，都要互相帮忙赶礼。那时候赶礼，不用拿钱，都拿东西，像布匹啊，猪啊，羊啊，山货啥的。

在早就形成这个规矩，如果家里办事情有人帮忙，家主有面子，办事情就不怕人多，越多越好。相反，办事情要是没人帮忙，场面就显得冷清，人家也笑话，说这家人没人性儿，人缘儿不好，这家主就没面子。

格达、巴哈两家，起初条件都不好，相互拿的东西就比较微薄，尽管这样，互相往来，显得很活泛。日子长了，两家的财富逐渐增多，谁家办事再拿不点儿东西就显得小气，怕人笑话，失了脸面，就一回一回地加码，从小打小闹，发展到两家比，你拿的东西用人挑肩扛，我就用车拉。两家就这样较劲，没了当初的感情。

天下没有久盛不衰的人运，没有久艳不败的鲜花。日子过久了，巴哈家，出了个败家子儿，吃喝嫖赌，五毒俱全。哪家有了败家子儿，什么家财也经不住败腾，不出几年，巴哈家败落得只能维持活命了。哈达家还是财主，自古就是有钱人家喜事就多，巴哈家穷了，赶礼也不能像以前那样大了。

这天，格达家摆寿宴，巴哈实在拿不出像样的礼，翻箱倒柜找出一捆白布，就抱着这捆白布到格达家赶礼。格达见巴哈只抱来一捆白布，很不乐意，指着巴哈的鼻子埋汰他一顿。巴哈知道礼少，但是挨骂也不干，巴哈想，我人穷你也不能这样埋汰我呀！他马上红头涨脸地把布往地上一摔说："就这些！你爱要不要！"转身就走了。格达见他东西拿得少，还发火气，更来劲了，大步撵上去，一把揪住巴哈的衣领往回捞，一边捞一边喊人："赶紧套车，去县衙告他个兔崽子，不信还反了他了！"

县太爷正坐在后堂与夫人说话，猛听到有人敲堂鼓，那声音像要把鼓敲破了似的，猜测着一定是发生大案了。他慌忙穿上官袍，跑去升堂，坐下看了看，是两个小老头儿，吹胡子瞪眼睛地站在那儿乱吵吵。

县太爷有点生气，把惊堂木使劲一拍说："有什么冤屈？赶紧说！"

格达抢先说："哎呀，清官大老爷，管怎么可要给小老儿做主啊……"

这个大老爷也是个苦出身，先就跟富人来气，把惊堂木又狠劲一砸，指着格达说："你说你啊，白发苍苍，不好好在家安度晚年，没事打什么官司？闲的是不是？有钱啦是不是？你一个富人，怎么就不能容忍容忍穷人呢？没听说和气生财吗?！真是的——"

格达好像看出了这个县官大老爷对自己没有好印象，脸"噌"的一下子红了，说话结结巴巴，小心地解释："大老爷呀，它是这么回事……不是我要打官司啊，他们家办喜事，我给他拉去五车好货庆贺，今天俺们家办喜事，他就抱了一捆白布来，你说他什么意思？这不存心占我便宜吗？大老爷呀，他不是个东西呀！大老爷……我、我吃大亏了，这才来告他……大老爷呀，管怎么给小老儿做个主吧……"

巴哈抱着膀，仰头站着，一声不吱。县官偏头看着他问："他说的是真事吗?"

巴哈说："我不是成心不给他，在早，我也给他用车拉来着，现在我家不是穷了嘛，我也就这点能耐了。他还不依不饶，要钱没有，要命一条！"

县太爷听明白了，这是赶礼赶出来的官司。

这事还真是头一回遇到，过去也没有先例啊，这可怎么断呢？想了一会儿，不如来个有理三扁担，无理扁担三？做个糊涂官儿得了！想好了，就编了一句顺口溜：“哎呀，老爷做官有些年，赶礼官司头回见！你说无车（五车）就无车，无车何需叫人还呐？还说白布你不要，你说不要就不要，不要叫他往回抱！自古情义无异端，礼尚往来是情愿，赶大赶小问条件！穷得眼看就要死，老骨一把怎当钱？往后有钱莫自显，认钱无义太自贱啦！退堂——”

县太爷一甩袖子走了。格达傻了眼，知道县太爷是诚心偏袒巴哈，没办法，只好认倒霉！从此两家断了来往，成了几世难解的冤家。

讲 述 者／高培智

采 录 者／郭永平　刘先福

采录时间／2009年7月21日

采录地点／古城镇双岭子村

地头种线麻

咱们关东山这边啊，地头地脑都种线麻，这是满族人研究的。咱们这地方山多地少，要专门弄块地种线麻，浪费地。就在地头地脑，种那么一两米。线麻有味，一熏，牲口就不进庄稼地了，也就不糟蹋粮食了。

有这么一家，地也多，地头种的都是线麻。那天，当家的在地里干活，五六月的季节，正是线麻打籽开花的季节。当家的在地里薅草，侍弄地，累得够戗，他家老娘们儿挺心疼他，爷们儿顶个大晌午头子，成天这么干，也够戗啊！心想得犒劳犒劳他。拿什么犒劳呢？咱们这地方就是黏米饭，那是上等饭，招待客人的好饭。然后呢，杀个老母鸡。黏米饭，炖老母鸡，再掺里点蘑菇，扔两个地豆块，这是好饭好菜，不过年都吃不着。

老娘们儿为了犒劳当家的，就做好黏米饭，炖老母鸡蘑菇地豆块。挎个用杏条编的筐，这筐像个元宝似的，有一个梁儿，满族人家都有那玩意儿。

老娘们儿送饭，穿过几个线麻地，走过地头，看到当家的说："呵！当家的，今儿个犒劳犒劳你，做点好吃的，平时吃不着，快过来吃吧。"

老爷们儿一看，黏米饭，老母鸡炖蘑菇，真香，乐够戗。他也饿了，就吃开了。那饭和炖鸡肉，都造了！吃完了，老娘们儿把东西收拾了。不一会儿，老爷们儿口吐白沫，往后一仰，倒地了，完了，没气了。她急忙连喊带叫也不醒，死了。

左邻右舍的知道这件事后，都来了。到这一看，七嘴八舌地说：“哎哟！你这个老娘们儿心太黑了，药死你当家的，你安的什么心哪！你把他谋害死了，捞（读lào）她走，经官去。”这人们就把这娘们儿绑到县衙去了。

上了县大堂，老娘们儿连哭带喊：“哎哟，冤枉啊！我看他干活累，给他做的好吃的啊，家人都舍不得吃，哪有什么毒药啊！”

幸亏遇到的县官好，挺聪明。经过打听，这两口子从来不打架，感情非常好。县官就琢磨了，凭什么药死当家的呢？叫人糊涂，兴许有点其他事？就问这家老娘们儿：你怎么做的饭？怎么送的饭？从头到尾说一遍。

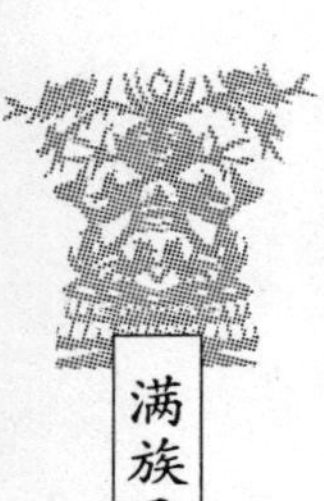

老娘们儿就详详细细地说了，怎么淘的米，怎么杀的鸡，怎么炖的，怎么弄好饭了放在筐里，顶上盖了一块纱布。走过几块地，穿过几个线麻地，到了地头，当家的挺乐呵的，吃了饭就死了。县官一听，兴许与线麻有关，怎么弄呢？试验试验。

打场官司不是一天两天的，按老娘们儿说的，现做饭菜，做好饭菜又按当天的路线，到线麻地里送，到地头，把饭菜给狗吃了，狗当场就死了。哦！县官弄明白了，线麻开花，正好有一股花粉，落在布上，透过纱布，落在饭菜里，用现在话说是起化学反应了。

县官对老娘们儿说：“你回去吧，你也不是故意害死他的，这是地头种线麻种的，不关你事。”

老娘们儿的冤情才得解，要是碰到个糊涂官的话，就得弄成个大奇冤案。

讲 述 者／高培智
采 录 者／郭永平　刘先福
采录时间／2009年7月21日
采录地点／古城镇双岭子村

好马沙狸豹

过去的山道都比较窄，不像现在道多老宽，从顶上往下看，“之”字形，花轱辘大马车，“吱咯吱咯”的一挂挨一挂那么走。

有一个姓谢的，叫谢福财，爱马成癖。他家养活大车，自家用车收收地，没多少活，剩下就给人家拉脚。

谢福财原来那驾辕马老得不顶事了，谢福财就去马市买马，一般马他都看不上眼，去好几次了，也赶不上有好马。这天，谢福财又上马市转悠，都要往家走了，就听马“咴儿咴儿”叫声，谢福财一听这个马叫声真好听，像虎啸似的。他顺着马叫声一看，有匹马一人多高，身上的毛有青有白，漂亮。过去问卖马的小矮子：“你这马打算怎的?”

小矬子说：“我卖了它。”

谢福财问：“怎么卖？你要多少钱?”

谢福财心里画魂儿，这么好的马，为什么要卖啊？我得好好看看。他扒开马嘴一看，正好口，俩牙。又问小矬子：“你真卖啊?”

小矬子说：“真卖！这马真是好马，你看多像沙狸豹，我也舍不得，不瞒你说，我摆弄不了它。我小个儿，叫它一提溜，给我摔多老远。就看谁跟它有缘了，你遇着了，兴许它和你有缘，卖给你，把它摆弄好，指定是好马，多少钱你看着给，我不是为了卖钱，是想给它找个好主。”小矮子要二两银子，谢福财多给一倍钱，把马牵回去了。

沙狸豹马刚来，有点儿野性，不听摆弄。谢福财拉脚从来不打马。不听话的马得揍，揍一回就叫它长记性。谢福财把沙狸豹马拴到

树上，用樟木棍子，“噼里啪啦”地开打。这樟木棍子、烂木条子，打折不少，把沙狸豹打的，像从水里捞出来似的。只这一回就打服了，再不用打了，他鞭子怎么吆喝怎么是。带它出门拉了几趟脚，都挺顺溜，谢福财也使唤顺手了。

这天又有拉脚活，这回路不好走，过果马岭，这一大趟车，十几挂，沙狸豹打头，后面一挂一挂地跟着。要上果马岭，拉脚车队有规矩，头挂车得和后面的车拉开几挂大车的空地，你别一出事，弄一块堆儿了。果马岭有几个弯子路，拉车的马都带铃铛，谢福财一听就知道这车走到哪个弯子了，约莫到一半了，后面那挂车再走。

谢福财，他这个车啊，装货就装多了，再加上，他那个车底下刹轴的刹杠老了，事先也没检查，赶车走在半坡了，这车就悠了，他使劲一蹬，“嘎嘣”一下，把车闸把掰折了，一下子就给他顿（dún）下去了。

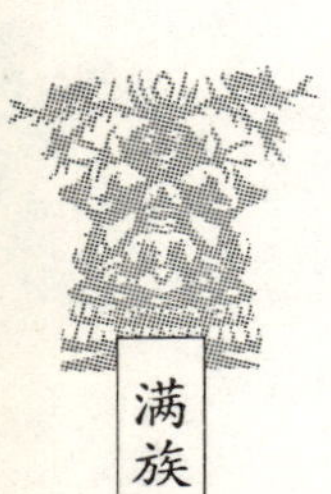

沙狸豹四条腿使劲蹬着地，回过头一口就把谢福财右肩膀头衣服叼住，提溜起他，这车就“霍霍霍霍”“轱辘轱辘”飞快地下了几道弯子，一直到平地了，还刹不住。这沙狸豹马叼着谢福财，载着货物一路狂奔，见平地有个边沟，沙狸豹马往那边沟里一拐，车横过来了，车轱辘搭边沟上卡住了。这车“扑哧！”撅起来，“扑哧！”又放下。车停下来了，沙狸豹马这才把谢福财放下。沙狸豹马浑身直突突，再看身上那汗哪，比谢福财打它那回还多。

这谢福财坐在地上喘老半天，爬起来，抱着沙狸豹马掉眼泪了：“哎呦，恩马呀！我那次打你，你不恨我，还救我。”

后面的车老板，听铃声就知道出事了，不是动静，“咣啷咣啷”一个劲跑。他们跑过去一看，谢福财抱着马头哭呢。大伙儿把他扶起来，见车闸把掰折了，上附近铁匠炉里找铁匠修上，再把车抬出来，套上马赶回家了。

从此，谢福财把沙狸豹马就养起来了，不让它干重活，好料喂着，一直养到死。等沙狸豹马死了，谢福财把马就埋到祖坟地边了，立了个碑，上写：义马沙狸豹。

讲 述 者/高培智
采 录 者/郭永平　刘先福
采录时间/2009年7月21日
采录地点/古城镇双岭子村

三个当差的

在宋朝的时候，有一个县官，他要找三个当差的：一个是性子急躁的；一个是能勤俭持家，就是过日子仔细的；另一个呢，就是脾气绵软的，就像能当保姆的。

这天，县官就打发两个衙役，到乡下去找三个当差的。这两个衙役从早晨走到黑，也没找着。要往回走了，正好走到一个村子，这个村子里正唱野场子戏。两个衙役寻思，左溜也没找着，就在这看一会儿戏吧。看着戏呢，就跑来一个人，到这俩衙役伴拉儿，告诉旁边那个人："你们家起火了，赶快回家救火吧！"

那个人说："等一会儿，我看完戏再回去。"

这两个衙役一听，这不就性格好嘛。他家着火了，他都不着急。

那个人话刚落地，他伴拉儿站着个人，"咣咣"就给他揍了，说哪有你这样的，听说家着火了，你还不赶快回去救火，还等看完戏，什么人哪！

俩当差的一看，一个性格好的，一个脾气暴的，这俩人都遇着了。这俩当差的就说："你们俩跟俺们走一趟吧。"那老百姓，县太爷手下的衙役要你走，你敢不走吗？就跟着这俩人走了。走半道呢，遇到个老头儿，出来用筲子倒水，这个水倒完了，看里面有几个白菜叶，他又给捡筲子里了。这两个衙役就问："这白菜叶你还捡起来干什么？"

老头儿说："这还能回去喂猪呢。"

这两个衙役一听，哎呀，这个人这不是最仔细的嘛，这是会过日子的，就给他也带走了。这不，三个人都找到了。

两个衙役把这几个人带到县太爷那儿，把差事交了，这三个人俺们都给您找着了，县太爷说：“留下吧。”

这天，乡下有个人命案子，让县官去断案。这县太爷坐着轿来到河边，正赶上是涨水的时候，抬轿子抬不过去，那边案子还得办。这个性子急的就说：“我背你过河，这事不能耽误。”

性子急的就背县官过河。这县官挺受感动，说：“回去我得赏你。”

县官一说赏，性子急的连向儿就给他扔河里了，跪下就磕头：“谢谢大老爷。”

县官说：“你怎么给我扔河里了？”

性子急的说：“我这人性子急，你说赏我，我连向就得谢谢你啊。”

县官一听，也没有招，干吃这么个亏，把案子断完回来了。

这天呢，县太爷手下的那个性格好的慢悠悠地来了，说：“大老爷，你儿子掉井里了，是捞还是不捞。”

县太爷一听，他妈的，这儿子掉井里了还能不捞吗？县太爷说：“赶快去捞啊！”等捞上来了，这小孩早灌死了。没法儿，县太爷又派这个过日子仔细的去买棺材，嘱咐他说：“你上棺材铺买口棺材，回来把这孩子给装殓了。”

这个仔细的差人上棺材铺去买，一问大棺材的价和小棺材的价差一信，这个人买了个大棺材，非让人家搭个小棺材，不花钱。

棺材买回来了，县太爷就问：“怎么买这么大的棺材？”这个人说：“小棺材在里面呢，小棺材是搭的，没花钱，大棺材，等你死的时候，就不用花钱买了。”

县太爷一听，这个呢，急性子把我扔河里了；那个呢，都灌死人了还不说；这仔细的呢，把我的棺材都准备了。这都什么人哪！气得他把这三个差人都给辞了。

讲 述 人／杨贵友

采 录 者／潘玲玲

采录时间／2008年7月24日

采录地点／满族自治县古城镇

嗳伙计葛六

在早，这财主什么样的都有，伙计也是各式各样的，伙计对付财主的招儿是五花八门。

咱这地方的上漯河，住着一个姓万的财主。万财主雇了一帮伙计，里边有一个叫葛六的，十六七岁，身子骨还没长成，跟着成年的伙计干活，有时候就跟不上趟，就借着拉屎拉尿的工夫，走出去歇会儿。时间一长，万财主发现了，觉得这小子净磨洋工，拉泡屎尿泡尿，用那么长时间。有一回，万财主就跟他说："你以后拉屎尿尿，不用走那么远，你找个能挡影儿的地方，该拉就拉，该尿就尿呗。"葛六听了，就记住了东家的话，心里寻思，不让我走那么远，是嫌我耽误活了，好！再拉屎拉尿我不走远了。

到了秋天，东家领着伙计正在场院里打场，打到傍晌的时候，葛六就觉得肚子里头憋得慌，有泡屎要拉。他想，东家说了，不让我远走，有个挡影就行。他一寻思，有了，他把那豆秸堆起来，再往豆秸上插一把笤帚，日头倒个影儿，他就搁那拉泡屎。东家领着伙计正搁那打场起场呢，就闻到了，咋这么臭呢？抬头一看，这个葛六在那蹲着拉屎呢。东家气得说："葛六，你这不是作害人嘛，怎么能搁场院粮食上拉屎呢，你这不作害我嘛！"

葛六站起来，提上裤子，不慌不忙地说："东家，不是你告诉我，不让我走远嘛，拉屎拉尿的，让我有个影儿就可以吗，你看我这不是有个影儿遮着吗？"

东家一听，气得没有话说，心想，这话我确实说过，叫他钻空子

了，这小子，过年我肯定不能用他了。

等到年底的时候，这个东家，再雇明年的伙计，这个葛六，肯定是不能用了。

葛六心里也明明白白的，明年东家肯定不能用我了。可转念一想，过年不用我，我咋过日子呀？我得想法子叫东家用我。葛六主动找到东家，说："东家，我知道我这一年，活儿干得不怎么好，惹你生气了，明年呢，你也不能用我了，不过，你叫我走的时候，能不能当着大伙儿面，给我两句好话，让我能抬起头来，回家过个好年。"

东家说："你让我给你说什么好话呢？"

葛六说："吃散伙饭那天，你当着大伙儿的面说，葛六你今年这一年啊，活儿干得挺好，过年我还叫你来干活。"

东家一寻思，过年左溜我也不用你了，给你说两句好话还不容易？就答应他了。

吃散伙饭那天，东家做了很多好吃的，等酒足饭饱的时候，东家照着葛六叮嘱的话，当着这些伙计的面说了一遍。东家说完了，葛六就说："各位大叔、大哥，你们都听明白了，东家说我活儿干得还挺好，过年我一准还回来。"

万老财一听葛六这么说，完了，又让这小子钻空子了。可话说出来了，也没招儿了。

第二年，伙计把葛六又找来了，说这话也不能反桄子，就把葛六留下来。这个万老财呢，也不是一个太刻薄的东家，他只是爱找伙计的毛病，对伙计们还是比较好的。

葛六回到东家，觉得头一年这个活儿干得不咋地，确实对不住东家，这回我得好好干了。东家呢，也觉得自个儿对伙计们太严，老爱找人家毛病，也不对。这往后，这个东家对伙计们就更友善了，从此呢，伙计和东家处得也好，跟一家人似的。

讲 述 者／高培智

采 录 者／郭永平　刘先福

采录时间／2008年7月19日

采录地点／古城镇双岭子村

公公穿错儿媳妇鞋

传说几百年前，就在浑江沿边上，住着一户姓佟佳氏的人家，简称姓佟，老佟家。老当家的名叫巴彦，儿子名叫巴则彻，儿媳妇名叫桃杏。他家三口人，住在一间筒子房里。

在早，满族人住筒子房，五大间，东两间开门，西边一大趟，南北条子炕，东间屋住小辈儿。

赶上这佟家有钱，要扩建房子，打算要盖个门房，还要盖东西厢房。

开春了，佟家就请个木匠。请来以后，掌做的木匠就跟东家讲价，砍这个盖房的工钱。在早，盖房子都得先砍价，砍完以后才能拉坯，然后才能砌墙。

佟家老当家的就问："你们得要多少钱啊？"

掌做的木匠说："开一间一两银子，开五间就五两银子。"佟家老当家的说："行。"

这就讲妥了。

掌做的木匠说："那你给俺们吃什么？"

佟家老当家的说："吃的好说，我吃什么你们就吃什么。"

掌做的木匠问："住的呢？"

佟家老当家的说："我住哪屋你们就住哪屋。"

哎呀，掌做的木匠一寻思，这挺好啊，这么有钱的老当家的，他能吃不好了？说行。

头一天上午，就开始锛凿斧锯，"叮当"就干起来了。赶到中午，

一色儿的苞米面大饼子贴饽饽，菜是什么菜呢？就把白菜切一切，搁点咸盐，用手一揉，就吃这菜，大饼子就咸菜。伙计们一看老当家的，果然人家也吃，我吃什么你吃什么！其实，他装模作样的，吃不点，等干活的走了，人家再吃好的。

一天，两天，都是这样式儿的，就给这个吃。

住呢？老当家的住在尽西头的北炕上，叫他们四个木匠住在南炕上。你想啊，那刚开春儿，刚开化不久啊，被也不给被盖，铺也不给铺的，炕还不给烧，你说能受得了吗？老当家这炕，地下有灶子，点上火一烧，挺热乎。

这几个木匠想不干吧，还干两天了，这怎么办呢？其中有一个就说："咱们得想想招儿，在他的房子上下下工夫，熊熊这老当家的，这家人家太损。"

掌做的不干，说那样太损，作损不好。那怎办？有个小木匠说："师傅你别着急，你放心，我有办法，怎么弄那你就不用管了。"

小木匠就告诉老当家的："你这房子还缺什么什么料，你得赶紧打发人去买，要不咱就得停工待料了。"

老当家的说："上哪买，买什么样的？"

小木匠说："你得到城里去买，别的地方没有。"

老当家的打发儿子巴则彻："你到城里买，咱们这个房子得好好盖。"

巴则彻就去了。木匠们就算计，他到城里当天晚上肯定回不了家。

当天晚上，南北门都关了，大伙儿都睡着了。这个小木匠就来招了。他上北炕沿底下，光着脚下地，上老当家的头顶地下，把他的鞋提溜着，送到东屋他儿媳妇那儿。

那个时侯，他们的门没有过道门，自个人都在家，外边有房门，里边都是穿堂屋，就挂个门帘。

到了儿媳妇那儿，这个小木匠把裤子脱了，拿屁股就去蹭儿媳妇的脸。儿媳妇睡得糊里八涂的，喊一声，"谁"！上去就使劲挠了一下子，她以为是谁的脸呢。其实，挠的是那个木匠的屁股。

小木匠把他老公公的鞋往地下一搁，提溜起儿媳妇的鞋就跑，跑到西屋来了，悄悄放到老公公头顶儿地下了。

儿媳妇急忙下地，就穿不点衣服，往西屋就撵。小木匠光着脚，早都看好地形了，做完，上炕“呼呼”假装睡觉了。

儿媳妇跑到西屋就骂：“谁，不要脸。”骂了一阵子。

这一骂不要紧，老当家的醒了，木匠们也都醒了。点灯一看，这儿媳妇在屋地当间儿站着呢。在早，满族人的女人不裹脚，是大脚。这儿媳妇下地着急，急急忙忙，把他老公公的鞋穿脚上了。因为当时小木匠把她老公公的鞋给搁她那了。

这帮木匠点着了灯，一照，说：“你咋穿你老公公的鞋呀？你的鞋哪去了？”

儿媳妇一看，她的鞋在她老公公头顶的地上呢。

这木匠们就不让了，还在屋里故意地大声吵吵：“你们公公儿媳妇闹事喊俺们。”

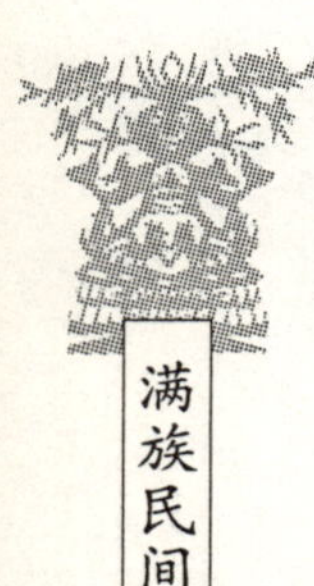

外面那些伙计们一听，上屋吵吵什么呢？稀里糊涂也都蹽来了。

儿媳妇一看，急忙就跑，穿着他老公公的鞋，又跑回去了。

老公公一看，傻眼了。为啥！这老公公没做那事，他能不傻眼？但是她儿媳妇的鞋确实在他头顶地上呢，儿媳妇确实穿他鞋跑了。老公公明知道是这帮木匠做的鬼，可是有嘴说不清。怎么办？摆上酒席，连外面干活的长工，都请吃一顿饭，花钱消灾，继续留这帮木匠干活。

木匠们说：“俺们得走，你把这两天干活的工钱给俺们。”老当家的害怕传扬出去，好说不好听啊，就哀咕（是求的意思）木匠们：“你们千万别走，往后我天天顿顿给你们成席，工钱还给你们加一倍，你看怎么样？”

这几个木匠说：“那行，你要有一顿差了，到时候俺们就给你说出去。”老当家的只得认了。

讲 述 者／富察德升　男　63岁　中专文化　职员

采 录 者／郭永平　刘先福

采录时间／2009年7月21日

采录地点／古城镇双岭子村

吉利话儿

从前，有个老员外，最愿意听吉利话儿，他给家里的管家起名叫“高升”，又给喂牛的起名叫“发财”。

这年三十晚上，老员外想让他们说些吉利话儿。到了半夜“发纸”的时候，员外寻思：我召唤“高升”，他肯定会答应，明年我儿子兴许就能高升了。他想着，心里十分高兴地来到院当央，大喊：“高升!”

“高升”在楼上睡得毛毛楞楞的，不知员外叫他干啥，急忙从楼上走下来，一边走一边大声答应：“下来了！下来了!”

老员外一听，这个气呀，他走到“高升”面前，把“高升”骂了一顿，打发他回去睡觉了。

这时，他想到喂牛的“发财”，高兴劲又上来了，心想：不高升，能发大财也挺好，就喊：“发财！发财!”

喂牛的“发财”听到老爷的叫声，急忙穿上衣服，从牛棚里走出来，心想：天这么黑，老爷叫我起来干啥呢？可能是叫我起来喂牛吧？想到这儿，他抬头看看天，还早，他就一边走一边嘟囔：“还早呢！还早呢!”

老员外一听，更来气了！等“发财”走到他跟前，劈头盖脑地把“发财”也大骂一顿，打发他睡觉去了。

老员外骂完“高升”和“发财”，又来到厨房，一看家里的厨子正忙着煮饺子。又喊：“厨子，今年的饺子挣了多少?”

员外家雇的这个厨子姓裴，听见员外这么一问，随口就答：“老

爷，有我老裴在，一个也不会挣!”

老员外一气之下，在大年初一早饭后，把管家“高升”、喂牛的“发财”、炒菜做饭的老裴，一块儿打发回家去了。

讲 述 者 / 于中发

采 录 者 / 郭永平　刘先福

采录时间 / 2009年7月24日

采录地点 / 沙尖子镇头道阳岔村

比　穷

从前，有三个穷光蛋。

有一天，三个穷光蛋从不同方向走到一起逛街（读gāi）的时候，同时看见地上有两个铜钱，这个也争那个也抢，都想要这两个铜钱。

怎么办呢？其中一个穷汉说："那么的吧，咱也别吵吵了，也别打了，咱把这个铜钱放在一边儿，咱三个比比看谁家穷，谁最穷，这两个铜钱就归谁。"

另外俩家伙一听："那行，咱就这么办吧！咱就看看比比，谁最穷。"

第一个说："我最穷。我家住一间屋，麻秆儿当蜡烛，枕着砖头睡，盖着破麻布，这钱应该归我。"

说完就要拿铜钱。第二个说："不行不行，我比你还穷呢。我家住露天屋，星星月亮当蜡烛，枕的拨楞盖儿（膝盖），盖的肋巴扇儿。"

第一个听这哥们儿一说，点头说："这个穷得够味儿。"

第二个说："那这钱应该归我了。"

第三个说："那不行，我比你还穷。我没屋溜房檐儿，挨饿十多年儿，要吃阳间饭，非得两铜钱。"

第三个说完，把这两个铜钱抓了就跑。前面说的这两个穷汉眼巴巴地瞅着这人把铜钱拿走了。

讲 述 者/白远成　男　53岁　高中文化　教师
采 录 者/郭永平　刘先富
采录时间/2008年7月24日
采录地点/古城镇拐磨子村

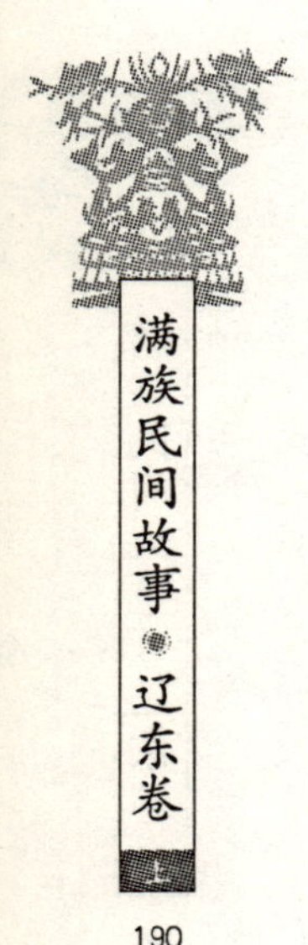

咬文嚼字

古时候，有个书生，说起话来文绉绉的。

有一天中午，不知道什么原因，书生家突然起火了，这时候正好风也特别大，火借着风势，越烧越猛，眼瞅着把他祖上的基业都烧了。书生的阿玛就跟他说："你赶紧到东头你二舅家借梯子，拿回来好上房救火呀。"

这个书生到了二舅家，一进门，正赶上二舅家吃晌午饭。二舅见外甥来了，就问他干什么来了，书生慢条斯理地说："奉父命，到尔家，借云梯一架，救南房火之灾。"

二舅没念过书，也不懂他这些文绉绉的文言文啊，就说："哎呀，听不懂你说啥。"

书生又重复几遍："奉父命，到尔家，借云梯一架，救南房火之灾。"

二舅还是不懂，说："你把话说明白了！"

书生这才说："我阿玛叫我上你家借个梯子，我家房子起火了。"

二舅一听，急了："哎，你说你这败家孩子，你们家着火了，你还在这儿拽词儿！火上房了也不着急！"

二舅就把饭碗撂下，跟着外甥拿着梯子就去救火。等他们到家以后，人家把火已经扑灭了。他阿玛正拿着酒杯和救火的邻居喝酒压惊呢！

阿玛一看书生回来，就气不打一处来，问："你上哪儿了，这么长时间才回来？"

书生说："奉父命，到舅家，借云梯一架，救南房火之灾。"

阿玛气得浑身乱颤，正好那会儿大家喝酒呢，拿着酒杯就撇了过去。书生正好站在大门口门神那个位置，他一看阿玛打他，一躲，酒杯"咣"的一下子，打在贴门神的柱子上。书生又开始说了："悠悠乎，荡荡乎，门神爷替我挨酒壶。"这把他阿玛气得呀，不知道说什么好了。

讲 述 者／白远成　男　53岁　高中文化　教师
采 录 者／郭永平　刘先富
采录时间／2008年7月24日
采录地点／古城镇拐磨子村

小样吧，还俩名呢

说很久以前，有这么一家有钱的地主生了个儿子。这个儿子半嘲烂架。什么意思呢？用现在话说，就是智商有问题，不健全，就是脑袋少根弦，老百姓叫彪呼呼的。在那时候，说媳妇就困难了，你说你傻了吧唧，谁给媳妇啊。但人家有钱，可以买媳妇啊，你看人家这脑瓜子彪，还净买俊媳妇呢。

这彪儿子他爹就花钱给他买了个媳妇，买了媳妇就完婚了。结了婚，姑娘、姑爷得回酒，到现在也流行回酒，有三天回酒的，九天回酒的。三天就是取个天地人三才，日月星三光的意思。九天回酒呢，是取这个北斗七星贪、巨、禄、文、廉、武、破，再加上辅、弼，二星，都是吉祥星辰。

那天，他带着媳妇去老丈人家回酒，媳妇觉得这小子彪歪歪的，可怎么弄呢？就教他，说什么话，怎么说，见到谁怎么说。媳妇叮嘱："记住了吗？"

傻姑爷说："记住了。"

回酒这天，两人走到河边，过河，傻姑爷也不知道脱鞋。媳妇说："脱鞋，挽裤脚，那袜子也得脱。"

傻姑爷这才一一照做，就彪到这种程度。过了河，走半道，遇到一个老娘们儿抱小孩，傻姑爷说："这小孩真好，怎么弄的？"

媳妇说："生的！"

傻姑爷说："哦，生得好。"

媳妇看见人家房子说："哎呦，人家的房子盖得可真好。"

傻姑爷问："这房子怎么回事呢，弄这么好呢？"

媳妇说："大伙儿帮忙帮的，一人弄不了。"

傻姑爷一听："啊！大伙儿帮的啊。"

走到老丈人家，媳妇家人听说姑娘姑爷回酒，老丈人，丈母娘，大舅哥，大舅嫂都出来接。一进门，傻姑爷看了看说："这房子真好，老丈母娘生的啊？"

媳妇捅他一把。再看这大舅嫂抱个孩子，这小小子儿长得好，傻姑爷问："大伙儿帮忙帮的啊？"

媳妇又捅他一把。傻姑爷说："行，不说了。"

媳妇说："我给你介绍介绍，这是你老丈人，叫阿玛。这个是你老丈母娘，叫讷讷。"

傻姑爷拍手跳脚笑着说："哎呦！小样，还俩名呢。"

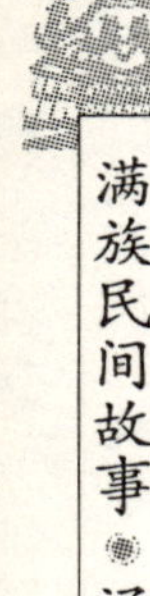

讲 述 者／高培智　满族

采 录 者／郭永平　刘先福

采录时间／2009年7月21日

采录地点／古城镇双岭子村

女店主巧对三秀才

在早，有三个秀才进京赶考。这三个秀才呢，不是一个地方的。这一天，在一个客店里相遇了。这个店主是个女的。女店主把他们安排好了，就问："各位客官尊姓大名啊?"这三个秀才就拽起来了。这个往前一步说："在下姓木子。"女店主就说："这位是李客官啊。"另一个说："在下姓弓长。""啊，这是张客官。"剩下的一位接着说："在下姓一土。""啊，这是王客官。"三个秀才一听，这女店主行啊，把咱们的姓都说出来了。这三个秀才一寻思，咱们也得问问店主尊姓大名啊。

有一个秀才就抢先说："老板娘，请问你尊姓大名啊?"女店主说："在下姓金勾挂月。"三个秀才呢，你看我，我看你。谁也没说出来"金勾挂月"是个什么字。这个女店主这么一瞅，看明白了，他们是猜不出来我姓什么。就说了．你们慢慢想吧。我去给你们收拾饭菜。

女店主一走，他们三个就琢磨开了，这个"金勾挂月"到底是个什么字呢？她到底姓什么呢？琢磨来琢磨去，就没琢磨出来这个金勾挂月是个什么字。女店主把饭端来了，看他们还在琢磨这个字，也没吱声。他们吃完饭了，也没解释出来。女店主就把饭菜桌子收拾下去了。看女店主走了，他们把带着进京赶考的书翻出来了，又翻又找，看这个"金勾挂月"是个什么字。一直找到鸡叫了，也没找出来。这一宿，三个人也没睡觉啊，这太丢人了，咱们三个说的，女店主一下就猜出来了。女店主说的，咱猜一宿也没猜出来。

天放亮了。女店主家伴拉有个石碾子，附近有一个妇女来推碾

子。就招呼这个女店主说："老巴大嫂，我来推磨，没带簸箕，把你的簸箕借我使使。"这三个秀才一听乐了，哦，她这个"金勾挂月"，原来是个"巴"字啊。这他妈的，叫她这个"巴"字想得我们一宿没睡着觉。

女店主来给他们送完饭菜了。这三个秀才来了精神了。抢着说："巴大嫂啊，巴大嫂啊，你那个巴子可真好，俺们三个想了你这个巴子一宿没睡着！"（这个巴在咱们这个地方的方言呢，是指女性这个阴部意思。讲述者注）女店主一听，你们这三个小兔崽子，这不是骂我吗？就说："多亏邻居来借簸箕，要不然，你们三个还不都得憋死在我的巴子里啊！"

讲 述 者／杨贵友
采 录 者／郭永平　刘先富
采录时间／2008年7月24日
采录地点／古城镇拐磨子村

本溪

满族民间故事

◉传说篇

金兀术与嘎拉哈

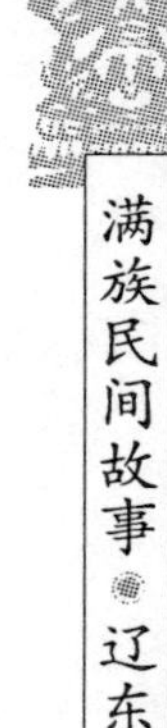

抓嘎拉哈是满族家孩子玩的一种游戏。据传说，这是金兀术传下来的。在大金国的时候，嘎拉哈还是女真人表示吉祥的宝物呢！

金兀术，是大金国开国皇帝完颜阿骨打的老疙瘩，从小长得虎头虎脑，聪明伶俐，什么玩意儿，一学就会，淘起气来，也是豁牙子啃西瓜——尽是道。他额娘特别宠爱他，哥哥、姐姐也都得让着他。

那时，阿骨打是完颜部的首领，一天到晚总有事，也很少管教他。这样，金兀术自小就很任性，做事还没有长性，学什么东西一开始很快，学会一点儿就腻味了。虽说他人很灵，可是习文习武，哪一项都赶不过他的几个哥哥。

阿骨打慢慢地发现了金兀术这些毛病，常常申斥他。可是仗着额娘的庇护，阿玛的话，他不朝心里去。这样一来二去，金兀术都十五啦，个头倒是不小，可是正经本领一样也没学会。

阿骨打怕孩子不成器。想来想去，想出一招。

一天，他对夫人说："我要到松花江那边去办事，把这老儿子带去，长长见识。"夫人点头也同意了。

金兀术一听带他出远门，挺新鲜，乐得直蹦高，高高兴兴地跟着阿玛走了。

一路上，金兀术看到不少新鲜事，可是到了江边的一个部落，没几户人家，住了没几天，金兀术就烦了。最挠头的还是他阿玛，每天鸡叫头遍就让他起来弯弓耍刀，晚上，点上松明子，还让他识文念字，还真是赶鸭子上架啊！额娘不在，没人护着他，阿玛总沉着脸，金兀术也不敢使性子。

有一天，阿骨打有事要出去，让两个随行当差的看着他。可是，阿骨打一出门，金兀术就脚底抹油——溜啦！

金兀术先到江边，看到很多女真人，驾着小船叉江鱼。当叉起一条活蹦乱跳的大江鱼时，金兀术一个劲儿地拍手叫好。

日头傍西了，金兀术看到一拨猎人打围回来，扛着狍子、野鸡、山跳子。那野鸡毛五颜六色，金灿灿的，可好看了。老猎人一看金兀术稀罕，就送给了他。猎人们在树下歇气儿的时候，还给金兀术讲他们在山里打围的事，他都听入迷了。金兀术央求老猎人，明天带他一起进山打猎。

正在这时，那两个当差跑来了，一见金兀术，拉着他就往回跑。原来，阿骨打回来，见金兀术溜出去玩了一天，来火啦！把两个当差的大骂了一顿。

金兀术连跑带喘的，一进门，看见阿玛沉着脸，两眼直盯着他，吓得脸都白了。金兀术上前一步，给阿骨打恭恭敬敬请个安，问道："阿玛，您的本领都是您小时候出外求师学来的，是吗？"

"是啊！"

"那为什么不让我出外求师呢？"

"唔？……"阿骨打竟一时回答不上来。就反问道："你也想出外求师？"

"是，阿玛让我去吧，如果学不到本领，我就不回来见您和额娘。"金兀术发急道。

"你说话当真？"

金兀术马上趴在地上给阿玛磕个头说："大丈夫一言既出驷马难追，孩儿这就走，请阿玛、额娘多保重。"

"学好本领快回来。将来这天下是你的。"阿骨打也动了感情，把金兀术扶起来。给他一张弓，一把腰刀，一杆扎枪。金兀术拿起这三

样东西，转身走了。

先说阿骨打，金兀术走后不几天，他就回了家。夫人一看就他一个人回来了，忙问："老疙瘩呢?"阿骨打说金兀术在松花江那边求到一个好师父，习文练武，很有长进。那地方清静，就让他在那里学本领了。夫人一听孩子能有出息，也就没说啥，可阿骨打还是惦念老儿子。

再说金兀术拜别了阿玛，来到松花江上，这下他也上了小船，看别人手中的鱼叉，甩出去又远又准，他也想学，可是自己一甩，直打横儿往江里掉，一条鱼也没叉上，一天下来，胳膊又酸又疼。金兀术寻思，叉鱼也算不了什么本领，晃晃脑袋不想学了。傍晚，打渔的唱着歌回去了。金兀术独自去了江北。

第二天，金兀术路过一个部落，一看十几个小阿哥都在练箭，他看了一会儿，觉得这算不了什么本事，摇摇头又独自走了。

他一边走，一边寻思，能人一定在深山老林，我到那里去找吧，就一个人往东北方向走。

金兀术走进了一片大林子，赶到一片空地时，正好遇上那天给他讲故事的一伙儿猎人，他们正在收围，许多野牲口被撵到这片空地上了。只见他们呐喊一声，射箭的射箭，投枪的投枪，一会儿就得到不少野牲口，有的大兽想冲出去，被猎人一扎枪就撂在地上啦。

金兀术也忙活开了，又射箭，又扔扎枪，可是箭射不多远就掉在地上，最气人的还是那杆扎枪，一歪竟扎到旁边的一棵大树上，一个比他还小的小猎人拿下来，一出手，投出去，正好扎在野兽的身上。金兀术又泄气了，鸟儿不悄地（悄悄地）走了。

金兀术走到大林子边，坐在一根倒木上，又饿又累，正叹气呢。忽然，一只山跳子从身边跑过，金兀术跳起来就撵上去，可是怎么也逮不住它。张弓射箭，又没射上，那山跳子跑不远，回过头来，鼓溜着红红的小眼睛瞅着金兀术，像在笑话他。

忽然，"吱!"的一声，这山跳子一下子被一根小木棍打死了。金兀术吃了一惊，一看，一个白发老太太走过来了，到了跟前说："孩子，这只山跳子给你烧吃吧。"金兀术也饿急了，拢起了火烧起了山跳子。

金兀术看老太太挺和善，就把自己一路上求师学艺的事说了，最后打个唉声说：“我就是找不到一个能人，能一下子教会我各种本领。”

老太太笑呵呵地说：“我有一招，可以一下子学会各种本领。”

“那您老快教我吧，我拜您老为师，”金兀术急忙想磕头拜师。

老太太一把拉住金兀术的手，说：“只要你能撵上一只狍子，取下它的嘎拉哈，我可以让你成为一个最灵巧的人。你再用箭射死一只野猪，取来它的嘎拉哈，我有法子让你成为一个最有胆量的人。你要能用扎枪扎死一只黑瞎子，取来它的嘎拉哈，我让你成为一个最有力气的人。”

金兀术瞪大了眼睛问：“真的？”

“真的，只要你取来了这三个野兽的嘎拉哈，就到这棵大树底下来找我。”

“好！”金兀术拎着烤好的山跳子，乐滋滋地走了。

金兀术边走边寻思：得到这三个嘎拉哈，老太太就让我成为一个大能人，那我再见到阿玛和额娘该多神气呵！一高兴，走得更快了。

金兀术走到一个山坡上，忽然看见一只傻狍子正瞪着眼睛瞅着他。哈！机会来了，金兀术心中一喜，提起腰刀赶上前去。这狍子一直到金兀术快到跟前了，才动弹身子，三跳两跳就跑远了。金兀术急了，撒腿就撵，那傻狍子不紧不慢地就把金兀术甩到大后面了。金兀术不甘心，还一个劲地猛追。进了林子了，金兀术跑得喘不过气来，可狍子没影啦。金兀术这才后悔平时没有炼脚力的功夫。

在林子里，金兀术又走了一段，说来也巧，一只大野猪，正撅着大獠牙，向金兀术跑来。金兀术马上拉弓搭箭，一箭射出去，箭只在野猪身上打个滑就落地了。原来，野猪挠痒的时候，就是在松树上蹭，皮上带了厚厚的一层松油，一般的箭根本射不进去。这野猪让金兀术一惹，直奔金兀术来了。金兀术急得跑到大树后面，野猪张开大嘴，把金兀术撵得围着大树团团转。

突然，金兀术听到大野猪“嗷”地叫了一声，回头一看，一支箭射进了大野猪嘴里，大野猪倒地打了个滚，蹬腿死了。

原来是那伙儿猎人路过这里，见金兀术被野猪撵的直跑，就发箭射死了野猪。金兀术这才后悔自己平时没好好练箭，老猎人说：“孩

子，你一个人在林子里危险，跟我们一起走吧。”金兀术就跟他们走了。

走不多远，树洞里跑出一只黑瞎子，看见了人，一转身又回到树洞里去。金兀术忙说：“让我来打。”说着，他拿起扎枪赶上去。那黑瞎子一看有人奔它来了，猛地站起来，张着两只大巴掌迎上来。金兀术使劲把扎枪甩出去，可是被黑瞎子一巴掌打掉在地上，黑瞎子又上前扑，一巴掌把金兀术横扫在地，金兀术摔得两眼冒金花。

还没等他爬起身，那黑瞎子嚎叫一声，向后一倒，四脚朝天，扑腾两下，就不动弹了。金兀术上前一看，一杆扎枪正扎在黑瞎子腋窝上，又准又有劲。金兀术问：“这扎枪是怎么练出来的？”老猎人说：“我们长年不是行围就是打鱼，常用就练出来了。”金兀术想起自己在松花江横甩鱼叉的事，又脸红啦！

三个嘎拉哈一个也没得到，金兀术这才醒过腔来：要学到大本领，非得从头老老实实学不可。他又回到松花江，驾着小船，叉大江鱼。一开始投鱼叉，还是打横儿，他就向打鱼的请教。胳膊甩肿了，他想着老太太的话，咬咬牙继续练。

什么事也驾不住天长日久苦练，后来金兀术也能又快又准地叉上大江鱼啦。

他又跟猎人学射箭，先练臂力，后学箭法，接着练准儿，每天天刚放亮，金兀术就起来练，晚上就练射香头，这样冬夏不误，练到能走马射飞雁程度。

金兀术想起自己被狍子甩掉的事，就每天跟在马后面跑，一直练到浑身湿透为止。最后，连最好的快马他也能撵上啦。

松花江冻了又化了，树叶绿了又黄，不知不觉一年过去啦。金兀术又瘦又黑，可身子板儿却又结实又灵巧。这时，他想看看自己到底练得咋样了，就上了山。

走了半天，碰到一只狍子，也是先瞪眼瞅人不动弹，等金兀术走到跟前，才刺棱一下跑啦。跑着跑着，发现人还在后面紧跟着，明晃晃的刀就要砍下来，它就一阵风似的拼命跑起来。跑着跑着，这傻狍子以为一定把人甩掉了，刚一回头，被金兀术一刀砍死啦。金兀术得到了狍子的嘎拉哈。

金兀术又往前走，遇见一只大黑瞎子，这只黑瞎子看到有人向它走来，就呼哧呼哧地站立起来，举起胳臂就要扑。金兀术憋足了劲，看准了黑瞎子的腋窝，把扎枪使劲扎了过去，黑瞎子倒地滚了一会儿，咽气啦。金兀术得到了黑瞎子的嘎拉哈。

最后，三个野兽的嘎拉哈都得到了，金兀术高兴得连蹦带跳地去找老太太。来到了那棵大树底下，老太太正等着他呢。一看金兀术乐呵呵来了，说："你把三个嘎拉哈都取来了？"

"是啊！"

"我看看。"

"好！"金兀术笑眯眯地，递了过去。

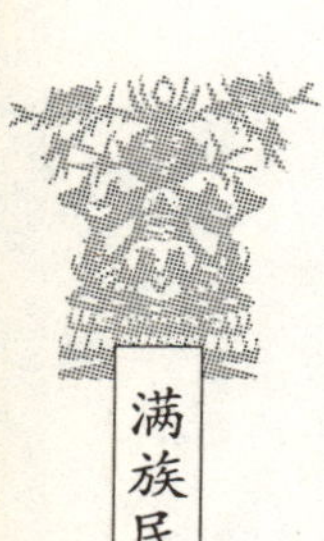

老太太拿过一看，三个嘎拉哈被擦得干干净净，说："孩子，你把每个嘎拉哈朝上扔三下，再接三下。"

金兀术不知啥意思，只好照着去做。做完了，老太太说："你已经是最灵巧、最有胆量、最有力气的人啦！快回家去吧。"金兀术一听，反倒急了，说："老人家，我还没跟你学本领呢？"

"好孩子，你已经学到本领了。"老太太微笑着说。

"啊？"金兀术睁大了眼睛，还没明白。

"孩子，该回家啦，你阿玛和额娘正着急呢。这三个嘎拉哈你带回去吧。"

金兀术低头看看手里的三个嘎拉哈，再一抬头，啊！老太太不见啦，金兀术向四处撒目，也不见人影。这才想到老太太一定是个神人，马上对着大树磕了三个头。

金兀术渡过了松花江，回到家里。家里人全围了过来。阿骨打看着金兀术说："当初，你出家门，说学不到本领不回来见我和你额娘，说说，你学到了什么本领了？"金兀术就把自己这几年的经历告诉了阿玛。金兀术取出三个嘎拉哈，对家里人说："这就是那三个野兽的嘎拉哈，老太太说，我取到了，就是一个最灵巧、最有胆量、最有气力的人了。"几个哥哥一看，摇摇头不相信，金兀术二话不说，拽着他们到屋外比武。

一比武，几个哥哥才服气了，骑马、射箭、投枪哪一项金兀术都赛过他们。

阿骨打和夫人看这老儿子黑了瘦了，可是有出息了，嘴上不说，心里可真比喝蜂蜜水还甜。后来，金兀术成为女真人最能征善战的一个元帅。

金兀术取嘎拉哈的故事传开了。女真各家为了自己的孩子有出息，就把各种嘎拉哈收集起来，让他们也朝上扔着玩。时间长了，抓嘎拉哈就成为孩子们的一种游戏。直到今天，东北的孩子还有玩这种游戏的呢。

讲 述 者 / 爱新觉罗·庆凯　满族

采录整理者 / 王庆福

采录时间 / 1985年

采录地点 / 本溪满族自治县偏岭乡泥塔村

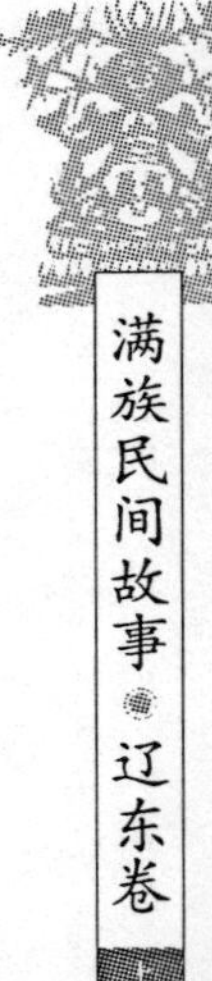

罕王放山

清太祖努尔哈赤小的时候，佛满珠人（满族人）都称呼他小罕子，小罕子生得聪明伶俐，又有胆量。他的祖父和父亲被明军杀害之后，为躲避明军的追杀，他就和王皋上长白山去挖棒槌。

两个人经过长途跋涉，来到长白山的老林子里，每天起早贪黑地在山里转，可是转了很多天，也没挖着一棵棒槌。进山时带的那点米和盐也快吃完了。

一天，两个人又在林子里转，走得又困又乏，正巧碰到一个破窝棚，实在是走不动了，就想在窝棚里歇一会再去找。两个人钻进破窝棚，一会儿的工夫，身上发出的汗味就招来一群蚊虫和小咬。东山的小咬特别厉害，叮住人不撒嘴，而且还越聚越多，能活活儿把人叮死。两个人被叮得受不了了，就脱下衣服来往外轰，轰得差不多了，就把衣服挂在窝棚门上挡着蚊虫、小咬，可是两件衣服挡不严实，小罕子又把裤子脱下来，把门缝塞了个严严实实。

两个人躺下来歇着，小罕子想到自己的亲人都被明军杀害了，自己也躲进这深山老林里，指望着挖棒槌，卖点钱，将来好出山报仇，可是几天下来，连一棵棒槌都没挖着，真是天不随人愿啊，想着想着，就迷迷糊糊地睡了。

小罕子刚睡着，就梦到老林子里起了一阵狂风，狂风刚过，从草丛中跳出来一只斑斓猛虎，来到窝棚前，叼起门上小罕子的衣服就跑。

进山挖棒槌的人，都管老虎叫山神爷，谁也不敢惹它。小罕子一看山神爷来了，吓得一动也不敢动，眼看老虎把衣服叼跑了，没有衣

服穿，赤身露体的可怎么出山呢？心里很丧气。可是又一想：这事真有点儿怪，山神爷为啥只叼衣服不伤人呢？为啥只叼我的衣服，莫不是叫我来了？我就跟着去吧！是死是活听山神爷安排吧！想到这儿，他抬腿就追。他快跑，老虎就快跑；他慢跑，老虎就慢跑，总也撵不上。就这么跑跑停停，老虎就把他引到了一个山坡上。老虎搁下衣服就没影儿了。小罕子跑到跟前，刚要捡衣服，嗬！眼前红呼呼的一片，都是棒槌花和明珠宝石一般的棒槌果；天上飞着棒槌鸟。小罕子明白了：这是山神爷来搭救他了。可把他乐坏了，就挑个大的挖了起来。挖出来一看，原来是一棵千年的宝参。他又惊又喜，细心地用布把它包好，就往里走。走到一个深潭边上，他想洗个澡，潭中的水忽然翻起花来，越翻越大，他正呆呆地纳着闷的时候，突然从水花中窜出一条五彩金龙，四爪上放出红黄蓝白四色光，张牙舞爪地奔他扑来，可把他吓坏了，躲闪不及，就拿手中的棒槌包冲金龙打去。说来也怪，这个棒槌包一出手，竟放出光来，像一颗斗大的明珠，金光灿灿，好看极了，还散发出一种异香。那条金龙一看这颗明珠，龙头一甩，就奔明珠去了。小罕子望着那条只顾戏珠的金龙，正看得出神，忽然金龙不见了。小罕子一惊，醒了过来，原来是做了一个梦。

小罕子等王皋醒来，就把自己做的梦跟他学了一遍，王皋告诉小罕子，说不定是山神爷点化你呢，不信咱们按你梦中的情景找找看，说不上真有棒槌呢。说完，他们俩走出窝棚，小罕在前，王皋在后，按梦中情景找了下去。在一处山坡上，果然看见了好多结了籽的棒槌。这下他们可发山了，挖呀挖，挖出了千年的、百年的棒槌好多好多棵。

他们卖棒槌买兵器，招兵买马。大家拥戴小罕子当领袖，小罕子称王后，他就按照梦中所见，叫人做了一面龙旗，上边绣有金龙戏珠，就是为了不忘当年挖棒槌的苦处，叫后人知道创业不易，又根据龙爪上的光，把他手下的各部分成红、黄、蓝、白四旗。

后来又征服了很多部落，人越聚越多，才又分出镶红、镶黄、镶蓝、镶白四旗，每旗七千五百人，共计六万人，全都跟着龙旗走，后来有人问八旗人："你们是从哪来的？"他们都说："是随龙来的。"

讲 述 者／徐仲武

采 录 者／刘铁民

采录时间／1985年

采录地点／偏岭乡泥塔村

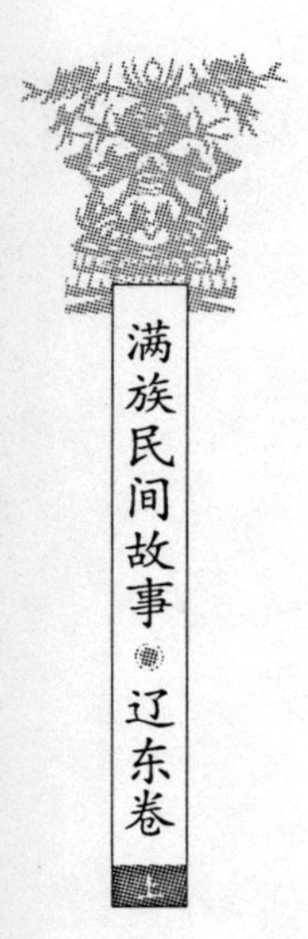

老罕王登点将台

平顶山是控制本溪市区的天险，也是兵家必争的古战场。据《奉天通志》记载，平顶山“其顶有点将台”。明将马云、叶旺率兵击北元，后金罕王努尔哈赤谋攻大明，都曾勒兵于此。当地民间传说，老罕王登临点将台，是在他出兵攻占辽沈那一年的三月初三。

后金建国第六年春天。老罕王努尔哈赤的谋臣武将，各带十名戈什哈（满族语，亲兵），从东向西扬鞭催马急驰而来，于三月初三缕缕行行赶到了平顶山。在山顶平敞处扎起几十座牛皮帐篷，竖起了黄、白、蓝、红、镶黄、镶白、镶蓝、镶红八面彩旗。山四周的老百姓只听山上战马嘶鸣。号角声声，谁也不知是祸是福。听说三年前罕王的兵将破了清河城后，把守城死伤的明兵都砍下脑袋喂了老鸹。平顶山周围的汉人能跑的急忙躲藏起来，只剩下几个年老体弱的村民留在噶珊里。

不过两个时辰。一队骑马的罕王兵将找上门来，把留在噶珊的八个老汉硬“请”上了平顶山。

站在平顶山上，近望山高千丈，群山似海，陡崖环绕着平顶山头。其顶平敞，有泉涌出。那口大井据说直通地河，水清味甜泉眼旺，千军万马也喝不完。八个老汉被罕王兵将带到平顶山，看到他们熟悉的山顶已扎满了牛皮帐篷。戈什哈正忙着升火煮野味，那一堆堆鹿、狼、狍、野鸡是罕王的兵将赶路时顺手猎获的，他们要干什么呢？八个老汉想到金兵杀人的传闻，浑身都哆嗦了。

走到东边的点将台下，只见二十四个手持刀枪的戈什哈直溜溜地

站在那儿。周围只听战马嘶鸣，不闻兵将吭声。不一会儿，一个戈什哈出来喊道："罕王请当地父老进帐议事。"

奉命下山请村民的将官是个牛录额真，这时"喳"地答应一声，引八位老人登上高二丈四尺的点将台。走进一座大帐篷，里面正中放个大木头墩。上面铺一张虎皮，虎皮上端坐着一个年近六十，长方型脸盘，两撇八字胡，双目有神，仪态威严的老当家的。他头戴尖塔型的圆顶红帽，镶个蓝圈杠杠，身穿绣着黑边的黄袍，脚踏白底黑帮皮靴。手里拿着一本书，是线装的《三国志通俗演义》，左右两边站着几十个顶盔贯甲的武将和身穿长袍马褂的安巴哈楞（满族语，大官）。这位将官跪地禀报，"叩见大汗，本处噶珊的父老请到。"

罕王起身离座，亲自把八位老汉引到帐篷内预先铺好的狍皮褥子上坐下。吩咐戈什哈端来一壶沏好的热茶，倒了八大碗。罕王一边让八位老人喝茶，一边劝大家不要害怕。如实回话。罕王问："我起兵征明的檄文《十大恨》，你们知道讲的是什么吗？"

八个老汉说："知道，《十大恨》讲明朝轻启边衅，凌辱女真，罕王征明，实为迫不得已。"

罕王笑道："那只是借口罢了。大明施行虐政，贪官横行，受害岂止女真？数十年来，李总兵雄踞辽东，伙同盐矿监高淮竭力搜刮民财，敲骨吸髓。民众有歌谣说：'辽人无脑，皆淮剜之；辽人无髓，皆淮吸之。'李使辽东大乱，人心思变，汉人逃往我建州者无数。他们都说：'生于辽。不如走于胡！'可见明朝已完全失去人心，我今起兵攻明，上合天理，下得人心。起兵以来，屡战屡胜，以少胜多，这是为何？"

八个老汉哪敢不顺毛摩挲。都说："罕王用兵如神，是统帅十万铁骑的雄主，怎能不打胜仗！"

罕王一手捋着八字胡须，一手摇晃着手中的线装《三国志通俗演义》说："我用兵的方略，还是从大明李总兵那里偷艺学来的招数，再就是看看《三国志》、《水浒传》，遇敌上下同心，众子侄拼力，我再量敌用兵，凭你几路来，我只一路去，仗越打越顺手。但最要紧的是在用人，我大金国以多得爵人为当务之急，用人皆随其才，若有临阵英勇者，赐以官赏；有于国忠良者，用以佐理国政；有博通古今者，用

以讲古今。各处搜罗人才，为我所用，金国怎能不兴旺？

“可是大明用人，却让尽忠为国者寒心，奸诈贪鄙者得志。我玛法、阿玛忠于大明，竟被无罪屈杀。现在明金交兵，大明让贪生怕死的将官握兵权，为国善战的良将屈居贪将之下。不是力孤抗战，就是遭谗遇害，致使萨尔浒之战，大明号称四十七万兵马，被我后金杀得望风而逃。大明痛定思痛，起用熊廷弼经略辽东，他亲自顶风冒雪到沈阳、抚顺巡视边防，安抚难民，处死逃将、贪将，修城筑堡，好厉害的熊南蛮子，硬逼得我一年不敢动手攻大明，急得我睡不安，吃不下，长此下去，后金危矣！谁知天助我后金，明朝将官嫉恨他，皇帝竟糊里糊涂将熊南蛮革职问罪，换了个老娘们心肠的袁应泰当了辽东经略，虽说他忠于朝廷，但不中用，防守搞得松松垮垮，真是天赐良机，助我征明。这次我带着诸贝勒、臣到点将台会猎，一是要到前边观敌瞭哨，修订征明方略。二是请诸位父老到此，有一要事相商，让诸贝勒、大臣都听明白是啥原因。”

八个老汉问：“不知罕王要问何事？”

罕王说：“数十年来，辽东人说‘生于辽，不如走于胡’，投建州者不计其数。现在我出兵攻明，正要为辽东人除暴政，安百姓，为何所到之处老百姓都跑光了？就说平顶山周围几十个噶珊吧，我的兵将费了好大的劲，才请来你们八位，现在还怀揣兔子心直蹦达！这究竟是啥缘故？”

八个老汉相视无语，谁也不敢开口。

努尔哈赤说：“我请你们来，就是让你们说心里话，直说无妨，讲得再刺耳也不怪罪。”

八个老汉见罕王挺和气，看来说真话掉不了脑袋，就讲：“俺这是明金交兵两下拉锯的地方，明朝和罕王的兵马说不定啥时候就来了，两方的兵将谁来了都抢掠老百姓，今年正月初二，明兵把庄稼人的牛、驴、猪、羊，还有粮种都抢走了。”

罕王问：“你们为啥不去投奔大金国？”

老汉说：“大伙听说您的兵将破清河城时，把汉人都杀了喂老鸹，所以汉族人见了金兵就赶紧跑了，怕去了掉脑袋。唉！俺这两下拉锯的地方，百姓苦到啥时是个头呢？”几个老汉说到伤心处，竟落下了

老泪。

罕王对满帐篷的贝勒、大臣、牛录额真说："你们都听见、也都看见了吧？民以食为天，缺食必叛散。从今以后，我大金兵马所到之处，决不许枉杀无辜，不许抢劫百姓，有谁像明朝兵将那样杀平民冒功或剥夺百姓生计，本罕定要严加惩处，你们听见了吗?"

牛皮帐篷里好几十文臣武将一齐应声"喳"。

罕王对八个老汉说："你们回去向各噶珊的百姓传个口信，说大金国罕王努尔哈赤让他们安心农牧，我的兵将再也不会杀人喂恩禽老鸹群了。我的兵马很快就会打下辽阳、沈阳，你们回去好好过日子吧。等打下辽阳，我派人给你们每户送来一头牛。这辽阳东山，免税三年。"

第二天一大早，罕王的兵将突然把辽阳东边的明军台堡狠狠敲打一顿，抓了一把向东撤去。明朝兵将在袁应泰指挥下松散惯了，谁也不敢去追。等大队明兵来到平顶山时，点将台上只剩下一堆堆灰烬和吃剩的兽骨。

老罕王这次亲临点将台，经过实地观察，改变了直捣辽阳的用兵方略，于三月初十带着弯弓待发的后金兵马，倾国出师，带着板木、云梯、战车等顺浑河而下，水陆并进，兵临沈阳城下，后金收降的城内蒙古人与金兵里应外合，于三月十三攻占沈阳，斩明军七万。罕王三月十九进兵辽阳，三月二十一攻占这座明朝重镇，辽东经略衙门变成了金国罕王努尔哈赤的行宫。此后数日内，金、复、海、盖诸州，大小共七十余城官民俱降了后金。

老罕王为了收买人心，派他的四贝勒皇太极到平顶山下，找到登点将台回罕王话的那八个老汉，真的给每人一头牛，半斗糜子种。老罕王登点将台这件事，就这么传下来了。

讲 述 者/穆宝祯　满族　本溪市南芬区思山岭乡

搜集整理者/徐延顺

搜集时间/1986年

搜集地点/本溪市南芬区思山岭乡

驸马坟的传说

出辽中县城，向北走四十多里，有个屯子叫后牤子堡。村东南有两座大土岗子，一高一低，高的一丈二三，矮的也有五六尺。岗上有几棵两人合抱的老榆树。传说这里埋的是老罕王的女婿，那么这位驸马到底是谁呢？

故事是发生在老罕王在赫图阿拉坐天下不久。有个名叫莫博季里的满人，属正红旗。他从小就随阿玛出入山林打猎，能骑烈马，敢斗猛兽，练就了一身好武艺，当上了牛录额真。明朝万历皇帝任命杨镐为经略，发来了八九万兵马，分四路进攻赫图阿拉与八旗兵打了一场大仗，这就是历史上有名的“萨尔浒之战”。在战斗中，莫博季里带领他的一牛录人马，抢先杀入明军阵内，左冲右突，夺旗斩将，为打败明军立下了大功。班师回朝后，老罕王在庆功宴上，选莫博季里为额驸，将元妃所生的固伦公主下嫁给他，并封他为右梅勒额真。

这一下，却惹恼了老罕王的机密章京，也就是贴身秘书，名叫西其根。原因是有一次老罕王喝醉了酒，最后说了一句话，有点要把固伦公主下嫁给他的意思。西其根早就看中了公主，心里总想着她，有了罕王这话 ，更是天天想，夜夜盼。不料想在庆功宴上 ，老罕王竟做主把公主许配给了莫博季里。西其根白盼了一场，眼睁睁看着莫博季里成了固伦额驸，他哪能咽下这口气呢？因此他心里暗想 ：哼！走着瞧吧。

再说莫博季里和公主成亲后，俩人相亲相爱，日子过得挺快活。只是莫博季里总有一点心事放不下。原来他老家本来住在安楚拉库内

河，几年前他额娘为寻医治病，投奔到了莫博季里的额吃客家。那地方远离赫图阿拉城，在离沈阳一百多里的浦河岸边。娘俩一晃三年多没见过面了。莫博季里惦记着年老多病的额娘，可那地方现在还归明朝管辖，轻易又去不得。有一天，时间是在掌灯以后，莫博季里坐在屋里，守门的亲兵进来报告："启禀额驸，额驸的家乡来人了。"莫博季里闻听，连说："快请！快请！"说着他自己亲自出来迎接。这时外面走进一个人来，莫博季里仔细一瞧，原来是本家侄子莫阿布。

"莫阿布，你从家里来吗？"

"是的，我阿玛让我来的。"

"家里有事儿吗？"

"太太从打去年冬天就咳嗽得受不了，前些日子，气都喘不上来了。一劲叨念你，已经两天水米不打牙了，我阿玛说，让你快点回去晚了怕……"

莫博季里听罢，急得满屋乱转。按理说，凭他的孝心，应该立刻上马就走，可他知道没有罕王的命令，他是不能私自出城的。莫博季里正在为难的时候，公主从屋里出来了。

"额驸，听说家乡来人了？"

"是啊。"莫博季里忙把额娘病重的事向公主细说了一遍。公主一听，也着急了，忙说：

"你得快走！"

"咳，走得了嘛！不得到皇阿玛的恩准，私出京城是要犯罪的！如今天黑多时，宫门早闭了，看来至少等到明天了。"

公主心里合计了一会，说道："按理，我应该和你一同去探望额娘，可现在又没法禀报皇阿玛，只得你自己先去了。待明早我进宫去见皇阿玛，替你转奏。"

莫博季里一听，高兴极了，连忙点起几个亲信超哈跨上他的铁青马，由莫阿布带路，连夜出了赫图阿拉，向西而去。

俗话说的好："呲牙的狗容易躲，不叫的狗难防。"就在莫博季里带领随从出城还没到一站地的时候，西其根已经进了宫门。

原来，自从那次庆功宴后，西其根一直愤愤不平，他恨莫博季里夺去了他的意中人。但他尽管心里恨，表面上还是装得比谁都恭顺，

只是暗地里派了两个亲信监视额驸的一举一动。今晚莫博季里一出城，他就得着消息了，他默默一盘算，想出了一条毒计，找来了守门将军密谋一番，便匆匆进宫了。老罕王晚上一般是谁也不见的，可是由于西其根是机密章京，可随时面奏。

老罕王闻报西其根求见，以为发生了什么军国大事，便传他上便殿。西其根上了便殿，俯身下拜，连称"罕王，大事不好！"罕王一惊："怎么，明军进犯了？"

"不，固伦额驸莫博季里背叛罕王，带领人马趁黑夜反出京城投明去了。"

"什么？莫博季里投明？真的吗？"

"罕王圣明，奴才一向不敢说假话，请调守门将军一问便知。"

老罕王急忙传令让守门将军上殿，罕王问道："莫博季里可曾出城？带有多少人马？奔哪个方向去了？"

"启奏罕王，莫额驸带领十余骑人马，说已得罕王恩准有公事出城，向西去了。"

老罕王听罢底下头去，暗自思量，一言没发。

西其根一见罕王没有发言，怕他心里生疑，忙又奏道："罕王，奴才想那莫博季里在朝几年，曾参与军国机密，若不及早将他抓回，一旦到了明军那里，可就……"

罕王听到就有点急了："嗯，你想的周到。好，你立刻点起人马，拿我令牌，将他擒回，我要当面处置他。"

西其根眼珠一转，心里暗想：我有了令牌，就可以随机应变，处置莫博季里了。

西其根拜别罕王，点齐了一哨轻骑兵，出了城门向西追去。

五更鼓过，天已大亮，固伦公主起来后，坐车直奔后宫，来见皇阿玛。

罕王正要召见公主询问莫博季里的事儿，见公主进来，他怒气冲冲地问道："莫博季里哪里去了？"

公主急忙把昨晚的事细说了一遍。老罕王一听，急得直拍大腿："哎呀！原来是这样，那西其根怎么说……"

公主忙问："他怎么说的？"

“他说额驸谋反投明，我已经派他追赶去了。”

“皇阿玛，西其根嫉妒额驸，我早就有耳闻，这回他是要官报私仇。”公主一面说着一面痛哭起来。罕王连忙安慰道：“你先别哭，都怪阿玛误听了小人之言，对这事我自有处置。”

说罢，急忙召来他的二儿子代善，赐他令箭，命他急速率兵出城，追赶西其根回朝。

代善刚要下殿，就听公主叫道：“二阿哥，等一下。”公主又对罕王说：“皇阿玛，请准许我同二阿哥一块去吧！”老罕王把手一摆说：“不是我不让你去，这一去来回二三百里，路上遇上明军，还得刀枪相见。你是一个女子，我放心不下。”

“皇阿玛，孩儿也有武艺，能骑马，善射箭，两军对阵也能杀过几阵。如今孩儿虽身在赫图阿拉，心早已跟额驸去了，你不让我去，急也要把孩儿急死了。”

老罕王见她决心已定，只好挥手说：“去吧！”又嘱咐了代善几句，兄妹才下得殿来。

再说莫博季里探母心切，一路上一直是快马加鞭，到第三天早晨，终于望见了牤子堡。莫博季里刚要催马进村，忽听后面马蹄声起，回头一望，见有一支兵马飞奔而来。莫博季里大吃一惊，心中暗想：“准是被明军发现了，看来先不能进村，那样，亲人们要受连累。”想到这里，他“唰”的一下抽出腰刀，向亲兵小队发出了准备迎战的命令。

转眼间，人马来到了面前，一看原来是自家人马。西其根手捧令牌，大模大样地坐在马上，对莫博季里一拱手说：“莫额驸，小弟王命在身，不能全礼了。”

莫博季里问道：“西其根章京，匆匆赶来，为了何事啊?”

“唔，因你违抗王命，私逃出城，有谋反之嫌，我奉罕王旨意，拿你回朝！现有令牌为凭。”

莫博季里欠身回答道：“只因我额娘病重，来不及请罕王恩准，不过已要公主代我转奏。请章京大人多多关照，容我见过额娘，即同章京回朝，罕王如果怪罪，都由我一人承担，请章京给以方便。”

西其根眼珠一瞪，说：“我只知奉王命，不能徇私情。”

说罢，向亲兵一摆手："给我拿下！"

莫博季里见西其根这盛气凌人的样子，不禁大怒，他把入鞘的腰刀又抽了出来，说道："这么说，章京大人是一点面子也不给了！"说着他一提马缰，就要上前。

西其根哪里是莫博季里的对手，一看莫博季里要动武，暗想："莫博季里这把刀可不白给，看来还得来点软的。"他这么一想，脸也就变过来了，笑着说："嘿嘿，额驸何必认真，刚才是我开了玩笑，孝心人人有，我怎能放着方便不给呢，请你去探望老人家。回朝以后，一切误会全包在我身上。我王命在身，不便陪同，就在这村边歇马，等你一同还朝，额驸请罢。"

莫博季里一看他变软了，也没工夫细合计，便把腰刀又插入鞘内，对着西其根作了一揖，一拨人马，向村里奔去。

哪知道就在莫博季里回转身的工夫，西其根就对部下发出了暗号，一个个张弓搭箭，只听西其根一声令下，几十只箭像流星般地向莫博季里射去。莫博季里听到弓弦响，还没等他回过头来，身上和马上早已中了好几支箭。他使尽全身力气刚刚抽出腰刀，第二拨子箭又射过来了，他晃了几晃，栽下马来。

莫阿布等随从也是个个中箭，虽然奋力抵抗，怎奈寡不敌众，全被西其根带来的兵丁杀死了。

西其根见莫博季里已死，得意地打马来到莫博季里的尸首前，笑着说："莫额驸啊，这回别说探额娘啊，连姥姥都一遭见了。"说着话，他下了马，正要去取莫博季里的首级，只听得远处有马蹄声响。

西其根一愣："这是干什么来了？噢，大概是罕王怕我对付不了莫博季里，又派了援兵吧！我得趁早下手，别让他们把头功抢去。"他一刀取下了莫博季里的首级。

正在这时，代善率领的人马已把西其根这支队伍团团围上了，代善抽出金纰令箭，大声喝道："奉罕王命，赦额驸无罪。"西其根冷笑一声："禀二贝勒，莫博季里谋反投明，抗拒王命，已被我斩了。"

"啊，天啊！我来晚了。"随着哭喊声，人马中闪出固伦公主，她望着西其根拎着的莫博季里脑袋，真是万箭穿身，心如刀绞。三天前还是恩爱夫妻，如今已是阴阳隔世了。她恨西其根恶意中伤；怪自己

来的太迟。她翻身下马，跑到西其根身前，面对着额驸的首级，抱头大哭起来。西其根假意地相劝道：“公主止哀，想莫博季里忘恩负义，背叛罕王，是罪有应得，公主不可为他哭坏了玉体呀。”

公主一咬牙，止住了哭声，看着西其根，骂道：“你这个狠毒的小人，我要将你碎尸万段！”说着她抽出了宝剑，向西其根刺来。西其根一看不好，急忙跑到代善马前，口喊：“二贝勒救命！”代善看到妹夫被害，早已压不住心头的怒火，一见他奔自己来了，他举枪一挑，将西其根挑了个仰面朝天。公主跑上前来，一剑将西其根的脑袋和身子分了家。代善下令，将西其根的随从也都杀死了。

公主忍痛将莫博季里的头和尸体连在一起，用自己的罩袍裹了起来，叫超哈将西其根的头供在灵前，公主跪下痛哭道：“额驸啊！没想到你竟离我而去！如今你的仇我给报了，人世间也没有我留恋的了，你等等，我来了。”说着，她抽出了宝剑照自己的脖子刺去。在旁边的代善一把将妹妹的手腕拉住，夺下宝剑，劝说道：“好格格，江山尚未一统，岂可如此轻生。”这时公主因悲伤过度，竟昏过去了。代善忙叫人照料好公主。命超哈们准备棺椁，收殓了莫额驸的尸体。停放在这里，待回京奏明罕王，再行大礼安葬。又命超哈们掘了一个大坑，掩埋了其余的尸体。后来罕王传旨将莫博季里额驸也安葬在这里。

从此，这牤子堡村东南就留下了两个大坟包。后来村里的莫姓族人在莫博季里坟上不断填土增高，几百年来，竟成了土岗，岗上还栽了榆树。这就是辽中县境内远近闻名的“驸马坟”。

讲 述 者/韩玉福
采 录 者/王育民　群众艺术馆干事
采录时间/1985年
流传地区/辽中一带

吴三桂盛京闯刀山

皇太极征讨辽西节节胜利，先是松山大捷，接着攻陷锦州。皇太极可高兴了，准备好多美酒肥羊，大设宴席，犒劳三军。这天，皇太极正在金銮殿和众贝勒商议进攻中原的军机大事，忽然御差送来一封密信，皇太极拆开一看，是明朝宁远总兵镇守山海关的吴三桂写来的。原来这吴三桂背着崇祯皇帝偷偷地化装来到盛京，住在抚远门外的南朝房会馆，说要献城投清。皇太极心里合计："这吴三桂决非等闲之辈，前些时，孔有德、洪承畴归顺了我，但这吴三桂脚踩两只船，等我出大价码儿。这次说是来降我，真假莫测，待我考验他一番再说。"他两道剑眉紧拧，琢磨了好一会儿，终于想出了一个高招儿。皇太极一面回书一封，差人送去，约他两天后进殿细谈；一面派人赶制三座"刀洞山"，每座刀山长五尺、高五尺，用数十把尖刀镶嵌成圆洞形，中间刚好能爬过去一个人，如果稍有不小心，人过去时，就会被尖刀划得皮开肉绽。

第三天，吴三桂果然带着贴身随从来了。进了抚远门，远远就看见文德坊牌楼前这三座刀山，路两旁清兵是三步一岗，五步一哨，刀枪如林。吴三桂不免有些紧张。这时，走过来两名御差，抱拳说道："吴总兵，皇上有令，按大清朝规矩，请钻刀洞山，以表诚心。"吴三桂暗暗吃了一惊："这明明是要挟于我，却说是什么规矩，唉，人在矮墙下呵！"这时，吴三桂的一个亲信上前阻拦道："吴大人，这……万万钻不得！望大人三思。"吴三桂看着这寒光闪闪的尖刀，有些打怵。可这时，他突然想起父亲吴襄被囚，爱妾陈

圆圆被掳的事。他长叹了一声，对随从说：“如今我是箭在弦上，不发也得发，况且这囚父夺妻之仇……”说到这，他咬了咬牙，慢慢地脱下了衣裳，光着膀子，憋足了气，使出浑身解数，来个“燕子穿柳”，好赖算钻过了第一座刀洞山。他直起腰来，挺了挺脖子，已经吓得满身大汗了。过了这第一座刀山，他心里好像有了点底，便大摇大摆地来到第二座刀洞山口，一低头就钻了进去。也许是有些大意，他刚一往前使劲，就觉得肚皮上冷不丁地被划了一下，凉飕飕的，他稍一哆嗦，得，后背上立刻划开了三道口子，顿时，鲜血淌了下来。吴三桂不敢迟疑，双膀一叫劲，他钻过了第二座刀山。这时，他后脊梁、前肚皮上，已经多处被刀尖划成口子。吴三桂毕竟是见过世面有功底的人，他明白，决不能胆怯，更不能迟疑，拼死也得钻过第三座刀山。想到这，吴三桂心一横，牙一咬，钻了进去，刀口里渗进了汗水，像盐螯一样疼，他豁出去了，双眼一闭，一狠心钻过了第三座刀山。再看这吴三桂，已是全身刀伤，变成了个血人。随从们马上围过去想给他包扎伤口，可这时，皇太极右手一举，怒喝一声：“慢！”然后命令清兵：“取酒来！”不一会儿，两个清兵抬上一坛子酒来。皇太极拿过两只碗，一只碗舀满了酒。走到吴三桂跟前，叫他用空碗边剐下刀口上的鲜血，足足有少半碗，然后皇太极把那碗酒倒在血碗中，自己又舀了一碗酒，说：“来，干！”吴三桂端着血酒，心里明白，这是叫我“歃血为盟”呀！他举起血酒，跪在地上，上祭天，下祭地，然后脖一扬，喝了下去。这时，皇太极哈哈大笑，知道吴三桂投降是真的，他便双手扶起吴三桂，喊道：“来人哪，快扶吴总兵歇息、治伤，不得怠慢！”吴三桂这才觉得浑身像万箭穿心，疼痛难忍，眼前一黑，人事不省。

在皇太极的关照下，吴三桂的刀伤很快就治好了。又过了些天，他回到了山海关。不久，农民起义军李自成攻占了北京。吴三桂看时机已到，赶紧派人到盛京报信。得知皇太极在清宁宫突然暴死，九王爷多尔衮立刻点起八旗大军，一路浩浩荡荡地开进了山海关。

讲述者：董秀文　女　文盲　退休工人

采 录 者/王世烈　文化馆干部
采录时间/1985年
流传地区/沈阳一带

康熙与乾隆的一副对联

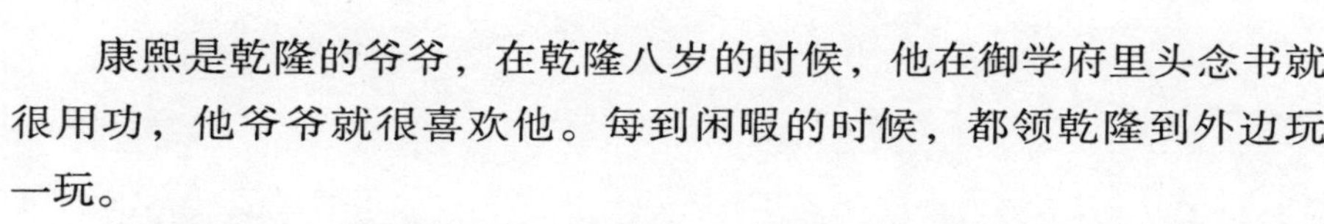

康熙是乾隆的爷爷，在乾隆八岁的时候，他在御学府里头念书就很用功，他爷爷就很喜欢他。每到闲暇的时候，都领乾隆到外边玩一玩。

有这么一天早晨，康熙起的很早，在花园里头溜达，小乾隆也跟在他爷爷后面。皇宫花园里有一个水池，上面修一个桥，他就跟乾隆说："孙儿，我想和你对一副对子。"乾隆说："那好啊！爷爷。"康熙说："那么的，我说上联，你给我对出下联来。"乾隆说："行，爷爷，你先说吧。"康熙站在这个桥上向四下看了一看，他就出这么个上联。他说："四方桥，桥四方，我站桥上看四方，四方四方四四方。"康熙说："孙儿，你说下联吧。"乾隆站在他爷爷面前，寻思寻思，就说了："万岁爷，爷万岁，我站爷前呼万岁，万岁万岁万万岁。"康熙一听乐坏了。这联对的简直天衣无缝，康熙拍着乾隆的肩膀，不住地点头，说"孙儿啊，好好学习，将来你就是我大清王朝的栋梁！"

讲 述 者／爱新觉罗·庆凯　男　74岁　初中文化　职员
采 录 者／张　莹
采录时间／2008年7月19日
采录地点／偏岭镇泥塔村

皇家选婿

有这么一个传说，说是这一年皇宫大考，考中了两个状元，一个长的是文质彬彬，一个长的是五大三粗，两人文采都一样精。

皇帝有个女儿，这年十八，待嫁闺中。

娘娘有意要在这两个状元中，给公主招驸马。可招谁呢？得公主点头同意啊。于是，娘娘就让皇上请两位状元吃饭，考验考验他俩。席间让公主出来倒酒，公主给谁倒酒，谁就是公主看中的人，就招他为驸马。

两位状元来到皇宫，知道这顿饭是为公主选驸马。

长的文质彬彬的状元很自信，心里想，我才貌双全，公主一定选中我。高兴得吃不下去了，皇后问话，他紧张的语无伦次，显得扭扭捏捏的。

长的五大三粗的状元，心想，我这形象和他比，差距太大啊，公主哪能看上我呢？我媳妇捞不着，这饭我可得吃好。这就旋风筷子一甩，该吃就吃，该喝就喝，娘娘问话，张口就来，答得是幽默得体。一点儿不拘束。

娘娘为自己姑娘选姑爷，肯定用她的老经验，要选一个既文采好，身体又健壮的。一瞅这个长的文质彬彬的状元，吃饭都不能吃，悄手捏脚的，就看不中了。再看这个长的五大三粗的状元，大大方方地吃饭，谈吐幽默，一点儿也不扭捏，娘娘心里挺喜欢。

吃得差不多了，公主该出来倒酒了，娘娘悄悄问女儿：“你选哪个？”公主就问娘娘说：“母后，你说呢？”娘娘说：“要问我看啊，那

个长的五大三粗的人是你的终身依靠。”公主在后面观察很长时间了，他俩的一切表现，公主都看在眼里。听了母后的话，正合公主意。公主端着酒壶大大方方走到长的五大三粗状元跟前，满满斟上一杯酒，这状元一看，惊呆了，没想到公主的酒会倒到他的酒杯里，拿起酒杯一饮而尽。皇上、娘娘一看，也跟这状元喝了一杯。

那个长的文质彬彬的状元，后悔自己太装了，没抓住机会。

讲 述 者/赵铁凡　男　57岁　初中文化　农民

采 录 者/于　洋

采录时间/2008年7月23日

采录地点/清河城镇

慈禧卖荒

传说光绪年间，慈禧太后垂帘听政，她不顾国库空虚，终日吃喝玩乐，随意寻欢，花钱像流水一般。几年工夫，国家让她败坏得更加穷困。有时，连她本人的花销也常常断捻。怎么办呢？慈禧愁得直皱眉，整天琢磨来钱道儿。她琢磨来琢磨去，想到东北的大皇围。这个大皇围，东起西丰，连着西安、伊通，西至双阳，横跨四个县界，十万多垧土地。围里，高山密林，野兽成群，可以围猎；平川谷地，土地肥沃，可以耕田。什么人参、鹿茸、紫貂、银狐，以及白菇、猴头等山珍特产，应有尽有，要多富饶有多富饶。因它出产的物品得全部进贡给朝廷，所以老百姓又把它叫做皇帝的口味山。

慈禧心想：要把这皇围卖掉，那可得老鼻子钱了。又转念一想，还有点犯难，为啥呢？因为这个皇围是皇族的公共财产，出产的贡品每个王爷都有一份。明着卖，皇族里面非有人反对不可。就是没人反对，卖了钱，自己也不能独吞。偷着卖呢，还是不行，人家也长耳朵，一旦露兜，早晚也是麻烦事儿。

慈禧苦思冥想，终于想出一个两全其美的妙计。她下了一道密旨，把奉天将军召到北京。这个奉天将军也是个满肚子坏水的奸臣，平日贪占勒索，干了不少坏事。一听慈禧叫他，登时害了怕，以为被人揭发，此行定是凶多吉少。想不去吧，又不敢，只得硬着头皮前去。

到了北京皇宫，慈禧把他召到后宫，奉天将军更是心惊胆战，身子直门儿筛糠，见了慈禧，两腿一软，扑通跪下。慈禧见他那副熊样子，心中好笑，对他说："爱卿不必惊慌，一旁坐下，有要事与你相

商。”奉天将军胆突突地抬起头。慈禧说：“现在朝廷银钱短缺，我想把东北皇围卖掉，我平日看你为人可靠，特命你来担当此任，不知你意下如何?”

奉天将军一听乐了，心想：这可是个美差，正好捞它一把。刚要磕头谢主龙恩，慈禧又说：“不过，这里可有一个说道。”奉天将军一听，心中纳闷儿。慈禧说：“你可要知道，这个皇围，并不打算真卖，你只要把银子弄到手里，交给朝廷，就算大功告成。”奉天将军一听，凉了，闹半天是让我当替罪羊，慈禧往自己腰包划拉钱呢！他挠着脑袋，想要拒绝。慈禧见状，一边打气儿，一边威胁说：“此事关系重大，不许走露风声，办妥之后，我保你官升三品。哪个胆大闹事，我为你做主，定斩不留，你要不遵旨照办，可要知道我的厉害!”

慈禧心毒手狠，专横霸道，文武百官个个惧怕。听她这么一吓唬，奉天将军身子都酥了，心想：看来得应下了，不应下，非得掉脑袋不可，将来真有闹事，有老佛爷撑腰，我怕个啥？做得巧，老佛爷满意，还真能官升三级呢，想到这，他胆子也就大了，还帮着慈禧出了不少馊巴主意。

奉天将军回到奉天，马上派了几个得力心腹，分赴边外各州府县，张贴布告，说皇上老佛爷恩准放围开荒，作价低廉，八十两白银就可买一垧。

边外百姓，早就知道皇围的富饶，一听放荒，都争着要买，钱多的多买，钱少的少买，没钱的穷人家，为了奔个好日子，也砸锅卖铁东挪西借，凑几个钱买一块地。放荒经办还领着买主，像办真事儿似的来到皇围，量地块，钉标桩。等买主一份一份地交足了银子，擎等着搬家时，突然，奉天将军传令，要等皇帝钦差验收，才准进围占地。这些买主一听个个傻了眼，只好耐心等待。

再说奉天将军见老百姓上了当，心中暗喜，亲自押解骗来的八百万两白银，做着升官的美梦，乐颠颠地上了北京。

慈禧见了这么老多白花花的银子，乐得眉开眼笑，一个劲地夸奖他能干。奉天将军一听更乐了，两眼眯成一条缝，美咯滋地想这回十拿九稳准升官了。可是，也不知是慈禧忘了，还是有别的原因，压根儿就没提升官的事。奉天将军想问又不敢问，只好讪不搭地回到奉天。

奉天将军干了这件做损的事，又没升上官，在将军府里，大门不出，二门不迈，终日蔫头蔫脑，闷闷不乐。

有一天，忽然听府外吵吵嚷嚷，呼声喊叫。他打发家丁出去一看，原来是那些买荒的人家，左等钦差不来，右等钦差也不到，就来到奉天将军府找他要银子。将军正没好气，见这情景，更是火冒三丈，忙派军丁手抡棍棒，向人群劈头盖脑乱打一顿。买荒户要不回银子，还挨了揍，更不甘心，觉得里面有鬼，一定是奉天将军假造圣旨，私吞了银子。大伙一串联，决定上京城告御状。有几户有钱有势的人家，还共同筹款，进京先找几个王爷说说理。

几个王爷不明真相，一听奉天将军竟敢假造圣旨，私卖皇围，个个都气炸了肺，几个王爷一起找到慈禧告奉天将军。慈禧万没想到事情闹得这么大发，也慌了神，生怕露兜。不过，她毕竟老奸巨滑，很快就稳下神来，也装做咬牙切齿的样子，大发雷霆："这还了得！他竟敢假传圣旨，私卖皇围，我非杀他不可！"于是，慈禧火速派了钦差，到奉天要秘密处死奉天将军。

奉天将军听说钦差驾到，还以为是升官的圣旨下来，赶紧整衣出迎。结果，连一句话都没说出来，就被砍了脑袋。他的家财全部没收，明是说上缴朝廷，实际是入了慈禧的腰包。

那些买荒的人家，见太后杀了将军，觉得给他们伸了冤，出了气，火气也就消了一半。可也有几个心疼银子的，上京城去要，却都被安了个谋反的罪名，投监下狱。从此以后再也没人敢提这件事了。

讲 述 者／爱新觉罗·庆凯　满族

采录整理者／王庆福

采录时间／1985年

采录地点／本溪满族自治县偏岭乡泥塔村

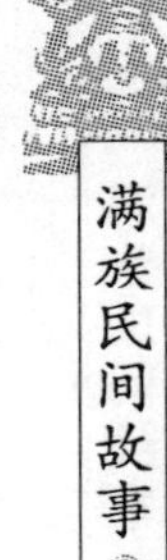

五牛村的来历

在岭北抚顺县救兵乡，有一个小村庄叫五牛村，这个村庄原名叫五百牛堡子。

传说宋代杨家将杨六郎率兵在北方与辽国人打仗，因为辽兵太强悍，几次交锋都没赢了。于是，杨六郎就想了个办法，用当地的牤牛，把它饿上七天，这牛想吃草，就把草捆子套上辽兵的兵服，放到牛的跟前儿，把牛角绑上尖刀，杨家将士把辽兵的兵服用刀划开，露出了里面的草，牛就吃上草了。所以这么一整，牛饿了，就用绑着尖刀的犄角顶套上辽兵兵服的草捆子。

过了一阵子，辽兵又要来攻城了，杨家将士把牛饿上七天。等辽兵来了，城门一开，五百牤牛像洪水开闸一样，就奔辽兵的队伍去了。辽国军队还没弄明白怎么回事呢，就让牛群给冲散了，这群牤牛见到穿辽兵军服的就挑，不到两个时辰，就把辽国军队的兵挑的是死的死，逃的逃，大败而归。

杨六郎这一仗就大胜。名声远扬，而且是越传越神。以后，人们就把杨六郎打胜仗的地方，叫“五百牛堡子”。解放以后，由于村名简化，简化成“五牛村”了。

讲 述 者／赵铁凡　男　57岁　初中文化　农民

采 录 者／于　洋

采录时间／2008年7月21日

采录地点／清河城镇

娘娘庙的传说

咱们这山底下有座娘娘庙，开始在山上建的，后来着火了，人们就在山下修了一个娘娘庙。

在早，在咱们东羊村里，有一个老头儿，他会赶车，到了收场之后，他都要把他的粮食呀，山货呀什么的，拉到下边卖了，再把年货买回来，当地话叫“打年纸”。

这天，老头儿打完年纸往回来，他在道边遇到一个美貌妇人，这个妇人见老头儿赶着车过来，就把车拦住了，说：“能不能让我坐一段车，我赶路太远，省省劲儿。”这个老头儿挺厚道，说：“那你就上来吧。”这个妇人上车，坐了一溜道。老头儿也没左一眼、右一眼回头看她，这个妇人感觉这个男人挺本分，她心里头就挺感激。走到娘娘庙的山坡下边，妇人说：“师傅，谢谢你，你给我停一下，我到地儿了。”老头儿把车停下来了，妇人就下车了。下车后，妇人说：“我也没有钱，没法谢你，就告诉你一件事儿吧，你家马上就要着火啦，你赶紧往家去，还能抢回来一些东西，要是晚了，就什么都没有啦，你快点回去吧。”这老头儿将信将疑，我家怎么能着火呢？不相信。这老头儿瞅着她，她上庙坎的山上走了，他就打马如飞地往家赶。

一进堡子，离老远就看见大烟了。到跟前儿一看，正是他家着火，他进屋就把粮食和衣物抢出来了。老头儿就记住了这件事。打这以后，有时间他就上庙坎山上看看，这妇人就在那山上打坐，时间长了就显灵了。

这堡子里头有一家姓关的，有一个十九岁的姑娘病了，怎么治也

治不好。后来就上山去找她。她就给治好了。这样一来，这妇人就更有名了，逐渐地谁都去求她，她就成了谁求都行的这么一个行善的人。后来她岁数大，就死了。附近的老百姓就说了，咱们在山顶上给她修个庙吧，大伙儿出钱，在山上修了个一丈五尺多高的庙。塑了一个神像，要专门找人看庙，给她上香。那个赶车的老头儿，主动要求为她看庙上香。

有一次，天下雨，老头儿上山上香，一哧一滑地就摔倒了。这老头儿就叨咕，说："娘娘啊，我现在已经七十多了，不像年轻时了，我上上下下太费劲，你的庙要在山底下那平地上，我还能多伺候你几年。"老头儿就这么说说，这庙就起火了。大家伙儿就在山底下修了一个庙，还按照山上规格修建的。那个老头儿一直到死，都给娘娘庙上香。

现在这个庙的痕迹还有呢。

讲 述 者／赵铁凡　男　57岁　初中文化　农民

采 录 者／于　洋

采录时间／2008年7月21日

采录地点／清河城镇

泥塔的由来

我们这个泥塔村原来不叫泥塔，叫泥岔。

这个地方是个山的岔口，太子河河水从台沟流下来，再流到这岔口。平时人们就用这河水生活。不发水时挺好，水一大，老有泥水过，所以叫泥岔。早年前，老辈子人来这里开荒种地，就在这地方扎下根了。开始只有几户满族人家居住，慢慢地人家多了起来。

同治四年的时候，太子河河水泛滥，大水冲走二十多家人家。住在这里的人就犯愁了，村里老人就说，总遭水灾这日子怎么过呀，咱找个风水先生给看看吧。人们就找来个南方的风水先生，到泥岔这地方看看地理，看看河床。风水先生看了一圈之后，就说，你们遭灾是叫这太子河里的水妖儿给闹的，你们要想得好啊，得修个塔，塔能镇住河妖，水就不泛滥了。老人们听风水先生说修塔能给河妖镇住，就说，那咱就修一个吧。

于是，大家伙儿出钱出力，根据风水先生的指点，在下堡子杨大台那个地方，用泥打坯堆了一个泥塔。有了这个泥塔，人们天天烧香，祈求平安。那几年真就没发生大洪水，庄稼收成也很好。人们的日子也安稳了。

光绪十八年的时候，太子河水又泛滥，又冲去半拉堡子，冲走三十多口人，房倒了庄稼地毁了，还把这泥塔冲塌了。这可怎么办哪？老人们说，还得请风水先生来看看。这又请了个南方蛮子来看。这个南方蛮子到这个地方，左看看山，右看看河，说你这个地方修塔不行，修塔能镇住小妖镇不住大妖，你得修庙敬河神。大家伙儿一听风

水先生这么一说，都同意修庙，大伙是被水灾闹怕了，那时也没别的招啊，就听风水先生的，他说修啥就修啥。全堡子的人又凑钱，就把这个庙修起来了，风水先生给这庙起个名字叫“保安寺”，意思是求河神保这一方百姓的平安。

这个庙修成以后没过三年，光绪二十年，天降大雨，几天不停，台沟的后山就发生泥石流了，一块好大的石砬子一下就从山上轱辘下来，正好掉到太子河里。它一掉进去，把这个水给支走了，就是奔偏岭东和七家子去了。这个泥塔就成了一个背水区了。再怎么涨水，水也不奔这来了，大伙儿就更信这个庙了，就觉得这是河神显灵了，香火更旺了。

1958年大跃进时期，这个保安寺就给扒掉了。2006年又涨洪水了。这回这个水是太子河多少年来最大的，又冲走了二十三口人。人们就埋怨扒这个庙扒的，不扒这个庙，咱泥岔也不会发水冲走这么些人？后来有人就说了，这村叫泥岔村，老出岔，咱就别叫岔了，叫泥塔村吧。这就把这个泥岔改叫泥塔村了，一直延续到现在。

讲述者/爱新觉罗·庆凯　男　74岁　初中文化　职员

采录者/张　莹

采录时间/2008年7月19日

采录地点/偏岭镇泥塔村

蛤蟆湾的传说（一）

很早很早以前啊，偏岭地区有个地方叫蛤蟆湾。这个蛤蟆湾哪，一到春天和夏天蛤蟆跳在荷叶上，成宿成宿“呱呱”叫唤。

在这个蛤蟆湾半拉有一个堡子，堡子里有这么老两口子，年近四十没生儿女。家庭生活倒不错，有房子也有地，过得挺富裕，就是缺孩子。天天想啊，盼啊，盼能有个孩子。

有天，老两口躺在被窝里就说了：“咱俩这么大岁数了，什么也不缺，日子也挺好，就缺个孩子。哪怕咱们养活一个就像蛤蟆那样大的孩子，咱们也没白活一回，也算有后啊。”老两口总这么叨咕。叨咕来叨咕去，老太太还真怀孕了，四十多岁怀孕了，这把两口子乐得没法。老头儿给老太太净做好吃的，鱼呀，蛋呀，黄米饭呀，老太太想吃啥做啥。

两口子盼到坐月子的时候了，请来接生婆。老太太就生了，生下来一看，是个蛤蟆。没孩子时说哪怕是个蛤蟆也行 ，现在真生出个蛤蟆，老两口就为难了。老头儿说：“你说这成什么玩意儿了？咱养活这么个玩意儿也见不得人，说不出口，这不是等着人家笑话咱们吗？”老太太说：“不管生的是啥，也是我身上掉下来的肉，来咱家了，咱就养活吧。”

老两口就把这蛤蟆当小孩儿那样伺候。拉扯拉扯到三年的时候了，这个蛤蟆就能到处蹦跶了。一天到晚，屋里也蹦，外头也蹦，炕上蹦地下，地下蹦炕上，喂什么食都能吃。还会叫爸，还会叫妈，老两口也挺喜欢的。

这年啊，这个蛤蟆三岁了。离他们家五六里地有个大堡子三月三办庙会，唱大戏。十里八村的人们都去赶庙会。这个蛤蟆跟他爸妈说：“我要去庙会溜达溜达”。他妈说：“这不行啊！你要去，你这么大点儿，在那蹦跶蹦跶的，不是叫人踩死，就得叫人打死，你可不能去。”蛤蟆说：“爸妈放心，我要去我就有办法不叫人踩我，不叫人打我。”他爸妈拦不了他就说：“你实在想去，让你爸抱着你去吧。”蛤蟆一听，忙说“不用不用”。说着，一蹦一跳地走了。

蛤蟆蹦出堡子，堡子头有棵大榆树，这蛤蟆到那摇身一变，变成了一个英俊的帅小伙儿。小伙儿大步流星地就去庙会了。到那地方一看，男女老少人山人海。街上有卖东西的，有买东西的，有打把式卖艺的，也有抽签儿算卦的。小伙儿挤倒戏台前看戏，他往那一站，有些年轻姑娘不看戏了都看这小伙。这小伙怎么这么漂亮呢！有胆大的姑娘，就向他接近。玩儿了一天，庙会散了，蛤蟆往回走，走到大榆树那，又变回了蛤蟆。蹦蹦跶跶地回家了。他妈在家着急呢，见蛤蟆完整地回来了，这才放心。他妈问蛤蟆，说：“庙会热闹吗？看着戏了吗？”蛤蟆说：“庙会可热闹了，卖啥的都有。戏唱的也好，我挤到前边看的。”他妈一看蛤蟆安全回来了，挺高兴。

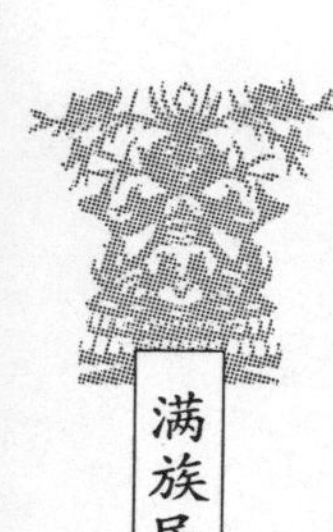

第二年三月三，又到办庙会，唱大戏的时候了。蛤蟆还要去。他爸妈没拦他，就让它去了。这回，老头儿老太太在后边儿盯着，想看看蛤蟆怎么去的。就见蛤蟆蹦跶到大榆树跟前儿，转了一圈，蛤蟆不见了，出来个漂亮小伙儿。这小伙儿一溜烟儿地向庙会跑去。

小伙儿走了以后，老两口儿急忙跑到榆树下找蛤蟆。一看，树底下有个大石板，掀开那个石板，看见一张蛤蟆皮在那。老两口儿这才明白，这蛤蟆儿子不是凡人体。老两口儿高兴得直掉眼泪。没想到，老天爷赐给他们带有仙体的儿子。

老两口儿一想，儿子蹦来蹦去多累呀，以后就别变回蛤蟆了。就把这蛤蟆皮拿回家去了。

蛤蟆到了庙会上，有几个姑娘正在那等着他哪，见他来了，就跟在他后面，他走到哪姑娘就跟到哪。庙会散了，蛤蟆往家走，有个姑娘就跟着他，非得跟他回家，给他当媳妇。蛤蟆也不敢答应她。跟姑娘说，我回去跟爸妈说说，你先回去。姑娘这才走了。

蛤蟆回到榆树底下，掀开石板一看，蛤蟆皮没有了。蛤蟆心想，这可咋办哪，我怎么回去呀！蛤蟆就在榆树地下呆着发愁。这时，老两口儿见蛤蟆儿子还没回来，猜想，准是找不到蛤蟆皮了。就出来找蛤蟆。老两口儿走到榆树下，仔细看这小伙儿长得真俊，浓眉大眼，天庭饱满，精神头也十足。老头儿瞅着小伙儿，就说："我有你这么个儿子，是我们老两口儿修来的福啊，儿子，回家吧。"

老两口儿乐了。蛤蟆还犯愁呢。就说："爸妈，我那个衣裳是不是叫你们拿去了，你们赶紧给我。"老两儿口说："儿子，你还穿那皮干啥，多累呀，你现在这样，不是很好嘛?"蛤蟆说："爸妈，我不是个凡人，我是天上的巡天官，有一天，我在天上巡视，听见了你们说的话，就偷着跑下来，给你们当儿子。我要不穿蛤蟆皮，时间一长，天宫就要发现我，把我抓回去，你这个儿子就没有了。"老两口儿一听儿子这么一说，急忙说："蛤蟆皮在家呢，赶紧回家去!"

说话工夫，西北天乌云密布，雷雨交加。这个雷在他们房顶上轰隆隆地转圈打。蛤蟆说："爸妈，赶紧把蛤蟆皮给我穿上，要不咱家就遭殃了。"这老太太拿出蛤蟆皮就往儿子身上套。外面霹雷闪电，小伙儿来不及把蛤蟆皮穿身上，他把蛤蟆皮举到门外边，一个炸雷"咔嚓"一下，一道火光下来，这小伙儿顺着这道光就旋上天空了，老头儿老太太见儿子被带上天了，急得在下面跑着撵，小伙儿喊："爸妈，我是你们的儿子，想我，去蛤蟆湾……"

从此老头儿、老太太成天在蛤蟆湾边盼着他们的儿子回来，一直到死。

讲 述 者/爱新觉罗·庆凯　男　74岁　初中文化　职员
采 录 者/张 莹
采录时间/2008年7月19日
采录地点/偏岭镇泥塔村

蛤蟆湾的传说（二）

本溪县偏岭乡有个地方叫蛤蟆湾，湾里有几块大大小小的石头。传说那两块大点的石头是两位老人，守在湾边盼自己的儿子回来。另外一大一小的石头是一位少妇搂着儿子思念自己的丈夫。这是怎么回事呢？原来，早些年，堡子东头住着老两口，一辈子行善积德，实实在在地干着庄稼活，不愁吃不愁穿。可就是大半辈子还是没儿没女。老两口整天愁眉苦脸，心想：咱们哪辈子作孽啦，老天爷为什么不给个一男半女。有一天老头儿对老伴说："咱们这辈子恐怕没个传宗接代的了。"老伴说："哪怕生个癞蛤蟆一样的儿子也行啊。"说也怪，没过多久，老伴真的有了身孕，九个月怀胎，生了。孩子一落草，把老两口吓了一跳，原来生了一只大蛤蟆，足有四五斤重。虽说生了个蛤蟆儿子，可毕竟是自己的骨肉啊，老两口还是把他抚养了起来。那蛤蟆儿子也怪招人喜爱的，大眼睛扑打扑打直瞧着两位老人，大嘴也知道吃奶。老两口怕生了个蛤蟆儿子叫人笑话，一不出门，二不和别人讲，偷偷养活着。几个月过去了，蛤蟆儿子渐渐知道叫爸叫妈，炕上、地下蹦蹦跶跶地玩。

一来二去过了一年。三月三集上唱大戏，拉车的、担担的、骑马的、坐轿的都从四面八方赶来，那个热闹劲就别提了。

老两口这天一高兴，非要逛逛大集不可，就对蛤蟆儿子说："爸妈赶集去，你在家待着，回来给你买好吃的。"

蛤蟆儿子说："那不行，我去赶集，你们二老在家。"老头儿说："你笨手笨脚的，万一碰着踩着，那还了得。"

蛤蟆儿子说："放心吧，没事。我去开开眼界，用不上日头落我就回来。"两位老人只好依了。蛤蟆儿子连蹦带跳地出门了。这十多里地真得蹦一阵子啦，二老不放心，老头儿说："老伴呀，我偷偷跟在儿子后面，好有个照应。"

老伴说："好。"老头儿便出门悄悄跟在儿子后边往集上去了。

蛤蟆儿子蹦出堡子，在老槐树下的山神庙前站住了，左看看，右瞧瞧，见四下无人，一抖身子脱下了蛤蟆皮，变成了一个眉清目秀、天庭饱满的漂亮小伙儿。又见他顺手把抖掉的蛤蟆皮压在庙后的青石板下，沿大路直奔集上去了。

老头儿在后面看个清清楚楚，又惊又喜。钻出高粱地，坐在小庙旁，一边看护着蛤蟆皮，一边想着：到底感动了上天，真的为我们送来个好儿子。

再说蛤蟆儿子来到集上，往戏台下这么一站，人们不看戏都看他了，尤其那三门不出四户的大姑娘都看傻眼了，心想：这三山五岭哪来这么个俊小伙儿呢。有的往前凑，有的找话茬儿，其中有一位秀气的姑娘，虽然没说话，可支起阳伞为蛤蟆儿子遮光。俩人你看看我，我看看你，也算有了情意。

集散了，蛤蟆儿子往回走，来到老槐树下，换上蛤蟆皮蹦回家了。

晚上，老头儿把看到的这些一五一十跟老伴儿一说，老伴儿也是先惊后喜，对蛤蟆儿子照料得更精心了。

没过多久，四月二十八，又是一个庙会。蛤蟆儿子还要去逛庙会。两位老人这回二话没说，痛痛快快送儿子出了门。

蛤蟆儿子来到庙会，又遇到了那位姑娘，便和她订下了终身，领了回来。可走到老槐树下，一翻青石板，蛤蟆皮不见了，正在发愣，老头儿从树后走过来，笑呵呵地说："别找了，我给你收起来了，走吧，咱们回家吧。"

老头儿和老伴儿见儿子领了个俊姑娘回来，乐得嘴都合不上了。

择了好日子，为他们成了亲。转过年又生了个胖小子，一家五口，日子过得可和睦了。

到了第三年头上，一天，西北角的天空突然雷鸣电闪。蛤蟆儿子对二老和媳妇说：“我原本是上方一个小仙，因可怜两位善良老人，才偷偷投胎，为二老传宗接代。现在事已败露，我得走了。”一家人哪里肯放，可雷电更凶了，蛤蟆儿子说：“快把我的皮给我，要不，一家人都完了。”二老无奈，只得把藏好的蛤蟆皮还给了儿子。蛤蟆儿子在地上一滚，又变成了一只蛤蟆，刚蹦出房门，一声炸雷，一道金光就不见了。

从那以后，二老想儿子，媳妇想丈夫，孩子想爹。一家人常听湾里蛤蟆叫，就整天守在湾边。他们都这么想：说不定有那么一天，亲人会从湾里蹦出来。

讲 述 者／爱新觉罗·庆凯　男　满族
整 理 者／马三杰　男　本溪市群众艺术馆干部
采录时间／1985年3月
采录地点／本溪偏岭乡泥塔村

太子河的传说

太子河，是从斡罗山经二道河、近边寺淌过来的，是咱辽东的一条大河。听人说，这条河过去叫东梁河，后来，又叫成了太子河，这是咋回事呢?

听老辈人讲，赫图阿拉出了个爱新觉罗氏的女真族头子，人都叫他老罕王。他不服大明国的管辖。码清河城、马城子、新城子一溜，以北是明军的地盘。老罕王手下有十几万兵马，都是些能骑善射的好手。后来，他统一了女真部落，建了后金国，又想占大明江山的土地，来扩大他们的地盘。

有一年，老罕王领着他部下的八旗兵，分水旱两路来攻打明军，旱路的第一关是清河城，水路的第一关是马城子。当时正是三伏天，守马城子的是辽阳府的明朝将官李如柏，他听说老罕王领兵来攻城了，就叫守城的士兵把河上桥拆了，船毁了。

老罕王领兵来到了马城子的河对岸，李如柏领兵出城，向河对岸擂鼓摇旗起哄。意思是说：明军就在河对岸，没有桥，没有船，看你们有什么本事攻城。

老罕王站在河对岸，望着李如柏得意的样子，气得直咬牙。他看看河水，河水一个旋涡卷着一个旋涡，不知有多深。要强渡这条河，士兵们不是被淹死，就得被乱箭射死。不渡河吧，出师头一仗就退了，影响士气。要拖延攻打马城子的时间，清河城守将邹储贤再派兵支援李如柏，咱这仗可就更难打了。

这老罕王可是熟读兵书战策的人，他在心中合计了一下利弊得

失，回到大帐下了命令：“宣太子来见！”

大太子是个忠厚实在的老实人，听父亲叫他，立刻就进了大帐。老罕王心疼地瞅了儿子一眼命令道：“你带一哨人马，去河边巡视，看河水冻没冻冰？”大太子听了，打了个冷颤，心想：我父亲久经沙场的人，今个怎么叫明军气糊涂了？谁看过三伏天河水封冻的？但是君命不可违呀，只得领旨出去巡视。

大太子领着人马沿着河边走，看那河水翻腾着浪花，旋涡卷着旋涡哗哗地响。哪能封冻呢？他回帐实话实说地对父王禀报：“报告父王，儿臣带兵沿河五十里巡视，没有看到河水冻冰。”这时老罕王脸色大变，他希望大太子回报河水冻冰了，那样，他就可以名正言顺地下令士兵过河，可大太子实打实着地回报，破坏了他进兵的计策。他命令手下把大太子推出帐外砍了头。

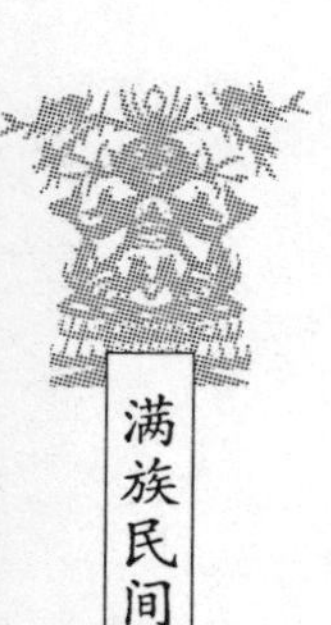

紧跟着，老罕王又命令二太子出去巡视，二太子比他哥哥滑，爱耍小心眼儿，见他哥哥说实话被父王砍脑袋了，立刻打定主意。他在河边转了一会，望着河水奸笑了一声，带兵回营，假装惊喜地闯进大帐说：“启禀父王，河水冻冰三尺，可渡军马过河！”老罕王一乐，立即传令：“半夜渡河攻城。”

月黑头的夜晚，老罕王集合军队，下令“强渡东梁河，打下马城子。”将士们都知道大太子因何而死，一说过河，没有往后退的，知道后退就得被砍头，一个个连头都不敢回地往河里跳。前面跳下去士兵没走几步就让大浪卷河底下了，就这样一层一层往上叠，淹死的尸首竟然铺出了一条河道，后边的士兵踩着这条道扑过河去了。

再说马城子里，李如柏认为有这条大河拦住罕王军队的来路，马城子是万无一失。他没有一点防备，还在那饮酒作乐呢。等他听到士兵来报，老罕王已经打进城。他只好带着残兵败将向新城子逃去。

老罕王进城第一件事，就是为大太子举行了葬仪，把他埋在东梁河岸边。为了纪念大太子捐躯获胜的功劳，老罕王将东梁河赐名为太子河，把马城子改成了太子城。并在御批时写了一首诗：

清之为清，务使不蒙。

太子捐驱，大河留名。

讲 述 者 / 王德文　满族

采录整理者 / 王庆福

采录时间 / 1985年

采录地点 / 本溪满族自治县富家楼村

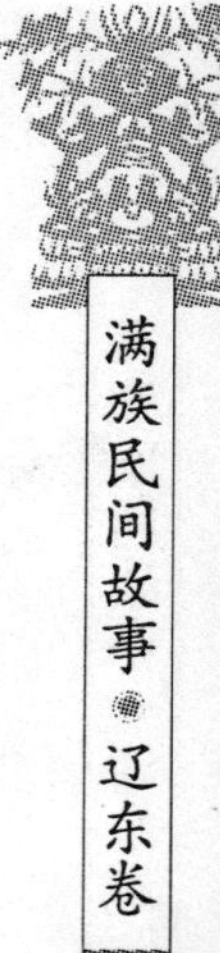

狗儿汤的传说

“狗儿汤”是温泉寺一眼有名的汤池，相传明朝末年，罕王在这里放山，他长年住在山里，落下了腰腿疼的毛病，听老辈儿人说，罕王的这种病还是用“狗儿汤”的温泉水洗好的呢。

有一年早秋，那时的小罕子，带着自己的猎犬，在这一带挖棒槌。那个猎犬起了一身的癞，身上的皮都裂成了口子，红赤赤地不长毛。

一天中午，小罕子冷丁发现猎犬没了，小罕子连唤带找，也没见到狗的影子，他以为这条狗死哪个旮旯了，心疼得眼泪在眼圈里直转。

天渐渐黑了，小罕子躺下了，可是他说什么也睡不着，缺了条小狗，好像缺了不少东西，心里老是空落落的。正当他左思右想睡不着觉的时候，忽觉手上被什么舔了一下，他猛地坐起，借着星光一看，竟是自己的猎犬跑回来了！他高兴地把狗抱在怀里，连亲带摸，咦？狗身上怎么不像以前癞拉巴唧了呢？狗身上还湿漉漉的。

第二天刚放亮，猎犬就用嘴扯着小罕子的裤腿往外挣，小罕子问它：“喂！你这是要干什么？好，好，你在前边走，我在后面跟着你。”这狗还真听懂了他的话，它用前爪给小罕子作了个揖，转身就往山下跑。小罕子跟在后面，跑到一个山脚下，那儿有个小水塘，塘里的水直往上冒热气，用手一摸热乎的。

狗进到水里，左蹦右跳，直撒欢儿。小罕子乐了：“这是老天爷赐给的神水呀！”他把双脚伸进水里，顿时觉得这双腿不那么酸溜溜的了。他脱衣跳进水里，热乎乎的水，把他腰泡的呀，好受极了！小罕

子对狗说："这地方是你发现的，咱俩就叫它"狗儿汤"吧。

从这以后，他每天都带着狗在这"狗儿汤"里泡一会儿。时间一天一天地过去了，小罕子腿脚疼的病好了，狗也换上了一身新毛，又光又亮。小罕子用石头堆了个小庙，用蒿子做了三炷香，对天发誓说："如果我小罕子有一天说了算，一定在这个地方修座寺庙，扩建"狗儿汤"，让四方百姓都来治病。"说完，磕了几个头站起来，带着狗恋恋不舍地离开这里。

不知多少年过去了，小罕子坐了天下，建立了后金，登基不久，就命钦差率领御林军带着银两找到了"狗儿汤"那个地方，扩建了"狗儿汤"的温泉水，盖了一座寺庙，塑了佛像。四方百姓前来泡温泉水治病，分文不取。

在早以前，这座寺庙叫汤山寺，又几经更名才变为今天 的温泉寺。如今的汤山疗养院里还保留一眼"狗儿汤"温泉池，供人们回忆温泉的历史。

讲 述 者／爱新觉罗·庆凯　满族
采录整理者／王庆福
采录时间／1985年
采录地点／本溪泥塔村

满族吃背灯肉的习俗

早年，明军在东北的总兵李成梁，发现了小罕子的脚上长了七个红痦子。李总兵就跟他的小夫人说："夫人哪，这回啊，我升官的机会来了！我将来就不是总兵了，我可以在朝廷里边陪伴君王了，那官可就大了！"

李夫人就问他："你有啥机会升这么大的官位?"

李总兵趴在夫人的耳边小声说：

"有人给皇上算过命，说天底下想推翻明朝篡得皇位这个人，是一个脚底长有七颗红痦子的人。这个小罕子脚上就长了七颗红痦子。皇宫里早传下圣旨，谁要把这个人逮着，送到宫里去，谁就是保明朝的功臣，加官晋爵。你看着，这不是个机会吗?"

李夫人一听，噢，是这么个事。就问李总兵：

"那你打算怎么办呢?"

"怎么办呢？你先给我看着他，别让他跑了。我马上进京，禀报皇上。领回圣旨，再来处理小罕子。"

李总兵叫夫人把他行头收拾收拾，出去带上随从，骑上马就走了。李夫人一看李总兵走了，她就想，小罕子，多好一个小伙儿，就这么给绑了送京，可惜这孩子了。不行，我得帮帮这孩子，放他一条生路。

李夫人就到了小罕子屋里，说："罕子，你赶紧骑上大青马跑吧。皇上要找脚上长七颗痦子的人，说有这七颗痦子的人，将来能篡得皇位，能把明朝给推倒。总兵已经启程进京告密去了，他回来就得要你

的命。你赶紧逃，越快越好，越远越好。”小罕子出去上槽头把大青马牵过来，磕头谢过夫人，骑上马就跑了。

李总兵回来了。把马拴上，见大青马没有了，再一看小罕子也不在了。急忙回到屋里问夫人，说：

“小罕子呢?”

“在屋呢。”

“小罕子没在屋，大青马也没了，指定是跑了。”

“不能吧，是不是出去放马去了?”

李总兵派人去找，没有。有人报告说：“小罕子骑马走的。”李总兵知道大事不好了，小罕子跑了，自己官升不了是小事，交不出小罕子，和皇上没法交代是大事，皇上不得要我的命啊！赶紧召集人马去追。临走时，他对李夫人说：“肯定是你告诉他了，他知道了跑了。你等我回来再收拾你。”

李总兵追到半夜，也没有找到小罕子。气急败坏地回屋，把李夫人从被窝里拽出来扒光了衣服，用那棍棒、鞭子就打，把李夫人打得皮开肉绽的，把这一腔子火都发到李夫人身上了。最后，就给她打死了。打死了，就拖到院子里，让人埋了。

李夫人因为搭救小罕子而死，而且她是被李总兵从被窝里拽出来打死的，死的时候身上没穿衣服。满族人感谢她搭救先祖，祭祀她的时候，怕她害羞，所以都背灯光。就是在献肉、献酒祭拜她的时候，要熄灭屋里所有的灯，祭祀完了才重新点灯。好让李夫人来享受满族后人给她祭祀的猪肉，这就是满族吃背灯肉习俗的缘由。

讲 述 者／爱新觉罗·庆凯　男　74岁　初中文化　职员

采 录 者／张　莹

采录时间／2008年7月19日

采录地点／偏岭乡泥塔村

花翎顶戴的来历

听老人说，在老罕王努尔哈赤和大明朝争天下的时候，俺的老祖宗罕讨子·差玛是位萨满，用现在的话说，就是跳大神的。他懂得医道，常练武功，皈依满族信奉的萨满教之后，治病驱邪，在咱关东这一带是个很有名望的人。

有一天，几个戈什哈骑马来到泥塔村找差玛，传罕王旨意，盛京城的达子香公主病重，要萨满请神为公主治病，火速动身。

差玛怎敢违抗老罕王的旨令，当时就把他所能请到的神共一百多位全请来了，随着罕王的戈什哈启程直奔盛京。正走之间，辽河洪水上涨，拦住了他们的去路。一百多萨满摆开阵势，对天祷告，差玛与天神沟通，天神命河神让路。还派来神鹰帮助他们渡河。

神鹰把他们一行人驮过大浪翻滚的辽河，差玛带着神鹰来到老罕王的大政殿，只见老罕王端坐在龙椅上，两侧的八王亭内是八位贝勒和众亲兵，一呼百应，好不威风。差玛缓行上殿，叩拜老罕王。老罕王二话没说，站起来大步走向差玛，伸出左手抓住差玛的衣领，右手抓住他的腰带，竟将差玛举过头顶，旋转四圈，然后使劲一扔，把差玛从大政殿上扔到殿外的台阶下边。老罕王这是要干啥？原来罕王是想验证一下这个萨满的功力，摔这一下就能看出真假，有神力的摔不死，没神力的摔死活该。

差玛被罕王摔出去后，身体一打挺稳稳地站住了。神鹰保护他呀！差玛“腾腾腾”，大步流星重上大政殿，差玛叩拜老罕王道：“大罕神力，乃臣民之福，请大罕再把我摔上十回。”老罕王相信这萨满有

神力。就说："好吧，请神给达子香公主治病吧"。

半夜子时，差玛在空场地摆上神台，老罕王带着诸贝勒大臣坐在一边观看。这时差玛放出神鹰，罕王看见一只巨鹰遮住了满天星辰。又想试一试这神鹰是不是真的有神力，他叫人取来弓箭，拉弓搭箭，向天上射去。神鹰飞走了，天上掉下来一根鹰尾巴的毛翎，落地后，十二个人才能抬动。老罕王这才相信这是只神力无比的神鹰，他下令修建一个房屋，专供神鹰的毛翎。为求神鹰的保佑，后来，清王朝官员顶戴花翎的帽子，就是用了鹰的毛翎。

讲 述 者／罕讨子·胜山　男　不识字　农民

整 理 者／徐延顺

采录时间／1985年

采录地点／偏岭镇泥塔村

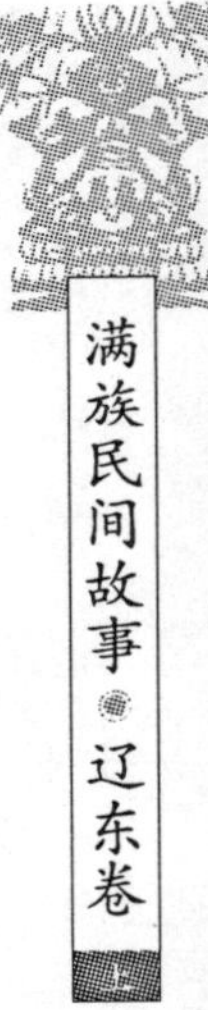

高跷秧歌的由来

东北高跷大秧歌是老百姓喜闻乐见的民间歌舞形式。每到逢年过节和喜庆的日子，男女老少便穿上红绿绸缎制成的服装，扮成各种人物，画上脸谱，脚踩高跷，手里挥舞着彩绸，在锣、鼓、钹、唢呐伴奏下，载歌载舞。扭秧歌的人在走场时，通常采用“四边斗”、“别帐子”、“剪子股”、“老马分鬃”等阵式。高跷大秧歌是怎样兴起的呢?

据传说，古代的女真人受辽国欺压，辽国不仅年年向女真人索取贡品，而且还仗势污辱女真妇女，女真人敢怒不敢言，恨之入骨。就在女真族民不聊生的日子里，女真完颜部酋长阿骨打，带领二千五百名射手起兵反辽。他用兵如神，英勇善战，三年打下东京辽阳府，七年打下辽国上京临潢府，建立了金国，阿骨打当上了金朝开国皇帝。

阿骨打起兵反辽三年没回家乡，青壮年跟随阿骨打离家去征战，劳力没有了，日子过得很苦。守家的家眷在一起合计，出去寻找出征的亲人吧，苦点累点比在家等死强。

他们没有马，只好步行，不知征人在哪里，只好边走边打听。这一行男女老少，在路上渴了喝凉水，饿了，吃野菜山果。不到半年，身上穿的长衫短袄被刺棵子划得稀烂。

过山过岭还好说，过江河就更难了。他们不会水，游不过河去，河水深，又没有桥，男女老少眼看进退无路。

见识广的老玛法们在一起商量出一个办法。他们取出腰刀，砍下枝杈，中间留个丫巴。然后剥来榆树皮或桃树皮，把带丫巴的树棍绑在腿上，脚踏树丫巴，手拄棍子挑浅地方蹚过河，土路上，他们把这

树丫巴棍当拐棍拄着，扶老携幼，一步一步往前走。

他们走过村屯时，听到阿骨打与辽军交战打了胜仗，心里高兴极了。仗打胜了，有盼头了，他们恨不得马上就见到出征的亲人。

当征人的父母妻儿千辛万苦赶到京城时，守城的将官认出了自己的亲人，立即击鼓打钹，向出征射手们通风报信。亲人们相见时，欢喜得在一起蹦呀，跳呀。这欢笑声，锣鼓声，惊动了阿骨打，阿骨打启驾来到城门楼。

阿骨打看到城门外人山人海，当初跟他一起反辽的巴图鲁和亲人团聚时欣喜若狂的样子，看到从家乡来的男女老少穿着零碎的破衣裳载歌载舞的样子，觉得心里很愧疚。于是，阿骨打下令，打开布帛库，将红绿绸缎全部取出，召集京城所有的裁缝，连夜缝出带飘绫的衣裳，赏赐出征将士和家眷。并下令全城的百姓，乐呵三天，欢庆大团圆。

家眷们脱下褴褛的衣裳，换上红绿绸缎新衣，踩着带丫巴的树杈，在阵阵锣鼓声中起舞，后来又有胡笳、唢呐伴奏。就这样，这种歌舞形式广泛地流传下来，不踩木棍的满族人管它叫“地秧歌”；踩木棍的满族人管它叫“高跷秧歌”。再以后，努尔哈赤时期，打了胜仗，人们就用这种形式庆祝，迎接征战的将士归来。

讲 述 者/彭永发　男　不识字　农民

采录整理者/徐延顺

采录时间/1985年

采录地点/连山关镇棒槌岭村

过年说吉利话的来历

每逢大年三十晚上，关东山老百姓有个风俗，在亥时将尽，子时将临之际，家家院内摆上火盆，摆上香斗，点燃蜡烛和彩色灯笼，满斗焚香，焚纸，奠酒，磕头，放鞭炮供宗谱，迎接财神，这叫做“接神”。在这时候，大小人丁不能喧哗，妇女要和当家人对着讨吉利话，什么吉利说什么，这是怎么兴起的呢?

据说在很早很早以前，关东山有一户庄稼人，姓李，老两口儿领着一个儿子过日子，日子挺紧巴，过年包顿饺子都得留点空肚，全吃饱就不够了，在村里算是最穷的人家。别人家接财神喜气洋洋，他家关门闭户，啥也不接。依老汉的倔脾气，不接财神接穷神，反正接不接财神都受穷。

李老汉的儿子李福二十好几岁了，新娶来了放羊的姑娘，名字叫吉丽。这姑娘聪明伶俐，会唠嗑，和气讲理，跟乡亲都能和得来，男女老少谁都夸。许多财主求亲她不依，偏偏嫁给了穷得叮当直响的李福。不少人替吉丽惋惜。

自从新媳妇过门之后，老实憨厚的李福变得勤快起来了。春夏侍弄庄稼，到了冬天，他建起了一个铁匠铺，打铁揽活，净攒铜钱几千文。李老汉也不猫冬了，也不发倔脾气了，除了搭手和儿子打铁，早晚拣粪，足够拉几牛车，第二年地里的肥料不用愁了。

到了大年三十，李家也贴了对联，扎了灯笼，买了鞭炮，年货也置办了不少。这可是件新鲜事，穷得叮当响的李家第一次要过年接财神了，不少人都过来看稀奇。

到了半夜，亥时已过，子时将来，李老汉和儿子把火盆放在了院子当央，升起了大柴火堆，财神码子也升了，挂鞭也放响了，灯笼杆子上挂着两个红灯笼，把李家照得通红，头一遭过年这么红火。街坊邻居都来看时，只听当家人李老汉说："新娶媳妇把门开。"

正在手拿一把杏条烧水煮饺子的新媳妇吉丽在房门里接过公公的话头说："财神喜神接进来。"当家人说："院中柴火旺。"新媳妇说："家里金满箱。"李老汉说："鞭炮一齐响。"新媳妇说："百事都顺当。"李老汉说："纱灯明晃晃。"新媳妇说："丰年多打粮。"

看热闹的邻居都夸："老李家新媳妇吉丽说的话，句句受听，人家就会唠嗑。"

这一年，老李家地里上粪多，打粮多，家里喂起四头大肥猪，一头老母猪，再加上养鸡、鹅、鸭，最穷的日子"翻了梢"。街坊邻居都说："李家托了新媳妇吉丽的福。"她过年说的那几句嗑，全村人都学去了。

邻居老梅家当家人回去就夸老李家新媳妇过年会说话。他老婆不爱听："你净夸别人的老婆好，再好也不能嫁给你，那几句话谁不会说，我说的比她还好。"

"是吗，有这两下子你咋不早说呀，过年大年三十你也说说。"

转眼之间又是一个大年三十了，老梅家的当家人张罗着把火盆的火升着了，挂灯笼，放炮仗，升着了财神码子，当家人走到门口说："新娶媳妇把门开。"

老梅家媳妇煮饺子正忙呢，见饺子锅翻花开，拿水瓢往里兑凉水，一边说："这回可坏了，全煮片汤了。"她猛然想起要挑过年话说。一寻思，词来了。大声说："按下葫芦瓢起来。"当家人说："院中柴火旺。"媳妇说："小心烧了房！"当家人说："鞭炮一齐响。"媳妇说："震得我心忙。"当家人说："纱灯明晃晃！"媳妇看饺子锅翻开了，就说："你在照死灯那干什么，快把这片汤饺子往出捞啊！"把当家人气得直翻白眼，大过年正接神的时候，不好多说什么，忍气压气吃饺子。这几句话说的还不如不说好！

梅家妻子这话真应了，她家这一年总出事，真是按下葫芦起来了瓢。房子烧了，丈夫大病，地里的活干不上，打的粮也少了。

而李家，小日子像芝麻开花节节高，人们谈论起来这两家的日子，都说和媳妇过年接神时会不会唠有关。李家媳妇吉丽会说话，日子过得好；梅家媳妇不会说话，日子就下来。要想一年过得好，大年三十晚上，屋里人要说吉丽（吉利）话，不要说“梅妻”（霉气）话。

讲 述 者／彭永发　男　不识字　农民
采录整理者／徐延顺
采录时间／1985年
采录地点／连山关镇棒槌岭村

房门为啥挂镜子

在咱这东山里，不少农家房门前上挂一面小镜子，这个风俗不知传了多少辈子，听老人讲，房门上挂的小镜子叫做“照妖镜”。

传说，早先年，长白山的一个小山沟里，住着一家姓张的人家，靠挖参、种地、卖牲口积攒点钱，盖了五间瓦房，仓房也修了，院套也套了，苞米仓子修了四个，只等秋天收粮食之后，卖粮，卖牲口发大财，平平安安过富足日子。谁承想，自从张家住上新房子，尽遇倒霉事，真是喝口凉水也有砂子咯牙，一步一个坎。

七月十五，正是杀肥羊喝羊汤的季节，张家养了一百二十只山羊，想卖六十只，偏偏这时，羊生了癞，买主来了不少，一看那羊癞癞巴巴、瘦饥格拉的样子，看一眼都恶心。结果，一头羊没卖，没几天死了一百零八只羊，这叫“羊倒圈”，没法治。眼看一群羊没了，老头儿心疼得直掉泪，自认晦气，破了一笔财。

八月十五，庄稼收成挺好，张家人勤快，四代同堂，男女老少全出动，把庄稼割了，拉到场院。自家孩子玩火镰点火绳，火星没掐灭，夜里柴禾垛起了火，风大火旺，烧了半拉场院。救场院的工夫，火窜南山，烧了半面山林，幸亏全村乡亲都来救火，才没有酿成更大的火灾。自家孩子闯的祸，又不能往死里打，又破了一笔财。

过了十月初一，老当家和儿孙们合计：“今年谷草豆秸都烧光了，养的十几头大牲畜没有草料喂，干脆卖了吧。”过了半个月，卖骡马耕牛的两个爷们儿被邻村人用马车拉了回来，俩人满身是红伤，不省人事。原来他俩卖大牲口让坏人瞟上了，回来路上被劫道的打倒在地，

银子全让贼抢去了，邻村车老板儿看见路上有两个“死倒，”吓了一跳，细看认出是张家的人，鼻子还有点热气，就把穿的皮袄包在两人身上，急三火四赶车把人拉回来了。张家又请先生，又搭人情。

到了第二年春天种地时，张家两个病人的伤没好利索，干不了重活，既缺劳力，又缺牲口，姑娘媳妇全下了地，起五更爬半夜，苦抓苦挠，总算把五谷杂粮种上了。

老头儿看家境日贫，就想发点外财。到了放山挖棒槌的季节，领着四个孙子上了长白山。他们遇到两棵老山参，叫声“棒槌！”绑上红线，正要挖时，突然从身后树缝里伸出个大蛇脑袋，张着嘴，露着白牙，吐着红信子。老头儿一看不好，高喊：“快躲大虫！”两个孙子头一次看见这么大的长虫，两腿像灌铅似的怎么也迈不动了，这工夫，毒蛇“唰”地窜过来咬伤一人，尾巴一甩抽倒一人，老头儿举起索罗棍打死大虫，自己也累得吐了好几口血。他也顾不得自己了，累得爬不起来了，两棵棒槌被踩巴成碎楂，不值钱了。张家又多了三个病人。

张家出钱扎固三个病人，积攒的那儿串钱很快就花光了。老头儿见汗珠摔八瓣挣下这点薄产快要折腾光了，心像刀子剜了似的难受，暮年之人，劳伤过度，就在张家住进新房整一年那天，老头儿下世去了。

这时，张家要不是典衣服卖地，一点现钱也没有了，连买白布戴孝的铜板也拿不出，女的撕一床白布被里系在腰上，男的腰系青麻绳发丧老头儿。村里人见张家日子过到这个地步，议论说：“张家祖辈都是土里刨食的老实庄稼人，错事不做，怎么一住进新房子就连出五次祸难呢？大概是新房子的地气不好，不然为啥张家死牲口、遭火灾、破财、伤人、死人呢？”

听到这些议论，张家人有了争论。有的说：“这房子是有点邪，咱们干脆把新房卖了压个窝棚住也比在这好。”有的说：“不对，咱家出的几场事都怪咱事先没想到，要加上点小心，也不会出事！”

这一天，来了个串江湖的阴阳先生，专门给人占坟地、看阳宅，他在外村就听说张家盖了新房连出五祸事，便悄悄来到张家住的山沟窥探一遍。

三天之后，阴阳先生来到了张家门前，手摇单鼓等着张家人出

来，阴阳先生念道说："好大的五间房子呀，可惜是五鬼闹房宅，伤人又破财。三年闹一通，闹过又复来。可惜啊可惜！"

张家的人听了这话，正说到心病上，张家人一合计，这阴阳先生刚来就说咱伤人又破财，还说闹过又复来，看来这房子可真住不得了。

这样就把阴阳先生请到了家里，先生把罗盘一放，说："要看好你这房宅，非三百纹银不可，欲治五鬼，必用我的照妖宝镜，这是无价之宝，用上它，不仅可以逢凶化吉，而且财源旺盛，五福临门，后人富贵无穷！"

张家穷得连孝带都买不起，看来只得不治这闹宅的五鬼了。谁知阴阳先生又说话了："如果你放弃此宅另迁新居，五鬼也会跟去兴妖。"

张家人听了，吓麻爪了，这可怎么办呀？我们惹不起五鬼，砸锅卖铁也拿不出三百两银子呀！

阴阳先生听了，哈哈大笑："我串三江、登五岳、越长城、游关东，什么世面没见过，为的是除妖灭怪，救万民于水火，什么时候在铜钱上打过主意！就是价值连城的照妖宝镜，也只要你三百两纹银，为救你一家性命，我遵师命而来，将照妖宝镜在你们门上悬挂三年，此次分文不取，三年过后，你家过不好，砸我的镜子，过好了，三百纹银给我，多一点也不要，少一点也不行，不知你家意下如何？"张家人听了这番话，一齐跪在地上磕头，老太太还拿出家里仅有的三根香，放在香炉里点着，跪地磕头。

阴阳先生摆了摆手说："免礼，免礼，待我用照妖宝镜罩住五鬼，为你家安宅。"说完，从怀里掏出一个红布包，拿出鹅蛋大的一个小铜镜，毕恭毕敬地挂在了张家五间房子正门的门坎上。口中念念有词，谁也听不清他说些什么，过了有一刻钟，阴阳先生大叫一声："五鬼拘到，就在前山那洞中，已被我法术拘住，尔等快去擒拿！"

张家房宅前山有个獾子洞，这沟里谁都知道，听说五鬼拘在那里，谁敢去擒拿，阴阳先生让大伙看铜镜，里边影影绰绰谁也看不清楚是什么。

阴阳先生长叹一声："你等凡胎肉眼，看不见也就罢了，快跟我一起去擒拿五鬼"。一行人见阴阳先生这么说，胆子也壮了，好几十人一溜小跑赶到了獾子洞。阴阳先生用手一指说："五鬼就在这干石堆中，

快把土散开，把石搬走。”众人怕五鬼咬了，没人敢伸手。

阴阳先生要过一把镢头，扒那土石堆，挖了三尺半，大伙眼睛瞪得溜圆，也没见到五鬼啥样子。正在猜疑，只听阴阳先生大叫一声“孽妖看剑。”眨眼工夫，他已把镢头扔了，桃木剑握在手中，向土中扎进去半尺多深，呆了一会，拔出来，剑尖上沾了污血，一个劲地滴嗒，吓得众人脸都变色了，果然有妖！

阴阳先生又一剑扎下去，拔出来后对张家的当家人说：“妖已除了，看看它的原形吧！”张家当家的拿镢头刨那土坑，听见铁器撞击声，勾出一把五齿钢叉。滴血的叉尖正对准张家新建的房宅。大伙叫起来，七嘴八舌问阴阳先生这是怎么回事。

阴阳先生指着滴血的五齿钢叉说：“这是五鬼原形，一个齿使张家出一场祸事，而今被我除了，张宅已安，不过照妖镜千万不能摘，家人办啥事都要像踏石头过河一样小心，才能平安无祸，切记切记，我去了。”说完，果然分文未取，叫声：“三年后的今天见。”然后走了。

张家除了五鬼，门上有了照妖镜，全家像遇到了大喜事，个个扫去愁云，人人精神爽快。四个病人渐渐恢复了元气，下地干活像牛一样“吭哧，吭哧”猛劲干，姑娘媳妇和老老少少都自己找活干，谁也不偷懒耍滑分心眼，加上遇事小心，错事不做，到第三年，猪羊骡马养起来了，打的粮食也多了，人也旺了，日子过得像炭火一样红。

就在张家乐呵呵往前奔的时候，门外传来了摇单鼓的响声。张家老大一个高从炕上跳到地上说：“老神仙来了，快出去接神仙。”张家老老少少来到大门口，把阴阳先生迎进了上宅，老太太拿着整股香，跪地就拜，全家人都跪下了，口口声声说：“活神仙保佑，张家才过上了好日子。”

阴阳先生摆了摆手，先把张家人叫起来，一本正经地说：“我今天来贵府，特来取照妖宝镜。”

张家的人一听就着急了：“哎呀，那照妖宝镜千万不能取下来，您不是说俺家出三百两银子，宝镜就归俺家吗？只要把镜子留下，你要多少银子俺都给。”

阴阳先生说：“看来你家过好了，好吧，还是那句话，要镜子，给我三百两，多一两我不要，少一两也不行。”张家这时日子过好了，拿

出三百两银没打奔儿，按数交给了阴阳先生。

阴阳先生一出张家大门，不少人家也来求活神仙施舍照妖宝镜。阴阳先生说王家山形相冲，李家院子相撞，刘家恶鬼临宅，杨家妖孽临门。家家出银子，家家房门挂上了照妖镜。最后，他弄了一匹骡子，驮走一驮子银子。他除妖之后留下两句话："一是积德行善，二是处事小心，勤劳作，戒贪欲。"乡民照此办事，果然祸免财生，平安无事。

房门挂照妖宝镜这件事一传十，十传百，越传越神。关东山区挂"照妖宝镜"的人家越来越多。有的人看别人家房门上坎挂铜镜，他也稀里糊涂跟着挂。从此这个风俗渐渐地传遍了东三省的山区农家，一代一代传到如今。

讲 述 者 / 彭永发　男　不识字　农民
采录整理者 / 徐延顺
采录时间 / 1985年
采录地点 / 连山关镇棒槌岭村

扎纸牛的传说

东北民间有烧纸扎牛的习俗，在女人死后第三天晚上，在阴阳先生指定的时辰，死者的子女再次上庙烧纸时，一同烧扎的纸牛，并且念叨一段歌谣："烧牛头朝西，一把纸火到阴里，高堂亡魂牛背坐，明光大道走得急。老牛遇到浑水湾，低头把水全喝干；快牛驮着主人跑，夺路抢关到西天。"烧牛是一首丧事哀歌。这纸扎牛，是从满族人居住的乌拉街兴起来的。

乌拉是一个女真人的部落，以放牧和耕种为生，乌拉街有百十户人家，有个姓温突哈拉的老玛法住在乌拉街靠近水井的地方。一到天暖和的时候，街上百十户人家的妇女都到这里来洗衣裳，她们好干净，用水随意洗，顺手倒，水流不出去，都流到了温突哈拉家门口。那里地势低，日久天长脏水流多了，成了个浑水湾，蝇蚊成群，臭气薰天。温突哈拉多次劝告她们不要枉用水，可是那些媳妇和格格根本不听他的话，恨得老玛法真想一顿鞭子把她们抽走。

想是想，老玛法不能动鞭子。因为这个街上男人特别爱听"枕边风"，要是惹了这些女人，男人能饶了他温突哈拉吗！

老玛法为了板住这些女人不俭省用水的毛病，就在浑水湾上打了主意，用阳间的话我劝不住你们乱倒脏水，我用阴间的事来镇住你们。听说阴间有十八层地狱，乱倒脏水得进入哪一层地狱呢？觉得打入哪层都不适当，不就是糟蹋一点清水，多倒些脏水吗，让她们下地狱受苦，不行！老玛法不忍心。

听说阴间有恶狗山，恶蟒山。让那些糟蹋水的女人挨狗咬蟒咬。

是解恨，可她们干嘛要遭那么大的灾难呀，老玛法又心软了，饶了她们吧！

可是，女人们脏水越倒越多，浑水湾越来越臭，夏天来了，温突哈拉家就是关窗闭户，窗户糊两层纸，也抗不了那臭味。看来，街上的女人越来越不像话地糟蹋水了，老玛法不想放过她们了，要用智谋让她们改掉枉用清水的坏毛病。

老玛法病了，连连三天水米没进，成天说胡话，净是和已经死去的人唠嗑：一会儿替伊尔根觉罗氏老太太叹气，一会儿替石马拉氏老太太贺喜，凡是本街已故的老太太他都点到了，引起了全村的好奇心，都想弄明白是怎么回事，却又都摸不着头脑。

第五天，温突哈拉醒过来了，眼里直流泪。乡亲们问他哭什么？他说："本村死了这些老太太在阴间好苦呵！都在浑水湾喝浑水呢。阴间有个浑水湾，阳间的浑水流到阴间，变成了个浑水湾了，难呵，阎王派了小鬼看着，强逼着让她们把水喝完，天天喝，月月喝，直到喝完。她们已喝了几十年了，还不知得喝多少年呢！我怎么讲情也不行，她们流泪对我说，要是当初少倒点脏水，哪能到阴间受这个罪。我看见易穆查太太，她说她在阳间一点水不糟蹋，在阴间也不用喝浑水，也没遭到罪。要都像她那样多好，我看见那些喝浑水的老太太，心里比啥都难受。"

有人问："阴间浑水湾什么样子？"

老玛法说："就像我门前的臭水坑，咱在这看是阳间的臭水坑，在阴间叫做浑水湾。那些死去的老太太亡灵，正在喝那些浑水湾的脏水。她们天天得喝脏水，最少得喝一水桶。不喝水鬼按她们的头让她们喝，可怜呵，死去的前辈老太太！"

这件事在村里一传开，洗衣的女人害怕了，她们有时从梦中惊醒，说梦里见到了浑水湾，那水简直没法喝。

女人们不敢再到井边乱用水，温突哈拉心里暗暗高兴。眼见那臭水湾越来越清亮了。

女人们的忧虑增加了，以前枉用了那么多水，得多少年才能喝干呀，要是像门前臭水湾里的水一样，蚂蟥一大片，还有个喝呀！可愁死人了。

这件事被一个跳大神的萨满知道，他自称能走阴串阳，愿意为肯出钱的妇女想想办法。当时有几百个女人，老的少的，还有刚结婚的小媳妇，也交了不少银子。银子在人间能挣来，省得在阴间受苦。

萨满银子弄到手，睡了两天觉，办法来了。说浑水湾的水，要杀老牛喝浑水，就能喝光。大伙一听乐了，这就杀牛为死去的老人陪葬。

杀过几年之后，牛渐渐少了，大家很愁，跳大神的萨满又说扎纸牛也行，这就兴起了扎纸牛。

萨满后来又说，光扎纸牛还不行，还得扎童男童女牵着，并编了一套歌："牵牛童到阴间把牛牵，老牛来到浑水湾，老牛不喝强饮水，牵牛童拍拍打三鞭，牵牛童说：'你要把浑水全喝干，给你个阳魂到人间，你要不喝完这湾水，要想托生难上难。'老牛不喝强饮水，低头把浑水全喝完。"还说："女的扎牛最好使，男的扎牛枉花钱。"这么一闹腾，谁不扎牛，就是不孝，就这样从乌拉街最先兴起了丧葬扎纸牛的风俗。

那时候，汉族还没有这个习惯。祭礼所用的纸马，是画工画在黄纸上，并不是用纸扎的牛马。直到后金的时候，辽东的汉族人和满族人一样，在丧葬时扎纸牛。这习俗风行几百年，直到现在，还有的人在丧葬时为逝者扎纸牛呢！

讲 述 者／彭永发　男　不识字　农民
采录整理者／徐延顺
采录时间／1985年
采录地点／连山关镇棒槌岭村

黏火勺的传说

很久很久以前，一个数九寒冬的日子里，有三个衣裳破烂的乞丐，沿街乞讨。这日，老乞丐的妻子被冻死，老乞丐无法掩埋老伴儿，只好把女儿卖给富人做包衣。女儿痛不欲生，一时哭昏过去，老乞丐用讨来的米汤，一口一口地灌下，女儿才渐渐苏醒过来。老乞丐掰开一块黏火勺，父女两人都不想吃，老乞丐安慰女儿说："今日离别，就像这个黏火勺分成两半，咱们就一人一半把它吃完吧。等日子过好了，咱爷儿俩团圆了，再吃整块的黏火勺，好吗？"说着，父女两人噙着眼泪吃完黏火勺。老乞丐埋好老伴儿，才依依不舍地告别女儿，继续上路乞讨。

花开又谢，谢了又开，三年过去了，女儿还不见父亲回来。女儿思念阿玛的心更切了。她想，阿玛一定会回来，大概仍是贫困潦倒，不愿见我，那如何是好？她向主人说："大家冬天都吃黏火勺，那门神也应敬敬。"主人同意了，她就拿了两个刚烙好的，又大又圆的黏火勺粘在主人院门的门环上。她想：要是阿玛回来，看到门环上的黏火勺，一定不会找错门。

可是等了一年又一年，还不见阿玛回来。女儿又把黏火勺粘在窗门、猪圈、牛圈、鸡窝上，寄托自己的思念。时间长了，这家主人知道了小包衣的心意，每年过年，都烙上很多黏火勺，让她用。

后来人们烙黏火勺，就有了盼望团圆、祈福平安之意了。

讲 述 者／爱新觉罗·庆凯　满族

采录整理者／王庆福

采录时间／1985年

采录地点／本溪满族自治县偏岭乡泥塔村

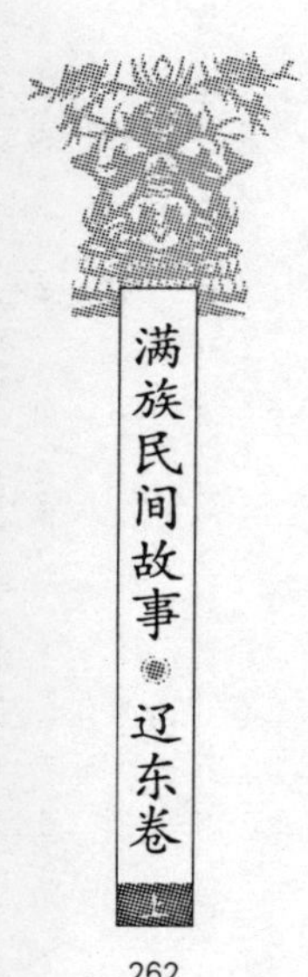

大旱不过五月十三

从前有这么一家，有三口人，老两口领一个姑娘。他家离河沿住的挺近。这姑娘天天都端着盆，到河边洗衣服。姑娘已经十七八岁了，有一天姑娘又去河沿儿洗衣服，天都黑了也没回来，爹妈四处找也没找到。第二天一早，姑娘才回来。她讷就问她：“你去哪了？”姑娘说：“我也不知道我去的是哪，那家有个小子对我可好了，要跟我结婚，我和他说，回来跟阿玛和讷商量一下。”实际这家是龙王殿龙王一家，那小子是龙太子。姑娘讷说：“咱也不了解他们，不行。”姑娘说：“不行也晚了，我们都住在一起了。”那阵儿守旧啊，她讷说：“这还了得了？你自己说嫁就嫁了，你都不知道他家在什么地方。”姑娘说：“他家就在那大石板底下，那天不怎么来一阵风，就把我吹那去了，不信我带你也去看看。”她讷一听，这姑娘癔症了，净说胡话。她讷就给她关起来了。

关了半年，姑娘生了一条小龙，小龙一天一天长大了，就在屋里跑着玩。有一天，小龙上房梁了，姑娘讷过来一看，哎呀妈呀，是个大长虫，她讷要打死，姑娘说：“不能打，那是我的孩子，不许你碰它。”姑娘讷傻眼了，这姑娘不光是癔症了，还疯了，把一条长虫养在屋里，说是自己的孩子。给门锁上了，回去就告诉了姑娘阿玛，说：“你快拿斧子把长虫剁了，这要是传出去咱没脸见人了！”姑娘阿玛就把斧子磨得快快的，晚上就去了姑娘的屋，见小龙的脑袋在姑娘旁边躺着，身子绕在房梁上。姑娘阿玛举起斧子“咔嚓”就是一斧子，这一下子就把小龙尾巴剁掉了，小龙疼的“嗷嗷”叫唤，姑娘见她阿玛

把小龙砍了，起来就和她阿玛厮打起来，告诉小龙说：“小龙，你快走，你在这待不住了，去找你阿玛去。”姑娘把窗户一拥，小龙腾空飞起，一溜烟走了。

这条秃尾巴龙，是五月十三生的，每年它都这个时候回家看它讷，每次来都行风行雨。后来，形成规律了，开春大旱也不怕，五月十三肯定下雨，所以，种地的都说：大旱不过五月十三。

讲 述 者/祝秀英　女 45岁　初中文化　农民
采 录 者/于　洋
采集时间/2008年7月22日
采录地点/清河城镇

满族“屈”姓的来历

在清朝的时候，有家姓举的人家。举家不是八旗的贵族，是给皇家看坟茔的阿哈。

当年，老举家有一个姑娘，这姑娘长的很美，但是一个哑巴，不会说话。举家虽然身份是阿哈，但是皇家的奴才比百姓还是高贵的。姑娘在皇家礼仪的熏陶下，很有修养。这姑娘三门不出四户不进，一直在家里面作女红，谁也不接触。

有一年，皇上回来祭祖，举家是看坟茔的，自然要接待皇上，姑娘的身份不够，所以不能面见皇上。但是他家就在坟茔的边上。皇上上完坟，要休息休息，皇上就随便溜跶遛跶，四处走走，这一遛跶，就溜跶到老举家他们屋里去了。

屋里面就姑娘一个人，其他的人都出去忙活事了。这皇上进屋了，天太热，皇上要洗脸，侍从手里没拿毛巾，姑娘在里边，见有人进来，她就撩了门帘，一看是生人，她不知道是皇上，就把门帘松开了，也不出来。皇上一见里面有人，就喊她，让她拿手巾端点水。她是哑巴，不会说话。皇上不知道姑娘不会说话，见她不理他，就怒了，皇上哪遇上这事呀，在哪不是被人伺候得舒舒服服的，哪有皇上说话不答应的。皇上就来气了，侍从急忙进里屋去了，跟姑娘说：“皇上叫你，你为什么不出来？”她就开始比画，一比画才知道她是个哑巴。

皇上就不生气了。就比画向她要水。问她有没有？她也害怕啊，就开始点头。端来洗脸盆，拿来毛巾，倒上水，就请皇上洗脸。做完

这些她又转身进屋了。皇上觉得这姑娘挺有意思，不洗脸了，往屋里瞅，侍从不就知道皇上什么意思了嘛，进屋就把姑娘叫出来。说凉水不行，让她烧点儿热水。皇上在那洗脸，怎么瞅她，怎么爱看这个姑娘，就弄点水撩到姑娘的身上。身边的侍从明白了，就找到了这家的男主人，说要把这个姑娘带走。老举家也舍不得姑娘，但是皇上要带走谁敢说不。是祸是福那就看她自己的造化了，就这样稀里糊涂就让人家给哑巴姑娘带走了。

这个姑娘到了皇宫就做了妃子了，没有什么太高的名分，因为她是哑巴，但是她不聋。后来还生了个儿子，皇上挺高兴，就问这个姑娘："你们家需要什么？"姑娘比画说阿玛、讷讷年龄老了，再看皇家坟怕有闪失，求皇上放回她父母，让他们安度晚年。皇上答应了。给她父母盖了房子，赏了土地，每年还给不少的银两。

老举家出来个妃子，皇上又给她家盖了房子，可谓是"穷人乍富，腆胸叠肚。"老举家人仗着皇亲，就耀武扬威，横霸乡里，出了人命。有人告到皇宫，皇上就决定对老举家全家开斩。妃子没有杀，她在宫里，老实厚道，不称狂，不争宠。后宫上上下下的人都喜欢她。

老举家被问斩的人特别多，其中有一支儿就逃跑了，后来被人家抓回去了，问他们："你姓什么？"这家人害怕，觉得自己也没跟着举家做丧天害理的事，就说："大人啊，我们'屈'啊。""啊！你姓屈啊。"这家人就说："啊，我'屈'啊。"于是就把他们给放了，现在姓屈的就是老举家当年跑出来的那一支的后人。

讲 述 者 / 金桂春　54岁　初中文化　农民

采 录 者 / 于　洋

采录时间 / 2008年7月21日

采录地点 / 清河城镇

大萝卜的来历

在早，凡间没有萝卜，只有上界才有萝卜。这萝卜是提气、消暑化痰的宝物，万仙聚会的时候，王母娘娘才拿出来，给万仙们吃，一个神仙也只能分到一小块。

这年，王母娘娘召开万仙大会。孙悟空也被邀请参加。上回分到一小块儿萝卜，吃完后，孙悟空觉得萝卜比桃好吃，没吃够。心想，这要是我花果山上种上一片萝卜，我就不用年年盼万仙会了。孙悟空知道跟王母娘娘要，王母娘娘肯定不给他，就提前到达，四处查看萝卜放在哪里了。它东找西找，一看，萝卜在御膳房里，有两个童子看着呢。孙悟空摇身一变，变成个传令官，进屋跟童子说："王母娘娘有事要问你俩，让你俩快去。"这俩童子想都没想就走了。孙悟空拿起一个萝卜揣在怀里，一个跟斗就翻回花果山。徒儿们围上来，以为是大圣给它们带来的吃的，都伸手要。孙悟空也馋的直流口水，最后还是忍住了。

它叫徒儿们在山上找块好地，把萝卜种上。种上以后，萝卜就长起来了，开花，结籽。从此以后，萝卜就在凡间落了户。

讲 述 者／孟兆荣　男　83岁　不识字　农民

采 录 者／于　洋

采录时间／2008年7月23日

采录地点／清河城镇

寒露与荞麦

从前，在一条清溪环绕的山脚下，住着一家三口人，靠垦荒种地，过着清贫的日子。老夫妻双鬓已白，跟前一个儿子叫寒露，已二十来岁了，为人忠厚，像有几分傻气，可他庄稼活样样做得出色，村里人都喜欢他，夸他。寒露没有成亲，这成了老两口子的心病，到处托媒人，打听哪个堡子有像样的好姑娘，娶到家给儿子做媳妇。老两口盘算：儿子有点憨傻，得选一个聪明点儿的姑娘，进门好当家理事。

经过媒人一番打听，东边堡子有个名叫荞麦的姑娘，聪明伶俐。寒露他妈想先去看看，顺手拿了几尺布，假托让人帮助做件衣裳。媒人就到荞麦姑娘家，只见这荞麦姑娘十分漂亮，好像一棵仙草。寒露妈先喜上三分，忙笑着说："姑娘啊，我听人家说，你心灵手巧，又肯帮助人。今儿个，我要给你添点麻烦，拿这几尺布，想让你给俺儿子做件衣裳。"荞麦说："您要不嫌俺手笨，俺就帮这个忙。可不知要做件啥衣裳？"老人说："家寒底薄，做衣裳想要多点用场，说出来你不要见怪。用这几尺布，做一件长衫，做一件短衫，再做一件床单。"姑娘说："好吧，三天后来拿吧。"

三天过后，寒露妈到荞麦家，荞麦姑娘递给她一件长衫，密密的针脚，活做得真好，她心内喜欢，却装作不悦地说："我叫你做三件，你怎么做一件啊？"荞麦姑娘把那衣裳抖开，架在身上说："你看，这不是长衫吗？"然后又把长衫的底边折起说："这不是短衫吗？"说完又把那件衣裳铺在炕上说："这不是床单吗。"

寒露妈哈哈笑着回去了。几天后，寒露妈备了一份聘礼，托媒人

送到荞麦家，荞麦姑娘收下了。这年的腊月，荞麦姑娘与寒露成亲了。成亲后，夫妻俩男耕女织，日子过得很美满。

那一年，城里办山会，荞麦让丈夫把自己织的布拿到山会上卖。寒露把布背在身上，骑着马去赶会。路上碰见一个秀才，秀才看寒露骑马背着布，傻乎乎的，想戏弄戏弄他，就说："老弟，我有点急事，把你的马借给我骑骑吧？"寒露下了马，把缰绳递给秀才说："你姓啥呀，住哪里？用完了我好去牵。"那秀才骑上马，把鞭一扬说："我姓你所赠，日月本是名，住在半空里，月亮落村中。"说罢，打马跑了。

寒露回到家里，妻子问："马呢？"寒露说："一个秀才借去了。""他叫啥呀，在哪住呀？"寒露答不上，只好把那人说的几句话说了出来。荞麦听罢，低头一想，说："明天你翻过大梁山，西山半坡中有个村子，去找一个叫马明的人要马。"

第二天，寒露按着妻子的话翻过大梁山，找到了马明。马明见寒露找来了，惊奇地问："谁叫你到这里来找的呀？"寒露说："我媳妇。"马明在心里赞叹寒露的妻子聪明，又觉得聪明的媳妇怎么配个憨傻的丈夫。就想再戏弄他一番，说："把马骑回去吧，给你媳妇捎点儿礼带回去。"

寒露牵着马，带着礼物回家了。到家后，把礼物递给媳妇。荞麦抖开礼包，只见一朵花，一棵葱，一个大得没样子的南瓜。荞麦看罢，满脸羞红，明白这是讥笑她"聪明伶俐一枝花，竟然配个大憨瓜。"荞麦看着气着，气着想着，越想越气，不觉心里一阵发疼，竟得了个心疼的病。久治不好，病一天重一天，不到半年就死去了。

荞麦死后，寒露想媳妇。每想起妻子，便到坟前上转一转，呆一会儿。时间长了荞麦坟前长出一棵红秆绿叶的苗。他看到那苗，就想到荞麦，每天细心地照料，慢慢地这棵苗秆粗了，叶大了，开出了白花，结出了有棱有角的果实。寒露就把这果实叫荞麦。寒露把成熟荞麦收起来，第二年再种上，这样一年又一年，荞麦满地都是。

这年秋涝，庄稼烂在地里了，唯有种荞麦丰收。人们没啥吃的，就试着把荞麦磨了磨，磨出的荞麦面色儿黑，味道也不好吃，但总算能充饥度过了灾荒。

从此，人们知道了荞麦能食用，每逢秋旱便种起荞麦。这荞麦也

怪，总在寒露节前熟。人们都说，这是荞麦和寒露夫妻情重的缘故。

讲 述 者 / 爱新觉罗·庆凯 满族

采录整理者 / 王庆福

采录时间 / 1985年

采录地点 / 本溪满族自治县偏岭乡泥塔村

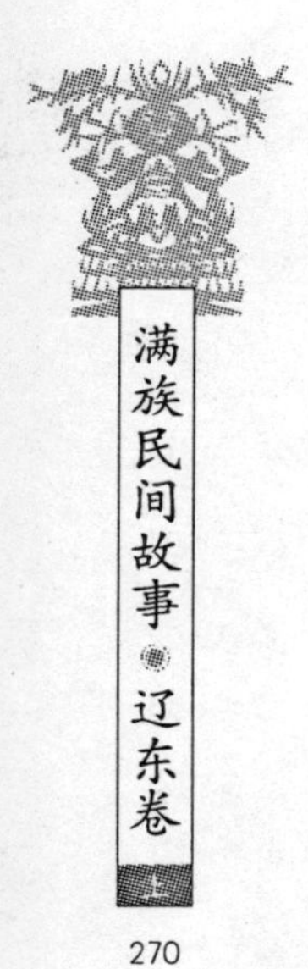

桔梗为啥叫“狗宝”

传说老罕王努尔哈赤当年在东山打猎，当时正值夏末，天气炎热。老罕王中午休息时，在一片树荫下脱下衣服乘凉，他哪知道这是片槭木林子，没多久他便感到身上刺痒，后来浑身竟肿涨起了水泡，又刺挠又疼，难受得他两手乱抓挠，老罕王身边的那条猎狗，也是难受得汪汪叫，到处乱窜，最后“扑通”一声跳进山洼间一处冒着热气的水泡子里老实了。

老罕王见猎狗在水里不动也不叫了，觉得挺奇怪，他到水泡子前蹲下身，用手一摸水热呼呼，咦？摸过水的手咋不怎么刺痒了呢？难道这水能止痒？他三下五除二扒掉衣服蹦到水里，越泡越舒服，老罕王从晌午泡到晚上，第二天又接着泡，没几天就泡好了。他也养成了习惯，一天不到水里泡泡就觉得浑身不得劲，可是他带兵打仗纵横四方，不能总守着这个温泉。没办法只好走到哪扎营休息时，就到附近的江河湖池里泡上一会。

老罕王泡惯了热水，冷丁又泡冷水，里热外冷，没几天就得了个胸闷气喘的毛病。说来也怪，跟他形影不离的猎狗跟他一样，也整日“咳、咳”地咳嗽。

老罕王带兵行至一座高山下，突然电闪雷鸣下起了倾盆大雨。不一会，雨过天晴，山沟浊流卷着草棵枯叶奔泻而下，猎狗忽然跑到沟边从混水中捞起一根开着紫兰色花的植物大嚼起来，老罕王当时也没太在意，指挥大军继续前进。

当天晚上，老罕王胸闷咳嗽睡不着觉，猎狗却安安静静地睡着

了，他猛然想起白天猎狗从水里捞植物吃的情景。第二天，老罕王带上猎狗，去找那种紫兰色花，心形叶边上有细密锯齿的植物，找来后，他急不可耐地吃了一口，哎哟！苦地没法咽，他找来厨子叫他想办法把苦味去掉，厨子左试右试，最后把根洗净剥皮，撕成丝晒干后再发泡，又拌上各种调料做成小菜。老罕王这回一吃，连说："嗯，好吃，太好吃了！"他天天吃，顿顿吃，没几天胸闷气喘就好了。

因为是猎狗发现的，老罕王就把这种能治病又能当菜吃的植物叫"狗宝"，也就是今天的桔梗。

从此"狗宝"在关东山一带传开了，一直到今天，人们还是很喜欢吃。

讲 述 者／爱新觉罗·庆凯　满族
采录整理者／王庆福
采录时间／1985年
采录地点／本溪泥塔村

木炭是怎么来的

有这么一家子，小孩子的妈去世了，就剩爷俩儿过日子。这孩子也就十来岁，还不太拿事儿。一年之后，他爸娶个后妈进门，后妈对这孩子不好，看不上他，不干活就不给饭吃。逼着孩子上山打柴。孩子每天出去打柴，附近的柴打没了，孩子就到远处打。背不回柴火后妈就不给好脸看。轻了不给饭吃，重了打一顿。

有一天，孩子到很远的山上砍树棒子，回来走到半道，饿了，走不动了，就停下来到河边喝口水。河里有鱼，他一把就抓住了一条，他拿着找块火石，把树枝点着，想把鱼烧吃了。结果火大了，把他打的树棒子都烧起来了。孩子一看柴火着了，急的哭起来。背不回柴火，后妈又得打他。这时飞来一个大鸟，就落到树上，对他说："灰捂，灰捂。"意思是用灰土把火盖上，小孩一听，赶紧刨土往树棒子上盖。后来把火盖灭了。树棒子烧的成木炭了，小孩一看这怎么办哪，不能再回去砍一捆树棒子，天晚了，没办法，只得把烧了的树棒子背回家。后妈一看，说：出去一天，打回这是什么东西呀？黑乎乎的。就打了他一顿。后妈拽出几根木炭压灶坑，结果木炭见火不冒烟不着火苗，放在灶坑里不用看着。后妈就问他，这柴是怎么打的。小孩就把经过说了。后妈说，以后你就打这样的柴背回家。

从此这小孩就天天把树棒子烧一遍，再用土盖灭，把木炭拿回家。这事儿被来串门的邻居知道了，一传十十传百，乡邻们一看烧过的木炭比木柴好烧，就都这么用了。小孩家的木炭用不完，就上集市去卖，小孩挣钱了，他后妈也不打他了！

木炭就是这样产生的。那个叫唤的鸟叫“横古鸟”，后来就被人们供上了，就是老君爷。

讲 述 者 / 金庆新　男　62岁　初中文化　农民

采 录 者 / 代雪梅

采录时间 / 2008年7月23日

采录地点 / 偏岭乡泥塔村

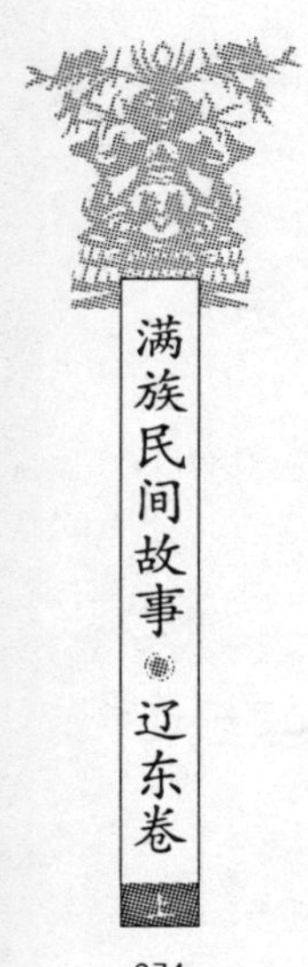

泰山石的来历

清朝末期，由于汉族和满族的交流，在我们本溪这个地区，从关内移民来了不少山东人，他们过来以后，家家门口都找了一块大石头，挺尖挺平，上面刻着："泰山石敢当在此。"这个风俗是从山东传来的，后来满族人打听他们，说你们刻这几个字是什么意思？他们说是辟邪。"这块石头怎么能管这个事呢?""你可不知道，这是灵石，在我们山东老家可管用了。"

山东人就讲了泰山石敢当的来历。

山东有一个最高山，叫泰山，泰山有很多的庙，山上山下都有庙，山中间有一个大庙，庙里住了不少和尚。

有一天，来了一个陌生人到庙里讨宿儿，说是上山来看风景，出来晚了，下山来不及了，要在山里住一宿儿。当家和尚就留他了，给他安排了一个屋。睡到半夜，院子里就突然起大风，上堵天下堵地，黑乎乎的风，就把其中一个屋的门刮开了。门被刮开了以后，一股黑风就把一个和尚拽跑了，别的和尚出去追，连人影都没看着。

第二天，讨宿儿的人谢过当家和尚就走了。又过了两天，讨宿儿人又来讨宿儿，当家和尚还让他住那屋。这天晚上，庙里又丢了一个和尚。和尚们就怀疑是讨宿儿的人把和尚给吃了。当家和尚也开始琢磨这讨宿儿的人来了。他寻思，这讨宿儿的人来了以后，住了一晚丢了一个和尚，又来住一晚又丢一个和尚，这不对劲儿啊！他把和尚弄哪里去了呢?

第二年，那个讨宿儿的人又来了，当家和尚就注意了，派人看着

他点，看到底是不是他干的。果不然到半夜了，他出来了，又是风又是沙的哗哗地，他又拽出去一个和尚给祸害了，这些都被小和尚看到了。当家和尚说，他是妖怪变的，咱们弄不死他？得想个办法。

当家和尚派人下山去找一个大汉，名叫“石敢当”，请他上山来。这个石敢当，人高马大也有力量，当家和尚就和他说：“你能不能在这住两天”，石敢当问：“怎么了？”当家和尚就把这两年的事跟他说了，石敢当一听火了，“这还了得了！是什么妖精，我来收拾收拾它！当家的，这回你把我安排他住的那屋。”

没过两天，那个妖精又来讨宿儿了。当家和尚说：“来了好啊，你是我们的老客了，你来我欢迎。”于是告诉小和尚安排这位施主住以前的那个屋。妖精来一看，屋里有人，就起了怀疑。妖精心想，我先在外面溜跶一圈，回来先把你吃了得了，今天我不吃和尚了。

这个妖精在屋外溜跶一会儿，看院子没啥动静，就准备好了，进屋就吃石敢当，妖精一动妖心，就起风带沙，石敢当在屋里就听门“呼”地一声就开了！进来一股黑风，石敢当早做好了准备，妖精动法术要吃他，刚一伸手，石敢当的两只大手一扣，就把妖精捏住了，一顿摔打，妖精化一股风跑了。

妖精吃了这次亏，知道庙上对他有防备了，不能再来了，再来就没好了。但是，妖精就想知道打他的那人是谁。第二天，妖精变个书生，来到庙里进香，试探着问小和尚“前两天来你们庙住的大汉是谁啊？”“他是我们泰山的石敢当，少林寺、五台山学过武功，打过擂台，没人能赢他。”妖精点点头走了。

石敢当和当家和尚说：“这个妖精如果他还敢来，我还收拾他。”妖精从此不来泰山闹妖了。泰山就流传着石敢当降妖的故事，所以山东人都很敬佩石敢当，就在自己门前面立个泰山的石头，写上“泰山石敢当”，正冲着大门。

讲 述 者／祝秀英　女　45岁　初中文化　农民

采 录 者／代雪梅

采录时间／2008年7月26日

采录地点／清河城镇

松阿里与小羊姑娘

从前，有个小女孩，三岁没了讷讷，七岁死阿玛。人们看她孤苦伶仃，可怜得像一只没有了母亲的羔羊，人们都叫她小羊。

村落里有一个年轻的寡妇，守着个比小羊大两岁的儿子松阿里，靠给人家推米、拉磨、洗衣服过活。日子本来够苦了，可是她还是把小羊领到家里，像亲生女儿一样收养起来。有吃的，先让小羊吃饱；有穿的，不让小羊赤身露体。小羊天生聪明伶俐，哪肯自己先吃先穿。她总是先想着讷讷，再照顾哥哥松阿里。松阿里更是懂事，不用讷讷教，干什么都让着小妹妹。一家人你尊我让，日子虽比黄连还苦，心里却甜丝丝的。

时间过得很快，兄妹俩就像两棵小松树似的长大了。小羊模样长得俏丽，为人诚实，加上那双描龙绣凤的巧手，美名越传越响；松阿里英俊魁梧，心地善良，尤其是他那百发百中的好箭法，更是远近闻名。老讷讷看到这些有说不出的欢喜。

讷讷突然得了急病，她把小羊和松阿里叫到跟前说："我已经不行啦，苦命的孩子，我死后你们俩就……"话没说完，眼睛一闭，离开了人世。

小羊和松阿里伏在讷讷身上哭了三天三夜，然后拿出松阿里阿玛

死时留下的红幡（满俗人死打红幡），送讷讷到了坟茔地，安葬在风景秀丽的池塘旁边。

讷讷死后，松阿里决定为小羊选一个富家的阿哥，他认为这样才能对得起去世的母亲。可是一连提了几个，小羊都摇头。他着急了，问妹妹到底有什么心思。小羊瞅松阿里一眼羞答答地说："妹妹我不爱金钱，我不爱富贵，愿陪哥哥度过一生。"

松阿里问："你不怕和我受苦吗？"

"虽然和你在一起吃苣荬菜，比不上山珍海味；穿兽皮，也不如绫罗绸缎。可是人心好，喝口凉水也甜。"

松阿里听了高兴极了，他俩决定等母亲过了"百日"之后就结亲。二人开始做起婚前的准备来。

邻村有个额真老爷，白了头发，老掉了牙，心却挺花花。他听说小羊美貌无比，虽然没见过面，心里却像馋猫嗅到鲫鱼的腥味一样着急。

他差管家去求婚，能说会道的管家见小羊夸耀着说："可爱的姑娘，你知道额真老爷有多少座高山，有多少顷良田吗？你知道他家有穿不完的绫罗绸缎，数不清的牛马吗？你要是答应了，进门就是福晋。侍女成群，一呼百应，可真是享不尽的人间荣华富贵呀。"

"谢谢管家老爷的好意。额真虽然富贵无比，我不图稀罕，我就爱自己干活，自己挣来吃。"

管家碰了壁，灰溜溜地走了。

心肠狠毒的额真挨了顶，岂能善罢甘休。他召来家丁趁松阿里进山打猎，将小羊抢走了。

松阿里从山上回来，不见了妹妹，到处去找，可人影也没有。后来听说被额真老爷抢去了，他悲痛万分，来到讷讷的坟前哭诉这飞来的横祸。

松阿里直哭了一夜，天亮后，他拿定主意要和额真老爷拼个死活。他站起身来刚要走，忽听得池塘旁草丛中传来一阵沙沙的声音。他一看，原来是一条比"牛鞅子"还粗的毒蛇，扬着三楞脑袋，吐着黑舌头，在撵一只小青蛙。松阿里急忙唰地一刀，将蛇斩为两段。

青蛙得救了，在松阿里脚前脚后欢蹦乱跳。松阿里唉声叹道："青

蛙啊，我救了你，可谁能帮我除掉那万恶的额真老爷，救出可怜的小羊呢?”

小青蛙挺着头，眼睛瞅着松阿里说道：“好心的松阿里，不用愁，我会帮忙的！”

松阿里见青蛙会说话，大吃一惊，知道这个青蛙很不一般，就把事情的经过全部说了出来。

小青蛙听完，指着身旁一棵松木橛子说：“这么办吧，就让它来帮帮我们。你去弄一辆带篷的送亲车，再把你妹妹准备成亲的新衣裳也拿来，我自有解救的办法，快去吧！”

松阿里赶来送亲车，按着小青蛙的吩咐，把新衣裳给松木橛子穿上。青蛙对着松木橛子说：“姑娘，嫁衣已替你穿好，请上车吧！”话音刚落，那松木橛子忽地站起身来，迈着小步，轻盈盈地走进车篷，端端正正坐好，真像一个含羞出嫁的新娘。接着，小青蛙又张开嘴对松阿里吹了口气，顿时松阿里变成一个非常丑的小伙子。小青蛙见一切准备就绪，自己跳进车里，说道：“赶车吧！”松阿里拿起鞭子一边赶一边喊：“换媳妇，换媳妇啦！”

小羊被抓到额真家里，心里知道难再团圆，为了不让额真玷污自己的身体，她准备以死报答松阿里母子对她的恩情。

额真老爷得到小羊，真好比老虎抓个活刺猬，又喜又愁。他好话说尽，小羊没动一点心，反而抓破了额真老爷的脸，摔碎了他心爱的玉石烟袋嘴。额真老爷气得暴跳如雷，要亲自杀掉小羊，出出心中的恶气。

额真老爷拔出腰刀刚要动手，管家突然从门外跑来说：“额真老爷不必发愁，外边有喊换媳妇的，小人看见了，这新娘子长得如花似玉，比天仙还美，依小人之见，小羊不从，倒不如把她换出去。”

“混蛋，有换房换地、换马、换箭，哪有换媳妇的?”额真老爷气上加气，大声骂道。

“启禀额真老爷，这是千真万确，不信你听……”管家陪着笑脸说。

“换媳妇，换媳妇啦!”

额真老爷真的听到门外有喊换媳妇的声音。他顾不得再骂了，出

去一看，见一个丑小伙子一边赶着车，一边大声喊，车后还跟着一群看热闹的人。他挤到前面往车篷里一瞅，果然不假，车里的姑娘穿红袄、红裙，粉红的脸蛋儿像水中的莲花。乐得他哈拉子淌的老长，看呆了，好半天才缓过神来，他对车中的姑娘问道："喂，美人儿，我是这里最有钱的额真，我家有的是金银财宝，猪马牛羊，你愿意给我做媳妇吗？"

松阿里真害怕木橛子不说话，没想到车里娇滴滴地答道："奴家久居山野，早已受不住贫寒之苦，额真如不嫌弃，情愿嫁给你了。"原来代替木橛子说话的是趴在车里后边的小青蛙。

额真听罢，哈拉子差不点流到地上，他急忙扯住松阿里说："你要钱，我给钱；你要地，我给地；你要马，我给马。你要什么我给什么，你快把她换给我！"

"我不要钱，不要地，专换人。"松阿里说。

额真一听，忙说："换人？我有九房老婆，只要你同意，我都给你，实在不行，再加个小羊姑娘。"

松阿里听说额真要拿妹妹换，心里再没那么高兴的了，但嘴上却冷冷地说："你的老婆我一个也不要，要换就把小羊换给我吧！"

"好！咱们一言为定。"

乐得额真忙叫管家把小羊叫了出来。

额真老爷没费半点周折，换了个天仙般的媳妇，乐得他差不多连姥姥家姓啥都忘了。回到家里，他捧起酒盅，一直喝到深夜，才吩咐家人扶他进新房。

他迷迷糊糊倒在新娘身旁，天快亮时忽觉得什么东西又凉又硬，睁眼一看，身旁哪是什么媳妇，原来是一个松木橛子。

额真老爷上了当，又气又恨，派所有的家丁去抓松阿里。

再说小羊从额真老爷家里出来，上了松阿里的大车。她庆幸自己逃出了狼窝，又害怕再进虎穴。想着想着，禁不住抽抽嗒嗒哭了起来。那大车走了一程后，忽然停下来，她从车篷里偷偷向外一看，见一只小青蛙从车上跳到地下，朝赶车的丑小伙子的脸上一吹气，那丑小伙立时变成了她日夜想念的松阿里。她惊喜万分，忘记了一切，跳下车一头扑到松阿里的怀里，哭了起来。哭完，松阿里向她诉说了小

青蛙如何设法解救她的经过。小羊听过后，跪拜在地，谢了小青蛙。

松阿里赶着车一直向东南走去。走哇，走哇，走了三天三宿，眼前一条大河挡住了去路。两人正不知如何过河，忽听身后一阵马蹄声响，额真老爷追上来了。前边是大河，后头是追兵，这真是上天无路入地无门。怎么办呢，正在这紧急关头，小青蛙一蹦一跳地来了。它张开大嘴，不一会就把一条波浪滔天的大河喝的只剩脚脖那么深了。松阿里一扬马鞭，啪啪啪，跨过河冲到了对岸。回头一看额真的家丁也跟着赶到河中间了。这时只见小青蛙又一张嘴，把方才喝干的河水又吐了出来。顿时把额真老爷的家丁全淹没了。

额真老爷的马是一匹宝马，不管水多急，浪多大都不能把它淹没。它驾着波浪眼见要上岸了，松阿里连忙张弓搭箭，将额真老爷射落了马，掉在河里淹死了。

仇人死了，小羊和松阿里驾着大车，来到辽东半岛，在一个肥美富饶的山沟里安家落户，过上了幸福的日子。

讲 述 者／爱新觉罗·庆凯　满族
采录整理者／王庆福
采录时间／1985年
采录地点／本溪满族自治县偏岭乡泥塔村

小格路与野蜜蜂

早先年，在辽东的大山里住着母子两个人，老太太已经很老了，长年病在床上，全靠儿子小格路上山猎点野兽，打点柴火过日子。

这年春天，忽然飞来一群野蜜蜂，在他家房后的一棵烂树筒里安下了家。那蜜蜂可勤劳了，每天起大早就飞出去，晚上很晚才飞回来，整整忙活了一年，酿出很多蜜来。

眼瞅着要过年了，讷讷又有病，儿子没有什么东西孝敬讷讷，急的团团转。最后决定从树筒子里起点蜜出来，拿到集市上去卖。他剜了一小坛蜜，来到了集市上，整整叫卖了一天，也没有人来买。因为人们老远就能闻到它的苦味儿。

小格路没有办法，只得把蜜坛子捧了回来。

大年三十的晚上，家里没有一粒下锅的米，更没有一片肉干和一块酥麻糖。娘俩没有什么可糊口的，只得把那坛苦蜂蜜捧出来，吃上几口解解饿。你说是宝不是宝，讷讷吃了两口蜜，那身子骨“嘎巴巴”直响，多年的老病，一下子全好了。小格路便又拿到集市上当药去卖，只一阵工夫都卖光了。他卖了很多银子，买了不少好吃好穿好用的东西，娘俩过了个富裕年。

邻居有个叫三邪子的浪荡汉，专门指偷摸拐骗过日子。他听说隔壁娘俩卖药蜜发了财，晚上便去偷蜂蜜。哪知他刚一伸手，窝里的蜜蜂就全飞了出来，把他好一顿蜇，脑袋肿的像个大骚葫芦。三邪子气极了，点把火就把蜂筒子给烧了，那群野蜜蜂便飞进主人的屋梁上去。

老人很爱惜这些蜜蜂，怕饿着它，就告诉儿子到集上买了一些糖

喂蜂子，那群蜜蜂便很好地在他家过了冬。

第二年春天，老人的儿子决定把蜜蜂放出去。老太太留恋地向蜂王说：“你们进深山里吧，千万千万不要让坏人看见！”蜂王扇了几下翅膀，表示感谢，便领着蜂群飞走了。

又一年秋天来到了。一天，小格路正在地里干活，忽然飞来一只小蜜蜂，在小伙子的身边转转，唱道：

嗡嗡嗡，嗡嗡嗡，
向南爬过三座峰，
砬头上，树筒里，
人参宝蜜在其中！

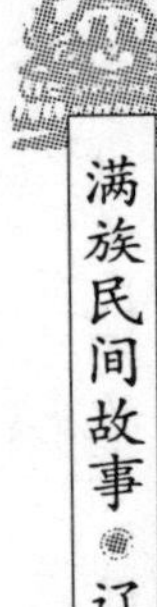

小格路一下子明白了，决定第二天去起宝蜜。晚上他向讷讷把蜜蜂唱的歌说了一遍，没想到又让隔壁的三邪子听到了。当天晚上半夜，他便偷偷地带着灯笼火把，起人参蜜去了。

夜黑头，山又陡，树又密，三邪子跟斗把式地好不容易才爬到了人参蜜的地方，背起蜂筒就想下山。这次他精了，怕蜜蜂蜇他，把头脸都用布包上，只露出两只眼睛，没想到他头重脚轻身子沉，爬不几步，三邪子就滚了砬子。蜂筒滚了，蜜也撒了，摔的他满身是伤，回家后躺在炕上直哼哼。

第二天，小格路费了很大的气力才爬到了人参蜜的地方。一看，那蜂筒碎了，蜜都掺合到土里去了。只见那群蜜蜂成球地躲在大树上。小格路知道让坏人给端了窝，他便把蜜蜂引回了家，用糖又喂养了一冬。

春天又来了，小格路把蜜蜂又放了出去，说：“你们钻进远远的老山里吧，千万千万别再让坏人看见！”蜂王又扇了几下翅膀，表示了谢意，便领着蜂群飞走了。

这年人参开花的时候，一天，小格路正在地里干活。忽然，又飞来一只小蜜蜂，围着他的身边直转转，唱道：

嗡嗡嗡，嗡嗡嗡，

向南爬过五座峰，

砬头旁边椴树下，

有棵百年老参精！

唱完，蜜蜂飞走了。

晚上，小格路又把蜜蜂唱的歌告诉给讷讷，再一次让邻居三邪子给听了去。

三邪子又顶着月黑头，带着灯笼火把去了。他费了很大的气力，遭了很大的罪，终于找到了长着人参精的地方。哪里有什么人参呢，只见一群遮天盖地的野蜜蜂，一齐向他飞来。他跑不动，躲不开，蜇得他连滚带爬地回了家去，浑身上下都让蜜蜂蜇的没有好地方了，瘫倒在炕上，不能动弹了。

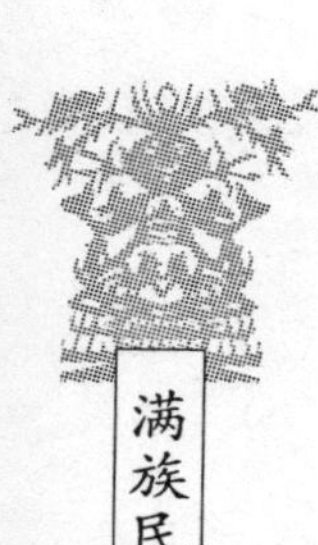

小格路第二天找到了人参精生长的地方，只见蜜蜂们都在人参花上采粉，他看呆了，连一棵都没舍得挖，好让蜜蜂采花酿蜜。看了好一会，便回家了。

从此，每年他都能采一些人参蜜，既卖了钱，又治好了很多人的病。小格路成了远近有名的善人了，向他求治病的人越来越多，他都满足了人们的要求。最后，他娶了个十分漂亮的姑娘做媳妇。这姑娘也是个生病被他治好的人。她很爱小格路，也很孝敬婆婆。一家人的日子过得和和美美，十分幸福。

讲 述 者／罕讨子·胜山　满族

采录整理者／王庆福

采录时间／1985年

采录地点／本溪满族自治县

织布格格

早先年，我们满族不会织布。穿什么呢？夏天，用鹿皮把毛去掉，做成薄薄的坎肩，做成叫窝楞装的上褂，就穿这个。顶好的人家，就在皮子边镶点布边儿，也有镶缎子边的，这就觉着挺好挺好了。

要问满族的织布手艺是怎么来的，据老人说是织布格格留下的。

传说，离长白山约摸一千多里的辽东大山里，有一个叫哲陈的小部落，小部落里有一个老太太。人家老太太都养活鸡儿，鸭儿的，可这个老太太，不养活这些，她专门爱养活喜鹊。在她的院子里，常常落些喜鹊。喜鹊见了老太太，不惊也不飞，给吃的就吃，给喝的就喝，就好像是老太太家的孩子一样。

日子长了，老太太给这些喜鹊起了些名儿，这只叫这个名儿，那只叫那个名儿。有两只喜鹊，是老太太最喜爱的：一只大的叫赛音伊尔哈，就是好看的花儿的意思，另一只小的叫都龙哈，就是精明伶俐的意思。

这小喜鹊都龙哈一天价除了吃食，就是玩。那大喜鹊却不这样，它吃够了食，就到房前房后走一走，到屋里屋外看一看。老太太常对人说："赛音伊尔哈是我的大姑娘，都龙哈是我的二姑娘。"

老太太出门的时候，就告诉两只喜鹊："我要走了，你们俩看家吧！"

这两只喜鹊就给老太太看家。老太太家里要是来了人，两只喜鹊就飞出去在空中招呼老太太。老太太看见赛音伊尔哈和都龙哈来招呼她，打心眼儿里高兴，就对人说："你看看，我的姑娘来招呼我了，我

得回去了！”就这样，大喜鹊赛音伊尔哈和小喜鹊都龙哈和老太太一起过日子，过的可好了。

这一年冬天，这两只喜鹊飞走了。飞走了好长时间也没回来，老太太天天叨咕：“赛音伊尔哈呀，都龙哈呀，你们怎么不回来了呢？”一晃到第二年秋天了，老太太身子骨不太硬实，行动也不方便了，心里想：“我这孤身一人，没儿没女的老婆子，可怎么过呀？……”

冬天了，老太太一劲儿咳嗽气喘，起不了炕，出不了屋。就在这个时候，从外头进来两个姑娘，一个高个姑娘，一个矮个姑娘。满族的姑娘没有扎围脖的，可这两个姑娘，一人扎一条白围脖。两个姑娘到老太太跟前深深地请了个安，说：“老额娘，你好啊！”老太太一看，说：“我不认识你们哪！”两个姑娘说：“我们是从远道来的。我们的额娘说，让我们来认你老当干妈，我们找了半天，才找着你老。”说完，这两个姑娘趴在地上就磕头，认这老太太做干妈，老太太很高兴。

这两个姑娘真像到了自个家似的，说也怪，这大姑娘，对老太太家的事儿可熟悉了。家里用的东西，吃的东西搁在哪儿，她都知道，不用老太太操心。这小姑娘，也像在自个家长大似的，整天价乐呵呵，又跳又蹦。

大姑娘、二姑娘对院子里这些喜鹊特别喜爱，比老太太管得还好。过去，喜鹊满院落乱飞，满街屙粪。自从两个姑娘一来，喜鹊们不到处乱飞了，也不到街上屙粪了。喜鹊全听两个姑娘的话。早晨，该到什么地场落脚，晚上，该到什么地场睡觉，白天怎么玩，怎么吃食，都有一定的地场，一定的规矩。

第二年春天到了，两个姑娘把老太太的病侍候好了。就对老太太说：“额娘啊，咱们的日子，这么过也过不好哇？”老太太忙问：“怎么过能好？”两个姑娘说：“我们俩会织布，织出来的布，除了咱们穿，还可以到街上去卖。”老太太说：“我听说人家汉人都穿布，我们不会织布，就知道穿皮。”老太太就给两个姑娘另收拾了一个屋，让她们织布。姑娘跟老太太说：“额娘，我们俩就要织布了，可有一样，我们俩织布的时候，你老可别看。我们好好织，织完了，你就去换钱去。”老太太说：“好，我不看。”姑娘们把门一关，在屋里大声说：“明个巳时，你老就去卖布吧。”

第二天巳时时分，两个姑娘累得一点劲也没有了。织好的两匹布纹缕又均匀，又好看。姑娘说："你老拿出去卖一匹，咱们留一匹自己穿。"老太太高高兴兴地卖布去了。

老太太卖布的事，叫这地方的贝勒大人知道了。贝勒一看："哟！这布织的好哇，比那汉人织的布强多了！你要多少钱一匹？"老太太说："要十两银子。"贝勒爷说："行。"就买下了。贝勒又问："还有吗？"老太太说："明个儿还有。"就这样，两个姑娘连着织了三天，三匹布，挣了三十两银子。

两个姑娘告诉老额娘说："你去卖布，无论谁问，你别说是我俩织的，就说是你织的。"头一天，老太太照这么说了，第二天，老太太也照这么说了。第三天，贝勒又来了，老太太架不住贝勒夸呀，心里想，我有两个好姑娘，为啥要掖着呢？她就对贝勒说："实不相瞒，我有两个格格。这布是我那大格格、二格格织的。"

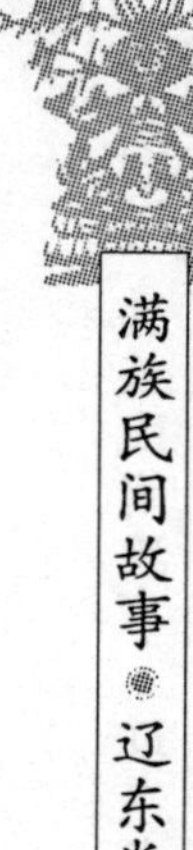

贝勒听了，说："好，好，我去看看去！"贝勒到那一看，这两个姑娘长得可真好看！贝勒就说："明个儿把她俩送进贝勒府，到那儿给我织布去！把你老也领进去，到府里吃香的喝辣的！"

贝勒走了，两个姑娘埋怨老太太："额娘啊，不是不让你说，你怎么就说了呢？"老太太也后悔了。

那时候，贝勒说一句话，谁敢不听！就这样，贝勒把娘仨个逼到贝勒府去了，死逼着两个姑娘给织布。并说："你们要给我织出三十匹布，我就把你们娘仨放回去。要是织不出来，我就不放你们！"没办法，两个姑娘你瞅瞅我，我瞅瞅你，对贝勒说："好吧，我们给你织。"就这样，两个姑娘被留在贝勒府，天天给贝勒织布。

有一天，贝勒心想："她们俩怎么能织这么好的布呢？我下晚黑去看看去。"原来姑娘来的那天就告诉他了："贝勒大人，可有一样啊，我们织布不许你们看。"贝勒也答应说不看。现在，他哪管那个。

这天晚上，贝勒来到织布屋子的窗户底下。他用舌头舔开窗户纸，往里一看，哎呀！灯光下面，两个姑娘，赤身净体啊，一点衣裳也没穿。只见她俩，你咬我的身上，我咬你的身上，就这么来回咬哇，咬出的细纱，就往织布机上织。咬哇，咬哇，咬的两个姑娘直掉眼泪。

贝勒一看，这两个赤身净体的俊姑娘，就产生了邪念，心想：我把她俩当我的老婆，有多好哇！贝勒越看越出神，不知不觉大声喊道："不用织了！你俩都给我当福晋吧！"这一句话，吓的两个赤身露体的姑娘，"叭"的一声，就把织布梭子撂下了！两个姑娘撂下梭子，再想穿衣服，穿不上了，当时就晕倒了。

贝勒赶紧喊："来人哪，把她俩给我拖出来！"两姑娘被拖出来后，还是昏迷不醒，衣裳也没穿，浑身都是血印子。贝勒一看，跟管事的说："赶紧把他们给我将养好！"管事的把两个姑娘搁到另一个屋子里了。

姑娘将养了三天，到三天头上，她们的老额娘来看她们来了。额娘一见两个姑娘这样，哭着说："是我害了你俩了！"姑娘说："老额娘啊，你不要哭了，我们俩不能老待在这儿，我们就要走了。我们没什么给你，请你到织布那屋去，那儿有三撮羽毛，你把那三撮羽毛拿回家，把这三撮羽毛盖上，管保每三天给你出一匹白布。老额娘啊，你别管我俩了，我俩是不行了！"老太太拽着两个姑娘哭得泪人似的，说不出一句话来。

姑娘们又说："实不相瞒哪，我们两个就是你的大姑娘赛音伊尔哈和你的二姑娘都龙哈。那三撮羽毛就是我们的衣裳，让混蛋贝勒这么一惊，穿不上了。我俩只好回家让阿玛、额娘再给我们穿新衣裳了。"

姑娘们刚说完，贝勒进来了，这时只见两个姑娘，一扎撒手，出来一股烟，立时把老贝勒的眼睛熏瞎了，人也昏过去了。两个姑娘就从窗户上飞走了。老太太这才知道这两个喜鹊是报她的恩来的。

从此，这个老额娘就留下了这个织布的手艺。

讲 述 者／爱新觉罗·庆凯　满族

整 理 者／王庆福

采录时间／1985年

采录地点／本溪满族自治县偏岭乡泥塔村

达子香

传说明朝末年，后金瓜拉佳氏有个青年叫唐阿里。小伙子为人憨厚，长得英俊剽悍，能骑善射。一年，他随多尔衮入关，兵到湖南一带，战事稍停，大军屯扎在一座风光绮丽的山脚下。山坡上开满了红艳艳的杜鹃花。轻风吹来，香气飘洒，令人心荡神驰。唐阿里稍有空暇，就溜出营房登山赏花。

一天，唐阿里又去山上赏花。刚进山，就听有人呼喊救命，他循声跑去，只见一只斑斓猛虎张牙舞爪地向一个老头儿扑去。唐阿里急忙搭弓射箭，一箭正中老虎额顶。老虎翻了几翻，一登腿断气了。虎口余生的老头儿见一小伙子救了他，一时不知怎么感谢才好，好一会才问："救命恩人呐，请问高姓大名，家住哪里?"

唐阿里说："我叫唐阿里，家住关外辽东，是随军打仗来这里的，就驻扎在山下的军营里。"

老头儿寻思了一下说："那好吧，咱爷儿俩来日相逢。"

第二天，老头儿果然到军营来请唐阿里。唐阿里向统领告了假，跟随老头儿拐了一个山包又一个山包，来到一个幽静的山湾里。

只见有三间小草房，房后是一片竹林，房前有条清澈见底的小河，房子四周开满杜鹃花。进屋后，老头儿自报家门姓达，重新谢过救命之恩，又向内屋呼唤女儿出来与恩人相见。老头儿话音刚落，就见从后屋走出一个亭亭玉立的姑娘，这姑娘身材苗条，衣着朴素，看上去顶多十七八岁的样子。面对这仙女一样的姑娘，唐阿里两眼都看直了。那姑娘微笑着，大大方方地来到唐阿里面前拜了几拜，就回到

后屋端酒菜去了。

不一会儿，丰盛的酒菜摆满了一桌，酒过三巡，一老一少都喝红了脸。老头儿试探着说："我也是满族呵，在第一次入关后，因不忍杀生，逃出兵营隐居在此，我看你勇敢善良，是个好后生，老夫无以报恩，愿将小女子香姑娘委以终身，不知尊意如何？"

唐阿里一听，乐得不知怎么才好，一桩亲事就这样订下了。

末了，老头儿又说："不过眼下不能成亲，要等你返回故里，带一根杜鹃花根，栽在你家乡的山坡上，等杜鹃花一开，我就把姑娘给你送去。"

唐阿里听了，半信半疑，又不好多问，只得带着疑虑回营。

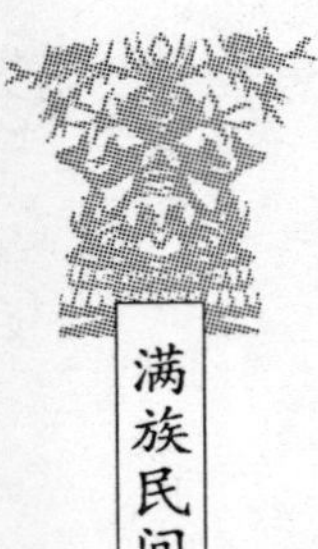

回到军营，一夜翻来覆去睡不着觉，总是放心不下。

第二天太阳还没冒红，他就顺原路往山上跑去。真怪呀！满山遍野连个房子影都不见，他只得闷闷不乐地回来了。

不久，唐阿里解甲回乡，他东找西寻，挖了棵大杜鹃花，精心地带回家里。他把花根栽到家门口的小山坡上。春天刚到，花根就出芽了，那嫩生生的花茎眼看着长高了，很快开出了一朵娇艳的杜鹃花。这天，唐阿里打猎回来，老远就闻到扑鼻的香味。进屋一看，老头儿和子香姑娘正坐在屋子里呢。唐阿里乐坏了，赶忙要点火沏茶。老头儿说："不用了，我老汉不负前言，把姑娘给你送来了。"唐阿里听了，乐得不知怎么才好，紧接着却又愁容满面。老头儿看出他的心思，说："不用愁，新房我已在西山北边给你们预备好了，明天早上你准时去就行了。"

第二天一大早，唐阿里收拾了一下东西，换了身新衣裳就去了。到那一看，果然有三间雅致、敞亮的草房，一明两暗。西屋的北炕梢放着描金大柜，南炕大躺箱上叠着新被新褥，条炕炕琴柜上面摆着一对掸瓶，中间摆着镜子，一切家什应有尽有。

唐阿里和子香姑娘在老头儿主持下，欢天喜地地把喜事办了。

成亲之后，老头儿对唐阿里语重心长地说："我就这么一个女儿，今已和你成亲，我无牵无挂了，自此以后，我要云游天下，你俩好好过日子吧！"唐阿里挽留不住，老头儿飘然而去。

成亲之后，小两口互敬互爱，日子过得十分美满。子香姑娘会给

人治病，凡有喉咙气喘的、眼睛不好的，经她手一治，很快就好。因此远近都慕名而来，找她治病。

一年之后的一个夏秋之际，有一天雹子神从此路过，看到子香姑娘长得真是天上难找、地上难寻，这个邪神顿时起了坏心，他凶相毕露地逼子香姑娘跟他走。子香姑娘死不从命。气的雹神把子香姑娘打倒在地，狠狠揍了一顿。唐阿里在打猎归来的道上，看见妻子被打得奄奄一息，不禁放声痛哭。子香姑娘说："你别哭，我死了之后别埋，每天喂我三勺苏子油，三块苏子饼，切记别喂肉和面。把我放在有阳光的地方，我还能活过来。"说完之后就咽气了。过了三七二十一天子香姑娘竟真地醒过来了。在唐阿里精心调理下，没多久就复原了，小两口又甜甜蜜蜜地过上了日子。

又过了一年，来到阴历五月初，火神从此路过，看到子香姑娘长得好看，也起了邪心，非要和子香姑娘成亲不可。子香姑娘至死不从。唐阿里挥刀就砍，惹得火神大怒，他先用火把唐阿里烧死，接着又用火把子香姑娘烧焦，还把二人的骨灰撒得满山遍野，生怕子香姑娘再活过来。

想不到第二年春天，满山遍野都长满了红艳艳的杜鹃花。人们都说这是子香姑娘魂脱生的，为纪念子香姑娘便取名达子香。

讲 述 者／爱新觉罗·庆凯　满族
采录整理者／王庆福
采录时间／1985年
采录地点／本溪满族自治县偏岭乡泥塔村

黄猫报恩

有一个挑八股绳的，在路上走，看到了一群绿豆蝇子，一个大黄猫死了，绿豆蝇子就落上面了。他就把挑子撂下了，拿着蒿草把黄猫盖上了，然后就走了。

一个铲地的庄稼人也从这个地方路过，看见绿豆蝇子“哄哄”的，他过去仔细一看，是个死了的黄猫。他心里想：“这也不行啊，瞅着怪难受的。”他回家拿了把锹，就又去了，撮锹土把黄猫给埋上了。

二十年过去了，有这么一个教书先生，在一个山里面教学，离家挺远。山里面有个庙，庙里面有个老道，这个老道就是能掐会算，前算八百，后算八百。教书先生和这个老道就是有缘，上班提前走，到那下盘棋，下班了先到那下盘棋再走，然后再回家。

有一天教书先生下班了，又到庙里和老道下棋，老道说：“今天不同往日，我说了算，我说下完，你再回家。”于是他两就开始下棋，下了一会儿，老道就告诉他说：“你去山墙的镜子瞅一瞅。”他去了，看到一面大镜子，镜子里有山有水的，特别好，他看见两个人从死猫身边经过都做了什么。老道问他，你都瞅到啥了，他就把他看到挑八股绳的和铲地的对死黄猫怎么做的说了一遍。老道跟教书先生说：“看见那个黄猫了吧，用蒿子盖黄猫的交情一天还，用土埋黄猫的交情一辈子还，你媳妇就是那个黄猫托生的，你就是那个庄稼人托生的。”等到鸡叫了，老道就让这个人回家了。临走时在他手上写了“忍”“饶”二字。

这天来个摇铃的，叮楞楞，叮楞楞的。这个教书先生的夫人长得

俊俏。这天，夫人早晨起来就觉心忙，听到这摇铃一响，心里就亮堂了，她出去一瞅，是一个挑八股绳的在那卖东西，一圈人都围着挑子，买一些小杂货。夫人也不买东西，就在那瞅挑八股绳的，也不看货物，东西都卖完了，她还在那瞅，就觉得挑八股绳的看着亲切。其实这个人整天风吹日晒的，又黑又老，还满脸麻子，别人都不爱瞅他，她站在那就是瞅不够。挑八股绳的人见夫人盯着瞅他，就问："夫人买什么啊？"她也不吱声，还站在那瞅他。挑八股绳的挑起挑子要走，夫人上前拦住了他，说："我买东西，你挑上挑子上我家去。"

到了她家，夫人说："你歇歇吧，我给你烧点水。"挑八股绳的心里就想："别人看见我都害怕，她怎么对我这么热情呢？"一会，茶水端上来了，他就开始喝。过了一会儿，夫人又要留他吃饭，起身给他做饭。家里没有什么菜，她拿烧火棍把老母鸡腿打断了，扔锅炖上了。吃完饭，天黑了，夫人又留下他在那住了，两个人就住在一起了。要不这个老道怎么不让书生回家呢。

教书先生到家以后，看见自己的妻子和挑八股绳的躺在一起，气得他举起斧子就要砍这个人，一看这人是他在镜子里面看到的那个挑八股绳的，就停住了，他想起了老道说的话，"用蒿草盖的交情一天还"。教书先生就出去了，他饶了他的夫人。

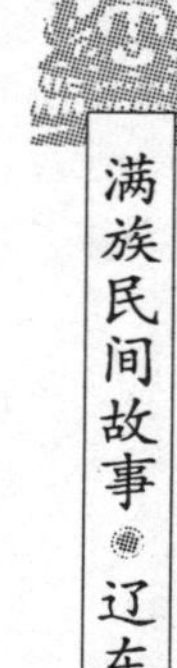

讲 述 者／孟兆荣　男　83岁　不识字　农民
采 录 者／于　洋
采录时间／2008年7月22日
采录地点／清河城镇

老熊为媒

从前，一只老虎和熊在山上打了起来，三天三夜没分胜负。后来，老虎不见了，熊一瘸一拐地向山下走去。

山下住着个小伙子，种了几亩薄地，日子穷得叮当响，二十好几了，还没娶上个媳妇。

老熊来到他家，把熊掌伸出来让小伙子看。小伙子开始挺害怕，后来见熊没有伤害他的意思，就提心吊胆地把熊掌托在手里细看，见掌心里扎进一根有指头粗的树茬子，小伙子找来把锥子，把茬子剜了出来。然后又给老熊煮了一大盆苞米馇子饭，老熊吃完，点点头又上山去了。

这只熊，天天在山上和老虎打架，又天天下山到小伙子家吃饭。过了三天，老熊从虎口里夺过一个女子，扔到小伙子院里就走了。小伙子出门见院里有个死倒，吓了一跳，细看是个如花似玉的姑娘，口中还有气。他赶紧抱上炕，用偏方给她止血上药，又熬了些米汤，一点一点地喂那姑娘。

山上的老虎和熊打了一个多月，最后，老虎抗不住熊掌的厉害，逃到别的大山上去了。老熊又来到小伙子家，这时的小伙子都揭不开锅了。小伙子告诉老熊："这一个月给你做饭吃，我一年的口粮，只剩下两水瓢了，炕上还躺着个病人，留着给她熬粥喝，咱俩另想办法吧。"老熊点点头，用嘴叼着小伙子的袖子往外拽。小伙子问："老熊啊，你让我跟你去吗？"老熊点了点头。小伙子跟着老熊走，走啊走啊，走了好半天，小伙子好多天都没吃饱饭了，累得直冒虚汗，勉强

走到一座山坳里，就再也走不动了，倒在地上喘起粗气来。老熊领他来到一个洞口，然后咬住小伙的衣裳硬把他拖进洞去。

小伙子钻进了洞，觉得身子硌得生疼，低头一看，是一堆骨头棒子。有人骨头，也有猪羊骨头。腥咔赖嚎的，吓得小伙子直打冷战。他又往里爬了爬，里面是一堆堆死人的衣物和首饰，还有铜钱和金银元宝。小伙子琢磨了一阵，想起来了，这是老虎洞，老虎吃了肉，把骨头和衣物首饰金银等物甩在了一旁。老熊赶走了老虎，领我来取宝的。小伙子脱下衣服，把金银首饰划拉到一起，用衣服包上，爬出洞就回家了。

有了这些宝物，小伙子买回来好米好面和衣服。还请来郎中给那个姑娘看病，用了好药，加上好吃好喝将养，不过半年，姑娘的伤全好利索了。姑娘原是个有钱人家的小姐，和爹妈进香还愿时，在山路上被老虎叼走。正逢熊虎相斗，想不到她又死里逃生，来到小伙子家。小伙子细心地侍候她，时间一长，俩人有了感情。病好利索以后，她没忘小伙儿的救命之恩，要与小伙子结为夫妇，报答小伙子的恩情。小伙子还有不乐意的？可是这深山之中，请谁来做媒人呢？小伙子说："是老熊救了你，又是它把你送到这儿来的，咱们就请它做媒人吧。"那女子觉得很有意思，同意了。

结婚这天，小夫妻拜了天地，又向老熊拜了两拜。然后做了很多好饭菜，把老熊请上了桌子，三个坐在一起吃饭，亲热得像一家人。

小伙子虽然有那么多的金银，可他把这些东西都装在坛子里埋了起来，仍然精心地侍弄着几亩薄地。媳妇虽是大家小姐，可是跟小伙子在一起，也学会了各种活计。小两口恩恩爱爱，一年后又添了个大胖小子。家里什么也不缺，小日子过得很红火。

媳妇的爹不知怎么知道了这件事，找到了小伙子家。父女哭诉完了，爹爹非要把女儿领回家不可。女儿不同意，她爹说："咱们是大家闺秀，怎么能嫁给一个穷庄稼人呢。他救过你的命，我给他一个俊丫环也就报答他的大恩了，怎么能私留我的女儿，跟我回去吧，他要敢乍翅我就把他送到衙门里。"女儿说："我为丈夫所救，有老熊为媒，我们俩情投意合，又有了儿子，爹爹，你叫我回家，这不活活拆散我们吗？""他的儿子给他留下，我的女儿我得领走！"她爹说死不同意，

命令随行家人绑上女儿就走了。弄得母子又哭又叫，媳妇爹根本不理。

就在这时，老熊来了，一巴掌不轻不重把媳妇爹扒拉个跟头，几个随从家人也被拍得东倒西歪。他们不死心，操起棍棒围了上来。又被老熊拍得鬼哭狼嚎，这才扶着媳妇爹跑了。

媳妇爹是个老财主，有的是金银，这天他雇了好几十个猎手，来除熊抢女儿。刚来到小伙子家的门口，老熊吼叫一声，一巴掌把媳妇爹按住，伸出舌头要舔，猎手们不敢朝老熊动刀枪，怕伤害老财主。老财主吓得一边喊饶命一边起誓说："熊祖宗饶命，我再也不来抢女儿了。"老熊这才放了他一条生路。

从这往后，小伙子和财主姑娘就在这大山里过上了安稳日子。

讲 述 人／温突哈拉·乌文喜　男　不识字　农民

采录整理者／徐延顺

采录时间／1985年

采录地点／偏岭乡泥塔村

鸢鸟做媒

有个村子，有娘俩在一起过日子，小伙子每天出海打鱼，打来就上街去卖。

这一次出海捕鱼，他妈就说："这是汛期，风浪急，你要小心啊。"小伙子说："妈你放心吧，我又不是第一次遇到汛期。"小伙子出海了，他撒一网下去是空网，撒一网下去是空网，连个虾米都没打上来。小伙子很失望，就想最后打一网，再打不上来就回去。小伙子换了个位子，用力撒出一网，慢慢拉网，拉上来一看，没有鱼没有虾，有一个像蛋一样的圆球。小伙子拿在手里，带上回家了。

她妈见儿子回来了，就问他："你今天打的鱼多吗？"他说："没有，我就打上来一个东西。"他就拿出球来给他妈看，他妈说："这东西像什么蛋似的。"他妈就把蛋放在他家炕头上，用棉花包起来，看它能孵出什么东西。

过了些日子，蛋破壳了，钻出来个鸢鸟，东瞅西瞅四处看。小伙儿妈喜欢的不得了，扤了一碗小鱼虾喂鸢鸟。一年以后，鸢鸟长大了，它每天都在院子里扇动翅膀，悬空打旋儿，要起飞。有一天，小伙子妈摸着鸢鸟的头说："鸢鸟呀，你说咱家多苦啊，我也拿不出好东西给你和你哥吃。"她每天都对鸢鸟说。这个鸢鸟好像懂得老太太的话，一下就飞起来了，一飞飞了好远，大伙都说这个鸢鸟飞走了，不能回来了。到了晚上，鸢鸟叼回来一袋子黄豆。小伙儿妈就用这豆子做豆腐，鸢鸟隔几天就飞出去叼一袋豆子，小伙妈做豆腐吃不了就卖。这天，小伙妈拍拍鸢鸟说：鸢鸟呀，你真顾家我没白疼你。咱家

的日子好了。可惜我儿子到现在还没有媳妇。”

鸢鸟又飞出去了，落在一家的墙头上。这家里，有个小姐，很喜欢鸢鸟，她把鸢鸟落在她家房头上认为是吉祥。所以，鸢鸟一来，这家的小姐就拿好吃的给它。鸢鸟不吃，跟小姐要豆子，小姐扤出一碗，鸢鸟嫌少，又扤来一碗，鸢鸟还嫌少。小姐拿出一个袋子，扤了一袋子豆子，鸢鸟叼起来就走了。原来鸢鸟给小伙家的黄豆都是小姐家的。

这次鸢鸟又来了，姑娘又给它扤了一袋子豆子，鸢鸟不要，让小姐跟它走，小姐好像知道鸢鸟是想给她找对象。小姐摸着鸢鸟的头说：“鸢鸟啊，你还不懂人的规矩。我是小姐，不能先上男人家，得他们来娶我。鸢鸟听了，拍拍翅膀飞走了。

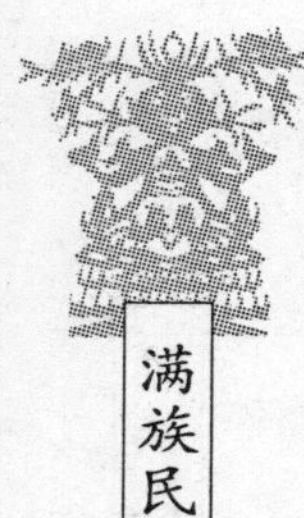

鸢鸟回到家，叼起小伙儿就飞起来了，一直把小伙叼到小姐家才放下。小伙儿正纳闷呢，这家小姐出来了，张着手叫鸢鸟。鸢鸟扑楞楞地飞到小姐面前。小伙儿这才知道，鸢鸟是做媒，让他俩见面。小伙一看这小姐长的漂亮，对鸢鸟也好，对这小姐有了爱意。小姐家人看这小伙儿长的不错，人也挺好，就让女儿和这个小伙子定亲了。选定日子，小伙儿把小姐接回了家。

讲 述 者／朱玉凯　男　61岁　高中文化　农民
采 录 者／于　洋
采录时间／2008年7月23日
采录地点／清河城镇

猪　妞

一盘盘苏叶饽饽冒气啦，

一碗碗五花肘肉腾热啦，

一缕缕年期香烟升上啦，

蚕姑姑骑着神驴进门啦。

满族人家不忘蚕姑姑。她留给后人养柞蚕、织锦缎的技艺。

很早很早以前，刚来本溪的建州女真人不懂穿绸缎，祖祖辈辈希罕使用皮货。那咱，讲究用熟好的皮板绣制各样衣样。手工巧的，连鱼皮、鸟皮、蛇皮，都能用来制出各种图案服饰。不知又过了多少年，向当地汉人学会织布，才有了麻布。那么，啥时候有了柞蚕丝呢?

相传，是一位终生勤苦的蚕姑姑，最先留下来的。

蚕姑姑，姓什名谁，谁也不知道。她娘家是哪疙瘩的人，更不清楚。据说在建州女真部落有个靠山林盖了片土房的噶珊。屯里丁户不多，主要以打猎、养猪、种米谷过日子。有一家老太太是个昂阿西(满语，寡妇)，她的儿子出兵死在梁水下游的辽阳，留下个年轻、贤慧的媳妇，跟婆母度日。婆婆很刁，偏心狠毒。儿子一死，一肚子怒火，成天跟一声不响的儿媳发泄。骂媳妇是“丧门星”、“妨夫鬼”。一天天不给饱饭吃，不给皮衣裳穿，撵进东厢房，跟一屋鸡鸭睡在一起。儿子的骨尸罐子，埋在后院里，她得一天三叩首，三炉香。婆婆若说心不诚、情不真，就得在星星底下跪上一宿。家里数她活儿最多。侍奉完了婆母，还得侍奉小姑、小叔们。有半点不随婆婆心，用火盆里烧红的铁筷子，乱扎乱挑，把儿媳妇浑身整得淌血冒脓。

一天，媳妇想到伤心处，偷偷地擦眼泪。这可惹下塌天祸啦！婆婆骂道："妨夫鬼！你还要坏心哭死谁？"逼她跪在地当央，把一盆新从灶炕扒来的红火炭，抽冷子扬到她身上了，长长的乌发、白脸，都烧焦啦，周身是火，疼得满地打滚，昏了过去。小姑和小叔们，扯着脚给扔到后院猪圈旁了。她一天多才醒过来，爬呀，爬，爬进老母猪窝里。母猪带一窝猪羔子，很怪，见了她不叫也不咬，一劲给她往身上拱着谷草。日子一天天熬着，婆婆不来瞧她，也不召唤她。她只好睡在猪圈里，饿啦，渴啦，爬过去咽几口猪食，吞几口泔水。她两脚烫坏，走路颠颠脚。小叔，小姑们看见了，喊她"猪妞"。婆婆见她能动了，说："打今儿个起，你不准再进我门坎，牵着瘸驴上山捋猪菜！烀猪食，喂猪！"

打这以后，猪妞整天牵着小瘸驴前沟后坡剜猪菜。她到山里心可就敞亮得多了，把花草虫鸟当成亲姐妹。听到百鸟的鸣唱，猪妞的脸上才有了笑容。她把冤愁苦泪跟花草倾诉，花草见她点头，蝴蝶围着她飞舞。山风刮倒了小树，她扶起培好土；害虫嗑了树皮，她用嫩草给包裹好；江水冲刷了岸边花草，她堆起土堤挡住洪水。一天，忽然热风骤起，一阵红腾腾的山火，从山上滚来，浓烟遮天，两人多高的火头呜呜怪叫。眼看大火要烧到南山的一片菠萝棵子树，鸟惊飞，鹿、兔奔逃。猪妞不顾大火，跑了过去，用剜野菜的铁铲开出一条宽宽的防火道。山火熄灭了。枝叶葱茏的菠萝棵子树躲过了灾难。

一天，她正切猪食菜，一抬头瞧见屋角站着一位青衣姑娘，头梳横髻、插着银簪和鲜花，两耳银环闪闪放光，清秀美丽！走过来说："苦命的额云（满语，姐姐），我是金线蛾变的，感激你在大火中救了我们的家，我们也心疼你日夜受罪，没啥报答的，你到南山采点金蛋子，做身绣龙纱，别老披猪皮啦！"

青衣姑娘的话，猪妞听了不敢相信，自古吃肉穿皮，哪听过有啥绣龙纱呀！青衣姑娘嘱咐几句走啦，猪妞半信半疑，寻思，反正明儿个天亮得上山去，顺便找找金蛋子吧。猪妞在大毛楞星刚落，天还擦黑擦黑的时候，就牵着瘸驴奔南山去啦。在黄菠萝树林寻摸一阵子，光采了些猪草，也没瞧见啥金蛋子。她东捋一把西捋一把，鲜嫩的菠萝棵叶子塞满菜筐，驮在驴背上，回来全倒在猪食缸里。缸渐渐满

了，就舀进锅里烀上啦。烀呀烀，猪妞闻到猪食锅里清香扑鼻，跟往常不一样，觉得挺怪，就拿勺往外舀，沉颠颠舀不动，只好拣了根木棒搅，嘿，锅里竟是亮晶晶的细丝。猪妞觉得挺新奇，就一连用了几根木棒，搅出不少漂亮的丝来。

猪妞瞅着丝发愣，只见青衣姑娘又站在她跟前，帮她理木棍上的细丝，缠好后，又帮她晾晒。从此，青衣姑娘总是来猪棚，教她熬茧搅丝，织纱缎。猪妞手巧，很快织出了又长又美的绣龙纱。

单说，水栅栏里突然闹起秋瘟，人病倒啦，牲畜死啦。穆昆达领全屯老少，在神树下杀猪宰羊，祭鬼神。萨满击着神鼓、挥着神叉，驱赶着恶魔，祈祷着平安吉利。猪妞喂完猪食，听到鼓声，偷偷跑到门口观看。婆婆不让动啊，所以，她打院墙杖子空隙朝外瞅，看得正入神。不巧，婆婆从后院小门走过来。瞧见一个披着亮衫的人。她从没见过这个打扮呀，吓得一哆嗦，仔细一瞧是猪妞，跑过去薅着她头发扯进猪棚，再瞧猪棚里地上炕上、墙上棚上，挂着一串串茧丝，气得直跺脚，疯子一般大吵大喊："咳呦呦，天哪！山神玛法佛珠。水栅栏闹瘟疫，是你这孽种惹下的祸端呀！穆昆达知道打死你没人掉泪，还要连累我们孤儿寡母啊！恩都里呀，惩罚她一个人吧！"

婆母不敢隐瞒，连打带踹地把猪妞拉到屯外人堆里。婆母跪在地上哭诉。水栅栏的人们，被瘟疫折磨得胆战心惊，瞧见猪妞一身打扮，明白了，一齐涌向猪妞，踢呀，打呀，他们的忧伤悲怒都像是猪妞带来的。穆昆达怒目横眉地叫人把她捆上，吊在神树前索罗杆上，七天七夜不准给饭，让威严的日神晒死她，让呼叫的风神吹干瘪她，让天上的神鸦啄光她……穆昆达领着人们虔诚地跪了满地，猪妞可怜地紧闭着眼睛人事不知了。穆昆达敬了酒，上了香，说："阿不凯恩都里呀，主宰山河的众神呀，宽恕苦难的我们吧，把惹下罪孽的寡妇吊上啦，用她的生命，换来人畜安宁吧……"说完，人人喝一口神坛里的猪血酒，剩下的泼到猪妞一身一脸，意思让神把罪人领走，然后，人们才各自回家。

可是，很怪，第二天水栅栏的人到神树前一看，猪妞和吊她的杆子全没啦，地上连土坑也找不到。人们乐了，都纷纷传告：神仙把罪人领去啦……

其实，夜里猪妞叫冷风吹醒，心想咋能等死呐？拼命挣呵，晃呵，从杆子上摔下来，忍着疼往远处爬，爬着想着，水栅栏的人会来抓的。于是，她把杆子推倒，坑填好，拖着杆子爬进了她喜爱的南山。天快亮啦，她才到了南山菠萝树棵树林里，吃野果，舔露水珠儿，在林子里生活起来。一天，小瘸驴上南山吃草，见了她，跑过来。猪妞骑着瘸驴离开了南山，到处走呵走。每到一处，就帮助人们熬蚕茧，抽蚕丝。人们开始不敢收留她，不敢学熬茧抽丝，日子长啦，见猪妞心肠好，挺热心，穿丝缎比皮子好，美观轻便，越来越喜欢猪妞啦。老人唱起：

天上最美的噢咿嘞——白云，参！参！
胯下最贵的噢咿嘞——金鞍，参！参！
炕边最亲的噢咿嘞——火盆，参！参！
身上最阔的噢咿嘞——丝裙，参！参！

猪妞的柞蚕技术很快传开啦。这时，她已经头发斑白，都称她蚕姑姑。

一年，大辽王下了文告，选黄罗绣女，皇上有重赏。可是，文告传遍许多女真部落，也没选着黄罗绣女。辽王很暴虐，部落头领家里的女子都不敢进宫，怕被糟蹋害死。辽王大怒，传旨再选不出来，逢女杀女，逢寨烧寨。女真部落首领们一个个忧愁啼哭。这天，辽王正在宫中等着传报，忽然，打南边来一个骑小瘸驴的老婆子，要见辽王。辽王很奇怪，忙叫刀斧手站好，把老太婆叫进来。老太婆一点没有惧色，对辽王说："皇上要选黄罗绣女，只有我老婆子能做。但有一条，让我织多少都成，得先放出牢里关押的人！"

辽王要选年轻的美女织锦缎，一见是个满脸皱纹的老婆子，满心不痛快，想轰出宫。可又等着用锦缎，给母后庆寿，时间很近啦，只好问：

"给我织三百三十四罗纱，三天为限，敢承担么？"

"皇上放人吧，织不出来，任杀任剐好啦！"

辽王把关押的人全放啦。三天三夜，老婆子果然织出了三百三十四黄罗纱。每匹一个图案。有蝙蝠、凤凰、喜鹊、牡丹、芍药……活像百兽奇花藏在薄纱里，跟真的一般，光彩夺目！

辽王大吃一惊，竟有这样的巧手！忙下旨，把老婆子留在宫里，专为皇家织锦。老婆子笑了笑，骑上小瘸驴就走。辽王大怒，心想，漂亮的锦缎只能帝王穿，卑贱的贫民和女真人哪能配穿用呐！忙把身边侍臣叫过来，说："杀了老妖婆，不能允许她把技艺传出去！"侍卫们像群恶狼扑过来，蒙上老婆子两只眼睛，堵住了嘴，绑在驴背上，在驴尾上，拴着大草把，用火点着，往驴屁股上猛砍三斧。瘸驴又惊又痛，顺着山道往南山里跑去，越跑，尾巴上的火把越烧。疼得驴不敢站下来，拼命跳呀，跃进了立陡悬崖下的江中……

其实，那个老婆子就是猪妞。她死后，女真人称她为蚕姑姑。

后来，人们传说辽王死后变成了毛短而疏的圆球子鸟，一到冬天冻得直打颤，转着磨磨哀叫："姑姑我有罪，姑姑我有罪！"它好吃柞蚕，人们下套子、放箭杀它、燎它的毛，吃它的肉。而蚕姑姑却成了一位骑着驴、巡山护蚕的蚕神。养蚕人家，都感激蚕姑姑，留下养山蚕的技艺，心疼她遭了一辈子苦。每当放完秋蚕，家家都备好酒菜，点着安期香接蚕姑姑回家吃喜，寄托着无限的哀思。

讲 述 者/爱新觉罗·庆凯　满族
采录整理者/王庆福
采录时间/1985年
采录地点/本溪满族自治县偏岭乡泥塔村

西华山寻妻

有这么一家人，有哥仨个。老大、老二都娶媳妇了，老三是个念书的，大哥、二哥挣钱供他。两个嫂子就不愿意，这么大个小子要是放个猪、放个牛的，不也帮家挣几个钱嘛。叫他念书，不挣钱还得花钱，就不叫他哥拿钱供他。这大哥就舍不得让弟弟退学回家干活，弟弟念书念的好，将来进京赶考，万一中第，不也光宗耀祖吗？大哥就从他嫂子那偷钱给他弟弟花。放假了，大哥对老三说："你别在家闲着，弄个刀赶紧下地干活去。" 也是怕他嫂子嘀咕。他就弄个刀跟哥哥下地去了。

老三跟哥到地里割庄稼，哥哥在前面挥镰，不一会割倒一大片，边割边打捆。老三跟在后面，割半截，手就割出泡来了。割出泡他疼啊，他就坐那地方掉眼泪了。心想，我爸妈没了，大哥对我真好。我念书的事儿哥受不少夹板气，我吃点东西嫂子都不乐意，再这样下去，我哥太难了。

老三叫过大哥："大哥，你太累了，书我不读了，我出去闯闯。"哥哥就劝他，说："你安心念书，多难哥也供你。"老三坚持要走，大哥说："你走也得从家走啊，你明儿个走吧！哥在家给你弄俩钱你再走。""你别弄了，我嫂子又该不乐意了，我一个大小伙子，在哪不混口饭吃。"

老三不顾大哥的阻拦，就走了。老三奔城里去的，心想在那能找到事做。老三一路急走，到城里饿的前心贴后心了。念书人面子矮，不好意思开口，也不知道怎么开口要饭。他见一个幌子比别人大的，

就进去了。跟站台的说："大哥，给我一碗饭吃行嘛？"站台的说："我这是营业的地方，我不能给你，你到窗户下边做饭那屋去要。"老三就去了，跟做饭的老头儿说："我都饿好几天了，你把那饭给我盛半碗吃不行吗？"做饭的一看老三饿成这样，就说："我给你盛半碗你可快点吃啊，叫东家看见我把饭给别人吃，那我这碗饭就没了。"老三忙说谢谢。这老头儿就给他盛碗饭，他急呼拉的三五口就吃完了。老三说"好事你就做到底吧，再给我盛点不行吗？"老头儿一寻思说："我再给你盛一碗。你吃，我瞅着门。大门一响你就快藏起来啊。"老三说："行"。老头儿又给他盛一碗，他稀里哗啦正吃着呢，门响了，东家来了。老头儿说："你快上那炉坑里藏着。"过去冬天不是烧炉子嘛，底下有个坑，把那个板揭开了，他就进那底下了。这个东家有12处买卖啊！现在正是结账的时候。今年不知怎么的，各个柜台的账都乱了。进屋老板就说话了："你管着账目本，这账目记得不清。明天早上不开板儿，咱们先算账，算清楚了再开板儿营业。"老板走了，这小子就出来了，找出账本，翻开了，"哗哗"地来回看。赶着看赶着用算盘算，他是用俩算盘，一会儿工夫，算的清清楚楚，他就把那账本一合就在后边写上了"要想找此人，炉坑见"。

第二天早上，东家儿来了，一看桌子上这一份一份的账本，算得是立立整整，清清楚楚。这账谁算的？昨下黑儿怎么没休息？一看后边还有字"要想找此人，炉坑见"。这好啊，给做饭的叫来。做饭的就打哆嗦了。东家说："我问你，昨儿下黑你留谁在店里头了？"老头儿一听，老板知道了，不说不行了，就说："有个要饭的半大小子，我给他盛碗饭正吃呢，你们来了，我给他藏炉坑里头了。"东家说："快给那小子给我叫来。"这就急忙去给这炉盖子掀开，那小孩还在里面勾勾着呢。

他自个儿知道昨晚帮着算账，东家肯定找他。心里有谱了，反到不着急了。见了东家，老三也不害怕，大大方方的。东家说："俺们这账本，是不是你昨晚给算了？""啊，是我算的。你们这十二家的账我都算了。""这样的账你都能算啊？你有这么两下子，今后就留在我这吧。"东家叫人上那成衣铺挑那最好的衣料买，给这小子按照他的身子给他做。完了领着上澡堂好好洗洗澡啊！

这一换装，这小子帅呀。东家一看，从心里喜欢。说："我这十二处买卖的账都由你管。往后我来给你算账。"东家安排完了带着银两走了。

老三就在这当起了账房先生。就管这点账目，一天除了记记账没别的事。东家回家了，就跟他弟弟说："今天，我去算账。发现了个小伙子。这小伙子账算的好，字码写的也好！你姑娘也大了，我看是不是给这小子做媳妇?"弟弟说："我得看看再说。"

过了一阵儿，他哥俩坐轿子来了。一看这小伙儿长的好，白白净净的，再看记的账，清清楚楚的。弟弟也很喜欢。哥俩儿回来后就打发人，说："你去送个信，叫账房小伙儿过来，就说东家叫，有事儿。"老三骑个马就去了。到地方了，道上有接他的人等着，他下马跟着进了东家的宅院。大东家、二东家都在那等他。大东家就说话了："我弟弟有个姑娘，年龄跟你挺般配，我给你做个媒，不知道你愿意不?"东家叫来女孩，老三一瞅，这姑娘长得挺顺溜，就答应了。

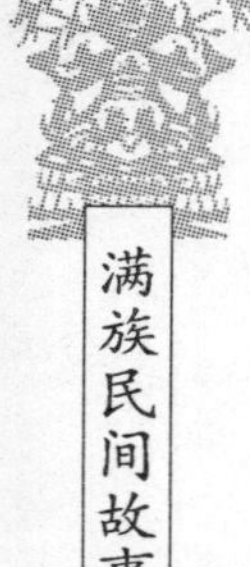

东家商量着择日子结婚？订好了，就让这老三回去了。老三回去就等。一等没有信，二等没有信，等了三年这边也不给信。三年的账东家也不来算了。这东家是怎么回事呢?

这天来信了，说东家让你去一趟。老三带着账本，驮着这三年挣的银子就去了。进屋了，一屋人，说："“大姐夫来了，快叫大姐过来。"老三寻思，三年了光订婚不结婚，也看不着个人影，这些人都管我叫大姐夫，这算怎么回事呀！东家说话了，东家说："三年不见你，是有一个事我不好开口说啊。不说又怕耽误你。上次，你走后，我侄女就得了相思病了，老念叨你，整天魔魔怔怔的，找先生看也看不好。后来她就死了。我就觉得挺对不起你的，就没给你去信。"老三一听，姑娘是为他死的，就问"埋哪去了？带我去看看。"东家就带着他到后边坟地去看了。到坟地瞅瞅，坟周围那蒿子呀什么的长得很密很粗。

晚上，老三就睡在厢房，半夜的时候就听见有人说话，老三寻思这是做梦啊，还是真事？我得听一听，是一个姑娘的声音，说："你和我啊是真心对象还是假心对象啊?"老三想，这是不是姑娘问我呀！老三说："姑娘，我要不真心怎么能等你三年?"姑娘说："你要真心啊，

明个儿早你别吃饭，上我的坟茔左转三圈，你说你要跟我回去啊，右转三圈，你说你要跟我回去啊。我就能跟你去。”老三一听，这事是真事是假事呢？老三也挺想念姑娘的。第二天一早，老三就去了，按照姑娘说的，转完了叨咕完了，就回来了。

东家说：“这银子算你这三年的工钱，给你了，你驮回去吧。出来这么长时间了，你回老家看看，置办点家产，成个家。回去安排完了，你再回来帮我。”老三吃完早饭就走了。到晌午头了，牲口也饿了，他在车上歇一会儿，下去走一会儿，他心里老乱了，老寻思这个事儿。他把东西卸下来，牲口就到一边吃草，他就坐树根底下打盹。正要迷迷糊糊睡着了，就听有人说：“还睡啊？骡子都吃人地里去了！”“啊！”老三一激灵起来，卜楞卜楞脑袋瞅瞅，一瞅那个姑娘站在他眼前。老三愣住了，不知是梦是醒，这时姑娘说话了：“你真心召唤我，我就跟你来的。”老三说：“真来了！”那心里高兴啊，媳妇来了。姑娘说：“把这垛备上咱回家。”两人有说有笑地往家走，快到家了，姑娘说：“你好几年没回家，这回回来了，你也骑个骡子，我也骑个骡子，进堡子不叫人笑话呀！”老三说：“谁爱笑话谁笑话，有你我什么都不在乎。” 姑娘说：“你去买个小车子，咱俩坐车子里头，赶这两头骡子。”老三去买车子，买回来套上骡子。媳妇坐在里头，钱袋子放车上，他赶着这车就进堡子头了。这时有人认出他来了，就喊：“这不是老王家小三带着媳妇回来了嘛！快去给他哥送信去。”

他哥、他嫂子都出来迎接。他嫂子一看老三，赶着车，车上还带着东西，可热情了，忙招呼进屋。大嫂张罗做饭，一家人吃过饭，唠会儿磕，就休息了。日子待多了，大嫂就提出说：“咱妯娌三个得轮着做饭。”妯娌三个就开始轮着做，轮到老三媳妇做饭了，他们哥俩就说：“看你们俩做的饭，怎么那么不好吃？你看三弟妹做的这个饭，怎么那么香啊。你们就不能跟人家好好学学！”俩嫂子背后说，等轮到老三媳妇做饭，咱俩去看看。

这天，他们哥几个一大早就去铲地了，俩嫂子鸟儿不悄地给后窗户纸舔开，就在这看，看三媳妇怎么做饭的。就看三媳妇给米往锅里一倒，两条胳膊往锅里一伸，不一会儿，一锅米饭做好了。再一拍手，一桌子菜齐了。大嫂、二嫂一看，吓了个倒仰，拔腿就跑。

晌午哥几个回家了，大嫂就说了：“老三媳妇不是人是妖精啊！”大哥说：“我说人做饭好吃，你就说人家是妖精？我看你像个妖精！”大嫂急了，说：“我说的你不信，明个儿你别去铲地，你自己去看。”

第二天，大哥、二哥找个理由，锄头撂地边就偷着回来了。在窗户上往里一瞅，可不是怎么的，哥俩都吓一腚蹲儿，说：“可坏了，这怎么整？”这哥俩就回屋合计道儿，想怎么办这事。大嫂说：“这妖精打不死，得用柴火烧。”哥俩就聚了一大堆劈柴，倒上灯油，拽出老三媳妇就扔火堆里了。老三媳妇还挺镇定，告诉老三：“去拿线笸箩来。”老三拿来了线笸箩扔给了媳妇。老三媳妇拿线就这么拉一下，拉出个十字花。老三媳妇往里一趴，外边的火怎么大也烧不到她。火灭了，去灰堆里一扒拉，人家好好的，什么事也没有。大哥说：“这可坏了！这不惹了祸了嘛！她没死，还不得把咱们弄死！”结果，老三媳妇一句埋怨话也没说。

没法在一起过日子了，大哥说：“赶紧分家自个儿单过吧。”老三出去，自个儿盖了房子，媳妇也生了孩子。日子过得挺安生的。有一天，媳妇说：“我要走了。”老三着急了，说：“你上哪走？孩子才这么点。”媳妇说：“你要想找我啊，有个办法。你到西华山找我。”说完，人就走了。这老三就愁了，孩子哇哇叫唤要吃奶，家里顾了这头顾不了那头，全乱套了。过不下去了，老三用被把孩子一包，背着孩子就奔西华山找媳妇去了。走了两天，看见一个放猪的老头儿，他过去说：“大爷，西华山还有多远？”老头儿说：“前面的山就叫西华山，你上不去，山上净是石砬子，蚂蚁都爬不上去，你怎么能上西华山？再说了，这河这么老宽，你往水里迈一步就没有影了，河你都过不去，你怎么能去上山呢。”老三一听，完了，看不着媳妇了，坐地就哭。一闭眼睛，眼前就有个线，一睁眼又没有了。老三一想，回去日子也没法过，干脆过河，死不了上山，死了也就死了，我和媳妇缘分尽了。一闭眼就往前走。闭着眼睛，觉得前边有个线拽着他走，河水就像个镜面似的，走在上面，不往下沉。过了河，老三就往山上爬，一爬就上来了。到山顶上一看，这地方真好，六进院的院套。进院看见一个老太太，老三说：“这山上最近回没回来一个姑娘？”老太太打量一下老三说：“你叫王三吧？”老三说：“是啊，你怎么知道的？”“我知道你

叫王三。你看你印堂暗淡，你有血光之灾呀。”老三跪下说：“大娘，我是来找我媳妇的，你得救我。”老太太说：“要我救你，你得听我的话。”老三忙说：“行，我听你的话。”老太太说：“你往前走，到底院上房，上房有十二美女，她们长得都一样，你媳妇就在这中间，你要认错了你就没命了。”老三说：“那怎么办呢？您老要救我。”老太太说：“我告你个招，到那儿，你就在孩子屁股上掐一把，孩子肯定哭，这孩子一哭，你就看，哪个耷拉脑袋，你就把你孩子往她身上扔。她肯定接着，这就认出来了。”老三谢过老太太，抱着孩子就往前走。一直走到最里边，进了上房。进上房一看，屋里坐着十二个姑娘，个头一般高，长的一模一样。老三把手伸他孩子屁股上一拧，孩子哇哇大哭，他一看屋当间有一个姑娘的脑袋一耷拉。老三把孩子让去说：“孩子给你吧。”姑娘接住了孩子。这时，美女们七嘴八牙地说：“这是姐夫到了，快进屋吧。”

从此这一家三口团聚在一起，在西华山上过上神仙的生活。

讲 述 者／爱新觉罗·庆凯　男　74岁　初中文化　职员
采 录 者／张　莹
采录时间／2008年7月19日
采录地点／偏岭镇泥塔村

王大仙姑

在早，咱这一带，家里遇着什么事儿了，都得请仙。那前儿缺医少药的，没有大夫，就把跳大神的请来，就是请老仙儿。叫老仙儿给搭救搭救。这大神一跳，说不上哪位仙家到场，那仙家也有很多，什么王大仙姑啊、翠花仙姑啊、脚跟三爷啊、狐三太爷啊，那就老多了。俺们这地方最信的是王大仙姑。咱这小市往上走，有个上堡，这个堡子叫山城寨。离这个山城寨五里多地有个柳条沟，柳条沟里有个方八尺庙。怎么方八尺呢？就是长也八尺，宽也八尺，庙里头供奉王大仙姑的神像。这个仙姑是怎么来的呢？

山城寨有个老王家，老王家很有钱，王大仙姑是这家的姑娘。过去大户人家的姑娘，是不准随便出门子，在街上抛头露面。所以，王姑娘就老在家待着。她们家养活一群羊，有一个羊倌给她们家放羊。羊倌小伙儿挺憨厚，长得很结实。可能姑娘也没上过街，也没见过别的男人，暗地里就很爱慕这个小羊倌。小羊倌也不敢搭茬啊，心想，咱是给人家放羊的，人家姑娘是大家闺秀，长得又挺漂亮，咱跟人搭不上话。不管王姑娘怎么表示，他也不敢答应。

王家老头儿经常出外，家里就剩他们两个人，王姑娘就想法子接近小羊倌。一来二去的，他俩就有了关系了，王姑娘就怀孕了。时间一长，王姑娘身板显形了，姑娘讷就看出来了。问她："你这怎么回事啊？"姑娘一看也瞒不住了，就实话实说了："我和小羊倌好上了。孩子是小羊倌的。"老当家一听这事，气得差点没背过气去，说："这简直败坏王家门风，对不起祖宗啊！咱家这在山城寨是个首户，你一个

姑娘家做出这种事，你叫俺们这老脸往哪搁？这衣服没穿破也叫人家指破了。哎呀！你可丢死人了，你这样不如死了，你就别活着了。”就这么的，老头儿叫人来，“把她弄出，给我活埋了！”来了两个扛活的，连绑带拽的，就把王姑娘弄柳条沟去了。这两个扛活的一寻思，就这么活生生地埋了也不是个事儿啊。就在砬头坐着抽烟，抽了一会儿，扛活的说：“姑娘，俺们不把你弄死，回去没法跟老东家交待。我俩不埋你，给你推下去，活不活就看你的命了。”王姑娘自个儿也想，已经到这个地步，活着也没有意思了，就自己跳下去了，摔砬子底下了。王姑娘摔死了，孩子摔出来了。两个扛活的，下到砬子底下，把王姑娘埋起来了，可孩子怎么办呢？正发愁呢，东边塞利寨有个落水淀子，有几个女人来这山上采山野菜，看见这个事儿了。她们见小孩嘎啦嘎啦叫唤，手脚扒拉扒拉刨着、挠着，瞅着不忍心，把衣服脱了，给孩子包上，就抱回塞利寨，落到一户人家，这个小孩在这户人家的拉巴下，就长大了。

王姑娘摔死的事，在山城寨这地方是家喻户晓，全寨子的人都知道了。一开始风声挺大，都当个新鲜事儿说。时间一长，就没有人说了。没人说就出事儿了？这个王姑娘天天回来，寨子里的人还有看着她的。她一来，他们家上上下下都犯病，不是脑袋疼了、就是肚子疼了，这寨子有人说过她坏话的，也给整得疯疯癫癫。后来人们被她作的扛不了了，几个老人在一块儿说：“咱这么地吧，王家姑娘岁数小，死的也惨，让她也别闹腾这寨子了，咱们大伙儿凑钱，给老王家姑娘修个庙。修个方八尺的庙，给她供养起来，给她起个仙名就叫王大仙姑。”大家伙儿都同意，就这么地给她修个庙，修个庙供奉这个王大仙姑，结果这寨子从修这庙就太平了，王姑娘不来闹事了。平时谁家有病有灾了，就到庙上烧香上供去，叨咕叨咕，求王大仙姑保佑保佑。后来咱们本溪地区满族人跳神的萨满也多，大神请神时，就把王大仙姑列为一个名人了。王大仙姑生的这个孩子，在塞利寨长到十七八岁的时候，也死了。大家都说是叫王大仙姑接走了，母女团圆了。后来人们给王大仙姑的旁边搁个小灵位，叫翠花仙姑。到现在这个庙还有，人们还去那上香、上供。

讲 述 者/爱新觉罗·庆凯　男　74岁　初中文化　职员
采 录 者/张　莹
采录时间/2008年7月19日
采录地点/偏岭镇泥塔村

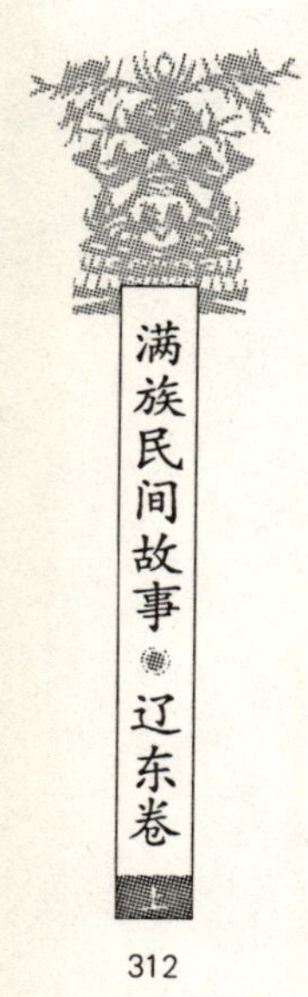

仙　缘

在偏岭镇的北面有一座很高很高的山，叫棒槌砬子。据老人们讲，山里有一条吐纳练气的蟒蛇。因而，山头上总是云缠雾绕。

相传很久很久以前，棒槌砬子有一所道观。观里有七个年轻的道士在修行。他们每天采药炼丹，吐纳导引，早起，晚睡，不敢有丝毫的懈怠。他们的诚心，惊动了天上的一位上仙。

这天，观前来了一位鹤发童颜，气度非凡的道长。老道长见他们烧汞炼丹，便连连摆手说：

“不可，不可。金石燥烈，益以火力。亢阳鼓荡，血脉愤张。故筋力似备加强壮。而消铄真气，伏祸亦深。观艺花者，培以硫黄，则冒寒吐蕊，然盛开之后，其树必枯。盖郁热蒸于下，而精华涌于上，涌尽则立槁耳。如果你们想脱胎换骨，成仙得道，我这里有一只茄子，送给你们，吃了就可以成仙。当然这还要看你们每个人的缘分深浅。”

说罢，他从袖子里取出来一只茄子，众道士大喜。心想，煮一只茄子还不容易。等接到手中才知道，是一只硬梆梆沉甸甸的铁茄子。道士们将信将疑间，那老道士化作一只白鹤腾空而去。

众道士齐齐跪倒，拜伏于地。

他们把茄子放到锅里。七个道士砍柴烧火，轮班守护。铁锅换了一口又一口。十年过去了，茄子没有丝毫改变。有两个道士疑心受到了欺骗。他们说：

“与其在这白白地耗费生命，倒不如趁早下山，寻个婆娘，生儿育女，快活半生。”

剩下的五个道士送走了两位道友之后，仍然是早起晚眠日夜不辍。

铁锅换了一口又一口。又十年过去了，锅里的茄子依旧。又有两个道士受不住煎熬，不告而别。剩下的三个道士仍然是一如既往。

铁锅换了一口又一口。又十年过去了，茄子依旧。两个已不再年轻的道士绝望地跃下断崖，只剩下一个道士了。老道士想，反正已经煮了三十年了，人也熬老了，是不是骗局反悔也迟了，继续煮吧！

不知多少年过去了，老道士病倒了。弥留之际，一个十几岁的小要饭花子来到了他的床前，花子是迷路碰到这里来的，想讨点吃的。老道士已无力说话。花子掀开锅，见锅里煮着一只稀烂的茄子。便舀了一碗汤水，送到了老道士的嘴边，可是，老道士已羽化升天了。

花子嘀咕道：对不住了道长，我先吃点东西，再烧化你吧！

花子一口气将茄子连汤带水地吞了下去。

花子还没弄明白怎么回事，身子已飘到了半空中。惊诧间，他听到了天宫飘来的阵阵仙乐。

讲 述 者／李庆丰

采录整理者／刘 纬

采录时间／1985年

采录地点／本溪满族自治县

石人吐金的故事

早先年，在山音哈达、牛祜碌部落有个老寡妇领两个儿子过日子。她先给大儿子索儿泰娶了媳妇。想不到索儿泰是个黑心人，他娶了媳妇忘了娘，最后竟霸占了老阿玛留下的一点可怜的财产，把老额娘和年幼的弟弟赶出家门。

小弟弟叫英翅窝，是个老实巴交的孩子。他和老额娘来到一座大山脚下，搭起个小仓子。他每天上山打柴，老额娘每日纺织布，娘俩相依为命，过着黄连水熬的苦日子。

老额娘每天都给儿子做点干粮，让英翅窝带到山上吃。可干粮一到山上让西北风一吹，又凉又硬，真难嚼啊！

这天，英翅窝又到深山老林里去打柴。打着打着，看前边有个黑乎乎的大树墩子似的东西。近前一看，原来是个石头人，张个大嘴，似笑非笑，看样子很好玩。英翅窝瞧了一会，忽然灵机一动，顺手就把干粮袋塞到石头人嘴里，干活去了。

等到晌午，他从石头人嘴里掏出干粮，真怪呀，干粮竟变得又热又软，好像刚从笼屉里蒸过一样。他反正是饿急了，没管三七二十一，操起干粮就吃上了。吃到还剩一个的时候，他又把干粮送回石头人嘴里，一边自言自语地唠叨：“石头人呀，你可别给我吃了，这剩下的干粮，我是留给老额娘的啊！”

从此，他每天都来到石头人身旁打柴，把干粮寄放在石头人嘴里。天长日久，他对石头人啥心里话都唠，像对朋友一样，产生了亲密的感情。

这天，英翅窝干完活又去石头人嘴里取干粮，一掏干粮袋没有了，再一掏还没有。他心急地说："石头人啊，你怎么把干粮吃了呢！我不打紧，我老额娘晚上还没饭哩！"忽然间，石头人咧开大嘴，哈哈大笑了。英翅窝一气，又往石头人嘴里掏。好家伙，真神啊，竟从里边掏出一包金子。他欢天喜地跑回家，把事情原原本本对老额娘说了。老额娘生气地说："快给我送回去！这来路不明的不义之财，咱就是饿死也不能要！"英翅窝被老额娘训斥一顿，连晚饭也没吃，顶着月牙儿赶到山上，把金子送回石头人嘴里。

可是等到第二天，英翅窝来取干粮，仍旧与前一天一样，干粮没了，掏出来的还是一包黄澄澄的金子。他只好把金子带回家，把这奇怪的事又跟老额娘讲了。老额娘低头不语，沉思了一会儿，才说："看来，这是神赐给我们的啦。儿呀，往后你也不必打柴了，靠这点金子，你在门前开点地，守着老娘过日子吧！"就这样，娘俩买房置地，日子富起来了。

慢慢，远远近近都传说英翅窝在山上打柴，碰着神仙发了一笔财。没多久，这消息也传到大哥索儿泰耳朵里，他对媳妇一学，两口子馋得涎水直淌。那个心眼比丈夫更歹毒的女人，冲丈夫耳朵如此这般地嘀咕了一阵，说得索儿泰把一双小眼睛都笑没了。他忙去街上买来两包果品，特意去看望老额娘和兄弟。索儿泰一进门就假惺惺地说："老额娘，我来看你来了，这么多天不见你和弟弟，可把我想坏喽！"儿子终究是娘身上掉下的肉，几句抹着蜜的话儿，把老额娘说得喜笑颜开。

弟弟英翅窝本来就是个忠厚老实人，见哥哥这么热诚，忙摆上酒席筵菜款待索儿泰。三杯酒下肚，诚实的弟弟架不住哥哥的甜言蜜语，就把石头人的事全讲了。

索儿泰高兴得饭也不吃，忙三迭四地回到家里和媳妇一说，两口子乐得一宿没合眼睛。天没亮，索儿泰换身粗布衣裳，拿起柴镰，扛个扁担，带上干粮，按弟弟告诉的路线走到山里。

到了山里，果真看见有个似笑非笑的石头人。他来到跟前，赶忙把带来的干粮放进石头人嘴里，跪下一边磕头，一边说："石头人呀石头人，这干粮你可不能吃啊，我可是要留给我老额娘吃的！"说完就跑

到一边，拣块平展地方睡觉去了。

还没到中午，他就急不可待地跑到石头人跟前，从石头人嘴里掏干粮。一掏，果然干粮没了——索儿泰乐得心都快蹦出来了。他赶紧又往里掏，却抓出一把枯树叶子，再使劲一掏，是把青苔。他掏了老半天，累得满头大汗也没掏出半个金子渣。索儿泰气得破口大骂，仍然不肯罢休，还是死命地往里掏。猛地，只听“格登”一声，石头人大嘴一闭，把他胳膊死死地咬住了。他用力往外抽，可是这只胳膊却再也抽不出来了。天黑了，刮起了刺骨的寒风，就这样，黑心的索儿泰被冻死在漆黑的大森林里。

讲 述 者／爱新觉罗·庆凯　满族

采录整理者／王庆福

采录时间／1985年

采录地点／本溪满族自治县偏岭乡泥塔村

桦皮篓

传说很早以前，有那么小哥儿俩，住在花脸沟的上屯里，靠放山打猎为生。他们每次放山打猎回来都把山货和猎物交给屯里一个德高望重的穆昆达，由他把这些东西分给大家。生活在深山老林里的十多户人家，和和气气地过着无忧无虑的日子。

可是好景不长，有一年，来了领兵的葛珊达，一眼看中这块地方，硬是把小屯给占了。从此，屯里人都被迫给葛珊达干活，大伙的日子一天比一天过得困难，而那葛珊达却肥了，买地建宅，日子越来越阔。

一天，那哥儿俩给葛珊达上山打猎。临太阳卡山，哥儿俩坐在树下，掏出干粮刚要吃，见林子里趔趔趄趄地走来个白胡子老头儿，老头儿背个破旧的桦皮篓，穿戴破烂，浑身冻得发抖，来到哥儿俩跟前就倒了。哥儿俩慌忙上前边喊边给他揉心口。过了一会儿，老人缓醒过来，吃力地睁开眼睛说："好心的孩子，我三天三夜米水没沾牙，你们把我救过来，没东西吃，怕还得冻死饿死啊！"

小哥儿俩二话没说，脱下身上的衣服给老人披上，把干粮送到老人手里。老头儿也不客气，几口就把干粮吃光了。

第二天，哥儿俩上山打猎又碰上那白胡子老头儿。老头儿说："孩子，救人救到底，行点好，再给我口吃的吧！"

哥儿俩又掏出干粮给老人吃了。

兄弟俩瞅这个挺眼生的老头儿问："老爷爷，你从哪儿来，到这做啥呀？"

老人答道："从很远的地方来，我是出来找儿子的。"

老头儿三口两口把干粮吃光，却盯着哥儿俩肩上的狍子和野鸡道："孩子，我饭量大，这点干粮哪能填饱肚皮呀！你们再给我点狍子肉吃吧！"

哥儿俩忙说："这可不行，我们是给葛珊达老爷打的猎啊，拿不回去猎物要挨鞭子的！"

小哥儿俩是热心肠，经不住苦苦哀求，就把猎物分给老人一半。结果，葛珊达见猎物少了，兄弟俩各挨了二十鞭子。

就这样，哥儿俩每天在山上都遇着那奇怪的白胡子老头儿来分吃干粮。直到第九天，白胡子老头儿解下背上的桦皮篓说道："好心的孩子，我该走了。这些天我吃你们不少东西，临走没啥报答，就把这桦皮篓送你们吧，往后或许有点用场！"哥儿俩不好推辞，磕个头，接过桦皮篓，白胡子老头儿笑眯眯地点点头，眨眼工夫没影了。

再说，这哥俩儿几天来就没吃顿饱饭，肚子饿得咕噜噜直叫，回到家掀开米柜，见一粒米都没有，俩人你瞅瞅我，我看看你地皱眉头发愁，天还没黑透，哥儿俩把桦皮篓挂在北墙上，早早上炕睡下了。

不承想，第二天早上，哥儿俩没起炕就闻到一股香喷喷的饭味。起来一掀锅，真怪呀，锅里热气腾腾，又是饭又是糕。俩人实在饿急了，顾不得细想，狼吞虎咽地吃个饱。

打那往后，天天锅里有饭有糕，可就是猜不透饭是哪来的。哥儿俩越想越怪，决心揭开这个谜。

这天，兄弟俩见家里烟囱又冒烟了，就悄悄溜回家，躲在窗外，把窗户舔个窟窿偷偷一望，这一看不打紧，小哥俩都惊呆了，原来厨房里有三个仙女一样漂亮的姑娘在做饭。不一会儿饭好了，三个姑娘轻轻一跳，变成三股青气钻进桦皮篓。哥儿俩这才知道桦皮篓是个宝物。打这，哥儿俩像敬神似地供奉那个桦皮篓。

日子一天天过去了，给葛珊达干活的人们日子更加不好过了。一天晚上，哥哥对弟弟说："兄弟呀，咱俩是不愁吃不愁穿了。可乡亲们还照样穷哇！咱何不祷告桦皮篓让大家伙都有饭吃呢！"弟弟也喜笑颜开地说："好啊！"于是俩人跪在桦皮篓下边诚心诚意地祷告心里的愿望。说来也怪，第二天，屯里的乡亲们果然家家锅里有饭有糕。大伙

又惊又喜，闹不清怎么回事，只有那位德高望重的穆昆达老额娘知道事情的底细，她对大家讲过原委。众人都感谢哥儿俩的救济，说他们兄弟做了好事，感动了神。

墙外有耳，不久这事传到葛珊达耳里。他捻着两撇山羊胡乐得肚皮直颤，领人来到哥儿俩的小马架子，假惺惺地说：“今个我要宴请你们哥儿俩，你们为我得了宝贝，该受赏哩！”兄弟俩一听，脸都气青了，他们明白这是黄鼠狼给鸡拜年——没安好心呐！可又惹不起葛珊达，只好眼睁睁地看着桦皮篓被抢走了。

葛珊达把抢来的桦皮篓供奉在大堂上，一边叩头一边喜眉笑眼地喊：“桦皮篓，桦皮篓，

我不要肉不要酒，

专要金银四大篓。”

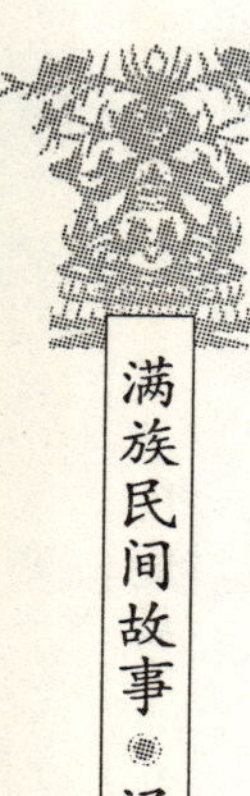

约摸半袋烟的工夫，想不到四篓金晃晃、亮灿灿的金银真的出现在眼前，贪婪的葛珊达乐得围着金银直转磨磨。这时，他心里猛然又想出个鬼点子，嘴里高声唱道：

“桦皮篓，桦皮篓，

三个姑娘归我有，

荣华富贵过长久。”

他话音刚落，突然从桦皮篓里窜出三条红堂堂的火蛇，照着葛珊达脑袋门飞去，转眼大火烧红半边天，葛珊达活活给烧死了，他的家业被烧的片瓦无存，只有那桦皮篓和四篓金银纹丝未动地保留下来。哥儿俩把金银分给穷乡亲。打这以后，大伙又过上了安居乐业的好日子。

传说这善良的哥儿俩活了好大岁数，一生受到人们的爱戴。那桦皮篓呢，也一直流传下来受到满族人的敬重。后来满族人敬神祭祖都用桦皮篓装肉，盖房子还用三片桦皮贴在正中的滴水瓦上哩！

讲 述 者／温突哈拉·文喜　满族

采录整理者／王庆福

采录时间／1985年

采录地点／本溪满族自治县偏岭乡泥塔村

棒槌哈达

谁也不知道棒槌哈达有多高，立陡立崖的，它的峰顶总是被埋在云雾里。只有在万里无云的秋天，正晌午时才露出一会儿山头，把影子倒映在峰下的棒槌河里。这时，很多人都从河中的倒影里，看见哈达顶上长着很多又大又胖的棒槌。

那棒槌吸引了很多很多的人，一个接一个地都登攀过棒槌哈达。有的爬到半山腰，就吓得又退了回来；有的豁上性命爬了上去，但一去却没回来。所以人们都说：胆子小的人爬不上去，贪心的人爬上去也回不来。人们只有眼巴巴地望着它，再也没有人敢攀登它了。

不知过了多少年月，棒槌哈达下有一个父母双亡的孤儿，名叫那哲里，他不仅胆子大，而且很有登山的本领，又是个心眼憨直的人。他受乡亲们的嘱托，决心要试试登攀棒槌哈达。因为那时，棒槌哈达下的老百姓，正闹着瘟疫，只有用棒槌熬水喝，才能治好。

人们在棒槌哈达下设了祭坛，宰杀了整猪整羊，斟上了上百年的陈酿老酒，为小伙子祈福。那哲里喝了乡亲们敬的三碗醇酒，吃了黄粟黏团，脖颈套上了艾叶圈，每个人都吻了一下他的额头为他送行。

那哲里单腿跪在地上，向乡亲们行了大礼，便开始登攀棒槌哈达去了。

那棒槌哈达高不见顶，大砬巴上，连个落脚的凹坑都没有。他光着双脚，用手扯荆枝藤条，艰难地往上爬着，稍一不小心就会滑落下来。他费了很大的力气，流了很多的血汗，费了很长的时间，终于在一个晴朗的早上，登上了峰顶。

登到棒槌哈达上，使他大失所望，别说没有发现什么棒槌，就连草木都很稀少。满山顶全是些狼牙怪石，葛条荆棘，连下脚的地方都没有。

那哲里愁住了，往下一看，万丈悬崖，宽阔的棒槌河，变成了一根银线了。这时他疲劳极了，也饥饿极了，便在一块大石头上坐了下来歇息，忽然，听到一阵风吹草动声，从那狼牙怪石中蹦蹦跳跳地出来一个小红孩。他浑身上下除了一个红兜肚而外，再也没穿别的东西。小红孩见到了那哲里，歪着扎着独角辫的脑袋，转动着一双黑溜溜的大眼睛，娇声娇气地问道："哎唷，赛音哥哥，你是从棒槌哈达下面上来的吧？"

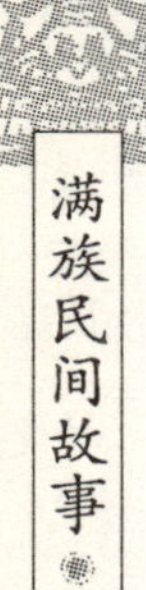

那哲里见到小红孩问他，高兴极了，笑着回答："对，小兄弟，我正是从棒槌哈达上来的！"

"俺老祖太爷爷早就知道了，让我来请你！"

小伙子有些发愣了，想不到万丈高峰顶上，还住着人家，他就跟在小红孩的身后，登石峰，攀藤条，左曲右拐，好大一阵工夫，来到了一个地方。只见前面三块大石砬子堆起了一座大石门。进了石门，吓！里面青堂瓦舍，粉皮花墙，月亮门，宽敞豁亮极了。鹦鹉唱着歌，仙鹤跳着舞，梅鹿守庭院，老虎把大门……真是个神仙住的地方。小伙子哪敢进去呢！这时，从台阶上传出一阵笑声，只见一位白发银须的老头儿迎了出来，拱手说道："赛音哥哥，等你很长时间了，快请到堂屋里去休息喝茶！"

那哲里连忙打个千，有礼貌地说："多谢老仙翁，打扰您了！"说完便跟进屋去，那满屋子阔绰的摆设就不用说了，全是他从来没见过的东西。

那哲里刚刚坐下，只见一个身着锦衣彩裙，年轻美貌的格格走进屋来。她放下茶盘，斟上了水，还微笑着瞅了那哲里一眼。那哲里羞得满脸通红，连忙低下了头。不过他已经看得清清楚楚，送茶的格格长得比天仙还要美呢！

白发老翁向小伙子介绍说："这是我第十八代的孙女，叫红红。"

那哲里红着脸站了起来，向红红深深地打了一个千。

茶没等喝完，满桌的酒席就摆上来了。那酒席更是那哲里从来没

有见过的。那棒槌酒，各种野果酿造的酒，从瓶子里飘出了香味儿；那棒槌蜜、百花蜜、异草蜜，更是清香扑鼻。酒席上，还是那个端茶的格格，给他们斟酒、拨蜜。那哲里饿极了，他喝了很多的酒，吃了很多的蜜。酒足饭饱以后，不觉有点醉意，便躺在花藤床上呼呼地睡着了。

天黑了，满天的星星和月亮就像在树上挂着似的，照的棒槌哈达顶上像白天一样亮堂。突然，一阵鼓乐声把那哲里惊醒了。只见屋里堂外，前宅后院，闹嚷嚷的，灯笼火把，站满了人。这时，还是领路的那个小红孩来到那哲里的身边，深深打千说："姑爷爷，我祖太爷请你去见他！"

那哲里愣住了，怎么叫起姑爷爷了呢。他蒙头转向地跟着小红孩去了。

白发老翁乐呵呵地说："勇敢善良的赛音哥哥，这是阿不凯恩都里的安排，让你和我第十八代玄孙女儿成亲！"

那哲里吓得连忙跪在地上，恳求地说："老仙翁，这可使不得，万万使不得呀！我是受乡亲们的嘱托，来求药的呀！"

白发老翁笑着说："这件事儿，我们早就给你办好了！"

那哲里还是不肯答应，说："我是个穷苦人，怎么能有资格和仙女婚配！"

白发老翁又解释说："世上的赛音哥哥千千万，只有你才配得上做我的第十八代玄孙女儿女婿呀！"

那哲里还是苦苦地哀求，说："我不能离开乡亲，我一去不回还，人家是会骂我的呀！"

老仙翁又笑着解释："他们不会骂你，还要感谢你呢！"

那哲里哀求不行，想走走不了，只得和红红格格成了亲。

白发老翁用棒槌蒸起雾气，喷在棒槌哈达下，治好人们的瘟疫。他又向山下撒了很多的棒槌种子。让棒槌在山野里繁殖生长，为人们消灾治病。

传说，那白发仙翁是一棵长了五百年的老棒槌精，棒槌哈达上的那些人，都是他繁衍的子孙。他们见到忠诚善良勇敢的赛音哥哥那哲里，老仙翁就决定把幸福送给人间。

讲 述 者／爱新觉罗·庆凯 满族

采录整理者／王庆福

采录时间／1985年

采录地点／本溪满族自治县偏岭乡泥塔村

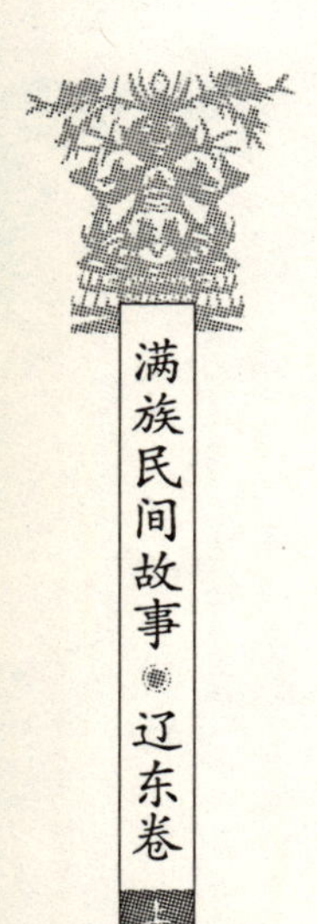

靰 鞡 草

从前，有个年轻人名叫贲海，到山里去打猎。他爬过了许多山，穿过了许多林，也没遇上一个野兽。累得他实在抬不动腿了，刚想坐下歇歇，却遇上了一个跌伤了腿的老太太。贲海虽然很疲倦，但见老太太很可怜，就上前将她背起来，送她回家。老太太身体又胖又重，没走多远就累得贲海通身是汗。他爬过一座山，翻过一道岭，就问一声：你老家在哪里？老太太总是用手一指说："在前边。"爬过了九座大山，翻过了九道大岭，贲海的鞋登飞了，脚也磨破了。最后走进一个山洼，好歹算到她家了。

他把老太太放到地上，一看老太太走起路来腿一点毛病也没有，他很生气。但是由于她是一位老人，不能指责她，贲海一句话也没说，抬腿就往外走。可是老太太拦住了他，说他是个好心的年轻人，要好好地报答他。她找出一双鞋送给贲海，贲海一看是木头底的，猎人不能穿，就谢绝了。老太太说："那么我就给你做一双吧！"于是她就从猪圈里抓来一只小猪羔杀了，用这小猪皮给贲海做鞋。贲海的脚太大，老太太把小猪身上所有的皮都用上了，才勉强把这双鞋凑合够了。因此，这双鞋就缝得皱巴巴的。老太太说："这也不像双鞋样了，它是用猪皮做的，就叫'靰鞡'吧。"

靰鞡做成后，老太太拿出三样东西，一堆蚕丝、一堆棉花、一团麻。让他选一样絮在靰鞡里。他掂量了半天，一样也没拿。他说："雪白的棉花和蚕丝，应留着做衣裳，麻能打强索，这些东西垫脚实在可惜。絮靰鞡用把草就可以了。"

老太太点着头说："你不光是个好心肠的猎人，还是个十分俭朴的青年人。"接着，老太太用手一指说："你往草甸子里看。"

赉海抬头一看，只见塔拉里出现一撮马尾儿似的细草。他去割来一把，用棒子一锤，絮到靰鞡里跟棉花、蚕丝一样柔软。

老太太说："应派个巴图鲁来保卫你这样好心的猎人。"这时正好有个豺狗子从这路过，老太太问它："你愿意给这位猎人当卫士吗?"豺狗子点点头。她又说道："如果在山林中你无法辨认这位好心的猎人的话，这双靰鞡和里边的靰鞡草就是标记。从今以后，你就是林中的巴图鲁了，任何凶禽猛兽都应惧你一头。"豺狗子又点了点头，就跑到山上去了。

赉海穿上靰鞡，告别了老太太，走起路来特别轻快、暖和、不冻脚，过夜又放心。于是他把这一切告诉了所有的猎人。猎人们在林中打小宿的时候，先拢着一堆火，然后把靰鞡脱下来，掏出靰鞡草放在身边，就可以放心大胆地睡觉了。豺狗子一看靰鞡草，它就在四周浇上一泡尿，不论是猛兽还是凶禽，一闻到林中巴图鲁画的圈，就躲到远处去，因而，靰鞡草也就成为猎人的宝贝了，被人们称为关东的三宝之一。

后来赉海在林中碰到了个脚穿木底鞋的放蚕姑娘，问起了这鞋的来历。姑娘说这是背送一位摔断了腿的老太太，那老太太送给她的。赉海一听，就想，这老太太可能就是送给自己靰鞡的那位老人，决定前去探望。姑娘也正放心不下老太太的腿，就同赉海一同去了。他俩来到山洼一看，不但没有老太太，连房子也不见了。他俩正在发愣，就见远处飞来一只喜鹊，飞到他俩跟前，把一根羽毛扔到他俩面前，然后围着他俩不停地叫着。他俩明白了，原来这位老太太是萨克萨妈妈。赉海捡起了羽毛翎，姑娘就红着脸把头歪了过来，他把羽毛翎插在了姑娘的头上。他们就在这山屋里成了亲。男的打猎，女的放蚕，过起了幸福美满的生活。

讲 述 者／爱新觉罗·庆凯　满族

采录整理者／王庆福

采录时间／1985年

采录地点／本溪满族自治县偏岭镇泥塔村

蛤蟆变金元宝

有这么两兄弟，老大傻，老二聪明，他俩都娶媳妇了。

有一天，老大出去打柴，回来的路上，见道旁的水沟里有许多蛤蟆，咕嘎咕嘎地在那叫，它觉得这蛤蟆叫的真好听，他就下河里抓，张开口袋，那些蛤蟆噼里啪啦地往口袋里跳，跳了足足有半袋子。老大背着袋子回家了，到家就把袋子放柜子里了，他就坐一边看着。柜子里直往外拉拉水，不一会儿，淌了一地。老大媳妇过来就问："这是啥呀?"老大说："是金元宝"，老大媳妇一听，心寻思，这老大一准儿是又犯傻了。老大媳妇就想打开柜子，看看到底是啥淌水，老大左推右挡不让动。一边推还一边喊："我抓的金元宝，你别动!"这话让隔壁的老二媳妇听见了，回屋就告诉老二，说："老大不知从哪弄来的金元宝，放柜子里了。老大媳妇要看，老大在那又喊又叫，不让看，你过去看看咋回事儿。"

老二来到老大屋里，说："听说你捡了金元宝？多少？让我看看。"老大见老二这么问，就说："没有啊，我今个儿在沟里抓的蛤蟆啊，我放柜子里养着呢。"老二打开柜子一看，还真是半袋子蛤蟆，心说，老大真是傻透腔子。

老二回屋跟媳妇说："什么金元宝，是半袋子蛤蟆。"老二媳妇说："不对，我明明听见他们说是金元宝，怎么是蛤蟆呢？要是蛤蟆能变金元宝，咱也去抓。"

第二天，老二两口子也去道边的沟里抓蛤蟆，也抓了半袋子，拎回来也放柜子里了，想看看这蛤蟆能不能变成金元宝。半夜了，老二

两口子起来看，柜子里的水沥沥拉拉地淌了一地，打开袋子一看，还是蛤蟆，老二气得就把它们全抓出来扔地下了。蛤蟆到地上，一个接一个的往外蹦，正好老大出门，一看，这蛤蟆咱没去抓怎么都自己蹦来了呢，老大两口子就开始捡，捡回来就都放柜子里了。

过了几天，老大打开柜子，袋子里的蛤蟆真都变成金元宝了。

讲 述 者 / 朱玉凯　男　61 岁 高中文化　农民

采 录 者 / 代雪梅

采录时间 / 2008 年 7 月

采录地点 / 清河城镇

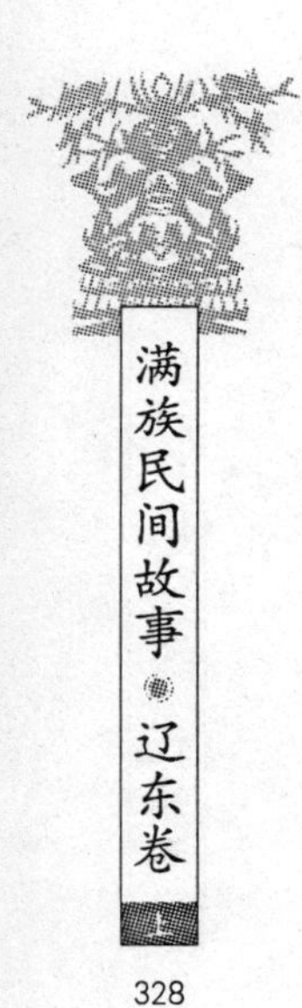

十两银子

从前有一个书生，到很远的地方去教书，每隔三年才能回一次家。

这年，书生回家，左一山又一地地往回走。天暗了，他找个客店住下，刚住下，就听见隔壁的屋里有女人的哭声，书生就问店掌柜的："这女人为什么哭啊？" 店掌柜的说："她父亲死了，没钱发丧。"书生就把他三年挣的十两银子都给这个女人，让她发送她父亲。女人千谢万谢。第二天，女人去发送她父亲，书生就还接着往家走。

他到家那天，正好赶上年三十，媳妇在家，就听"哐哐"地敲门，他媳妇一听有人，就问："谁啊?"书生回答说："我回来了。"媳妇一听说丈夫回来了，赶紧下地，把丈夫接进屋里，开始做年夜饭，丈夫吃饭的时候，媳妇一边斟酒一边说："银壶斟玉意，象柱夹金钩。"为什么叫金钩呢，因为菜里面没有肉，只有一点虾米。媳妇歉意没有好吃的给丈夫。这时，就听见门外边有人说："十两恩情重，宰相在沙丘。"书生一听门外有人，赶忙出去开门，打开门一看，什么人也没有。夫妻两个就琢磨这两句诗的意思，十两恩情重，书生明白是什么意思，但不知道"宰相在沙丘"是什么意思。

第二天早晨，书生出去走，看见了一个放羊的老头儿，赶着羊群，他就问："你这羊群往哪去放啊?"老头儿说："我的羊群上沙丘去放。"他想，这沙丘是不是昨天听到的地方呢？他就默默地跟着放羊的老头儿走。到了以后，放羊的老头儿把羊放在沙丘上吃草，书生就站在这沙丘地上想"宰相在沙丘"这句话是什么意思。就听放羊老头儿说了一句"这是个好的茔地呀！"书生转过身来刚要问老头儿话，回头

一看，羊群和老头儿都不在了。书生明白过来了，这是神仙指点我，帮我占坟呢！

后来书生的母亲死后，他把他的母亲埋在了这个沙丘地里。二十年后，书生的儿子就做了当朝宰相。

讲 述 人／朱玉凯　男 61岁　高中文化　农民
采 录 者／于　洋
采录时间／2008年7月22日
采录地点／清河城镇

耿皮匠得宝

从前的镇南街不大，百十户人家，街上有一家“耿记皮匠铺”。铺子主人是四十多岁的瘸子，耿皮匠，他和哑巴老伴靠熟兽皮和缝制牛皮靰鞡，苦熬日月——家里穷得叮当响。

别看耿皮匠日子过得紧巴，但他为人心善耿直，再穷也不下道。他看到买不起靰鞡，光着脚在山上砍木头的山东老哥，他就把自己穿的靰鞡白送给山东老哥穿。山东老哥看耿皮匠家挺穷，不忍心白穿他的靰鞡，可自己又买不起。耿皮匠说：“你们从海南家闯辽阳东山谋生计，撇家舍业不容易，穿上靰鞡多干活，好挣钱养家糊口呀！万一冻坏了手脚像我一样瘸，你家里人咋过呢？拿着吧！出去打点靰鞡草絮上，暖和……”那些山东老哥们在一起唠嗑时说：“耿皮匠这样的好人还受穷，真怪老天不长眼睛，我要挣了钱，说什么也要先拿一多半给他用。”

耿皮匠何尝不想过好日子呢，他天天不闲手缝皮货，街小人少，卖不了几文钱。他挑着皮匠挑子，一瘸一拐到外村揽活、卖皮货。这一天遇到个算卦的，耿皮匠花三文铜钱批了八字。算卦的看他那穷酸样子，告诉耿皮匠：“你命里注定了财星不旺，受贫受苦，要想你家日子好，得黄牛上房来吃草。”耿皮匠一听这话心凉了，黄牛又不是黄猫，怎么能上房吃草呢？好日子是没有盼头了，还是挑着皮匠挑子揽生意对付着活吧！

耿皮匠挑着担子一瘸一拐地到村外揽活，只见大道上马蹄声声，尘土飞扬，一队兵马护卫着几辆车迎面驰来，耿皮匠急忙把皮匠挑子

往路边一撂，连滚带爬到路边树林子里藏猫猫，平民百姓谁敢冲撞官家的马头？镇南街已经有三个人在官家车下丧生，耿皮匠再穷，也不愿垫官家马队的马蹄子。他一瘸一拐地要是不躲道，不垫马蹄子才怪呢！官家车驾人马过后，耿皮匠从树林里钻出来，挑起皮匠挑子上了路。天渐渐黑了，耿皮匠腿脚本来就不利索，不知被什么绊了一跤，皮匠挑子里的东西撒在了地上。耿皮匠急忙往皮匠担子里装他的剪子、锥子和皮货，这工夫摸到一个软乎乎的布口袋。口袋里装的不知是什么东西，一拿这布袋还不沉，就着星光看，这袋子好像一条被褥。这是谁丢的呢？耿皮匠看离家不远了，就把这东西拿到了家。点着油灯一看，这布袋比一条被子还大，一会儿白得像雪，一会儿黄得像金，一会儿红得像血，一会儿黑得像漆，一会儿又蓝得像天。把耿皮匠和哑巴老伴看得眼花缭乱，知道这东西是个宝，两人商量这东西该怎么办。

耿皮匠的哑老伴快要生孩子了，可家里连一床新被也没有，那时候谁拾到东西算谁运气好，可以随意处置。哑老伴怕耿皮匠留下这布袋，往外比画，呜呜喇喇示意让耿皮匠快送出去，在哪捡的就在哪交给丢东西的。耿皮匠找了个破口袋把捡来的布袋放到口袋里，鸡叫头遍时离开皮匠铺到昨天拾布袋的地方，等着交给失主。他遇到行路人就问："过路君子，你丢啥东西了吗？"过路人有的说没丢东西，有的脾气赖，听耿皮匠这么问丢东西没有，翻脸骂道："看你瘸腿穷酸样，捡着好东西还能往出拿，我在路边丢堆屎，你捡去就给你吧！"耿皮匠忍气地叹口气，仍在路边等失主。

到了日头快落山的时候，耿皮匠从早到晚没吃饭，饿得腿乏头晕。就在这时候，从东边跑过来一个骑快马的白胡子老头儿，眼睛盯着路面，似乎在寻找什么东西。耿皮匠等着老头儿走近，就问："过路老者，你丢了啥东西了吗？"白胡子老头儿勒住快马说："是的！啊，是你捡到了我丢的东西，你怕别人冒认，装在破口袋里了。善良而聪明的好人呀，你在这等多长时间了？"耿皮匠说："我从鸡叫头遍就来了，你丢的是啥东西？说对了我才能还给你。"白胡子老头儿说："好心的善人呀，我丢的是五彩云锦被套，状如布袋，五彩变幻，对吧！""对，给你，拿去吧，我得回家吃饭了。"耿皮匠从旧布袋中取出五彩

云锦布袋，交给了白胡子老头儿，转身就往家走，白胡子老头儿说：“善人慢行，你捡了我的东西，原封不动还给我，我还要重谢你呢。你愿意当官，还是愿意发财？”耿皮匠苦笑着说：“当官？我不干！清官难当，忠良遇害。我更不愿当贪官做奸佞，还是当个皮匠好！”白胡子老头儿说：“那你愿意发财喽？”耿皮匠摇摇头：“发财？咱不想！昨天我批八字，算卦的说我命里注定受穷，要想日子过得好，非得黄牛上房吃草，黄牛怎么会上房吃草呢？我不指望发财，混碗粥喝就行了。”白胡子老头儿听了这番话，点了点头，从捎马子里掏出四块银子，交给耿皮匠说：“这四块银子，每块二十五两，共百两纹银，送给你过日子吧。”耿皮匠摆摆手说：“您老可别拿我穷皮匠开心了，我平白无故拿你百两纹银，良心不安，一块我也不要。”白胡子老头儿一听急了：“怎么能说平白无故呢？你捡了我心爱的五彩云锦被套，从早到晚等着还给我，这百两纹银算我答谢你还不行吗？”耿皮匠说：“你那被套能值多少铜大钱，我看它值不了几两银子。我耿皮匠办事，不敲竹杠，今天我是一文钱也不要，我走了。”耿皮匠说到这，一瘸一拐往回走，白胡子老头儿叹口气，收起银子，从马背的一个布袋里掏出两个寿桃，对耿皮匠说：“善人，你饿了一天了，这两个寿桃是别人送我的，你拿去吃，总得答应吧！”

耿皮匠一想再推辞不好，就接下了两个寿桃。他肚子饿了，加上白胡子老头儿一再催促，他吃了一个寿桃，另一个怎么也舍不得吃，他家还有快要生孩子的哑老伴哩！辞别白胡子老头儿，耿皮匠一瘸一拐往家走，走着走着，浑身爽快，瘸腿也不觉得痛了，走起路来一阵风，不大一会儿就到了家门口。到院子一看，听到房子顶上有动静，仔细一瞅，是邻家一个黄牛崽在他房子顶上吃新苫的苫房草，他怕一撵这牛崽摔坏了腿，没吱声。进了屋，看见哑巴老伴生了个胖小子正喂奶呢！耿皮匠耽误了给老伴做饭，一边比画着告诉他还布袋的经历，一边掏出寿桃给老伴先充饥，然后他又忙着在外屋为老伴熬小米粥煮鸡蛋。哑巴在炕上哇啦哇啦叫起来，耿皮匠过来一看，原来是寿桃里包着一个金子小元宝。耿皮匠用这块金元宝买了些柴米鸡蛋，伺候老伴月子，母子健康，全家欢颜。

孩子满月这天，耿皮匠人缘好，左邻右舍有四十多家来喝喜酒，

恭贺耿皮匠中年得子。大伙正喝得乐乐呵呵的时候，忽听大街上人喊马叫，进来两个官差说：“京城的九王爷来访镇南街耿皮匠。特来通报。”喝喜酒的百姓一听王爷来了，撂下碗筷撒腿就跑，没跑几步，九王爷进院了，耿皮匠一看，这不是丢布袋的那个白胡子老头儿吗？原来他是王爷！他来干什么，莫不是发觉寿桃里有个金元宝，来找我要？想到这，耿皮匠跪在地上叩见九王爷，其他的村民也都叩见王爷，生怕大祸临头。九王爷手捋花白胡子，亲手扶起耿皮匠，又叫亲兵扶起众乡民。他说：“我今天来镇南，是拜谢善人耿皮匠，还我丢失的宝贝五彩云锦，为了谢恩，赠纹银两千两。乡中有此善人，亲邻有光，我也带来工匠，助你们全力将全村土房建成瓦房，一切费用，由我王府支出，即日破土动工。”众乡人齐呼：“谢九王爷恩典！谢耿善人积德。”

王爷府有实力，不到十天，全村百十户土屋全变成了青砖红瓦的宽敞房子。唯有耿皮匠，他一不要二千两银子，二不要翻盖新房，九王爷无奈，把银子分给了众人。

镇南有京城九王爷来给盖了新房，这件事传到了各州府县，辽阳州官觉得这是个巴结权贵的机会，向皇帝奏本，谢九王爷之恩。皇帝看了这个奏折，拍龙案大骂：“混蛋州官，京城哪有一个九王爷，何人敢冒充我皇族收买人心！”即派钦差到了辽东，查访冒充九王爷的人，并把新建在镇南的砖瓦木料立即转送到辽阳城修城墙鼓楼。

皇帝这么一折腾，苦了镇南老百姓。耿皮匠草房总算剩下了，其余人家都压个小窝棚住着，饱受风刀霜剑，苦不堪言。好不容易遇到一个好心的九王爷，谁知他是假的。

有一天，耿皮匠又遇到了九王爷的大队人马，九王爷还是那么豪爽地待耿皮匠，耿皮匠壮了壮胆问道：“九王爷，你到底是干什么的，能告诉我个实底吗？你知道皇帝一道圣旨下来，可把咱镇南的小民坑苦了。”九王爷叹了口气说：“我全都知道了，那些鱼肉百姓的恶棍，尽管权倾朝野，终有受到报应那一天。你当我真是世间的王爷呢？世上的王爷没有这样好心肠！我是东海龙王的九太子，上次到辽东凤凰山游玩，不小心丢了行云降雨用的五彩云锦，没有它天上就没有五彩云，没有云就没有雨，要是它被恶人捡去毁了，不但我要被父王处

死，天下旱涝失调可就苦了百姓了。幸亏遇到你这好人从早到晚等一天送还给我，我能不重谢你吗？你回家以后，在门口夹上幛子，可驱病避祸，日子也会好起来。”

耿皮匠回家按这话办了，夹幛子挖沟时，每镐都刨出一块金子，幛子夹好了，捡了一大缸金子。耿皮匠的哑老伴拿着金子送邻居，每家送一块，邻居不收，急得哑巴哇哇叫，叫来叫去，急得说出话来了，她说：“俺家得宝不能独吞，乡里乡亲都有份，不过这事再也不能让短命的皇帝知道！”

讲 述 者／彭永发　男　不识字　农民

采录整理者／徐延顺

采录时间／1985年

采录地点／连山关镇棒槌岭村

穷皮匠因祸得福

“掌鞋不用锥子——针行（真行）”这句歇后语，是被许多人所熟知的，可是，你知道它的由来吗？

据说，明朝万历年间，太子河边上住着一个名叫冯成的穷皮匠，他手艺很高，会缝制各种各样的皮帽、皮袄、皮靴。野兽的皮毛和牛皮马皮猪皮到了冯皮匠手里，梳弄得非常柔软，做的皮制品又美观又结实，深受太子河两岸老百姓欢迎。冯皮匠为人心地善良，乡亲们求他缝制衣裳，他总是尽力帮忙。他还把那些剪裁下来的零星小块皮毛拼凑在一起，做成皮毛套，皮袜子，护膝皮套，送给缺少衣裳的贫苦人。人们走到一起，常常谈论冯皮匠做的一件又一件好事。

俗话说：“人怕出名猪怕壮”。冯皮匠誉满太子河两岸，这件事传到了部落的额真老爷耳朵里了。额真老爷把冯皮匠抓来，限令他在一个月内缝制一百套皮袄、皮裤，一百副马鞍子皮垫，一百双牛皮马靴，并把规格尺寸讲明，扬言到期交不了货就杀死冯皮匠。

冯皮匠日夜不停地干了起来，他飞针走线，用灵巧的双手把皮毛缝成了皮袄皮裤。他一天不停地缝呀缝，到第三十日这天早晨，他已做好了一百双马靴，一百副马鞍皮垫，九十九件皮袄，九十九条皮裤。就在他加紧赶制最后一套皮衣皮裤的时候，部落额真派人来收缴皮毛制品。冯成看那些满脸杀气的家伙，心一慌，手被锥子扎出血了。他简单地包扎一下，继续缝皮袄皮裤。谁知由于手痛心慌，接连折断了几根针，匆忙中再也找不到针了，最后一套皮衣缝不完了，他被部落额真派来的恶奴带走了。

那时候，居住在东北地区的女真族各部蜂起，皆称王称霸，厮杀战乱不息。额真老爷之所以要冯皮匠缝制这么多马靴、皮袄之类的东西，正是为了筹备军需，准备征战。他见冯皮匠没有如数将皮货缝完，怒气冲冲地说：“你敢耽误我行军打仗，我岂能饶你，来人呀，把这个穷皮匠的那双没用的手剁掉！”兵丁答应一声，剁掉了冯皮匠的双手。额真老爷又传令把冯成扔进河里喂鱼。

冯皮匠被抛到太子河中，那一段河床水深流急，失去双手的冯成以为自己肯定活不成了，只好随波逐流，听天由命，闭着两眼等死。

忽然，河水里有人叫道：“善良的好皮匠，河水是不会吞没你的，请您跟随我来。”

冯皮匠睁开眼，看见一个少年站在他面前，笑容可掬地召唤他呢。冯皮匠甚是惊奇，就跟着少年往前走。河水让开一条通道，冯成身边一点水也没有，就像走平地一样，等他和少年走过去之后，河水又哗哗汇拢到一起。不一会儿，来到一座漂亮的楼阁眼前，只见一个白发苍苍的老人坐在楼阁里的石凳子上，脸上露着慈祥的微笑，他站起身来把冯成迎进楼阁里，分宾主坐下，那少年把一盘果子端来，放在石桌上，侍立一边。

老人问冯成：“为何弄成这般模样？”

冯皮匠把自己的遭遇说了一遍。

老人说：“可怜的善良人，你在人世间没有了双手，怎么活得下去呀！我给你的双手接上吧！”

冯皮匠说：“老伯伯，两张皮子能缝接到一块儿，两只断手可怎么能接到一起呢？”

老人笑呵呵地说：“试试看吧！”转身对少年说：“孙儿，你去做一双手拿来。”

少年去了不一会，取回来一双沾满泥巴的手臂，递给老人。

老人让皮匠把两只半截胳膊伸过来，把那沾满泥巴的手臂往胳膊上一接，就粘到一起了。少年端来一盆清水，放在地上，让冯成洗掉臂上的泥巴。可真奇怪，冯皮匠手臂的泥巴洗掉了，露出手臂的肉皮，竟和原来长的一模一样。冯皮匠又惊又喜，连忙向老人拜谢。

老人对冯皮匠说：“你在人间遭了横祸，因你为人心地善良，我才

搭救你。人间磨难重重，各部落兄弟相残，刀兵相见，怎如我这里清静安闲？我看你就在我这楼阁里住下吧！我们天天在一起，你是不会感到寂寞的。”

冯皮匠说：“人间穷苦百姓缺吃少穿，虽然艰难困苦，但他们的心和我一样善良。往年我给他们缝补衣衫不要钱，尚且不能周全，如今我光在这里享清福，不能为乡亲们缝补衣衫了，那我活着还有什么意思呢？请老伯伯还是送我回去吧！”

老人说：“想不到你这个穷皮匠，如此热心地为乡亲们谋福，真是难能可贵，难能可贵呀！你既然要回去当皮匠，我赠送你一件宝贝，成全你这为民谋福的志愿。孙儿，把金匣给我搬来。”

少年去楼上搬来一个金匣。老人打开金匣，里边放射着灿烂的金光。老人从匣中取出一根金针，递给冯皮匠。说道：“冯成呀，这根金针，是无价之宝，我把它赠送给你，你的手会比过去更灵巧，你拿它为乡亲们缝补衣服吧！”

冯皮匠被少年领出楼阁，只觉得一阵轻风拂动，把冯皮匠掀上岸来，不见了楼阁和一老一少。冯成心想，这莫非是作梦？可手里却捏着一根金针。他朝太子河磕了几个响头，回到自己的皮匠铺子。

皮匠铺子里，东西已被砸得乱七八糟。收拾了大半天，把铺子收拾得有了点模样，冯皮匠又干起了他的老本行。

河神赠给冯皮匠那根金针，是件神奇的宝贝，用它缝制出来的皮袄、皮裤，既美观又结实，深受乡亲们赞誉。用这根针缝制鞋子、皮靴，根本不用锥子，锐利无比，穿针引线，毫不费力。他的手更巧了，心更善了，名声比以前更响更高了。

冬天来到，许多穷苦的乡亲们买不起皮毛做的鞋子，有不少人的脚冻坏了，增添了许多苦楚。冯皮匠看在眼里，痛在心上。经过多次试验，他做成了牛皮靰鞡，牛皮靰鞡里装满了一种柔细的野草，被称为靰鞡草。人们在冬天穿上靰鞡，就是站在雪地里也不冷，一点儿不冻脚。靰鞡价格低廉，又很结实，一双可穿三年五载的。靰鞡磨破了，用水把靰鞡泡湿，找一块牛皮或猪皮，顺手就可以补上。从此，穷苦的乡亲们都穿上了靰鞡。

不久，这事又传到部落额真老爷的耳朵里了，他带领一帮打手来

到“冯记”皮匠铺，看见冯皮匠使用一根金针，飞针走线掌皮鞋，根本不用锥子，不一会儿就掌完了一只鞋。额真老爷看得眼红，叫道：“臭皮匠，你今天跟我走吧，做我的专用缝补匠。”

冯皮匠摇头不答应，惹恼了额真老爷，下令恶奴快动手，先把金针抢到手，再砸店铺杀他的头。

恶奴蜂拥而上，来抢金针。冯皮匠想逃无路，万分紧急，眼看金针要落入恶奴之手。想不到就在这时，那神奇的金针放射出炽烈的光芒，刺得恶奴个个睁不开眼睛。额真老爷暴跳如雷，手持宝剑来抢金针，不料金针的光芒刺瞎了他的双眼，他嚎叫数声，昏倒在地，众恶奴急忙救护额真老爷时，只见那凶恶的家伙牙关紧闭，两腿一蹬，状如抽风，不一会就死了。众恶奴晓得皮匠金针的厉害，不敢放横再抢金针，抬走额真老爷办丧事去了。

冯皮匠知道这里不是久留之地，把皮匠挑子收拾一下，拍拍身上的尘土，抹去脸上的汗珠，带着金光闪闪的金针，周游各地，给穷苦人缝缝补补去了。

讲 述 者／何仲郝

采录整理者／徐延顺

采录时间／1985年

采录地点／本溪满族自治县

庄稼人捡铜佛

早先年，关东山有首民谣说："铲苗不铲草，庄稼长得好。穷了打和尚，富贵直到老。"哟嗬！世上还有这个理吗？听老人讲，这个理不但有，还有它的来历哩！

从前，有个小伙子种了二亩地，整天在庄稼地里忙活。别人是三铲三趟，他没有牛犁杖，只听锄板响，地里不见一棵草，年年庄稼长得好。有人笑话这小伙子傻得有力气没处使："地里没有草你铲它干么？"小伙子憨厚地笑着说："锄头自带三分水，勤铲庄稼抗旱涝。谷铲八遍没有糠，铲地铲苗不铲草。"

小伙子铲地自得其妙，年年锄板勤响，年年五谷满仓。

有一天，小伙子铲地铲出一个沉甸甸的硬东西。捡起来一看，是一个小铜佛。小伙子把铜佛洗得干干净净，拿回家供在正堂上。

睡晌觉的时候，小铜佛磨身就爬到窗台上。小伙子看见了，怕小铜佛丢了，拿回来又放到了正堂。睡觉的工夫，小铜佛又爬到了窗台上。小伙子听到窗外"扑通"一声响，惊醒了。爬起身一看，小铜佛自己往院子外边爬呢。小伙子觉得这事挺新鲜，好，让你爬吧，我看你能爬到哪，就悄悄跟在后边。

小铜佛到了村后一个荷花池里，"啪啪"一个劲地打那池中水，搅得池水直晃荡，越拍晃荡得越厉害。不一会，只见从池里边跃起一条老黄牛那么大的红鲤鱼，看见小铜佛打水，鲤鱼口吐人言，急皮酸脸地说："你打水干什么，快回庙里待着去。"

小铜佛说话了："你这鲤鱼不修正道，迷人家老李家大姑娘，我不

打你打谁？我没有用生石灰呛死你，割下鱼头用瓦焙了治好李家姑娘的病，就算便宜了你。”

鲤鱼说：“你别和我过不去，惹急了我告诉人用棒子打你和尚脑袋，打你秃头一棒子，你就吐一块银子，不把你脑袋打开扁才怪呢！”

小铜佛和鲤鱼拌嘴的话，小伙子全听到了。他就到了后村李大叔家，果然李家姑娘病了，小伙子就说他能治好姑娘的病。

李大叔认识小伙子，知道他为人挺憨厚，不打诳语。可是这个“铲苗不铲草”的庄稼人会治病吗？莫不是这小伙子二十好几没媳妇想出怪道眼，拿我姑娘的病学艺来了？于是，李大叔问小伙：“你会瞧脉吗？要是连脉都不懂得瞧，干脆别看了，免得过后让人说闲话，与你与我都不好看。”

小伙子看出了李大叔的心思，就说：“别人看病要切脉看寸、关、尺，我看病是走向看病，不进屋，只要用一根绒线拴在病人的手指头上，就能断出病症，开方抓药，手到病除。”

李大叔说：“你小子甭跟我吹，你治好了，我女儿嫁给你做媳妇；你治不好，麻溜回家干你那铲地铲苗不铲草的傻活去。”

李大叔吩咐找绒线，让小伙子走向看。二姑娘看了暗笑：“这不是唬人吗？我把绒线头不拴在姐姐手指头上，看你怎么说。”她就把绒线头拴在高桌腿上了。

红绒头从窗户往外递的工夫，小伙子看见了，就说：“好木脉！”

二姑娘一听，哎呀！可了不得，他看脉真灵。急忙把红绒头拴到姐姐的手指上。小伙子看了一会，对李大叔说：“你家姑娘是被荷花池中的精灵迷住了，要治好她的病，只要……”他如此这般地说了一通。

李大叔马上找来二十个棒小伙子，拿着挠钩套索，抬着生石灰，撒到荷花池中。只见一条大鲤鱼被生石灰拱上来，二十个小伙子用挠钩套索拖上池岸。割下鱼头，用阴瓦焙干了，给李家姑娘喂上，病就好了。李大叔欢天喜地，把大女儿嫁给了小伙子。

小伙子结婚后，用棒子敲一下小铜佛的脑袋，小铜佛果然吐出一块银锞子。他怕敲坏了小铜佛的脑袋，银子够花就不敲了。他精心在意地把小铜佛收藏起来，连他媳妇都不知道小铜佛的秘密。

庄稼人临终的时候，告诉他的独苗儿子：“我死之后，你当家要记

住这样四句话，‘种地铲苗不铲草，庄稼长得好。穷了打和尚，富贵直到老’。”

儿子种地，想起老爹临终嘱咐：“铲苗不铲草。”他就“啪啪啪”用锄头把苗都铲去了，把草都留下来！这一年，别说是庄稼长得不好，连籽粒都没回来。忙活一年不打粮，日子就穷了下来，所吃年用不够了。

儿子穷了，想起老爹临终嘱咐：“穷了打和尚 ，富贵直到老。”他就拿着棍子上了大街，遇到游方僧人，化缘的和尚，小伙子举棒子就打，挨打的和尚脑袋起了大血包。和尚哪能让呛，告到官府。县官把小伙子叫到大堂，问道：“你为何用棍子打和尚脑袋？瞧那满脑袋血包。”

小伙子第一遭吃官司，吓得急忙把老爹临终嘱咐的四句话说了。

县官沉吟一会，问道：“你爹临死都给你留下什么东西？你要从实招来。”

小伙子说：“我父留下五亩庄稼地，三间秫秸房，一牛、一驴、一犁、一锄、十只鸡，还有一个小铜佛。”

“好，把你的锄头和小铜佛给我取来。”

衙役带着小伙子走了，县官心里直划魂：庄稼人临死怎么留下这奇怪的四句话呢？待小铜佛取来后，县官说声：“退堂！”衙役一声呼应，将小伙子和挨打的和尚带下了大堂。

县官为断此案，茶饭无心，吃饭时也把小铜佛带在身旁，放在桌上端详。县官老婆见了，生气地说：“你怎么看铜和尚看入迷了，我打这和尚一饭勺，让他听个响，把你的魂儿震回来！”手起饭勺落，响声过后，小铜佛口里吐出一块银子，县官老婆一见又惊又喜地说：“打和尚得了一块银子，真是尊活佛宝！”

“打和尚”三个字使县官茅塞顿开：原来这小铜佛是个宝呵！真情大白，击鼓升堂。

县官走后，他老婆见打小铜佛一下吐一块银子，就“啪啪啪”一个劲地敲小铜佛脑袋，一边敲一边说：“打你这铜和尚，你才吐银子。要想银子吐得多，就得打的勤，打！打！打！”不一会，把小铜佛脑袋打进肚子里了，再也不能吐银子了。县官在大堂上，还不知道哩。

县官对庄稼人的儿子说："你爹临死嘱咐你那四句话，真是至理名言：'种地铲苗不铲草'，是让你不等庄稼地草长起来就铲地，苗一出来就铲地，这叫'铲苗'，地里没有草也铲地，就叫做'不铲草'，这样，庄稼才能长得好。你这蠢小子只知其一，不知其二，铲苗留草，有这么种地的吗？长个脑袋也不能这么干！"

县官接着说："穷了打和尚，不是让你打真和尚，是让你打那个铜和尚，就是传给你那个小铜佛。用木棒敲一下铜佛的脑袋，他就吐一块银子。你家有这样的宝贝不会用，反而打和尚吃官司，真是有愧于你那聪明的父亲。本官是个清官，这个小铜佛还给你，好好过日子吧。"县官说到这，立即令衙役找到夫人，把铜佛取来交还本主。

不一会，征役捧着一个没脑袋的铜佛跑了出来，呈给县官。县官问："小铜佛的脑袋哪去了？"衙役说："老爷的夫人敲银子，把铜和尚的脑袋敲到肚子里去了。夫人看吐不出银子，才把这没脑袋的铜和尚扔给小人，不然她还要敲脑袋要银子哩！"

县官叹了口气说："罢了，本官立志做个清官，老婆还要敲银子！难怪这庄稼人捡到铜佛不敢明说。看来，穷了打和尚是不行了，但种地'铲苗不铲草，庄稼长得好'。你们可千万别忘了。"

从此，这四句民谣就流传下来，至今许多勤快的庄稼人还是"铲苗不铲草"。

讲 述 者／余家富　男　不识字　农民

整理者／徐延顺

采录时间／1985年

采录地点／偏岭乡泥塔村

哥俩得宝

从前有这么哥俩，都成家了。老大两口子就心眼儿不好，跟弟弟一个院儿住着，什么都熊弟弟两口子，想办法占人家便宜。

有一天，老大让老二到山上去开荒地，老二拿着镐头就去了，荒山树棵多，老二一镐一镐地刨，刨得满头大汗。这时过来一个人，年龄和老二差不多。天天见老二在那刨得大汗直淌，就过去跟老二唠嗑，嗑唠多了，这人也知道了老二家的情况。

这天，他见老二又来了，就跟他说："你往前走，有一个歪头山，你到那拍三下手，山门就开了，洞里有财宝，你去拿点儿，拿回来你就跟你哥分家另过吧，省得受他两口子的气。你可记住，太阳出来之前一定要离开洞。"老二心想：哪会有这样的好事，那人见老二不相信，就说："信不信你去了就知道了。"说完，腾云驾雾地升空了。老二一看，自己这是遇上神仙了。

老二回家，就把这件奇事和他媳妇说了，媳妇说："指定是神仙来帮咱们了，你就去歪头山看看吧。"

第二天天不亮，老二就上山了，按照那人告诉他的路线找，找到歪头山，这时天已经大亮了。老二站在歪头山前，轻轻拍了三下手，山果然开了一道门，里面是个大洞，通亮，发出一道道五颜六色的光。老二进去，里面堆满了金银财宝，那五颜六色的光，是从这些财宝中发出来的。老二从来没有看过这么多的财宝，有的财宝他也没见过，他就认识金子。他挑了几块儿金子握在手里，就出来了。他前脚出来，后脚门就关上了。

老二回到家，把金子给媳妇看，媳妇没见过金子，拿在手里高兴得不得了。老二跟哥嫂提出分家另过。哥嫂乐不得儿他们早分出去，就同意了。老二两口子净身出户，找块空地盖房子，置办家当，买来猪崽、鸡崽，羊崽喂养。大哥大嫂看老二盖了房子挺奇怪，他们哪来的钱呢，一定是捡到宝贝发财了。嫂子就让老大过去问问老二，捡着财宝了是咋的，一下子发成这样。”老二心眼儿实，不会说谎，就把事情的经过告诉老大了。老大说：“你拿回多少财宝。”老二说：“我就一手拿一块儿”。老大说：“你可真废物，那么多财宝，你才一手拿一块儿？明儿个你跟我再去一趟，这回多装点儿。”老二说：“我这些就够了，不想再去了，”老大说：“你拿不拿，明儿个你都得跟我去。”

老大回家，让他媳妇连夜缝了一个特大的口袋，两口子说：“这个口袋装满了金银财宝，咱们几辈子也吃不完哪。”第二天，天一亮，哥哥就把老二叫起来，和他一起上山了。也不知怎么回事儿，能看见歪头山就是怎么也走不到山跟前儿。绕了很长时间才找到路。到了歪头山，天已经大亮了。老大急不可耐地拍了三下手，山门开了，老大一头就扎进洞里。哎呀我的天啊！这么多金银财宝，他爬上去，就往袋子里装，老二站在一边说，拿点得了，拿多了也背不动。老大哪里听进去，头也不抬地装金子。老二说：“大哥，快走吧，太阳快出来了。”老大说：“赶趟，我这还能装点呢”老二说：“快走吧，你不走我可得走了，日头就快出来了。”老二出来了，老大装满了口袋，背也背不动，拽着口袋到山洞门口，日头出来了，把老大化成了金子，关在山门里了。

讲 述 者 / 祝秀英　女　45岁　初中文化　农民
采 录 者 / 于　洋
采录时间 / 2008年7月23日
采录地点 / 清河城镇

九缸十八锅

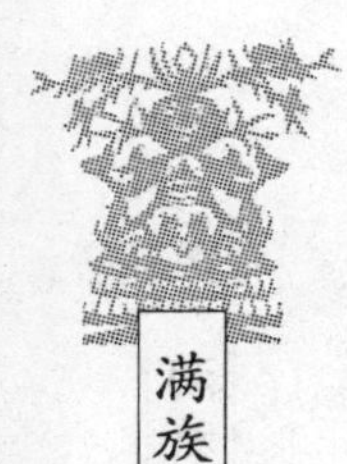

大概是在清末明初的时候，就在咱们这个马家沟村，老龙湾那个山的边上，有一户人家姓纪，同宗同族的有哥几个在那块住。他们哥几个都娶了媳妇。

这妯娌几个在一起干活，经常看见他家房前屋后，有黄老鸨领着一群黄鸡崽在四周转。晚上做梦也能梦见。这个家的当家人老纪头多少有点文化，他平常就觉得这个地方不一般，很神秘。这个地方有一个碑，碑下有一条河，河边有一个道，离这个碑大概几十米远，道边上有一棵李子树，这个碑正面上写的是："九缸十八锅，不在南山在北坡，你要找不到，问我李大哥。"这地方不是个人家的坟茔，这碑文上写的是什么意思呢，这老纪头成天琢磨，再加他的几个儿媳妇们总说，看见老鸨领着一群黄鸡崽，他就更觉得这地方有宝。这大山沟就他们一家，没有第二家，他们根本就没孵鸡崽，也没养过黄老鸨，哪来的呢？所以他就琢磨这个碑了，"九缸十八锅"，是不是说有九缸十八锅的财宝呢？最后他想通了，"九缸十八锅"有可能是距离，九个缸口，十八个锅口这么个距离，最后他从碑量到李子树那正好是九个缸口，十八个锅口。他想能不能是李子树下埋什么东西呢，他叫来儿子们一起挖，最后真挖出来宝藏了，他就用骡子每天晚上往外运，后来把骡子都累死了。你说得多少财宝吧。

讲 述 者／赵铁凡　男　57岁　初中文化　农民

采 录 者／于　洋

采录时间／2008年7月21日

采录地点／清河城镇

福分大得宝

从前有一个小村庄，在早人挺少的，有不几户人家。有这么一家，从别处搬到这里落户，盖了个房子，南北大炕，大院套。可住进不长时间，这家就闹上鬼了，一到半夜就来一个胖乎乎的老太太，穿一身白衣服，就坐在他家二道门的门槛，脸朝外开始哭，公鸡一打鸣，她就走。天天如此，这家东西屋南北炕的人就都害怕了，不住了，赶紧搬家，这家人家就都搬走了。

这家搬走了，又来了一家，听说了前一家搬走的原因，就想，这么好的房子能这么邪吗？他们不信邪，就住下来了。开始几天还挺消停，过了几天，这老太太又来了，天天晚上来，还照常那么哭，鸡一叫就走，这家住了半年，觉得实在受不了了，也搬走了。

这房子空了好长时间没人住。这年从远处又一家人家来这里开荒种地。走到这里，见这么大的院套没人住，空着，就奇怪，一打听是这房子有事。这家老妇人年纪大，走南闯北见识多，说：“俺们家世代行善，没做过亏心事，不怕半夜闹鬼。再说俺们家人口多，这儿子、孙子十来个，还辟不了这个邪啊！”这家就住进来了。

住下的第三天晚上，这老太太又来了，也是坐在那二道门门槛，脸朝外哭，哭到鸡叫就走了。这家老妇人告诉儿孙们说：“你们睡你们的，我看看她到底怎回事。”观察两三个月之后说：“这不是什么鬼，要是鬼，早就朝人使劲了。”告诉她儿子：“儿子啊，上城里去给我买几桄红线去。”她儿子问：“妈，你买红线干什么？”她说：“儿子，去买吧，买回来就妥了，再给我买一个大点的针，越大越好，带鼻的。”

她儿子说："买它有用吗?"他妈说："有用，买去吧。"她儿子进城里了，买了几桄红线和大一点的针。老太太就告诉他儿子们："你们拿家伙都准备好，今天晚上就听我的。"他儿子孙子们准备了棒子、镐头，就都藏起来了。老妇人就在二道门口藏着。

晚上，老太太又来了，坐在门槛上哭，老妇人悄悄地把针别在她的后面了，老太太哭够了，起来就走，针带着线，没出院大门就没影了。老妇人赶紧喊孩子们："你们都快出来，咱们捋着这红线找。"就都跟着红线找，找到大门内院墙底下，老妇人说："找锹挖开"，儿子们就挖，一挖挖出一个洞，洞里有一只白老鼠，白老鼠的后腿被院墙石头压住了。这个洞全是银子垒的，底下铺着一层一层的银子。老妇人一看，马上告诉儿子们把院墙推倒，把白老鼠的后腿扒拉出来。白老鼠出来后，向老妇人作揖就走了。白老鼠留下这一洞银子走了，以后这房子太平了。

讲 述 者/祝秀英　女　45岁　初中文化　农民
采 录 者/于　洋
采录时间/2008年7月22日
采录地点/清河城镇

财神和喜神

从前有这么一户，生活在一个村庄，村庄不太大，有一户地主，地主得雇做活的，做活的有四五个人。就有这么一对姓刘的两口子，他俩挺实惠的，白天黑夜地干活，这地主还是说干得不好，天不亮就召唤，贪大黑回来。

时间长了这夫妇就说："哎呀，这咱们给人家扛活就是不容易，我要是当地主那天啊，我可不能让做活的这么累，他们爱干多少干多少，我不能起早贪黑地喊他们。"过了三年了，这对夫妇赚了点钱，开始雇做活的，就去了两个人。他说："我以前说过，我要是当地主，我不让你们贪黑，也不让你们起早，我说话就算话。"这两个做活的就说，你说话算数？东家说："算数，你爱怎么干就怎么干。"这两个人就在大地里种了两棵麦子，两棵高粱。种上就不管了，也不除草也不施肥，也不到地里看。东家心想："我当一回地主，头一回雇人种地，就给我种这么两棵苗，你说这秋天能给我打多少粮呢？"

东家成天上地里瞅这两棵苗，怎么瞅都是那个样，到了秋天，穗是不小，那再大能出多少粮呢？但是一想："我说了，我说了能干多少就算多少，不行下一年再雇两个种地的吧。我说了就得对天应啊。"到了收地的时候了，这两个种地的说："东家啊，准备家伙式，要秋收啦！"东家说："就这两棵苗能收多少粮呀，还用准备家伙式儿？"种地的说："你准备好吧，你多准备点，准备少了，可装不下。"东家听了这话，他就告诉他媳妇，那就多准备点吧，万一真多打点呢。兴许财神爷来了咱们就能借光了。他媳妇说："别瞎说，咱们给人家种地前儿

多苦啊，人家给咱种多少是多少，不挑。”他们两个人也准备不少袋子，房子也不大，在早穷啊，就和两个种地的说：“就不用割回来了，就在地里弄吧。”

他们到麦子和高粱底下接，这两个种地的，一个敲打麦子，一个敲打高粱，东家两口子，一边站一个，撑着口袋在底下接着。赶着敲打赶着哗哗淌，东家是左一袋，右一袋的，袋都装满了，没有袋了。这两个人说，你往家送，把装粮的屋都倒满。他俩就开始往家送，给他家的炕啊、仓房都倒满了。东家就说：“哎呀，财神爷啊，我这没有地方搁了，这没有地方怎么弄呢？”财神爷说：“行了，你没有地方搁，就没有了。”东家说：“这回可下丰收了，咱们回家弄点儿酒菜，庆贺庆贺。再把你俩的工钱算算”。等到晚上了，东家两口子把饭菜做好了，去找两个种地的，人没了。炕上放了一张纸，东家拿起来一看，上面写到“财神喜神累一年，惹得东家不耐烦，咱们也该返归还。”

原来是财神喜神下界帮东家来了。

讲 述 者/祝秀英　女　45岁　初中文化　农民

采 录 者/于　洋

采录时间/2008年7月22日

采录地点/清河城镇

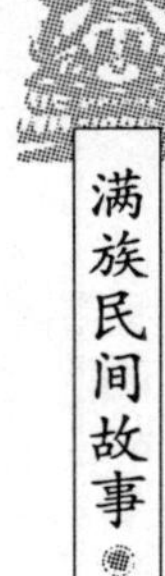

卖寡妇（一）

有这么一家子，就哥俩。哥俩都娶媳妇了。老大这两口子又奸又毒，老二两口子呢很憨厚，他们没分家在一块过日子。

这天，哥俩儿上二砬台上挖参。走到晌午就到山顶上了，到砬子台往下一瞅，看见一棵参。老大说："老二，我把绳子绑你身上，你下去挖，我在顶上等着，你挖上来以后我再用绳子把你拉上来。"老二说："那好，那就系吧！"老大弄绳子把他绑巴上了，就把老二系下去了。老二挖完参就喊老大。老大在顶上说："挖完了？"老二说："挖完了。""怎么样？"老二说："是好货，四个叶。"老大说："你先把参绑绳上，我先把它提上来再提你。别一块上，再把参弄破了。"老二寻思，我哥说的对，就怕这个参碰着，掉须了、掉叶了都卖不上好价钱。老二就弄些大树叶把参包上绑绳上，老大就往上拔。拔到顶上了，老大解开一看果真是个好参。老大心里寻思，我要给老二拔上来，这个参得哥俩分，老大往砬子下看看，二砬台下四下不着边，没有蹬的没有把的，在这上不来，下不去，老二两天就得死在这地方。老大拿着参起来就走了。

老二在下面等了一会，招呼："哥，你倒把绳子顺下来啊。"喊半天没人答应。老二明白了，老大把他扔这地方拿着参回去了。

老大拿着参回家来了，到家就黑天了。他媳妇就问："怎么样？有货没？""哎呀，今儿可捡着个大山货，拿回来给你看看。"就从这个背包里头拿出来了，打开一看，老大媳妇乐坏了，"这个参可值老钱了，要把它卖了咱们的小日子就好起来了。"媳妇问老大说："老二呢？"

"老二，我没给他拽上来，在砬子底下呢。""这么就对了，老二在那待两天也就饿死他了。老二死了，咱把二媳妇说给咱堡子光棍儿，卖两个钱，咱这就是两个人参钱了。一个山参，一个家参，咱日子就更红火了。"两人合计了半夜，乐了半宿儿。

老二媳妇不知道老大回来了。第二天了，老大和他媳妇还隐瞒着没露面，没让老二媳妇看见老大回来，到药铺去把这个人参卖了，卖了好几十两银子。老大媳妇说："你去告诉老二媳妇，老二掉砬子底下摔死了。咱好卖她。"老大就上老二媳妇那屋去了。老二媳妇一见大哥回来了说："哎呀，大哥你回来了。""啊，回来了。""挖到参没？""什么都没挖着，人财两空啊！我二弟还掉砬子底下了。我找了一天一宿尸体也没找到。"老二媳妇一听，这就大哭大嚎啊。"哎呀大哥啊，你怎么回来了？老二的尸体在哪呢？我去找找。"老大说："你找不着，山高砬子缝也大，掉那尽里头去了。黑咕隆咚一眼望不到底。"老二媳妇就哭啊，老大也跟着假装哭。这个大嫂也跟着哭，假惺惺地说："弟妹啊，你这命怎么这么不好啊！这哥俩寻思去挖点棒槌，咱们卖了，哪怕能买点油盐酱醋过日子呢，哪知道这么一场大灾难。你也别哭了，这个事啊让谁摊着也不好，你摊着了也是俺们的事，这都是咱们家的事，咱就合计合计下一步这个日子怎么过吧。你要是整天淌眼抹泪的，我当嫂子的瞅着也揪心。"老二媳妇光哭，没了主意。

老大媳妇上街里头就撮合这个事，想早点把老二媳妇卖出去。有这么一个姓王的，是一个忠厚的庄稼人，三十来岁了没娶媳妇。这小子还有三间房，家还养活两头毛驴，还种点地，别人就说这个人行，老大媳妇就去和人家讲价钱。寡妇出门不是要养育钱，而是要卖身的钱。两家把价钱定好了，五十两银子。老大媳妇说："咱们好事就提早办吧。早娶媳妇进门，你也早有个做伴儿的。明天是良辰吉日，你们就雇吹手抬轿、把我二妹子给接过来。"老大媳妇还没跟老二媳妇说，她想，就等着花轿一来，老二媳妇想闹，也来不及了。

第二天天亮了，老大媳妇就跟老二媳妇说："老二已经死三天了，今早上我跟你出门去看看老二，给他烧点儿纸。你也别老哭，洗洗脸，梳梳头，把衣服换一换。"老二媳妇一听给老二烧纸，就洗洗脸，梳梳头，把衣裳换了。这个时候老王家光棍领着抬着轿的和吹鼓手就

进院子了。老大媳妇说：“你就跟这个王小伙儿走吧，你也有个安身之处，省得成天想老二淌眼抹泪的，过这种难受的日子。”老二媳妇一听，这是嫂子把她卖了，哭天抢地不上轿。一伙人就往轿里拽，正闹呢，老二回来了。老二进院子一看，说：“这是干什么？干什么？”他大哥大嫂一看老二回来了，说：“你不掉砬子底下摔死了吗？”老二说：“哥啊，你盼着我死是吧，人参给你提上来了，你为了独吞人参，你把我扔在二砬子底下，我们还是亲哥们儿吗？”老二媳妇告诉老二：“你哥和你嫂子把我卖了，卖给老王家这小子了。”老二说：“哥，你们心怎么这黑呀！”

媳妇问他：“他俩告诉我你摔死了，你怎么回来的？”老二说：“老大走了之后，我喊破嗓子也没有人，我就蹲在那等，等到第三天傍晚，从山上下来一条长虫的尾巴，有碗口这么粗，有三丈来长，大长虫把尾巴当郎到我身上了，我还寻思是老大来救我，把绳子系下来了呢，我细一看是一条长虫尾巴。我一拽这个长虫尾巴，长虫使劲往上拔，硬把我提溜上来了。原来是长虫把他救上来了。他对他哥说：“你都赶不上一条蛇啊！你把棒槌弄去了，转身你来家，又琢磨卖我媳妇，你们这哪是人办的事啊！”他大哥和他大嫂臊得赶紧回屋去了。

老二领着媳妇走了。

讲 述 者／爱新觉罗·庆凯　男　74岁　初中文化　职员

采 录 者／张　莹

采录时间／2008年7月19日

采录地点／偏岭镇泥塔村

卖寡妇（二）

过去有一家子，哥俩都成家立业了，靠放山挖棒槌为生，日子过得挺贫穷。

这年挖棒槌季节又到了，哥俩准备好了家把什和干粮，临走前一天，对家里都有些嘱咐，因为上山一回就得不少天，登山爬砬子的，说不定遇到什么悬乎事，还有野猪、狼、熊等野兽，更让家人担心。

老大两口子奸，睡觉时，心眼恶道的老大媳妇告诉男人："你长点心眼，上山别傻拉巴叽的，学着乖点，有危险的地方，你让老二上，遇上野牲口，让老二在前边打。"老大说："这还用你告诉，我比你精乖。"

天一亮，哥俩就走了，一走走了好多天。这一天，来到一个大山崖顶上，看这山崖像刀切的似的，在山崖下约三丈多高的二层台上，虽没有路，却有一棵六品叶大棒槌。老大一看棒槌没法挖，就对老二说："眼瞅着的大山货挖不下来，咱哥俩咋办呢?"老二说："咱们不是带来一条长绳嘛，一头拴在山崖顶的树上，另一头拴在我腰上，我下去挖，到时你往上边拽。"

大哥巴不得的这样做，老二下去之后，用木橛子挖挺长一阵工夫，把棒槌挖出来了，须根一点没坏。老大先把棒槌系了上来，一看就知道能卖上大价钱，要是把老二拽上来，得哥俩对半分，不如独

吞。他把绳子搭在树干上，拿着大棒槌回家了。

老二在二层台上不见绳子下来，就招呼大哥，震得大山都跟着响，可老大早就跑远了。

老大拿着棒槌披星戴月往家赶，一进院就大哭大嚎，妯娌俩出来问他出了什么事，他说："我和老二走这么些天，没挖着棒槌，还把老二掉到山崖子底下去了。那万丈深渊，连尸首都没法找啊！"

老二媳妇一听，哭着叫天叫地，身穿素衣，腰系白布，挂上亡夫牌位，哭了一夜。

老大吃够喝足了，躺在被窝里把挖参经过告诉了媳妇，媳妇乐得往老大身上挠了好几把说："这事让你做的太妙了。"

老大说："我还琢磨个道呢！"

媳妇说："什么道眼，快对我说。"

老大说："明天把兄弟媳妇当寡妇卖了，卖棒槌的钱加上卖寡妇的钱，咱俩的手头可就宽绰了，有吃有喝，好日子可就够过了。"

老大媳妇说："那你天一亮就快去寻摸买主，能多卖几吊就多卖几吊。"

第二天，老大到邻村，寻摸到一家有财势的买主，买寡妇去当通房丫头，当时就立下字据。回家和媳妇一说，那心肠歹毒的女人说："你真行，越学越精，挺会办事，可别让他婶知道了，把她蒙在鼓里，买主的花轿一来，把她抓上轿抬走，咱们钱一得，等着过好日子吧！"

再说老二待到天黑日落，哭着睡在二层台上，忽忽悠悠突然被一阵风惊醒。月光下，看见一个四五丈长的大长虫，脑在山崖上，尾巴在二层台上，扑拉拉地打草。吓得老二左躲右躲的工夫，被大蛇尾巴将他拦腰缠住，那蛇向前爬动，把老二拖到山崖顶上，"啪嗒"一摔把老二摔在地上，吓昏的老二醒来一看，大长虫早已无影无踪。老二在地上边磕头边说："大哥害我，想不到大长虫把我救了，大哥的心狠，还不如一条蛇，真让当兄弟的寒心！"

他吃的也没有了，连累带吓，熬过了一晚上才往家走，在老大回家第三天早上，他也回到家中。见媳妇在屋里哭得像泪人似的，便问这是为啥？

老二媳妇见丈夫回来了破涕为笑，就把老大回来的话说了一遍。老二也把挖棒槌经过说了，这才知道老大是如此心肠的人。

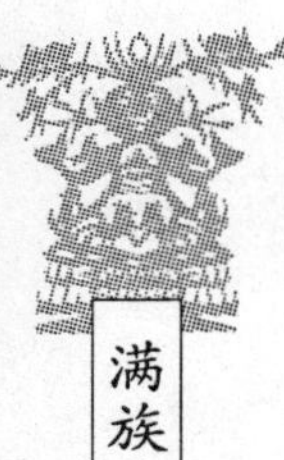

两口子正唠嗑，忽听大门外鼓乐喇叭拥着轿子来接人。一进院就喊："寡妇在哪里，我们接人来了。通房的丫头又陪老爷睡觉，又当丫头干杂活，老爷赏脸，抬个花轿来接人来了。"

老二两口子不知这是咋回事，正要打听这伙人是不是走错门了，忽见老大两口子跑到院子里说："在东边那屋里，穿孝的就是。"众人都拥进了老二的房门。

老二从里屋出来，两手把门一拦问道："你们要干什么？"

"俺家老爷买寡妇，接人来了。"

"我们两口子过日子，没有寡妇，你们都滚开！"

"好，不跟你多说，找老大要人。"买寡妇的人揪住老大的衣领骂道："你这王八蛋，那屋里的男人还活着，他老婆不是寡妇，我们买的人在哪里？快交人！"

老大见老二在屋里，吓得六神无主，结结巴巴说不出话来。跪地求饶，愿意交回卖寡妇的钱。

买寡妇的人开头怕寡妇不干，谁知这卖主先变卦了，这些人有钱有势，没理搅三分，有理更是不让人，非要把人领走不可。老大傻了，交不出人。来人说："你在卖寡妇的合同上签字画了押，你交不出人，就让你老婆去顶缸吧，你老婆挺白净，当个通房丫头还能顶上缸。"这就把老大媳妇抬走。

老大媳妇一看事不好，又哭又叫，被抬到那买主家，她平时就懒，到有钱人家当奴婢，哪里受得了那些苦，被糟踏半年多，得了一场大病，差不点喂了狗。

还是老二两口子心眼好，把卖棒槌的钱拿出一大笔，托人再三说和，才把大嫂从那富人家赎回来。将养半年，大嫂病好了。老大两口子心也变好了，再也不生事害人了。

讲 述 者／爱新觉罗·庆凯　满族

整理者／徐延顺

采录时间／1986年

流传地区／辽宁本溪一带

循环报

从前有个出卦摊的朱先生，为人慷慨，好济贫救危。

有一姓王的人家，母子二人过日子，说亲订下老王家姑娘，要用四吊铜钱才能把儿媳妇娶到家。老太太看家穷得没啥可当了，又想早点把媳妇娶回家，就想到人家为奴，挣四吊铜钱给儿子娶媳妇。半道遇见朱先生，一听这话，拿出四吊钱，交给王老太太说："给阔人家当奴是个苦活计，别去了，这四吊钱你拿去吧！"

老太太操办完儿子的婚事，对儿子和媳妇说："朱先生挣几吊钱也不容易，我去给他家干活还债，你们小两口在家好好过日子吧！"儿子和儿媳苦劝不住，又拿不出四吊钱，只得让妈妈到了朱家当佣人。

亲家公到王家串门，看亲家母不在家，问女儿："你妈妈到哪去了？"

女儿说："妈妈为我与丈夫成亲，借下四吊铜钱外债，到朱家当佣人还债去了。"

老爹一听火了，责怪女儿："你们俩结婚让老婆婆出去当奴还债，也太说不过去了，丢人现眼的事都让你们干了！我回去取四吊钱，你们去把你妈妈领回来。"

老头儿连水也没喝一口，回家取回四吊铜钱，交给女儿收在柜子里。

放钱时，正好让邻居一个老太太搭上眼了，悄悄摸走，装在棉裤缝中的布袋里，神不知鬼不觉，回家叼起了长杆大烟袋。

新媳妇看丈夫打柴回来，告诉他："俺娘家爹看婆婆当佣人还债，把我好顿数落，回家拿来四吊铜钱，快把婆婆赎回来吧！"

小伙子冲南一拜："谢岳父大人。"然后对媳妇说："钱在哪，我去赎回母亲大人。"

新媳妇打开柜，钱没了，怎么找也没找到。

丈夫火了："你这个人，怎么撒谎呢？没有钱，逗弄我拜岳父，空欢喜一场，实在可恶。不是因为娶你花四吊钱，我母亲怎么能出外当佣为奴。"

媳妇丢了四吊钱，心里本来已是又急又懊恼，丈夫埋怨又无言可对，有理说不清。新媳妇面子矮。她一时想不开，拿着绳子在房后杏树枝杈上了吊。

当家的一看媳妇吊死了，懊悔不及。只得禀报岳父，备棺盛殓了媳妇。

新媳妇过门三天就死了，这件事惊动了全村，不少人都来吊丧。邻居老太太也来了，猫哭老鼠假慈悲，哭得比谁的声都高。这时，晴天冷不防"咔嚓"响了一个霹雷，击倒了邻居老太太，从她那被雷电烧焦的棉裤里露出了四吊铜钱。

新媳妇的娘家爹一看说："这钱是我家的，串的牛皮绳能认出来，原来是这老太太把钱拿走了。"那老太太点了点头，说了声："我丧了良心，才挨雷殛……"她说完这话，就死了。朱老先生陪小伙子的妈回家来了。老婆婆哭新过门三天的儿媳妇，哭得好伤心。忽听棺材里有动静，细听是媳妇说话声。打开棺材一看，媳妇被刚才打的雷震活了。

老王家喜变丧，丧变喜，百感交集。

用这口穷棺材把被雷殛死的老太太盛殓了。

从此，小两口孝敬妈妈，男耕女织，勤劳节俭，日子过好了。见朱先生年老无依无靠，就把他接到王家，小两口把朱老先生奉为义父养老。人们都说这是一场循环报应。

讲 述 者／金庆新

整 理 者／徐延顺

采录时间／1986年

流传地区／辽宁本溪一带

懒人不发家

有这么一个懒人，懒得厉害，什么活也不干，没结婚时家里活让妈干，结了婚就让媳妇干，油瓶子倒了都喊人来扶。

有一天晚上，他做了一个梦，梦见一个白胡子老头儿跟他说："明天早上日头没出来，你上山来找我，我给你一罐银子"。懒人醒了，想着这个梦，不知道是真是假，他想，不管是真是假，我都去看看。他看外面天还黑着，就又睡着了。再一睁眼儿，太阳要出来了。他起来就往山上跑，走到梦里去的那个地方，四处一看，什么人也没有，他想这梦怎么能是真的呢？转身就想回去。一低头，看见地上有个坑，他蹲下来扒开土，见里面有一大罐银子。懒人乐坏了，说："这下我可发了。"他想，我得回去叫我媳妇来把罐子抱回去，又怕罐子被别人看见，丢了，他就拿出一块银子放怀里，又把土重新盖上，还找个松树插到上面留个记号。他一路小跑回到家，告诉他媳妇，我在山上看到一罐子银子，你赶紧去拿回来，他媳妇不信，他从怀里掏出那块银子给他媳妇看，他媳妇这才相信，就跟他去了。到了山上，埋银子的地方就找不到了，满山到处都是松树枝子，哪棵松树枝子是他插的看不出来了。懒人丢了到手的银子，后悔的不得了，要是自己习惯干活，也不能回去叫媳妇来拿，自己抱回去不就得了吗！

讲 述 者/金桂枝　女　56岁　初中文化　农民

采 录 者 / 代雪梅

采录时间 / 2008年7月

采录地点 / 偏岭乡泥塔村

桃树与人命

过去放山，有个规矩，合伙进山，不论谁找着人参，都平分。

有这么两个人，一个叫关田，一个叫佟三，两人搭伙一起进山挖棒槌。在山里转悠挺长时间，找着一棵大棒槌，这棒槌六品叶，多少年也碰不上这样的好货。关田和佟三两人高高兴兴下山往家走了。这时关田就起了歹意，想独吞这个棒槌，走到半山腰，在后面就把佟三打死了。打死佟三后，关田就把佟三埋到山上了，自己拿着棒槌就下山了。

佟三家有棵大桃树，结满了桃，放山临走前，佟三媳妇给他摘了几个桃子带上。挖棒槌那天，他刚吃了一半桃子，就发现大棒槌了，他把没吃完的桃子顺手揣兜里了，关田把他和半拉桃一起埋山上了。过了几年之后，那个桃核就发芽了，长出一棵桃树。

再说关田回去以后，把大棒槌卖了个好价钱，自己日子过得挺好，但是他图财害命，心里总是不安，半夜经常惊醒，一有点儿动静就觉得是佟三的鬼魂来找他了，总是心神不宁。关田心里有愧，就对佟三的媳妇和孩子挺照顾，经常送些米呀柴的。

又几年过去了，佟三的孩子长大了，也放山去了。这天孩子上山，突然看到了一棵桃树，这桃树结的桃子跟他家的桃一模一样。他就摘回去几个给他妈看，他妈一看这桃子，就哭了，说："孩子呀，你爸走的时候带几个桃走的。"孩子听她妈这么说，就想："我妈这么想我爸，我给这棵桃树移到家来吧。"这时候关田来了，听孩子说山上有棵桃树，跟他家的桃树一样，要移到家里来。一问在哪看到的，一说

那地方正是他埋佟三的地方，他想，移树得刨根，一刨里面的尸骨不就露出来了吗？那我也没好了。关田连夜上山就把桃树给砍了。

佟三的孩子找人上山去移树，到那一看，桃树被砍倒了。回去和他妈一说，他妈心里就划魂了，她感觉不对劲了，就跟孩子说："你爸的死跟这桃树有关系，咱们报官吧！"佟三的孩子就报到县衙，县衙派人来挖开了树根，佟三的尸体还好好的，现场勘验，佟三是被人打死的。这就抓捕关田，押到县衙，一顿打板子，关田全招了。关田被判了斩刑，临死时立下遗嘱，把生前的财产都给佟三的孩子留下了。

讲 述 者/赵铁凡　男　57岁　初中文化　农民
采 集 者/于　洋
采录时间/2008年7月21日
采录地点/清河城镇

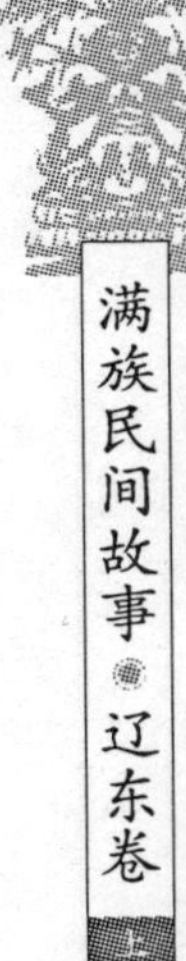

放羊人杀蟒

有一个老羊倌，家里养活一群羊，天天放羊。他家村子边上有一条河，河的南边有一个小砬子头，砬子头上长一棵树，他就在砬子头前边放羊。有一天晚上，这个老羊倌往回赶羊，一数，羊少了一只，羊倌就回来找，找也没有找到。过了三天，他还在那放羊，晚上回家一数，又少了一个，隔几天又少了一个羊，他就奇怪，这羊在哪丢的呢？这回再放羊，他就注意了。

羊倌还把羊赶到石砬子上，他还靠着树干眯瞪觉儿。他闭着眼睛假装睡着了，快到中午了，太阳最足的时候，一条大蟒爬过来，在砬子头的树上晒鳞。羊倌一下就明白了，这羊就是被蟒吸去的。羊倌想："这个蟒，我早晚给你收拾了，你要我的羊，我就要你的命。"

羊倌他开始准备要大蟒的命，他把匕首磨得锋利，带在身上准备伺机动手。他观察蟒的活动规律，每天都是十点多钟开始晒鳞，太阳一偏它就走。这天，羊倌准备动手，大蟒来了，像往常一样晒鳞，羊倌在那琢磨怎么动手。突然，他自己起空了，像有什么东西往空中拽他，然后又落下来了。他想："我还能成仙吗。"他就忘了大蟒的事了。

羊倌还是天天来放羊，羊没再丢，可是他起空一天比一天高。有一天刮风下雨，他就落不下来了，起得很高了，过了一会他进了一个黏糊糊的洞里。这时候羊倌才感觉到，自己进大蟒嘴里了，这个大蟒把他吞下去之后，就到树上去勒，想把他勒扁，这时候羊倌拽出匕首，往上一捅，就把刀尖捅到树上了。这蟒一疼，使劲一爬，刀刃朝后从头划到尾，划成两片。羊倌也出来了，一摸脑袋，头发都没有

了，他一看，自己躺在砬子头上呢，大蟒死了。

讲 述 者/赵铁范　男　57岁　初中文化　农民
采 集 者/于　洋
采录时间/2008年7月22日
采录地点/清河城镇

老太爷还魂

有这么一家，小两口和一个老太爷一起过日子。老太爷跟谁不和呢？跟这小子的舅舅不和。这个老太爷有病死了。死了就得抬出去，就抬房后，房后不远就是他们家的坟地。抬那搁着，等到开春地解冻时下葬。

这天下黑儿，就听着房后“咔嘣”一下响了，有个人踩着雪“吱嘎吱嘎”就过来了，奔仓房去了。仓房门挂着个铃铛，他一开仓房的门“铛啷、铛啷”直响。就听老太爷的声音，骂道“你个混小子，从我死了，毛驴子你也不喂，这牲口饿完了，这还能过日子啊？”这小两口能不害怕啊？这老太爷的魂怎么回来喂驴来了？媳妇把孩子搂得绷绷的。小两口心说，驴槽子填完了你赶紧走吧！怪吓人的，老太爷喂完牲口，他把房门开开，进屋了，他把烟袋往炕沿上“咣咣”磕，在这“吧嗒吧嗒”抽上烟了。把这小两口吓得，这怎么弄呢？哎，老太爷活着的时候就烦我舅舅。我得给我舅找来。

第二天，他去他舅家，跟舅说：“舅，你上俺们家住两天行吗？”他舅说：“怎地了？”“下黑儿老弄邪兴，害怕啊。”“那行，你给我买个大烟泡。”“行，给你买个大烟泡。”

他舅舅来了，在这小子家里置上个大案子，他舅舅头朝下躺在那抽大烟泡。他抽完了刚要把这灯拧灭了，就听房后“咣”一下响了，老太爷又出来了。踩着雪“吱嘎吱嘎”到前边了，说：“你这混小子，这日子还能过啊？这不爱干活还把你穷舅舅找来了，这他妈不完了吗？”进屋里头了，往炕头磕烟袋“吧嗒吧嗒”抽上了。一闻碗碟柜里

怎么有香味？把这柜门开开了，刚开开“扑楞”一下就吸进去了。他舅舅用后脊梁一顶，就把这柜门顶上了。那东西在里面稀哩哗啦蹦，一蹦碗就响。这可怎么办？舅舅说“你烧壶水，拿开水烫它。”小子烧一锅开水，就往碗柜里浇，不好使，还蹦达，舅舅说：“再浇开水，它再出来了就麻烦了。得烫死它。一盆开水下去，水就从碗柜门缝漏出来，他舅舅不是顶着门嘛？结果把他舅舅烫伤了，里边没怎么地，还蹦达。不行，还得烫。最后水浇完了，里边不蹦达了，这下可死了。打开碗架柜门看看吧，打开一看里边是个兔子。老太爷的魂就附在这兔子身上了。

讲 述 者/金庆新　男　62岁　初中文化　农民
采 录 者/张　莹
采录时间/2008年7月19日
采录地点/偏岭镇泥塔村

新媳妇尿床

有这么一个关内来的人，住在东山堡子里，这个人是个热心人，走南闯北有点道行。

有一天，他吃过饭，闲着没事就去另外一个堡子去看他的一个老乡，他这个老乡是个小伙子，结婚不长时间。他到了之后，问老乡，你这新婚日子过的怎么样啊？这一问不要紧，老乡就哭了，他就问，你哭什么呢？老乡就对他说："我娶个媳妇，晚上睡觉老尿炕，那尿的可厉害了，只要上炕就尿，一宿一宿地尿，把炕都尿塌了。"

他看老乡愁这样，就围着他家屋子转圈儿看，又到屋里看看。就觉得他家这个炕有问题。他说："你炕不塌了吗，我重给你盘盘。"他就动手把炕扒了，结果从炕洞里拽出一条大鲶鱼，嘴还一张一张。他对老乡说："你媳妇尿炕，都是这条鲶鱼精闹的。以后不能尿了。"老乡抓起鲶鱼就要打死。他说："放了它吧，修行到这份儿也不容易。"老乡就把它放到河里了，对鲶鱼说："你好好修行吧，别干作弄人的事儿，干点儿好事。"

老乡回来后，他已经走了，在桌子上留下一张纸，上面写道："我闲来无事到东庄，我到东庄看老乡，我见老乡哈哈笑，老乡见我泪汪汪，我问老乡为啥哭，娶个媳妇老尿床，一更里尿了我的红绫被，二更里尿了我的象牙床，三更里这泡尿更大，泡得屋子直晃当，外边走来个打渔汉，照我屋里撒一网，打一个鲶鱼叭哒嘴，一不小心逃出网，我问鲶鱼哪去了，游到河里当皇上。"

讲 述 者/祝秀英　女　45岁　初中文化　农民
采 录 者/于　洋
采录时间/2008年7月
采录地点/清河城镇

雷殛耗子

在很久以前，有个孤苦伶仃的老太太，靠手摇纺车织布换几文钱过日子，日子过得很紧巴。

邻居是个从小失去父母的孤儿，老太太待他像亲生儿子一样好，孤儿是穿着老太太织布的衣裳长大的。小伙子也把老太太当了亲娘，常帮老太太打柴、买米、挑水，重活他全包下了。

这娘俩亲亲热热好像一家人，谁也没想到会有闹到翻脸这一步。有一天，老太太到集市上卖完家织布，又买了些棉花，回来纺了好多线，缠成了一个大线团子，准备开机织布。谁知大线团子到用的时候就没了，满屋找也没找到。问邻居小伙子，小伙子说："我没拿呀，你再找找吧！"

老太太没出小屋，丢了线团子，又没有别人来过，只有这小伙子常来。老太太想："能是他拿走的吗？我待他像亲儿子一样，衣服白供他穿，他还偷我吗，不可能呀！我织点布多不容易，莫非是他偷了不好意思往出拿？"于是她说："你别抹不开面子，拿了也不要紧，咱娘俩为这点事，我不会让你丢人现眼，线团拿回来就算了罢！"

小伙子说："我真的没偷线团，让我往出拿什么？我怎么会偷你的东西呢？"

老太太说："画龙画虎难画骨，知人知面不知心，我看这屋里就咱俩在，我的东西丢了，不是你偷的，又是谁？"

老太太不顺气的时候，叨咕一件事没完没了，一连叨咕两三天。

老太太见小伙子不吱声，不知这是晚辈人让她，反而认为这是小

伙子理亏，见头见尾一个劲地骂。把小伙子骂急眼了，说：“我没拿你线团子，我可以发誓，你总不该赖我吧！”

老太太说：“我要是屈赖你，我也得摔死，咱俩光在这叨咕不行，拿整缜儿香，到庙上对天明誓，你敢吗？”

小伙子没偷线团，哪能服这个软，小伙子先给关老爷磕了头，然后说：“我要拿了邻居老大娘的线团子，出这庙就得把腿摔断！”

老太太也跪在关老爷神像前起誓：“我要是屈赖邻居小伙子偷线团，出这庙门得摔死。”

两人出了庙门，小伙子正在气头上，没看脚底下，一脚踏空了台阶，摔个跟头，把腿摔出血了，鲜亮亮的血流了一地。

老太太恨恨地说：“刚起完誓灵验了吧，你的腿摔出血了，还不把线团给我？”

小伙子说：“我摔了腿，出了血，我也拿不出来你的线团子，就是腿真摔折了也没偷呀。”

老太太气得直哆嗦：“刚起过誓，你又变卦了，你这没良心的小偷……”

老太太脚小，又在气头上，一挪步，也摔了个跟头。小伙子一看，只好扶她回家。见老太太恨恨连声，一寻思，我从小没父母，就这位老太太照顾我，现在她说我偷线团子，我跳进黄河也洗不清了。小伙子坐在门口树下哭了起来，真想拿根绳吊死算了。

老太太更窝火，照看这么多年的小伙子，还偷我线团了，起誓灵验了他还不认账，害得我也摔一跤。我以后要是不能动弹那天，指他照看能指得上吗？我趁没遭着罪，自己先死了吧。于是，颤颤搭搭摸起了卤水罐子。就在老太太扶卤水罐正要喝的当口，小伙子把绳子系个扣正要往脖子上勒的时候，天上“咔嚓”一声打了个响雷，把小伙子上吊用的蹬脚石震倒了，也把老太太手里的卤水罐子震掉在炕上。等老太太缓过神来，看到地上装米的破箱子被掀翻个了，露出了一个白毛大耗子，竟有大猪崽子那么大！在耗子洞口，见到了她那个被耗子磕出两个窟隆的大线团子。老太太这才知道自己错怪了小伙子。赶快跑出去找小伙子道歉。

人们听说老太太家出了雷殛耗子精这件稀奇事，都来看那偷线团

的大白耗子。老太太对大家说：“骂人不疼，起誓不灵，谁要是丢了东西，一定得好好找一找，千万别屈死好人笑死贼！”

讲 述 者 / 彭永发　男　不识字　农民

采录整理者 / 徐延顺

采录时间 / 1985年

采录地点 / 连山关镇棒槌岭村

欢 喜 岭

本溪牛心台乡的欢喜岭，原名叫做败家岭。据说早先年有几家占山户，前几辈日子过得挺好，可后来尽出败家子，把山林房田卖光了，又远走他乡。有些人家花钱买下这座沟壑交错的山岭，过了几年也败家。后来谁也不买这座岭了，败家岭便由此得名，成了无主荒岭。岭上的树光有人砍，没人栽，山岭砍得光秃秃，成了兔子不拉屎的地方。一些从关里闯关东的穷人在这荒岭下安了家，虽然没有家产可败，日子却始终富不起来。这样不知苦熬了多少代，败家岭下传出了一个“梁好轧易好”的故事，人们才把败家岭改名叫做欢喜岭。

明朝永乐年间，败家岭下的老百姓只剩三户人家。他们的老祖宗没留下啥家产，日子总翻不过梢来（指运气差,）。这三家，一家姓梁，男人名好，家有老婆孩子，三口人过日子；一家姓王，男人名贤，奉养老母，两口人过日子；还有一家姓李，只有一个十七岁的姑娘，独自一人过日子。这三家，人穷不下道，有难处就互相帮一把。经梁好夫妇做媒说合，李氏姑娘嫁给王贤当媳妇。守着秃山没出路，梁好和王贤到外地打短工、扛年道（当长工），挣点劳金养家糊口。

有一年，梁好和王贤在家边几个村屯揽不着活干，越走越远，音信皆无，一走三年没回家。

王贤媳妇和婆婆家里穷得叮当响，日子实在没法过了，婆媳俩走到卧龙村，愿把媳妇或是婆婆卖了换一块银子，让没被卖的人拿这银子过日子。有人用五两银子把媳妇买去了，要往窑子里倒卖。婆媳分离时哭得好伤心，恰巧遇上梁好从外边回来。他挣了八两银子，问清

了王家婆媳为啥痛哭，便从怀里掏出五两银子给了王贤他妈，说："这是王贤在外做工挣的银子，托我带回家来了。"这块银子成全了王家婆媳，两人破涕为笑，回到了家。

梁好回到家，看破房子是用蒿子披的，孩子光腚没有衣裳穿，媳妇赤臂露体，家里只有从兴隆山采回的两斗橡子，媳妇用对窝子石头捣成面，给梁好做了一碗橡子面粥喝。

媳妇听说丈夫把五两银子送给了王家婆媳，点头赞成。她劝梁好带着剩下的三两银子去找王贤，万一他不在了，这婆媳俩还指谁养活？干脆接过来一起过！

梁好用二两银子把穷家拾掇一下，带着一两银子的盘缠上路找王贤。半个多月过去了，梁好身上已镚子皆无。他倚在一家买卖门口叹气。忽听有人叫道："梁大哥，你怎么到这里来了？"

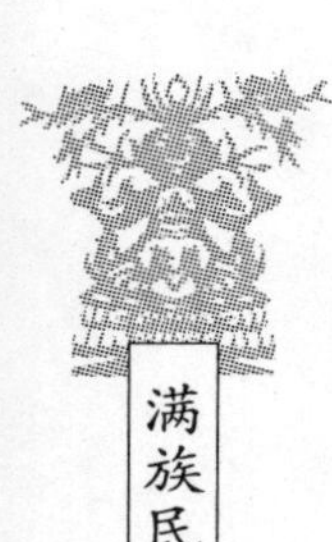

梁好见这人正是王贤，就问："你到这怎么没回家？你媳妇差一点被人贩子买去，家里人都急死了，你咋不捎个信回去？"

王贤说："我在这讲的是一干三年，捎几封信，也没回信，原来银两和信都被拐跑了。这样吧，你在这替我打两个月短工，我回家看看，好不好？"

梁好正找事干，就应承下来。王贤带着新挣的银两，回到了家中，才知梁好用五两银子救了自己媳妇。

王贤立即雇些泥瓦匠，盖了五间新房子。房子盖好，又套着马车到山沟里接梁大嫂。

梁好媳妇见王贤赶着马车，拿着给她穿的新衣裳，寻思这小子不习正道要把她卖给人贩子，说什么也不打开房门。王贤越劝，梁好媳妇越着急，最后一寻思穷日子过到这样，要是让人家给卖到窑子里去，还不如一死了事。于是她打着火镰，点着了草房，只见浓烟呛人，火光冲天。王贤见事情紧急，只好和车老板一起破门而入，硬把梁好的媳妇和儿子拖上了马车，拉到了家中，安置在宽敞的新房子里住下了。

王贤回到店铺，也没说他回家怎样，先把梁好打发回家了，给了他三文钱做盘缠，还买了一匹瘸马让梁好骑。梁好气得够戗，马也没骑，钱也没要，也不想回家了，想再谋个打短工的地方过日子，走了

两天，却病倒在一家小客店里了。

店小二易好见这个客人病了，就端汤送药侍候了半个月，全是易好花的钱。梁好感慨地说："我以前也像你一样救过一个同乡，谁知他待我十分苛薄。难为你照看我这个穷汉子，让我怎么谢你好呢？"

易好说："大哥你这样心好，我照顾你更应该了，咱俩脾气相投，轧个朋友吧！你也不用下炕，我在地上给你磕个头就行了。"于是梁好和易好轧成了朋友。

梁好病好后，要往家走。易好问："大哥，你得用几两银子做盘缠才能到家？"

梁好说："二两就够了。"

易好说："二两哪够！弟弟没有多，只有五两银子二百文铜钱，大哥你都拿去吧！"

梁好到家，正是半夜，见房子烧成灰，光剩下糊巴烂啃的断墙。梁好想到老婆孩子受那么多苦，房子又烧光了，肚子里的苦水都变成了眼泪，一直哭到天亮。他找个棍子想扒拉出几根骨头安葬，结果除了一口豁牙子锅，两个破坛子，什么也没找到。

他耷拉着脑袋往岭下走，看到老王家盖起好阔气的五间大房子。要是在以前，他怎么也得进去看看，这回一寻思，这跟我没关系了，走吧！

刚走几步，只听有人叫道："爹，你回来啦，快进屋来呀！"

梁好一见是儿子，吃惊地问："儿子，你怎么在这呢，你妈呢？"

"我妈在屋呢，王贤叔回来盖了五间房子，让咱家住一头，王奶奶和婶婶住一头。粮也买回来了，猪鸡鹅鸭都养起来了，王叔叔出去买树苗，还要往败家岭上栽树呢！"

梁好进屋见了老婆，才知王贤高义，感激的直揉眼皮，拜别了王家伯母，套车去接易好。

梁好与易好来到败家岭下新房子时，正好看见王贤拉了一马车树苗到家。大伙一齐栽树时，王贤说："咱们这败家岭，山上要栽上树苗，种上树，管好它，怎么会败家呢！你俩是梁好轧易好，加我就是三个人，咱们齐心出力治这秃岭吧。"

当天，梁好、易好、王贤结拜成磕头弟兄。从此，三家人合成一

条心，用镐头、锄头、弯弯犁，把败家岭变成了山林、果园、庄田，这三户人家过上了吃穿不愁的好日子。后来，欢欢喜喜过日子的人们就把“败家岭”改名叫成了“欢喜岭”。

讲 述 者／爱新觉罗·庆新　本溪县偏岭乡法台村农民
采 录 者／徐延顺
采录时间／1986年2月
采录地区／本溪县偏岭乡

乌鸦与麻雀吹牛

乌鸦和麻雀在一起，喜欢吹牛，谁也不服谁。

这天，有一家办事情，屋里鸡鸭鱼肉摆满了案台。乌鸦和麻雀又遇到一起，站在树上看热闹。乌鸦对麻雀说："麻雀，你总说你厉害，你上菜板子上给肉取回来，我就服你。"麻雀说："这算啥事儿，你等着。"麻雀飞到菜板上，叼起一块肉就飞了，结果那肉太大了，麻雀飞不起来了，就让厨师一把给麻雀抓住了。厨师抓住麻雀之后，把毛都给拔光，要给它过过油炸吃了，可厨师没拿住，麻雀就飞跑了。

麻雀飞回树上，乌鸦问它："肉没拿来，你身上的毛怎么没有了呢？"麻雀说："你可别说了，我要拿二斤肉，厨师非给我砍一斤半，我脱光膀子跟他干架来的。"

这时，道边上拴了一头毛驴子，正好拉屉屉呢，麻雀对乌鸦说："你要是厉害，你把那头驴的板肠给我叼过来。"乌鸦说："这对我来说，不是事儿。"乌鸦就飞过去了，它一叨驴屁股，被驴夹到驴卵子里了，左挣扎右扑腾才逃出来。乌鸦飞回来树上，麻雀问它："你在那干什么呢，一门扑腾？"乌鸦说："你说这驴多不讲究，我要驴板肠，它非给我驴肝肺，气得我蹬它好几脚。"

讲 述 者／孟兆荣　男　83岁 不识字　农民
采 集 者／于　洋
采集时间／2008年7月23日
采录地点／清河城镇

鹰和兔子

古时候，东北这地方没有那么多鹰，后来渤海郡王春秋围猎，为了抓天鹅，就管百姓要鹰。渤海郡王要的鹰，不但得能扑善挠，还得长的漂亮。这就逼得老百姓杀鸡鸭、宰猪羊，甚至杀牛宰马，把五脏掏出来，挂在房前屋后，用来引诱鹰。这个办法还真灵，没用几天，就把附近的鹰都招引来了，那鹰群飞起来简直是遮天盖地。人们捉到了老苍鹰、座山雕、黑耳鸢、白脸鹫等各种各样的鹰，献给渤海郡王，老郡王一看，只选中了矫健俊秀洁白的海东青。剩下的鹰见东北这地方，四季分明，满山遍野跑山兔，飞野鸡，就都留在这里，不走了。

鹰王爱吃兔子，兔子就倒老霉了。尤其冬天一到，花草伏地，树木落叶，地上光秃秃的，兔子打食连个藏身的地方都难找。没用多久，兔子就被海东青抓光了，只有老秃顶子的一个山旮旯里，还有黑、白、灰三个兔王领的三群兔子，它们聚在一块儿，恶鹰一来，它们就举起树条子一齐打，使恶鹰没法靠近，才没被鹰吃掉。

鹰王有两顿没吃着兔子就发起脾气来。众鹰一齐上前说："兔子已捉光，只剩山旮旯那三群兔子了，它们心齐，抱成一团，使我们难以下手。"

鹰王听了骂道："你们都是些废物，带我去！"

于是这帮恶鹰领着鹰王直奔山旮旯去了。兔子一看鹰群铺天盖地来了，就跑进了洞里。鹰王下令决定守在这里。

兔子一直等到天黑，鹰也没走，兔王想，总蹲在洞里也不是个长

久之计呀，它们就合计如何对付恶鹰。白兔王说：“这成千上万的恶鹰，我们是对付不了的。我看有它们在这里，咱们兔族那种自由自在的生活是一去不回头了。要想不断子绝孙，只有像鸡、狗那样投奔人家去，被人们养起来，得到人们的保护。”

黑兔王接过来说：“对呀，为了兔族不绝种，这是唯一的办法，我已经想好了，准备带领全家族跟白兔一起投奔村庄。”

灰兔王摇摇头说：“我不同意。若被人关进笼子里，他们今天需要毛，就来拔毛，明天需要皮，就来扒皮，这叫什么生活？”

白兔王听了叹口气说：“唉，尽管那样，毕竟有一部分能活着，兔族不至绝种呀！”

灰兔瞪起眼睛接过来说：“活着？眼看着亲族被人宰割，这样活着，还不如死了。我不能领着家族走这条路。我希望你们也不要走。咱们在这里想想办法，一齐对付这恶鹰吧。”

黑、白二兔王说：“这恶鹰的嘴都是溜尖的锥子，手都是锋利的叉子，我们兔族只有一张破嘴，四个软蹄儿，怎么能对付得了人家。你没看见那些叫鹰抓去的，被撕裂的多惨哪！依我们说，咱们还是一起走吧。”

灰兔王果断地说：“我不去，我们宁可自由自在地活一天，也不在别人的欺辱下活一辈子！”

黑、白二兔王都低头不语了。天黑后，趁着鹰闭上了眼睛，它俩领着自己的家族偷偷地离开了山旮旯，投奔村庄去了。

灰兔王叫醒了全族，问大家有什么办法对付这恶鹰。一个老兔叫了两声“喀布他米”。灰兔王一听射箭，高兴地喊道：“对，射箭！”

于是它带领全族，乘黑夜出了洞，吃饱喝足。找一棵细高的水曲柳树，它们一个顶一个地上到树梢，一齐打起提溜来，把树梢坠到地面，咬去过细的枝条，免得兜风。每个兔子都仰面朝天拽着一根枝条，等待着恶鹰。

天一亮，鹰王看到了岭上的兔子聚堆了，就在石头上磨了磨嘴，喊着：“都来，跟我一齐上！”就听“唰”的一声，鹰群就扑了上去，伸嘴来叨兔子。兔王喊了一声“喀布他米！”兔子一齐放手里树枝，树身猛地往回一弹，就听“啪”的一声响，有无数的鹰嘴、鹰脑被抽到

半天空，当时就抽死了。侥幸没抽死的，也都把叉子一样的爪、锥子一样的嘴，给打弯了。现在鹰的爪和嘴都是弯的，就是那时留下的病根儿。那些被抽下来的鹰头、鹰嘴落到各处，年久了就变成了石头。所以鹰嘴山，鹰嘴岭、鹰嘴砬子到处都有。兔子对鹰王的仇恨最大，所以鹰王的嘴被弹得最高，落到长白山顶图们色禽的边上，就成了鹰嘴峰。

白脸鹫把头上的毛打掉了，成了老秃鹫，它一想到抓兔子，就蹲在树上犯愁，怕兔子射箭，不敢轻易去抓。于是灰兔的家族比以前更加昌盛了。

听说灰兔打败了恶鹰，又自由自在地生活了。白兔和黑兔就急着要逃出笼子。可是它们把眼睛急红了，也没逃出去。

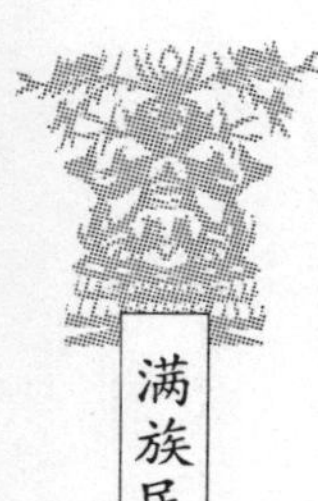

讲 述 者／爱新觉罗·庆凯　满族

采录整理者／王庆福

采录时间／1985年

采录地点／本溪满族自治县偏岭乡泥塔村

狗　　腿

有一个不务正业的人，一天到晚，吊儿郎当，欺男霸女，不干正事。

有一天，他调戏人家媳妇，让这家人把他腿打断了，打断的腿被人扔到山沟里了。大伙儿说：没一条腿。看他还坏不！”这小子趴在地下拖着一条腿往家爬。爬到半道，正好有个接骨先生从这路过，看见一个人少一条腿在地下爬，就问他怎么了。他没好意思说是被人打的，说自己干活砸的。接骨先生说：“我能给你接个腿，让你站起来。”这小子说：“只要你能让我站起来，你要多少钱我都给你。”

接骨先生说：“你得找一条大狗，腿要长。”他带接骨先生回家，叫媳妇去弄一条大黄狗来，越大越好。媳妇出去半天，牵回一条大黄狗。先生看看这条大黄狗的后退挺长，照这小子的断腿比量比量，看看长短，从包里拿出个刀，把大黄狗的后腿给卸下来了，卸下来就按在这小子的断腿上了，两边用木板固定上，再缠巴缠巴，告诉他说：“七七四十九天不许动弹，不许下地。”

这个大黄狗呢，被卸下一条腿，在地下趴着直叫唤，安完了人腿，先生过来拍拍大黄狗的脑袋说：“别叫了，我再帮你按上一条腿。”先生让人取来一盆黄土，和上泥，就用黄泥捏出一条腿，放在太阳底下晒干。第二天，就把狗腿接上了。

七七四十九天过去了，接骨先生又来了，把这个小子腿上的带子解开，这狗腿真长上了，这小子一条人腿，一条狗腿，下地一走，还行。以后人们再看见他，就喊：“狗腿子来了！狗腿子来啦！”

可怜这条大黄狗，接上了一条黄泥腿，走路不受影响，就是撒尿时得把腿翘起来，怕尿把腿冲坏了。所以狗撒尿时得把后边的一条腿翘起来。

讲 述 者/孟兆荣　男　83岁　不识字　农民
采 录 者/于　洋
采录时间/2008年7月23日
采录地点/清河城镇

狼不可救

有个打猎的猎人，在山上遇到一只大母狼，打了一枪没打死，狼跑了，猎人就在后面追。

狼没命地往山里跑，半道上遇到个挑八股绳、摇拨浪鼓的货郎。狼就给货郎作揖，哀告救命。货郎心软了，就把货箱子打开，让狼钻了进去了。

说话工夫，打猎的端着枪来，问："货郎，看见狼往哪跑了？"货郎往相反的方向指一指，说："往那跑了。"

打猎的顺着货郎指的方向追了过去。货郎挑着担子继续往前走。肩上的挑子越走越沉。货郎停下来，放下担子，正要打开箱子放狼出来，遇到一个农夫路过这里，就问货郎："箱子装的什么？"货郎如实说了。农夫惊讶地告诉货郎："狼最狠毒最没良心，你救它，它就害你，你不该救它。"货郎听农夫这么说："是呀，我救狼干什么？"但货郎不想杀生，就把装狼的箱子扔到太子河里了。

箱子顺水冲跑了，狼在箱子里嗷嗷叫喊："救命啊！救命啊！"

箱子漂到刘家哨渡口，有一只小船正在摆渡。船上坐个和尚，听见喊"救命！"向河里一看，有一只箱子，呼救声是从箱子里面传出来的，他就和摆渡的把箱子捞上来。

摆渡的说："那是一个狼在叫，别理它。"

和尚说："出家人以慈悲为本，怎么能见死不救呢？我出钱，你把箱子捞上来吧！"

摆渡的抗不住和尚央告，就把箱子捞上来。和尚念了几句"南无

阿弥陀佛！”将锁撬开，把狼放了出来。

狼这时饿得眼睛都红了，看船上只有两个人，趁和尚正闭目念经的工夫，狼扑上去就是一口，和尚吓得浑身发抖。摆渡的一看不好，救和尚已来不及了，一使劲就把小船弄翻了，和尚和狼一起掉到河里了。

狼掉河里才松开口 ，摆渡的用船竿子猛打狼，狼被打晕了，最后淹死在河里了。

摆渡的把和尚捞上岸，和尚胳膊被咬了两道大血口子。和尚一个劲向摆渡的道谢，随后掏出钱，给摆渡的船钱。

摆渡的说：“钱，我一文也不要，你拿这钱买药治伤要紧。把这狼给我，我把它皮剥了卖钱，就够你的船钱了。”

和尚叹道：“狼不可救，理应剥皮，阿弥陀佛！”

讲 述 者／爱新觉罗·庆凯

采录整理者／徐延顺

采录时间／1985年

采录地点／偏岭乡泥塔村

白吃的故事

有这么一个吃白食的，见到谁都说，咱们哥们儿够意思，咱们有缘分才能到一块，吃点喝点没啥，还分什么我的你的。时间长了，都知道他啥德行了，背后就管他叫“白吃”。

他在这堡子有两个哥们儿，原来处得不错，后来他经常白吃人家的，吃完还要嘴皮子，人家就有点烦他了。有聚会就背着他，不找他。

有一天，雨过天晴，那哥俩到一块说：“今儿个也没事，咱俩喝点小酒。”大哥就说：“你说咱一喝酒，白吃闻着味儿就来了。他一来了吃点喝点没啥，叨叨那话叫人扫兴。”二哥说：“今儿个咱俩不在家吃，咱俩另找个地方，不叫他知道。”大哥说“那你说上哪？”二哥说：“咱去湖心凉亭，那地方清静，他还找不着。”大哥一听，说：“好，咱就去那。”他俩带上酒菜，雇了一条船，两人坐着船，奔湖心凉亭去了。

白吃这小子在家，老天连下了几天雨，在家憋够戗，雨过天晴了，又想出去蹭酒。找谁呢？他一想，别人不行，还得那两个哥们儿。白吃溜跶溜跶就出门了。先到大哥家，进门就说：“大嫂，我大哥呢？”“你大哥走了，上你二哥家去了。”他一听，今儿个有点意思，能有酒喝。他三步两步地往二哥家跑。到了二哥家，一进屋就说：“大哥、二哥好几天没见了，我看看你来。”他想，进屋就能赶上酒喝。结果一看，炕上地下没有摆酒的意思。就问二嫂“大哥不是来你们家了吗？他俩去哪了？”二嫂说：“他俩走了，不在家。”白吃说：“他俩干什么去了？”平时二嫂就烦他，说：“不知道，他俩唠着嗑起来就走

了。”白吃说：“看见他俩去哪了吗？”二嫂说：“那可没看见，不知道往哪走了。”

白吃一寻思，这哥俩今儿个是要甩我啊！这娘们儿也跟着忽悠，我得出去找找。白吃到街上一路打听，知道哥俩儿是划船去湖心凉亭了。他往湖上一看，哎呀，俩人正好下船往亭子上搬东西呢。白吃一想，我要坐船去，他俩一看我来，指定得躲，我得想个办法，让他俩躲不了我。

白吃跑回家，进屋跟媳妇说：“你把装衣服那个箱子倒出来，我有急用”。他媳妇说：“平白无故的，你折腾箱子干什么？不能吃不能喝的。”白吃心里急呀，说：“少废话，让你倒你就倒！”他跑过去，三把两把就把箱子里头的破烂抖搂出来，扛起箱子就走了。白吃边跑边合计，我这箱子不能当船划，我得上这个湖的上游往下冲。你们俩在亭子里要看到上游冲下来一个箱子肯定得捞，你们怎么也不会想到是我！白吃越想越得意，跑的呀满头大汗，到了湖的上游，他钻进箱子里，顺着水流就冲下来。

这哥俩在凉亭上正要举杯喝酒的时候，一看上边冲下来个东西。大哥说：“二弟，你看湖里冲下来个什么东西。”二哥一看是个箱子，他俩过去，一使劲把这个箱子拽上来了。还没等哥俩动手，箱子盖猛地打开了，站起一个人来。哥俩一看，是白吃。哥俩正奇怪他怎么在箱子里，白吃说：“没想到吧，你们出来喝酒也不告诉我。你们坐船走了，我就得用箱子往下漂，等你们俩在这捞我。”哥俩一看，这真是裤腿子上的泥——甩不掉了。

哥仨坐在一起喝酒吧。二哥说：“咱哥仨今儿个喝酒，得来点儿新意。”白吃说：“不就是喝酒吗，还要什么新意。”二哥说：“今儿个咱们不能拿过来就喝，咱们得一个人作首诗。诗作好了就喝，作不上来不能喝。”白吃一听，心想，你们这是刁难我呀。知道也是白知道，没办法，就说：“你们说怎么弄就怎么弄吧！”二哥说：“那好。大哥你说怎么作诗。”大哥说：“我看咱们作诗作四句，每个句子里要带上“糊糊涂涂，明明白白，容容易易，难上加难。”谁要加的合理，谁就喝酒。”二哥说：“行，那就大哥先说吧！”大哥说：“那我先说了啊！“雪在空中糊糊涂涂， 下在地上明明白白。雪要变水容容易易，水要

变雪那难上加难。”二哥说：“大哥说的好，喝酒吧。”大哥动筷子吃菜喝酒。大哥说：“二弟，该你了。”二哥说：“墨在砚中糊糊涂涂，写出字来明明白白，水变墨来容容易易，墨变水来难上加难。”大哥说：“二弟说的好，大哥跟你干一杯。”两人一碰杯干了。哥俩看着白吃，说：“该你了！”白吃在一边儿坐着，盯着桌上的酒菜，心里琢磨，人俩又说雪又谈墨的，我说什么呀？不说吧，今儿个这顿酒就喝不上了。合计了半天，说：“我也凑合两句。”白吃站起来说：“我在箱中糊糊涂涂，捞在岸上明明白白，我吃你俩容容易易，你俩吃我难上加难。”

讲 述 者/爱新觉罗·庆凯　男　74岁　初中文化　职员
采 录 者/张　莹
采录时间/2008年7月19日
采录地点/偏岭镇泥塔村

半仙黄蛤蟆

有这么一个堡子，有一家姓黄的老两口子。这个老头儿眼睛鼓鼓的，像个蛤蟆。老头儿会给人掐算。谁家丢个东西了，谁家男人出门日子长了没回来了，都让黄蛤蟆给算算，有不老少事让他说对了，所以人们就给他起了一个外号，叫他“黄半仙”。

有一天，有个妇道找他来了，说：“半仙啊，我头上一个金簪子丢了，你给我算算，我还能找到吗？”那时满族妇女头后边都插一根簪子，金簪子丢了，这妇道挺心疼。黄半仙把手伸出来掐着手指算算，问这妇道：“这两天你上哪去没？”

“我哪也没去啊。我就在家煮饭，抱个柴火，没去别的地方。”

“你多会丢的？”

“昨下黑儿吃饭以前还有呢。今个头晌儿煮完饭了，我寻思洗脸梳头，一摸，头上簪子没有了。我炕上地上都找了，也没找着。”

“你这个丢不了，你回去看看柴火垛边有没有。”这个妇道回去一找，真就掉柴火垛里头了。这妇道找到金簪子，乐够戗，见人就说：“这半仙掐算的真准。”其实，这事儿黄半仙他不是算的，是琢磨的，你想呀，妇道抱柴火，一低头，柴火支楞八翘的，很容易把簪子刮掉。

又有一个媳妇来找黄半仙，说：“俺们家那口子上关里做买卖去了，五六个月也没回来，你看我还有十天八天的就要生了，你给我算算，他能不能赶回来。”黄半仙说：“ 不用着急，再有个三、五天准能回来。你回家等着吧。”没过几天，这家男人真回来了。媳妇要生孩子了，当家的能不回来吗？这还用算嘛！

黄半仙老伴有个腿痛病，今儿下黑要痛一下黑儿，明儿个准下雨。他就抓住老伴这个规律，在堡子就告诉干活的，今儿个有雨啊，果然下雨。就这么的，大伙就说黄半仙真是个半仙，天文地理，人情往事他都能给算出来。这名声也就越传越神。

这年，皇上最喜爱的金蟾被人偷走了。皇上大怒，他找来崔大总管，问他："金蟾丢了，你务必给我找到。"崔大总管说："我皇宫内外都找了，没有。"皇上说："你到民间找个算卦的，叫他给算一算，看去哪能找到。你赶紧去，找不到，提头来见我！"崔大总管说："马上去，马上去。"

其实，金蟾让崔大总管偷走了。

这时崔大总管带着几个人，就到天桥一带打听，看哪位卦算得灵。算得灵的他不找，他要找算不灵的。算灵的，不就算出来金蟾叫他偷去了吗。结果他就往城外走，一走就走到黄半仙堡子里了。这时正是六月天，晴空大日的，不少农民在地里铲地。崔大总管老远看见有个人穿蓑衣戴草帽在那铲地。觉得挺怪，崔大总管走过去，问："你们堡子有没有会掐算的先生？" 这人正是黄半仙。黄半仙一看，来的是朝廷的人，心里害怕，就说："没听说过"。崔大总管接着往前走，看见迎面又来个人，就问："你们这堡子有没有会掐算的？"这人说："才刚过去的那个人，就是俺们这堡子最能掐会算的人。"崔大总管返回来，撵上黄半仙，说："堡子里的人都说你会掐算。"黄半仙说："我算的不灵，都是瞎蒙的。"崔大总管一听，这是个蒙事儿的，这个行。就说："今儿个你跟我进朝吧，皇上丢点东西，你到那给掐算掐算，看看在哪能找着。"说完，就把黄半仙带走了。

进了皇宫，崔大总管给黄半仙找个地方先住下。黄半仙心里害怕呀，心里合计，我在堡子里蒙人行，皇上把东西丢了叫我给找，这不是要我命嘛。蒙不上来，不得把我斩了？他就这么寻思呢，天上霹雷闪电地来雨了。原来，头天晚上他老伴儿腿疼一宿，他知道第二天要下雨，所以他去铲地披个蓑衣戴个草帽。

这时，崔大总管也在寻思事呢，崔大总管琢磨这个人好奇怪啊，他说他算的不灵，怎么晌晴天，他穿个蓑衣，他是不是算出来，今儿个要下雨啊？不行。我还得再探探他的底细。真要是灵了，把我算出

来，我就得被满门抄斩哪！

崔大总管就到黄半仙住的地方去了。到地方了，他没进屋，他站在窗户外头观察观察黄半仙。

外头下雨呢，黄半仙在屋里坐不住，不知道老伴儿腿疼没疼，酱缸盖没盖，柴火抱没抱进屋。他心里埋怨老太太，我说今个下雨我不去铲地，你像个催命鬼似的催我去，遇见这么帮人，把我弄这来了，留你个人在家，看你咋办！气的跺脚骂说："催，催，催什么呀，我来了有你好吗？"这崔大总管在窗户底下一听，"崔，崔，我来了有你好吗？"这不说我嘛，是不是他已经算出来，金蟾是我偷的了。他算得准呐，他还说算得不灵，我被他蒙了。这回可坏菜了，我全家的命都难保了。崔大总管哆哆嗦嗦地进屋了，脸也变色了，魂也不附体了，说"黄先生，你算没算出来皇上丢这个东西叫谁拿去了？"黄半仙唬崔大总管说："我算不出来，我来干什么？"崔大总管一听这话，"嘣噔"一下就给黄半仙跪下了。说："黄仙师呀，你算出来是我拿的，明个上朝和皇上一说，皇上就得拿我全家开刀问斩了，黄先师，你得给我安排安排。"

黄半仙一听崔大总管自己承认了，马上变了腔调，说："我早就算出来这东西叫你拿去了，你要想圆上这个场面，叫皇上不知道是你拿的，那你得破费破费。"崔大总管保全家的命要紧，黄半仙提什么要求他都答应。忙说："这个好办，我给你五十两金子。"黄半仙说"你把金子拿来，我明天一定给你安排好。"

崔大总管回去给他拿了五十两金子。黄半仙跟崔大总管说："你把你拿的这个东西送到后花园芭蕉树底下。你掐个芭蕉叶把它盖上。明儿个上朝，皇上叫我给他掐算的时候，我自有安排，你放心回去吧。"崔大总管说："我全家老小的命可都在你手上了！"说完又跪地给黄半仙磕了个头才走。

第二天早晨上朝了，满朝文武都来了，崔大总管也去了。皇上问他：

"大总管，我叫你请个先生你请没？"崔大总管说：

"请来了。"

"在哪呢？"

“在门外候着呢。”

“传他上殿，今儿个别的事不办，就处理我丢东西的事。”

这个崔大总管现在心里有底了，不像刚偷东西那阵那么忐忑不安了。他大大方方喊黄半仙上殿。黄半仙这时知道东西在哪，自然也是胸有成竹，大摇大摆进殿了。到皇上面前跪下了高呼：

“我皇万岁，万万岁。”

皇上说：“你姓什么？”

“我姓黄。”

“你叫什么名啊？”

“我没有大名，我就有个小名叫黄蛤蟆。”

“你来干什么来了？”

“你们昨天一个大官人把我叫来了，说皇宫丢样东西让我给掐算掐算。”

“你算的灵不灵啊？”

“不敢说灵，这个就在我掐指一算。”

“那你给我掐算掐算，我那金蟾叫谁偷去了。”

这下黄半仙就拿个架儿出来了，把这右手举起来，边掐算边在那嘀咕：“一二三，二二三，我手掐五指念箴言。皇上丢了大金蟾，你要问问它在哪，我说它在后花园。”

皇上问：“在后花园哪里？”黄半仙又在那掐算一会儿说“芭蕉树下。”皇上说：“崔大总管，赶紧派人去找！”崔大总管藏的，他还能找不着吗？到那就把金蟾拿回来了。回来交给皇上，皇上一看，正是自己丢的那只金蟾。这时皇上也管黄蛤蟆叫黄仙师了。皇上说“黄先师你算得也太灵了，我今儿个要奖赏你，赏你十个萨琪玛。”皇上给黄蛤蟆十个萨琪玛。“黄仙师啊，你以后就在宫廷里头待着吧，暂时我不封你什么官，你就是皇宗府上一个仙师。以后再丢什么东西啊，我也好找啊。”黄半仙说：“皇上啊，我就是个小老百姓，家还有一个半残的老伴儿，我还挺惦记她。”皇上摆摆手说：“别客气了，你就在这吧。退朝！”就把黄半仙撂那场了。

第二天早上，皇上上殿路过后花园，他那花园里什么都有啊，石榴啊、桃啊、枣啊，各样的花都有。路过这个枣树的时候，树上结了

满树的大青枣，皇上顺手就揪了一个搁手里掐着。他寻思找黄半仙算算，看他能不能算出我手里拿的什么玩意。不一会上朝了，皇上招呼崔大总管："来啊，传黄仙师上殿。"黄半仙这回来和昨儿个不一样了。昨儿个他把那些事都安排好了，今儿个来他心里没底。不知道皇上又丢什么了呢？吓得够戗，胆突突地上了殿。皇上说："黄仙师，你算一算，看朕手中掐的是何物?"黄半仙一听，心说，这不要我命吗?你手里拿什么我上哪猜去？就说"大清早……"他是想说，你大清早的，皇上问我这个事——，皇上一听乐了，说："哎，对对，就是大青枣。"手伸开，给满朝文武看，这小子算得真灵。皇上说："你算对了，你下去吧，我再赏你五个萨琪玛。"黄半仙回去了。

第三天，皇上上朝。又问崔大总管："黄仙师呢？把他叫来。"黄半仙不是朝官，不能上朝，有事传他，他才能来。崔大人这又打发人去找，黄半仙来了。皇上说："黄仙师啊，前儿你不是说家里有个老伴吗？你再算一卦，你要算灵了呢，我就赦你回家。你要是算不灵呢？我就杀你的头。"黄半仙这时也没选择，听天由命吧，说："那好，皇上请说吧"。皇上桌子上有个盒子，皇上就问："黄仙师，你看朕这个盒中是何物?"黄半仙心想，这下可完了，今儿个没命了。自个没命了，他自个寻思寻思，跪下，对着盒子说："黄蛤蟆呀，黄蛤蟆，你今天就死这盒里头了!"皇上一听，"对，是个黄蛤蟆。"皇上以为他说盒里的东西是黄蛤蟆。皇上说："你可以回家了，我再赏给你二十个萨琪玛吧。"

黄蛤蟆拿起萨琪玛拔腿就跑了。

讲 述 者／爱新觉罗·庆凯　男 74岁　初中文化　职员
采 录 者／张　莹
采录时间／2008年7月19日
采录地点／偏岭镇泥塔村

箍轳匠打熊瞎子

很早以前，这地方有座大山，叫桦树坡。这个桦树坡是个坡地，住在这儿的人，就在这坡地上种苞米。可是，一到秋天要收地的时候，山上的熊瞎子就来祸害，它不光吃还拿，掰一个就放胳膊下夹着，再去掰另一个，一抬胳膊夹的就掉了。就这样，掰一道掉一道，把苞米掰的乱七八糟，把庄稼都糟蹋了。熊瞎子它不像野猪敲敲盆就能吓跑，熊瞎子什么也不怕，人整不住它。

有一天，桦树坡来了个箍轳匠，就是修缸修盆的，天黑了！他就找一家讨个宿儿。箍轳匠住的这家正好苞米地被熊瞎子祸害得够戗，爷儿几个正犯愁呢。当家的说："得去人看地，要不这一年白干了。"可叫谁去，谁不敢去。箍轳匠说："我们家乡也有熊瞎子，我去给你看着，你们给我点儿工钱。"当家的说："你要是看好了这夜，熊瞎子没糟蹋庄稼，明儿个，我多找几家，大伙儿齐点钱，你一起给看着。往后你都不用锔缸了，你就在这看地，你不也一样挣钱吗？" 箍轳匠说："好，我这就去给你看地去。"当家人把箍轳匠送到苞米地。这个时候天刚黑，箍轳匠一看，在地边儿上，有一个窝棚，这个窝棚离地3尺多高，人在里面能躺能坐，熊瞎子来了，正好用火枪打它。当家人说："你在这吧，熊瞎子来了，你能打就打不能打就猫在这儿，别把命丢了。我得回去。"箍轳匠说："好，你走吧，我在这待着。"

当家的走了，箍轳匠看窝棚下有个火盆，他划拉点儿干柴，把火点着，焖成暗火灰，端到窝棚上，他就坐在那抽烟，抽了会儿烟，他头朝里，脚朝外想迷糊会儿再起来看看。这时候他就听见"嘎巴"一

声，他起身往下一瞅，这下坏了，熊瞎子上他窝棚来了，熊瞎子的两个前爪就搭在窝棚边儿，头抬得老高，正用大爪子勾他呢。箍铲匠抬腿，一脚就把火盆踹下去了，这火盆正套在熊瞎子头上，熊瞎子被烧的往后一仰，就倒地上了，箍铲匠拿起猎枪，照准熊瞎子就开了一枪，熊瞎子就不动了。箍铲匠打死熊瞎子，就回到主人家了。当家的开门一看是箍铲匠，还以为他被熊瞎子吓跑了呢，就说："你治不了熊瞎子吧"。箍铲匠说："熊瞎子让我打死了"，当家的不相信，这么快就把熊瞎子打死了？就说："咱们去看看"。于是叫了一帮人，拿着棍棒就去了。到那一看熊瞎子真被打死了。

堡子里的人都感谢箍铲匠，大伙齐钱送给了箍铲匠，劝他留下。箍铲匠说，我还有老娘在家等我呢，我回去把老娘接来，以后我白天箍铲，晚上给你们看地。

讲 述 者／金庆新　男　62岁　初中文化　农民
采 录 者／代雪梅
采录时间／2008年7月
采录地点／偏岭乡泥塔村

干鱼换兔子

张书生和李书生是进京赶考的举子，一人带一个书童。走到半路，张书生就说，咱们歇歇吧，累了，两个书童挑着书也累了。大家都坐下来歇着。李书生就和张书生建议说："他们歇着，咱俩上山看看。"两人刚上山，就看到一个猎人下的拍子翻了，两人一看，压死一只山兔子。李书生就笑了，说："太好啦，这玩意儿最好吃，我们拿走，去京城到饭店让厨师给加工了。"张书生说："这可使不得，咱们是进京赶考的举子，别白拿人家东西，得讲究点，咱拿点食物给打猎的留着。"他俩就把带的干鱼拿出来，放到拍子底下把山兔拿走了。

跑山的猎人，第二天到这来看，发现拍子底下压个干鱼，高兴得蹦高，把干鱼带回家给他家人看。正好赶上他家这天来客人，做不少好吃的，黄米干饭，小鸡炖蘑菇。这小子跑回家灌了一肚子凉风，进屋就吃饭，吃完饭，不一会就开始肚子疼，疼得满地打滚。他家有钱，老头儿看儿子活蹦乱跳地从外面回来，这进屋吃顿饭的工夫，人就这样了，就说："你说这山上好端端的哪来的干鱼啊？一定是鱼神下界，让他给抓回来啦，触怒鱼神了，这是鱼神在惩罚我儿子呀！"老头儿出屋，冲着大山就磕头，说："鱼神啊，你老人家饶过我这不知事的儿子吧，就给你设高台修大庙，请戏班子连唱三天大戏。每天烧香敬您老人家。"

这小子跑山回来，本来是肚子受凉压风了才疼，睡宿儿觉，第二天就好了。老头儿以为是鱼神显灵了，这就要还愿，找人修庙供鱼神，把小子拿回来的干鱼供法台上了，请戏班子连唱了三天大戏。

两个进京赶考的举子考完以后，回来路过这个堡子，进堡子一看，怎么这么热闹哇，一打听是新修了个庙。他俩见香火挺旺的，也进庙看看。进去看见法台上供的干鱼，觉得奇怪，就问当地人怎么回事，当地人就把这小子家出的事儿讲了一遍。张书生和李书生一听就笑了，原来是他俩拿干鱼换兔子引起的。

于是张书生写了一副对联："信神有神在，不信神不怪。干鱼换兔子，这是人作怪。"

讲 述 者／金桂枝　女　56岁　初中文化　农民
采 录 者／代雪梅
采录时间／2008年7月
采录地点／偏岭乡泥塔村

牛吃茔草

有这么一家，老头儿姓金，人都叫他五牛子。五牛子家的地啊，在一个前山的山坡上，他家地头是老赵家的坟茔，坟茔地长满了草。五牛子地里种的是庄稼苗，五牛子看着庄稼，不让牛啃庄稼苗。这牛不懂谁家地谁家坟茔草，有草就吃，就把老赵家坟茔草给啃破了。老赵家来人一看，不干了，找到五牛子说："这不行我得告你。"老赵家就写了一个状子，上面写到："二牛耕田，一人扶犁，牛奔茔草，多耕一犁，毁我祖坟，罪恶不依。"就把这状子递到县衙门去了。县衙接到状子，很当回事。俗语说的好："碰人坟茔一根草，三年官司少不了"，马上派人去查看，看了以后，就找到了五牛子，说："今天你不是碰人一棵草，你把人家坟茔给耕了，这事很恶劣。"五牛子一听县衙这么说，也害怕了，说："那咋办?"县衙说："你金五牛摆个供，要三个凉碟，三个热碟，也算给人家祖宗赔罪了。"问五牛子"这样你同不同意?"五牛子说："我宁可了。"又问老赵家，老赵家不干了。老赵家说："你得立个碑，碑上刻字，说清因为什么立的这个碑。"五牛子明知理亏，也认了。摆了供，又到辽阳弄的石碑。

农村就是这个讲究，直到现在也没变。

讲 述 者／孟兆荣　男　83岁　不识字　农民

采 录 者／于　洋

采录时间／2008年7月23日

采录地点／清河城镇

哥俩儿占坟

我们满族啊，很讲究自家的坟茔地，认为坟地好，福荫后代子孙，所以，都提早找风水先生占坟。开始有一些本地的风水先生占坟，后来南方过来一群人也来占坟，他们拉着骆驼在村里转悠，村里人一看拉骆驼的，就知道他们是地皮先生。谁家要占坟就把他们请去。地皮先生都会唠，说："你们请我占坟就对了，我给你们占坟，必定能给你们占到地气好，山脉足的坟茔。"比如你们家哥们多，我就给你们占"两岗夹一岗，辈辈出皇上"的地。如果请不会占的，就给你占个"两山加一沟，辈辈出小偷。"那这家就完了。

有这么一家，是亲筋脉哥俩。离家不远有这么一个山， 叫常量子，这山当初分家归弟弟老二了，老大想在这山上占坟，就和老二商量，老二坚决不同意，老二也想在山上占坟，所以老大怎么说，老二也不同意。

这天，老大住的堡子外来了个拉骆驼的地皮先生，老大就把他请家去了，好酒好菜做了一桌子。老大就跟地皮先生说："我想占坟，地点还没选好，离这不远儿，有个常量子，你帮我去看看，那地方行不?"

吃完了也喝完了，老大就带着地皮先生到常量子山看看，先生一看这个山，有一块正脉在量头，两边都不好，不吉利。老大一听这话，就想招了，跟先生说："我明天去找山主来，我多给你钱，你占坟时，你这样说"两岗夹一岗的地方不好，两头地方好。"这地皮先生不怎么样，一听要多给钱，就答应了。

第二天清早，老大就去找老二，说来了个南蛮子，正宗的，你过去一趟，叫他给你占个好茔地，要是还有好的，大哥跟你借个光，我也占一块儿。老二说：“行。”老二跟老大到了常量子，老大跟南蛮子说：“这是我兄弟，山是他的，你看哪好先给他占，我占个不犯毛病的地方就行。”这南蛮子假装东西南北地找、量，然后说，前边这地方个人前景不错，但没有群山环抱朋友少。老二说：“这山都是我的，随便选，到北边的坡看看。”南蛮子说：“我看这不错，这又长流水，能延年益寿，还有两岗，这是出皇上的地儿。”老二说：“那就这吧，给我大哥看看。”南蛮子又回到正穴正位那个地方，说：“这个地方也行，但照方才那个地方略逊一点儿。”又假装这看那看，说，“其他地方还不如这地呢。”老大装作勉强地说：“也只能这样了。”

二十年以后，这俩家的后人还真出现状况，老大家儿孙满堂，日子过得火红、富足。老二家的后人就出问题了，他的三个孙子都是哑巴，生活衰败。堡子里的人有明白的，就说，你家占的坟有问题。老二就找老大去了。说：“当年占坟时我被你们骗了，我家出了三个哑巴，你这当大爷的看着好受吗？你是不是在里边做什么手脚了？”老大说：“别听外人瞎说，咱就哥俩儿，家中不和外人欺。你可别信。你要觉得不好，咱重新找地皮先生。重新找个地方占，钱我出。”老大找地皮先生，给老二重新在二道沟占了坟。以后，慢慢地，老二家的后人也出了大官，家境越来越好。

讲 述 者/金桂芝　女 56岁　初中文化　农民
采 录 者/代雪梅
采录时间/2008年7月
采录地点/偏岭乡泥塔村

姐夫小舅子打赌

姐夫是个阴阳先生，小舅子胆大爱吹牛。姐夫老说这小舅子干啥啥不行。小舅子说姐夫，吃啥啥没够。

有一天，堡子里死了人，请姐夫去，这个姐夫到那说："这人不能马上下葬，得放个三天才能下葬。"丧家得听阴阳先生的呀，这就把这死人停放三天。死人停放得有人看夜啊，这姐夫就说了，我给你找个人看夜吧。

这姐夫回去跟小舅子说："前街（读gāi）有家办白事，找个看夜的，看一夜给你一吊钱，我再给你一吊钱，你去看三天夜。"这小舅子就去了。这第一夜没什么事，第二夜也没什么事。看完第三夜就出殡了，没什么说的，小舅子就等拿钱了。

这天晚上，这姐夫就跟他小舅子说："你不说你胆大嘛，那我跟你打赌，你要是今天晚上敢给死人喂吃的，我就给你三吊钱。这小舅子心想，人都死了，喂饭有啥呀！就答应了。小舅子又对他姐夫说："我喂完了，你也得去给死人喂饭，要是你没做到，你再给我三吊钱。"这姐夫也答应了。

等晚上了，小舅子端来一碗饭，把棺材板打开，就给死人喂饭，一会儿一口，吃不吃一碗饭都没了。姐夫在一边看着，小舅子说："该你了。"姐夫说："我回家拿饭去，一会儿回来，你别走啊！"姐夫走了，小舅子把棺材里的死人搬出来，自己躺进去了。

再说这姐夫，回家端来一碗小米粥来了，拿着这碗粥就喂这死人，喂一口，这死人张嘴吃一口，喂一口，这死人张嘴吃一口。这姐

夫一寻思，这人都死了好几天了，怎么还能张嘴吃饭呢？吓得撒腿就跑。这小舅子看姐夫跑了，就在后面撵，边撵边喊：“你别跑，你回来，你该跟我一起走。”这姐夫一听，更害怕了，以为死人变鬼要抓他见阎王爷呢，拼了命地跑。这小舅子也跟他屁股后面拼了命地撵，他姐夫跑到家，进门就把门顶死了。小舅子进不去了，就回家了。

第二天一大早，小舅子就跑到他姐家，见到他姐就说：“姐，我姐夫呢？”他姐听了就说：“可别提了，也不知道昨天晚上他跑哪去了，一回来就钻进被窝，到现在还昏迷不醒呢。”这小舅子听了，心里这乐呀，心想，你不老说你撒豆成兵嘛，还想跟我比，不知道我胆最大啊！于是连声说：“姐夫，起来给我拿六吊钱。”他姐夫一听，明白了，啊，昨天晚上原来是你小子作怪啊！这股气我得出！

过不几天，又有一家死人，请他姐夫去，他姐夫又跟这家人说，这得停放三天。这家人就说，听说是你小舅子胆大，你能帮我把他请来看夜不？每晚我给他两吊钱。姐夫答应了。回来跟小舅子这样说：“你去吧，他给你两吊，我给你三吊。”小舅子听了，说：“行，我去。”这小舅子就去了。这次守夜的人挺多的，大家在一起唠嗑，可到下半夜就挺不住了，都犯困了。一阵阴风吹过来，这棺材板儿直动，里面的人要出来，这还得了，这守夜的全吓跑了，就剩他小舅子了。这小舅子刚想过去看看咋回事，棺材里的人坐起来了，跳出来就要抓他，这小舅子一个高蹦房梁上去了，死人跳起来抓他，小舅子就躲，这时，鸡叫了，死人又回到了棺材里躺下了。

第二天一早，姐夫来问小舅子，昨儿晚怎么样啊？这小舅子连忙说：“可别提了，下半夜这死人诈尸了，想抓我，多亏我跳房梁上了。”他姐夫一听，心里说：“要不是鸡叫，我还抓不着你，吓也把你吓死了！原来是姐夫报复小舅子。

这姐夫去丧家，跟丧主说：“我给你算了，停放三天不行了，得四天。”丧主听先生的，就答应了。这小舅子听说要守四天了，就想，这不消停，我得想个办法。他往四周一看，见厨房有口大黑锅，琢磨着：今儿晚到半夜时，我就躲进这黑锅里，谁也看不见。晚上，这小舅子守夜，上半夜他在那坐着，到了半夜，他就躲进锅里。这时候，他姐夫果真又来了，屋里漆黑一片，什么也看不清，这姐夫走了好几

圈也没找到他小舅子，结果鸡也叫了，没办法，也只能回去了。再说这小舅子，天一亮，就从锅里出来，浑身腰酸背痛的，也回去睡觉了。这天来了个老道，身穿八卦道衣，头戴八卦帽，敲着木鱼，来化缘来了。这媳妇就说：“当家的给人守夜呢，钱还没收回来，没有钱，您老换个地方吧。”老道说：“不，这是神仙给的箴言！”这意思就是要跟当家的说话。他媳妇听了只好去叫他当家的，说：“你起来吧，外面来了个老道，要跟你说几句话。”当家的只能起来了。这老道说：“你今天晚上有血光之灾，你身上有血印，注定今天晚上没命，你要是听我的你就有命，但是你必须听我的，信我信到底。不能糊弄。”当家的当然答应了。老道继续说：“给你一张带字的纸，给你木鱼，到时候这死人一动，你就敲他一下，但是不能敲大劲。”晚上到了，这小舅子把黑纸贴在那死人头上，到了上半夜的时候，这死人动的少，动一下，这小舅子就拿木鱼打一下他，这死人就不动了。这小舅子看还真好使，可到了下半夜，这就不老实了，这小舅子就来气了：“我刚坐下你就起来，这还没完了。”说着往死人头上使劲一打，只听“咯”的一声，这就不动了，这小舅子想，早知道就早重点打了！过不久，天也亮了，这小舅子领完钱走了，回去路上好像听到他姐姐的声音，就先去他姐姐家看看。刚到门口就看见他姐姐在烧纸，就很纳闷的问：“姐，这怎么了？”他姐姐就说：“你姐夫死了，昨天晚上，你姐夫好好的，就听见有人敲打他，头几下都挺好，有一下打在他心口上，再来一下，就看见他头两半了。”

讲 述 者／朱玉凯　男　61岁　高中文化　农民
采 录 者／代雪梅
采录时间／2008年7月
采录地点／清河城镇

借 火

很早以前，沈阳还叫奉天，皇宫边上有一个学堂。咱们堡子有个满族孩子，姓张，在那个学堂念书。这个孩子念书念得挺好，就是家离的比较远，回家不方便。

这个张书生在学堂边租了个房，住下后，就给家里写封信，张书生说："阿玛，我在这租个房，一个月两元钱。你们给我寄钱来，交不上房租，房东就得撵我搬家。"给他阿玛写了这封信，就等着家里给他寄钱。可是要转月了这个钱也没寄来。房东和张书生说："小子！到月头了，你得把钱交给我啊！交不上钱来你走人。"张书生说："我给阿玛写信了，钱没到呢。你老人家容我一段。钱到了我马上给你。"房东很不满意。这事就这么撂下了。又过了两天，这个房东因为有点事儿要出门儿，他又找到张书生，说："你赶紧给我房钱，不给我钱我上衙门告你去，治你个罪。"那孩子也小，念书人心术也窄，听明白了这是在逼债。这个房东说："我要出去两天，你把钱给我准备好。我回来，你还交不上房钱，咱俩可没完。"又过了两天，家里钱还没到，房东要回来了，我可怎么办哪！张书生心里很乱，想来想去，说："这书啊我还是别念了，别给家里找麻烦了。"

张书生出了门，顺着道没目标地走，不知不觉就走到城边子，见有一棵歪脖榆树，他靠着榆树坐一会儿。坐那就寻思，这房东要回来了，交不上房钱，房东还不把我绑了送官？我该怎么办哪。越想心越窄。他站起来，把裤腰带解下来，拴在歪脖树上，往里一伸头，上吊死了。

傍晚，有些干活的人从这路过，一看树上吊死个人，赶紧报告县衙。衙役们来了，问："这小子哪的？有什么冤屈？年轻轻的就吊死了？"死人了得调查啊。事情没弄明白，不能给摘下来。这大道边上吊着，谁瞅着谁害怕。衙役说："雇个人给看着。"边儿上有看热闹的，说："前街（读gāi）有一个王大胆，叫他来给看吧，他胆大。"衙役找到王大胆，王大胆问："给多钱啊？"衙役说"钱好说，案子弄清楚了你这钱就不能少了。"王大胆就去了。王大胆到那一看，说"哇，小子，你就在这提搂着吧，老实点啊！别掉下来！人家雇的我，你掉下来我还算失职，钱我就拿不着了。"

王大胆一看天黑了，我晚饭还没吃呢，半拉有个小酒店他在那买了一壶酒，把酒壶拿起来了也不用盅，就嘴对嘴吹喇叭。这个王大胆喝酒有个毛病，不喝吧还馋，喝吧还喝不多少，喝上就醉，醉了就睡觉。他今天不敢睡觉，就在那瞅着这个吊死鬼，有时候打个盹迷糊一阵，冷丁一激灵醒了，他又瞅着这个死人，就怕他掉下来。掉下来就交待不了了，工钱也没了。他又上小铺，买了一根扁竿子香，把这个香点着，插死尸手里头了，风一吹这火头还挺亮的。他怕有人有车路过，把这吊死鬼撞掉下来。王大胆喝了酒，坐了一会儿酒劲儿一上来，人就犯困了。

这时候，从正西来个人，这个人走得特别急、特别快，这人是谁啊？就是这个学生的房东。他去外堡子要账回来了，要到了，兜里揣了点钱他怕有劫道的，一看天也都黑了赶紧奔家走。离堡子不远了，他放心了。他从兜里头掏出一支洋烟卷，把烟卷叼上一摸没有火，他看见前面有个火亮，就奔这火亮去了。他还寻思，谁啊？下黑儿的，跑堡子头树底下站着凉快来了，走到跟前，说："哎，哥们！火借我抽根烟。"那人也没吱声，他把这香拽出来，把烟点着了，又递过去了，说 "谢谢啊！谢谢！"怎么给他，他不要。"这火你不要了？"一瞅，这人脚怎么不着地呢？往上一瞅，脖子挂个绳，"哎哟，我的妈！这是个吊死鬼啊！"把他吓得不行了，原先是怕劫道的，结果叫这个吊死鬼把他吓着了。拿着烟就跑，王大胆在这坐着打瞌睡呢，听到动静，猛地睁开眼睛，房东拿着烟跑，烟头上有火亮，王大胆一看火亮跑了，还以为吊死鬼炸尸了呢，王大胆说："你不能跑啊！你跑了我工钱没

了”。王大胆这酒一下醒了，起身就撵过去了。王大胆边跑边想，这是死尸还阳，我不能正面对他，正面对他再把我掐死。他把裤腰带解下来，追到跟前儿，把裤腰带往房东脖子上一套，往肩膀头一背，就把房东连拖带拽，不一会就勒死了。他就把死尸背回树底下了。说：“我给你再挂上。”往起一挂，一看死尸在那提溜着，“嘣”撞了一下，王大胆说：“这怎么还一个呢?”

讲 述 者/爱新觉罗·庆凯　男　74岁　初中文化　职员

采 录 者/张　莹

采录时间/2008年7月19日

采录地点/偏岭镇泥塔村

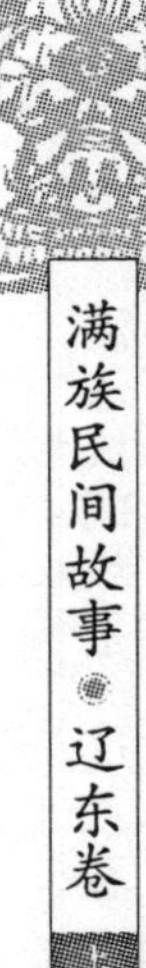

和尚顶灯

在太子河的边上，有一个叫迎水寺的庙，庙前有一家，两口子结婚时间不长，小伙子经常在外跑商做买卖，家里就剩小媳妇一人在家。

这个庙有两个和尚，一个大和尚，一个小和尚。按正理来讲，出家人是吃斋不贪恋红尘，这个大和尚修行不好，凡心不灭，看到姑娘就走不动道。他看见庙前这家，小媳妇长的挺俊，在院子里，出出进进地干活。这个大和尚经也念不下去了，也坐不住了，站在庙门口，等着盼着瞅着小媳妇出来。

有一天，小媳妇洗衣服，到院儿里挂衣服，看见一个秃头和尚往院里张望，和尚瞅着小媳妇就没话找话地打招呼，小媳妇没搭理他，就回屋了。连续好几天。大和尚站在墙外那瞅她，吓得小媳妇都不敢出屋了。过两天，当家的回来了。小媳妇就把庙里的大和尚扒墙头的事儿说了。当家的一听，就和媳妇说，我得收拾收拾他。

第二天，当家的告诉媳妇，“一会儿我就走，你到院儿里去，大和尚他再扒墙头，你就让他进屋。”媳妇说“那可不行啊！”当家的说：“你别怕，你按我说的办，就没事了。”当家的就告诉小媳妇怎么办。小媳妇听了点点头。

当家的扛着行李卷走了，小媳妇有意在院子里走来走去，还不住地往墙外看，大和尚就过来了。小媳妇说：“师傅进屋坐坐吧”。大和尚一看小媳妇主动让他进屋，心花怒放，乐颠颠地就进小媳妇屋了。小媳妇没话找话地跟大和尚扯东唠西，小媳妇一边唠嗑，一边往外看。天渐黑了，小媳妇就把油灯点了，上炕把被铺好。大和尚见小媳

妇没撵他走的意思，就站起来拉小媳妇。小媳妇半推半就地说："那你把衣服脱了吧。"大和尚三把两把把衣服扯下来，刚要钻被窝，就听外面有人敲门，小媳妇就问："谁啊？""是我，媳妇开门。"小媳妇说："哎呀，不好，是我当家的回来了。"大和尚一听吓坏了，怎么办，我往哪躲呀，小媳妇拿出一条麻袋，让他钻进去。大和尚这时也顾不了许多，一头就钻进麻袋里。小媳妇把麻袋扎上了口，把油灯放在大和尚的头顶上。

小媳妇把门开开。当家的进屋了，装做啥也不知道，叫媳妇做饭，两人坐炕上边吃饭边唠嗑。两个人在那偷着笑，大和尚在麻袋里也不敢动弹，他一动灯就掉地了，他不就暴露了吗？当家的知道了，还不把我打死！这灯一直顶到第二天天亮，大和尚的脑袋都让灯油子烫烂乎了。当家的对小媳妇说，我出去办点儿事，一会儿就回来，回来我领你上集溜跶溜跶。小媳妇说："你快去快回，我等你。"当家的出去了。大和尚一听当家的出去了，一会儿还回来，就喊小媳妇赶紧放他出来，小媳妇把麻袋口打开，一看大和尚的光头烫的全是大水泡，顾不上穿道袍，抱着衣服就跑了。

又过了一两天，当家的对小媳妇说："这回他不出来撩闲了，你出去喊号，看他咋地，"

小媳妇就扒墙往那庙望，看到大和尚，头包着的，小媳妇就开始喊号，大和尚没敢搭茬，大和尚想，你喊我也不去了，再去我就没命了。

讲 述 者／祝秀英　女　45岁　初中文化　农民
采 录 者／代雪梅
采录时间／2008年7月
采录地点／清河城镇

仨姑爷拜寿

有这么一家，有三个姑娘，都出嫁了。大姑娘嫁了个文秀才，二姑娘嫁了个武秀才，三姑娘嫁了个庄稼人。老丈人七十大寿，三个姑爷都来给老丈人拜寿。大姑爷穿的绫罗绸缎，帽子上带三支羽翎；二姑爷穿的蟒袍玉带，头戴盔甲威风凛凛；三姑爷身穿粗布衣裳，头上扎着汗巾。老丈人看三个姑爷、三个姑娘都来了，高兴地嘴都合不上了。开宴前，老丈人说："今儿个我过生日，你们都来了，今儿个咱们作诗饮酒助助兴，你们说好不好？"大姑爷满不在乎，他是文秀才呀。二姑爷也不在乎，他虽是武将，但也是文采出众。就老三是个文盲，一个大字不识。老丈人心情好，那也得应付这个场面，说："行。"老丈人往那一坐，富富态态的，酒盅都倒满了。老丈人说："我给你们开个题，你们按照我这个作。每句诗里得说'似一似'（似一似这个意思就是一样的）。再一句'多两翅'，还有一句是'我养的'，最后这句得搁上'不知是不是'。大姑爷，你开个头吧！"大姑爷张口就来，说："鸡和蛋似一似，鸡比蛋多两翅，人家都说鸡是蛋生的，不知是不是。"先有鸡还是先有蛋，这不谁也不知道嘛。老丈人一听说："我大姑爷的诗作得好，喝酒喝酒！"老丈人端起杯和大姑爷喝了一杯酒。老丈人说："二姑爷说吧。"二姑爷说："大姐夫说的挺好，看我这个行不？瘪鼓和耗子似一似，"（瘪鼓就是蝙蝠，咱这土语叫瘪鼓。）"瘪鼓比耗子多两翅，"人家瘪鼓有膀啊。"都说瘪鼓是耗子变的，不知是不是。"老丈人说："二姑爷说的也好，喝酒喝酒！"姐妹仨在旁边站着都拍手叫好。老丈人和二姑爷也喝了一杯。三姑爷听了两个连襟诗作的

那么好，急的直打磨磨，他也没念过书，不知道怎么说，瞅瞅这瞅瞅那的，左右撒目。这时，老丈人就说："三姑爷你也说一个。"三姑爷说："大姐夫、二姐夫是文才武将，是国家的栋梁之才，我一个庄稼人，那敢比呀！"老丈人说："都是家人，就是喝酒助兴，说不好还说不赖嘛？说吧。"大姐二姐也站在一边起哄。三姑爷说："那我就说。"他瞅瞅大连襟又看看二连襟说："咱们仨人似一似，"都是连襟嘛比一比。"你俩比我多两翅。"你看你们帽耳朵上扇乎的帽翅儿，"人家都说你们俩是我养的，不知是不是。"三姑爷说完，大家都愣了。大姐二姐说，老三，你可真是的，不会说就别说，他两怎么是你养的呢，你这不是骂人嘛？三姑爷说"大姐二姐别急呀，他们穿的、吃的、用的，哪一样不是农民种出来的。"听三姑爷这么一解释，老丈人说："三姑爷说的好，来，喝酒喝酒。"老丈人端起酒杯和三姑爷喝了一杯。

从此，大姐夫、二姐夫对三连襟刮目相看。

讲 述 者/爱新觉罗·庆凯　男　74岁　初中文化　职员
采 录 者/张　莹
采录时间/2008年7月19日
采录地点/偏岭镇泥塔村

仨姑爷打围

从前有一家，家有三个姑爷子。有一天，老丈人请三个姑爷子到家喝酒。喝的差不多了，老丈人就问："你们三个平时都爱好些什么?"大姑爷说："岳父大人，我能拉弓射箭，上山打围。"二姑爷说："我也能拉弓射箭，上山打围。"老丈人又问："三姑爷，你呢?"三姑爷说："我也能拉弓射箭，上山打围。"老丈人说，你们都能打围，明儿个你们三个人上山，我看看你们都能打到什么。

第二天，三个姑爷一起上山打猎。到了晚上，三个姑爷前后脚回来了。大姑爷扛回个野猪，二姑爷背回来一头野狍子，就剩三姑爷没回来。其实，这个三姑爷他不会拉弓也不会射箭，他看那两个连襟都说会，他怕掉价，也说会。到了山上，琢磨着哪怕打个兔子也能交差呀！他就绕山走啊走的，就看从山顶上下来个老虎，直奔他来了。他一看来了只大老虎，怕被老虎吃了，吓的撒腿就跑。老虎饿了好几天了，看见活物那个兴奋，在后边窜着高地追。老三一看跑不过老虎，赶紧爬到一棵大树上去了。这棵树上头并排长着两个树杈子。老虎一看这人上树了，就往树上窜，窜一次够不着，再窜一次，老虎脑袋正好卡在树杈子上，老虎上不去下不来，在那吊着，两腿直蹬。

过了一段时间，三姑爷一看老虎不动弹了，来机会了，这三姑爷从树上跳下来了，拿箭就把箭插到老虎的屁股里，一共插了三根箭，老虎死了。三姑爷弄不动老虎啊，就空手回家了。

老丈人和那两个连襟一看三姑爷空手回来了，都问："这么晚回来，你打什么了?"三姑爷现在底气足哇，说："大姐夫、二姐夫打什

么了?”老丈人说:“他们打的野猪和野狍子,那不,都在那放着呢。”三姑爷说:“我打的东西没拿回来,放在山上了。”两个连襟说:你打什么了,没拿回来。”三姑爷说:“我拿不动,得多去两个人抬回来。”吃完饭,三姑爷带着两个连襟上山了,两个连襟到山上一看,是只老虎。再看老虎屁股上有三只箭,箭箭不离腚眼儿。两个连襟佩服的不得了。

三姑爷打死老虎的事儿就传出去了,越传越远,越传越神。

人一出名,招贼惦着。一天,有两个小偷要偷三姑爷家,他俩觉得这小子名声这么大,家里一定有钱。俩小偷知道三姑爷箭射得准,射老虎都箭箭不离腚,射人更不在话下了。他俩去之前,拿个犁碗子绑屁股上,怕被三姑爷的箭射着。这俩小偷儿下晚儿黑就去了。进门以后,东看西看的,就被屋里面的人发现了,一问“谁呀?”,吓的这俩小偷撒腿就跑。三姑爷家门口种了一块棉花地,正是结棉桃的时候。小偷跑进棉花地,这棉花桃打在犁碗子上,铛铛直响。他俩越跑打的越响。跑到地头,俩小偷说:“多亏了这犁碗子了,要不这腚还不得射烂了!”

讲 述 者/孟兆荣 男 满族 83岁 不识字 农民
采 录 者/于 洋
采录时间/2008年7月23日
采录地点/清河城镇

哥儿俩吃鸡

有这么一家三口人，哥嫂加上弟弟。

这个老大奸懒馋滑，办什么事都想赚便宜要奸。老二是个很憨厚的人，嫂子叫干什么就干什么。

这天，家里没有柴火烧了，嫂子就跟老大说："你们哥俩出去割点柴火吧，家里没柴叫我怎么做饭。"老大说："你叫老二去，我这两天身上不自在，不能割。"老二说："哪回柴火不是我割的？天天就指我，你怎么不割？"把这嫂子急的，一看谁也不爱动弹。就说："你们哥俩去割柴火。我在家把老母鸡杀了炖上，你们割柴火回来就吃炖鸡。"老大说："这还行，老二你去吗？你要不去我自己去了，鸡我自己吃。""我怎么不去呢？"这哥俩拿着镰刀就出去割柴火去了。这个媳妇看他俩真割柴火了，在家就把鸡杀了，整个烀上了。

老大、老二在山上割柴火，老大就盼着割好柴火好回来吃鸡，自己不干，在一边猛催老二。把老二累的腰都直不起来了。他把老二割的柴火捆一大捆，捆一小捆，他背起小捆就往家走。到家一见媳妇就说："媳妇这鸡炖得好，我在街上就闻到香味了。"媳妇说："你割柴火没？""割了。我割得比老二还多呢！"正说着，老二背着一大捆柴火也回来了。嫂子招呼说："二弟啊，嫂子把鸡肉炖好了，上桌吃吧。"哥俩都上炕了，媳妇从外屋端上来一大碗鸡肉放在桌子上。老二正要吃，老大说话了，说："唉，你先别吃。今儿个咱俩这么吃，我夹一块鸡，你看是哪个地方的，叫什么名。你要说对了呢你就吃，你要说不对我就吃。"老二寻思，鸡我还不认识？说："行，你夹吧。"他叫他哥

夹。这个老大头一筷去夹这个鸡脖子，用筷子夹着说：“老二，你看这是哪?”“那是脖子呗!”老大说：“不对。”老二说：“怎么不对，这不是鸡脖子是什么?”“这叫长胖。”没说对怎办？老大把鸡脖子吃了吧！吃完，他夹个鸡膀子在老二眼眉前儿晃，说：“老二，你看看这个是什么?”老二说：“那是鸡膀子。”老大说：“你又说错了，这哪是鸡膀子?”老二说：“这不是鸡膀子，是什么?”老大说：“这叫扇风啊。”又没说对，老大把鸡膀子又吃了。吃得兴高采烈的，还气老二说：“你嫂子今儿这鸡炖的可真香。我再夹一块你看好了啊。”又夹一块，夹的是鸡屁股，说：“老二你看这是哪个地方?”老二说：“那是鸡屁股我还能不知道?”老大说：“你又说错了，这叫粪坑。”这把老二气的，你是诚心不让我吃鸡。急了，说：“我割了一晌午柴火，嫂子炖个鸡，你吃三口了。我说什么都不对，我不答了!”老大说：“那不行。咱俩定的规矩，你同意了，反悔不行。我再夹，你再答。”这就又夹了一块，问老二，老二还说不对。问哪儿哪儿不对，他都给起个名，就这么样把一个鸡都让老大给吃了。老二一口没吃着。老二气的下地就走了。老二走了，嫂子说：“你也太没个样了，还不快去找找老二!”老大出去找，一看老二在柴火堆边坐着生气呢，老大说：“老二呀，别生气了，咱俩是说好了的，你说不对不怨哥，怨你不识货。”老二说：“去你的吧!”上去一绊把老大弄倒了，骑在他身上，左手摁着老大的脖子，用腿的孛楞盖踩着老大的肩膀。拿拳头就往老大的屁股上打，一边打一边说：“我手摁着长胖，脚踩着扇风，我就打你这粪坑。”

讲 述 者/爱新觉罗·庆凯　男　74岁　初中文化　职员

采 录 者/张　莹

采录时间/2008年7月19日

采录地点/偏岭镇泥塔村

哑巴说话

大山里，有这么一家子，老太太是寡妇，她领一个哑巴儿子过日子，这个哑巴儿子十七八岁，就能干活，对他妈可孝顺了。

在早那时候，满族人冬天时都去上山打猎，有成群结队的拿着猎枪，有的不往远走，在家附近山上，下套套猎物。这个哑巴就擅长下套，套个兔子、野鸡什么的。吃不了就卖点，换点儿零花钱。

有这么一天，哑巴上山去下套，带着镰刀和扎枪防身。哑巴刚到山上，他看见一个大熊瞎子，大熊瞎子也看见他了，就直奔他来了。哑巴打不过熊瞎子，转过身就往山下跑，熊瞎子就在后边追。他一口气跑到家，进屋就把门插上了。他妈看他跑一脑袋汗，吓的那样，就跟他比画，问他咋的啦，哑巴就和他妈比画，说，熊瞎子追我，跟他妈要扎枪子。他妈给他拿过来个大扎枪子。他从门缝往外看，熊瞎子就坐他家的门口，"呼隆"一下就把门板顶两半了，屁股就进来了。哑巴拿扎枪子对着熊瞎子屁股就来一扎枪，使劲把枪扎进熊瞎子的肚子里了。熊瞎子"嗷"一声，跳起来，带着扎枪子就跑。哑巴拿个镰刀就出去想喊大伙儿，把熊瞎子打死，弄回来。结果，哑巴走一家没人，走一家没人，眼瞅着熊瞎子要跑没影了，把他急的呀。可算有一家家里有人，那家人见哑巴急成这样，就问哑巴，你要干什么啊！哑巴比画半天，这家人也没看明白，哑巴一着急，说出话来了，"打熊去!"

讲 述 者/孟兆荣　男　83岁　　不识字　农民
采 录 者/于　洋
采录时间/2008年7月23日
采录地点/清河城镇

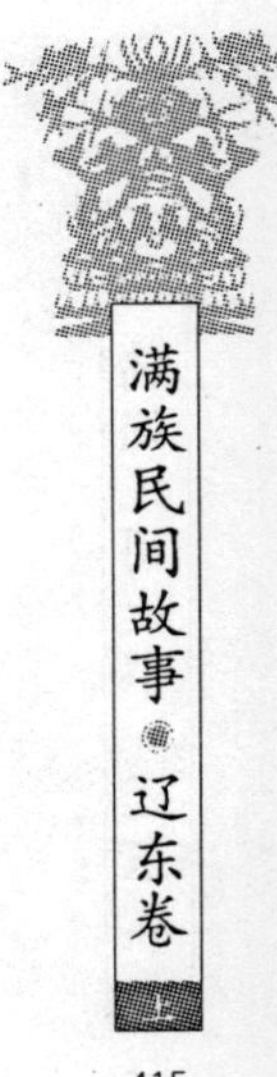

笨 贼

有个笨贼的故事。为什么管他叫笨贼呢？他偷人家东西还在人家屋里接话，你说这贼不是笨是什么？

很早以前，有这么一家子，家里有两口子。这个当家的，爱耍钱。白天、晚上在牌场上看小牌啊、猜九啊、押宝啊。一整就是半夜才回家。

他们堡子有个不着调的，靠偷东家摸西家过日子。这个小偷要想上谁家呢，先在街里头热闹地方撒目撒目。这天，小偷到耍钱场一看，那家那个当家的正在那地方掷骰子呢，吆五喝六的，弄得热火朝天的。小偷心说，看样子，这家伙今儿个是赢钱了，“杂种，我一会就去偷你的。”他转身出去了，把衣服啊、鞋袜啊都收拾收拾，要偷人东西得利索点，别到那地方这钩上了那扯上的。

在早俺们满族人家的房门，都是两层的，头一层叫封门子，就是一拽就开。第二层是板门，两个板门对扣，里头有个门插环。门插环抠个眼有个门绳，一拽这个门绳，这个插环就跟过来，“咯噔”一下，门就开了。这个小偷去偷人家，他不能让门出动静，他用手指头轻轻地，一点点地搓动，这门一点动静不出门就开了。小偷他进屋了，在外屋寻摸了一圈，除了碗碟柜、水缸板儿、饭勺子、戗吧刀、笊篱，没什么可拿的。进里屋，挑开门帘儿，屋里黢黑，往北炕一瞅，溜光的，什么玩意儿没有。再看南炕，南炕上有几人正睡觉呢。但是你分不出男女，也分不出老少。他用手划拉划拉，看看炕上有没有包裹之类的东西，也没有。他又蹲下来，在地下划拉，划拉着一个大坛子，

手伸进去摸摸，坛子里装的是小米子。小偷本来是奔钱来的，结果，一文钱也没偷到。“贼不走空”，没什么偷的，我划拉点小米子吧。用什么家什拿呢？要是捧着这个坛子出去，溜滑的，坛子比米还沉。他寻思寻思，他把小布衫脱下来，铺地上了，想把坛子里的小米倒出来，用小布衫包着拿走。

再说这家那个耍钱鬼，他在那耍钱场掷骰子输了，兜里没钱了，没等小偷进门他就回来了。回来他躺在炕上睡不着，想着明天咋去捞本儿。正合计事儿呢，他就听这房门开了。不一会屋里的门帘儿一挑，弯腰进来一个人。一看这人北炕瞅瞅，南炕瞅瞅，耍钱鬼知道来贼了。他心里很坦然，我家没什么怕你偷的。就这两床破被身上盖着呢，脚底下蹬着呢，肩膀头压着呢，头底下枕着呢，你也拿不去，我看你在我这屋里要干什么。他就趴炕上用眼睛瞅着。看小偷把小布衫子往地上一铺，要偷小米子，耍钱鬼看小偷回身搬坛子的工夫，从枕头底下拽出一个长杆儿的烟袋，用这烟袋一勾，就把小布衫子勾炕上来了。

这小偷不知道耍钱鬼没睡啊，他在那把小布衫铺地上了，就去拿坛子，“哗”就把小米倒这个小布衫上了。倒完了，把坛子放一边儿，等把这米包上再走啊。他就划拉这个小布衫子，怎么划拉也没划拉着。一摸小米子倒地上啦，这小偷就急了，一急把话说出来了。“我小布衫哪去了？我小布衫怎么没有了呢？”这耍钱鬼的媳妇醒了，说：“不好，来贼了！这地下怎么有说话的。”耍钱鬼躺在那动都没动，说：“哪来的贼？没有贼。”这小偷说：“怎么没贼，没贼，我小布衫怎么丢了！”

讲 述 者/爱新觉罗·庆凯　男　74岁　初中文化　农民
采 录 者/张　莹
采录时间/2008年7月19日
采录地点/偏岭镇泥塔村

我会背三字经

过去，满族有钱人都重视小辈人念书，请个教书先生到家里来教。那时候教书先生少，大多数是汉人。

这个堡子里有一个员外，他有两个儿子，一个七岁，一个九岁，都到念书的年龄了。员外有钱，也想请个好的教书先生到家里来，就打发家里人出去找找，看谁能教书。出去的人，就到处找，到处打听。听到东堡子有个教书先生，这人就找上门来了。而这位先生不是个正经教书的，是个蒙事的主儿，人们都叫他“蒙大爷”。这蒙大爷一听员外请教书的，那银两肯定少不了。就想去，跟人说：“我《三字经》《百家姓》都会。”

这样这个蒙大爷就跟人来到员外家。到了员外家，员外就问：“你先教什么呀？”蒙大爷说：“先教《百家姓》吧！”员外说：“那你先背一遍，我听听。”蒙大爷站那就背开了：“赵钱孙李、周吴郑王、蒋沈韩杨、冯陈褚卫、未卜先知、知过必改、改邪归正、正大光明、明媒正娶、娶妻生子、子子孙孙、孙权刘备、辈辈出贼……”员外一听，怎么越说越下道。说：“行了！你不用背了，让你这样教，我家可真要辈辈出贼了！赶紧走人！”这蒙大爷想蒙没蒙住。

讲 述 者／爱新觉罗·庆凯　男　74岁　初中文化　职员

采 录 者／张　莹

采录时间／2008年7月19日

采录地点／偏岭镇泥塔村

U0903989

《满族民间故事·辽东卷》工作委员会

顾　问/乌丙安　江　帆

主　任/洪兆惠

副主任/武　斌

成　员/孟庆宇　金文莲　康喜鹏

景殿龙　乔小伟　李笑娟

《满族民间故事·辽东卷》编辑委员会

主　编/夏　秋

副主编/石少涛　詹　娜　隋　丽

编　委/韩雪峰　刘益令　王庆福

孙金瑛　高振民　靳宏琴

满族民间故事·辽东卷

夏秋 主编

中卷

辽宁民族出版社

【国家级非物质文化遗产保护名录】

目录

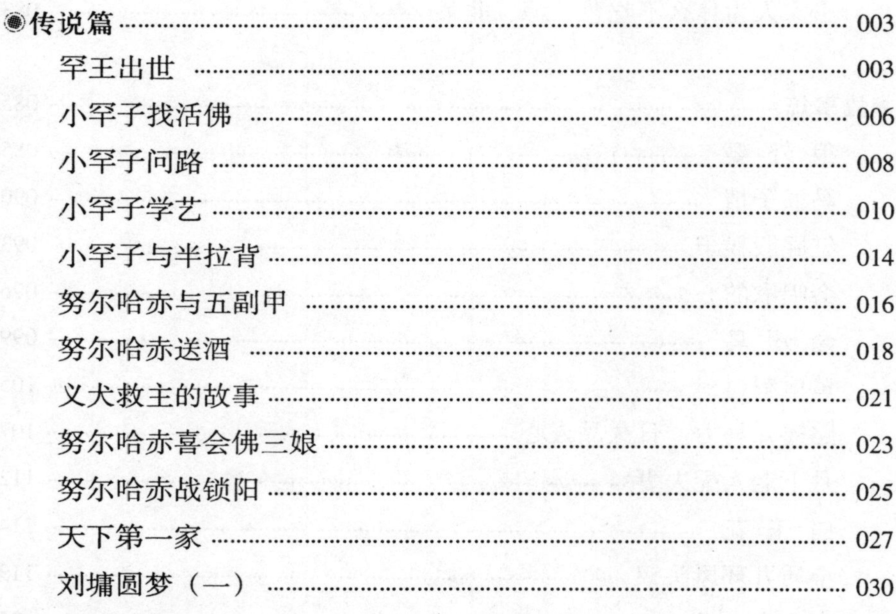

新宾满族民间故事

清原满族民间故事

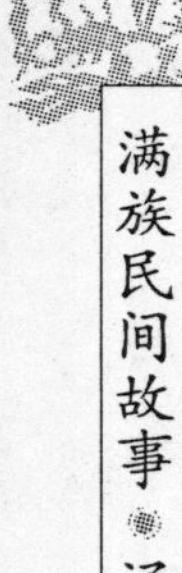

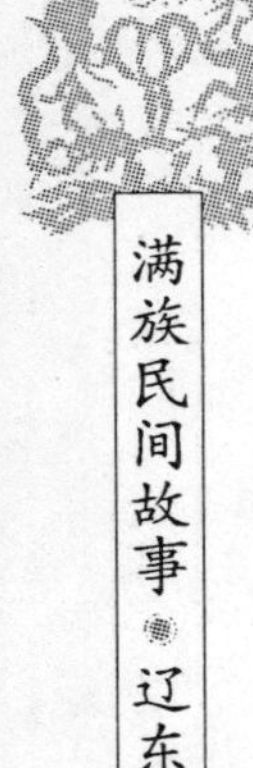

新宾

满族民间故事

◉传说篇

罕王出世

传说有一天，长白山天池边，有三个仙女在洗澡，突然飞来一只天鹅，天鹅嘴里叼着的一个红果，飞到这就掉在三仙女的粉裙子上了。

这三个仙女洗完澡后穿衣服，三仙女看见裙子上有一个红果，散着一股香味，捡起来就吃了。吃完后，这三仙女感到肚子里很沉，走不了道了，她在天池住下来没走。后来她才知道自己怀孕了。

过了一段时间，三仙女生了一个小男孩儿。这三仙女就愁了，这小孩也没有阿玛，这可怎么办？三仙女就做了一个木排，把小孩放到木排上，看着他顺水往下漂，三仙女心想，他能漂到哪就到哪吧，能不能活就看他的命了。

木排顺水往下漂，正赶上一个姓赵的、一个姓王的两个女人在河边洗衣裳，一边洗，一边聊天，姓王的女人说："你多有福，有孩子，我儿女全没有，我那口子因为这个事整天跟我拉着个脸。"

这时候，姓赵的女人看见河上漂下来一个东西，就说："你看，水里漂来个什么东西?"

她们用镐头把木排拉过来一看，上面是一个小孩儿。姓赵的女人说："你没有小孩，这个小孩儿你就抱回家吧。"

姓王的女人看看这小孩，小孩还冲她笑呢，心里这个喜欢，说：

"给这个小孩起个什么名呢?"姓赵的女人说:"你们家不是姓王吗,孩子是咱俩用镐把子拉过来的,就叫王镐吧。"

姓王的女人把孩子抱回家,对当家的说:"这是我在河里捡来的小孩儿。"当家的一看是个男孩儿,也很高兴。

一晃儿,王镐有十多岁了,这年,王镐的父母得了传染病死了。邻居老赵家就把他接过去,从此,王镐在老赵家吃、住,不受一点委屈。十多岁的小孩儿顶半个劳动力,挣了钱就给老赵家。

王镐长到十八九岁的时候,老赵家两口子也都先后去世了。老赵家的孩子大罕娶了个媳妇,王镐和大罕两口子在一起生活。

有一天大罕说:"咱得挣几个钱,咱俩到山上挖参去吧。"过去挖参得在山上的小土庙上祭祀一下。大罕没有香,用三根草棍代替,说:

"山神爷哪,保佑我们找到大参,卖了钱,用大猪大羊来给你上供。"

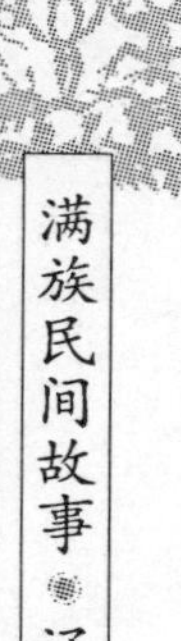

大罕让王镐也来磕个头,这王镐就磕头。这时山神爷现身了。王镐磕头,山神爷也磕头,王镐作揖,山神爷也作揖。这大罕就奇怪,怎么山神爷对他俩态度不一样呢?

第二天,大罕一个人来到山上,问山神爷。山神爷说:"你是什么?是平民百姓,人家王镐是一朝的名将。"

大罕听完后,回家和他媳妇说了这事,他说:"这么办吧,我先出去几天,你和王镐在一起生活,将来有了孩子也是我们老赵家的人。"

媳妇开始不同意,架不住大罕连哄带吓唬,也就不敢吱声了。

大罕把王镐叫来,说他要到山上看看有没有参,找到了再让王镐上山。大罕走后半个月,王镐和他嫂子就睡在一起了。大罕回来后,什么也没说,他们就继续过日子。大罕和王镐到南山挖了个大参,又到北山挖了个大参。这期间,大罕的媳妇生了个男孩儿。他父亲叫大罕,于是就给这个小孩起个名字叫"小罕子"。

他们三个人都很喜欢这个孩子,一家人日子过得也太平。等小罕子十岁这年,大罕和他的媳妇是后去世。

王镐和小罕子,带着大罕两口子的骨灰,来到当时的新宾堡子,现在的永陵一带。琢磨着把骨灰放在哪呢?放在山下怕没了,就带着骨灰盒子到一个小店里住店。

王镐和小罕子就把大罕夫妇的骨灰盒带到一棵树下，把大罕的骨灰盒放在树上，把他媳妇的骨灰盒放在树下，就是现在的永陵的陵宫。

讲 述 者/徐奎生
采 录 者/陈 莹 张 岚
采录时间/2008年7月20日
采录地点/新宾镇

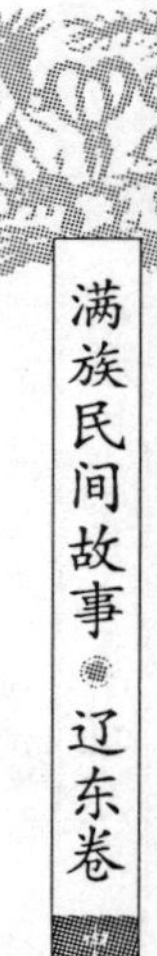

小罕子找活佛

以前，咱们新宾这个地方叫兴京县。兴京，在咱们国家是三个“京”城之一，一个是北京，一个是沈阳的盛京，一个就是新宾的兴京。兴京是满族的发源地，这里有一个打天下的老罕王——努尔哈赤。

在努尔哈赤一小儿的时候，很淘气，有时候他讷讷说他，他也不听话。他听人家说，活佛可能耐了，只要经他点化，就能成大业。努尔哈赤就想，我要是能找到活佛就好了。于是，他这儿也打听，那儿也打听，问活佛在哪儿。

努尔哈赤这么寻思着，也没跟他讷讷说一声，说走就走了。

努尔哈赤这一走，七天七夜也没回家，他讷讷在家这个着急呀。

这一天，努尔哈赤走到一个古庙，看见这个庙里有个老道，努尔哈赤进门就磕头：

“老师傅啊，我来找活佛，你老人家就是活佛吧。我要拜你为师，你就收我为徒弟吧！”

老道说：“我哪是活佛呀，你从哪来呀，孩子？”

努尔哈赤说：“我从兴京来，我是背着家里人来找活佛的，已经出来好几天了。”

老道说：“小伙子，活佛是找不到的，有缘就能遇到。我告诉你活佛什么样吧，你要是看见一个反穿皮袄毛朝外，倒趿拉鞋，鞋跟朝前的人，这人就是活佛，你见到这样的人就磕头。以后你就听他的话。照他说的去做，你肯定能成为一个人才。”

老道说完，写了一条锦囊妙计，叠上后给了努尔哈赤，让他装到

兜里，不让他打开看，说等找到活佛后再看。努尔哈赤谢过老道后，转身出庙门，一想老道的话，活佛不是找的，有缘才能遇到，那我还是回家吧。

努尔哈赤连跑带颠地往家赶。到家已经半夜了，他阿玛、讷讷正愁儿子不知去哪了，好几天都没回家，正着急呢，就听门外连喊：“讷，我回来了！”

他讷一听儿子回来了，乐坏了，急忙下地，也顾不得倒正了，反穿着皮袄，倒趿拉着鞋，鞋跟朝前，一边开门一边说：“儿子，你可回来了！”

努尔哈赤一看他讷，反穿着皮袄毛朝外，倒趿拉鞋，鞋根朝前。努尔哈赤愣住了，这不就是活佛吗?！他急忙跪下说：

“讷，我到处找活佛，原来讷就是活佛。以后讷让我干什么我就干什么。”

他讷说：“儿呀，我哪是活佛呀，我不是你讷吗！”

努尔哈赤这就跟他讷说了，他到一个山上，一个老道告诉他的，见到反穿皮袄毛朝外，倒趿拉着鞋，鞋跟朝前的人就是活佛。还给了他一个锦囊。他掏出一看，上面写着：“在家孝父母，何必远烧香。”

努尔哈赤明白了老道的指点，不再出外去找活佛了，对他讷讷事事孝敬，长大后想干的事都干成了。

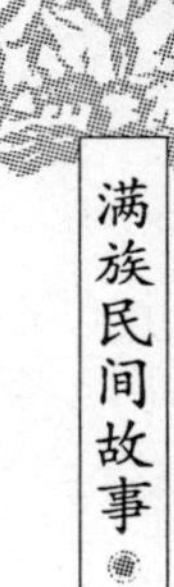

讲 述 者／查树元　男　69岁　初中文化　职员
采 录 者／陈　莹　张　岚
采录时间／2008年7月19日
采录地点／新宾镇

小罕子问路

当年，小罕子经常上山挖棒槌、打猎、砍柴什么的。有一天，他想到新宾西面一座叫沿龙山的山上去砍柴，可到沿龙山全是岔道，他也不知道往哪走才对。他想起他讷讷以前常对他说："劈柴要劈小头儿，问路要问老头儿。"他想找个老头儿问路，这么想着，看见前面过来一个老头儿，山羊胡子撅着，戴个草帽，拿个粪箕子捡粪。

小罕子就说："老大爷！"这老头儿也不吱声。

小罕子又喊他："老爷爷！"

老头儿应了一声："啊？"

小罕子喊着说："我跟您老打听个道啊？"

老头儿说："啥？庙啊！前面不远那就是庙了。"

小罕子对着老头儿说："你聋啊？"

"怎么地？"

"我说你聋啊？"

"有龙！那是个龙王庙，哪能没龙呢？有龙。"

"我说你聋啊？"

"灵不灵啊？初一、十五都有上香的，灵不灵就说不上了。"

"你真聋啊？"

"是真龙！能上天行雨啊。"

"你假聋啊？"

"对！两龙！一公一母，可不是两龙吗！"

小罕子一听，这真是个聋老头儿。后来，小罕子坐了天下，那个

地方就叫“老龙头”，不知道啥时候建了个双龙庙。直到今天，那个地方也叫老龙头，那里也真有个双龙庙。

讲 述 者/查树元　男　69岁　初中文化　职员

采 录 者/陈　莹　张　岚

采录时间/2008年7月19日

采录地点/新宾镇

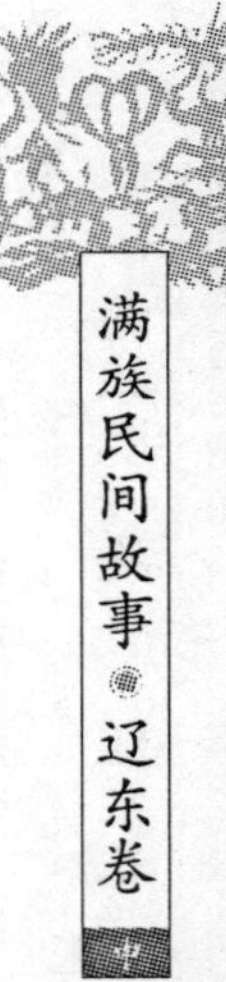

小罕子学艺

小罕子小的时候，长得虎头虎脑的，打一小，他就爱舞枪弄棒的，经常跟几个小伙伴儿，在一起玩儿打仗的游戏。所以，努尔哈赤在十五六岁的时候，已经学会了不少的本事了。摔跤、格斗、射箭、骑马样样都行。

小罕子十六七岁的时候，堡子里来个老头儿，看小罕子他们一群小孩儿打仗玩儿，玩儿完了，老头儿就问："你们长大了想做什么呀?"

有的小孩儿说，想当店铺掌柜的，有的小孩儿说，想当算命先生，有的小孩儿想当财主。老头儿问小罕子，你长大想干什么呢？小罕子一下子不知道怎么说，仰头想一想，低头想一想，说："我想干什么呢?"

这个老头儿说："你又看天又看地，你是想管天管地啊!"

小罕子说："你老人家说对了，我还真想要管天管地。"

老头儿说："你有什么本事出此狂言。"

在一旁的小伙伴儿说："他可不是狂言，他可有劲儿了，我们摔跤四五个人都摔不过他，他一箭能射死个狍子，一石头能打死个鸟，他刀、枪、剑、戟样样都会。"

老头儿让小罕子和他比试比试。

小罕子说："怎么比试?"

老头儿说："你们一起上，只要我动一下，就算我输了。"

于是，小罕子和伙伴们一起，对老头儿是连蹬带踹，连拉带拽，结果老头儿纹丝不动。

小罕子不认输，又拿来枪棒打老头儿，老头儿连躲都不躲，枪棒打在老头儿的身上，把小罕子的手都震麻了，老头儿跟没事儿似的。小罕子拿起一把一百斤的弓，老头儿点头让他射箭。小罕子搭上箭举起来就射了出去。老头儿抬手就把射出的箭给抓住了。老头儿说：

“你这都是花架子，就这点本事，还想管天管地啊！”

小罕子让老头儿教给他武功，老头儿说：“我教不了你，你去拜见一个人，这人是佛托老母，她的本事大。”说完头也不回就走了。小罕子问：“佛托老母在哪啊，我去哪找啊？”老头儿不回头，也不回答。

小罕子回家准备了行装，就去找佛托老母。他也不知道佛托老母住哪，就没有目的地乱走，晓行夜宿，翻过了九十九座山，蹚过了九十九条河。一路走，一路打听拂托老母在什么地方。谁都说不上来。一天黄昏，小罕子走到了一条江边，看见江心有一只木船过来了，划船的是一个浓眉大眼的姑娘，他上了船，请姑娘把他摆渡过河。船上的姑娘说：“我不是摆渡的，是给阿玛买药，你要过河，我就送你过河。”小罕子忙谢谢姑娘。姑娘把小罕子送上岸后，又返回对岸买药。

小罕子上岸后又饥又渴，他到了一个店，要了一碟牛肉、一碗酒、一盘馒头。没想到这是一家黑店，店主在酒里掺了蒙汗药，小罕子刚喝了一碗酒，便迷糊过去了。店主在小罕子的包里翻出十两银子，又用草席把小罕子卷起来，扔到江边。无巧不成书，送他去对岸的姑娘经过这里，看见有个人倒在江边，走近一看，认识这个人，她把阿玛叫来，爷俩就把他抬回家。这个姑娘也会点医道，用头簪在小罕子头上扎了一下，小罕子“啊！”地叫了一声，爷俩知道他没事了。

父女俩问他怎么回事，怎么躺在江边了。

小罕子说：“我进了黑店了，中了蒙汗药了。”

小罕子要去找那个店主，父女俩说：“那些黑店都是与官府勾结的，你去了也是吃亏。”

小罕子说：“我走了，咱们萍水相逢怎么好打搅呢？谢谢你们搭救。”

老人说：“咱们这也是有缘啊，你别急着走了，在这养几天，病好了再走吧。”

在老人家的精心调养下，小罕子很快恢复了体力，就帮着老人干

些家务。小罕子特别勤快，拿起来扁担就挑水，拿起来斧头就劈柴，家里有什么活儿就干什么活儿，人很憨厚，也很仁义，老人家一见小罕子长相、说话不俗，打心眼儿里喜欢，他问小罕子："你一个人出来干什么来了？"小罕子就把他要找佛托老母学艺的事说了。

老人家说："我有一句话不知当不当讲。"小罕子说："你老救了我的命，有什么话不好说，你老说吧，我听着。""我的病好不了了，也活不长久，我就放心不下我这闺女。我想让她嫁你为妻，不知道你愿不愿意？"

小罕子说："老人家，我一个穷小伙儿，要财产没财产，要本事没本事，我怎敢娶你闺女呢？"

老人家说："我们父女俩都愿意了，你也愿意吧？"

小罕子看这姑娘聪明能干，心眼儿又好，怎能不同意呢？小罕子就答应了。

老人家说："你俩就在我面前磕个头，我死了也闭眼了。"

于是，小罕子和姑娘就在老人面前磕头。这时姑娘问小罕子姓什么？

小罕子说："我姓爱，叫爱罕子。"他问老人家姓什么？

老人家说："我姓田字出了头，不念申甲由，这个字念佛，我闺女叫佛三娘，你要找的人正是我的姐姐，现在你俩已经成亲了，我也就放心了。"过了不久，老人安详地走了。

安葬了老人，佛三娘对小罕子说："你要找的那个佛托老母给过我一块手绢，叫乾坤山河地理图，她住在九顶铁刹山八宝云光洞。在那有个庙，叫佛家庙，你带着这个手绢去那找她吧。"

小罕子历经千辛万苦来到了铁刹山，在山下见到一个道士，他打了一个揖手说："师傅，请了。"那道士也说："请了。"小罕子说："我是来求见佛托老母的。"那道士回身上山和佛托老母一说，佛托老母让他进来。小罕子看到一个老者，头戴银针，手拿拂尘，小罕子上前就拜，说："我是爱罕子，是一个老道叫我来拜见您老人家的。"于是，就把前前后后的经过和佛托老母讲了，说完，又拿出"乾坤山河地理图"，给佛托老母看。佛托老母看过之后，认定确实是当年她送给佛三娘的东西，就收留他在山上学艺。小罕子非常激动。

在山上，小罕子烧火、劈柴、挑水、做饭，什么活儿都抢着干。佛托老母十八般武艺样样精通，小罕子在这一学就是四年。这四年里，小罕子跟佛托老母学兵法、学箭法，学得十分刻苦、认真。佛托老母给他一个小珠子，用线穿起来，告诉他什么时候看珠子就像土豆那么大时就练成了。小罕子每天把它挂在树上练眼力。他又练飞针穿珠眼儿的功夫。佛托老母拿针往他的眼睛里扎，他眼睛眨也不眨，这功夫练成后，又学了兵书和造炮。佛托老母检验了小罕子的功夫，对他说：

"你的功夫练成了，你可以下山了。你将来打江山，成大业，一定要多做善事，为民造福。"

小罕子跪拜过佛托老母，回去接上佛三娘回新宾堡子了。

讲 述 者／查树元　男　69岁　初中文化　职员
采 录 者／陈　莹　张　岚
采录时间／2008年7月20日
采录地点／新宾镇

小罕子与半拉背

小罕子在佛托老母那学艺回到他的家乡后，开始四处招兵买马，组成自己的队伍，积草囤粮。

有一次，小罕子来到一个离新宾很远的地方，发现这个地方穷人和富人差别很大，穷人穷的要死，富人富的发昏，大片好地被少数富人霸占着，穷人只能给富人当长工种地。他找到一个大户人家，东家姓涂，叫涂三爷。

小罕子说："我来找点活干，能给吃饭，有地方住就行。"

涂三爷看看他问："你多大?"

小罕子这年其实是十七，他故意说："我十四岁。"

涂三爷说："那你只能挣半拉工钱啊。"

小罕子说："行，不管给我多少钱，能让我吃饱就行。"

涂三爷喊来领头的人说："这小半拉子跟你干活去。"小罕子就跟领头的走了。

领头的手里拿个锄头锄地，小罕子就跟在他后边干。小罕子的活干的又快又好，别人有没干完的，他就帮着干，领头的累了，他给领头的倒碗水，点袋烟让他歇会儿，他帮他锄地。这家有四五十个干活的，小罕子没几天就跟大家伙儿的关系搞得特别好。

这年天也奇怪，晚上下雨，白天特别晴，天晴就得出工，谁也歇不着，东家挺乐，给干活的人气得够呛。小罕子就给大家伙儿讲笑话，里里外外地忙活，还告诉东家，大家干活不偷懒，多给做点儿好饭菜，东家照办了，大家伙儿顺溜地出去干活。这年的活计一点儿没

耽误，庄稼长得也好。这一切，都被管家看在眼里，管家告诉了涂三爷，说，小罕子人挺好。从此，涂三爷对小罕子就另眼看待了。

秋天收庄稼的时候，下了几场大雨，地里的庄稼被雨泡了，为了把粮食收回来，涂三爷就说："谁背多少粮，一半归他，一半归东家。"

小罕子练过武，有的是力气，他背的最多，背的粮食堆满了院子。东家说：

"你背的粮食，一半归你了。"

小罕子说："我上拜神仙，下拜鬼仙，中拜狐仙，我不图利，图个人气，我背的这一半分给大家了。"

小罕子双手抱拳和涂三爷、领头的道别，和一起干活的弟兄们道别，一分工钱没要，一粒粮食也没拿，转身走了。

后来小罕子起兵打仗，这些人都到他的旗下，参加了他的队伍，跟他一起南北征战。

小罕子称王后，当地人就把他干活的那个地方，叫半拉背。

讲 述 者／查树元　男　69岁　初中文化　职员

采 录 者／陈　莹　张　岚

采录时间／2008年7月20日

采录地点／新宾镇

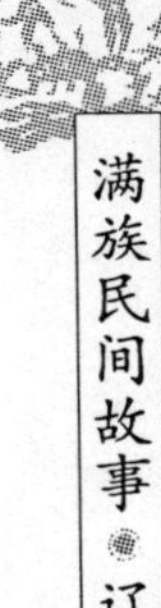

努尔哈赤与五副甲

当年，小罕子被明朝的官兵追赶，他带领六个弟兄，逃了一天一夜，逃到了新宾东边的茶壶吊子山里躲藏起来，这时天已经黑了。

为什么明朝官兵要抓他们呢？据说是因为小罕子家违反了明朝法律了，要把小罕子家满门抄斩。小罕子当时正好没在家，所以幸免一死。他逃跑以后，朝廷画影图形到处悬赏捉拿他。小罕子带着六个人跑得是筋疲力尽，在茶壶吊子山山角下躲着，又饥又渴又累，就睡着了。这时来了一个老太太，手里还提着一个灯笼，走到他们跟前，拿灯笼照照，看他们几个人岁数不大，就叫醒他们，问他们是干什么的。

小罕子说："我们是逃难的，官兵要杀我们全家，到处抓我们，我们逃出来了。"

老太太说："这些我都知道了，我还知道你叫小罕子。你们起来，跟我走吧。"他们几个就跟老太太走了。老太太把他们带到山上的一个洞里。给他们拿出用黏米做的牛让他们吃，小罕子他们一气儿都给吃了。老太太说："嗯，都吃了？你们这回可都长了牛劲儿了。官兵再撵你们可就更撵不上了。"

小罕子他们听老太太这么一说，感觉浑身都是力气了。

老太太又对小罕子说："我祖上留有五副铠甲，送给你吧。"

于是，老太太打开一扇门，门里是一个石洞，从石洞里拿出一个里三层外三层的布包，包里有金银铜铁锡五副铠甲，青赤黄白黑五色。他们几个人穿上铠甲以后，杀出了官兵的包围。

后来，小罕子得了天下，人尊称罕王。罕王再来茶壶吊子山找这

个老太太，却找不着了。罕王为纪念老太太，就把茶壶吊子山封为五副甲。

讲 述 者/查树元　男　69岁　初中文化　职员
采 录 者/陈　莹　张　岚
采录时间/2008年7月19日
采录地点/新宾镇

努尔哈赤送酒

努尔哈赤自从到九顶铁刹山八宝云光洞学艺回来以后，一共得了三样宝贝。一是三部天书，二是造铁帽图，三是青鬃烈马。

这青鬃烈马可真是太厉害了，这马好到什么程度呢？身长一丈二，身高八尺半。蹦得山，跳得涧，夜行八百还嫌慢。上山能跟老虎斗，下山能跟蛟龙战。和努尔哈赤南征北战，立下了汗马功劳，在战场上帮着努尔哈赤死里逃生，三次救了努尔哈赤的性命。

这一年端午节的时候，努尔哈赤带着他的青鬃烈马，赶着马群去山沟里放马。咱们新宾这地方天冷，节气比较晚，五月份的时候，青草刚发芽，马匹见着青草就吃。可努尔哈赤的青鬃马这时候病了，也不吃草，也不吃料，口吐白沫，浑身抽搐。努尔哈赤心痛完了，下了一道圣旨，说谁要是能治得了这匹青鬃烈马，要官给官，要财给财。士兵找到了一个姓杜的神兽医，把他领到努尔哈赤的青鬃烈马面前。他看看这匹马，掰掰嘴，扒扒眼睛，摸摸毛，用一个银针在马的血管上扎了一下。流出的血是黑的。

兽医说："这个马怕是不行了。"

努尔哈赤听了心都疼了，对兽医说："你还有什么办法，都试一试，你一定要想办法救活它！救活我的青鬃烈马，我重重地奖赏你。"

老兽医说："罕王，这青鬃马谁都知道它为罕王立下汗马功劳，可这马是吃了一种有毒的草，这草刚发芽，所以毒性太大，这毒已到血液里了。我现在只能死马当活马医了。我们祖传的方法是以毒攻毒，只有这个办法了，治不好，你别治我的罪，这方圆百里的家畜家禽都

等我医治呢。”

努尔哈赤答应兽医，大胆治，治不好也不怪罪。老兽医把家传的一种叫五毒散的药给马灌下去了。灌进去以后，这个马就浑身抖，这是药力在发作。观察了一个时辰左右，这马就安静下来了。

兽医用银针又扎马的血，这时马血不是黑色的了，看眼睛也好些了。兽医说这时需要喝常流水，努尔哈赤就命人抬着马，让马上河边喝水。青鬃烈马越喝水，就越安静，一会比一会儿精神，一会儿比一会儿好。这时老兽医说，这马没事了，努尔哈赤高兴得不得了，士兵们也非常高兴。努尔哈赤命令杀猪宰羊，庆贺青鬃烈马得救了。

正当官兵喝酒庆祝的时候，外面的士兵跑来说：“报告罕王，不好了，青鬃烈马不见了。”

努尔哈赤说：“能不能是马自己溜达走了呢？”

兽医说：“不能，这马吃了药以后，四个时辰才能自己走，这马一定是被人牵走了。”努尔哈赤赶紧派人去找。

过了一会儿，派出去的士兵跑回来报告说：“可了不得了，山沟里有一百多人，手拿棍棒，破衣烂衫的，已经把青鬃烈马扒完皮了，正拢火烤着吃呢。”

大家一听青鬃烈马被人扒皮烤肉吃了，气得直蹦高，拿着刀枪就要杀过去，努尔哈赤更是心疼得气都喘不匀了。兽医说：

“罕王事已至此，青鬃烈马是到寿了。这马吃了毒草，我又给它用了红散毒药，身上毒性老大了。谁要吃了这马肉，用不着去杀他们，他们自己也没好，非死不可。”

努尔哈赤一想，这兵荒马乱的时候，老百姓又穷又饿，也不知道这马有毒。这一百多条人命，死了也太可惜了。于是努尔哈赤就问兽医，吃马肉的人还有没有救？

老兽医说：“难道你还想救这些人吗？”

努尔哈赤说：“反正马已经死了，不能让百十条人命也没了。”

兽医说：“罕王您真是好罕王，有好生之德。要救这些人，有个好办法，就是喝高粱酒，高粱酒喝下去后，随着酒劲儿，毒就蹿出去了。”

努尔哈赤就命人抬着高粱酒上山，山上的人们正大嚼大咬马肉

呢，一看官兵来了，扔下马肉就要跑。

官兵们说：“你们吃的马，是我们罕王努尔哈赤的宝马，它跟随罕王南征北战，救过罕王的命，是匹义马。马吃了有毒的草，又灌下毒药救治，刚见缓，就被你们抓来吃了。这马肉吃下去就没好。罕王不怪罪你们，还让我们送高粱酒来给你们解毒，你们快喝，喝晚了就没救了。”

这些人一听，这马是罕王的宝马，都吓坏了，再听这马肉有毒，赶紧拿碗就喝酒，边喝边哭，都跪下磕头谢恩。

后来，努尔哈赤在萨尔浒大战中遇上了困难，无救兵，无粮草。一天晚上，不知从哪来了一千多人。一个个三分像人，七分像鬼，一阵猛攻猛打，把敌兵打败了。努尔哈赤的官兵以为天兵天将来了。

胜利后，那些人来跪见努尔哈赤，说：“我们都是有罪之人。”

努尔哈赤问：“你们何罪之有？”

他们说：“我们是一群乞丐，饿得实在没办法，就偷了一匹马，不知是罕王的宝马。罕王没怪罪我们，反倒来救我们，我们无法报答罕王的大恩大德。听说罕王在此打仗，就来助战。我们不走了，就在您的部下当兵了。”

后来，这些人就留在了努尔哈赤的部队里，成了努尔哈赤部下的一支劲旅。

讲 述 者／查树元　男　69岁　初中文化　职员

采 录 者／孙　超

采录时间／2008年7月19日

采录地点／新宾镇

义犬救主的故事

努尔哈赤领着八旗人马，在萨尔浒那个地方打了胜仗以后，军威大振，名声也大了，又有许多部落归附到他的旗下。

努尔哈赤有个叔叔叫龙敦。龙敦这个人性情凶恶阴险，又有万夫不当之勇。平时仗着是努尔哈赤的叔叔，在营中横冲直撞，连努尔哈赤也不放在眼里，他看到努尔哈赤的势力越来越大，心里很不服气，就想害死努尔哈赤，篡权夺位。

一天，努尔哈赤为了鼓舞士气，庆祝萨尔浒一仗的胜利，摆下庆功酒宴，请手下的贝勒、贝子、章京等到大帐来饮酒，庆功行赏。士兵们也都在各自的营中喝酒。龙敦听说后，就生出一条奸计。酒席筵前，龙敦一反平时的骄横神态，和他手下的一帮亲信向努尔哈赤大献殷勤，轮番向努尔哈赤敬酒。努尔哈赤也不知道这是龙敦的奸计呀！就接杯畅饮。工夫不大，就被灌得酩酊大醉。众人一看努尔哈赤醉了，就把他送到后帐去休息。

酒席筵前少了努尔哈赤，没有约束了，那些贝勒、贝子就开始吆五喝六地痛饮起来，一个个喝得东倒西歪。龙敦趁这个机会，抽身悄悄地离开筵席，在大营中转了一圈，看到守后帐的亲兵也都喝酒去了，只有努尔哈赤一个人在帐中沉沉大睡。认为时机到了，就拔出腰刀朝帐中奔来。

这时努尔哈赤养的一条大黄狗正趴在帐外，看到有人手握钢刀来了，就跑到努尔哈赤的跟前狂吠起来。可是努尔哈赤没醒，大黄狗就用嘴叼住努尔哈赤的衣襟往下拽。因为努尔哈赤酒喝的太多了，翻了

个身又睡着了。这时龙敦已经来到了帐门口，大黄狗一看龙敦手握钢刀、满脸杀气地进来了，一着急，就伸嘴在努尔哈赤的小腿上狠狠地咬了一口。因为咬得太狠，把努尔哈赤的小腿都给咬破了，努尔哈赤疼醒了。大黄狗看到努尔哈赤醒了，转过身就向龙敦扑去，龙敦的刀就劈空了。大黄狗没等龙敦的刀抽回去，使劲往上一蹿，两爪就搭在了龙敦的肩上，冲着龙敦的脖子就要下口。这一下把龙敦的冷汗都吓出来了，急忙一闪，大黄狗没咬着，龙敦挥手就是一刀，刺死了大黄狗。可是大黄狗的爪子已经钩进龙敦的衣甲缝里，尸体就挂在龙敦的胸前。龙敦做贼胆虚，看到努尔哈赤醒了，在慌乱中挂在身上的狗尸还摘不下来。

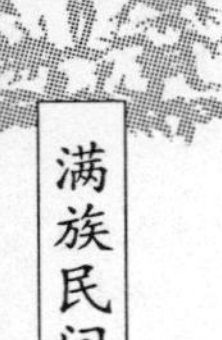

刚才的场面努尔哈赤都看到了，这才知道大黄狗咬他的用意，也明白了刚才在酒席筵前龙敦和那几个章京拿酒灌他的用心。趁龙敦还在手忙脚乱地往下摘狗尸的工夫，他拔刀上前。龙敦见努尔哈赤奔他来了，急忙横刀相迎，虽然他有万夫不当之勇，但胸前的狗尸碍着手脚，有劲也使不上，几个回合，就被努尔哈赤杀死了。

平定了这次叛乱之后，努尔哈赤厚葬了大黄狗，又吩咐部下："山中有的是山猫野兽，尽可以打来食用，但是，今后不准再吃狗肉穿戴狗皮帽子，狗死了要把它埋葬了，因为狗通人性，能救主，是义犬。"

满族人不吃狗肉的风俗，就是努尔哈赤在那时候立下的规矩，现在满族人当中，还有遵章不吃狗肉的呢！

讲 述 者／查树元　男　69岁　初中文化　职员

采 录 者／孙　超

采录时间／2008年7月19日

采录地点／新宾镇

努尔哈赤喜会佛三娘

小罕子从九宝铁刹山八宝云光洞跟佛托老母学艺之后，回到他的家乡赫图阿拉。结交各方人士，结交各路朋友，四处招兵买马积草屯粮。有一天，建州的守护，就是当地的将军，向他禀报说：

“最近这两年，汪清部落时常没事找事儿，制造矛盾和纠纷，抢夺我们这儿的食物。”

努尔哈赤听后，带领大将肇阳率大约五六千精兵，由赫图阿拉城出发向东，奔到大冒岭，摆开战场。

这个汪清部落不服努尔哈赤的统治，就想起兵造反闹独立。头一战，努尔哈赤派大将肇阳先出击，大将肇阳英勇善战，是一名勇将，他骑着一匹青鬃大马，两腿一磕马肚，这马带着肇阳“噌”的一下就蹿出去了。这时，从汪清部的阵营里杀出一员女将，那个女将相当骁勇，她骑着一匹能征善战嘣吧乱叫的桃花马，使一把金光闪闪绣荣华大刀。指东打西、指南打北、上山下涧、古树盘根、雨打芭蕉，把那大刀耍的啊，让人看得眼都花了。打得肇阳他们只有招架之功没有还手之力。肇阳稍一愣神儿，被这女的一刀砍中，败下阵来。

这可气坏了努尔哈赤，我手下这么大的将军，被你砍一刀带着血带着伤败下阵来？他气冲冲地骑着自己的宝马，这马浑身上下没有一点杂毛，都是青色的，只有蹄子是白色的，叫雪里站。努尔哈赤骑着雪里站，手拿一把大刀。本来他使枪，为什么使刀了呢？因为肇阳是被对方用刀砍伤的吗，你用刀，我就和你刀对刀，这叫双刀对。努尔哈赤骑着宝马来战这个女子，血战了十个回合不分上下。刀对努尔哈

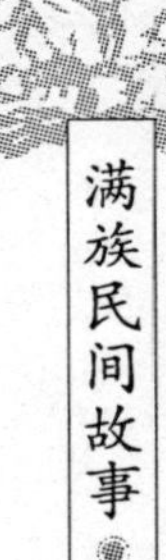

赤来讲有点儿力不从心，不像用枪那么得心应手。他心想，我射她一箭得了，就从后背拿出弓和箭。努尔哈赤箭法高明啊，能百步穿杨，一百步之内能把杨树叶子射掉。他的箭法也是跟佛托老母学的，眼睛看得特别真。那个女子一看这个人，好像见过似的，有点儿纳闷儿，心想这是谁呢，这么狠呢？这女子心想，我也射他一箭。用的是什么呢？是小箭，就是弩，在近处能打着，远处打不着，她趴在马上张弓就要射箭。

这时候，努尔哈赤的箭已经射过来了，箭对着弩，双双落地。你说那得是什么劲头儿？正好对上了。这时候两个人也到近前了，这女的也是眼尖，“爱罕子啊？”努尔哈赤心想，谁知道我的名啊？然后把弓斜跨在后背仔细一瞅，这女子是谁？怎么认识我呢？这女的也来到近前，一看都愣了。

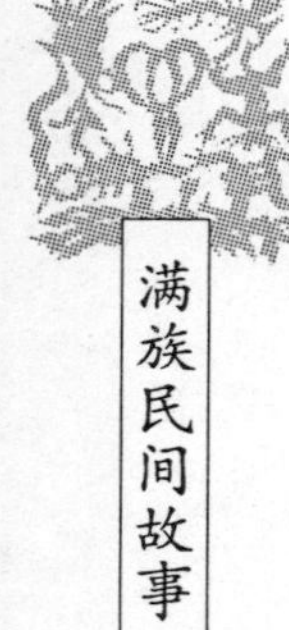

“是你吗？爱罕子！”

“你是谁？”

“你不认识我啊？”

女子把帽子拿下来了，努尔哈赤一看，“哎呀，这不是佛三娘吗？”

两人一下马，抱头大哭啊。士兵都想，怎么了这是？有人说：

“这是咱们将军的第一任妻子，找着他的丈夫了。”

真是将打一处，兵打一家，大家皆大欢喜，乐得没处说了。久别重逢啊，而且在患难中夫妻重逢，他们真是无处说起啊，就拥抱在一起，也不顾什么害羞了。

讲 述 者／查树元　男　69岁　初中文化　职员

采 录 者／陈　莹　张　岚

采录时间／2008年7月21日

采录地点／新宾镇

努尔哈赤战锁阳

抚顺城原先叫锁阳城。

努尔哈赤从兴兵堡出兵，一连打了三把大胜仗，接着就直扑锁阳城。明朝官兵一听说努尔哈赤来了，吓得急赤呼拉地逃。

努尔哈赤带领十万人马进了锁阳城，那真是进了无人城，没有一个士兵在那把守。努尔哈赤扎下营寨，贴出了安民告示。这天晚上，大摆筵席，庆贺胜利。可正在这当口儿，就听外边吵的慌，原来明朝官军来了三十万人马，把个锁阳城围得水都不漏。努尔哈赤急忙上城墙去看，见灯笼火把没边没沿儿，乱箭漫天射来，知道是中计了。努尔哈赤一路净打胜仗，飞快地进了锁阳城，但粮草落到后边，被人家断了后路了。

第二天，努尔哈赤就率领八旗军突围，突围几回也没冲出去，都被官军漫天乱箭射回来了，人家人多势众啊。冲，冲不出去；守，外边的粮草又送不进来，努尔哈赤只得向老百姓买粮。可是一来二去时间长了，老百姓也没有粮了。人吃不饱，个个都没有精神。后来就吃些糠菜、草根、树皮什么的，就连中药铺卖的那些中草药也都吃光了。敌兵天天在外边喊："投降吧，投降吧，你们都要饿死了。"努尔哈赤的军心不稳了，有的要投降，有的要逃跑，可也有硬的："不行，不能投降，人在城就在，城破人就死，脑袋掉了碗大个疤，有啥了不起！"

这样，一直僵持了七七四十九天。就在这天晚上，就听外边呜呜山响，吱吱乱叫，士兵报告："外边来了一大群黄毛耗子。"

努尔哈赤打着灯笼出去一看，可不是怎的，遍地都是大耗子，黄乎乎一层，可转眼工夫又都不见了，哪儿去了？原来锁阳城下净是窟窿，它们都进耗子洞了。努尔哈赤一寻思，人都饿到这般地步，哪来这么些耗子？他们必定是有吃的，既然进洞了，那就挖洞，跟耗子借粮。努尔哈赤一声令下，城中军民挖地三尺，有的还挖到一丈，可真看到粮食了，洞洞都是粮食，不知是存放了多少年的谷子、大豆、苞米。“耗子有余粮”这话一点儿不假，这一挖就挖出来二三百石。

努尔哈赤的人马冷丁吃了顿饱饭，都长了精神，就挂起了白旗假装投降。官兵一看这边扯起白旗，当官儿的连个兵刃也没拿，抄个马鞭子指手画脚就来接收降兵，兵士也没穿铠甲，大大咧咧跟在当官儿的后边。城门刚一打开，就听惊天动地的一声炮响，努尔哈赤带领十万人马冲杀出来，大刀上下翻飞，砍得官兵像切大萝卜似的。正好城外的八旗援军也到了，见努尔哈赤杀出来，也从四外冲杀过来，打得官军死的死，伤的伤，跑的跑，降的降。努尔哈赤眼看要完了，反倒打了个大胜仗。

以后，锁阳城虽说改叫抚顺城了，可直到如今，在抚顺煤洞子里谁看见耗子也不打，为什么呢？就是因为耗子当年救驾有功，它们借给努尔哈赤的粮食还没还呢，咋惹人家耗子？

讲 述 者／查树元　男　满族　新宾县新宾镇供销社　中专学历干部

采 录 者／徐奎生　男　满族　新宾县文化馆　干部

采录时间／1984年11月

采录地点／新宾县新宾镇

天下第一家

在乾隆年间，乾隆爷最喜欢微服私访。有一天，乾隆爷穿着鹅黄的软缎，拿着纸扇，戴着公子书生帽，穿着软底布鞋，信步走着。他从北京走到现在河北省的山海关。走到这个地方，一看这家门匾上写着：天下第一家。心想：哎呀，我当皇帝的都不敢称天下第一家，他一个小老百姓凭什么称天下第一家？我上那儿看看去。这就上去叩门。

"谁呀？"

"过路人啊，讨一碗水喝。"

门开了，走出来一个扎着小抓髻的男孩儿，能有七八岁，穿个小红兜兜，小红裤衩，搁里面出来了。小孩说：

"这位爷，你找谁啊？"

乾隆爷说："我谁也不找，就想问一问，你们这大门牌匾上写的'天下第一家'是怎么回事啊？为什么叫'天下第一家'啊？"

小孩儿挠挠脑袋说："我也不知道，那得问我阿玛去吧。请跟我来吧。"

乾隆爷跟着小孩到了东厢房，这厢房，有南间和北间，小孩儿带他进了南间，就是外面那间，喊他阿玛，说来客人了。他阿玛出来了，三十几岁的年纪，看样子像个教书先生，穿个长袍，梳个大辫子，白净的面皮。乾隆爷说：

"我前来打搅，看你们的门上写着'天下第一家'，不明白，请这位兄台告诉我一下吧。"

小孩儿他阿玛说："这个我可说不明白，我得问问我阿玛，看他知

道不。”

乾隆爷说：“你阿玛在哪啊？”

小孩儿阿玛说：“我阿玛就在旁边这屋。”

他在南房，他阿玛在北房。他就喊他阿玛去了，就是小孩儿的爷爷。小孩儿就领着乾隆爷到了他爷爷这屋了。

“爷爷，爷爷，来人了！”

他爷爷有五十左右的年纪，留着八字胡，戴着个西瓜碗帽子，也是梳着大辫子。外穿长袍马褂，挽着马蹄袖，是个绅士打扮，看样子是个买卖人，手里拿着算盘。乾隆爷说：

“请问老者，我有一事不明。你们家大门写的‘天下第一家’是什么意思？能不能请教请教啊。”

“对不起啊这位客官，我不知道这牌子是什么原因这样写的，我得问问我阿玛。”

让小孩领着客人去见太爷爷。到了西厢房，里面走出了一位七十多岁、白发苍苍，身板儿硬朗的一个老头儿，也是穿着长袍马褂，看来是一个比较闲暇的人。乾隆爷问：

“这位老爷爷，我有个事儿请教你。你们家门口写的‘天下第一家’的匾额是什么意思呢？”

这个老头儿摸着山羊胡子，说“这个嘛，我还真说不清楚，这是祖上传下来的，问问我阿玛吧。”

“那你阿玛还健在吗？”

“还健在，在正房。”乾隆爷一看，不能再往下问了，明白了。但是既然来了，就问一问吧，就跟着小孩儿来到了正房的东屋，小孩儿喊：“老祖宗，祖太爷，来客人了。”这个老人已经接近百岁了，还挺健康的。拄着龙头拐杖，穿着软缎黄袍，搁里面出来了。到门口望一望。乾隆爷到前面抱一抱拳，老头儿点点头。

“客官请坐。”

让乾隆爷上座。

“这位老人家，我见你们家门口写的‘天下第一家’，我不明白，但是此时不想问了。多有打搅了，告辞了。”说完就走了。

讲 述 者/查树元　男　69岁　初中文化　职员
采 录 者/张　岚
采录时间/2008年7月26日
采录地点/新宾镇

满族民间故事·辽东卷
中

刘墉圆梦（一）

乾隆爷下江南微服私访的时候，走得比较辛苦，晚间在一个小客店睡着了，他就做了一个梦，把他吓出了一身冷汗啊，就惊醒了。

做的什么梦呢？就是梦见他在乡间走啊走，就见这火红的太阳刹那之间就日落西山了，这天儿呀，就有点儿黑不黑，暗不暗，灰灰蒙蒙的。日头落了不说，一大片的海水还干了。日头落了，大海干了，群山就哗哗地倒了。海枯日落山倒，他一看刀啊枪啊扔了可地，他捡一把刀看看，拿在手上，这刀都是灰尘，再看地下的刀枪化作了一堆灰。这时候，有一个老头儿，领着一个小姑娘，拍手叫："好啊好啊！"乾隆爷说："哎呀，这还能说好啊？"打住，醒来才知是一场梦。乾隆爷一想，这梦可不好啊，心中郁闷，精神头也不足了，他就赶快摆驾回宫。

回到京城，老早儿就上朝，敲那个金锣金鼓，文武百官就来了。这时候乾隆爷就说了："各位大臣啊，我一宿没睡好觉啊，做了一个梦，请大家给我圆上一圆。圆好了有赏，职上加职、官上加官。圆不对就罪上加罪。"

文武百官就说："万岁爷你做的什么梦呢？当着微臣面学上一学吧。"

乾隆爷说："我梦见自己孤孤单单地走道儿，突然间太阳"唰"一下落西边了，这时天空灰蒙蒙的，大海的水枯干了，群山倒了，地下的刀枪我一拿，都化作灰尘了。这时候道旁有一个老头儿领一个小姑娘，拍手叫好。吓得我出了一身冷汗，梦就醒了。请各位大臣不妨直说，给我圆一圆梦。"

文武百官听了之后，面面相觑，心说，这可不是个好梦啊。你说大山倒了，那不是江山要倒吗？海要枯干了，那不是没有血脉了吗？日头落了，那不是吾皇皇位不稳要下台，天下黑暗吗？你说刀枪化灰了，那不是要天下大乱吗？老头儿和小姑娘在一旁拍手叫好，那不是乱象了吗？这梦谁敢说啊，说了不是掉脑袋吗？文武百官低着头，谁也不敢吱声儿。乾隆爷说了：

“各位爱卿，谁给我圆好这个梦，我封他做一字天官。”

还是没有吱声的。乾隆爷说：

“封他做宰相。”也没人吱声。乾隆爷生气地说：

“有没有给我圆梦的？没人，打你们四十大板！”

这时候，刘墉刘大人站出来，他说：“吾皇万岁，臣来圆梦。”

“你能圆梦？”

“我来圆梦。”

乾隆爷说：“刘爱卿说说，这个梦好是不好。”

刘墉说：“恭喜皇上，贺喜皇上，这个梦大吉呀！”

乾隆爷一听，来了精神，说：“刘爱卿快给朕说说，怎么个大吉。”

刘墉说：“日落西山必见星辰。日头落了星星才能上来啊。日落西山见星辰，我们国家必得栋梁之才呀，出现紫微星和文曲星、武曲星。这个日落西山见星辰，主我朝得文才武将，尤其是文曲星出现，说明我大清江山兴旺昌盛。大海枯干现蛟龙，水干了才能看见龙啊。我皇的妃子今年必然有怀喜的，必然能生一个男胎，而且是麒麟贵子，说明我大清江山后继有人。”

乾隆爷听了喜形于色，说：“那群山倾倒怎么解释？”

刘墉说：“山倒了，都平了，这说明我大清国国泰民安。”

“刀枪化灰呢？”

“刀枪化灰兵戈消。不动刀枪，天下太平了呀！”

“那老头儿和小女孩儿拍手叫好呢？”

“老头儿是男，女孩儿是女。不打仗了、天下太平，男女老少都安乐，他们能不拍手叫好吗！”

“那梦中的风和雨怎么解释？”

“那是风调雨顺的意思，所以皇上的梦是：日落西山见星辰，大海

枯干现真龙。群山倾倒留平地，刀枪化灰兵戈消。男女老少都享乐，风调雨顺国泰安。”

乾隆爷龙颜大悦，说：“刘爱卿说得好！真够一个宰相之才。”

刘墉跪地磕头，“谢主隆恩！皇恩浩荡！君无戏言，说了就得算数。你说我是宰相之才我就是宰相之才，还说过要封做一字天官呢。”就这么的，刘罗锅不但当了宰相，还赖了一个天官，拿两份俸禄，可把和珅气坏了。

讲 述 者／查树元　男　69岁　初中文化　职员
采 录 者／陈　莹　张　岚
采录时间／2008年7月25日
采录地点／新宾镇

刘墉圆梦（二）

清朝乾隆年间，有一次开科取士，选中了这么一个进士叫刘墉，外号叫刘罗锅子。按他的文才，应该取为状元，只因长相丑陋，其貌不扬，主考大人给他贬到第八名进士。后来乾隆皇帝亲笔御批，批他为谏议大夫，专门给皇帝提意见，帮着出谋划策，这是个四品官。

乾隆皇帝有个叫耶律的兄弟，是七千岁王爷。这人专横跋扈，上压天子，下欺百姓，抢男霸女，无所不为，刘墉在没考中进士之前，早有耳闻。

这一天，刘墉在家中闷闷不乐，朋友李文邀他到酒仙桥去喝酒。二人来到酒仙桥，只见桥上前呼后拥，前边开道，铜锣当当山响："闪开了，闪开了，七千岁驾到了，谁要碰了马头小心你的脑袋哟。"大街上人来人往，做买卖的，挎筐的、担担的、卖葱的、卖绒线的、卖鸡蛋的、一个个吓得东躲西藏。卖桃子的给踢翻了，卖鸡蛋的叫马蹄子踩得稀碎。苦了街上做买卖的，可谁也不敢吱一声。

从大街上走过来一个二十三四岁的妇道，手里拉着一个刚会走的小孩。突然七千岁的马队来了，把她惊住了，也不知道往哪躲，等她醒悟过来的时候，一看小孩还站在当街，回身去领小孩的工夫，马队已经到跟前了，眼瞅着就要撞着了。七千岁一勒缰绳，马前蹄高高地

扬起来，站住了。七千岁刚要发火，一瞅这个妇道杨柳细腰，眉清目秀，比他那些爱妃还好看呢，心中便生了一个主意。问："你为啥挡在道上？"妇道说："我跟我丈夫来京城投亲，丈夫去了半天还没回来，我领儿子想到前边去找找他，不承想挡住了王爷的马头。"七千岁一点儿不生气，说："你先到我的王府里住下，我帮你找。"说罢，七千岁一摆手，后边抬过来一台小轿，把这个妇道和小孩连拉带扯地按到轿里去了。

到了王府，七千岁吩咐："把这个妇道领到后边收拾收拾，换换衣服。"四个丫环搀着她走了。小孩看妈妈没了，就喊："妈呀，妈呀！"七千岁拱拱嘴，过来个打手把小孩拎起来摔死扔进莲花池里了。

换完衣服，由丫环们将妇道搀到了王爷的寝室，到了寝室，丫环们走了。七千岁把门插上，问："你是哪里人呢？""我家在山东，到京城来找一个远房亲戚。""你姓什么？""我丈夫姓张，我姓李。""啊，你不用找你丈夫了，给我当妃吧，你有享不尽的荣华富贵，穿不完的绫罗绸缎，吃不败的山珍海味。"说着说着上前又搂又拽。妇道又惊又怕，死命和他挣扎。七千岁一看这个妇道太不顺从，还敢和他撕巴。"来人呐！"来了四个打手。"把这个不识抬举的妇道拉到后屋给我禁闭起来。"后屋是禁闭室，是专门对待家奴院工的。押进这里，叫你死死不了，跑跑不了，活活不好。

七千岁一想这个妇道长得这么好，就有些不舍得放手。这天，七千岁又来了，进了禁闭室，又对妇道动手动脚的。妇道急眼了，上去一口就把他胳膊给咬住了。"哎呀"一声，七千岁胳膊上血拉拉的。"来人哪，来人哪，快把这不知好歹的东西拉出去，乱棍打死！"上来一帮人，把妇道架起来，拉出去，一顿大棍子，就给打死了。

七千岁吩咐一个老家奴："把她捆巴捆巴拉出去，扔到那荒郊野外喂野狗。"这个老家奴把这个妇道拉到野外，正赶上天下小雨，妇道被雨一浇，又缓过来了。老家奴看她没死，说："你赶快走吧，走得越远越好，他是皇亲国戚，没人敢惹。你那小孩让他们摔死扔进莲花泡子里了，你快逃命吧。"妇道说："孩子死了，我也不想活了。""哪能不活呢，年纪轻轻的，以后日子长着呢。""我去告状。""告什么状？他是当今皇上的亲兄弟，你告得赢吗。"老家奴回到王府，禀报了七千

岁："人，我扔到大野地了。"七千岁打死个人就像打死个蚂蚁，早把这事丢一边去了。

这个妇道，浑身是伤，深一脚浅一脚地往前走。打前边来了两个人，一个是刘墉刘大人，另一个是长须白净面皮的李文。他们俩人在街上闲走，碰着这么个妇道，不走大道偏往泥水洼子里趟。感到奇怪，俩人站着瞅了一会，只见那个妇道把罗裙往脸上一蒙，就跳进水泡子里去了。刘墉喊："赶快救人，这人怎么跳水了呢？"李文会点水性，下到泡子里把她救上来，控一控水，妇道活了。刘墉问："你叫什么名字，为啥要寻死呢？""我叫张李氏。"就把自己的遭遇一五一十地说了。刘墉从兜里掏出十两纹银给她："这些银子给你做盘缠，去找你丈夫吧。年纪轻轻的，不要寻死，日后能有人给你报仇。"

叫刘墉好歹一劝，张李氏千恩万谢，就去找她丈夫了。

刘墉听到七千岁如此横行霸道，为非作歹，非常气愤，可心里干着急没有办法，回到家里闷闷不乐。

第二天，乾隆皇帝早早坐朝，文武大臣一个不少，都来听着点卯。为啥今天早朝这么早呢？原来皇上昨天晚上做了个梦，这个梦实在奇怪呀，吓出一身冷汗，起来后就坐早朝。皇上说了："朕昨天半夜三更所得一梦，先是梦见我走在一片汪洋大海里，转眼之间海水干枯，接着一座大山哗啦一声倒塌在地，最后一轮红红的太阳沉没西山。惊得我一身冷汗，这个梦不知是吉是凶？请哪位爱卿给朕圆上一圆。若是圆对了，官上加官，职上加职，重重有赏。"

这时大臣文站东武站西分站两侧，上至王子侯爷，下至百官群臣，你瞅瞅我，我瞅瞅你，一个个面面相觑，谁也圆不了这个梦。心下暗想，这个梦乃是不祥之兆，凶多吉少，谁敢多言多语，说差了岂不脑袋搬家？

七千岁一看满朝文武百官谁也不吱声，心下想，这正是显显我才能的时候，上前参见皇帝："万岁，您这个梦并不难圆。""御弟能替朕分忧？请说。""万岁皇兄，你这个梦是凶多吉少，乃是不祥之兆，别怪我直言。""说！""梦见海干了，说明我们国家穷了，国库空虚，民不聊生，岂不像海水干枯一样？""那么太阳落山是什么意思？""太阳是光明的，没有太阳是黑暗的，这说明我们江山一团漆黑。""那么大

山倒了呢?”“大山倒了恐怕是江山不稳哪!”

大家一听，对呀。对可是对，谁又能说它对呢？细细一品，七千岁也太狂妄了，一个梦怎么能定国家的兴衰呢，可是谁又敢说七千岁有罪呢？

这时，刘墉走上前来，三呼万岁：“臣会圆梦。”皇帝说：“方才御弟都圆了，你还圆它干什么?”刘墉说：“七千岁圆得不对，一派胡言，意在谋反，蓄意篡位，这样的人应该马上推出去砍了。”乾隆皇帝说：“他是我的御弟，怎么能随便杀呢?”“万岁你不把他杀了我不圆梦。”刘墉这几句话把七千岁恨得咬牙切齿，心下暗想好你个罗锅子，我要不把你治于死地，我就不当七千岁了!

乾隆皇帝说：“这么的吧，先把七千岁绑到下边去，先听听刘墉圆得如何，圆对了再治他罪不晚，圆得不对，你俩一起治罪。”这时文武大臣都吓坏了，心中都是十五个吊桶七上八下的。只见刘墉不慌不忙，说：“吾皇万岁，你这个梦是个大吉大利的梦啊!”刘墉在这以前就听说正宫娘娘和东宫都身怀有孕。“万岁，你梦到一片大海，海是龙之血，龙出于海，海枯真龙现，说明圣上今年要得个太子。”乾隆皇帝一寻思，我的正宫、东宫都身怀有孕，“嗯，有理，有理，爱卿，讲。”刘墉把罗锅子晃了一晃说：“大山倒了，要露出平地，一马平川，这是说天下太平。”“那太阳落了呢?”“太阳不落星星不出，太阳落要现紫微星，万岁要得一个栋梁之材，干练的宰相啊?”“这个干练的宰相在哪啊?”“远在天边，近在眼前。”皇上一看远在天边，天边上哪找啊？近在眼前，一个个地看着站立的百官，就见刘墉指指划划，侃侃而谈。“莫非这个干练的宰相是你?”刘墉双膝跪下：“谢主隆恩。”“你为啥谢我?”“金銮殿上，君无戏言，有道是万岁爷金口玉牙，说啥是啥。”“那么好吧，今天就封你为一品宰相。”

大伙一看，刘墉有才，并对七千岁早就恨在心里，所有文武百官群僚太监，齐刷刷地跪满金銮殿，三呼万岁：“必须立斩七千岁，他说的话，确是惑乱人心，意在谋反。”

乾隆皇帝本不想杀七千岁，现在看来不杀不行。说道：“七千岁圆的梦不对，但念皇兄份上，只杀他本人，不抄他的家府，不株连其他人等。”这样就把七千岁推出午门外，开刀问斩了。

杀掉七千岁，消息传出去，京城内外，真是人心大快。

讲 述 者/查树元
采录整理者/徐奎生
采录时间/1983年5月
采录地点/新宾镇

皇姑招亲

从前，有个皇上，他有个老姑娘，要选驸马，各州府贴出了榜文。榜文上写着，皇姑有个镜子，凡是应招的人，就像捉迷藏似的藏起来，皇姑若三次找不着，就选为驸马，要被找着，就发配边塞守边十年。想给皇上当驸马的人那可多了去了。可无论谁去藏，藏到哪也不行，都被皇姑找到了。

单说，有个堡子，这个堡子里有个小牛倌，十七八岁，没有父母，待在兄嫂家里，嫂子待他不好，横眼竖眼看不上他。小牛倌知道皇姑要招亲的事，一想，我在家，罪也遭够了，还不如出去闯闯，试一试，不行，我去边塞守边，也比在家受气强。没和哥嫂打招呼，就奔京城去了。

走在道上，遇着一个老头儿，拿网打鱼，打上一条鲤鱼。这鲤鱼"咔吧咔吧"眼睛，瞅着小牛倌还掉眼泪呢。小牛倌看着鲤鱼可怜，就说：

"大爷，你这条鱼卖不卖?"

"卖呀。"

"你要多少钱?"

"一条鱼能值几个钱，你就给二百文吧。"

小牛倌掏出二百文，把这条鱼买下了，走不多远，又把它放到水里。这工夫只见水浪一翻，鲤鱼又浮上水面了，说：

"这位书生，你干什么去?"

"我进京去选驸马。"

“我劝你还是不去为好。”

“我去试试，不行我就去守边，这也比在家看嫂子脸色强。”

“你执意要去，你遇着什么难处，我帮你一下。”

“我上哪找你呀？”

“你喊三声鱼大姐，我就能来。”

“谢谢鱼大姐。”

小牛倌又往前走，遇着一个拿枪打猎的，打了只大雁在后脊梁背着。大雁看见小牛倌走在后面，看着小牛倌直掉眼泪。小牛倌说：

“这位大叔，你这个大雁卖不？”

“卖，要不我也回家炖吃了。”

小牛倌撒了个谎：

“我家父亲有病，就馋大雁肉吃。”

这人一寻思，你是个孝子，说：

“好，少算你点钱，就给半吊钱吧。”

小牛倌掏出半吊钱，买下这只大雁，一看雁脚有点折了，扯个衣裳条，包巴包巴，说：“你飞吧。”大雁瞅瞅小牛倌，不飞，说话了：

“这位公子，你干什么去？”

“哎呀，你怎么还会说话呢？”

“我问你干什么去？”

“我去京城招驸马去。”

“你去不去都行。”

“怎么的呢？”

“皇姑那个镜子上照天庭，下照地里，中照人间千里，你藏到哪她都能找着。人家是闷了，找乐呢。”“她找乐我也是找乐，我在家受罪，还不如出去闯闯。”“你要去就去吧，遇到难处就招呼三声雁大哥，我就来帮你。”

“谢谢雁大哥。”

小牛倌快到京城了，又遇着个打猎的，打了个火狐狸，搁后背背着。狐狸没死，看见小牛倌，小爪子抱在一起，直向小牛倌作揖。小牛倌快步向前，跟猎人说：

“大哥，你这个狐狸卖不卖？”

“卖，省得我回去还得收拾。”

“卖多少钱?”

“五吊，再少我不能卖了。”

小牛倌一掏口袋就剩下五吊钱了，把钱给了猎人，猎人把狐狸撂地上，小牛倌对狐狸说：“你走吧。”

狐狸走了不远，摇身一变，变了个大姑娘，说：

“谢谢小弟弟搭救之恩。你走得这样急，是干什么去?”

“京城招驸马，我去试试。”

“你去有事找我，喊我三声胡大姐，胡大姐能帮你一把。”小牛倌说：“谢谢胡大姐。”

小牛倌到了京城，京城门口贴着招驸马的榜文，他上去就要扯。底下有四个看榜的，一个个虎背熊腰，拿着刀枪剑戟，一看是个要饭花子，说：“你要干什么?”“不是要招驸马吗?”“那好，我们给你传禀，你别动。”

往里这一传禀。格格说：“那好，领进来吧。”

格格一看，这小伙子长得个头倒不矮，就是穿的破烂点儿。格格说：“今儿个你休息，明儿个你藏，三次要找不着你就过关，要找着你就去守边。”小牛倌说：“这我知道，听人说了。”

一宿过去不提。亮天了，小牛倌一寻思我往哪藏啊，就跑到有水的地方，喊了三声鱼大姐。水“哗啦”一声，水花一翻，鱼大姐从水中出来了，说：“怎么回事?”“格格叫我藏。”鱼大姐一变，变成房子那么大，嘴一张说：“你进我肚里来。”

小牛倌钻进去了，鱼扎进水里就跑到大海去了。皇姑在五凤楼上，拿着宝镜，东照西照没有，最后往海洋里一照，他在鱼肚子里呢。皇姑派船下去抓，上哪抓去，鱼沉海底了。皇姑说：“你出来吧，这次虽说看到你了，没抓着，算你赢一次，我看你明儿个、后儿个怎么藏?”鱼上来嘴一张，小牛倌出来了。

第二天，还得藏啊，他走到外头喊：“雁大哥，我有事找你了。”连喊三次，大雁落下来了，对小牛倌说：“你上我背上骑着。”

小牛倌骑上大雁，大雁两个翅膀一奓乎就起飞了，大雁越飞越高，一会儿就没影了。皇姑这回先照的是海，海里没有，往陆地上照

也没有，这个人哪去了呢？往空中一照，一看骑着大雁在空中呢，越飞越高，那上哪抓去，够也够不着，摸也摸不着。皇姑说话了："这回还算你赢，再看你明儿个往哪藏吧。"

第三天，小牛倌就招呼："胡大姐，这回可看你的了。"连喊三声，狐狸来了。狐狸从头上拔下一枝花："你把这个花插在身上。"

小牛倌把花插到身上，人就不见了。狐狸摇身一变，变得和小牛倌一样，来到了皇宫内院，就钻到了宝德门底下了。皇姑拿镜子一照，说："哎，就在咱伴拉（附近），宝德门底下，快。"

一拨人拿着钩棒锄镐，叮当就拆宝德门。门拆完了，人也没了，原来狐狸搁地底下走了。皇姑说："不好，到太和殿了，扒太和殿。"

太和殿扒了一半，又钻进金銮殿底下了。皇上说："你可拉倒吧，再扒把金銮殿扒倒了。"皇姑说："那怎么办呢？"皇上说："这叫有缘千里来相会，无缘对面不相逢。这个小伙子还是有一套的，将来不能孬，要不怎么就抓不着呢。"皇姑说："你别再藏了，出来吧。"小牛倌把花一摘，在眼前站着呢。皇上对这个驸马挺满意，说："好，快给更衣。"

小牛倌沐浴，驸马服一穿，皇上给他们俩办了喜事。

讲 述 者 / 黄士华
采录整理者 / 徐奎生
采录时间 / 1986年3月
采录地点 / 辽宁省新宾东韩家村

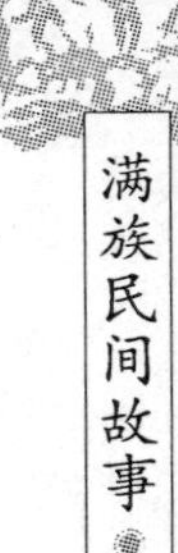

李二实在的故事

从前，抚顺李家庄有个姓李的，排行老二，都管他叫李二。李二这个人，为人忠厚老实，不管干什么事，都是实实在在的。

这天，李二在路上走道，走着走着天就快黑了。不知什么“晃啷”绊脚一下，一瞅是个袜桩子，捡起来挺沉，倒出一看有黄的金镏子，白的银镯子，装半袜桩子，谁丢的呢？

这时候，身后又走来个人，是不是他丢的？他蹲在地上等着。后边的那个人是李二同村的，姓董叫董才：

“李二都这么晚了还不回家，在道上蹲着干什么？”

李二说：“我走道有什么东西绊我脚，捡起来是半袜桩子金镏子和银镯子。”

董才说：“你瞎说呢？”

“不信你看看。”

一看，可不是怎么的，把董才眼馋得没法。

李二说：“也不知道谁丢的，知道把它送回去。”

董才说：“我看这么的吧，这路旁有个大石板，你把它压在石板底下，也就别往家拿了，拿到家里，大伙再问你，丢了不好办，明天亮天你再来取，大白天谁也不能抢不能偷。”

李二信以为真了，就把半袜桩子金镏子、银镯子压在大石板底下了。

第二天早晨，李二起早来取，把石板掴开，金镏子、银镯子一个也没有了。李二寻思，这个事别人也不知道啊，只有董才知道，找他

去。董才说：

“我没拿，你埋的我不知道。”

“没拿？就是你拿的。”

两个人你一言我一语吵了起来，越吵越大，越吵越凶。

“好，咱们见官去。”

你扯着我，我扯着你就去打官司了。到了衙门，县官一问详细情况，李二就把经过一五一十地一说。又问董才：

“是不是这么回事？”

董才说：“我根本就没看见他捡什么金镏子、银镯子。这也不合乎情理呀，世上哪有这样的人，谁捡了金镏子、银镯子不揣兜里，他怎么能给我看呢，还说我告诉他埋在石板底下？”

李二一口咬定是他拿去了，请县官为民做主。董才“冤枉、冤枉”喊得更响。门口围着一群黎民百姓。县官问百姓：

“李二这个人平时说谎不？”

大伙都说：“李二这个人最实在了。”

县官对衙役小声嘀咕了几句，说：“既然这样，把董才绑上，上刑。”又叫衙役把百姓赶走。

老百姓回家一转，都说董才上大刑了，董才的老婆也听到了消息。不一会，衙役来了：

“这是老董家吗？董才招认了，说把半袜桩子金镏子、银镯子交给你了。你赶早拿出来，要拿不出来，给你也上大刑。”

他老婆一听，他当家的上大刑了，这事可是真的。我赶快交出来吧，上房后树根底下，就把半袜桩子金银抠出来了，一个没动，交给了公差衙役。

县官一看金镏子、银镯子，刚才没真给董才上大刑，只是使用了虚张声势的计谋，这回才提审董才，问：

“这回你还有什么说的？”

董才不得不承认，当时起了奸心眼，半夜时把金银给偷跑了，寻思李二太傻，捡他个便宜。

县太爷打了董才四十大板，撵了出去。又问李二：

“这些个金银怎么处理好？”

李二说：“我原打算归还失主，现在失主找不着，我听你发落。”

县官说：“你们村路太难走了，又没有桥，来回还得蹚河，用这钱修座桥，修条路吧！”

李二说：“好。”

县官把金银收下，雇些民工，给李家庄修座桥，修条路。打这人们就把这个村叫成“李二实在”了，叫来叫去叫成现在的“李尔石寨”或“李石寨”（李石寨：现归抚顺市顺城区所辖的一个镇）了。

讲 述 者／查树元

采录整理者／徐奎生

采录时间／1984年10月

采录地点／新宾镇

公冶长能识百鸟语

传说啊，很早很早以前，有一个人姓公冶，名叫长。公冶长家在深山老林里，这林子里有各种各样的鸟雀，他天天都能听到鸟雀的叫声。他老听老听，一来二去就听懂了鸟语，他自己呢，说不好，但他能听懂。这里的鸟雀也都认识他，知道他叫公冶长。

这天，公冶长在屋里坐着，窗外飞来了一只乌鸦，站那树上说：

“公冶长，公冶长，南山有个虎拖羊，捡回来，你吃肉来我吃肠。”

“什么?”

“公冶长，公冶长，南山有个虎拖羊，捡回来，你吃肉来我吃肠。”

公冶长一听外面有个虎拖羊？叫我捡回来吃，让我把肉吃了把肠给它。行！他就去了。他顺着山路找，真就捡了一只羊，那羊被老虎咬死了，吃了一少半，还有一多半没吃了，公冶长就拖回来了。拖回来后，把羊拿到河里都洗干净了，搁（读gāo）锅就炟上了，一看肠也挺好啊，就都扔锅里一块炟着吃了，乌鸦在外面等着公冶长给它肠吃呢，等来等去也没动静，急得就叫：

“公冶长、公冶长，你吃肉，我吃肠!”

“没有你吃的，去去去，嚯嚯嚯!”公冶长拿起来一块羊骨头就打乌鸦，把乌鸦打跑了。

乌鸦这个气呀，肠没吃着，还叫公冶长打了。这乌鸦叫来了林子里所有的乌鸦，黑压压站满了公冶长家四周的树，待树上就哇哇哇那么叫唤。把公冶长吵得呀日夜不安宁。

隔了七八天，那只乌鸦又说了：

“公冶长，公冶长，北山又来了虎拖羊，捡回来，你吃肉来我喝汤。公冶长公冶长，北山来个虎拖羊，捡回来，你吃肉来我喝汤。”

公冶长一听，又有肉吃了，好啊，有就捡着。公冶长就去了。哎呀，到那北山一看哪，一大群人搁那围着呢，还吵吵说：

“这是谁打的啊！谁打的？”公冶长一听，围了这么多人，这羊肯定小不了，忙不迭地喊：

“哎——别动别动，那是我打的，那是我打的，你们谁也不能动啊，都让开，让开！谁也不许动，那是我的！”

大伙就问他：“是你打的吗？”

“是我打的！”

“那好，把这家伙绑上送官。”公冶长这时才看清楚，地上躺着一个老太太，脑袋被打了个大窟窿，已经死了。这些看热闹的人拿绳子五花大绑，就把公冶长给绑上了，连推带搡地就要送官。公冶长说：“慢着慢着，你们绑我干什么？”

“你不是说，这人是你打的吗？”

“不是我打的。”

“不是你打的，是谁打的？”

“羊啊！”

公冶长这么一说，大家伙儿更听不明白了，还以为他狡辩呢，就说：“你还是到县衙去说吧，你老远就喊，是你打的，是你打的。”

公冶长这时浑身是嘴也说不清了，就一个劲儿说“我冤枉啊！我冤枉！”

“冤啥，起来！走得了你。” 这就给公冶长带到县衙里了。

人命关天，州官的执州马上升堂，州官大老爷上堂来了，一拍押堂木，大喊一声：“升堂！”“威——武——哇啊！”就升堂了，两边衙役拿大棍子咣咣墩地，吓人哪。老百姓都来卖呆儿了，还来了不少证人。

“带罪犯公冶长！”

把公冶长推上来，公冶长往地下一跪：

“大老爷，小民冤枉！”

州官说：“你等会儿说，没问你！”

州官问："哪个是苦主？"

旁边过来一个小伙子说，"我是苦主。"

"姓什么？"

"我姓杨，我讷讷上山打梨，半道被人家打死了，梨都被抢走了。"

州官说："你知道是谁打的吗？"

"当时不知道，围了不少人，都问'谁打的、谁打的？'这个人搁老远就喊说'是我打的'。"

州官说："啊！好，你画供！"

老太太的儿子画供了。

州官又问："谁能证明？"

当时围着的人都说能证明。

州官问："公冶长还有什么话可说？"

公冶长说："我冤枉啊！"

州官说："证人都证明了，你招是不招？"

公冶长说："我冤枉啊！我冤枉啊！"

州官说："看来不动大刑，你是不能招供啊。大刑伺候！"

早时候，那大刑可厉害了，那大铁棍子往腿上夹啊，那骨头都能给你夹碎了，不承认就得打死，那叫屈打成招。公冶长说：

"大老爷我实在冤枉，我实话跟你说了吧，我懂得百鸟语啊，那乌鸦熊我啊，乌鸦告诉我说有个虎拖羊，让我吃肉它喝汤，我寻思真的呗，我就去了，哪是虎拖羊，是个死倒，它这是害我呀！"

州官说："不对呀，冤各有头，债各有主，乌鸦为什么害你呢？"

公冶长说："乌鸦头一回告诉我，说有个虎拖羊，让我吃肉它吃肠，我捡回来烀吃了，没给它留肠子，这回乌鸦又告诉我说还有，我就去了，它这是恨我呀。"

"有这等事？"

"那可不怎的。"

后来州官就问师爷：

"他能识百鸟语吗？"

这师爷就说："公冶长他说他能识百鸟语，咱们怎能知道呢？知府大人，不如试他一试。"

如此这般，这般如此， 师爷给知府出了个主意。

州官说，先把公冶长送大牢里押起来。衙役就把公冶长押起来了。

师爷叫人把房檐儿下燕子窝里的燕子仔儿掏出来，放在抽匣里锁上了。老燕儿打食儿回来一看小燕仔儿没了，叽叽喳喳乱叫。

州官说："把公冶长押上来。"

公冶长来到大堂上，州官说："公冶长你说你能识百鸟语，你听那燕子说什么呢?"

公冶长听了一会儿说："大老爷，它说，'吱啁吱啁，和你何冤何仇，把我儿女锁在抽匣里头'。"

州官和师爷都说："哎呀，神了！"

把抽匣打开一看，四个燕仔儿，快给送回去吧，又给送回燕子窝去了。

"如此看来，你公冶长真是识百鸟语啊，那么说误会了？误会了！他确实识百鸟语，把他放了吧。"这就把公冶长放了。

有了这次教训，公冶长再也不敢对鸟雀食言了。

讲 述 者/查树元　男　69岁　初中文化　职员

采 录 者/陈　莹　张　岚

采录时间/2008年7月21日

采录地点/新宾镇

赫图阿拉城名字的来历

努尔哈赤部下有一名将军叫赫图阿拉，他文武双全，跟努尔哈赤打天下立了汗马功劳。

明朝皇帝知道努尔哈赤兴兵后，就派官兵来征讨。他们从山海关一路过来，陆续来到兴京城前。努尔哈赤的兵虽少，但能打仗。明朝的官兵多，但大都是南方人，来到这里，冬天特别冷，夏天特别热，水土不服，总闹毛病。

这些天，天下大雨，长虫、癞蛤蟆特别多。明朝官兵把这些东西都赶到努尔哈赤这边来了。努尔哈赤得知后，命人打开城门，把癞蛤蟆和长虫都放进来。

第二天，癞蛤蟆都变成了金元宝，长虫都变成了金条。努尔哈赤这下可有钱了。有了这些钱，努尔哈赤继续买粮、买草、招兵、买马，努尔哈赤队伍的实力就更强了。明朝官兵越来越少，大营里只剩下一些长虫和癞蛤蟆，这真是天助努尔哈赤。明朝官兵在军饷跟不上的情况下，这仗就不打自败了。努尔哈赤打败明军后，名声大振，很多人都来投奔到努尔哈赤的旗下。

过了一段时间，明朝又派官兵来围剿努尔哈赤的城池。时间长了，城里又缺少粮草了，努尔哈赤十分发愁。看到士兵、战马挨饿，努尔哈赤心里难过，仰天长叹：莫非天要亡我？努尔哈赤让士兵在城上挂了免战牌，停战，先不打了。

努尔哈赤走上城墙，四周静了下来，多日的战斗，努尔哈赤感到了疲劳，倚着城墙睡着了。正在这时，来了一个白胡子老头儿，大声

说："努尔哈赤大喜啊！"

努尔哈赤说："我这弹尽粮绝的，城马上要破了，喜从何来？"

努尔哈赤对白胡子老头儿说："你看，城墙外到处都是明朝的官兵把守，我出不去了。"白胡子老头儿说："那不是明朝的官兵，那都是草啊。关云长，关老爷五月初三这天要来帮你打败明军！"努尔哈赤"忽啦"一下惊醒了。

努尔哈赤忙把赫图阿拉将军叫来，把自己的梦告诉了他。赫图阿拉将军一听这梦，心生一计，于是，他就向守城的将士们说："五月初三这天关老爷显圣，要来帮咱打败明军。"这话一传十，十传百，人心大振。

五月初三这天晚上，努尔哈赤命令，放下免战牌，组织队伍出击。这时城中出现一员大将，红脸长须，人们大呼，"关云长，关老爷来了！"其实，这是赫图阿拉将军装扮的。只见他，骑着高头大马，手持长枪，率领着官兵杀出城门。

城外面，明朝官兵看见努尔哈赤的队伍潮水般地涌了出来，立刻乱做一团，不一会儿工夫，就被打得落荒而逃。

这一仗，努尔哈赤大获全胜。明朝的官兵有的死，有的伤，有的投降，有的逃跑。努尔哈赤的队伍由两万多人扩大到六万多人。

努尔哈赤为了纪念这次战役，褒奖赫图阿拉将军，就把这座城池叫赫图阿拉城。

讲 述 者／查树元　男　69岁　初中文化　职员

采 录 者／陈　莹　张　岚

采录时间／2008年7月21日

采录地点／新宾镇

烟筒山的传说

在咱们新宾县永陵西二十里处，有一座山叫烟筒山。这个烟筒山像个大烟筒似的，一到阴天下雨就开始冒烟，雾气瘴瘴的。住在这里的人一看烟筒山冒烟了，就知道要下雨了，不是当天，第二天也指定下雨。

这个烟筒山有段来历。

从前有一家就住在山上，父女俩以采药为生。经常采一些山上的贵重药材，不光是人参，还有何首乌啊、当归、防风等很多珍贵的药材。他采药不光给人治病，还卖。这个姑娘长得特别美，她采了药到山底下卖，还遇上哪家有病人，就给人家治病，小来小去的病她都会治，出个偏方喝了就好。

这时候，有一个财主老头儿，听别人说烟筒山住着一个姑娘，长得可漂亮了，他就合计：我去看看怎么个漂亮法儿，真漂亮还是假漂亮啊？要是真漂亮啊，我就给她娶过来，做我的第四房姨太太。这个老头儿姓郎，他的名儿叫郎宝心。为人处世很吝啬很坏，人们就把他名字中的宝字去掉，叫他“狼心”。

这天，他就上山了，特意去拜访这个姑娘。但是山顶太高，他没上去，半道儿就回来了。

他们家有一个教私塾的老先生，说：“东家，你干什么累成这样？”

狼心说：“我去访一访山上那个姑娘。”

老先生说：“那个姑娘我看过，心眼儿可好了。”

狼心说：“怎么个好法儿，你给我说说。”

“有一次我领着孩子去远足，然后搁姑娘那儿讨点儿水喝。姑娘看见了也不说好也不说坏，抓了一把糠扔到我的瓢里去了。你说多埋汰啊，我怎么喝啊，不喝还渴。我就得吹着喝。临走我就对姑娘说：‘姑娘啊，人的心眼儿还得端得正点儿。你说我这么大岁数的人了，你给我水喝我感谢你，为什么抓一把埋汰糠搁里面？’她说：‘老人家你错怪我了。我看你走得是又饥又渴，头上冒汗，脚下冒火。你要是冷丁再喝山上的凉泉水，寒火相济内外夹攻，你回家指定得肚子疼。我怕你喝的太急了，所以搁一把糠，你就得慢慢喝，这样才能不犯毛病，你说对不对？’‘原来如此，是我错怪姑娘了。’东家你说，这姑娘好是不好？”

“啊，这么好呢！不知道她人长得好不好呢？”

“哎呀，人长得是不黑不白，不高不矮。弯弯的眉毛细又长，两只大眼睛忽闪忽闪的会说话。”

“啊，那我还真得去看看。”

狼心一心想娶烟筒山这个姑娘，就又来山上了。先骑马，到半山腰实在不能骑马了，他就把马拴上了，让人抬着他上山。到了姑娘家，姑娘正在那晾晒各种各样的野菜，备着过冬吃。狼心凑到姑娘跟前儿说：

“这位姑娘啊，我走道儿又饥又渴啊，你给我口水喝吧。”

姑娘给他一碗水。

狼心问：“你怎么不往里搁糠呢？”

姑娘说：“你走得也不热，也不喘，你是骑马来的，到半山腰是别人把你背上来的，还搁糠干啥？你使劲喝都没事。”

狼心说：“呀，你怎么知道这么详细呢？”

姑娘说：“我从山上往下看，看什么看不清啊。”

狼心说：“啊，你这丫头真聪明。”

狼心站在那儿，上一眼瞅，下一眼瞅，两个眼睛溜溜地打量姑娘。姑娘看他没安好心，转身走了，不理他了。

老话说，会看人的，就是一溜，不会看人的，把人都看羞了。狼心心怀鬼胎，看人也不是好眼神，被姑娘晾在那了。他待了一会儿，自觉没趣儿，就自个走了。

回来后，他派他的家丁院奴去山上提亲，狼心说："如果她不同意，就把她抢下山来。"四个家丁院奴上山去了。找到姑娘阿玛，说："老汉，俺们是财主郎宝心家的。俺们老爷要娶你姑娘做第四房姨太太，这回你姑娘可有福享了。住的是楼，穿的是绸，吃的精米白面，家里有马还有牛，到时你也到俺们家去吧，保证你能荣华富贵。"

姑娘的阿玛说："我得问问我姑娘愿意不？"

姑娘一听是狼心提亲，就说："我看着他好几回了，那人可不好。我不能嫁给他！不同意！"

姑娘阿玛跟管家说："你们走吧，俺们姑娘有人家了。"

管家回去跟狼心说："姑娘不同意。"

狼心大怒说："不跟他们说那么多废话，你们给我抢去！"

这么的，管家带着家丁院奴就把姑娘给抢下山了。连扯带拽，连绑带捆地给抬回来了，锁在一个柴房里头了。

他们家挑水的有一个小伙儿，这个长工啊，没家没业没阿玛没讷讷，他有点儿看不过。他有时候上山打猎采药也遇着过这个姑娘，跟这个姑娘也认识，虽然没有什么来往，但是也都挺好的。这小伙儿一看，这个姑娘也没吃没喝的在那绑着，他就从窗户爬进去了，给姑娘松了绑，给她点儿吃的。小伙说："我带你跑得了。"姑娘巴不得离开这个魔窟，就跟他从窗户跑出去了。

第二天，狼心叫来两个看家婆子，说："你俩去问问，看她同意不？不同意就饿死她。"

两个看家婆子到那打开门一看，人没了，赶紧回来禀告说："老爷，人没有了。"

狼心一听，说："什么？人没了？那能上哪儿？"

狼心带着管家到那儿一看，人真不见了。

啊，一看搁那小窗户爬走了。狼心心想：不对啊，一个姑娘家能爬走吗？指定有人接应她，肯定跑上山了。狼心命令管家，上山追，死的活的都给我捆来。狼心这回发了狼心了，派了十来个家丁院奴去追。结果什么也没有追到。狼心不相信，就自己到山上去找，家里也是什么都没有。他就找姑娘的阿玛，也没有了。后来他一看，缸底下好像有什么东西，他过去一翻，姑娘在那里蹲着呢。谁想到她在那藏

着呢，让他翻着了。

姑娘说：“你不用扯我，咱们进屋说话。”

这姑娘挺有智慧。“我不是不愿意嫁给你，我就是看你的心诚不诚，你对我好我就愿意嫁给你。”

这时候那小伙子从后边进来了。狼心的家丁还在山下呢。小伙子拿出一根麻绳，套住狼心的脖子，一下就把狼心勒死了。他扛起狼心上到房顶，顺着烟筒就扔下去了。

他俩抱一堆干柴火就烧，一烧烧了三天三夜。

后来，这个山一冒烟，天就哇哇地下大雨。打这以后，人们就把这山叫烟筒山。

搁这以后就怪啊，烟筒山就像天气预报似的，下雨之前就冒烟。这就是烟筒山的传说。

讲 述 者／查树元　男　69岁　初中文化　职员

采 录 者／陈 莹　孙　超

采录时间／2008年7月26日

采录地点／新宾镇

孤脚山的来历

新宾旺清门有座孤脚山，孤脚山的石砬子上有个孤零零的脚印，踩进石头里能有一尺来深。提起这个脚印，还有一段关于薛礼的传说。

薛礼被唐二主封为兵马大元帅，领兵来到富尔江西岸的旺清门，正赶这时，粮草接济不上，他挂出了免战牌。

东江沿是高丽王子戈苏文，他感到兵力不足，亲自到外借兵去了。留下先锋官金东植，也只在江东防，休兵罢战。

这天，薛礼和金东植都出外打猎，遇到一块了，两人都勒马横枪。金东植说：

“你赶快退兵吧，粮草一时半会儿是不会来的。等我们援兵来了，你后悔可就晚了。”

薛礼说：“我看你还是退吧，塞北大部都叫我们收复了，还差这一江之隔？”

金东植说：“薛礼，听说你的箭法高，咱们这么的吧，明天我在江东摇鞭，你在江西山上射箭，三箭能有一箭身中我的鞭子，我退兵，三箭射不中，你退后。”

金东植寻思，他箭法再高，也不过射二百步远，可从山顶到江东这是二三里地呢！

薛礼说：“当真吗？”

“当真！”

第二天，薛礼骑上白龙马，挎上震天弓，这个弓谁也拉不动，托塔李天王使用过。他带上穿云箭，这个箭拉碴（利害的意思），把上方

神仙都能射下来。

薛礼来到山上，叫金东植摇鞭。金东植鞭一摇，简直就像个风轮在转。薛礼“飕”一箭，没射着。他一招手，穿云箭回来了。“飕”第二箭，又没射着，一招手，穿云箭又回来了。薛礼拈上弓搭上箭，正要射第三箭的时候，他喊了一声：“你别摇了，那后边兵马准备和我干呢。”金东植鞭一停，一回头的工夫，薛礼运足了劲，前腿一躬，“咔嚓”把石头砬子踩下一个一尺多深的大脚印，“飕”一箭射去，“叭”，金东植的钢鞭被射成两截了。金东植一看，自己打赌输了，领兵就退出了东江沿。

从此，人们就把这座山叫孤脚山了。直到现在，薛礼这个脚印还是清清楚楚的呢。

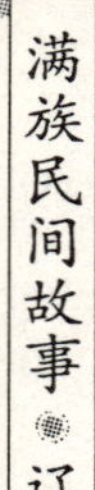

讲 述 者／洪福来
采录整理者／徐奎生
采录时间／1985年3月
采录地点／新宾东韩家村

浑河的来历

浑河的水原来是清的，那么怎么变浑了呢？这里有段故事。

那还是在唐王征东的时候。唐王率领大军来到山海关外，日复日、月复月地打仗。虽说是一仗又一仗地打胜了，但看到损兵折将，不知哪一天才能把边境叛乱平息，心中不免郁郁不乐。

这一天，唐王歇兵在营盘，只带领十几个亲兵，出外游山玩水，解解心中的闷气。

单说藩兵的一个将领，领着一队兵马打这路过，一看这不是唐王吗，就说："众官兵听着，抓住唐王的，回去官封万户侯。给我打！"

转眼之间，就把唐王的亲兵砍死了五六个。唐王一看不好，大声呼喊："谁来救驾？谁来救驾？"

单说山上有兄妹二人正在打猎，听着唐王呼喊救驾，急急忙忙拿着熟铜棍奔下山来。熟铜棍金光闪闪，兄妹二人上一下，下一下，左一下，右一下抡开了，直打得藩兵藩将不敢靠前。

唐王逃出了重围，搬来了大兵，打退了藩兵，再一看，兄妹二人突然倒下了。原来，他俩身上多处受伤，伤势过重，看着藩兵已经败走，才感到自己不行了。唐王急问他俩叫什么名，兄妹二人已经不能讲话了。只见一滴滴鲜血淌进清清的河水里，这条清河水从此就变浑了。

打这以后，人们就把富尔江改名叫浑河了。

唐王叫人把他俩埋在一座山头上，这个山如今叫红透山（现在清原县境内，已成为当地的镇名，并建成红透山铜矿），那两个熟铜棍也

埋在山里了。现在，人们搁那采铜，采也采不完。

讲 述 者 / 洪福来
采录整理者 / 徐奎生
采录时间 / 1984年12月
采录地点 / 新宾东韩家村

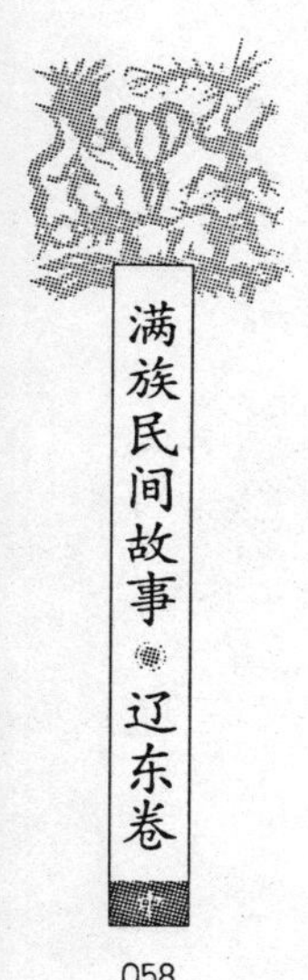

努尔哈赤井的来历

小罕子学艺四年，会了很多武艺，结拜了不少英雄好汉，他的队伍也发展到两万多人。后来他就选中了赫图阿拉城这个地方作为他的大本营。

赫图阿拉城这个地方古时候是个大森林，树木茂盛，适合囤兵。山林里野兽多，适合打猎；土地肥沃，适合种庄稼；草地青草茂盛，可以养马。有人写诗说：“苏户河水清又长，苏河两岸稻谷香。赫图阿拉地方好，努尔哈赤在这成罕王。”

那时候，这个城比较简陋，没有人和畜的饮用水，用水得去离城十多里地的洼子沟去打水，那里的水也不是很多，饮水非常困难。有谋士给努尔哈赤献策说：

“远水解不了近渴，这不是长远之计，要想久居赫图阿拉城，得在这个城里打井。”

努尔哈赤采纳了谋士的意见，在东、西、南、北四边打了七七四十九眼井，结果个个都是枯井，大家都泄气了。

一天晚上，努尔哈赤正在为打不出水发愁，忽然一阵大风。努尔哈赤抬头看时，见有一棵大树，树高有四五十丈，阳光一照闪着银光，风一吹树叶沙沙响。努尔哈赤想，这树长这么好，那儿肯定有水。于是，他让士兵和百姓一起挖这棵树，每天不停地挖，终于把树挖倒了。把树根刨出来后，就见底下有一个石板，石板上有几行字，写道：“老营缺水最堪怜，儿受摧残母熬煎。揭开石板有神井，神井里面有甘泉。”

大家把石板翻开后，果然有一口井，翻花的泉水咕嘟咕嘟地冒。于是，人们把这口神井起名叫“罕王井”。这个井的好处是十年大旱水不减，十年大涝水不增，千军万马饮不干。

这就是罕王井的来历。

讲 述 者 / 查树元　男　69岁　初中文化　职员

采 录 者 / 孙　超

采录时间 / 2008年7月21日

采录地点 / 新宾镇

何首乌的来历

从前，何家屯有个姓何的老头儿，八十多岁了，孤身一人，大伙都称他为何老爹。

这天，何老爹挎个筐上山捡蘑菇，在深山老林里，这找一块，那拣一块，星崩（零星的意思）的，能捡半筐。左六也是出来一回，再往里走吧，也许能多捡点儿。何老爹也不知走了多远，一晃儿，天就黑了，咋办？往回走吧。何老爹年岁大了，眼睛也花，记忆也差，一宿走到亮天也没走出来，走麻达（迷路）山了。

他迷在大森林里头，周围全是树，树一棵挨一棵，像钻进高粱地似的。何老爹心慌了，东一头西一头地找路，南转北转，又走了一天一宿也没走出来，老头儿越寻思越上火，又累又饿又渴，坐下就起不来了，眼睛直冒金星。这时，他看见眼前有一棵草，是爬藤的，团叶，叶边沿有点锯锯齿，开着黄花。他捋着藤子，用手去抠那草根，山土松软，一抠抠出个大根子，像胡萝卜似的。他也顾不得干净埋汰，狼吞虎咽地吃起来了，这个东西有点甜有点酸还有点涩，又止渴又顶饿，抬眼一看一大片，一连吃了十多个。这回也有了精神，他抠了一筐装上，心寻思，这回我也不往左，也不往右，还不往后，我就一直往前走吧，走出大山再说，日头卡山的时候，他走出了大山，见到了人家。一打听何家屯，人家告诉他：

“你就顺着这个道走，还有五十里地。”

找了个人家讨个宿儿，第二天走回到何家屯。一进村，人家都不认识他了。老何头说：

"我不是何老爹吗?"

大伙一听声音还是，可是人不一样了。人家给他拿个青铜镜，老何头自个也愣了。原来他是一个白头发、白眼眉、白胡须的老头儿，现在他头发是墨黑墨黑的，眼眉也黑了，胡须也黑了，像个棒小伙儿。大伙问：

"你这是怎么回事?"

何老爹就把上山捡蘑菇走麻达山好几天，抠这个草根吃才走回来的事说了一遍。何老爹把筐里剩的草根拿出来，大伙儿你一根他一根地吃了，年老的吃了白发变黑发，返老还童，年轻人吃了更加年轻力壮。

搁这以后，人们把这种药草起名叫何首乌。因为最先发现它的是姓何的老头儿，把白发都变成乌发了。

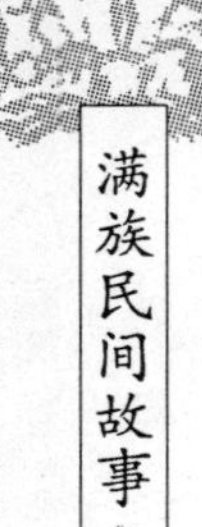

讲 述 者 / 查树元

采录整理者 / 徐奎生

采录时间 / 1986年3月

采录地点 / 新宾镇

布谷鸟的来历

很早以前，深山里住着一位老汉，领着三个儿子过日子。

老汉勤快，在深山里开荒种地。他这三个儿子虎头虎脑活蹦乱跳的，可就是不爱干活。老头儿心疼儿子，一寻思儿子从小没有妈，不容易，不干就不干吧。

老头儿是起五更爬半夜地干，一天到晚累得是腿也发酸，胳膊也发麻，腰也疼，可一看儿子乐乐呵呵地回来了，倒也挺高兴。就这么的，老头儿一年又一年地干活，儿子也都长大了。老头儿让他们跟着去刨地，秋天还能多打点粮。这几个儿子答应得挺好，一到春暖花开的时候，就都玩儿去了。大儿子愿意抓鱼，上河套抓鱼去了；二儿子愿意抓鸟，上山抓鸟去了；三儿子儿子愿意溜达，就去观花望草。老头儿自个儿吭吭刨吧。

老头儿年岁大了，正赶这年春，身体又不愈作（有病），就没种多少地，秋天年成还不好，打了不点儿粮食，不够吃了。大儿子也吵吵饿，二儿子也吵吵饿，三儿子还吵吵饿。老头儿就让儿子吃米，自个吃点儿糠菜，好歹算熬过了这一冬。

到了第二年春天，老头儿说："春天捅一棍子，秋天吃一囤子，你们都干点儿吧。"

儿子们答应得倒挺好，可到时候，大儿子去抓鱼，二儿子去打雀儿，三儿子采花挖草，又都走了。老头儿还是自个儿刨地。没刨几镐头，身上大汗就下来了，腿直打突突，干不动了。这年种的地，比头一年还少。

这一冬过不去了，老头儿去要饭。要饭也要不动了，只得躺在炕上。儿子们饿得慌，也只得去要饭。老头儿说："过年春天可别再玩了，若不然还得挨饿呀。"儿子们点头哼哼答应着："过年指定好好干活。"

到了来年春，三个儿子又玩儿去了，抓鱼的抓鱼，打鸟的打鸟，看花的看花。老头儿拄个大棍子，一步挪不了三寸，到了地头，拿不动镐了，就搁手一掩掩抠地，往里撒种，就这么种。三个儿子玩儿够了，下晚儿黑回家一看，爹怎么还没回来呢？到地里一看，他爹昏倒了，就吆唤：

"爹呀——爹呀——"

他爹醒了，昏昏沉沉地说："别忘了饿的滋味，每年到时候都要种谷啊。"说完就死了。

三个儿子哭了一场，就把他爹埋在地头上了，起个坟骨朵，上面还栽棵树。

这天，三个儿子种了一会儿地就不愿意种了，又要玩儿去。就听：

"布谷布谷，布谷布谷……"

三个儿子一听，这不是爹的声音吗？叫咱们种谷呀。一找发现有个小雀儿落在坟头树上 "布谷布谷"地叫着。三个儿子一寻思：爹为咱们累死了，死后还惦记着咱们，咱们可得好好干活了。老大在前边刨，老二撒种，老三就埋。哥三个种了不少地，秋天得到了好收成，又有吃又有喝。

搁这以后，人们一听到这种鸟的叫声，就都赶紧去种地。时间长了，人们就管这种鸟叫"布谷"鸟了。

讲 述 者／查树元
采录整理者／徐奎生
采录时间／1986年3月
采录地点／新宾镇

蛤蟆的来历

当初，秦广王被封为十殿阎君之后，在阴曹地府掌管人间的善恶循环报应，好人呢叫他托生个好地方，坏人就叫他托生驴、骡子。可是阎王爷的小舅子在人间踹寡妇门、挖祖宗坟，偷鸡摸狗无恶不作，谁也不敢惹。这个事叫十殿阎君秦广王知道了：

"把他叫来。"

一阵霹雷闪电，把这小子击死了。仗着阎王爷是他姐夫啊，到了阴曹地府他也不管那个，跟他姐夫直闹。阎君一看，说：

"这么的吧，你去托生个好地方。"

他小舅子说："我得托生个不愁吃不愁穿的地方。"

阎君说："是了，你放心吧。"

阎王就给他托生了。等他明白过来一看，不大点，身上癞癞疤疤的，是个蛤蟆，气得他呱呱直叫。

这天，一个小孩把他抓住，搁手拎着玩。一个会过阴的老头儿（阴阳先生），一看吓得赶忙跪下，说：

"快松手，快松手，这是国舅，是阎王爷的小舅子。"

搁这么留下一句话，癞蛤蟆是阎王爷的小舅子。

自从那次阎王爷小舅子被雷击以后，身上就留下了伤疤，一到阴天下雨，身上就难受，呱呱叫唤。一直到现在，癞蛤蟆还是这样。

讲 述 者/洪福来
采录整理者/徐奎生
采录时间/1985年12月
采录地点/新宾东韩家村

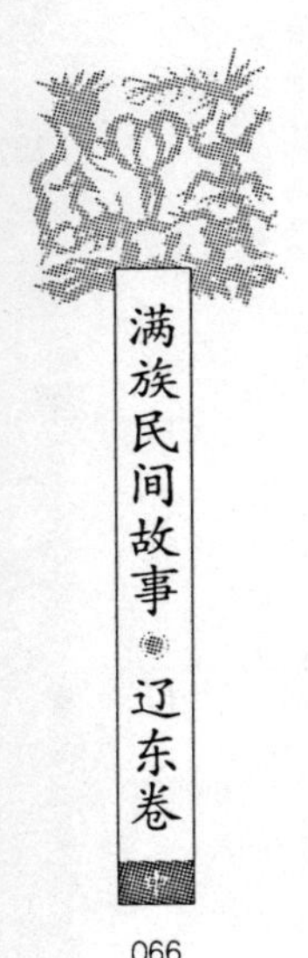

狗为啥少一叶肝

在边远的一个堡子，住着一户人家，男的出外做工，不在家。他家的狗死了，舍不得扔。老太太对儿媳妇说：“咱们把狗肉烀一烀，吃了吧。”儿媳妇就把死狗肉搁锅烀了。

家里穷，没见过荤腥啊。早前儿，特别是当儿媳妇的，什么也捞不着吃。把狗肉烀好了，儿媳妇觉得特别香，就把狗肉捞出来，一看，狗肉还没烀熟，狗肝就先熟了，她就把狗肝掰下来吃了。掰了狗肝不要紧吧，把狗胆也掰两半儿了，狗胆就洒在汤里了。她吃完狗肝，一想：我婆婆要是一查狗少了一叶肝，可怎么办呢？还不得打我呀！我想什么招儿对付婆婆呢？这儿媳妇就愁啊。这时，老太太就喊：“媳妇啊，把牛喂一喂。”儿媳妇就端着草篮子给牛添草去了。她走到牛栏前，牛“哞”的叫了一声，张开大嘴，这儿媳妇一看，啊，牛没有牙。儿媳妇就在那儿琢磨词儿好对付老婆婆。

老婆婆又喊，说：

“媳妇啊，狗肉烀好了吗？”

媳妇说：“烀好了。”

老婆婆过来，掀开锅盖，拿根筷子，扒拉着一瞅，啊，狗头、狗腿、狗身、狗腰什么都不缺，心肝肺都搁那呢，这肝儿怎么这么点儿呢？再一瞅，胆还没有了。就问媳妇，说：

“肝怎么少一叶呢？”

“不少啊，就这些。”

“不对啊，怎么缺空呢？胆哪去了？”

"胆在锅里煮化了。"

"那不苦吗?"

"不能啊，胆在锅里煮不苦，我都吃了，不苦。"

"啊？你吃了?"

"我尝尝汤儿了，香啊。"

"不对，肝儿缺了一叶。"

儿媳妇厉声对老婆婆说：

"老婆婆，我告诉你啊，天没沿儿，地没边儿，牛没有前门牙，狗就没有这叶肝儿。"

老太太一听儿媳妇说这话，就说：

"天有没有沿儿，谁也没去看过。地有没有边儿，谁也没去走过，牛没有前门牙？我得去看看。"

老太太拄着拐杖到了牛栏，掰开牛嘴一看，牛真没有前门牙啊！那看来狗少了一叶肝是对了。我错怪了儿媳妇了。

你说怪不怪？从此以后啊，狗的肝真就少一叶。狗胆洒在汤里真就是好喝。

讲 述 者／查树元　男　69岁　初中文化　职员

采 录 者／陈　莹　张　岚

采录时间／2008年7月26日

采录地点／新宾镇

马是龙变的（一）

在过去，大伙听说啊，唐僧取经时有一个泾河老龙王，因为袁天罡的叔叔袁守成在长安街上爻卦爻得特别好，惹恼了巡海夜叉，就禀报给了老龙王。这个老龙王就是泾河龙王，他就想去查看查看。泾河龙王变成一个白衣秀才，这天，就来到了长安街的热闹场上，一看袁守成在那儿摆卦，泾河龙王挤过去，让他给算一卦，袁守成就给他算出了天庭能行多少雨对天下百姓有利。算得跟玉皇大帝的安排是一样的，特别准。泾河龙王心里不服，私改了玉皇大帝的圣旨，乱下了一通暴雨，让天下百姓遭了殃，激恼了天庭，泾河龙王被玉皇大帝判了死罪。

泾河龙王的三太子因为他阿玛被玉皇大帝判了死罪，便要替他阿玛报仇。汇集五湖四海的水，就满天下地泛滥，淹了很多百姓的庄稼和房子。玉皇大帝知道后，大怒，说：

“你阿玛犯法，你还犯法？我岂能饶你？你阿玛犯的是杀头之罪，我要把你凌迟处死。”

玉皇大帝叫来神兵神将，要把泾河龙王的三太子绑到斩龙亭上，剜心抽筋，凌迟处死。

这时候，南海观世音菩萨来给讲情。她说：“玉皇大帝，饶了它吧，让它戴罪立功，让它变成一匹马，到人间去赎罪。罚他给人间百姓推碾子拉磨，跑马送信，上战场去经战火，你看好不好？”

玉皇大帝说：“既然这样，也得把他心剜了再变成马。”

观世音菩萨说：“别剜它的心了，摘它胆吧，让他留着心，好给人

间做事。”玉皇大帝就命人把三太子的龙胆给摘下来了。当时，已经把三太子的皮给扒到一半了，因为观世音菩萨说情，就停了。所以现在马脖子上的毛还留着呢。

从此，这龙就变成马下到人间，给人种地，拉车，推碾子拉磨。龙变成马到人间就被人驯服了，为人办了不少好事。现在都说龙马精神，把马和龙并列在一起。

直到今天，马也是没有胆的，因为叫玉皇大帝给摘除了。

讲 述 者／查树元　男　69岁　初中文化　职员
采 录 者／陈　莹　张　岚
采录时间／2008年7月26日
采录地点／新宾镇

马是龙变的（二）

人们爱说“龙马精神”，传说马就是龙变的。

很早以前，在人间还没有马的时候，泾河龙王下错了雨，被天廷绑在斩龙台上开刀问斩了。龙王的三太子要替父报仇，兴师动众，向泾河两岸发起大水，淹没了附近大小九个县城，弄得黎民百姓家家户户叫苦连天。不知哪位神仙给奏了一本，触恼了玉皇大帝，去掉了它头上的角，割掉了身上的鳞，贬到下界人间变成马，服苦役去。

由于人间有了龙变的马，拉车、耕地都比牛快得多，后来，尥蹶就卷（踢）人，有时候性起就在半空中飞起来了。这马来回飞，踢坏了房屋，踢掉了人脑袋，踢坏了庄稼，长得挺老高的树都叫它踢倒了，龙性难改呀。

有个关心人间疾苦的佛，叫观世音，她到人间来，一看，就向天上的玉帝说了：

“泾河龙王三太子不服三朝管，在水里不服龙王管，天上不服玉皇管，到人间不服人间管，应该调回天廷，加以管束，不然不但不能给百姓带来幸福，反而带来痛苦。”

玉皇大怒，派了天兵天将，下去捉拿泾河龙王三太子。天上是阴云密布，雷声滚滚，霹雷闪电的，把他捉走了，绑在扒皮亭上。玉皇

大帝派了巨灵神，给他扒皮剜心，处以极刑。搁脑后扒到脖颈子的时候，观世音赶来了，一看要扒皮剜心处以极刑，给求了个情：

“小龙它性情顽皮，需多加管束，龙皮就别再继续扒了，把它的胆给摘出，代替剜心，饶他不死。没有胆量了，料它再也不敢大耍龙性了，叫它还在人间造福，望我主慈悲。”

玉帝准了观世音的本，没有剜它的心，只把胆给摘出来了，送回人间，让它循规蹈矩忠心耿耿地为下界人们服役。

这回马比过去驯服得多了，因为它没有胆了。牛、羊、猪、狗、甚至连耗子都有胆，就马没有胆，有胆就成龙了。马从脑后到后脖颈这一轱辘（一段的意思），马鬃总是翻翻着，那就是当年扒龙皮留下的痕迹。

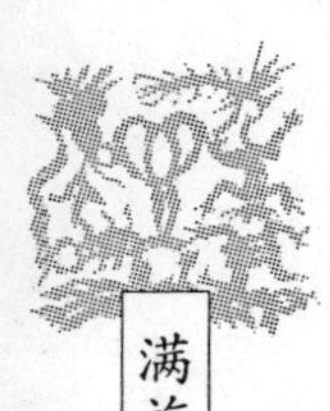

讲 述 者／查树元

采录整理者／徐奎生

采录时间／1986年6月

采录地点／新宾镇

金牛下凡

很早以前，世界上没有牛，人们种地都是用人拉犁杖，全家老婆孩子一齐上，地耕得不好，打的粮食还少，一家一家累得是叫苦连天。

这天，太白金星下界私访，正是杏花、梨花盛开的时候。只看庄户人家在地里，老头儿、老太太、大姑娘、小媳妇都一人捞根绳，搭在肩膀上，当家的扶着犁杖。前边喊着：

“嘿哟——嘿哟——”

一步一步往前捞着。捞出来的垄又浅还不直，捞不远一轱辘，人就得歇歇喘气，接着还喊：

“嘿哟——嘿哟——”

太白金星记在心上，回来奏明玉帝。玉帝准许他把金牛星打发下界变成老牛，为人趟地、拉车，做这些重活计。

人间有了牛，人们种地把老牛一套，拉的垄沟还直溜，土质松软，秋后得到了大丰收。老牛辛辛苦苦地给农民种地，打下好多好多的粮食，可它自个吃得倒不好。它是天上来的，吃素，肉类荤腥都不吃，就光吃草，连清水都舍不得喝，喝的是浑水，饭米汤、尿水、死水泡子的水，还不尥蹶子耍脾气，真是任劳任怨。

一晃十年时间过去了。这天，太白金星下凡。老牛对太白金星哭诉：

“我这老黄牛，人们管我叫耕牛，给人们挣来了金山，打了很多的粮食，也应该把我送回天上啦。”

太白金星一想，你确实累，可没有你，人们种地更辛苦了，就说：

“我看你还是留在人间，总有一天你会不再挨累的。”

老牛说：“哪天能呢？”

“这么的吧，你多会看到人间点的灯，灯光冲下，那时候你就不再做活了。”

“我不做活怎么行呢，谁替人做？”

“那时我用铁做成个牛，叫它不知道累，不知道苦，去为人种地。”

老牛一寻思，铁牛怎么能变成真牛呢，这不是办不到的事吗？不过我盼灯光冲下吧，冲下我就有了出头之日了。太白金星怎么想的？那灯光多咱也得冲上，不管是油灯还是蜡烛，至于多咱冲下，到时候再说吧。

这样，老牛又回到了人间，继续心甘情愿地为人们当老黄牛。

讲 述 者／查树元
采录整理者／徐奎生
采录时间／1986年3月
采录地点／新宾镇

灶王爷的来历

从前，有一家姓张的娘俩，儿子二十来岁了，叫张郎。

张郎每天上山割柴、割草，卖了钱买点米换点盐，他娘在家做做饭，做点针线活。娘俩相依为命，过着贫苦的日子。

张郎一晃二十五岁了，穷得娶不上媳妇。娘挺着急啊，四处托人。附近地区也有个穷人家，姓丁，爹妈都得瘟疫病死了，扔下个十七岁的姑娘，叫丁香，经别人说合，她同意嫁给张郎。因为张家穷啊，他俩给娘磕个头，给老祖先磕个头，张郎和丁香对着磕个头，就算拜堂成亲了。买不起新衣服，就给丁香扯了二尺红头绳，也算是添个新鲜东西。丁香对张郎说："不怕穷，就怕懒。只要咱们勤快点，日子就会好起来。"

两个人一起去打柴，一块儿到深山里开荒种地。每天天一亮上山，披星戴月才回来，回来的路上，还割捆草，卖给伴旯的大户人家，牲口爱吃鲜嫩的草哇。丁香用卖草的钱，买了几十个鸡蛋，抱了一群鸡崽儿。鸡下蛋了，也舍不得吃，攒下钱，又拉扯猪，又拉扯牛，乳牛下乳牛，三年五个头。五年的光景，丁香和张郎的小日子就过起来了，家里是拴车买马，鸡鸭满架，盖了三间大瓦房，粮食也是大囤满小囤流。十里八村的人都说张郎娶了一个贤慧的媳妇，又孝敬婆婆又能干活，日子过得是富富腾腾。

有了钱，张郎也穿上长袍短褂，骑着一匹红缨白马。他东村走走，西村窜窜，不爱干活了，就丁香一个人在地里干活。

晚上，丁香劝他："张郎啊，你明儿个陪我下地干活吧，哪怕你在

地里坐着呢，我一个人在野外深山里也太孤了。咱们得在囤尖上攒点，吃到囤底，想攒也来不及了。”

好言好语相劝，他不听，反倒张口就骂，举手就打，张郎开始变坏了。可丁香对待老婆婆，对待张郎还是笑脸相迎。

单说张郎这天骑马溜达到附近的李家庄。庄里有一家姓李的双胞胎姊妹，大姑娘叫大红，二姑娘叫二红。这两个姑娘长得是瓜子脸，杏核眼，柳叶眉，杨柳细腰，挺漂亮。她俩一看张郎，小伙长得也不赖，骑的高头大马，穿的靴帽蓝衫。再说他家里头还有三间青堂瓦舍的大瓦房，又拴车，又有马的，吃不愁，穿不愁，挺羡慕，就和张郎眉来眼去的，说：“张公子啊，你那个媳妇就知道叫你干活，你要是把她休了，俺姊妹俩都嫁给你。你看俺姊妹俩长得好不好？比你那媳妇强多了。”

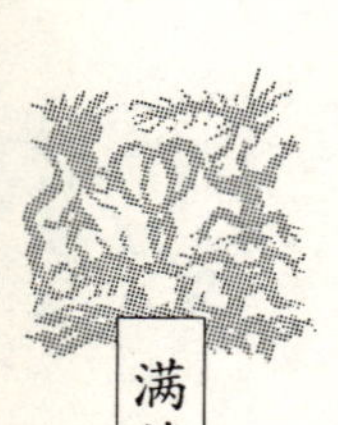

张郎说：“真的吗？”

“真的。你回去把你媳妇休了，俺俩就嫁给你。”

张郎一看，这两个姑娘跟他嬉皮笑脸的，我那媳妇可赶不上她俩俊，再说一个换俩，多合适。张郎就起了坏心，把他的穷日子怎么变成富日子，把丁香的一片深情全忘了。

他回到家里老是鸡蛋里挑骨头，没事儿找事儿，对丁香不是打就是骂，非逼她走不可。丁香抱着大腿哭，哀咕也不行。一纸休书，不要了丁香。张郎说：

“你要什么东西吧？”

丁香说：“我什么也不要了，你就给我一挂车，给我一头牛吧。”

张郎上炕卷了个行李卷，顺手扯了两件衣裳扔给她。丁香赶了个牛车，溜溜达达地走了。走到老远的大山里，自己垒起个窝棚小房，自己开荒种地，重建家园。

丁香一走，张郎就把老李家的大红、二红这两个姑娘娶来了。一起娶两个媳妇，花轿进门，吹吹打打，热闹非凡，大吃大喝造起来了。这两个媳妇娶到家，可不像丁香那么勤快了，是上顿饺子下顿面，这个说吃这，那个说吃那；吃饱了就玩，走东家，串西家，张家长，李家短，谁家丢个大花碗，竟扯闲皮，不务正业。张郎和她们一起摸小牌，再不就拎个雀儿笼领个犬，到处溜达。老妈对他们怎么说

也不听，干着急上火，不久，一病不起，死了。

去个唠叨人，张郎更得意了。他就跟两个媳妇坐吃山空，把丁香给攒的这点家底，调着法折腾；骡马卖了，车也挑了，鸡鸭鹅也杀吃了。丁香十年光景给他们攒的家底，让他们三年败活得一干二净。

大红和二红一看张郎穷了，也变心了，再也不是“哥呀郎呀”，眼珠子也立瞪起来，也没有好言好语了。一天下晚儿黑，她俩一人夹个包跑了。

张郎一看娘死了，自己把丁香休了，后娶两个媳妇还跑了，家里什么也没有了，把瓦房卖了吧。卖了钱又去耍，耍个三锅两锅，输个溜光。张郎懒馋，也不爱干活，溜溜达达，无家可归，拾个小窝棚。冬天冷啊，他就拢火。火拢着了，他也睡着了。一把火就把这个草窝烧了，连烧带熏，张郎两个眼睛瞎了。

张郎变成了瞎子，拄个大棍子，东家要剩饭，西家要残汤，到处流浪，正像他自己所讲：“路死路埋，道死道埋，狗肚子就是我的棺材。”

转眼又是好几年过去。这天，张郎走到一个村庄，一摸还有一个门楼呢，他就敲打门。里边出来个人，问：“你是谁呀?”

“我是要饭的。”

“要饭的？好吧，进屋吧。”

张郎听动静是个女人。她牵着张郎的棍子进屋了。

“你坐着吧，给你先倒碗水喝。”

张郎喝碗热水，挺好：“有干粮饼子没？剩饭剩菜都行。大娘、大婶啊，你帮帮我，我三天没吃一顿饱饭了。”

这个女的对他挺热情，给他做碗面条，端上来了。张郎一吃，做的可真好，这是龙须面条啊，可有好多年光景没吃着这面条了。他突突吃得香啊，里头还有两个荷包蛋，狼吞虎咽地也呛了。再一吃，吃着一根头发，用手一拽这根头发能有四五尺长，捋到头，头上还绑个圆圈，磴硬，用牙咬，是个金镏子。心想留着吧，拿到市上能卖不少钱哪，就悄悄地把金镏子戴到自己手上了。女主人问他：

“这位先生，你是算命的吧?”

“我不是算命先生。”

"你眼睛怎么瞎了呢?"

"我眼睛瞎，可不会算命，我这是叫火给烧的。"

"啊。"她说，"这位先生，你是不是姓张啊?"

"啊……啊……是啊。你怎么知道我姓张呢?"

"啊。这样面你吃过几回了?"

"别提了，我以前有个媳妇叫丁香，她会做这样的面，以后她走了，我再也没吃过。"

"你把你媳妇休走了，你现在还认不认得她呢?"

"现在我眼睛都瞎了，还能认得啥呀。"

"你眼睛瞎了，那你耳朵聋不聋呢?"

"耳朵不聋。"

"说话的声音能不能分辨出来?"

张郎一听，这个女的说话声音就是丁香的声音，丁香的头发是青丝长发啊。她绑个金镏子搁面条里头，又打了两个荷包蛋，她这样对待我，一寻思自己的所作所为，一股无名热火涌上心头。他也没说旁的，向外屋就走。

"这位大哥，你要干什么?"

"我上外屋，找点水喝。"

"来，我给你倒碗。"

"不用。"

张郎一头崴进灶坑里了，灶坑里正烧着火呢。丁香往外捞他，他也不出来，连烧带熏，张郎就死在灶坑里了。

一直到丁香老死之后，人们对张郎夫妻的事还没有忘记，就在灶房墙上贴了一张画，画上画的是张郎和丁香，丁香如何勤劳贤惠，不要学张郎喜新厌旧，好吃懒做。

后来，张郎真的改悔了，成了灶王爷，丁香成了灶王奶奶了。每当腊月二十三，灶王爷上天的时候，人们就给他嘴上粘块糖，说:

"灶王爷，本姓张，

骑过马，挎过筐，

钻灶膛，见玉皇，

上天言好事，下界保安康。"

满族人在祭念祖先、烧太平香唱单鼓的时候，唱的也是这段故事，叫《排张郎》，尽排张郎的谱，以警示后人。

讲 述 者/查树元
采录整理人/徐奎生
采录时间/1986年2月
采录地点/新宾镇

说书板为什么是三块

说书板又叫云书板，原来是四块，为啥变成了三块呢？这里有一段八仙中蓝采和的故事。

说书人的祖师爷蓝采和有着四块阴阳板，两块正的，两块反的，传说在八仙过海时丢了一块。

八仙过海，各显神通。走在后面的是蓝采和。他把四块阴阳板分成两摞，一摞两块，放在手上。他脚踏两块板，飘摇过海，好不快乐。这时候，曹国舅喊了一声："看谁先到岸。"

头前走的是铁拐李，手拿的宝葫芦直冒青烟；后面跟的是汉钟离，拿的是阴阳宝扇，一边走一边扇乎；汉钟离后边是吕洞宾，拿着阴阳宝剑；再往后是何仙姑扛个大笊篱；曹国舅吹仙笛；韩湘子拿的是花篮，花篮里装的是灵芝草；还有张果老倒骑毛驴。他们这些人，一听曹国舅喊谁先过海，都往前紧走几步，穿过去了。蓝采和一看自己落后了，内心着急，脚下生风，阴阳板相撞，发出了声响，声震龙宫，震得那鱼鳖虾蟹胆战心惊。老龙王急忙对巡海夜叉说："快到上边看看去，这是什么东西，雷不是雷，霆不是霆的，震得龙宫受不了啦！"

巡海夜叉来到海面上，一看蓝采和的阴阳板大放光彩。巡海夜叉一琢磨，这个板挺好，水晶宫门槛子矮，三天两头往里淌水，把这板偷去一块，回去挡水吧。他悄悄潜入海水，偷走了一块阳板，逃回龙宫，禀报龙王说："启禀老龙王，八仙中的蓝采和，他的阴阳板发出声响，震得我们龙宫不得安定。我看这板挺好，叫我偷来一块，献给龙

王。”

“要它何用？”

“咱们水晶宫门槛有点矮，把它安在门槛上挡水。”

老龙王说：“不可不可，你想那八仙是何等厉害，拿他的宝贝岂能善罢甘休？快快地送回去。”

这时，走出来乌龟丞相，上前奏道：“我说大王啊，八仙有什么了不起的，咱们的水晶宫经常浸进海水，何不把它挡在门槛上，叫海水进不来。”

说完，拿过阳板，往水晶宫的门槛上一放，可真是不大不小正好啊，严丝合缝，一滴答水也进不来了。龙王一看，果然是好，心中大喜，传令大摆筵席，庆贺龙宫得宝。龙王正在得意之时，巡海夜叉又来了：“报告！大事不好，八仙杀进龙宫来了。”

原来，蓝采和正在水面上飘摇过海，他的左脚一闪，发现阳板被人偷去一块，急忙在海中捞取，也没捞着。蓝采和睁开了慧眼，看清是巡海夜叉偷走了他的阳板，高声喊：

“众位仙友，我的阳板被龙王派来的巡海夜叉偷走一块，快同我前去索宝。”

八仙闻听此言，一个个都不懈怠，来到龙宫，找龙王要宝。老龙王说：

“上界道友，你看错了吧，我们龙宫里没有这种宝贝。”

这时，汉钟离大怒，手拿宝扇，吕洞宾亮出宝剑，何仙姑扬起笊篱，曹国舅要吹仙笛，铁拐李葫芦里放出青烟，韩湘子举起花篮，一个个面带怒色，要大闹龙宫。蓝采和拦住众位仙友，问老龙王：

“你敢不敢起个誓？”

老龙王说：“我龙宫里要偷了你的宝贝，让大火一个月就烧我一次水晶宫。”龙王寻思，水里能着火吗，我起这个誓也是白搭。

蓝采和说：“在海里着火，这不是欺人之谈吗？”就用力敲击他的阴阳板，发出了震耳欲聋的声音，直震得龙子龙孙鱼鳖虾蟹前仰后合东倒西歪，纷纷跪下求饶。

龙王说：“我们愿意把宝贝让出，你可千万别敲打这个追魂的板子，敲起来可实在受不了。”

“快说把板子藏在什么地方了?”

“安在水晶宫的门槛上了。”

“拿下来吧。”

可怎么也拿不下来了。龙王喊来鲫鱼将军、蟹力士、乌龟丞相,拿出吃奶力气,怎么拔也拔不出,像做骨生芽一般。蓝采和去拔也没有拔下来。

众八仙发怒,要亮出各自的本事。老龙王领着虾兵蟹将,赶紧讨饶:

“饶命啊饶命,可别打了。”

张果老一看,仙板真的拿不下来了,他们又都讨饶服软,就说:“既然如此,算了吧。”

老龙王赶紧把一根七股红绳献给了蓝采和,作为赔礼道歉的物品:“请用它来捆绑剩下的三块仙板吧。”

搁这以后,每隔一个月,大海就着一次火,这就是龙王当初起誓的结果,叫火烧龙宫,人们管它叫海霞。也是搁这以后,说大鼓书的说书板就剩下三块了,一块正的,两块反的,都是用红绳绑着,一直到现在。

讲 述 者 / 查树元
采录整理人 / 徐奎生
采录时间 / 1985年1月
采录地点 / 新宾镇

出家人为什么不吃葱、蒜、韭菜

什么叫地五荤呢？葱、蒜、韭菜，还有个叫薤白菜，就咱们山上挖的小根儿菜，还有洋葱。这些叫五样荤星，都是地下长的，所以叫地五荤。明明是素菜，为什么说它是荤的呢？这里面有个故事。

在很早很早以前，有这么一家儿，有婆婆、儿子和儿媳妇，住在山里边。老太太有病，就想吃点儿煮水饺，吃什么馅的好呢？想吃点儿羊肉馅的还是牛肉馅儿的？婆婆就叫来儿媳妇说：

"你给我包点儿羊肉馅儿的水饺吧，我有病太馋了。"

人有病确实馋，就想要吃点儿好的。可是儿媳妇呢不孝顺，对老婆婆一点儿也不好。

"给你包饺子？我还没吃饺子呢，凭什么给你包饺子啊，都要死了，嘴还那么馋，吃什么饺子，没有！"

这儿媳妇嘴上这么说，怕老太太告诉他儿子，还是得给老太太包饺子。包饺子就得去买羊肉啊，上哪买羊肉去啊，还得花钱。她就东边溜达西边走，哎，正偏巧，西边有一家牛下犊子，牛下完犊子不有胞衣吗，牛倌就把胞衣扔到地下了，她撸吧撸吧把那牛胞衣给偷走了。胞衣，就是包牛犊子外边那个膜，就像胎盘似的，她把这玩意儿揣起来拿走了。拿回家来，牛胎盘又骚又臭，这儿媳妇洗也不洗，剁吧剁吧就给老太太包饺子了。就这么的，煮好了端给老太太。这老太太吃了一口，这也不是味儿呀，腥骚不说还牙碜，太难吃了。这老太太就说了："你这搁哪寻的老臭肉糊弄我，太难吃了。"

儿媳妇听婆婆这样说，急了，说："老太太你别不识好歹，这明明

是好肉馅嘛，你还说不是好肉，你不吃拿来我倒它。我要糊弄你啊，出门叫雷给我劈死！”

儿媳妇过去就把婆婆手上的饺子碗抢过来，又把那些煮好的没煮好的，生的熟的连碗带筷都划拉划拉弄到盆里，哗啦一家伙，就倒院墙底下了，弄点儿土埋巴埋巴盖上了。

正这工夫吧，响晴的天上乌云翻滚，紧接着就劈雷闪电，连打雷带下雨，这个媳妇搁外头忙往屋走，刚走到门口，一个炸雷就把这个不孝顺、心眼儿不好的儿媳妇劈死了。

雨过天晴了，儿媳妇扔在院墙根用牛胎盘包的饺子却长出了东西，什么呢？长出来了葱、蒜、韭菜、小根菜、洋葱五样东西，虽然是素的，但是带荤腥味儿，叫做地五荤。出家人不吃这些东西，他们认为这是荤的。

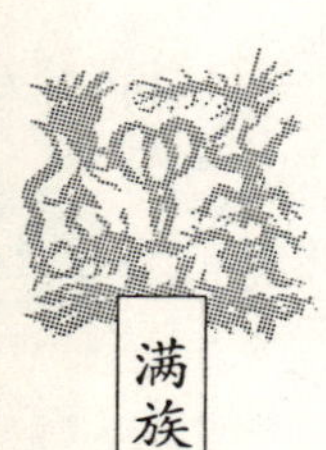

讲 述 者／查树元　满族
采 录 者／陈　莹　张　岚
采录时间／2008年7月22日
采录地点／新宾镇

狼外婆

在很早很早以前，有一个村叫北大洼子，住着这么一家人家，男主人给人家扛活不回家，家里有一个妇道领着四个孩子在家过日子。大孩子名字叫笤帚疙瘩，二孩子叫刷厨疙瘩，是女孩，三孩子叫门插棍，四孩子叫门钉棍，是男孩。

这天哪，是阴历七月十五，这个妇道的娘家讷讷过生日，她想回娘家看看，也没什么拿的，蒸了几个馒头、包子搁筐里挎着。临走的时候，告诉孩子们说：

"孩子们啊，讷今儿个去看姥姥，不回来了，晚间把门可得关好啊，别让狼进来啊，谁来叫门，你们可千万可别开啊，听明白没有?"

"听明白了。"

孩子讷讷挎着筐往外走，走到半晌午，走得又急又渴又累，歇歇吧，天热啊。就看有片香瓜地，地边儿有个瓜窝棚，搭的像马架子似的，披上点儿草，在里边背个雨遮个阴凉啥的。窝棚里有一个老太太，拿个蝇甩子在那轰蚊子苍蝇。见一个妇道过来了，就说：

"哎呀大嫂啊，别走了，坐下歇歇吧，随便吃个瓜。"

"我没有钱哪。"

"没事儿啊，到瓜园了什么钱不钱的，歪瓜劣枣，谁看着谁咬，咬

了也白咬，不吃白不吃。”

就这么地，妇道就坐下了。那个卖瓜老太太拿个歪瓜说：

“给你，快吃个瓜，解解渴。”

妇道接过瓜就吃，一边吃一边和老太太唠嗑：

“大嫂子，家都什么人儿啊？”

“俺们家啊六口人，老爷们儿在外面长年给人家扛活，不回来，家里还有四个孩子。”

“啊，你吃你吃，大嫂子四个孩子都叫什么名啊？”

“哎呀，大孩子叫笤帚疙瘩，二孩子叫刷厨疙瘩，哎，农村人也不会起个名儿，是女孩，三儿和四儿是男孩，一个叫门插棍、一个叫门钉棍。”

“噢，好啊好啊，吃瓜吃瓜，大嫂子啊，你那后脖子怎么趴个大虱子呢？”

“搁哪搁哪呢？快点帮我拿下来。”

“那不，大脖子后尾儿呢吗。”

“快给我拿下来，拿下来。”

这妇道抻着脖子让给拿下来。卖瓜这老太太“哐哧”一口，就把妇道给咬死了。原来这老太太是狼精变的！狼精咬死妇道，就把肉吃了。吃完了，天就傍黑儿了。狼精狠呆呆地说：

“吃完你，上你家吃你孩子去！”

这是个招儿啊，先打听孩子名儿了啊，记住了。她把妇道衣裳扒下来，穿身上了，破手巾也包脑袋上了，裤子也蹬巴上了。狼精来到北大洼子村孤家吊屯好找，找到了，她一边敲门一边招呼，说：

“笤帚疙瘩，开门哪，讷回来了。”

孩子们觉得不对呀，我讷都说不回来了，这不是我讷，就说：“你不是我讷，我讷都说了，来我姥家住，今儿晚不回来。”

“刷厨疙瘩，给讷开门哪！”

“你不是我讷，我讷不回来，来我姥家住了，我不给你开门！”

狼精想，怎么弄呢，都不开门，噢，对，想起来了，狼精接着喊：

“门插棍啊，快给讷开门啊，讷讷回来啦！”

门插棍说：“你不是我讷，我讷临走说不回来！”

咣咣咣，还不开。坐着等等，对，还有个门钌棍。

“门钌棍啊，快给讷开门哪！”

“你不是我讷，你动静不对劲儿！”

“讷嗓子哑了，说话声音变了，你快开门哪，讷讷回来给你喂奶啊，快来呀！吃奶呀！”

三岁吃奶孩子，想吃她讷奶。

小孩儿寻思开门看看，是他讷讷不。大孩子都说：

“不行，别开别开，千万别开！”

“看看是不是，不是就不让她进门。”

“那行。”门开了一条缝，狼精猛地一下，就把门给撞开了，进来了。

“讷讷点灯吧。”

“不点灯不点灯，睡觉吧。”

小儿子就想她讷讷，就摸她讷讷说：

“讷你身上怎么有毛呢？”

“哎呀，你姥儿啊怕我冷，给我做个皮袄，我反穿皮袄毛朝外。”

门插棍过来了：

“讷呀，你后边还有个大尾巴呀！”

“这孩子净瞎说，这筐拿东西拿不过来，你姥儿啊给我一缕麻，我没地儿搁呀，腚沟夹呀。”

“噢。”

“睡觉吧，天都这么晚了。你们都吃饭了吗？”

“俺们都吃了。”

“那行，睡觉吧！”

孩子们都在南炕住，他讷在北炕住。

狼精要吃小孩儿，就说：

“笤帚疙瘩，来，上这跟讷一块儿睡。”

“我不跟你一块儿睡，我又有枕头又有被。”

“刷厨疙瘩，来，上这跟讷一块儿睡。”

“我不跟你一块儿睡，我又有枕头又有被。”

“门插棍，来，上这跟讷搂着睡。”

“我不跟你一块儿睡，我又有枕头又有被。”

“门钌棍，来，上这跟讷搂着睡。”

这小家伙去了，睡到半夜，狼精一口就把小孩儿咬死了。咔巴咔巴就吃。那些孩子就问：

“讷你吃什么呢？嘎巴嘎巴响。”

“哎呀，这两天我咳嗽，你姥儿啊给我个大萝卜，让我压压咳嗽。”

“给我一块，我也要。”

“小孩不咳嗽，不用吃。”

“我要嘛。”

“给你！”

“嘭噔”一声扔南炕去了。

孩子们捡起来一看，心想：哎呀！这不是小弟弟的手嘛？坏了！坏了！我弟弟叫这狼精给吃了！这怎么办啊，吃完了弟弟肯定得吃他们几个，快逃命吧！

怎么逃啊，撒个谎往外跑吧！

“讷讷，我要撒尿。”

“待炕上撒！”

“炕上撒那哪行。”

“下地下撒吧！”

“地下供着老祖宗呢，不行呀。”

“外地下撒！”

“外地下供着灶王爷呀。”

“那往哪撒？”

“上外头。”

“快去快回来！”

“我也撒尿！”

“我也撒！”

仨孩子一个接一个地往外头跑，出了门就把门赶紧挂上了。往哪躲呢？门口有个井，井边上有棵树，把那个拴溜溜轴斗子的绳子拴到身上去了，孩子们一个接一个都上大树杈上坐着去了。这天挺冷呀，冻得流鼻涕打哆嗦的。这狼精把小四儿吃完了，想再吃他们，起身一

看，南炕上没人了。费劲巴力把门弄开，出来一看，孩子们都不见了。狼精扯着嗓子喊：

“孩子们，你们在哪呢?”孩子们不吱声。

这狼精嗅觉特别灵敏。噢，在树上呢啊!

“你们怎么上那去了？快下来，下来。”

“不下去，上边可好了。”

“你们不下来，我也上去。”

“那你爬上来吧。”

狼不会爬树，爬到树半腰，上不去了。就说：“你们想办法叫我上去呀。”

笤帚疙瘩有个心眼儿，就说：“这不有绳子嘛，你绑到身上，俺们给你拽上来。”

狼精接过绳子，套在身上，孩子们手抓着绳子一起喊，拽拽拽，拽得挺高了，又一起喊“一！二!”呱一起把狼精扔出去了。

狼精掉井里了。

“快拿铁盖盖上!”孩子们赶紧把井盖儿盖上了，搬石头压上。狼在底下唧咕乱喊，想往上爬，但井底下有水，上不来了。

到第二天亮天了，村里人听着喊了，就都过来了。孩子们就说“你们看，我弟弟叫狼精给咬死了。”人们一看，问：“那个狼精搁哪呢”？“搁井里头呢。”大伙说：“那咱们快找人把狼打死。”这又叫来了不少人，拿着镐头，拿着镰刀，把这个井盖打开了，狼还在里边扑棱呢，大伙儿连着几镐头就把这个狼给打死了。

讲 述 者/查树元　男　69岁　初中文化　职员

采 录 者/孙　超

采录时间/2008年7月22日

采录地点/新宾镇

马猴子精

从前有一家员外姓韩，他们家养活一只猴子。这猴子看家可厉害了，这猴子不是一般的猴子。特别地厉害，比那看家狗都厉害，还能干点儿零活儿。抱点儿柴火了，洗洗衣服了，还能喂猪，能上树拿刀砍树枝儿。这家儿谁也不敢去偷东西。你拿东西打不着它，它儿把把你脸挠得跟血葫芦似的，咬人咬得也狠，老韩家得老济（借力的意思）了。

这天，韩员外上对面亲戚家去喝祝寿酒。韩员外十六七岁的女儿，早先就算大姑娘了，在绣楼住。人家员外家有钱啊，姑娘都是三门不出四门不迈的。家里佣人也挺多，但还是不放心，怕女儿在家里不安全，他告诉马猴子看门儿保护女儿的安全，谁也不让来。这些伙计们一看，韩员外出门了，让马猴子看家，就都躲一边儿玩儿去了。那时正是夏天，暖和的时候，小姐在楼上睡觉，早头儿姑娘睡觉带着肚儿兜什么的，天热了就脱了，合计也没有外人，光着身子就睡觉了。猴子吧，它聪明通人气，懂人事，隔着窗户看见姑娘光着身子睡觉呢，就动了邪心，跳窗户进来了，跟姑娘发生了关系。后来猴子总是夜里来，人们都是防备人别靠近小姐绣房，不防备猴子来小姐房间，一来二去，他们两个老在一起，这个姑娘就有点显怀了。姑娘她讷讷心细，就问：

“怎么回事儿呢？”姑娘就说跟猴子发生了关系。后来她讷讷说：“那怎么办呢？你也不能嫁给它啊，我跟你阿玛商量一下，看咋办。”

她讷讷想先稳住她姑娘，可别寻死上吊啊，完了就跟韩员外说了

这事。说："这猴子太灵了，通人气儿了，跟咱们姑娘有关系，姑娘都怀孕了。"

韩员外气得不行了，要杀了猴子再杀了姑娘。姑娘讷讷说：

"这不干姑娘的事儿啊，她睡着了，猴子进来的。这还是你让猴子看房的呢！"

韩员外一听夫人这么说，更是后悔得要死，说："光防人了，哪想到猴子比人还坏呀。"

姑娘讷讷说："咱们就一个姑娘，杀了她咱们不是绝后了吗？以后老了谁伺候咱们，百年以后谁给咱们披麻戴孝，谁给咱们守灵，谁管咱们啊？"

韩员外说："饶了姑娘，饶不了猴子，得把猴子打死。"

"怎么打死？"

"叫猴子推磨，叫它把磨眼儿抠一抠。找四个大小伙子拿石头把它胳膊压到磨里头，完了往死抽，抽死得了。"

定了这么个计，她讷就把事儿跟她姑娘说了，姑娘说：

"那不行，将来孩子怎么办呢？"

姑娘讷说："咱们必须打死这个猴子，不能留着它。"

姑娘对这个猴子有点儿感情。虽然这猴子长的小，但是心眼儿不次于人，猴精猴精的嘛。姑娘把她阿玛要打死它的事就跟猴子说了。猴子听完姑娘的话，猴子掉眼泪了，跪地上给姑娘磕个头，就逃了。它跳到树上，回头望一望姑娘，唰一下没影了。

这猴子跑了，上哪去不知道了。韩家也就把事儿压下来了。

姑娘越来越显怀，怎么办呢？就说有病上姨娘家串门儿去。韩家就抬着小轿到姨娘家，把孩子生下来再说吧。姨娘家的儿媳妇小孩儿在月里死了，姑娘生的孩子就给她了。小孩身上长的都是毛，特别小，胳膊比别的小孩儿长一点儿。

姑娘从姨娘家回来，说是认个干儿子，带到家来了。韩小姐就在家里养病不露面。韩员外给这小孩儿起名叫韩信，让小孩儿管他叫姥爷。韩员外识文断字，能文能武，打小就培养他。

韩信长得太小，尖嘴猴腮的，没有人相，但是聪明，念书特别灵。后来他知道了自己的身世。长大了之后，韩信拜过姥爷和他讷

讷，离家出走，到山里拜一个异人道士为师，深山修行，与世隔绝。韩信在师傅身边学了很多知识，师傅也很喜欢韩信。后来这个道士就说："山里有个好坟地啊，谁家老人要是埋在这，后人指定当大官儿。"

后来他们家失了一次火，家境败落，姥爷姥姥年纪也大了就先后去世了。

后来韩信找到他讷讷，他讷讷正在街上要饭吃呢。他向他讷讷问他阿玛埋在哪了，他讷讷说："埋在咱家不远的山上一棵梨树下面了。"

他讷讷带着韩信到那，打开坟土一看，真有猴子骨头。他就用红布一包，拿走了。那个老道告诉他，埋在九里山那块地，将来你家能出大官儿。韩信按照老道的指点，把他阿玛葬在那了，还立了块石碑。韩信拉起他讷讷要走，他讷讷不走，要跟他阿玛在一起，就一头碰死在石碑上。韩信哭过之后，就把他讷讷和他阿玛葬在一块儿了。

人说韩信九里山前活葬母，其实不是活葬母，是他讷讷自个儿碰死的。后来，韩信果然干出了一番大事业。

讲 述 者/查树元　男　69岁 初中文化　职员

采 录 者/李宏岩　孙　超

采录时间/2008年7月23日

采录地点/新宾镇

红屁股猴子

从前有座关东山，那时候人烟非常稀少。后来来了个马猴子，特别精明啊，都成了精怪了。早头儿啊，马猴子也咬人、偷家禽、抢女人。马猴子屁股通红，为什么这么红啊？都是有原因的。

早头儿吧，在关东山山外住着兄妹俩，阿玛讷讷没有了，就他们兄妹二人在一起生活过日子。家里什么女人的活儿都是妹妹忙活着做，外面的活儿，像打猎、种地、打柴都是哥哥做。他们住的那个地方，靠山根儿，没有人家，就他们一家。

那一天啊，哥哥上山打猎去了，回来一看，妹妹没有了。屋里屋外瞅着那脚印儿，不是人的脚印儿，像马猴子的脚印儿。人家都说这一带有个马猴子成精怪了，挺厉害。心想，他妹妹可能叫马猴子抢走了。他就到处地找啊，山里山外找，找了三年也没找着。哥哥不灰心，干脆不回家了，在山上搭了一个窝棚，白天边找妹妹，边打点儿猎，下晚儿来这窝棚里烤了吃。后来一看，这土地挺好，种点儿地吧。他带着工具，就在山上刨地。正在刨呢，听底下说话：

“可别刨啊，土都掉小孩儿脑袋上了。”

一听有人说话，哥哥心想，可能是我耳朵邪乎了？他接着刨，下面又有人说：

“别刨了，掉土啊，土都掉小孩儿身上了，可别刨了呀！”

这回听真了，真有说话声，趴着在那瞅，还看不着，他就下来了。那个山坡上有个大石板子，他把大石板子给抬起来了，挺黑挺窄的一个洞，他半爬半跪进去了。里面挺宽绰，能站起来走道儿。里面

有个石门，他把石门推开了。一看，里面还有个大洞，一下看见她妹妹了。妹妹也看出是他哥哥。兄妹见面，哥哥说：

“可找着你了！”

妹妹抱着哥哥就哭啊。哥哥说：

“你怎么到这儿来了呢？”

妹妹说：“你不知道，我叫马猴子抢到这儿来了，逼我成亲啊，不成不行。你看这是你外甥。”

哥一看还有个小孩儿，是妹妹跟马猴子生的。长的人相，但是身上有毛。他说：“咱们把孩子扔这儿，你跟我回去吧。”

妹妹说：“不行，他跑得快啊，跑多远，他都能撵上，一会儿它该回来了。”

正说着，外面有动静，妹妹就害怕了说：“哎呀，不好，它回来了。”

“那怎么办？”

“快藏起来吧。”

这洞里有个石缸，是装水的石缸。她说：“你快蹲到那里去。”

哥哥藏进缸里，妹妹把葫芦瓢扣到脑袋顶儿上，弄一个盖帘盖上了。

马猴子精风风火火地回来了，肩上扛着獐子还有山兔子。一进屋，鼻子四处闻闻说：“嗯？这屋里有人味儿啊。”

“我的味儿呗。”

“不对，你来这都三年多了，哪有人味儿啊？”他就找。

“没有，别疑神疑鬼了。”

“不对，这味儿从这边过来的。”

它就到缸边上，把那缸盖一掀，那么一抓，拽起个人来。妹妹说：

“别抓啊，那是我哥哥。”

“是你哥哥告诉我就得了呗，藏起来干什么玩意儿？”

“不是怕你吃他吗？”

“告诉我是你哥哥，我还能吃他吗？”

哥哥说：“我是来串门儿，看看妹妹，我一会儿就走。”

马猴子精说：“来了就多住几天吧。跟你妹妹多待会儿。”

她哥哥搁心里合计，我先稳住他，等它不在家的时候，我再带妹

妹跑。那个大马猴子精，每天出去，就不走远，看着他媳妇。待了几天，发现他哥哥没什么坏意，还帮着哄孩子，就走远点儿捕点野味啥的给大舅子吃，让大舅子吃好点儿。她哥哥也看着马猴子精，看它走远了，就说："咱们快跑吧！"

妹妹说："把孩子抱着。"

"可别抱了，满身都是毛，也不像人，长大咋办，给它留下，让它养着，将来跟它阿玛满山活吧，咱养不了。"

哥俩一路连跑带藏的，就回家了，进门就把大门二门都锁上了。门外面有个大碾盘。用碾盘把门堵上了。马猴子精捕了很多野物，心想讨大舅子个好，回来了一看，孩子直叫唤，媳妇没了。马猴子精抱起猴崽子，一路闻着味儿找上门来了，一点儿不差就找来了。进不去门了，它就坐碾盘上嚎："低头靠墙，小孩儿找娘，小孩儿找娘，找娘吃咂儿（吃奶）。小孩儿他娘赶快回家，小孩儿等着要吃娘咂儿。"就这么叫唤一宿啊。等着天亮了，它走了，它怕人多了打他啊。哥哥说：

"不能老这么闹啊，那么的，把碾盘给它烧红，上面泼上水胶，给它粘上。一顿打，不信打不死他。"

哥俩用火把那碾盘烧红了，那碾盘就化胶，化得稀溜的。晚上，马猴子精抱着小猴崽子又来了，一坐碾盘上就嚎开了，搁那叨咕了一宿儿，天亮想走，粘上了，粘得噔噔的。哥哥跑出去，找来人，大家说："你再来，打死你！"左一棒子右一棒子地敲它。它就急了，使劲儿往起一挣，后屁股连皮带毛血的呼啦地拽下来了，马猴子精也不顾疼了，跳起来就跑了。这时候，大家连敲盆带敲水桶，说："再来就打死你！"搁这儿以后，马猴子精再也不来了。

从那以后，猴子的屁股都是红的了。

讲 述 者／查树元　男　69岁 初中文化　职员
采 录 者／陈　莹　张　岚
采录时间／2008年7月24日
采录地点／新宾镇

会唱歌的心

从前有个财主姓黄，他有个女儿叫黄河。黄河十七八岁，长得是非常漂亮，在绣楼上住着，大门不出二门不迈的。他家雇了一个长工，就是给他们家干杂活儿，推碾子拉磨、扫院子、劈柴火、挑水、喂猪、喂牲畜、铲田刨垄什么杂活儿都干，这个小伙儿，姓关名才，叫关才。小伙儿有一个毛病，就是爱唱歌，走路也唱歌，干活儿也唱歌，推磨也唱歌，不管干什么都唱歌，不叫他唱他就没劲干活儿。叫他唱吧，他就干得特别来劲儿。他歌儿唱得特别好听，特别动情，声音特好。他是见什么唱什么，张口就来。

黄河在楼上就问家人："谁唱得这么好听？"

家人说："是咱家干杂活儿的伙计。"

黄河心里合计，唱得这么好，要是见一面就好了。早头儿男女有别，女的是大门不出二门不迈啊，特别是有钱人家小姐。黄河她就想啊，想得是吃不下饭，睡不着觉，这人哪，一天天地消瘦，最后卧床不起，要死了。家人请了不少郎中也没看好，吃了多少药也不管用。后来她讷讷一看，姑娘病得这么严重，就说："姑娘啊，你怎么病这样儿呢，你有什么心事跟讷讷说一说。"

姑娘说："我呀，就是想见一见唱歌的人，他的歌声太迷人了。"

她讷说："这么大姑娘，哪能随便见大小伙子呢？我得跟你阿玛合计合计。"

姑娘讷就跟老头子把姑娘的事说了，姑娘阿玛也挺为难，想了想说："那么的吧，把那小子调到后厢房，叫他在院子里干活，叫咱姑娘

打开窗户看看他。”

她讷到姑娘的屋里跟姑娘说：“我跟你阿玛说好了，明天让他到你院干活，你把窗户打开缝儿，就能看见他。”

第二天，关才来了，边干活边唱歌，黄河打开窗户往外看，一瞅唱歌的小伙儿，个不高，还是个罗圈腿，长得像个猴儿似的，老难看了。姑娘心想，他声音那么美，人咋长成这样呢？老天爷太不公平了，让他有这么美妙的歌声，却让他长得这么丑。难过得掉下了眼泪。

这时，关才一抬头也看见黄河姑娘了。关才一看，这姑娘长得怎么这么漂亮啊，他都看傻了。回去后，黄河姑娘的模样老在他脑子里转，让他吃不下饭，干不了活，歌唱得也是悲悲切切的，时间一长，关才病倒了，一病不起，最后死了。

关才死了之后，伙计们弄个棺材给他装上，撂荒郊野外了。关才人死心不死，还唱歌呢，吓得人们谁也不敢走那了。这事被一个挑货郎担儿的人知道了，他找到放关才的地方，在那一听果然关才能唱歌，他把关才的心挖出来，弄个小匣子装里了，穿街走巷的，走到哪儿就把小匣打开，关才的歌声就从那心里发出来，跟活着时一样动听，货郎挣老了钱了。

这事传到黄河姑娘耳朵里，黄河姑娘不信，说人死了怎么还能唱歌呢？就哀求阿玛讷讷叫货郎过来，听听这歌声。阿玛和讷讷不敢不答应，怕她再一病不起，就叫人找来货郎，让他在姑娘楼下把小匣打开。货郎把小匣打开，歌声比在别的地方大多了，唱得更好了，黄河姑娘一听，心说：“哎呀，这声音真跟咱家死的那个关才唱得一模一样啊。”黄河就想看看小匣，就让家人和货郎商量，把小匣拿给她看看。货郎同意了，黄河拿过小匣，关才的歌声立即停了，从此不再唱歌了。货郎知道咋回事，他走街串巷就为让关才再见到黄河姑娘，今天终于见到了，货郎说，关才是不见黄河心不死呀。货郎用他挣到的钱把关才厚葬了。

后来这事越传越奇，人们说来说去，留下一句话叫“不见关才不落泪，不到黄河不死心”。说这个黄河姑娘，没见关才之前那么想他，见了关才，觉得老天对他太不公。让他长得这么丑啊，落下伤心泪。关才为想念黄河死了，人死心不死，后来黄河姑娘亲自来看他

了，才真死了。

讲 述 者/查树元　男　69岁　初中文化　职员
采 录 者/李宏岩　孙　超
采录时间/2008年7月23日
采录地点/新宾镇

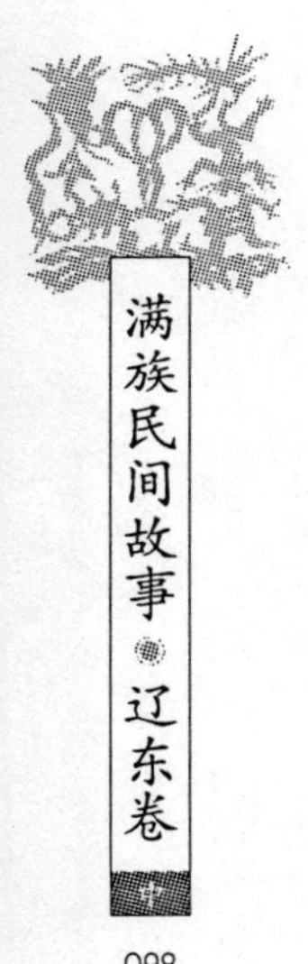

金翅鸟

从前，有这么哥俩，姓李。老大穷，老二富，早就分家另过了。只因穷富之分，虽然是亲兄弟，也是互不往来，水火不容。老二的家，土地成片，骡马成群，穿的是绫罗绸缎，吃的是山珍海味。可老大家房无一间，地无一垄，吃了上顿，没有下顿，一家四口全靠他一人打柴维持，过着半饥半饱的生活。

严霜专打独根草，屋漏偏遇连雨天。老大又闹起病了，闹病没钱扎古（治疗），一天天病得越来越重，后来竟卧床不起了。家里头一点吃的也没有，眼看着又到年关了，求借无门，怎么办呢？老伴把家里装粮的粮袋子抖搂抖搂，抖搂的能有一把糠，把这把糠搅点稀稀溜溜的糊涂，做了两碗，给老大一碗，两个儿子一碗。老大喝碗糊涂，咬着牙起来了。老伴说：

“你干什么？”

“我打柴去。”

“你这样哪能打柴，一走三晃的。”

“不打柴，眼瞅着不就饿死了吗？”

“这么的吧，你去老二家借点粮，咱们俩这么大岁数了好歹不怕，可别把孩子饿坏了。你去跟他叔叔婶婶说点小话，不管怎的你们是亲兄弟。”

“人家是富李，咱们是穷李，不能去。”

“去吧！试一试。”

老大耐不过，只得去试试。拄个大棍子，拿个口袋一步一蹭到老

二家去了。大门关着，他梆梆敲门。不一会儿，出来个管家：

“谁呀？啊，他大爷，什么事？”

“唉，求你大管家，回去跟我那兄弟老二说一声，俺们家没有下锅米了，借二升红高粱，我回家熬点粥。”

“你把口袋拿来，等着吧。”

门“叭”一下关上了，老大在外头站着。管家进屋，说：

“二老爷。”

“什么事？”

“大老爷来了。”

“他来干什么？”

“跟你借二升高粱，家里没有下锅米了。”

“你告诉他走，就说我没在家。”

“我把口袋接过来了，二老爷，你就给他挖二升吧。”

“放肆！拿来，我给他。”老二一把将口袋抢过来，隔着院墙把口袋扔过去了。

老大一等不来人，二等不来人，冻得受不了，就在地上来回磨磨。嗬！地上有个口袋，这是谁的呢？捡起来一看，口袋上写着李大，哎呀！人家不借呀，把口袋都给扔出来了，老大骂几声，梆梆梆打几下门走了。

到家跟老伴说粮没借来，老伴放声哭了起来。邻居们过来问：

“怎么的啦？”

“老二不借咱粮。”大伙说：“这么的吧，大家都帮一帮。”这家给一把，那家给一把，凑和几升米，把年算过去了。

过了年，天头也暖和点了，老大病也见强了，上山去打柴吧。扛着扁担别着镰刀，一步一步挪动着走。

到了山上，拣点干巴枝，弄了两小捆，累得满头是汗。打个小挑往回走，走一气儿，歇一会儿，虽说是正月天，浑身像笼屉蒸的冒热气，走到一棵大榆树下抽袋烟吧。老大吧嗒吧嗒坐那抽烟。刚抽不上两口，就听有人说话：“好热天，好热天！”老大东瞅西撒目，一看也没有人哪，又吧嗒吧嗒抽烟。头上又喊了：“好热天，好热天！”老大往上一看，树上落一个黄雀（qiǎo）儿；小雀儿不大，毛管金亮，娇黄娇黄

的，红腿红嘴，小嘴一张一合地说："好热天，好热天！"小雀儿瞅着老大，翅膀一张，"突噜噜"飞了，"滴溜溜"掉下一根雀儿毛。老大把羽毛捡起来，一瞅可真好看，这黄羽毛直闪亮，拿家给孩子玩吧，就别在帽子上了，挑起柴往回走。

天刚擦黑，老大路过他兄弟老二家门口，老二在院子里，看他哥哥走道，脑瓜子一闪一闪发亮光，准是得了什么宝贝了。他赶忙喊：

"哎，大哥，大哥，站住站住，兄弟有话跟你说。"

老大挑着柴，继续往前走。

"大哥，大哥，你怎么不站住？"

"你认差人了吧，谁是你大哥？"

"大哥，你看你，亲兄弟说话怎么这么横呢？"

"谁和你亲兄弟？我上你那借点粮，不借就拉倒呗，你不能隔着墙把口袋给我扔出来呀！""那天我没在家，是管家跟你闹笑话，过后我也不知道，大哥你别说了，走走走。"老二就势把柴挑子接过来，连推带拽把大哥让到家里。

进了屋，老二说："坐坐，大哥，你这脑袋顶上有什么，一闪一闪地发亮？"

"是个雀儿毛。"

"我看看。"

"有什么好看的，你看吧。"

"这雀儿毛可真黄啊，大哥，你是搁那整来的？"

"打柴累了，在一棵大榆树下歇着，有一个小雀儿挺好看，掉下个羽毛。"

"你这个羽毛给我得了。"

"你要它干什么？"

"我挺稀罕。"

"稀罕你就拿去吧。"

"管家，大哥没吃饭，快预备饭。"

好饭好菜，还有二两酒，老大吃饱了饭，挑起柴火也有劲了，飕飕往回走。

到家跟老伴一学。老伴说："说不定老二打什么主意，以后可得小

心。”

“不，人都有回转的时候嘛。”

第二天，老大早晨起来又去打柴，这回比昨个打的柴多些，挑到大榆树下在那又坐着歇一会儿。树上小黄雀儿说话了：“老大老大，请挖树下，老大老大，请挖树下！”老大没明白怎么个意思，挑起柴就想走。小黄雀“扑噜噜”一飞飞到他的扁担上了，老大伸手一把把它抓住了。

又路过老二家门口，这回老二看他大哥全身金翅金鳞地放光，我大哥这回可得宝贝了，急忙又把他拦住了：“大哥，大哥，你咋又打门前过不进屋呢？要知道的不怨我，要不知道的就像我瞧不起你，快进屋。”他一瞅，哥哥手里拿个黄雀儿，乎啦乎啦地冒金光。

“大哥，你把那黄雀儿抓住了？我就稀罕雀儿，还有雀儿笼子，把它给我吧。”

“给你就给你吧。”

这老二可乐坏了，把雀儿放在笼子里，给点米，饮点水，说：“给大哥预备饭。”大米干饭，猪肉白菜，又炒几个菜，烫上酒，满招待。吃完饭，老二说：

“大哥，你家里吃的也不算多，给你拿十斤猪肉，挖一斗高粱，一斗大米，再送你五十斤白菜，以后缺什么就吱声。”说完，派两个伙计帮老大拿到家里去。老二的媳妇可就不乐意了：

“我说老二，你今个这是咋的啦，无缘无故给那老穷鬼这么些货干什么？”

“你可不知道，这不是一般的黄雀儿，这是金翅鸟，这个雀儿毛都是金的，咱给他那点玩艺儿，还不够一根毛钱呢。把这个雀儿毛都拔下来，咱俩下半辈子也花不了哇。等喂到端午节那天，正当午时咱把这雀儿杀了，把毛拔下来换钱，肉咱俩吃了那可是长生不老哇。”老两口乐坏了。

再说老大回到家，兴致勃勃地讲起了他怎样得的雀儿，雀儿怎样叫老二要去了，老二又怎样留他吃饭，送他那么多东西。老大是无意说，可两个小孩是有心听。

大孩子叫李志，十二岁，二孩子李勇，才十岁。这两个小孩听说

他爹逮了个雀儿，叫他二叔给要去了，总想去看看，可是一到他二叔家，大门老是紧关着。后来，他俩搁狗洞里钻进去了，走到墙根底下，正好听他叔叔、婶婶在唠嗑呢。他二叔说："今个是五月初一，再过四天就是五月初五了，端午节正晌午咱把雀儿杀了，雀儿毛是金的，咱把它攒起来，肉咱俩蒸了，吃完长生不老。"

这两个小孩一听说要杀雀儿，急忙奔雀儿笼子去了。一看雀儿笼里养的雀儿金翅金鳞，羽毛娇黄娇黄闪闪发光，红嘴红腿，真招人喜爱。一寻思这么好的雀儿，杀了怪可惜的。哥俩一合计，把雀儿笼子打开，雀儿"突噜"飞了。他俩连忙搁狗洞钻出来跑了。

他二叔出来，说："给雀儿喂一喂。"一看雀儿没了，大门还关着，怪呀，问："看着谁来没?"有个家人说："我方才好像看见有两个小孩子，是不是他们干的。"这可糟了，气得他牙根咬得嘎嘎响。

老二来找老大来了："大哥，你不对呀！你给我的雀儿，为啥叫你的孩子给偷回去了?""没有哇""我们管家都看见了，把两个小孩子叫来问问。"

老大拿着棍子就要打两个孩子，两个孩子"噗通"给他爹跪下了："不是俺俩偷的，是叫俺们给放了。"两个小孩把前后经过一说，给他爹气得没法。二叔说："拉倒吧，以后再说。"

隔个五六天的光景，老二在街上遇着他那两个侄：

"小志，小勇，我上你姥家了，你姥想你们呢，让你俩去。"

"我回去告诉我妈一声。"

"不用了，我到那办事，顺便把你俩送去。"

二叔领着他俩走了。姥姥家就在后山，当天就能到，可是在山上磨磨蹭蹭，东拐西拐的，天快黑了还没下山呢。他二叔说："你们俩等一会儿，我到那边去看看道，怎么找不着路了呢?"

他俩搁那坐着等着，他二叔一去无影无踪。山上狼也叫唤，虎也叫唤，哥俩吓得呜呜直哭。一看，前边蹦出一个白兔子。

"哥，哥，兔！兔!"

"抓住。"

这哥俩就撵，刚要抓住，兔子又蹦了；刚要抓住，兔子又蹦了。跑来跑去，跑来跑去就离他们家不远了。在一棵大榆树伴旯，兔子一

晃就没了。他俩就趴在榆树底下睡着了。

一觉醒来，亮天了，就听树上喊："二小，二小，树下去找。"一瞅，娇黄的小雀，红嘴红腿，正是他俩放的那个小黄雀儿。上次对他爹说"李大李大，请挖树下"，他爹没听。这回又喊"二小二小，树下去找"，找啥呢？他俩拿个树棍，这挖一挖，那挖一挖，一挖挖到土松地方了，挖出个小石板。把小石板再一揭开，里面有个小坛子，坛子里头装着满满的元宝。他俩抬回家去了。

到了家门口，爹和妈正在哭呢，一看孩子回来了，问怎么回事？小哥俩就把二叔怎样领到山上，怎样遇着小雀儿，又怎样得到一坛元宝讲一遍。

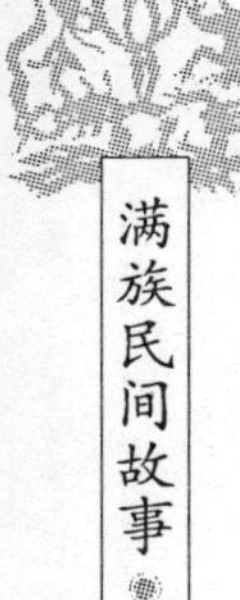

老二本想把他两个侄骗到山上，晚上叫狼虫虎豹吃了，没想到他俩又活着回来了，还得到一坛元宝，真是眼馋。

这一天，老二也来到那棵大榆树下，只听头上喊："好热天，好热天。"老二捡起大石块，扔上去，黄雀儿没打着，石头落下来倒把他自己砸死了。

讲 述 者／查树元
采录整理者／徐奎生
采录时间／1986年10月
采录地点／新宾镇

黄鼠狼讨封

据说黄皮子（黄鼠狼）修炼成仙，得先讨人封，讨完人封再讨王封，后尾儿才能登仙榜。

这天，黄皮子讨封，它已修炼八九百年道行了，还没有封号。它脑袋能变人脑袋，可身子还是黄皮子身子。怎么弄呢，人们见了我还不管我叫黄皮子吗？一看，有了，有一筐干牛屎，它把牛屎盖在自个身上了。

据说讨封得经过十个人的口，十人有八个人说它是神就是神，说它是仙就是仙。这黄皮子就在道上堵着讨封，干堵也不过来人。好歹过来个人，它就说：

“大哥大哥，你看我是神哪、是仙哪、还是人?”

这个人被人家要账，愁得没办法呢：“我看你像块牛屎。”

“好丧、好丧、好丧。”

头一个就说我像牛屎，这可倒霉了。

第二个过来个媳妇，疯疯颠颠奔歪脖树要上吊。她当家的被恶霸打死了，恶霸要抓她，她誓死不从。黄皮子说：

“这位大姐，你看我是神哪、是仙哪、还是人?

她瞅也没瞅，也不知道谁和她说话，就说：“我看你是个吊死鬼。”

“好丧，好丧，好丧。”

黄皮子讨了半天，也没讨出个子丑寅卯来。不是牛屎，就是吊死鬼，再不就是雷击木，都骂它。这怎么办呢？找阎王爷去吧。到那一说，阎王爷说：

“你再去讨讨看。”

这回去讨封，人们都说它是人。它还感到不满足，要成神成仙，又找阎王爷去了。阎王爷烦了：

“得了，你说话跟放屁一样，恶臊。”搁这么的，黄皮子终于没有成神成仙，遇事还得附在人体上，哆哆嗦嗦的，成不了大气候。

讲 述 者 / 查树元
采录整理者 / 徐奎生
采录时间 / 1985年3月
采录地点 / 新宾镇

路遥知马力　日久品人心

从前，有这么一对朋友，一个姓马的叫马力，一个姓路的叫路遥。路遥这个人，家里有钱，才二十岁，就娶了两房老婆。马力都二十四岁了，还没娶媳妇，家里穷啊。

路遥和马力俩人，是同窗好友，虽然有贫富之分，但性情相投，处得挺好。这天路遥就跟他说了：

“老大哥，你怎么还不张罗说媳妇呢？”

马力说：“兄弟，不瞒你说，我家穷得是一贫如洗呀，吃了上顿没有下顿，上哪还能说上媳妇呢？”

路遥说：“大哥，这么的，我借给你钱，咱们像个样，热热闹闹地办个喜事。”

“借我钱，那早晚还不得还吗？多咱能还得起你？我宁肯娶不上媳妇打光棍，也不拉那个外债。”

“大哥，看你说的，你愿意多咱还就多咱还，怎么样？”

“不行，要是有饥荒压着我呀，我就要得病了，不借不借。”

“马大哥，这么的好不好，我有话不知当讲不当讲？”

“你我兄弟，有话就请当面讲吧。”

“大哥，我要说这话，你可不能生气啊！”

“生什么气呢，有话只管说。”

路遥说：“我出钱，帮着你说上媳妇，我娶一个大嫂来，不用你还我钱，入洞房头三宿让给我，就算你还了钱，你看这么的怎么样？”

马力一寻思，按道义来讲，这事是不怎么好听，可我太穷家里没

钱哪，头三宿就让给他吧，说："行，我同意了。"

路遥就给张罗，托一个朋友，找了附近一家姓李的姑娘，这个姑娘又美丽又贤惠，明媒正娶，吹吹打打，坐着花红小轿娶到了马家。一应备品，从头顶到脚底，全是路遥花的钱，马力家添置得也很可观。

头三天都是让路遥在他家住了。第四天晚上，马力回家了。他一寻思，我因为穷，娶不起媳妇，外人不知道，就俺哥俩知道，才办出这样事来，心里闷闷不乐，翻开书本就看，一直看到半夜。他媳妇在地下垂手站立，一直站到半夜。这时候，她说话了："马公子，奴家有一句话，不知当讲不当讲？"马公子正在看书，猛然听到说话，抬头一看，他媳妇面似桃花，带着怒色，柳眉倒竖，杏眼圆睁，就说："娘子，有话讲吧。"媳妇说："马公子，咱们两个是爱好结亲，我没图你的房子也不图你的地，我的爹妈也没和你要多少彩礼，全是你凭心所赏，怎么到你家以后，你是嫌奴家的容颜丑，还是嫌奴家的家境寒？你一连三宿就这么看书，我一连三宿就这么站着，白天还得应酬客人，就是铁打的，恐怕也要累垮台吧？今天看来你又要来个通宵，你用功也不在这一时，我是哪点对不起你，哪件事对不起你？请你今个讲明白。你葫芦里到底装的什么药？"杂七杂八的这么一席话，说得马力心里犯了合计了：那么说路遥是看了三宿书啊，根本没有做苟且的事和对不起我的行为。细一想，路遥和我相貌相似，穿戴又一样，看来我这媳妇没认出来呀。马力把书本合上，站起来上前给娘子赔了一个礼，说："对不起，让你站了好几宿。我没有别的意思，寻思考期临近了，我想看看书，用用功，准备进京赶考。既然娘子这样说了，那么我就不看了。"

小两口上炕安歇去了。从此以后，夫妻俩夫唱妇随，过着平安快乐的日子。

这年，路遥和马力都进京去赶考。马力考中了第八名进士，派到附近的阳县去当县官。路遥没有考上，回到家继续读书。

时光似箭，日月如梭，转眼就是十年过去了。路遥这二年考了三回，也没考上。

这年三十晚上，家家都放鞭炮，也不知谁放的鞭炮，就把路遥家的柴火垛给烧着了。当时都正在忙包饺子，这边火着起来的时候，还

以为放焰火呢，也没注意。后尾儿火窜上房了，这才知道起火了。路遥家是瓦房，那瓦着了火，还真难救。瓦烧的四面八方横飞，谁来救火，那瓦片就打谁的脑袋，人们只能隔老远吵吵。那天下晚风还挺大，火借风势，风助火威，“嘁嚓咔嚓，”眼见着就把房子烧落架了。

真是火烧当时穷，家趁万贯被烧的一个不剩，片瓦无存。路遥典了地，维持了三年，后尾儿跟要饭花子一样，那真是富人乍穷，寸步难行啊。路遥大老婆说了：

“我说先生啊，你不常叨咕你有个好朋友姓马，在阳县当县大老爷，你不好投奔他去?”路遥说：“投奔人家也不容易呀!”

“咱们过去帮助过他，真格的了，在朋友面上给咱们弄碗粥喝呢，你去试试。”路遥一看也确实没辙：“我去试试，你们在家先讨点吃。”路遥扔下两个老婆和两个孩子自己一人上路了。买不起马，坐不起轿，搁腿走吧。

走了好多日子，来到了阳县。路遥到县衙大门口，“啪啪”敲门。里边出来个老院公，问：“找谁呀?”院公一看他头上戴的开花帽，身上穿的是补了还没补全露点火烧痕迹的衣裳，很是褴褛，说：

“你是要饭的?等等，我给你挖米去。”

路遥说：“启禀这位门军老爷，我不是要饭的，是来投亲的。你们县官可是叫马力吗?”“啊。我们县大老爷的名字是你随便提的吗?”

“门军老爷，不瞒你说，这个马力他是我一个义气哥哥，我是他的兄弟，叫路遥。”

老院公说：“那么好吧，你在外边稍等一会儿，我去通禀去。”

院公进去，说：“县大老爷，有个叫路遥的，说是你的朋友，在外边求见。”马力说：“让他进来吧。”院公出去说：“让你进去呢。”

路遥寻思，你不出来接我，连个请安都没有。路遥进了二堂，见了县大老爷马力，上前深深施一礼，说：

“大哥，一向可好?”

马力说：“好。小弟来了，别来无恙，生活还好吗?”

“别提了，三年前，我家着了一把火，烧得片瓦无存哪。”

马力喊：“家人哪!”

“有。”

"你把我的朋友领到后边去梳洗打扮，换上新衣裳，到厨房用过饭后，让他到书房读书，有事就来找我。" 家人说：

"是了。"

路遥整天在书房里读书，饭好就吃饭，隔三差五去看看马力，可马力很少来到他房中坐一会儿。

一晃两个多月了，马力也不说长，也不说短。路遥着急呀，家里又有老婆又有孩子的，这天实在憋不往了，就去找马力："大哥，我得回去了。""哎，急什么，再住几天。"

这又待了十多天，路遥实在要走，马力告诉家人："送他十两银子，再给他烙十个大饼带上，路上好吃。"路遥一看，不接吧没有，接吧真太少，这十两银子勉强能够到家的路费，一点余富的都没有，就得拿着吧。

路遥走在道上，遇着娘俩，看样子是两三天没吃东西了，饿得不行了，就把大饼送给娘俩一人一张。第二天，又遇着个老头儿和老太太，饿得在道上不能动弹了，眼瞅着不行了，他拿出两张饼，一人一张。第三天，路过一个店，一个瞎子老头儿弹弦，小姑娘卖唱，一连好几天没有座，得不着赏钱，饿得爷俩抱头大哭，他又拿出两张饼，给他俩一个一张。最后，就剩下两张饼了。

路遥到了家里，破房框子没了，变成了青堂瓦舍的大瓦房，套的大院套，修的大门楼。走到门口转了好几圈，他也没敢进，先敲敲门再说吧，啪啪啪打门，门开了，跑出两小孩，正是他的儿子："爸爸，爸爸，你回来了。"

进了屋，路遥问："这多咱盖的房子?""媳妇说："你不在外地发财了吗，你朋友给捎来的信，领着一帮子人，木匠、瓦匠的，黑天白天给咱们盖房子，这不是你雇的吗？你看槽头拴的马，鸡鸭鹅，屋中的器皿，锅碗瓢盆，从头上到脚下的穿戴……这不都是你托朋友给安排买的吗?""啊，啊，啊……""这可能是我那马力派人给置办的，他没有告诉我啊。临走时他给我十两银子，路上都花光了，这不还剩两张饼。"

小孩看有饼，抢着就要吃，一吃这饼，一个饼里有个元宝。"哎呀，我路上把饼都给人了。"路遥把送饼的事一学说，还挺后悔。他老

婆说："你看你，施舍给他们，救了人一命，还有什么后悔的。"

从此，"路遥知马力，日久见人心"的故事就这样传开了。

讲 述 者/查树元

采录整理者/徐奎生

采录时间/1985年3月

采录地点/新宾东韩家村

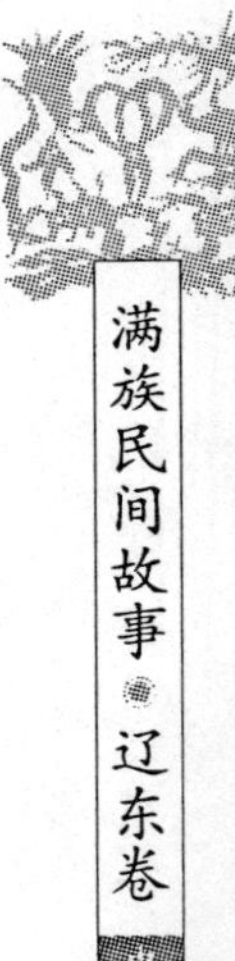

月下老人配夫妻

在山东，有个柳杨村，村中有个小伙子十八岁了，给人家扛活。他长得挺漂亮，干活也能干，就是说不上媳妇，家里穷。

这天，他做完活，走在道上天就黑了。只见一个老头儿在月下摆弄泥块，边摆弄，边叨咕："你俩一对儿，你俩一对儿。"小伙子觉得奇怪，问："老大爷，你干啥呢？"老头儿说："我配夫妻呢。"小伙一听，乐了："老大爷，我媳妇是哪个？""你是这个大泥块，你媳妇是这个小泥块。""她今年多大了，姓什么，在哪住？"老头儿瞅瞅他："小伙子，你不用不相信，这个姑娘姓金，住在金家村，小名叫小凤，今年三岁。你到那打听打听，她就是你媳妇。"

小伙子到那一打听，金家村可真有家姓金的，那个小孩搁摇车里悠着呢。小伙子一看，完了，我今年十八，等她长到十八，我得三十三岁。我豁上打光棍，也不能要这个小媳妇，把她剁了吧。

他拿把菜刀藏在怀里，在她家前后转悠。赶上她妈把小孩搁摇车里悠睡了，挎个筐上菜园里摘菜去了，他搁后边跳上窗台，照摇车一刀劈过去了，只听小孩"嘎啦"几声没气了。他没杀过人，杀了人心虚害怕呀，磨身（转身）就跑。

往哪跑呢？那时天下还没统一，干脆下北国闯关东吧。他过了山海关，就奔人烟稀少的东山沟来了。转来转去来到了新宾。

小伙子能干哪，夏天抠参，冬天打柴，攒点钱买了点地，今年买二十亩，明年买三十亩，日子过得宽裕。又买了几头牛，乳牛下乳牛，三年五个头，是一点不差。又做起买卖，雇了个伙计淘金，日子

越过越红火。可他就是没有媳妇。提一个不是因为这，就是因为那就黄了，一拖再拖，一晃三十三岁了。

这年，黄河决口，关里闹灾，山东人像压面似的一拨又一拨往关外来。这天，他家来了一家山东人，老乡见老乡，是格外亲哪。小伙子叫人给他们做的饭，炖的菜。吃完了饭，他问："你老贵姓啊？""姓金。""你们要往哪走啊？""没地方，哪挂住哪算。"小伙子说："我看这么的吧，我这还有地，你们种，头年的口粮搁我这拿几石苞米、高粱，吃着。"

老金家几口人一合计也行。唠来唠去，小伙子的管家问："你们那姑娘有婆家没？""没有呢。"正好俺东家没媳妇，也是个黄花郎，不知道你们愿意不？老两口一看，还租人家的地，不如就把姑娘给他做媳妇，这家还挺好，有地还有买卖的。一问姑娘，姑娘说也行。管家一问东家，小伙子也挺乐意，就这么定下来了。

这回是老丈人了，待他不像其他伙计那样了。选了良辰吉日，拜了天地，大伙吃完喜酒也都散席了。

到了晚上入洞房，姑娘上炕脱袜子。小伙子一看，她小拇脚趾头没了："哎，你这脚趾头怎么没了一个呢？""别提了，我小时候三岁那年在摇车里，我妈没在屋，也不知道搁哪来狂徒拿着菜刀把我脚趾头砍下来了。当时血淌不少，后来来了个老道，弄的药才治好。"小伙子一听："你是金家村的不？""是啊，你怎么知道？"

"你是不是叫小凤？""你怎么知道我小名叫小凤呢？"

"别提了。"小伙子就把当初遇着老头儿那事，怎么来怎么去一说，"这可真是，你到底成了我媳妇。"

"你可真狠哪！"

俩人成了恩爱的夫妻。从此，留下一句：月下老配夫妻，棒打不散。

讲 述 者／洪福来
采录整理者／徐奎生
采录时间／1985年7月
采录地点／新宾东韩家村

白玉花

从前，有个小伙，名叫小二黑。他娶了个媳妇，叫白玉花，人长得也白，又聪明伶俐，活计又好。真是聪明伶俐一枝花，十人见了九人夸，谁都说小二黑娶了个好媳妇。

小二黑家比较贫寒。这天，家中没有米了。媳妇说：

“二黑啊，你到我妈家借点钱，咱们好买点米。”

二黑说：“好吧。”

正赶上老丈人不在家，丈母娘又拿不出钱，就说：“姑爷，你也不用愁，我这有只大绵羊你牵去，到街上把羊卖了买米，再把米驮回来，到家把米卸下，再把羊送回来。”

“这这这，这怎么行啊？”

“叫你去就去，不用啰嗦了。”

丈母娘话说得干净利落，小二黑只得牵着只大绵羊回家，到家就犯愁了。他媳妇问：

“你愁什么？”

“你看，你妈给我出的难题，跟她借钱没有，叫我把羊牵来，上街卖了，用卖羊的钱买米，米用羊驮回家，再把羊送给她，这怎么能办到？”

媳妇说：“你这个人哪，人家都说你忠厚老实，也有点太过分了。这分明就是让你卖羊毛，赶快剪羊毛吧。”

媳妇拿起剪刀，唰唰唰唰，一会儿把羊毛剪下来了，剪个整套。小二黑把羊毛卖了买了米，用羊把米驮回家，卸下米，又把羊送回丈

母娘家了。丈母娘一看姑爷心中还有数，挺乐。

快到种地的时候，小二黑把马牵到河边，饮饮水，刷洗刷洗，又做个红缨给马拴上，白马红缨显得特别好看。

这时候，搁大路上过来一个公子，一看小二黑牵着一匹马雪白雪白的毛，可真好。公子上前施礼说：

“请问大哥家住哪里，尊姓大名？”

小二黑说：“我家住在东村，叫小二黑。”

公子说：“二黑哥，你这马借我溜一圈。”

“借你呗。”

公子翻身上马，马上加鞭，越跑越远。二黑一看不好，一边追一边喊：

“站住，站住，别给我的马骑跑了！”

“先借我，借我骑到家，明个你到我家去找我。”

“谁认得你家在哪里，叫什么名？”

公子放慢了脚步，等二黑撵上来，说：“我家住在月落处、半悬空；我名叫西北风，通北京。”说完打马加鞭跑远了。

小二黑回到家里，这回可愁坏了。他媳妇问：

“你愁什么哪？”

“我的马叫人骗走了。”

“怎么骗的？”

小二黑把经过一说。

“问过他姓名和住处了？”

“问过也是白搭。”

“什么地方？”

“他说他家在月落处，半悬空；他名叫西北风，通北京。这上哪去找？”

白玉花寻思寻思：“二黑不用愁，他说的‘月落处’是西村，‘半悬空’是楼房，‘西北风’姓寒，‘通北京’是路（露）。你就到西村找，看到楼房，打听寒露。”

第二天，二黑往西走走了三十多里路，到了西村，村中真有一个二层楼的楼房，到那一看他的马拴在楼下呢。小二黑说：

"寒露大哥在家吗?"

阔公子出来了:"哎呀,二黑哥,你怎么能找到我这儿来了呢?"

"实不相瞒,要叫我找,那就没门了,是我媳妇帮我猜想的。"

"你媳妇叫什么名啊?"

"娘家姓白,叫白玉花。"

"啊,白玉花!人都说白玉花最聪明最漂亮,看来果然名不虚传。大哥,你来一趟不容易,吃过饭再走吧?"

"不介了。"

"不介,我送你一包东西吧。"

寒露送他一块瘦肉,一根葱,一把菱角,一把栗子,还有一枝白花,包好了包,交给了二黑。二黑不要,公子诚心要给,他只得拿着。二黑骑着马,驮着包袱,回到家。二黑把马拴上,把包袱交给了媳妇,告诉她说是公子给的。媳妇打开一看,一块瘦肉,一根葱,一把菱角,一把栗子,还有一枝白花,眉头一皱,面带不悦。

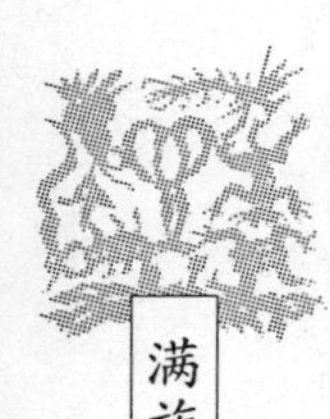

二黑问:"你怎么不高兴了?"

白玉花心里明白,寒露说我聪明伶俐一枝花配个肉疙瘩。他是有意来向我求婚,可我是有夫之妇,能嫁给寒露吗?白玉花就问:

"二黑,寒露他们家是楼房吗?"

"他们家日子过得咋样?"

"人家日子过得就不用提了,住的是高楼,吃的是山珍,穿的是罗缎。"

"啊,人长得怎么样?"

"寒露这个人长得挺好,挺漂亮的一个小伙,白白净净的。"

"啊——"

白玉花就有点嫌小二黑傻,嫌他穷,既然寒露向我求婚,我不如把二黑撇了,嫁给寒露去。这天,趁二黑种地的时候,白玉花自个挟个包,头上别朵花,偷偷地找寒露去了。

走在半道上,看着一个老太太在那放马。一瞅,一大群,高大肥壮的马备一个鞍子,瘦弱的马备两个鞍子。奇怪呀,白玉花就问放马的老太太:

"老妈妈,你这好马备一个鞍子,不好的马备两个鞍子,是怎么回

事呢?”

老妈妈说:“好马不备双鞍韂,好女不嫁二夫男。”

“我有一句话还得问一问,‘好马不用双鞍韂’,不用说了,‘好女不嫁二夫男’,那丈夫死了还不行嫁人吗?”

“丈夫死了那是可以的。我说的所谓不嫁二夫男,是说不要嫌贫爱富,乱嫁他人。”

“啊,这,这……”白玉花一寻思,冷丁坐在地上就哭起来了。

“这位姑娘你哭什么?”

“我无家可归了。”

“你怎么无家可归了呢?”

“我无处投奔,就得死了。”

“你年轻轻的,怎么能寻短见呢?这么的,你做我的干女儿吧,家中还有你大姐、二姐,你乐意吗?”

白玉花就给老太太磕个头,认了干妈。干妈给她三幅黑色的罗裙,作为见面礼。白玉花接过来,说:

“寒露害了我,
无面转回家,
三幅黑裙认干妈,
扔掉小白花。”

说完,把头顶上的白花“啪”扔在地上了。

白玉花说的四句话,是一个谜语,打一植物。

老妈妈领着白玉花回到自己的家,她家里大姐叫青枝,二姐叫绿叶,这年刚到立秋时候,老妈妈身体不舒服,叫大女儿青枝去买药,一去没回来。到了寒露。叫绿叶去买药,一去也没回来。到了霜降时,白玉花说:

“娘,我买药去吧。”

老太太一天比一天病重,骨瘦如柴,说:

“青枝去买药,
绿叶不还家,
认可老娘死,
不舍白玉花。”

这又是一个谜语，还猜一植物。

讲 述 者/查树元
采录整理者/徐奎生
采录时间/1986年6月
采录地点/新宾镇

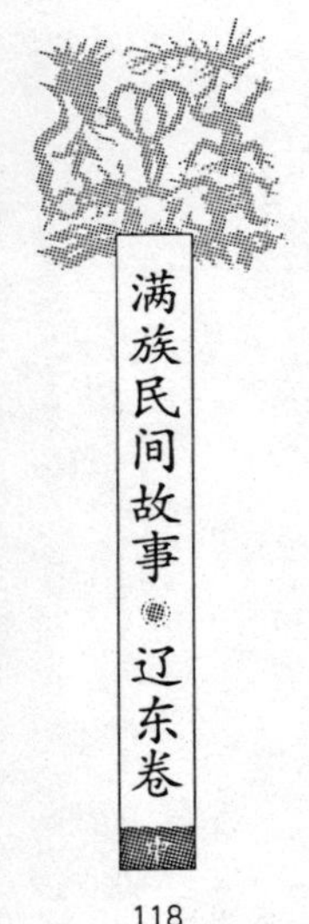

金质九环凤头钗

靠山屯里住着一家姓李的，这一家老两口过日子。李老汉快到五十岁的时候，他的老伴生了一个大胖小子，这真是老来得子。老两口挺乐，给这个小孩起名叫李春。

李老汉是靠着打柴、割草维持生活的，生活很是艰难，经常是吃了上顿没下顿。有一回，李老汉跟李春他娘说："孩他娘，咱们家没有钱花，把你出嫁时娘家陪送的金质九环凤头钗不好拿出来卖了？"李春娘生气了："不行！"

这金质九环凤头钗，是李春他娘的传家宝，不知传了几辈子了，到她这辈因为家中没有儿子，才传给她这个姑娘。李春娘说："等咱春儿长大的时候，我把这个东西给儿媳妇戴上，咱们家也得叫它传下去，不到万不得已可不能拿出来。"

就这样，认可忍饥挨饿，受冷受寒苦度日子，也舍不得把这传家宝卖了。

这年李春十二岁了，正赶上闹春旱，家里又断了顿。李老汉年岁也大了，六十多岁的人了，生活实在无法维持。李春娘一看没法，眼睛含着眼泪，双手颤抖着，拿出一个小油纸包，纸包纸裹的，打开一层又一层，整整打开了九层，露出一个金闪闪的，也就是娘家陪送的，在她出嫁那天仅戴过一回，再也没舍得戴的金质九环凤头钗。这个凤头钗前边是个凤头，纯金打造，上边是环佩叮当，有九个玉环。

"老头子，你拿着，到那当铺里去典当，咱们可不能卖，日后若是得好那天，还得把它赎回来，给咱春儿娶媳妇用。"老太太唠叨着把这

个小包包上了，外边又包上一层旧布，包好告诉李老汉："你可注意呀，好好拿着。"

李老汉家住靠山屯，要想去当钱，就得过河，上河南城里。李老汉这天晚间，途中就住在一家姓胡的老店，叫胡家老店，受到胡家店主的热情招待。第二天，天蒙蒙亮，他就起来了，穿好了衣服，拿起他那个包进城了。

进城到了当铺，他说："当当。""打开看看吧，什么东西？"李春爹把包打开，当铺掌柜的一看笑了："李老汉，你可真会开玩笑，这么大岁数怎么还闹这笑话呢？"李老汉一看，包里是碎砖头瓦块。包是自己亲手打开的，离家后这个包就没离身，怎么变了呢？李老汉当时就傻眼了，脑袋"嗡"地一下子，不知有多大，"噗通"就倒下了。大伙一看，这不是闹笑话，看来路上被人给偷换了。连喊带叫的好歹把李老汉算救过来了。

李老汉一句话没说，踉踉跄跄走回家去，一头倒在炕上了。李春娘问："春儿他爹，你把那东西当了？"若不说这话还罢，说了这句话，李老汉脚一蹬眼睛翻白了。"你怎么的啦？"缓了一口气，李老汉说话了："唉，咱们命苦啊！你给我那宝贝，我拿当铺去当，变成砖头瓦块了。"春他娘也急了："怎么回事？快说！""我拿着这个包根本就没离过身，晚间住在胡家店，第二天一早去当铺，我到那打一看，变成砖头瓦块了。""哎呀，不是你住房店里被人偷换了？""咱没凭没据的这话可不能说呀。"李春娘说："老头子，既然丢就丢了吧，你别太着急上火，保重身体要紧。""唉，我对不起小春啊，我……我……"李春爹没等说完就咽气了。

老头儿死了，李春母子二人哭天嚎地好歹把他爹发送出去了。从此，母子俩苦上加苦。老太太只好出外给人家浆洗拆做，缝缝补补，打点短工。李春上外边今天割点草，明天打点柴，俩人挣扎着生活。

一晃的光景，李春这年十六岁了，也像个大人似的，整日打柴割草。这天，他在路边割草，就搁那大道边上过来一个骑马的老客，眼见他从马身上掉下一包东西，这马飞跑而过，一溜烟就没影了。李春急忙跑过去，是个黄布包，打开一看，里头包的是雪花花白银哪，还有一本账。可把他乐坏了，老天爷可睁开眼了，我李春家这么苦，这

回给我送来这么多钱，说媳妇、盖房子、买田地，从此就好过了。李春真是乐颠馅了，把草割巴割巴，把包往草里一捆，扛捆草回家了。

他妈一看孩子蹦蹦哒哒的满脸喜色，说：“春儿，你干嘛这么高兴啊？”他说：“娘，你快看。”娘打开一看：“呀，你在哪能弄这些银子？我说春儿啊，咱们人穷志不穷，可不能偷人家抢人家的。”“妈，不是，是我捡的。”李春怎么来怎么去一说。

娘俩一五一十地一数点，不多不少，雪花白银三百两，大大小小整整是一百五十块，还有一本账。李春乐得没法。可娘绷着脸，说：

“春儿啊，我得跟你说句话。”

“娘，你跟我说什么话？”

“你爹是怎么死的，你可知道吗？”

“我怎么不知道，我爹是丢了咱家祖传的九环凤头钗窝火死的。”

“你爹丢了一个金钗，窝火死了，人家丢了这三百两银子，不窝火吗？倘若是窝火而死，这不逼出人命了吗？你总记着，咱们凭能耐挣钱，人穷志不穷，不能做那伤天害理之事。这么的，你把钱搁家，你还回那道上等着，要有人来找，他要说对了，你把他领家来。咱一文钱不留还给人家。”

李春回去等了足有一个时辰的工夫，那个骑马老客回来了，顺着道找啊找。李春一看，知道是他的，急忙过去：

“这位老客找什么哪？”

“找一个黄布包。”

“里边装的什么？”

“银子三百两。”

“你那三百两银子多少块？”

“大大小小一百五十块。”

“还有什么？”

“还有一本账。莫非你捡到了？”

“正是我捡到了，请到我家取吧。”

老客说的一点不差，李春娘把钱拿出来了，老客一寻思，说：“这么的吧，咱俩把这钱平分了吧？”

“那不行。”李春说，“老客你不知道，我爹因为丢了东西丧了命，

我娘时常告诉我不能做伤天害理之事。”

“要不这么的，我看你们也挺贫寒，这个小孩倒像有出息的，我就收他做义子吧。”

李春娘忙叫儿子给磕头，认他干爹。老头儿拿出五十两银子说：

“这五十两银子就给你做见面礼。”

“不行，我分文不要。”

“我借你五十两银子干点正经事，买点杂货，做个买卖什么的，以后缺什么再找我，我家在南城住。也姓李，和你们是一个姓，五百年前还都是一家子呢，我叫李百千。”

这老客千恩万谢地走了。李春得了五十两银子，娘俩一合计，就真的买些杂货，担起货郎担，摇起拨浪鼓了。李春做货郎挺殷勤，走街窜巷，没有两年工夫，家就发了。他就放下货郎担，开一个小杂货铺，买卖越做越好，光利润就剩出五十两银子。

这一天，李春和他娘一合计，得把这五十两银子送还他义父。

李春带着五十两银子，给他义父送钱。这路远得住店哪，又住在胡家店里。李春住店一看，店掌柜的满脸愁容，哀声叹气。“店掌柜的，干嘛这么愁啊？”店掌柜的瞅瞅李春，这小伙子长相跟他儿子模样很相似，眉头一皱，计上心来：

“你这位小伙子今年多大岁数了？”

“二十了。”

“你上哪去呀？”

“上南城。”

“上南城？我有个事想托托你，你能不能减轻点我心中的愁闷哪？”

“我妈妈常告诉我，帮人家做好事，是应当的，你说说吧。”

“是这么回事，我儿子有病不能去。我就为这个事犯愁。”

“那你要我做什么呢？”“我叫你替我儿子迎亲，你迎亲回来，我送你五十两银子，你看能不能帮这个忙？”

“我也不知道路途该怎么走，到那找谁呀？”

“这你都不用管，我的管家陪你去，一切由他出头。”有个叫胡闹的，是他的管家。李春迟疑一会儿：

“救人之急可也对，但是你这儿子病这么重，倘有个三长两短，岂

不把人家姑娘给坑了吗？”

“胡掌柜地说：“我这儿子不是什么大病，只是一时的头痛脑热，来势挺猛，过个三天五日的，顶多十天半个月，也就好了。”

“不是大病，也行，我怎么也得往那边去，顺便访访我义父。”店掌柜的这回可乐了。

原来他的儿子病得奄奄一息，快要死的人了。聘亲钱，彩礼钱全都花了，儿子若一死这不人财两空吗？把媳妇娶到家，活一天让儿子看看也好，说不定被喜事冲一冲病还好了呢，再说就是儿子死了，将来卖寡妇还能挣点钱呢。他给李春从脑袋顶上换到脚底下，让客家送过河，直奔南城去迎亲。

李春到那一看，人们里里外外热闹非凡，怕被人认出来，紧低个头，躲躲闪闪不敢见人。正准备接亲往回走呢，这工夫外边下起大雨了，劈雷闪电的。“背背雨吧，等雨过去晴了天再走。”

可这雨越下越大，不但雨水没停，又河涨水发，上游水哗哗地下来了。起了大风，刮得天昏地暗的。这一来二去两天过去了，来到喜日子了，这怎么办呢？“在这成亲吧？”

“不行！不行！不行！”

李春是一个不行，十个不行。问事人回去告诉老员外，老员外来见姑爷来了。李春说：“参见岳父。”脑瓜子低着。岳父说：“咱俩家是爱好结亲，财礼已下，喜期已到，外边是狂风大雨，河小大水发，来这成亲为何不可？”李春还是低着头。“你抬起头讲话。”“哎呀！”李春大吃一惊，“这不是我的义父吗？”老员外说：“这不是李春吗？怎么回事？”李春吓得噗通一声跪下：

“啊，你听我说。”

“说，怎么回事？”

“我在胡家店住宿，胡掌柜他儿子有病，是没法，让我替他儿子来接亲，我寻思接过去得了呗，没想到大雨一耽搁，闹这么大事。”

“啊，这老胡头子，他儿子有病不能来接亲，病得肯定不轻，但凡能来也咬牙来了。倘若有个三长两短，我姑娘怎么办，这不是熊咱们吗？这不错了吗，好！咱家就错打错上来。”

李百千也不顾雨大水涨，叫人派船去接李春娘去了。李春娘来

了，李百千把前前后后一说：

“把我的姑娘许配给你儿子，你娘俩同意不？”

“同意是同意，人家老胡家不让怎办？”

“不管那事，你同意我同意就行。”

“老胡家要告状怎么办？”

李百千说：“不怕，有我。”

这就把新娘子搀出来了，拜堂成亲。拜完天地，拜老婆婆。老太太一看姑娘头顶戴的也是金质九环凤头钗，到伴旯仔细一瞅，这不是我家的祖传之物吗，就问：

“亲家，你女儿戴的金质九环凤头钗由何而来？”

“是老胡家那边给的。”“不瞒亲家，这就是俺老头子那年丢的那个，这上面还有俺先辈的名呢。”

“如此说来我那亲翁住黑店时被那胡掌柜的给换了。好，咱们告他去。”

管家胡闹吓跑了，不顾水大回去跟胡掌柜的全说了，胡掌柜一寻思，坏了，真相露了，这回人家还要向他索命。他儿子刚咽气，也顾不了啦，来个恶人先告状吧。

胡掌柜匆匆忙忙坐上个小船，自己摇着船要过河进城告状，摇到河当间，遇着个漩窝，把船就打翻了。这老胡头也不会水呀，活活地淹死了。

再说李春娶上了媳妇，一家娘仨，过上了好日子。

讲 述 者／查树元

采录整理者／徐奎生

采录时间／1986年19月

采录地点／新宾镇

害人害自己

从前，有个小伙，名叫二柱子。二柱子的爹有病，他就给人家做短工，打柴维持生活，给他爹扎古（治疗）病。他爹的病一天天见重，到后来起不来床，不行了。爹给二柱子叫到伴旯说："儿啊，我要死了，没有给你攒下什么财产，我说四句话你记着吧。"

二柱子说："爹，你说吧，我记着。"

"你总想着，人家的钱不是钱，人家的妻不是妻，看事看到底，害人害自己。"说完就咽气了。二柱子大哭一场，把他爹发送出去了。

二柱子一个人过着孤苦伶仃的生活。这天，二柱子来到山坡小道上攒了一挑树枝，挑个挑儿往回走，看见道边上有个人用破麻袋片包的包。打开一看，里边用布包着，打开布包，里边是银子。二十两一锭，整整五锭，一百两银子。这可太好了，从此我可就发财了。他把银子包好拿回家去了。

二柱子回到家里一寻思，不对呀，我爹跟我说过人家的钱不是钱，我不能捡了昧心钱，这钱不能花，得找到失主。二柱子拿着银子又回到山道边去等着。一等没有人来，二等还没有人来，天也快黑了，先回去吧。

二柱子顺着道往回走，走到半山腰，就看见一个人在那上吊，脚还自己蹬着呢。见死不救不对呀，二柱子三步并做两步，一把把上吊人抱住，那人缓过气来了，说：

"谁救我？快松手，让我死了吧！"

"大哥，你别寻短见，有话慢慢说嘛。"

“唉！你快松手吧，别叫我遭罪了。”

二柱子用镰刀把绳子一刀割断，把扣解开：“什么事使你这么为难?”

“跟你说也没用，既然你叫我说，我就跟你说说。我好不容易和人家借了一百两银子，准备在窑上入个股，这钱叫我给弄丢了，往后的日子可怎么过呀。”

“你那一百两银子是不是五大锭?”

“对呀。”

“你看看这是你的不？”上吊人看后，“噗通”一声跪下了。二柱子问：

“大哥，你今年多大岁数了?”

“我今年二十五。”

“你二十五，我才十八，你怎么能给我下跪呢?”

“因为你救了我，咱俩结拜为义兄义弟吧。”二柱子和上吊人结拜成干兄弟，互相通了姓名。

“你姓什么啊?”

上吊人说：“我姓张，名叫张实。那么兄弟你贵姓啊?”

二柱子说：“我也姓张，我叫张二，小名二柱子。”

“咱俩是兄弟了，你家都有什么人哪?”

“什么人也没有了，我家就我一个。”

“那么你到哥哥家吧，家中只有你一个嫂子，管怎么的还能吃个现成饭。你救我一命，我这一辈子也忘不了你，咱们走吧。”

二柱子就跟张实一块走了，走到院子里，张实喊：

“你快出来，接咱们兄弟来。”

“没听说你还有个兄弟啊。”张实媳妇出来了，能有个二十二三岁的年纪，虽然不算十分好看，但也有几分姿色。

“这就是我兄弟。”

“啊!”张实媳妇一看二柱子能有个十八九岁，长得一表人才，就笑呵呵地让进屋了。张实就把怎么丢钱、怎么上吊、怎么被救、怎么结成兄弟，原原本本一说。“哎哟，这个人心眼真好。”兄嫂待他都不错，他也就搁这住下了。跟着干点活，家中有两亩薄田，窑还有个

股，日子过得还算可以。张实还经常跑外，出去算算账，收收砖钱。

张实的媳妇有些水性杨花，她看二柱子长得好，就眉来眼去要和他勾搭。二柱子是个忠厚老实的人，不搭理她这份儿。

一天，嫂子趁张实不在家，给二柱子倒杯酒，看他喝了，上去又搂又拽。二柱子说："你是我嫂子。"二柱子想到，我爹说，人家的妻不是妻，能穿朋友衣，不占朋友妻，我嫂子是个水性杨花的人，但是我不能对不起我哥哥啊。

正在拉拉扯扯的工夫，张实回来了。嫂子急忙进里屋去了，二柱子也觉得不好意思，也回到自个屋。张实问她媳妇：

"怎么回事？"

"还怎么回事哪，都怪你领来一个好兄弟。"

"他怎么的啦？"

"我今个早晨起来把衣裳脱了洗脸，他说：'嫂子，你怀孕没？'完了就动手动脚的，我寻思你的朋友，对咱们有恩情，要不我非把他打出去不可。叫我说了几句，他还抓耳挠腮的。这不你回来了，要不还说不定怎么的呢。"

张实听了心中不乐，说："既然你也没怎么的，这小子一时错了，咱们就担待点吧。再说我上吊他救我一命，咱也不能拿一回当百回，以后自个注意点就是了。"

搁这以后，嫂子就对他心怀不满，要跟你好嘛你还不干。这天，张实回来说："窑上要给皇家烧一批上等的好砖，盖宫院。烧这窑砖得祭一个活人，砖才能烧得硬实和光华。咱们窑把头写下一个告示，谁愿意把活人卖到窑上给银子一百两，不管瞎、聋、傻、哑、男、女、老、少，有病要死的也行，用活人投窑取火苗旺。"

张实媳妇一听，嗯，还有这个好事，心里就琢磨道了。她来到窑上，就把帖的那告示给揭了。

"你揭它干什么？你家有什么人？"

她说："我家有个疯子。"

"疯子，怎么疯的？"

"有病了疯的。罪遭不起，把他卖给你们窑上吧，还能得一百两银子。"

“这么的吧，立个字据，先给你开个银票，只要你把人给我们送来，第二天你就来领钱来。”

“什么时候送？”

“天黑就送呗。”

“嗯，那好，我叫他半夜到，到了你们就把他按住投到窑里，明天我来领钱。”

“行，立下字据，画上押。”

张实媳妇回到家，对二柱子说：

“二柱子啊！”

“什么事，嫂子？”

“你上窑上去一趟，领钱，就说张实让来的。”

“领多少钱？”

“人家给多少钱你就领多少钱。”

“天都要黑了还能去吗？”

“不怎么黑呢，你快走吧，什么时候到什么时候算。”

二柱子心眼实就去了，走到半路上遇着一个土地庙，一个和尚和一个老道在庙门前下棋。二柱子来到伴旯，走得也挺累，寻思我歇一会，看一会下棋再到窑上去领钱。

这个和尚和老道是棋逢对手将遇良才，从晚间黄昏一直杀到月牙升起星罗棋布，也没有分个上下高低。二柱子一寻思，我父亲临终时告诉我看事看到底，我怎么也得看完这盘棋呀。他俩一个劲下，下到大半夜这盘棋也没下完。那位老道说：“不下了，先搁这，咱们进庙里宿了吧。”二柱子一看，你俩在庙里找宿了，那我能上哪去呢？我也在这宿了吧。

二柱子嫂子心里有事啊，好寻思这时候还没回来，想必是炼完了，我得把钱领回来，这事叫外人知道多不好。她急急忙忙也没梳头洗脸就往外走，走出门口不远，天太冷又回到屋里，把她当家的衣服披上一件才走。凉风把她的头发吹开了，她也顾不得了，披头散发的往前紧走。

窑上正等得着急了，天都快亮了还不来人，就等他祭窑呢。窑把头说：“张实媳妇叫来的那个人还没来啊？”大伙说：“看看去。”一看

来个披头散发的，披个衣服，不像个人样。大伙上去，不由分说拿着绳子往脖子上一勒，七手八脚抬到窑上，说："投窑。"那火烧得通红，就把张实媳妇扔到窑里，她连一句话也没喊出来就被烧死了。炼人取火，那火苗乎乎地就上来了，烧一窑好砖。

第二天，张实醒来一看，媳妇哪儿去了呢？到窑上去打听打听吧。窑上的人说：

"你们搁哪买的人哪？给你钱。"

"什么钱？"

"你媳妇昨个来卖个人，说是疯子，愿意卖一百两银子，这钱你拿去吧。"

"哎呀！"张实一寻思，可能是他媳妇干的事，把二柱子给害了。

张实回到家里，二柱子回来了，怎么回事呢？他说：

"兄弟，你……"

二柱子说："嫂子呢？"

"不知道啊。"

张实一看他的衣服没了，不用说这是窑上拿她当二柱子投大显神通窑里去了。这真是害人害自己呀。

讲述者／查树元

采录整理者／徐奎生

采录时间／1984年4月

采录地点／新宾镇

背夹子不能丢

这家有老少三辈。有一个老头儿，七十多岁的人了，瘫巴（瘫痪）。彪彪呵呵的，什么活儿不能干，光知道吃饭。早先的人都有那么一句话：六十不死，就得活埋啊。这都七十多了，你说还不死，老这么吃吃喝喝的也不行啊。他儿子四十来岁了，孙子也十五六岁了，他们家好几口人，生活比较困难。他儿子就想用背夹子背着老头儿扔到山沟里，就不要他了。他们这有一个风俗：凡是人老了不行了，就用背夹子背到深山里扔了。老头的儿子就背着老头儿，领着他自己的儿子往深山里去了。找着深山里一个背静的地方，把老头儿就扔到那儿去了，没死就不埋，死了以后再埋。他把背夹子和人一块儿扔到那儿了。他自己的儿子跟着他啊，就招呼他阿玛说：

"背夹子别扔啊，拿回来啊。你看咱们家祖辈传的东西别扔啊。"

"不要了，要他干什么？"

"哪能不要呢？你老了我背你？搁什么背啊？不也得往那么远送吗？得拿回来。"

他自己的儿子把那个背夹子拿回来了，想等他阿玛老的时候也往那么远背他。人到老的时候，不能动的时候不也得背吗？他寻思寻思，我到老了不也是那么个下场吗？

"那我给你爷爷背回去吧。"把他老阿玛又背回来了。背回来以后，那个背夹子扔了，老人再怎么也不能背到山里饿死啊，那也不人道啊。

讲 述 者/查树元　男　69岁　初中文化　职员
采 录 者/陈　莹
采录时间/2008年7月25日
采录地点/新宾镇

一文钱与一头牛

从前，有一大家人，老头儿老太太，三个儿子，娶了三个媳妇。这时候，这老头儿寻思了，将来啊，我是让哪个儿媳妇当家呢，把这钥匙交给谁呢？我得考验考验他们，哪个儿媳妇会过日子我就让哪个当家。

早头儿一大家子人都在一起过日子，在一起吃，挣钱放一起，干活在一起。三个媳妇轮班做饭，你做一天我做一天，就这么轮。在早有个规矩，大年初一，媳妇们要给公公婆婆拜年。

这年的大年初一，媳妇们照例给公公婆婆拜年，老公公拿出来三文钱，给大媳妇一文钱，给二媳妇一文钱，给三媳妇一文钱。说：

"今天是三媳妇进门的第一个大年初一，三个儿媳妇都给我们二老来拜年，我没有多少钱，就一人给一文钱。一文钱给你们，三年以后，我要收回来，这钱你们好好用，别的话我就不说什么了，拿去吧。"

大媳妇一抹愣眼儿拿走了，二媳妇没拿正眼儿看一下，就把钱拿走了。三媳妇拿过这一文钱，把这钱哪，小心翼翼地俩手捧着。老婆婆看在眼里，老公公记在心上。

三年转眼之间就到了，这年又到了大年初一。这时候呢，他们全家聚在一起，吃过年的头一顿饭。大家在一起拜年哪，吃团圆饭哪。这个时候啊，他们家就不是三年前的八口人了，已经是十好几口人了，大儿媳妇生了两个孩子了，二儿媳妇生两个孩子了，三儿媳妇也生一个孩子了。这样一大家子人口坐在一起吃年饭。这时候，老公公

说话了。

“三年前，我给过你们一人一文钱，当时我说了，三年后我还要收回来。”

大媳妇一撇嘴说：“哟，那一文钱哪，当时就给小孩儿买糖葫芦吃了，那算个什么呀，我还你两文钱。”

老头儿说：“你给我十文钱我也不要，我要我那一文钱，我当时给你的那是大清国的钱。”

大媳妇说：“哎呀，阿玛呀，那钱没有了，我给不了你了。”

老头儿又问二媳妇说：“二媳妇，你那一文钱呢？”

二媳妇说：“哎呀，阿玛，多亏我留个心眼儿，我拿回来扔那个针线笸箩里了，给你拿去。” 起身下地，嘴里叨叨咕咕，哎哟，这老头儿抠的，给了一文钱还带往回要的。到自个儿屋翻出那文钱，扔给了老头儿，“给你吧，看好了，是这个钱吧，还你了！”

老头儿收起钱看了看，又问：“三媳妇，你那一文钱呢？”

三媳妇说：“我那一文钱哪，我给你牵去。”

大媳妇、二儿媳妇对看了一下，笑了说：“一文钱，怎么还能牵去啊？”

三媳妇也不说话，下地到院里，牵来一头牛，交给了老公公。

老头儿说：“三媳妇，你说说，你那一文钱怎么变成了一头牛的。”

三媳妇说：“当初你给我一文钱，我买了十个鸡蛋，我用这十个鸡蛋，孵了十只小鸡仔儿，出了六个母鸡，四个公鸡，我留了一个公鸡打鸣，那三个公鸡呀，长大以后我把它都卖了，卖这鸡的钱，我又搁它买鸡蛋，我这几个母鸡下蛋钱我都攒着，就这样，鸡生蛋蛋生鸡，生到第三个年头啊，卖鸡蛋的钱就够买这头小牛了。这牛还是个乳牛，用不上三年就能变成五个头儿。”

在座的人都看傻眼了，老头儿对三个媳妇说：“我当初给你们钱的想法，就是想看看你们谁会理财，谁会当家，现在不用我说，咱们家里头这串钥匙，应该给谁，我看就是三媳妇了，三媳妇啊，以后咱们这个家就你当了。家里的钱怎么开销，怎么用，全都你说了算。”

老头儿从身上摘下一大串钥匙交给了三媳妇，大媳妇二媳妇是干嫉妒没话说。

讲 述 者/查树元　男　69岁　初中文化　职员
采 录 者/陈　莹　张　岚
采录时间/2008年7月23日
采录地点/新宾镇

喂小咬

从前，有个黑松树村，村里有个姓黑的大粮户，全村一百多户人家，不是租种他的地，就是给他扛活。黑粮户待农民是心黑手辣，有一套损招儿。

正赶这一年春旱，庄稼苗都旱死了，到秋头种茬荞麦，人们吊顿揭锅，吃不上溜，哪里有钱粮交租税呀。可黑粮户说了：

"租税不能免，还得按时交，拖到来年，欠一还二。"什么叫欠一还二呢？就是欠一斗还两斗，欠一石还两石。村上有个佃户叫白义，说：

"你是东家，俺们是伙计，你开开恩，今年的租税就免了吧？"

黑粮户说："若想免租税嘛，倒有一个办法，那得按老祖宗的规矩办。"

提起黑粮户老祖宗留下的规矩，全村人都知道，就两条，有人胆敢穿铁鞋或者喂小咬，就能把全村人一年的租税全免了，还能把以往还不上的借贴（借据）当众烧毁，可是谁敢呢？

所谓穿铁鞋，就是把他们家一双不知传了多少辈的铁鞋，搁火烧的通红通红，叫你光脚往里穿。白佃户说：

"东家，你说话当真不当真？"

东家嘿嘿冷笑，说："我黑某人讲话向来是说一不二。"

白佃户来了倔劲："我今个就按你家规矩办。"

"请问你是愿意穿铁鞋还是喂小咬？"

白佃户一寻思，把脚插进红铁一烙，别说是肉脚，就是木头脚也

烙着火了，这不行，我还得干活呢。他说：

“喂小咬怎么个喂法?”

“天头一擦黑，把你身上脱溜光，绑在大树上，太阳一出来，给你松绑。你活着也好，还是被小咬咬死也好，全村一年的租税全免，以往欠的借贴全烧。”

“你说话算数?”

“我说话不算数行吗，这是老祖宗的规矩。”

全村人都劝他，那可不行啊。白佃户说：“不。”

日头一下山，就把白佃户扒个溜光，光穿个裤衩，绑在一棵大树上。那小咬咋咬，是钻心地难受啊，他咬牙挺着，一动也不动。

白佃户有个儿子，才七八岁，听说他爹喂小咬，就跑来了，说：

“爹，我替你，把我绑上，让蚊子咬我。”

他爹说：“快走！快走!”

儿子看爹不答应，就把自个衣服脱下来，好让小咬来咬自个，拿衣服来撵他爹身上的小咬。那些小咬，给他爹身糊得像个铁人一般，浑身上下，从脑袋顶到脚跟底下都给糊满了。儿子拿衣服，连扇乎带打，就把小咬都打跑了。

爹说：“糟了。”

儿子问：“怎么糟了呢?”

“你不能打呀，这个蚊子它在我身上吃饱了，不动弹也不飞了，我也许还能逃个活命。你把它们都轰跑了，再有些个饿蚊子飞来钉在我身上，那我能受得了吗?”

儿子一听，就哭了起来。爹不忍心看他哭，连骂带吓唬：

“你给我滚回去。”

儿子哭着回家了。

第二天早晨太阳一出来，儿子来看，他爹叫蚊子给咬死了。全村人也都来了，有的人在哭，有的人骂地主。黑粮户打赖也不敢了，这些人都急眼了，人命关天哪。大伙问：

“怎么办吧?”

呼嚎的，说什么的都有啊。黑粮户一看人多势众不好惹啊，就说：

“好好好，行行行，今年的租税全免掉。”

又把以往的借贴拿出来，当众都烧毁了。

白义救了一村人的性命，大伙为了纪念他，就把黑松林村改名为白义村了。

讲 述 者 / 查树元

采录整理者 / 徐奎生

采录时间 / 1986年6月

采录地点 / 新宾镇

请东家吃饭

从前，满族的人在长白山山里，靠打猎为生。到平原，不会种地。满族得了天下之后，有权的满人跑马占地，可不管占多少地，不会种，也种不过来。这就租给汉人或者满族的穷人种，他们吃地租子。那时穷人多啊，都争着抢着要租种满人的地。

有这么个满族的财主，姓索，外号叫索南拿。那时租地的管他们叫东家，给他干活儿的叫佃户。他占了很多地，人们都来他这要租种他的地。这财主就想，都争着抢着种我的地，我就得想个招儿，谁请我吃饭，我就给他好地种。不请我吃饭，我就给他破地种。谁要是请我吃的特别好的饭菜，我就给他特别好的地种，他就立了这么个规矩。所以，佃户们不管年成好与坏，年年都要请东家吃饭。请他吃的好，他就给你好地种。请他吃的不好他就给你不好地种，不请他吃饭，他就不给你地种。就这么个东家，佃户们背后都叫他“索难拿”。

这年，天气不好，佃户们不管种的好地坏地都欠收，人们的日子过得都比较困难。财主就跟大伙儿明说了：

“今年过年，有人再请我吃饭，我分三六九等。请我吃的越好，地就越好，吃的越不好地越不好。”有钱的请他，没钱的为了租地，出去借也要请他。

有这么一家，男的叫小根儿，女的叫小花儿。他们家有两个孩子，一男一女。穷得够戗，勉强维持生活，请东家的钱确实拿不出了，不请还不行，愁的啊，没法儿。小根的媳妇说：

“没事儿，我去请，我有办法。”

小根说："你这不大白天说梦话吗，你拿什么请，你有什么办法？"

小根媳妇说："你就放心得了，我让你干什么就干什么，在一边配合我就行。"

他媳妇小花儿打扮得立立整整的，干干净净地就去了财主家。她说："索老爷，我家已经准备好几天了，也排不上，今天老爷哪家也别去，就到我家吃饭吧，该我们做席了。"

东家一听这话挺恩着（舒服），说："哎呀，小根媳妇呀，你们家的情况我了解，过得不容易，能有啥好吃的，别请了，你们心我领了。"

小花说："哪能不请呢？我们只能比别人好，不能比别人差啊。"

财主一听小花这么说来了兴趣，说："那你说说，你都做什么，叨咕叨咕我听听。"

"告诉你啊，我做的光丸子就做了好几样儿啊。"

"都什么丸子啊？"

"南煎丸子、四喜丸子、干炸丸子还有水煮丸子。"

"这些丸子我倒是听说过，那个南煎丸子是怎么做的，说给我听听。"

"南煎丸子啊，我告诉你，那都是里脊肉，搁刀背儿剁三遍，搁刀刃儿剁三遍，调料搁齐了，油烧开了，把丸子扔里面炸，完了捞出来。再勾汁儿勾芡，把丸子装碗里一端，再搁一碗元宵，你都不知道哪个是元宵，哪个是丸子。"

"哎呀，这么好啊！我食量大啊，还有别的什么菜吗？"

"我不跟你细说了，鸡啊鱼啊鸭啊牛呀羊啊，你说那山珍啊海味啊，俺们家都备齐了，就等老爷去吃了。"

"什么叫山珍啊？"

"你不知道啊？就是俺们小根儿在山上采的猴头蘑，这么大个儿，那就是山珍啊。"

"那什么是海味呢？"

"就是鲨鱼翅呀。"

"你家有这个？"

"买的，托人买的。"

"你再给我叨咕还有什么。"

"我告诉你啊，飞禽走兽云中雁，空中落地海里鲜。样样儿都有，保你老爷满意。"

"那这些得老钱了。"

"你把好地租给我也合适。老爷你别忘了带着租地合同。"

"带着呢，带着呢。"

"啊，带着就行，老爷请吧。"

这就到她家了。

那个小根儿啊正愁呢，这可怎么办呢？他媳妇带着东家来了。告诉小根："东家来了，把水烧好了端上来。"

这个索财主啊，一天没吃饭了。饿得啊，就想赶快吃饭得了。小花说："我知道，您老人家天天吃好的，你先消化消化食儿，要不待一会儿该尝不出我的菜味儿了。"

在她临去财主家之前，她就烙好个黏火烧，搁炕柜里，炕柜开半边儿小门，刚好露出黏火烧就放在那儿，焦黄焦黄的黏火烧，在盘儿里搁着。财主馋的直咽吐沫，小花在外屋说：

"老爷等着啊，马上就好了！"

她把锅烧热了倒上水，"唰"的一声，她说："爆锅呢！"一会儿"滋啦"一声，小花说"炸丸子呢"。小花在外屋一会儿这个熘排骨，那个南煎丸子肉，在那儿叨咕。这老东家越听越饿，寻思我吃点儿什么玩意儿先垫垫肚子。一看这柜子里有盘黏火烧，一捏还热乎，我先垫吧一个。这么的，三个火烧吃两个的工夫，小花儿在外边一看，啊！吃了，吃了。就说："小根儿啊，我烙的火烧在哪里呢？"

"搁柜里了。"

"没有啊，哪去了？"

"可能孩子吃了。"

"哎呀，可完了！我下的耗子药啊！这可完了！你到外面找找孩子，是不是已经倒那了！"

这财主一听小花这一说，这肚子可真觉得疼了。他饿了一天，大口小口吃黏火烧，他能好受吗？财主害怕了，怕死呀，就说：

"小花儿，那黏火勺真下耗子药了吗？"

"可不真咋的!"

"那还有救吗?"

"那得灌粪汤子，把吃的吐出来，要不没救啊!"

"我家有事，我得赶紧回家。"

"老爷急什么，这马上开席了。"

"我不吃了。"

"那不行呀，我都准备了好几天，你不吃我这种地的合同签不上了呀，那你还能租给俺们好地吗?"

"能啊，我这就给你画押。"

财主急着忙着画个押，就跑了。小花家没花钱请东家，还种上了好地。

讲 述 者/查树元　男　69岁　初中文化　职员

采 录 者/李宏岩　孙　超

采录时间/2008年7月25日

采录地点/新宾镇

破闷儿招夫

从前有一个满族姑娘，开始他们家挺有钱，后来败落了，日子过得比较艰难。这个姑娘到十七八岁了，也没找着婆家。他阿玛有点着急，说：

“女儿啊，你这么大了，有合适的就找个人家嫁了吧。”

这个姑娘说了，“阿玛呀，不用着急。这是一辈子的大事，不能马马虎虎啊。”

“那你怎么办呢?”

“我要破闷儿（猜谜）招夫，谁要能破了我的闷儿，我就嫁给谁。不管他穷还是富，也不管他丑还是俊，我都嫁给他。”

姑娘从小额娘死了，他阿玛拉扯她挺不容易的。姑娘养成了倔强的性格，办事有主见。

姑娘自己写了这么个告示，就贴出去了。告示上写的是：破闷儿招夫。说：“远望前山一片光，近看谷库都是糠。绣花的针儿缺少鼻儿，五彩丝线怎纫上?”意思是说，望远一看，那光秃秃的山上一片光，自己的仓库虽然装五谷杂粮，但仓里没有五谷都是糠。一个绣花的小针，鼻儿还坏了，五彩的丝线怎么才能把它纫上呢？这么一个闷儿，谁能破了我就嫁给谁。

姑娘啊长得漂亮，还善良贤惠，远近出名，谁都知道这是个好姑娘。

来的人不少，都寻思来试一试。要是能破了姑娘的闷儿，不就娶到这个好姑娘了吗？来的人一看这闷儿太难，怎么猜也猜不对，都泄

气了。姑娘的阿玛也埋怨姑娘，说她尽出妖蛾子。来那么多人，就没一个合你心的？姑娘却不急不躁。

这天，由外地来一个小伙儿，穿得破衣烂衫，他到处找活儿走到这里。他会什么呢？会百家子弟。什么叫百家子弟呢？就是会木匠活儿、会瓦匠活儿、会铲田刨垄、农活儿庄稼活儿样样通，所以叫百家子弟。看这围了这些人，他也凑过来，看看热闹。一看是个告示，破闷儿招夫，上面的闷儿，他念了一遍，念完一把就把告示扯下来了。找到姑娘，一看姑娘心里就喜欢上了。他说：

“我是光棍一个人，来破这个闷儿可以吗？”

姑娘说：“我上面写着。”

小伙说：“好，你看我说得对不对。远望前山一片光，这是没有柴火。近看谷库都是糠，那是没有米啊。绣花的针儿缺少鼻儿，五彩丝线这很难过去啊，针没有鼻儿线怎么过去啊。这是说缺柴少米日子没法儿过啊。”

姑娘看看小伙，虽然长得不叫俊美，但是体格却也很结实。

“答得好，你愿意娶我，我就嫁给你。”

小伙儿当然愿意，两人就结婚了。小两口结婚以后，靠着勤劳过日子，越过越好，越过越富。

讲 述 者 / 查树元　男　69岁　初中文化　职员

采 录 者 / 孙 超　张 岚

采录时间 / 2008年7月25日

采录地点 / 新宾镇

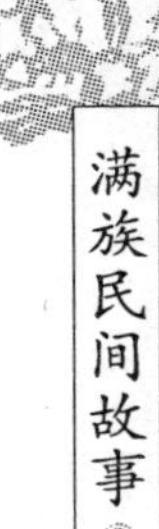

看见我那件白布衫了吗?

从前有这么一个小伙子，这小伙儿走路，看见深山老林里头有只漂白的大鹅在那儿下蛋。心想：哎呀，这深山老林怎么还有鹅呢？我把它抓住，留着回家养活着或者卖钱。这么的他悄悄地走过去扑这个鹅。一想啊，不行，这鹅这么大，我恐怕扑不住。怎么办呢？他就把白布衫脱下来，拿白布衫一蒙，真就把这只大鹅扑住了。

这只大鹅的劲儿挺大，又蹬又踹的，一下就挣脱了。顶着白布衫飞向天空，越飞越高，一会儿工夫就飞没影了。小伙儿一看，说："原来是一只天鹅啊！我还以为是家鹅呢！"鹅没逮着，还搭了件衣服。小伙儿光着膀子走到一个屯堡子。堡子里有一家结婚的，他光大膀子进去，去了就帮人家劈柴火儿，挑水。干了一天的活儿，都寻思他是哪边的亲戚呗，干活挺卖力气，也挺有眼力见儿。到了下晚儿了，吃完饭，家人就问他，说："你是哪的？"小伙儿说："是远房亲戚。"家人说："这么晚了，那你是不是得在这存一宿儿啊。"小伙说："回家道远，回不去了。"家人就跟小两口说："你看你家来的亲戚，没地方睡。你这北炕闲着，让他来你这睡呗。"小两口看他干了一天活儿，也没细问是什么亲戚，就说："行，就来北炕存一宿儿吧。"

小两口就在南炕把幔子放下了。这个小伙儿躺在北炕，心里想着天鹅把自个儿白布衫顶跑了，还别扭呢！睡不着。小两口就在南炕唠嗑，男的说："媳妇啊，你长得太漂亮了！就像天上的织女星那么漂亮。"女的说："你别夸我了，你才漂亮呢！你是天上的牛郎星。"小伙儿一听，腾地站起来，冲着南炕喊："哎呀，你们俩是天上来的啊！打

天上来的时候，那你看见我那件白布衫了吗?”

讲 述 者/查树元　男　69岁　初中文化　职员

采 录 者/孙　超　张　岚

采录时间/2008年7月25日

采录地点/新宾镇

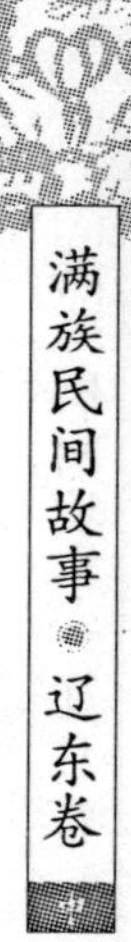

一文钱的故事

从前，有一个人特别吝啬。这个人穿着一个长袍，外罩马褂，为人做事，特别特别地吝啬。他吝啬也跟别人不一样，他做事吝啬，却好吹牛。上人家卖肉铺那个地方，人家扔那个肉皮啊，掉地上了，他就捡回去。捡回来了搁嘴上抹一抹，油汪汪的，见哪人多，他就开始说了，说，

“哎呀，你们家吃什么？”

“我们家吃高粱米。”

“你们家吃什么？”

“我们家吃苞米粒。”

“那你呢？”

“哎呀我啊，我哪顿不吃肉啊，你看我这嘴，油呼呼的才吃完。”

“那你吃什么饭哪？”

“高粱米饭加小豆，焖猪肉。可劲儿造。”

正待这吹呼着呢，他姑娘来了，说他：

“阿玛！阿玛！”

“干什么啊？”

“你天天噌嘴那猪肉皮叫猫叨走了！”

“让你讷撵哪！”

“我讷的裤子你穿来了，她光屁股能撵吗？”

大伙一听穷这样儿了，还出来吹牛呢。

他回家了，寻思这也太掉价了，太憋屈了，对他姑娘说：“把那被

面扯了，给你讷做一个围裆布吧。”

他家三个孩子，大儿子、二儿子，还有个姑娘。媳妇干活挺累的。他却穿着长袍马褂闲着没事瞎溜达。看人拿钱扔坑里玩儿，他也凑了过去。玩儿的人扔钱看谁扔的准，一扔扔他脚底下去了，一文大钱滚到他脚下，他一脚踩上了。

“钱哪去了？钱哪去了？”

“他给踩了！”

“哪有？”

“你看，脚底下踩着呢！”

“哪有？”

“那个脚。”

“搁哪呢？”

“在你手里了。那个手，那个手！”

“搁哪呢？”

“搁嘴里呢！”

“谁搁嘴里了？”

完了，一说话一着急，钱咔到嗓子眼儿上了。

“啊——啊——”

完了，卡嗓子眼儿里出不来了，上上不来，下下不去，抠抠不出来，弄也弄不出来。一憋多少天啊，这人都快活活地憋死了。大儿子说：

“咱们家啊，还有一头牛，卖了吧，咱也别种地了，我阿玛穷一辈子，死了好好发送发送。雇个喇叭，咱们把猪杀了，摆摆席请大伙吃一顿。”

这话让老头儿听见了，气得脸像猪肝色儿似的。儿子问他怎么生气了？儿子怎么说怎么不对，他这个不乐意呀。大儿子白说了，听二儿子说吧。二儿子说：

“哎呀，我看这么地吧，把咱们的那个牛也卖了猪也卖了，咱们多买些纸活，买个大棺材，发送我阿玛。”

他听了还是不乐意。

“这还是不对呀。”

老头儿看看姑娘，叫她说说。姑娘看她阿玛指指灯，姑娘知道，阿玛嫌灯芯太大了，这姑娘心眼儿精，把芯拨小点儿，姑娘说：

“要我当姑娘的说话，你们别不爱听，我这个老阿玛一辈子，仔细过日子，哪能那么浪费呢。”

老头儿点点头。

“我算计来算计去啊，等阿玛死后，不用买纸活，不用装棺材，更不用摆席。等老人家死了，咱们给他洗干干净净的，洗完了卸巴卸巴，那骨头呢，咱单独卖那骨头汤，肉呢，咱把它烀熟了，卖肉是不是能赚俩钱儿啊，过日子要紧嘛。人，死了死了嘛，另外那肠子肚子呢，咱们也烀熟了卖。”

这回老头儿乐的，比画着要笔。

要笔？写字！啊，好。笔递过去，写吧。

只见老头儿写道：“我姑娘说得对，就照姑娘说的办，卖肠子的时候啊，别忘了好好撸撸肠子，我有一文大钱啊，卡嗓子那了，要拿出来，千万别连钱卖给人家。”

讲 述 者/查树元　男　69岁　初中文化　职员

采 录 者/陈　莹　张　岚

采录时间/2008年7月22日

采录地点/新宾镇

清原

满族民间故事

◉传说篇

小罕子放山

小罕子搁总兵府李成梁那儿逃出来之后，不敢回家，钻到大山里，碰到了一伙儿挖棒槌的人收下了他。由于他小，就让他在窝棚里给大家洗洗涮涮，烧火做饭啥的。

赶上挖不着参，大家伙不高兴。他就尽量把饭菜做得好一点儿，让大家吃得饱点，把水烧得热点，把脚烫得舒服点。

这天，他见大伙挖着参了，还是不高兴，就问把头："不是挖到了吗，怎么还叹气呀?""怎能不叹气呀，挖了这么多天，连个大货的影子都没看着，尽挖些二甲子。"

"什么叫二甲子?"

"就是小人参、小棒槌。"

"我看看。"

他搁筐里掏出几棵一看：

"哎呀，这玩意儿叫棒槌呀，我今天上山采山菜，山上有的是啊。"

"真的吗? 那你快领我们看看。"

吃完了饭，他们就跟着小罕子到采山菜的地方一看，哎呀我的妈呀，一片啊！全是五品叶以上的。大伙就开始挖，挖到天亮才挖完。

大伙那个乐呀，把头说，卖了钱，得给小罕子多分点不可。小罕子说：“谁知这玩意儿还能卖钱，我上山经常遇到，咱烟囱后还有两棵呢。”大家听了他的话，打着灯笼火把到烟囱后一看，“哎呀，可不是怎么地，还是两个大货呢！咱砌烟囱时怎么没看着呢？小罕子，你简直是神人啊！”

从此之后，小罕子说哪有哪就有。大家说：“你是金口玉言那，就给俺们当皇上得了。”

老把头说：“这可不行，虽是戏言，让朝廷知道了，犯灭门之罪啊！可不能瞎说呀！”“咱们在大山里说一说有啥啊，咱就戏言戏说呗。”“既然是戏言，只能在这说，不能在大庭广众面前说，说了可了不得呀。”“小罕子当皇上，咱大伙儿就是大臣呗。”小罕子这时候胆儿也大了，虽然是小孩儿，他为放山立了大功，有地位了，就说：“行，我当皇上，你们就给我当大臣吧。”

大伙说：“好，那我们给你当大臣。”

“没有金銮殿啊？”

“这石头堆子就是金銮殿。”

“那没有兵啊！”

“草木皆兵。”

说着逗着，大家还真是假戏真做，三呼万岁，说臣道孤地玩了起来。弄得大伙挺开心的。

这时小罕子说：“列位爱卿，山后边有棵杨树，杨树旁边有一棵老参，比咱们以往挖的都大，快去把这一棵给朕挖出来。”

大家也就是图个热闹，并未当真，跑到大杨树跟前一看，果真有棵人参，七两为珍，八两为宝，正好是八品叶，这把大伙乐的，开玩笑变成真事了。费了好大工夫才把这棵参王挖出来了。小罕子在这棵杨树上刻了一些字，留作挖出参王的纪念。杨树有真龙天子在上面刻字，沾了灵气，活了五百年不死，越长越大，现在十个人拉着手也抱不过来，而且枝繁叶茂。

讲 述 者/孙恩旭　男　82岁　不识字
采 录 者/王　冬
采录时间/2009年7月21日
采录地点/红透山镇上大堡子村

金圣叹灭十族的传说

有一个小湖，湖当间有块儿陆地，陆地上长棵树，树底有洞，洞里头有个成仙得道的大蟒，它管这方圆四十里地庄稼的旱涝，老百姓都挺得意它。大蟒勤快，旱了它就兴风行雨，雨下得不多不少，正好够用。

湖的边上，住着一户姓金的人家。这金家的小鸡总丢，当家的以为小鸡是让湖心岛上的大蟒给偷吃了，他就打了把飞快的尖刀，趁这个大蟒出去行雨的工夫，他游到湖心岛，把刀尖朝上固定在树洞里了。大蟒行完雨，回到树洞，这一进去不要紧，唰一下子，尖刀搁下巴底下扎了进去。大蟒疼啊，它使劲地往前爬。这一爬，那尖刀从它的下巴一直豁到尾巴，大蟒想："谁对我下这么狠的毒手啊？"大蟒掐指一算："哎呀，是老金家，我对你近日无寃，往日无仇，咱们都是邻居，你怎能对我下这狠手呢？你家小鸡丢了，是狐狸吃了，你怎能赖我呢？"大蟒想来想去，咽不下这口气，就想，你媳妇正好怀胎，我就到你家转世，必报此仇！

十月怀胎，姓金的媳妇果然生了个白胖白胖的大胖小子，取名叫金圣叹。说话的光景，金圣叹就长大上学念书了。他特别聪明，老师说上句，他就能联下句，不教自会啊。一来二去，金圣叹进京赶考就考中了状元，做了朝廷的大官，陪伴当朝皇上。

这天上朝，金圣叹把官帽子上的花翎子拔掉了，别在后裤腰上了当尾巴，还把朝服的马蹄袖抹了下来。人家走着上朝，他四个腿爬着上朝。皇上问："金爱卿，你这是出的啥丑啊？"他说："这不是大青马

来朝嘛。”“你敢对我朝武德圣祖不敬，你不知这是要祸灭九族吗?”金圣叹说：“我知道，皇上，你最好是祸灭我金家十族!”皇上一听金圣叹这么轻蔑朝廷刑律，说“好，那就灭你金家十族。”这就是金圣叹招祸灭十族的传说。

讲 述 者/黄振华　男　68岁　小学文化
采 录 者/王　冬
采录时间/2009年7月21日
采录地点/红透山镇上大堡子村

吕洞宾开药铺

有个李郎中，那病叫他看绝了。有一个孕妇，难产死了，往外抬的时候，李郎中看见棺材缝往下淌血，就知道这人没死，他上前拦住了抬棺的说："这人没死，你们就往外抬？"抬棺的说："人已经咽气了。"郎中说："那是假死。"他让人把棺材打开，在孕妇身上针了灸，不一会儿，人活了，孩子也出生了。李大夫这下出名了，找他看病的老了，比喜来乐（清末神医）还厉害。

名医的事叫吕洞宾知道了，吕洞宾说："我也开药铺，我是神仙，还干不过你？"吕洞宾在道北也开了个药铺店儿。

一天，有一家的儿媳妇冷不丁昏死过去了。老头儿告诉儿子去找李郎中。吕洞宾算到了老头儿的儿子要找李郎中，他就去堵人去了。看见老头儿的儿子就问："你慌慌张张的干什么去呀？""我找郎中给家里的看看病。""你找哪个郎中？""我找李郎中。""我就是吕郎中。"

他心里急呀，也不管"李"还是"吕"，是个郎中就行啊，就把吕洞宾领回家了。吕洞宾掏出个仙丹就放病媳妇嘴里去了。这人立马就活了，但是不能说话总是直勾勾的。老头儿说："儿子，你请的那个郎中，是李郎中还是吕郎中？"儿子说："我也弄不清他是姓吕还是姓李。"老头儿说："指定是吕郎中看的。"儿子说："你怎么知道？"老头儿说："吕郎中来看，你媳妇能睁眼。李郎中来看，你媳妇能下地，你还是请李郎中吧。"

儿子就问道南药铺坐堂的："你是李郎中还是吕郎中？""我是李郎中。"李郎中来到病人家一看说："你媳妇早死了，吕郎中在她嘴里放

了颗仙丹。”李郎中用手一扒拉这媳妇的头，这媳妇头一歪，仙丹从嘴里掉出来，人就没气了。李郎中伸手一把就把仙丹接过去了。从此，李郎中有了仙丹，医道更出名了。吕洞宾云游四海去了，不再和李郎中较劲了。

讲 述 者/黄振华　男　68岁　小学文化　农民
采 录 者/白云锋
采录时间/2009年7月21日
采录地点/红透山镇上大堡子村

秃尾巴老李扛黏种

秃尾巴老李是谁？他是黑龙江里一条没有尾巴的龙，经常变成人形帮助穷人。

有一回，秃尾巴老李碰着一个给财主扛年头的小伙子，就问：

“你干这活，一年能挣多少钱啊?”

“能挣一石二斗粮。”

那时候什么东西都搁粮食作价。一石二斗粮是多少呢？搁现在说，不到四百斤粮食。

秃尾巴老李说：

“我要是东家，指定不能给你这么少的工钱。”

“你是真的吗?”

“咋不是真的呢。”

“你要真的，那我就给你干活。”

“行啊。”

秃尾巴老李说：

“我有块撂荒地，你给我耕种，今年我就让你发财。”

“我得雇人帮我干活啊，还得供人家吃喝啊。”

“那没事，你该怎么干就怎么干。”

春天种地的时候，秃尾巴老李指着一片荒草地，告诉扛年头的小伙：

“就这块荒地，你种吧。”

扛年头的小伙开始放火烧荒，雇犁开垦。

小伙问秃尾巴老李：

"东家，这地种啥庄稼?"

秃尾巴老李拿来几粒高粱种，对打年头的小伙说："种高粱吧。"

"这么一块地，就这几粒高粱种，怎么种呀?"

"就种五棵高粱。四个地角各种一棵，当间儿种一棵。"

小伙儿一瞅，心想：你这种的是什么地啊？到秋天打不出粮食，扣我工钱咋办？就问他：

"你这是种地吗?"

"你看呢。"

"我看是胡闹。"

"你嫌种的多呀，那就把四个地角砍去不种吧。"

小伙儿说："一共种五棵高粱,你还砍去四个,就留当间儿一棵。这回倒好侍弄了。"

秃尾巴老李告诉小伙：

"你天天到地里去，搁高粱根底下一坐，把眼前收拾光溜就行了。我叫你什么时候收割你再收割。"

别人都割完地该打场了。秃尾巴老李才告诉小伙儿：

"你多预备点麻袋，留着装粮食。"

小伙儿想：就一棵高粱，再粗再大能打多少高粱？哎，东家说了就整吧，反正给我工钱就行。

该收高粱了。秃尾巴老李让小伙拿梯子去打高粱穗子。小伙儿站在梯子上，高粱秆连歪都没歪。拿着杆子在穗子上磕打一下，"哗"就掉地下一层的高粱。磕打一下，"哗"又掉下一层。秃尾巴老李让小伙儿一个劲地磕打。高粱快把小伙儿给埋上了，说：

"这高粱怎么这么多啊?"

"多少都是你的啦,你自己用麻袋慢慢往家扛吧。"说完,秃尾巴老李就走了。

讲 述 者／盖英杰　男　69岁　小学文化　农民

采 录 者／王思雯

采录时间／2009年7月21日

采录地点／红透山镇上大堡子村

棒槌园子的由来

早先年，从关里上来这么老哥五个，到清原这地方就给人家抗大年（抗大年：指农村旧时雇农）。可是一直干了十来年，一分钱也没捎回关里家。哥五个一看，咱不能再给地主老财干活了，咱们也去挖棒槌吧。这就弄了点米，背搭着，进了深山老林了。

哥五个在深山老林里转了好几天，连个棒槌影子也没见着。这一天，天将要擦黑的时候，哥儿五个来到一个地方，靠着一棵大树，支上锅，就要做饭。老大冷不丁抬头一瞅，就招呼上了："哎，你们快看那，这不是棒槌吗？"哥儿几个一看，嗬！正是开花的时候，通红一片哪！稀哩呼隆地这就挖的挖、刨的刨、拽的拽，一会儿的工夫就造了满满登登的一背夹子。老五说："天头黑了，也看不见了，明天再挖吧。"

到了第二天早起一看怎么样，没有了，再怎么也找不着了。这哥儿五个就把这一背夹子棒槌背到了盛京城卖了，发了一笔大财。回来以后，他们就把挖棒槌这个地方买下了，起名叫"棒槌园子。"

这个地方就在南八家乡，四道河子村，往上走不远的四垄沟附近，老年人都知道这个棒槌园子呢！

讲 述 者/郑启东　男　1938年生　汉族

整 理 者/赵志强　男　1951年生　汉族

采录时间/1986年

采录地点/清原县

将 军 坟

有两个南蛮子到咱这大满州来占坟。

两个蛮子走到一个地方，其中一个说：“这地方占坟能出将军。”

另一个蛮子说：“我看不见得。”

“怎么不见得，咱们今儿个插上干蒿子棍，明儿个就能发叶，你不信咱就试试。”

“我看不那么灵，这地方没有那么大的力量。”

“你就照我说的办吧！你那点儿道行，还看不透这玩艺儿。”

“那咱就试试吧，插几根干蒿子，看明天发叶不？”他揪了三根干蒿子插上了。

两个南蛮子的话被一个小猪倌听着了，他寻思，这地方真像他俩说的那么好嘛？要是真的，我就把我阿玛埋在这儿，我阿玛的棺材还没找好地方落葬呢。

第二天，小猪倌儿早早到那一看，三根干蒿子真发叶了。他撅了同样的三根干蒿子插上了，把那发叶的蒿子拔走了。然后躲在一边等着，看看两个蛮子咋办。太阳老高了，俩蛮子来了：

“你看，怎么样？我说这地方不行吧！啊，你看发叶了吗？”

“不能啊，我算的不大离儿啊！”

“不大离儿？远了去了。你看发了吗？连点发叶的意思都没有！”

“我就不信了！咱今儿个埋鸡蛋，明儿个指定出鸡崽儿。”

“我也不跟你犟了，你埋吧，明儿早上保证还是鸡蛋。”

这两个蛮子又埋两鸡蛋。小猪馆躲在一边看得明明白白，听得清

清楚楚。

第二天小猪倌又起个大早，弄两个鸡蛋。到那儿把土扒开一看，真的是俩鸡崽叨破壳儿了，他把叨破壳的鸡崽拿走了，又把俩鸡蛋埋在了原位儿。

又是太阳老高了，俩蛮子才来。到那儿把土扒开一看："我说这地儿不行吧，你看，这鸡蛋还那样，哪出崽儿啦？"

"真是我看错了？走吧，这地方拉倒吧。"

事后，这小猪倌儿把他阿玛安葬在那地方了。

后来，他娶了媳妇，生了个儿子，儿子长大后真的当了将军。将军死后也埋在那儿了，还立了个大石碑，俺们把那儿就叫将军坟。

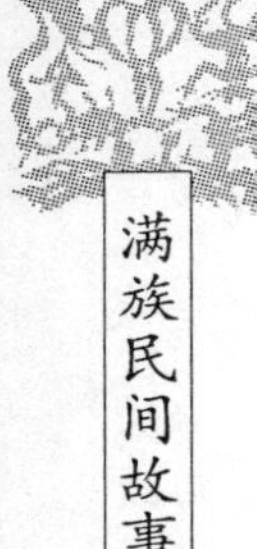

讲 述 者／黄振华　男　68岁　小学文化

采 录 者／白云锋

采录时间／2009年7月21日

采录地点／红透山镇上大堡子村

梳龙背的来历

乾隆皇帝返乡祭祖，走到天刚黑还没黑的时候，朦朦胧胧发现前边有一头牛在道边趴着。这么晚了，谁家牛不往回赶啊？乾隆皇帝下了龙辇，到跟前儿一看，是一块大石头，这石头怎么这么像牛呢？乾隆皇帝让随从点上灯笼火把仔细观看，这头、这身，这尾巴比例非常协调。他来了兴致，借着灯光写下了一首诗：

怪石峨峨似一牛，安然不动几千秋。
轻风拂体无毛动，细雨淋身有汗流。
遍地野草难入口，长鞭任打不回头。
路上行人归来晚，疑是谁家牧未收。

作了这么一首诗，天已黑了，乾隆皇帝就在牛石附近的客栈住下了。早晨起来，乾隆皇帝上山溜达。突然发现马蹄袄袖上有个东西叮着，他问太监：

“这是什么东西啊？”

“此物为蚂蚱。”

“蚂蚱是什么？”

“是蝗虫。”

“蝗虫有何用？”

“蝗虫食青苗，多了就是蝗灾。”

“既是此等物，你远点给我搧着。”

乾隆皇帝一甩袖子不要紧，就把蝗虫甩出老远。他当时是站在山梁上，从此这道山岭，他甩袖子那一侧，连蛐蛐、蚂蚱、山叫驴、蝈蝈什么玩意儿都没有了。山的这一侧呢，到处都是蝈蝈、山叫驴、蚂蚱、蛐蛐什么的。

乾隆皇帝继续往前走，太监说：

“万岁爷，该梳洗了。”

“就在这梳洗吧。”

太监把龙墩放下，乾隆皇帝坐下来，太监“唰唰”给他梳头编辫子。这时，山上山下干活的百姓一看，我的天啊，这不是皇上吗？大伙跪下齐呼万岁。乾隆皇帝高兴了，说：“百姓们平身，忙你们的去吧。”他梳完头，上了轿，奔永陵去了。人们为了纪念乾隆皇帝梳头的那个山梁，改名叫梳龙背。山下的村子，叫梳龙背村，就是现在的敖家堡子。

讲 述 者/康喜鹏　男　55岁　高中文化

采 录 者/王思雯

采录时间/2009年7月21日

采录地点/红透山镇上大堡子村

红河谷的来历

有这么一家，家里有五口人，老两口领着两个女儿和一个儿子过日子。后来孩儿们的讷讷死了，阿玛又给孩儿们找了个后讷。后讷对孩子们不好。两个女儿十二三岁就给嫁出去了，就剩十岁的男孩在家干活。

这天，男孩被后讷逼上山去刨山芝麻根儿，后讷告诉他刨不满筐不准回家。男孩儿还太小，也不大会刨，刨了一天也没把筐装满，到了晚上就不敢回家了，就在山上的大树底下等了一宿。

第二天，男孩儿接着刨山芝麻根儿，他看见有两个老头儿领着一群小孩儿藏猫猫玩儿呢，他也跑过去和那些孩子一块玩儿了起来，他玩儿得忘了刨山芝麻根儿了，就看树叶一会儿绿一会儿黄，不知道变了多少回。孩儿们玩儿够了，喊着“回家吃饭喽！”忽喇一下就没了，就剩小男孩自己了。天又黑，又饥又渴的，可是这筐还没刨满呢，回去准挨后讷揍。那我也得回家，揍一顿就揍一顿吧！就回家了。

一进院儿，一看他阿玛和讷讷都老了。他阿玛不认识他了：

“你是谁啊？”

“阿玛，讷讷，是我啊，你们的小儿子！”

“我的儿子？十年了，你跑哪去了？”

“我前天上山刨山芝麻，今天不是回来了嘛！”

“这哪是前天的事？你照照镜子，看看自己的模样吧，都大小伙子啦。”

他对着铜镜一照，可不是嘛，我怎么变成这模样啦？

“好了，你长大成人了，你就出去单过吧。”

后讷把他撵出了家门，阿玛想留下他，可说的不算呀。

他只好到看瓜的窝棚里住了，他净身出户，什么也没有，只好顺着刨山芝麻的原路去找那群孩子。地方是找到了，可老头儿和孩子怎么也找不着了。他连饿带累就依着一棵大树睡着了。这时，那些小孩和老头儿又来了，他跟人家玩了一气儿说：“我阿玛和后讷把我撵出来了，我什么都没有，怎么活呢?”老头儿告诉他：“你将来是给真龙天子画画的，你别小瞧你自己。”

“我留在你这儿行吗?”

“你是凡胎，不能和我们在一块儿。”

老头儿给他一支笔：

“这笔就是你的衣食饭碗，你想什么，用这笔一画，它就出来了。”

“我不会啊。”

“不用你会不会，你只要你一想画什么，就画出来了。”

“那我想画一头牛。”

“那你心里想头牛，你就画吧。”

男孩心里想着牛，就瞎划拉一下，果真画出来个大牛，大黄牛一尥蹶子就落地了。

老头儿说：“你先到姐姐家待着，等有人找你画的时候，你再画，记住，千万不能把笔整丢了。画画也只能给穷人画，不能给富人画，你记住啦。”

他抱住那老头儿，不愿离开他们，老头儿用力一推，把他推下山崖。他吓得忽悠一下，醒来一看是个梦，自己手里真有一支笔。他按照老头儿说的，到了姐姐家，姐弟十年不见，都不认识他了，他就把上山刨山芝麻根儿遇到神仙的事跟姐夫、姐姐学了一遍，姐姐、姐夫就把他留了下来。姐姐家房小，睡觉的时候挺挤，他半夜起来，到院里给姐夫、姐姐画了带院套的五间大瓦房，又画了一挂马车，鸡鸭猪鹅满院子。

第二天，姐姐、姐夫起来一看，一夜之间，怎么就变成财主了，什么都有了。他姐家就富了。姐家的邻居没有牛的找他画牛，没有车的找他画车。

这事一传十，十传百，辽东总兵李成梁听说了后，心想：整个东北我说了算，虽然我不是皇上，但我胜过皇上，我把这小子找来，给我先画一个年轻、漂亮的美女做妃子。就叫人把他请进了总兵府，好吃好喝地供着他，让他画个美女。小伙子想起老头儿的话了，不能给富人画，可是不画不行呀，他想来想去，就画了一个美女，又在腋下画了两块狐臭，画完之后交给了李成梁。李成梁一看傻眼了，这姑娘长得简直就没法形容啊，急得他立马就要跟美女近乎近乎。结果还没等他走到跟前，那狐臭味就让他受不了，气得他把小伙子拽过来说："你给我画此等美女，馋煞我也，还让狐臭熏我，实在可恨，给我关起来！"他还不解恨，"你画狐臭臭我，我让你先闻个够。"把狐臭美女和小伙关在了一起。这美女一看到小伙就哭了：

"你把我画出来，那我就有阳世之缘，你何苦又给我画个狐臭啊，人没等接触我，老远就能闻到狐臭味儿，你让我怎么活啊？"

"我能把你狐臭画出来，我还能把狐臭给画没了。""那太好了，我要这么臭下去，我还不如死了！"说着，小伙把狐臭画没了。

美女说："咱俩怎么也得跑出去呀？"

"那还不好办！"他在墙上画了个窟窿，两个人就跑了。

他俩跑回了老家，对美女说："到门口了，看看阿玛吧。"他后讷也听说他有一支笔，画什么来什么，见他回来，马上笑脸相迎说："哎呀，我儿子回来了，快给讷讷画点儿金条吧。"他一寻思讷讷对他姊妹兄弟的虐待，就恨他讷，他给讷画完金条，又在金条上画了两个眼睛，不大一会儿，一堆小长虫叽溜溜地满屋乱爬，把他讷吓得鬼哭狼嚎。他阿玛进来把小长虫搁笤帚扫出去了，才拉倒。气得后讷发狠道："你画金条怎么能变成长虫呢？你不好好给我画，我就把笔给你撅（折断）了。"他后讷狠哪，说到就能做到。小伙想，我不能跟她硬着来，他就说："那么地吧，我给你画个金蟾吧！"他就画金蟾，画的是大金蟾领着一窝小金蟾，把他后讷乐得够戗，把金蟾放在特制的龛里面，等金蟾生金。小伙趁他讷观赏金蟾时领着美人走了。他们已经走远了，他后讷看金蟾变成了一个大癞蛤蟆领着一堆小癞蛤蟆，他后讷气得够戗，出来找他时，早就没影了。

两人村镇、都城哪也不敢去，因为有李成梁的画影图形抓他呢，

只有跑进大山里才安全。跑进山里之后，这美女就说：“我一身汗，得洗个澡。”他说：“我给你画一条河。”他就画了一条小河，美女在河中洗澡，他到树林里去回避。

就在这时侯，突然从山上下来了几个山贼，发现光巴出溜的美女在河里洗澡，几个山贼奔河边就去了：“哎呀，哪来的这么美的女人啊！是不是仙女来这洗澡！”就围过去欲行不轨。美女大喊救命。小伙一看山贼来了，立刻画了一只大老虎，这只老虎就奔这几个山贼去了。山贼一看，老虎来了，丢下美女逃命去了。

美女对小伙说：

“我光着身子，什么都叫你看见了，那我就是你的人了，我得嫁给你。”

“不行，你是我的画，我不能要你。”

“你不要我，谁要我？我跟定你了。”

小伙寻思，反正我也没媳妇，跟就跟吧，他就满口答应说：“行！”从此，他俩就成了夫妻。在山上画了个很不起眼的小房，还有锅碗瓢盆，米面酱醋，就在那住下了。

有天晚上，小伙又梦见给他笔的老头儿，老头儿告诉他说：“明天有个骑马的人从这路过，叫努尔哈赤，你上前拦马，告诉他，你是仙家说的专为一朝君王画画的。”

第二天，努尔哈赤领着兵马果然路过，他上前跪下，说：“我是给一朝君王画画的画师，我能画好多画，不知道你能不能用我？”

努尔哈赤问他：“你都会画什么？”

“我什么都能画。”

努尔哈赤说：“这里是我建州女真起兵的地方。玉皇大帝有凌霄殿，有南天门，有水晶宫，有御花园。我也要有玉皇大帝那些东西。你要能把这些东西给我画出来，我就留你。”

小伙拿出笔就按着努尔哈赤指点的，画出了水晶宫、御花园、南天门、钓鱼台。努尔哈赤看完画后，说：“这个地方还缺什么呢？缺水，你再画上一条河。”小伙就按照自己的想象画了一条河，河两边画上了悬崖，就成了一条峡谷。努尔哈赤说：“河两岸悬崖上要绿树成荫，鲜花满崖。”“大王，你喜欢什么颜色的花？”“红色的。”他就画了

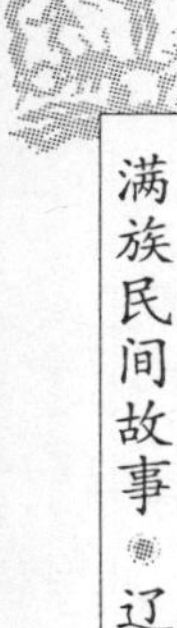

一些鞑子花，整个河道两边全是鞑子香花，把河水都映红了。努尔哈赤说：“这才对劲儿，这条河水清澈见底，河水是滋润咱们女真人的母亲，你能不能把母亲给画上去。”小伙说：“这是山水景物，再画个人，怎么画呢?”小伙灵机一动，就画了两个山峰，很像女人的一对乳房，叫双乳峰。因为鞑子香花把河水映红了，这条河就叫红河，峡谷就叫红河峡谷。

讲 述 者/康喜鹏　男　55岁　大学文化
采 录 者/王思雯
采录时间/2009年7月21日
采录地点/红透山镇上大堡子村

老虎顶子的传说

从前，有娘俩儿在大山里头住。

一个下小清雪的晚上，他家门外来了一只老虎，把娘俩吓得够戗，拿起烧火棍躲在门后，一旦老虎进屋，他们准备和老虎拼命。老虎不但没有进屋，而且把背对着房门，脑袋冲外。天都亮了，娘俩儿从门缝往外看，老虎没走，仔细一看，老虎背上有一只箭。老太太看明白了：哦，老虎跑到咱家门口，是让咱娘俩给它拔箭哪。老太太说：

"儿子，你别出去，我老了，老虎要吃就吃我。"

"那哪行！讷，你不能出去，我去，我年轻脚灵。""你听话，咱家就你这么一个独苗，你要没了，我活着还有什么意思。你将来还要娶媳妇生儿子，我去给它拔下来。"

老太太出去，一下子就把箭给拔下来了，老虎站起来回头瞅瞅老太太，点点头走了。

过了半个多月，一天半夜，听院子"轰隆"一声，娘俩儿又吓一跳，也不敢出屋。等天亮开门一看，是个死狍子。从那以后，隔个十天半月的，野鸡呀、狍子、野猪啊就扔过来一个。

有一天天刚亮，老太太早起抱柴火做饭，开门一看，一个大姑娘在门口坐着呢，老太太问："姑娘，你是谁家的啊？"

姑娘就哭了："我是个做活的丫头，那家老财非让我跟他傻儿子拜天地不可，我气得上我讷坟上哭去了，蹿出个大老虎把我叼起来就送你家来了，我也没敢进屋，就在你家门口坐着。"老太太这才知道，往他家送野物的，原来是那只大老虎，再看这姑娘，年龄和她儿子差不

多，老太太挺乐，就把姑娘让进了屋。

多少年了，这个家也没有姑娘进门啊，小伙子也从来没和姑娘这么近地待着过，有点儿不好意思，拿起家什上外头干活去了。老太太和姑娘一唠，姑娘也乐意住下来，就认干闺女。时间长了，两个年轻人也有感情了，她管他叫哥，他管她叫妹，但谁也不好意识捅破这层窗户纸。老太太看得明明白白的，就说："孩子，你给我当儿媳吧。"就这样，这个姑娘从干闺女又变成了儿媳妇。

过了好几年，小两口在院子里干活呢，突然发现山顶上一群乌鸦盘旋着在山头来回飞。打猎的都知道，凡是山上一群一群乌鸦飞，准是那个地方死了动物。"咱上山看看。"小两口来到山顶一看，是那个大老虎中了猎人的套儿被勒死了，他们俩望着死去的老虎伤心极了，这是他俩的媒人哪。他俩在山顶上把老虎埋了，还立了个木碑纪念它。

从此之后，这个山就叫老虎顶子。

讲 述 者/康喜鹏　男 55岁　大学文化干部
采 者 录/王　冬
采录时间/2009年7月21日
采录地点/红透山镇上大堡子村

王八堡子的由来

清原县有个王家堡子，王家堡子村头有块大石头，这个石头有两铺炕那么大。从侧面看，就像一只大王八伸着脑袋在小河边喝水。尾巴正好挨着道边，搁那一路过呢就能看到。据村里上年纪的老人说，原来王八的后面还有“大王八”三个字，字是一百多年前人们凿上的。关于它的由来，相传还有段故事呢。

说有一个书生，家中父母去世以后，他就投奔王家堡子他大爷家。他大爷是个额真，是个王爷的后人，他要进京赶考，是想让他大爷给找个读书的环境。他大爷把他安排在家庙里，那比较清静，平时没人打扰，又找了一个叫马大元，一个叫马二元的哥俩陪读并伺候他。

有一天晚上，书生屋里来了一个女子，长得挺好看，就说：“书生啊，你可算来了，五百年前，师父就告诉我，你是我的夫君。我在这苦等了你五百年。”

书生说：“怎么可能呢？我是书生，是要进京赶考的，五百年前的事我不知道，以后的事我也不知道啊。”

女子说：“你是我的夫君，这是我师父告诉我的，我只能嫁给你。”

一是姑娘真情，二是姑娘长得漂亮，书生对这个姑娘真有了爱意。书生也不躲也不撵她，女子就在书生屋里待着。

马大元和马二元就把这女子来的事告诉了书生的大爷，还说：“那女的总是半夜三更来，说不上是妖孽呢！”书生的大爷找了一个阴阳先生，阴阳先生就给赐了一道符让贴在庙门上。说有了这道符，如果真是妖孽就进不来了。可到了晚上，这个女子又来了。

书生说："阴阳先生已经把符贴在门口了，你怎么还能进来呢？"

"阴阳先生才多大啊，我有五百年的道行，他能治得住我吗？我明告诉你，我不是人，但我也不害人，我绝对不会害你，咱俩的姻缘是五百年前山神选定的。你要是修行成了神，能给一方百姓做好事；你读书不管费多大劲，你命中注定名落孙山，榜上无名。"

经女子这么一说，书生也就泄气了。

"我怎么办呢？"

"你跟我走吧。"俩人就走了。

马大元和马二元发现书生不见了，就告诉了他大爷，但是哪找也没找着。实际，这女子是山上的一只王八精，书生跟王八精进山，也变成了一只王八。每天和王八精一起修行。后来他们有了自己的小王八崽子。他俩经常领着自己的孩子满山地游荡。游荡时就变成人形，修行时就现出原形。

有一天，他们带着孩子出来玩儿，媳妇口渴了。书生说："你在这歇会儿，我下山去给你取水。"书生就下山了，往山下爬的时候，发现山下有人，他心想：我这乌龟的身子不得把人吓坏了吗？他就变成了人形。山下的两个人是马大元和马二元。俩人一看说：

"哎呀，书生啊，你不好好学，这些年跑哪去了？你大爷可把你好找啊！"

"我啊，进山修行去了，等我修行成了，就能为老百姓布云、下雨了。"

"你大爷好想你啊，你回去看看吧。"

"等我修行成功了，再回去。你们给我大爷捎信吧。"

"既然遇见你了，咱们一块喝点酒吧。"

"不喝了。"

他没法说媳妇和孩子在山上等着呢。马大元和马二元拿出酒来，非拉着书生喝酒。书生就喝了一点酒，结果就现了原形。哥俩一看书生变成那么大的一个王八，吓跑了。

书生喝酒喝多了，他渴啊，把脑袋伸到河里去了，边喝水边睡着了。他怕别人看见自己是个王八精，就把自己变成了个大石头。说来也巧，一个孕妇走到这，就要生产。她找不到孩子落草的好地方，就

选中了王八盖子。一看，这石头挺光滑，就上了王八的后背，把小孩生下了。这一生不要紧，妇女生孩子流出的污血流在了王八的背上，让他永远也恢复不成肉身了，变成了石王八。

讲 述 者 / 康喜鹏　男　55岁　大学文化干部
采 录 者 / 祈　欣
采录时间 / 2009年7月21日
采录地点 / 红透山镇上大堡子村

门神爷的来历

小白龙在天界是行雨的天官，这天它溜达到人间，看见袁天罡种瓜，用干土圪塔压瓜籽儿，就问：

“小孩儿你种的瓜能出吗?”

“我妈说了，三天后下七天七宿儿牛毛细雨。”

“你妈说的？你妈在哪儿呢?”

“我妈在屋纺线呢。”

小白龙就进屋了。看见一个妇道坐炕上纺线，就问：

“大嫂，你忙呢。”

“忙呢，有事吗?”

“有事儿，你叫孩子种瓜，孩子用干土圪塔压瓜子儿，能长出苗来吗?”

“能长出来，三天以后下七天七宿儿牛毛细雨。”

小白龙心说，我管雨的我都不知道，你比我先知道？就说：

“大嫂，咱俩打赌嘎（割）脑袋行不?”

“行啊。打什么赌?”

小白龙说：“如果下七天七夜无风暴雨，我拿掉你脑袋。”

袁天罡他妈说：“如果下七天七夜牛毛细雨我拿你脑袋。”

两人打完赌击掌。

小白龙回去，玉帝就告诉小白龙，三天后下七天七夜牛毛细雨。他一听要下七天七夜牛毛细雨，这不是要输吗？就私自改下七天七夜狂风暴雨，我叫你种瓜，我连地皮都给你掀了，把种子都给你淹了。

雨停后，小白龙又来了，说："大嫂，你认输不，我拿你脑袋来了。"

袁天罡他妈说："你拿我脑袋？你摸摸你脑袋还保得住不，别丢了，你私自动雨，玉帝知道，能饶你吗？"小白龙这才恍然大悟，这不是一般的凡人哪。忙说：

"大嫂，怪我有眼无珠，你得想法救我。"

袁天罡他妈说：

"斩你的是魏征，救你得找唐王。"小白龙就去找唐王，跟唐王一说。

唐王说："不就这么一点小事吗？"

小白龙说："啊呀，掉脑袋的事儿还小呀？"

唐王说："到斩你的时辰，我不叫魏征斩你不就完事了吗？过了时辰就没事了。"

小白龙说："全仗唐王救我。"

到了那天，唐王李世民找魏征下棋，唐王心想：我看着你，你还能斩小白龙吗？两人下着下着魏征睡着了，唐王一看魏征睡着了，说，睡着好，睡着了你就不能斩小白龙了。这时来了一个苍蝇，唐王怕苍蝇叮他，就给他扇风。魏征醒了，说："好风好风，唐王啊，我得谢谢你，要不是你给我助风，小白龙就跑了，我就斩不了了。"

唐王说："魏征，你说什么呢？"

魏征说："我斩小白龙去了，他跑了，我在后面紧撵他，他跑得飞快，是你在后边助了我三阵风，我才撵上他，把他斩了。"话音刚落，小白龙抱着脑袋找唐王算账来了，说："唐王，你答应我了，让魏征不杀我，你不帮我就算了，你也不能帮他呀！你要不助风，我就跑了。"小白龙不依不饶。唐王抗不住小白龙闹，就说："秦叔宝、尉迟恭把住前门，别叫小白龙进来。"小白龙就想从后门进去管唐王要脑袋，唐王让魏征把着后门，不叫小白龙进来。

现在咱们满族贴门神，有前门贴秦叔宝、尉迟恭的，有后门贴魏征的。

讲 述 者/黄振华　男　68岁　小学文化

采 录 者/白云锋

采录时间/2009年7月21日

采录地点/红透山镇上大堡子村

满族娶媳妇为啥跨马鞍

满族有这么个习俗：娶媳妇时新娘先在院里“坐帐”，蒙“盖头”，洞房门前两边搭上“幔帐”，再倒红毡，新郎新娘进里屋门口还要跨过马鞍子，才得入洞房。搭幔帐传说是防红煞、黑煞神冲了不吉利。那跨马鞍子是怎回事呢？

传说天上有个太岁神毛驴，很放荡，经常半夜时候从上方下来偷青，天要亮时，再跑回上方去。

有个看青的小伙儿叫大布仑，见庄稼叫牲口啃得囫囵半片的，地里有蹄子印，就察看起来，可是察看了三个白天没搭着影儿。大布仑想：“这东西挺神的，我非抓住它不可。”他趴在地里又等了三天三夜，到了第三天半夜子时，就见一个黑影从天上下来，打个滚儿，就呱叽呱叽地啃起青来。这东西灰不粗溜，比马小，比牛犊大，长耳朵，连尥蹶带磨磨（转圈）。大布仑气头儿上来，趁它不留神，几步蹿上去，一把薅住鬃毛，翻身骑在它背上。太岁神一看不好，尥蹶子就跑，可就是腾不起空来。大布仑就骑着毛驴在乡道上来回遛上了。累得太岁神呼呼直喘，通身流汗。直到鸡叫头遍，大布仑才把它放了。

太岁神回到天廷，心里懊糟，对天神说：“昨天我下凡间啃点儿青，叫个毛小子抓住，还骑着好个遛，鸡叫才放我回来，我真得好好治治他。”天神说：“这点儿小事还用愁，等毛小子娶媳妇那天，你在门后假装帮忙，新媳妇进门，你往外走，就把她冲了，让他十二年得不着孩子。”

这天，大布仑娶媳妇了，娘家客婆家宾满庭院，帮忙的道喜的，

忙忙火火热热闹闹。太岁神变个黑小伙儿在门里也跟着张张罗罗。唱完喜歌，祭过祖先，新郎向新娘又虚射三箭，才双双入洞房。新娘刚要进屋，大布仑一眼看见黑小伙儿长马褂儿后边露出个黑尾巴，一下子明白了，这是我那天骑它结的仇，分明是报复我来了。他急中生智，大喊："萨满，快给我备个马鞍子来，再备几个盘缠钱，我要出去玩儿几天，快点儿!"

太岁神一听，吓一跳，心想：那天光腰杆子骑我遛到天亮，今儿个还要备个马鞍子，拿盘缠钱，看样儿还要遛几天呢，我可受不了这罪，快跑吧。它打个滚儿，四蹄生风，逃回天上。从此以后就留下娶媳妇要跨马鞍子的习俗。

讲 述 者/洪亚范　女　满族　清原县南杂木西山不识字　农民
采 录 者/傅连胜　男　满族　清原县上家河乡文化站
初中文化　干部
采录时间/1982年8月
采录地点/清原县南杂木西山

龙胆草

努尔哈赤和他弟弟舒尔哈奇十岁左右时，讷讷就死了。他阿玛塔克世给他哥俩娶了一个后讷，后讷对努尔哈赤和舒尔哈奇非常刻薄，两个孩子饥一顿饱一顿的。

有一次，哥俩上山挖棒槌，努尔哈赤把脚崴了，崴的脚尖都朝后了，你说他还能走路了吗？他弟弟背着他趔趔趄趄地往山下走，弟弟望着哥哥龇牙咧嘴的痛苦劲儿，再看肿得越来越粗的脚脖子，急得直掉眼泪。

这时，迎面走过一来个白胡子老头儿，问努尔哈赤："你这脚怎么了？""崴了。"老头儿一看："崴得还挺重，别着急，我有办法治好你的脚。"他随手薅下来几根草来，用石头捣碎，敷到伤口上，用楸树皮包好，又用树皮窝成一个小勺，把这个草泡上，让他喝了。不大一会儿，脚伤就好了。努尔哈赤真是感激不尽，正想谢谢老人家呢，那个白胡子老头儿不知啥时候不见了。光留下几根治伤的草扔在哥俩的跟前。哥俩知道这是神仙赐的草药，就细心地收藏起来，并用老头儿教的方法给穷哥们治脚崴伤，后来他带兵打仗，也用这种草，给士兵疗脚崴伤。努尔哈赤建立了后金国，他成了真龙天子，老百姓把他用过的草，叫做龙胆草了。

讲 述 者／康喜鹏　男　满族　55岁　大学文化

采 录 者／王思雯

采录时间／2009年7月21日

采录地点／红透山镇上大堡子村

荞麦的来历

有两个额真，汉族话就是有两个员外，一个善、一个恶。那个恶的，恶到什么程度呢？对百姓霸道，对长工恶毒，一点好心肠都没有，气得玉皇大帝都想惩罚他。赶那个善的呢，借老百姓粮食利息也低，太穷的人家借粮，他就不要利，心地非常好。

因为那个恶的太恶了，老天不容啊！说这个人这么恶，要是不惩罚惩罚他怎么行啊？老天不容那个恶额真，用什么办法呢？下冰雹砸他的庄稼。下了一宿的冰雹啊，把地里的庄稼砸的是稀巴烂啊。结果负责下雹子的这个天神呢弄错了，砸错地方了，把这个善人的地给砸了。你说这怎么整，这把玉皇大帝气的，说怎么办啊？还得重整啊，怎么重整啊？这回下霜。

那下霜不把别人的地也冻坏了吗？怎么能想办法就下这一块呢？有神提议说：

“要不咱们今年先便宜这小子，过年（明年）再惩罚他。”

玉皇大帝说：“不行，必须今年惩罚他。”

平坦的地都是那个恶人的，高山上的地都是善人的。玉皇大帝下了道御旨：“雪下高山，霜打洼地。”命令霜神下一场大霜，高山的地方打不着，洼地的地方全都打了。但是高山的庄稼已经让那个雹子给毁了，怎么补救善人的损失呢？神农说：

“天上有一种作物叫荞麦，凡间没有。”

玉皇大帝说：“那就给善人的地下点儿荞麦种子吧。”

神农说：“荞麦在天上，也是春种秋收，下到凡间改成伏种秋收。”

"那就由你做主吧。"

于是神农搁天上撒下了一些小黑粒的种子，种在善人的高山坡地上。不久就长出了红秆白花的植物来，这种植物叫荞麦。

荞麦种子来到凡间，遭了雹灾的善人照样有收成。那个恶人的呢，庄稼被霜打了之后呢，秋天什么收成也没得到。荞麦在天上是春种秋收，老天为了救这个善人，就把这个作物的成熟期改成了三伏以后种，秋天还可以成熟。荞麦的来历是个惩恶扬善的故事，同时也验证了"雪下高山，霜打洼地"的物候谚。

讲 述 者／康喜鹏　男　55岁　大学文化　干部

采 录 者／祈　欣

采录时间／2009年7月21日

采录地点／红透山镇上大堡子村

蛋是人下的

先有鸡还是先有蛋？这事到现在也没说明白。今天我给大伙讲一个鸡蛋的故事，或许就明白是先有鸡还是先有蛋了。

老早老早年以前，早到什么时候呢？就是老百姓还没饲养家禽、家畜的时候。说李家堡子有户姓李的人家，老头儿没了，老太太领着一对儿女过日子，儿子长年打工不在家，老太太守着姑娘在家。

再说这天宫里的卯日星官误报了时辰，玉皇大帝就把他贬到凡间，他就投胎来到这家老李家，变成了一只大公鸡。大公鸡长着彤红的冠子，金黄的尖嘴，火一样的羽毛，粗壮的爪子，黑中带绿的长尾巴。李家姑娘特别喜欢这个大公鸡，自从大公鸡来到她家，那些经常出来害人的蜈蚣、蝎子、蜘蛛、蛇和癞蛤蟆就都不见了。李家姑娘把公鸡当成了宠物，日同乐，夜同眠，大公鸡是卯日星官变的吗，一到晚上就恢复人形，一来二去，李家姑娘就跟他好上了。

她哥打工回来了，发现妹妹的肚子大了，就跟她妈说："妈，妹妹肚子怎么了？"她妈说："光吃饭不干活，胖的呗。"她哥把怀疑妹妹怀孕的话说了。

"怎么可能呢？她也没去哪，咱家也没来外人，她怀鬼胎呀，别瞎说！"

她哥就偷着观察妹妹。发现每天晚上一到半夜，妹妹屋里有个男人和她有说有笑，这可把她哥气坏了，就跟她妈说："妹妹指定是这么回事了，咱家不能要她了。"姑娘偷汉子，没结婚就怀孕，是败坏门庭的大事呀，那还了得？那不整死你还留着你呀？结果被她哥一顿棒子

就把妹妹打死了。打死得见官呐，她哥哥自己到县衙自首。官老爷问怎么回事，她哥照实一说。“啊，你妹妹败坏门庭，打死活该。判你无罪，回去吧。”她哥哥就回家了。哥哥总得出门挣钱啊，为了照顾老妈，娶了个媳妇侍候老太太。

快给姑娘烧周年的时候，哥哥做了个梦，梦见妹妹跟他说：“哥，你为要脸面，把我打死了。死了就死了吧，妹妹不怪你，等给我烧周年的时候，你看我坟上哪个地方不长草，你用手往下抠，抠到个圆东西，你拿回家，搁（读gāo）炕头拿被把它捂上三九二十七天就行。”她哥寻思，妹妹是我打死的，她有这个要求我怎么也得去办。

烧周年那天，哥哥在妹妹坟地没长草的地方，一抠真抠出一个圆球的东西。拿回家交给媳妇，拿被搁炕头就捂上了，捂了三九二十七天，从圆球里蹦出个小鸡崽，毛绒绒的在炕上跑，挺好玩。长大以后就“哥哥打，哥哥打”地叫唤，出窝了，母鸡趴的地方就有个鸡蛋。

这回知道了吧，先有蛋后有鸡，鸡蛋是人下的。

讲 述 者／于洪润　男　69岁　小学文化　农民
采 录 者／祈　欣
采录时间／2009年7月21日
采录地点／红透山镇上大堡子村

◉故事篇

高粱的故事

哥俩分家，大哥吝啬，嫂子也不像话，分家的时候只给老二一间房，一个犁，一头毛驴。分点高粱种子还是搁锅里炒完了给老二的。老二也不知道，弄个毛驴子蹚地，就把高粱种上了。他倒高粱种时麻袋角儿有那么一个高粱粒儿没被炒过，整个高粱地就出这一棵高粱，老二不厌其烦地伺候这一棵高粱，铲地、施肥、抓虫。这一棵高粱让老二侍弄的，高粱秆有柱子那么粗，有楼那么高。高粱穗就像一槐树那么大。傻兄弟准备要收这穗高粱时，突然飞来一只大鸟把高粱穗叼走了。老二急了：这一年就这么点儿收成，你还给我叼跑了。高粱穗挺大，这个鸟叼着挺费劲，他就搁后面撵。撵过好几架山，终于撵上了。这鸟落在一棵树上，他站在树下说：

"你给我放下来吧，我这一年的收成就这一穗高粱，你给我叼走了，我怎么活啊！"

这个鸟就把高粱穗放下了，他在搬高粱穗的时候才发现，他上的是一座金山。啊，这鸟引我上这来取金子啊！他把高粱穗留给鸟吃，他顺手捡了几块金子就下山回家了。用这些金子盖了房子、买了车、买了牲口，自己过上了富庶的日子。

哥哥一看，老二的地里就长了一棵庄稼，他侍弄得再好，也买不

起车马盖不起房呀。他就问老二怎么回事，老二见是哥哥问了，就实话实说了。

第二年春天，他哥把高粱种给炒了，在麻袋角里留了一粒种在地里，地里也长了一棵苗，他哥也像老二一样不厌其烦地侍弄那棵高粱。那高粱长得也有柱子那么粗，楼房那么高，高粱穗也有老槐树那么大。秋天鸟又来了，把这个高粱又叼走了。他哥提前就准备好了麻袋，跟着鸟跑，撵啊撵，撵过好几架山，到岗上之后，也那么哀求。鸟儿把高粱穗放下，一看真是金山，他就捡起来了，捡了一麻袋。金子老沉了，一个人能扛动吗？他扛着没走多远，累得吐了血。可是他舍不得往外扔一块金子，就这样把老大累死了。

讲 述 者/康喜鹏　男　55岁　大学文化　干部
采 录 者/王　冬
采录时间/2009年7月25日
采录地点/红透山镇上大堡子村

王门山下套套狐狸

王门山打围不用猎枪，他靠下套，像狍子、獾子、狐狸、黄皮子他都套过。他要整块兽皮，有枪眼就不值钱了。

有一回，王门山套住一个狐狸，这狐狸还没死，王门山怕它跑了，就用石头把狐狸打晕了。王门山把狐狸从套中解开绑上，头朝下就给背回来了。一路上，那狐狸滴答滴答直掉泪。有个老汉看着了，就说："唉，你背的那个狐狸还掉眼泪呢，把它放了吧。"王门山没答应，背回家把狐狸皮扒下来晒在院子里，把狐狸肉扔到东山头了。结果他媳妇生个驴脑袋人身子的怪胎。

王门山没停手，还继续下套。媳妇生下第二胎一看，小孩像个豁嘴兔子，脑瓜长得全是肉刺，肉刺里还往外冒水，活到三岁也死了。

后来，有人就告诉他，你再继续下套，不但没有儿子，连你自己的命也保不住了，如果马上罢手，你还有一个儿子的命。打那以后，王门山真放手不干了，他这一不干，还真得了个儿子，名字叫王成。

讲 述 者／于洪润　男　69岁　小学文化　农民

采 录 者／王思雯

采录时间／2009年7月21日

采录地点／红透山镇上大堡子村

王祥打火狐

咱延水沟有个独眼龙的猎手，叫王祥。这王祥枪法好，百步以外有个铜钱，他一子弹能从铜钱眼儿里穿出去。他上山没有空手回来的时候，不管野鸡、兔子、狍子什么的，叫他看着就没跑。

有一天，王祥上山打猎，看着个小火狐狸，这个火狐狸皮毛通红通红的，他相中了小火狐狸的皮子，心想这玩意儿要做个小皮袄穿，那得老暖和了。火狐狸这玩意儿咱这地方很少见，一般都是傻狐狸。

王祥头一枪打出去，小火狐狸抖抖毛，没咋地，一般的狐狸听枪响，早就跑个屁的了，小火狐狸不但没跑，还坐在那瞅着王祥。王祥一看，挺纳闷儿，平时自己这一枪打出去，保准有货，今儿个这枪没打死火狐狸，火狐狸连跑都不跑，你这是跟我叫号啊！你不害怕？小兔崽子，你不害怕我也不害怕！

王祥把枪卡在树上，“砰”的一声，又是一枪，火狐狸又一抖毛，没咋地，还是坐那儿不动。王祥急了，心说：我打了一辈子围，还没有跑过空膛的时候，今儿个还能让你毁了我一世英名？这回砂弹比前两枪多装了点儿，举枪“咣”一枪，结果火药从枪后膛窜出来一下子把那只好眼睛也干瞎了。从那以后，王祥就再也不能打围了。

传说王祥打死的猎物太多了，山上的动物派火狐狸来收拾王祥。动物祸害人，人中有高手出来打，人打动物多了，也遭动物报复，别看它们不会说话，比人灵啊。

讲 述 者/于洪润　男　69岁　小学文化　农民
采 录 者/王思雯
采录时间/2009年7月21日
采录地点/清原满族自治县红透山镇上大堡子村

鹰抓狐狸

一个狐狸成精变成人的模样，经常下山迷惑人，迷倒了就吸人血。人血喝的越多，它的道行越高，这一带让这个狐狸精搅得人心惶惶，大人孩子、姑娘媳妇大白天都不敢出屋。

有这么一位壮汉，在集上买了一只刚刚成年的苍鹰，这鹰长得个头大，嘴尖得像铁钩子一样，一身铁灰色的毛，爪子比一般的鹰爪子大两倍。他寻思带鹰出去抓个野鸡，逮个兔子，卖俩钱买点家用。他把鹰熬（驯养）得让它咋地就咋地，让落胳膊上就落胳膊上，让落架子上就落架子上，让飞出去就飞出去，让回来就回来。壮汉高兴，每天给鹰喂肉，一盆一盆地喂，那鹰壮得在高空冲下来能把野猪抓起来。

鹰熬成了，壮汉开始放鹰了。壮汉把鹰带进山里，这鹰看着野鸡不抓、看着兔子不抓，看着一条狼，"嗖"地一下冲去，在狼身边儿兜了一圈，"嗖"一下又回来了，还是不抓。一连好几天都是这样，壮汉没说什么，媳妇不干了，说："人家养鹰抓野鸡兔子，你养鹰干吃肉！"壮汉不听媳妇嘚嘚，每天还是驾鹰出去放，回来还是一盆一盆地喂肉。

这天他又出去放鹰，鹰没放之前，都是用链子拴着，走在山道里，这鹰一个劲儿又跳又抖，壮汉抓不住了，就放了。飞起来的鹰在天上一圈一圈地盘旋，直奔一个骑毛驴的老头儿冲下去。一嘴就把老头儿叼下驴了，壮汉一看，一声口哨把鹰叫了回来，用铁链子锁上了。再看老头儿大脖子筋都给抓出来了。这鹰还是又跳又挣，要去叼老头儿的眼睛。老头儿扑通一下就给小伙子跪下了："壮汉呀，我有块

儿宝石，你把它换成钱，够你过一辈子了，我有个条件，你把鹰关在西山的石洞里，别让它出来。”没想到这鹰使劲地用嘴一口一口地把锁链叨开，腾空飞起，张开翅膀直冲下来，两只尖爪子像钩子一样抓起老头儿用力一摔，把老头儿摔没气儿了，一股烟儿变成一只死狐狸。鹰又把宝石递到壮汉手里，扇动扇动翅膀飞走了。原来这只鹰是天神派来惩罚这狐狸精的。

从此，再没有狐狸精迷人的事发生了，壮汉用宝石置了房子地，过上了富裕生活。他为感谢那只鹰，每年都到鹰飞走的地方，放下肉等着鹰回来吃。后来，人们又在那里给鹰修了个供台，进山打猎的、放山的、采摘山珍的，都先到供台祭拜那只鹰。

讲 述 者/黄振华　男　68岁　小学文化　农民
采 录 者/王　冬
采录时间/2009年7月21日
采录地点/红透山镇上大堡子村

打狐狸

有一只白狐狸很难打，猎手们遇着几次也打不死它。有个小伙子不服气，非要打死这只狐狸不可。这个狐狸见天（整天的意思）上小伙家门口“嗷嗷”叫唤，小伙儿一拿枪打它，它一抖搂毛，意思是你打不死我。

一天，白狐狸又来到他家门口，小伙儿对媳妇说：

“你给我弄点吃的带着，我非追到它老窝打死它不可。打死狐狸，给你做条狐狸围脖。”他端起枪，冲狐狸又放了一枪，狐狸又冲他一抖搂毛，做个怪脸就跑了。这把小伙儿气的，拎着枪就追了出去。

狐狸在前面跑，小伙儿在后面追，小伙儿累得停下来，狐狸也停下来。小伙儿再追，狐狸再跑。就这样，一直追到一个白石砬子下。狐狸从窄道上了石砬子，小伙子也从窄道跟着上了石砬子，道窄，小伙儿得从这道上侧身趴着爬上去。他爬着，爬着，见狐狸钻进一个不大的山洞里去了。他爬到洞口，一看，洞口不大，他也进不去，就架枪往洞里打，没想到那颗子弹从洞里又弹了回来，正好打在他的头上，一个倒仰就摔下山了，死了。

这时，他媳妇正在屋里洗衣服呢，就听铜盆“当”一声，一个东西掉在水里，她用手一捞，是一颗子弹头。她心想：不好，怕是我男人出事儿了！可她又寻思，丈夫是个出名的好猎手，不会出啥事的，就又接着干活。

这天晚上，她做了个梦，梦见丈夫满脸是血地走过来，冲她伸着两手，说：

“我在白石砬子，你快来把我接回去吧。”她激灵一下醒了，看看外边还黑着，就又躺下了。这一宿儿她连做三个同样的梦。

她感觉不好，一定是丈夫出事了，赶紧找来大伯（读bāi）子、小叔子，把丈夫撵狐狸没回来，自己晚上做的梦告诉了他们。

大家伙儿来到白石砬子，找到了死去的猎手。

人们都说狐狸是跟他逗着玩儿，小伙子也太叫真儿了，白狐狸这个玩笑开得也太大了。

讲 述 者/黄振华　男　68岁　小学文化　农民
采 录 者/王思雯
采录时间/2009年7月21日
采录地点/红透山镇上大堡子村

狐仙赠豆

清原西大顶子山下住着一个老太太，以接产为生，满族话就是老娘婆。这年三十，老太太家正要吃团圆饭呢，一个戴着帽子、赶着爬犁的小伙子来到她家门口，老太太家人把小伙子让进屋，小伙儿说：

“大娘，俺屋里的要生孩子，都折腾不像样了，还是生不下来，求你快过去给她接一下吧，要不就没命了。”

“你哪的啊？”

“我是胡家堡子的。”

“胡家堡子在哪？”

“你别问了，你快点跟我走吧，马爬犁在外边等着呢。”

家里人让老太太吃完团圆饭再去，老太太说：

“别介了，救命要紧，团圆饭回来再吃吧。”

老太太穿上皮袄，拿上接产的家什儿，坐上爬犁走了。

雪越下越大，打得人都睁不开眼睛，耳边的风呜呜直响啊，就觉得马爬犁像腾云驾雾似的，老太太把皮袄裹了裹，闭上眼睛，就等着到地方准备接生。不大会儿就到地方了，老太太睁眼一看，青堂瓦舍的一户人家，她也没顾过来看这院是怎么回事啊，院里出来一大帮人接她，有的管她叫奶奶，有的管她叫大妈，反正都挺尊敬她的。

老太太说：

“快，产妇在哪呢，我进屋看看。”

于是把她让进了产房，进屋一看啊，这产妇折腾得有气无力，眼看就不行了。

老太太接生技术高明，不多一会儿就把小孩给接下来了，而且母子平安。完事，这家人就留她：

“你别走了，就在这过年吧，俺们家什么都有。”老太太说：

“我看出来了，你们是富户人家，吃得肯定比俺们家强，但是过年了，我得回家过团圆年啊。”

“也是，实在想走，我送你。”

这时，人家就拿出一瓢黄豆说：

“大娘，这一瓢豆子送给你吧。”

老太太一寻思：这也太抠了，这大过年的，我顶风冒雪跑来给你家接生，拿个三两五两银子给我都不算过分，你给我一瓢黄豆，我家有都是。心里不乐意嘴上没说：

“孩子，俺家豆子打了好几担哩，今天是过年，接生也母子平安，我就图个吉利，走了。”

“你不要不行。”

人家把黄豆袋子往她怀里放啊，她把黄豆袋子放在炕上就往外走，人家抓了一把塞进她兜里，她又抓出来放炕上了。人家一看她实在不想要，就说：

“不要就不要吧，咱以后是好邻居，好乡亲，都在一块土地上，互相有个照应。”

送她上了爬犁，这时，雪下得更大了，赶马爬犁的一扬鞭，这爬犁又飞一样跑起来了，雪打得眼睛都睁不开，究竟走的什么地方，她也不知道，不一会她就到家了，雪也停了。

她孙子问：

“奶奶你今天接生挣多少银子啊？”

儿子，儿子媳妇也问：

“妈，累不累啊？”

“可别提了，这家人太抠，我给他家接生，不给银子，扛了一瓢黄豆给我，我要人一瓢豆子干啥啊，我没要，他们还硬给，这不，在那撕吧，把兜都撕吧坏了。”

她一抖搂，“啪哒”一下，掉在炕上两个粒。小孙子拿起来说：

“奶奶这不是豆子呀？”

老太太一看，可不是怎么的，这是金豆，两颗金豆！儿子媳妇和她这个后悔啊：

“这扯不扯，给你你就收着呗。”

老太太一想，我去的什么地方啊？胡家堡子，周围十几里地哪有胡家堡子，准是狐仙啊。

儿子问：

“你都路过些什么地方？”“我也不知道啊，大雪打得睁不开眼睛，也看不清哪是哪。”

“不用说了，这是狐仙啊，咱命里就这么大的财，后悔也没用。”

讲 述 者／于洪润　男 69岁　小学文化　农民

采 录 者／王思雯

采录时间／2009年7月21日

采录地点／红透山镇上大堡子村

狐狸媳妇

有这么一家子，姓王，老俩口子领个儿子。儿子年纪也就十六七岁，正是念书的年龄。王老汉以打柴为生。头午打柴卖了供孩子念书。下午打柴自己烧。

一天，他对儿子说：

“我打柴火供你念书，你也应该体验体验打柴的滋味。”就这么的，他领着儿子上山打柴。砍完了柴，老头儿颤颤悠悠地挑两捆柴在头前儿走，儿子用木棒撅着一捆柴扛在肩上跟在后头，边走边嘟囔：

“非叫我上山砍柴，多累呀，膀子压得都不能动弹了。”气得“啪”一下，就把柴火扔地上了，“我一个读书人干这个，能干了吗？”

老头儿说：

“一捆还扛不了啊。你头一次干，那肩膀子能不疼吗？你这个矫情劲，书就是念好了，也没什么出息！”这孩子倔，不服他爹。老头儿急了，把扁担抽出来，“砰砰”一顿扁揍。儿子心想，你打吧，我挺着，看你能打哪去。老头儿打完儿子，自己生气走了。

回到家，老太太问：

“儿子呢？”当妈的疼儿子。老头儿跟老太太说了路上的情况。老太太埋怨老头儿说：

“你看你，怎么能打他呢。”

“没事，一会儿就回来了。”

等到天黑了，儿子也没回来。老两口毛了，急忙出去动员东邻西舍的都帮着去找，结果一找找了半个月，活不见人，死不见尸。

这亲戚朋友谁家没有点事儿，能跟着天天找吗？最后就剩老头儿自己找了。老头儿想儿子，边找边念叨说："我后悔了，我不该打你啊。"后来老头儿瞧谁都像自己的儿子。

一天，他上山看见砬子底下有个黑乎乎的东西，心想，那是不是我儿子呢？，他跑去一看，是一个油黑油黑的黑狐狸，在石砬子底下躺着呢。他上前一闻有股酒气啊，知道这是喝多了："唉，今天你是遇着我了，这要遇着打猎的，你小命不就没了！你咋这么贪酒啊！行了，我给你盖一下吧。"他就搂点树叶子，给狐狸身上盖满了。又弄点树枝子捆上，给狐狸枕上："行啊，没事了，你睡吧，醒了你就回洞吧。我不陪你了，我还得找我儿子呢。"

这狐狸醒来一看满身的树叶子。再一瞅，这脑瓜子上还弄个枕头，谁干的呢？掐指一算，是找儿子的王老汉，老汉心眼不错啊！我给他算算儿子跑哪去了，哎呀，儿子进省城了，他上哪找得到！这老头儿是个多好的人啊，我得知恩报恩帮他找儿子。

再说王老汉的儿子叫他爹打了之后啊，一气之下，摸着黑就走了，他进了省城，找个店住下了。身上没钱，一上火，再一饿，就得了病。客人病了，这店家还不能往外撵啊！就给他请大夫治病，结果给他治病花了不少钱。病治好了，黄皮寡瘦的，但是毕竟他是念书的，写得一手好书法，画一手好画。他为还店家的账，就到市上摆摊儿卖字画，一天到晚也卖不了多少钱。

省城有个大买卖家，叫王士安。这天逛街，见围了不少人，挤进去一看，是卖字画的，王士安一看是位书生，这么好的书法，怎么流落街头呢？他问书生，书生除了他爹揍他没说，自己怎么跑出来，到店里怎么有病了，店老板怎么给他治病，出来卖字画还店钱都对王士安说了。王士安家开买卖正缺人手，就问：

"你贵姓啊？"

"我姓王。"

"那咱们是一家子，我也姓王。这样吧，你欠的店钱，我替你还。我看你人不错，咱俩拜干兄弟吧。"王老汉的儿子哪还有不同意的？于是，他们捻土为香，拜了哥兄弟后跟着王士安回了家。

王世安家开个杂货铺，卖些日用品。他想找个站柜台的，把媳妇

替下来照顾家。正好书生来了，王士安跟他媳妇说：

“他是个落难的人，咱们对他好一点，别刻薄着人家。”两口子对他都挺好，书生也挺懂事儿。

一天，王士安就跟王生说：

“兄弟啊,我出趟门,家里栏柜就靠你了,有工夫帮你嫂子看看孩子。”

书生说：“哥你放心去吧。”

王世安走后，书生白天站栏柜卖东西，晚上盘货拢钱记账。有时间帮嫂子干点杂活，就这样一天天过去了。一天早上，他把门一开，板一摘，幌一挂，来了个女的，细溜溜的大个，两个杏核眼，玉齿银牙，比花似花，比玉似玉，不亚于月里嫦娥，来到柜台面前说：

“掌柜的我买点东西。”

“你买什么?”

“就顶上那个。”

货架子好几层呢，他蹬着板凳，翘着脚把那个东西拿下来，那女的又说：

“再看看那个盆。”

盆在柜底下放着，他又哈腰拿盆。就这样，看完底下的看上头的，看完上头的看底下的。他上来下去，下来上去，把他折腾了一天，这女人可算是走了，他赶紧关上门板，打烊了。回屋里一头就趴炕上了。

嫂子说：

“你怎么的了?”

“噢，没怎么的，累了。”

嫂子说：

“你年轻轻的，站个栏柜还能累着啊?”往下没说啥。嫂子招呼说：

“饭好了，过来吃饭吧。”

“不吃了!”他憋气啊，叫小黄毛丫头支使了一天。

第二天，店门一开，这女的又来了。看完鞍子、看套包，她也不用那玩艺儿，一个丫头看套包子干啥?看完套包看夹板，看完夹板看马鞍，看完马鞍看大条，看完大条看裘皮，又看盆看碗看筷子，看完化妆品看镜子。把书生折腾的，关门回屋又没吃饭。他嫂子就问：

“你怎么的了?”

“哎呀，嫂子，我遇着茬儿了，来找毛病来了。”

“什么人找茬啊?”

“来个女的，她也不买什么玩样儿，但是什么都看，让我上头下头的折腾，把我累的，腰梁都断了！结果她一分钱东西不买，走了。”

嫂子毕竟比他有经验：

“明天，她还能来嘛?”

“估计她还得来。”

“她再来，你在铜盆里预备好一面镜子，她走的时候，你用镜子照她，要是鬼，她回来扔把纸灰，要是仙，她回来扔把铜钱，要是人，她不会回来的。”

第二天，那女的又来了，三次了，也熟了：

“唉啊，今天又来麻烦你了。”

书生也主动搭话了：

“今天是不是能买点东西啊?”

“不一定，我得先看看东西，我看好才能买。”

“那你看吧，看完上头的，看下头的，看完下头的，看上头的，是不是啊。”

姑娘说：

“今儿顺便看一看。”

那女的看了一会就走了。他用镜子那么一照，那女的转身就回来把铜钱“啪”扔进盆里又走了。他端起盆找他嫂子：

“嫂子，嫂子，她扔的是铜钱!”

她嫂子说：

“扔钱是仙啊！她明天还得来，她目的没达到呢，她得达到目的，她才不来了。明天她来了，你把她稳住，别的不用你管了，剩下都是嫂子的事。”

第二天一开板，这个女的笑呵呵地在门口等着呢。

“来了啊?”

“啊，来了。”

“进屋吧，看看，还买什么，你看了好几天也没买什么玩艺儿，今天得买点什么了。”

“我想买点东西，还没合计好呢，我买点贵重东西，贱东西我不要。”

“贵东西？什么贵啊，你看我贵不贵？”

“你倒挺贵，卖不卖咱不知道啊！”

两人正扯皮呢，他嫂子就搁屋里出来了：

“哎哟，我说弟弟，处个对象咋还不告诉嫂子呢，你说弟妹来了还站在这地方，叫人看见多笑话，弟妹啊，快进后屋去。”

说完抓着那女的架进后屋了。这时王士安跑外回来了说：

“唉，咱们家什么喜事，这么热闹啊？”

嫂子说：

“你看看，咱兄弟有对象了，他还瞒着呢，今儿个我罕莫见儿（忽然）上前面，才看着。”

王士安说：

“啊，那我得看看，哎呀，真是天生的一对儿，我看这么着，选个良辰吉日，你俩就结婚吧。”

在王士安夫妻操办下，选个良辰吉日，大门挂彩，二门挂红，鞭炮齐鸣，吹喇叭奏乐的，就把他俩的婚结了。等人客（qiě）散了。这女的说话了：

“你在这儿挺好啊？哥嫂对你不错。可你知道不，你妈想你把眼睛都哭瞎了，你爹老得都动弹不了了。你家房子四个墙角都漏雨了，你还在这儿享受呢。”

小子听媳妇这么一说，才想起爹妈来，他放声大哭。王士安听到哭声就问：

“兄弟结婚天大喜事呀，怎么哭得这样伤心。”

“明天把兄弟找来问问，不就知道了。”

这时新媳妇过来说：

“嫂子，不用找他，我跟你说实话，他跟他爹赌气跑出来了。他妈想他把眼睛都哭瞎了，他爹老的都干不动活了，你得叫他回家啊。”

“啊，兄弟，这就是你不对了，你怎么不早跟我们说呢，早说早让你回家了，那么的吧，你们俩多咱走，就说话。”

“后天我俩就走。”

“那好吧，你跟我干这么长时间了，这个买卖呢，咱俩对半扒，你

那半的钱呢，你拿走，你回家看看，要不乐意待，你再回来，这个买卖还有你一半，你看行不行啊？”

“哥嫂太宽待俺们了，我就替他谢谢哥嫂了。”他俩给哥嫂行个礼就辞别回家去了。

回家一看啊，真跟媳妇说的一样，老妈想他眼睛想瞎了，老爹满头白发。他媳妇进屋先给老婆婆洗洗脸，擦擦眼睛，婆婆眼睛立刻啥都能看见了。这房子不重盖不行了。媳妇告诉当家的：

“你看哪个地方好，咱们盖个新房子。”

“堡子西头山根底下，地挺宽绰的，就是有点儿凹。”

媳妇说：

“咱就把那地方买下来，凹不怕，你看好就行。今晚有什么动静你也别出来看。”下晚，她作起法来，不知哪来的那么多车马，拉石头沙子，往洼地里填。一宿的工夫，把这洼地给填平了。三个下晚，四合院的青砖瓦房就盖完了。不到四天，小两口和公婆就搬进了新家。

这事儿很快就传出去了，传到别人不太要紧，传到他的舅舅耳朵里，他舅舅是个和尚，有点半仙之体。他舅舅来看外甥媳妇后跟外甥说：“你媳妇是妖精，她早晚得把你吃了。”

过了年，媳妇生了个孩子，舅舅想除掉外甥媳妇，又怕孩子小，没有妈妈不好拉扯，暂时放了外甥媳妇一码。

孩子三岁那年，和尚舅舅开始想招除掉外甥媳妇，外甥架不住舅舅左次三番地劝说，也就没主意了：

“舅舅你说怎么整？”

舅舅说：

“你回家就那么那么的，不就除根了吗。”

这小子回家就跟媳妇找上茬了：

“人家老娘们都是屋里院外收拾得干干净净，利利索索。咱家这娘们儿太懒了，昨天做的小豆腐，今儿个还放在磨顶上呢，不都酸了？还不送仓房去！”

媳妇说：

“我把孩子哄睡了，就把它送过去。”

“什么时候了？还不送！”

“这就送。”媳妇端着小豆腐盆上仓房了，往里进的时候，她把豆腐盆搁脑瓜顶上了。仓房里面黑，和尚舅舅猫在里面手握铡刀，也没看清是脑袋还是盆，照着头顶“咔嚓”就是一铡刀，把豆腐盆劈成两半儿了。媳妇往旁一闪身，说：

“哎呀，舅啊，你怎么闹这样的笑话呢，要没有盆挡着，我脑瓜子不开瓢了吗？”把和尚舅舅造得讪咧咧的，出来就溜了。

又过了几天，他外甥又去找舅舅说：

“舅啊，怎么整啊，她可能知道了，咱们治不了她了。”

“你来的时候缸里有水没？”

“没有了。”

“这样，你回去逼她挑水，井边把她推下去。”

“那可也行。”就这么的，他就回家进屋拿水瓢往水缸里臼水，一下臼到水缸底了，他抬手就把水瓢扔到南墙上了：

“咱家的老娘们真懒，老爷们不在家就得吃干米呀！”

“你看着孩子睡觉，我这就挑水去。”

“天都黑了。”

“黑了，我也能挑。”她来到井边儿撂下水梢（水桶），刚拿着柳罐往上提水，他舅舅搁后边就推她。其实人家早就算到了，他一推，人家一下子就跨过井口去了，他舅舅差点闪进去。

“唉啊，舅啊，你怎么闹这笑话呢？你把我推进去，那孩子和你外甥怎么办啊？”他舅一摆手走了。

没过两天，他又去找舅舅说：

“舅啊，怎么整啊？”

“这回我得使绝招了，明天正当午时我去，你能把她弄出房门就行。”

“行！”就回家了。

第二天正当午时，他舅去了。家里的狗一门儿地咬。男的就骂：

“人家老娘们看家望门，狗这么咬，你也不出去看看是怎么回事。”

“唉，那我就出去看。”

她早知道和尚舅舅要整她，出去一看：

“这不是舅来了吗？”

和尚舅舅一看外甥媳妇出来了，就掐诀念咒，要用定身法把外甥媳妇定住。外甥媳妇用手一指，把他舅舅给定住了。外甥出来一看，舅舅怎么站着不动呢？就伸手去拽。

“你轻信谗言，也不是什么好东西。”

媳妇用一手指，把丈夫也定在那地方了。老婆婆来了，一看这架势，问儿媳妇：

“你当家的和你舅在当院干啥呢?”

媳妇把法术收了。当家的和舅舅恢复原样，舅舅一溜歪斜，尥杆子走了（撒腿跑了)。过了两三天，外甥又去找舅舅商量除掉媳妇的办法。和尚舅舅告诉外甥：

“我治不了她，西边有个阴阳界，那里有打神鞭，你让她上那儿降香去，到了那里，是妖是仙就弄明白了，她要不是仙，打神鞭就打死她了。”那小子回家还没等开口，她媳妇就说了：

“那个香我不去降，咱俩的情份今天也就完事了。我给你留个手巾，我走后，孩子闹，要吃奶，你搁这手巾在他脑瓜顶上一晃，孩子就不哭了。我再给你个葫芦籽儿，你在砬子山把葫芦籽种上，你要是回心转意，扯着葫芦蔓蹬上山，就能找着我。”媳妇拿出手巾和葫芦籽，交给了当家的就走了。

媳妇走了之后，老头儿一上火，瘪故了（去世了)；老太太见老头儿走了，不几天工夫，也去世了。就光剩这小子带个孩子。孩子一闹，他就拿手巾晃一晃。时间长了，他想起媳妇的好来，这个悔呀：

“咳！我信别人的话弄得自己难受！日子自己过，干嘛听别人的?”他恨舅舅，也想媳妇：

“我得去找她。”

他想起媳妇临走时交代的话，拿出葫芦籽，背着孩子，到砬子山，把葫芦籽种在砬子根底下。种上之后，眼见着就长出苗来了，这苗“噌噌”地往上窜，窜出一条藤蔓儿，藤蔓两边儿长出宽大的叶子，赶上钢丝绳那么结实了。他背着孩子，捋着这葫芦藤，蹬着葫芦叶儿，就上到那砬子顶上了。

这山顶上奇花异草，楼阁仙台，让他眼花缭乱。正不知去哪儿找他媳妇呢，过来一位老太太问他：

“你找谁?”

“找我媳妇。”

其实老太太知道来的人是谁，就想难为难为他，说：

“我一共九个姑娘，长的一个模样，你要能认出哪个是，我就让她下山，你领回去过日子。”

老太太拍了声巴掌，走过来九个姑娘。他还真看不出来哪个是她媳妇，怎么办呢？有办法了，孩子和娘的心是连着的，他就拧孩子一把，这孩子“嗷嗷”就哭，他看见第七个姑娘把头低下了，他上去就把她拽住了。老太太说：

“你听小人言，设计谋害我姑娘，你父亲当年救过他爹的命，为了报恩和你结婚，你没个准主意，听你舅舅的话，如今弄得家败人亡。这么地吧，你有本事把媳妇带走，没本事，算你们缘分尽了!”

书生愁了，我靠什么本事把媳妇带走呢？媳妇偷偷跟他说：

“俺家有把伞你拿走，下多大雨也不兴打开，出了这个地界，你再打开伞。”媳妇把伞给他，他搁胳肢窝夹着伞下山了。下山之后，遇上一场大雨，这雨像瓢泼似的，把他浇得没抗了：“咔嚓”一下把伞支开了，他媳妇从伞里掉在地上：

“你看你，我不让你打开你非打开，这回麻烦大了！你赶紧到集上买十个公鸡。”

“干什么?”

“你快去买去吧，晚了不赶趟了!”

他买来十个公鸡。这时天开始打雷了。雷“轰隆”“轰隆”一个劲儿地响。她说：

“打一声雷，你就扔一只鸡。”这雷一轰隆，他就扔一只公鸡，“咔!”公鸡脑袋没了，雷是奔她来的，结果十个雷过去，十个公鸡脑袋没了。都替她死了。雨停了，天晴了，媳妇说：

“这回没事了，咱俩走吧。”

他俩往前走，看见放木排的，木排上坐着不少人。她想和这些人开个玩笑，就跟丈夫说：

“木排在江里正走着吧，我手一指，它就能站住。”丈夫说：

“我不信。”

她掐诀念咒，“啪”，手一指，木排真站下了。

船老大见木排停在水流中不动弹，说：

“哎呀，有人挡道啊！”掐指一算，不好，赶紧取出一百根心针。掐诀念咒，一扬手，一百根心针，“唰唰”都打他媳妇身上。他媳妇说：

“哎呀，完了。我这个笑话闹大了，闯祸了。船老大当我是恶意呢，放出一百根针都扎我心上了。”

“那怎么办啊？”

“这是慢性的，一百天之后，我才能死。这堡子里有口大钟，你把那钟掀起来，把我扣在钟里头，你买一百捆秫秸一根一根烧。一百捆秫秸顶炼出一百根针，到时我就有救了。”他就照她的话，把她扣钟里了，弄来一百捆秫秸烧了。一百捆秫秸烧完了，把钟揭开了。媳妇问：

“都烧完了？”

“都烧完了。”

“你屁股底下那捆怎没烧呢？”

“哎呀，可不是怎的。”

“我还是活不了啊，剩一根也活不了啊。”

“那怎么整啊？”

“那得过阴阳界啊，你就带着我的魂走。我附在你的裤腰上，你到哪吃饭都要喂我饭，要保证喂一口吃一口，等过了阴阳界，我就好了。”

书生就按她说的办了，他吃饭就喂她，一直喂过阴阳界，媳妇复活了，搁他男人裤里出来了。

讲 述 者／于洪润 男 69岁 小学文化 农民

采 录 者／王思雯

采录时间／2009年7月21日

采录地点／红透山镇上大堡子村

段 家 楼

以前有哥俩，老大叫吴能，老二叫吴耿，这哥俩谁也没成亲。老大会点邪魔鬼道的法术，整天在外边给别人家纳邪祛灾啥的。老二呢，除了种地，别的啥也不会。他家有一垧来地儿，老大扔给老二，就出去连唬带蒙的，挣俩现钱花。

一天中午，老二侍弄完地里的庄稼，回来吃点饭，趴在炕上睡着了。这时，他讷领个挺漂亮的姑娘来了，告诉他：

“这就是你媳妇，以后就不用你做饭了。”醒来原是一个梦，他也没寻思别的，心想可能是想讷想的呗，就上地里去干活去了。

一天，他在地里干活赶上下大雨，就赶紧往家走，在家门口，遇到个女的骑个毛驴，被浇得水淋淋的。老二就招呼她：

“大姐，你往哪去啊？”

她说：“我回娘家。”

他说：“雨这么大也没法走啊，进来避避雨吧。”

“那好吧。”就进了屋。老二一瞅，这姑娘怎么像梦中我妈领的那个姑娘呢？就问：

“大姐，你是哪的？”

“我是山那边段家楼的。”

“我从小在这住，没听说有个段家楼，段家楼离这多远？”

“不太远，转过这山头就是。”老二心里犯疑惑，一个劲地瞅她。这女的就问：

“大哥，你怎么一个劲地瞅我。”

"大姐你别多心，我瞅你挺像一个人。"

"我不像人像啥?"

"我昨天梦见我讷给我领回一个媳妇，可像你了。"

"你这不是找我便宜吗。"姑娘生气地抬屁股走了。

晚上他哥回来，哥俩喝酒吃饭的工夫，老二就把有个避雨的姑娘家住段家楼的事对他哥说了。

他哥说："段家楼？山那边没有段家楼啊，山那边得走出四五十里地有个村庄，那是李家庄。哪有叫段家楼的?"他哥会邪门鬼道的法术，掐指一算，哎呀，是山那边的石崖洞啊，那也不是人家啊。他哥不往下说了，怕兄弟害怕呀。他在家待了三天，就跟老二说：

"兄弟，我还得出去挣点零花钱。你在家好好侍弄地，别累着饿着。"

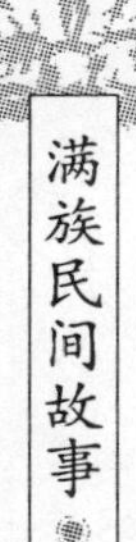

老二说：

"没事，我都这么大了，知道照顾自个。"他哥走了。这小子没事就上地里干点这，干点那，挺勤快。

这天从地里回来，老远闻着屋里饭菜味挺香，揭开锅盖一看，愣了，我哥回来了？我哥也没做饭的手艺啊，再说也没见哥的人影啊。他心里纳闷，瞅着菜饭不敢吃，不知道咋回事。他饿啊，先尝口菜，挺好吃，再盛点饭，饭也挺好吃。就这样，饭一口，菜一口地造得挺饱，还啥事没有。

第二天，他又下地干活去了，回来时锅里的饭菜又做好了。他寻思，到底谁给我做的饭呢？我想谢谢也找不着人啊。这一天，他早早上地里去了，根本没心思干活啊，瞎转悠一气儿，傍日头落山的时候，他回到家转到房后，用指头把窗纸捅开一看，做饭的女人就是梦中讷领来那个女的，也是骑毛驴那个女的。"怪啊，她为什么偷着来帮我呢？我得把她堵在屋里，看她怎的。"他就悄悄来到门口，两胳膊一张，说：

"你是谁?"这女的一瞅小伙回来了，没吱声，进屋了，他也跟进屋问：

"你倒底是谁啊？你给我做好事，怎么连个名姓都不留？今天把你堵屋了，要不我还不知道是谁呢。"这女的跟老二说：

“我就是段家楼的，我父亲要我跟你成家，说咱俩有夫妻之缘。”

小伙乐坏了，还有这样的美事？咱得名媒正娶啊：“我给哥去个信，让他回来托个媒人，跟你父母求婚。”她说：

“不用，这些都免了，咱俩先成亲，过三天回门，你上俺家认认我父母就行了。”

“那好吧。”就这么的，他俩就成了亲了。

新婚三天过后，媳妇打扮打扮，小两口就回娘家了。一出堡子不远，就是溜光的大车道。走了一会儿，她用手一指，说：

“那不就是俺家吗！”

老二抬头一看，一座二层小楼在山半腰上：

“你家怎么在山半腰盖个楼呢，这个就叫段家楼啊？”

她说：

“这就是段家楼，不过这里就俺一家，再往里走就是李家庄。”他听哥哥说过李家庄，对劲啊，再也不怀疑什么了。

女婿进了院子，屋里迎出来一大群人，有叫姐夫的、有叫姨夫的，还有姑姑、舅舅、三叔二大爷的都出来了，能有二三十口子人啊。后边是白胡子，白头发，拄着一拐杖的老头儿老太太，媳妇领着老二来到他们面前，说：

“爸、妈，这就是咱家的女婿。”这老二是个庄稼汉挺实惠的，见说是自己的岳父岳母，呯呯嗑了三个头。老丈人，老丈母娘挺喜欢新姑爷，把姑爷搀起来就驾进屋了。在老丈人家住了一天，新姑爷着急回家，丈母娘说：

“行啊，你们小两口回家吧，离这也不远，想我了，你俩就来。”

一天，哥哥回来了，他一进大门，就看这院变样了，收拾得利利整整。一进屋，这炕上地下也是干干净净，还有女人铺盖的被褥。他掐指一算：

“不好！我兄弟娶个狐仙媳妇啊，这不是要我兄弟命吗？”他急忙奔地里去找老二，人家小两口嘻嘻哈哈地在地里干活呢。一瞅这姑娘确实是不错，不错也不行啊，怎么能和妖精成亲呢。他哥来到兄弟、兄弟媳妇跟前。

兄弟见哥哥来了，就给媳妇介绍说：

“这是我哥。”兄弟媳妇给哥哥道个万福，这就回家了。

晚上，媳妇跟丈夫说要回趟娘家，想妈了。老二说：

“你看你，我哥刚回来，你就回娘家，叫我哥怎么寻思你啊。”

“你要同意呢我就回去，你要不同意呢，我就不回去了。”

“你实在想回家呢，待一天就回来，要不我哥该多心了，像不待见哥似的。”

他哥也说：

“行，那就回趟娘家吧，我三天五天也不走。”

她回家就把他哥这事跟她爹妈说了，她爹说：

“没有事，你回去吧，跟他哥说实话，他哥不会整治你的。”

第二天回来，媳妇从娘家给大伯哥带了很多好吃的。大伯哥问：

“听我弟弟说你是段家楼的，可我从小在这住，没听说段家楼啊？”

“大哥，你要去呢，我领你上段家楼看看。”

他哥说：

“那也好，父母不在，长兄为父，我怎么也得到你家认认亲，看望看望你父母大人。”

吃完饭了，媳妇领着哥俩回娘家去了。走了一程，他哥说：

“还有多远啊？”

兄弟媳妇用手一指：

“那不就在山半腰吗。”

他哥一瞅是个青堂瓦舍的小楼，进了院，老头儿老太太迎了出来：

“来客人了，谁啊？”

“是我大伯哥。”

“贵客贵客，快请进。”老头儿老太太免不了预备酒席招待啊。喝酒时，大哥说：

“大爷，我从小在这住，不知道还有个段家楼，这段家楼是什么时候盖的房子？”

“我住在这时，你爷爷还没生呢，从我祖上数，将近三千多年了。俺家是个狐仙洞，你看到的这个房子，是担心你害怕变的。你爷爷救过我们一家子，你哥俩到现在没有对象，你呢，干的那个行当，俺们反对，你兄弟老实，俺们挺喜欢，为了报恩，把我姑娘给你当个兄弟

媳妇。实情都给你讲了，你想咋办就咋办吧！”兄弟这时也给哥哥跪下了：

“就是狐狸我也要，这是我媳妇，你可不能给祸害了。”

他哥也给老头儿老太太跪下了，说：

“大爷大娘你们为我家报恩，我怎能伤害你们呢？”

从这以后，他们就生活在一起了。

讲 述 者/于洪润　男　69岁　小学文化　农民

采 录 者/王思雯

采录时间/2009年7月24日

采录地点/红透山镇上大堡子村

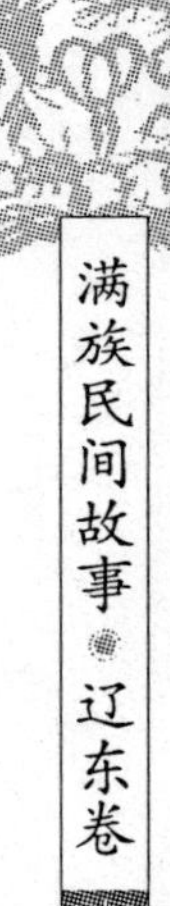

黄皮子闹事

有这么一家，屋里人得了邪病了，哪看也看不好。在早兴跳大神，信大神就得找大神啊。当家的就找了一个跳大神的，跳大神得连说带唱，还有二大神在底下给伺侯。

这家儿子不怎么信这玩意儿，但是老的信他也管不了。这儿子呢，成天背着个老洋炮，经常上山打个围啥的。

这天儿子背着老洋炮搁山上回来，一进院，就看有个黄皮子在猪圈根底下，两前爪抱着，一抖擞一抖擞的。它抖擞，屋里他妈就抖擞，儿子一想，我妈有病原来都是你闹的呀：

"妈的，让你抖擞。"他端起老洋炮照黄皮子就是一炮，黄皮子吱溜一下跑没影了。屋里边他妈躺在炕上啊地叫了一声没动静了。大神二神也不跳了，也不唱了。

他进屋跟他爹说：

"猪圈底下有只黄皮子，我妈这病都是黄皮子干的事，叫我一洋炮打跑了。"

再看他妈安静了，眼睛睁开了，恢复正常了。搁那以后，黄皮子还真的就没再来他家，黄皮子也知道这家有个虎小子，手里有洋炮，它也知道怕啥。

讲 述 者/于洪润　男　69岁　小学文化　农民

采 录 者/王思雯

采录时间/2009年7月21日

采录地点/红透山镇上大堡子村

黄仙洞

以前在新宾有一个降妖拿魔的高手，他从小学道，会很多法术，张手雷就是他拿手的把戏。什么邪魔鬼怪，他都不怕。黄皮子啊、狐狸啊，没有他杀不到的。

有一天晚上，他在家睡觉，有一挂大马车来接他，说：

“你快去俺们家看看吧，招邪了，这玩意儿就你能行，别人谁也治不了，你要多少钱给你多少钱。”

他这人只要你说看邪病，他指定去。

他坐上马车就去了，这马车“呱嗒”、“呱嗒”地越跑越快，就像飞起来一样。大概一个时辰的光景，到地方了。

他下车往里一进，后边的人就给堵上了。缺胳膊的、掉腿儿的、没眼睛的、没鼻子的，没手没脚的可院子。他明白了，我是掉黄皮子窝儿里了，人家看我老了，治不了他们了，以前没整死的，受伤跑的都来报复我来了，我也治不了人家啦，怎么整啊。

“往里请，见见俺们老祖宗。”

只见一个老头儿在椅子上坐着，手里拄着拐棍说：“你是不是那个王先生?”

“我是。”

“你知道我今儿找你来为什么事不?”“我知道，你要我偿命来了。”

“你还挺明白，你看看我这些孩子，都是你整的，他们死的死，伤的伤，亡的亡，残的残啊，我能不要你命吗!”

“你要我命也行，临死之前你不管顿饭，也得管口水喝吧。”

他画符、画张手雷必须得有水，他得清口。老头儿说：

“哎呀，临死要喝水，要酒喝我也供你啊，让你做个饱死鬼，要吃什么你就吃什么，随便。”

他一寻思，我怎么也是要死的人了，先吃点喝点吧。他就喝了点酒，吃了点菜，吃完了说：

“我要死了，我还有个要求，你能不能答应我。”

“什么要求？”

“你给我一支笔，我写个纸单，你给我捎到家里。”

“行，你写吧，写完俺们给你送家去。”

他开始画符了，把符画完了，张手雷也画上了，就写那纸单，告诉家里儿女他死了，就到哪哪来找他。老头儿接过纸单一看：

“对，就这个地方，叫他们来这个地方找来吧。”说完把纸单交给旁边一个人：“你先给保存着，明天把他处死以后，你再把这个给他家送去。”

他被拉到外面的院里，老头儿就吆喝了一声：

“孩儿们，给我活吃了他。”那群人一上的工夫，王先生回手就是一个张手雷，把这群玩意儿全炸死了，洞也塌了，结果他呢，半条腿压在洞口上动弹不了了。他就在那喊救命。有个打猎的听到有人喊救命，就顺着声音找去，一看：

“哎呀，你不是王先生吗？怎么腿给夹在这里了？”

“别提了，你赶快给我儿子送信去。叫他找两个石匠把我的腿给铲出来，要不就废了。”

打猎的跑去告诉他儿子。他儿子知道他爹总干这些事儿啊，就找来两个石匠，儿子问他：

“在哪个位置？”

“你忘了？西边那儿有个黄仙洞，就在那儿了。”石匠就在黄仙洞转圈地铲，费了好大劲儿才把腿就给铲了出来。铲出来以后，腿被压坏了，从此他再也不干降妖拿魔的事了。

讲 述 者 / 于洪润　男　69岁　小学文化　农民

采 录 者 / 王思雯

采录时间 / 2009年7月21日

采录地点 / 红透山镇上大堡子村

嘎秃子好响鞭

嘎秃子是个长工，给财主家扛活，春种秋收、拉土、送粪什么活都干。

有个黄皮子讨封要成仙，得找个指定那个时辰生的人说话才好使。嘎秃子就是黄皮子要找的人。这天，嘎秃子正在地里蹚地呢，黄皮子就去了。忙从地上捡块儿晒干了的牛屉屉，拿起来底朝下顶在头上问：

"嘎秃子，你看我像什么？像人还是像神？"见嘎秃子没理它，心里不高兴又不敢得罪嘎秃子。就夸他：

"嘎秃子，好响鞭，嘎秃子好响鞭。"意思是夸嘎秃子鞭子甩得响，打得好。黄皮子不是人，也不会几句人话，就一个劲儿地"嘎秃子，好响鞭，嘎秃子好响鞭"。嘎秃子正干活呢，心里挺烦的，嘎秃子说：

"他妈的，我眼神不好，你离远了我看不见，你离近点我告诉你，你像什么我就说什么。"

黄皮子还喊："嘎秃子好响鞭，你看我像人还是像神?"

"不好说，你再近点。"

黄皮子凑过来了。

嘎秃子见黄皮子到跟前儿了，抡圆了鞭子一响鞭，就把黄皮子打得翻了个儿，跑了。黄皮子打这以后不敢见嘎秃子了。

秋天打完场，嘎秃子跟大伙儿到集市去卖粮，道远，当天回不了家，得住店。一个哥们儿对嘎秃子说："界壁儿（邻居）有一个姑娘正

跳大神呢，唱得可好听了，姑娘长得也可好看了，嘎秃子你不去看看？”

“你们去吧，我不去。”

“嘎秃子，你都这么大了，你就秃点儿也没别的毛病，你去吧，俺们帮你说说，让她给你当媳妇，挺好的事，走吧走吧。”嘎秃子就跟着去了。

这姑娘叫黄皮子迷住一个多月了，黄皮子被嘎秃子打了不敢再求嘎秃子。就附体到姑娘身上，通过姑娘求他，所以一直等嘎秃子来。姑娘咿呀的正唱呢，嘎秃子一进屋，嘎，停了，没动静了，黄皮子怕嘎秃子鞭子呀。它平时就说：

“嘎秃子啥时候来，你就啥时候好，嘎秃子不来你好不了。”这会儿嘎秃子来了，它说：

“东家，嘎秃子来了，你姑娘的病好了。”姑娘的妈连忙给嘎秃子跪下说：

“你可得救救我姑娘，我姑娘得病半年多了。”

嘎秃子见这情况，就到姑娘跟前。姑娘被黄皮子迷住了，说的话就是黄皮子的话。

嘎秃子说：“上次打完你，我也挺后悔的。咱们人仙是一家，这回你让我咋说我就咋说。”

“嘎秃子，我修道多年，没有你的话，我成不了仙。借你话，我才能成仙得道。”

嘎秃子说：“你像个神，也像个仙，从此你就成仙得道了！”

“谢谢嘎秃子，以后就是你俩的事了，你俩有缘份哪。”说完，黄皮子走了，姑娘也清醒了。

店主见嘎秃子人很善良，就把姑娘给了嘎秃子。嘎秃子和姑娘就成了亲。

讲 述 者／黄振华 男 68岁 小学文化 农民

采 录 者／白云锋

采录时间／2009年7月21日

采录地点／红透山镇上大堡子村

人与蛇

有个小伙，他家地头有个树，树底下有个洞，洞里住着两条蛇，一条白蛇一条黄蛇，是夫妻俩。在这树洞里住的年头多了，小伙儿和蛇，谁也不碰谁，谁也不惹谁，处得都挺好。

这天，他就看见黄蛇走了，白蛇出来送黄蛇，白蛇对黄蛇点点头，意思是说："你出门加点小心，早点回来。"等黄蛇走了之后，不到一个时辰，来了一条黑蛇，黑蛇比黄蛇壮实多了，白蛇出来接了，俩蛇缠在一块儿进洞里了。小伙子一看：这黑蛇我没看见过啊，怎么黄的走了，黑的就来了呢？不行，我得弄明白了。

小伙子观察了好几天，黑蛇走了，黄蛇就回来了。他说："这玩意儿怪啊，黑蛇怎么知道黄蛇回来呢，是黄蛇告诉黑蛇走多少日子才回来？"过了一些日子，每当黄蛇走了，黑蛇准来，黄蛇回来，白蛇就把黑蛇打发走了，黄蛇回来，白蛇照样接它，但没那么亲近，就进洞了，一来二去，一年多了，它们怎么回事，小伙子瞅明白了：黑蛇是白蛇的野汉子，黄蛇出门，黑蛇就来。白蛇你不是物啊，你哪能干这事呢！太不仗义了。

一天，白蛇送完黑蛇，往洞里进的工夫，小伙拿锄头"咔嚓"就是一下，正好铲在白蛇的腰梁子上了，白蛇忍痛"嗖"地一下就进洞了。

下晚儿，这个黄蛇变个小青年拎着宝剑来找小伙子说：

"我来找你有点事？你说今儿咱俩是文解决还是武解决啊？"

"你不用说，我知道你是谁，你觉得你媳妇挨揍了，挺不好受是

不？我告诉你，我那是在替你打抱不平啊，咱们虽然是人兽两路，但你我两家的事儿谁也瞒不过谁。”

“老哥，你说这话什么意思？”

“有条黑蛇你知道不？我品你们一年了，你一走，黑蛇就来，白蛇和它那个亲热劲就不正常，这次它送走黑蛇，我瞅着气得慌，我替你出气，才给它一锄头，我劲小了，劲大了，我整死它。”

“老哥，我为躲这黑蛇才从一千多里以外搬到这来的，没想到我躲出这么远，它又找来了，你得帮帮我呀。”

“怎么帮？”“你不是有杆洋炮吗，我先在洞里和它打，把它引出洞后，你就拿洋炮搂它。”

“那行，这忙我帮！我早就想揍它了。”

这天，黄蛇告诉白蛇：“我出趟门，得十来天才能回来。”黄蛇刚走，黑蛇就来了。黄蛇把黑蛇堵在洞里，就打了起来，黄蛇不是黑蛇对手，打了一会儿就退出洞外，冲小伙子点点头，意思说“它在后头呢，你把枪预备好”。这小伙子把黄蛇让过去之后，瞄准洞口，那黑蛇撵出洞来，小伙子对着黑蛇脑袋就轰了一洋炮，这一洋炮把黑蛇脑袋打稀碎。

黄蛇进洞把白蛇逼了出来，当着这小伙子面，它弄死白蛇，取出黑白蛇的两个蛇胆送给小伙子：“大哥，这胆是宝贝，权当我的谢礼了。”说完就走了。

讲 述 者／黄振华　男　68岁　小学文化　农民

采 录 者／王　冬

采录时间／2009年7月21日

采录地点／红透山镇上大堡子村

大　蟒

绞木沟有个姓刘的羊倌儿，他家在沟里住的年头也不少了。这天赶上下雨不能出去放羊，全家人坐在炕上剥麻。

这时就听猪圈里的猪吱哇乱叫，他把上扇窗扇推开一看，一条大蟒有水桶那么粗，从猪圈后的砬子上下来，张开血盆大口，那信子吐得能有一尺来长，把他家那口八九十斤的克郎猪吸得能提起来三尺多高。刘羊倌他能不着急吗？这猪是他家一年的零花钱啊！这一急，他把大海杆子（洋枪）拿来担在窗户上“咣”一下子就把大蟒打死了。左邻右舍十来个老爷们儿抬那条大蟒都没抬动，没办法，就挖七八丈长五尺多深的沟，把大蟒推进沟里埋了拉倒。打那以后，刘羊倌的老妈，先是双眼失明，后来不知怎的，睡睡觉，就跑到猪圈上边的砬子顶上。天天早上刘羊倌得上砬顶上把他妈背回来，晚上是怎么上去的，什么时候上去的，谁也不知道。刘羊倌请神烧香又摆供，怎么也治不好，后来他家不得不从绞木沟搬出来。

讲 述 者／盖英杰　男　68岁　小学文化　农民

采 录 者／王思雯

采录时间／2009年7月21日

采录地点／红透山镇上大堡子村

金丝洞

离咱这不远的苇子峪，有一个凤崖山，山上有个洞，这个洞，烧香许愿的很多，香火旺，挺灵气。

有一家姓王的，姑娘得了邪病，白天睡大觉，晚上嘟囔嘟囔，也不知道跟谁唠嗑，嘻嘻哈哈的。老太太说：

“孩子得邪病了。”

老头儿说：“金丝洞挺灵气，你去上个香，叨咕叨咕。”

老太太说：“还是你去吧，我在家照看姑娘。”

老头儿就去了。

上金丝洞有条羊肠小道，又陡又滑。到山顶上，速度最快的，也得两三个时辰。这老头儿带着供品奔金丝洞就去了，到了金丝洞底下，还能有个一里来地吧，老头儿也累了，搁树根下歇气的工夫就眯糊着了。一个小伙告诉他：

“你回去吧，你女儿的病金丝洞的神灵也管不了。”

老头儿一激灵醒了，觉得挺奇怪，这小伙是哪的啊？长得白白净净的。老头儿有心要回去，又一合计，不行！你让我回去就回去啊，老头儿就往上走。还有十几步快要到了，这时从山上下来一条大长虫，张个血盆大嘴就奔老头儿来了，老头儿吓得就往回跑，供品也扔了，鞋子也丢了。他在前边跑，大长虫就在后面撵。老头儿跑来跑去，累得不行了，也看明白了，老头儿跑得快，它就撵得快，老头儿跑得慢，它就撵得慢。老头儿说：“我跑不动了，你想吃就吃吧，爱咋咋地。”眼睛一闭，等死了。等了老半天，睁开眼睛一看，长虫没有

了，他就回家了。

回家跟老伴儿把上山经过的事说了，老伴儿说：

“别人上山都顺顺当当的，偏你上山就遇到这事儿呢？明天我去。”

老头儿说：

“你可别去，你跑得慢，要让它撵上给你吃了，咱这个家可怎么整！姑娘有病，我当爹的还活不活了！”

老太太说：

“那怎么整，你不去，我不去，等姑娘死？没有姑娘了，咱俩活着还有什么意思！”

“那么地吧，咱俩一起去，到那看见长虫，你就往回跑，我在后面挡着，要吃先吃我。”

俩人合计好了，第二天带上供品又去了金丝洞。来到老头儿做梦的地方，老头儿告诉老伴：

“我就在这做的梦，走不两步就遇着长虫了，你可加点小心。”

老太太说：

“加什么小心，该活的死不了，该喂它，我就得喂它，我也豁上了。”老太太为了姑娘，命都不要了。老头儿说：

“那咱俩还歇一会儿不？”

“歇就歇一会儿吧。”

他两个坐歇了一会儿起身往山上去。走了很长一段路，也没看见长虫。老太太正要埋怨老头儿，突然跳出来个大老虎，呼一下子就奔他俩来了。老太太一看，真有玩意儿啊，这不是老虎吗！老太太急忙趴在地上没动弹，老虎从老太太身上悠过去奔老头儿来了，老头儿一看，我还能跑过你啊，我也趴着，你吃吧。老头儿也趴在地上了。老虎没勒（理睬）他俩，也没吃，也没碰。他俩吓得魂不附体。等了半天，起来瞅老虎没了，老太太哆哆嗦嗦地说：

“上，反正是这么个事儿了！”

老太太接着往上爬，老头儿吓得直喊：

“你拉倒吧，别去了，还说不上有什么玩意儿呢。”

老太太也不吱声，一个劲儿地往上爬。爬到离洞口还有个十来丈远的地方，见一个小姑娘，一个小小子。穿着红兜兜在那儿连疯带

跑。老太太就奇怪了：这山这么高，怎么还有小孩儿来上供？老太太就喊了一声：

“娃娃。”

小姑娘问：“谁喊咱们？”

“有个老太太。”

“老奶奶你要啥？”

“我是上香许愿的。”

“今天没有上香的，就你自个儿，上来吧。”

小小子伸手就把老太太拽上去了。

小姑娘、小小子领着老太太到了一块大石板前，老头儿把供品摆上，问两个孩子：

“还有没有别人？”

“没有别人，你就上香许愿吧。”

说完小孩就不见了。

老太太、老头儿把供果摆上了，求上仙保佑，放她女儿一条生路。许完愿，磕完头，就要下山。

老头儿说：

“你先慢慢走吧，我坐那抽袋烟。”

“要走，咱俩就一块儿走呗，你还抽什么烟呢。没紧没慢的，孩子自己在家呢。”

“你着急你先走。”

老太太往下走，老头儿坐下来抽烟，他边抽边撒目，发现身边有个洞口，蜘蛛网把洞口整个给封上了：

“哎呀，网这么大，蜘蛛得多大呀？”老头儿拿个小棍敲那个网，没想到把自己粘蜘蛛网上了，怎么也挣不脱，急得老头儿喊救命。老太太听到老头儿喊救命就往回跑：

“老伴儿怎么了？怎么喊上救命了呢？”

老太太急忙往回赶，眼看来到老头儿跟前，旁边蹿出个大长虫，尾巴一扫，把老太太迷得糊地扫下山了。老头儿看见大长虫把老太太扫没了，吓得昏过去了。

老太太醒来才知道已回到自己家了，老头儿还在山上喊救命呢，

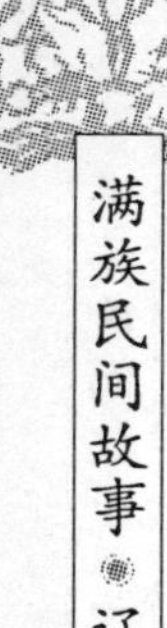

得找人救老头儿呀，她找来小叔子一起上山。到那儿一看，什么也没有了，光剩个骷髅在那粘着。小叔子说：

“这地方叫金丝洞，是蜘蛛精害人的地方，或许他们之间有什么仇恨，或许我哥就该这么死，哥的骨殖就别收拾了，咱回去先给哥立牌位。”

再说老太太上完香许完愿，她家姑娘水不喝饭不吃，一动也不动的没动静了。老头儿没了，女儿又这个样子，老太太伤心透了，哭着喊着姑娘的名字，没想到把两个小孩儿喊进屋了。老太太认识他们：

“小娃娃，你们不是金丝洞的两个小娃娃吗？”“是啊，老奶奶，俺是来看看姐姐病好没好。”

“你怎么知道她有病？”

“你在那许愿，俺们都听到了。”

“你来看她，俺也不认识你们啊。”

“啊，我是想问问姐姐，每天晚上来找姐姐的是个人什么样的人。”

“来什么人？”

“你不想知道你女儿得了什么病吗？”

“我知道啊，俺们农村人讲叫梦臆。”

小孩摇身一变，成了个小伙，这姑娘立马儿就起来了，连说带笑的，病就好了。

老太太蒙了，光傻呵呵瞅着。小女孩说：

“哥，咱救完人就得回家。”俩小孩儿临走之前告诉老太太：

“你上金丝洞取碗水，回来给姐姐喝下去就好了。”

老头儿死那了，她也让长虫尾巴打到山底下去了。一提金丝洞老太太就吓得直哆嗦，但为了女儿，认可死也得去啊。老太太临走时揣把剪子防身。可到了那儿啥事没有，顺顺利利上了山，一看石板上有一个泥碗，里面有多半碗水，水挺清凉。老太太犯难了：这么陡的山，我端着水怎么走啊？等我回到家，水也晃荡没了。老太太想把外衣脱下来把水碗包上。可是女人是不能随便脱外衣的，你要是为啥事脱了，叫人看见会说这个女人不正经了。端着碗站在那儿为难之际，空中忽忽悠悠飞下来一个小手绢把碗给包上了。老太太说：

“啊，我姑娘有仙缘呀，我得赶快拎回家，给我姑娘喝。”

回到家，老太太急忙用匙舀水往姑娘嘴里喂，一气儿就把半碗水全喂进去了。姑娘能说话了，也知道吃饭。没过几天就一点点好了。

姑娘好了之后，没看见阿玛在家，就问讷：

“我阿玛哪儿去了？”

老太太从头到尾跟姑娘学了一遍，姑娘又哭得背过气去了。老太太连哭带喊，连捏带掐，总算把姑娘喊过来了，姑娘醒来第一句话就告诉她讷：

“我阿玛回来了。”

“说胡话呢，你阿玛的骨头还在那蜘蛛网上粘着呢，你叔不让取回来，骨头就搁那搁着呢。”

“讷，咱俩去找我阿玛去吧，能找回来。”

“怎么能找回来？”

“山上那个小男孩就能把我阿玛救回来，咱们到山下等着，看能不能把我阿玛给领出来。”

老太太不由着姑娘也不行，她是怕把姑娘再惹迷糊过去。

“那行，我跟你去。”

娘俩走到老头儿休息的树根底下，她娘俩也坐下来休息，正唠着呢，就见老头儿和一个小伙子从山顶上下来了。老头儿看见姑娘老伴儿都来了，疾走几步，把姑娘搂住了。老伴儿问他：

“眼瞅着你骨头在蜘蛛网上粘着，你怎么又活儿现的在俺娘俩跟前呢？”

“我一时也说不清，你让这个小伙子说吧。”

小伙子说：

“大娘，你看到的人骨头是蜘蛛精骗你的，大爷被它们缠住放在洞里，还没等吃哩，我就把大爷救出来了。大爷的命我救了，可你们还得救我一命。”

老太太说：

“我怎么救你啊，你仙人能救凡人，俺凡人没有本事救仙人啊？”

“你们能救！我是一棵人参精，明天正当午时，天君就来抓我了，你们要救，我才能逃出这一劫啊，日后就能成仙，你要不救，我就永远是精不是仙了。”

“行，既然你把我姑娘也放了，把老头儿也救回来了，豁出去死我也救你了，你说怎么救吧！”

“你们回去在家院子点上七盏油灯，每个油灯上压一片瓦，再做七个像我一样的小布人，搁在瓦片上燎着，我在灯底下坐着。不管是打雷也好，鬼哭狼嚎也好，你们三口人谁也别出屋，一个时辰后，我就没事了。”

“行！我回去就照你说的办。”

老太太老头儿按小伙的要求摆好了。正当午时，雷就围着他家的院子劈里啪啦地响了起来，雷声中还有鬼哭狼嚎的动静，好像在喊谁出来。这时就听小伙子哀求姑娘：

“我跟你好一回，你出来救我呀，我让雷劈让火压，已经挺不住了。”

姑娘动心了要出来，老头儿老太太往回拽。三个人正扯拽的工夫，雷也不响了，天也晴了。小伙子起来喊了一声：

“人参娃下来。”

只听小姑娘说：“叔叔，我来了。”

“大侄女，你在他家伺候二位老人吧。”

他手一比量，一棵大人参，种在老头儿的院中间了，从此他家发财了，这是人参精对他家的报答。

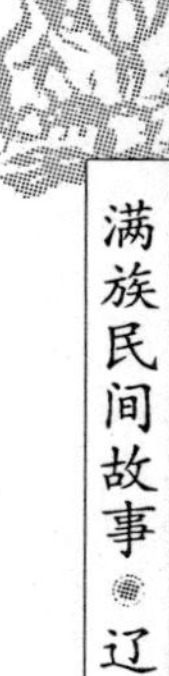

讲 述 者 / 于洪润　男　69岁　小学文化　农民

采 录 者 / 王思雯

采录时间 / 2009年7月22日

采录地点 / 红透山镇上大堡子村

斗蟒仙

老早年，我们这有个王爷，姓洪，名连朴，挺绅士的人家。他家少爷淘气，打伤了一条蟒蛇，这就把蟒仙给得罪了，蟒仙总找他家茬子，不是叫你腰疼，就是腿疼，不是腿疼就是膀子疼，不是膀子疼就是脖子疼，不是这长疮就是那长疥子。气得老王爷发了狠："哪天非请法师把它治服了不可，对这玩艺儿不能手软。"狠话说出来了，可老王爷并没去请法师。

一天，他坐在太师椅上闭目养神呢，来了俩女的，岁数也就是二十三四岁那么大吧。只听其中一个女的说：

"别跟他客气了，两下把他弄死得了。"

另一个说："不，咱得跟他较量较量，看他有多大本事。"

老王爷明白这两个女人是蟒仙啊。

只见一个女的上来就把太师椅给掰垮了，老王爷摔了个腚蹲儿。老王爷把他那"王八骨"长烟袋杆"咔"一下就撅折了，对着两个女的嘴就攮了过去，两个女人一躲，他把烟袋杆一甩，蟒蛇最怕烟袋油子，两个女人赶紧跑了。老王爷一看，不请法师还真不行，就这么的，老王爷就请了法师来。

法师在大河边摆了法坛，堆了二三十车干柴火，法师掐诀念咒，不到半个时辰，那大小粗细的长虫，都往那火里钻，眼瞅着烧死了。

再说河边有个渡口，从河对岸来俩姑娘，上了船就哭了。摆船的问：

"你们两个哭啥啊？"

“老洪家请法师，让俺俩往火里钻。”

“你不钻不就得了?”

“得有人救俺们，俺俩才能不按他的咒语钻火堆，你能救俺俩吗?”

“怎么救，你说吧，怎么能好好的就让人家给烧了呢?”

“俺们不是人，是蟒。”

“蟒怎么的，你现在不是人吗?”

“俺俩变成小白长虫，你把俺俩搁在你那帽沿里头，往脑瓜子一戴，挺过一个时辰就没事了。”

她俩说完，就变成两条小白长虫，摆船的把小白长虫放进帽沿里头了，戴在头上。

法师在法台上掐指一算，说：

“还有两个没来，是让人给救了，赶紧生符，请雷神击它。”雷神来了，“轰隆”了一个时辰，走了。法师告诉洪老王爷：

“有个摆船的把两个蟒仙救了，她藏在摆船的脑袋上，雷公不敢下手啊，这就不怪我了。”

“好，我找那摆渡的算账去。”

雷神走了之后，蟒仙告诉摆船的：

“这个船你别要了，你走得越远越好，俺两个保佑你发财当官，俺这辈子报答不完你，下辈子接着报答。”就这么的，摆船的尥杆子走了，两个蟒仙也得救了。

但是，老洪家从那以后，倒霉的事从此就没断过，他儿子好好一个小伙子，两条腿说不好使就不好使唤了。老王爷腰腿疼得不能动弹，他儿媳妇得了邪性病，整天魔魔怔怔的。总之，他家祖祖辈辈、成年累月不离病人。

讲 述 者/黄振华　男　68岁　小学文化　农民

采 录 者/王思雯

采录时间/2009年7月21日

采录地点/红透山镇上大堡子村

西关城门上的大蟒

沈阳西关有一个店铺，店铺里有一个打杂的小学徒，掌柜的发现这个小学徒一到晌午就没影了，哪都找不着，也不知干啥去了。掌柜的在他身上别根针，针上穿着线，他手里攥着线轴，一看这线轴动弹了，知道小学徒又出去了，线轴“出儿出儿”转得可快了，这掌柜的就捋着线找，一找，找到西关城门，一看，小学徒在城墙底下站着呢。

掌柜的躲在一边儿瞧着，只见小学徒一会儿“嗖”地起来了，一会儿“嗖”地落下了，上来下去地挺受用。他这是干啥呢？怎么就平白无故地起来落下的，没听说他有轻功啊。掌拒的打眼往城楼上望，哎呀，我的妈啊！一条大蟒盘在城门楼柱子上呢，嘴张得像小缸那么大，张嘴一吐一吸，小学徒就一起一落的，他起来时，离大蟒的嘴只有一丈来远了，就要抽就进去。看来这条蟒蛇是要吃小学徒，只是功夫还不到。小学徒年纪还小，贪玩儿，不知道危险。还觉得挺好玩儿呢！

小学徒回来了。掌柜问他：

“你干啥去了？”

“玩儿去了。”

“去哪玩了？”

“西关城门。”

“再别去了，西关城门顶上有条大蟒吸你呢，要吃你呢！”

小学徒听他这一说，也就害怕了。再不敢去了。

掌柜的把西关城门有大蟒的事儿报告了官府，官府张贴布告，悬

赏抓拿大蟒。重赏之下必有勇夫，布告一贴，来了六七个小伙子，把这个布告揭了。就见这伙人，拿来一个大铁笼子，下到城门上，把笼门打开，点上火把，拿火一烧，大蟒跑了出来，一头钻进笼子，“啪!”笼门像铁闸一样关上了，大蟒抓着了，这伙儿人拿了官府的赏钱走了。

讲 述 者/黄振华　男　68岁　小学文化　农民

采 录 者/王　冬

采录时间/2009年7月21日

采录地点/红透山镇上大堡子村

孤猪沟打野猪

有个叫孤猪沟的大山里有一头野猪，打围的人去多少死多少。就是猎枪也打不住它，早时候那枪都是一发子弹，打一枪，子弹出去了，再装就不赶趟了。

有一天，一个外地猎人走差道了，进了孤猪沟，正好遇上这头野猪了。他对着这头野猪放了一枪，没打动，为什么没打动呢，因为野猪在山林里，那不都有松树吗，松树上面有松树油子，野猪就在那上面蹭，蹭完了它就在沙子上打滚，打滚肯定沾的都是沙子啊，年头一多吧，野猪的皮就厚了。松树油子加上沙子，一般的老洋炮是打不透的。

小伙一看野猪挨了一枪咋也没咋的，反倒奔他冲了过来，他急忙爬到一棵树顶上。那野猪气得红了眼睛，一会儿在地上拱那棵树根，一会儿想往树上爬。

一拱拱了两天，树虽然大，但树底下的土都快给拱空了，下边猪拱一下，小伙子在树上就栽歪一下，这可怎么整呢？再这样下去，即使树不倒，野猪吃不着，自己饿也得饿死啊。他在树上想：反正怎么也是死，我再给它一枪，打不死它我就死了。最后拼一把！他把枪药装上了，平时打猎他只装一个铁球，这回装了三四个。他顺着树趁野猪仰脖张嘴大声嚎叫的工夫，瞄准猪的嗓子就是一枪，嘴里没皮，这野猪咕咚一声就倒在地上了。

小伙子一看野猪半天没动弹，但他还是没敢下来。他又装了一管铁球，看准了野猪眼睛那个地方，又打了一枪，等了半天，一看还没

动静，小伙子这才下来了。这头野猪也太大了，足有七八百斤，他到山下雇了两辆牛车和五六个棒小伙，一辆车拉野猪，一辆车拉那些死去猎人丢的猎枪下山去了。

讲 述 者/侯红玉　男
采 录 者/王　冬
采录时间/2009年7月21日
采录地点/红透山镇上大堡子村

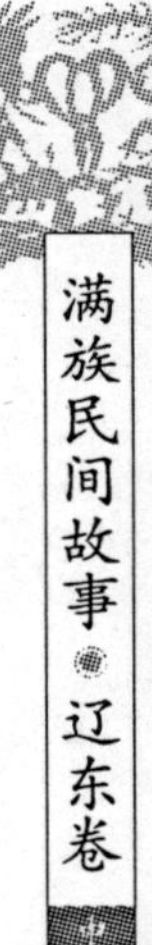

戴草帽的狼

这个故事出在关里山东。山东人有个习惯，儿媳妇跟老公公不在一个屋住，不像咱关外，一进屋南北大炕，一家人住一起，炕上挂个帘子。关里是一个房子分东西屋，有个院墙隔着，各走个的门。

有这么一家四口人，老妈领着儿子儿媳和姑娘过日子，儿子当兵打仗去了，别看是老婆婆，也不能跟儿媳妇住在一个屋，老妈和姑娘住东屋，儿媳妇住西屋。

有天晚上，有点月亮地儿，按现在来说就是九点来钟吧，要睡觉还没睡呢，姑娘出去上茅房，一出房门看见一个头戴草帽、穿布衫的人，跳进嫂子的院里去了。这姑娘就盯着那个人，看看他究竟要干什么。是小偷？一瞅那个人扶着墙转了一圈，走到她嫂子房门那，就进屋了。"啊，有人上我嫂子屋里偷东西去了。"她连茅房也没顾上去，急忙回屋告诉她妈："妈呀，不好了。"她妈说："怎么了，你大惊小怪的。""我一开门，看见一个带着个草帽子、穿着布衫的人，捋（顺着）那个墙上我嫂子那屋了。""你看准了吗？""我看准了。"她妈呢就不寻思是小偷的事了，她妈寻思儿子不在家，儿媳妇有外遇了。她对女儿说："别吵吵，不是小偷。"她就领着女儿鸟儿悄儿地到了儿媳妇的窗户底下，一听没动静。那时，不像现在窗户上有玻璃，那个时候窗户都是纸糊的。吐点唾沫，把窗户纸捅个窟窿，睁一眼儿闭一眼儿，像木匠调线似的往屋里看，见她儿媳妇自己搁蚊帐里穿着衬衣拿着蒲扇正扇风呢。老太太往地下看，地下一口大缸，那大缸顶上盖个盖帘子，盖帘顶上搁着煎饼。老太太寻思，这个人是不是在屋地下哪

藏着呢？她再瞅那缸，缸上面那个盖帘一会起来一会儿落下。啊，是有人，在缸里头呢。老太太想瞅瞅这个人什么模样，她就盯住那口缸，眼睛一眨不眨地瞅着。瞅了一会儿，瞅明白了，那嘴巴子挺老长，是个狼啊。这狼吃了一个人，把这个人的草帽子跟衣服它穿上了，为什么它扶墙走呢，它不扶墙走，不是不像人了吗！这狼把盖帘拱起来，是往外瞅。想等床上的女人睡着了再吃她，可她就是不睡，就那一门呼扇着扇子。

这可怎么整呢？怎么能不惊动狼，还能叫儿媳妇出来？老太太先把儿媳妇房门给别上了，在院子里转圈想招，对！有了，她让女儿扤一瓢水，往儿媳妇窗户上一泼，水“哗”的一声就淋窗户上了。她在院子里喊：“儿媳妇快起来，来暴雨了，你快点把晾的那个小麦往屋里抬。”儿媳妇心想：外边刚才还月亮地儿呢，这雨怎么说来就来？没下雨吧，这窗户纸还真湿了。儿媳妇穿上衣服就出来了，老太太把门打开，把儿媳妇拽了出来，儿媳妇愣了，不知怎么回事：“妈，你干什么啊。”“别吵吵，别吵吵，赶紧把房门锁上。”儿媳赶紧把房门锁上了。老太太让儿媳妇从窗户眼往里看，看了半天：“没什么玩意儿。”“你别吵吵，多看一会儿。”儿媳妇瞅着了，是个狼在缸里哩，隔一会儿把盖帘拱起来往外瞅一瞅。儿媳妇吓得“嗷”的一声，离开窗户说：“妈，这可怎么办啊？”老太太说：“快把你爹的老洋炮给我，然后用咱家的鱼网把房门兜严实牢靠了，看我的！”老太太把老洋炮装上火药和枪砂，瞄准屋里的那口缸，趁狼拱出缸口的工夫，她“砰”的一洋炮。狼“嗷”的一声就窜出屋来，儿媳妇早就打开房门，等狼往网里钻哩。嫂子和小姑手里拎着劈柴的斧子、刨粪的镐头站在门外。这狼才搁缸里蹿出门来又蹿进门口的网里了，被姑嫂活活打死了。

讲 述 者／吴来祥
采 录 者／王思雯
采录时间／2009年7月21日
采录地点／清原满族自治县红透山镇上大堡子村

露尾巴的狼精

有个狼精很厉害，它会化装，会说人话，所以一般人很难发现它，也治不了它，多少猎手都死在他手上了。

一个猎手，听说这个狼精挺厉害，就跟踪它，要把它除掉。这个狼精也知道这个猎手挺有名，它就逃进山里去，猎手也跟着追进山里。以前那猎枪不能连发，“咕咚”一枪打出去，你得再装沙子，装药，扣炮子，这才能打第二枪呢。这枪慢，头枪打不着，第二枪就别想再打着了。獐狍野鹿早跑了，虎狼熊豹蹿上来，就能把你咬死。

猎手跟着狼精到了岭上，狼没了，一个老头儿戴个草帽，穿着大布衫子，叼个烟袋，坐在柴草垛上抽烟呢。

猎手问：

“哎，老哥，你没看见一个狼从这儿过去吗?”

“没有啊，没看着啊。”

猎人坐下来和老头儿唠嗑。

老头儿说：

“那狼你能治得了吗，像你这摆弄枪的，打围的，叫它吃了多少，你知道吗?”

“我知道。”

“那你不害怕啊。”

“唉呀，我怕就不来了。”

“你枪法能那么准吗?”

“我是指哪打哪，可不是打哪指哪。”

“你看，那儿有个麻雀儿，你能打着不?”

“我一枪就打上。”

他端起枪比量，可没搂火。

猎人一比画，那老头儿一欠屁股，尾巴露出来了，被猎人看见了。原来，狼精把割草的老头儿吃了，穿上他的衣裳，戴上他的帽子装人，和猎人唠嗑呢。狼精知道尾巴让猎人看见了，它磨身就要跑。猎人把枪马上调过来了，照它后脑勺子“咣”就是一枪，打个正着，狼精就这样被猎人打死了。

打这以后，从此这地方太平了。要不怎么说再狡猾的狼也斗不过好猎手呢。

讲 述 者/黄振华　男　68岁　小学文化　农民

采 录 者/王思雯

采录时间/2009年7月21日

采录地点/红透山镇上大堡子村

猎人打狼

在一个山沟里住着一家子，老爷们出去做木匠活，老娘儿们在家也挺勤快，白天，屋里外头活都她干。晚上，吃完了饭，早早把门窗关严了领孩子睡觉。

一天，有个打围的在山神庙旁边歇着的工夫，来了两只狼在山神庙那儿跪着求食，不一会搁山神庙里出来个小老头儿告诉它们：

“赏你们点吃的吧。你们五六天都没吃着食儿了。山下面猪圈里有个白爪老母猪，你们晚上去把白爪老母猪吃了吧。”

打围的心想：一般求食都是在正当午时。你个老东西，你告诉它们晚上吃白爪老母猪，哪有白爪老母猪？”他照老头儿就给了一洋炮。老头儿没影了，狼也尥蹶子跑了。打围的往山下找白爪老母猪，哪也没看见，他走到这家门前一看，这家媳妇穿一双小白鞋，他心里想：白爪老母猪能不能是她啊，弄不好她是猪托生的。我今晚儿不走了，得保护好她！不行啊，她家没有男的，我怎么住啊？犯愁的工夫，这媳妇就问：

“大兄弟，你有事儿啊？”

“啊，我想找点水喝。”

“水有的是，进屋喝点吧。”

“不用，你用瓢给我扤点就行。”

这媳妇心眼挺好，看他走得浑身是汗，抓把酸梅就扔瓢里了。打围的瞅这媳妇心眼不错，故意问了一句：

“大姐你怎么把酸梅撒水里了，我怎么喝啊？”

"喝吧，只有好处没坏处。"

打围的边喝边和这媳妇唠嗑：

"大姐啊，你这是个孤家啊，晚上不管是谁叫门，你千万可别开门啊。"

媳妇说：

"俺家就你来过，你想怎么地呀？"

小伙子一听她理解错了，也不能再提进屋了，就上了一棵树上，搁树杈上坐着等上了。天黑了，两只狼从山上下来直奔这媳妇家来了，他从树上下来，跟在狼屁股后也奔了过来。

媳妇刚把门窗关好，搂孩子要睡觉，就听外面有人喊开门。打围的一瞅，一个戴草帽的和一个戴毡帽的站在门口。邪门了，我明明瞅着是两只狼，怎么出来两个人在那敲门：

"开门，大嫂开门。"

打围的一听是人说话，再一看，屁股后怎么还长个尾巴呢？人没有长尾巴的，准是那两只狼了。他用洋炮把戴毡帽的干倒了，没等他装完第二枪火药，那个戴草帽的就尥杆子（跑）了。他把倒在地上那个毡帽一摘，正是那只老狼：

"好小子，你们俩还耍这把戏，看样是成精了。"

再说洋炮声把小媳妇吓醒了，她从窗户眼儿往外瞅，还是那个打围的，心想：这是要开枪打我呀，可等了半天，打围的也没动她，就把窗帘放下，坐在炕上等上了。再说那个打围的弄个绳把狼脑袋套上挂在树上，他本想也爬上树上睡上一觉，又一寻思：哎呀，剩一个狼跑了，它不得找山神爷算账啊，我到山神庙等你吧。心这么想着，两条腿也就奔山神庙迈去。这一去正好，狼正要吃山神爷呢：

"你骗我，让我吃白爪老母猪，哪有白爪老母猪啊，倒是有个打围的，一洋炮把我哥哥打死了。我要不是跑得快，我也死了。我非要你偿命不可。"神仙就是神仙啊，山神爷说：

"好大胆的畜生。你死期到了，还不知死活呢！"

话音刚落枪就响了，狼死了，山神爷也没了。打围的把山神爷的供器嘁哩喀嚓的都给砸了：

"老昏君，你打发狼吃人，猪羊什么都有，吃什么不行，非叫吃

人，还白爪老母猪，在哪儿呢?”

骂完了也砸完了，打围的把狼拖到小媳妇家院里，收拾得利利整整。早起，那媳妇出门一看，院里两条狼，皮也剥了，肉也卸好了。才知打围的是个好人，千恩万谢留他吃饭。打围的说：

“饭我不吃了，肉你留下，皮我带走。你男人总出去干活，你一个人在家不方便，万一野兽来了，女人家根本不行。你最好搬到人多的地方居住吧。”

打围的说完话拎着狼皮就走了。

讲 述 者／于洪润　男　69岁　小学文化　农民

采 录 者／王思雯

采录时间／2009年7月21日

采录地点／红透山镇上大堡子村

白爪老母猪

有这么个打猎的，枪法绝对好，有胆有识，会看山路，哪儿有野兽，他一看就知道，一个人单枪匹马上山。山里人，一般冬天打猎，夏天没有打猎的。

这天他打猎到中午了，就在山神庙后找个背风的地儿坐下来吃干粮。

他正吃着，听到庙前有说话声："山神爷，赏我点吃的，我三天没吃东西了。"什么玩艺儿说话？就听山神爷说："去吧，半夜十二点，山前有个白爪老母猪，带着两猪羔子。"打猎的探头一看，是一只老虎。他寻思着，山前白爪老母猪？我打围方圆百里，也没见过呀？不好！山前有家人家，当家的死了，正带孝，可能是去吃她！我得去救她们娘仨。

天黑了，他就去了那家人家："大嫂，我饿了，回不了家了。给我点吃的吧。"那时候吃饭不成问题，小媳妇热心款待。小媳妇岁数不大，二十多岁，人长得漂亮，利整儿的，穿一身孝服。

"你在俺家吃行，喝行，但住不行，你吃完就走吧。"

打猎的吃喝完了，就坐在锅台上边抽烟边问小媳妇："什么天了？"

"一更多天，你不走俺不能睡，两孩子都睡了，你快走吧！"

"嫂子，天这么黑，你让我去哪儿？外面狼虫虎豹的。"

"你有枪。"

"枪能打一个，能打两个吗？打完这个，打那个赶趟吗？你在里屋睡，我在外屋歇着，咱谁也碍不着谁。"

“真没治了，你就在外屋睡，不许进里屋啊。”

“好，就这么地。”

小媳妇心想，反正你在外屋，我在里屋。想你也不能把我咋地。

晚上喝粥哪能不解手，小媳妇半夜想出去，起来往外走。打猎的用手比画着，说啥也不让她出去，那意思是“不行，今晚你说啥不能出去，出门不行”！他打手势是怕外边听见。小媳妇憋得不行了，瞅他不注意，把他扒拉一边，刚开房门，老虎早在门口等着呢。

小媳妇还没来得及喊呢，那猎人“呼”的一枪，就把虎打死了。打猎的说：“行了，嫂子，你睡你的觉吧，我走我的道，我得回家了。”

“兄弟你可不能走，你要走，再来虎咋办哪？”

“你不撵我啦？”

“不撵了，你是好人，你到里屋睡吧。”

讲 述 者 / 盖英杰　男　68岁　小学文化　农民

采 录 者 / 白云锋

采录时间 / 2009年7月21日

采录地点 / 红透山镇上大堡子村

水上吃饭的精怪

我们这有个阿吉堡子。阿吉堡子分东堡子、西堡子，堡子当间儿有个大水泡子，这水泡子相当深，绿澄澄的，谁也不敢下去。

夏天挂锄的时候，堡子各家轮流派人看青，别让庄稼被人偷了，被牲畜祸害了。这天，该轮到一个姓王的小伙看地，他背着个洋炮在窝棚里住了一夜。第二天天刚蒙蒙亮，他就起来拿着洋炮围着庄稼地溜达一圈儿，经过水泡子时，他听有划拳行令的声音，他透过大雾，看见泡子水面上放个桌子，有四个人围桌子喝酒，人在水面坐着，不会沉下去。

小伙子寻思：这他妈的是人吗？我给他放一枪，吓唬吓唬他们！他举起枪对着水面"咕咚"一枪，只见水面呼啦一下子，人和桌子都没有了。这时水面开始翻花儿，一条水龙蹿出来就奔这小子来了。这小子蹦高地跑啊，水龙撵出去好几里地，把这小子吓得爹一声妈一声地叫唤，他越跑水龙就越撵，这小子跑着跑着，心想："我是跑不过它了，我求饶吧。"他转身跪地磕头求饶，水龙还真就回去了。

这小子回堡子和大家讲了这事儿。老人们说水泡子都上百年了，水里精怪多去了，人家不打扰你，你祸害人家干啥？堡子上的老人们打发人们去上供，请求宽恕。从此再没发生这样的事。

讲 述 者/黄振华　男　68岁　小学文化　农民

采 录 者/王　冬

采录时间/2009年7月21日

采录地点/红透山镇上大堡子村

癞蛛子精

过去群体打猎有规矩，不管谁山上打到什么东西，大到狍子、野猪，小到兔子、野鸡，带回来都得归集体，等打完围后再分配。这队伍有把头，也叫炮头，他说了算。把头得人品好，枪法好，有经验，这样的人才能当把头，要奸儿玩儿滑的没人跟他去。

有个干了四五十年、很有经验的老把头带着这伙人进山有一段时间了，他们什么都打，挺有货（读hè）儿。

这天把头回窝棚，感觉不对劲儿，有另外一股味儿，就问做饭的，"今天来东西没？"

"来了一个东西，围窝棚转一圈就走了。"

"长什么样？"

"脑袋不大，脖子挺长，肚子圆乎乎的。"

把头说："啊呀，这东西来了，好几年不见了。大伙儿赶紧吃饭，吃完跟我走。"把头说啥就是啥，大伙儿三口两口把饭吃完，把头把大伙儿带到离房子三十米远的地方说："大家找地儿藏起来，千万别出动静、别暴露。妈的，这东西在老林子转悠比人还精！"

大伙围着窝棚猫了起来。到了半夜，看见来了一个有碾盘那么大的癞蛛子精围着窝棚一圈一圈地转。干啥呢？它拉线呢，想把打猎住的窝棚整个缠住，不让里面的人跑出来。癞蛛子在网的中间留个孔，然后把脑袋伸进孔里去吃打围的这伙人。

把头看癞蛛子精把脑袋伸进孔里了，一挥手说："开枪，打癞蛛子！"藏在四周的猎手一起开枪，把大癞蛛子精打死了。

原来，把头年轻时吃过它的亏，他俩结上了仇，他找它，它也找他，今儿个碰上了。把头这次人多枪多，把这个害人的癞蛛子精给除掉了。

讲 述 者 / 于洪润　男　69岁　小学　文化农民
采 录 者 / 王思雯
采录时间 / 2009年7月21日
采录地点 / 清原满族自治县红透山镇上大堡子村

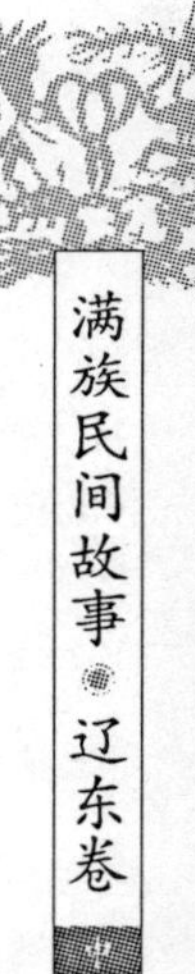

山里的四不像

有一伙儿人进山打猎，一天，正在窝棚里吃饭，就见跑过来了个小鹿。进山打围有规矩，不管什么猎物，是狼还是虎，顶门上不能打，明知道你们是打围的，它来是有事，没有事儿它不冒这个险来找你。

把头说："小鹿来是有事儿呀，大伙把帽子扔出去，它叼谁的，谁就跟它走。"这也是打猎的规矩，叼谁的帽子谁得跟着走，不去不行。窝棚里的人往外扔帽子，左扔一个不叼，右扔一个不叼。最后，一个枪法好胆识大的小伙子扔的帽子，被小鹿叼去了。把头问："你吃完了吗？吃完了就跟小鹿去吧。"

小伙儿带上猎枪跟在小鹿后边，走哇走，最后来到大山沟里，小伙儿一看，这沟里白骨成堆，到处都是野兽的骨头。小鹿回头望着小伙子，意思是告诉他：我进沟里去，你在这儿等着我回来你再打。小鹿跑进沟里一个时辰的工夫又跑回来了，边跑边回头。小伙儿看见小鹿后边有个长着角、不像牛、不像鹿、也不像虎豹的怪兽紧追不舍。小伙儿举枪对着怪兽的眼睛"呯"的一下子，当时就把怪兽打死了。小鹿跑到小伙跟前跪了一会儿就走了。

传说这个怪兽叫四不像，比老虎厉害。动物也有规矩，太厉害的野兽得除掉，不然，其他动物就不得安生，它们自己除不掉就让人帮它，动物都有灵性。

讲 述 者/黄振华　男　68岁　小学文化　农民
采 录 者/王　冬
采录时间/2009年7月21日
采录地点/红透山镇上大堡子村

趿啦——扑登——

这是个烧窑的故事。山里头不太平，让谁看窑谁他妈的也不愿去。有个小光棍胆大，说：

“我去!”他就到山里看窑去了。

晚上，这看窑的把外屋过道门锁得紧紧的。外边的牲口野兽什么的根本进不来。一天晚上，小光棍正睡觉呢，就听外屋，“趿拉——扑登，趿拉——扑登”的响，啊呀，什么玩艺儿？吓得他大气儿不敢喘。头天这小子没敢动。第二天半夜，又“趿拉——扑登”地来了。第三天还是一样，它还形成规律了！一到那个时候这个动静就出来。这小光棍急了，晚上睡觉时在被窝里放了把枪，外边看不见，他就在被窝里找好外屋有动静的位置，单等那个动静再出来。

半夜了，外屋“趿拉——扑登，趿拉——扑登”的动静又来了，小光棍对着动静响的地方“咣”的一枪，再也没动静了。他到外屋一看，绑松树明子的绞棍掉在了地下。那时候没有灯，点松树明子照亮儿。天干地支，日月精华，原来小光棍干活把手弄破了，血流到绞棍上，沾了人气，它成气候了，每天晚上出来作妖。

讲 述 者／黄振华　男　68岁　小学文化　农民

采 录 者／白云锋

采录时间／2009年7月21日

采录地点／红透山镇上大堡子村

白老鼠成精

过去，咱山沟里每到冬天，家家户户都烧炭。砍回了木材放在窑里烧，烧到一定程度再捂灭，这样就能烧出白炭和黑炭来。

烧窑的人在山沟里搭窝棚，大米白面猪肉粉条都弄去，过年就在那儿过。看窑得带枪，防精灵野兽侵犯。大年三十晚上，一家看窑的正包饺子呢，来了个小女子，穿得一身白衣服，比花似花，比玉似玉，千娇百媚。进屋就帮他包饺子，守岁的饺子要多包点，留着初一早上吃。包完一盖帘，看窑的往外屋送，看窑的一看捏饺子边儿的印儿是耗子爪印，就隔门帘偷看帮着包饺子的小女子，只见那小女子趁着屋里没人，就偷吃饺子馅。看窑的心想，怎么还有这玩艺儿？顺手操起一把斧子，挑开门帘儿，照着小女子“啪”的就是一斧子，一砍一道火光。小女子“嗷”的一声蹿出屋了，天黑，看窑的没敢撵出去。

第二天天亮了，看窑的顺着血印子找，找来找去，在一棵枯树根前血印子没了，看样子是钻进枯树洞里了。枯树空心好砍，看窑的几斧子砍倒枯树，从里面拽出一只有百多斤的大白耗子，原来是个耗子精！

讲 述 者／黄振华　男　68岁　小学文化　农民

采 录 者／白云锋

采录时间／2009年7月21日

采录地点／红透山镇上大堡子村

石磙子成精

听爷爷讲，老早年以前，俺家来了个卖布的，卖布的个子挺高，长的膀大腰粗的，是个山西人，大家都叫他“老西子”。

这天晌午，老西子卖完布，就要去铁岭。大家就劝他住一晚上，现在赶天黑过岭子不太平。他不听，说：“没事，我会武功，碰着啥事儿我都不怕。”说完他挑着二百多斤的青白布挑子就走了。

到了岭上，感觉后边有人抓他的布挑子。他回头一看，是个女的，披头散发的。老西子说：

“你拽我布挑子干啥?”

再看，两头挑子没有了，光剩大扁担了。老西子用足劲，将扁担狠命往这女的身上杵，这要是人早杵死了。这女的一个后空翻儿站住了。老西子说：

“你还有两下子啊!”这就跟女的打起来了。老西子来了个力劈华山，一扁担下去，那女的就地一滚，躲了过去，然后又扑了上来，老西子来个抽身撤步，又打了下去。就这样，老西子和那女的来来回回过了四五十招。这时，老西子用劲抡起扁担横着就打了过去，只听扁担“咔”的一声折了，那女的也被老西子打倒在地，现了原形，原来是压地的石磙子成精了。

讲 述 者/黄振华　男　68岁　小学文化　农民

采 录 者/白云锋

采录时间/2009年7月21日

采录地点/红透山镇上大堡子村

柳仙烫嗓子

这是个烧窑的故事。

过年了，山上烧窑的正包饺子呢。这时进来个人要饺子吃。烧窑的纳闷儿，这深山老林的，以前没人来呀，这会儿怎么冒出个人来呢？烧窑的想，准是个妖怪。炕上有火盆，烧窑的抡起火盆子照着那人就撇过去了。这人把火盆含在嘴里一溜烟儿地跑了。

第二天，窑里没盐了，烧窑的想下山取点儿盐回来，走得早点儿，日头还没出来呢。刚走到山岔口，听见前面有说话声：

"啊呀，你怎么没上柳员外家去看看!"

"柳员外怎么了?"

"柳员外昨晚把嗓子烫了!"

"柳员外把嗓子烫了？那走吧，去看看吧。"

他一边往前走一边寻思，我也没听说有个柳员外呀？走着走着，就看前面有几个人影晃动，他想，我也跟着去看看什么柳员外。他就跟着走，走到一棵大柳树跟前，这伙人没了，他抬头一看，就见一个火盆卡在柳树杈子里了。

原来昨晚儿去他那要饺子吃的就是这个柳树精，被他用火盆打了。

讲 述 者 / 黄振华 男　68岁　小学文化　农民

采 录 者 / 白云锋

采录时间 / 2009年7月21日

采录地点 / 红透山镇上大堡子村

蝙蝠成精

有个壮汉，一身武功，攀岩飞壁，如走平地，刀枪剑戟样样精通。

这天，去他朋友家串门儿。吃完饭，喝完酒，渴了，朋友就让孩子出去烧水，孩子搁那儿磨叽，就是不出去。朋友再喊他，孩子说：

“我害怕，不敢出去。”

壮汉说：“你怕啥？”

孩子低头不吱声。壮汉问朋友：

“怎么回事？”

朋友这才跟壮汉说了事情的经过。

原来，孩子他讷死了三天又活了。活了以后，就在悠车里睡觉，不吃不喝，白天睡觉，晚上走，干啥去，上哪儿去，啥时回来都不知道。

这时，酒已喝到小半夜，壮汉往屋里一瞅，悠车里的人坐起来，两眼放光，这也不像人哪！那人在悠车里坐着坐着，“忽”地一道光，顺窗户就出去了。壮汉“嗖”地一下，轻功飞身也跟了出去。

一路跟踪，来到了乱坟岗子，这道光溜进一个坟窟窿里，天快亮了，这道光从坟窟窿里出来了，回屋又躺悠车里了。

壮汉回来，把他看到的跟朋友说了：

“大哥，悠车里躺的不是小孩他讷，这是个精怪，最近一段儿时间，百里方圆小孩丢了不少，我看都是它干的。”他回身问孩子，“孩子你说，那是不是你讷？”

孩子说：“不是我讷。”

壮汉说："那好，看我咋收拾它！"壮汉推开门，朝悠车飞出一镖，飞镖刺中了精怪的胳膊，精怪"忽"地一道光跑了。壮汉飞身就追，一直追到后山歪头砬子，壮汉又连飞两镖，那道光不见了，掉在地上一个东西，仔细一看是个蝙蝠。原来是蝙蝠借尸还魂，成精了。

讲 述 者/黄振华　男　68岁　小学文化　农民
采 录 者/白云锋
采录时间/2009年7月21日
采录地点/红透山镇上大堡子村

种瓜老头儿和泥鳅精

辽河里有两条泥鳅精，一条泥鳅精想从入海口进渤海，被守海口的虾将拿枪扎死了。剩下那个泥鳅精变成了人到处走啊。

有个种香瓜的老头儿，把瓜种到山顶上了。泥鳅精来到山顶上：

“老爷子，你说我想吃点香瓜怎么这么费劲呢？得爬多高的山呀，你怎么把瓜种到山顶上了呢？”

“小伙子，你有所不知啊，咱这不有个泥鳅精吗，那平地我这瓜还能剩吗？它不是给你用水泡了，就是发大水给你冲了。”

“老爷子，那你把瓜种到山顶上，就冲不着了？”

“泥鳅就是泥鳅，它能像龙王吗？多会儿它也成不了大气候，我这瓜种山顶上，得涨多大的水能冲得着？”

这泥鳅精笑一笑，也没说啥，把瓜吃完了就走了。

没过三天就下起了大雨。山下发大水了，这浪一个劲儿地往山上打。种瓜老头儿的山就滑了坡了，连瓜窝棚都滑山下去了，瓜地更没有了。

过后，这泥鳅精又到老头儿那儿去了：

“老爷子我又来吃瓜了，你的瓜呢？”

“还瓜呢，瓜地不都叫你祸害了吗？兔崽子，你还他妈的有脸跑来打听，你寻思我不知道你呢！”抡起镐把子就打。泥鳅精说：老爷子，跟你闹着玩呢，那天你说话有点儿叫板儿，我是让你看看泥鳅能不能掀大浪。”

老头儿一听到这，再没说什么，放泥鳅精走了。

讲 述 者/黄振华　男　68岁　小学文化　农民
采 录 者/王　冬
采录时间/2009年7月21日
采录地点/红透山镇上大堡子村

精灵运木头

有一对叫王海石、炸海干的哥俩，他们都是水里的精灵。这天，哥俩到了一个店吃饭，店小二说：

“哥俩想吃点什么？”

“你有什么？”

“俺这好玩意儿可多着呢！”

“那你可好的往上拿吧。”

“行嘞。”

不一会儿，就嘁哩喀嚓摆了一桌子。这哥俩儿连吃带喝，完了喊：

“掌柜的，算算多少钱啊？”

店掌柜的那天也不知道怎么了，说：

“拉倒吧，你俩以后常来我这小店就行了，今天饭钱不要了。”

俩人一寻思，人家跟咱们素不相识，又没什么交情，吃饭还不要钱，多大的人情啊。哥俩挺感激的，临走时告诉掌柜的：

“某月某日晚上，外头有什么动静你也不兴出这个院儿门。在你家大门上挂两盏红灯笼就行了，别的你就别管了。”

掌柜的寻思，那天准是有什么大事，就把这个日子牢牢地记住了。等到了那天，掌柜的真整俩红灯笼挂在了大门上。到了晚上，掌柜的从窗户往外看：哎，来了一只黑羊一只白羊在院里“嘁哩喀嚓”顶起架来，你顶我一下子，我顶你一下子，足足地顶了一宿。再往大门外细瞅，就见那个大水呀比大门梁还高，可就是不往院里进。水中漂的木头都立着走，根根木头顶上粘根蜡，可河通红啊！都是光亮。

原来是两个精灵在运木头。

讲 述 者 / 黄振华　男　68岁　小学文化　农民
采 录 者 / 白云锋
采录时间 / 2009年7月21日
采录地点 / 红透山镇上大堡子村

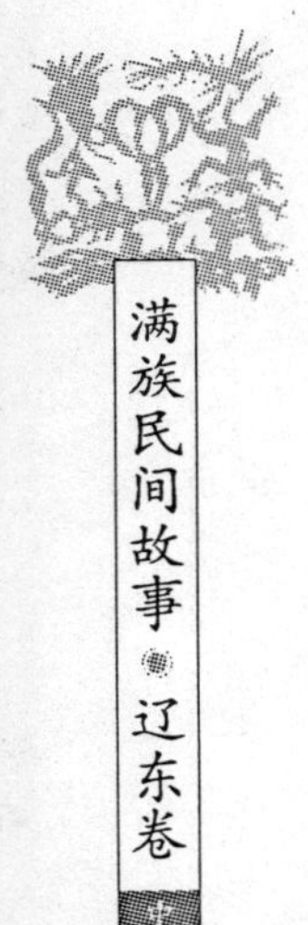

妖精沟

从前有这么一家子，爹妈和俩儿子。哥哥长大娶个媳妇，媳妇进门不到二年，婆婆公公就去世了。弟弟就跟哥哥嫂嫂过日子。弟弟十六七岁，爹妈在世疼他，光让他念书，不干活。爹妈不在了，嫂子歹毒，不想光养个吃闲饭的。就跟当家的嘀咕，让他哥把弟弟赶出去。

第一次说，哥哥把嫂子骂了一顿。第二次说，哥哥不吱声了。第三次再说，哥哥就说：

"把他撵哪去呀?"

嫂子出了个道儿：

"我娘家那儿有一个大西沟，你把他放在沟里就行。大西沟是个妖精沟，弟弟到那，是有去无回呀!"

这天，哥哥对弟弟说：

"今天别念书了，我带你去姥姥家待几天。"

弟弟长这么大没去过姥家，不知道姥家啥样，就跟哥走了。哥哥带着弟弟从头晌儿走到傍黑，走到沟口，哥说：

"再往前走不远就到姥姥家了，我得往回赶，你嫂子不敢自己过夜，你自己去吧。"哥哥丢下弟弟就往回走。

弟弟不知道这是妖精沟，往沟里走着走着，看见有个四合院，寻思到姥姥家了，推门就进去了。进了大门往里一看：吓坏了，满院子都是人的白骨啊！他再一看，一头老黄牛在地上趴着，呼呼睡觉呢。他一想，牛哪有吃人的，一定是个妖精。他撒腿就往外蹽，天黑，见前边有亮光，他就奔有亮的地方过去了，到跟前儿一看，是个楼房，

他“蹬蹬蹬”上了楼，推门进去，屋内有个小姐。小姐问：

“你是谁呀？你怎么来了？”

“我叫山子，我看见牛妖了！”

“它咋没吃你？”

“它正睡着呢。”

“它睡着也能知道来人了，醒了该找人了。”

山子吓得浑身打冷战儿，不知怎么办才好。

“你别怕，一会儿我出去，你在屋里别动，外头有什么动静你也别出去。”

再说牛妖醒了，一闻，有股生人味儿，它顺着人味儿就撵到小姐这儿要人。小姐说：

“这人来我这，就是我的！”牛妖不让份儿，三说两说就打起来了。打得昏天黑地，乌烟瘴气。打了半天，谁也没打过谁。牛妖鼓起牛鼻子，喷出两道大火。没烧着小姐，把楼点着了。这一烧，山子待不住了，也忘了小姐的话，就跑出来了。牛妖和小姐还没完没了地打呢。

黑灯瞎火的，山子也分不清东南西北，跑着跑着，看见一个大寺院。他一头闯了进去。这个寺院有钟楼子没钟，有鼓架子没鼓，有旗杆子没旗。

这时，远处传来呜呜呜呜大风声，他害怕，一看佛像前有个供桌，他一下就钻到桌子底下，大气不敢出。他躲在桌子底下就听“扑通”一声，什么东西落院子里了，一看是旗回来了，“咔喳”一下子坐到旗杆座上了，不多会儿，又听到“扑楞楞”、“噔噔噔”，鼓回来了，一骨碌躺在鼓架子上和旗唠上嗑了：

“哎呀，大哥，今儿个吃饱了吗？”

旗说：

“我看见个放羊的，他前跑后撵、左堵右拦的，你说他何苦累成这样？叫我划拉划拉就把羊群都划拉进肚子里了。我再看那羊倌，泪水涟涟的，离不开他的羊群，我又把他扔嘴里了。一群羊稍带个羊倌儿，我才弄个半饱。”

山子在供桌底下一听，我的天儿妈呀！要吃我还不得像扔个崩豆

似的？

旗问鼓：

“老弟你今儿咋样啊？”

鼓说：

“我今儿个遇见一个放牛的，你说那牛“哞儿哞儿”的乱跑乱叫、大的小的一大群，牛倌腿脚还不济，撵这个，那个跑了，撵那个，这个跑了。我把牛和牛倌儿一起放嘴里了。”

这时候，听到“叮叮当啷”的响声，钟回来了。嘟嘟囔囔地说脚磨破了。“咣当”就吊在钟楼上了。钟闻闻四周说：

“怎么有股生人味儿？”

旗妖和鼓妖说：

“我俩咋没闻到？”

钟说：

“看来你俩今儿个吃得不错，我回来的路上，看见胡小姐和牛妖打起来了，胡小姐的楼着火了，快烧没了。”

旗和鼓说：

“牛妖最不是个东西，平时尽和咱们抢食吃，走，帮着胡小姐打它去！”

旗把大旗一展，呼啦啦响；鼓把自己咚咚敲得一阵紧一阵，钟猛晃钟摆咣咣的，震得树叶子稀里哗啦往下掉。牛妖被震得两耳轰鸣，眼睛冒金花，不敢恋战，尥蹶跑了。胡小姐谢过旗、鼓和钟，忙回身去找山子，可哪都找遍了也没找到。就问钟：

“看见一个小伙儿没？”

钟说：

“我说有生人味儿，它俩还不信。指定在寺庙里猫着呢！”

胡小姐和旗、鼓、钟到庙里一看，这小子早吓昏了，不知人事了。胡小姐搁供桌底下把山子拽出来，喷了一口气，说：

“谢过三位妖哥，你们歇着吧，待小妹日后报答。”三妖各就各位，没事了。

胡小姐把山子弄醒了，山子磕头谢胡小姐搭救之恩，小姐说：

“你不用谢我，你帮我办件事儿。有件宝贝你帮我去取回来。”

山子按照胡小姐的指点，爬到山顶，找到一棵大树，大树上有个枯洞，山子就钻了进去，黑咕隆咚地往下走，也不知走了多长时间，前面有亮，到跟前一看，是个宽敞的石洞，里面石桌、石椅、石床。石墙上有颗宝石闪闪发光。山子刚把宝石拿到手，来了一个比胡小姐还漂亮的姑娘，上前拉住山子的手说：

“你留下来吧，这里的金银财宝都是你的。”

山子说：

“我受人之托，不能食言。”

返身就走，一转身到了地面，山子把宝石交给了胡小姐。

胡小姐拿过宝贝，对山子说：

“我是千年修行的狐狸，我是仙儿，不是妖儿。我在这等和我有缘的人，这人就是你，我们结为夫妻吧。”

山子心想，回哥家也是受嫂子气，就和胡小姐拜了天地，组成了自己的家。

这一年朝廷大考，胡小姐让山子去应试，一考，中了个状元。山子不知道当年哥嫂是要害他，才把他扔到妖精沟的。心想出来好几年了，回去看看哥嫂。就带着媳妇跟着朝廷夸官队伍来到哥嫂家。

朝廷夸官队伍吹吹打打地来了。哥哥嫂子没想到，弟弟没死，还中了状元，哥哥高兴，忙跪下谢拜。哥哥磕头时，头顶上“咔嚓”一个炸雷响了，把哥哥震昏了。嫂子也过来拜，又一个炸雷把嫂子殛死了。这时候，天上飘下来个纸条，上写着“哥哥弟弟本同胞，不该听谗把弟抛，如今弟弟中状元，恩恩怨怨一起了”。弟弟看着纸条，还是不明白，哥哥醒来，就把事情的经过说了一遍，弟弟原谅了哥哥。

讲 述 者／黄振华　男　68岁　小学文化　农民

采 录 者／王　冬

采录时间／2009年7月21日

采录地点／红透山镇上大堡子村

树　　精

在妖精沟门有棵大树，五六个人搂不过来。有个姓董的木匠喜欢上山寻觅好木料，一天回来晚了，路过这棵树时发现，早上还枝叶繁茂呢，现在怎么一片叶子也没有了，这树得的什么病，怎么一天就死了？

第二天，他上山，老远瞅着那棵树的树叶还是那么繁茂。不对呀，昨晚分明叶落光了，一夜间怎么又活了？董木匠心里纳闷儿，回来就跟老伴儿叨咕，他老伴儿说：

"可能是棵仙树，你晚上再去看看，可能还没有叶。"

他说：

"行。"

到了晚上，他来到那棵树下一看，果然没叶。他回来跟老伴说了，老伴说：

"你再别去了，这是个仙树，你要冲撞了树仙，可就活不长了。"

这天，不知哪过来一伙放山的，走到这棵树下。这地方比较平溜，树荫还大，他们就搁这树根底下支上窝棚，锅灶也点上了，吃完晚饭坐在树根底下，连说带笑的。把头一抬头，瞅那树叶不知什么时候没有了，溜光溜光的：

"不好，这地方不是咱们待的地方。"

说不好的时候，有个小伙就吵吵：

"你看那树长个嘴。"他用手一指，手脖子被大树给掐上了，大伙帮着小伙往外拽，结果拽出来的是骨头，手上的肉没了。把头拿起家

什，准备要砍这棵树，把头刚一探头，脑瓜子就被树嘴咬掉了。他们五个，让树精给祸害了三个，剩下两个尥杆子（逃跑）了。从此这树就出名了，都知道这地方有个树精。

讲 述 者 / 于洪润　男　69岁　小学文化　农民
采 录 者 / 王思雯
采录时间 / 2009年7月23日
采录地点 / 红透山镇上大堡子村

女鬼缠夫

有一个姓单的木匠，一天，他跟媳妇说：

“咱家活儿也忙得差不离了，我要出去做活去。你在家好好哄孩子，把家看好。”说完了，带点走道用的干粮就启程了。

他一走，家里剩个媳妇领着四五岁小姑娘。一天，来了个过路的人进屋来讨水喝。

“缸里有，自己扤吧。”

她坐在炕上哄孩子纳鞋底子，过路人喝完水了就进屋了，说：

“大嫂啊，我有点饿了，有没有吃的给点。”

她说：

“吃的倒还有点，在外屋筐里，你自己拿吧，我哄孩子睡觉呢。”

这人拿了一块干粮嚼吧嚼吧，说了声“谢谢”就走了。

黑天了，女人有点害怕，早早就把窗户门都关上了，领着孩子在炕上趴着睡觉。她心里害怕睡不着觉，翻过来调过去的，这才就听院里“噗通”一下子，好像落个什么东西似的，想出去看，还不敢出去，挺害怕，爱什么是什么吧。不一会儿，就听见房门“咔啦”“咔啦”直响。以前，门是木头插板。外面有人正用铁片往外拨这个插销呢，“啪啦”，“啪啦”地拨。这女人听得明明白白，吓得身子哆哆嗦嗦，从抽匣里把剪子拿出来，坐在炕上搂着孩子放挺了。门吱嘎一下开了，那人进屋上炕就把这女人摁在炕上扒裤子，女人见那男人也脱下自己的裤子，一剪子就把男人的老二给剪掉了，这个男的“嗷”一下子搁窗户干出去了。

这女人坐在炕梢，瞅着被惊吓的孩子，再瞅瞅自己那个狼狈相，虽然没吃亏儿，女人胆儿小哇，怕人家回来找麻烦啊。她把铰下来那东西扔外头去了，弄根绳子搭在幔杆上，一头拴她，一头拴孩子，娘俩就勒死了。

眼瞅要过年了，单木匠回来过年，赶到家都快半夜了，一进院子见满院蒿子横躺竖卧的，好像多少年没人住似的，正愣着的工夫屋里灯亮了，他媳妇跑了出来：

“哎呀，瘟灾的你怎么才回来，可把我想死了。”

当家的一看，媳妇披头散发的，说：

“你怎么脸也不洗，头也不梳，能忙成这样啊？”

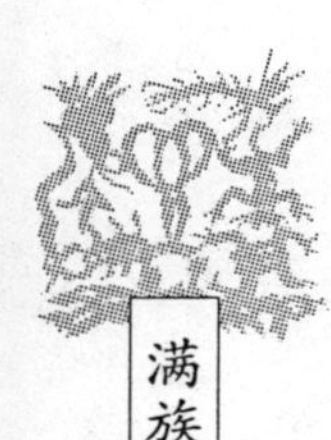

“别提了，你走了，家里什么活不得我干？你还埋怨我，快进屋吧。”

进屋往炕上一坐，炕上灰老厚了，当家的说：

“你看屋里的灰怎么那么厚呢？你也不知道抹一抹啊，我要睡会儿觉，炕埋汰抹一抹就行啊。”完了招呼那小孩儿：“锁啊锁啊，爸爸回来了，你也不来看看爸爸。”

小孩从外屋柴火垛晃晃悠悠地出来了，喊了一声爸。单木匠把孩子抱起来，他心里纳闷儿，挺胖个小孩怎么抱着飘轻飘轻的，一点分量没有。告诉他媳妇：

“我饿了，快给我做点饭。”

他媳妇在外屋做饭，他在屋里一瞅，这屋里根本就是没有人住的屋子。怎么回事呢？当家的就搁间壁墙上的窟窿眼瞅着他媳妇做饭，只见她“呸”的一口吐沫吐到锅里，大鼻涕一甩，一会儿饭就做好了。端上来：

“哎呀，我也没给你做别的，就下了点儿面，你就对付吃吧。”

当家的心想，我吃个屁，你除了吐沫就是大鼻涕往锅里甩，连忙说：

“看见你们一高兴，我还不饿了。先不吃了，累了，我趴在这歇一会。”

他边说话边琢磨，她肯定不是人了，变形了。他就起来了，媳妇问他：

“你干啥去?”

“啊，我上外头方便方便，你把炕抹一抹，完了咱就睡觉。”他媳妇拿个破手巾，唏哩哗啦地蹭巴蹭巴，把被褥铺好。他媳妇一个劲催他快睡觉，他说不急抽完烟再睡。他媳妇在炕上哄孩子，他瞅媳妇不注意，拎起木匠家什就往外跑。他媳妇连喊带吵吵：

“你个没良心的，回来又跑什么玩意儿?”

他在前边跑，她搁后面撵，怎么跑，他也没跑过媳妇，叫媳妇一把给抓回来了：

“你跑什么玩意儿?”

“哎呀，你快松手吧，我冷不丁地想起来，我把那工钱落在西街了。”他撒个谎，“我回去取钱去，你快松手吧。”

“我跟你去取去。”她不松手呀。

他说：“你要去我就不去了，回去睡觉吧。”

回去睡觉了，一宿啥事没有。亮天了，他一看窗台里边都长草了，院子里蒿子长的比手指头都粗，知道她是死了。要是鬼呀，在门口掩点灰，她就进不来了。正好缸里没有水了，他说：

“我刚回来，身子挺累的，你去挑担水吧。”

“我挑就我挑。”他看媳妇走了，他上灶坑里掏一锹灰把房门口掩上了。媳妇挑水回来，在房门口从这头到那头，从那头到这头来回绕，就是进不来。

“你怎么不进屋呢?”

“我找不着门了。”

“门不就在这呢吗?”

“在哪儿呢?”

他把灰扫开了，媳妇才进屋把水倒进缸里。他知道媳妇准是鬼了，她是鬼，孩子更得是鬼了，她都死了孩子还能活吗?他犯愁了，不知咋办才好。他坐在炕沿上想了一头午，也没想出个办法来。中午了，他媳妇说：

“我搂孩子睡觉了，饭在锅里呢。”

他从昨晚回来到现在就没吃过饭，早饭更不用说了，晌午了，他饿呀，锅里的饭，那是饭吗?

不如趁她娘俩睡觉我跑得了，他站起身带上木匠家什挠鸭子了（跑了的意思）。其实，鬼媳妇哪是睡觉？此时辰，所有的鬼都是动弹不得的。

讲 述 者 / 于洪润　男　69岁　小学文化　农民
采 录 者 / 齐　欣
采录时间 / 2009年7月21日
采录地点 / 红透山镇上大堡子村

阴阳界

一个小伙子，爹妈死了，姐姐出嫁了，他什么活也不干，靠着爹妈留下的家产跟一些不三不四的人耍钱。输的就只剩下几间破房子。没有钱耍就跑到姐姐家去要。总这么的，姐姐行，姐夫不乐意呀。

一天他又去了姐姐家，说："姐姐，我要娶媳妇了。"姐姐一听弟弟要娶媳妇了，乐了，给准备了不少银子：

"拿去娶媳妇用吧，你定的什么日子，到时候我好去。"他随便编了个日子，把姐姐的钱骗走，跑到赌场玩儿去了，结果输得就剩三五两了。

他寻思：我骗姐姐说明天结婚，她要来了，我哪有结婚这码事儿呀？怎么办呢，他上花匠社扎了个纸人。这纸人扎得相当漂亮，跟人一边大，再化上妆，像真人一样活灵活现的。买个新被褥，新枕头，用窝纸把屋里裱了一番，像新房似的。给纸人铺上新褥子，盖上新被子，把纸人脑袋一蒙，正好他姐姐进院了。

"姐姐你来啦!"

"我兄弟媳妇在哪呢？让姐姐我看一看哩。"

"姐，你别找了，她到咱家就病了，在炕上发汗呢。"

"是吗？"

姐姐进屋一看，炕上真趴个人，姐俩儿唠嗑说话，扯了不少时候。姐姐奇怪，这人怎么一动不动呢。他怕被姐姐看漏馅，就假装真事地说：

"有病也这么娇性，姐姐来了，起来给姐姐做点饭吃呀。"

没想到他话刚说完，这纸人真的坐起来了：

“哎，姐姐来了！”

姐姐一看，兄弟媳妇这个好看啊。把姐姐喜欢得不行。可把这小子吓傻了，我的天妈呀，纸人怎么还活了呢？

“你还傻愣着干什么？上后院拔点葱，摘点芸豆，劈几棵芹菜，抠几个新鲜土豆，家里有肉，给姐姐炒几个菜。”

这小子一看，赶紧跑到后院，边干活边寻思：我整的是纸人，她怎么活了呢？当着姐姐面，还不能说露了，这可怎么好。姐姐不知道啊，一边帮着兄弟媳妇干活一边围前围后地夸：

“哎呀，我兄弟媳妇多好看啊，我弟弟哪世修来的福啊。”

吃完了饭，姐姐该走了，他左一程右一程送了好几里地，他害怕呀。

姐姐说：

“你送我这么远干什么？送一会儿得了呗，还没完没了的了，你赶紧回去，不能让她自己在家啊，这么好看的媳妇儿，你不常在家守着她不行啊。赶紧回去！”

他回家了，也不敢进屋，在院子里摸摸索索地干点这，干点那，白天行，晚上也不能不进屋啊，他硬着头皮就进外屋了。在外屋锅台后拿着烧火棍在墙角站着，心想，你过来我就给你一棍子。里屋，媳妇把被褥铺好了说：

“夫君，应该休息了。”

他也不敢吱声，媳妇自己上炕睡觉了。睡到半夜，媳妇又催他说：

“夫君，睡觉吧。”

他还是不敢进屋。一连熬了三宿，谁能受得了啊，他白天到别的地方能眯觉，晚上他不敢哪，外边野兽多，长虫多，他还得回家在锅台后站着。一站站了好几宿。这天，他实在是困得不行，在锅台后就睡着了。等他醒来才发现，姑娘已经把他抱上炕同床共枕了。他一惊，立马起来了，媳妇一把拉住他说：

“我要吃你早吃了，我不是妖精，我是仙。咱俩有夫妻缘份，你不用问我是谁，姓什么，家住哪，你就叫我凤仙就行了。”

这下他才放下心来。

再说他姐姐回家跟丈夫一说兄弟娶了个天仙似的媳妇，也到小舅子家来看看，他姐夫一看，这小舅媳妇真漂亮。他姐夫是阴阳先生，他会看，就跟内弟说：

“她不是人啊，她现在不害你，早晚得害你。”

“怎么办呢?”

“我有张手雷，我走，你俩送我的时候，让你媳妇后面跟着，到门口，我把张手雷扔过去，把她炸死。”

“你知道她是什么了?”

“光知道她不是人，她究竟是个什么东西，我也说不上来。”

“那好，就照姐夫说的办吧。”

吃完了饭，姐夫走的时候，姐夫小舅子在前面，小舅媳妇在后面跟着往出送，差个十来步。一开大门，姐夫把一个张手雷扔了过来。小舅媳妇非常有道行，张手雷不但没炸，完了她还给姐夫下个台阶：

“哎呀，姐夫，怎么还给兄弟媳妇抛绣球啊。”他姐夫心想：我这张手雷在她面前怎么不好使了，看来我不是她的对手。在兄弟媳妇面前掉了价，不好意思地走了。送走了姐夫，媳妇说：

“他扔张手雷要炸死我。我再跟你说一遍，我虽然不是人，但也不是害人的妖孽。既然你姐夫对我这么不好，咱们离他远点，咱们走吧。”

“往哪去呀?”

“你别问往哪走，你跟着就行了，我不是人，也不能看到更多的人。你夹着这把伞走，我在你伞里猫着。下多大的雨，下多长时间，你也不能打开伞，你要开伞我就完了。”

媳妇钻到伞里面，他把伞一合，夹着伞就走了。没走多远，就开始下雨。下雨他也不能打开伞啊，路上行人都笑他：

“这人是个傻子怎的？下这么大的雨，他不打开伞，硬挺着挨雨浇。”

就这样，他走了好几天，这雨下了好几天，怎么挨浇，就是不开伞。

这天，来到一个村子，有个小孩儿问他：

“你这人有毛病吧？浇得像水鸭子似的，有伞你不开，等浇出病来

就晚了。”

他忘记了媳妇的话，可也是啊，我怎么不开伞呢？他啪一下就把伞给打开了。这一打开不要紧，他媳妇吧嗒一下掉地下了：

“我不让你开伞，你非得开。你姐夫领着比我道行深的风水先生马上就撵来了！”

正说着呢，就听有人高喊：

“还不站住受死，你本应待在仙界，偏要下到凡间当妖孽？”

“我们俩有夫妻缘份啊，等这辈子过去之后，我再回去。”

“不行！”

还没等凤仙动手，这个风水先生就飞出一把钢针，一下就打到凤仙的胸腔里了，倒在地下就不行了。风水先生除了妖孽就走了。

他抱着媳妇就哭，她说：

“你哭啥呀，我不让你打伞你非得打，这回我非死不可了。”

“还有办法活吗？”

“还有个办法，你买个大缸把我扣上，给我烧七七四十九天，我在缸里怎么求饶，你也不能停火，你必须烧够天数，这样我才能活。你烧的过程当中，让你救我的，并不是我，你可千万不要打开。”

他买了个大缸，把凤仙扣在里面，弄些炭、劈柴，堆在大缸的上下和四周，把火点着。人在缸里扣着，外面烧上火。头七天缸里没有声音，到了第八天，缸里就有哭声了，缸里是连哭带骂说：

“你个没良心的，咱俩夫妻一场，你怎么使劲烧我啊。”

到了最后一天，里面哀求说：

“看在夫妻面上，你也不能这么烧我呀，你不跟我过就拉倒，你也别这么狠心烧我呀。”

他心真就软了，就差这一天了，他把火停了，把缸挪开，凤仙在里边说：

“你啊，就是不听我的话，不让你打开伞你打开伞，不让你挪缸，你非要挪开不可。我这回完了，还差一根针没出来，这回指定死了。”

“怎么办呢？”

“你给我买个棺材盛殓起来，放到浑河里。”

“你死了我怎么办？”

"怎么办？咱俩只能在阴间见面了，我已身怀六甲，记住，等到某月某日某时你到沙子山把儿子接回家。"

他买个棺材，把媳妇装进棺材里头就放在河里，顺着浑河往下漂，半路上遇到了她的对手坐在船上，她的棺材对着船撞去，一下子就把船撞翻了，船上的冤家落水了。

到了某年某月某日，他去找沙子山。打听了很多人，也没有见到沙子山。晚上媳妇托梦给他：找沙子山要向南走，他向南走了八十里，突然发现一座山，全是沙子，当地老百姓告诉他说这就是沙子山。他往山上爬，爬十步退七步，费了九牛二虎之力，终于爬上了山顶。一看，有个小房，小房里有一个小孩儿，他把孩子抱回了家。一进院，却发现媳妇在家里呢，他说：

"你不是死了吗？"

"我确实是死了，阎王爷说我阳寿还没了，咱俩夫妻缘份未尽，又让我回来了。"

他乐得一把抱住孩子和媳妇。此后，这小子有了家业，也不再赌博了。

讲 述 者／康喜鹏　男　55岁　大学文化　干部

采 录 者／王　冬

采录时间／2009年7月21日

采录地点／红透山镇上大堡子村

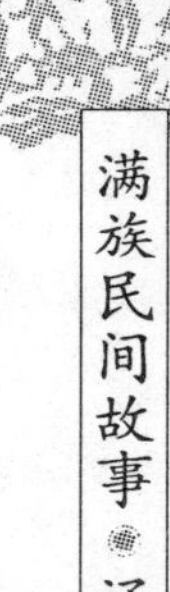

小白鞋

这事出在咱满族地区。有一伙木匠到黑龙江去干活。那时候没车，就靠腿量。一天走四十里地才能碰上个人家，每天都得铆劲儿走，赶上天黑错过宿头，冬天得冻死，夏天得被蚊子咬死。

这伙木匠天黑时找到一户人家。屋里没有人，大伙把行李放下歇着等主人回来。干等也不见人。到仓房一看，里面有米有菜。这伙木匠也饿了，就自己动手做了饭菜吃了，走了一天也够累的了，也没多想，上炕就都躺下睡着了。其中有个小木匠，见大伙都头朝上呼呼睡着了，小木匠就头朝下面朝天棚瞎寻思：这么个孤零零的人家，主人能去哪呢？都鸡叫半夜了，还没回来，是不是出什么事儿了？他正犯合计呢，就看棚杠上悠悠荡荡下来一根绳子，随后下来两只小白鞋。在地下“咯噔噔”，“咯噔噔”地来回蹦着走。这时忽听有个女人说话：

“他妈的，进来八个人，怎么剩七个了呢?”

小木匠抬头一看，啊呀妈呀！是个女吊死鬼，那舌头伸得有半尺长，一边数人一边围着七个木匠蹦，七个木匠也都“哈哒，哈哒”地跟着蹦。女鬼嘴里叨咕：“我不信劲了，明明是八个，怎么剩……好小子，你原来在这儿呢!”小木匠知道女鬼发现他了，跳窗户就跑。女鬼紧跟后边追，小木匠一气窜出三十里地， 刚跑到一家门洞口，这家就狗咬鸡叫的，女鬼害怕就回去了，临走还说：“明晚我还来。”

这家人听见狗叫，出门一看，地上倒一个人，赶忙弄到屋里，连拍带叫带喂水，小木匠总算清醒过来，跟人家说出了原委：“我是从窗户逃出来的……”这家人一听说：

“坏了，你跑到哪儿，她跟到哪儿，这叫引身术，没有你引着，她来不了这儿，明晚指定还来。”

原来这家人以前就住在那个鬼屋，家里童养媳打了个碗，怕婆婆打她，上吊了。这家人怕外人知道得经官，先藏在棚里准备找机会再埋，没想到童养媳变鬼闹事儿。这家人不敢在那儿住了，就来这儿盖的房子。

第二天天黑，女鬼领着七个木匠跳哒跳哒地来了，在门外叫阵，闹得乌烟瘴气，全家老小不得安宁。等鸡叫了女鬼才走。当家的说：

“她这么闹也不行呀，要超过一百天，七个木匠就完了，我得请法师治住女鬼，救活木匠！”

法师来到鬼屋，搭了一个三丈六尺高的法台，备上黑狗血、黑驴蹄子等物。他在台上等那女鬼领着七个木匠开始作妖时，念动咒语作法。不大一会儿，女鬼变回小媳妇的尸首，七个木匠也恢复原样了。

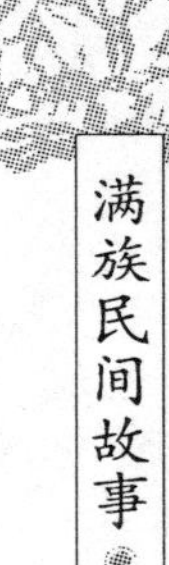

讲 述 者／黄振华　男　68岁　小学文化　农民
采 录 者／白云锋
采录时间／2009年7月21日
采录地点／红透山镇上大堡子村

崔老七看纸牌

崔老七爱看纸牌，但兜里还没多少钱。他有个妹妹嫁到岭北了，他没钱了，就去妹妹家串门，妹妹呢，就偷着给个三五个铜钱。三五块铜钱够崔老七玩儿一阵子。

这一天，他又去妹妹家，妹妹知道哥哥又没有看牌的钱了，偷着给他塞了几个铜板。喝点酒，他妹夫不让他走，他惦记着回家玩儿牌，尽管妹夫再三留，他赶夜道还是回家了。他喝点酒，走着走着就困得不行了。找个地方趴在那儿睡着了，刚睡过去，就有人招呼他：

"唉，唉，唉，老七，老七，来玩儿会儿小纸牌，玩儿一会儿。"

老七听说有人找他看牌，就来了精神：

"看一会儿就看一会儿。"

手里有钱，心里有底啊。他跟人家一直看到鸡叫了。人家吵吵说不看了，明天晚上你乐意看再来吧。他寻思：不看拉倒，反正我今下晚是赢了。

他回到家，寻思掏出来数一数赢了多少钱，伸手一掏，抓了一把纸灰，他那三块铜钱没有了：

"唉，我昨晚上搁哪看的纸牌呢？"他冷不丁想起这几个人了，他把这件怪事就跟他四哥叨咕：

"四哥，我昨天晚上惹祸了。"

他四哥问："你惹什么祸了？"

"你看我兜里是什么玩意儿？"

他四哥一看老七兜里全是纸灰，就问：

“你搁什么地方、跟什么人看牌了?”

老七说:

“我就在离咱村东岭半坡子玩的。”他叨咕都有谁谁谁。完了后尾儿说:“我那三块铜钱没有了。”

他四哥说:

“那三块铜钱,你在哪看纸牌就上哪找去吧,那玩意儿他们带不走。他哥俩就奔老七说的地方找去了。原来那是个坟茔圈子,是谁的坟呢,一个姓谭的,一个姓郑的,一个姓刘的,这里是乱葬岗子,没有祖坟的人家死了人都往这儿埋。到那一看,三块铜钱就在那明堂石上搁着呢,老七就把铜钱捡了回来。

回家了,他四哥告诉他:

“你跟仨鬼看了一宿纸牌,你赢回来那么些纸灰,晚上小鬼再来取,我看你怎么办?”

老七说:“他还敢进这屋,明灯蜡烛的。”

“什么明灯蜡烛的,晚上鬼哪不能进,有缝就能进来。”这老七吓得又抹,又蹭,又扫的,又洗的,反正是打扫干净了。

这个崔老四也爱看纸牌,不过他看纸牌不在本堡子看。常在下崴子跟几个老头儿看纸牌,这天半夜,他看纸牌回来,见前边三个人,其中一位穿大布衫子、后边扎个小辫的人,心想:

“这人是谁呢?”他就加快脚步往前撵,撵上了也好搭个伴儿吗。就听前边三个人边走边唠:

“这老七太不讲究了,把赢咱们的钱拿走了不说,他的钱也要回去了,咱得上他家把咱的钱要回来。”

崔老四知道这几个鬼要找崔老七要钱,他就撵上大个子,往后脖领一拍,大个子一回头,舌头老长,原来是吊死鬼。搁一般胆小的,早吓死过去了。崔老四没有,他走黑道手里常拎个桃木棒子,这玩艺避邪呀。他吓唬三个鬼说:

“老七家你们就不用去了,他们家贴了符要拿你们呢。”三个鬼不敢往前走了,在那儿站了一会,往乱葬岗走去。崔老四不放心,在后边跟着,跟来跟去,见三个鬼进了乱葬岗子没有影了,才放心地回家睡觉去了。

讲 述 者 / 于洪润　男　69岁　小学文化　农民

采 录 者 / 王思雯

采录时间 / 2009年7月21日

采录地点 / 红透山镇上大堡子村

张大胆李大胆除鬼

咱满族乡，有个张大胆，他说他胆大，有个李大胆也说自己胆大。到底谁胆大，两人较上劲了。张大胆说："李大胆，离堡子一里半地有一个破房子你黑夜去一趟，抽一根房椽子回来，我承认你胆大。"李大胆一身武功，所以他有胆量。听张大胆叫他抽房椽子，李大胆说："那算啥，我给你抽一根看看。"

这天半夜，李大胆来到破房子外面，他从破窗户往屋里一看，只见棺材盖"吱嘎"一声推到了一边，从里面出来个女吊死鬼，披头散发的，舌头耷拉着，手里还托着一个球，这球还嘘嘘发光，是勾魂用的。女鬼拿着球出了破房，行走如飞。李大胆也不示弱，就在后面跟着女鬼。

女鬼来到堡子头一家人家。这家人只有婆媳俩，儿子给努尔哈赤当兵去了，没在家。这媳妇老觉得屈的慌，女鬼到了她家屋里，把勾魂球放在灶神爷前边了。

屋里媳妇正坐在炕上边纳鞋底子边和婆婆唠磕呢，女鬼就在外屋叨咕："上吊好，上吊好，又省裤子又省袄。上吊好上吊好，男人不在家，自己多难熬。"媳妇放下手里的活计，也没吱声，来到外屋，锅台上面有个窗户钩，她把绳子拴窗户钩上就上吊了。李大胆一看，这不是要勒死吗，用刀就把绳子割断了，这媳妇"扑腾"一下掉下来了，没死了。李大胆看到那球在锅台后，就把球拿了过来，心想：你个吊死鬼，一叨咕它就好使，我把它拿来，看你能怎么的？趁女鬼又叨咕"上吊好上吊好"的工夫，李大胆把球拿过来放进嘴里，怕女鬼抢去

呀。女鬼叨咕半天，那媳妇没反应，一看招魂球被李大胆拿去了。女鬼急了，说："好你个李大胆，你坏了我的好事！只有抓了她这个替死鬼，我才能托生。不抓她，我得等到什么时候转世？"李大胆说："这媳妇死了，扔下她婆婆怎么活？"女鬼要球，李大胆不给。他俩就打起来了，李大胆手舞大刀，心想，我这大刀，方圆百八十里都出名，我还怕你！结果，这女鬼像蝴蝶似地，飘来飘去，砍不着它，有多大力气白搭。鸡叫了，女鬼跑了。

李大胆找张大胆，说：

"为了你一句话，可把我坑稀了！"

"扯啥，你没敢去吧？"

"我没敢去？岂止是去了……"

"房椽子呢？"

"我哪有工夫抽呀！我他妈跟鬼干了一宿！"

"你净瞎吹。"李大胆从兜里拿出球给张大胆看。张大胆没见过这东西，李大胆就给他讲昨晚发生的事。李大胆说："咱们得保护好那媳妇，不能让她死。这球千万不能到女鬼手里，球到它手，咱就治不了它了。明儿晚它还得来要球。"

张大胆说："它还得来呀！"李大胆说："这么地，我在这和它打，你上棺材那等它去，它要回去，你千万别让她进棺材呀，你把她憋外头。你在里头打我在外头打，一直打它到鸡叫，看它怎么地。"

第二天下晚儿黑，等女鬼从棺材里出来走了，张大胆就悄悄钻进棺材里，女鬼找到李大胆，管他要球。硬的不行就来软的，李大胆软硬不吃，说啥就是不给她球，他俩又打了一宿儿。到鸡叫了，女鬼跑回破屋，刚要进棺材去，张大胆从里面出来，说："你回来了，我等你一宿了。"这小子手拿七尺长的阴阳棍，一头黑一头红，红的打白的，黑的打红的，这是神鬼害怕的玩艺儿。张大胆站在棺材上，就是不让它进去，随着天渐渐地亮，女鬼就一点一点地矮，最后变成一个球，李大胆上去一脚给踩碎了。

讲 述 者/黄振华　男　68岁　小学文化 农民

采 录 者/王思雯

采录时间/2009年7月21日

采录地点/红透山镇上大堡子村

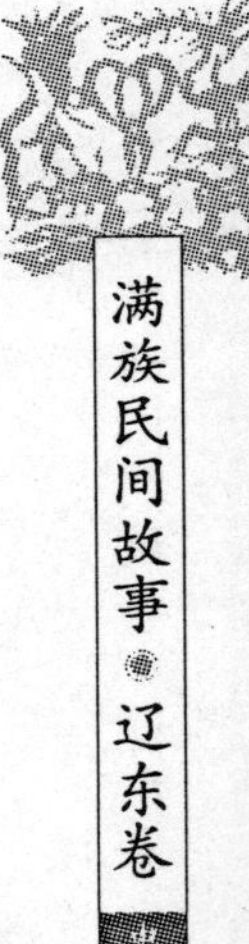

风刮孝衫

在早，我们这个堡子有户人家，两口子没有孩子。这家媳妇姓黄，叫黄玉儿。当家的好好的，突然得个急病死了，亲戚们帮着把当家的埋了。烧头七的日子，黄玉儿穿着孝衫就去上坟。摆上供品，跪在那哭，“当家的呀，你死了，扔下我，我好可怜呀啊！”哭得是悲悲切切，惊天动地，几里外都能听见。

这时，正赶上县太爷带着巡捕去巡查在那路过，老远就听这黄玉儿的哭声，就往那边瞅，正好，刮过来一阵风，黄玉儿穿的白孝衫被风刮起来了，漏出了里面的红夹袄。这县太爷就纳闷儿了，想，“哎呀，这妇道上坟，外头穿着孝衫，里面穿着红夹袄。觉得不对劲儿，这里有问题！”县太爷带着巡捕没动声，就进堡子去打听。问这哭坟的小媳妇叫什么名，她男人怎么死的，平时这个妇道品行怎样。打听了一圈，县太爷说：“这里有问题，得开棺验尸。 验尸得刨坟，就去找黄玉儿，黄玉儿说死不让刨。说：“凭什么开棺验尸，要验不出来怎么地！”县太爷就说：“验出来没问题，就抵偿你；验不出来，我县太爷不当了！”这下就把黄玉儿给叫住了。

巡捕们去刨坟。开棺一验，脑袋上有个大钉子，搁脑顶钉进去的。原来这个黄玉儿不守妇道，与人通奸，又与奸夫合谋害死亲夫。破了案了，县太爷让巡捕绑了黄玉儿，又去捉拿奸夫，押回县衙，待斩。

就因为刮一阵风，破了个人命案。堡子里的人都说，那就是死的这个当家的魂跟县太爷告状呢。

讲 述 者/黄振华　男　68岁　小学文化 农民

采 录 者/王　冬

采录时间/2009年7月21日

采录地点/红透山镇上大堡子村

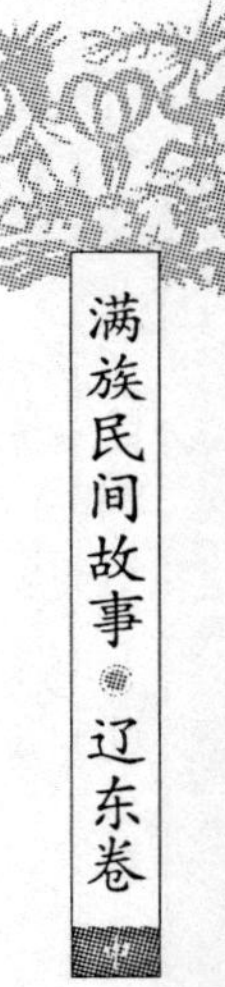

雷劈买猪的

有个小子到堡子里来买猪，他买的是谁家的猪呢？是一个妇道人家的，这妇道人的当家的出门办事去了，临走告诉她，有买猪的就把猪卖了。这小子买猪付了钱，没动窝儿。老娘儿们把卖猪的钱放进掸瓶里，听外面有人喊她，就急忙出去了。买猪这小子把猪赶走了不说，临了又把买猪的钱也拿走了。

再说卖猪的老娘儿们，当家的总看不上她，平日里有一点事不对心，就胖揍她一顿。他说要吃咸菜丝儿，老娘们若切粗了都挨揍。她回来一看，卖猪的钱没了，吓得她天旋地转，这卖猪钱没有了，养了一年多的猪也没了，当家的回来还不得打死她呀，她怎么琢磨，这顿毒打是躲不过去了，我也受不了，干脆我死了吧，找根绳子就吊死了。

再说买猪的小子，拿了人家的钱，心里有鬼，一路连跑带颠的，他怕人家追来，就把猪赶到沟外一下坎儿那地方，想歇会儿，喘喘气儿，等天擦黑再走。刚停住脚，西北天来了一团黑云彩，这团黑云飘到这坎子上方，这云连风带雨就下来了，哪都不下，就这坎子下，这雨下的对面不见人，刚买来的猪像被什么东西牵着似的吱吱跑了。买猪的起身撵，就听“咔嚓”一声炸雷，把这小子给劈死了。买猪的身上还烙上了一行字：“买猪偷钱丧良心，逼人丧命罪孽深。”

这个雷，这边劈死了买猪的，猪跑回了家。那边，老娘们光害怕当家的回来揍他，急忙找出一条烂绳子，没挂一会儿，绳子断了，老娘们儿掉下来了。再要寻死，听门外猪叫。她趴门往外一看，猪回来了。

讲 述 者/黄振华　男　68岁 小学文化　农民
采 录 者/祁　欣
采录时间/2009年7月21日
采录地点/红透山镇上大堡子村

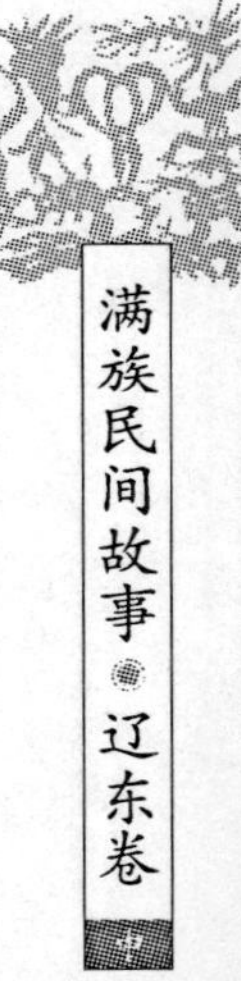

母子连心

有个小伙离家挺长时间了，一心想回家，于是扛上行李卷儿往家里奔。

小伙他妈在家也非常想念儿子，不放心，就找一个明白人算一算，这先生一算，说：

“唉呀，不好！你儿子有难啊，这关系到你儿子的性命啊。”

“那有法救吗？”

“有法救，你可不能记差了，你某月某日正当午时，一手拿水瓢，一手拿勺子，叉腿站门槛子上，扤一瓢水，往外这么一倒，再照门上框“梆梆”敲三下，接着你不间断地喊着你儿子的小名，要接着喊，你不见着儿子不能停，就能保住你儿子的命。”

老太太吓坏了，心想我这辈子就这么一个儿子，这要是有个一差二错，我可咋活啊。等到了日子，老太太按照算命先生的话，一样不差地办了。扤一瓢水一扬，叉腿站在门槛上，用勺子往门上框梆梆敲三下，一个劲儿喊儿子小名。

单说她儿子心急火燎地往家走，眼瞅着就到家了，天下起瓢泼大雨。他背着行李到窑里避雨，把行李往窑里一撂，坐在行李卷上想：眼瞅就到家了，再晚下会儿雨，我就能看见讷了。这时突然听见有人喊他，存细一听，像讷的声音。“唉呀，我讷在外面喊我呢，她怎么知道我回来呀？是我听错了吧。”就这么的，他没动弹。一会儿，又听见他讷急赤呼啦地喊他小名。他想：我讷怎么一门儿喊我呢？不行，我得出去看看。他顶雨出去，见外面没有人，他刚要进窑，窑顶“哗

啦”一声就蹋下来了，把行李砸在了里头。小伙心想，要不是我讷喊我，我就完了。行李是抠不出来了，行了，我讷等我回家呢，浇就浇吧，他顶着大雨往家跑去。

回家一看，他讷叉着腿站在房门槛子上，还一个劲儿喊他小名呢。

讲 述 者/黄振华　男　68岁　小学文化　农民

采 录 者/王思雯

采录时间/2009年7月21日

采录地点/红透山镇上大堡子村

媳妇看水缸

有一家，老母亲死好几个月了。她到了阴间，阎王爷说："抓错了，可已经好几个月了，你的尸首也坏了，怎么办？"老母亲说："那我也回去，我可不在这儿待着，家里还有活儿呢。"阎王爷就把她放回去了。

这时正是春天，家里挺忙，她的魂就告诉儿子：

"牲口你不用喂了，你把草料放门口，我不敢进屋。"

儿子问："为什么呢？"

老母亲说："我虽回来了，有魂没体，还是鬼，门口有门神，我进不去屋，我就在外面待着吧。"

"别在外面待着啊，外面多冷啊，我把门摘了，你进屋。"

就这样，儿子把门摘了。

老母亲每天给儿子干活，早上喂牲口，填草拌料，烧火做饭，拾掇屋里屋外。光听见"劈哧啪嚓"劈柴声，门响声，灶坑火着了，锅里冒气了，就是看不见人。娘俩唠嗑，也是只听得见说话声，看不见人。

就这样过了三年，有一天老母亲告诉儿子：

"你媳妇到寿了。"

儿子说："妈，那怎么整啊？小孩才三岁啊！"

"我去跟阎王爷说说，看看有没有什么办法。"

老母亲跟阎王爷说了这事。

阎王爷说：

“不行啊，这边等着用人呢。”

老母亲说：

“我家里没媳妇不行啊，孩子没妈，我儿子没媳妇，这家就不叫家了。”

阎王爷说：

“她来不了，你替她来吧。”

老母亲说：“行，家里有没有我都行，我替她。”老母亲告诉儿子：

“我明天替你媳妇去。那边我说好了，她还能活十二年，到第十二年的某月某日某个时辰，你千万不能让她喝水，她要喝水就死了。”儿子把话记下了。

很快，十二年的期限到了，孩子拉扯成人了。这年的某月某日某个时辰，他在家看着媳妇不让喝水，可媳妇却偏要喝：

“我实在渴得没招儿了，让我到水缸跟前看看水还不行吗？”儿子想：我妈没说看水不行啊，只说喝水不行。看看水不会有什么事吧？于是他架着媳妇到水缸跟前看水，这一看水不要紧，媳妇一下子就没气了。

这真是阎王叫你三更死，你就活不到五更天哪。

讲 述 者 / 黄振华　男　68岁　小学文化　农民
采 录 者 / 王思雯
采录时间 / 2009年7月21日
采录地点 / 红透山镇上大堡子村

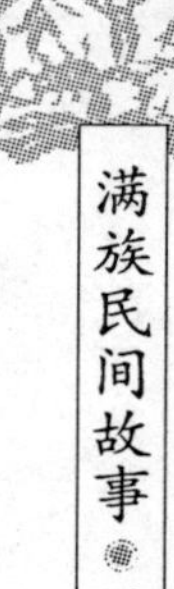

半仙躲灾

有个相面算卦的先生，相面算卦老准了，人都称他是半仙。

半仙媳妇怀孕了，他就成天看相书，生孩子要摊个好日子生，天下太平，要摊个不好日子，就有祸灭九族之灾啊。

这天，差不点儿就晌午了，半仙媳妇开始肚子疼，怕是孩子该出生了。半仙把相书翻出来一看，此时生孩，江洋大盗啊！定是朝廷要捉拿的人。他一想啊：得了，我也不跟你吃这个锅烙了，我怕死，这个家我也不要了，老婆我也不要了，我远远地躲着他们吧。半仙收拾起行李卷就要走，媳妇就要猫月子了，他要走，媳妇能让他走吗？就去拽半仙，三挣两挣，正好挣到院当间，正当午时一分不差。半仙挣跑了，媳妇肚子疼得也顾不得拽他了，有气无力地趴在院当间，把孩子生了。

半仙跑了，他媳妇在家拉扯这孩子，一把屎一把尿地好不容易把孩子拉扯大了，先供孩子读书，读完书就学武术，之后就进京赶考，中了武状元，得到了朝廷的重用。家里头房子翻盖成了状元府，家里把门的、伺候人的，要啥有啥啊。

再说半仙躲出去二十多年了，心想，按相书上说的，是福是祸也该有个结果了。我得回家看看去。就回家了。

他回到老家原址一看，这个地方怎么变成了府第了呢？半仙正在东瞅西望的时候，把门的问：

“哎，老头儿，有事儿吗？”

“啊，没事没事。”

“没事远点。”

半仙就走了，一会儿他又转回来了。见半仙还站在那儿瞎撒目呢。把门的说：

“你饿了？要吃的啊？要吃的，咱们回禀一声，东家给你拿过来。”

“不，不……”

半仙左个来回右个来回地走着。他明知是自个的家，怎么就变了呢，还不敢进去打听。

半仙的老伴儿在正堂坐着，对着大门一瞅：“哎呀，这个老该死的怎么跑回来了呢？”她喊来大媳妇：“去，你公爹回来了，你把他接进来。”这媳妇一听，这搁哪冒出个公爹呢？来到府外，对半仙说：

“公爹啊，受儿媳一拜，回来怎么不进屋呢？快请进屋吧。”

半仙被儿媳领到老伴跟前，半仙还没认出眼前这个满身富贵的老夫人就是他老伴呢，就说：“你们是不是认错人了？”“认错人了？扒了你的皮，我也认识你，没有你，俺们娘俩过得不也很好嘛?!”半仙这些年在外头风里来，雨里去的，受了不少的煎熬。靠相面算命是发不了家的，如今也是一贫如洗。半仙这才知道，这里真是他的家。不过他心里总是纳闷儿：“我相面算命可没失算过呀，这怎么能？啥道理呢?”他又翻开了相书，书上还是这么说的，这个时辰生儿，就是个江洋大盗。但是最后有一趟小批，小批上说：“屋里为阴，院中为阳。此人生在屋里为盗，生在院中为官。”所以他一跑，媳妇这一拽他，他把媳妇拽到院当央了，把孩子就生到外头了，要生在屋里就坏了。

讲 述 者／黄振华　男　68岁　小学文化农民

采 录 者／王　冬

采录时间／2009年7月21日

采录地点／红透山镇上大堡子村

姻缘命里定

有一家人家，当家的请来个算命先生看相算命。他家的小猪倌凑上去说："你也给我算算，看我媳妇在哪呢？"算命先生说："摇车里睡的就是你媳妇。"在场的人听了只当是个笑话，可小猪倌却当真了，心想：我都这么大了，都能干活了，怎么能和摇车里的丫崽子是两口子呢？我才不要她呢。不行，我得把她弄死。弄死她，就不用给我当媳妇了。

一天，他趁东家人都不在的时候，拿镰刀把悠车睡觉的小丫头的脑袋瓜砍了。他也不知道是死了是活，砍完磨（转）身就跑，一气跑到黑龙江，扛了十了多年的活，也没说媳妇。

一天，有一个老爹领个闺女要饭，被小猪馆的东家留下了。晚上没事就唠嗑：

"你领姑娘要饭，准备到哪落脚啊？"

"哎呀，没地方可走啊！俺家着了天火，烧的片瓦无根的。家大业大的一家人，死的死、亡的亡啊！现在就剩俺爷俩了，走哪算哪吧。"

"俺这有个扛活的，人品挺好，来我这多少年了，就一个人儿，你这姑娘也不小了，我给你们说合说合，你把姑娘嫁给他，这样，你们爷俩也有个落脚的地方。""只要人家不嫌咱丫头就行啊！"

"操办婚事的费用由我兜着！"

"那就谢谢你这个大恩人了！"

这东家还真把这桩婚事给说合成了，就这么的，小猪倌就和这姑娘结婚了。

婚后，小猪倌发现媳妇脑袋上有个地方没有头发，细看是块长好的刀疤：“你脑袋上那个疤怎么整的？”

“还怎么整的？俺家以前好的时候，家里雇个小猪倌，我那会儿还在摇车里悠着呢，算命的说我是他媳妇，他嫌我小，就寻思把我砍死，一刀就砍我脑盖子上了，结果我命大，没砍死。”小猪倌心说，这真是命中注定，我躲出这么远，结果还是她给我做媳妇。

讲 述 者／蒉振华　男　68岁　小学文化　农民

采 录 者／王　冬

采录时间／2009年7月21日

采录地点／红透山镇上大堡子村

风水好还得命好

在早，上大堡子有个选茔地的先生，茔地先生给人占坟挣不少钱啊，方圆百里都知道他占坟好。他儿媳妇就说："爹，你成天给这个占给那个占，你不好给咱自己占个好坟啊？"

他说："那好坟不是谁都能占的，占坟得讲一德、二命、三风水啊。一，你得有德；二，你得有命；三，你得选好地方；没那个德，没那个命，找好地方也承受不了，那是谁都能占的地方吗？"

"咱家怎的？咱家没德没命吗？"

他说："有，我死了你给我埋哪个地方，你能听我的吗？"

"听你的。"

后来，他真病了。他把儿子、儿媳找来说："你们听我话，我死以后，你们不兴给我穿衣服，不兴装棺材，用席子把我裹上，三道纸金箍，三道草绳子，把我竖着埋在咱家南面水泡子里。千万记住，一个线头也不兴给我带。"风水先生死了以后，媳妇跟儿子按照老人嘱咐，不装棺材，不穿衣服，弄块炕席捆上就要发送。风水先生的女儿一看哥嫂这样发送老爹，又哭又喊啊："我爹累了一辈子，死了连件衣服都不给穿，你们这么对待老人，不怕遭报应啊？" 风水先生女儿这么一闹，左邻右舍不知其中缘由，都议论这两口子事儿办得不对。哥嫂没办法，就说，"那给爹穿个裤子，穿个裤子别系裤腰带。"给风水先生穿上条裤子后，女儿说：

"不系裤腰带，把裤脚扎上吧。"

儿媳妇说："不能扎。"

"就扎一个。"

"扎一个就扎一个吧。"儿媳妇实在是抗不了小姑子。

一切都妥当了，就照风水先生说的竖着埋在了水泡子里。

百天以后，紫禁城钦天鉴夜观天象，说出了真龙天子了，皇帝一听，就命钦天鉴赶紧查出方位，把它破了。可是钦天鉴说总有一片黑云遮着，看不见真龙出在什么方位。

原来，这家发送完风水先生百天以后，儿媳妇就生个小子。从这孩子一出生，他家的黑狗见天下晚儿，吃完了喂饱了，"噌"一下上了房，在房脊一趴就是一宿儿。钦天鉴在观星台一看，天空出真星了，出亮星了，但是看不清楚，总有一块黑云挡着。

风水先生家的黑狗总在房脊趴着，左邻右舍都说那黑狗上房趴着是压运气。风水先生的儿女们就拦着不让黑狗上房，可咋拦都拦不住，他们就把黑狗打死了。黑狗一死，钦天鉴一下子就查出真龙天子的方位了。皇帝立即派人查看去了。

钦天鉴按照罗盘的指引，来到上大堡子，这伙人打听出百日前发丧生孩子都是一家，就找到了这家祖坟，开始掘坟。他们那边掘坟，这边，风水先生的孙子在炕上骑个枕头，捞着枕头角儿，"嗨，嗨，嗨……"地转圈儿跑，累的那汗哪顺脸淌。小孩妈看儿子累得满头大汗，心疼地抱起来说："咱家坟都叫人挖了，你还搁那捞枕头嗨嗨啥呢？"

这一抱起来就坏事儿了，那小子是真龙天子。在炕上捞枕头角满炕转，那是在逃命呢。他妈这一抱，他就叫人给逮着了。这时，那边掘坟的已把坟挖开了，就看那风水先生身上全是龙鳞了，手都变成龙爪了，穿的那个裤子已经褪下去了，只是扎腿带那条腿绑着没褪下去，要不，他早飞了。掘坟的人一顿锹镐把风水先生铲个稀烂，他变龙未成被铲个稀烂，他孙子在他妈的怀里也翻白眼了。

讲 述 者 / 黄振华　男　68岁　小学文化　农民

采 录 者 / 白云锋

采录时间 / 2009年7月21日

采录地点 / 红透山镇上大堡子村

这辈子好，好也不行

有的时候这个人心好也不一定得好报。有的人心不好呢，也不一定不得好，这不是太绝对的。人说有的人生在这辈子时可善良了，但是他前世作的孽啊，没逮着他，要逮着他，你善良也不行，也得整死你。

有这么小两口，自从结完婚以后，俩人好得不可开交啊，关系特别密切，媳妇要是不在家，那当家的想得连饭都吃不下去，当家的要出去干活去一天，媳妇就打蔫啊，就盼这日头落，当家的早点回来，关系特别好，街上邻居，邻里关系都处得特别好，没有一个人不夸她的。这天，小媳妇想家，要回娘家，就跟她当家的说了，“陪我回趟娘家，我想我讷了，我想回去看看我讷。”当家的说：“回去吧。”那是百依百顺啊，要怎么的就怎么的。

以前女人过了门，是不能随便回娘家的，你寻思像现在哪，想回去就回去啊。以前有老话：正月十五，媳妇住娘家，死老公公；三月三媳妇住娘家，哭破黄天，那有大难；二月二住娘家，脚踩两条龙，两家出大穷。这些说道，就把你限制住了，不让你回娘家，你得安心地在婆家过日子。

这回娘家得打扮打扮啊，这俩人里外三新，打扮得鲜靓的。当家的把毛驴往外一牵，小媳妇往那驴上一坐，俩人一起回娘家了。搁家走前儿，那日头老晴了，走到半道也快到娘家大门口了，连打雷带闪电，连刮风带下雨的，这小媳妇也没带防雨啊，也没寻思下雨啊。给这小媳妇浇得顺着驴身上就跳下来了，这雷就在他两脑袋顶上开始

响，这当家的就先跪下了说："天老爷啊，我有啥错的，先劈我吧，我不后悔不埋怨。"他当家的刚跪下，"咔嚓"一个炸雷就把他扔一边了，把小媳妇劈死了，劈死以后在后脊梁留了一排字，前世作孽太深。就是她上辈子作的孽太深，这辈子再好也不行。

讲 述 者 / 于洪润　男　69岁　小学文化　农民

采 录 者 / 祁　欣

采录时间 / 2008年7月24日

采录地点 / 红透山上大堡子村

一德二命三风水

有个占坟的风水先生，他走了一天，连热带渴，就到人家讨点水喝。这家老太太给他扤了一瓢水，他端起就要喝，这老太太顺手就抓把荞麦皮子扔水瓢里了。风水先生心想：哎呀，你这老太太咋这么坏呢，我都渴成什么样了，想可口地喝上这瓢水，结果你给我撒上荞麦皮子了。没办法，只好边吹荞麦皮边喝水。喝完了水，这风水先生就想调理一下老太太。说："哎呀，老太太你们家不看风水呀?""啊，你会看风水呀？那就看呗!"结果风水先生给老太太占了个白虎地，这白虎吃人呐，占白虎地，就是占了绝户啊。什么时候占的呢，正当午时，占完，风水先生就走了。据说占了绝户地，家里有多少人都得死。

过了三年，风水先生又转回来了，一看这老太太家孙男弟女一大堆，骡马成群，人财两旺。风水先生就纳起闷儿来：我给她占个白虎地、丧人口的地方，怎么一个人没死，还反到兴旺起来了呢？他一看占坟时辰，正当午时，这是虎睡觉的时候，它不打食，也就不吃人了，白调理她了。风水先生就问老太太，当年给他喝水为什么往瓢里搁荞麦皮子。老太太说，我那是看你满头大汗，渴得要命，怕你大口地喝凉水炸了肺，搁上荞麦皮，你就得边吹边喝，叫你小点口慢喝。

风水先生这才明白老太太的用意，心想，是我错怪她老人家，她老人家心好、命好就占到好地方，遇着个好时辰，逢凶化吉。

讲 述 者/黄振华　男　68岁　小学文化　农民
采 录 者/祁　欣
采录时间/2009年7月21日
采录地点/红透山镇上大堡子村

医道不如时道

有个郎中领着夫人可哪儿看病。他时道不好，来找他看病的都是到了寿的病人，看病不看命，到寿了还能看好吗？他一连看了三个这样的，看一个死一个，这郎中可就出名了，谁还敢再找他看病啊？他满肚子的学问，就是使不出去，连吃饭钱都挣不回来。

逼得他没办法，找算命先生算命。算命先生说："你不用问了，我都给你算好了，等到你夫人脚八斤半时，你就好了。"郎中一听："我这辈子算完了，没指望了。"他夫人三寸金莲，什么时候能八斤半？我不能给人看病了，我带着夫人要饭，混着活吧。

这天下雨，黄土岭上泥泞，媳妇小脚，叫黄泥糊得走不动，就说："你走吧，我实在走不动了，我这脚足有八斤半。"郎中一听说："媳妇呀，这回咱俩该好了，算命先生说，什么时候你脚八斤半，我就好了。走，快上山顶。"他拽着媳妇跑到岭顶上，一看，有个老虎在顶上趴着呢。郎中说："媳妇呀，可不是好了咋的，虎把咱俩吃了，还遭啥罪呀！"

这时，老虎见郎中来了，站起来走到郎中面前，张开大嘴，郎中以为要吃他，就说："虎兄弟，你先吃我们俩哪个？吃哪个都行。"他闭上眼睛在那等了半天没动静。睁开睛睛一看，虎的大嘴里像有一根骨头卡在嗓子里了。郎中明白了，虎是让他帮着拿骨头。

郎中说："这么拿不行。万一我手伸进去，你'卡蹦'给我胳膊咬掉了怎么办？咱们下山让铁匠打个'虎撑子'，把你嘴撑住，我给你拔出来。"他拉着老虎下山，老虎不走，让郎中的媳妇坐在它背上，他媳

妇小脚走不动啊，老虎驮着她下了山。

郎中下山把虎嘴里的骨头弄出来，打那以后，郎中出名了，老虎的毛病都给看好了，给人看更能了。

讲 述 者 / 黄振华　男　68岁　小学文化　农民
采 录 者 / 白云锋
采录时间 / 2009年7月21日
采录地点 / 红透山镇上大堡子村

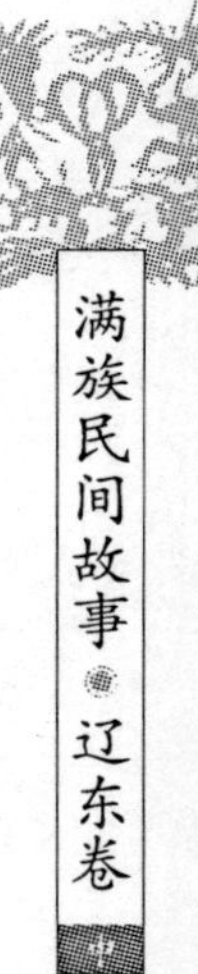

破风水

从前，有一个姓王的大户人家想占个好坟地，就请了个关里来的风水先生给选坟场，这先生找来找去，在二马山选中了一块好坟地儿，说占了这块坟茔地，祖祖辈辈出高官。在看向口时，这先生就把罗盘稍稍挪偏了点儿，主人非得要求把向口调正了，风水先生说："我要给你家祖坟的向口弄得丝毫不差啊，我这眼睛可也就什么也看不见了。"老头儿说："那不要紧，从今往后，你就是我们家的贵人，我们享受什么荣华富贵，你就跟着享受什么，你给我往最好的整，我说话算数！"就这么的，风水先生照老头儿话办了。

没过多久，风水先生的眼睛真的瞎了，老王家也真的把他当成了贵人伺候着，人家坟选得好，王家人在北京都是当大官的，都是顶戴花翎拿俸禄，怎能忘了豁上自己的眼睛也给王家选好茔地的风水先生呢？老一辈对先生挺好啊，老辈的儿子对先生也挺好，老辈的孙子就不行了。

"养个死瞎老头子干啥呀？不干活还吃好饭穿好衣，哪捡来的活祖宗啊，还得让俺们供着。"从此，风水先生的日子越来越难熬了。吃的是残汤剩饭，穿的是破衣烂衫。老先生一看自己的日子实在没法混了，就给徒弟去信："你快来救救师父吧，我眼睛瞎了，年岁大了，走不了了，王家人对我也越来越不好了，再不来你就看不见我了。"

他徒弟来了，见瞎老头儿坐在王府门口的上马石摸虱子呢，徒弟一看见师傅那副模样就哭了：

"师傅，没想到你怎么混成这个样子呢？"

“哎呀，你来了就好！别说话，跟我走。”

师傅把徒弟领得离王府远远的对他说：

“他家老辈的对我真挺好，到了孙子辈以后，对我就不行了。现在他重孙子当家，对我就更不行了，拿我也不当回事了，所以才造成这样。”

“那咋办哪？”

“不能管他了，先把他们祖坟的风水破了再说。”

“好，师傅你说咋破？”

“某月某日半夜子时，你去二马山王家坟，它的正前方有个泉眼，泉眼里有两条鲫鱼。你把这两条鱼捞出来，把鲫鱼胆抹在我的眼睛上，我眼睛就好了，然后我和你把王家坟左青龙右白虎的根脉给他掐断，王家后辈从此就算完了。”

徒弟按照师傅指定的时辰，先抓来鲫鱼，用鲫鱼胆把师傅眼睛治好后，然后在半夜子时，师徒俩把王家坟左边的青龙、右边的白虎两个根脉给掐断了。师徒俩悄悄地离开了本地。

坟破了之后，王家的后人开始走下坡路。王家在京城里那些当官的，不是犯事被罢官，就是获罪被判刑。再后来因欺君之罪被株连九族。

讲 述 者／黄振华　男　68岁　小学文化　农民

采 录 者／王　冬

采录时间／2009年7月21日

采录地点／红透山镇上大堡子村

道　缘

有一个人叫赫力布，信道。因为他在当地德高望重，人们都管他叫先生。赫先生四十一岁时得了头疼病，这天来了一个老道说：

“赫先生，知道你得的是什么病吗？”

他说：“我不知道。”

“你有道缘，你上砬子山主峰，山上有一棵千年古松，古松下面有个大石头板儿，有炕这么大，你光信道，没入门。你向南面元始天尊磕三个头就好了。”

“既然这样，那我就上山吧。”

赫先生有个年龄一般大的朋友跟他说：

“你有病，我跟你一起上去，一路上也好照顾你。”“现在正是农忙时节，大伙都忙，再说我只是头疼，路也不远，我当天去当天回，你忙你的活儿吧。”

他拄着棍子，带着供品上山去了。在山根底下时头还疼，爬到半山腰时，头疼见轻了。头疼一见轻，他就高兴得一边走一边唱。正唱着呢，看见路边一条很粗很粗的大蛇，眼似灯笼，口如血盆，那信子伸出老远，他先是一愣，然后镇静了一下，继续往山上走去，那蛇不知啥时也没影了。

下半晌，他终于爬到山顶上，找到那块大石板儿，上去要摆供磕头，却发现石板儿上有两个白胡子道人在那下棋，他就跪下了：

“仙者在上，凡人赫力布向南祭拜道祖。”

两个老道谁也没搭理他，继续下棋。他一看，我不能干扰人家，

他就坐在一棵树下休息，不一会儿就睡着了。等他醒来的时候，两个老道也走了。他急忙爬到大石板上，摆上了供果就向南磕头。磕完头，看见石头边上有海碗大的一个仙桃，他一想，这准是两个老先生落在这的，既然落这儿了，我就吃了吧。他爬了大半天的山，渴得嗓子都发干，就大口大口地把桃吃了。

吃完桃子，赫力布坐在石板上，见眼前一闪一闪，一会儿一个景色，吓得他躺在那儿不敢睁眼睛。等他再睁眼时，一切恢复了正常，他才下山。

下山时天已经黑了，他找个窝棚住下。第二天天亮，他顺看原路走到村头的时候才发现，过去那棵大树咋没有了呢？房子也不是原来那些房子了。问河边洗衣服的：

“大嫂啊，此村可是天桥村？”

“是啊。”

“那我问你，赫力布家住哪儿？”

“赫力布是谁啊？”

“赫力布是我呀，你是谁家的媳妇啊？”

这时，一些老乡都围过来了。

赫力布说：“我昨天上的砬子山，今天回来，人也变了，村也变了，树也变了，什么都变了。”

一个七十多岁的老头儿说：

“赫力布，我听说过，他是我太爷的朋友，我太爷当年要跟他一起上砬子山祭拜道祖，他说我太爷忙，没让我太爷去，他从此就失踪了，一晃一百年过去了。”

“那不就是昨天的事吗？怎说是一百多年前的事儿呢？”

“你今年多大了？”

“四十一岁呀。”

“你对着河水照一照，有你这样的四十岁人吗？”赫先生对着河水一看，自己真是白发、白眉、白须的百岁老人了。这老先生就哭了：

“我的家人在哪呢？”

“你走之后，你老伴儿、你儿子先后去世了，你孙子都七老八十了，你还有重孙子呢。”

“重孙子他们来哪呢?”

“你儿子有出息,当了官了,以后举家迁鲜洲去了。”

“我怎么能找到他们啊?”

“他家的地由我们大伙租种,每年回来一次收租金。他现在是朝廷大官。你要乐意去找,你就去鲜洲找他们,你要不乐意,就住在我们哪一家,等到你的重孙子回来收租的时候,你再认他们。”

“既然如此,我已是三界外的人了,我就不找他们了,直接上砬子山吧。”

他就上了砬子山了,之后在那修了个老道洞。山上现在有个老道洞、老道庙、老道井,都是他凿的。

讲 述 者/盖英杰　男　69岁　小学文化　农民

采 录 者/王　冬

采录时间/2009年7月21日

采录地点/红透山镇上大堡子村

“漏的漏”的故事

从前，有这么老两口子，无儿无女。老两口年岁大了，干起活来有点吃劲。有些活计只有靠家里养的那头毛驴代劳了。每到阴天下雨，房子就漏。老头儿老太太费了好大的劲儿才把漏的地方遮住了。这天又要下雨，老两口在屋里叨咕：

“天不怕地不怕，就怕‘漏的漏’。”意思是怕房子漏的地方漏。

这时，来了个小偷要偷那头驴。听到老两口叨咕“漏的漏”，小偷寻思：“漏的漏”是什么？这么厉害嘛？反正就是我偷了你的驴，你们也撵不上。干脆我在这儿等着，看看“漏的漏”啥样？他就爬到树上等着。

这时，来了一只老虎，要吃那头驴。老虎一到这儿，就听老头儿在哪儿叨叨咕咕的：

“天不怕地不怕，就怕‘漏的漏’呀!”

老虎一听，这“漏的漏”是什么玩艺儿呀？有这么厉害！别听他瞎叨咕，我肚子饿，我得吃驴，起身就奔驴去了。黑灯瞎火，小偷儿没看清楚，以为老虎就是“漏的漏”呢。小偷说，不好，“漏的漏”来了。吓得一下子掉下树来，正好骑在虎背上了。

老虎说：

“不好，谁敢骑我背上啊？一定是‘漏的漏’!”撒腿就跑。借着月光，小偷儿低头一看，这不是老虎嘛！吓得跳下来就爬到树上了。

老虎跑着跑着，碰见了猴子，猴子说：

“虎大哥，怎么跑得这么慌张?”

"别提了，我吃驴遇到'漏的漏'啦，刚从我背上下去，现在还在树上趴着呢。"

猴子不信，说：

"'漏的漏'？虎大哥，我还没听说过'漏的漏'呢，走，咱回去瞅瞅。"

老虎说：

"我不去，'漏的漏'相当厉害！我好不容易才逃掉。"

猴子急得抓耳挠腮地说：

"虎大哥，别怕，兴许是人呢！要不这样，弄根绳子，这头拴你腰上，那头拴我腰上，我上树把它拽下来，我不龇牙就没事儿，我龇牙你就赶快跑。"

"那行。"就这样，猴骑着老虎走了。

小偷刚从树上下来要回家，看老虎又回来了，背上还骑个猴子，吓坏了，又爬回树上。猴抬头往树上一瞅，看见一个人，也没跟虎说，就上树了。猴上树快，眼看就要拽着小偷儿了，把小偷儿吓出屁屁尿来了，漏在猴脸上，猴子一龇牙，老虎撒腿就跑，猴子拖在身后，脸呛在地上，半拉儿脸都磨没了，龇牙咧嘴的，像笑似的。老虎说：

"猴弟呀，把大哥累成这样，你咋还笑呢！"

讲 述 者／黄振华　男　68岁　小学文化　农民

采 录 者／王思雯

采录时间／2009年7月21日

采录地点／红透山镇上大堡子村

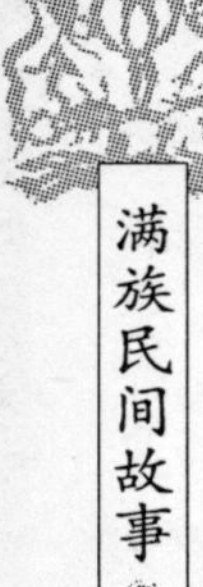

兔子为啥三瓣嘴

凡间开始没有兔子，是嫦娥捣药的丫环偷着来到凡间，变成个长耳朵、短尾巴、红眼睛的怪物作妖，才在凡间留下那玩意儿，然后它又回到月宫里恢复了丫环的原形。

再说捣药的丫环在凡间留下的一窝兔子。公兔好吃懒作爱打扮，喂小兔的活全扔给了母兔。母兔出来进去，忙忙碌碌打食喂自己的崽子，有一次没小心，啃树皮时把上嘴唇豁开了，弄成了雷公嘴，这回上嘴唇这么一豁，要怎么难看就怎么难看。公兔爱美呀，一瞅母兔变成那个德行，就说：

"我不能跟你过了，以后再生小兔都像你这样三瓣嘴不完了吗？"

母兔伤心地说：

"我为了喂咱们的孩子，不小心把嘴唇子豁开了，你不安慰我也就算了，你还跟我打八刀，我和几个孩子以后怎么办呢？"

母兔免不了痛哭起来，这哭声惊动了月宫里的嫦娥，嫦娥瞅瞅她捣药的小丫鬟说：

"你在凡间留的后代，母兔变成了三瓣嘴，公兔嫌丑，不要它了，你快去劝说劝说吧。"

丫环领了嫦娥的命就来到凡间。她本是女性，自然向着母兔说话呀，她对母兔说：

"你不用上火，不就三瓣嘴吗？我叫它也三瓣嘴！"

就一句话，公兔子也给封了个三瓣嘴。公兔子还不知道呢，问兔祖宗：

“你来干什么了?”

丫环说:

“她成三瓣嘴了,叫你也成三瓣嘴。”

“我不上山,也不吃草,更不啃树皮什么的,豁不着也碰不着,成不了三瓣嘴。”

“你照镜子瞅一瞅。”公兔用铜盆扤了点水,往里一倒一瞅,才知道自己也成了三瓣嘴了。就这么的,它俩谁也别嫌谁了。小丫环回月宫向嫦娥交差,嫦娥问:

“你怎么办的?”

“它不嫌三瓣嘴丑吗?我让它也成了三瓣嘴。”从那以后,兔子都成了三瓣嘴。

讲 述 者/肇兴州
采 录 者/祈 欣
采录时间/2009年7月26日
采录地点/红透山镇上大堡子村

化石草

有这么一家，老太太挺刁。有一阵子她光听母鸡“咯答咯答”地叫，不见有鸡蛋，就说是她儿媳妇烧吃了，天天为鸡蛋的事儿把儿媳妇打骂一顿。

给他家盖房的木匠说鸡蛋是被长虫吞了。老太太不信，硬说木匠袒护她儿媳妇。木匠给她出个主意：“明天小鸡下完蛋，你把鸡蛋拿走，我做个木头鸡蛋搁里头，你就知道咋回事了。”就这么的，木匠做个木头鸡蛋，趁小鸡下完蛋，就把这个假蛋搁窝里头了。然后，老太太、木匠、瓦匠、石匠躲在一边盯着鸡窝看，果不然，一条大长虫爬向鸡窝把木头鸡蛋吞进肚里，然后爬上一棵大树，三勒两勒就把木头鸡蛋勒碎了。老太太相信了木匠的话，是自己错怪了儿媳妇。可她关心的是鸡蛋别再让大长虫吞了，就求盖房的石匠做个石头蛋。石匠找块石头碾完了再磨，磨得溜光溜滑的，上上色，就把石头蛋搁窝里头了。

这天，长虫听见母鸡叫又来了，吞了石头蛋后又到树上勒，勒不动，这长虫就往山上爬，爬到一堆草旁停了下来，这草谁也没见过，长虫用信子舔一舔，待了一会儿，就爬回房后的一棵大树窟窿里待着。

老太太一直跟在长虫后面，看见长虫舔完这种草了，知道这草不一般，就把草拔回来了，把这草叫化石丹，就是石头也能给化了，就这么厉害。她得了这草，谁有什么堵住了，结住了，就跟她要这草，她掐不点儿草给人，吃完就好使。

老太太的儿子有病了，肚子疼，他寻思自己儿子病了，就多掐了

不老少给儿子吃，结果呢，儿子吃完以后连骨头都化了，光剩皮了。

讲 述 者/黄振华　男　68岁　小学文化　农民

采 录 者/王思雯

采录时间/2009年7月21日

采录地点/红透山镇上大堡子村

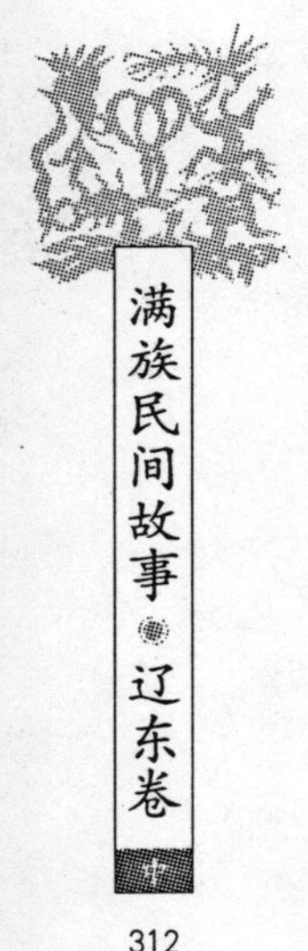

白狗偷嘴

有一家子盖新房，招待木匠吃剩的好饭好菜，就装在筐里，挂在外屋磨的上方房梁上。

他家的白狗经常两爪一按磨沿，蹿上磨顶，然后立起身子，用脑瓜一顶，就把筐摘下来，把里边的包子、饺子、肘子肉、面肠什么的吃完了，然后跳下磨跑了。这家老太太挺刁的，也不分清红皂白，硬说是她家童养媳妇吃了，对童养媳连打带骂，那木匠看不下眼了，出来证明说：

“你别打她了，不是她吃的。”

“那是谁吃的？你吃的！”

“你怎么这么不讲理呢，还我吃的，是你家白狗吃的。”

白狗听木匠说它偷吃东西，恨得牙根痒：你真多嘴，坏了我的好事儿，等今天晚上你回家的。

这个白狗就在木匠回家的半道上，找个偏僻的地方抠个坑，然后在坑顶上弄些烂柴火什么的虚蓬蓬地盖上了，木匠干完活，吃完了晚饭才回家。这木匠早就从白狗的眼神看出它的心思，他吃完晚饭后，发现白狗没影了。

木匠平时走黑道，是拿五尺杆子，今晚他特意换了把锛子。当他走到那最偏僻的地方，见那白狗在道边上趴着呢，等他走到跟前，那白狗“呜”的一下就扑过来了，想把木匠扑进坑里，然后咬死，再埋起来。这木匠也没躲，他一锛子就砍了过去。白狗一看锛子从上砍来了，它一闪身躲了过去，还没等木匠的锛子收回来，它就从木匠的下

巴磕子底下往上蹿过来了。搁底下往上蹿不容易防了。木匠又将锛子拦腰横扫过来。三打两打，白狗没干过木匠就跑了。

木匠见白狗跑了，自己也没敢再往家走，又回到了东家，把道上发生的事跟东家说了。那东家说这狗不能留了，留下是个祸害，以后不知要惹多大祸呢，就决定把它勒死。可是白狗再也没回家，早就逃之夭夭了。

讲 述 者/黄振华　男　68岁　小学文化　农民

采 录 者/王思雯

采录时间/2009年7月21日

采录地点/红透山镇上大堡子村

贤 良 碑

有这么一家人，有个爷爷、孙子还有孙子媳妇。这个孙子出外做生意，常年不在家。关里冬天屋子冷，不烧火。这孙媳妇怕爷爷冷，每天给爷爷焐被窝，把被窝焐热乎了，起来再叫爷爷躺下，再回自己屋。时间长了，屯里人风言风语，说她跟爷爷公公不清不白，伤风败俗。

过去家族都有团和人儿，就说，让她上泰山拜佛去，如果是好人，啥事没有，如果有不清白的事，佛祖就能教训她。就这么地，孙媳妇去泰山拜佛去了，临走前儿告诉爷爷，在家什么时候吃饭，什么时候喂鸡。别凉着，别饿着。就像对自己亲爷爷似的。

孙媳妇和大伙儿一起上泰山，要拜佛得过一座善良桥，过桥的工夫，这孙媳妇就掉到桥下了，一起去的人，眼瞅着她掉下去就摔死了。人们赶忙回去报信，这边也赶紧雇车买个棺材把人装进去，好往回拉。

拉棺材的这个车走得才费劲呢，走了好几天。到家一看，这孙媳妇在家烧火呢，大家奇怪了，明明看见她摔下去了，大伙儿又把她装进棺材里了，她怎么活了？这棺材里装的是什么？大家打开一看，是一个大石碑，上面写三个大字：“贤良碑”。这是泰山的神仙给这孙媳妇的。说明孙媳妇的孝心感动了佛祖。大家再也不胡乱说了，全屯子人都来帮着立这个贤良碑，这碑就立在他们家的大门口。

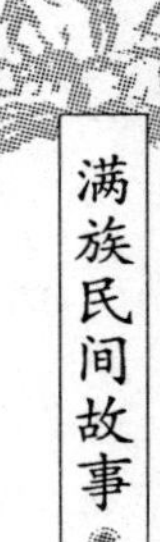

讲 述 者 / 黄振华　男　68岁　小学文化　农民
采 录 者 / 白云锋
采录时间 / 2009年7月21日
采录地点 / 红透山镇上大堡子村

太子娶亲

有两个国家常年征战，你打我、我打你，最后有个国家被打屁了，战败国得进贡啊，国王答应把他的一个公主嫁给战胜国国王的儿子，实际上这是个缓兵之计。

战败国提出条件："要想娶我家公主为妻，必须让太子到我们国家来娶亲。"战胜国国王说："我得问问太子，他愿不愿意到你们国家娶亲。"国王的儿子挺善良，不像他爸爸爱杀爱打的。他说："好，我去。"

国王问他："你都带多少人去呀？"

"就带百十来个人就行了。"

"这么远的路程，又是敌对国，一百来个人哪行啊？"

"不行怎么办？"

"我派几个高手给你当护卫。"于是就派了几个高手，跟太子到战败国娶亲去了。

离开自家国土，娶亲的队伍正走着呢，见前边有一堆大火，烧得嘎巴嘎巴直响，有一个人穿着棉袄棉裤戴个棉帽子的人坐在火堆上烧着，还直喊冷。见太子过来了，就从火堆上下来，说：

"太子我问你点儿事。"

"你怎么知道我是太子？"

"你是不是到战败国去娶亲去？"

"是啊。"

"你把我收下吧，会有用我帮助你的地方。"太子见这人坐在火堆

上还直喊冷，能没有特殊功能吗？就说："行，我收下你。"收下那人又继续往前走。

走着走着，迎面遇到铺天盖地的蜜蜂，落在娶亲队伍中，脸上、手上哪都是。太子人比较善良，就将马队喊住了：

"大家先到路边休息，给这群蜜蜂让路。"他们到路边休息的工夫，过来两个小伙儿，问：

"你是不是上战败国去娶亲？"

太子说："是呀，你咋知道的？"

"别管我怎么知道的，你要把我们收下，将来有了难处，我们会帮你的。"太子又收下他俩继续往前走。走着，走着，前面是座桥，太子骑马刚上桥，见桥面有一尺来厚的蚂蚁，太子下令：

"队伍赶快退回，等蚂蚁走完了咱们再走。"足等了到太阳落山了蚂蚁才完事。又过来一个小伙子也是问的同样话，太子也把他又收下了。

娶亲队伍终于来到战败国。国王亲自迎了出来，国王一看，不但太子人长得不错，娶亲的人也一个赛一个呀。就把他们迎进了宫里，战败国的国王没安好心，他想把战胜国的太子整死，以后就不会有人来打了。就把他们放在一个大铁屋里。告诉太子一行人说：

"你们先在这休息，一会儿吃饭。"

休息的工夫，太子问从火堆里跳下的那个人：

"你是什么人？"

"我不是人，我是个冷死鬼。"

太子一听，鬼还叫我领来了。又问那两个人，那两个人说：

"我们是蜂神。"

"啊，你俩是蜂神。"

第三个没用问，就自报家门："我是蚂蚁精。"

都不是常人啊，除了精就是鬼。太子不知他们为什么来，就对护卫说：

"晚上睡觉，你们千万要精神点儿。"这工夫，屋里开始热起来，屁股底下烫的都快糊了，冷死鬼把他的破棉袄往地上一铺："来来来，你们手拉手，有一个人扯住我的棉袄襟儿就行。"他们按照冷死鬼的

话，手拉手扯着冷死鬼的棉袄襟，这一扯不要紧了，不但不觉得热，身上还凉丝儿丝儿的。

第二天，国王命令手下人：

“把门打开，把里边的骨灰收拾收拾扔了。”

来人把门打开一看，里面的人精精神神儿的，这些家伙吓得跑回去报告说：

“国王不好了，昨晚烧了一宿，铁板都烧红了，他们这些人怎么也没怎么的呀?”

国王一看，这些人没死，就和大臣们说：“没死，我也不能把公主让他们娶走。就让他们搁那屋待着吧。”

又过了很多天，国王也没有嫁公主的动静。蜂精跟太子说：

“你不用着急，我去打听打听。”蜂精把蜂子带到皇宫里，国王和大臣们被蛰得没有不肿的地方。没有人不挨蛰的。蜂精告诉国王：

“我们来娶你的公主，明天务必成亲，叫太子领走，否则，我让你这里不得安宁。”

国王连忙答应：“是，是，是。”

可是待了五六天还是没动静。

蚂蚁精说话了：“太子别着急，我这一招好使。”蚂蚁精进了皇宫，那蚂蚁爬的到处都是，饭锅里、碗柜里、龙床上、被窝中、人身上、房梁上、宫墙里、地板上和门窗无处不是蚂蚁。蚁精问国王：

“你马上把公主请出来让俺太子领走，要不，我让你死在蚂蚁窝里。”

国王吓坏了，急忙吩咐人把公主请出来和太子成亲。住了三天，太子带着公主回到了自己的国家。

讲 述 者/黄振华　男　68岁　小学文化　农民

采 录 者/祁　欣

采录时间/2009年7月21日

采录地点/红透山镇上大堡子村

夫妻状元

一个叫李财的，听说苏州风景好，他书也不念了就跑到苏州玩儿去了。盘缠钱没了，店钱交不上了，他就靠卖字画为生。有个叫李友的看见了：

“你这么点儿岁数不念书，怎么在街头卖上字画了？再说，你这字画也欠功夫呀。”

李财说：

“没办法，我访友没访着，没钱回家了。”

李友一打听，两人都姓李，就结拜成为干兄弟。

李友告诉李财：

“你欠的店钱我给你还上。你就在我这儿继续念书吧。”

说着，就把李财领回家去，见过了夫人。

李友说：

“我请个最好的先生教你，你只管安心念书。”

李财说：

“我求学不用老师，自悟就行，什么《四书》《五经》的，自己复习复习就行了，最好找个清静点儿的地方。”

李友说：

“明天我领你看地方，你说哪好就在哪给你盖所房子。”

第二天，他哥俩进了南山口，里面是一个藏风聚气的向阳宝地，东山是一片密松林，西山是一片花果山，风景地势都挺好，李财说：

“这地方离家不远不近，是读书的好地方。”

“那好，我就在这儿给你盖两间书房。”很快，书房盖好了，李财一个人在这念书，饭呢，李友亲自给送。李财学得挺上心，进步也挺快。

一天晚上，南山沟里大风四起，风过之后，一位梳着大辫儿、扎着红头绳儿、穿着一身红衣服的女子进了书房。李财正练字看书呢，连瞅都没瞅她。你进你的，我学我的，那女的见李财没吱声就走了。

第二天晚上，这女人又来了。李财有不认识的字要翻字典。这女子就告诉他字念什么，怎么讲。“呀！这姑娘挺厉害，学问比我高。”他对这姑娘开始高看了，给她让座，那女子不坐，站在旁边看他练字，李财练了一阵子，那女子说：

“你这字不行，进京赶考凭你这手字考不上，我教你三十六手梅花篆字。”

这女的看书一目十行。李财一看，这位女子可了不得呀，他连忙下地拜她为师。

李友有事，把送饭的活儿交给了下人。这天他说：

“南山书房我好长时间没去了，我得去看看李财老弟去。”

白天没工夫，就晚上去，一进南山书房院内，就听见里面好像是俩人，还是个女的说话，他偷偷把门开开，悄悄进去了一看，他兄弟也不知是字没写好，还是书没念好，正挨那个女的训呢。姑娘发现有人进来，急忙走了。李友跟李财说：

“人家教你，你得好好学呀，人家是郑重其事的，上哪找这么好老师去。”把李财嘱咐一番：“吃的喝的还够吗？”

“没有了。”

“我明天多给你送些来。”

第二天，李友送吃喝的时候，又看见这女的了。这回不但没走，还跟李友打了招呼：

“哎呀，哥哥来啦。”

“啊，你们念书吧，我不打搅你们，走了。”

又一天晚上，这女子披头散发、青脸獠牙的，进了书房之后就说：“我不是来吓唬你，我有了难事，你能不能救我啊？”

“啥事？你说。”

“我原是女扮男装和我父亲进京赶考的，没想到走到这儿，就叫阎王爷的小鬼给抓去了，他们后天晚上就要娶我。我父亲把我装进花木棺材，停在东山的黑松林里，准备以后再来接我。我身底下有把青钢剑，你用这把剑就能对付那些阴曹地府的牛头马面们，没有你，我躲不了这场灾难。”

“说啥我也得舍命相救啊！你告诉我什么时候吧。”

女鬼就告诉李财，哪天哪个时辰，你该如何如何。嘱咐完了就走了。

李财非常准时地去了那个地方，果真找到了花木棺材。他从女尸的身下拽出青钢剑，就在棺材旁边睡下了。其实，这是过阴，他要不过阴，怎知道阴间娶亲？他刚睡着，就听喇叭鼓乐声，抬着迎亲小轿的就由远而近地来了。李财把剑一拽，寒光逼人啊，他用这把宝剑和阴曹地府的小鬼们打了起来，打来打去，人家是越打越多，在阴曹地府，李财是好虎架不住一群狼呀，最后他只有招架之功没有还手之力了。

再说李友梦见李财跟阎王爷的牛头马面打了起来，眼看李财就被小鬼们打败了，他说：

“我得去帮忙。”

他手提鬼头大刀，骑马就奔去了。他厉害呀，把那些恶鬼驱散，把女子救下来。

一觉醒来。他跟夫人说：

“我累得好乏好乏呀，我要是不去，我弟弟李财命休矣。”

夫人见他睡在被窝里，弄得满头是汗，还净说不着边的话，就问：

“怎么回事？”

“我弟弟李财跟鬼打起架来，我去帮忙，你看我累的。”

夫人说：

“你是发烧说胡话吧？这一宿都睡在我身边，你上哪了？”

李友说：

“不信，你去马棚看看那马。”

夫人去马棚，见那马累得顺着四条腿往下淌汗，这才相信李友的话是真的。她吩咐下人把马鞍子卸了，让马散散汗，凉快凉快，再添

些马料，这才进屋去。

第二天，李友早早去了南山书房，那女子也来了，见到他，施了个礼：

“大哥，昨天晚上多亏你呀，要不，俺俩就完了，他打不过人家。”

李友说：

“既是这样，你和他就结婚吧。”

这女子说：

“俺俩不能结婚，他是人，我是鬼呀，我得去了鬼气才能结婚。”

“怎么才能去了鬼气呢？”

“大哥，这个就不用你管了，我们俩自有办法。”她告诉李财：

“某月某日，你从棺材里把我尸体弄出来，放在一口大锅里，添上水，盖上锅盖，压上沉东西，往灶坑里一个劲地烧柴火，锅里面怎么叫唤，怎么喊，怎么央求，你也不能打开锅盖，直烀到里头人说话了，火也就灭了，那时候你再打开，就把我的鬼气煮没有了。”

“那能行吗？”

“行，你就照我的话办吧。”

到了那天、那个时辰，李财就把姑娘的尸体弄来，放在锅里煮。只听锅里头：

“唉呀，你忘恩负义啊，我是怎么教你三十六手梅花篆字，一目十行看书啊？”

又是哀求又是骂他。李财心想：我走吧，才不听你乱喊乱叫呢，反正到时候你自己就灭了。大铁锅底下又架了些劈柴，火越烧越旺。

他走了一圈回来，锅也不冒气了，火也灭了，里头说话了：

“我在锅里快憋死了，你上哪儿去了，这么些时候不回来？”

“我打开行吗？”

“你打开吧。”

李财把锅盖打开了，从锅里出来个比原先还漂亮十倍的大姑娘。李友两口子把他俩接回去结了婚，夫妻俩千恩万谢地拜别了李友夫妇进京赶考去了，最后考上了夫妻状元。

讲 述 者/黄振华　男　68岁　小学文化　农民
采 录 者/祁　欣
采录时间/2009年7月21日
采录地点/红透山镇上大堡子村

袁七中状元

很早以前，有个员外老伴死了，家里就剩他和儿子袁七，后来员外又找个老伴，后老伴又带来一个儿子。

后老伴心眼子不正，对袁七没什么感情不说，还净使坏心眼子。员外家里养了几头牛，她就让袁七去放牛，让自己的儿子念书。

袁七放牛，整天跟小牛犊在一起疯啊，闹啊。从家带的饽饽干粮什么的，袁七吃一半，给小牛犊吃一半。这小牛犊还真怪，人家牛都吃草，它呢，给什么它都吃。

有一天，袁七叫后妈揍了，没让吃饭，饿着肚子上山放牛去了。袁七趴在山坡上难过，小牛犊也趴在袁七身边一动不动。晌午了，小牛犊在河里叼来两条鱼扔在袁七面前，袁七拢堆火把鱼烧了，自己吃一条给小牛犊一条。从此袁七更离不开小牛犊了。心里有了委屈和悄悄话都跟小牛犊说，也不管它能不能听懂。

一天晚上，袁七半夜起来撒尿，听牛圈里有说话声："你跟我走吧，你后妈要害你。"袁七四处寻摸说话的人，小牛犊说："我在这呢。"他顺着声音找去，原来是小牛犊在说话，袁七吓了一跳，说："你怎么还会说话了呢?"它说："我本来就不是牛，我是人，我是来帮你的。"说完就变成跟袁七一模一样的一个小伙儿："你后妈要害你，我领你赶快走。"袁七正要跟小牛犊变的小伙走的工夫，被老员外发现了，一瞧两个孩子长得一模一样，怎么回事啊？老员外说："袁七你进屋来。"小牛犊示意袁七，意思他进屋，于是袁七留在院里，小牛犊进屋去了。老员外问：

"院子里那小孩是谁?"

"我放牛的朋友。"

"五更半夜不回家，他爹妈不挂着（担心）吗？你把他叫进屋来，我问问他。"

"他不进屋，他要我送他回家。"

"你送他回家，你敢回来吗?"

"我敢回来，我放牛走惯了这条道，不太远。"

其实，小牛犊是想把老员外搪塞过去，他俩好逃走。老员外寻思寻思说：

"我送他回家，你在家睡觉吧。"

"那行，那你就送他吧。"

小牛犊出去一推，把袁七推回屋，自己跟老员外一块走了。

老员外送小牛犊回家，两个人走了一宿儿。天都亮了，老员外一看，这一宿尽围着自家的房子转圈了，连院门都没出去。这是怎么回事？难道鬼打墙了？没办法老员外累得只好进屋歇脚去了，袁七对老员外说："爹，亮天了，我把他送回家吧。"老员外摆摆手："那就快去快回，别误了吃早饭。"说完两个孩子就走了。

路上，袁七问小牛犊："咱这是去哪儿呀?"

"今年是朝廷大比之年，我领你进京考状元去。"

袁七说："我也没念过书，什么也不会，能考什么状元啊。"

"你什么都别管，有我呢。"小牛犊领着袁七奔京城而去。

科考开始了，小牛犊顶了袁七的名进了考场，一会儿就答完了考卷。递给监考官，监考官一看他答得比任何人都好，中了头名状元，皇帝封给他八府巡按的官儿。

袁七上任，把小牛犊带在身边，不离左右，帮助他处理官府大事。

讲 述 者／于洪润　男　69岁　小学文化　农民

采 录 者／王思雯

采录时间／2009年7月25日

采录地点／红透山镇上大堡子村

躲闲话

有这么哥俩，父母双亡，老大二十来岁，老二十六七岁，老大靠木匠活挣钱供老二念书。界壁子（邻居）张妈说："看你们哥俩，老大呢，外出找活做，还得管做饭，老二呢，一边念着书，一边还得做家务，你说你们多难啊，你们哥俩管谁先娶个媳妇，有了屋里人给你们操持家，干活的也得干了，念书的也得念了。"这哥俩一听，是那么个理儿。老大说："弟弟你先娶吧。"弟弟说："我还念书呢，你是大哥，理当先娶，你先娶吧。"就这么的，经张妈牵线搭桥，老大和西堡一家庄稼院的满族姑娘结了婚了。

老大在家待了三天，就到外村找活去了，临走，他对弟弟说："我出外干活，家里的事你要多帮帮嫂子，晚上别总往外跑，在家给你嫂子做个伴，省得你嫂子害怕。""啊。"他当时答应得挺好，他哥走了，他就犯合计了：我嫂子跟我岁数差不多，俺俩在家，别人家不说闲话吗？不行，我得出去讨宿儿去。想着，他就去对门屠户掌柜家讨宿儿："唉呀，掌柜的，我在这讨个宿儿。""不行不行，这哪有地方，咱这杀猪老烧水，炕又热，你住不了。"他说："你留我吧，我哥出门耍手艺，不回来，剩我和嫂子在家多不方便啊，是吧。"掌柜一听，啊，你哥没在家，你在这讨宿儿，家里不就光剩你嫂子了吗。"行行行，两下就便，你就在这住吧。"爽快地答应了。

再说他嫂子，看她小叔子出去讨宿儿，心想：你也不听你哥话啊，你哥叫你在家给我做伴，你还是出去讨宿儿去了，剩我自己在屋，不害怕吗？得了，趁天还没黑我回娘家吧。她想着，夹个包回娘

家去了。这叔嫂俩一举一动，全叫张妈瞧得明明白白。一看，木匠出外干活去了，兄弟讨宿儿去了，媳妇回娘家了，他家里刚结婚，东西得有吧，钱得有吧。今晚我得去偷她的陪嫁去。

天刚黑，她就来到木匠家，正翻箱倒柜呢，屠户掌柜的也去了，他想：小木匠打工去了，木匠弟弟在我这儿讨宿儿呢，家里光剩小媳妇了，这个时候不去占她便宜还等什么时候占？他就去想好事去了。

屋里没点灯，掌柜的摸黑进了屋。这个张妈一看，完了，小木匠咋回来了？这黑灯瞎火的，反正也跑不出去了，我就假装老大媳妇蒙个被睡觉吧。她忙扯过被褥，就蒙上被假装睡觉。屠户掌柜直奔睡觉的地方，伸手一摸，是个长头发的，就钻进被窝了。张妈没敢吱声，吃了个哑巴亏。

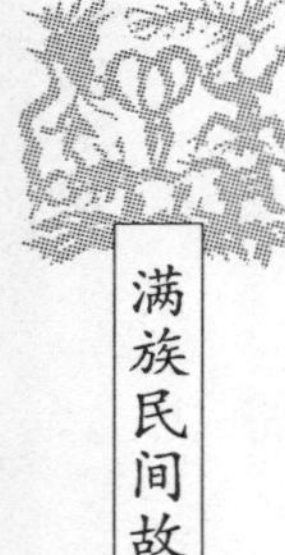

再说小木匠在外边干活，可心里放不下家里，寻思：我临走倒是交代弟弟要给嫂子做伴儿，我弟弟要是不听我的，他不在家怎么整？我今天晚儿怎么也得回家看看。他心里想着，拿着锛子就连夜往家跑，到家已是小半夜了。怕有动静再吓着媳妇和弟弟，他就鸟儿悄儿地进屋了。借着星光往炕上一看，这怎么两脑袋呢？小木匠站在那儿心里好难受，心想：兄弟你也太对不起我了，爹妈死得早，是我把你拉扯大的。想当初，我叫你先娶媳妇，你不干。这我头一次出去干活，你就弄出这事，往后我怎么到外头干活？这叫什么事啊，他又埋怨媳妇：你当嫂子的也不对，你要是不从的话，削他两下子，打他两撇子，别跟他一样啊。你这不是跟他一溜神气了吗？得了，你们俩没一个好东西！来吧，大锛子一举，“咔、咔”两下，两颗脑瓜子就下来了。老话说得好，抓贼见脏，抓奸见双啊，小木匠把这两个脑袋，用裤子一个裤腿装一个，搁肩膀一扛。上西堡找老丈人算账去了。

走到西堡天就蒙蒙亮了，春天种地两点钟就得起来做饭，他把大门打开，往老丈人院里进，正赶上他媳妇做饭，往外倒淘米水。两个人碰个正着，媳妇说：“唉呀，你不说不回家吗？你怎么又跑这来了呢？”小木匠一愣：这是谁呀？我媳妇已被我砍死了，她怎能在这呢?！这下可就愣在那儿了。

再说，他弟弟在屠户那睡觉，寻思我得早点回家帮我嫂子烧火啊。吃完饭我还得上学念书去。他急忙回家，见里外屋房门大开，心

想：得了，我哥昨天晚上回来了。进哥哥屋里一看，两个没有人头的身子在炕上躺着，血喷得到处都是。他有点吓傻了，不过心里挺清楚：我哥、嫂子脑瓜子让人剁走了，我得赶早上嫂子家报信去啊。想到这，他拼命地往嫂子家跑。到他嫂子家跟他哥也是脚前脚后。他见大哥肩上搭着个裤子，前后两圆东西直往下滴血水，就问："哥，你怎么在这呢，你不是叫人给剁了吗?"他哥一看媳妇在面前站着，兄弟在身后站着。心想：这两脑袋是谁啊，倒出来看看吧。倒出来一看，一个肥头大耳，是屠户掌柜。一个尖嘴猴腮，是张妈。

那就报官吧，在县衙大堂上，三个人把昨晚的事儿分别说清了来由，仵作验了杀人现场，也证实了三人说的都是实情。县太爷判了三人无罪释放。那两人因到他家非淫即盗，死了白死。

讲 述 者/黄振华　男　68岁　小学文化　农民

采 录 者/王思雯

采录时间/2009年7月21日

采录地点/红透山镇上大堡子村

师徒降妖

一天，店里来了一个精瘦精瘦的老头儿，不说迎风能刮出十里地也差不多，这瘦老头儿是细溜溜的大高个儿，手里拿着个招牌，招牌上写着“降妖拿怪”四个字。店小二看看招牌又看看老头儿，心想：就你个干吧老头儿，还能降妖拿怪，妖怪看见你都得掉眼泪，吃你连点肉都没有，你还拿怪呢，我今晚儿装个怪，我看你能拿不！

晚上，这个店小二见老头儿睡了，就开始琢磨他了：“你不能拿怪嘛，我就装个怪给你拿。”店小二弄了个纸糊的大长帽子戴在脑袋上了，脸上糊满纸条子，糊了个纸衣裳也穿上了，腰上系个白带子，胳膊挎着纸筐，就到先生的房间里去了：

“先生啊，你死期到了，我来给你烧纸来了。”说着，就跪下来给瘦老头儿烧纸。心想，我看你能怎么的。先生一看有人说他死期到了，还给他烧纸，这来的不就是鬼嘛。老头儿坐起来，从包里拿出一张纸，借着店小二烧纸的火就点着了，老头儿烧的符是告诉灶王爷：你这个灶王爷是这屋的主人，这屋出鬼了，你得来治住他啊！

灶王爷接到旨意，搁锅台后就下来了，还带来两个帮忙的。掐胳膊的掐胳膊，按腿的按腿，把店小二就往灶坑里填。他穿戴的都是纸糊的，往灶坑里一填，“呼啦”一下就烧着了。吓得店小二急忙向老头儿求救：

“哎呀，先生，你可要我的命了，我不是鬼，我是人啊！”

老头儿又拿了一张符烧了，把他从灶坑里捞了出来，灶王爷和两个帮手也归位了。

“小二，你胆子不小啊，你还敢装神弄鬼呢，要不是我手快，早把你填进灶坑里烧死了。”

店小二此时能说什么呢，老先生看他那调皮的样儿，真是可恨又可爱，就说：

“我看你胆子不小，收你做徒弟，愿意吧？”

“哎呀，谢谢恩师！”他跪地上磕了三个头，就拜了师了。

“你拜我为师，你得听我的，我叫你干啥你就干啥。”店小二是满口答应。

这瘦老头儿为啥要来这个地方降妖捉怪呢？原来这个地方有个井，井里头有个癞蛤蟆成精了，有个挑水的妇女被癞蛤蟆精给吃了，他是来抓癞蛤蟆精的。他告诉小二：

“你抓几只家雀儿，把毛褪了，蘸着香油用火烤，多会儿把家雀儿烤的特别香时再给我，我有用处。”

小二抓了十来只家雀儿，按着师傅的话就把这家雀儿烤好了。师傅把烤得喷喷儿香的家雀儿挂在钩子上下到井里了。香味很快被癞蛤蟆精闻到了：

“哎呀，从来没闻到这么香的味儿，是什么东西呀？我出去看看。”它从井底下的石缝里爬了出来，看见十多个烤得喷香的家雀儿，就都吃进肚里去了。老先生和徒弟店小二扯着弦一齐往上拽，拽出来一只大癞蛤蟆，有簸箕那么大。师徒俩这回可是窗户眼里吹喇叭，名声在外了。

一天晚上，来了一辆毛驴车接他师徒二人去治病。他俩上车坐好后，只见那小驴车走着走着就起空了，师徒俩只觉得耳边生风，呼呼直响啊。不多会儿，到了一个地方站下了。赶车人说：“先生，请进吧。”师徒弟俩进去一看，都是他师徒俩打残至伤的妖怪。赶车人对师徒俩说：

“你给看看，这都什么病？”

老先生说：“什么病？这都是自作自受的病，你们得道也好，成精也好，不能祸害老百姓啊！”

“今天得讨个说法！”

“什么说法，你说吧。”

“你看见外屋那口油锅了吗？我今儿个就是叫你下油锅的。”

“那可不一定谁下油锅。”

老先生早把张手雷字符在手里准备好了，那些残妖病怪们按住师徒俩就往油锅扔，只听“咔嚓”一声，张手雷炸了，里面的妖怪被炸得鬼哭狼嚎。店小二被雷推出了洞外，他师傅身子出来了，有只手却卡在洞里头了，店小二急忙找块大石头塞进门缝去，师傅才拽出胳膊。

打那以后，师傅也离不开这个徒弟了，师徒俩合起来继续降妖拿怪。

讲 述 者 / 黄振华　男　68岁　小学文化　农民

采 录 者 / 王　冬

采录时间 / 2009年7月21日

采录地点 / 红透山镇上大堡子村

虎儿子

有这么一家子，老太太领着儿子过日子。儿子上山打柴让老虎给吃了，老太太上县衙告老虎。县太爷说："告人好抓，告老虎怎么抓?"可是有了原告，"凶手"不到案怎么办案呢？县太爷于是限捕快三天内将吃人的老虎抓到，抓不来打一百大板。捕快心想，一百大板那不打死我们了？不过县太爷让咱抓，咱死活也得抓！这两个捕快，拎着铁链子就去抓老虎。抓了两天，没抓到。眼瞅期限到了，两个捕快说："虎是没法抓到了，咱俩买点儿猪头肉，喝点酒，就是死了也做个饱死鬼。"

两人来到山神庙里，猪头肉也买了，酒也打了。其中一个捕快说："咱先不吃，摆上酒肉叨咕叨咕，看看山神爷灵不灵。"两人就把酒肉摆上，跪下来磕头，嘴里念叨："山神爷呀山神爷，我俩给你上供了。咱这官儿是个糊涂官儿，他也是没办法，你说这虎吃谁不好，非把个寡妇妈的儿子吃了，她以后怎么过呀！山神爷，行行好，帮帮忙，要不我俩回去也没命了！我俩给你上供了。""咣咣"地磕头。

上完了供，他俩就一口猪肉一口酒地大吃起来，吃完了，也就迷糊了过去。这时，山神爷说话了：

"你俩还睡呢，我都把虎给你归拢来了。"

他俩醒来，原来是个梦。他俩便走出庙门，果然有一只老虎在山神爷庙门口趴着呢。这山神爷还真显灵啦啊！

"哥，你下手抓呀!"

"不，弟，你下手抓，别让老虎跑了!"

“虎大哥，对不起了，成全我俩吧。”

虎趴着那儿不吱声。

捕快说“走吧!”

老虎跟着就走。

“哥，你前走，我在后边。”

俩人把虎带到县衙，县太爷一看“我的妈呀！捕快真他妈的把虎犯带到大堂来了！”县太爷把惊堂木一拍，问：“你为什么把老太太的儿子吃了，你不老实交代，本官今天就扒你皮吃你肉!”

老太太听县太爷要把老虎扒皮吃肉，就求情说：“别杀它了，让它给我当儿子行不行?”县太爷一听也对呀，问老虎干不干，老虎光磕头。县太爷说：“不杀你了，你就把老太太养老送终吧。”老太太要领老虎回家，老虎不走，非让老太太骑在它身上驮老太太走，这是怕老太太走不动啊。老太太回家把老虎圈在屋里，老虎嗷嗷叫。

老太太说：“你怎么了，哪不得劲儿了?”

老虎说：“我饿。”

老太太说“你吃的东西我给不了你，我养不了你，你走吧。”

老虎跳墙出去了，吃饱了再回来。打这以后，老虎每天都叼来不少狍子、鹿、野猪，老太太雇了个人，扒了皮，剔除骨头，拿出去卖肉。后来，一个人不够用，她就雇了十个人，整天扒皮剔骨卖肉，一年弄得紧忙活。老虎和老太太过了三四年，把个小家弄得挺富裕的。后来，老太太岁数大老死了。老虎雇人，把老太太埋了，剩下的钱给抬棺的和埋坟的人分了，老虎“嗷嗷”地在老太太的坟前哭了一阵，又守了一百天，最后远走了。

讲 述 者／黄振华　男　68岁　小学文化　农民

采 录 者／白云锋

采录时间／2009年7月21日

采录地点／红透山镇上大堡子村

小半拉子放牛

杨木沟老占家养活很多牛，专门雇了个半拉小子放牛。

小半拉子在老占家放牛，冬天给棉衣穿，夏天给单衣穿，年底还给他工钱。

时间长了，东家发现这小孩吃不下去饭，身体也渐渐地瘦下去了。东家这天正好没事，等半拉子把牛赶走了，他就在后面跟着，瞟着他干什么。想解开他不爱吃饭的谜。半拉子放牛的地方有个砬子，砬子下有个石台。那孩子往石台上一坐，然后两眼一闭，那些牛就悠闲自在地在坡上吃草。到了下晚，东家就上半拉子屋里和他闲唠：

"今个牛放饱没?"

"放饱了。"

"你干什么去了?"

"我就看着牛了。"

"你在哪看着?"

"在那山上。"

"你可别把牛丢了!"

"不能丢，我要成神了，我把眼睛一闭，就知道牛往哪边走。"

"怎么成神了呢?"

"我一闭眼睛就忽忽悠悠。"

东家也没多问，寻思第二天再去看个究竟。第二天他又来到放牛的地方。这回明白了，原来那砬子半腰有个洞，有个大蟒，搁洞里出来提溜那个小半拉子。一提一放，再一提一放，忽忽悠悠的，还被大

蟒拎起一米多高。东家想：你还要成神，这是要丢命呀！你要让蟒吞了，我怎么向你家人交代啊？东家回来跟护院的炮手说：“明天你拿着洋炮跟我去一个地方。”炮手把火药枪砂准备齐整了，单等东家发话。

第二天半拉子走了，东家和炮手在后面跟着。到了半拉子放牛的地方一看，那小子坐在石头上，双眼微闭，还等着成神呢。

不大一会儿，大蟒从洞里出来，它把脑袋往砬子下一探，就把半拉子提起来了。炮手瞄准了蟒的脑袋“咣”就是一洋炮，那大蟒被打死后掉在了砬子下面的石台上。

半拉子先听到“咣”的一声，接着又“扑咚”一下，他睁眼一看，妈呀！这么大的一个蟒，吓坏了。东家走到跟前说：“你还想成神呢，要不叫炮手，那老大蟒早把你给吃了。”

讲 述 者／盖英杰　男　69岁　小学文化　农民
采 录 者／齐　欣
采录时间／2009年7月27日
采录地点／红透山镇上大堡子村

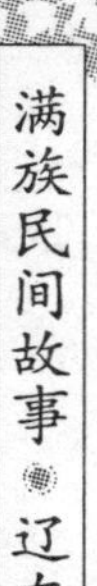

烤假火

在早，搁关里来闯关东的，都得结帮结对地走。上黑龙江干活儿，路远，单个儿走没伴儿不行。

有这么七八个人结伴儿要上黑龙江干活儿，路过一个叫野鸡背的地方，方圆四十里没人家。天嘎嘎地冷，吐口吐沫没落地就冻成钉了，撒泡尿得拿个棍敲着，要不冻上撒不出去了，就冷得这么厉害。

他们几个冻得吱吱呀呀，受不了。就看路边有通红的三堆火，几个死倒还笑呵呵地在那烤火呢，这伙人就把那几个烤火的死倒扒拉一边去，围着三堆火烤起火来。

张老八是这帮人的江湖把头，见多识广，他知道这个火不能烤哇。他拿着棍子使劲地打烤火的人："这火不能烤，快走，过这个风口就没风了，也不这么干巴冷了。"这伙人怎么打，就是不走。他急得没招，正好有泡尿，拿尿挨个浇。"你怎么能用尿浇我们呢？"张老八说："这火不是火，是三堆红石头，快要冻死的人对它产生了幻觉，以为它是堆火，都围上来烤，不烤还好，烤上你就死吧，你看这死多少人了！"大家伙这才明白，赶紧离开了火堆，跟着张老八往前赶路了。

讲 述 者／黄振华　男　68岁　小学文化　农民

采 录 者／祁　欣

采录时间／2009年7月21日

采录地点／红透山镇上大堡子村

是你财入你怀

有一伙人到长白山去挖参，挖参也叫放山。这次放山跟去一个小孩儿，大人都往远的地方去找参，就留下小孩儿在近处。小孩儿不认识参，大人就给他画了一个人参的形状，让他自己找着看。

这小孩儿在附近山上转了转，就麻达（迷路）了，找不到回窝棚的路了。也不知道走了多远，他在一个沟堂里头见有一棵挺扎眼的花，他就拿手细心地抠。抠出来后，他拿着往回走，很顺溜就找回了窝棚。

等大人们回来后，小孩儿拿出来给参把头看，参把头挖这么多年参，从没挖到这么大个的，参品相还这么好。就问小孩在哪找的，小孩告诉参把头怎么走。参把头说："那个地方走多少回了，也没看见有参，真是那地方，能长这么大个的参，不能就一棵，还得有，咱们去看看。"

参把头带人到那地方一看，密密麻麻的能有百十来棵参啊！他们刚要去挖，一条盆口粗的大蟒出来了，尾巴一扫，把那帮挖参的人扫出老远，头抬得老高，吐着红信子，吓得这帮人撒腿就逃。再不敢来了。

原来，这条大蟒是守护这片参的，有几百年了，平时大蟒吐雾把参隐藏起来，挖参的发现不了。方才小孩儿来，大蟒出去喝水了。回来发现参被挖走一棵，正生气呢，这帮人又来了。这就是：是你的财入你的怀，不是你的财，不入你的怀。

讲 述 者/侯红玉　满族
采 录 者/王　冬
采录时间/2009年7月21日
采录地点/清原满族自治县红透山镇上大堡子村

该谁的命是谁的

东北人放山传到关里，关里人成帮结队地来东北挖棒槌，哪座山上有棒槌，把头一看就知道。参把头带着人在这山上找参，一年又一年，已经找了十二年，也没找着这山上的大货。

有个挖棒槌的，来之前儿子还没生，结果儿子长到十二岁，跟他讷要阿玛，他讷就不告诉他。一来二去，来回通信的地点让孩子知道了。孩子想阿玛心切，要着饭到东北找他阿玛，结果真找到阿玛了。把头说："那么的吧，你儿子来了，今儿你不要上山了，在家做几天饭，也顺便照顾照顾儿子。"

爷俩在窝棚里唠起了家常嗑，这时，儿子说："阿玛，我要解手。""解手走远点，离个百八十米，远点好。"儿子走出百八十米又跑回来了。"阿玛，那不行。""咋不行？""有个小媳妇推碾子。""真的吗，哪儿有小媳妇推碾子？"他爸出门一看，说："这是一棵碾子参。咱俩立马用红绳把它拴住，赶忙挖出来。"爷俩说挖就挖，这老头儿边挖边寻思：我们来了十二年也没见到半根棒槌毛儿，我儿子一来，就遇到一苗大参，看来还是我儿子有命，爷俩费了老大的工夫才把碾子参挖出来。刚坐下来喘口气，老头儿说："不行，咱爷俩得马上走。"说着就把馒头、窝窝头往面袋里装。把参用树皮包上，用土培好，扎在桶里，就这么着，爷俩趁天没黑，离开了窝棚。

再说老把头正领着大伙找棒槌，突然说："哎呀，棒槌被人挖走了，你们看这山上的树叶都变色了。"不懂放山的不知道，山参是有灵性的，山上树叶色儿变了，不该放白的放白了，这是山参被挖走了的

兆头。老把头说："快回窝棚！"回来一看，那爷俩果然没了。追！于是追一道，问一道，追到南杂木，问谁都说没看见。其实，人家爷俩根本没走，还在山里猫着呢，等他们不找了才走。结果爷俩发大财了。

讲 述 者/黄振华　男　68岁　小学文化　农民
采 录 者/白云锋
采录时间/2009年7月21日
采录地点/红透山镇上大堡子村

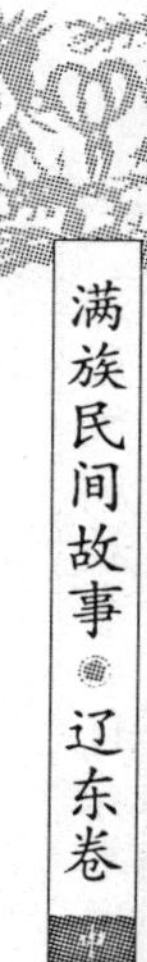

挖棒槌精

从前哪，有那么一帮放山（挖人参）的上山，放多少日子，也没有放着。在这个山顶上啊，有一个庙，庙里有个老道，这老道是个“火”老道，有老婆孩子。

这个放山的就和老道说：“来修仙的地方，俺们也住它一宿。”天黑了，老道不愿意留。为什么不愿意留？他这个地方啊，留什么样的人都行，一留放山的呀，这老道下晚就闹肚子。放山的多咱走，多咱就不拉肚子。天黑了，出家人得行善哪，没办法，就留下住了一宿儿，第二天天亮了，做点饭，把放山的就打发走了。

这个放山的走了，走到大树林子里头，就遇着一个六品叶的棒槌。这小伙子用红头绳把这玩艺儿绑巴完了，拿棒子敲这个大树一喊：“我看着这个六品叶子了。”这一敲树，一喊哪，他就“轰”一家伙，倒地了。趴下去眼睛就睁不开了，心里明白身上不好使，他一看绑六品叶的红绳还在那呢。

就这工夫，从那边来个娘儿们，上下穿着一身白，领着个小孩儿，也穿着一身白。到了伴旮（跟前），看他不能动弹了，“受伤了咱得救他。”那个小孩儿呀，也来那边站着，这个娘儿们就往小孩肚子上一捏，小孩脑瓜顶上就冒白沫。她搁手抿下来，就给这个放山小伙子吃。这小伙子觉得挺甜的，就往肚子里咽。她捏了七八捏，抿了七八抿，穿白衣服的这个女的呀，就说了：“不要紧了，咱把这个人救活了，咱该走了，他呢，能活个百八十岁，就行了。”这放山的小伙子呀，他身子不能动弹，心里明白，眼睛也好使，眼看这个女的呢，就

扬长而去了。

这个小伙子缓过来了，身上好使了，起来了还喊，一喊六品叶，大伙就来了。他说：“刚才昏迷了，来个女的，穿一身白，领个小孩儿，捏小孩儿肚子，脑瓜顶上直冒白沫，抿我嘴里，我这才缓醒过来。”这个把头说：“你这六品叶要跑啊！可能这是个老山货。抿点白浆啊，救救你的性命，你能混个百八十岁的，可是咱们这回挖不到它了，它成了仙啦！大伙挖挖看吧！”十来个人都过来了，就开始挖，挖出来一看哪，哪有什么棒槌。叶是棒槌叶，皮也是棒槌皮，没有瓤了。就这个棒槌皮呀，也能卖上一二百两银子，也够大伙这个工钱了。

搁这以后，这小伙子啊，活岁数不小哇，身体特别棒。

讲 述 者／何忠良　男　满族　1937年生
整 理 者／何锦良　男　汉族　1951年生
采录时间／1986年
采录地点／清原县

做饭的与蛤蟆参

到大山里放山，得有一个专门做饭的，老参把头都知道，坐饭的窝棚得找山坡子上有洼或者靠水的地方，他们进山选好了地点，搭好窝棚，留下做饭的看窝棚，就放山去了。

放山的一出去就得走挺远，挖着挖不着都得好几天才回来。做饭的一个人没事就在这窝棚附近闲蹓达，溜达来溜达去，他在水塘边看见一棵水草。你说也怪，前几天，这帮人在水塘边打水，洗脸，来来去去多少回，都没看见，他一去就看见了。他把这水草抠出来，下面有个挺大一棵参，他拿回来给搁水瓢里放着，等参把头回来时，他拿出来给把头看，说：

“你看这个值钱不值钱?”

参把头问：

“你在哪挖的?”

“我就在咱做饭打水的那个水塘边上。”

“这是棵蛤蟆参，长在水边上，有它，这里的水永不干，喝了这水，还能治病呢，这参可值大价钱了。”

也是的，这伙人来这里几十年了，都在这个地方搭窝棚做饭，谁也没遇着，让新来的这个做饭的给遇着了，你说人家是不是有财命呀。

讲 述 者 / 侯红玉
采 录 者 / 王　冬
采录时间 / 2009年7月21日
采录地点 / 清原满族自治县红透山镇上大堡子村

巧得宝

在大兴安岭，有个挖棒槌的和大伙儿走散了，就靠在一棵树下，边等着大伙来找他边粘靰鞡（满语对皮靴称谓的音译，是一种东北人冬天穿的“土皮鞋”），这时树动弹了，听见树上说：“孩子们，听听外边刮没刮大风？”一个孩子说：“没有风。”他觉得奇怪，明明在刮风，怎么说没风呢？他忙往树上望去，见树杈上有个窝，窝里有颗避风珠，他想这可是个宝贝东西。他急忙把靰鞡粘好，爬上树把避风珠取了下来。棒槌也不挖了，人也不等了，有了避风珠，我进京把它献给皇上去，献宝给钱哪！

就这么的，他走到山口，看见一条大蟒在那拦着，哎呀妈呀！今天我的小命算玩完了。吓得他闭上眼，心想，爱咋咋地吧。大蟒张开嘴，用信子舔他，他睁开眼睛一看，大蟒的嗓子眼儿里卡了块骨头。他明白了，说：“你不吃我，是想要我把你嘴里的骨头取出来？”大蟒点点头。他把手伸进大蟒的嘴里，把骨头拽了出来。大蟒告诉他：“你拿一个避风珠献宝不行，你救了我，我送给你一只眼睛，我那眼睛也是宝。”他说：“那怎么行？”大蟒说：“我也是为了感谢你的救命之恩，就献给你吧。”于是他又把大蟒的眼睛给挖下来了。

他要走，大蟒告诉他：“用匕首把你自己腿肚子豁开，把两个珠子塞进腿肚子里才牢靠。”他按着大蟒的意思办了。就这样他下山了，到店里住下。店老板是个老商客儿，他知道今天住店的人有带宝的，于是挨个问，有的说出来带的什么东西，值钱的就给拿走了。有的不说，就搜身。问来问去，问到挖棒槌的，说：“宝就在你身上。”他

说：“我没有，你搜。”一搜身真没有，就这样，他轻易地躲过搜查。就这样他辗转来到了京城，把宝献给了皇上，皇上封给他个献宝状元。

讲 述 者 / 黄振华　男　68岁　小学文化　农民
采 录 者 / 白云锋
采录时间 / 2009年7月21日
采录地点 / 红透山镇上大堡子村

小猪倌和人参娃

有一个额真（满语财主），雇了个七八岁的小猪倌给他放猪。小猪倌刚来，有点不适应，所以成天愁眉苦脸的。过了一阵，小猪倌变了，非常乐意出去放猪，额真觉得奇怪，就偷偷地跟着他，到了山上才发现，有个六七岁、光着屁股、扎个红兜兜的小孩跟他一块玩儿，中午，小猪倌把猪赶回来了，那个孩子也不知哪去了。额真仔细观察了几天，知道那个孩子可能是个棒槌精，就把小猪馆叫到屋里说：

"跟你玩儿的那个小孩是谁啊？"

"我也不认识。"

额真给小猪馆点好吃的，说：

"你再和他玩儿时，就把这团红绒绳拴在小孩的兜兜上。"

小猪倌不知道是什么意思啊，就把那个红绒绳拴到小孩的红兜兜上，玩儿完之后，小猪倌赶猪回家了。额真问他：

"你拴了吗？"

"我拴了。"

额真拿个挖参的家把式，顺着红绒绳一找，在树林深处找着一颗很大的人参，有五六品叶以上。人参越大，它分支越多，这人参已经成精了。额真喜出望外，把人参给挖出来后，弄块长了青苔的树皮，把人参包了起来。

这人参精并没死，只不过是昏迷不醒了，只要有人能把红头绳给解开，他还能活，因为他已经成精了。小猪倌知道自己做错了事，趁额真请前来祝贺、欣赏人参的亲朋好友喝酒的时候，把红绳给解开

了，解开以后，人参精变成了小孩躲起来了。

额真喝完酒回来一看，绑人参的红头绳开了，人参没了。他认准这是小猪倌干的，就把小猪倌绑在柱子上，要打死小猪倌。就在这时，人参精把额真的房子点着了。趁大伙救火的时候，人参精把小猪倌救出来，两人就进山了。后来听说小猪倌跟着这人参精也修练成仙了。

讲 述 者／康喜鹏　男　55岁　大学文化　干部

采 录 者／王思雯

采录时间／2009年7月21日

采录地点／红透山镇上大堡子村

黄老六打熊

我们老黄家是个大户人家，我有六个爷爷，我四爷是个炮手，我五爷爷是个铁匠，我爷爷排行老六，人们都叫他黄老六。黄老六年轻的时候体格棒，大黄米饭一顿能吃七八碗。在早盖房子压地的大石头磙子，我们家没有，得到别地去借，三个人去才能把这磙子弄来，我爷说："得了，我个人（自己）去吧。"他到那，两脚把磙框子踹下来，用手把磙子立起来，一猫腰，上肩了，磙框子用这胳膊窝一夹，扛家去了。

在早，我爷爷家在佟家沟住，那是个山沟子，每年七八月的时候，经常有熊下山祸害人，祸害庄稼，那熊瞎子可不是现在公园里的熊瞎子。那时的熊瞎子，野性，站起来比人都高，吓得人们都不敢去地里。

我爷爷仗着自己有力气，不听那一套，这天，他带着刀枪上地里去割谷子。我爷爷就在那割，割着割着就有成堆的苍蝇飞，嗡嗡的。我爷爷一想，不好，准是有熊瞎子，他刚一转身，熊瞎子呼地一下，它站起来了，哈哒哈哒的。我爷爷一看这可不好，镰刀扔了哈腰操起刀枪，操刀枪起来这工夫，熊瞎子俩爪子搭他肩膀子了，他没等直起腰呢，照着熊瞎子往后一捅，咔嚓一下子，这枪使偏了，没捅正，要捅正了，这熊瞎子就被弄死了，结果这一下子没捅死，搁这边进去搁那边出来了，再往外拔刀来不及了，我爷爷两手拽住熊瞎子两只爪子，一转身，就把它抓着，他俩在那就摔上跤了。

家里等着我爷爷吃饭呢，左等不来，右等不来，我三爷爷说："老

四啊，老六割谷子怎么还没回来呢，在早这会儿该回来了，你去地里看看去吧。”我四爷爷也正合计这事呢，拎着枪就出去了。离老远就看我爷爷在那跟熊瞎子支架子呢，我四爷端起枪，一瞄正好瞄我爷爷后脑勺。我四爷就喊：“老六，把脑瓜子歪一歪。”我爷把脑瓜子一歪，“叭”就一枪，那枪装的是铅弹啊不是沙子，一下就打那熊瞎子脑门上了，连向儿（马上）就打死了，哥俩趁热乎，把熊胆拿出来。这时，我三爷我五爷听到枪声都跑过去了，我爷爷看我三爷、五爷也跑过来了，就说：“听枪声还过来干什么，万一是胡子哪？要是胡子那不都绑着了嘛！”哥儿几个就这么的，拽着熊瞎子回家了。

讲 述 者／黄振华　男　68岁　小学文化　农民
采 录 者／王　冬
采录时间／2009年7月21日
采录地点／红透山镇上大堡子村

黄老六帮人不图报

人都得心好，我爷爷这个人心就不错，当年小伙儿十七八岁，一口关里口音。

有一年冬天，山里嘎吧嘎巴地冷，我爷赶车拉脚儿（拉活儿）回来，就见一个小伙儿在路旯旮，冻得快不行了，见着我爷爷就喊："你救救我，救救我。我要去新堡子找我朋友，你给我拉到新堡子就行，下车就不用你管了。"我爷爷一看，这小伙儿穿的单薄，冻得怪可怜的，就说："行，我给你送到新堡子，路上吃住我都管了，不用你花钱。"再看小伙子这身穿戴，说："上新堡子得走几天，你这样也不行啊，没到地方就得冻死，先跟我回家再说。"

我爷爷脱下皮袄，给他穿上，大皮毛领往上一翻，又抗风又暖和。我爷为了他，那天少拉一趟活儿。回到家，给他吃了顿热热呼呼的饭菜。奶奶还给他找棉袄、棉裤、毡靰鞡，再找顶破帽子。没有现成的，我奶奶就现做给他穿上。我爷爷说："这回行了，冻不死你了。"

我爷爷把小伙儿拉到新堡子，这一趟来回耽误七天的脚活儿。小伙儿下车给我爷爷磕了三个头，说："咱们后会有期。"

一晃过了十多年，小伙儿再没音讯。

这天山口来了一帮人，全是骑马的，站在山道口，堵着车不让走，一堵堵了三天。找人，找谁？找黄老六。找不着谁也别走，有吃的，都在那等。大家不知道这群人是干什么的，也不敢说出我爷爷就是黄老六。有人偷偷跑来告诉我爷爷，有一帮人找你，堵在山道口，找不到你谁也不让过去。我爷爷胆大，就跟着那人去了。

到山道口一看，有一个穿狐狸皮袄的，看见我爷爷叫着："是他，是他，就是他！"过来拉着我爷爷坐在凳子上，说：

"你老叫我找的好苦哇，找了十二年。"我爷爷当时蒙了，说："我不认得你呀。""你老忘了，那年，我才十七岁。"我爷爷想起来了，这小子就是当年拉的那个小伙儿，如今当胡子了，一身轻功，手底下百十号人。

这人拿出四四方方的一个大包，说："这是我报答你当年的救命之恩。""这个我不要，我一个平民百姓，不能花你这钱，我什么也不要。"胡子说："那么的吧，我给你个小旗吧，壮个眼，拉活走道没人敢欺负你。" 我爷接过旗一看，小黄旗，镶黑边。"这个我要。"为了跑道儿太平，留下了旗。

讲 述 者/黄振华　男　68岁　小学文化　农民
采 录 者/白云锋
采录时间/2009年7月21日
采录地点/红透山镇上大堡子村

闯关东

从前，在关里有这么一家，家铺呀挺大的。老两口子，有三个儿子，三个儿子都娶媳妇了。老头儿当家，家里钱财呀，老头儿掌握。

这个三儿媳妇过门就对他当家的说："你爹把着钱财这么紧，家务这么多，妯娌好几个，轮班做饭，我就不乐意来家。""你不乐意来家上哪儿去？""你书念完了，咱俩应当去闯东北。""闯东北咱俩一个钱没有，那能去得了吗？""不要紧，咱爹啊，小箱里头啊，有不少银子，我想办法偷几个银子拿着，咱俩去东北。""你要是能偷出来，那就行。"

这三儿子媳妇会来事儿，哄着这老头儿啊，就搁箱子里偷出来四个银子，包成包。到半夜时候，她告诉当家的："走吧！我把这包啊，弄好了，在外屋锅台上，你走，想着拿着啊。这个墙挺高，这狗还挺厉害的，咱搁后院门出去。"

两口子到半夜了，睡一觉起来就说："该走得了，趁老头儿也睡着了，咱俩得走。"俩人起来，像上外头（外头：厕所）似的，老头儿没注意，他俩就搁这个后院门走了。

走了五六里地了，天头还挺黑。这个媳妇就问他："你把包背着没有啊？""我也不知道那包在哪呢？""来外屋锅台上搁着，那里头有四两银子，你要不拿包，咱俩住店哪、吃饭哪怎么办？"当家的说："那我也没拿啊！""那不行！你得回去取去。"过去这个女人都裹脚，走得挺慢的，天头也快要亮了。她来这儿坐着等着，当家的就回去取包去了。

这媳妇坐着等挺长时间，这工夫鸡叫了，就过来个打油匠，推着个木头车，吱呀吱呀就上城里。他三十多岁了，也没有个老婆子，就自个指着倒腾油为生。他走到道上，一看这儿坐着一个妇道，把这油匠吓一跳。这五更半夜的，坐着一个二十多岁的小媳妇。这不是出来个妖精？一搭话，她不是妖精。女的问他是干什么的，他说："我是卖油的，你呢？""我这是去闯关东。""正好，我也是闯关东的。""你不是什么要卖油吗？""我是卖油去，赶着走赶着卖呀，我也要闯关东。因为咱们这块儿不得混哪，年头不好。"他想要骗这个娘儿们。她要是上了车，我不是也骗着个老婆吗。这个媳妇说："你看看，我也是闯关东的。""你闯关东怎么自个呢？""我当家的呀，回去取包去了。一会儿就能来。""那么的，我推着车，慢慢走。你这小脚妇女，走道挺困难的。你坐着车，我推你一轱辘（一段路的意思），你当家的一会儿就能撵来。咱们都是闯关东的，是一路的。"

过去女人一走道儿，都挺困难哪。脚走几里地，拧得脚心都疼啊。因为脚趾头都窝脚心里头去了，一会儿就起泡。她一看有车坐，这不好吗。她就上车了，她一上车，油匠就一个劲地推，就奔东北来这个道啊，推着吱呀吱呀的，一个劲地走。

她当家的呢，回到家了。果然不假，在外屋地锅台上，搁这么两个包。他把这两个包背起来，就搁这原道回来了。

他走到这疙瘩一看怎么样，媳妇没有了，去向不明。能上哪呢？上东北这道就撵吧。

撵一天又一天，撵多少日子啊，就撵不着这个媳妇，丢了。

这媳妇呢，坐在油匠车上，傍下晚黑了，当家的没来，她就说："你骗我啊。""嘿！慢慢会来的，我也闯东北，咱俩一路走呗！你跟谁过，还不是过呢？跟他过也行，跟我过也中。你就跟我去吧！"这媳妇一看，叫他骗出来了。当家的也不来，兜还没钱。不容他吧，没有地方去，走也走不了，就得坐这个车走吧。

走一天又一天哪，一走好几个月，过了山海关就到东北了。

到秋头上了，天头有点寒冷。油匠就是上油这两个钱，他俩住店、吃饭，一分钱也没有了。饿了，就要着吃。吃饱了，就推着车走。这媳妇呢，也没有衣裳换，就坐着车，闯关东吧。

这天，走到这个地方，这家是个员外之家，挺有钱。因为天也黑了，就把车子撂这场了。媳妇说："你到这家去找点饭去吧，咱们也没有钱哪。"油匠去了。老员外一看是要饭的，就问："就你自个吗？""俺们俩人哪。""是你什么人？""俺们是两口子。""两口子，你们进屋吧。"

东家给他俩吃完饭，油匠说："咱俩是闯关东到这场，天黑了，你看看是不是就让俺们讨个宿儿吧！"

老员外场院那儿有两间房，平常啊，谁要到这来找宿儿、要饭，他就都打发到那屋里去。平常找宿儿的，不管男的、女的，送到这屋，第二天屋里炕上就剩几堆骨头，人不知道叫什么玩艺儿给吃了。大伙都说这里边有妖精。

今天呢，他俩又到这来找宿儿。老员外一合计，干脆吧，我还把你们送那房子喂妖精去吧。就说："行啊！我这不大宽敞，在这个场哪，有两间房，挺宽敞的，还挺肃静的，你们俩就到那住吧。明天起来哪，就回来吃点饭。乐意走就走，不乐意走呢，你们再休息一天两天的。"这两人挺高兴，就问："场院离这还多远啊？""离这能有半里来地。"员外就打发伙计，把他俩送那个屋里去了。

他们上炕，搁手一摸，炕烧得热乎乎。这伙计呢，又回家去取个油灯碗，拿来点着了灯。这收拾得挺干净，还挺利整的。窗户糊的纸，外边还有一层板门上着。两口子到这一看，炕上铺着炕席，搁两套行李，挺好。俩人来这屋，就这么住下了。

这个油匠啊，白天推着车，车里头再坐着个人，他就乏困哪。到这儿他得方便了，把衣裳一脱，拱被窝里他就呼呼大睡，打起呼来了。

这个女的呢，就想先头这个当家的，想这事那事，觉也少。另一个呢，她白天也不走道啊，在车顶上坐着，她不怎么困乏。一看这屋里挺肃静，还有个油灯。搁家逃跑，这身上有虱子了。一般的找个宿儿，在人家一个炕上，挨着睡，你五更半夜能抓虱子吗？今晚在这屋呢，她就把灯碗搁伴旯了，抓虱子。外套抓完了，就抓里头的。后尾儿抓到裤衩上，也就是半夜了。抓了这遍，抓那遍，"嘎吧嘎吧"的。裤衩上虱子挺厚。

正在掐虱子呢，屋里的妖精就出来了。这炕沿梆子底下呀，拱出

来六个小孩儿，吵吵：“来菜了，来菜了，这回来菜了。”这个女的光着腚来炕上趴着呢。她一看，这是怎么回事？不是这屋里闹妖精？她心里想着，嘴里没说，拿着这个裤衩子啊，她就对着这六个小孩儿“叭叭”就这么一撣。“主人在此，到这场来菜？你们痛快都给我回去！”

她用裤衩子一打，这六个孩子，挺听话，就没有了，也不知道都哪儿去了。没有缝，也没有窟窿，六个孩子就没有了。媳妇一看，这个方法挺灵。

这工夫呢，就搁西南角上啊，“咔叭”这一声响，又出来个一丈来高的大个子，他脑袋顶都要杵房笆，长个大白脸，张着大嘴“哈哈”地就对着她来了。赶着走赶着吵吵：“来菜了，来菜了。”这个媳妇一合计，又来菜了？还要吃人哪？她也不害怕，拿着裤衩子，往那一撣说：“主人在此，痛快给我回去！”这人渐渐就往回退。退来退去就没有了，又回旮旯去了。

不大一会儿，搁墙角又出来一个大红脸，个子也这么高，张个血盆大嘴，她又给顶回去了。

最后墙角又出来一个黄脸子一个黑脸子，吵吵“来菜了，来菜了”。她又这么一撣：“主人在此，休要出世，都给我回去。”

肃静了，这娘儿们一合计，这里有缘故。这时候呢，半夜已经过了。这个媳妇就搓擦这老油匠：“你快起来，别他妈睡了。这不叫我，你早叫妖精吃了。”这油匠说：“我睡得正香哪。”“来个妖精。”“你尽是事，感是你白天坐车自在，我他妈累够戗。”“你活该，谁叫你把我骗来了，那你也得起来。”他不起来不行呀，万一这个小媳妇跑了呢？这辈子没有媳妇，起来就起来吧！“起来干什么玩艺儿？”他起来把衣服穿好了，女的就说：“你出去，看看咱们住这场院，有没有镐头？有没有把钩？”什么叫把钩呢？就是二齿钩子。“你找一个铁家什来。”这个老油匠啊，就出来找个镐头来。“找来个镐头有什么用啊？五更半夜的。”“五更半夜找它也有用，你先把这个炕沿底下刨开，看看根底下都是什么玩意儿。”这个油匠啊，就把这个地刨出一尺来深。他就刨着一个木头匣来。钩开一看，里头装着六个大元宝，就是六锭银子。女的就叫他把银子拿出来了，又把这匣子给搁回那里去了。她说：“咱们

不用要饭了，这不就有钱了吗，把它放包里头。”油匠就把它搁包里头了。

她又说：“你上这个东南角去刨一刨。”刨起来一看哪，是一瓷缸银子。大红脸出来那地方也刨开了，里头啊，是一缸红铜，这玩艺儿不能动。搁手摸摸铜翻翻个，一块也没拿。在大黄脸出来那地方，刨开一看啊，里头没有旁的，都是金条啊，装满了一大缸。女的说：“这回得拿一根出来，这金条咱有用。”拿出来一根，把盖儿盖上，又把土埋上了。最后尾儿（最后的意思）在西南角，大黑脸那地方，他又刨开一看，还是一个那么大的缸，里头装一缸铁，这媳妇又拿一块，翻翻个，说：“这都是值钱的东西，这就是咱们的财呀。”折腾多半宿了，也困乏了，女的一点觉没睡，这回灯也吹了，俩人趴那就睡着了。

这东家呢，一早起来，天也亮了。伙计吃完早饭了，东家就告诉两个伙计，“到那场院屋看看去，八九点钟了，他们也没来，这准是也叫妖精吃了。你们拿个簸箕笤帚，到那把这俩人的骨头打扫打扫，倒壕沟里就得了。这两个送死鬼，到这来送死。”这伙计都听东家的，提留个小簸箕，拿着笤帚就去了。

到那一看，门推不动。这两个睡觉把门插上了。怎么整？伙计转了转，一个说：“嘿，咱们看一看。”“怎么看不着？看不着哇！糊的窗户纸啊。”这个伙计说：“不要紧，咱们抠个眼吧。”窗户纸抠破了，往里一看，俩人搂着大睡呢。“伙计，你看俩人搂着大睡呢，这得招呼哇，什么时候了。”这俩人就叫门。睡觉的就惊醒了，“哎呀，这天都大亮了。”他俩把衣服穿好了，下地开门，这伙计就进屋了，说：“你俩还睡呢。”“可不是怎么的，走道太乏了，好几天也没得休息。”这伙计就说：“那走呗，上东家吃点饭去。”他说：“不用，俺们在这歇一会。”“东家有啊，要不搁那给你们端点得了。”

这伙计回去告诉东家说，俩人睡觉才起来，没死。东家说：“你给端点洗脸水，让他们洗洗脸，给这个剩的饭拿一盆叫他们吃点饭，一会儿打发他们走吧。”这就又给端去洗脸水，又给端去饭。吃完了油匠说：“俺们俩吃完饭了，去见东家去。”“走吧。”到那见了东家，东家说：“你俩来这住了一宿了，该上哪，就上哪赶路去吧！你要来这里待着呢，三天五日也行，我也管饭。”这女的说：“俺们闯东北，这也到

东北了，俺不想走了。”为什么不想走？这屋里抠着宝贝了，她哪能舍得这屋呢。这女的心里有这数。但是老东家不知道，她就说：“俺们不走了。这个房啊，闲着，租给俺们也行，你卖给俺也行。俺们就来这疙瘩，给人家做个工啦，刨点撂荒地呀，再不哪有地呀，租给俺们点，俺们就来这疙瘩种地啦!”东家一合计，这个房子它总闹鬼，我租给你干什么，租给你再让鬼吃了，这也不好办。东家就说：“这么的吧，你要不嫌弃，我就卖给你吧！贱巴喽叟的你们给俩钱就卖。”就把这个房子卖给他俩了。

他俩人有地方了，就来这安家了。到来年开春前了，他就问这个东家，“你看，有没有卖地的，咱得买点地，有了地，这吃饭就能长远点。”这东家一合计，我有块薄地，没人种，就把这块地呢，卖给他俩了。地买来了，他不种，干什么呢？人家有人家的打算哪。因为这个当家的是个油匠，她就说了：现在咱有钱，买这个地呀，前前后后盖房子。”“盖房子有什么意思?”她说“一盖房子做仓库，储存豆子；再盖上一趟榨油的房子，开个大油坊，前边再盖一趟房子好卖油哇。”这媳妇算计的啊，老爷们就得听。因为他岁数大，怕媳妇跑了，就得听媳妇的。

这一年他俩前后都盖上房子了，油坊也开了。

再说那个老员外，是一年比一年穷，一年比一年衰败。家产啊，卖来卖去，都卖给油匠两口子了。油匠两口子，又雇一伙子人种地，加上开买卖，开油坊，总当家的，就是这媳妇。媳妇说一不二，油匠也不敢顶嘴。

一过六七年啊。油匠跟这娘儿们不是两口子也成两口子啦。养活两个小孩儿，大孩子六岁了，小孩子三岁，家买不少田地啊。

这年铲地的时候叫工。她这个当家的背着个包，出来找媳妇，一晃过了六七年了，从关里也跑到东北来了。他咋不回家？他不敢回家去了，因为他媳妇偷了他爹四两银子，他回去，不得扒一层皮啊，不死也差不多少呀！他就不敢回去。他背着这个银子，连走道，带找媳妇。钱也花光了，怎么整？没办法，就出卖力气，做铲地工吧。

这天，他媳妇就打发管事的上市场找人侍弄地，正赶上他当家的也来了。他一个学生不会铲地，一看他没铲好，这个管事的就回去告

诉这个当家的："你看，雇一个小伙儿，三十来岁，不会铲地，苗都铲了，今早吃完饭，就把他打发了。"女的说："那不要紧啊，找到那看看，我看这小伙怎么不会铲地呢？不会铲地出来干什么？"她到那一瞅啊，是她当家的，当家的为什么不敢认她呢？因为她那时是个小媳妇啊，她和油匠过六七年了，又生两个小孩儿，打扮不一样啊。再说，人家这么有钱，他敢认他媳妇吗？瞅着是他媳妇，也不敢认呀。他心里有数，也不敢说。小伙子不敢抬头。这女的一看是当家的，就说："这么的吧，你到后屋去休息休息，今儿不用铲地了，我还没算账，给你一天工钱。"他一听，这玩艺儿不错，这个女当家的对我还挺好。

到了晚上，摆上三桌酒席宴菜，把种地的头头脑脑都找来了，这女的就说："老油匠，咱俩过六七年了。""不错，从关里到现在六七年了。""财是我发的。""对。""现在我当家的来了，你可是把我崩来的。没旁的，现在你就不是我当家的了，我当家的来了，我找我当家的去。财嘛，是我发的，这油坊啊，这些买卖都是我的。咱俩过一回，我也不叫你白过，我这大孩子六七岁了给你，小孩儿归我。因为还小，他还要吃奶，就归我。这个油坊啊，你是个油匠。咱俩闯过东北，就归你。剩下的家产和一切啊，买的房、地呀，都归我。"她把她当家的叫过来："这回，咱俩还是两口子，咱俩走半道，他把我崩走的，没旁的，咱俩还得过。"这就把油匠弄一边去了。油坊归老油匠，这边把家产也分开了。

这边，媳妇和人家过几年，当家的也觉得不过意。媳妇就和她当家的说："你看，你不用不过意。虽说我跟油匠过一哒噜（哒噜：方言，指一阶段），还有两个小孩，咱俩还没小孩儿，财是我发的，我给你当家。那么的吧，我再给你娶一房小老婆，你相中了哪个姑娘，我花钱，你来这等着享受得了。家你愿意当就当，不愿当，我替你当。"回头她又给油匠说个老婆。

她照常和先上那个当家的来一起，和小老婆一起过。她这个日子，过得是家财大富啊。

讲 述 者/何忠良　男　满族　1937年生
整 理 者/何锦良　男　汉族　1951年生
采录时间/1986年
采录地点/清原县

孙子媳妇给爷爷找对象

哈达有个哈达背，有这么一家啊，全家得了急病，都死了，就剩个爷爷，剩个孙子媳妇。家趁万贯家产，地有千垧骡马成群啊，是个富户。

这爷爷已经七十多岁了。这孙子媳妇就犯愁了，你说爷爷这么大岁数了，我呢，是个寡妇，我年轻，我可以再走一家，可这片家业咋办呀。这孙子媳妇娘家人就给她出道儿了，说："你给你爷爷再找个对象，要再生个男孩不就有希望了吗?"孙子媳妇说："净瞎扯，我爷爷那么大岁数了还行吗?""哎呀，这男的能背动二斗米糠就行。"

孙子媳妇就想试试她爷爷能不能背动二斗米糠。就跟爷爷说："爷爷啊，今儿个赶集呀，你把那个米糠背二斗，上集上给我换点针头线脑儿。"爷爷说："那米糠值多少钱啊，能换啥玩意儿来。"

"那拿什么?"

"二斗小米子去多好啊。"

"你能背动吗?"

"那算什么的。"二斗小米多大分量?二斗小米八十多斤呐，一斗小米四十斤。二斗米糠多少斤?二斗米糠可能是五六十斤。这老头儿子拿个口袋，灌了二斗小米扛着上集，给孙媳妇换针头线脑，剩下的给孙子媳妇买点零嘴儿吃。

孙子媳妇跟她娘家人就说了，说："我说拿二斗米糠，人家扛二斗小米子。"娘家人都说："那没问题了，就看你爷爷干不干。别人还插不上嘴，你跟他讲明事理。"

就这么的，孙媳妇回家，喊爷爷说："爷爷你上我这屋来。"

爷爷过来坐那抽着烟，"什么事，你说吧。"

孙媳妇说："爷爷你看咱这个家，就咱公媳俩，一个你一个我，你明儿岁数再大一大，有一天走了，这份家业咋办呀？"

"我死了，你怎么办我就不管了。"

孙媳妇说："爷爷，这是你家几辈人赚下的家业，不能姓外姓，要那样我对不起你们。我有个道儿，你能不能听？"

"嗨，你要好道儿我就听呗，你要坏道儿我就不听。"

"我能给你出坏道儿吗？"

"你说吧，什么道儿。"

"你再给我娶进门个奶奶。"

"净瞎扯，我多大岁数了还给你说奶奶，我都七十多了。"

"哎呀，咱不有钱吗？她愿意算呗，她不愿意就拉倒了，谁愿意，图钱是不？咱们花钱，她得钱咱们得人。万一要得个后，咱家业不就有人继承了吗。"爷爷一听，满脸通红，哪有孙媳妇给爷公公找对象的，磕磕烟袋起身走了。

孙媳妇天天跟爷爷说，老头儿有点儿开窍了，知道孙媳妇一片苦心，说："行，我不管了，你爱怎么办怎么办吧。"老头儿吐口了。

孙媳妇就开始托媒婆给爷爷找人，要多大的？二十五岁往上的三十五岁往下的，咱岁数大的不要，咱岁数小的也不要，就这么的，还真有这合适的，愿意嫁过来的。

进门结婚，第二年就抱了一个大儿子，给这家续上了香火。

讲 述 者／黄振华　男　68岁　小学文化　农民

采 录 者／祁　欣

采录时间／2009年7月21日

采录地点／红透山镇上大堡子村

打擂招亲

有这么父女俩，老头儿已经五十多岁，一身武艺，刀枪剑戟、斧钺钩叉十八般兵刃没有不通的。老头儿有一个姑娘，还没有婆家，说媒的倒不少，就是不合姑娘意。老头儿想给女儿找个如意郎君，就在街头摆下擂台，要来个比武招亲。

有这么一家姓王的，爹妈故去，剩下哥嫂领着个弟弟过日子，这个弟弟叫王友，有书他不好好念，就喜爱武功，整天跟那少林寺和尚练功，他一练练到十八九、二十来岁。就这么的，他师父告诉他："你武功练得不大离了，可以自己出去闯了，我也没有别的东西送你，这个鞭和盔甲送给你留个念想吧。"

自从辞别师父回家以后，王友成天舞枪弄棒。他嫂子就跟他哥说："你看咱兄弟，书也不好好念，整天就玩儿这些玩意儿，也不知道治家过日子，我看不如分家吧。"王友知道嫂子要和他分家，他就对哥嫂说："这个家不用分，家里车、马、牛、财产、地啊我啥也不要，把师父送给我的盔甲和鞭，和我的铺盖给我就行。"说完带上这些东西就走了。

王友四处流浪，靠打拳卖艺为生。这一天，他来到江南苏州城里摆摊练武，苏州城里有个王员外看他武功挺好，打听出生之地。得知老家又都是山东登州府人，就聘他为执事，彼此叔侄相称。

苏州城里有个叫二嘎子的无赖，仗着官府里有人撑腰，他欺行霸市无恶不作，他想要你什么，你就得给他什么，要你多少东西，你就得拿给他多少东西。这个王员外没少叫他熊了。

这天，二嘎子听说王员外家请来个会武功的人当执事，仗着自己有后台，就到王员外府上闹事，想会一会王友。二嘎子那两下哪能打过人家学过少林正宗武功的王友啊。被王友打得鼻青脸肿。二嘎子没吃过这亏，就纠集一群地痞到王员外府上和王友叫号，又被王友打个七零八落。二嘎子心里这个恨那，又打不过王友。二嘎子听说有摆擂比武招婿的，一打听这爷俩儿有真功夫啊，就想借她们爷俩的手来杀王友，给他报仇。

于是二嘎子来到擂台，假装帮着擂主爷俩忙乎，一来二去就和擂主爷俩套上话了。二嘎子就对着爷俩把王友胡诌了一通，还给出主意说："你明个上他家门前去摆擂，他准能和你们比试。"这爷俩摆擂几天了，也没碰上个真功夫的，一听有少林寺的弟子，姑娘来了精神，非要和王友过过招。

第二天，爷俩真到王员外门口去摆擂去了。王员外家门口宽敞，这爷俩就在那摆上擂台，练开拳脚了。王家仆人从外面回来对王友说："你看这擂台就设到咱家门口，这是冲你来的啊，你咋不出去和他们比量呢？"王友笑笑，没搭茬儿。那爷俩在王员外府连摆了三天擂，王友三天没出门，他也明知道这个事是对他来的，王员外家的仆人们说："你这么一身武功，你不敢去迎挡迎挡，比量比量，看来你也不过是个花架子，没啥真功夫，要不怎么上不了阵呢？"就这么三撺掇两撺掇，把他撺上火了，他出去直奔擂台，上去就要动手。人家老头儿问明了来人姓氏名谁，就告诉王友说：

"我们打擂是比武招婿，你要能比过我这闺女，我闺女就嫁给你。"

王友说了声："那是后话，先比再说！"

就这么的，王友和姑娘就比试上了。比啥呢，比的是花枪，这姑娘跟王友一交手，就知道来人有真功夫，爷俩各处打把式卖艺，能人也遇着不少，但没遇着功夫这么好的人，这人功夫了得，相貌年龄也很相当。所以这姑娘就相中他了。他俩打的工夫啊，姑娘就把他往远处引，远着点，两人说话，她爹听不着啊。要不，姑娘大了都外向呢。

姑娘跟王友说："今天就打到这，明天再打时，我要使个绝招了，你回去买一百张毛头纸，明天咱俩开比前你把毛头纸围在肚子上，打到半道，我来一个旱地拔葱，能起来三丈多高，我这鞋上带三把钩，

我向上一拔的时候，你就把花枪往后一背，你站住肚子往前一腆，我一下子能蹬坏九十九张毛头纸，你要不围，肚子可就给开膛了，你这一招胜了我，我爹就能把我许配给你，记住啦?”姑娘说完继续跟这小子打，她爹一看时间到了，还不分胜负，小锣铛铛一敲，收兵了。

王友和姑娘交手，也觉得姑娘武功好，人又漂亮，还这么喜欢自己，心想能娶这姑娘为妻挺好。回去按照姑娘的嘱咐，买了一百张毛头纸。第二天开打前垫在了肚子上，又登擂台打擂去了，和姑娘打了四五十回合的时候，这姑娘一转身，一个燕子钻天就起来了。这小子知道姑娘有这一招啊，王友见她起身跳起，往后一仰，花枪往腰后一别，肚子一腆。这姑娘“唰”的一下，踢在王友的肚子上。王友等姑娘还没落地的时候顺手横扫一枪打她腿上了，姑娘立马倒在擂台上了，她爹有言在先，谁打败女儿就把女儿许配给谁啊。就这么的啊，二嘎子白跟着忙活了一场，没报上仇，还成全了人家成了两口子。

讲 述 者/黄振华　男　68岁　小学文化　农民

采 录 者/祁　欣

采录时间/2009年7月21日

采录地点/红透山镇上大堡子村

贼店里打贼

王友打擂被招了女婿，姑娘的爹见女儿有了依靠就自己回老家了。王友心里惦念着兄嫂，就把想法跟王员外说了。王员外为王友两口子准备了两匹快马和足足的路费，两人谢过王员外就上路了。走在半路上，眼见西北角黑煞煞的，那推磨的雷，“轰隆隆、轰隆隆”一个接一个地不停劲地响。两口子见马上就下大雨了，得找个地方避避雨呀。虽说荒山野岭的没有店，可离他们不远有座庙，就住庙吧。他们来到庙中，说明了来意，庙中的住持把他俩安排在西耳房住下，王友媳妇久闯江湖，就跟王友说：“风头不对啊，我看这两个人怎么贼眉鼠眼的呢，咱们得好好看一看。”于是他俩在屋里撒目开了。见靠墙放着一张八仙桌，他俩把八仙桌挪开，桌底下是个窟窿，窟窿上面扣一口锅，王友伸手掀那口锅，可怎么也没掀开。王友媳妇明白，这屋有暗道，这是个贼庙啊。就告诉王友：“咱俩今天晚上得多加小心。”这两口子，有人送水不喝，送饭不吃，就怕被贼人算计了。临到半夜三更天，听地下“唰啦”一声，他俩一看这锅被挪到一边，搁里露出个帽子来。王友举鞭要打，媳妇一把抓住他。这哪是人脑袋啊，是扎枪子挑个帽子露出来了，下面的人一见上面没动静，这人才钻出来，王友媳妇抓住疙瘩鬏一拎，那人刚被拽出地面，王友媳妇手起剑落“咔”一下，脑袋就下来了。洞里的问：“哥，怎么样啊？”他俩捏着鼻子，“弟啊，你快上来吧。”第二个上来了，“啪”又一剑。一气砍了十八个，那小屋里的尸首都快堆满了。这时就听外头喊：“不好，扎手。”整个院子里就刀枪箭戟、斧钺钩叉，灯笼火把，人喊马叫地就乱了营

了。王友媳妇说：“看来咱们搁门是出不去了，他们能从地下来，咱也能从地下走。”他俩就下地洞了。这地洞正好通庙的大殿中央，他俩搁那儿出来了，这伙贼人还不知道呢。他俩背靠背，一个使鞭，一个使剑，就杀开了，只杀得天昏地暗，血肉横飞，哭爹叫娘啊，没半宿的工夫就把这寺庙给平了。天也亮了，人也砍完了，他俩才骑马回家。

讲 述 者／黄振华　男　68岁　小学文化　农民

采 录 者／白云锋

采录时间／2009年7月21日

采录地点／红透山镇上大堡子村

恶媳妇

有这么一家，是山东人，两口子干活都是把好手，全家不缺吃不缺穿。老妈在家给两口子做饭，带孙子。有一天，老太太正忙着做饭，孩子没看住，从炕上摔下来了，把脸抢破了。老太太怕儿子两口子回来生气，就哄孩子睡觉了。到中午，儿子、媳妇回来吃饭，见孩子睡着了，老太太盖住孩子，他俩一说话，孩子醒了，儿媳妇一看孩子脸破了，就不愿意了。儿子说没事。

吃完饭以后，媳妇说，脑袋疼，下午不去干活了。下午做晚上饭，媳妇起来做饭，两盆饭，一盆是苞米糙子，一盆是高粱米饭。儿媳妇做完了，把苞米糙子饭端给婆婆：说："你先吃吧。"老太太吃完就躺炕上睡觉去了。

当家的从地里回来，一看老太太没在屋，就问："妈干啥去了？""吃了倒下了。"吃完饭，儿子过去看他妈蒙个大被睡着了，也没招呼，回屋脱了衣服就睡了。

第二天起早，媳妇起来做饭，当家的吃完饭，出去干活。中午当家的回来了，没见妈，进东屋一看妈没在屋，就问媳妇："妈呢？""起早上大舅家去了，说待三四天就回来。"当家的地里活也多，去就去吧。那时，不像现在有电话，打个电话问一问，到没到舅家。过了三四天，老妈没回来，儿子就去舅舅家去接，二十多里路，一会就到了。到那以后，舅舅说："你妈没来呀！""我媳妇说上你这来了。""哎呀，那她是不是半路出事了？"这舅甥俩沿路就找，山坡、沟里，树趟子里，都找了，活不见人死不见尸。从此，这妈稀哩糊涂的就没了。

过了十几年，孙子长大了，去他奶奶那屋住，烧炕冒烟，他爸就想把炕重盘盘。扒开炕洞，发现炕洞里有一堆白骨，他就想到是他妈，他没吱声，找了快白布，把白骨包起来，找块好地埋了，立了块碑。

晚上睡觉做梦，梦见他妈紫了毫青的样子，说："我是你媳妇害死的，为了孩子，你别报官。"儿子怎么也想不通，这媳妇怎么这么恶毒，把我妈害死了，还塞到炕洞里了。他报到县衙，派衙役来验骨头，一验，果然跟正常的骨头不一样，是儿媳妇给毒死的。

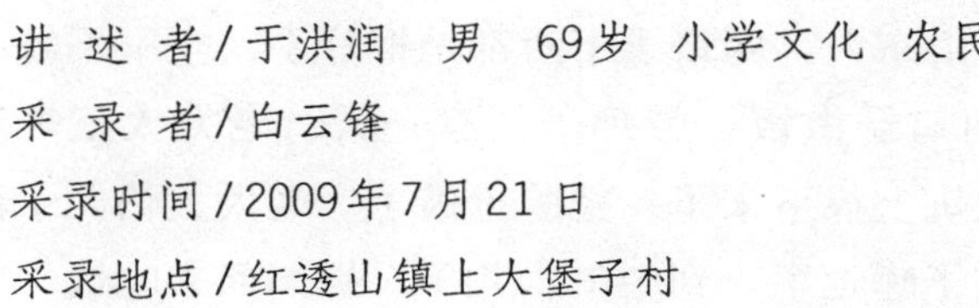

讲 述 者／于洪润　男　69岁　小学文化　农民

采 录 者／白云锋

采录时间／2009年7月21日

采录地点／红透山镇上大堡子村

虎口夺妻

有这么个满族小伙子，通过媒人介绍，认识个姑娘，姑娘也挺愿意，于是俩人就举办了婚礼。

这天结婚办事情，亲朋好友都来帮忙，吃吃喝喝的，挺热闹，事情办完了，人客（qiě）走散了，俩人也该休息了，临睡前不得上趟厕所吗，回来好安生睡觉啊，不的你这个觉也睡不踏实。那时候也不像现在的年轻人啊，媳妇上厕所当家得陪着出去做个伴啊，那时候不行，那时候封建，当家的不出去。新娘出屋去解手不一会儿工夫，就听到房山头"嗷"的一声。小伙子一听不好，跑出去一看，西北角障绊子上，挂着新娘红袍子的一个袍襟，新娘没了。他想：肯定是后山冈顶的老虎又出来伤人了。县衙悬赏了好几年，猎户们也没能打死这个老虎。

这小子拎着斧子，捋着小毛毛道就跑上去了。他边跑边想，我都三十多岁了好容易说个媳妇，结果还没入洞房呢就叫虎给叼去了，我就是玩命我也得跟你干了，就算媳妇我弄不回来，我也得把老虎砍死，有你就没有我，有我就没有你！小伙儿走的是近道啊，跑到老虎洞口一看，这虎还没回来呢，他就拎着斧子在洞口等上了。

再说老虎嘴里叼个人，少说也有百十来斤的分量，老虎走的是石溜子道，脚踩上去，石头就"哗啦啦啦"往下淌，你进十步，它就能给你退五步，老虎叼着个人，不知费了多大的劲，才登上乱石坡，已累得不行了。它到洞口，把人撂下，想喘喘气儿，再进洞。没想到它就这么一撂，还没等抬头呢，小伙子早就眼红了，使出全身的力气，

搂着老虎的脑瓜子，“咵喳”就是一斧子。这一斧子下去，他知道这虎不死，也伤得八九不离十！挟起吓昏的媳妇就往家跑，回到家，把媳妇撂到炕上前捶吧，后敲打，连喊带叫的，好大工夫，这媳妇才缓过气来，小伙子搂着媳妇安慰她说：“没事了，我把你夺回来了。”媳妇望着这个救命的丈夫，激动地只知道掉眼泪。

第二天，又来了些亲朋好友帮着拾掇屋，小伙子找了四五个身强力壮的老爷们儿要去老虎洞抬虎。大家伙一听都乐了：“看给你美的，娶个媳妇就不知天高地厚了，还想再娶个母老虎回来呀？”小伙子就把咋天晚上媳妇叫老虎叼去，他如何救媳妇，砍了老虎一斧子的经过对大家讲了。大伙望着一脸正经相的小伙子，不像是在撒谎，却又觉得这事也太神了。就纷纷拿着应手家什、木杠绳子之类去了老虎洞。远远看见那只老虎躺在洞口，大伙儿谁也不敢近前。还是那个小伙子胆大，到老虎跟前，踹了老虎一脚，一看老虎叫他一斧子砍死了，老虎脑门子不是有王字吗，这斧子就照王字砍的，这是老虎的死穴位。

小伙儿喊大伙儿过来，把虎四肢拴好，抬着老虎向县太爷请赏去了。

讲 述 者／黄振华 男 68岁 小学文化 农民
采 录 者／王思雯
采录时间／2009年7月21日
采录地点／红透山镇上大堡子村

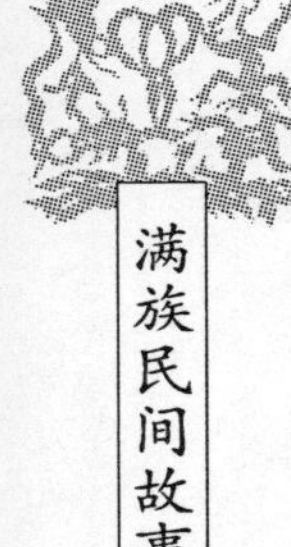

孙全打虎

在早，哈达这地方有个大西沟，大西沟里住着一户人家，姓孙叫孙全，这个孙全是个木匠，那时，满族人不会木匠活，满族有钱人家都找他干活，挣了不少钱。家里过得挺好。

孙全顾家，那荆条子大门，一条一条的，用那竹木撑子穿的。他家养活七八条大狗，这天晚上，这狗就老叫唤，开始，家里人谁也没理会这个事儿，那狗不住声地咬，孙全出门看看，推门出来，外面黑黢黢的，一看院大门，就说："大门那谁挂两盏灯呢？"老虎眼睛下晚儿锃亮，像灯似的。孙全就过去了，原来是只老虎扒着大门往里瞅呢。看里面出来人了，它也不知道这大门是用竹木撑子做得，就想进来，结果脑袋进来了，身子进不来，脑瓜子搁竹木撑子穿着了，进不来出不去，这就嘁哧咯嚓蹬那个大门。孙全一看，这老虎要进大门，被夹住了，正好大门那撂着一把砍树的大斧子，抡圆了，照老虎脑瓜子咔嚓一斧子，就劈下去了，就这一斧子把老虎劈死了。这劈得稳啊，虎脑袋还在那夹着呢。

讲 述 者／黄振华　男　68岁　小学文化　农民

采 录 者／王　冬

采录时间／2009年7月21日

采录地点／红透山镇上大堡子村

打年纸捆子

从前哪，腊月前儿，人们往往都上大买卖家办个年货，叫打年纸（过年所用的祭品、喜庆用品及生活用品）捆子。

这一天早晨，一个大掌柜的，坐在柜台边上喝茶水，眼睛眯缝着。晌午到了，突然搁门口进来那么一个庄稼汉小伙，二十多岁，一身土打扮，进屋了。这个掌柜的看着了，就喊：“哎！老二来了。老二，天头挺冷吧？”“哦，挺冷。”“喝点酒吧！给他来点酒。”“来点酒呗！”那时到买卖家要打年纸捆呀，喝酒算白喝。掌柜说：“来多少？”“来一提溜吧！”来一提溜就是一斤。“倒碗里喝吧！”他说：“不用，我堵着喝！”这顶上倒，他在底下搁嘴接着，咚咚咚，就喝一斤酒。喝完了说：“老二，来碗水吧！”就来碗水。说：“你吃点冰糖呗！”“来点冰糖呗！”就来点冰糖。他吃着冰糖，喝着水。“老二，你这回进城来，打年纸捆呐？”“哦，打年纸捆子看有合适的就多打点，没合适的就少打点。”“有的是合适的，你看咱这货架上货挺全。看看吧，你要多少？”“行！看一会儿呗。”挨着看一看，这个大掌柜的领着他，说：“你要多少？”“这个纸张呀要几批；灶王爷来一百张；老祖宗来十个。”

要完货架就见空了，少了一多半。哎呀！这个打年纸捆的可是个大茬（大茬：指大买主）呀。小伙子说：“那么的吧，搁在地下，都给我打上，捆着。”一算，要多少多少银两。他说：“那行啊！你告诉年轻的，去给我要车，给我拉回家去！”年轻的出去雇个大马车来，把东西抬着，装上马车了。这就告诉说：“我这回就要走了，年纸捆我也打

完了。”掌柜的说：“你打完了，你得给银子啊！你不给银子就走了，那能行吗？”“咳，你知道我是老二，那你还不知道我是谁家的吗？”“知道你是老二，你也得给钱呐！”“那么的吧，先记俺大爷账上，你跟我大爷俩交好哇！”掌柜的说：“我不认识你大爷呀！”“你不认识我大爷，你怎么知道我是老二呢？你知道我是老二，那你就认识我大爷。记我大爷账上吧！我大爷出门了，回来时候再给。”这店掌柜的就不让他走。因为他不认识他大爷，也不认识他呀。他看他是个庄稼人，土里土气的，庄稼人就是庄稼佬嘛，他想喊人家庄稼老二，没敢那么喊就喊个老二。

因为过去叫老二呀，是个骂人的话，这个小伙子呢，他是个庄稼院的大当家的。他特意打扮成这个土样，他懂这些礼节。你骂他，他哪能干？那不行，正说着，就进来一个当差的，这个当差的挎着大刀进来了。

这个当差的是谁呢？就是这个老二的亲哥哥，但是掌柜的不知道。当差的到这儿一看，“你们吵吵什么？”“你看，他管我叫老二。我打点年纸捆子，我叫他记我大爷账上，他不干。我哪有那么多钱？”这个当差的说：“那么的吧，你们别吵吵了，我给你们断。不乐意的话，上县衙。你先给一半钱吧！那些先记大爷的账上，等大爷来了的时候再给，那还不行吗？别这么吵了，你买卖也不容易。你打年纸捆子呢，管他认识不认识你大爷呢，先给一半钱吧！东家你看你愿意不愿意？不愿意的话上县衙。我是县衙门衙役的教头。”这个掌柜的一合计，你要不听当差的说到县衙，人家他妈一立瞪眼睛，一拍惊堂木，我一分钱也捞不着，就瞎钱更多了，谁让我喊老二啦。他没办法，就说：“那行啊，你先给一半吧！”小伙子拿出银子，就给他一半钱，把这些东西搁车拉回家了。

因为他也有大买卖呀，照常卖了，又挣钱。因为这个当差的是他哥哥呀，哪有哥哥不向着兄弟的？这个掌柜的眼中无人，看人穿衣服下菜碟，这哪行啊！这回吃了亏了，喊老二赔了不少钱。

讲 述 者/何忠良　男　满族　1937年生
整 理 者/何锦良　男　汉族　1951年生
采录时间/1986年
采录地点/清原县

半夜杀驴

有一个木匠上北大荒干活。他走了一天，下晚儿住店，这个店不大，就两个屋，店主一个屋，店客一个屋，各有各的屋啊，各走各的门。老板娘说："眼时就你一个店客（qiě），没有别人，你就住吧。住可是住啊，俺老爷们儿没在家，下晚儿，你也别上'外头'（厕所），我搁外道门给你锁上，屋里给你预备个桶，明天早上我给你倒。"他一寻思，这也挺好，不出去就不出去。就这么的，他进了屋，老板娘在外边把门锁上了。走了一天，挺累的，倒炕上就睡着了，一觉醒来，就听界壁子有说话声，他把耳朵贴在墙上听。"住的店客哪来的?""他说不是咱这边的。""几个?""一个。""没多的?""没。""一个也杀吧。"他一听，一个也杀，这是要杀我啊，我进了黑店了，难怪把外道门锁上！回身他就把衣裳穿上了，做木匠活不是有家把什吗，他就一手拿一件把住门，心想，你要开门进来，我就先下手，不能让你把我给杀了。可是，干等着也没人来开门。反倒是屋外"噼蹬"、"扑腾"的，他想，这还不是一个人，这好几个人我怎么对付得了啊！他更紧张了。这时外面又说话了："你把灯亮举高点，看不着这半儿拉。""呦，这驴还挺肥呢。" 弄了半天是杀驴，整得他一宿也没敢睡觉。

这天也亮了，驴肉也烀好了。"哗啦"，门锁打开了："店客儿啊，起来吃饭吧，你不赶路吗？今儿个有好吃的了，昨晚上俺老头子出去要账，半道儿上逮着个驴，让他顺手牵来杀了烀上了。""哎呀，你杀驴不要紧，弄得我一宿没敢睡觉，天亮了我才眯糊了一会儿。"老板娘说："你怎么天亮才睡呢?""我寻思住进贼店了呢，半夜要杀我。""这

扯不扯，管怎么的，起来吃驴肉吧。”木匠起来吃顿驴肉上路了。

讲 述 者/黄振华　男　68岁　小学文化　农民
采 录 者/王思雯
采录时间/2009年7月21日
采录地点/红透山镇上大堡子村

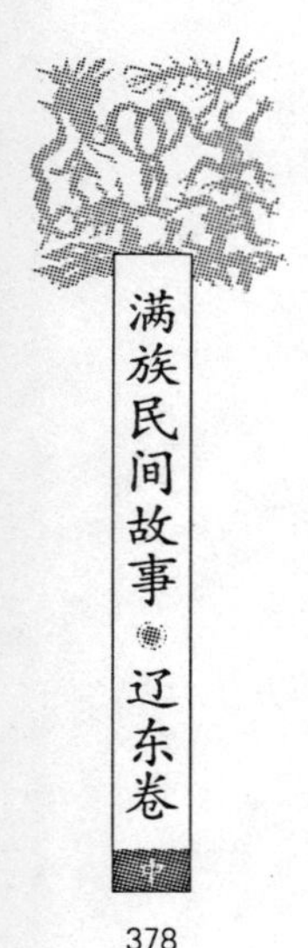

喇叭匠遇险

这是个真事，俺老家在哈达贝村东沟，和哈达贝隔着个岭，这岭像个鸭脖子，所以都叫它鸭脖岭。离俺们那有八里地，哈达贝的学生念书都搁这个鸭脖岭上走。

过去办喜事，新媳妇要坐轿子、吹喇叭。哈达贝有一家办喜事，这个喇叭匠搁那吹完喇叭，吃完饭，就要去哈达贝岭后的灌木山子，那还一家也是办喜事。他就往灌木山子走，他走到鸭脖岭上，天还没全黑呢。这时有三只狼过来把他给围上了。他一看这怎么整啊？往哪躲呀，四处一撒目，见岗梁上有个苫房用的洋草垛，喇叭匠拽着这，扯着那，三下两下他爬上草垛顶上。狼一看他上草垛了，狼也想上。草滑啊，一挠，“刺溜”就下来，一挠，“刺溜”就下来了。就这么的，狼在那“嗷呼”挺长时间，也没上去。这时，天渐渐就黑下来了，这仨狼也没够着这个喇叭匠。

喇叭匠在上面就看这三只狼聚到一块儿，不一会儿分开了，走了一只，搁这两只。能有一顿饭的工夫吧，走的那只狼又背来个狼。人都说这种狼叫狈，有经验有道行，是狼的师傅。

这个狈到地方一看，搁嘴就拽那个苫房草。那三个狼一看，都学着往下拽。狼少，草拽得慢，那狈用嘴往地下一插，“呜——”就听到远处也有狼“呜呜”嗥叫，这是狼与狼对话呢，意思是，快来帮忙吧！就这样，南山、北山、东山、西山的狼全过来了，把草垛围着一个圈，都拽这草垛上的草，眼瞅着这草垛一点一点矮了下来。狼就要够着顶了。

喇叭匠一看这架势，可就急了。这狼一个接一个地往上蹿，他没别的家巴什（工具），就拿喇叭打，这玩艺儿能好使吗？没想到这喇叭一抡，喇叭哨子一带风，就出响动，狼就吓一哆嗦。喇叭匠心想，唉呀，我吹喇叭吧，他就坐在草垛顶上，吹起了喇叭了。开头吹的还有个调，“滴滴哒，滴滴哒滴哒”后来就光“咕嘎咕嘎”的了，他在草垛上“咕嘎”了一宿儿，狼没敢朝前，傍天快亮的时候就都跑了。

天亮了，我爷爷上那松树沟种地，松树沟沟里就是鸭脖岭，他寻思这鸭脖岭上怎么闹鬼了，吹了一宿儿喇叭呢？天都亮了，鬼也该跑了，怎么还吹呢，刚开始“滴滴哒”，这后来就只管“咕嘎”了呢？我看看去吧，一看，是个喇叭匠，还在草垛顶上“咕嘎”呢。我爷爷说：“你干啥呢?”“啊，狼啊！狼啊！狼!”吓得到现在还没回过神呢。

讲 述 者／黄振华　男　68岁　小学文化　农民
采 录 者／白云锋
采录时间／2009年7月21日
采录地点／红透山镇上大堡子村

货郎捡便宜

有这么一个货郎子，以前挑挑子卖货的叫货郎子，有这么一天他卖完货往回走，晚了路过一个村庄遇到一只狼，这个狼后边还背个狼。他瞅着挺奇怪，这狼后边怎么还背一只狼呢？他在那里瞅，不敢往前走啦，狼那玩意儿吃人呢，蹲在那里往前瞅。前面那个狼背着后面的狼，一大群呢，能有十来只往前走。走来走去就在他伴儿旮路过了，这个货郎子着急了，一看狼过去了，他挑着货担子就跑。货担顶上有晃的小铜铃的玩意儿，一走叮当叮当直响，结果他这一响，狼就磨（同“转”义）过来了开始撵他。噌噌跑啊，眼瞅要到堡子了给撵住了。堡子头儿有一个挺老高的谷草垛，货郎子把东西扔地上了就跑谷草垛顶上去了。狼背着的这个狼站地上了，背着的这个狼是瘸狼，在那指挥告诉它们，往下叼稻草，叼下不少。叨得草垛顶上大底下细，眼瞅着垛子就要倒了，倒了他就完呐。给他吓得也没招了，这工夫就给他吓得不知怎么地好了，他把裤子改（同“解”义）开就往底下浇尿，这个狼根本就不在乎那玩意儿，你浇就浇你的，浇尿能浇哪儿去？狼该拆还拆。他一看不行了，这玩意儿怎么整，使劲喊：“救命啊救命啊，不好了，狼要吃我。”

有草垛子的地方离堡子都不远，有人听见了出来了一看，哎呀狼拆草垛子眼瞅就要倒了。就奔过来，连敲盆再扔石头，把狼赶跑了。大伙刚围过来，草垛子就倒了，这个货郎子在顶上忽悠一下子就给攮下来了，一下子攮到一个妇女的怀里了。这个妇女是个怀孕的妇女，攮她怀里一撞人家就早产了，这一早产，货郎子连吓带摔就造迷糊

了。妇女一早产，当家的不干了，当家的过来了就把货郎子给抓住了："我媳妇没有事还好，有一差二错的，我就拿你是问。"这货郎子搁那寻思寻思："拿我是问有什么用，我也不能给你当儿子。"

"你得赔!"

"那我怎么赔，我也不能进去再出来。"

"那也不行，你不能走。"

"我的货郎挑子还在那边呢。"大伙就把货郎挑子挑回来了。这工夫呢，就是不撞她也快临产了，结果这一撞呢就提前一天两天把这个孩子生了。孩子生了，也不知道和货郎子撞的咋的，和货郎子长得一模一样。他爹一瞅，你也不像我也不像你妈，你怎么像货郎子呢。货郎子告诉他："我逗试的嘛!"

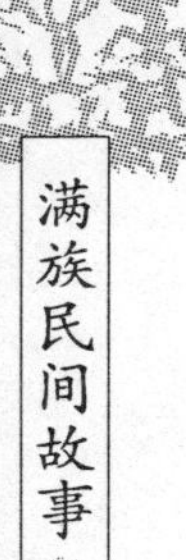

讲 述 者/黄振华　男　68岁　小学文化　农民

采 录 者/白云锋

采录时间/2009年7月21日

采录地点/红透山镇上大堡子村

唱戏的帮忙

有一个唱武生的戏子，外号“草上飞”，那腿脚相当快。打个比喻，他出去唱戏，从来不坐车，都走着去。拉道具家什儿的车没到，他早到了。

这天，“草上飞”去耿家堡子唱戏，在经过六荒沟时，他走得渴了，见沟里头有人家，就进屋讨水喝。正赶上这家当家的突然死了，媳妇想出去找人帮忙料理丧事，怕扔下两个三五岁的孩子害怕，正愁没人帮忙呢，正好唱戏的进屋了。

“哎呀，大哥，你来的正是时候，俺当家的死了，我上堡子里找人帮忙，我不求你别的，你帮我看一会儿孩子，你看俺孤儿寡母的，怎么整啊?”

唱戏的说：“你去吧，我给你看一会儿孩子。可以后咋办呢?”

“走一步算一步吧，以后的事儿俺还没想呢。”

“俺戏班子有个拉弦的，他没老婆，你就给俺那拉弦的吧。”

“那也行啊，先把这死鬼发丧出去再说，我去找人了啊。”这女的说完就去堡子找人了。她当家的此时阴魂还没散呢，他躺在排子上心想：莫说尸骨未寒，我这还没出殡呢，你就给俺老婆找汉子啊？你也太不够意思了。

此时，孩子们都睡了，唱戏的坐在炕沿上，说不害怕吧，也有点儿瘆得慌，他瞅外屋排子上那死人的蒙头纸“呼哒，呼哒”地动呢。三呼哒两呼哒，那张纸就转起圈来了。

唱戏的说：“怎么地，你还要飞起来咋的?”

那纸从排子上直飘到唱戏的跟前，说：

“好啊，我还没走呢，你就给我老婆找人啊，我跟你没完!”

唱戏的知道，这是阴魂附在纸上了。他一脚踹开窗户，蹿到院子里。他想，我一身的武功，手里的朴刀也不是吃干饭的。这时，那蒙头纸也飞到院中，他就和这张纸比量起来了。那纸随着刀上下转飞，你刀一去，那玩意儿随风“嗖”一下过去了，你一回刀，它又过来了。这唱戏的刀法就抡开了，累得满身是汗。

唱戏的一看，我干不过它啊，打不过就快跑吧！我是有名的“草上飞”，唱戏的在前边跑，蒙头纸在后边撵，唱戏的一看直跑不行，后面追得挺快啊，他就拐着弯地跑，跑着跑着，前面一个大沟挡住去路，唱戏的轻功厉害啊，一个箭步“嗖”的一下，就从沟上蹦过去了，结果刚搭上沟沿掉沟里了，摔个大马趴。正巧一根树茬子扎瞎了一只眼睛。五官不正怎么唱戏啊，你说这个忙帮的，赔不?

讲 述 者/黄振华 男 68岁 小学文化 农民
采 录 者/王 冬
采录时间/2009年7月21日
采录地点/红透山镇上大堡子村

好心有好报

这是一个赶车的故事。有一个车老板，家里有父亲、母亲、爷爷。这车老板儿对老人可孝敬了，到哪儿都不多言不多语。

这天车老板儿到集市上卖完粮赶车往回走，来了一个人，说："我搭你车回家行不？"车老板儿虽说不认识他，也答应说："行，上车吧。"说完打鞭子赶车往回走。走着走着，车老板儿回头看这人穿得挺少，就说："你看，你穿这么少，多冷啊，给你件儿皮袄穿上。""不用，我扛冻。""吃饭没？""没有。""我给我爷我奶买的点心，你吃点。""你这儿有酒嘛？""有。"拿出酒壶送给他喝。

这人是个大盗，看起来斯斯文文的。他估计车老板儿今儿个卖粮有钱，上车本来想抢车老板儿的钱，结果，车老板儿又给点心吃，又给酒喝，人都有良心，大盗不忍心下手了。一路上心里那个翻腾啊，一会儿露出枪，想从后边给车老板儿一枪，一想，不行，人家不给我皮袄，早冻迷糊了。又走了一段，哎呀，快到了，我得下手了。不行，人家又给我点心吃，又给我酒喝，这枪不能开呀！大盗决定不抢车老板儿了。

这时大盗老远看见前边来三个骑着快马的人，直奔他们而来："老板兄弟，前面有三匹马，马带玉套（骑马人后边驮着大口袋）。"大盗掏出枪，"啪啪啪"三枪，把三个人打下马了。

大盗说："老板儿兄弟，这三个人都是当胡子的，得钱独吞，带钱跑道，他们都是奔你来的，想抢你。兄弟，我明人不做暗事，我今天也是来抢你的，可是你这人太好了，抢你，我下不去手，太对不起你

了。这三个人也是该死，碰上我了，他们这是替你死了。”

他俩下车一看，那口袋里光钱就多了去了。三匹高头大马，大盗骑上一匹马，车老板指着钱说：“这钱我可不要，你拿着，你是远道。”“两匹马给你。”“那好吧。”“兄弟，咱们后会有期。”大盗两手一抱拳，打马走了。

讲 述 者/黄振华　男　68岁　小学文化　农民
采 录 者/白云锋
采录时间/2009年7月21日
采录地点/红透山镇上大堡子村

八月十五招女婿

很早很早以前，有这么个老讷，她女儿比花似花，比玉似玉，人长得俊俏。姑娘转眼到了谈婚论嫁的年龄，她讷出去给姑娘找对象。

出去头一天，碰见一个踢球的。现在叫足球，过去叫踢熊头。踢球的有本事，花球、脑球都行，姑娘讷就跟他说了："这位壮士，我家有个姑娘，你八月十五中秋节到我家，跟我姑娘成亲。"

这个讷呀，找着一个就得了呗，又碰见一个书生，姑娘讷一看书生文质彬彬地挺好，就告诉书生说："你八月十五中秋节，到我家跟我姑娘成亲。"

后来，她又碰见一个射箭的，百步穿杨，这是功夫啊！这人也挺好，她又跟射箭的说："八月十五你到我家，跟我姑娘完婚。"

她往回走，累了，坐在大树底下歇歇。这时只见一个东西飞过来，像刮旋风似的，搂着这树转了三圈，把大树摇得乱晃。把姑娘讷吓坏了，她仔细一看，是个人，就问："你是什么人？""我是飞毛腿。"那时候没电话，姑娘讷一想，这个行，以后我要想姑娘，就让他背来。姑娘讷告诉他："你八月十五到我家，和我姑娘完婚。"

八月十五这天，一个拉弓射箭的，一个飞毛腿，一个书生，还有一个踢球的，一共四个，他们都找上门儿来了。一个姑娘，找了四个婆家。

这可咋办那？姑娘说："讷，你别愁。""哎呀，我寻思我姑娘撅嘴不乐意呢，你还不在乎，这回行了，我也不管了。"

姑娘亲自出来接待了这四个人。告诉书生说："你会写文章，我限

你三天写一篇好文章，我就嫁给你。”又告诉射箭的说：“你要在三天之内把这棵杨树上的叶子都射光，我就嫁给你。”告诉踢球的说：“你要能在三天之内把猪毛磨光，缝一个生猪皮的球，我就嫁给你。”

这三个人嘟嘟囔囔地说：“这哪能行?”“不行就走人!”

回身告诉飞毛腿：“你说你能日行千里，我给你一天时间到京城，把城墙的玉带取回来，证明你到过京城了。我就嫁给你。”安排完，四个人各自照办去了。

作文章的提笔忘字，弄得魂不附体，写了三天，文章也没作出来；射箭的射了三天也没射光杨树叶子；踢球的三天一半猪毛也没磨光。只有飞毛腿回来了，手里拿着城墙的玉带。最后，姑娘嫁给了飞毛腿。

讲 述 者／黄振华　男　68岁　小学文化　农民

采 录 者／白云锋

采录时间／2009年7月21日

采录地点／红透山镇上大堡子村

说不好也比放屁强

有这么个相面先生，二月份，天也暖和了，为了挣俩钱，就上外面游方去了。

走了一天的道儿，下晚儿得找个地儿住啊。他老早就开始打听有没有住宿的地方：

“这儿能住一宿不?”

“你会说书不?”

“不会啊，我光会算命、相面。”

“借不了。”

他走一家问一次，人家都问：“你会说书不?”他心想，眼瞅着日头快落西儿了，人家都吃完下晚儿饭了，再找不着住的地方，就得蹲房檐儿了。他来到堡子边上，见一家两间小房，收拾地挺利整。搁屋里出来个七八十岁的老太太，叼个大烟袋，抽着烟问：“你会说书不?”算命先生想，我要再说不会，就没地方住了。忙回答：“我会说书。”

“你会说什么啊。”

“老嫂子，你爱听什么?”

“上回来个先生说到杨文广被困那场，你会说这个不?”

“会啊。”

“行啊，今天晚上你就住这儿吧，下晚你给说一段，我不要求多，你能把杨文广救出来就行。”

算命先生说：“那好了。”

老太太家饭菜都是现成的，高粱米粥，小豆腐、辣椒酱。

这小豆腐得热着吃，凉着吃犯病。老太太急着听书，没给热。

先生吃完了饭，天也黑了。老太太说："先生，天也不早了，人也不少了，你也吃饱了，该开书了。"

"唉呀，老嫂子，我也没带鼓，也没鼓棒，这书咋说啊？"

"那不怕，上回来说书的也没鼓，俺们扤盆水，搁水瓢往里一扣，弄个拨浪棒，嘣嘣一敲，和鼓的动静差不多少。"

"那好吧，就这么弄。"就这么着预备上了。这先生拿起拨浪棒敲起来没完没了。他不会说书啊，就光"嘣嘣"敲，还敲不上调。老太太说："哎呀，兄弟啊，不大离儿了吧，该开书了吧？"先生说："够不够，三千六啊，得打三千六百棒，这才能开书。""行啊，那你就敲吧，俺给你数着。"

老太太数着数着，先打的不算，都打到快四千了，还不开书。"哎呀，先生，都快四千了。""啊，那就开书吧。"唱："水瓢打得嘭嘭响，南牢救出了杨文广。""嘣"。老太太问："唉呀，救出来了？"先生说："救出来了。""救出来了，那说点别的吧。""唉呀，我说不好啊。"

老太太说："说不好就不说了，反正杨文广也救出来了，要不，觉都睡不好，大伙儿都回去睡觉吧。"

岁数再大，也男女有别啊，一铺炕，当间放个饭桌，老太太说："你走了一天的道，挺乏啊，炕头热乎，你烙一烙。"老太太睡在了炕梢。这先生吃点凉小豆腐，二月天刚开化，鞋趿拉精湿的，脚也冻得挺凉的，这一拔，在炕头上再这一烙，一放松，屁就来了。这小子吃小豆腐、辣椒酱，放屁贼臭。那时候窗户还都封着呢，屋又小，门关得溜严。这臭味啊，把老太太熏得睡不着觉了，老太太拿着大烟袋捅他："先生你睡了？""嗯。""先生，你还是起来说书吧，不介，你趴在那儿一个劲放屁，熏得我没法睡觉。""你让我说书，我也说不好啊。""说不好也比放屁强啊。"

讲 述 者/黄振华　男　68岁　小学文化　农民

采 录 者/王思雯

采录时间/2009年7月21日

采录地点/红透山镇上大堡子村

巧嘴大嫂

有一个秀才，不仅自高自大，还狂妄得很。他认为自己读了点书，就成了秀才不出门便知天下事了。

这天，他骑马到处蹓跶，看见一个农民在稻田里插秧呢，秀才为了显示自己的聪明就上前搭话：

“老哥干啥呢？”

“你没看见我在插秧吗。”

“那你一天能插多少根秧啊？”

“这个我没数过。”

“你太蠢了，各个儿（自己）成天栽稻子，不知道每天插多少棵秧，你这人不行，太完蛋了。”

这个农民无缘无故叫秀才埋汰一顿，气得连晌饭都没吃好。媳妇问：“你怎么了？”他就把秀才的话学了一遍。媳妇说：“他是吃饱了撑得没事干。酱缸里的蛆——咸肉（闲游）一个，我估摸，他今天走明天还得来。今天是双日子，明天是单日子，他明天再来找你，问你什么，你就告诉他说：双日子人家问我，单日子我问人家。今个是单日子，我得问你。你就问他，你骑那马一天能迈多少步？他要答不上来，你也狠狠地臭白他一顿。”

“对啊。还是我媳妇能耐。”

第二天，那个农民又到田里栽稻子去了。这秀才果真又骑马来了：“唉老哥，查没查你一天插多少棵秧苗？”

农民说：“我有个规距，双日子是别人问，我答，单日子是我问，

别人答，今天可是单日子呀。”

“单日子怎么的?”

“单日子我得问你。”

“唉，你问我？你都知道啥还问我！你没听说过有句话，秀才不出门，便知天下事，啥事我都知道，你问吧。”

农民说：“你骑那马，一天迈多少步?”

“这个呀，那我哪能知道呢?”

“你成天骑马，连马迈多少步你都不知道，你还口口声声说自己知道天下事，眼巴前的事都不知道，活着干啥。”

秀才想：他这个满脑袋高粱花子，怎么能想出这样的问题，就问农民：“谁告诉你的?”“我媳妇。”秀才听说是他媳妇告诉他的，知道他说的是实话。秀才就想会会这女人，问他：

“你家在哪住?”

“俺家，就在那边，你一打听就知道了。”

秀才按农民指的方向找到他的家。还没进房门，秀才先把自己的嘴用纸糊上半边，那意思是，一个女流有什么能耐，我把嘴糊上半拉，我也能讲得过你。

秀才站在门口问：

“这位嫂子，你说我是迈左脚还是迈右脚啊?”

大嫂说：“今个单日子，是我问别人答。”

“那你就问我吧。我用半张嘴来回答你的问题。”

大嫂拿着菜刀，菜板上有肉有菜。她问秀才：“你说我今儿个是先切肉还是先切菜啊。”秀才知道自己答不上来，她是两头堵，答哪个我都是输。就改变话题，明知故问：

“我大哥呢?”

“你大哥蹚地去了。”

“上哪蹚地去了。”

“锅台后。”

“在锅台后蹚地，那不往锅台屙屎尿吗?”

“不会把屁股糊上半拉吗?”

秀才一听，自己挨骂了，就把糊在嘴上的纸拽掉了。

大嫂说：“你快走吧，你大哥快回来了。”秀才说：“你怎么知道他快回来了呢？”

“他在牛屁股糊的那疙瘩纸掉了。”

秀才一点儿便宜没占着，满脸通红地走了。

讲 述 者／黄振华　男　68岁　小学文化　农民

采 录 者／王思雯

采录时间／2009年7月21日

采录地点／红透山镇上大堡子村

卖大块儿糖的吹牛皮

有位小伙子出去找活儿，心想找个好活儿。下矿井危险，背背扛扛还挺累。他一想啊，我还是挎筐卖大块糖吧，于是，他就卖起了大块糖。

大块糖是黄米做的，粘的芝麻，拧点儿劲儿，搁嘴一咬还粘牙，还酸甜的，说不上那股味啊。他卖了几年大块糖，也挣了两个钱，就回老家了。婶子大娘们就问了："你这些年在外头干啥了？""在外头学医了，给人看病。""啊，当郎中，那内外科、正骨、妇科什么的都会吗？""连接产我都会啊！"就这么的，一传十，十传百，整个村都知道了他学过医，还会接产。

一天，家里来个人，谁啊？他一个远支兄弟，媳妇生孩子难产，老娘婆找了十来个，一个也不顶用。这老太太一着急，想起他来了："哎呀，可别这找那找了，咱那个后生不学过医吗？他连接生都会，把他找来吧。"这就来找他了。他一想，找我就得去啊，谁叫我在外头吹牛了呢。他就赶着走赶着琢磨，"这孩子可怎么接呢？"想着想着就到了门口了。

满族房子是南北炕。他那个兄弟媳妇在南炕猫月子，挂着个布幔子，他在北炕坐下，说："给我弄个小镗锣，在北炕整个桌，摆四盘大块糖。"他卖大块糖常这么卖。

这家人借来了镗锣，没有大块糖，买了四盘点心摆在桌上，他上了北炕，围着桌子边转边敲镗锣："嘡叮嘡，嘡叮嘡，侄男侄女出来吃块糖。"就这么接上生了，叨咕一遍，问："南炕有没有没动静？""没

有。”他接着敲，“嘡叮嘡，嘡叮嘡，侄男侄女出来吃块糖”，又问南炕“生没生”。“没生。”“嘡叮嘡，嘡叮嘡，侄男侄女出来吃块糖，你要不吃我要吃了。”他兄弟媳妇头一回听说，接生孩子还有这样接生的，“噗哧”一声笑了，这一笑不要紧，孩子就生出来了。兄弟媳妇有气无力地夸他：“唉呀，大哥，你真行啊！一顿镗锣就把你侄儿敲出来了！”

讲 述 者／黄振华　男　68岁　小学文化　农民
采 录 者／王思雯
采录时间／2009年7月21日
采录地点／红透山镇上大堡子村

当 间 儿

有这么爷俩在地里铲地。阿玛铲得快，阿哥铲得慢。这阿哥铲一会儿直直腰，铲一会儿直直腰，阿玛就骂他："你不好好铲地，在那干什么玩意儿呢？我都落你这么远了，这地什么时候能铲完！"

阿哥就说了："我腰疼。""你多大岁数腰疼？我这么大岁数都没长腰牙呢，你有腰吗？"

阿哥一听，就说了："那得多大岁数长腰啊？"

阿玛说："七十二岁才长腰牙呢！我今年才五十来岁，你还不到二十岁，咱们俩都还没有腰呢！"

儿子问他阿玛："那没有腰，这个地方叫什么啊？"

阿玛说："当间儿！"

俩人接着往前铲，一会老头儿别在腰上的烟袋掉在地上了。阿哥一看，是阿玛的烟袋掉在地上了，他也没吱声，就悄悄地把烟袋捡起来挂在腰上了。

老头儿到地头了，要抽烟，一摸烟袋没有了，就招呼他儿子："阿哥，看着我烟袋没？"他寻思儿子在他后边，肯定能捡到。他儿子说："看着了。"

"那在哪呢？""在当间儿呢。""你给我拿过来。"

阿哥这时候也铲到地头了。老头儿就问他，"你拿过来没？"

"拿过来了。"

"在哪呢？"

"在当间儿呢。"

老头儿就开始骂："你个小王八犊子，让你捡你还不捡，你还搁地当间儿了。"老头儿就上地当间儿去找去了。

这一找找了半天也没找着啊，又问："在哪呢啊?"

"当间儿呢嘛!"

"在哪当间儿呢?"

儿子就把烟袋撩起来给他阿玛看。阿玛就说："你就说在你腰上得了呗，非说在当间儿干吗?"

"不是你刚才告诉我说小孩没长腰吗，七十二岁才长腰牙呢吗？这不是当间儿这是啥啊?"

讲 述 者／康喜鹏　男 55岁　大学文化干部

采 录 者／祈　欣

采录时间／2009年7月21日

采录地点／红透山镇上大堡子村

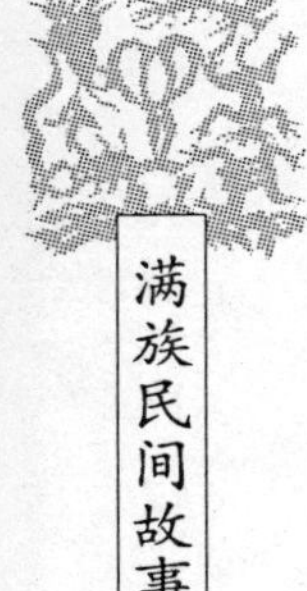

打　架

有这么一个无赖，他一天闲着没事，干啥呢，上赌局赌钱，赌完钱，把钱输光溜了，就回家了。回家他媳妇就骂他，他家穷得那就不用提了，穷到什么程度呢？他跟他媳妇俩穿一条裤子。他媳妇出去，他光腚围着被在炕上待着。他要是出去，他媳妇光腚围着被在炕上待着。还不错，小孩没光屁股，还有套衣服。

有这么一天，他想喝酒，兜里没钱，他就想骗酒喝。临走之前，他就琢磨怎么才能把酒骗到嘴。他到肉铺捡了块猪肉皮，把嘴蹭得锃亮的，油渍麻花的，他得意地进了酒铺子。酒铺掌柜的一看，“哎呀，兄弟，你来了！”

“来了。”

“今个儿又吃好东西了呗，嘴造的油渍麻花锃亮的。”

“嗨，那咱天天吃。”他就开始吹上了。掌柜的一瞅他是有钱了，掌柜的就问他了，“今儿个，你吃点什么？”

“不用吃太好的，有点下酒菜，有两盅酒喝就行啊。”掌柜的一看有钱啊，得给你上点好的啊，就把好饭好菜给端上了。端上了，他也没吱声，端起酒杯就喝，拿起筷子就吃上了，吃到半截道儿，他孩子跑来了，说，“爸，你快回家，我妈跟人打起来了。”

“那忙什么玩意儿，你妈跟人打起来就打呗。”

“我妈没穿裤子。”“你妈咋没穿裤子呢？”“裤子不是叫你给穿来了吗？”孩子话一出口，全酒铺子哄堂大笑。这家伙脸受不了了，抬屁股就跑啊。这店掌柜的不干啊，在后面撵：“哎，你回来回来，还没给钱

呢！”

“你等着，等我一会回来的。”赶着说赶着就撂杆子（撒腿跑的意思）了。回家一看，谁来了呢，伴旯邻居张老六去他家要债去了，到那儿三说两说，就跟他媳妇叽咕起来了。她媳妇没穿衣服也不能光杆子下地啊，弄个破被头子在炕上围着，坐着跟人拌嘴。这时无赖进屋了。进屋了就跟那要账的说：“我不就是该你两个钱吗，嗯！你想要干什么！”

“我啥也不想干，我就想要钱，你该我钱就得给我钱！多长时间了，好几年啦！”

“好几年！我不没死呢嘛，我还能不给你钱啊。我媳妇来炕上趴着发汗呢，连衣服都没穿，你进屋跟我媳妇吵吵巴火的，你怀的什么心思！”

张老六说：“你媳妇穿不穿衣服该我什么事。”这无赖一伸手就把他媳妇盖的被捆扔了，这一捆，他媳妇光溜地坐在那。张老六一看事不好，抹身就往外跑。无赖说，“你跑，我看你往哪跑！”上后边，“嘣”一个腿绊，就给张老六造一个跟斗。他上去踩住张老六后脊梁就开打，边打边喊，“快来人啊，这人要强奸我媳妇！”大伙邻居就过来了，过来一瞅张老六叫他给踩着揍，有的人就进屋了，一瞅，说：“可不怎么地，他媳妇光腚在炕上坐着呢。”大伙儿都说张老六不对，张老六满身是嘴，说不清了。就说：“我赖不过你，这账我不要了，我认倒霉！”

讲 述 者 / 于洪润　男　69岁　小学文化　农民
采 录 者 / 祈　欣
采录时间 / 2009年7月21日
采录地点 / 红透山镇上大堡子村

屁股里掏不出好画

以前有一个毛驴子，这个毛驴子没人圈养，像个野驴似的可山跑。有个叫王七的，他看这个驴看了一个多月了，他就老琢磨抓这个驴，那个驴就不让他靠前，他还有点不敢抓，万一有主呢，抓完了不就出事了嘛，麻烦啊，人家还不得报官？闹不好，还得挨顿胖揍。

这天晚上，王七寻思，爱谁谁的，非得把驴抓走拿家卖了不可。他弄个绳子，支个套，往驴脑袋上套。这下真不善，把驴给套住了，牵家去了。到家了，闲着没事，跟他媳妇吹牛说，“这个驴我搁哪哪买的，花多少多少钱。你看你平常也不给我钱，就我各个（自己）儿挣那两个钱攒的私房钱啊，就把驴给买回来了，明个儿家里有钱得给我补上点。”

他媳妇说：“行，你要是有这个能耐的话，我成天给你补钱，但你得挣回来。”王七说：“行啊。”

眼瞅着要过年了，他媳妇说了，“你看你，要过年了，人家都张罗买点吃的、喝的，买点年纸、对子，你倒去张罗张罗啊。家里这摊我张罗，外面那摊还得我张罗？”媳妇这么一说，他合计，可也是。就说“你不用着急，你也不用上火，我明天就牵着毛驴上集上去买。”第二天就牵着毛驴上集了。到了集市，这瞅一瞅，那瞅一瞅，瞅够了，买几幅对子，买几张画，又买点吃的喝的，牵着驴往回走。走到半道，大雨哗哗地下，他别的东西不害怕，这画和对子怕浇啊。这怎么整？往哪藏！一看驴拉㞎㞎，他连向儿（马上）就塞驴屁眼子里了，这下浇不着，回家了。

他媳妇把东西接过去了，就问他：“叫你买画买对子，你买没?”

“买了!”

“那画来哪呢?”

“在驴屁股里呢!”

他媳妇说：“驴屁股还能掏出来好画?!”

讲 述 者/于洪润　男　69岁　小学文化　农民

采 录 者/王　冬

采录时间/2009年7月21日

采录地点/红透山镇上大堡子村

车豁子找穴位

有个车豁子，他拉地主去办事，走到半道，车豁子要大便，他把鞭子插在车沿的鞭眼上就下车蹲那儿拉屎，等他起来，车还没走多远，就这么麻利。地主问车豁子："你是啥功夫呀？咋这么麻利，这么快。要是我，半个点都不完事。"

车豁子说：

"解手得找好穴位，不找好穴位没有吸引力，拉不出来。"

地主说：

"一会儿我也解手，也给我找个好穴位，我也痛快痛快。"

车豁子说：

"有了感觉你告诉我。"

马车又往前走了一段路，地主说：

"你给我找个地方吧，我要解手了。"车豁子说：

"这地方不行，这地方解手受风，再往前走走。"

又往前走了很长很长时间，地主说：

"啊呀！你快点停下呀！"

车豁子说："这地方不行，这不是位置。"

车还是不停，地主憋得眼睛都蓝了，从车上站起来，解开裤袋就要往下蹦。

车豁子说：

"这可不行啊，这地方解手能得半身不遂。往前走有个地方，快到了。"

又走了一会儿，车豁子说：

“到了，你赶紧下去吧。”

地主下去，蹲那儿一会儿就完事了。回来说：“你给我找的穴位真好。”其实那就是憋到时候了，解手哪有什么穴位。

讲 述 者／黄振华　男　68岁　小学文化　农民

采 录 者／白云锋

采录时间／2009年7月21日

采录地点／红透山镇上大堡子村

麻　　子

有这么个麻子，以前的人天花治不了，不死就落麻子，要不就死了个屁的了。有个大麻子，生完天花，落了一脸麻子之后，娶媳妇不好娶呀，四十来岁了，没有媳妇。这么一天，他舅舅就来了，舅舅说："我给你介绍个对象，你也是麻子，来那个也是麻子，你俩麻子凑合一家也行。"

"行啊，管她麻不麻的，能办事就行啊。"就答应了，他舅舅把这对象介绍妥了。

选日子结婚呐，你看他四十来岁没娶媳妇，他也不懂得这些事啊，觉得有点害怕还有点羞臊似的。那个女的更是那样，又觉得害怕又害羞，到晚上了睡觉，心里都鼓鼓求求的为这事。跟媳妇近乎呢？不行，不好意思。媳妇也寻思结婚了、入洞房了，跟当家的近乎近乎，也不好意思。炕头一个，炕梢一个，就这么的，他俩搁那炕上，谁也没睡着，都瞅着房头呢。正瞅着工夫，男的打了一个哈欠就困了，他媳妇一看他打个哈欠，她也打个哈欠，她媳妇是学他。那男的就说了一句话："四十来年没有一个女的，得着个女的呢，我还不好意思。"就像说梦话似的，这个女的也说了："我三十多年了也没结过婚，结完婚这个男的还不搭理我，明天我就得回娘家。"这男的一听，要回娘家这事儿不好啊。后尾儿，男的还得主动点儿啊，男的往边拉凑呼，拿这个脚踹这个女的一下。女的一看，你这还行，过来了。他踹她一脚，她就踹他一脚。俩人凑一块堆去了，没结婚以前现在有三金，以前讲什么金镯子银镯子什么的，也讲这个玩意儿。完事了，她

戒指就掉下来了，掉在炕上了，俩人也要睡觉了，那男的一起来的工夫，一瞅，戒指在这个女的大腿旁边呢，这男的就问他媳妇："唉，你那个金银财宝多啊？"她说不多呀。"不多，你咋哪都镶呢？"她说："怎地了？""大腿咋还镶了个金的呢？"这女的瞅一瞅："啊，我的戒指掉下来了。"俩人就睡觉了，第二天啦，该干活干活该吃饭吃饭，过去三天了。新媳妇回娘家了——回门，回到她妈那里去了，告诉她妈："临结婚都什么事啊？"她妈就说了："洗衣做饭，捎带看家望门。""哎呀，昨晚我赔账了。"她妈说："怎么赔账了？""那个事也没讲啊！"她妈说："没讲，你办没呀？""办啦！""办就办了吧，没讲就没讲吧，你回去跟他说一说就行。"搁那边回来以后，她就不让她男的碰了，男的一碰她就告诉他不行。男的说："怎么的，你这是？""我妈都说了，到你这来就洗衣做饭捎带看家望门，别的啥也不干。"

讲 述 者／于洪润　男　69岁　小学文化　农民
采 录 者／祁　欣
采录时间／2009年7月21日
采录地点／红透山镇上大堡子村

傻姑爷吃鸡蛋

有个傻小子娶了个媳妇，他不知道好赖，整天跟媳妇闹叽咕，两口子一叽咕，傻小子就往丈母娘家跑，丈母娘得给姑爷做好吃的。他呢？哪回都是没等老丈母娘上桌，把脑袋一低，眼睛一闭，风卷残云一般，一顿吃光了完事。丈母娘生气呀，心想，下回再来，不给他炒了，也不给他煎了，宁可自己饿着，不给他做饭了。

这天，傻小子又来了，她想，傻姑爷一准又来混吃喝，她连午饭都不做了。搁火盆里烧俩鸡蛋，准备自己饿了吃。这鸡蛋刚烧熟，就听傻姑爷进门了，丈母娘急忙又把鸡蛋埋好。她瞅姑爷来气呀，就拽床被，顾头不顾腚地盖在身上，头朝炕里躺在那儿，不理傻姑爷。这傻姑爷也不管丈母娘愿不愿听，又磨叽上了："妈，你女儿又跟我干仗了。"丈母娘蒙着被也不看他，心想：你爱叨咕啥叨咕啥，我也不听。这傻姑爷看看锅里没烧火，就坐在火盆边，边叨咕边用烧火铲"啪啪啪"拍灰火玩儿，啪啪一拍，把火盆里的灰火拍个溜平："丈母娘啊，我跟你女儿不能过了，得分家啊，也没别的分的，四四方方一块地。"他边说着边在这火盆里划。"一割（gá）两半。"他这一划拉，划拉出两个鸡蛋来了。"唉啊，丈母娘啊，挺孝心哪，还给俺烧鸡蛋。"他把两个鸡蛋都扒出来，拿出一个扒扒皮就吃了："唉啊，丈母娘是老的，我是小的，还得孝敬丈母娘一个呢。"他把第二个鸡蛋扒吧扒吧："丈母娘，这个你吃吧。"他也不知道哪头是丈母娘的脑袋，哪头是丈母娘的屁股啊。他掀起被来了就往里塞。那鸡蛋是热的啊，一下塞到丈母娘屁股上了。丈母娘一激灵，"噔"，放个屁。傻姑爷说："哎哟，丈母

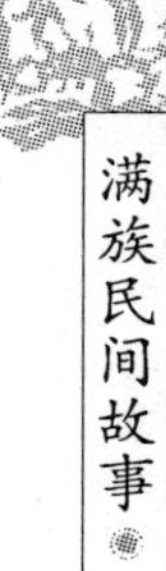

娘吃多了，充食了，打嗝恶臭呢。”

讲 述 者／黄振华　男　68岁　小学文化　农民

采 录 者／王思雯

采录时间／2009年7月21日

采录地点／红透山镇上大堡子村

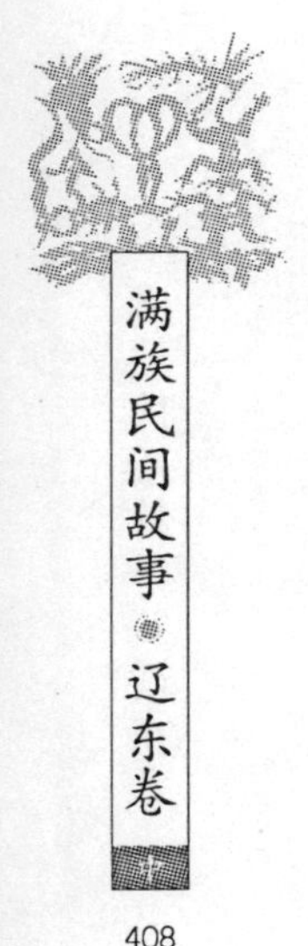

傻姑爷子报喜

有这么个傻姑爷子，他怎么叫傻姑爷子呢，就是人办事有点差劲，瞧着那样像咱堡子贾连成似的。傻姑爷子的媳妇猫月子了。生个孩子，他媳妇就告诉他："孩子他爹啊。"

"干什么?"

"你上俺家去一趟，告诉俺妈一声，孩子生了，报个平安，什么事没有，孩子也挺好，奶也挺足。"

"那我怎么说啊。"

"你到那就说啊，你女儿猫下了，生个丫头。"

"我记不住。"

"你记不住，勤叨咕着点，赶走赶着叨咕，你说生个丫头，生个丫头。"

就这么的，傻姑爷赶着走赶着叨咕："生个丫头，生个丫头，生个丫头，生个丫头。"突然，从道旁出溜一下，钻出条长虫来，"唉啊，出溜，我媳妇告诉我说什么来的?"忘了。就记得长虫"出溜"一下，他就嘴里叨咕"出溜，出溜，出溜"。一直叨咕到他老丈母娘家。

到老丈母娘家，进门就喊："丈母娘啊，你女儿猫下了。"

"生个什么?"

"生个出溜。"

他大舅嫂在家呢，心里说："这个彪玩意儿，还生个出溜。"就笑。他一看他大舅嫂笑，傻姑爷还以为她挑理了，就说："大舅嫂别挑理啊，我出溜完丈母娘，就出溜你。"

讲 述 者/黄振华　男　68岁　小学文化　农民

采 录 者/王思雯

采录时间/2009年7月21日

采录地点/红透山镇上大堡子村

彪媳妇

有这么两口子，当家的岁数比较大，媳妇傻乎乎的，有点儿彪。

这天，外头下点小雨，邻居没事儿过来串门儿，干啥呢？在一起说书讲古，唠来唠去呀就唠到快吃下晚儿饭了，当家的就说："别回去了，今晚咱俩喝一盅。"

"你看这哪行啊，家也不是远。"

"别，别，咱俩喝一盅，让我那个彪媳妇给整两个菜，面什么的都有，再包两个饺子。"

这个彪媳妇就听见了，寻思叫我整两个菜，包两个饺子，那我就包吧。就这工夫彪媳妇问她当家的了："那我现在就做啊？"

"你先做菜，做完菜再包饺子。"

彪媳妇就开始做菜，整了两个菜端上去了，他俩就开始喝，连喝带唠。酒喝了不大离儿了，当家的就问她："饺子蒸好没有？"

"好了，要吃我就给你拿。"拿上来了，就两个饺子，往桌子上这头一个那头一个。当家的一瞅就来气了："你这干什么玩意儿呢？就包两个饺子？"彪媳妇说："你不是说包两个饺子吗！" 把当家的整得一点儿面子也没了。

邻居吃完走了，当家的要抽烟，一找烟袋没有了。当家的就想起来了，告诉彪媳妇说："你上驴圈，我刚才喂毛驴子来的，烟袋是不是掉那里了，你给我找找去。"彪媳妇就去了，她彪哇，咋也没找着。正好他家养活的是个叫驴，她到那一看，叫驴肚子底下有一个长物，她刚一伸手，毛驴尥蹶子吓跑了，彪媳妇就喊："哎呀，当家的！你自个

去拿吧，你的烟袋在驴肚子底下挂着呢，我也不敢碰，我一碰它就尥蹶子踢我。”

当家的气得上去就给她两个耳雷子（耳光），打一边儿去了。

讲 述 者 / 于洪润　男　69岁　小学文化　农民

采 录 者 / 祈　欣

采录时间 / 2009年7月21日

采录地点 / 红透山镇上大堡子村

别看我金莲小

有这么一个小媳妇，长得千娇百媚，比花似花，比玉似玉，走起道来像流水似的，是相当漂亮。

有一天，这小媳妇去娘家取绣花鞋的花样子，搁道上遇个书生。书生一看，这小媳妇真漂亮，就多看了两眼，看着看着他就冲小媳妇说："我是书生，别看我笔管小，我写字快，写起字来人人爱，风流百女跟我走，荣华富贵享不败。"小媳妇一听，你这不戏弄我呢吗，刚要发火，又过来一个秀才，这个秀才也在看小媳妇，听书生这么说，也来凑热闹，冲小媳妇说："我是秀才，别看我书本小，我读书快，读起书来人人爱，风流百女跟我走，荣华富贵享不败。"小媳妇那个还没骂呢，这个又来戏弄！气得杏眼圆睁。这时候，道旁地里有个蹚地的，牲口拉到地头了，蹚地的把腰里的小烟袋往外一掏，装一袋烟，吧嗒吧嗒地抽。他也看见小媳妇了，也听着书生秀才的话了，这蹚地的就说了："我是蹚地的，别看我犁杖小，我耕地快，耕起地来人人爱，风流百女跟我走，大米小米吃不败。"小媳妇心里这个气呀，你们这不都是骂人吗，戏弄我吗？这小媳妇两手一叉腰，用手点着他们三个说："我是小媳妇，别看我金莲小，走道快，走起道来人人爱，左边奶书生，右边奶秀才，松松裤腰带，掉下个蹚地的来。"把这三个男人都骂了。

讲 述 者/黄振华　男　68岁　小学文化　农民

采 录 者 / 王思雯

采录时间 / 2009年7月21日

采录地点 / 红透山镇上大堡子村

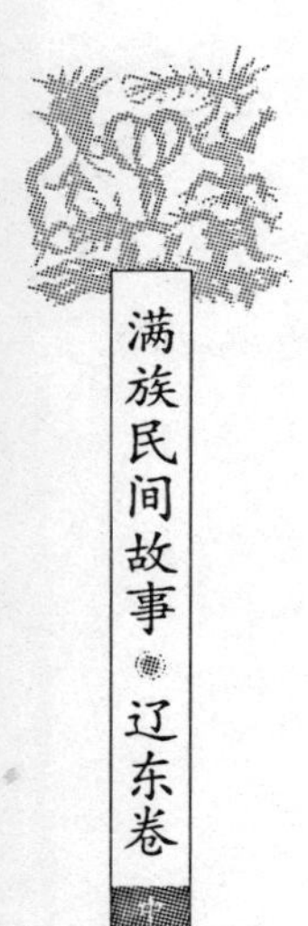

别烧了被

有这两口，刚结婚，外地的一个亲戚呢，就给小两口送了一个手电筒。全家都稀罕这个手电筒，小两口也喜欢得不行啊！

满族人居住的都是南北炕，新结婚的小两口也没有单独的屋住，说结婚了啊，单整一个屋住几天，没有这事。新媳妇住在北炕，南炕住爹妈。只不过呢有个幔杆，上面拉了一个幔帐。幔子什么色的呢？红色的。晚上睡觉的时候，大红的幔帐一拉，就是自己的一个小天地了。

晚上的时候，小两口就在幔子里边，把这个手电筒打着了。手电筒隔着红幔帐，光就变成了鲜红的颜色，像着火了一样。老头儿在南炕上就发现了，说："不好，起火了！"

老头儿急忙招呼他儿子，说："儿子啊，电棒着了，别烧了被！"

讲 述 者／康喜鹏　男　55岁　大学文化　干部

采 录 者／祁　欣

采录时间／2009年7月21日

采录地点／红透山镇上大堡子村

卖灯罩

咱们这儿最开始时用树油灯。满族人爱研究，逐渐逐渐发明，把油灯扣上了一个灯罩，防止风刮灯火来回摆动，有用的，就有卖的，所以就有了卖灯罩的。

一天，有个卖灯罩的来到了个小山村，一副挑子放了不少的灯罩。村头有那么一家，男人在外面打围，多少日子也不回来，小媳妇正是如狼似虎的年龄，长时间没和男人做那事儿，感到有点那个。心中老是埋怨老爷们儿不回来。正在这时，卖灯罩的进院了。她一看这个卖灯罩的小伙子长得挺漂亮，大高个、口齿伶俐，而且干净利索。小媳妇就动了邪念，有意挽留卖灯罩的：

"上屋，喝点水。"

卖灯罩的进屋之后，两人唠得非常投机，小媳妇就留他吃饭。卖灯罩的正走得又饥又渴的，看要留他吃饭，乐得合不上嘴，心说：我想啥来啥，想饭吃，做饭的就来了！小媳妇把家里打鸣的老公鸡给杀了。炖好之后就摆上桌了，拿出来给男人留的烧酒，两个人一边喝一边说话，感情越来越热乎。最后，两个人就钻进一个被窝了。

睡到下半夜，媳妇有点后悔了。觉得自己不该背着丈夫偷人，就扒拉卖灯罩的。"你起来走吧，天亮的时候，我家老爷们儿就该回来了。"卖灯罩的听说她男人要回来了，慌忙起来把衣服穿好，挑起挑子就走了。

卖灯罩的走了之后，剩下这个媳妇怎么琢磨昨晚的事儿怎么后悔。她顺手拿起鞋底子就往自己脸上打，一边打还一边骂："我打你个

下贱女人，我骂你个下贱女人，你咋那么大的淫？还搭上打鸣的老公鸡！”

再说卖灯罩的黑灯瞎火地往前赶路，那道坑坑洼洼地不好走，一下子就绊了个跟头。这跟头摔得不要紧啊，两筐灯罩“哗啦”一下都摔碎了，连本都折了。他也坐在那开始生气，最后气得也把鞋底子脱下来打自己的脸，一边打也一边骂：“你这个下作的馋猫，闻到腥味就迈不动步，留在那家过夜，不叫偷人做贼能深一脚浅一脚，把一筐灯罩都摔碎了啊！”

讲 述 者／康喜鹏　男　55岁　大学文化　干部
采 录 者／齐　欣
采录时间／2009年7月21日
采录地点／红透山镇上大堡子村

打呼噜

有个进京赶考的书生，走到前不着村后不着店的地方天就黑了，正着急讨宿儿时，见不远处有一间小草房。书生急忙上前敲门，门一开，出来一个老太太问："你干什么啊?""我是进京赶考的，走过了宿头，现在天也黑了，能不能在你这讨一宿儿。""行!"书生进屋一看，屋不大，里面有个小南炕，刚好能住三个人。这老太太家里还有一个姑娘。这姑娘在炕头，老太太在中间，书生就住在了炕梢。刚要睡觉，外面又有人敲门，老太太出去一看，是个吹喇叭的讨宿。老太太说："我家住不下了。""我呢，就在你们家外屋地下坐一宿就行，晚上贪黑，怕遇到狼，我不敢走。""别介了，我家还有一个柜子，你上柜上躺着吧。"老太太给他拿了一床被，吹喇叭的就在柜子上躺下了。

晚上，喇叭匠子睡不着觉，想着明天能挣多少钱；书生也睡不着觉，是看上了这家的姑娘；姑娘也睡不着觉，觉得小伙儿挺好，想明天留他再待一天。只有老太太躺下就睡着了。

这时，就听见外边有狼叫，喇叭匠吓得够戗，他知道狼怕声音啊，就把喇叭搁嘴里含着。一旦狼要进来，我就吹喇叭。狼就着月光蹲在窗户下，从里边能看见狼的影儿，喇叭匠吓得"哇"的一声就把喇叭吹响了。这下就把老太太吹醒了，老太太翻了个身说："喇叭匠，你不老老实实睡觉，打什么呼噜?"

讲 述 者／康喜鹏　男　55岁　大学文化　干部

采 录 者／祈　欣

采录时间／2009年7月25日

采录地点／红透山镇上大堡子村

没吃亏

有一个小木匠在一家干活，这家就讷和姑娘两口人。姑娘大了，她讷想招个养老女婿上门。要招养老女婿，家里没有房也不行啊，自己手里攒了两个钱儿，就找个木匠盖房子。这房子也盖得差不离了，小木匠在这，活儿干得也不错，姑娘讷也挺满意。

这天，姑娘讷跟姑娘说："姑娘啊，讷去上趟集，你在家看家，小木匠跟你在家，你俩岁数还差不多，咱可不兴吃亏啊。"她姑娘说："吃什么亏？"她妈说："我就告诉你一句话，不吃亏就行。"姑娘说："我记住了，不吃亏就行，好，我就不吃亏。"就这么的，她讷嘱咐了好几遍走了。

姑娘讷一走，姑娘在家，小木匠在院子里邦邦邦搁锛子锛房架子，要上梁了嘛。姑娘在屋坐了一会儿，要上茅房，这个茅房就挨着锛房架子的伴旯（附近）。姑娘上茅房就蹲下了，正好一个木头碴子就飞到茅房里了，这姑娘一瞅："我妈告诉我了不吃亏，你往这里扔木头碴子，我再给你扔回去。"捡起她就扔回去了，正好打在小木匠脑袋上了，"搁茅房里扔木头碴子，什么玩意儿？"小木匠捡起来又扔了回去。姑娘一瞅，"你又扔进来了，我再给你扔回去。"捡起来也扔回去了，小木匠明白了，"啊，你是想叫我去跟你俩干点好事儿啊。"小木匠就进了茅房了，男女之间还有啥事？小木匠进去瞅了半天，寻思问她："姑娘，你打我干啥？"姑娘说："你打我干啥？"小木匠一寻思，我也不跟你废话了，上去就把她裤腰带解（读gǎi音）开。姑娘寻思，我讷不让我吃亏，你给我裤腰带解了，我也把你裤腰带解了，他把她

裤腰带解开了，她把他裤腰带也解开了。解开了，俩人把这事办了，办完以后，小木匠该干活干活，她进屋待着去了。

待了一会儿，姑娘讷回来了，问她："姑娘，我没在家，吃亏没？"

"没吃亏，咱还能吃亏？"

她妈说："什么事儿你没吃亏？"

"哎，有点事，我也没吃亏，小木匠他不是个儿（对手）。"

她妈说："你说说，让妈听一听。"

姑娘说："我去茅房，他拿木头碴子打我一下，我就拿木头碴子打他一下，他又打我一下子，我又打他一下子，他就进了茅房，他把我裤腰带解开了，我把他裤腰带也解开了，俺俩就那么的。"

讲 述 者／黄振华 男 68岁 小学文化 农民
采 录 者／白云锋
采录时间／2009年7月21日
采录地点／红透山镇上大堡子村

窗户撞个大窟窿

有这么一个媳妇，也就四十来岁吧，男人就死了。男人死了以后，她就把他男人的零碎拿下来了，搁个瓢扣起来。

有一天，她要出门，她就告诉她两个姑娘，说："这个瓢啊你俩千万不能揭，千万千万不能动。"俩姑娘说："不揭，不动。"她走了，走到房门口她又回来了，说："你俩记住，这瓢千万不能揭。"她妈要不这么告诉啊，这俩姑娘还不寻思啥，她妈这一告诉，她俩就好奇了，怎么的呢？这瓢扣的啥呀？为啥不让揭呢。她俩就围着这瓢琢磨，越琢磨越好奇。看她妈走远了，就把这瓢给揭了，这一揭不要紧啊，她家猫在边拉呢，她俩还没看清什么玩意呢，这猫"噌"一下子蹿过来。就给叼走了。这俩姑娘一看，这咋办呢？正犯愁呢，飞进来个家雀（音 qiǎo）儿，这姐俩就抓呀，把这家雀儿抓住了，摁着扣瓢里了，她俩说："这回可别揭了，揭了就飞了。"

她妈回来了，没看别的先看看这个瓢揭没揭，东西还在不在。她妈就去揭那个瓢了，一揭，家雀儿一下就飞出来了，出来也不知道东南西北就奔窗户去了，把窗户纸撞破就飞跑了。这时，她妈就说了："大姑娘二姑娘快点灯，你爹零碎成了精，三把两把没抓住，窗户撞个大窟窿。"

讲 述 者／黄振华　男　68岁　小学文化　农民

采 录 者／祁　欣

采录时间／2009年7月21日

采录地点／红透山镇上大堡子村

怎么也得走九个月

这个妇道，有个儿子，十一二岁得急病死了。死了之后啊，她把这儿子埋在道边了。儿子死后，这妇道，天天想儿子，一想儿子，她就去道边儿子的坟前去哭。这天，妇道又想儿子，正在那哭呢，一个小子搁那路过，一看这个妇道，长得漂亮，美啊，虽然哭，也好看。他就站在一旁看着妇道，妇道一看来人了，停止了哭声。这小子一看妇道不哭了，心一动，就去戏弄这个妇道。

他走上前，说："大嫂子，我跟你打听个道啊。"妇道没抬头，就说："你打听道就说呗。"像正经人打听道，那得说好话，客气点儿。这人不怀好意呀，他说："大嫂哇，你这个沟我得走多长时间，才能到地方啊？"妇道一听这话，你这不找我便宜吗。妇道就连哭带嚎地说："哎呀，我的儿啊，你听好了，你怎么也得走九个月啊。"

讲 述 者/黄振华　男　68岁　小学文化　农民
采 录 者/王思雯
采录时间/2009年7月21日
采录地点/红透山镇上大堡子村

半拉梨

有一个寡妇开店，这寡妇，一是靠店客（读qiě）儿住店挣钱，二是靠卖身挣钱，像现在这个小姐（妓女）似的。

这天晚上，来个挑挑儿卖梨的要住店，寡妇一看这梨啊又大又甜，真好吃啊。她就跟那个卖梨的商量，意思要跟卖梨的换这挑儿梨，卖梨的走南闯北的，鬼主意多，就说："咱们这么的，你让我弄一下，我就给你一个梨。"寡妇说："行啊。"

寡妇在炕沿儿下搁个盆，说："你弄一下就往盆里扔个梨。"挑挑儿的说："行，上炕吧。"说完，两人脱衣上炕了。这个挑挑儿的够损的了，他想占便宜，还不想损失梨，他拿个梨咬了一口，剩半拉了，搁梨把儿上栓个线儿放那盆里头了。他弄一下拽一下线儿，"吧嗒"一声，寡妇听盆"吧嗒，吧嗒"响个不停，心想，这梨得满盆了。天还没亮呢，挑挑儿的走了。寡妇起来一看，这盆里只有半拉梨。

讲 述 者／黄振华　男　68岁　小学文化　农民
采 录 者／王　冬
采录时间／2009年7月21日
采录地点／红透山镇上大堡子村

蔫巴了才知道

西沟里有个吴家火烙，住着那么一家人家。儿子娶了一个媳妇，是个大舌头，说话“乌拉乌拉的”，还有点缺心眼儿。

因为家里人口多，男的总上山种地，女的在家做饭。这个媳妇就在家负责做饭。

这一天地里的活儿干不过来了，就雇了一些人帮他们家铲地。因为小两口刚结婚，可能是睡觉晚呗。第二天雇的人都来了，小两口还没起床呢，饭还没做呢。

雇来的人看他俩没起床呢，都站在他们的门口笑话他俩，说什么话的都有。

屋里的小伙子脸上有点儿挂不住了，就骂他媳妇，说：“你说你懒不懒，你知道今天咱们家雇来这么多人，给咱家铲地，还不早点起来做饭？赶紧起来做饭!”

你说这当媳妇的，当家的骂，你就别吱声了，结果她还还嘴，你猜她说的啥啊？ 她乌拉乌拉地说：“起来了扳倒，起来了扳倒，完了你还吵吵!”

小伙子一看这媳妇把他的老底给揭了，就气得够戗，就瞪了他一眼。有这彪媳妇，没办法。

当家的在他们家后山，把山上的树棵子放倒，等到晒干了一把火烧了，这一烧呢，地下一层灰，就地刨出垄沟，搁那种萝卜，灰就当肥了，所以萝卜长得还大、还脆、还甜。这样山地种的萝卜，特别地好吃。

上山经常有打猎或者挖参的人打这经过。一看这萝卜长得这么好，就挑好的往外拔。有的拔出来了觉得不可心，就插回去了，再拔，不好了又插回去了。这样就祸害了不少萝卜。

媳妇在家看着也没发现啊，萝卜被人拔了不少，还有不少让人拿走了。她就拎着几个萝卜，回到火烙里就开始骂："这不祸害人吗？拔出来不知道，插里边不知道，蔫巴了才知道。"

讲 述 者/康喜鹏　男　55岁　大学文化　干部
采 录 者/祁　欣
采录时间/2009年7月21日
采录地点/红透山镇上大堡子村

目录

岫岩满族民间故事

沈阳东陵满堂乡满族民间故事

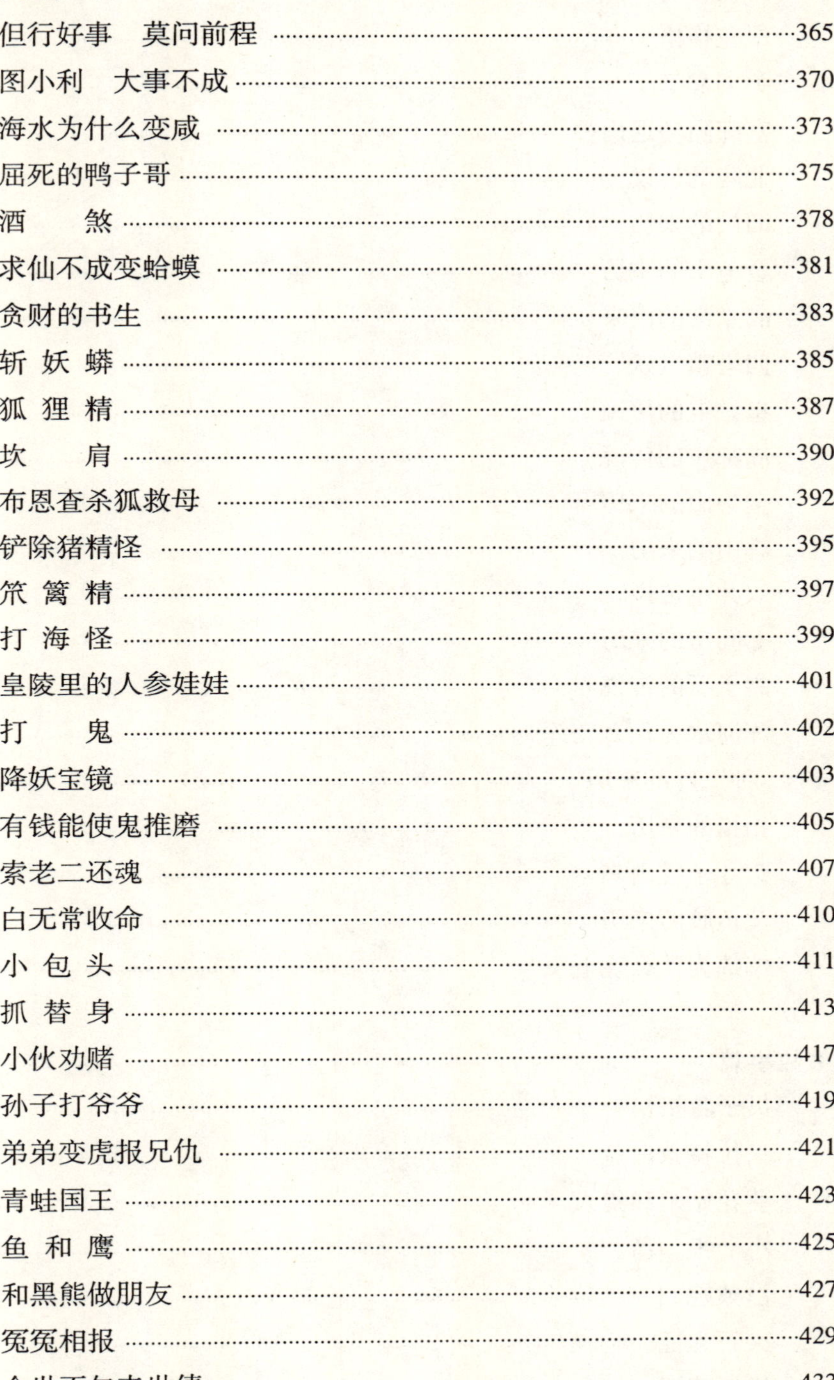

岫岩

满族民间故事

天鹅仙女

传说在很久很久以前，天上住着三个美貌的仙女，她们是同胞姐妹。老大叫恩固伦，老二叫正固伦，老三叫佛库伦。三个仙女都玩够了天上的宫殿和彩云，闲着腻味的慌，想换个地方玩一玩。到什么地方去呢？她们早就听说地上果勒敏珊延阿林（满语，长白山。）山上有个天池，池水像镜子一样清澈透明，池周围飞禽走兽，树木花草样样都有。怎么才能从天上下来呢？三仙女佛库伦聪明伶俐，她用采来的白云做羽毛，用披上羽毛的胳膊当翅膀，摇身变成一只雪白的天鹅。两个姐姐也学着她的样儿，从天上飞下来，落在了果勒敏珊延阿林山上的天池旁边。

三个天鹅仙女下凡来，正赶巧被三个猎人看到了。这三个猎人也是同胞兄弟，老大20岁，老二18岁，老三16岁。兄弟三人都能射猎、斗兽，他们整年在果勒敏珊延阿林山里钻来钻去，靠打猎为生。

兄弟三个朝天鹅落地的地方奔去，追到天池边上，见三只天鹅变成了三个美貌天仙，脱下衣服“扑通”、 “扑通”，跳进天池水里。立时把三兄弟惊呆了：从长这么大还从没见过长这么漂亮的姑娘呢！老大说：“让她们给咱们做媳妇该有多好啊！”老二说：“就怕人家不干。”别看老三小，心眼最灵，他说：“咱们把她们的衣服偷偷拿走，她们回不去天上，就得留在地上。”老大、老二觉得老三说的办法好，

就一起悄悄来到天池旁边，将三个姑娘的衣服拿走了。

三个仙女在天池里洗澡，边洗边玩，越玩越乐，等到日头快落山了，大姐恩固伦说："咱们该回去了。"正固伦、佛库伦说："走吧！"可上岸一看，衣服没有了。三个仙女急得哭了起来。正在这个时候，兄弟三个走到姐妹三个跟前，老大把自己身上的兽皮衣服脱下来，披在恩固伦身上；老二把自己的兽皮衣服脱下来，披在正固伦身上；老三把自己的兽皮衣服脱下来，披在佛库伦身上。

三个兄弟领着三个姐妹离开了天池，在大森林中架起干柴，烧烤野鹿、野牛、野猪的肉。再拿出石刀把烤熟的肉拉成小块块，请三个姐妹吃。吃完，老大扯着大姐，老二扯着二姐，老三扯着三妹，各自进了自己的小马架子。

三个姐妹过腻了天上的生活，从来没有穿过这么暖和的兽皮衣服，没有吃过这么香的烤肉，更没有过丈夫的恩爱。她们舍不得这人间的生活，干脆不走了。

三个姐妹在人间一年，学会了钻火、烤肉、缝皮衣，又都生了一个大胖小子。她们和丈夫相亲相爱，过得很美满。

一晃又过了两年，一天，大姐对两个妹妹说："天上一天，地上一年。咱们已经出来三天了，哪天给玉帝知道了，就要受到天规惩罚。趁时间不算长，快回去吧！"

两个妹妹也觉得不回去不行了，弄不好丈夫、孩子也得受连累。三个姐妹找出丈夫收藏起来的衣裳穿在身上，胳膊一抬，两脚起空了。地上的三个孩子，都两岁多一点儿，刚会答答话，见三只天鹅在头顶上来回飞，一齐扎撒（即摊开）着小手，说："鹅、鹅！"

三个兄弟打猎回来，不见了妻子，只听孩子说："鹅、鹅，飞走了！"一找衣服也没有了，知道三个仙女回天上去了，就对孩子说："那鹅，就是你们的娘，知道吗？"

传说满族人都管母亲叫额娘，就是从这儿起的。后来受到汉族人称呼母亲为"妈妈"的影响，叫成了"讷讷"。

兄弟三人的妻子走后，三个孩子逐渐长大了。后来这三个孩子顺松花江走到牡丹江汇合的地方，觉得那里宽敞，就定居了下来。

后来兄弟三人的后代家口越来越多，三支人分开了，每支都有了

自己的姓，三支人分成三姓。因此这地方就叫做“三姓”（今黑龙江省依兰县，在佳木斯西南）了。

三个仙女回到了天上，吃饭不香，喝水不甜，日夜想念人间的亲人；可又不敢把真情泄露出去，只好藏在心里。就这么过了九百九十九天，这天赶上王母娘娘开蟠桃会，天兵天将们把守不严，姐妹三个一合计，无论如何也得到人间看一看，就是看上一眼，也免得总是这样牵肠挂肚。

姐妹仨还是采天上的白云做羽毛，变成三只天鹅飞了下来，落在果勒敏珊延阿林山上。她们找丈夫、找孩子，都不见了。她们在人间时住的小马架子，没有了影儿。姐妹仨不禁落下泪来，边哭边沿着松花江往下飞。冷丁看见在一处密林中有个百十户人家聚居的部落。一打听，才知道这地方叫三姓，正是她们姐妹三人的后代。天上九百九十九天，地上九百九十九年，不但她们的丈夫早已不在人间，儿子也早就死了，已不知传了多少代了。三姐妹见三姓人虽然像自己的丈夫一样勇敢，却不像三兄弟那样和睦相处。他们生性好斗，常互相抡刀动棒，打得头破血流。仗越打越凶，仇越结越深。

怎么才能让他们不打仗呢？三姐妹很着急。一边往回飞，一边想，不知不觉飞到了天池边。她们脱去外衣，跳进天池里，一边想着心事，一边洗起来。

正洗着，三仙女见天边飞来一只喜鹊飞到天池上空，将嘴里衔着的东西吐在她的衣服上。她本来已经不想在水中多待了，就游上岸。见衣服上放着一枚熟透了的红果，大得出奇，红得透亮。她在山上待过三年，还没有见过这样的果子，拣起来含在嘴里，准备穿好衣服等大姐二姐上岸好给她们看。谁知红果一含进嘴里，哧溜一下从嗓子眼儿滑进肚子里去了。

大姐、二姐穿好衣服要回天上去了，三仙女身子发沉，说什么也飞不起来。大姐、二姐知道她是误吃红果怀了孕，劝她不要着急，等生完孩子再来接她。说完后飞走了。

三仙女留在人间，渴了喝天池水，饿了捕野兽、采野果，冷了点篝火，一过过了十二个月，生下一个浓眉大眼的孩子。这孩子下生就会说话，不一会儿就满地跑，过了不几天，竟和十七八岁的小伙子长得一般高大，非常英俊了。三仙女见孩子这么快就长大了，心想这一

定是天意。她知道人间最贵重的是金子，就说："孩子，你就姓爱新觉罗（满语，金子）吧。"她又望望眼前的布库里山，说："你的名字就叫布库里雍顺吧。"她想起正在成天打仗的三姓人，又说，"天生你，是要你停止械斗，平息战乱，统领人民过安定日子，你懂吗？"

爱新觉罗·布库里雍顺点点头，三仙女指着松花江说："孩子，你就顺这条江下去吧！"说完，她变成一只天鹅飞走了。

爱新觉罗·布库里雍顺砍下天池旁的小树做成木筏子，折下柳树枝叶盘成套圈戴在头上，然后跳上筏子，盘膝坐在上面，顺着山口进了松花江。小筏子穿过九十九道滩，经过九十九天的漂流，来到了三姓地方。

小筏子搁浅了，岸边一个汲水的姑娘看见他，跑回村子，告诉了村里的人们。大家争着来看，见他头戴柳树围成的圈，盘膝端坐在筏子上，那模样很像一尊天神，便问："你从哪儿来的？"布库里雍顺一指江上头，说："从上边来的。"大家寻思他是说从天上来的，布库里雍顺想起讷讷嘱咐的话，就势说："我是天生的，是来管束你们的。"大家见他英俊魁伟，确实与众不同，就相信了他的话。布库里雍顺又指着那汲水姑娘说："是她先看见我的，我就到她家去了。"大家把他让进了姑娘家，那姑娘的父母说布库里雍顺还没成家，就把姑娘许给了他。几位穆昆达也认为这样合适，就做了主婚人，当天举行了婚礼。他们将猪在祖先前领了牲，在院子里架起火堆，全村的人都来上礼，通宵唱歌跳舞，从此以后再也不打仗了。

布库里雍顺在三姓地方居住下来，劝大家和好。各家之间发生纠纷经他排解，大家都和和乐乐，都拥戴他，推举他为部落长。他带领三姓地方的人们，建立了鄂多哩城。

布库里雍顺就是满族的祖先，他的传说也一直流传到今天。

讲 述 者／李成明
采录整理者／张其卓　董　明
采录时间／1983年
采录地点／辽宁省岫岩满族自治县李家堡子

人的来历

很久很久以前，在一座高山底下，住着姐弟俩。姐姐叫鹗云，弟弟叫兜。他们没有阿玛，靠打柴养活家中的老讷讷。

有一天，鹗云格格和兜上山打柴，中午累了，倚在一个石头狮子身旁睡着了。一觉醒来，带的干粮没有了，姐弟俩很奇怪。第二天上山打柴，中午倚在石头狮子身旁又睡着了，醒来的时候，干粮又没有了。一连多少天都是倚在石头狮子身旁睡。

又一天中午，姐弟俩在睡梦中，石头狮子对他俩说："赶快醒来，快醒醒，要天塌地陷了。回去把你家能拿来的都拿来，能赶来的都赶来。"姐弟俩醒来跑回家告诉讷讷，讷讷说："石头狮子轻易不开口，开了口必然不能有假，咱们赶快走吧。"

姐姐收拾衣物，弟弟装种子，讷讷抓鸡抓鸭，忙了一阵赶紧往山上走。走了几步，姐姐想起村里人不知道，急忙回去告诉大伙。村民听了鹗云格格的话谁也不相信，都笑她是个傻子。奇怪的是，这时天上的百鸟，地上的走兽，河边的飞禽，都跟在她后面往上走。到了山顶，他们来到石头狮子的身前，石头狮子张开大嘴，说："进来吧！"鹗云格格领着鸟、兽、禽类走进狮子嘴里去；兜扛着种子、粮食也走进去了。讷讷把鸡鸭鹅狗一个一个地往里扔，扔完还没等进去，石头狮子把嘴闭上了。

姐弟俩知道讷讷进不来了，哭了，哭也没用，只好领着禽兽接着往里走，走不多远见前面放了许多东西，细看，都是以前姐弟俩打柴时的干粮。鹗云格格和兜有了吃的，在石头狮子肚子里待了七天七

宿，狮子又把嘴张开了。飞禽走兽见到光亮，飞的飞，跳的跳，一阵工夫都出去了。鹗云格格和兜把剩下的种子背出来，到外边一看，山下的村庄、房子、人和牲畜都没了，山上的花草树木也绝迹了，只剩下一些大岩石。他们俩拿出种子给飞鸟、走兽各分一粒，让它们撒到人迹到不了的高山里。又把剩下的种子撒遍大地。高山又绿了，飞禽又到处飞，走兽又到处走，只是人呢？可惜天底下只剩下鹗云格格和兜两个人了。姐姐犯愁地说："人从此绝世了。"弟弟说："咱姐俩配成夫妻吧。"姐姐说："我拿根针，在这座高山顶上等着，你拿根红线在对面那个山头，你要是能把红线纫上，咱俩就配成夫妻。"

弟弟拿着线心想，姐姐手里的针鼻那么小，相隔那么远，怎么能把红线纫上呢？正当兜发愁的时候，蚂蚁、蜜蜂、小鸟来了，说："我们能帮你忙。"小鸟叼着红线，飞到鹗云格格的身边，蜜蜂怕姐姐看到他们在给弟弟帮忙，就在她眼前乱飞。蚂蚁钻进针鼻扯着红线爬了过去。

姐姐看红线纫上了，又对弟弟说："这还不行，山上有一盘磨，明天你滚上扇，我滚下扇，磨从山上滚到山下，如果两扇合在一起，咱俩才能配成夫妻。"弟弟听了姐姐的话，又难住了。正在兜独自犯愁的时候，山上的狼虫虎豹来了说："我们来帮忙。"第二天姐弟俩到山顶上放开石磨顺着山势往下滚。石磨滚到狼的跟前，狼上前推一把说："差点儿把我打着。"石磨滚到老虎跟前，老虎推一下说："好险把我砸着。"石磨到哪个野兽面前，哪个野兽就推一把，一直推到山脚下，长蛇用身子一圈，把弟弟的那扇石磨圈起来稳稳当当放在了鹗云格格那扇石磨顶上。弟弟说："这回咱俩该配成夫妻了吧。"姐姐说："就照天意行事吧。"

姐弟俩成亲后，鹗云格格生了十个孩子，世上的人还是太少，一合计干脆用泥做吧。兜到山上抠来最好的黄泥，两个人一气捏了好几百个泥人。人多了记不住，就按照人的模样安排姓氏。泥人做好了，放在院子里晒。有一天忽然下了大雨，两个人一看不好，急忙往家里拾掇。因为拾得快，有的鼻子、眼睛、耳朵碰坏了，有的胳膊、腿撞断了。从那时候起，天下便有了残疾人。

据说现在世上的人，就是从那时候传下来的。

讲 述 者/李成明　满族
采录整理者/张其卓　董　明
采录时间/1983年
采录地点/辽宁省岫岩满族自治县李家堡子

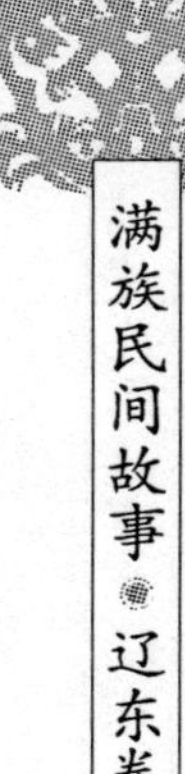

海伦格格补天

这是祖辈传留的故事，谁也说不上有多少年了。那时候的天可不像现在这样。那时候天上龇牙咧嘴，大块小块的石头一个劲儿地往下掉。人们躲在地窨子里，又黑又潮，可又不敢出来，怕石头砸伤。

谁能把天遮上呢？天又怎么个遮法呢？大家都愁得没办法。

一天，不知从什么地方来了个小姑娘，年纪有十四五岁，长得虽然瘦小，却很伶俐俊俏。她对大家说："你们不用愁，我到西天去请佛祖来补天。"大伙见是个小姑娘，本来就瞧不起她，听她说这活，这个说："奥哟哟（满语，轻笑人的用语）！看她这小小年纪，她要是能请来佛祖补天，咱们都能去！"那个说："别听她瞎咧咧，补天是那么容易的？"这时人群里有个老人站起来问："姑娘，你叫什么名字？"小姑娘告诉他，她叫海伦。老人说："好心的海伦格格，你去吧，西天佛祖是不负好心人的！"

海伦格格说走就走，一直朝西走。逢山翻岭，遇水过河。一天、两天，也不知走了多少天，多少个月，到底走到了西天，见到了如来佛。海伦格格对如来佛说："神明的佛祖啊，人间正在受难，请佛祖怜悯，把天遮上吧。"如来佛说："路太远了，我不能去。"说完佛眼一闭，睡着了。

海伦格格在如来佛身边等着，干等不醒；等急了就喊，干喊还是不醒。怎么办呢？干脆背他吧，海伦格格把如来佛背在后背上。她身子本来就瘦小，如来佛又那么高大，她怎能背动呢？背不动也得背，她背起如来佛，一步一步往前挪。走不动了就爬。脚磨破了，腰累弯

了，膝盖和胳膊肘不知脱了多少层皮，终于把如来佛背了回来。

如来佛睡醒了，睁开佛眼一看，人世间真太苦了：有的饿死了，有的被砸伤，有的得了瘫痪病。再看看海伦格格这一片诚心，实在难得，就说："好吧，我来帮助你。"

如来佛送给海伦格格一盆神火，告诉她说，用这盆火炼七七四十九块石头，炼到七七四十九天，能炼出一块五色神石，你再站到火盆里，把神石举起来，就能把天补上。

海伦格格按照如来佛的旨意，一直炼了四十九个白天黑夜，一块四四方方、上有五样颜色的薄石板终于炼成了。海伦格格高兴地踏在火盆上，用双手举起石板，那火盆突然变成一朵金莲花，托着她和石板向高空飞去，堵住了天上往下掉的石块，天被补上了。人们从地窨子里出来，望着补好的天，乐得直蹦高。大家一齐向天上看，盼望海伦格格回来。一天、两天、三天过去了，却不见她的影子。海伦格格哪里去了呢？传说她被留在天上，当了神仙了。

讲 述 者／李成明　满族

采录整理者／张其卓　董　明

采录时间／1983年

采录地点／辽宁省岫岩满族自治县李家堡子

姐弟合婚造人

有这么一户人家，一个老太太领着一个姑娘一个儿子过日子，日子过得很苦。家里粮食不够吃，姑娘大，儿子小，姐姐经常领着弟弟到大山上挖野菜采山果。讷讷呀总是疼孩子，每次上山的时候总是给他们带点吃的，怕孩子饿着。

山上有一个庙，这个庙年久失修，都要塌了，但是庙门口的石狮子还是好模好样的。他俩每次上山都到这个石狮子跟前转悠两圈，姐姐摸摸石狮子的脑袋，弟弟捶捶石狮子的后背，对这个石狮子挺有感情的。姐俩把讷讷给拿的干粮放在石狮子的背上，就上山挖野菜。有一天姐俩回来一看，干粮没有了，开始以为是让山里野狗什么的叼去了，也没在意。第二天，姐俩上山，照常把干粮放在石狮子的背上就走，等他俩下来，到石狮子背上取，干粮又没有了，一连三天都是这样的。

姐姐就摸着石狮子的脑袋说："石狮子，石狮子，我这干粮哪去了呢？难道还会是你吃了吗？"

这时候，石狮子张嘴说话了："我不是吃你的干粮，是把你的干粮收起来了，我告诉你们俩，今天午时三刻就要天塌地陷了，你俩赶紧回去告诉你的家里人，马上到这来，晚了就不赶趟了。"

姐俩听石狮子这么一说，撒腿就往家里跑，告诉他讷讷。他讷讷说这石狮子说话就不能假，光咱们走不行，得告诉堡子里的人。姐俩挨家告诉说：

"要天塌地陷了，赶快到石狮子肚子里藏起来。"

可是堡子里的人都不相信，说："简直大白天说梦话，好模好样的天怎么能塌，地怎么能陷呢？到石狮子肚子里？这石狮子肚子里能装下几个人！这是不可能的事。"

都当做笑话，谁也不肯听。

姐俩一看谁也不肯听，再看天眼瞅就晌午了，到时间就来不及了，这就回家把鸡鸭鹅狗赶着，带着各种种子，领着讷讷就奔这后山的石狮子来了。等到了石狮子这，石狮子嘴就张开了，就把这些鸡鸭鹅狗都赶里头了，把种子也扔里头了。这时候，来了一个老虎一个豹子，来了之后又作揖又行礼，兄妹俩就让老虎和豹子钻进狮子嘴里去了。他们刚要进，又飞来小鸟小蜜蜂，姐俩又让小鸟小蜜蜂进石狮子嘴里。这时讷讷就叫姑娘和儿子先钻石狮子嘴里，姑娘就叫讷讷先钻里，讷讷说：

"还是你们先进去，我后进去。"

等姐姐和弟弟俩钻进石狮子嘴里，讷讷还没等进去，石狮子嘴就闭上了，把讷讷隔外面了。这时候就听着山摇地动，一声巨响，天塌地陷了。姐俩进了石狮子的肚子里，一看原来拿的午饭都在石狮子肚子里放着。赶进去这么多东西，石狮子肚子里仍然还挺宽敞，还有老大地方呢，再多的东西都能放下。这样过了三天三夜，外面不动了，也不响了，石狮子嘴张开了，告诉大家："你们出来吧。"

等出来一看，世界全都变样了，花草树木什么也没有了，全是石劈琅琊。兄妹俩一看，这可怎么过呢？这人不是绝后了，断种了吗？

弟弟说："姐姐咱俩配夫妻吧，要不这人不就断种了吗？"

姐姐说："咱们？我是你姐姐！你是我弟弟！咱们怎么能配夫妻？"

弟弟说："咱俩要是不配夫妻，那就没有人了，人不就绝种了吗？"

完了，姐姐说："那么的，依我三件事，要是都能成功，那就是天意，那咱俩就配为夫妻。第一件事是我拿一根针，你拿一根线，都到百步之外，往一起扔，针和线要能纫上，咱俩就能配夫妻。"

弟弟说好。小蜜蜂小蚂蚁这就听到了，小蜜蜂叼着针，蚂蚁咬着线，使针线纫到一起。

弟弟说："这把咱们能配夫妻了？"

姐姐说 ："不行。还有第二件事。这有一把剪子，你把剪子股拆

开，你拿一股，我拿一股，百步以外往一起扔，剪子股并一块去了，又成为一把剪子，咱们就配为夫妻。”

兄弟说好。他俩把剪子股拆开了，到百步之外，把剪子往一起扔。这时候小鸟听到了，来帮他的忙，把两个剪子股叼到一起去，剪子合到一起了。

兄弟说：“姐姐这把该配夫妻了？”

姐姐说：“还不行，还有第三件，这有两扇磨，你上东山往下轱辘，我上西山往下轱辘，滚到山底，两扇磨要能合一块去，咱俩就配夫妻。”

弟弟说好。他俩一人一扇磨，推到山顶上去了，等上山上往下轱辘时，老虎和豹子听到了，这就来帮他们的忙，一人推着一扇，结果两扇磨又合到一块了。

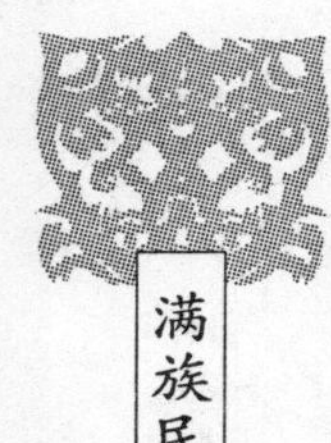

姐姐这下没话说，这么说咱们姐弟可以配夫妻？他两个配夫妻之后，生了十几个孩子，觉着人还是太少了，最后他俩合计怎么办呢？咱们做泥人吧。这就和黄泥，做泥人，弟弟做120个，姐姐做120个。弟弟做120个都是男的，姐姐做120个都是女的，配成120姓，百家姓就搁那时候来的。结果这泥人正在晾晒的时候，来雨了。这姐俩就往家收拾泥人，有碰掉鼻子的，有拐掉胳膊的，这缺瞎鼻失的残疾人就是跟那时候留下来的。

等后来，这些泥人都活了，120个男的，120个女的，配成120对夫妻，人就繁衍开了，越生越多，就这么地，一直到现在，遍地都是人。

讲述者/张文英　男　65岁　小学　农民

采录者/闻　良

采录时间/2008年8月20日

采录地点/岭沟乡西道村张家沟组

努尔哈赤巧取辽阳

有人说，努尔哈赤费了九牛二虎之力才夺下辽阳，也有人说，努尔哈赤打辽阳没费吹灰之力。要弄清这个底细就得从赫图阿拉说起。

努尔哈赤从打在赫图阿拉登极坐殿以后，兵强马壮，粮草堆的像山似的，驻在苏子河两岸军营的八旗兵旌旗如林，把太阳城都遮住了，势头越闹越大，没过几年，他在抚顺东部的萨尔浒山下把明兵打得大败。接着，他又领着诸贝勒统帅的八旗子弟，铺天盖地地向辽阳杀了过来。努尔哈赤兵分两路进攻辽阳城，北路由大贝勒代善统领，从城西八挂头偷过了太子河；南路由四贝勒皇太极统帅，从城东南石场峪、早饭屯山上杀了下来。努尔哈赤率领摆牙拉从正面进攻。一路上车骑滚滚、尘土飞扬。这举动，早被明兵的探子回禀给辽阳总兵。明朝的守城先锋侯世禄，眼看努尔哈赤的大兵冲到城下，慌忙率领一对人马出城应战。明兵还没等站稳阵脚，就被八旗兵给冲散了，死的死，伤的伤，护城河的水都染红了，侯世禄只好带着残兵败将逃回城里。努尔哈赤也没追赶，就下令在城的周围安营扎寨。

第二天，天刚亮，在海螺角声中，攻城开始了，八旗兵冒着明兵的矢石炮火顶烟而上，架好云梯就往城上爬，不到半天，就把西边城墙抢过来了。这时，守城的大官们，摘掉了乌纱帽，化装成黎民百

姓，一个个都吓得顺着城墙跟溜走了。守城的明兵，伤的伤，亡的亡，剩下的将官，什么守道啦，监军道啦，吓得投井的投井，上吊的上吊。只有明朝守辽阳的总兵袁应泰坐镇在北门的镇远楼上拼命抵抗，一阵阵炮火矢石打得八旗兵抬不起脑袋。这时，努尔哈赤的兵丁有不少掉进护城河里，已经登城的那部分兵丁，如不增加后援，也要被明兵消灭掉。努尔哈赤的大队人马被护城河这个拦路虎挡住了去路。这时努尔哈赤跨着战马，围着护城河察看军情阵势，当他转到城东头时，发现那里有个引水口，太子河水就是从这儿淌进护城河的；再从东往西察看，嗬，城西头正有个截水的闸门。努尔哈赤一见乐了，急忙下令让右翼的四旗兵背土、运石，堵塞东头引水口；让左翼的四旗兵，挖开闸门泄水，护城河水很快就泄干了。努尔哈赤一声令下，八旗兵一阵风似的冲了上来，一直杀到第三天头晌，像拉大锯似的，你争我夺。打到中午，明朝守城的总兵袁应泰还站在北门镇远楼上督战，他眼看着守城官兵丢盔卸甲地败下阵来，他知道已到了城破人亡为君主尽忠的时刻了。他从容地站在城楼上点起火来把自己烧死了。这工夫，明军已被打得旗倒兵散，又没有护城河的阻挡，城门被打开了，努尔哈赤的几路大军像潮水似的涌进城去，把明朝的辽东重镇辽阳夺下来了。努尔哈赤入城的时候可威风啦，有八旗子弟开路，有明朝降官降将准备的一抬蒙着虎皮的大轿，从城外把努尔哈赤接到袁应泰的总兵衙门。明朝的官兵一个个都归顺了努尔哈赤。唯独崇祯皇帝派来的督战巡按御史张铨，坚决不投降，四贝勒皇太极就用弓弦把他勒死了。努尔哈赤见他是个忠臣，下令把他埋在太子河边的青松林里。

努尔哈赤打下辽阳，很是舒心随意，经常出城游山逛景。有一天，他领着人马从东山打猎回来，只见从头顶刷刷地飞过去一只锦鸡，飞到新城上空，左三圈、右三圈地打围子，好像在寻找什么，然后就慢慢悠悠地拢翅落在土岗上。那锦鸡刚一站脚就扯着嗓门儿“咯咯咯”地唱了起来，声音甚是动听。努尔哈赤年轻时在长白山挖过棒槌，但他从来没有见过这么好看的山鸡，心里很是纳闷儿，便问身边大臣：“这鸡唱的是什么意思？”大臣回禀说，鸡儿唱的是：“王者兴！王者兴！”努尔哈赤听了笑着点了点头，随后就率领贝勒大臣奔山岗走

来，这时见锦鸡却穿过彩云向蓝天飞去了。努尔哈赤与众贝勒大臣走近前一看，那山冈上放着一个八角形的石匣，匣盖上留有一双鸡爪印。努尔哈赤急令敲开石匣，笔帖式赶忙跪下，从匣里取出一个画卷，献给努尔哈赤。原来是一张画得有棱有角的“宫殿图”。这可怪啦，大伙惊得都大眼瞪小眼，给弄蒙了。努尔哈赤不但不觉得奇怪，反倒哈哈大笑起来。他一琢磨，这可是有风水的好地方，不怪说“大将军八面威风，圣天子百灵相助”，是天意让金国兴旺啊！于是，他下令让族中的弟弟铎弼，领着民夫壮丁按图修起黄绿琉璃瓦的“八角殿”，城墙也很快地砌起来，以后真就把都城从赫图阿拉搬到辽阳新城，这就是历史上说的“东京城”。现在这个城的旧址还留在那里。

讲 述 者／赵淑英

采录整理者／张其卓　董　明

采录时间／1983年

采录地点／辽宁省岫岩满族自治县

韩湘子讨封

韩湘子是唐朝时候的人，他一小的时候也是读书的书生。十七岁娶媳妇，媳妇名叫林英。娶媳妇正日子那天，拜了天地要入洞房，来一个化缘的老道，化缘老道不化别的，就化韩湘子，要他跟他出家。韩湘子洞房没入，撇下林英，跟他师傅到终南山练道。韩湘子在终南山练道练了十二年，道业就练成了。练成了之后，得借皇帝口气封他，封他是什么神仙他才能是什么神仙，不借皇帝口封不好使。所以呢，韩湘子要向唐朝第二个皇帝李世民讨口封。那时候，人们管李世民叫唐二主，这年，正赶上唐二主要过六十大寿，韩湘子就以贺寿的名义前去讨封。

唐二主六十大寿，办得非常红火，来了很多文武官员，还有出家人，韩湘子也去了。来的人都献寿礼，韩湘子空着两手，什么也没带。唐二主见了，就问：

“韩湘子，你到这干什么来了?”

韩湘子就说：“启禀万岁，贫道给您上寿来了。”

唐二主说：“既然你来给我上寿，怎么地你也不能空手来，你带的寿礼在哪儿?”

韩湘子说：“我的寿礼在兜里。”

说着，他搁兜里掏出来能有手指盖那么大一个小东西，一晃就变成一个竹篮。搁竹篮里取出来个瓜子，在金銮殿地上挖了个坑，就把这瓜子埋上了。韩湘子对着坑吹了三口气，地下就长出来瓜秧，这秧见风就长，霎时间就开花结果，一结结了个溜圆的大西瓜。韩湘子把

西瓜一开两半，说：

“我主，这就是我的礼品。”

唐二主一看，这太出奇了，平地就长出西瓜来了，就要接过来吃。韩湘子一想，唐二主是凡人体，要是这凡人吃了西瓜的话，那就成仙了。韩湘子没把这西瓜放唐二主手里，就放地下了。西瓜放在地下就变成一只彩船，这彩船顶上有十个美女，有跳舞的，有弹唱的，十分热闹。那唐二主看呆了，说：

“你这个小船太好了，能不能送给我？”

韩湘子说：“这船不能送给你。”

唐二主说：“我出银子买呀。”

韩湘子说：“就怕我主付不起这些钱。”

唐二主一笑，说：“我是一国之主，你要多少银子，我能付不起？”

韩湘子说：“你这银子给我装一小竹篮就行。”

唐二主一听“哈哈”大笑，就说：“你就要这么点银子？小竹篮能有多么大？”

唐二主就吩咐手下大臣，往小竹篮里面装，并告诉满点装别亏待韩湘子。大臣把银库打开往里面装，结果装空了三座银库，看小竹篮还没装上半篮。大臣害怕了，赶紧跑回来禀报唐二主，说：

“他这个竹篮太能装了，装空了三座银库，还没装上半竹篮。”

唐二主皱了皱眉，就问韩湘子：“你这个竹篮能装多少东西？”

韩湘子笑笑，说：“我这个竹篮能装三座名山。”

唐二主一听，说：“什么？你这个竹篮能装三座名山？那你装给我看看。”

韩湘子就对竹篮吹了三口气，结果在竹篮里就出现了三座山，山上的山景特别清楚，苍柏古树，山花盛开，各种飞禽走兽满山跑。

唐二主一看，说：“你这山景不算全，既然有山就得有水。你这有山无水。”

韩湘子说：“要水，这就是水。”只见他手在那山底下划了一下，一条大河绕山流淌。河里还漂着刚才那个彩船，那十个美女还在那顶上，有弹的有唱的还有跳舞的。

唐二主一看，说：“你这山景是够全的，既然我买不起你这个彩

船，我能不能去你彩船上游玩游玩？”

韩湘子笑一笑，说：“我主你本是凡人体，你是凡人怎么能上我的船。”

唐二主不高兴了，说：“你说我是凡人体，那么说你是上方中八仙啊？”

唐二主的话音儿还没落地，韩湘子腾云驾雾就上天了，说：“你既然封我八仙位，我就保你大唐天下三百年。”

讲 述 者／张文英　男　65岁　小学　农民

采 录 者／史建丹

采录时间／2008年8月20日

采录地点／辽宁省岫岩满族自治县岭沟乡西道村张家沟组

凤凰山和娘娘城

凤凰山就在凤城县的东南面，娘娘城在咱岫岩县的杨家堡子，那个堡子叫冰岭子。据传说，盖苏文占东北的时候住在凤凰山。盖苏文的妹子，名叫盖秀英，占据在娘娘城里。现在到娘娘城去看看，那古城墙还在。唐二主还没有跨海征东之前，这地方全叫盖苏文给占了，盖苏文那时候是野心勃勃，要想占领咱们中原大国，他想当中国皇帝。

盖苏文也非常厉害，据说他有十二把飞刀，他妹子盖秀英呢，有二十四把飞剑。哥儿俩都非常厉害。一个盘踞在娘娘城，一个盘踞在凤凰山。他们两个约定，谁要是被唐军围困了，就赶紧发狼烟，对方知道了赶紧来解救。约好了之后，盖秀英心想，我这边要真被唐兵围困了，我要发狼烟，我哥哥能真来救我吗？狼烟能好使吗？结果她就捡了一堆狼粪，什么事都没有，她就发狼烟。那边盖苏文看见了，马上率领兵马过来了，到这一看没有敌情，就问他妹子：

"你发狼烟干什么，怎么回事？"

盖秀英说："我想试试狼粪发狼烟到底好不好使。"

盖苏文把妹子骂了一顿，说："这是闹笑话的事吗？这是试验的事吗？兵马路途有多大的消耗？有多大的危险？凤凰山那边有什么变化，都不可预料。你再可不能这么做了。"

盖苏文领着兵马回去了。

唐朝第一个攻打娘娘城的是谁呢？是马三宝。唐朝的大将马三宝真的带领兵马，把娘娘城困住了。盖秀英没敢交战，直接就给他哥哥发狼烟。马三宝呢，他武功不是特别高，盖秀英如果出城，用她二十

四把飞剑，几个来回就能把唐兵破了，把这个局解了。可盖秀英没出城，给她哥哥发狼烟。盖苏文来了，没经过几个回合，就把马三宝打退了。仗打完了，又给他妹子好顿训，说：

“马三宝不是你的对手啊，你要出马，完全可以打退他，根本用不着给我发狼烟。”

盖苏文生气地回凤凰城了。

第三次呢，是薛礼带着兵马把娘娘城围住了，盖秀英跟薛礼交战几个回合，都被薛礼打败了，逃进城里，就给他哥哥发狼烟。她哥哥看见狼烟了，心想，没有什么大事，这把我不去了，让她自己折腾去吧。当时消息也不灵通，盖苏文就没动兵，薛礼就把这娘娘城攻破了，盖秀英自杀在娘娘城。后来在娘娘城上面修了一座娘娘庙，就是盖秀英的庙。

打完娘娘城，薛礼带着兵马就来围攻凤凰山，等兵马到了凤凰山下了，盖苏文这才知道，这阵势不是马三宝那阵势了。召集兵马，跟薛礼打了几场都叫薛礼打败了，落荒而逃，跑了。

人们传说，薛礼三箭夺回凤凰山，就是说，薛礼的箭功非常厉害，把山能射透。盖苏文在山那边，薛礼在这边，把山射穿了，箭穿过去，把盖苏文射死了。现在到凤凰山上，还有那箭眼。就是薛礼当年三箭夺回凤凰山，杀死盖苏文留下的。

讲 述 者 / 张文英　男　65岁　小学　农民
采 录 者 / 刘　垚
采录时间 / 2008年8月20日
采录地点 / 岭沟乡西道村张家沟组

哨子河的传说

岫岩满族自治县境内有条从北到南贯穿七个城乡的大河——哨子河。因为它发出哨子般的声响，才得到这个响亮的名字。

早先年，大山里有个母亲生了个儿子，下生就不喘气了。按照古老的习惯，要把死了的孩子扔到没有人烟的深山老峪里去。

孩子被扔进深山里，凤凰衔来一棵灵芝草，把孩子救活了。梅花鹿来给孩子喂奶，老虎走来用自己毛茸茸的身子，护卫着孩子，怕把孩子冻死。这个孩子在飞鸟走兽救护下长大了。他和群兽为伴，学会了兽语；他和百鸟交往，学会了鸟歌，能把百鸟引来。群兽推他为王，百鸟选他为王，他有老虎的勇敢，他有凤凰的英姿，是一个十分俊美的小伙子。

一年夏天，太阳像火球一样烘烤着大地，天上没有一片云彩，山野里没有一丝轻风。树焦了，草枯了，河干了，连山涧里的泉水也不淌了。野兽钻进了山洞，百鸟藏进了树窟，蜜蜂、蝴蝶也都钻进了石缝里。山野失去了绿色，峡谷停止了一切的声响。

这是谁在作怪呢？原来山里钻出了一个旱魔。这家伙仇视生命，嫉恨绿色，他要把山野大地变成一片焦土。他吸干了地上的水、雾气，甚至连风都给吸进了。群兽向小伙子乞求，百鸟向小伙子央告，花草树木向小伙子点头，请求他把旱魔赶走，拯救大地上遭受灾难的一切生灵。

万物信任他，小伙子受到了很大的鼓舞。他抬起了沉重的脑袋，迈着艰难的步子，走出了土洞。在炎炎的烈日下，打起了口哨，哨音

划破了干裂的嘴唇，歌声震碎了沙哑的嗓子，强烈的阳光蒸干了他一身的汗水。他的口哨吹了三天三夜，他把精力耗干，把血汗流尽。

小伙子的哨音越来越弱了，小伙子的头越来越低垂了，眼睛闭上了。但小伙子并没有倒下，他记起了是谁把自己养活大，想起了鸟兽花草对自己的期望，他顽强地挺着身子，挣扎着，又吹起他那哨声。山神听到了他悦耳的哨音，感动了！泉神听到了他圆润的哨声，也感动了。山神要把大山劈开，泉神要把地下的水放出来。就在小伙子哨音停止，歌声卡住，就要闭上眼睛的时候，只听一声巨响，大山裂开了。旱魔被山石压在山里去了。地下水一下子喷涌了出来，小伙子被河水唤醒了，大地又恢复了生气。泉水流成一条大河，一直淌到今天。

讲 述 者／郎玉德

采录整理者／曾 层 佟 畴

采录时间／1983年

采录地点／辽宁省岫岩满族自治县

马坟的传说

从庄河到岫岩，中间要路经小洋河。小洋河边上有一座坟，叫马坟。马坟早已被河水冲的没踪没影了，可是对它的来历，人们还没有忘记。

传说清代乾隆年间，有一天，有这么哥三个：老大背着行医的药箱子，老二挎着做饭的铁锅和大勺，老三扛着打铁的铁锤、铁砧一整套家什，走到小洋河岸边。他们看山山青，尝水水甜，便决定在这里落脚不走了。哥仨就地捡石头，挖黄泥，盖起了石砌泥抹的三间小房。然后各凭各的手艺混生活。老大开了个小药铺，老二开了个小饭馆，老三开了个铁匠炉。

这哥仨是一奶同胞，本是山东蓬莱人，姓张。他们是从蓬莱坐帆船来到南海岸上的。南海就是现在的庄河。完后又从庄河直奔岫岩来了。

张家兄弟为啥要背井离乡到岫岩来呢?

原来乾隆年间，山东年年闹灾荒，不是旱就是涝，老百姓连糠菜都填不饱肚子，人饿死的不计其数。那时候都听说关东地广人稀，为了活命，不少山东人离开了祖祖辈辈住的家乡，拖儿带女来闯关东。

张氏兄弟自从在小洋河岸边做起了生意后，那小药铺前来买药看病的人，天天不断；小饭馆里喝酒吃饭的，也都挤不透；那铁匠炉打锄头、镰刀，凡是庄稼活用的家什，做也做不完。因为小洋河边，是岫岩往南海的必经之路，那车道上每天人来人往。再加上当时的岫岩，大多数是旗人，论打仗、狩猎他们都比汉民强；要行医看病、做

可口饭菜、制作农具，汉民可比他们在行。因此，他们的买卖特别兴隆。

哥仨在小洋河边上一住五年，老二、老三都娶了媳妇，各自盖了四合院新房。只有老大，还是孤身一人，因为他在山东家已娶妻生子，还有年迈的父母与他的妻儿同居。

这一年快到年根底下了，老大把小药铺折了几个钱，打算回山东探家。临走时哥仨聚在老二家。老大说："哥哥这次回去如果见家里情况还混得下去，便留下侍奉二老归终，不回来了；要是那里还是挨饿受冻，就跟你嫂嫂扶持二老到这里来。"两个弟弟说："家中状况好过不好过，都到这里团圆吧！咱兄弟三人都在父母跟前，也免得互相挂念。"老大"唉"了一声说："只怕父母故土难离啊！"老三说大哥也许不回来了，在背灯影里偷偷擦了擦眼上的泪，转身回了家。他的家与老二家紧挨紧，不一会儿捧回一个小布袋说："大哥，这是我甩膀子攒下的一些银两，代我拿回去孝敬父母吧！"老大打开小布袋，见是五十两银子，说："我替父母收下了。"然后摘下挂在墙上的钱褡子，把小布袋放了进去。

哥仨又闲说了一气话，看看天不早了，便各自歇息了。老三临告辞说："大哥，明天走我去送你！"

老三让老大捎银子，老大把银子装在钱褡子里，这个经过老二两口子都看见了，他俩本来都是贪财鬼，看见钱心里就痒痒。老二盼着那骡马成群、奴仆成帮的日子，老二媳妇想着那肥吃肥喝的生活。这天夜里，两口子在炕上折腾了半宿也没合上眼。媳妇叫一声老二，说："哎！咱不会把大哥的钱拿来吗？自家兄弟，他不会疑心是咱们干的。"这话正合老二的心意，他麻溜翻身起来，说："走，咱们去看看！"

老大就住在下屋。老二两口子轻手轻脚来到门前，故意把门弄得吱吱嘎嘎响了几下，试探试探老大睡没睡着。他们见里边没有回声，便一前一后进了屋，摸到老大身边，伸手去拿钱褡子。只见老大"腾"地坐了起来，喝问："谁?"

原来老大并没睡着，他的心早已飞回了山东家，五年啦，不知父母死活，也不知妻儿怎样。忽听门响，他以为是夜风刮的，等听见脚

步声，才明白是来了贼。他心想：来贼能怎么的？上屋就是我二弟，怕啥？可是透过屋里的月光，见来人不是别人，正是老二，气得他喊了声："二弟，你这是干什么？"老大这一喝问，老二两口子吓了一跳，老二心里暗叫不好，这要是传扬出去，脸面往哪里搁？在三弟和父母面前又怎么交代？正慌忙中，他的脚忽然碰到了炕沿底下的一个东西，他猛地想起，这是一把斧子，是他白天干活放在这儿的，干脆，一不做二不休！老二想着便伸手摸起斧头，抄起来对着老大就是一斧，只听"吭哧"一声，老大就没动静了，老二媳妇划根火柴一照，斧头打在了老大脑袋上。

老二两口子因图财害死了亲兄弟，尸体怎么办呢？挖坑埋上吧，天寒地冻刨不动；装在柜子里吧，老大个子大装不下，再说死人怎好放在家里？想来想去，想到了离家不远的小洋河。

那时候，小洋河水旺季能行船，不像现在这么浅。老二两口子急忙来到河边，把冰面刨了个窟窿，然后返回家把老大尸首抬到马上。

这匹马，本是老大的马。因为老大经常出外行医，来岫岩后头一件事就是买马。他大饼子就咸菜，喝白开水，攒钱买了这匹马。他很爱这匹马，父母妻子都不在身边，马就成了他的亲人。别人要问他家里几口人，他就说两口，不知道还以为那一口是他的妻子呢！这马呢，别看是哑巴畜牲，在一起待长了，也通点人性。老大的东西它能认得出来，老大跟它说的话也能听懂一半句。就连老大的体性它也摸得差不离儿。

老大趴在马背上，老二牵着马，马就觉得有点儿不对劲儿。因为老大从来是坐在它背上，也不用别人牵它。等到了河边，老二两口子把老大抬下来，它也觉得有点奇怪，因为老大从来都是自己从它身边下来的。又见老二两口子将老大"咕咚"一声扔进冰窟窿里，这一下，它可炸了，大叫一声，撒开蹄子就向冰窟窿冲去，幸而老二手脚快，一把抓住了缰绳。要不它非跳下冰窟窿不可。

老二两口子抓住马，拼死劲往回拽，马咴咴叫着，用蹄子把地刨得啪啪山响。老二两口子连打带吆喝，好歹把它牵回家，拴在马棚里。

钱不是好来的就心虚。把老大的钱褡子放哪儿呢？放在柜子里不妥当，放在天棚上不放心，装在仓库里又不安全。老二越想越不放

心。最后，两口子一合计，干脆，埋在马棚里。

老二两口子来到马棚，在马槽底下刨了个坑，把钱褡子埋上了。然后悄声回到屋子里，睡梦里偷着乐去了。

第二天早晨，老三到老二家送老大，见屋里外头没有老大的影儿，便问道："大哥呢？"老二胆虚，嘴张了几下，舌头卷卷着，没有说出话来。老二媳妇见老二支吾不出词来，怕露馅儿，忙接过说："走啦！"老三问："什么时候走的？"老二媳妇说："半夜！"说完又改口说，"天刚蒙蒙亮！"老三有点疑惑，说："昨晚我和大哥约好的，来送他，怎么不等我来？"老二媳妇瞎编说："大哥说早走，好多赶路，昨晚睡得晚，你白天打铁怪累的，就不等你了。"老三听了，就没再说什么，可心里总觉得有点不对劲儿。他迈出房门，忽听马叫，往马棚里一看，老大的马正竖起耳朵，瞪着眼睛，扬着头，好像在叫他。老三走到马跟前，拍着它的脑门儿说："别叫，别叫，你是不是看我和大哥长相差不多，认错人了？"马流出了眼泪，又叫了两声，就用蹄子猛劲刨槽子底下。老二两口子听到马叫就跑出来了，见它刨地，吓得高一声低一声地吆喝也吆喝不住。老二媳妇便送给老二一根大棒子。老二拎起大棒子，没头没脑的冲着马打起来。那马不躲也不闪，任凭他打，还是用它那蹄子一个劲儿地刨。眼看着刨出来一个坑，马一低头，用嘴叼出一个东西，扬头扔在老三跟前。老三拣起一看，这不是大哥的钱褡子吗？怎么埋起来了？打开一看，他让大哥捎给父母的小布袋还在里边。不用问，老三明白了，就冲着老二喊道："二哥，你偷了大哥的钱，你这没良心的！大哥路上没盘缠怎么走？爹妈和大嫂在家盼了五年，你让他怎么进家门？"他越说越气，举起铁锤般的拳头就要揍老二。老二媳妇一看不妙，忙过去拦住说："三弟，别动手，就怪你二哥财迷心窍，忘了兄弟情义，我看大哥才走不多时候，你们哥俩快去撵他，把钱还了，老二再给大哥赔不是，也就算了。一个娘养的，别为这点事伤了兄弟和气！"老三一听可也是，边说："好吧！"他把钱褡子往肩膀头上一搭，扯着老二一起跨出了大门。正在这时候，那马叫了起来。老三转回去，走到马跟前，拍拍他的脑门儿，又说："马啊，马！可惜你是个哑巴畜牲不会说话，你是要和我一起去见见主人吗？"马又流出了眼泪。老三说："好吧，我带着你！"

老三牵着马出了大门一直往南走，可是马偏要往东拐。老三说：“你主人从南海上船，要找他得往南走。”马晃晃头，非往东走不可。老三拽不过马，马猛一使劲儿，挣脱了缰绳，撒腿就跑，直奔小洋河岸边。老二、老三只好在后面撵。马跑到冰窟窿跟前，停下了，眼中又流下了泪，然后“扑通”一声跳了进去。

老二一看，拍手大叫：“哎呀！不好啦！大哥回来，好埋怨我连匹马都看不住啦！”接着又对老三说：“就怪你，好好儿的马，死在了你手里。”

老三虽是个打铁的粗人，可也粗中有细。马跳冰窟窿这件事可稀奇啦！他牙一咬，把衣服脱掉，就往冰窟窿里跳。老二一看，吓破了胆，忙扯住说：“三弟，下不得，马没有了还能买，天寒地冻的，你要是有个好歹，我怎么对得起爹妈和大哥！”

老三不听老二阻拦，挣开他的手，说：“捞不上来活马，死马卖肉还能捞回几个钱！”说着，“咕咚”一声跳进了冰窟窿里。

老三在水里摸了好大一气，摸到一个尸体，他使劲抱起来，扛上肩，举了上来。

再说左邻右舍听说老大的马跳冰窟窿了，又听说老三也跳进去，都跑了出来。不大一会儿河边就聚满了人，老二媳妇和老三媳妇也在人群里。

大伙见冰窟窿里举出来的不是马，是个死人，吓得“妈呀”一声，再一细看，这人不是别人，正是老大。

老三媳妇一看，“哇”的一声哭了起来：“大哥啊，你这是怎么啦！你不是要回家吗，怎么丧了命呢？”

老二媳妇也装模装样地跟着哭，老二也故意用手抹眼泪。

老三从冰窟窿里爬出来，见老大头上有伤，对老二两口子呵斥道：“别装哭了，你当谁还不明白！”

邻居们也猜出了其中的原因。

老三又一纵身跳进了冰窟窿里，可怎么也没摸到那匹马，不知叫河水给冲哪儿去了。

老三把老大埋在了离铁匠炉不远的小山根底下，坟的前面就是小洋河。老三又到通判衙门（清代岫岩管理民人的官府）告了状，杀人

者偿命，老二两口子都给处决了。经通判官判定，还将老二的全部家产给了老大媳妇。老三让自个媳妇好好儿看管铁匠炉，回到山东老家把爹妈和大嫂侄子们都接来了，也在小洋河岸边落了户。可老三心里总还想着一件事，他想什么？他想大哥的那匹马。

冬去春来，小洋河的冰解冻了，河水翻着层层浪花，日夜地流着。老三也日夜地在河边守候着。他想马的尸首一定会随着河水漂出来。果然有一天，他看到了一匹红毛、白脑门儿、白脊梁的马。就是它！老三跳下河去，把马推到了岸边。

老三含着眼泪把忠于主人的马埋到了老大坟墓的旁边。和它的主人一样，也堆起了一个土包。

这就是马坟的来历。

马坟的故事到此还没完，还有一段后话呢！

早先年常有人挖坟掘墓，窃取坟里的财宝。一天，两个掘墓贼来到老大坟前，刚拿起铲子要动手，忽听得马咴咴地嘶叫声。两个掘墓贼以为是大道过来了人马，吓得急急匆匆地逃跑了。

还有一回，那是民国初年，有一个军阀的军队来到岫岩剿“胡子”。因为缺粮少饷，便也做起挖墓贼来。他们人生地不熟，不走小路，就顺着小洋河边的大路走。一边走一边撒目，突然看到了山根底下老大的那座坟。这坟比一般的坟高大，便认为是财主的坟，里边一定有财宝。他们把坟围起来，还没等动手，就听见“呱嗒”、“呱嗒”的马蹄声，越跑越近。听那声音，说不上有多少匹马在奔腾。吓得他们以为是“胡子”队来了，坟没顾挖，扭头就跑了。

人们都说这都是马坟里的马显的灵验，在保护它的主人。

讲 述 者／李成明

采 录 者／张其卓　董　明

采录时间／1983年

采录地点／辽宁省岫岩满族自治县李家堡子

立碑石

立碑石就是这沟里的两块石头，一块大石头一块小石头，它俩并排，就像立了两个碑一样，就给它起名叫立碑石。早些年没有这两块石头，这两块石头哪来的呢？

早先，这沟里住着这么娘两个，就靠开山荒过日子。这年又赶上歉收，粮食就打得寥寥无几，这还不要紧，等到了冬天啊，小房又破，大雪封门，家里就连柴火都没有了。眼瞅着娘儿俩要冻死了，讷身体又不好，小小子就说：

“讷你在家照看家，我上山去拣点柴火，回来咱们烧点火，这屋里还能暖和点。”

讷说：“好，那你去吧。”

小小子就上山了，拣了一堆柴火，想回家，可是雪太深了，风也太大了，那天是出奇的冷，他穿得又单薄，就冻得倒山上了，倒山上了就再也没起来，就冻死在这堆柴火跟前。讷干等孩子也不回来，干等孩子也不回来，这就拄个棍儿支撑着上山去找儿子了，一看孩子已经冻死了，还拣了一堆柴火没拿回来。讷就哭，最后哭得眼睛淌的不是泪而是血了，结果，讷也倒那去了，再也没起来。

打那之后，就放了三天大雾，雾醒了，讷的尸首也不知道哪去了，孩子的尸首也不知道哪去了，就出了这么两块石头。这两块石头像立两块碑一样，一个大的，一个小的。人都说，这大石头就是讷，这小石头就是孩子。也有的说，这娘儿俩命太苦了，已经感动了玉皇大帝，玉皇大帝命天神给他们立了两个碑，立了一个大碑一个小碑。

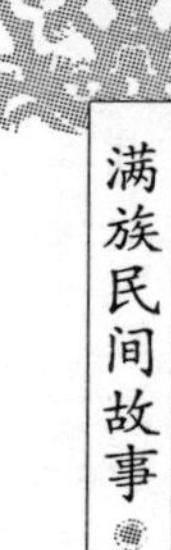

这就是立碑石的传说。

讲 述 者 / 张文英　男　65岁　小学　农民

采 录 者 / 刘　垚

采录时间 / 2008年8月22日

采录地点 / 岫岩岭沟乡西道村张家沟组

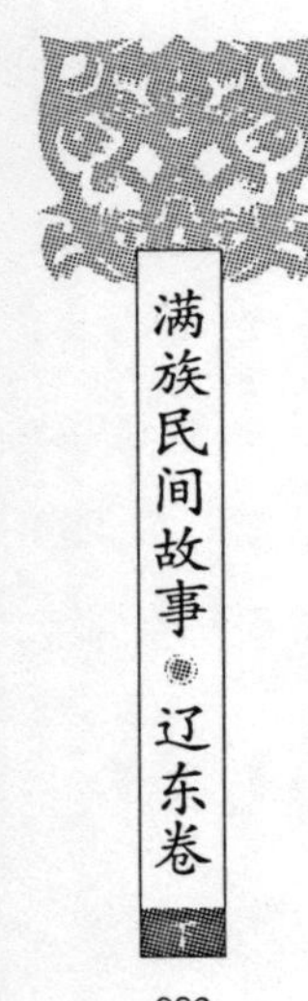

沙砾寨的来历

沙砾寨那个地方原来不叫沙砾寨，叫沙砾展，那地方有个青天涧，有一个小小子，把一个黑熊精给除了。黑熊精原来是个巫师，要是谁家死人了，他给出黑，什么事情都少不了他，到处出黑赚钱，谁要不找他，他就想办法闹事，弄妖法妖术整你。

有这么一家，两口子，男的姓徐，叫徐大。那时候人们把黑龙江叫边外。都说边外好开荒，当家的就上边外去开荒种田。当家的走了，媳妇留在家里。媳妇在家租财主的地，他上边外开荒，这样粮食才够用。等上秋了，媳妇就天天盼当家的回来。这天巫师就来了，说：

"今天你当家的回来，他今儿晚上必死无疑，你就预备东西，准备后事吧。"

就告诉她准备什么东西，明天我来给你丈夫出黑。徐老大媳妇就不相信。巫师又说了：

"我说话哪有不准的时候，我说谁死谁准死"。

徐老大媳妇这就哭起来了，哭得像个泪人了。哭得了，上外面去望望，看当家的回没回来。这时候一个十来岁的小小子，从街上路过，看徐老大媳妇哭，就问：

"大嫂，你哭什么?"

徐老大媳妇就告诉巫师说她当家的回来必死不可，叫她准备好出黑的东西。小小子掐指一算，说：

"你丈夫是有难，但是可以解。你家里有他的衣服和鞋吗?"

徐老大媳妇说："有。"

小小子说："你在外屋地停张床，把他的衣服和鞋停在外屋地的床上，前面放一张桌，供上倒头鸡，倒头馒头，倒头饭，插上筷子，枕头顶上放上蒙脸纸，你当家的就可以解了，他肯定平平安安地回来。"

徐老大媳妇就按照小小子说的这么做了。

再说，当家的在边外种地，这年打了不少粮食，把粮食卖了揣上钱，往家走。眼瞅就到家了，天就下起了雨和雪，他还穿着单衣裳，一湿就湿透了，这可找个什么避雨的地方呢？一看有这么一个破窑，他就钻进去避雨。进去之后，就听见外面有人喊："徐老大，你出来，徐老大，你出来。"

徐老大一听外面有人喊，这是干什么？想抢我钱？那我也得出去看看。刚出来，这窑呼啦就塌了。徐老大没压死，就想，这是神仙救我，要没有神仙救我，我就压死了。这就冒雨往家跑，回家看他媳妇穿着孝跪着哭，屋里摆着停尸床，还供的倒头饭。就问：

"你这是在干什么？"

徐老大媳妇回头一看，当家的回来了，别提多高兴了。就告诉当家的，巫师来了，怎么说的，小小子又怎么说的。

徐老大说："我是好悬，我在窑里背雨，听外面有人喊，我就出来了，我刚出来，窑就塌了。我要不出来就砸死了，干脆就回不来了。"

徐老大媳妇见当家的没事了，把东西收拾起来，忙着给当家的做饭。这时，巫师穿着道袍，身上背个包，从外面大摇大摆地进来了。进来一看，徐老大好模好样的，没事，就问：

"我算你必死，你怎么活着回来了？"

徐老大媳妇就告诉巫师，他走后，有个小小子怎么说的，她怎么做的，徐老大怎么逃出窑的。巫师一听气坏了，有这个小小子，今后我这碗饭还能吃吗？这不是要断我财路吗？就想施法除掉这个小小子。

这个小小子已经算到了巫师要和他斗法。这个小小子也不是凡人，他是钦天监，就是过去专门在皇宫里观察天文地理的人。这天白天，他就准备好了四样东西：一把桃木剑，一碗黑狗血，一个朱砂碗，一个黑驴蹄子。把这几样都预备齐了，小小子晚上就找个空地双手合十坐在那儿等着巫师。二更天时，就听有沙沙响，就看见两个小纸人过来了，到了小小子跟前，摇身一变，变成一个鬼怪的模样，手

拿宝剑，就朝小小子砍去了。小小子不慌不忙，把一碗黑狗血泼了过去，再看鬼怪，摇摇晃晃地倒了，现出纸人的原型。一会儿门外又沙沙响，又过来一个凶神恶煞的东西，手拿宝剑，又奔小小子来了。小小子拿起朱砂碗就朝凶神恶煞砸过去，又倒下去了，是个泥人。停了一会儿，又听有响声，又过来这么一个黄脸人，小小子拿起黑驴蹄子就打去了，又倒了，一看是个木头人。

巫师一看，纸人、泥人、木头人都没杀了小小子，就亲自出马了。小小子会法术，口中念着咒语，把桃木剑拿起来，照着巫师刺去，一剑就把巫师刺死了，一看是个黑瞎子精。

小小子把黑瞎子精除了，要走了。临走前，告诉大家说："这地方，周围四十里取名叫'沙砾展'。沙砾展这个地方，以后人死就直接出殡，不用出黑。"

时间长了，人们叫着叫着就叫成"沙砾寨"了。

讲 述 者/张文英　男　65岁　小学　农民
采 录 者/闻　良
采录时间/2008年8月20日
采录地点/辽宁省岫岩满族自治县岭沟乡西道村张家沟组

倌儿砬子

我们这地方原来没有这砬子，后来出现一个砬子，就叫倌儿砬子。这里有一段故事。

在这高家沟的大沟里啊，有这么一条大蛇，这条大蛇啊也不知道有多少年了。在那山上放蚕啊，蚕小时还好，等蚕要进窝结茧的时候，今天少两墩，明天少两墩，弄来弄去蚕就都光了，就都没有了。那蚕把头就觉得挺奇怪的，晚上没回家就在这山上瞅着，说是看看到底是什么东西吃这个蚕。

等半夜时，就听着风声大作，就来这么一条大蛇，能有二盆口那么粗的一条大蛇，就冲着那树往嘴里一抽，一树蚕就全都进嘴里去了。这树蚕吃得了又上那树，搁嘴一抽，蚕又进嘴里去了。哦！原来蚕就是这么没的。可是这么大的蛇，治又治不了，只能听天由命，跟它分，它吃多少算多少，等到秋天就没得几个茧。打那之后，人就不敢上那山里投放蚕了。

这蛇越闹越凶，越长越大，后来这蛇长到多少呢？长到据说有大盆口那么粗。就在这沟里头啊，猪呀、羊呀，大蛇都能吞进去。听说有一个人上山去割草，就没回来，也叫这个大蛇吞了。这大蛇把这地方闹得乌烟瘴气。有一个放牛的小牛倌儿，赶了一群牛啊，不敢往沟里去，就在这沟当间放牛。结果，一个三岁的毛牛就叫大蛇吞了。这小牛倌儿可就气坏了，整天琢磨，怎么能对付了这条大蛇呢？想来想去，就想出来个主意，就上铁匠炉那打了两把尖刀。牛犊子它都能吞进去，割草的人它都能吞进去，我要跟它搏斗，可能也会把我吞进

去，它要是吞进去我，我要手这么拿两把刀，把这刀一支，它往下吞我，不就把它豁开了么？这个小牛倌儿就豁上命了，非要跟这条蛇拼不可，非想治服这条大蛇不可。

打了两把尖刀这就到沟里去了，到那山上之后，他就寻找这蛇。寻找没找到，只听一阵风响，一看这条大蛇搁那山上，把那榛树排一分两开，就下来了，张开大嘴，吐出火红的芯子，就奔着小牛倌儿来了。小牛倌儿拿起来双刀就跟这大蛇拼，大蛇呢把尾巴掉过来一甩，就把小牛倌儿扫倒了，完了大蛇脑袋转过来就把小牛倌儿吞下去了。小牛倌儿正像他想的那样，进大蛇嗓子眼儿的时候，两只手把刀支开了，大蛇往下一吞的工夫呢，整个两把刀这么一支，把大蛇一豁两开。

结果，大蛇死了，小牛倌儿也死了。小牛倌儿死了之后，就搁那儿出了一个砬子，人家都说是那小牛倌儿变的。后来人们就把那个砬子，叫倌儿砬子了。

讲 述 者/张文英　男　65岁　小学　农民
采 录 者/刘　垚
采录时间/2008年8月21日
采录地点/辽宁省岫岩满族自治县岭沟乡西道村张家沟组

十八丈砬子

十八丈砬子在大营子北20里，原来没有十八丈，曾经有人好事量过，是多少呢？十七丈多点。后来增长了七八尺。砬子怎么能长呢？这里有个故事。

就在十八丈砬子前面，有一家财主，姓孙。孙财主为人相当刻薄，视财如命。他家有个长工，名叫长锁，长年给他家干活，起早贪黑，吃不饱，穿不暖，老财主家吃的米饭饼子，说喂狗就喂狗，说喂猪就喂猪，但长锁从来捞不着吃。吃的都是粗粮糠菜。孙财主有个姑娘，心眼非常好使，名叫梅子，这个梅子也长得十七八岁，看着这个长锁挺可怜，就经常偷饼子送给长锁吃，一点点就和长锁产生了感情。但是长锁的胆子非常小，知道孙财主的姑娘根本不可能给他做媳妇，他自己觉得像癞蛤蟆想吃天鹅肉一样，不现实，所以他从来也不靠姑娘的边。

可是俗话说得好，酒不醉人人自醉，人不迷花花迷人。架不住姑娘老给他送吃的，事事都关照他。一点点地，这个长锁就和小梅子有了关系。世上没有不透风的墙，他俩做得再怎么密，也瞒不住人。事情就被孙财主知道了。孙财主一听长锁和姑娘有事，简直气完了，就把长锁打了个半死，拖到大门外去，工钱一分钱也没给，就把他撵出去了。

长锁回家之后就养伤，咱先不讲。说这小梅子也叫孙财主痛打了一顿，圈在一个仓房里，专门有人给她送饭，不让出那屋，让她在那屋反省。小梅子就整天那么哭，想那长锁。可这门、窗都封得噔噔

紧，搁哪儿也出不去。天天给她送饭的人是谁呢？是她嫂子。她嫂子心眼挺好使，一看小梅子天天哭，下顿送饭，看上顿送的饭还在那搁（读gáo）着，眼看着小梅子一天一天瘦下去，不知咋办好。嫂子就说：

“他姑姑，你真想嫁给那个长工啊？”

小梅子说：“我身子都交给他了，我还有什么二心？除了长锁，我绝对不会嫁给第二个人。”

嫂子说：“你要真有此心的话，今天晚上我过来，趁家人都睡着的时候，我把你放出去。”

等这天晚上，夜静更深了，家人都睡着了，嫂子拿了二十两银子来了，说：

“我私房钱就有这么些，给你做路费，你和长锁俩赶紧远走高飞，走远一点儿，到咱们阿玛讷讷找不到的地方安个家吧，我就成全你们了。”

小梅子给她嫂子磕了三个头，她嫂子给后窗打开了，让小梅子从后窗跑了。财主家的姑娘平常三门不出四户不进的，出去后连东南西北都找不着，根本不知道长锁家住在哪场。一直到天亮了，才打听着长锁家在哪。还没等她到长锁家，孙财主已经发现姑娘跑了。家奴院工也多，这就撒出人马找去了，直奔长锁家。小梅子刚到长锁家，就听见后面人撵来了，把二十两银子扔给长锁他讷讷，拉着长锁就往外跑，一看前后都是人，没有去路，他俩径直就跑到十八丈砬子前坡上去了。

这十八丈砬子前坡下面是悬崖峭壁，追来的人就把山围住了。孙财主见这阵势，叉着腰，气急败坏地说：

“看你们两个还往哪里逃？抓住，抓住，给他们两个活活打死，一个不留！”

等小梅子和长锁气喘吁吁爬到山顶上一看，傻眼了，前无去路，后有追兵。眼见就要被人抓着了，他俩把心一横，抱在一起，就跳砬子了。这砬子那时候还没有十八丈，就十七丈多点，那也是60来米高，人掉地那还有个好啊？都摔死了，摔死了之后还紧紧地抱在一起。孙财主一看，气得五雷嚎疯的，就叫手下人把他俩掰开，可怎么掰也在一起，怎么分也分不开，就是抱得噔噔（非常紧的意思）的。

小梅子哥哥、嫂子就说：

“他俩这也算缘分，就给他俩埋在一起吧。”

先头孙财主一个不行，十个不行，死了也是孙家的人，也不能和长锁埋在一起，可尸首怎么也分不开。财主老婆子说：

“老头子啊，事情已经到这步田地，看来也是天意，分也分不开，破也破不开，那你难道还能给咱们姑娘剁了不成？就给他们埋在一起得了。”

孙财主也没说埋，也没说不埋，就是气哼哼地走了，不管了。这些人看他俩到这么个地步了，都同情他俩，疼得人都流泪了，就抠个坑，埋在十八丈砬子底下了。接着呢，就放了三天的大雾，这雾放得大啊，对面都看不见人的大雾放了三天。雾收了之后，就看这砬子顶上又长出来一块，长出能有七八尺高那么一块石头，现在有人去量量，正好十八丈。十八丈砬子就这么来的。据说现在到那还能找到他们的坟茔。

讲 述 者／张文英　男　65岁　小学　农民

采 录 者／闻　良

采录时间／2008年8月20日

采录地点／辽宁省岫岩满族自治县岭沟乡西道村张家沟组

雾啦撒子

雾啦撒子，是岫岩县小扬河乡的一个山岭子，老早的时候叫郭家岭。

郭家岭北面有一家老郭家。老郭家是个大家子，有势力，地也多，山也多，一年往南海运送木材不知道有多少。每次运木材车都得绕着郭家岭走，多走不少路。老郭家就想搁这山上开出一条路，那就方便多了。可找了多少人，用了多少工，可就是开不通这条山路，白天凿开了，晚上又长上了，开了多少日子了，山路没有一点进展。老郭家就觉得挺奇怪的。当家人就给大儿子、二儿子叫来，说：

“今天晚上你们都上山里听声去，你就听听这山上修过的路怎么又长上的。”

哥儿俩答应了，到了晚上就到郭家岭山上去听声。就听见这山上有俩人在对话，有个人说：

“他们家要想在这岭子上修路，他白费，他白天修咱们晚上就给他长上。”

另一个说：“就怕他用牛屎马粪沤啊，他们要是把牛屎马粪沤冒烟了，咱就长不上了。”

另一个说：“他沤咱也不怕，他沤也就是一时把路修成了，将来有一天，有属龙属虎的经过，咱们山还照常长上。”

老郭家哥儿俩听着了，就回去告诉当家人，当家人就告诉干活的，多搁（读gáo，方言，用的意思）牛屎马粪，边修路边搁牛屎马粪沤。就这样，没过多久，把这山路就修成了。修成之后，就嘱咐属龙

属虎的，谁也不准许从这山路过。直到现在属龙属虎的还不敢走那条山路。

山路修成之后，整整放了三天大雾。从那以后，每天早上和傍晚那地方总是雾啦撒（读sā）的。时间长了，人们管那个地方不叫郭家岭，就叫雾啦撒子了。

讲 述 者／张文英　男　65岁　小学　农民
采 录 者／史建丹
采录时间／2008年8月21日
采录地点／辽宁省岫岩满族自治县岭沟乡西道村张家沟组

蝉的来历

蝉，咱们当地叫傅玲，也就是入伏以后在树上“命啊，命啊”叫唤的，长鼻子，长着翅膀的，蛾不是蛾，鸟不是鸟，叫傅玲。傅玲是怎么来的呢，为什么“命啊，命啊”那么地叫？她原来是一个苦命的小姑娘。

很早的时候，有那么一个小姑娘，姓傅，小名叫小玲子，所以就管她叫傅玲。小玲子从小就死去了讷讷，后来她阿玛又娶了一个后讷讷进门。后讷讷是又狠又毒，坏心眼忒多了，一肚子坏水，一点儿好道没有，对前窝孩子，看做是肉中刺，眼中钉，巴不得把她整死了才好。小玲子不大点儿的时候就洗洗刷刷，等上了七八岁的时候，后讷讷就叫她去放猪。到了十二三岁时，挑水这活就落在小玲子身上了。那井离家挺远，还深，辘辘又重，一个小孩子家拔一桶水那是费了老劲了。邻居家有个小伙子看小玲子怪可怜的，就老替小玲子摇辘辘往上拔水。结果叫后讷讷发现了，这后讷讷等小玲子她阿玛回来，就跟小玲子她阿玛说：

“老头子，你出去听听，你这姑娘都什么风声，你听听名声好不好，人都说你家小玲子跟谁家谁家的小子，你不嫌臊的慌，我这当讷讷的还觉得这脸没地方搁呢！”

常有这么句话，“南山顶上咕噜车，有后讷讷就有后阿玛。”小玲子她阿玛听后讷讷这么一说，也不问青红皂白，抓过小玲子，就打了一顿。小玲子觉得屈透了，心想，讷讷没了，阿玛也不是阿玛了，整天干活，还挨打，啥时候是头哇！觉得活着没有意思了。到了后山找

棵歪脖树，上吊了。赶巧，这时下地干活的人从这里路过，看见小玲子上吊了，赶紧把她放了下来。没死成，活过来了。小玲子总还是觉得活着没意思，整天没魂儿似的，打不起精神，成天琢磨着死。她家门前有一条大河，这年夏天雨水多，河水上涨，小玲子一狠心，一头就扎下去了。小玲子在水涡里翻来滚去的，顺着水流往下漂，遇到一个贩卖人口的人贩子的船。老远看着水面上漂着一个小姑娘，一把就把她薅上船了，把水控出来又救活了。人贩子一看，这个小姑娘虽然岁数不大，但是长得挺好。人贩子坏主意又来了，心想，这个小姑娘要是贩到南方能卖不少钱，人贩子越想越乐。怕小玲子再跳河，就把小玲子绑上，放在船舱底舱里头了。人贩子坐在船舱上，想着人要发财，挡都挡不住，谁能想到，在这洪水泛滥的时候，我还能发笔财。心里这个美呀！倒上一碗酒，自饮自乐。

这时被绑在船舱底下的小玲子，心里那个懊遭（难过）啊，哭了一遍又一遍。悲悲切切地叫着自己的名字说：

“玲子啊玲子，你这命咋这么苦啊？命啊，命啊，我这命咋这么悲啊！”小玲子无数遍地叨咕着，渐渐地声音越来越小，小玲子的身子骨也越来越小，最后就变成一只伏灵儿，长出翅膀，长出长鼻子，飞走了。一路叫着“命啊，命啊”，听着叫，人就心酸。就打那开始，树上一到夏天就有伏灵儿叫了，大伙儿都说，这伏灵儿就是小玲子变的。谁不相信，你就抓一只伏灵儿看看，那身上还有捆绑的绳子印呢。

讲 述 者／张文英　男　65岁　小学　农民

采 录 者／闻　良

采录时间／2008年8月20日

采录地点／辽宁省岫岩满族自治县岭沟乡西道村张家沟组

栗子树

在早啊，有这么一个小子，叫于三，于三上面有两个哥哥，老于家是个大家子，大哥二哥在家种地，于三上山去放蚕。

蚕场离家很远，在大山沟底下，不能每天回家，从上山起一直到拣蚕茧都在山上住。于三在山上搭了一个窝棚，支了个灶自己做饭吃。于三会拉胡琴儿，胡琴儿拉得非常好，非常动听。每天晚上吃完晚饭都要坐在这个小窝棚外边拉胡琴儿。

这天晚上，他又拉起胡琴，月光下，从山上下来一位姑娘，远远地站着，看于三拉胡琴，等于三胡琴儿拉完了，姑娘转身就走。接连十天半月的，姑娘天天来听胡琴。于三一看，这姑娘天天来听他拉胡琴，就在那站着，这天，于三就和姑娘打招呼，说：

"我给你弄个木头墩儿，你过来坐吧。"

于三就搬过个木头墩儿让姑娘坐。姑娘也不客气，就过来坐下。

从放蚕到摘茧得七八十天的时间，这七八十天姑娘天天来，日久生情，姑娘就和于三好上了。后来就不走了，晚上就住于三这窝棚里，两人过上日子了。于三儿的蚕放得不怎么好，不管于三怎么用心，总是赶不上临近山的蚕好。临近山的蚕是一家财主放的，财主家雇了三个蚕把头，那蚕满山遍野到处都是，蚕长得也好。

这天，于三儿从山上蚕场回来，就对姑娘说："我今儿个看见个怪蚕。"

姑娘就问了："你看见什么怪蚕了？"

"我一看那蚕场里有一个蚕长两个脑袋！"

姑娘说："两个脑袋？两个脑袋那是蚕王啊！你明天快领我去看看！"

第二天，于三儿就领着姑娘去看两个脑袋的蚕。一看，果然是两个脑袋的蚕。姑娘把蚕拿起来就把蚕脑袋掐掉扔地下。于三儿嗔怪姑娘，说：

"你干吗把好好儿的一个蚕给整死了？"

姑娘说："你不知道，这个蚕是蚕王，蚕王这一死啊，别个山上的蚕都得给蚕王吊孝，现在的蚕都已经长成身了，别个山上的蚕要跑到你山上来，它就回不去了，都得在你山上作茧，你就发山了。"

于三儿一听高兴了，说："真的吗？"

"不信你就等着看吧！"

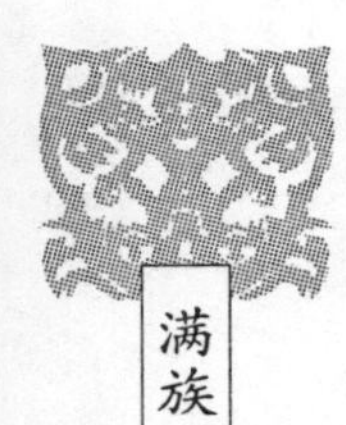

果不其然，蚕王这一死，临近山上的蚕都往他山上爬，来给蚕王吊孝。爬过来，就回不去了，就在于三儿的蚕场作茧。草上，树上，连他的窝棚上都是蚕茧，白茫茫地一片。这年秋天，于三儿这蚕茧摘老多了，姑娘也帮着摘。秋天一拉拉好几大车茧回去，姑娘也跟着到于三家去了。

于三的阿玛和讷讷一看，儿子回来了，蚕茧拉了几大车，还没花彩礼钱又领了一个漂亮的媳妇回来，这把老两口乐得不知道说什么好了。

于三本家有个大娘，嘴大舌长，爱管闲事。这天，这个大娘来到于三他讷讷屋里，叼个大烟袋，吧嗒吧嗒抽烟，抽完了把嘴一憋，咕唧一下一口烟唾沫嗤出去能有五尺远，说：

"他婶子，有个话啊我不能不说，你家于三这个媳妇啊，来历有点怪呀！"

于三他讷讷说："怎么来历怪？"

"你想啊，于三在那大沟里头放蚕，谁家姑娘能上那大山沟里去呢？要是姑娘从家跑出来的，这么长时间，咋没有找的呢？我看于三这媳妇啊，不是个鬼就是个妖怪！"

这一说，于三他讷讷这心里可就犯合计了：是啊，这沟里头怎么能有姑娘呢？就这跟前，没听说谁家有丢姑娘的呀。晚上老头子回来了，于三讷讷就对老头子说：

"老头子啊，今儿个他大娘来了，说咱们老三这个媳妇来历不明啊，那沟里头哪来的姑娘啊，谁家也没有丢姑娘也没有找姑娘的，这事我心里也犯合计，老头子你寻思寻思，这事能不能有什么岔头？咱们家他大娘还说了，老三这个媳妇，不是个鬼也是个妖怪。"

老头儿这耳朵呢也是个棉花团做的，说："要不那么的吧，明儿个我去给老三找来，咱就问个究竟，到底是怎么回事，这姑娘是怎么来的，这姑娘姓什么，是谁家姑娘，叫他说清楚了。"

第二天，就把于三叫过来了，问姑娘到底是怎么回事。于三答不上来，不知道姑娘姓什么，家在哪。于三讷讷见于三回答不出来，就说：

"你大娘说你这个媳妇，不是个鬼也是个妖怪，这跟前有一个萨满跳大神，大神跳得灵。要不明个儿给他请来跳跳神，看你媳妇到底是鬼怪还是人。"

于三让大人说的心里没了底，就说："行，明天请神过来。"

第二天，于三讷请来了跳大神儿的，这大神儿天灵灵地灵灵地跳了一阵儿，大神儿说，老三媳妇是个妖怪，你们家人一个也活不了，全堡子人都不得安宁，你们赶紧想办法把她杀了，要不你儿子，你们全家，全堡子人都得遭殃！

听萨满大神儿这么一说，可给于三阿玛和讷讷都吓坏了，于三这阵子也有点儿害怕了。晚上也不敢上媳妇屋了，躲阿玛和讷讷那屋睡去了。姑娘看夜这么晚了，于三还没过来睡觉，就到公婆那屋去叫，刚要敲门进去，听到于三和他阿玛、讷讷正说她呢，仔细一听，原来他们正想办法要把她打死。姑娘心里凉了半截子，转身回屋，卷个包就走了，走时还带着身孕。第二天，人们发现媳妇没有了，可哪找找不着，不知道哪去了，这事也就撂下了，没人再提。

三年过去了，于三每天每夜都在想念这个姑娘，心想：既然她是妖精，她跟我婚配这么长时间，她也没害我。我要当初不听阿玛和讷讷的话，不信大神儿的话，我领着姑娘回山上去过自己的日子，也能挺好。

春天来了，于三又要到沟里去放蚕，他还是每天晚上坐在窝棚外拉胡琴，眼睛盯着当年姑娘出现的地方，盼着姑娘再来听他拉胡琴。

十天半个月过去了，姑娘没有来。于三没心思拉胡琴了，顺着姑娘来的路走，发现姑娘站的地方长了一棵大栗子树，栗子树长得相当茂盛，栗子树底下全是小栗子树，都长二三尺高。于三纳闷儿，什么时候长出这么大一棵栗子树呢？这时，走过来一个老太太，老太太对于三说：

“于三你别找了，姑娘不会再来见你了。你把这树苗带回去几棵，在你房前屋后栽上，这树都是你和姑娘的孩子。”

于三问老太太，说：“这姑娘到底是人是妖？”

老太太说：“那姑娘不是人也不是妖，她是老栗子树成仙了，你看这棵栗子树，这就是那个姑娘，她现在修炼呢。你走吧。”

于三听了老太太的话，心里难过极了，觉得对不起姑娘。抱着树痛哭起来，述说心中的思念，后悔不该听信谗言，让他们夫妻分离。栗子树一动不动。于三就靠着这栗子树等了三天三夜，栗子树也没变回姑娘。于三搬到了沟里，每天都到栗子树前看望，对着栗子树说话，夏天给她浇水，冬天给她包草，像伺候媳妇一样。栗子树越长越茂盛，果实累累。于三他讷听说了姑娘的事，也后悔得不得了。上山挖了几棵小树苗栽在房前屋后，像伺候孙子一样精心。从那以后，咱们这山上山下，家家户户都有栗子树，这的栗子个大甘甜，能当饭吃。于三他大娘说：这是姑娘孝敬婆婆的。

讲 述 者／张文英　男　65岁　小学　农民

采 录 者／刘　垚

采录时间／2008年8月20日

采录地点／辽宁省岫岩满族自治县岫岭沟乡西道村张家沟组

映山红花和老鞑子花

我们这山上啊，春天老早开的有两种花，一种叫映山红花，一种叫老鞑子花。映山红花比老鞑子花早开六七天。映山红花是光腚子开花，不长叶先开花。老鞑子花是先长叶后开花。这里有段故事。

在头年傍近冬的时候，映山红花和老鞑子花，两个花约定，说明年春天啊，看咱们谁醒得早，谁先开花。说得了，两个花就分别猫冬去了。这个约定，老鞑子花就在意了，等第二年春天，它老早就醒了，起来了，发叶了，发的叶子就要打骨朵了。映山红花呢，早就忘了和老鞑子花的约定，睡了个大懒觉，等睡醒了一看，老鞑子花都已经发叶了，这才想起它们的约定，一看自个儿这叶子一点儿也没发出来呢。怎么办？映山红花一寻思，左六是比谁先开花，又没比谁先长叶子，那我就先开花。老鞑子花骨朵还没等放开，映山红不长叶就先开了花。看映山红花开得满山都是，把老鞑子花气的满脸都是麻子。

老鞑子花是什么呢？就是杜鹃花，杜鹃花也叫老鞑子花。它们都是山上的野生花，属于丛树。每年，阴历四月二十日前后，满山都是映山红花，老鞑子花比它晚十多天，得在五月前后才能开。

讲 述 者／张文英　男　65岁　小学　农民

采 录 者／闻　良

采录时间／2008年8月20日

采录地点／辽宁省岫岩满族自治县岭沟乡西道村张家沟组

无根草就缠豆秧子

起先有个姑娘名叫豆儿，豆儿有个哥哥有个嫂子，这么一家三口人过日子。

有一天，豆儿在河里洗衣裳，就飞来一个大蜂子，老在她头顶上转悠，一面转悠一面“中不中，中不中……”老门儿（老这样）那么叫唤。豆儿扑了两下，怎么赶也赶不走，那大蜂子总还在她身前左右“中不中，中不中……”地叫唤姑娘就觉得挺奇怪的，回家告诉她嫂子：

“我在河套那洗衣裳，一个大蜂子，老门儿在我头顶上转悠，‘中不中，中不中……’地叫唤”。

她嫂子说：“那蜂子可能看中你了，它再说中不中，你就说中了。”

豆儿又去洗衣裳，果然那蜂子又在那“中不中，中不中……”

豆儿说：“中了。”

豆儿的话音儿刚落，就从那草坑里一蹦蹦出个大马猴子，把姑娘背着就跑，背到马猴子洞里去。这大马猴子对这豆儿真就挺好，对豆儿非常关心，非常细致，豆儿说怎么的就怎么的，最后豆儿依从他，就和马猴子成亲了。等她哥哥嫂子一看豆儿没有了，就可哪找豆儿，一找找了多少天。这天，他哥在一个大森林里的山洞前的水泡儿那，发现豆儿在洗衣裳呢。

他哥就问她：“妹子，你怎么在这了？”

豆儿就告诉哥她怎么叫马猴子给背来了。

他哥说：“你是人，怎么能嫁给马猴子呢？”

豆儿说：“你别（bái）看他是马猴子，他对我还真挺好的。”

她哥要领她回去，豆儿就不回去，说："常言说得好：嫁鸡随鸡，嫁狗随狗。我已经嫁给它了，我就不回去了。"

哥哥也没有办法，也不能强逼妹子回去，他就自己回家了。豆儿在马猴子洞里住了不知道多少时间了，马猴子就说：

"豆儿，人家新姑爷都能上老丈人家溜达溜达，你到我这这么长时间了，我还没登老丈人门儿呢，明儿你带我回家去看看。"

豆儿说："你长这么个老样，你回家还不把人吓坏了？"

马猴子说："你别看我丑，丑管什么，我心眼好使就行。"

豆儿一寻思，那就带他回家看看吧。哥哥一看豆儿领着马猴子回家了，嫂子就说："你看你这妹夫长得多带架（有样）。"

她哥就气得抗不了，就想除掉马猴子。他就烧了一锅水胶跟那搁（读gáo，放的意思）着，说："妹夫，你这眼睛怎么通红？"

猴子眼睛不是发红吗？马猴子说："哎！我这俩天有点儿害眼。"

他哥就说："我这有点儿眼药，我给你上上就好了。"说完，他就弄水胶往马猴子眼睛上抹，一抹，马猴子眼睛就睁不开了。他又把马猴子拉到一个大石墩子前，往那石墩顶上倒了一瓢水胶，他一按马猴子说："妹夫，你就坐这个座吧。"

马猴子往那一坐，整个沾上了，起不来了，他就拿起镢头，左一镢头，右一镢头，一顿镢头把马猴子打死了。

等豆儿知道了，那马猴子早咽气了。豆儿那个哭哇，哭得不像样。他哥就把那马猴子尸体埋在前山根了。就打那之后，豆儿不吃不喝，整天思念马猴子，最后她也死了。她哥哥嫂子一看，妹子也死了，就给妹子的坟茔也埋在马猴子的坟茔跟前了。结果豆儿的坟茔长出一棵豆秧子，马猴子的坟茔长出一棵无根草，无根草就缠在豆秧子上，把豆秧子缠得紧紧的。现在也是，无根草就缠着豆秧子，别的什么都不缠。

讲 述 者 / 张文英　男　65岁　小学　农民

采 录 者 / 闻　良

采录时间 / 2008年8月23日

采录地点 / 辽宁省岫岩满族自治县岭沟乡西道村张家沟组

蚕姑姑的来历

咱们这场儿的人上山放蚕都要拜一下蚕姑姑庙，传说这个蚕姑姑是怎么来的呢？他怎么不叫蚕舅舅？怎么不叫蚕叔叔呢？

在一个大山里头，有那么姐俩和一个讷讷过日子，日子过得很苦。那时候，根本就没有布。有钱的人家就穿皮子，就是上山打野兽的皮子做的衣服，穷人家的孩子只能穿玻璃叶遮风挡雨遮丑，根本穿不上衣服。这姐俩和讷讷过日子，讷讷还三天两头闹病，日子过得那个苦。大冬天的，北风嗖嗖的，卷着雪花，那个透心儿的冷。娘仨穿着树叶子搂抱在一起取暖，眼瞅着都要冻死了。

这天，她们的小破房里进来个生人，是个老头儿，这个老头儿是白眉毛，白胡子，脸上一包抽，脑瓜门儿挺老大，就像画上画的老寿星似的。进门就对姐俩说：

“哎，你们一家人的日子过得太苦了，眼瞅着就要冻死了，我也没有什么给你们的。”

说着拿了一把像高粱粒的东西，告诉她们：“这叫蚕籽，等过年树发叶了，你们把它放到树上去，等它吃了树叶之后，长成身子就做茧了，你用茧子抽丝织布做衣服，就能解决你们取暖问题。”

姐儿俩一听，这可是新鲜事，就把蚕籽收下了。等第二年春天，蚕籽出了像小蚂蚁一样的小黑虫子，姐儿俩就把这小黑虫子放树上了，等吃了树叶，退了黑皮就变成绿色了，越长越大，最后真的做出茧了。姐儿俩一看乐坏了，解开这些茧放锅里头烀烂了，抽丝织布，果然又漂亮又暖和。姐儿俩一想，光咱俩放蚕不行，要把这蚕籽分给

村里人，让大家伙都上山放蚕，那不是都解决穿衣服的问题了吗？这姐儿俩不但这么做了，那个大姐还经常跑这个山，跑那个山，告诉大伙儿怎么放蚕，这么一传就都传开了，这一带的人家都开始放蚕。

有一天下大雨，大姐上山去告诉人家怎么样抓蚕怎么样握蚕，一不小心滑倒了，把腿摔断了。讷讷还有病，姐姐腿还摔断了，就剩二姑娘自己也没法上山放蚕。这节骨眼上，那老头儿又掀门帘进来了，告诉二姑娘不能上山放蚕不要紧，又给带来很小很小的小蚕籽，像谷子粒似的，说这是家蚕，你掰桑叶坐在家里就可以放蚕，这样你既可以照顾家又可以放蚕了。它抽丝织布比山上那些蚕丝还要漂亮，还要暖和。二姑娘就开始在家里放家蚕，就这么的家蚕也传开了。

后来这姐儿俩谁也没出嫁，被上天的天神知道了，说是天下有这么两个好姑娘，这两个姑娘教大家伙放蚕，解决了多少人的取暖问题，就把她们两个接上天了，叫她俩管着人间的蚕事。就这么的她们两个上天了，就变成蚕姑姑了。蚕姑姑的来历就是这么来的。

打这以后，人们为了纪念蚕姑姑，修了蚕姑姑庙，哪个放蚕的上山，都要先到蚕姑姑庙，蒸点供，放点吃的，烧香烧纸，祷告祷告，让蚕姑姑保佑多得茧，这个习俗一直流传到现在。

讲 述 者/张文英　男　65岁　小学　农民

采 录 者/闻　良

采录时间/2008年8月21日

采录地点/辽宁省岫岩满族自治县岭沟乡西道村张家沟组

萨满神鼓

早时候，萨满跳神只有降妖铃，没有神鼓。那么怎么后来又多了一面神鼓呢?

传说很早以前，太上老君在花鼓山山顶的神堂里放着一面神鼓。这面神鼓一敲咚咚地响，上通天上各路神仙，下通地狱各类妖魔，如有谁在人间作乱，神鼓一敲，不管他有多深道行，多大法术，立刻化成一滩清水。有个萨满听说了这件事，寻思用这面神鼓来整治妖魔，掌握人间的事情，比他亲自上天请神仙省事多了。他想把这面神鼓借来。可神鼓在花鼓山山顶的神堂里，有一群猴子整天把守，凡人进不去。

萨满决心到花鼓山探探虚实。他离开家乡一直往南走，整整翻过一百座高山，跨过一百条大河，来到了花鼓山下，往上一看，只见山顶上大猴儿小猴儿、胖猴儿瘦猴儿、瘸猴儿瞎猴儿，里三层外三层，满山遍野，把个神堂围个水泄不通，风雨不透。他正琢磨怎样才能上得去，迎面呼拉拉来了一队巡逻猴儿，一时间弄得他想藏藏不了，想躲躲不及，一看旁边有个烂泥洼子，灵机一动就跳进泥洼中，在里面滚了几个个儿，扁溜溜躺着动也不动弹。猴子巡逻到跟前，一看乐了。领头儿的大猴子说："听说人间都供泥托佛（弥勒佛的别称），咱也没看见过什么样儿，看这个泥人八成就是泥托佛，咱们干脆把它抬回神堂去供上。"猴子们齐声说好，这就七手八脚抬腿的抬腿，捧脑袋的捧脑袋，擎胳膊的擎胳膊，拽耳朵的拽耳朵地抬起来。萨满连气也不敢喘，任群猴儿捉弄，就像死人一样。

群猴儿把萨满抬到神堂，轻手轻脚地放下，摆好位置。老猴儿得

到报告，即刻传令花鼓山上行三天大祭，表示对泥托佛的敬重。他们在神位前点燃了香，供上了山上的百样仙果，老猴儿率领群猴儿一排排地跪下磕头。末尾，老猴儿从墙上摘下神鼓，一面咚咚地敲，一面唱，群猴儿跟着伸胳膊撩腿地跳起舞来。

猴子们大祭三天，萨满饿了三天，眼瞅着一盘盘仙果供品，一动不敢动。可算到了第四天，老猴儿命群猴上山采药去了，只留下一个瞎猴儿、一个瘸猴儿看家。萨满见瘸猴儿上外面玩去了，瞎猴儿在一旁打盹儿，急忙拿些供果吃，吃饱了从神堂上跳下来，摘下墙上挂的神鼓，出门就向山下跑。

瘸猴儿正在门口玩，一看泥托佛抱着神鼓往山下跑，就一瘸一颠地跟在后面往山下追，一边追一边喊："不好了！泥托佛把神鼓偷跑了！"

瘸猴儿、瞎猴儿这一喊，老猴儿领着群猴儿"噌""噌"地从山上飞也似的下来了，向前紧赶萨满。眼瞅着要赶上了，萨满赶忙从怀里掏出一把木梳扔在地上。群猴儿看到木梳，这个说："给我梳梳毛！"那个一把夺过去，说："我还没梳呢！"这个也梳，那个也要，萨满趁这工夫跑远了。老猴儿一看，可不好了，"快追！"群猴儿又"噌""噌"飞似的追上去了。萨满从怀里掏出一把篦子扔在地上，猴子得到篦子，又围了起来。这个说："给我刮刮虱子。"那个说："给我刮刮毛。"老猴儿怎么呵斥，群猴儿也不听。等挨个儿刮完了，萨满已跑到山根儿底下，过河了。老猴儿一看，完了！猴子怕水，过不去河。就这么，萨满把神鼓借回家，一直没送还。

这神鼓也叫"钢圈鼓"，就是萨满跳神手里拿的那面鼓。从那以后，人们就有句传说"老君留下钢圈鼓，圣人留下降妖铃"。腰铃就是萨满跳神时腰上系的那一排铜铃。

讲 述 者／李马氏　女　满族　岫岩县城东小虎岭　家妇　不识字
采 录 者／张其卓　董　明
采录时间／1983年
采录地点／辽宁省岫岩满族自治县城东小虎岭

不漏天俄木特列

听老辈人说，在许多年以前，也不知是哪一座高山脚下，有三间不大的小草房。草房里住着一对年轻的夫妻。小伙子叫阿什赫，是个猎人。长得粗眉大眼，膀阔腰圆，就像天上的神将一样英俊。媳妇叫沙吉阿妹，更是百里难找，千里寻不到的绝色美人儿。阿什赫与沙吉阿妹新婚不满一年，两人恩恩爱爱，感情特好。大伙都羡慕，说他俩是天上的一对幸福鸟。

这天，阿什赫又要进山打猎了，沙吉阿妹和往常一样一直把丈夫送到林子边上。阿什赫看着行动迟缓的妻子说："沙吉阿妹呵，你要保重身体，在我们的孩子降生之前，我一定能赶回来，还要为你带回最好的礼物。"说完，骑着马，向深山里跑去了。

就在沙吉阿妹送走阿什赫往回走的路上，遇到了一队兵马，为首的巴哈楞贝勒（满语，部落首领）看到沙吉阿妹，惊得勒住马叫喊起来："哎呀，美人儿！这是谁家的美人儿?"

一个亲随赶忙凑到巴哈楞贝勒耳边说："启禀大人，她是猎人阿什赫的妻子。"

巴哈楞贝勒捋着胡子，哈哈一笑，说："好，好！猎人阿什赫是我的山民，他的妻子就是我的妻子。去！就说我巴哈楞贝勒要娶她。

亲随奉命追赶上沙吉阿妹，拦住她的去路，说：“恭喜啊，沙吉阿妹，我们的老贝勒要娶你了，只要你答应一声，从现在起你就是天底下最高贵的福晋（妻子）了。”

沙吉阿妹说，“请回禀你们老贝勒，我已经是身怀有孕的山民之妻，我只能与我的丈夫阿什赫白头到老，不愿转嫁他人做什么福晋。”说完，理也没理转身走了。

巴哈楞贝勒从来是说一不二，想不到一个小小山民的妻子竟是这样不识抬举，一时间气得他“啪”给了亲随一马鞭子，说：“去，把她的丈夫阿什赫找来！”

贝勒有令谁敢不听，当下派出人马，不到半天就把阿什赫找回来了。亲随笑着脸凑上前去说：“阿什赫，你的洪福到了，咱们老贝勒看好了你的妻子。只要你答应了，要金给金，要银给银，你要是舍不得女人，贝勒府里有的是美女随你挑选。”

他们做梦也没想到，在阿什赫面前也碰了一鼻子灰。只听阿什赫冷冷地说：“谢谢贝勒大人的盛情，我的爱妻不是路边的花朵，谁愿采，谁就摘；也不是眼底烟云，风吹到哪儿，她就飘到哪儿。大人有金山、银库、山珍我无福受纳，大人有美女留给自己享用吧！沙吉阿妹是我的，不能转嫁给大人。”

亲随见阿什赫给好处不要，又威胁他说：“阿什赫，你得放明白点，巴哈楞贝勒是一部族之长，你应该懂得部落的规法，也应该知道贝勒大人的厉害！”

亲随还要往下讲，巴哈楞贝勒可等不得了，他上前推开亲随说：“少啰唆，阿什赫，你到底答不答应？”

巴哈楞贝勒一连问了三声，阿什赫把脸扭向一边，头没点一下。老贝勒火啦：“来人！把这小子推出去打死，活活给我打死！”

阿什赫手中没有箭，腰上没有刀，只有用拳头。

真是好虎架不住一群狼，阿什赫被撂倒了。他不求饶，咬着牙，只在心里说：“你们打吧，打吧，打死了我，还有我的儿子。我的儿子就要降生了，他长大成人会给我报仇的。”

阿什赫被打死了，沙吉阿妹也被抢来了，她扑到血肉模糊的丈夫身上，一摸，身子凉了，可两只眼睛还圆瞪瞪地睁着。她哭喊着，拼

命地摇晃着，突然从阿什赫身上掉下一个东西，拣起来一看是块鹿胎。沙吉阿妹哭喊得更厉害了：“阿什赫，你带给我的最好礼物，我收到了。放心吧，你心里想的什么，我都知道，闭上眼睛，去吧！让天神保佑你。”

阿什赫闭上了眼睛，沙吉阿妹也昏过去。

沙吉阿妹醒来，见自已躺在贝勒后府里，想到巴哈楞就要来逼亲了，她觉得只有一死，才不枉与阿什赫夫妻一场。她从怀里拿出阿什赫给她留下的鹿胎，暗暗祷告说：“苍天有眼，丈夫有灵，我将鹿胎吞下，神灵保佑我死后身体不腐烂，待孩儿降生到人世给我夫妻报仇。”

巴哈楞贝勒打死了阿什赫，想到沙吉阿妹从此就是他的了，正大步流星往后府走，突然听说沙吉阿妹自尽了，一时间火冒三丈，一刀将亲随砍倒，又吩咐手下卫兵，将沙吉阿妹尸体拉到荒山野岭扔了。

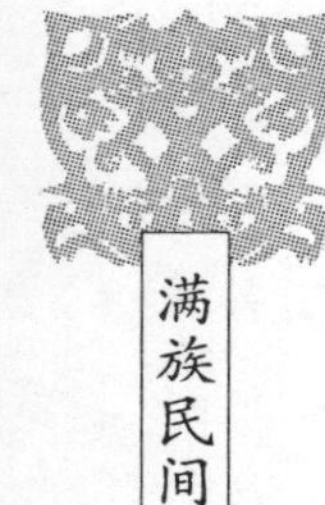

在离沙吉阿妹家不远的山塆里，有个叫萨格大的老人，无儿无女，平时对沙吉阿妹像亲生女儿一样。沙吉阿妹也拿萨格大奶奶当做亲生母亲看待。萨格大奶奶听说沙吉阿妹尸体被扔了，偷偷搬到她家房后的一棵大柳树前。把中间的木头抠出去，在一个没有月光的晚上，把沙吉阿妹的尸体装进里面，找一个僻静地方，埋上了。

在沙吉阿妹被安葬后的第七天夜里，她怀揣的婴儿降生了。正像她祈求的那样，她的尸体没有腐烂，还给孩子留下了足够吃七七四十九天的奶水，使孩子有力气。每天他在母亲尸体旁边爬来爬去，挥动着小手抠树皮。树皮本来不坚硬，抠掉了，又扒泥。不知过了多少天，一丝光线透进了墓穴里，小孩顺着亮光爬到地面。从这天起，小孩每天都从墓穴里爬出来，喝泉水，吃山果，吃喝过了，和山上的小鹿蹦一阵，再学着小鸟叫几声，玩累了回到墓穴里睡一觉。

夏天过去到了秋天，小孩从山上拣来一些棒子、核桃、松果，放在墓穴里。就这样，小孩在墓穴里过了三年。不少山民看到过这个奇怪的小男孩，一要接近，他就一晃不见了，也不知他住在哪里。

一天，萨格大奶奶上山采山菜，回来的时候顺路看看沙吉阿妹的坟墓。她趴在坟头上正哭着，冷丁见坟里钻出个光着身子的小孩。她明白了，这一定是大伙说的那个小孩。“这孩子怎么会住在这儿呢？”

萨格大奶奶吃惊地想着。她终于想起来了：这孩子不是别人，是沙吉阿妹的孩了。三年前沙吉阿妹含恨死去，她偷偷装殓的时候，怀中的婴儿还在轻轻地蠕动，想不到这孩子真的降生了，活了。

萨格大奶奶把他抱回家里，像对待自己的亲孙子，比自己的亲孙子还要喜爱。教他说话、吃饭、穿衣。他生在漆黑的坟墓里，看不到天日，萨格大奶奶叫他不漏天，他是个可怜的孤儿，萨格大奶奶给他起名叫俄木特列（满语，孤儿）。

山上的树叶绿了又黄，黄了又绿。不漏天俄木特列在萨格大奶奶精心养育下，转眼间变成了一个英俊的少年。和阿玛一样，长到十五岁便成为部族里出众的小猎人了。他的箭百步开外可以射准密林中的飞鼠，他的力气敢同山上的老虎摔跤。萨格大奶奶看着一天天长大的俄木特列，心里充满了喜悦。

一天，俄木特列从山中打猎回来，突然眼里含着泪水问萨格大奶奶："奶奶，村里的人都说我是天生地养的，天生我，天是我的阿玛，地养我，地是我的讷讷。我的阿玛是天上的谁？我的讷讷是地上的哪一个？告诉我吧，奶奶，他们在哪儿?"萨格大奶奶听着俄木特列的问话，心酸了，不能再瞒着孩子了，她一边流着眼泪，一边把俄木特列阿玛、讷讷的遭遇，和他怎么在墓穴中降生都说了出来。俄木特列听了萨格大奶奶的讲述失声痛哭起来，哭着哭着他猛地站起身，"嚓"的一声拔出宝剑冲出门外。

萨格大奶奶连忙扯住俄木特列的胳膊："你要上哪去?"

"我要报仇，我要杀死巴哈楞，为我阿玛、讷讷报仇。"萨格大奶奶拼死劲儿拽着俄木特列，说："不能去，孩子，你听我说，贝勒的兵弓比蝗虫还多，官府的防备比铁桶还严，当年你阿玛武艺比你强几倍，也没能逃脱出贝勒的魔掌。你单枪匹马，那不是白白去送死吗?"萨格大奶奶总算把俄木特列劝回来了。

俄木特列把仇恨记在心里，每天加紧练本领。晚上，他顶着月亮练，眼睛熬红了；白天，他不怕日头晒，胳膊累肿了。一年过去了。原来他一人能摔倒九个大汉，现在可以摔倒九九八十一个；原来他可以射中林中奔跑的飞鼠，现在他可以射落正在天上飞行的麻雀。又过去了一年，怎么练功夫再也没有长进了。急得他没办法，天天上讷讷

坟头去哭。这天，从山上来个白胡子老头儿，说：“喂！小伙子，你有什么伤心事，我来帮助你吧！”俄木特列听说能帮助他，就把阿玛和讷讷的遭遇说了一遍。

老头儿听完，打着唉声说：“天底下竟有这样的惨事，孩子，我帮你报仇。”说着从兜里拿出一个小木盆，从木盒里拿出两个毛桃，说：“你先把它吃了。”俄木特列刚把毛桃咽进肚里，就听浑身骨头节嘎巴嘎巴直响，他长高了，也长粗了，身上的衣服全绷碎了。俄木特列欢喜得连忙要给老头儿拜谢，老头儿说：“慢，这儿有一套衣服，什么样的利箭也射不进，什么样的刀枪也砍不透，你穿上吧。”俄木特列换上衣服扑通一下跪在地上，连叩了九个头。俄木特列谢过白胡子老头儿转身要走，白胡子老头儿又拦住他，拿出一个长石匣说：“好心的孩子，你的武艺还不行，这里边有口宝剑，你拿出来，我教你。”俄木特列抽出宝剑，在坟前一气练了七天七宿。白胡子老头儿说：“孩子，你的本领练成了，可以为你父母报仇了。”说完，一闪身不见了。

俄木特列知道是神人帮忙。望空拜了九拜，带着宝剑，直奔贝勒府门外。门外的卫士见一个大汉要进府，忙拦住问他找谁。

俄木特列说：“我要找巴哈楞贝勒偿命！”卫士问：“你是谁，报个姓氏，我们好进去禀报。”俄木特列报了姓氏。巴哈楞贝勒想： 阿什赫没有儿子啊？一个人单枪匹马，胆子不小啊！是不是活腻味了？便吆喝一声：“来人，把这个小子抓起来，他阿玛怎么死的，我也让他怎么死！”

巴哈楞贝勒自以为收拾俄木特列还像打死阿什赫那么容易，哪承想几百个卫士在他跟前像一捆捆头重脚轻的谷草一样。没用几下子，全扁溜溜倒下了。巴哈楞贝勒一看坏了，急忙命令关上铁门。俄木特列上去一拳头，门“哗啦”一声开了，回身用肩膀把墙一撞，好几丈高的大墙，“轰隆”一声倒了一大面子。贝勒一看不好，急令卫士放箭，哪知俄木特列不躲不闪，箭到了他身上，一碰就落在地上了。巴哈楞见大势不妙，骑马想跑，俄木特列一个箭步蹿到马前揪住头辫一把把他抓下马来。俄木特列抽出宝剑。大声喊道：“阿玛，讷讷，孩儿为你们报仇了！”说完手起刀落，将巴哈楞贝勒杀死了。

部落里听说俄木特列杀死了巴哈楞贝勒，为勇敢的俄木特列唱起

歌，跳起舞，称赞他为巴图鲁（英雄、勇士）。

俄木特列杀死了巴哈楞贝勒，回到家每日上山打猎，赡养着他的萨格大奶奶，又把阿玛和讷讷的坟合葬在一起了。

讲 述 者 / 佟凤乙　满　族
采录整理者 / 张其卓　董　明
采录时间 / 1983年
采录地点 / 辽宁省岫岩满族自治县佟家沟

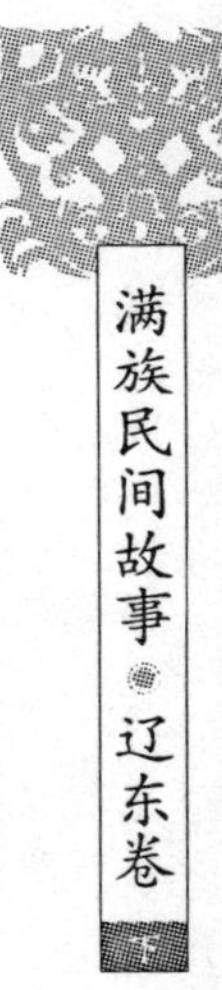

巴什库与疙瘩郎

巴什库啊，从小阿玛就死去了，就他跟讷讷两个人过日子。日子过得很苦，他讷讷还是双目失明。巴什库每天上外面打柴，讨饭吃，回来还得管他讷讷，日子过得相当苦。

这天啊，巴什库上山去打柴，看见这么一个老头儿，这老头儿说："小伙子啊，你日子过得很苦啊，我还得告诉你一件事，要涨大水了，我啊，给你一把笊篱，等涨大水了，不知道要冲下来多少生命，动物，哪怕是虫子，过来你都把它捞上来，都把它救上来，就唯一一样你别往上捞，要是有人冲进去了，你千万别救，你千万别捞。"

巴什库说好吧，就把这笊篱拿回去了。

果不然，第二天这就下大雨了，巴什库家住在大山头上，这大河涨得是相当大了，有多少庄稼都被水淹了，有多少树木都在水上飘着。巴什库就记着老头儿的嘱咐，过来个蚂蚁，他给捞上来了，过来个蜜蜂，招呼说"救命啊救命啊"，他给捞上来了，过来个老鹞子，他也给捞上来了，过来狗了，他也给捞上来，猫他也给捞上。这时候有个人冲过来了大呼："救命啊救命啊！"巴什库他不想捞，又看这人眼瞅叫水淹死了，见死不救于心何忍呢？他就把这人捞上来了。捞上来，就把他领回家了，换上衣服，就在他家吃啊住啊的。

这人叫大疙瘩郎子，是个坏透腔儿的人。他这一生好事没做，坏事做了不计其数。谁家要是瓜结个小瓜蛋子，他就总想办法弄棍子给

你扎两个眼儿；走谁家井前啊，要是有牛屎马粪的，总捡两块给扔井里；打瘸子骂哑巴这是他常干的。可是巴什库不知道他的为人，他讷又是个瞎子。大疙瘩郎子在巴什库家，也不能干等着吃饭，也得上山去打柴挖野菜去。疙瘩郎子就想，他家还有个房，还有些东西，我要是把巴什库害死，这个家就是我的了。你说这小子就坏到这么个程度。

大疙瘩郎子想害巴什库，有一天就在他俩上山打柴的时候，大疙瘩郎子就站在大砬壳子顶上招呼说：

“巴什库你来，你看这棵树已经死透了，咱俩把它砍下来。”

巴什库这就上来了，等上到砬子顶上的时候，大疙瘩郎用力一推，把巴什库推到砬子下。摔到砬子下呢，巴什库偏偏没摔死，还是那个告诉他要发水的老头儿在砬子底下把巴什库接住了。老头儿就数落说：

“我告诉过你，你救动物，别救人，你怎么偏偏把他救了？他要谋害你，占你家产。

巴什库说：“不管怎么的，也是一条生命，我不忍心不救。

老头儿说：“你呀心眼太好使了。国王的格格啊叫九头鸟给叼擎天柱顶上去了，国王发下多少兵马，堵在擎天柱下上不去。非得有两个大翅膀，才能飞上去，要不然人是上不去的。我给你两粒药你吃了，就能长上两个翅膀，你飞到擎天柱顶上把格格救出来，你就可以被国王招为额驸了。”

巴什库这一听，感谢不尽，就给老头儿叩头，这工夫，老头儿不见了。巴什库就回家了，回家一看，讷讷没有了。这就招呼：“讷，讷！”可哪招呼，一看大疙瘩郎子搁那边过来了，巴什库说：“我讷哪去了？”

大疙瘩郎子说：“你讷哪去了？刚才来了一个老虎，给你讷叼走了，我撵没撵上，我这才回来。”

其实老太太已经叫大疙瘩郎子也搬山底下摔死了。这巴什库哭了一顿，大疙瘩郎子还假装地说：

“哎呀，人死不能复生，哭也没有用了。你怎么回来了？你搁砬壳子掉下去没摔死吗？”

巴什库说："唉，没摔死。"

这巴什库不会撒谎，就把原话说了，说是老头儿怎么把他接住的，怎么给他两粒丹药，我能长出两个翅膀，到这擎天柱去救格格。

大疙瘩郎说："你自己去不行，得咱俩去，我帮你，这九头鸟这么厉害，你自己哪行啊，我和你俩去。"

这巴什库心眼也实，还真就带他去了。

巴什库到那山下以后，吃下两粒药就长出来两个翅膀飞上擎天柱了。飞到顶上把这九头鸟给杀了，把这格格抱起来背下来，就交给大疙瘩郎子，说顶上还有人，我还得回去救。等他再回来，大疙瘩郎子背着格格跑了。巴什库一看，格格没了，格格已经没有了。心想，大疙瘩郎子把格格背回家了？还是背到京城去了？我到京城去看看吧。

到京城一看，巴什库傻眼了，这大疙瘩郎子自称是他给格格救出来的，国王正要招他额驸呢，张灯结彩，又打又吹的。巴什库去了，告诉这把门官，说：

"格格是我救回来的，不是他救回来的。"

把门官说："你救回来的你怎么在后边?"

巴什库说："你看我这有两个大翅膀，擎天柱什么人都上不去，他没有翅膀他怎么能上去?"

把门官进去禀告国王，国王也觉得这事有点诧异，特别让国王不满意的是什么呢？大疙瘩郎子这幅长相，长着一副三角眼，鼻子歪歪着，嘴歪歪着，一看他就不是个善良之辈，要把格格许配给他，要招这么一个额驸，他自己觉得在人面前也拿不出手。一听说又来了一个救格格的，就让放进来。大疙瘩郎子搁那不服气，说：

"你说你救出格格，格格怎么没跟你一块回来，怎么跟我一起来的?"

巴什库说："你说你救得格格，你说说擎天柱你是怎么上去的?"

他俩各说各的理，国王可就为难了。国王一想，有了！命人取来一升米，其中一半大黄米一半小米，给他俩一人一升，说：

"今天晚上一宿的工夫，谁能把这小米子和大黄米分开，我姑娘就

给谁。”

巴什库也愁了，大疙瘩郎子也愁了，小米粒和大黄米米粒仅差不点儿，那怎么挑？巴什库救出来的这些蚂蚁过来了，告诉巴什库：

“不要紧，我来帮你忙！”

晚上，这些蚂蚁一领领来好多的蚂蚁，这蚂蚁有搬大黄米的有搬小米的，没等到天亮，这一升米给分开了，一半小米一半大黄米。再看看大疙瘩郎子，还在那眼睛觑觑着用手挑呢，拣一个大黄米粒搁这边，拣一个小米粒搁那边，天亮了，一小把都没拣上。国王说了，看来你是假的。

可是大疙瘩郎子还不服气。国王说：“我啊，七个姑娘，七个姑娘都长得一模一样，都盖上盖头红，你们谁能认出来哪个是你救出来的格格，谁就招为额驸。”

大疙瘩郎子说：“我先认！”

巴什库说：“好吧，那就先紧着你。”

他围着姑娘们，瞅瞅这个瞅瞅那个，瞅瞅这个瞅瞅那个，瞅来瞅去，指指第二个，说这个就是我救的格格。国王笑了笑说：

“那是我的大格格，她的孩子都多大了。巴什库，你再来认吧。”

巴什库这时候也愁了，都一般高穿一样衣服，盖着同样的盖头红，上哪认得出？这时候小蜜蜂来了，告诉他说：

“我来帮你，你看我在谁头上打旋，谁就是。”

等巴什库认的时候，小蜜蜂到第六个姑娘头上转过来转过去那么飞，巴什库上去一把拉住说：

“她就是我救出的格格。”

国王说你这猜对了，画龙点睛是你救出的格格。巴什库被招为额驸了。大疙瘩郎子被国王赶出去了。

大疙瘩郎子回到村里要饭吃，都没有人给他，谁都知道大疙瘩郎子这小子良心坏透腔了，巴什库救了他，他还差点儿害死巴什库，还跟巴什库两人争格格，这人坏透腔儿了，谁也不给他饭吃，到哪儿要饭那家放狗咬他。最后，大疙瘩郎子活活饿死了。

讲 述 者／张文英　男　65岁　小学　农民

采 录 者／刘　垚

采录时间／2008年8月22日

采录地点／辽宁省岫岩满族自治县岭沟乡西道村张家沟组

玉石姑娘

有个老太太，孤身一人过活。她本来有家，那是个在旗人的大户，上有大伯子，下有小叔子，好几十口人。不幸地是她的老伴下世了，她身下没有儿子，被撵出来了。老太太房无一间，地无一垄，只好找了块河边地，垒个小窝棚，一镢头一镢头地刨起荒来。

这天，老太太一镢头下去，刨出来个东西。拣起一看，是个小人，很像个姑娘，脸上笑眯眯的，通身上下绿莹莹。这不是玉石人吗？老太太无儿无女，就是有个玉石人也乐呀！她把玉石人在河水里洗干干净净，拿回家里，放在了炕头上。

从这以后，老太太不再憋闷得慌了。像地里撒了什么种子啊，苗长多高了啊，除几遍草，铲几遍地啦，都对玉石人说。玉石人总是笑眯眯的，谁知它听着没听着，明不明白呢！哎，不管听着没听着，明白不明白，有说话的就好啊！

就这么老太太起早贪黑、辛辛苦苦地干，从春到夏把庄稼侍弄得齐刷刷的。可是到了阴历七月，天下起大雨来。河水卷着泥沙，一个劲儿地往上涨。老太太心疼她的地，拼死力一块一块地拣石头，在地边垒起坎来。可她是年迈之人，力气不佳，又没有帮手，如虎似狼般的河水到底把地冲跑了，庄稼也一棵不剩了。老太太伤心地哭了，你知道她出了多少大力，流了多少汗水啊！可是到头来还是没有粮吃饿肚子。老太太回到家里，对着玉石人边哭边说她的苦难："我这命啊，怎么这么苦？要是有个儿子，也不能老头子一死，就被人撵出来；要是有个儿子，也不能种的地让水都冲走了。这叫我怎么活呀！"哭着哭

着老太太什么也不知道了。昏迷中，她见炕头上的玉石人眼中流着泪，说："讷讷，你别愁。你会有儿子的！"老太太说："叫我有儿子，那敢情好，可我怎么才能有呢？"玉石人说："来，听我告沂你！"说罢她伏在了老太太的耳朵边上。老太太一听止住了泪水，咯咯笑了。这一笑，把自个儿笑醒了，原来是一场梦。老太太看着玉石人，还像往常一样站在炕头上，笑眯眯的。

这梦能不能应验呢？老太太盼子心切，也顾不得细想了，她照着梦中玉石人的活，天天到九里外的山根下挑黄泥，总共挑了九十九担；又爬九里高的山，到山泉边去取泉水，也总共取了九十九担。九十九担泉水和九十九担黄泥，老太太做个黄泥人。老太太又照梦中玉石人的话，每天给黄泥人浇一担水；九十九天浇了九十九担水。这天，黄泥人终于会动了，手动，脚动，身子动。老太太乐了，可看来看去又愁了：黄泥人没有眼睛，瞎子能干什么呢？弄不好还得养活他。老大太唉声叹气地躺在了炕上，眼睛瞅着玉石人，心里说："玉石人呀，玉石人，你说怎么办呢？"这时忽见玉石人张嘴说话了："讷讷，你别急，镶上这两个玉石球，过七天七夜就是眼睛了。"老太太觉得手里塞进了什么，一看果真是亮晶晶的两个小圆球。乐得老太太一把把玉石人捧在手里，说："玉石人，是你给我的玉球吗？"只见玉石人微微点点头。

老太太把两个玉石球镶在了黄泥人的眼窝里，从这天起，她便坐在泥人跟前看着他。一天、两天，到了第三天，老太太实在饿得慌，便出外挖野菜充饥。可是等她回来，那泥人的两只眼睛只剩一只了。老大太这个后悔呀，她再也不离地方了，豁出来不吃不喝，可别把剩下的眼睛再丢了。老太太一直坐到第七天，也是实在累了，刚闭上眼睛打个盹儿，耳边便听到一男一女两个声音喊她："讷讷，讷讷！"老太太睁开眼一看，多么好的小伙，多么好的姑娘啊！她仔仔细细地端量了好一会儿：这小伙，四方大脸，敦敦实实，一只眼睛，多么像她做的那个泥人呀！只听小伙说："讷讷，我就是你做的那个泥人！"这姑娘，粉嫩嫩的小脸蛋，水灵灵的一双大眼睛，她是谁呢？姑娘见老太太猜不出她是谁，忍不住笑着说："我就是那个玉石人！"老太太有点不相信，玉石人不是在坑头上吗？她去炕头上找，真的不见了。老

太太长这么大也没这么乐过呀！她有儿子啦！这姑娘呢，做女儿？老太太转念一想，不。“你就给我做儿媳妇吧。”她对玉石姑娘直截了当地说。玉石姑娘抿嘴笑了笑，羞得背过身去。泥人得了这么个好媳妇还不乐呀！可他并不高兴，他说：“我一只眼睛怎好跟人家成亲！”

一只眼睛倒是没有两只眼睛好，可总算什么都能看到，老太太也就算心满意足了。经儿子这么一说，老太太倒为难了，上哪儿去找那只眼睛呢？

玉石姑娘可不发愁，她扯着泥人的手，说，“跟我来，去找那只眼睛！”

玉石姑娘把泥人领到山上一棵大柳树跟前，折下一段柳枝，抽出里面的硬心，留下树皮，用小刀在顶端切开个小口，做了个树哨，交给泥人说：“拿着它，去找萨克萨（满族传说中的喜神）吧！”

泥人翻过九道岭，越过九道河，遇到一片树林，见成群的萨克萨在飞来飞去。萨克萨们见来了生人，都落在树枝上闪动着眼睛，抖动着翅膀，好像在猜想，这个独眼人来干什么呢？泥人拿出树哨放在嘴里吹了起来。他吹得很动听，仿佛在说，萨克萨神哟，萨克萨神，我要幸福，我要欢欣，可你们看我只有一只眼睛，我怎能跟美丽的姑娘成亲。萨克萨神听了他吹的曲子，一齐飞向一棵高大的树，一字排开站在一只大鸟面前。泥人看见大鸟的脖子上挂着一个玉石球。这大鸟是谁呢？是萨克萨王。萨克萨王听说人世间的帝王，都有玉做的玺，他想他这个鸟中之王也该佩玉才能尊贵，可是这很难寻找，他找来找去，发现了泥人的两只眼睛，趁老太太不在家，便拿走了一只。萨克萨王听到独眼泥人诉说的痛苦，再加上萨克萨神们都为泥人求情，便把玉石球摘了下来。泥人双手接过玉石球，镶在眼窝里，立刻明亮了。泥人高兴地又吹起了柳树哨，萨克萨神们围着他展开翅膀，在树林中又是歌又是舞，好一番热闹。

泥人从萨克萨那儿回来，便和玉石姑娘结了婚。他俩开荒种地，修坝筑堤，河水再也冲不走田地，也毁坏不了庄稼了。

泥人和玉石姑娘娘一块整整生活三年，年年打下的粮食吃不完，老太太再也不愁夏天雨淋，冬天受冻了。

大概老天爷就是跟穷人过不去，这一年的七月又下起了倾盆大

雨，一连下了七天七夜，直下得天连水，水连天，山上的洪水突然暴发，像猛虎一样猛冲下来。泥人和玉石姑娘们怕地被水冲走，整天整夜地守护着堤坝。一天，堤坝被冲开个口子，泥人跳进水里，用身子堵住开口。可是水越涨越大，开口三天三夜也没堵住，一排大浪打来，泥人被卷走了。玉石姑娘见泥人遇险，便纵身跳进水里，一把将泥人推上了堤岸。

天晴了，水也退了，泥人苏醒过来，可是玉石姑娘却不见了。泥人呼喊她，寻找她，最后在河底摸到了一个玉石人。老太太一看，正是她刨荒时拣的那个玉石人。老太太把玉石人抱回家去，放在西墙祖先牌位前，每日里一有空闲就看着她。

从这以后河水再也不泛滥了，河岸边的土地也越来越肥沃，庄稼也一年比一年长得好。泥人侍奉着老太太，日子过得不愁吃也不愁穿。

据说岫岩的磨玉工们，起先只是磨毛笔筒、手戳、手球之类的用具，是不磨玉石人的。后来玉石姑娘的故事传开了，大伙都说玉石人能为人造福除灾，玉石工们才开始磨玉石人了。

讲 述 者／洪文炳　白康氏
采录整理者／张其卓
采录时间／1983年
采录地点／辽宁省岫岩满族自治县

荷花棒槌

棒槌奶奶在深山里度过了三千三百个年头，她的外孙参花姑娘也修行一千多年。这年春天，祖孙俩到山外游玩，不料一齐身患了重病，无法回山了。

山外有家姓唐的哥儿俩，老大叫俄木萨尔，以打柴为生。这天傍晚，哥儿俩刚刚端起饭碗，见一老一小互相搀扶着从门外进来，弟弟都韦萨尔忙放下饭碗迎上前去。招呼道："这位奶奶和大姐是来找宿儿的吗？"只听参花姑娘说："我和奶奶去南海投亲，路上都病了，想在这儿住几天，阿哥开开恩吧！"

哥哥俄木萨尔见是一对病人，慌忙扯住弟弟衣襟说："别管，叫她们到别处去。"

弟弟都韦萨尔说："天黑了，又有病，叫她们住哪儿去？"

哥哥俄木萨尔瞪了弟弟一眼，说："你尽多事，万一人死了，咱还得往外发丧，你不嫌背气？"

姑娘见哥儿俩难心，说："好心的阿哥，我们不白住，有东西酬谢你们，不会让你们吃亏的。"说着，从怀里掏出一棵看上去足有一斤重的大人参。

七两为参，八两为宝。哥哥瞅着姑娘手里的大人参，顿时换了笑脸，说："好，好！在这住吧，我这就拿它换钱买米去！"说完一把将人参搂到怀里，一溜烟地跑了。

俄木萨尔跑出去一个多月，换上了缎子马褂，绸子长袍，打扮成阔财主的模样回来了。他进屋就闹分家，分就分吧，哥儿俩分了家。

俄木萨尔拿棒槌换了多少银两，谁也不清楚。分家后，他又买山买地，又盖房子又拴马，没用半年，成了全村第一有钱的富户了。都韦萨尔本来就不阔绰，家里又增添了两个病人，他买米做饭，买药煎熬，日子久了锅里经常断米不说，人也瘦了许多。两个病人在他家一躺躺了三年，参花姑娘的病总算好了，可奶奶的病还是时好时坏。

一天姑娘对都韦萨尔说："好心的阿哥，听说西北高山顶上有一棵人参，你要是能把它挖来，奶奶的病就会完全好了，你能去吗?"

都韦萨尔说"能去，只要有人参，我一定挖回来。"

都韦萨尔背着干粮，带上斧子，走了六天六宿，第七天早上找到了姑娘说的那棵人参。正要动手去挖，猛地蹿出一只比野牛还大的猛虎，趴在人参顶上，瞪着眼睛瞅着他。走吧，白来一趟不说，奶奶的病不知什么时候能好利落；挖吧，老虎趴在人参上面不挪窝。他从早上等到天黑，盼着老虎早点离去，可是老虎偏偏不走。他不能再等了，从腰里拿出斧子。老虎见都韦萨尔一步一步向它靠近，忽地跃起身子，吼着向他扑来。生死就在一眨眼之间，都韦萨尔屏住气，后退三步，憋足气力，趁老虎匍匐在地，猛冲过去，抡起板斧，照准虎头，"咔"地砍下去。眼前突然金光一闪，恶虎没了，站在他面前的是一位笑容满面的老太太，细一看不是别人，正是躺在他家，病了三年零三个月的老奶奶。喜得都韦萨尔说："老奶奶，你病好了，怎么到这儿来了？快跟我回家吧！"棒槌奶奶笑眯眯地说："这里是人参国，是我的家，我不能久住人间，难得遇到你这样的好心人。我要将小孙女许给你做媳妇，小伙子，你愿意吗?"没等都韦萨尔回答，棒槌奶奶又弯腰从地上拔出一棵人参，放到他手里说："回去栽到院内，每天早上把叶子上挂的露珠接下来，可治世上的万种疾病。"说完她手一挥，招呼来一只梅花鹿，让都韦萨尔骑在背上，穿山越岭不一会儿就到了家门口。

参花姑娘红着脸迎出门外，都韦萨尔心里乐，嘴上笑，不知说什么好。过了好一会儿，看看怀里抱的大人参，想起奶奶在山上说的话，才说："咱俩把人参栽上吧！"

人参栽到小院里，都韦萨尔到河里挑来一桶清水，姑娘一瓢一瓢地浇在人参根上。水浇完了，姑娘也不见了。

都韦萨尔进屋里去找，屋里没有，只是见屋里变了样，满屋都是珍珠、翡翠和玛瑙，新箱子新柜新摆设。都韦萨尔想走出大门去找，门外吹吹打打来了九辆送亲的大马车，车上下来一些男男女女好几十人，进了小院，铺红毯、放马鞍、摆神桌、搭帐房。全都忙完了，从车上走下来一位头蒙红巾、身穿红衣红袄红裙红鞋的新娘。都韦萨尔惊得发呆，愣得出神，正不知怎么回事，一位须发雪白的老头儿，扯着都韦萨尔的胳膊说："快过来，和我们姑娘拜天地吧。"都韦萨尔不敢靠前，新娘是谁呀？这时新娘撩开蒙头的红巾，朝他抿嘴笑了笑，又把头藏进去。原来，新娘正是参花姑娘。他美滋滋地和新娘拜天地，拜山神，又互相对拜，完后，用箭杆挑去新娘的盖头巾，双双进了帐篷里。

都韦萨尔和参花姑娘结婚后，每日把挂在参叶上的露珠接下来，为大伙治病，哥哥俄木萨尔见弟弟娶了媳妇，日子越过越好，每天前来求医的人络绎不绝，猜测一定是得了宝。有一天，趁弟弟不在家，偷偷窜进院内，用他一双老鼠眼睛左瞅右看，发现花丛中的大人参。他怕被弟弟发现，顾不得细抠，使劲一拔，连叶带根一下将人参拔了出来。就在这时弟弟回来了，见哥哥要把人参拿走，没有了人参，用什么给大伙治病？上去扯住往回要。哥哥见财起意，管你治不治病，抱住不松手，你也扯，他也扯，一使劲儿把人参扯断了。弟弟气急抄起斧子，哥哥见势不妙，扔下半截人参，转身跑了。就在这时，忽听屋里一声惨叫，都韦萨尔急忙跑进屋，见参花姑娘面色苍白浑身颤抖，有气无力地说："院里的人参是我的真体，真体碎了，我……""我"字还没有说完，脑袋一耷拉死去了。

参花姑娘死了，都韦萨尔抱着她，嗓子哭哑了，眼泪哭干了，人死不能复生，他把人参姑娘的尸体和人参一快埋在了院里。奇怪，参花姑娘死去的第七天早晨，坟上突然长出一朵大荷花。荷花叶子绿盈盈的，有饭盒大，荷花骨朵粉嘟嘟的，比拳头还大。都韦萨尔急忙给荷花浇水。更奇怪的是，他浇一担水，荷花骨朵儿长高一寸，浇过七七四十九担水，荷花骨朵儿长到一人来高，大花瓣一点儿一点儿地张开，竟然从花蕊里跳出个水灵灵的大姑娘。

都韦萨尔眨巴着眼睛看姑娘，这姑娘长得像参花姑娘，又有点儿

不像，姑娘看着他发愣的样子，说：“别傻了，我就是你的媳妇参花姑娘。奶奶听说我遭了难，特请山神帮我还了人体，从今以后，我就是真人，那一千多年的修炼也算白扔了。”都韦萨尔听了忙说：“别，我送你回山上去吧！难为你修行了这么多年。”参花姑娘摇着头红着脸说：“奶奶说你心好，我舍不得离开你了。”

就这么，都韦萨尔和参花姑娘又重新过上美满的生活了。

传说事隔不久，有一天，哥哥俄木萨尔赶路，一步没走稳，两步脚跟歪，三步一踉跄，摔倒在道上。道边有个牛蹄窝，里面有半窝雨水，正冲着他的嘴，一下把他呛死了。有人说他是淹死的，其实是坏人应得的下场。

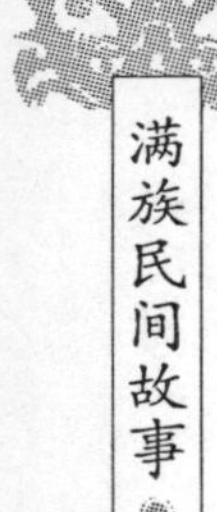

讲 述 者／李成明

采 录 者／张其卓　董　明

采录时间／1983年

采录地点／辽宁省岫岩满族自治县李家堡子

桦树姑娘

在长白山脚下的一个噶珊（满语，村子）里，住着一个名叫勿吉尔的山民。他有一身好箭法，靠打猎养活家里的老母亲。老母亲是一个苦命人，勿吉尔刚刚落地就死了丈夫，她挖参采药把儿子拉扯大了。如今儿子快三十岁了，还是光棍一人。她不盼金，不盼银，就盼儿子早点说上个好媳妇。讷想着儿，儿也疼着讷，打来野物的奶核、心脏，自己从不吃一口，最柔软的野兽皮也从不穿一件；讷说什么，他就依什么，噶珊里的人都说勿吉尔是个赛音哈哈（满语，好小伙子）。

这一天，勿吉尔拜别了讷讷，背着干粮，挎着弓箭，骑上那匹心爱的青鬃马又去打猎了。传说那时候，长白山林子里禽鸟成群，獐鹿遍野，勿吉尔一心猎取珍贵的野物，穿山林，跨沟涧，只顾往前走。走啊走，日头下山了，他也没在意。眼前渐渐昏暗了，勿吉尔这才跳下马，张罗搭套包（满语，窝棚）。真不巧，天上没有月亮也没有星星，漆黑得伸手不见五指。套包搭不上，露宿在外面这点苦倒不算什么，怕的是野物不留情吃了他。

勿吉尔正在犯愁，忽然看见不远处闪着火亮。怪呀，这样的深山老林里怎么会有人家呢？他心里纳闷儿，不由自主地赶了过去。走近前一看，不错，端端正正三间小草房。啊，神赐我今晚有个落脚的地方了，勿吉尔心里想。他在门外喊："屋里有人吗？""哎，有人，有人。"话音儿没落，屋门"吱"的一声，从里面走出一位细高挑的大姑娘。她身穿银白色长衫，外罩翠绿色短裙。姑娘见了勿吉尔也不害

羞，把小伙子从头上看到脚底下。然后，笑眯眯地说："这位大哥，请进屋吧。"勿吉尔见出来是一位大姑娘有点不好意思，再一听，姑娘请他进屋，臊得他从脸蛋一直红到脖颈后。姑娘见小伙子臊红了脸，又笑着说："这位大哥真腼腆，山里人，见了屋就是家，你瞧天这么黑，快进屋吧。"勿吉尔在屋门口站了好一会儿，想来想去，实在是无处过夜，这才拴上青鬃马，抬脚跟姑娘迈进了门槛。他进屋一瞅，炕上空荡荡的，什么人也没有，就更不好意思了，转身就要往外走。这时姑娘上前说："这位大哥，我知道你家中只有娘俩度日，碰巧我也是孤身一人。今晚你走到这里这也是咱俩有缘，要不嫌弃，我就给你做媳妇吧。"

勿吉尔听了姑娘的话，心里叨咕说：这可不行，讷讷没话，我不能私做主张。姑娘好像看出他的心事，说："你讷讷整天盼你有个媳妇，你带我回家，讷讷见了准会高兴。"姑娘见勿吉尔还不答应，接着说，"你不答应，日后你还能一辈子不要个家里人吗？"勿吉尔觉得这些话说得挺实在，再偷偷一看，姑娘长得也真是太俊了，长长的睫毛下一双水灵灵的大眼睛，油黑油黑的长发像抓山虎一样从头顶拖到膝下，真比神女还漂亮十分。勿吉尔见姑娘长得好，心又诚，也就应允下来。姑娘说："你明天还要打猎，我不留你。打完猎你可一定回来，把我带回家去。"勿吉尔应道："嗯，你放心，我一准带你回去。"

姑娘脱下短裙和长衫，短褂铺在勿吉尔身下，长衫盖在勿吉尔身上。勿吉尔觉得软绵绵、暖烘烘，再加上跑了一天路，困乏难忍，倒在炕上便睡着了。不知睡了多少时候，勿吉尔睁开眼睛一看，天亮了，密密麻麻的树叶缝隙里，透过一束束的阳光，照在他的身上，他一骨碌爬了起来，只见身下铺着厚厚的桦树叶，身上盖着大片的桦树皮，身边是一棵参天的大桦树。那桦树银白色的树身，翠绿色的树冠，他就躺在树根底下。他愣了半天，突然明白了，这是遇到桦树精了！

离开桦树林，勿吉尔又走了两天，打了几只紫貂就往回走。他怕走原路，再遇到桦树姑娘，谁知越怕越出鬼，转来转去又回到大桦树底下。勿吉尔刚想打马从树下溜走，桦树姑娘已到了跟前，笑眯眯地拦住马头，说："你回来了，咱们一起回家吧！"勿吉尔实在是害怕，

他想不领姑娘怕姑娘不让动，他要领姑娘，又不知他怀里揣的什么心。树和人毕竟是异类呀！

姑娘见勿吉尔犹豫，就说："咱山里人常说，说出的话就是射出的箭，弓为箭做主，人为话做主。你不知道这句话的意思吗？"勿吉尔无言以答，只好硬着头皮说："好吧，跟着我的马走吧！"说完他扬鞭打马，翻山越涧一连跑了好几个山头。回头一看，桦树姑娘汗流满腮，连奔带跑，笑眯眯地紧跟在马后面。勿吉尔有点过意不去了，收鞭下地请姑娘上了马。

这天傍晚到了家门，老太太听说儿子得了个媳妇，慌忙走出门外，桦树姑娘口中叫讷讷，双膝跪在地上，磕三个头，抿一下鬓角，共磕九个头，抿三次鬓角，行了大礼。喜得老太太好比那放山的得到了一棵六品叶，那高兴劲儿就甭提了。第二天杀了猪，请来葛珊里的亲友们，唱起阿察布密哥，跳起蟒式，勿吉尔和桦树姑娘结成了夫妻。

勿吉尔娶了媳妇，山里人都为他高兴；只有他自己心里像揣个兔子，整天怦怦直跳。想不到的是桦树姑娘自从到了他家，顶星星戴月亮，手脚不歇闲。她撂下磨杆筛筛萝，放下笤帚涮刷刷，把个小日子支配得火炭一样红。她对婆母更是精心侍奉，每天早晨起来先装一袋烟，婆婆吧嗒吧抽着烟，心里甜丝丝的；每天晚上给铺好被，婆母躺在被窝儿里暖烘烘的。直把老太太乐得了不得。她对勿吉尔也是百般恩爱，过了一年，又生了个大胖小子。日子长了勿吉尔那颗悬在嗓子眼儿里的心也放下了。桦树姑娘心好手巧，长得又漂亮，还会过日子，那美名就像长白山天池里投进一颗明珠，波纹越散越远，一来二去，被勿吉尔的一个远房舅舅知道了。

一天，勿吉尔的舅舅来到他家，老太太忙喊媳妇出来见礼。桦树姑娘正在房后干活，听婆母招呼，应声进屋推开房门，她一看知道坏了。因为勿吉尔的舅舅善能降妖捉怪，一些精灵都怕他。她想退回去，无奈按旗人的规矩，新媳妇初见长辈，得行装烟礼。桦树姑娘只好给舅公请安，又慢慢装上一袋烟，双手恭恭敬敬地递了过去。

舅公见外甥媳妇走了，烟袋一摔说："哎呀，我的老姐姐，我当你得了个什么宝贝媳妇，她不是个人，是妖精。"老太太一听，可就不乐意了，说："他舅，过去俺家穷时，你来也不来瞧一眼，如今你外甥娶

了个好媳妇。刚过上几天好日子，你又来抓妖捉怪，你愿在这住两天俺不撵，不愿在这待着赶快走，你想祸害俺一家人，我可不答应。”舅公见姐姐说的话不受听，说：“我的话信不信由你，日后你留心品吧！”说完起身就走了。

讷讷本来不信，可心里不免犯嘀咕。她疼儿子，也疼孙子，怕妖精祸害人。这天早晨她趁儿媳妇还没下地做饭，偷偷点着猪油灯，透过门缝往外瞅，见儿媳妇正在那儿梳头。哎呀，那哪是梳头，正在用手往头上一片一片贴那绿莹莹的桦树叶子。吓得她“啊”的一声倒在炕上没气了。桦树姑娘急忙奔到里屋捧住讷讷喊了半天，讷讷才算缓过一口气来，趁儿媳妇没在跟前，讷讷吩咐儿子道：“快，快去把你舅舅找来。”勿吉尔怕母亲再昏死过去，只好去找舅舅来。

老太太见了娘家兄弟，忙把早晨怎么看见儿媳妇梳头的事说了一遍。兄弟说：“老姐姐，你还不知道呢，这妖精真要磨上你，你过不去一年准得大病缠身，说不上得死几个死。她把你磨死了，再喝她当家的血，吃她孩子的肉。”老太太一听吓得浑身像筛糠似的说：“他舅，你帮我把她除掉吧。”兄弟说：“姐姐放心，拿妖之事全放在我身上了。”说完就叫勿吉尔给他搭法台。勿吉尔知道舅舅要害他媳妇，想不搭，怕惹讷讷生气，又架不住舅舅相逼，含着眼泪在院里搭了一处法台。舅舅披发提剑，一个高跳上台去，口念：

南辰照北斗，
脚踏北斗口，
手提七星剑，
真人施法台上走。
一口吞腹内，
斩妖拿邪到我手。
南斗六星，
北斗七星，
吾奉上方神旨，
拘此有灵……

舅舅在院里施法，桦树姑娘在屋里流泪，孩子吓得也哇哇哭叫。匀吉尔听到孩子哭叫，哆哆嗦嗦进了屋。桦树姑娘说："他阿玛，自你我结成夫妻，你说我对你和婆母一向怎样？"匀吉尔是个诚实的人，他实话实说："一向挺好！"桦树姑娘又说："既然一向挺好，你凭什么找舅公来闹腾！"匀吉尔自知理亏，无言答对。桦树姑娘见匀吉尔心里难过也不难为他，说："现在你舅舅口口声声要拿我。他那一套都是骗人的法术，我没什么怕拿的，可这么一声张，相亲邻里都摸不清怎么回事，我在这怎么为人？我要走啦！"匀吉尔听说桦树姑娘要走，扯着她的手说："不，看在夫妻情面上，可怜可怜咱的孩子，你千万别走。"桦树姑娘说："你要诚心留我，就把祖宗匣里的锁绳拿出来，给我拴在腰上。婆母见老祖宗保佑我了，也就不会见怪了。"

锁绳是象征着满族子孙繁衍的一条绳子，每一个子孙都在锁绳上系一条五色线，用它求满族女祖先佛头妈妈保佑幸福，免除灾难。按规矩这条锁绳只有祭祀祖先时，才准拿出来供奉，平日是不准用的。匀吉尔为了留住桦树姑娘，也顾不得这些禁忌了，他到西屋祖宗匣里拿出锁绳，给桦树姑娘系在腰上。

再说舅公口念咒语，施尽法术，也没捉住桦树姑娘，反倒摔在法台底下，差点儿丧了命。他从地上爬了起来，又气又恼。推门进屋，见桦树姑娘腰系锁绳跪在祖宗位前。他眼珠转了几转，大声喊道："老祖宗啊，不好了，妖精污秽祖宗了！"还不等婆母弄明白怎么回事，又喊，"匀吉尔！你去门外给我挖一处三丈九尺见方的坑，里面堆满劈柴，倒上野猪油，我要跑火龙，今天非拿住她不可。"

匀吉尔不想去，可是母亲在一旁也跟着催促说："去，快把坑挖出来。"匀吉尔只好去门外挖坑。舅舅见坑挖好，劈柴垛满，倒上一缸野猪油，用火绒一打，满坑大火呼呼地着了起来。

桦树姑娘一看闹腾得这么凶，对匀吉尔说："我是待不下去了。我只有一句话，你要好好儿照看讷讷。"说完，她手拿一个碗，抱着孩子，跨出门槛，腾空从火龙上飞走了。他舅公正在披着头发，手拿着剑，嘴里念着咒语拘拿她。桦树姑娘在空中越看越气，回手把碗扔下来，把舅公打了个趔趄。等舅公再从地上爬起来时，桦树姑娘已不见了。

舅舅又羞又恨，痛骂了勿吉尔一顿，说他帮助妖精解了他的法术，败坏了他的名声，骂完了跟他姐姐要了请他降妖伏魔的银子往外就走。老太太急忙扯住他说：“他舅，妖精叫你撵跑了，孙子也抱走了，你见多识广，帮勿吉尔再讨个媳妇吧。”他舅说：“咳，我的老姐姐，我哪管得了那么许多闲事。我只管捉妖精，不管讨媳妇。”说完头也不回地竟自去了。

家中只剩下勿吉尔和他的老母亲度日了。那媳妇笑眯眯的脸蛋看不见了，小孙子咿咿呀呀喊奶奶的声音听不见了，辛辛苦苦攒下的银子钱也被降妖伏魔的兄弟拿走了，刚刚过起来的热气腾腾的小日子又变得冷冷清清了。老太太后悔莫及，饭不吃，水不喝，躺在炕上再也起不来了。

讷讷死了，只剩下勿吉尔一个人，他马不骑，箭不挎，由着性子向山里走去，不知不觉地来那棵最高的桦树底下。他好像又进了那三间小草屋，铺上了柔软温暖的绿短褂，盖上了银白色的长衫。

几天以后，葛珊里的人们到山上打猎，路过桦树林，看到了勿吉尔。虎豹没有吃他，猛蛇没有咬他，他紧紧抱着那棵高大的桦树死去了。

讲 述 者／佟凤乙　满　族
采录整理者／张其卓　董　明
采录时间／1983年
采录地点／辽宁省岫岩满族自治县佟家沟

蛤蜊三姊妹

很早很早以前，大海的边上有一处不大的村落，村落里住着一家老两口。一天，刚下过一场大雨，老太太拎着筐到海边去拣海蛎子，见有一个蛤蜊，有一间房子那么大，嘴一张一合，像两扇门似的一步一挪往海里走。海水偏偏一猫腰一猫腰往岸上拱。大蛤蜊进一步，海浪把它推回去一步，一进一退，大蛤蜊还是在原地挪不动窝儿。折腾了好一会儿，它力气用尽，吧嗒一声合上了嘴，躺在沙滩上不动了。

老太太见大蛤蜊有海下不去，抬头看看蓝天上的毒日头，像吐火苗子似的，烤得沙滩都能烫坏人的脚。心想，大蛤蜊不晒死也得渴死。她放下筐跑回村去，告诉了她的老头儿。老头儿招呼了一些年轻力壮的小伙子，跑到海边，推的推，拽的拽，不大工夫，就把大蛤蜊推到海里去了。

大蛤蜊回到海里，转过身来，嘴朝着岸上一张一合，好像在说什么；又转身打了三个旋儿，慢慢地朝深水里游去了。

奇事就从这里开始。自从老太太从海边回来，她的身子冷丁发起福来。顶一年时间，一胎生了三个胖姑娘。老两口乐得了不得，抱抱这个，亲亲那个。草房里挂了三个悠车，一个姑娘一个。悠一下老大，悠老二；悠完老二，悠老三。三个悠车就像三只小船在海里一前一后地摇荡。转眼之间，三个姑娘一齐出了摇篮，又一齐长大成人了。

也是老两口对孩子太珍爱了，从趔趔趄趄学走路开始，就没让三个姑娘出过门槛。姐三个只能闷在家里，听着一涨一落的海潮声，有时坐在窗户台上，远远望着海浪涌过来又退回去。海有多深呢？海水

是什么味道？浪花咬不咬人哪？要是能进去玩一玩该多好啊！平日里姐三个跟老两口要什么老两口都不打怵，求什么，没有不行的，就是出外到海上这件事，不管姐三个怎么央求，老两口就是不答应。

有一天，姐三个见老头儿出门去了，就把老太太围住，一再央求说："好讷讷，天这么热，让我们到海边去洗个澡吧！我们不往深里走，玩一会儿就回来。"讷讷看看三个姑娘汗巴流水的小模样，心软了，就答应了。姐三个走出院门，像三只出笼的小鸟直向海边飞去，"扑通、扑通"一齐扎进海里，再也不想上岸了。她们越游离岸边越远，越游越往海里沉，不知不觉沉到了海底。海底有一座宫殿，姐三个手扯着手走了进去。这宫殿就是水晶宫。水晶宫里一个人也没有，吃的、往的、穿的、用的可样样齐全。姐三个一合计，就在水晶宫里住下了。

一天，大姐在水晶宫里闲逛，发现后殿柱子上挂着一口宝剑。她摘下来左看右看，不知是什么东西，就拿给二妹看，二妹翻过来调过去，也不认得，二妹喊来三妹，三妹摸摸剑柄，摘下剑鞘，还是说不上来叫什么。就说："咱们拿回去问问阿玛吧！"三妹妹话一出口，大姐、二姐一齐"哎呀"一声说："咱们出来好多天了，快回家吧。"三姐妹带着宝剑离开水晶宫，游到海边。露出脑袋往岸边一瞅：坏啦，来时放在沙滩上的衣服怎么全没有了。三个大姑娘不穿衣服怎么上岸往家走呢？这时海面上漂来一只小船，船上站着个头戴斗笠、身披鱼皮衣的捕鱼小伙子。这小伙子四方大脸，黑里透红，脸上一双透亮的大眼睛，他笑呵呵地把船朝姐三个划过来。两条胳膊划得飞快，裸露的胸脯又宽又结实。姐三个在家里，除了阿玛、讷讷，很少见到男人，更没有见过这样英俊的小伙子，三人简直看愣了神儿。只见那小伙子脱下鱼皮衣，用手一甩，不偏不斜，正好扣在三妹头上，这真是雪中送炭，三妹妹又慌张，又感谢，不知说什么好。这时二姐笑着说："哎！三妹妹，打鱼的小伙子怎么偏把衣服给了你，是不是看上了你？赶明个你给他做媳妇吧！"二姐一句话，把三妹妹臊得小脸通红。她一手拿着鱼皮衣，一手捶打着二姐，大姐扯住说："别听你二姐瞎说，快回家去吧！"

老两口自从丢了三个姑娘，整天愁得饭不想吃，水也不想喝。这

天正坐在炕上脸对脸地掉眼泪。突然三姑娘穿着鱼皮衣从门外回来了。老两口子又喜又惊，忙问："你两个姐姐呢？"三妹说："大姐二姐没有衣服，在海里不敢上岸。老头儿对老太太说："快找衣裳！"老太太不等老头儿吩咐完，早把衣裳找来，跑到海边，让两个姑娘穿好，一手拉着一个回来。

姐三个回到家，拿出宝剑给阿玛看，阿玛听了她们得剑的经过，说："多少辈子以来，就听说水晶宫后殿柱子上有口宝剑，能斩妖降魔，还能为遭难的人消灾解难。想不到你们得来了。"姐三个听说这把宝剑那么贵重，从此走到哪儿就把它带到哪儿。

姐三个在家住了半年。大姐二姐总是思念海里的生活。一天她俩扯过三妹说："海底下怪有意思的，咱们趁阿玛和讷讷不在家，再去玩一次吧。"

三妹摇了摇头。原来自从她们从海里回来，她就常常往海边跑，不是帮人家补鱼网，就是看打鱼。大海里一有渔船的影子，她就目不转睛地瞅着。她是盼那个送给她鱼皮衣的小伙儿，她真的对他有了意，她不愿再下海里去玩了。

大姐二姐见三妹不愿意去，只好两个人下海里去了。一天，姐俩在海里闲逛，遇一个坛子。坛子口上露出人脑袋。那脑袋滴溜溜地乱转。这人的脸漆黑，长着个挺大的鹰嘴鼻子。姐儿俩想："这是个什么怪物呢？"正转身要走，长鹰嘴鼻子的怪物叫住姐儿俩说："我在坛子里憋得实在受不住了，二位仙姐救救我吧！"大姐说："我们两个姑娘怎能救你呢？"妖怪说："二位仙姐救我不难，拿你们的宝剑往坛子上一指就行了。"大姐说："你怎么知道这是宝剑？"那妖怪好半边没答言。大姐又说："你说不出我们只好走了！"妖怪说："二位仙姐实在要问，我就说实话吧。二位仙姐还有一位仙妹本是天上的三位仙女，我是天上的仙童。我与二仙姐要成婚，大仙姐不同意。有一天，听说你们姐三个变成三个大蛤蜊去海里游玩，我就偷偷跟在后面变成海浪，想把大仙姐推到岸上晒死。不料被海边那两口救了。大仙姐回到海里抓我，请来魔师把我变成这个模样，锁在坛子里。后来听说你们三个为了报答老两口救命之恩，临凡到了人间，想不到在这里遇见了。我知道你们的宝剑能降妖伏魔，能消灭灾难。这剑原本是上方神仙派我

下海，挂到水晶宫后殿柱子上的宝剑。二位仙姐，救我一命吧。”大姐二姐听完吓了一跳，又细一寻思，好像是有这么回事。大姐说：“你是个坏蛋，我有宝剑也不救你。”二姐心想：“原来她是为我受了这般磨难，这样的人也是难得。大姐不救我救。她伸手抽出佩戴在大姐身上的宝剑向坛子一指，只听“嘎巴”一声坛子开了，鹰鼻怪蹦了出来。大姐说：“你既已出来，就赶快回天去吧。”妖怪说：“我已不是仙童模样，无法回去了。我看水晶宫无人把守，二位仙姐就把我收下看门吧。”大姐本来就不乐意二妹救了他，见妖怪又哀求把他留下，就说：“水晶宫里只有我们两个女流，不收留男子。”鹰鼻怪说：“我不进水晶宫里面，只在门外看门就行了。”说完鹰鼻怪扑通一声跪在地上，说啥也不起来。二姐见鹰鼻怪可怜的模样，就对大姐说：“好姐姐，他愿给咱看门，就把他留下吧。”二妹硬要留，大姐没办法，只好答应了。

自从听了鹰鼻怪说的话，大姐就思念起天上来了。她觉得人间忙忙碌碌，缺衣少食；海里冷冷清清，没有日月。都不如在天上当仙女好。当仙女逍遥自在，长命不死。她终日想着天上。有一天，她对二妹说：“咱们该回天上了，你在这等着，我去找三妹，一起往回走。我把宝剑留给你，你要把门关好，鹰鼻怪捣乱就把他杀掉，千万别动凡心，动了凡心就回不了天上了。”二妹说：“姐姐放心走吧。”

大姐回到人间，约三妹回天上，三妹笑着说：“阿玛和讷讷上了年纪，身边不能没人侍奉，我愿为二位老人养老送终。”大姐说：“那你不想回天上了？”三妹说：“我看人间生活好，捕鱼，捉虾，虽说苦点，有说不完的乐趣。”大姐见说不动三妹，就说：“你好好儿想想，过两天我再来找你。”说完走了。

再说二姐把大姐送出水晶宫，转回身来，见鹰鼻怪一动不动地守在大门口，觉得他怪劳累的，就说：“你进里面歇一会儿吧！”鹰鼻怪说：“谢谢二仙姐，我现在还是妖怪模样，没有彻底得救，不敢进入仙人住的地方。”二姐问：“你怎样才能还回本来面目，彻底得救呢?”鹰鼻怪说：“和上回一样，你用宝剑往我头上一指就行了。”二姐说：“这不难。”说着她伸手要抽腰上的宝剑。鹰鼻怪忙阻止她说：“二仙姐先别忙。只怕我彻底得救了，大姐回来不饶你。也许你再也回不到天上去了。”二姐想，饶不饶，回不回天上都是小事，别人有难我不能不

救。想到这，她抽出了宝剑，只听“轰”的一声巨响，响声过后，那鹰鼻怪脸上的黑皮脱掉了，头上长出了黑头发，鼻子也缩回去了，变成了一个眉清目秀的俊小伙儿。二姐越看小伙越俊，忍不住又勾起了在天上的那段私情。小伙呢，他受了这般磨难，本都是因爱上了二姐，现在二姐救了他，两个人你看我好，我看你好。趁着大姐没在宫里，就偷偷订下了亲事。

大姐从人间回来，本来就一肚子不高兴，一看水晶宫门外没有鹰鼻怪，知道坏了。她进宫拽出二妹说：“你这是干什么？不想回天上了？”二妹说：“我看水晶宫好，虽说冷清点，有我留在这里，慢慢就会热闹起来。要回天上你自己走吧。”大姐听了二妹的话，更来气了，说：“好吧，你愿意待在水里，今后后悔起来可别说大姐没指点。”说完气哼哼地回到岸上，想再去说服三妹，带三妹走。

大姐一回村，老远见一群男女围在家门前，走近一看是办喜事的。院子中间一个姑娘和一个小伙儿双双跪在神桌面前，新娘子不是别人，正是她的三妹；小伙儿，就是扔鱼皮衣的那个人。大姐一看来气了。上前一把将三妹扯住说：“走，回天上去！”老头儿在一旁一看大姑娘要领三姑娘回天上去。忙拦住说：“老大啊，你们生的时候，我就知道你们不是凡人，早晚留不住。我想让你们在我身边多住几年，所以，从来不放你们出院门，如今你们都大了，能上天，也能下海。可我和你讷讷都是七十多岁的人了，你真就忍心一个也不留在我们身边吗？”老头儿说完，难过地流出了眼泪。

大姐听了阿玛这么一说，叹了口气说：“阿玛不必难过，三妹喜欢人间生活，就让她留在二位老人身边吧。”

正说话间，村落里的姑娘进来，传信说：“二姐回来了！”

老头儿老太太乐得慌忙迎出门外，一看，不光二姑娘，后边还跟着一个俊俏的小伙儿。二姑娘笑着说：“阿玛，讷讷，没有二位老人的话，我自个儿在外边找了唉哏（满族，丈夫）。”老两口一听更乐啦，老头儿说：“二姑娘，你三妹也是自个儿找了唉哏，刚要拜天地，拜先祖。你过来，今儿个俺家是双喜临门。”说着，老头儿念起阿察布密歌（满族婚礼上的喜歌），为两个姑娘举行了婚礼。村民们会打鼓的抓起皮鼓，会吹喇叭的上前吹喇叭，吹的吹，敲的敲，不吹不敲的就跳蟒

式（满族舞蹈），从天黑一直欢庆到天亮。

老头儿看着欢天喜地的人们，心想，我的两个小姑娘都有唉哏，大姑娘还没有呢，不由得长叹一声。站在他身边的大姑娘好像看出了阿玛的心事，不禁掉下眼泪，眼圈一红，说：“阿玛、讷讷，为了报答二位老人的搭救之恩，我们姐三个到你们家做了女儿，如今在人间十八年了。十八年养育之恩，俺不能忘。三妹留在二老身边，二妹与二老是邻居。我该回天上去了。”说着她一手扯过三妹，嘱咐她好好儿侍奉老人，一手扯过二妹，嘱咐她常常回家探望。说完，抽出宝剑朝天上一指，霎时空中飘来一块彩云。大姐两脚腾空，站在云头，朝阿玛、讷讷拜了三拜，然后向天上飞去了。

大姐走后，二姑娘同她的哎哏拜别了二老，回到水晶宫去了。二老在世时，他俩每年春天都到人间探望一次，二老下世后，再也没有回来。传说二姑娘就是后来的龙王奶奶，二姑爷就是龙王爷，二姑娘的后代，龙子龙孙都是老两口的外孙子和外孙女。

二姑娘走后，三妹在家织网，小伙子下海捕鱼，他们的后代也以打鱼为生。渔家和海龙王是亲戚，海龙王的后代和渔家的后代，都知道这回事。正因为这样，每逢渔家到海里捕鱼，龙王的子孙总是想法让船装得满登登地才回去，一直到今天。不信你去问问海边的渔民，渔船下海有几只空着回来的？

讲 述 者／佟凤乙

采录整理者／张其卓　董　明

采录时间／1983年

采录地点／辽宁省岫岩满族自治县佟家沟

渔郎和红姑娘

很久以前，在长白山脚下住着一个小伙子，这个小伙子夏天在江上捕鱼，冬天上山打猎。小伙子长得也膀实，一身的功夫。在江里能和鲨鱼搏斗，在山中箭不虚发，敢拳打老虎。

江下游的对岸有一个红姑娘。这个红姑娘长得相当漂亮。正当妙龄，阿玛、讷讷要给姑娘招亲。放出话来，谁要能渡过这条江，谁就可以到红姑娘家做倒插门女婿。消息一传出，前来比试的人很多，可是没有一个人能闯过这条江，不是游不到对岸，就是被急流漩涡卷跑了。尽管这样，还是不断地有人上门求婚，就是没有人成功。

这事传到了对岸渔郎的耳朵里，渔郎心想：我上山可以伏虎，下海可以降龙，没有我翻不过去的山，没有我劈不开的浪，再说了，我是在这条江上长大的，这有什么难的呢？于是他带上两把单刀，划着船，唱着歌，奔红姑娘住的地方就去了。

说也奇怪，渔郎常年在这江面上打渔，对这条江太熟悉了，哪里水急，哪里有暗流他都知道。可这天，有点反常。开始的时候江水平平稳稳，可越到对面江岸水越急浪越高，几次想冲过去都被浪打了回来。渔郎把船扔掉，手拿着单刀，跳进江里，抡起双臂向对岸游去。到了水里，他感觉这江水像泥浆一样沉重，游不动，总觉得水里像有什么东西缠着他，使劲儿往下拽他，渔郎猛劲儿地挣扎，觉得有点儿支撑不住了，身子直往下沉。渔郎在沉下去的那一刻，抡起两把单刀，用尽全身力气四处捅，不知道捅到什么东西，一个浪从江底冒出来，江水红了一片。江水这一红不要紧，江面上浪平了，水也不那么

急了，渔郎游出水面，身体轻快了，顺利到了江岸。

渔郎上了江岸，到了红姑娘的家，见一个老太太在门口坐着歇风凉。渔郎走上前拜了一下，问道：

“老讷讷，有个红姑娘住在这吗？”

老太太瞅瞅渔郎，说“你找她干什么？”

渔郎说“我是渡江过来的，向她求婚。”

老太太看着眼前的小伙子，说，“红姑娘就是我姑娘，你既然游过江来求婚，就是我姑爷。就请到屋吧，今晚儿你就可以跟我姑娘拜堂成亲了。”

老太太把渔郎让进屋，叫过来姑娘。渔郎一看姑娘就像火炭一样，红裤子红衣服，头上还带两朵大红花。渔狼心想，怪不得大伙儿叫她红姑娘，这可真是红姑娘。他一看红姑娘长得这么美，觉得这个险冒得值。老太太二话没说，摆上千米桌，让红姑娘和渔郎俩拜堂成亲了。

他俩成了亲，到晚上入洞房的时候，可就出了事了。洞房没有灯，也没有蜡，两人摸黑儿进去，刚关上门，就听红姑娘像蜂子飞似的，发出“嗡，嗡”地叫声。渔郎前摸摸，后摸摸，红姑娘哪也没有，这屋里就他自己。他想出去，摸不到门窗。渔郎也不敢睡，结果坐了一宿。

第二天早上，老太太开门叫渔郎吃早饭，看见红姑娘就坐在饭桌边，招呼渔郎坐下，给渔郎盛饭夹菜。渔郎也没问红姑娘昨儿晚干啥去了，寻思姑娘可能害羞，过几天就好了。就这样，白天红姑娘对渔郎很好，知疼知热的，一到晚上天黑，红姑娘“嗡”一声又没有了。一连三天，都是这样，渔郎可就有点犯愁喽。

这天，渔郎上街溜达，见不远处一间小破房。小破房里面有织布机咯噔咯噔声，渔郎好奇，就顺着这声音进了这小破房。一看小破房里有一个老太太，瘦不啦叽的，一头白头发满脸褶子。她在那织布机上来回穿梭子，可织布机上既没有引线，也没有布。可老太太那个认真，穿一会儿梭子，卷一会儿布，边织边卷。渔郎在一边儿看着挺出奇的。等老太太把一匹布织完了，老太太停了一下，看看渔郎。说：

“孩子，你心不静啊！”

渔郎叹了口气，老太太又说，“孩子，你有什么心事跟我说说，没准儿我能帮上你忙。”

渔郎就把他怎么翻过江向红姑娘求婚，怎么跟红姑娘拜堂成亲，满心娶姑娘过日子。可一到晚上红姑娘“嗡”一声就没影儿了，连续三天晚上都是这样，渔郎把这些事都说给了老太太。老太太听了渔郎的话，说：

“孩子，你遇到麻烦了，这红姑娘你要得到的话，连命你都保不住了。我告诉你呀，红姑娘是这长白山里的一棵人参修炼成仙的。红姑娘的阿玛和讷讷不是她亲的阿玛和讷讷，是一对蟒精。这对蟒精还没修炼成，要吃到七七四十九颗人心，这对蟒精就可以天下无敌，谁也治不了他们了。所以它们就以红姑娘招亲为名，引天下的小伙子过江招亲。两条蟒精就藏在大江里面，凡是过江的人到江里，两条大蟒把他绞死后，心扒下就吃了。现在它们已经吃到四十六颗心了，还有三颗人心没吃到。你这颗心是玲珑心，跟一般心不同，想用你最后一颗心压底，所以他现在还没有伤害你。它们还有两颗心现在没吃到，把那两颗心吃到，就该吃你的心了。”

渔郎一听，忙说“老讷讷，你给我指指路，我该怎么办。”

老太太说：“我既然跟你说了，当然就想救你。”

老太太说，这个红姑娘是个好人，她是被蟒精控制了。其实蟒精做出这些歹事，红姑娘不愿意。但是，她没办法反抗。你那天过江，不是看见江里冒出一股红水嘛？那是你用两把单刀把公蟒精砍了一刀，现在还在那养伤呢，出来见你的就是母蟒精。”

老太太说完，从织布机上拽出几根针交给了渔郎，说：“我给你七根针，等晚上红姑娘和你再进屋的时候，你趁她不注意，把七根针别在后衣襟上，她就走不了了。睡过这个晚上，不用我救你，红姑娘自然就救你了。”

渔郎赶忙给老太太磕了三个头，一抬头，老太太不见了，小破房也不见了。可七根针却实实在在地在渔郎手上。

渔郎回到红姑娘家，见红姑娘在那做针线活。渔郎坐下和姑娘唠嗑，瞅她不注意的时候，把七根针别在她后衣襟上。到晚上，天一黑，红姑娘“嗡“一声又要飞，这下没飞走，栽了回来。渔郎赶紧把

红姑娘抱住，说：“你我已经都拜堂了，好马不背双鞍叉，好女不嫁二夫郎。难道说，你跟我拜了堂，你还想嫁给第二个人不成？我渔郎哪点不合你意？不跟我合房？”

姑娘听渔郎这么说，流下眼泪了，说，“我也不想走，我也看你挺好，我受阿玛和讷讷控制，阿玛和讷讷不让我与你合房。我今天晚上不走，明天她肯定要给你出难题。明天不管我讷叫你干什么，你都得告诉我一声。”

渔郎答应了。姑娘当晚就睡在屋里，没走。

这天晚上，老太太见姑娘没过去，咬牙切齿地恨得不得了。第二天，老太太过来，招呼渔郎，

“姑爷，你来这么多天了，我从来也没指使你干什么活。你看那前山有两头驴在那吃地呢，你去把两头驴给我赶来。”

渔郎告诉红姑娘，说：“你讷让我去赶那两头驴。”

红姑娘说：“我给你一把鞭子，你往前走别回头，到了山前，一头驴抽一鞭子，抽完你就走。”

渔郎说：“好，我就照你的话做。”

拿了鞭子，一直朝前走不回头，到了驴跟前儿，举起鞭子，照驴屁股就是一鞭子，打完就走。回来把鞭子扔给红姑娘了。

红姑娘说：“你回头看看，你看那两头驴是什么。”

渔郎这才回头，一看吓了一跳，两条大蟒倒在地下，叫渔郎抽得在地上直翻滚。

老太太一看，没害了渔郎。第二天又召唤，说：

“姑爷，房后儿有一片柞树林，你去给我砍平，我要种别的。”

渔郎回来又告诉红姑娘，姑娘说：“我给你一把刀，你去了，就闭着眼睛，一棵树砍一刀，全都砍倒了，你就跑回来，还是往前走别回头，往回来也别回头。到家，你再把刀给我。”

渔郎拿红姑娘给的刀，闭着眼睛，一棵柞树砍一刀，不大一会儿，一片柞树林子都砍倒了。渔郎提溜刀回来了，把刀交给了红姑娘。红姑娘接过刀，说：

“你回头看看，你看那都是什么？渔郎回头一看，满地是被砍掉脑袋的碗口粗的长虫。

老太太一看渔郎又活着回来了，她知道这是红姑娘给渔郎支招儿了。心里老大不乐意了。

到了第三天，老太太不招呼渔郎干活了，端了一碗面过来，当着红姑娘面，说：

“姑爷，我给你做了一碗面，你把它吃了。”

脸嗔着看着红姑娘，心里说，我就当着你面弄死他，我看你还有什么办法！渔郎看老太太让他吃面，不知道这又是什么计，渔郎看了看红姑娘，红姑娘当着她讷的面不敢吱声，渔郎就说：

“我不饿，我吃不下去。”

“哎呀，你看看，你来了这么多天了，丈母娘都没来得及疼护你。常言说得好，丈母娘疼女婿，一顿一只老母鸡。我没给你杀鸡吃，就给你做碗面，你不吃对得起我老婆子出这力？”

这就端着碗非让渔郎吃不可。渔郎看红姑娘急得直跺脚，渔郎接面碗又放下了，说：“我不饿。”

“你不饿，你哪怕少吃点。”

渔郎经不住老太太磨，端起碗扒拉两口，就把面碗放下了。老太太出去了，红姑娘眼泪就下来了，说：

“渔郎啊，你吃了两口面，你就遭点儿罪吧！你要不遭点儿罪，你命都保不住。”

红姑娘就给渔郎脚绑起来，吊在粮囤子顶上大头朝下，地下放个火盆，弄了一盆草灰火。吊了不到一个时辰，渔郎就哇哇吐起来了，吐的全都是小长虫。小长虫掉到火盆里，都烧死了。渔郎又得救了。

红姑娘说“咱们不能在这住下去了，再住下去你命都保不住了。今天咱们就走吧。可是你走好走，我走要费劲儿。

渔郎说：“那怎么办呢？”

姑娘说：“你先走，我给你一把雨伞，一条板凳，你骑在板凳上，拿着这把雨伞。记住我一句话，天怎么热，下多大雨，你千万别打这把伞，你能记住吗？”

渔郎说记住了，姑娘拿出一条板凳，让渔郎坐上，给他一把伞，叫渔郎拿上。红姑娘说一声“起”，这板凳就起了空了，把渔郎带走了。渔郎也不知道走了多远，板凳落地了，渔郎一看这已经过了江

了，心想，这回没事儿了。这天是个大毒日头天，这日头像一团火似的。渔郎夹着伞在路上走，一帮人指指画画说：

“你看那个人，不是个傻子，也是个呆子，拿着伞不打，晒成这样。”

渔郎不打伞，一直往前走。天上涌上黑云，雷阵雨来了，这雨哗哗直下，渔郎这伞还是夹在胳肢窝下，自己浇着雨。一个树下背雨的老儿头问渔郎，说：

“小伙子你手上拿着伞，叫大雨浇成这样，难道说你那个伞不是遮雨的吗？”

渔郎一想，下这么大雨，我都走出来了，也已经都过了江了，走了这么远了，蟒精还能撵来不成。他就把伞打开了，把伞这么一支，红姑娘吧嗒一下搁伞里掉出来了。

红姑娘说，："渔郎啊，我告诉你千万别打伞，你没记住我的话。我掉出来就不好办了，我讷肯定知道了。非撵来不可。渔郎吓得“啊”的一声。姑娘说：“你要是还想跟我成夫妻，你赶快买一只公鸡，买一只母鸡。”

渔郎就赶紧跑着去买了一只公鸡，买了一只母鸡。说话工夫，就看见一团黑云过来了。

姑娘说：“你看见那块云彩了吗？那是我阿玛来了。”

姑娘告诉渔郎，你赶快把公鸡杀掉。渔郎“啪”的一刀，就把公鸡脑袋剁下来了。姑娘一指那块黑云，黑云散了。不大一会儿，一块红云又撵来了。红姑娘说：“我讷又来了。你赶快把母鸡也杀掉。”渔郎一下又把母鸡脑袋剁掉，姑娘用手一指，那块红云也散了。暂时消停了，姑娘说：

“咱们俩这么走不行，他们还得撵上来。我变一条驴，谁要买这条驴，你向他要二十两银子。渔郎千万记住，卖驴不卖笼头。你能记住吗？”

“能记住。”

姑娘一打滚，就变成了一条驴。他牵着驴到集市上卖。过来一个老道，老道就要买这个驴。问渔郎：

“你这驴要多少钱？”

渔郎说："我要二十两银子。"

老道掏出二十两银子，就把缰绳抓过来，牵驴就走。

渔郎说"哎！哎！我卖驴可不卖笼头。你得把笼头摘下来。"

老道说"哪有买驴不戴笼头的，你摘笼头能行嘛！"

老道牵着驴往前赶。渔郎拽着驴往后拉，直吵吵"我只卖驴，不卖笼头。你把笼头给我！"

老道说"咱们叫大伙评评这个理，看看是你有理，还是我有理。"就招呼周围的人，说"我买他的驴，他不卖笼头。没有这个笼头，我怎么牵驴走。"

大伙说"这对啊，你驴都卖了，你要那个笼头干什么。把笼头给人家。"

大伙这么一说，渔郎也没有办法，只得松手。

渔郎拿二十两银子往回走，驴跟着老道边走边掉眼泪。等天黑了，老道在一家店里住下。店掌柜把驴接过去，拴到槽头上，老道进屋了。老道叮嘱店掌柜的，千万别动我驴笼头。店掌柜的说，好，我不动你的驴笼头。可这驴一口草不吃，一口水也不喝，吧嗒吧嗒直掉眼泪。店掌柜的心软了，就说了，

"小驴呀，你不吃草，不喝水，吧嗒吧嗒掉眼泪，为啥呀？"

伸手一摸这个笼头，紧箍在那驴脑袋上。哎呀，这驴主人还不让我动笼头，这笼头给驴箍得，嘴都张不开，还怎么吃草？三下两下，扯着就把笼头拿下来了。笼头一拿下，小驴一打滚儿，变回了红姑娘，红姑娘弯腰做了个福，腾空不见了。店掌柜一看驴没有了，回去告诉老道，

"不好了，你这驴跑了。"

老道一听急了，"什么？驴跑了！"

随后也腾空撵出去了。红姑娘一看老道在后面撵来，变了一枚金大钱掉在地下。老道马上显出人形，落地下捡这个大钱。红姑娘一看老道要捡这个大钱，一骨碌变个耗子钻地里跑了。老道一看红姑娘变成耗子钻地里跑了，他一转身变了个狸猫，守在洞口就等。可是耗子会捣洞啊，你搁这洞口等着，红姑娘在别处捣个洞口，这才逃出老道之手。撵上渔郎，埋怨渔郎说：

“我告诉你卖驴别卖笼子，我差点儿败在老道手上。”

原来呀，老道眼睛毒，早看出来红姑娘是千年老人参修炼的，想把她占为己有。没想到，红姑娘神功高过他，没得逞。

渔郎领着红姑娘返回长白山了，他们过上了自己的日子。

讲 述 者／张文英　男　65岁　小学　农民

采 录 者／史建丹

采录时间／2008年8月27日

采录地点／辽宁省岫岩满族自治县岭沟乡西道村张家沟组

蝈蝈绿宝石

在老老年儿以前，有一个荷花葛珊（满语，村子），葛珊里边住着一个贪得无厌的巴彦额真（财主），他家雇了一个姓爱新觉罗的小羊倌。爱新觉罗从小就死了阿玛，是讷讷苦巴苦业地把他拉扯大，爱新觉罗能给巴彦额真放羊了，他讷讷操劳，也得了疾病。爱新觉罗自给巴彦额真家放羊以后，娘儿俩就搬到巴彦额真家羊圈旁边的破哈什（仓库）里住。爱新觉罗是个孝顺的孩子，他吃饭时从来都不吃饱，把省下的饽饽拿回家给讷讷吃，讷讷见儿子精瘦，知道是儿子把饽饽省下的，就流着眼泪说："你天天跑山，可要吃饱。我不干活，弄点野菜也能填饱肚子。"爱新觉罗说："到了年根底下，我就能挣回一些钱。那时不光让你吃饱，还要买药给你治病。"

好不容易熬到了年根底下，巴彦额真和他算账了。巴彦额真拿起算盘拨拉了一阵子说："你剩了十个铜钱。"爱新觉罗问为什么只给十个铜钱，巴彦额真说："你娘儿俩住的是我家房子，我还供你娘儿俩吃饭，这十个铜钱我还不想给呢。"爱新觉罗气得肚子鼓鼓的，就拿着十个铜钱进城了。他想抓服药给讷讷治病。可是十个铜钱连一服药也买不起，只够买一张年画。他走进一家卖画的买卖家，看那挂在墙上的一溜两行的年画。他一张一张地瞧。瞧啊瞧啊，突然，在一张年画前停住了脚。那是一张什么画呢？是一张画着大白菜的画， 白菜叶边上画着一只大绿蝈蝈。大白菜水灵灵的，大蝈蝈的两眼亮晶晶的，跟真的一模一样。爱新觉罗喜欢得挪不动脚。他摸摸兜里的十个铜钱，想买又舍不得。还是给讷讷买点好吃的吧。他下决心要走，可是刚要迈

步，只见那画上的蝈蝈跳到菜叶下边。别是看花了眼吧？他揉揉眼再看，蝈蝈又跳到菜叶上边。它那两只亮晶晶的眼睛盯着爱新觉罗，好像说："你把我买去吧。"爱新觉罗狠了狠心，用一年劳动挣的十个铜钱，把这张画买下了。拿回家就贴在哈什的黑墙上，让他讷讷高兴。他讷讷见了也喜欢。爱新觉罗每天早晨起来先看一眼那大绿蝈蝈，晌午和晚上回来也去看那大绿蝈蝈。爱新觉罗每有高兴的事，就冲着大绿蝈蝈说，那大绿蝈蝈好像也为他高兴。有不高兴的事也对大绿蝈蝈说，大绿蝈蝈好像也为他发愁。天长日久，爱新觉罗把大绿蝈蝈当成最好的朋友。

冬去春来，有一天，爱新觉罗要上山放羊，临走之前，他又看看大绿蝈蝈，他愣了。怎么啦？只见那大绿蝈蝈不在菜叶上边。哪儿去啦？它跑到菜叶下边了。爱新觉罗心想，别是买画那天看花了眼。他揉揉眼睛再看，正正经经是在菜叶下边，就让他讷讷来看。他讷讷一看也在下边。这娘俩都觉得太奇怪了。老爷儿（满族土语，太阳）出来了。爱新觉罗赶着羊上山了。他一边走，一边心里琢磨：蝈蝈怎么会跑到菜叶下边呢？他把羊赶到山上，不到一袋烟的工夫，天就阴了。又过了一会儿，下起大雨了。晌午，雨住了，天也晴了，他也让雨给淋湿了。他把羊赶回来，急忙跑回哈什，只听他讷讷说，那绿蝈蝈又跑到菜叶上边了。爱新觉罗一看，真的在菜叶上边。又有一天，天阴得像黑锅底儿一样。爱新觉罗戴上斗笠，披着蓑衣要上山去放羊。他又去看那大绿蝈蝈，只见那大绿蝈蝈稳稳当当地站在菜叶上边。爱新觉罗赶羊上山不久，乌云散了，老爷儿也出来啦。这样，一来二去，日出日落的，爱新觉罗就明白了：蝈蝈在菜叶上边，不管怎么阴天，都不会下雨；蝈蝈在菜叶下边，就是晌晴的天，也准能下雨。打这以后，爱新觉罗上山放羊时，都看看大绿蝈蝈。有一天，天上没有一丝云彩，可是爱新觉罗看大绿蝈蝈在菜叶下边，就披上蓑衣去赶羊。巴彦额真想知道是怎么回事儿，就问爱新觉罗：

"这么晴的天，你还拿着蓑衣干什么哪？"

爱新觉罗说："一会儿就会下雨。"

"说谎，分明是想上山偷懒，拿着蓑衣上山睡懒觉。"巴彦额真进一步逼问，意思是说你怎么知道会下雨呢？

爱新觉罗是一个忠实的赛音哈哈（好小伙子），就一五一十地把蝈蝈的事对巴彦额真说了。巴彦额真一听心里明白了，这是一张宝画。他心里想，我要是把这张画弄到手，再出门讨租要账，就不怕雨淋和老爷儿晒啦。他皮笑肉不笑地对爱新觉罗说："我拿五只羊换你这张画。"爱新觉罗摇着脑袋说不换。巴彦额真又说用十只羊换。爱新觉罗说得和他讷讷商量。回到哈什和讷讷商量，讷讷说："和他换吧。别说给十只羊，就是给一只羊也得换。"爱新觉罗问为什么？讷讷说巴彦额真是个坏心眼的家伙，他一使坏儿，就兴给你硬抢去。爱新觉罗听了讷讷话，就和巴彦额真换了。巴彦额真把画拿走了，贴在他堂屋雪白的墙上。爱新觉罗的眼泪儿，一串一串地往下流。再说巴彦额真，自从得了这张宝画，乐得屁滋滋的。这天，他要出门讨账了，看看外边，天是响晴的天，再看看画上的绿蝈蝈，蝈蝈在菜叶下边。他就拿着黑油布大伞上路了。谁承想，他出门一天，一天也没下雨，雨伞白拿了。他回家一看，大绿蝈蝈在菜叶上边。他怨恨自个儿，兴许是在临出门前看得不细心。有一天，他又要出门讨租，这回他看得可够仔细。左边看看，右边瞧瞧，怎么看，那大绿蝈蝈都在菜叶上边。再看外边的天，却阴得像黑锅底儿一样。他心里说，再阴也不怕，今个不会下雨。他空着手上路了。走到半路，再看天，云彩有了裂缝。他乐了，心里说：用不了一袋烟的工夫，保准晴天。正在他心里美滋滋地乐的工夫，瓢泼大雨下起来了。把巴彦额真淋得像个落汤鸡。他想讨租没讨成，就往家走。一边走，一边从身上往下滴答水，到家一看，那蝈蝈在菜叶下边。巴彦额真心里琢磨，为什么这两次都不灵呢，琢磨来琢磨去，他明白了，都怨自个儿太性急，出门走得太早。他决定以后再出门晚点儿走。可不管怎么着，巴彦额真每次按照蝈蝈的指示出门，他都吃了亏。气得巴彦额真从墙上把那画撕了下来，窝巴窝巴就送灶坑烧了。

再说小羊倌爱新觉罗，他用那画换了十只羊，心总是不好受，每天上山前，都从窗外看看那绿蝈蝈。这天，趴窗户往里一瞧，那张画没有了。他就去问巴彦额真："那张画哪去了？"

"烧了。"巴彦额真气哼哼地说："那不是什么宝。从今个起，那十只羊还得归我。"

"在哪儿烧的？"

"在灶坑烧的。"

爱新觉罗流着眼泪，用鞭杆在灶坑里扒拉那纸灰。扒拉来扒拉去，他扒拉出来一块小石头。他拾起来把石头上的灰一擦，嘿，这是一块晶莹透明的绿石头，那模样和大绿蝈蝈二眼不差。

爱新觉罗拿着这块绿石头，赶着羊群就上山了。羊在山上低头吃草，他就玩这绿石头。见那绿石头坑凹地方有灰，就想洗干净。

他来到一个小水泡子跟前，把手往水里一伸，怪不怪？那水哗地就分开了，想洗那绿石头没洗成。他不小心，那绿石头掉水里去了。只见那水先是哗地分开了，石头落了底，那水又合上了。那绿石头在水里闪闪发光。爱新觉罗用手抓住那绿石头，泡子里的水哗地又分开了。爱新觉罗过去曾听讷讷说过避水石的故事。他想，这一准是避水宝石了。晚上回家，他就把这绿宝石的事向他讷讷说了。他讷讷说这是那大绿蝈蝈变的。娘儿俩都乐了。

爱新觉罗看着他讷讷那皮包骨头的身子，心想，拿这避水宝石，到荷花塘去抓些鱼给讷讷补养身子。他来到荷花塘，把避水石往塘里一伸，塘里的水哗地分开了。他往塘里走，有些大鱼没跑了，就在那泥地上乱扑腾。爱新觉罗抓了几条大鲤子鱼。他正要走，发现了一条火红火红的小金鱼，就哈腰抓起这条小金鱼。爱新觉罗正要上岸，小金鱼说话了："爱新觉罗阿哥，你放了我吧。"

爱新觉罗吓了一跳。四处一瞧，没人。谁在说话呢？小金鱼又说了：

"阿哥，我是小金鱼。"

"你，小金鱼怎么会说话呢？"

"我是东海龙王的小女儿，因为西海龙王的小儿子要娶我，我不愿嫁给他那个游手好闲的公子哥儿。我父王生气了，把我变成小金鱼，送到这荷花塘。父王想通过这里清苦的生活，把我治老实了，直到我愿意嫁给西海龙王的小儿子，才让我回龙宫去。你放了我吧，你要什么金银财宝，就到东海找我父王去要。"

爱新觉罗说："什么金银财宝我都不要，我讷讷有痨病，不知龙宫里有没有能治我讷讷病的药。"

"有。"小金鱼说："我父王宝座后边有个金匣子，那里有太上老君送给我父王的大补金丹。有一粒就能够治好你讷讷的病。"

“谢谢你，小金鱼。”爱新觉罗放了小金鱼就要走，小金鱼又说话了：“爱新觉罗阿哥，若是有谁不让你去见我父王，你就拿着绿避水石在海里使劲儿上下左右地摇晃，他们就会让你去了。”爱新觉罗上了岸。小金鱼在水面上撒了个欢儿就不见了。

爱新觉罗回到了家，把鲤鱼煮好端给他讷讷吃，随后直奔东海去了。一到东海，他拿绿宝石往大海里一伸，海水哗地分开了。爱新觉罗就往大海里走，海水就往两边退去。他走了不一会儿，惊动了东海龙王。龙王让虾兵蟹将出去看看。

虾兵蟹将领命出了龙宫，一看是个年轻人在搅动海水。就回到龙宫禀报：

“启禀龙王，有个人要见你。”

“那就请他进宫。”

爱新觉罗被领进龙宫。龙王寻思爱新觉罗是来讨要财宝的，就对乌龟说：“你领客人到藏宝库去，他愿意拿什么，拿多少都行。”

“我什么财宝也不要。”爱新觉罗说，“我只要一粒金丹，给我讷讷治病。”

龙王舍不得给，又怕爱新觉罗再摇晃那避水石，就在身边的金匣子里，取出一粒金丹给他。

爱新觉罗回家以后，把大补金丹给讷讷吃了。吃了金丹，他讷讷觉得心里热乎乎的。打这以后，病一天比一天见好。爱新觉罗还天天去荷花塘抓鱼给讷讷吃，和小金鱼说话。小金鱼知道爱新觉罗没向龙王要金银财宝，就对爱新觉罗说：“阿哥，你真是个赛音哈哈。”

爱新觉罗他讷讷病好了，屋里屋外地干起活来了。巴彦额真见了心里挺纳闷儿：一个穷老婆子连饭都吃不饱，那么重的痨病怎么治好的呢？她一准是吃了什么仙丹。为了弄清底细，他来到哈什，一见爱新觉罗的讷讷，过去像那黄裱纸一样的脸，如今变得满面红光。巴彦额真问：“阿木巴讷讷（老大娘），爱新觉罗从哪儿弄来的仙丹妙药给你治好病的？”

爱新觉罗的讷讷也是个实心眼的人，就把爱新觉罗怎么得到避水石，小金鱼说的话，和到龙宫要仙丹的事，一股脑儿都对巴彦额真说了。巴彦额真听了偷着高兴。嘴里说：“你老有福气。”心里却想出了个坏主意。

再说爱新觉罗，这天把羊圈进羊圈后，就到荷花塘去抓鱼。抓了几条鲤鱼刚要走，小金鱼说话了："爱新觉罗阿哥，你先别走，我有话对你说。"爱新觉罗听这声音不像往常那么欢喜，再仔细一瞧，小金鱼的两眼直流眼泪。他吃惊地问："你怎么了！有什么话要对我说?"小金鱼就把巴彦额真从他讷讷那儿得知关于于避水石的事说了。最后小金鱼说："巴彦额真又会像上次那样，用他的家产和你换避水石。你想要什么，他都舍得给的。他硬要换，你就要他的全部家产。他答应了以后，你让他写个契约，让他画押。还要让他把乌兰西（官府）里的人也请来做中间人。你拿了契约后再把避水石给他。千万记住，不要告诉他那宝石不能撒开手的事。还有，你赶快到东海去，把我父王身后的那个歪脖丫丫葫芦要来。他若不给，你就像上次那样对付他。拿到丫丫葫芦，千万不能打开盖，等到你搬到巴彦额真的家住下时，再把盖打开。"

爱新觉罗上了岸，来到东海，由虾兵蟹将领着来见龙王。

龙王问："你讷讷的病还没好吗?"

"我讷讷的病好了。"

"这么说，你想要些财宝喽?"

"启禀龙王，金银财宝我不要。"

"那你要什么?"

"我只要你宝座后边那个歪脖的丫丫葫芦。"

"那是我的心肝，不能给。"

"真不给?"

"不给。"

爱新觉罗把那绿宝石上下左右摇晃起来。这样一来，弄得海浪翻滚，龙宫乱晃，鱼鳖虾蟹都受不了啦，龙王告饶了，乖乖地把丫丫葫芦给了爱新觉罗。爱新觉罗回到家，就把丫丫葫芦交给讷讷保存起来。

第二天，爱新觉罗放羊回来，又到荷花塘来抓鱼。他对小金鱼说，那个歪脖子丫丫葫芦要来了。小金鱼乐了。她说："阿哥，巴彦额真就要来了，你千万要记住我的话。"小金鱼的话刚说完，巴彦额真一步蹿到荷花塘边，怒气冲冲地说："你天天来我的荷花塘抓鱼，你说，你是认罚还是上乌兰西?"

爱新觉罗心里有数，就理直气壮地说："我认罚。"巴彦额真心想，他有避水石，到龙王那儿能要来许多财宝，罚是难不倒他的。巴彦额真把脸一变，对爱新觉罗说："我不罚你，也不送你到乌兰西去。只要你把那避水石给我，我还可以给你一些财产。"爱新觉罗心里明白，到乌兰西去没有放羊人的好处，就按小金鱼的话办。他说："我这是宝石，你想要，就得拿你家全部财产来换。"巴彦额真心里说：别说全部财产，就是老婆也舍得。只要有了避水石，到龙王那儿要什么它敢不给。小金鱼也将是我的媳妇了。巴彦额真同意拿全部家产换避水石。爱新觉罗说："你得立个契约，还要把乌兰西里的人也请来，咱们俩和中间人都要在契约上画押。"巴彦额真答应了，并说好第二天就写契约。

第二天，巴彦额真请来了穆昆达（满语，族长）、牛录额真（官名，早期满族出兵或狩猎时，按家族村寨组织队伍，每十人选一人为首领，称为"牛录额真"）、笔特赫（掌管文书的地方官）还有乡亲。他说明了交换的事，笔特赫写了契约，双方和中间人都在契约上画了押。爱新觉罗拿着契约，把绿宝石给了巴彦额真。巴彦额真为了显摆他得到的宝贝，就领着乌兰西的人和乡亲们，来到了荷花塘。爱新觉罗见巴彦额真要下荷花塘，他急忙说："千万不能松手，绿宝石一离了手，就不起作用啦。"这话，小金鱼告诉过爱新觉罗，不要对巴彦额真说。实心眼儿的爱新觉罗忘了小金鱼的话，还是老老实实地说了。这时，巴彦额真把拿避水宝石的手往荷花塘里一伸，只见塘里的水"哗"地分开了。乌兰西的人个个都十分吃惊。巴彦额真迈步就下了荷花塘。他没走几步，就见到了那条火红火红的小金鱼，伸手就把小金鱼抓住了。小金鱼对他说："巴彦额真，你放了我吧，你要金银财宝，就到东海龙王去要吧。"乌兰西的人听了，一个个都像木桩子一样，站在岸上傻愣愣地不动。巴颜额真见到了小金鱼，又听了小金鱼的话，他放了小金鱼，上岸后领着乌兰西的人和乡亲们大摆酒席，庆贺得宝，酒席过后就把老婆孩子领到爱新觉罗住的哈什里。爱新觉罗和他的讷讷搬进了巴彦额真的那四合大院。

巴彦额真把老婆孩子送到哈什住下，他拿着一条大口袋直奔东海。到了东海，他拿避水石往海里一伸，那海水就"哗"地分开了，不大一会儿，虾兵来了，一见换了个人，就说："你有什么事?"

"我要见你们龙王。"

"找龙王干什么?"

"你少废话，快领我去。"

虾兵一看，这个家伙厉害，就领他来见龙王。龙王问："你来有什么事?"巴彦额真可不像爱新觉罗，他开口就说："我向你要些财宝。"龙王就对乌龟说："你领他到财宝库去拿吧。拿什么，拿多少都行。"

巴彦额真跟着乌龟来到财宝库一看，珍珠发射出各种各样的光，金银堆成小山。

乌龟说："你拿吧。"

巴彦额真动手了。抓住金块子就往口袋里装，一忙活，就把避水石扔了。那避水石一离开他的手，海水就哗地向他涌来了，活活地把他淹死了。乌龟一看他死了，就把他一块一块地撕着吃了。

再说爱新觉罗娘儿俩搬到巴彦额真的四合院住下以后，甭说多么高兴了。这天，爱新觉罗他讷讷心想，若是有个儿媳妇多好啊。忽然，她想起那歪脖的丫丫葫芦。她找出来给了儿子。爱新觉罗想起小金鱼的话，现在已经和巴彦额真换好了，可以打开葫芦盖啦，就打开了葫芦的盖。只见一股清烟飘飘地向窗外飞去。

"讷讷你好。"

"你是谁家的格格?"讷讷吃惊地问。

"我是东海龙王的小女儿，就是荷花塘里的小金鱼。刚才爱新觉罗阿哥打开那葫芦盖，我才恢复了人形。"她说完，又冲爱新觉罗说："阿哥，从今以后我就是你的媳妇，你就是我的唉哏（丈夫）啦。"

爱新觉罗娘儿俩乐得嘴都闭不上了。

从这以后，他们一家三口就过上了幸福的生活。

讲 述 者／齐孙氏

采录整理者／齐山源

采录时间／1983年2月

采录地点／辽宁省岫岩满族自治县小虎岭

泪滴玉杯

从前，有个老太太，一辈子就有一个儿子，名叫布阿里，布阿里长得再难看不过了。丑可是丑，九腔十八调，你要听哪个调他给你唱哪个调。这布阿里就是专门靠唱唱，供养母亲过日子。

有一天他唱到离家不远的一个大堡子，堡子里有一大户人家的姑娘名叫黄蛾，她听见了布阿里的歌声，便对丫鬟说："丫环，你去把唱唱的叫来，我听他唱得太好了。"丫环出了屋，走到布阿里跟前说："哎！先生，我们姑娘叫你到家唱唱。"布阿里一听，有人请他唱唱，便问那个丫环："你家姑娘叫什么名字？"丫环说："叫黄蛾。"于是他就跟着丫环走进大院，到了屋门跟前。这时门一开，黄蛾姑娘走了出来了，她一见唱唱的，便"哎呀"一声，喊道："小丫环，快叫他出去，吓死我了！"这时布阿里正一脚门里一脚门外，他一见这姑娘就愣住了：他走乡串沟到处唱唱，眼见的姑娘也有成千上万，就没见过这么俊的姑娘！他想进屋多瞅几眼，可丫环却往外轰他。万般无奈，他把前脚慢慢地退出门槛，倒退着走出去了。

从这以后，布阿里什么也不顾了，一天到晚心里老是想着黄蛾。那黄蛾的鼻子、眼睛、嘴巴，哪样都好看，真像天上的仙女。就这么，一来二去的，可就把他给愁闷坏了，饭也不吃，水也不喝，一天天趴在炕上昏睡不醒，总觉得黄蛾飘飘摇摇地在他跟前。他讷见儿子病得这样，要给他找个先生看病，他扯着讷讷的手说："讷呀，我这病什么先生也治不了，什么药也不顶用了。自从我见到黄蛾，就日思夜想，忘不了她。"老太太一听，说："这不是相思病吗？人家是有钱人

家的姑娘，咱高攀人家不是妄想吗？傻孩子！”布阿里说：“讷呀，我眼见要完了，你去把黄蛾找来，我想和她见一面。”老太太一听犯了难：要是别的事去说说还不妨，为了这事人家能来吗？可是不去吧，儿子会更难过。也罢，就去碰碰，她能来不是更好吗？老太太从后门拿一根烧火棍拄着跌跌撞撞地走出了家门。

再说黄蛾这天傍黑正在房里闷坐，忽见房门一开，进来一个破衣褴衫的老太太，忙问道：“阿木巴讷讷，你是哪地方来的？”老太太本想说儿子想你，可这话能说出口吗？就打了一个唉声。黄蛾一看老太太有话难开口，便说：“阿木巴讷讷，你这般年纪，有什么话不必为难，只管说好了。”老太太见姑娘知情达理，又叹了口气，便说：“我有个儿子不能干别的，就会唱唱。有一天你让丫环请他到你房中，说姑娘你要听唱。”老太太说到这里，黄蛾心里暗想：我没听他唱唱，这有什么值得来找的？老太太接着说：“我儿子自从那天回家，一头趴在炕上，已是多少天说水米不进，怕是不能好了。是他让我来请你，他想和你见一面。”黄蛾听了这话把头低下了，暗想：“这事可不好办，要是不去，当初是我请人唱唱，才惹下祸来；要是去，叫父母知道了，可如何是好？又一想！不管咋的，我还是得去，人家是为我才要死要活的。她拿定了主意，叫来丫环，跟着老太太，来到了她家的小草房前。”

这小草房东倒西歪的，窗户纸也没糊上，屋里土炕上没炕席，连坐处都没有。黄蛾一看，这日子过得也太寒酸了。老太太见儿子蒙头盖脸地躺在炕上，忙把被子掀开，招呼道：“孩子啊，醒醒，人家姑娘来了，快醒醒。”这时的布阿里不管怎么叫也是一声不吭，老太太急忙上了炕，把他的身子翻过来掉过去，可他还是闭着眼睛一动不动，像死人一般。叫来叫去，直到头遍鸡叫了，黄蛾着急了，就对老太太说：“阿木巴讷讷，我一个女孩儿家，实在不能久等了。”老太太叹息说：“你就走吧，我这孩子恐怕不行了。”说着老太太的眼泪扑簌簌掉了下来。

黄蛾一路往回走，一路心想：“这小伙子要是死了，撇下个老太太孤苦伶仃的可怎么活！”她想着想着，眼泪直往下掉。

约摸黄蛾也是走到半路上吧，布阿里才苏醒过来。老太太一看儿

子醒了，忙说：“孩子，头会儿怎么叫你，你也是闭着眼睛大睡，人家黄蛾姑娘在这待了多半宿，这才走。”布阿里听完长出一口去，说：“哎，也是我和她无缘相见。讷呀，我是不行了，我死了以后，有一件事你得依我。”老太太说：“什么事，你就说吧！”布阿里说：“我死之后一百天正好是清明，你老给我上坟，把我的心从坟里拿出来，日后必有人买。你得多要钱，好留着你养老用。讷呀，你可千万记住。”说完眼睛一闭死去了。

一百天之后，正是清明，老太太去给儿子上坟，把佛托（满族祭祀用品，用苞米骨子缠上五彩纸，插在杏枝条上）一插，这就哭开了。直哭得昏昏沉沉，等她明白过来，见佛头的地方塌下去了，用手一扒，果真见到一颗红彤彤的心摆在那里。老太太将心捧出来，回家后瞅着这颗心又是一顿哭。哭够了，缝了一个小布袋，装在里面，挂在了房檐底下。

有一天，老太太正坐在屋里，望着房檐下的小布袋难受，大门外来了两个人，一个是白胡子老头儿，一个是小伙，只听白胡子老头儿说：“老太太你那房檐下的小布袋卖吗？咱不管装着什么东西，你就卖给我得了。”老太太一听，说：“不管什么东西？那是我儿子的心，可不是别的东西。”白胡子老头儿说：“你卖不卖吧？”老太太想：我儿子要我多要钱，我得多要点儿。就说：“你拿二百两银子吧。”白胡子老头儿二话没说，从兜里掏出二百两银子交给了老太太，伸手摘下小布袋，转身走了。

这一老一小来到一个荒甸子上，白胡子老头儿见四下无人，对那小伙子说：“徒弟，你到前面山上给我拣一捆干柴回来。”本来老头儿花二百两银子买了个小布袋，小伙子就有气，这回又叫他拣干柴，可就更不高兴了，就说：“师傅，拾干柴干什么？”白胡子老头儿说：“叫你去你就去，我有用处。”小伙子不敢多说，只好去了。不一会儿，就拣来一背干柴，白胡子老头儿接过干柴转圈摆好，掏出小布袋，放在当中，用火将干柴点着了。火苗遇上风，一蹿多老远，一背柴眼见就要烧完了。这工夫就听嘎巴一声响，从火堆里跳出一个东西，一蹦多老高。白胡子老头儿连跑带颠跟上去，一把抓在手里，原来是一只玉石杯，绿莹莹的，透明晶亮。白胡子老头儿到山上找一块溜光的大石

桌，把玉石杯放在石桌上，口里叨咕着说："玉杯啊，玉杯，你唱啊，快唱啊！"这玉杯果然唱起来了，转圈围着桌子唱，唱得特别好听。这回小伙子可乐了，连说："好极了！好极了！"白胡子老头儿说："徒弟，光咱俩听还不顶用，你看明儿个吧！"第二天，他俩走到一个小镇上，白胡子老头儿把桌子一摆，说："唱吧，玉杯！"这玉杯就开唱了，听的人围得人山人海，挤都挤不透。

这老小两人就拿着玉杯卖唱挣钱，一晃不少日子过去了，钱也挣得无数了。说来也巧，这一天唱到了大堡子头，黄蛾在房中远远地听到了歌声，她对丫环说，"你去把唱唱的给我请来。"丫环说："得了吧，我可不再干那种事了，你光听唱，还要看人，闯下祸来还得跟你擦眼抹泪儿。"黄蛾说："好妹子，快去吧，这回我不看人，光听唱。"丫环连蹦带跳不一会儿就把一老一小请来了。

白胡子老头儿将玉杯摆在桌子上，玉杯就开唱了。黄蛾见玉杯唱得好听，喜欢得了不得，就说："老师傅，你这玉杯好不好卖给我？多给你钱。"老头儿一想：从得了这玩艺儿，银子也没少挣，如今卖给她也算够过了。便说："姑娘，你当真要买，就给二百两银子吧。"黄蛾一听，马上付给了银子。

黄蛾留下了玉杯，捧在手中左看右看，看够了往桌子上一放，说："玉杯，你唱一个，我听听！"哦嗬，这玉杯就来劲了，转着圈儿滴溜滴溜赶着跑，赶着唱，唱的动静没那么豁亮的了。黄蛾坐在炕边，胳膊肘拄在桌上，静静地听着，越听越觉得这唱唱的和死去的布阿里动静一样，听来听去可就难受起来了，心想：人家要不叫我，哪能年纪轻轻就丧了性命，还撇下个孤寡老太太，真是对我一片真诚啊！想着想着，眼泪止不住地往下掉，玉杯转着圈赶着跑赶着唱，正好转到黄蛾跟前，吧嗒，眼泪掉在玉杯里。这玉杯立即停了下来，一翻个儿掉在地上，这时，只听"嘎巴"一下，从地上蹦起一个小伙子，青衣褐帽，眉清目秀，长得像仙童一样，眨巴着一双大眼睛瞅着黄蛾。黄蛾一惊，忙问："你是谁？"小伙子说："你说我是谁，你刚才寻思的谁，我就是谁。"黄蛾又惊又喜地说："你是唱唱的？"小伙说："不错。你那时看我丑，这时你看我怎么样？"黄蛾上下一打量，笑了。低头再看看玉杯，玉杯不见了。

这天晚上，他俩就结成了夫妻。

讲 述 者／李马氏

采录整理／张其卓　董　明

采录时间／1983年

采录地点／辽宁省岫岩满族自治县小虎岭村

如来佛的三句话

有这么个穷小子，给财主家干活，干了多少年的活也娶不上个媳妇，家里一贫如洗，整天吃不饱也穿不暖，就觉得活着没意思。听说南天门有如来佛，如来佛知道人什么时候能得好，他就准备上南天门找如来佛，问问他多咱能得好。

穷小子出门一直往南走，一走走天黑了，就找到一家人家借个宿（读xiǔ）儿。这个地方吃水非常困难，得套小驴车去老远的地方拉水。他说：

“你这地方怎不打井？”

那家人说：“打不出水。”

那家人又问：“你这要上哪去？”

他说：“我穷日子过够了，我要上南天门问问如来佛，我多咱日子能过好。”

那家人一听，说：“你见到如来佛，捎带问问，我们这什么时候能打出水来？”

穷小子说：“好，我给你问问。”就答应了。

第二天，天一亮，他就赶路，走到天黑，又走到一家去找宿儿。这家有个哑巴姑娘，是胎带的哑巴。这姑娘长得什么地方都挺好，干什么活手还挺巧的，就是哑巴不会说话，他阿玛和讷讷就这么一个姑娘，愁这个姑娘不会说话，将来怎么办呐。听说穷小子要去南天门找如来佛，就说：

“你要见到如来佛，捎带问问，我这姑娘还能说话不。”

穷小子说："好，我给你问问。"又答应了。

天亮了，穷小子又往前走，天黑又走到一家去找宿儿，这家也叫穷小子给捎办一件事，说："我家两棵梨树，一棵梨树光开花不结果，一棵梨树光结果不开花，问问如来佛这是怎么回事？"穷小子说："好。我给你问问。"

一走走了多少天，见到如来佛，穷小子惦记着那三家的事，就和如来佛说："有那么一个地方，打不出水，人都到十里之外拉水喝，如来佛祖，你能不能给指点哪个地方能打井？"

如来说："他堡子头有颗大槐树，把大槐树根抠出来，地下就是最好的泉水。"

穷小子说："有那么一家有两棵梨树，一棵梨树光开花不结果，一棵梨树光结果不开花，这是怎么回事？"

如来说："一个是树底下有坛金子，一个是树底下有坛银子，抠出来就好了。"

穷小子又说："还有一家，有个哑巴姑娘，从小生下来就不会说话，叫我问问如来佛祖，这姑娘什么时候能说话？"

如来说："她见到她丈夫就会说话。"

给人家问的话都办妥了，穷小子就问如来："我穷日子算过够了，我什么时候能得好？"

如来佛一天就说三句话，三句话说了了，临到问他自己，如来不说话了。穷小子寻思，我这就是受苦的命了，我这一辈子也不能得好。临到我问了，如来佛不说话了。

穷小子这就往回走。回来先到"一棵梨树光开花不结果，一棵梨树光结果不开花"那家，那家人家一看穷小子回来，就问：

"我让你捎办的事，你给问了吗？如来怎么说的？"

穷小子说："你一颗树底下有一坛金子，一棵树底下有一坛银子。你把树放倒，金子、银子抠出来，就好了。"

这家就在两棵梨树下抠，果然抠出一坛金子一坛银子。给穷小子一些金子、银子，让穷小子往家赶路。

穷小子这第二站就去了要打井这家，看到穷小子回来，问穷小子："你问没问如来，我这哪个地方打井能出水？"

穷小子说："如来佛说，你们堡子头大槐树下有水，你们把树割倒，把根子抠出来，地下就能打出好水。"

等人们把槐树割倒了，把根子抠出来，真的也打出水了。堡子里的人赏了他不少钱。

最后，穷小子去哑巴姑娘家，哑巴姑娘看见他就跑回去说"阿玛！讷讷！那小子回来了。"

阿玛和讷讷就纳闷儿这姑娘怎么会说话了，就赶紧把穷小子接进屋了，说：

"你问我姑娘什么时候会说话了吗？"

穷小子说："如来说了，她见着她的丈夫就会说话了。"

她讷讷说："你就是她的丈夫。"

一问这小子，还没有家，就把他留下了。

到这会儿。小子明白了，这是如来佛在考验他。人做事天在看，帮别人做事了，就是在帮自己。

讲 述 者／张文英　男　65岁　小学　农民

采 录 者／史建丹

采录时间／2008年8月27日

采录地点／辽宁省岫岩满族自治县岭沟乡西道村张家沟组

老二背河

早有那么哥儿俩，老大是个财迷，专捡小便宜。老二呢憨厚，办事不管吃亏占便宜，想做的事就做，根本不怕吃亏。所以人人都对老二很好。

他俩分家各过，哥哥都已经有老婆了，老二单身一人。除了种地、上山打柴之外，老二还背河。老二的门前有一淌河，也没有桥也没有渡船，春天刚化冻的时候和冬天没结冰的时候，就有一些身体不好的老年人、女人、小孩过河，河水很凉容易着凉生病，老二就主动的，今儿个背个老头儿，明儿个背个老太太，后儿个背个小孩，这事就没少干，从来不挣人家一分钱。

一天啊，有一个老太太领着姑娘过河，到河沿看着河，就有点儿发愁了，就瞅着这河过不去了。老二就在河对岸，看那边有两个人要过河，站着发愁呢。就把裤脚一挽，光着脚蹚着水就过去了，说：

“大娘，你是不是要过河呀？”

老大娘说：“是，我是要过河。”

老二说：“这水太凉了，我背你过去。”

老太太说：“那太好了，我正愁呢。”

老二就把老太太背过去了。背过去了之后呢，回头又过来背姑娘，给姑娘又背过去了。老太太就说了：

“你这人啊，心眼儿这么好使，你这背河，我也不能叫你白背，你要多少钱我都给你。”

老二晃晃头，说：“我背河不要钱，是看过河人有困难，我就帮一

把，我不是挣钱。”

老太太筐里挎了一筐鸡蛋，说：“这鸡蛋给你，你拿回家煮着吃了吧。”

老二摆摆头，说：“鸡蛋我也不要。你老带回去自己吃吧。”

老太太寻思寻思，说：“那么得了，我给你一把豆种吧，你拿回家去种，过年你能收茬好豆子，我这是好豆种。”

老二说：“你给我把豆种我要。”

老太太就上兜里抓了一把豆种给老二了，老二就回家了。

等到家了，老二合计，老太太给我一把豆种，我放什么地方呢？他家有一个小匣，是他阿玛在世的时候装账单用的小匣，他就把这豆种掏出来想放到小匣里，留着过年种。等到春天掏出来一看，都是金晃晃的金豆子。老二这才明白自己遇到仙人了。

老大听说老二背河得了金豆子，就问老二你是怎么背的。老二就告诉，那天怎么来个老太太过不去河，他怎么给背过去的。老大一寻思，我也去背河，我也能得金豆子。到那了，有小孩过河他不背，有老头儿过河，他不背，光一个老太太过河，他还不背，专拣一个老太太领一个姑娘的背。等了好几天也不见有个老太太领着个姑娘过来。老大寻思，我这点儿怎么这么背呢，刚要磨身往回走，一看那边有一个老太太领个姑娘，他乐颠颠地给这裤腿一挽，光着脚，“扑通扑通”地就过去了，招呼：

“老太太，我背你过河。”老太太说：“好啊，我正愁没法过河呢。”

老大就问这老太太：“我背你过河，你给我多少钱？”

老太太说：“你放心吧，我不能让你白背。”

老大说：“那不行，总得说个数，不说个数我不能背你。”

老太太说：“我给你一坛子钱行不行？”

老大他一听给一坛子钱，说：“是金子？是银子？”

老太太说：“你说是金子它就是金子，你说它是银子它就是银子。”

老大一寻思说：“那我就要金子。”

老太太说：“那好，肯定是一坛子金子。”

老大给老太太背过去了，又给姑娘背过去了。等背过去了一看，这姑娘长得这么俊，就问老太太：“你这姑娘不能给我做媳妇吗？”

老太太说：“我这姑娘都有丈夫了，不能给你做媳妇。”

老大就伸手要：“你给我那一坛金子在哪呢？”

老太太说：“你往那边走，坎底下有一个小坛子，坛子里面装的就是金子。

老大这就上那去找小坛子去了，老太太就领姑娘走没有影了。老大到那坎底下一看，果然有一个小坛子，乐颠颠地把小坛子捧过来，打开了一看，里面装的不是金子。一掏掏出来个大肉瘤子，这个大肉瘤子里头是什么呢？他对着日头照一照。这一照不要紧，这大肉瘤子就长脑瓜盖子上了，挣也挣不掉，摘也摘不下来。这大肉瘤子是肉皮色还行，可它却是紫不琉球还发黑。这把老大愁的，人家老二背河挣的是金豆子，我背河挣个大肉瘤子，你说这个大肉瘤子懊不懊死我了，简直见不了人了。

等这天呢，老二又在这河边背河，一看他背河背过的老太太领着姑娘又过来了。老二又去给背过来，老太太说了：

“你这回背河啊，我可不给你豆子了，我给你两粒药，你把这两粒药吃了之后呢，就能长出两个大翅膀，国王的女儿叫九头鸟给叼到石峰山上去了。石峰山相当高，国王去了多少兵马都救不下来这个格格。国王已经写出告示，谁要能把格格救回来，就招谁为驸马，格格就许配给谁。你不是没有媳妇吗？你去救格格吧。”

老二就说了：“那九头鸟我听说相当厉害，我有那能耐救格格吗？”

老太太就说了：“不要紧，我给你三支箭，你去了，九头鸟出来的时候，你就瞄准九头鸟，把它中间那个脑袋射伤，九头鸟就不会动弹了。”

老二接过箭，老太太就领这姑娘走了。

老二吃了药之后，背上果然长出了两个大翅膀。这就飞啊飞啊，飞到石峰山。到石峰山顶上一看，那九头鸟正向格格逼婚呢。他大喝一声就过去了，照着九头鸟就射了三箭，这三箭正好中了九头鸟中间那个脑袋上，九头鸟动弹不得了。老二上去挥起钢刀，把九头鸟的脑袋都砍了，把格格救回来了。

和格格进京之后，国王非常高兴，一看老二长得也非常好，就不失言，把老二招了驸马了。

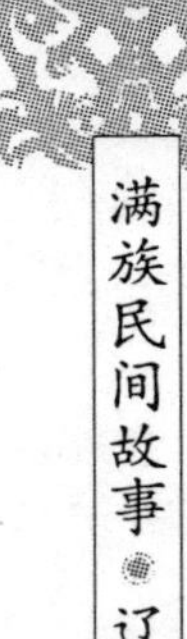

讲 述 者 / 张文英 男 65岁 小学 农民

采 录 者 / 刘垚

采录时间 / 2008年8月23日

采录地点 / 辽宁省岫岩满族自治县岭沟乡西道村张家沟组

妯俩救燕子

有这么妯娌两个，嫂子和兄弟媳妇，两人两种品性。嫂子坏，总想要占便宜，是打四邻骂八街那么个泼妇，人缘也相当不好，这街上没有不嫌她的。她兄弟媳妇呢？为人非常善良，对人非常好，谁有困难就帮谁，村里人都夸她。

这年夏天，老二媳妇家里絮了窝燕儿，等到涨水的时候，燕儿就越来越大，窝里又闷热，老燕儿一支棱膀，就给一个小燕儿挤地下了，翅膀摔断了，流着血在地上乱扑腾。老二媳妇有点难受，就把小燕儿捉住了，擀点火炭渣滓给小燕儿的膀抹上了，又弄个布条，把翅膀给缠上了，就放在炕头上的针线笸箩里养活着。一点儿一点儿的，这个小燕儿的翅膀就好了，她又给放窝里去了。

等到秋天，小燕儿就都飞到南方去了。这小燕儿飞走的时候，就站在老二家的杆子头上，"唧唧喳喳"地叫了一气飞走了。飞走了不远，它又回来了，落在老二媳妇的杆子头上，又"唧唧喳喳"地叫了一气才飞走。等第二年这燕儿又回来了，嘴里叼个葫芦籽，到了老二媳妇家，就把这葫芦籽扔给老二媳妇，又落在杆子头上，又这么"唧唧喳喳"地叫了一气，飞走了。

老二媳妇一看，还给我叼回个葫芦籽，还是个挺好的葫芦籽，种了肯定能出。春天，二媳妇把葫芦籽拿房后去了，在后墙根刨了个坑，把这葫芦种上了。老二媳妇有空就去看看，给浇点水，松松土，追点肥，长了个大葫芦秧子儿丈长，一结结个大葫芦，像柳斗子那么大。老二媳妇非常高兴，把这大葫芦摘了下来。这天呢，外面下着毛

毛雨，也不能干什么活，老二媳妇就说老二：

“今天没啥事，咱俩把这个葫芦破开，还能烀点葫芦肉，够咱俩吃两顿了。”

老二说好吧，就把葫芦破开。谁知道这葫芦干锯也锯不开，锯老长时间了，使挺大个劲儿，才把葫芦锯开了，这一开不要紧，“哗啦”一下子，从葫芦里淌出来一大堆金子。这两口子乐坏了，把这些金子收拾起来，用这金子又买房子又买地。

大嫂这就眼气了，过来问老二媳妇：“你怎么过好的，又买房子又买地的？”

老二媳妇就告诉她，家里怎么絮窝燕儿，燕儿怎么掉地上，她怎么给包上，燕子怎么给她叼个葫芦籽这就都说了。大嫂回家了，正好她家房上也絮着窝燕儿，今儿个望它掉下来它不掉，明儿个望它掉下来它也不掉。眼瞅这窝燕儿都要出飞了，燕儿仔也不往下掉。老大媳妇来气了，弄个杆子上去捅，一捅捅掉个燕儿，这燕儿眼瞅要出飞了，等它翅膀一扑腾，飞出去挺老远，落在地上，哪也没摔坏。老大媳妇这就气坏了，把这燕儿抓住了，看看哪也没坏，用手那么一拧，就“咯吱”一下把这燕儿的翅膀拧折了。燕儿的翅膀这血往下直滴，她就假装心疼，也去擀点火炭渣滓给翅膀抹上了，也弄个布条给包上了，也养了两天给送到燕窝去了。

秋天燕儿也出飞走了，小燕儿临走的时候也在老大媳妇的杆子头上落下，叫了几声飞走了。等第二年春天，老大媳妇这就望着燕儿回来好给她叼葫芦籽。今天望燕儿也不回来，明天望燕儿也不回来。一看这堡子里的燕儿都满天飞，家家都絮燕儿窝，她家也没絮燕窝儿。这是怎么回事呢？这燕儿怎么还不回来呢?，这天，燕儿回来了，也叼了颗葫芦籽，等看见大嫂，给这葫芦籽扔下了，也落在杆子上“唧唧喳喳”地叫，大嫂说：

“我明白了，你快走吧。”

小燕儿就飞走了。

大嫂也上后墙，把葫芦种上了。种上了也出了一棵葫芦苗。也今儿个去拔拔草，明儿去松松土，干了浇点水，隔两天喂点肥。可这葫芦苗就不爱长，怎么饲弄这葫芦苗也不爱长。到了秋天了，这葫芦苗

就长了一尺来长这么个小秧，就结了能有鸡蛋那么大的一个歪歪把子小葫芦。大嫂就想，人家老二结了柳斗子那么大个葫芦，我怎么结了个鸡蛋这么大的小葫芦呢？一寻思，我能得鸡蛋那么大一葫芦也行。葫芦都没怎么成，她就急着忙着摘家去了，招呼老大回来，咱好破葫芦得金子。等葫芦破开了，里头哪有什么金子？出了一拃来长的小长虫。这个小长虫见风就长，一会儿工夫，像气吹的似的，就长得能有盆口那么粗，张开大嘴吐着芯子，这就奔老大媳妇去了。老大媳妇吓得没命地跑，大蛇撵上，一口把她吞了。

讲 述 者/张文英　男　65岁　小学　农民

采 录 者/刘　垚

采录时间/2008年8月22日

采录地点/辽宁省岫岩满族自治县岭沟乡西道村张家沟组

聚宝盆惩财主

早啊，有一个财主姓周，因为太刻薄了，人都叫他周扒皮，跟小说里那周扒皮可不是一回事。周扒皮对长工非常刻薄，动不动就想找个理由扣长工的钱。给他干活，长工从来都是起早贪黑，吃不上一顿饱饭。

他家有个长工叫铁蛋，在他家干活已经几年了，周扒皮总找理由克扣他的工钱，哪年都看不到钱。这天，铁蛋天不亮就起来干活，太累了，躺地头就睡着了。周扒皮到地里去，想看看铁蛋干活偷没偷懒，一看铁蛋在地头睡着了，气完了。周扒皮不打长工，打长工留下伤被人看出来，对他名声不好。他用损招治人。他看铁蛋睡了，损招就来了。周扒皮抽烟，叼个大烟袋，走到那场，看铁蛋躺在那，两只手伸着，他就用棍子撅一块儿牛屎，给铁蛋一手放一摊牛屎，放完了就用烟袋锅烙铁蛋的鼻子。铁蛋寻思什么叮了一口，啪的一巴掌，结果牛屎糊一脸，起来一看是周扒皮来了。周扒皮骂了铁蛋一顿就走了。

铁蛋接着在地里蹚地，蹚着蹚着，犁铧打滑不走了，铁蛋一使劲儿，拱翻了一块大石板，大石板底下有个铁盆，拿起来一看，挺好个铁盆，他想，这个铁盆拿回家装点啥挺好。就把铁盆放在地头的草坑里。中午，铁蛋把犁杖卸了，他就去向周扒皮告假，说中午回趟家。周扒皮心里琢磨，铁蛋中午回家干什么？是不是偷我家东西了？就在后面瞟（读biāo）着，一看铁蛋从草坑里搸（读běng）出个大铁盆往家走，周扒皮上前一把薅住铁蛋，说：

“好小子，我说你干啥请假，原来你偷了我家的铁盆啊！”

铁蛋说："不是我偷的，是我从地里得的。"

周扒皮说："地？地是谁家的？地还不是我家的？你在我家地里得的铁盆就是我的。"硬把铁盆抢了过来，还扣了铁蛋三个月工钱。

周扒皮把盆拿家里，看也没有什么用，就当狗食盆儿了。结果，这狗天天吃食剩食，周扒皮看这狗食盆里剩了半盆食，就急眼了，骂家人说："你（读nǎn）们真不会过日子，这狗喂这么多食，都糟蹋了。"

家人说，"没喂多少啊！那狗不知道怎么了，总剩食。"

周扒皮不信，说："你把食都搂出去，重放，我看它还剩不剩！"

结果，这狗食就算搂不完了，怎么搂怎么有。周扒皮一看，这盆子怪，看看也没有什么特别的，翻过来看看盆底下，有"聚宝盆"三个字。周扒皮乐坏了，想，这下可该我发家了，我要用这盆子装钱，永远也拿不完，我就是天下最有钱的大户了。于是就拿这盆子装钱，果真这钱怎么拿也拿不了，箱子柜都装满了。

周扒皮有个最心爱的小老婆子，这年夏天，也不知道怎么的了，身上就起一些大水泡，又流脓，又淌血，满身又腥又臭，找了多少郎中治，也治不好。跟前儿有个姓万的老先生，这个老先生医道非常高，当地都给他起名叫"二华佗"，凡是什么病，只要他接手，准能治好。可是万先生有个特点，为穷人治病不要钱，要是有为富不仁的人找他治病，他狠狠要钱。所以，周扒皮始终没敢找这万先生给他小老婆子治病。小老婆子的病一天比一天重，没办法，他就领着小老婆去找万先生。万先生一看周扒皮来了，头不抬，眼不睁，根本不理会他。周扒皮在那坐也不是站也不是，待了一会儿，蹭到万先生跟前儿说：

"万先生，我来找你。是想让你给我老婆看看这么个病，她起了一身脓包，你看用点儿什么药好？"

万先生抬头瞅了瞅："哎！她这病啊，不大好治。治好了，也得复发，我先给她配点药，你舍得花钱吗？"

周扒皮坐在那，听万先生说"你舍得钱吗？"他就没吱声。小老婆子跟那说："舍得，舍得，花多少钱我都认了。"

万先生东凑一把，西凑一把，凑了一大把子药，万先生说："我也

不跟你多要，就给我三十两银子得了。”

周财主一听，三十两银子？把眼睛一瞪，可是小老婆子在那边又吵又闹，三十两也得拿。周财主赖铁蛋的聚宝盆，又把铁蛋打了一顿，还扣了工钱，这事万先生都已经听说了。万先生说：

“这东西要是能有聚宝盆嘛，就能治得了。”

周扒皮说：“什么？聚宝盆，我家有，你说说怎么用？”

万先生说：“你家有？那可就巧了，你服了我的药之后啊，拿二斤辣椒面，烧温乎水，放在聚宝盆里，把辣椒面倒那里去，连洗三回啊，你这病就可以去根了。”

老财主说这妥了，我家有聚宝盆，领着小老婆子回家了。给药吃了，又烧温水，又买了二斤辣椒面倒里去了，弄在里屋，小老婆子脱得嘀溜光的洗去了，结果这辣椒面蜇得这脓包疼得没抗。小老婆“嗷”的一下这就叫唤起来了，说：

“老鬼，你赶紧给我捞出来。”

周扒皮一看，这小老婆子疼得愀（读qiáo）叫唤，不得不捞出来。结果这聚宝盆装别的用不了，装小老婆子也用不了，捞得了这个还有那个，捞得了这个还有那个，结果又淌脓又流血一丝不挂的小老婆子捞了一地，这个捞完了，里面还有叫唤的。他也不顾得丑了，把家里的长工都叫来帮他捞，结果越捞越多，屋里屋外全是又淌脓又流血的一丝不挂的小老婆子，周扒皮一看，这还没完没了了，这么的吧，谁要是能把里面捞得没有人了，这个聚宝盆就归谁。

铁蛋来捞，结果里面再不出来小老婆子了。周财主想赖也赖不过，这么多人给作证，只好把聚宝盆又给铁蛋了，这也算物归原主了。再说这周扒皮一看可院子都是又淌脓又流血的小老婆子，懊糟（读作āo zao，方言，烦恼的意思）得一屁股坐地下了。

讲 述 者／张文英　男　65岁　小学　农民

采 录 者／闻　良

采录时间／2008年8月20日

采录地点／辽宁省岫岩满族自治县岭沟乡西道村张家沟组

天神娶小姑

我们这块儿有一种鸟，每到春天种地的时候，你都能听着在这地边、地头的林子里“姑姑等等，姑姑等等……”这么地叫。这个鸟是怎么来的呢？

听老人说，先前，有这么一家姓赵的财主，娶了一个童养媳，童养媳十来岁就到他家去了。财主的儿子大，媳妇小，根本不能成亲。等这个童养媳到了老赵家以后啊，相当受气。事也凑巧，这童养媳一进了老赵家门，老赵家是做买卖买卖赔，种蚕蚕不得，家里什么事都不顺心。老赵家就说童养媳是个丧门星，所以童养媳挨打受骂是常事。等童养媳一点点儿长大了，要到成亲的年龄了，偏偏老赵家儿子得病死了。老赵家更是认定是童养媳妨（读fāng）的，望门妨，把丈夫妨死了，童养媳就更受气了。

童养媳在老赵家就有一个亲人，是谁呢？是她的小姑子。她这小姑子看她嫂子吃那么多苦，一天起早贪黑地干，还吃不饱，穿不暖，太可怜了，经常帮她嫂子干活，嫂子吃不饱，就偷东西给嫂子吃。童养媳就把她这个小姑子看成最知己最亲近的人了，心里再没有比这小姑更疼她的人了。

老赵家放蚕就靠这个童养媳，这年春天老赵家又放蚕，山上发了满山的树叶，正大喷儿（集中）出蚕的时候，这天晚上啊，突然就刮起了大北风，紧接着就下了一场小雪，把发的嫩叶一宿的工夫全都冻死了。老赵家这个童养媳在山上，看到天下起小雪，蚕眼睁睁地就得冻死。童养媳急得眼泪“哗哗”地流。

小姑子说：“嫂子，你别着急。”

说着就跪地下哀告，“天神啊，你能保佑让这雪马上停，别把蚕冻死，我情愿给天神做媳妇。”

说也奇怪，这天晚上相当暖和，一宿的工夫，树全都发叶了，蚕也没冻死。第二天，童养媳去蚕场看蚕，小姑子也陪着一起走。这时候，就听着天空鼓乐喧天，从天边下来了一辆彩云车。小姑子知道天神真来接她了，就说：

“嫂子啊，我要走了，天神来接我了。”

童养媳一看，果然来了一辆彩云车，就看这彩车一点点儿接近地面。离地面不到一丈高的时候，小姑子自己就起空了，钻进彩云车里了。童养媳一看小姑叫彩云车接走了，就着急了，这是自己唯一的一个亲人，这个亲人走了，我以后咋办呢！就说：

“姑姑，你等等。”

童养媳随后就撵，可怎么撵也撵不上，这彩云车就离地一丈来高，溜着这山顶就飘，童养媳这就撵到山顶上。山顶上有一块石头，要是站这石头上，就有机会能够着彩云车。等童养媳爬上石头，彩云车已经走远了。童养媳就站在石头上喊：“姑姑等等，姑姑等等……”

喊来喊去，她就变成一只鸟了。一直到现在，每年种地的时候都能听到这种鸟叫“姑姑等等，姑姑等等……”

讲 述 者／张文英　男　65岁　小学　农民

采 录 者／闻　良

采录时间／2008年8月20日

采录地点／辽宁省岫岩满族自治县岭沟乡西道村张家沟组

布 娃 娃

从前啊，有这么老两口子，这一生啊老婆子没开怀儿（怀孕，生孩子），一个孩子都没有。老太太看见人家的孩子啊，就喜欢得不得了。不管谁家孩子，只要从他门口路过，怎么也想办法拉家来，说会儿话，拿什么好吃的给孩子吃，就稀罕这孩子，稀罕得不得了。可两口子偏偏就没孩子命。

这天，老头儿子就当老婆子说："你稀罕孩子稀罕得这么严重，不好自己做一个布娃娃？没事儿了咱就看这布娃娃。"

老太太说："哎呀，好啊，我明天就做个布娃娃。"

这老太太手也巧，做了个布娃娃就像真孩子一样。这个布娃娃是个小姑娘，不足二尺长，老太太整天地就陪这个布娃娃玩，没事儿就把布娃娃搁怀里抱着，老头儿子上外面干活，回来也总先看看这布娃娃。

这天呢，老两口子在外屋地，老婆子在家做饭，老头儿子帮着扫地，就听有孩子在喊："阿玛！"

老两口回头一看，身后站着一个小姑娘，长得活像布娃娃一样。老两口这就乐坏了，说："你是谁家的孩子？"

小姑娘就说话了，说："我就是你们的孩子，你们就是我的阿玛和讷讷！"

再看这炕上的布娃娃不见了，老两口知道这布娃娃变成真孩子了，简直是乐坏了。就打这起始啊，老两口一天到晚是眉开眼笑的，一点儿愁事都没有，成天就看这孩子。这布娃娃呢，既听话又孝顺，

又帮着老太太干这干那。这布娃娃长得快，说话不及，顶风就长，三五个月的工夫就长成大姑娘了。这布娃娃长得美丽啊，把最好看的人拉来站到一起，和布娃娃一比，布娃娃是黄金，那个人就成了黄铜了。

俗话说得好，风儿没手能摇动树，话儿没腿到处跑。布娃娃美，人人尽知，这风声就传得远了，这话呢就传到京城了。京城的皇上，那是三宫六院，爱妃美人多得不计其数，有的宫女入了宫了，从来都没见过皇上，多到那么个程度。可是他还不满足，听说布娃娃长得美，就派宰相到布娃娃家来说亲。

老头儿、老太太一想，我就这么一个布娃娃，你们还要，皇上跟前三宫六院，全国美人都紧着皇上你挑，怎么偏挑上我的布娃娃呢？布娃娃说话了：

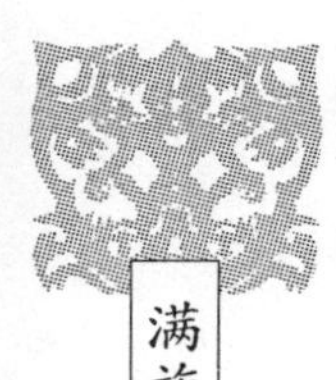

“皇上要娶我进宫，那可以，我这阿玛和讷讷就我这一个姑娘，我得要点彩礼，给我这阿玛和讷讷养老。”

宰相说：“那好办啊，皇上是一国之主，要多少钱没有？你说个数吧。”

布娃娃说：“好吧，你回去回禀皇上，我也不要多我也不要少，就要二百两黄金供我这二老养老就妥了。”

宰相一听挺高兴，说：“那么说，就拿二百两黄金就能娶你进宫？”

布娃娃说：“对，拿来二百两黄金就能娶我进宫。”

等宰相回去当皇上这么一说，皇上说二百两黄金算什么？那是轻而易举的事！就叫宰相去办。宰相这就带着彩轿，打着旗幡，又吹又打娶这布娃娃来了。等布娃娃接了二百两黄金交给阿玛和讷讷后，给阿玛和讷讷磕了三个头，说：

“我磕了三个头，这也就算报您老人家的恩了。有这二百两黄金，也足够你们二老养老了，我这就走了！”

布娃娃这就上了轿了，又吹又打抬到京城去了。等抬进京城之后，这皇上亲自出门迎娶，一看布娃娃长得果然是与众不同。就说：

“我宫里这么多娘娘妃子，没一个能赶上布娃娃的，我这一生能有这么一个妃子，以后再不娶了。”

于是大宴文武百官，告天下的黎民百姓大庆三天。

等到了晚上，皇上进了洞房，看布娃娃坐在床上，那个美丽劲儿

就不用说了，这皇上就禁不住自己心内的激动，上去一把就把布娃娃抱住了。这布娃娃在皇上的怀里就越来越小越来越小，皇上就觉得抱的不是个人了，低头一看，哪里是什么美女？就是个布娃娃。

讲 述 者/张文英　男　65岁　小学　农民
采 录 者/刘　垚
采录时间/2008年8月21日
采录地点/辽宁省岫岩满族自治县岭沟乡西道村张家沟组

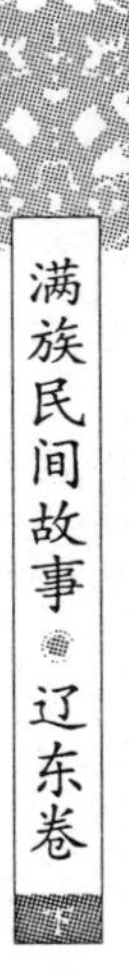

请穷神

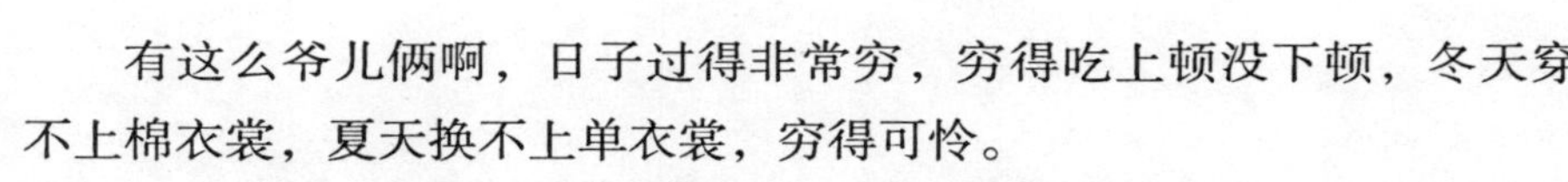

有这么爷儿俩啊，日子过得非常穷，穷得吃上顿没下顿，冬天穿不上棉衣裳，夏天换不上单衣裳，穷得可怜。

等三十下晚，人家都请财神，阿玛就和儿子说：“咱们俩穷这么样，什么神也没供过，什么神也没请过。今年，咱俩也上大街（读gāi）堵财神去，财神要路过，咱们请到家，财神要能到咱们家过个年，咱家没准就能发财了。”

儿子说：“对，咱们到大街上堵财神去。”

黑天之后，财神爷果然从天上下来了，要找一个好家去过年去，这爷儿俩就给财神堵住了，跪下就给财神磕头，说：

“请财神爷到我家过年吧！”

财神爷看一看，说：“你们俩饭都吃不上，还请我回家过年，请我回家过年，你拿什么招待我？”晃晃头又说：“不去，不去。”就过去了。

爷儿俩就不信请不着神，就还在街上等。不大会儿，福神又过来了，爷儿俩说，咱俩再请福神。爷儿俩过去又跪下磕头，请福神来家过年。福神说：

“你看你们俩不像有福的样，我怎么能到你们家过年去呢？”福神又过去了。

等喜神过来了，爷儿俩又去请喜神。喜神连摆也没摆，连瞅都没瞅就过去了。

爷儿俩见神仙请不来，阿玛说：“咱俩也是太可怜了，财神、福

神、喜神都搁咱们家门前路过，跟咱们无缘，不肯进来。”

儿子说：“阿玛，左六（反正的意思）咱们也是穷，这把咱们请穷神，请穷神来咱们家过年！”

说话工夫，这穷神就过来了。爷儿俩迎去，跪下磕头，说：“请神仙到我们家过年。”

这穷神啊，从开天辟地那会开始，也没有人请他到家过年的，避他还来不及呢，今天有人请过年，可把穷神乐坏了，乐乐呵呵地跟爷儿俩进屋了。爷儿俩也没有什么好招待的，就是几个粘火烧，一块豆腐拌了一拌，炖点酸菜端上来了，也没有酒，说：

“穷神爷啊，俺们爷儿俩就这伙食，实在对不起您老人家。”

穷神爷说：“这就不错了，我吃这个挺好。”

等吃得了，穷神爷谢了爷儿俩就要走了。爷儿俩送的时候说：“不嫌弃啊，明年过年，你还到我这过年。”穷神爷感动着走了。

穷神爷自打吃了爷儿俩这顿饭，就老想，这爷儿俩对我这么好，我怎么报答这爷儿俩呢？穷神也非常穷，比这爷儿俩还穷，这爷儿俩还有顿饭吃，还有个小破房，穷神什么也没有。这一想，我去找财神爷去，赊上脸跟他要锭银子，我得报答报答这爷儿俩。穷神就去找财神爷，说：

“老兄啊，咱们同样都是天上的神仙，你就帮帮我吧，我遇着个难事。”

财神爷说：“你有什么难事？”

穷神就告诉财神这家爷儿俩怎么穷，他怎么想报答，说：“我想跟你借锭银子送给他。”

财神爷说：“他有那福分享受你那银子啊？他没那福分，你看着，那爷儿俩要饭吃，搁那过来，我把银子放那道上，他爷儿俩都拣不去。”

穷神说：“那我可不相信，放那道上他爷儿俩能拣不去吗？你这话可有点儿过。”

财神爷说：“不相信咱就试试。”

穷神把这锭银子放在道上，爷儿俩要饭回来，儿子在前，阿玛在后尾，儿子说：“阿玛，你看这道多平整，我闭着眼睛都能走。”

阿玛看看说："你闭着眼睛能走，我也能走。"这两个人闭着眼睛就过去了。

穷神看爷儿俩闭着眼睛从银子旁边过去了。没捡着。

穷神捡起银子，说："财神，你给我这锭银子，放在道上他们没捡着，我送他家去。"

财神一看，同在天上为神，有这么点事儿求他，也不能不答应，就又给了他一锭银子。

穷神来到爷儿俩的家，这爷儿俩正在吃小豆腐呢，这小豆腐是满族的菜，就是给这豆子搁磨推了之后，掺菜，搁锅里炖，这是指穷人吃的，不有那么句唱词吗，叫穷人吃不起一碗小豆腐嘛。

穷神爷来了，爷儿俩下地又拖又拉，叫穷神爷上炕吃小豆腐。穷神就说：

"唉，你穷啊我也穷，咱们俩可倒好，穷对穷。"

老头儿就说了："你也穷我也穷，咱们以穷对穷，算是同病相怜了。"

穷神爷说："我自打上次在你这吃顿饭啊，总觉得过意不去，我回去求财神，财神给了两锭银子。"就把这银子掏出来了。"我再也没有别的能耐了，就把这银子给你们，买点地，以后再给老弟说个媳妇。"

爷儿俩这个千恩万谢，穷神摆摆手走了。

这爷儿俩用这两锭银子，买了地，日子慢慢过好了，后来又给儿子说了媳妇。爷儿俩说：

"咱们供穷神供着了，财神事太多忙不过来。"

讲 述 者／张文英　男　65岁　小学　农民

采 录 者／刘　垚

采录时间／2008年8月29日

采录地点／辽宁省岫岩满族自治县岭沟乡西道村张家沟组

石门山开

从前有这么哥两个，老大、老二原来是在一起过，老大娶了媳妇之后，这嫂子就嫌弃老二，就把老二撵出去单过。给老二点儿地，也是不像样的地，给点儿粮米也不多。老二这地呢，靠河边的，涨回大水，把这地里的庄稼全都冲跑了。老二秋天是什么都没收着，眼瞅着冬天就得要饭吃。老二就天天坐在地边上发愁。

这天，来了一个人，就问老二："你坐这愁什么呢？"

老二说："唉，你看我这地啊，都叫水冲跑了，一点儿粮食没收，今年冬天咋过啊，所以我发愁。"

"哎呀，那你愁什么，不要紧，你搁这往北去，过七七四十九座山，再过七七四十九条河，那有座山，叫石门山，你到了石门山了，就上山顶上去，大喊三声'石门再要开，单等我老二来。'石门就开了，那里面什么都有，你要多少有多少，何必发愁呢。"

说得了，这个人扬长而去。

老二心想，上石门山？以前他也听说北边有座石门山。反正在家也是等死，我还不如撞撞运气，这就决定去石门山。回家收拾收拾，就奔这石门山了。翻了七七四十九座山，又越过七七四十九条河，果然到了石门山了。一看石门山，悬崖峭壁，根本上不去人，那是直立形的砬子，那怎么能上去？正在这犯愁的夹当，过来一个人，"咯噔"、"咯噔"地推着个小轱辘车。老二一看，这个推车的人，豁牙子，翻翻嘴儿，横长鼻子竖长眼，长得相当奇特。这人见到老二也没问什么，就说：

“你过来，我坐车上，你给我推到山顶上去。”

老二心想，我走都不知能不能走上去，还推你上山顶？这不开玩笑吗！一看这个人站那等他回话，硬着头皮说：“好吧。”这人就坐车上去了，老二就推，推到这悬崖峭壁底下，就一步也推不动了。这人就说：

“你呀，废物，你坐上去，我推你！”

等老二坐上头，这人搁那推，这小车一骨碌，就溜着这悬崖峭壁，一下就推到山顶上去了。

到山顶了，这个人就说：“你想干什么就干什么去，完事了，我再给你推下去。”

老二说句“谢谢你啊”就“啪啪”拍了三下石门，说：“石门再要开，单等我老二来！”

喊了三声，就看这石门，“咔嚓”一下开了，老二进去一看，石门里面，金花菜、银花菜，什么菜都有。老二一样搂了一把就出来了。等他脚刚迈出来，大石门“咯噔”一下关上了。怪人还在那等他呢。怪人见老二出来，就问：

“妥了吗？”

“妥了！”

“好，你上车，我还给你推下去。”

老二抱着金花菜、银花菜坐上小车，又溜着悬崖峭壁，“咕噜咕噜”推下去了。到了山底，怪人说：

“我给你推到这就不管了，剩下的道你自己走吧。”那人推着车“咕噜咕噜”地走了。

老二又翻了七七四十九座山，又越过七七四十九条河，这就回到家了。回到家了，再看这金花菜、银花菜全都是金子、银子，老二从此搁这么就发了。老二可不是原来的老二了，也娶上媳妇了，盖上了四合大院，院里鸡、鸭、鹅齐全，圈里猪、羊可圈跑。

他嫂子就眼气了，就说老大：“你去问问老二，他怎么过好的？”

老大就去了，说：“老二啊，你怎么过好了，又盖房子，又买地的？”

老二就告诉老大，他去石门山了。

老大回家告诉了媳妇，媳妇说："你跟咱们兄弟把这地换过来，你也种那河边的地，也叫水冲走，你也发愁，你也上石门山去。"

老大怕媳妇，就找老二说："你嫂子让咱俩把地换过来，你把河边的地给我吧。"

老二说："换就换吧。"老大把河边地换过去了。这年果然又发大水，把老大种的庄稼冲跑了。老大就天天坐在河边发愁。也来这么个人问他：

"小伙子，你愁什么？"

老大说："我这地啊，都叫水冲跑了，今年没有粮食吃，就得饿死。"

这人也告诉他，你翻七七四十九座山，过七七四十九条河，北边有个石门山，到那以后，大喊三声"石门再要开，单等我老大来"石门就开了，那里面金花菜、银花菜有的是，你要多少有多少。老大回家了，告诉媳妇，媳妇说：

"明天你就赶紧上石门山去吧！"

老大媳妇就给发上面蒸上大馒头，老大背上馒头也上石门山去了。老大去石门山的经历和老二的一样，咱就略去不表，单说老大拍开了石门，一看里边金花菜、银花菜有的是，就把媳妇缝好的大口袋打开，左一把右一把地搂。

外边的人招呼："快点出来吧。"

老大说："忙什么，我口袋还没满呢。"

过了一会儿，外边的人又喊，快点儿出来吧！"

老大还说："不忙，我再装点儿。"

大石门"咔嚓"一下子合上了。直到现在，老大还在那石门里待着呢。

讲 述 者／张文英　男　65岁　小学　农民

采 录 者／刘　垚

采录时间／2008年8月24日

采录地点／辽宁省岫岩满族自治县岭沟乡西道村张家沟组

小石人

有这么一个小子，和他讷两个过日子，小伙子靠上山砍柴到集上卖俩钱儿，养活讷。这天，小伙子上山砍柴，在山洼处捡到一个小石人。这小石人一尺来长，有鼻子有眼睛，小嘴像个小元宝，小伙子一看喜欢得不得了。他就寻思这玩意有什么用？把它拿家去，左六我没有伴儿，以后这小石人就给我做个伴儿。一头挑柴火，一头挑小石人，就把小石人带回家。

小伙子把小石人摆在炕头上，每天出去前都告诉他今儿个他要干啥，回来把他见到的听到的事跟小石人说。吃饭时，先给小石人嘴上抹点，喝水时，把碗堵到小石人嘴上，说："兄弟啊，你喝一口。"小伙子真把小石人当成了活人。一年，发大水，小伙子扔下所有的东西，拉着老讷揣着小石人跑到山上。水退了，一家人家也没有了，全被大水冲走了。只有小伙子家房子没倒，淤出了一片好地。小伙子有地种了，日子比以前好过多了。小伙子还是每天给小石人喂水喂饭，还带着他下地种地，形影不离。这天，小石人开口说话了：

"大哥，你天天叫我兄弟，你就是我大哥了。我告诉你，南山底下有一株樱桃树，你把樱桃树刨开，底下有一坛银子，你把它取回来。"

小伙子一听，上南山根底下，把樱桃树抠下来，翻开大石板，底下真有一小坛银子，搬回家。又盖房子又买地。日子过得更好了。就是缺个做饭伺候老讷的屋里人。

这天，小石人又说话了："大哥大哥你过来。"

小伙子问他："石人兄弟，又有什么事儿？"

小石人说“东头王家姑娘吃鸡蛋快噎死了，我给你两粒药，你给她救活，让她就给你做媳妇。”

小伙子攥着两丸药，就找到了王家。果然，王家正为姑娘吃鸡蛋噎得要死，怎么勒也勒不下去，怎么救也救不活，全家人急的哭天号地的呢。

王老爷说：“谁要能给我姑娘救活，我这姑娘就给他。”

这小伙子走前一步，说：“我能救活。”

说着从怀里掏出两丸药，让姑娘家人给灌下去了。就听这姑娘喉咙里咕噜咕噜作响，不大会儿，鸡蛋就顺下去了，姑娘活过来了。王老爷看看这小伙子，人长得挺好，面相也善，对他说：

“我就一个姑娘，我招你上门女婿吧。”

小伙子说：“我有房子我有地，我有老讷还有弟，我不能留在这。”

说是这么说，但是有点儿舍不得姑娘。出门问小石人：“兄弟兄弟，你说我咋办呐？”

小石人不说话，怎么问也不说话。回来问他讷，讷说：“咱们娶媳妇，姑娘应该到咱家。姑娘的阿玛讷讷没人伺候，就一起过来。你给他又当儿子又当女婿，我把姑娘又当媳妇又当闺女。我们不都成了全乎人了吗！”

小伙子到姑娘家一说，王老爷老两口挺高兴，收拾收拾家产，拉到小伙子家了。小伙子有房有地有媳妇，过了年，又有了儿子，双方老人相处和睦，共同理家，日子过得这个舒心哪。只是小石人从那再没开口说话。小伙子没忘小石人，每天仍是兄弟相称。后来人们把石人剪成纸人贴在上山的大树上，进山砍柴、打猎都在这个树上摸一摸。打到猎物把猎物的血抹在它嘴上，祈祷保佑他们平安。

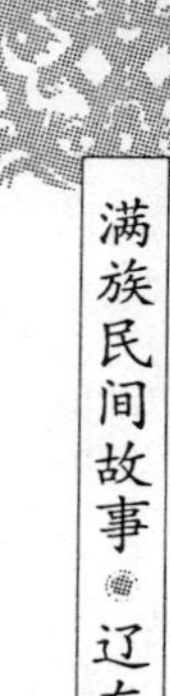

讲 述 者／张文英　男　65岁　小学　农民

采 录 者／刘　垚

采录时间／2008年8月22日

采录地点／辽宁省岫岩满族自治县岭沟乡西道村张家沟组

石人山的风水

石人山啊，传说有个真实的故事。

有这么一户老李家，日子过得挺穷的。人家给他算命，就说他家坟茔地不好，要是能挪个好茔地，他家就会发起来。这李家到处找会看风水的先生也找不到合适的。

这天，从南边来了这么一个江南蛮子，他会看风水会采地理。老李家就把这个江南蛮子请家去了，好菜好酒伺候着，就叫江南蛮子给采个好茔地。江南蛮子出去溜了一圈，一看这后边有个石人山，石人山转圈有九个石人，中间有这么一块平地，就是一块好茔地。回来就告诉老李家：

“这个茔地啊就是块好茔地，你要是把祖坟葬在这个正穴上，你以后不但有好日子过，你还能开大买卖，你家还能出做官的。可有一样，我要是给你点了正穴的话，我的这双眼睛就保不住了，我就非得瞎不可。”

李家说：“咱们可以写下契约，你点正穴，我保证给你养老送终，你眼睛瞎了，我伺候你。”

江南蛮子和老李家签了契约。江南蛮子左比量右比量，走到地中间画了一个圈说：

“这个地方就是正穴，你就把茔地葬在这，将来你家肯定有官做有财发。”

老李家就把祖坟迁到这来了。过了不久，这蛮子眼睛果然瞎了。老李家就伺候这瞎子，好吃好喝伺候着，瞎子住得很安心。

老李家搁这还真就过好了，海上有三条大船，城里还有三处买卖。李家儿子念书，当了大官了。30年过去了，李家出了几个官人，权大势大。这阵子，待这南蛮子可就不怎么样了。江南蛮子给他家看茔地的时候不到三十岁，现在已经六十多岁了。人家开始嫌弃他了，想起来了就给你送口饭吃，想不起来就饿你一顿，蛮子喊人都不答应。南蛮子心里有气呀，我给他家点了正穴，我眼睛都瞎了，他家又有做官的，又有大买卖，你日子过好了，不管我了。这契约签在纸上签不到心上。

南蛮子有两个徒弟，这两个徒弟啊，道行都挺深了，这天唠起师傅，说："咱们师傅走出去三十多年了，听说到东北在一家姓李的人家住，老李家抚养，这么多年也不知过的咋样了，咱俩上东北看看师傅去。"

两个徒弟就上来了，到处打听老李家。找到老李家，一看师傅落到这么个地步，两个徒弟抱着师傅就哭起来了。师傅说：

"老李家这家人啊，不可交，我豁出两只眼睛给他点正穴，结果我眼睛瞎了，他人也过富了，又有买卖又有大船又有做官的，现在连饱饭都不给我吃。你们俩上老李家茔地后边去，那里有个井洼，井洼里头有块大石板，大石板翻开底下有两只虾，你把那两只虾捉来，我这眼睛就能好。"

两个徒弟就上老李家茔地后边去找，果然有水洼，里边有大石板，把大石板翻开，把里头两个虾抓来交给了师傅。这个江南蛮子把虾掐开了，往眼睛上一蹭，两个眼睛好了，明亮了，告诉徒弟，咱们走吧。

师傅领着徒弟来到李家茔地，师傅说："这两个虾就保他家人财两旺，这九个石人，保他们家能出做官人。他们家不仁不义，当官也不是好官，咱们上山，把九个石人刨了，破掉他家风水。"

这师徒三个人上山了，就一顿刨，刨完，江南蛮子带着徒弟回江南去了。

再说这老李家，朝中做官的人突然得急病死了，海上三艘大船，遇到大风，全都沉海里去了，在城里开的当铺也造黄了，老李家搁那就破败了。

讲 述 者/张文英　男　65岁　小学　农民
采 录 者/刘　垚
采录时间/2008年8月27日
采录地点/辽宁省岫岩满族自治县岭沟乡西道村张家沟组

雷打蚰蜒精

山上有这么一帮人合伙放蚕，搭了个窝棚。这天呢，下雷阵雨，霹雷闪电的，这一帮蚕把头都搁山上赶回来，都进这窝棚里避雨。就听这雷围着这窝棚打啊，一道闪“咔嚓”就是个雷，一道闪“咔嚓”就是个雷。

这一帮放蚕的呢，也得有一个主事的，主事的就说了：“咱们这里头谁做恶事了，谁做了恶事谁赶紧出去，别拐带着这些人。”

可是谁也不肯走。管事的又说了：“咱们把行李往外扔，谁的行李要是叫雷抓走了，谁就赶快离开这窝棚，咱别跟你借光。”

其中就有一个人往外扔行李的，行李刚扔出去，就叫雷给抓走了，行李不见了。管事的就说：“对不起，你赶紧离开这窝棚吧，要不然大伙都要跟你借光。”

这个人寻思寻思，总觉着自己也没做什么恶事，照这种情况下还不能不走。放蚕啊都背的枪，好打鸟，下雨枪得倒过来背，把这枪口朝下，要不然枪筒里就进雨水了，枪就打不响了。他倒背着枪就走了。走了没多远，看见一棵大树，他就到这树底下避雨。这雷就围着这树打。他想，这雷可就是要打我？我走到这，这雷就围着这树打。他就看着树说：

“上天啊上天啊，我做了什么不好的事了，雷要打我？”

他这一抬头不要紧，一看树顶上有一个小矮个子媳妇，就能有三尺来高，手里拿着一个扇子，“刺啦”一个闪，这雷就往这一打，她拿着小扇子往回一扇，雷就没打着就跑远了，一道电光雷又打来了，她

把小扇子一扇，雷又跑远了。

这个人一看，哦，树上有这么个玩意儿，雷是要打这玩意儿呀。他把枪掉过来比量准了，“咣”就是一枪，这一枪就把小媳妇手里拿的小扇子打掉了，接着就“咔嚓”一个霹雷，就把那小媳妇打掉地上去了，一看是个能有二尺来长三尺来宽的大蛐蜒虫子。

雷也不打了，风也住了，雨也停了。这人两手拎着这大蛐蜒虫精又回到蚕场窝房了。大伙出来看说：“你这拎个什么玩意儿啊？”

那放蚕的人说：“雷就打这个玩意儿呢，雷不把我行李抓走了吗？雷就是借我的枪来打它。”

再看蛐蜒虫变的小媳妇手拿那个扇子是什么呢？是女人的裤裆布，这是最脏的东西。雷电就抗不了这脏东西。她这一扇，雷就躲了就打不着她。把这块脏布打掉了，雷这才把蛐蜒虫打死。这玩意儿能有什么用呢？有的说咱们今晚炖着吃，有的说这不扯呢，蛐蜒虫哪能吃啊。最后就看这两个眼睛出奇，说这两个眼睛怎么这么亮呢？就把蛐蜒虫的眼睛抠下来了。这两个眼睛是两颗避水珠。

讲 述 者／张文英　男　65岁　小学　农民
采 录 者／刘　垚
采录时间／2008年8月28日
采录地点／辽宁省岫岩满族自治县岭沟乡西道村张家沟组

蜘蛛精

这个村子里住着不少人家。这天外面来了一个人，这个人肚子挺大，脑袋挺小，两只大眼睛，告诉堡子里的人说，他从昆仑山来的，接人去昆仑山炼道去。堡子里的人问："怎么去呢？"那人说："到时候就来莲花盆接你们。"这人在村子里到处走，到处说，说完了，这人就不见了。

第二天，天上飘飘摇摇就落下了莲花盆。有的人真想上昆仑山学道，就坐着这莲花盆，飘飘摇摇走了，接连多少天，每天莲花盆都来，每天都有人去。

有这么一个小伙子，是个把式件，把式件是什么？是练武的，叫把式件。心想这能是真的吗？去了这么多人，现在一个回来的都没有，究竟是不是炼道的？他想要去看个究竟。走的时候他带了两把钢刀。这莲花盆飘飘摇摇地又飘来了。他坐上莲花盆，看莲花盆往哪飘。

结果，这莲花盆飘摇飘摇到哪去了？到了一个大深山里，进了一个大洞，洞口到处都是蜘蛛，把式件明白了，看来去昆仑山炼道是假的，只是一个蜘蛛洞，去堡子那个大肚子、小脑袋、两只大眼睛的就是个蜘蛛精。等这把式件下了莲花盆，就看这蜘蛛精两只大眼睛放着绿光，"刷"一道丝，它屁股那不是能吐丝嘛，就来缠把式件。把式件把钢刀往外一拎，把这丝就砍断了。又一股丝喷来了，他一面一刀又给砍断了，紧着砍了不少刀。蜘蛛精把丝吐了了，张开大嘴就要来夹把式件，把式件也不示弱，一个高蹦起来，跳到蜘蛛精后背上了，一顿乱刀，把蜘蛛精砍死了。把它眼睛挖下来，一看，是一对避水珠。

讲 述 者/张文英　男　65岁　小学　农民
采 录 者/史建丹
采录时间/2008年8月28日
采录地点/辽宁省岫岩满族自治县岭沟乡西道村张家沟组

小　　鹿

有这么一个小小子叫王小，要说他小也不小，已经十三四岁了，这王小亲讷讷已经去世了，阿玛又给娶了个后讷，这后讷总想害死这个前房儿子。怎么办？就整天地装病，就说她心疼，经老鼻子（很多）先生看了，咋治也不见好，就整天躺炕上轱辘叫唤，就说她心疼得抗不了，捉弄得老头儿就问她：

"你这是什么病？什么药能治好你这病呢？"

后老婆就说："我除非吃你儿子的心，你儿子是个灵龙，我需要吃你儿子的心，这叫灵龙心，吃了灵龙心我的心病就好了，要不然我的病是绝对不能好的。"

说着又轱辘叫唤了。这老头儿一听，要吃儿子的心，那可不舍得。就打这起始，她闹得一天胜似一天，这老头儿都已经四十来岁了，她才二十多岁，这叫老夫少妻，格外耍娇，整天对老头儿又抓又挠，说：

"你能舍得我你舍不得你儿子，我要死了你有儿子又能怎么样？要是儿子死了我还能给你生。"就非闹着要吃儿子的心不可。逼得老头儿都快傻了。

这天，老头儿下了狠心，就当孩子说："我送你上你姥姥家去。"

就给孩子领走了。一领领到后山沟里，那个地方树棵子非常大，到那就说："孩子，我不是领你上你姥娘家，也不是说阿玛对不住你，我叫你讷闹得没有办法，要你的心治病，这个心要不拿回去你讷的病就治不好。阿玛也没有办法，也就得狠心把你杀了回家救你讷。"

这王小就给他阿玛跪下了，说："你怎么忍心杀我？"

他阿玛说："我不杀你没法办啊，我叫你讷讷闹得抗不了。"

这老头儿的心真狠，举刀就要去杀这王小。这时，搁这个树棵里就钻出来这么一头梅花鹿，这就往这老头儿身上直撞，三撞两撞小鹿自己撞刀尖上去了，小鹿淌得满地是血，"蹬哒蹬哒"死了。

王小就当他阿玛说："阿玛啊，你把这鹿心拿回去给讷治病，她不是就想用我心治病吗？她就是想害我。所以你给这鹿心拿回去，她也不知道那是鹿心，我就远走高飞了，我也不回家了。"

他阿玛一看，小鹿也死了，就把这小鹿胸膛给扒开，给鹿心摘下来了，说：

"好吧，那你就远走高飞吧。"

王小就看这小鹿，又看他阿玛走了，再寻思自己的难事，就站着扑簌簌地掉下眼泪来。掉完眼泪，寻思着小鹿就这么扔这，也不忍心，就用手扒了一个坑，手都磨破了，就给小鹿埋上了。又看看周围有什么标记没，好记得这个地方，发誓说，一旦有得好那天，我不能忘了这个小鹿，是它救了我的命，我回来一定要给这只小鹿修个庙，祭拜这个小鹿。

王小把小鹿埋上就往前走了，一路要着饭吃，一走走到一个姓刘的老财主家。这老财主家也有个小子，也十三四岁，就找个教书先生教，可这刘家的小子笨到可以了，教二忘一，教一忘二，就怎么教也教不会，先生拿他一点儿办法也没有。老财主一看街上来了这么一个要饭吃的小孩儿，看着这小孩儿长得还挺好，再看看岁数和自己孩子有点儿相仿，就把王小领家去了，就叫王小陪着他儿子念书。等老师不教的时候，王小学会了再教这个小子。

结果王小陪这个刘家小子念书，刘家小子啥长进没有，王小则是一教就会，一点就通，把个老师喜欢得简直是不得了，就说：

"这一辈子书没少教，从来没见到心这么灵通的孩子。"

再看看这个孩子，长得一脸的福相，就问王小："你是谁家的孩子？"

王小就把他的遭遇说了。

"既然你是个无家可归之人，这儿也不是你常待之地。"

这个先生就把教学这个活给辞了，告诉刘家说：

“你家这个孩子是木头脑袋，谁教也教不会，我也没有办法。这个王小他也无家可归，我也没有儿子，我就给他领家当儿子了。”

老财主也没有办法，俸禄钱一个没给，让老先生带着王小走了。

这个老先生姓夏，夏先生就把王小领家去了。他家有一个姑娘，也是十三四岁，跟王小差不多少，每天就跟王小在一起学习。王小这书念得相当好，不上三五年的工夫，这书就念成了。这夏先生就说：

“王小啊，你呀这书已经念成了，我应该安排你到京城去考试了。临走之前啊，有一事我要嘱咐你，我呀，没有儿子，就这么一个姑娘，这个姑娘跟你岁数也相仿，我这一生所有的学问我都教给你了，我也相信你一定能成材，我希望你成材那天，把我们老两口接去，我把姑娘许配给你，你们两个完婚，我们老两口也有安身之处。”

王小听了，就跪在地上头，说：

“你放心，常言说得好，受人滴水之恩必当涌泉相报，有仇不报非君子，忘恩负义匹夫行。你待我这么大的好处，我要有忘你的那天，我遭天打雷劈。”

王小上京赶考去了，考试就考中了状元。考中状元后，他首先就要办三件事：第一件事，要把夏先生一家接到京城，和这夏小姐完婚；第二件事，他要上埋鹿那地方要给鹿建庙，报答鹿的救命之恩；第三件事，阿玛再怎么狠再怎么毒，他是我的阿玛，就算继母不好，阿玛还是我的生身父亲，也同样给他们接到京城享福。

第一件事，把夏老先生一家都接到京城去了，夏老先生满心高兴，当着老婆子的面就夸起了自己，说：

“你看我这眼力价怎么样？当年我就看这个小孩儿他不是凡人，他长得一份福相，那时候你还有点儿不相信呢，今天怎么样？中了我这句话了，他中状元了。”

老太太说：“是你有眼力。”

王小就跟夏小姐完婚了。

接着，他去办第二件事了。带领一些人马、工匠就到埋鹿的地方去了。等到了埋鹿的那个山，找不到埋鹿的准地方了，那个地方树棵

子太大了，密密实实的。绕山寻找，看到一个小土包，小土包顶上长了一棵梅花树，梅花开得正旺。王小说：

“这就是当年救我的梅花鹿，它变成梅花树了。”

王小命人把这树棵子都轧倒了，砍开了，运砖搬石拉瓦，就给修了一座庙，给挂了个匾，写着“鹿庙”俩字，用泥给塑了个梅花鹿像，给安排了一个看庙的，每天除了在这看庙，还给这鹿像烧三遍香。第二件事这就办好了。

第三件事，他派人去接他阿玛和他后讷来京享受。办事人到了他老家，找到他阿玛，老头儿听说儿子已经考中状元，不记前仇，接他去享福，老头儿乐坏了，就去召唤后老婆子，说：

“咱们儿子得中了，来接咱们进京城享福去。”

后老婆子说：“儿子心不都让我吃了么，怎么还有儿子？”

老头儿就告诉她当年是怎么把一个鹿的心拿回来给她吃。后老婆子一寻思，自己尽想害死这儿子，结果没害死，现在还中了状元，我去还有我的好眼瞅？他还能不计前仇？我哪有脸去！就上南墙上撞死了。

讲 述 者／张文英　男　65岁　小学　农民

采 录 者／刘 垚

采录时间／2008年8月23日

采录地点／岭沟乡西道村张家沟组

江山易改 禀性难移

从前，山里有个老先生，行医望诊，医道非常高。听听喘再看看面相，就知道这人哪块有病，得的什么病。老先生为人厚道，行善积德，山里山外家里有病人，都来找他。老先生不管多远，二话不说，抬腿就走，口碑非常好。老先生日子过得哪都好，就是儿子不作脸（不争气），沾上了赌博的恶习，家产让他破败完了。老先生这个愁哇。

这年，雨下得不及时，天大旱，人们都到龙王庙上烧香求雨。

这天，天上来了一片乌云，紧接着下起了稀稀啦啦的小雨，老先生站在房檐底下，雨水顺着房檐往下淌，他抬手接了一把雨水瞅一瞅，说：

“唉呀，这是病龙行雨啊。”

他这一说，让龙王听见了。龙王真的有病了，浑身难受，不吃不喝，躺在龙床上动不了。所以行不了雨，天下就大旱。他听见了人们的求雨声音，挣扎着爬起来，让黑云托着，用尽全身的力气，行了点儿雨。听老先生这么一说，龙王派手下兵将把老先生接到龙宫，就问老先生：

“我这病你能治吗？”

老先生瞅了瞅龙王，说：“能治，你得遭点儿罪。”

老龙王说：“你说我得的是什么病？”

老先生说“是蚂蝗钻进你的龙鳞里去了，我得把你龙鳞撬开，把蚂蝗取出，你病就好了。”

老龙王说：“你要治好我的病，你要什么我给你什么。”

老先生气定神安，一片一片地把龙鳞掀开，拿刀把这龙皮割开，取出来一只一尺来长的大蚂蝗。

蚂蝗取出了，老龙王立刻精神起来，恢复了龙威。

龙王对老先生说：“你治好了我的病，你要我怎么报答你。我这里什么财宝都有，你拿哪样回去都够你过一辈子了。”

老先生说：“我啊，银钱不缺，吃粮不缺，住处不缺，什么都不缺。我为人看病，门前有座山，山下有条河，山路艰险，河水挡道，我来回走不方便，耽误人命啊。再有，就是我儿子啊，一点儿不孝顺，一点儿不听话，吃喝嫖赌无恶不作，他太不成材了。你要能帮我把他这一身毛病改过来，我就感谢不尽了。

老龙王听了老先生的话，笑了一笑，一个炸雷，把山劈倒了，又下了场大雨，河水改道了，淤出了一片平地。向老先生说：

“山的事我能办，河的事我能办，你儿子的事我办不了，那是山河易改，禀性难移啊。”

讲 述 者／张文英　男　65岁　小学　农民

采 录 者／刘　垚

采录时间／2008年8月29日

采录地点／岭沟乡西道村张家沟组

换蛾子儿

有一家夫妻俩过日子，只有半亩山坡地的蚕场和一把剪子。山坡地薄，十年九不收。手头没有钱买不起蛾子儿，蚕场年年闲着。这一年实在穷得没办法了，妻子叫丈夫上山放蚕，可上哪弄钱买蛾子儿呢？丈夫愁得没法。妻子见丈夫不动弹，生气地说："咱们种地不打粮，有山不放蚕，都是你叫苦叫难没志气。"丈夫见妻子真的来气了，只好出外去借钱，跑了半天，才从一个修锅的铁匠那里借了两吊钱。这穷小子只得拿着两吊钱，背着干粮，买蛾子儿去了。走了七八天，来到卖蛾子那一打听，一斤蛾子要三吊钱。穷小子可犯难了：不买，怕妻子吵闹；买，钱又不够。想来想去，想出一个主意：买了二斤高粱装进口袋里，用红布条把口袋嘴一系，打算瞒过妻子了事。

穷小子拎着高粱往家走，晚上到一个店里住店。挨他住的那个人也拎个口袋，两人一搭话，才知道都是买蛾子儿的。两人一齐躺下睡觉，把口袋都放在枕头旁边。睡到半夜，那人伸手去摸穷小子的口袋。好家伙！人家的蛾子儿又大又成，再摸摸自己的，可比人家的小多了。这人最爱占小便宜，就把自己的口袋和穷小子的口袋调换了，还以为自己占了大便宜。第二天起个大早，付了店钱就走了。等穷小子起来，看看口袋还在枕头旁边，以为里面装的还是高粱，换了蛾子儿的事他半点儿也不知道。回到家里，妻子怕蛾子儿伤热，叫他赶快送上山去。穷小子只好拎着口袋，到山上看也没看，大把大把地撒了出去。过了几天，妻子叫他去看看小蚕出没出。他说放蚕靠天，看也没用。妻子担心小蚕出来被鸟吃了。他说老天会保佑，小鸟不吃他的

蚕。不管妻子怎么吵闹，他也不肯动弹，因为他心里有底，上山白搭工夫不值得。又过了几天，铁匠到他家来串门，一进门就说：“你们怎么不去抓蚕，蚕都要跑坡了！”穷小子不相信。妻子硬逼着他，他只好去了，到山上一看，果然满山的蚕。他高兴极了，以为是蚕姑姑恩赐给他的，不然高粱怎么能出蚕呢？他立刻用三块石头立个蚕姑姑庙，跪在庙前磕个响头，嘴里说：“谢谢蚕姑姑了！”

穷小子起早贪黑地干，秋天得了大丰收。白花花的蚕茧换回了白花花的银子。他借铁匠的二吊钱加倍偿还，他又杀了一只大公鸡，蒸了大供，去祭蚕姑姑。可他哪里知道是爱占便宜的人给他的便宜呢！

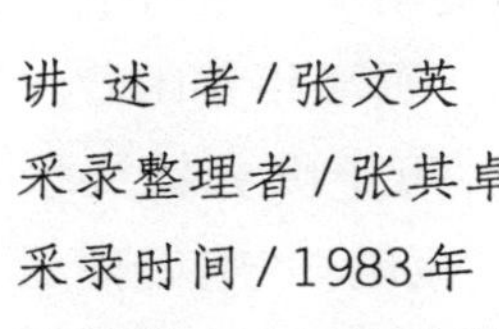

讲 述 者／张文英

采录整理者／张其卓

采录时间／1983年

采录地点／辽宁省岫岩满族自治县岭沟乡西道村张家沟

日子够过了

有那么爷儿俩啊，穷得叮当响，年年过年啊，看人家发神纸，亮亮堂堂的，他们爷儿俩年年过黑年。这年又到三十晚上发神纸，一看家家都在发神纸，院子烧纸通亮，阿玛就说：

“小子啊，人家都发神纸，院子里点得亮亮堂堂的，咱俩烧不起纸，咱俩也别过黑年，走，上南山根儿搂点叶子，咱们也搁院子里点着，他们谁知道咱俩烧叶子还是烧纸！”

这爷儿俩就上南山根儿搂叶子，儿子一搂搂了可（满的意思）手狗屎。儿子说：“阿玛，咱们这日子够过啊。”意思是说他们这日子没法过了。

他阿玛也说：“咱们这日子够过啊。”

说者不在意，听者却在意。跟前就有一个老财主，发得神纸出去溜达溜达，看谁家烧纸烧得多，一听他爷儿俩在南山根儿说日子够过了。心下嘀咕：“唉？这爷儿俩得什么财宝日子够过了？瞅着他家年年过黑年，真要是发财了，他家今年也能发神纸。”不大会儿的工夫，爷儿俩院里大火苗子直蹿，树叶子当然是比纸多了，照亮了半边天。

老财主说：“看来这爷儿俩是发了。”回家就跟老婆子说：“老婆子，咱们前院儿那爷儿俩，也不知得了什么财宝了，我上街（gāi）上溜达，听他爷儿俩说是‘日子够过了’。年年他家都过黑年，你看今年烧那一大堆纸，比咱们多多了。”

老婆子说：“要那么说，他们是发财了。”

老财主有个姑娘，姑娘长得哪都挺好，就是腿有点儿瘸。老财主

说："他家可能是得着什么财宝了。明儿个咱们姑娘给他家得了，他家要真发财了，咱们姑娘给他家，等到咱们老了也借个光。"

老婆子说："他家要真发财了，人家还不知能不能要呢？"

老财主说："等明天送神，我就找人去给提媒。"

初三送神了，果然媒婆就到穷小子爷儿俩家里去了，去给穷小子提媒，说是女方是财主的姑娘。爷儿俩一听，财主的姑娘能给咱们？别逗咱们了。干脆一个不行，十个不行。等媒人回去一说，老财主说：

"怎么样？这小子是发财了！咱们姑娘给他都不要，不要咱们硬给。"

又叫媒人再去，媒人告诉爷儿俩，正月初五就是好日子，那天财主就把姑娘送过来。爷儿俩一看，姑娘还非给不可了，老财主安的什么心呢？姑娘送来了还能不要吗？爷儿俩把屋子收拾收拾，正月初五老财主把姑娘送过来了。姑娘过来了，看看这家里穷得什么都没有，心说："发财了，家里还这个样呢？"

等晚上睡觉，姑娘就问这穷小子说："你（读nǎn）们家发什么财了，三十晚上你（读nǎn）们爷儿俩说'日子够过了，日子够过了'。"

穷小子一听，说："哦！是这句话叫你阿玛听着了。发什么财了？发什么财也不能告诉你。"

姑娘说："告诉我你怕什么？"

穷小子说："不行，那不能告诉你，有话不能对两姓人说。"

姑娘说："不用你不告诉我，明儿个我找，就这么个小房，你搁哪场我找不着？"

穷小子说："你还能找着？真把你能耐的！"

第二天，爷儿俩干活都走了，姑娘就在家，寻思这东西能藏哪呢？就一边烧火一边琢磨烧火棍一杵杵灶坑地里去了，拽也拽不出来，一别，只觉得灶坑里一个东西滑动了，她赶紧把火停了，把锅挪开，一看，是一块石板，姑娘把石板挪开，里面有这么大一个锅，锅里装满银子。姑娘说："啊！怪不得他说发了，原来得了一锅银子啊。"姑娘又把石板盖上了。穷小子晚上回来了。媳妇说：

"怪不得你们爷儿俩说日子够过了，你们俩得了一小锅银子啊。"

听姑娘这么一说，给穷小子造愣了，我家有银子？我怎么不知

道。但是他还得装，说：“你怎么知道的?”

姑娘说：“我怎么知道的？我找着了!”

穷小子说：“我搁那个地方你还能找着?”

姑娘说：“我怎么找不着，就在咱们家灶坑前面那个大石板底下。”

穷小子说：“扯了，你领我去看看。”

姑娘说：“那我领你去看看。”等到灶坑前面，说：“这不藏在这嘛?”

穷小子说：“你可真能找，我搁在这你都能找着。”

其实是姑娘有福。

讲 述 者/张文英　男　65岁　小学　农民

采 录 者/闻　良

采录时间/2008年8月20日

采录地点/辽宁省岫岩满族自治县岭沟乡西道村张家沟组

买话避难

有一个山东人给人家打工，打了三年没回家。三年挣了多少呢？四十两银子。四十两银子拿到手了，就想回家看看。这个山东人挺本分，挺正直的，走到半道遇到一个老头儿，这个老头儿挺古怪，白头发，白胡子，满脸都是褶。就听他吆喝："卖话了，卖话了，谁买我话？"

山东人站住了，就问："你卖画？你卖的是树皮画还是水墨丹青画？"

老头儿说："嗨！你听哪去了？我是卖说的这个话。"

山东人说："你说的这个话，怎么卖？"

老头儿说："嗨，我这个话可有用啊，十两银子一句，小伙子，你买一句啊？"

山东人寻思，我挣了四十两银子，他话要有用，那就买。就说："行，我花十两银子买一句。"

老头儿把大拇指头一伸，说："不义之财不可贪。小伙子，我这句话好不好。"

山东人寻思寻思，不义之财不可贪，说："这句话是句好话。"

老头儿说："哎，对喽，我这是句好话，你这十两银子花得值啊。"

山东人交了十两银子，转身就要走，老头儿一把扯住，说："小伙子，还买不买？我这还有呢。"

山东人挺豪爽，说："你还有？还有你还怎么卖？"

老头儿说："还是十两银子一句。"

山东人说是："那我就再买一句。"

老头儿又把大拇指头一伸，说是："朋友之妻不可欺。我这话有没有用？"

山东人点点头，说："嗯，你说得有道理，都说'能穿朋友衣，不奸朋友妻'，这句话说得在理。"

老头儿说："哎，你这钱花得值个儿。小伙子你还买不买？我这还有呢。"

山东人一寻思，我就豁上三十两银子，我就再买一句。

老头儿说："这句话是，听话听到底。"

"听话听到底？"山东人不明白了。

老头儿就说："哎，听话听到底，我告诉你，我可还有一句啊。那句话你不买，你就没听到底。"

山东人一寻思，我就豁出去了，再给你十两，你把最后一句话卖给我吧。"

老头儿说："害人害自己。小伙子，我说这话实不实在？"

山东人点点头，说："实在。"

实在是实在，可是四十两银子没了。老头儿拿了银子飘然而去，没影儿了，山东人寻思，我干了三年的苦力，挣了四十两银子，买了四句话。又一寻思，钱都已经花了，不寻思那些事。又继续往前走。一个骑马的过去，这马打得嘎嘎紧，从他跟前飞奔过去了，"啪嚓"一声掉下来一个包。山东人捡起来一看，里面装了满满一包银子。山东人想：我花十两银子买的第一句话就是"不义之财不可贪"。这包我不能留哇！可这包咋办呀，要放这，被别人捡去咋办，我坐这等等吧，丢包的发现包没了，准能回来找。他就坐这看着。不大会儿的工夫，那个骑马的就回来找了，看这山东人坐这给看包呢，一看，里面的银子一两没少。这个人是个做大买卖的，一看山东人这么厚道，这么不贪财，心想，我要是给他请家去，当个管账先生，肯定不会出岔道。他就跟山东人说，山东人就同意了，跟他回家，就成了他家的二掌柜。

这商人有个小老婆，非常年轻，属于水性杨花之人，丈夫经常外出经商，小老婆就老来勾引这山东人。山东人寻思，我买的第二句话

就是“朋友之妻不可欺”，不管小老婆说什么，用什么方法引诱，他都不动心。小老婆来气了，我这么勾搭他，他都不上道，要是我男人回来了，他要一说，这还有我好啊？我得想办法除掉他。

在她家不远有个窑地，这天，小老婆来到窑地，跟窑把头说：“今天晚上可能有人要来偷砖，来偷砖的，别问分晓，你就赶紧给我搬(zhōu)窑里烧死。”他跟窑把头嘱告了又嘱告。她回家就告诉山东人：“你今天晚上去给我干点儿事去，你去窑地给我抱（读běng）两块砖回来。”

山东人说：“好吧。”等晚上了，山东人就上窑地去搬砖，正遇上两家人家打架，你说你的理，他说他的理，吵闹得不可开交，山东人就跟着听，就想听听到底是谁的理，可是这架打得没完没了，几次想走，可是一想，我花十两银子买的话，告诉了“听话听到底”，我这还没听到底呢，我不能走。我得耐心听。等到半夜了，仗也没打完。

再说小老婆，等到半夜了，二掌柜的还没回来，就想到窑上打听，烧没烧死偷砖的？窑把式干等也没人来偷砖，干等也没有人来偷砖，一看，来了一个人，也没说分晓，就给她搬（读zhōu）窑里烧死了。应了最后一句话“害人害自己”。其实是仙人给这山东人指路呢。

讲 述 者/张文英　男　65岁　小学　农民
采 录 者/闻　良
采录时间/2008年8月20日
采录地点/辽宁省岫岩满族自治县岭沟乡西道村张家沟组

割杨虎草的人

有那么一个人，上山割杨虎草，从山底下一直割到山顶上，等割到山窝子里，就听见有吹喇叭的声音，他就觉得怪，这山上怎么能有吹喇叭的声音？他就顺着这声音奔山窝窝里去了。什么叫山窝窝？转过来山那块地就叫窝子。等他奔到窝子里一看，这声音就搁水泡子里出来的，这泡子多大？有五尺见方，都是绿色，水有多深也不知道。割杨虎草人一听，这喇叭声音就搁泡子里出来的，他就藏树堆后面去了，说我等等，看能不能瞅见什么？

果不然，这水一翻花，出来个能有一尺高那么一个小老头儿，戴着礼帽，胡子挺长，出来打眼罩，这瞅瞅，那瞅瞅，转圈都瞅瞅，等瞅得了，“扑通”进泡里没有了。只听这喇叭声越来越近，这小泡子就热闹了。出来一帮一尺来高的小人，抬着桌子，桌子上还摆的蜡烛，又出来一对新人。男的穿的红袍，女的蒙的盖头红，还有主持婚礼的。

他就瞅热闹。你说你看你就悄悄看呗，等这面正在那拜天地呢，他搁树堆里跳出来，“嚎”的一声，就看小人“稀里咕咚”全蹦水里去了。他就站着瞅，一看先前出来那个老头儿，漂上来了，脑袋掉了。

割草的听听什么动静也没有，他扛着草回家了。回家后，就和老婆说山上有个水泡子，水泡子里有喇叭声音，就把整个经过学了一遍。他老婆就说：

“你就贱，你就悄悄看呗，你‘嚎’一声干吗，你要不‘嚎’一声，那老头儿哪能叫人给杀了。”

就打这天起，这割杨虎草的人就得病了，怎么治也治不好，闭上眼睛那个小老头儿就在眼前晃，就这么越来他病越重，越来越重，没上半个月的工夫，割杨虎草的人就死了。

讲 述 者 / 张文英　男 65岁　小学　农民

采 录 者 / 史建丹

采录时间 / 2008年8月27日

采录地点 / 辽宁省岫岩满族自治县岭沟乡西道村张家沟组

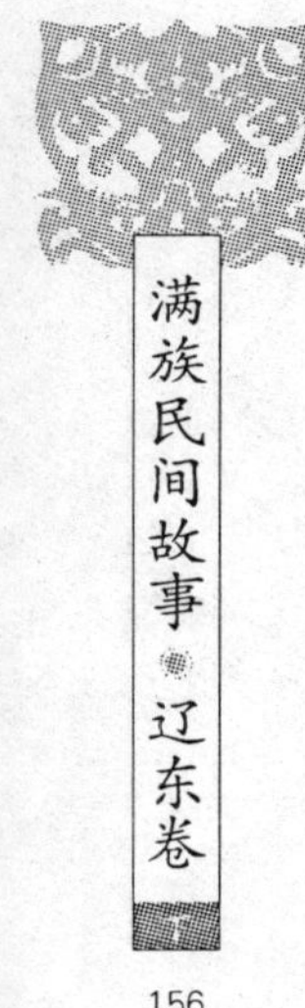

洪雅夫人的传说

康熙二十六年五月，沿着从海城至岫岩，由北向东北的方向，在山林野丛之中，穿行着三匹马。马上一人身穿长袍，腰系布带，脚蹬双皮脸布底鞋，身背弓箭。远看去，好一个英武的戎装男子汉，近前方知是一位三十来岁身体健壮、容貌端庄的女子。此女子为洪雅夫人包氏，奉朝廷垦荒之命从长白山调拨而来。另两匹马上是她的两个儿子：十一岁的偏思哈，九岁的歪思哈，也全是戎装打扮。

这一日，三人晓行夜宿，来到岫岩城南十里的地方。包氏展望四周，绵延的群山上，树木葱翠茂密，群山怀抱的平地上，野草荆棘丛生，还有那一湾河水，慢悠悠地流淌着。“是个好地方啊！”包氏心中想。

三人下马稍事休息，偏思哈从草丛中摘一朵花，喊道：“讷讷，讷讷，鞑子花开了，咱们长白山的花。阿玛还给我采过呢！”

这是一朵很美的花，火红的颜色，黄缎般的花蕊，晶莹的露珠还挂在花瓣上。

包氏接过花，心里不由得收紧了，十二年前，她的两鬓曾插过盛开的鞑子花，在长白山与洪雅成婚。可是如今，洪雅已战死在疆场，留下了她们这孤儿寡母。想到这，泪水涌上了眼窝，但她不想让孩子发现内心的痛楚，她偷偷擦去泪水，带着笑脸说：“鞑子花开了，一年之中最好的时节又来了！”

正说之间，马惊叫起来，包氏凭着她猎手的警觉，立时发现了野丛中的金钱豹。说时迟，那时快，金钱豹还未来得及向他们扑来，包

氏已搭弓发箭，只听“飕”的一声，金钱豹倒在地上了，两个孩子跑上去，把金钱豹拖到了母亲身前。

包氏看着死去的金钱豹说：“咱们不走了。这儿有山，可以射猎；有平地可以开荒种田！”

偏思哈天真地说：“还有鞑子花呢！”

“对，咱们就住在鞑子花盛开的地方！”

说罢，包氏纵身上马，猛加一鞭，偏思哈、歪思哈紧跟在后，在母亲马蹄踏过之处，插上标记。

几天以后，包氏到岫岩州城守尉府（管理满族人的官吏）城报领了岫岩城南俩十里处的土地山林，并编在正蓝旗吉昌牛录下。

光阴似箭，日月如梭，自包氏跑马占荒之后，过去了三十年。这三十年间，偏思哈、歪思哈早已娶妻生子，包氏膝前已有孙儿佛德保、万得保、山林保、春得保、天得保、明得保、呢得保七人，而且孙又生子，家族繁衍，人丁兴旺，他们的聚居处也以始祖洪雅名字的第一个字而命名为洪家堡子。

这又是个鞑子花盛开的季节，一天洪氏大院的门上挂着一只小弓箭，亲友们欢欢喜喜地挂着鸡蛋、拎着小米子来走亲戚。因为包氏的三孙子山林保，生下一子，刚好十二天，按习俗亲友们都来贺喜。

山林保进进出出，迎接着客人。客人们都被让坐到西屋的南北炕上。包氏坐在南炕最中间，偏思哈、歪思哈分坐两旁。由于四世同堂的喜悦，包氏今天收拾得格外利落：新浆洗的蓝旗袍板板整整，擦拭过的扁簪别在头上闪着亮光，新布鞋，白袜。她身体仍很健壮，腰板挺拔，头发乌黑，牙齿不曾脱落一颗，去年冬天还领着孙儿们上山打猎呢！偏思哈、歪恩哈也是四十左右的人了，粗手大脚，脸色黝黑，看得出来都是泥里水里滚过来的。

包氏让孙媳王氏把重孙抱过来，亲友们看了，有的说，这孩子像阿玛，有的说像爷爷，有的说像太太（祖奶奶），逗得大家都笑了，包氏问：“像我们什么呢？”大家说：“像你们勤奋啊，你们来这三十年，修了四合大院，开出几十亩良田，养着猪、鸡、牛、马，全是起早贪黑换来的。”偏思哈说：“这一说我倒想起来了，我这孙子还没有名，咱就叫学勤吧！”包氏说：“好，好，洪氏的子孙就应该以勤劳为本

分。”在一旁的山林保和王氏也赞同地说：“这名字起得好！”

天交正午，炕上摆好饭桌，媳妇们端上了金黄黄的肉丝烩小米饭，这叫小人饭，是侍候客人的传统饭菜。

正待大家欲举箸进餐之际，忽听得马蹄声响，眨眼间，正蓝旗甲喇额真（官名，统领五个牛录，每牛录五百人）的差役走进大门，大家知道有事，纷纷出外迎接。差役拿出公文念道：“现南方屡受侵扰，保卫朝廷乃旗丁职责，我甲喇额真传旗主固山额真（官名，统领五个甲喇）命令，征调洪氏山林保出征，明日赴城，不得迟误！”

这突如其来的征调令，弄得主人、客人都愣在了那里。突然人群里爆发出痛哭声：“不能去，山林保不能去，不能像他爷爷那样连尸骨都没有找回来。”这是山林保的母亲王氏，妇女们也都抽啜着，尤其是山林保的妻子，哭得泪人一般。山林保只默默地站着，这个刚刚二十岁的粗壮男子汉，生在洪家堡子，会打猎，会耕种，这儿有他熟悉的生活，有他的亲人——祖母、父母、年轻的妻子和十二天的儿子。他虽然没想过死，但他就要离开他们，出征几千里，少则三年，多则五年，也许永远不再回来，心中不由得升起依恋之情，不知应该说什么，连求人的哭泣似乎也没听到。

人们的目光自然地集中在包氏身上，这个骁勇、刚毅的妇女，历尽了人生的艰辛与磨难，如今她已老年，心爱的孙子又要离开她，甚至很可能失去他，她将怎样抉择呢？她站起身来，大步向门口走去。人们不明白她要做什么，都跟在她身后。她摘下门上的小弓箭，对山林保也是对大家问道：“孙儿，你说咱们旗人生下的男孩为什么要挂弓箭？”“希望他长大成为一个优秀的射手，好征战、射猎！”山林保答道。“这就对了，你爷爷为大清打天下舍了命，如今大清还不牢固，咱们洪氏子孙应该怎么做呢？”经包氏一点化，山林保抛弃儿女情长，答道：“孙儿明白了，孙儿愿为国效忠，不愿苟且偷生，明日就出征！”

包氏点了点头，然后吩咐说：“把白蹄子牵出来！”白蹄子是洪氏家中养着的一头小猪，因蹄子白色而得名。

门蹄子被牵到西墙祖宗板前，包氏用水净了手，请下祖宗匣，点燃鞑子香，领孙儿山林保跪下，说：“佛托妈妈保佑，老先人保佑，我孙儿为国出征，平安回来之日将肥猪奠祖宗。”家人也一齐跪拜在地。

许愿之后，包氏站起身来，对亲友说：“今天是我重孙学勤出生十二日，大家来贺喜，又赶上我孙儿山林保就要为国出征，也是喜事。这是双喜临门，请大家就坐，继续用饭吧！”

当天夜晚，包氏房中的豆油灯通夜亮着。第二天清早，当山林保戴好头盔，穿好铠甲，腰挎战刀，身背弓箭来向祖母告别时，包氏拿出了夜晚做好的金钱豹战裙，系在了山林保腰上，说：“这是三十年前，我领你阿玛、你叔初来这儿时射下的，你要走了，奶奶只有一句话：“别给祖宗丢脸！”

在灿烂的朝霞中，在通往岫岩州的小道上，望着山林保远去的背影，包氏久久地伫立着，泪珠流在她饱经风霜的脸上，她似乎没有觉得。

一年两年过去了，包氏的子孙们照常上山打猎，种地开荒，日子过得和乐而平静。可是只有一件事，牵动着全家人的心，那就是征战在外的山林保没有音信。尤其是看到牙牙学语的小学勤，更有一种说不出的挂念。

又七八年过去了，盼望渐渐地变成了失望。包氏对重孙和孙媳王氏更增加了疼爱，要知道她也是年轻守寡，她的儿子也是自幼丧父的啊！

终于有一天，那是在山林保出征后的第九年，与他一起出征的董氏兄弟回来了，捎回来一条辫子。全家人早已料到这不幸的到来，默默地为山林保造了一座坟，坟里埋下了辫子。

山林保死了，全家人没有忘记他，每年都为他上坟、扫墓、插佛头。那白蹄子猪也还在圈里养着，它大得像小牛，牙齿都露在外面，它是为山林保平安回来许愿的，如今山林保已不在世上，杀了它也不顶用了，就让它老死吧！可是就在为山林保烧过三周年之后的一天，这头猪非要从圈里拱出来不可。正在这时候，锣鼓齐鸣，一行人向洪家堡子走来，人群中间一中年男子汉，身骑高头大马，腰佩长剑，手握大刀，威风凛凛，路人见他头上的顶戴花翎，互相议论着：“这个五品官啊，是谁呢？”被称为五品官的男子在洪氏门前翻身下马，正欲进门，遇一男孩放猪回来，男子汉问：“小孩，你是洪家的吗？”小孩说：“是啊，你找谁？”“你叫什么名字？”“我叫学勤。”“学勤？”男子

汉一把将孩子抱起来，端详着他那泥一道汗一道的小脸，又看了看他手中的放猪鞭，猛地将他的小脸蛋紧贴在自己长满胡子的脸腮上。

他不是别人，他就是离家十二年的山林保。

山林保回来了，他拜见了父母、叔婶、兄长，全家人都见过了礼，他唯独没有见到老祖母。算来老祖母已是七十多岁的人了，他不敢想象，不敢问。突然，大门外进来一个白发苍苍的老妇人，她不是走，而是跑，她扔掉了手中的锄头，喊着："山林保，山林保！"山林保立刻伏身跪倒在地："奶奶！"包氏哽咽着把孙儿扶起来，说："山林保，我说你会回来的，昨天夜里我还梦见过你，咱们洪氏的子孙是不会死的！"

山林保出征十二年，转战数千里，身上带着十几处刀伤、箭伤，他从一个普通的兵丁，以战功而升为佐领（官名，即牛录额真）。他拿出破损的金钱豹战裙，说，有一次他们挖地道攻城，没有抬土工具，他用战裙兜土，士兵们也都学他的样子，很快地完成了攻城任务。固山额真对他很嘉奖，给他记了军功。他又解下腰上的宝剑，展示了七尺长的军刀，这是他从敌人手里缴获的武器。他走到院子里，亲戚邻里围上了他，正在他做刀剑表演，人人拍手叫好的时候，白蹄子猪竟从圈里拱了出来，包氏高兴得大笑起来，马上吩咐道："宰猪，祭祖！"

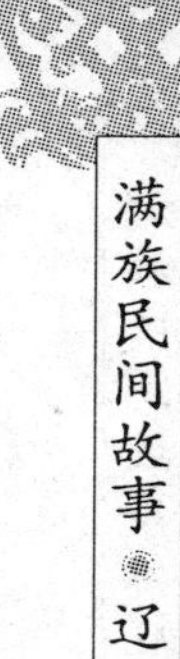

这头大猪，不用绑，不用赶，摇晃着尾巴，一步一步地走进房门，在西墙祖宗匣前停下了。包氏请下祖宗匣，点着鞑子香，领着山林保及全家人一起跪下，说："多谢佛头妈妈，老先人保佑，如今我孙儿平安回来了，我许愿还愿，请把这口猪领去吧！"她用从井里打来的无根水，向猪耳朵倒去，猪耳朵立时拨楞起来，全家人都乐了，说："老祖宗领牲了！"

第二天天刚亮，山林保一身农民打扮，扛着锄头，打着赤脚，一起同家人们下了田。他们路经当年洪雅夫人包氏打金钱豹的地方，停下脚步。山林保指着前面的山，说："我在南方看见农家养家蚕，咱们山这么大，也该放蚕哪！"他又指着河水说，"南方引水种稻子，咱们的田地也可改种稻田。"包氏惊异地问："怎么，山林保，你再不走了？"山林保答道："昨天还未来得及向祖母禀告，如今天下已经太

平，孙儿已解甲归农。从此后孙儿愿辟荒植田，教儿耕读，怡乐林泉，啸傲烟霞，恪遵祖训，以不愧我洪氏子孙。”包氏说：“好，好啊，我老了，就看你们的了！”

这时，小学勤拿着一朵花送到包氏跟前：“太太，鞑子花！”

这仍然是一朵很美的花，火红的颜色，黄缎般的花蕊，花瓣上撒着晶莹的露珠。包氏笑着接过来，传到了偏思哈手中，偏思哈又传到山林保手中。

讲 述 者／洪庆军

采录整理／张其卓

采录时间／1983年

采录地点／辽宁省岫岩满族自治县

孤　　桩

这家两口子，领一个小姑娘过日子，媳妇突然得病死了，扔下小姑娘，小姑娘名字叫孤桩。当阿玛的领孤桩，日子没法过，就给孤桩娶了一个后讷。这个后讷就看不上前窝姑娘，嫌她多余，总想找机会害掉孤桩。

这天孤桩他阿玛出外办事去了，后讷见机会来了。孤桩这时候有十五六岁了，可巧了。有只大白耗子掉水缸里了，这下后讷来了主意了，就把这大白耗子秃噜秃噜漂白溜光，晚上就堆逮（读dēi，放进的意思）孤桩被窝儿里了。姑娘晚上一摸，这是什么玩意？滴流滴流光滑的，就招呼：

“讷讷，我这被窝儿里什么玩意儿?”

她后讷就假装摸一模，说：“哎呀，傻丫头，还什么玩艺，你这不小月子吗?”

姑娘说：“我哪有那事?”

后讷就给老头子踹两脚，说：“老头子你躺着还没有事呢？你看你姑娘这是怎么的了。”

那时候也没有电灯，摸瞎乎（摸黑）摸了一摸，可不就软咕乃的（软绵绵），真像没长成的小孩似的。他阿玛一激灵，没说分晓，就给姑娘痛打了一顿。姑娘简直是报屈死了，根本没有那事，哪能不屈，就整天整天地哭，也不吃饭。

后讷就想，这么的还不行，我得想办法除掉她。就跟孤桩他阿玛说：“老头子，咱家出这样的丑事，你不嫌丢人哪！这样的姑娘你还留

着她干什么，把老祖宗的脸都给丢尽了。”

他阿玛说：“那怎么办？”

后讷说：“怎么办？要我说，你给她弄哪个山沟里，活埋了她。正正门风。”

孤桩阿玛他是舍不得，可是架不住后老婆一个劲儿撮使（怂恿），也觉得脸没场搁，动了杀心。跟孤桩撒一个谎，说送孤桩到姥姥家住两天。这就把孤桩领到一个山沟里，阿玛把刀拿出来就准备动手杀孤桩。孤桩就给阿玛跪下了，捧着刀，说：

“阿玛，你真狠心把我杀了？你也不寻思你姑娘是不是那样的人，我能做出来那样的事吗？”

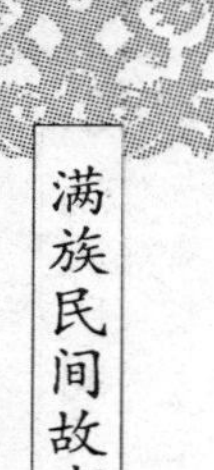

孤桩阿玛说：“我不杀了你，我回去跟你后讷怎么交差？”

孤桩寻思寻思说：“你把我这两双手剁下去吧。你回家拿两只手给她看，她看到手自然也就信了。我从此远走高飞，再不回来了，生死由命了。”

孤桩阿玛说：“我只能这么办。”说完，真地那么狠，真就“咣咣”两刀，给姑娘手剁下来了。

阿玛砍完，带着姑娘的两只手走了。孤桩就再也没有手了。

孤桩阿玛拿两只手回家给后老婆看，后老婆看姑娘两只手拿回来了，相信孤桩死了，就把这两只手拿着，想扔大河里。一扔，正好来了一条大黄狗，就把孤桩两只手给叼跑了。

再说孤桩，一路走，走进一个堡子，看见一家后花园有一颗枣树，这枣树旁码一垛秆子。这孤桩也没有什么吃，看这个枣树不怎么高，就走到枣树下跷着脚啃这个枣。她没有手，摘不下来，把枣都啃成了半拉枣。晚上没地儿去，就钻苞米秆码里过夜，就在这后花园待上了。这后花园是挺有钱的一个张姓人家的。老张家有个十五六岁的儿子在学堂里念书，这天放学回来就想上后花园里摘枣吃，到这一看，枣怎么的了，一个整的没有，全是半拉的，就觉得奇怪。这小子他就留个神，每天上学到枣树前瞅瞅，放学到枣树前瞅瞅。一下子堵到孤桩了，正在树下啃枣呢。小子就说：

“大姐，你怎么不把枣好好儿吃，你把枣啃得半拉咔叽的，别人还怎么吃。”

孤桩听小子一说。眼泪就下来了，伸出两只胳膊给他看看，说：

“我是无手之人，我怎么摘？”

姓张这个公子，一看孤桩没有手，就问她：“大姐你这手是怎么没的？”

孤桩就告诉她怎么被后讷所害，阿玛怎么剁下去两只手。张公子听了，难受得掉了眼泪，就问她现在是怎么过的。

孤桩说：“我白天饿了就到树下吃枣，晚上就在苞米秆码里睡。”

张公子说：“这哪行呢？你等着，我回家去多弄些草，给你铺地下，你睡在草上，能暖和些。”

就打这天起，张公子每天上学都要带两份儿干粮。嫂子就觉得挺奇怪，咱家兄弟这两天怎么这么能吃呢，前晌带这么多干粮？嫂子就留心了，瞟（读biāo）着张公子，看看怎么回事。只见张公子上学搁前面出去转后园子去了，钻秆码里去一会儿才出来上学去。嫂子觉得挺奇怪，就想看看他捣什么鬼，进秆码子里一看，原来里面有一个姑娘。嫂子“哎呀”一声，转身就回去找公公婆婆，说：

“咱们家我兄弟有点太不争气了，你说他十几岁的孩子，给谁家姑娘领苞米秆码里去了，我说这两天怎么拿干粮那么多，原来是领个姑娘在苞米秆码里面养着。”

婆婆不信，嫂子就说：“不信你去看看去。”

嫂子就领老太太去，一看，苞米秆码里果然有一个姑娘，就把孤桩叫出来问个仔细。孤桩就把怎么被后讷所害的经历讲给了老太太听，末了还把两只胳膊给她看看。张老太太心眼挺好使，嫂子也不是坏人，嫂子对孤桩说：

“既然咱们家兄弟这么疼你，你就到咱们家住吧，咱家养你。”

孤桩千谢万谢，就到了张家。张公子待孤桩相当好，一天见不到孤桩就像没魂似的，最后当阿玛和讷讷面提出要跟孤桩成亲。

张老太太说：“咱们家要是娶一个没有手的媳妇，这也叫人笑话。”

张公子说：“我不管那些，除了孤桩，别人我谁也不娶。”

阿玛和讷讷看孤桩人品哪都好，就是差两只手，也不硬扳着孩子这个劲儿，就同意跟孤桩成亲了。那时候的人，成亲之后还可以继续念书，等张公子又念了二年书，这就准备到京城里去科考。临走的时

候嘱告阿玛和讷讷说：

“我走了之后，千万要待好孤桩，绝对不可怠慢孤桩。”

阿玛和讷讷说：“你放心去考试去，我们准能待好她就是。”

孤桩和张公子洒泪而别，送出去多远，张公子回头告诉孤桩说：“我中与不中，考完试马上回来跟你相见。”

再说张公子上京城考试，真一举考中，考中了之后就给孤桩和他阿玛讷讷各写了封信，告诉孤桩说我已经考中了，不日就回来接你；告诉阿玛和讷讷一定要待孤桩好。那时候书信没有邮的，雇人骑着马回来送信。送信人到路上，晚了就住店。住的这个店谁开的呢？是孤桩她后讷开的店。孤桩走了之后，剩下她阿玛和后讷老两口就开了这么一个店，来往客商都在这住店。到了晚上，孤桩她后讷就准备要偷送信人的东西，等打开送信人包袱一看，里头有些银两，还有一封信，提到了孤桩。

后讷就画问号了，合计这孤桩能是谁，难道能是我前窝姑娘没死？她后讷也念过书，就模仿张公子的字迹，另写了一封书信，告诉：“我在京城已经考中，做了大官，你马上休掉孤桩。我现在当官了怎么能娶一个没有手的人做媳妇，赶紧把孤桩撵出家门。”把另一封信扣了，银子她也没敢动，害怕送信人发现。

送信人把信送到张家了，张家老人打开一看，儿子考中了，现在做了高官了，要把孤桩赶出家门。这孤桩可就哭起来了，二老、哥嫂都舍不得孤桩，孤桩虽然没有手，可是人相当好，没有讨人嫌的地方，谁对她都挺好。这儿子吩咐又不敢不服从，就筹备一些银两给孤桩，说孤桩你就走吧，另找谋生的地方去吧。

孤桩一看，到这个地步了，她还能赖着不走？就给二老、哥嫂磕了三个响头，说：“我什么东西都不要。”倔犟地转身走出大门，离开张家。

孤桩一路要饭，走到个地方，前无堡子后无车店，渴得不得了。一看道旁有一个井湾，这个小井还不深，井边还放了一个瓢。她没有手，怎么夹这个瓢也夹不起来，要喝水也喝不着。她就看这井，一看，这井里头怎么有两只手？孤桩很兴奋，想那要是我的两只手多好，她就把两臂往井里面一伸，她就看见那两只手晃晃悠悠地往上

飘，飘上来就到她的衣袖里面来和手臂合上了。孤桩一伸手臂，看见两只手又长到自己的胳膊上。她晃晃悠悠站起来，两手一较劲儿，好痛。孤桩这才相信她的两只手真的长回来了。原来后讷扔手的时候，不是被一条大黄狗给叼跑了么，这大黄狗是个狗神，它把孤桩的手叼走后扔到井湾里去了，这井湾子是泉水，非常凉，手也不坏就在这保存着。手长上了，孤桩想起了张公子，他要找张公子问个明白，为什么当上官就要抛弃她？她一路疾走，连累带饿就昏倒在路上。

张公子在京城做了官，请了假，这天就回家来祭祖探亲。人抬着轿子往前走，走着走着，就总觉得一阵风在前面顶着似的，人也走不动了，马也走不动了，张公子就觉得奇怪，叫人把轿子停下，看周围有什么东西。一看前面道伴儿旯躺了一个人，招手下看人是怎么的了。手下回报说，有一年轻女子，饿昏了倒在路旁。张公子赶紧吩咐弄些吃的，看看能不能把她救活？手下人弄些汤水灌下去，孤桩就缓过来了。张公子一看，说这不是孤桩吗？又一看她有两只手，不对，这不是孤桩。孤桩没有手，有手怎么能是孤桩呢？张公子已经做了官了，带了官帽了，穿着朝服，孤桩根本不敢抬头，根本看不出来他是张公子。张公子就问她：

“你是谁家女子，为何饿倒路旁。”

孤桩就告诉她怎么被后讷所害，张家怎么收留她，张公子怎么上京去赶考，考中之后张公子怎么写了一封信休弃她，她怎么走出家门，她怎么想去找丈夫问个明白。

张公子一听，说：“什么？张公子休弃你，此话何来？”

孤桩说：“书信就是这么写的。”

张公子确信这真是孤桩，就说：“孤桩，我就是你的丈夫，我没有抛弃你，我是来接你的。”

姑娘抬头一看真是张公子，可是张公子写的信她看了，她还是不相信张公子。张公子说，你跟我回家，我一定把这事查个清楚。又问：“你的手是怎么回事？”

孤桩就告诉说，她到井里喝水，井里飘着两只手，她把胳膊伸进去，两只手就长上了，还是我的那双手，你说奇不奇怪？

张公子说：“不奇怪，是老天帮咱们。”

孤桩和张公子回到家，拿过信一看，不是他写的内容，给孤桩的信也没送到，叫人找到送信人，问他都在哪住过店，发现什么东西少了。一查查到孤桩她的后讷，孤桩后讷也知道孤桩已经成了官的夫人了，来人一查这个事，她害怕，自己上吊死了。

讲 述 者/张文英 男 65岁 小学 农民

采 录 者/史建丹

采录时间/2008年8月20日

采录地点/辽宁省岫岩满族自治县岭沟乡西道村张家沟组

绣花女

清初年间，有个老王爷，镇守岫岩城。老王爷听说顺治帝在北京要广选天下美女供他享用，他也学着皇帝的样子，找来手下的歪嘴密师，命令他一百天内为他选一个天下最美的福晋。

歪嘴密师得到老王爷的宠信分外用心，亲自带着百十名随从走村串户，四处选美女。可是时间过去了九十天也没选到一个中意的。为这事他饭吃不下，觉睡不好，因为十天之内再选不着，他就要受惩罚了。

一天，他听说有个绣花村，山清水秀，姑娘媳妇长得格外水灵，便带着一队人马出发了。

他们越过十八座山，爬过十八条岭，累得人困马乏，正要歇息，忽听得远方传来一阵歌声：

冰凌花开干巴拉掐，
毛菇花开毛嘟喇嚓。
鞑子花开有红有白，
绿叶就像披戴罗纱。
百花里面数它最美，
美不过绣花女绣花。

歪嘴密师寻歌声去，在青石壁下，有一条弯弯曲曲的小路，小路尽头是一处百十户人家的小村落。时值春花吐艳季节，那粉花、红

花、白花、黄花，把个小村落点缀得五彩缤纷，特别美丽。

歪嘴密师大喜，一边走一边撒目，自言自语地说：“深山藏俊鸟，这里一定有美女！”他见刚才唱歌的那个小孩，一手拿着一根放羊鞭子，一手拿着一束鞑子花，迎面走过来，便停下脚步问道：

“喂，小羊倌，你唱得真好，快告诉我，这就是绣花村吗？”

小羊倌瞅了瞅歪嘴密师，答道：“是绣花村，你有什么事，大人？”

歪嘴密师尽力要把话说得明白些，他边比画边说：“呃，我找你们村里手儿最巧、花儿绣得最好、模样长得最美的绣花女。”

小羊倌一听明白了，说：“你去找我们穆昆达儿子洼尔达阿哥吧……”歪嘴密师忙问：“什么，穆昆达儿子洼尔达阿哥？”

小羊倌说：“我还没说完，最美的绣花女是洼尔达阿哥的情妹。”

“啊，是洼尔达的情妹，好，太好了，她在哪儿？”

小羊倌指着山脚下的几间茅草屋，说：“你看，那不是吗？”

歪嘴密师顺着小羊倌的鞭梢一看，雪白的梨树花下，一位身穿红衣红裙、头插红花的姑娘，手里挽着五彩线，正坐在木墩上绣花。那容貌真比披露的牡丹还要美上千百倍。遇到这样天上难找地上难寻的美女，歪嘴密师的嘴乐得快咧到耳丫子了。他心想，这美人别说老王爷见到要神魂颠倒，就是顺治帝见到也会迈不动脚步。他将手一摆，招来随从，准备上前去抢。又一想，不对。小羊倌口口声声说她是穆昆达儿子洼尔达的情妹，俗话说强龙压不住地头蛇，一旦弄不好闹出事来，岂不难以收拾。他眼珠转了几转，决定先到村里找个引线人(媒人)。

绣花村有两个爱财心坏的老太婆，一个外号叫黑花蛇，一个外号叫白花蛇。歪嘴密师悄悄找到她俩说明来意后，又说：“这是多么美的差事，只要你俩帮我办成此事，要金给金，要银给银，要怕将来不好在这儿为人，就随我一块进城，我保你俩终身享受荣华富贵，吃穿不缺。”

黑白二蛇一听，鼓着螃蟹眼睛，拎着长烟袋，来到了绣花女家。

黑花蛇见着绣花姑娘奉承着说：“哟，绣花女，真是巧哇，心巧手巧两把剪子一起铰，铰了旗袍铰花袄，那织女也比不上你的手巧哇。”

白花蛇也向绣花女讨好地说：“哟，绣花女真能绣哟，心绣手绣十

个指头一起绣，绣得高山藏羞水倒流，龙女不敢摸线头哇。”

绣花女听到黑白二蛇的话，笑着说：“二位讷讷嘴真巧，把野蒿说成灵芝草，小燕说成凤凰鸟，小猫上墙变成豹，花蛇长出两只脚，东家西家串着跑。”

黑白二蛇本想卖弄巧嘴，反被绣花女弄得张口结舌。等黑白二蛇再开口，绣花女明白来意后，就郑重其事地说：“二位讷讷，我早已许给了洼尔达哥哥，你们是知道的，别个主意就别打了。”说完就低头接着绣手上的罗纱，不理黑白二蛇。

黑白二蛇碰一鼻子灰，回来向歪嘴密师做了禀报，歪嘴密师一听，这还了得，干脆抢吧。于是他备好车辆，带着随从，一窝蜂似的把绣花女的院子围住了。

绣花女见了这种形势，并不慌张，她大大方方迎出门外，对歪嘴密师说：“我虽然还没有成亲，却是有了丈夫。大人今日既然来求亲，就是看得上我家了。我家还有六个和我长得一模一样的姊妹，何不请进屋一个一个过目，待你选出哪个便随你一块儿回去，你看好不?”

歪嘴密师一听她还有六个和她一样美貌的姊妹，顿时心花怒放，嘴里说：“好，我都看看！”说着，他抬腿就要往屋里闯。绣花女说：“慢，我家姊妹个个怕羞，平日从不出来见客，请大人先把黑白二蛇请来帮我劝说劝说，再派俩抬轿子的在院内等候。”

“对，对！”歪嘴密师随声附和，叫人找来黑白二蛇，备好轿。

绣花女见诸事准备妥当，她把歪嘴密师请到西屋坐好，再把黑白二蛇找到东屋说：“二位讷讷，今天的事，都是你俩引起的，如今我被他们抢走是小事，倘要洼尔达阿哥打猎回来，可不能饶过你俩性命。你俩想活，听我的；你俩想死，那我可就不管了。”

黑白二蛇一听，吓得一齐抱住绣花女说：“姑娘，听你的，听你的，只要能活命，什么都听你的！”

“好吧，你俩就留在这儿，一会儿我叫你俩干什么，你俩就干什么！”绣花女说。

“是啦，姑娘，你叫咱俩干什么，咱俩就干什么。”黑白二蛇一齐回答。

绣花女下到厨房，炒好菜，烫好酒，端到歪嘴密师面前，说了

声："大人，请！"

院外有围兵，屋里有绝世佳人把盏敬酒，菜香酒美，歪嘴密师肚里有底，心中高兴，不紧不慢地喝起来了。

绣花女看看日落西山，月影照地了，便对歪嘴密师说"大人，我为你请二妹来吧！"

说来就来，只听绣女回到东屋说："哎，我的好妹妹，你就别害羞了，快去为大人敬酒去吧！"话音刚落，只见门帘一挑，一位穿白衣白裙，头插一朵白花，右手端银盘的姑娘，像天上的梨花仙女一般，轻轻飘飘地走进屋来。

歪嘴密师用眼睛一看，险些叫出声来："啊，美人儿，美人儿，天下竟有这般的美人儿。"这美人儿满满地为歪嘴密师斟了一碗酒，又像春风飘梨花一样轻轻退出门去。

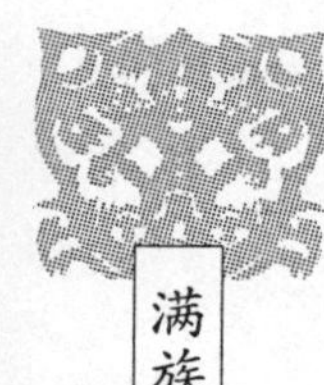

歪嘴密师刚才转过神来，只听东屋绣花女又轻声催促道："三妹妹，二妹敬酒已经回来，轮到你了，快去吧。"

"大姐不要催我，二姐敬的酒大人还没喝呢！"又是一个娇滴滴的声音。

"好，我喝！"歪嘴密师一乐，一口将美酒倒进嘴里。刚才放下酒碗，门帘一挑，一位黄衣黄裙，头插一朵黄花，右手端着金盘的姑娘，像天上桂花仙女一般羞羞答答地走进屋来，斟完酒，又像香风飘桂花一般，轻轻退出门去。

接着，四妹穿绿衣绿裙头插绿花；五妹身穿粉衣粉裙头插粉花；六妹身穿蓝衣蓝裙头插马兰花；七妹身穿黑衣黑裙头插黑菊花。一个个接替来敬酒，一个个轻轻飘飘地退出门去。这时间歪嘴密师喝得昏昏沉沉，看得眼花缭乱，也分不清哪个比哪个丑，哪个比哪个俊。这时绣花女笑着走进来说："我家姊妹冷丁看，一个赛过一个，一个比一个俊。看常了，穿白衣白裙的二妹和穿黑衣黑裙的七妹最漂亮，而且能说会道，讨人喜欢。不过可有一项，我家姐妹都有一个怪癖，最痛恨那些仗势欺人的贪官污吏，他们要是知道了真情，别说老王爷想娶，就是顺治帝想娶她为正宫娘娘，也休想。要是逼急了，鱼死网破你也不好收场。"

密师一听咧咧歪嘴，急得说不出一句话来，只好拱手作揖说："事

已至此，还请大姐帮忙到底。”

绣花女稍停片刻，说：“我看这样吧，我就哄着她们说，老王爷女儿闲着孤闷，特派大人请二位姐妹前去陪她绣花下棋，住上几日就回来。你快到外面备轿，我这就和他们去说，说好了启程快走，免得众姐妹七嘴八舌事后有变。”

“对，对。”歪嘴密师见绣花女说得头头是道，句句在理，连声称赞，急忙出门喝令随从备轿。这工夫，只见绣花女从屋中扶出穿白衣白裙、头上披着白纱的二妹，坐在头抬轿里，又回身扶出穿黑衣黑裙、头上披黑纱的七妹，坐在第二抬轿里，然后对歪嘴密师小声说：“快些起程吧。”

歪嘴密师虽有八分醉意，心里却不糊涂，他眼盯盯看着绣花女将两个妹妹扶进轿里，就马不停蹄顶星踏月向岫岩城奔来。

歪嘴密师一气跑了二百多里，忽然迎来了一队人马，抬眼细瞧，不是别人，正是老王爷。

原来歪嘴密师发现绣花女的时候，已悄悄命随身同来的画师，画好美人图像，又派人前往岫岩城给老王爷报了信。老王爷展开画像一看，一下子被迷住了，就立刻骑上高头大马，带着随兵，向绣花村赶来。

歪嘴密师遇到老王爷，将事情经过做了禀报，老王爷又惊又喜，非要看一眼轿里的新娘子不可。歪嘴密师正不知怎样侍候王爷为好，听说王爷要看，他上前不紧不慢地挑起车帘。老王爷急不可待地伸手揭去车里美女的面纱。呜呀呀，顿时目瞪口呆：这哪里是什么美貌女子，明明是猫脸猴腮满脸褶子的黑花蛇，气得老王爷嗷嗷叫着抬手一刀，结果了黑花蛇的性命。

歪嘴密师一看吓得三魂出窍，七魄颠倒，忙挑开后面轿子的轿帘，一看，不是别人，正是那一身鸡骨头兔子肉的白花蛇。

老王爷眼珠差点儿没气冒，伸手一刀捅死了白花蛇，又回手一刀砍死了歪嘴密师，接着一声吆喝，向绣花村飞奔而去。

绣花女孤身一人，哪来的六个妹妹呢？原来她拿出六套颜色不同的衣服，自己换着穿，她要哪套就让黑白二蛇在东屋里帮着她换哪套。她手脚麻利，边换衣服边装作与要出去给歪嘴密师敬酒的妹妹说

话，然后又自己答话。等六套衣服她都换着穿过了，她假装成的六个妹妹都出来敬了酒，她便命黑白二蛇穿戴齐全，头罩面纱，由她扶进轿里。送她们走后，她料到歪嘴密师受了骗，不会放过她，她就脱下了红衣红裙，换上了青衣布袄，到深山里找洼尔达阿哥去了。

老王爷来到绣花村，四处寻找，可是茫茫林海，无边无际，哪里去找啊！这时小羊倌的那首歌又唱起来了：

冰凌花开干巴拉掐，
毛菇花开毛嘟喇嚓。
鞑子花开有红有白，
绿叶就像披戴罗纱。
百花里面数它最美，
美不过绣花女绣花。

小羊倌的歌听得老王爷半痴半呆，气得他跺脚搔腮，无可奈何，只好收兵回城去了。

讲 述 者／吴艳秋　李生林
采录整理者／张其卓　董　明
采录时间／1983年
采录地点／辽宁省岫岩满族自治县

布哈里捡银子

布哈里是个憨厚的小伙子，靠卖豆腐和他讷讷过日子。有一天，讷讷有病了在家，勉强能做个饭啥的，布哈里就自个儿出去卖豆腐。卖完豆腐往回走的时候，布哈里就想上趟外头（解手），路旁就有一个茅楼（厕所），他就进去解手。解完手，一抬头，发现茅楼的墙头上放着个褡裢，他随手拿过来，揭开一看，里面是白花花的银子。他数一数，足足有三十两。他走出来，前后左右看看，见没有一个人儿，他就背着褡裢回家去了。

进了屋，布哈里就告诉他讷讷说："讷讷，我捡了三十两银子。"

迷迷糊糊的讷讷，立马睁开眼睛问："你怎么捡的银子？"

布哈里就说："在堡子的茅楼捡的，也不知是谁撂在那的。"

他讷讷就说："孩子啊，咱不能留这个银子，这银子要是做买卖剩的银子也好说，或是要账讨的银子也好说，那要是家里有个病人儿或啥急事的，要是弄丢了，会挤兑出人命的呀。所以咱不能留这银子。你麻溜回去，那丢银子的人肯定会回去找的。遇到找主儿，你就把银子给人家，这银子咱不能花。"

布哈里非常孝顺，听讷讷说得有道理，就背上褡裢去村头茅楼边那看看。连个人影也没有。他也不灰退（不失去信心），就背着褡裢站在茅楼边上等。没多会儿工夫，他就看见堡外跑过来个骑马的，那骑马的跑过来，到茅楼前就勒马下来，急三火四地把脑袋探进去，啥也没看见。一回身，看布哈里背个褡裢站在旁边，那人一把扯住褡裢问布哈里："你捡我的银子没？"

布哈里就问："是你丢的银子？"

那个人说："是我丢的。"边说边忙不迭地打开褡裢，一看，一点儿不少，心想，他捡我银子，我怎么也得赏他点儿银子。赏他点儿银子，那我的银子不就少了吗？舍不得呀！我要个赖得了。于是，那个人眼珠一转，说："我丢的是四十两银子，你捡这包银子就三十两，是不是被你留下了十两？"

布哈里说："我要留就都留下了，我这又不是偷的银子，我干吗只留十两？还要还给你三十两？"

那人就急头白脸地非说是四十两，非跟布哈里要那十两银子。这两个人就在茅楼边上争吵个不休。这时候，正好县官路过，一看两个人吵吵闹闹，就叫手下衙役把他两个带来，看他俩因啥吵闹。丢钱人就说了，他丢了四十两银子，被这个小子捡去了，他只还我三十两，被他留下了十两。

布哈里就说："我明明捡的就是三十两银子，我凭什么只留十两，还他三十两，我要留就都留着，不留就都不留，我怎么还能留十两银子，给他三十两呢？"

他也不等做官的追问，就倒豆似的说我这银子是怎么捡的，回家讷讷是怎么说的。讷讷说要是做买卖剩的钱啊，也好说，要是讨债的银子也好说，一旦是有什么急事，或是借贷的银子丢了，那会挤总出人命的。所以，我讷讷不让我留这个钱，让我送回来，没想到他一口咬定，说他这是四十两银子，还要赖我十两银子。

做官的一听，再一看布哈里，一副忠厚的样子，再一分析，他要捡银子，他不可能就还给他三十两，还留十两，要留就都留了，再一听他讷讷说的话，认为他讷讷这人非常厚道，非常善良，就断定，他不可能留着银子。再看看丢银子这个小子，长相也像个不忠厚不老实的样子，县官就说：

"你啊，丢四十两银子，可是呢，他捡的是三十两银子，所以，你丢的是四十两银子，他捡的三十两银子不是你丢的银子，你那银子被别人捡去了，他捡这银子是别人丢的三十两银子，现在又没有失主，大老爷就做主了，布哈里呀，这三十两银子本官就赏给你，你回家去孝敬老人吧。"

县官又说丢银子那个：“你啊，你也走吧，等有人拿着四十两银子送回来的时候，老爷再找你。你再来取这银子。”

结果，丢银子这人白赔了三十两银子，布哈里却白得了三十两银子。

讲 述 者/张文英　男　65岁　小学　农民
采 录 者/闻　良
采录时间/2008年8月22日
采录地点/辽宁省岫岩满族自治县岭沟乡西道村张家沟组

都力金与撒马罕

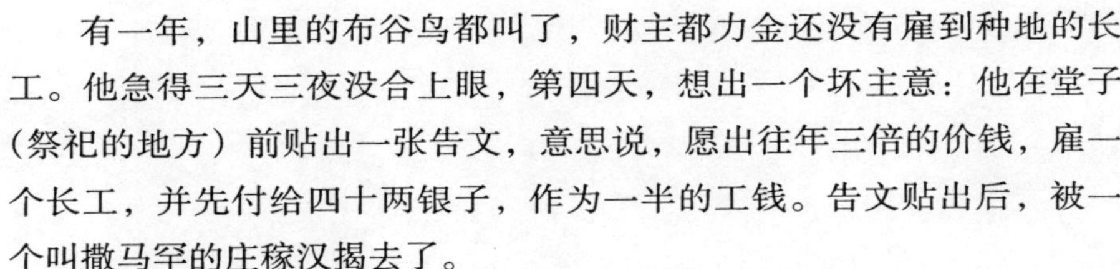

有一年，山里的布谷鸟都叫了，财主都力金还没有雇到种地的长工。他急得三天三夜没合上眼，第四天，想出一个坏主意：他在堂子（祭祀的地方）前贴出一张告文，意思说，愿出往年三倍的价钱，雇一个长工，并先付给四十两银子，作为一半的工钱。告文贴出后，被一个叫撒马罕的庄稼汉揭去了。

村里人都劝撒马罕说：“都力金是个心比蝎子尾巴还毒，脑袋比粪叉子还奸，砸鸡蛋皮挤骨髓喝的财主，过去有多少人给他扛活，末了，一个钱挣不到不说，反欠他银两，他的话不能信。”

撒马罕说：“泼出去的水收不回来，让我试试看吧！”

撒马罕不服气，起五更爬半夜，一直忙到年底，结账时都力金说：“你今年干得不赖，按照告文上写的，应付给你全年工钱八十两银子。可是你年初借我四十两，按每月七滚利算，春夏秋冬四季，一季四七二十八两，四季一百二十两，本利共一百五十二两，扣除应付给你的八十两，你尚欠我七十八两。”

撒马罕知道自己上了当，心里骂道：“好损的东家呀，我辛辛苦苦为你出了一年苦力，老婆孩子眼巴巴盼我拿回家几两银子过年，这可怎么办呢？”他琢磨来琢磨去，琢磨出一个道眼。他对财主说：“好吧，今天是大年三十，你再借我两个铜板，我欠的银两，你什么时候要，我什么时候连本带利还给你。”

财主没想到撒马罕这么顺顺溜溜认了头。麻溜溜从兜掏出两块铜板给了他。

撒马罕拿了铜板，没有回家，径直向城里走去。

在城里，他拿一个铜板买了一个老窝瓜，又拿另一个铜板买了些金箔、银箔。他把金银箔裁成一条一条的，左三层右三层把个老窝瓜糊个溜光铮亮。用块红布仔仔细细包好，然后抱在怀里，在集上故意躲躲闪闪，溜了三圈。有不少办年货的乡亲，走碰了头，问他抱什么，他支支吾吾。问急了，他撒腿就跑。谁都觉得蹊跷，你传我，我传你，没用半天工夫，这事就传到都力金耳朵里去了。

撒马罕得到了什么宝贝这么怕人呢？都力金晚上偷偷地来到撒马罕的窗根下，用舌头舔破窗纸往里瞅，见撒马罕媳妇躺在炕上，怀里抱着个什么。

“你出去一年挣回个什么，又怕闪，又怕碰，还得我抱着？”媳妇纳闷儿地问。

撒马罕轻轻地抚摸媳妇抱着的东西，说：“骡子蛋。”

媳妇坐起来了，把抱着的东西推到一边去，说：“有鸡蛋、鸭蛋，还没听说有骡子蛋！”你糊弄我，躺这一会儿，身子骨头都压疼了。

撒马罕一看不好，忙按媳妇趴下，把东西又塞到她怀里，说：“哎呀我的仙姑姑，这蛋比我性命还贵重，你只要躺在炕上抱七七四十九天，就能抱出金马驹来。”

“得了吧，看你这穷命，还能得着宝贝？”媳妇说着，又把东西推了出来。

“别不信，你听我告诉你。”接着撒马罕对他媳讲开了骡子蛋的来历：

过小年那天，我给东家喂牲口，发现槽口边多了一匹小黄马，就把它拴住了。这时忽听“霍霍霍”的唤马声，急得小黄马四蹄干蹬地，也动弹不得。我知道这是主人唤它，就解开了绳索。小黄马一下飞出墙外去了。我跟在后面，追到山顶，见一个白胡子老头儿赶着一群一色的金黄色小马，他很奇怪，问：“老人家，这马是哪儿来的，怎么这么多？”老头儿笑笑，说：“不瞒你说，我是天上的金马神，因金马童贪玩，这群马从南天门跑到了凡间，好容易叫我找齐了。这是赶它们往回走。你放了拴住的小黄马，我看你是个实诚的人，就送你个骡子蛋吧。用金银箔把它包上，在炕上抱它七七四十九天，就能抱出

个金马驹来。”

都力金在窗根下听撒马罕这么一讲，全明白了。心想，怪不得我说他欠我银子，他一句话没说，原来他得了个宝贝啦！

都力金是个见财忘命的家伙，这样的好事怎能让别人得去？他在门外咳嗽一声，也不管人家愿意不愿意就进了屋。屁股还没坐到炕沿上，就说：

“我说撒马罕哪，这事真不凑巧，我要买进一块地，银两不足，你欠我的银子，怎么办？还了吧！”

撒马罕一听，恳求说：“哎呀，东家，过大年的，哪有钱哪！你就宽宽期吧！”

都力金说：“没有，还有骡子蛋呢！”

撒马罕故意惊讶地问：“什么骡子蛋？”

都力金瞅了一眼撒马罕媳妇怀里抱着的东西，说“别装了，你们小两口说的话我都听见了！”

撒马罕一看瞒不住了，说：“这骡子蛋是无价之宝，那金马神仙说，大福大贵之人能抱出一公一母，出两个金马驹。两个金马驹如不离伴儿，一年又能产一个金马驹。这样的宝贝，我怎能给你！你实在要，那七十八两银子账一笔勾销，八十两银子的工钱给我，还得外加银子三百两！要不，我拿出去卖，卖回钱还你账。”说完撒马罕抱起骡子蛋就要走。

一个金马驹岂止是几百两银子？多少大账都力金都算过，这点儿小账不用扒拉他就明白。他忙拦住撒马罕说：“那好吧，看在乡亲的情分上，七十八两加上八十两，再加上三百两，共四百五十八两，都给你！”

他拿起骡子蛋就要跨出门槛，撒马罕紧赶几步堵住门口说：“一手交钱，一手交货。”

“好，好，一手交钱，一手交货。”都力金想得到骡子蛋心切，立即回家取来了银子。

撒马罕怕都力金变卦，当面收了银子，并请了中间人，立下互不反悔的契约。

都力金抱着骡子蛋，一进门就命全家更衣、洗手，然后请下祖先牌位，点燃鞑子香，祷告说：“请老祖先保佑，保佑骡子蛋得一公一母

两个金马驹！”

自打这天后，都力金老婆就整天躺在炕上，搂着那骡子蛋。只要稍一动弹，都力金就喊：“别动，别动，看闪了蛋；你是喝水，还是吃饭，我侍候！”就这样，天天抱，夜夜搂，到了第四十八天，再过一天就是四十九天了。都力金老婆把耳朵贴在上面听一听，里面没有一点儿动静；偷偷用手一摸，这下可坏了，“哗”地出来一股酸溜溜、臭烘烘的黄水。吓得她赶忙招呼都力金：“我说老头儿子，这是怎么了？”都力金把鼻子一嗅，也“哎呀”一声：“这八成不是骡子蛋，是那穷小子骗我，我得找他算账去。”

都力金气得胡子直撅达，怀里抱个烂透了的老窝瓜，走到村头。脚下一滑，摔了个大跟头。手一张，烂窝瓜咕噜滚出一丈多远。

事也凑巧，前面松树下正有两个小松鼠，在捡树下的松果吃，见一个东西冲他俩滚过来了，撒腿就跑。这当儿被都力金看见了，他“啊呀”一声，喊道：“金马驹，金马驹！金马驹抱出来了！”他一边喊一边撵。跑过山头，正好有两个兔子，也吓得向山沟跑下去。都力金一看，这金马驹顶风长，怎么一会儿就比刚才大多了。他累得呼哧呼哧直喘，还是拼命追。两条腿的财主哪能跑得过四条腿的兔子。转个山头，兔子不见了，他四处撒目，见一对狍子正低头捡东西吃。这回他可看清了，金马驹比刚才又长大了！他悄悄走到跟前，张开两支胳膊狠劲一扑，只听“咔吧”一声，“金马驹”没扑着。他的腿摔断了。

这时正巧撒马罕从山上打柴回来，看见都力金受伤的腿说：“真玄哪，再使一点儿劲，就把脑袋摔碎了！”

都力金哭着说：“唉，脑袋摔碎就摔碎呗，可惜那对金马驹哟，完啦，完啦呀！”

撒马罕看着这舍命不舍财的财主，哈哈大笑起来。

都力金听到撒马罕笑他，心里一转劲儿，止住了哭声，瞪着眼睛说：“银子，你把银子还给我！”

撒马罕一听笑得更厉害了，等他笑够了，就一本正经地说：“东家，你忘了，咱俩是立过互不反悔契约的！我的八十两工钱，我自己留下了，那三百两银子分给过不去年的穷乡亲了。怎么，你还想不守契约吗？”

都力金知道银子是要不回来了，又放声哭了起来，边哭边说：“全完啦，全完啦呀！”

讲 述 者/赵淑英

整 理 者/张其卓　董　明

采录时间/1983年

流传地取/辽宁省岫岩满族自治县一带

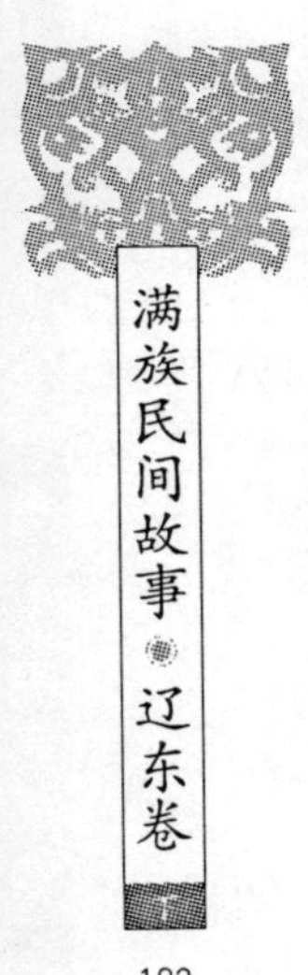

软耳根子哥哥

软耳根子意思是说爱听信别人的话，别人说啥他听了就相信，自己没主意，容易坏事。这个“软耳根子哥哥”说的就是这样一个事。

从前，有这么一家，阿玛和讷讷死得早，哥哥带着弟弟过日子。家有三间草房，哥哥成亲，把嫂子娶进家门后，哥哥出去跑点儿小买卖，弟弟在家跟嫂子种地养鸡，一家三口人和和气气地过日子。可时间长了，有人就开玩笑了，就跟老大说：

“你们哥儿俩是不是娶一个老婆呀！”

开始哥哥不大往心里去，可是一个这么说，第二个、第三个还这么说，老大心里就画魂儿了。嗯？这老二也不能啊，也不是那路人哪？又寻思自己媳妇也不能。但是，搁（读gáo）不住人家老没正经地开玩笑，这哥哥就想试探一下。

这天，哥哥就跟老二和媳妇说：“我要出趟门，去海城办点货去，你和你嫂子在家，把家好好儿照望着，我大概三五天就回来。”

弟弟说：“哥，你放心地去吧，家里有我呢，不能有啥差头。”

老大就这么地耍个花招就走了。没走多远就躲在草垛里，等着天黑回家看个究竟。哥走了，就剩叔嫂二人，老二一寻思，本来就有人说长道短的，这回哥哥不在家，别给外人留话把儿。就对嫂子说：

“嫂子啊，我哥哥不在家，你也老长时间没住娘家了，我送你回娘家住两天吧。”

嫂子一听，明白了小叔子的意思，说：“我也正想回娘家看看我讷讷。”

老二说："嫂子收拾收拾，下午我送你"。

娘家住的不远，就隔一道岭，走的时候是下半晌，把嫂子送到家，老二往回来时天就有点儿擦黑了。老二脚不停地在岭上走着，就听到一个女子在喊："救命啊！救命啊！"老二顺喊声一看，一个贼人把一个年轻姑娘扯住了，要往下扒衣裳。老二有力气，一个高跳起来，掰下来一个大树杈子，说：

"好大胆的贼人，还敢祸害女人？你住手！"

老二这一喊不要紧，贼人一看老二五大三粗，不是他的对手，把姑娘扔下跑了。

姑娘这就哀求老二说："好汉啊，我家讷讷病了，急着往回赶路，没承想，遭遇这事儿。你救人救到底吧。你就把我带你家去吧，找个宿儿（读xiǔ），天亮再走，要不然的话，我怕再遇见歹人。"

老二寻思，我家就我自个儿，也不方便哪。不带回家，她一个女子走夜路，可咋办呐？想来想去，想出了个主意，我把这女子送家去，我到家跟前儿的店里找个宿儿去。就这样，把姑娘领家去了。安排好姑娘的住宿，临出家门告诉姑娘说：

"一旦晚上有人来敲门啊，你就钻这柜子里，就肯定没有事。"

姑娘说："好。"

老二就到离他家不远，也就百八十步远的一个店里找个宿儿。这个店每天晚上都有人来住。店掌柜看老二来了，就问：

"你咋到我这店来找宿儿？"

老二就实话实说地告诉了店掌柜的了："有个姑娘到我那找宿儿，一个姑娘家家的，我在家不方便。"

店家一听，你家有个姑娘，你出来找宿儿？你这不是傻子吗？又一寻思，哎？今天晚上，我去想想好事。就给老二找个地儿住下了。夜深了，人们都睡下了。店掌柜悄悄来到老二家，想占姑娘的便宜。再说，老二家跟前儿还有一个寡妇，挺年轻的，岁数不大，老惦记勾搭老二，也想嫁给老二，哥嫂因为她是寡妇，就没答应这门婚事。这天，寡妇就看着哥哥出门了，老二送他嫂子回了娘家，这屋就剩老二自己在家了。寡妇想，今儿晚上我到你屋去，我看你还怎么躲我？

等到了夜深人静的时晨，寡妇走到老二家，就敲门，没有开门

的，就拿个树棍儿把门扒拉开了。屋里住的姑娘听见有人来，想起老二的话，吓得赶紧钻柜里，大气不敢出。寡妇进屋，看屋里没有人，被窝儿还焐着，心寻思，老二准出去溜达了，我先搁你这被窝儿里躺下，看你回来了能咋样。寡妇上炕脱巴脱巴钻进被窝儿蒙头就躺下了。就在这时，店掌柜一推门进来了，一看炕头躺个人，他也没点灯，就以为是找宿儿的姑娘，也脱巴脱巴上炕钻被窝儿了。

再说老大在外面藏着呢，看看二更天了，人都睡着了，真要有事儿该有了。就钻出草垛，回家在窗户根儿底下，停了一会儿。知道这对狗男女有事了。抽冷子一脚就把门踹开了，手拿一把斧子，进屋一看，一个男的，一个女的，在一个被窝儿里。怪不得人家都嚼耳根子，说咱哥儿俩一个老婆。没问分晓，“咔嚓！咔嚓！”两斧子把两个脑袋给剁下来了，弄个口袋就扔进去了。早那时候有个规矩，要是捉奸剁双头案子，不犯死罪。老大拎着两个脑袋，准备上官府去投案。等他路过店门口，正好老二晚上出来解手，一看大门口一晃过去个人儿，心说：“这人怎么像我哥哥？”就撵出大门外，一看这个人就召唤：“谁?”

他哥哥一听是他兄弟声音，就站住了，兄弟上前说：“哥，咋是你呢?”

哥哥看着老二，蒙了，忙问：“哎呀！你怎么在这了?”

老二说：“咱们家去个找宿儿的。”

老大一听，急了，忙问：“你嫂子哪去了?”

老二说：“我给嫂子送她娘家了。”

老大一拍大腿，说：“兄弟呀，这下完了，我杀人了!”

老二听糊涂了，说：“你杀人了？杀谁了？咋杀的。”

老二以为把那个姑娘杀了。老大把实话告诉了老二：“老二啊，听外人在背后嚼舌头，说咱哥儿俩娶一个老婆，我心里膈应（不舒服的意思）！我就藏了个心眼，准备捉奸。我进屋，炕上真有一男一女，叫我把脑袋都剁下来了，现在还在袋子里装着。”

老二说：“你快倒出来我看看，那女的准是那个找宿儿的姑娘，可那个男的又会是谁呢?”

老二一看，一个是邻居寡妇的脑袋，一个是店掌柜的脑袋。都奇

怪了，这俩人咋到一起了呢？整不明白了。老二连夜陪老大上县衙投案自首。哥儿俩把前后经过一说，县官说：

“那姑娘哪去了？把她给我找到带来！”

再说那个姑娘钻进柜子，听见外面的动静，吓了个半死。天都亮了，她也没敢出来。直到县衙来人，姑娘还在柜里藏着呢。到了县衙，把听见的一说。县官一听，明白咋回事了。

县官说：“他俩就是该死。”

县官赦老大无罪，反而做媒，让姑娘嫁给了老二。

讲 述 者／张文英　男　65岁　小学　农民

采 录 者／闻　良

采录时间／2008年8月25日

采录地点／辽宁省岫岩满族自治县岭沟乡西道村张家沟组

律师舅舅

在早，有这么一个律师，是非常厉害，人们打官司告状，都去找这个律师，你要花到钱，找到这个律师，官司没有打不赢的。

这家呢，在这山根底下有一块坟地，坟茔左边、右边、前边都是地，就后边是山。这地是另外一家人家的地，结果种地这家，把这坟茔拱了，再走一步，干脆就把这坟骨朵给豁了。坟茔的主人就很生气，就到县官这，把种地这家给告了，说：

“他家占我家的坟茔，地都要种到我家的坟茔上去了，这太欺负人了。”

县官接了案子，这就准备去传种地人，问问他怎么回事。

种地人自觉得理亏，要是去打官司的话，我非输不可，我去找那律师去，让律师帮忙想想办法。这律师就给写了两句话：“二牛耕田，一人扶犁，牛见青草，多走一厘。”

他拿着这两句话去打官司去了。县官就问他：“你种地，你干什么侵占人家坟地?”

他把这两句话念出来了，说：“县官大老爷，二牛耕田，一人扶犁，牛见青草，多走一厘。”

县官一听，对啊，牛见青草，往前拱了一厘，这也不算事儿啊，说：“再以后，你那牛别往前拱了，就那么的吧。”

坟茔这家一看，这官司输了，输了不甘心，他也去找这个律师，说：“你也帮我把这个官司打赢。”

这个律师就在种地那家的诉词后头又添了两句：“二牛耕田，一人

扶梨，牛见青草，多走一厘。一垄不奇，垄垄取直。”坟茔这家就拿这六句话又去打官司，说：

“这不是有意占我坟地吗?”

县官说：“你们这两个诉纸啊，都是一个人写的，我就不给你们断这个案了，你们去找这个律师给你们埋上交界石，再谁也不占谁的就得了。”

他两个就找到律师了，律师到了这坟地上，告诉你该留住多少，他该种到哪，给埋上交界石，给他俩的事解决了。

这律师呢，有个外甥，这外甥也挺鲁莽的，好打抱不平。有一个财主的小子，在这个街上就是个梗梗（一霸），不是给这个打了，就是给那个骂了。这天在街上，律师的外甥就看财主儿子在欺负一个非常老实的小子，左一拳右一脚的，干打这个小子。他外甥气坏了，上去三拳两脚，就把财主儿子打倒了。他外甥也不怎么的拳头就有点儿下重了，把财主儿子给打死了。这财主就告到县官那去了，县官就把他外甥传去了，一问，他外甥也承认是他打死的。你打死人就得偿命，当时就判他外甥死罪了。

法律有这么一条，犯死罪的人，临处斩之前抽签，生怕案子断冤枉了错杀人，这家财主就买通了县大老爷的师爷，生怕这个小子再抽到生签。于是师爷就写两个签都是死，你抽，抽哪个签都是死，就是必死无疑。老财主为了给他儿子报仇，就这么办了。

律师知道这件事了，说：“妥了，我外甥有救了。”这就到监里去探监，说：“我外甥明天就要处死刑了，我当舅舅的要去监里看看，和外甥见最后一面。”

这个牢卒不敢惹律师，牢卒也就通融了，放他进去。他就告诉他外甥：

“你明天抽签，千万别打开看，抽出来你就吞嘴里，你就有救了。”说完他就走了。

第二天，到处斩的时候，让他上小匣里去抽签。县官也讲了，你要是抽到死签，你就是恶贯满盈了，必死无疑，你就是该死；你要是抽到生签，这还有缓和。他外甥顺手拿一个签吞嘴里就咽了。

县大老爷说：“哎，你怎么把它咽了？咽了他还不知道是生是死呢。”

律师舅舅就在旁边坐着说："这不是两个阄嘛，你再打开那个看看，是生是死？不就知道他吞下去的是什么了嘛。"

县官把那个阄打开看看是"死"，县大老爷说："这么说，你吞下去的是生。"就把他外甥放了。

讲 述 者／张文英　男 65岁　小学　农民

采 录 者／刘　垚

采录时间／2008年8月26日

采录地点／辽宁省岫岩满族自治县岭沟乡西道村张家沟组

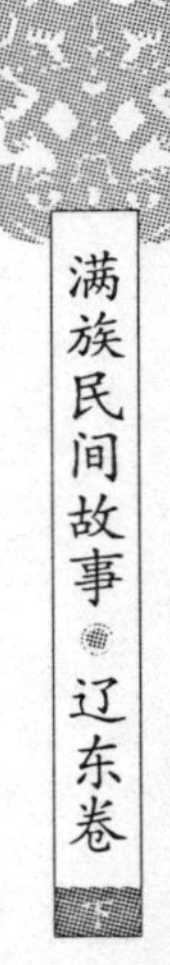

放蚕姑娘

二百年前，岫岩东边的一条大山沟里，住着一位名叫乌迷雅的蚕把式。这位苦命的汉子，童年失去了父母，中年妻子离开了人世，撇下一双呱呱啼哭的女儿。他又做父亲，又做母亲，受尽了劳苦，把两个女儿拉扯起来了。可喜可贺的是，当他拿不动把剪的时候，他的两个女儿竟然脱落成山花一样俊美。有人说他的大女儿像鞑子花，他就把大女儿的名字改成松吉尔哈（香鞑子花）；有人说他的二女儿像山刺梅，他就把二女儿的名字改成札木尔哈（山刺梅，也叫野玫瑰）。乌迷雅要把女儿许给最勤劳、最正派的小伙子，他觉得这样做，才能对得起死去的妻子。

就在乌迷雅因女儿长大心里稍微放宽一些的时候，祸事又来了。

在乌迷雅居住的山沟外，有个贪色如命的财主。他不光有钱，还有势，在旗里当个二两领催（八旗里最小的武官，每月薪俸二两）。他名叫安巴木。这年春天，安巴木和他的二管家进沟里收租，正巧从乌迷雅门前路过。松吉尔哈、札木尔哈的美貌，被他看见了。狐狸吃禽鸟，总要施展狡猾的伎俩；豺狼捕捉獐鹿，必须伸出爪子。安巴木碰到漂亮女人就挪不动脚步，他的二管家最能给他出坏主意。就在安巴木看见松吉尔哈、札木尔哈之后的第二天，二管家捧着一本陈年的旧账找到乌迷雅，说："老伙计，十八年前你老婆死的时候，借过安巴木一斗二升高粱米，对吧？"乌迷雅想了一会儿说："有这么一回事儿，可我还给他了。"二管家说："差儿就在这儿，我也记得你还了，可这账上没勾销。我看你认个倒霉，四十多斤粮食不算什么，明天你把粮

食送来，就没事了。”

乌迷雅是个老实人，明知道是讹他，可又惹不起，咬咬牙就答应了。二管家连忙打开账本说：“你答应了，再按个手印，我也好回去交差。”说完拉着乌迷雅的手把押画上了。

乌迷雅家里吃粮不宽绰，可一斗两升米还能还得起，当天下午他背着高粱米，到了安巴木财主的家里。

二管家正在过斗量米，安巴木推门进了屋，假装问乌迷雅来干什么，二管家说来还米，安巴木问什么时候借的，二管家回答十八年前借的。安巴木问借了多少。二管家回答借一斗二升。安巴木一听火啦，说：“当初借一斗二升，过了十八年还是一斗二升，你管的什么家!”说完“啪”一个巴掌打在管家脸上。

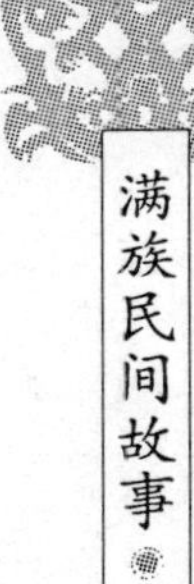

二管家捂着脸，哭腔哭调地说：“东家，不是我不会当家，这一斗二升米，米滚利，利翻米，米再滚利，不说是七滚，就是五滚，滚了整整十八年，零头不算，整整一千斗米。这一千斗米折成的白银，一两银子四斗，二百五十两，我怕他还不起，就……”

“混蛋！我家的米不是海水涨潮带来的，他还不起，经官断；没钱，还没人吗?”安巴木一顿吼叫，把门一摔出去了。

乌迷雅听着这些恶言恶语，气得嘴发紫，身子打战，半天说不出一句话来。二管家见安巴木走了，又凑到乌迷雅跟前假仁假义地说：“咳，我的老伙计，你看着了，不是我不向着你。可账在这摆着，真格叫你还，你也拿不出来。我看这么办，你有两个女儿，挑一个给安巴木做小，账嘛，全包在我身上了。”说完，从嗓子眼儿里挤出一串奸笑。

安巴木财主和二管家像演戏一样，一唱一拉把戏架子搭了起来，到这时乌迷雅才知道上当了。一时间气得他眼前一黑栽倒在地上。

乌迷雅活活被财主气死了，松吉尔哈、札木尔哈姐妹哭干了眼泪，刚刚将阿玛安葬在讷讷的身旁，安巴木就来抢亲了。妹妹札木尔哈吓得只顾哭，姐姐松吉尔哈性格泼辣，她拿起菜刀，对安巴木说：“欠钱还银，亏米还粮，要抢活人没有，死人两条，你们抢吧!”

安巴木见松吉尔哈拼死的架势，一时弄得束手无策，还是二管家心眼快，说：“姑娘，别来气，你阿玛亏俺东家银子，人死财不烂，父债子还这也是常理。你要是能拿出白银，谁还能抢人，这么的吧，咱

先写个契约，秋后算账。那时候还不齐，可就别怪我们东家不客气了。来，画个押。”

松吉尔哈嘴说还钱是被财主气的，细一合计上哪弄这么多银子？不画呢，财主就要抢人，事到临头缓一天算一天吧，她在心里琢磨一会儿，伸手把押画上了。

安巴木没抢着人，一边往回走一边埋怨。二管家说：“人急造反，狗急跳墙，弄不好人财两空。这事儿宜迟不宜急，好菜不怕晚。量它两个姑娘蛋子，有天大的本事，二百五十两银子也拿不出。白纸黑字，又是她自个画的押，到了秋后，就是一匹烈马，也得乖乖听你摆弄了。”安巴木听了也觉得句句合意，就一心做他秋后娶亲的美梦去了。

安巴木财主走后，姐儿俩趴在阿玛的坟上又哭了起来。家折腾了，不值二十两银子，祖上留下的几亩地，不值三十两银子，俩蚕场，不值五十两银子，加在一起才百十两。剩下一百五十两怎么办呢？出去卖工吧，两个姑娘家能干什么？姐儿俩哭一阵想一阵，想一阵哭一阵，想来想去，没别的招，只有放蚕。放蚕发了山，再遇着好客商，备不住真能碰上财气，再说，山里山外，百八十里也没耳闻过有一家放蚕姑娘。唉，背气就背气，没耳闻过就没耳闻过吧！姐姐松吉尔哈替妹妹札木尔哈擦擦眼泪说：“好妹妹，别哭了，从明天起咱姐俩开始放蚕，只要付得起辛苦，咱们会把账还上的，到那时姐姐一定为你选个好女婿。”

说放蚕就放蚕，姐妹俩脱掉孝服，上山支起个小窝棚，连夜把阿玛留下的茧种搬到窝棚里。茧上山，蛾上树，蚕蜕皮，挪蚕场，姐妹俩九九八十一天，日日夜夜守护在春蚕身边。眼睛熬红了，人也累瘦了。姐妹俩的辛勤感动了雨神，云雾中洒下毛毛细雨，催蚕儿快长大。好吃的禽鸟飞来了，妹妹札木尔哈拿起破铜盆，像打锣一样从东山敲到西山，吓得禽鸟一个个飞走了。馋嘴的癞蛤蟆上山了，姐姐松吉尔哈从南沟抓到西岔，癞蛤蟆一看情况不妙，跑回河边去了。妹妹手被刺毛蛰了，姐姐把它掐死，用它的汁液搓擦，妹妹的手就不疼了；姐姐的腿划破了，妹妹替她洗净伤口，用布包扎，姐姐的腿渐渐长好了。一百天过去了，姐妹俩的血汗没有白流，绿莹莹的蚕变成了

一筐筐白花花的大茧。茧下山，出乎意料碰到一位好主顾，卖了五十两白银。姐姐把银子放到妹妹怀里，妹妹把银子放在姐姐怀里，姐妹俩抱在一起哭了。苦泪流到嘴里，品品滋味也觉得甜丝丝的。

放完春蚕，紧接着又放秋蚕，那秋蚕数目真多，小小的一窝蚕场，一墩树上趴着几百个。有多少蚕，做多少茧，姐妹俩搂在一起笑着跳着，累了躺在翠玉一般的草地上，单等着窝茧场变成挂满银茧的山窝窝。到那时候，财主的债还能还不清？哪知道姐妹俩初次放蚕没有经验，只贪蚕多，得茧好多，想不到蚕把树叶全吃枯了。天哪，姐妹俩慌忙到别的山上去撸柞树叶，上千千（茧以千为最小计算单位，一般一把剪子的秋茧，可得一百千）的秋蚕，“刷刷刷”不停地吞食，别说两个人，二十个人也供不上。姐儿俩没黑没白地干，一天天过去了。蚕吃饱了，一个个趴在树上一动不动，一口丝不吐，“白露不拿茧，放蚕干瞪眼”。白露过去了，蚕还没有做茧。完了，一切都完了，姐妹俩坐在山上大哭起来。就等着财主来抢亲吗？姐姐突然想起阿玛活着时说过，山神有两个女儿，管放蚕，就对妹妹说：“妹妹别哭了，咱们求求蚕姑姑吧。”妹妹有气无力地说：“我不求，不求了，我跟你放了一年的蚕，汗出尽了，力气用完了，身上一点劲儿也没有了，你让我睡一会儿吧。”是啊，姐妹俩辛苦了一年得到的是什么呢？姐姐听了妹妹的话身上顿时散了架，怎么也站不起来了。就在姐妹俩昏昏欲睡的时候，忽然有个穿绿衣蹬红靴、头插两个绿长缨的姑娘，来到面前，拣起吓鸟的破铜盆，说：“懒姑娘，快起来，山雀吃蚕了！”说完“当当”敲了两下。姐俩冷丁吓了一跳，以为真的山雀吃蚕了，一骨碌站起来，一看，蚕一个也没有了，树上，草棍上，到处嘀里嘟噜挂着白亮的大茧，姐儿俩再看铜盆，里面盛着满满的银子，足有二百两。不用说，这是蚕姑姑给的。姐妹俩就地给蚕姑姑叩了三个头，完后藏好银子，下山摘茧。白天摘，晚上背，一连七天七夜，才把茧全部摘完。

就在松吉尔哈、札木尔哈姐妹俩发山的同时，安巴木骑着迎亲马，二管家驾着迎亲车，向山里走来。半路上晴天突然打了两个响雷，一个把二管家打死了，一个雷把安巴木击在马下，安巴木的腿折了，可他还是不死心，终于找到松吉尔哈，并没想到松吉尔哈银子已

经够了，死逼无奈，忍着疼痛拿着银子回家了。

安巴木回去以后，摔伤的腿先疼后肿化脓溃烂，把个二百五十两银子全花光了。虽然摔腿治好了，却落得卧炕不起，终身瘫在炕上。

松吉尔哈、札木尔哈姐妹俩还了钱，请唱影的唱了三天皮影戏，又舍上一口猪感谢蚕姑姑。没到一年，姐儿俩各找一个称心如意的女婿，再也不受别人的欺负了。

松吉尔哈、札木尔哈放蚕发山的事儿传出去以后，有蚕场的人家都喜欢叫家里的女人上山放蚕。说来也怪，姑娘媳妇上山放蚕还准发山。大伙儿想来想去悟出一个道理，蚕姑是个姑娘，她偏护着女人，所以妇女放蚕十年九收。也就从那时起，岫岩沿袭着妇女放蚕的风俗习惯，一直到今天。

讲 述 者／佟凤乙

采录整理者／张其卓　董　明

采录时间／1983年

采录地点／辽宁省岫岩满族自治县佟家沟

日子起来了

宁古塔氏和石马拉氏东西院住着，两家人口一样多，都是两口子领两个孩子过日子，土地也都是十多亩，地垄也相连在一块儿，日子过得可大不一样。宁古塔氏家吃粘饽饽，年年圈大肥猪，石马拉氏喝稀苞米粥，连个癞癞蛛儿（蜘蛛）也养不起；宁古塔氏全家穿着整整齐齐的茧绸布衣裳；石马拉氏全家夏天露肉，冬天穿破开花棉袄。这两家怎么一个富一个穷呢？宁古塔氏全家心里明明白白，石马拉氏却懵里懵懂，弄不清楚。

这一年三十晚上接财神，宁古塔氏的男人拎着灯笼，站在院子里喊："孩子他讷，快叫两个孩子来！"媳妇听男人喊她，忙喊："小义子，起来吧！小宝儿，快来呀！"义子和宝儿是她两个孩子的小名，俩孩子都十来岁了，听到讷讷的喊声，一齐从炕上爬起来下了地，跑到院子里，两口子看着两个不贪睡的孩子，乐得说："叫义子（这里有谐音的意思。东北有些地区的方言语音将"日子"的日字读成yì。所以这里有取其吉利的意思）起来就起来，叫宝儿宝儿就来了！"这两个孩子怎么这么精神呢？原来他俩从六七岁开始就跟着爹妈干活，起早贪黑的，习惯了。

宁古塔氏家年三十晚上接财神的事，被西院的石马拉氏听到了，他家男人说："怪不得东院一年比一年好，原来人家喊小义（日）子起来吧，小宝儿快来呀！那日子还能不越过越抬头？财宝还能不天天往家里进？"女的说："这话你怎么不早说？再过年咱也这么喊。"

第二年年三十晚上，石马拉氏家的女人叫过两个孩子，吩咐说：

“你叫义子，你叫宝儿！”两个孩子说：“讷，你怎么给俺们改名了？”讷说：“就今晚上接财神时改一会儿，完后该叫什么还叫什么，记住了吗？”两个孩子卡巴卡巴眼睛，点头答应了。讷又说：“这就对了，到时候可别忘了！”

到了半夜，石马拉氏的男人也先提个灯笼到院中间，高喊：“孩子他讷，快叫两个孩子来！”两个孩子他讷听了，走出屋来，连忙高声喊：“小义子，起来吧！小宝儿，快来呀！”可是一连喊了三遍，不见答应，也不见孩子出来。她进到屋里一看，两个孩子正呼呼睡觉呢！急得她又摇“义子”脑袋，又拽“宝儿”胳膊，摇不醒又拽不动，一使劲儿把两个孩子都揪了起来。这时又听院里男人喊：“孩子他讷，孩子怎么还不来呀？”孩子他讷赶忙跑到门口，说：“来了来了！”接着又高喊了一遍：“小义子，起来吧！小宝儿，快来呀！”喊完还是不见孩子出屋。她又跑进屋去，见“小义子”困得睁不开眼睛，一头倒炕上睡着了；“宝儿”下了地，摇摇晃晃走了不几步，返身又上炕去了。原来这两个孩子睡惯了懒觉，每天天一黑就跟着懒玛懒讷睡上了热乎乎的火炕，天亮了，也学懒玛懒讷的样子不起炕，这半夜三更的，怎能叫得起来？

讷讷见叫不动两个孩子，气得说：“小义子，怎么起来又趴下了？小宝儿，怎么来了又回去了？”

外面男人一听，气得暗暗叫苦：坏了！这个丧门娘们儿，说了些什么呀？你听，小义（日）子起来又趴下了，小宝儿来了又回去了，这还有个好啊！

不用说，石马拉氏家这一年还是四口人一齐懒，当然还得喝稀粥，穿破衣裳。男人一个劲儿地埋怨女人不会说吉利话，可就是不看看东院宁古塔氏家是怎么个干法。咱们旗人有这么句话：

想要好，半夜摸棉袄；

想要富，半夜穿棉裤；

想要穷，可就睡到日头红。

听听这句子话，再看看宁古塔氏和石马拉氏家都是怎么过日子的，还不明白吗？

讲 述 者/李成明　女 满族 岫岩县城南蓝旗堡子　农妇　不识字

采 录 者/张其卓　女　岫岩县文化局　干部　大学

　　　　董　明　男　满族 岫岩镇文化站　干部　大专

采录时间/1983年

采录地点/辽宁省岫岩满族自治县城南蓝旗堡子

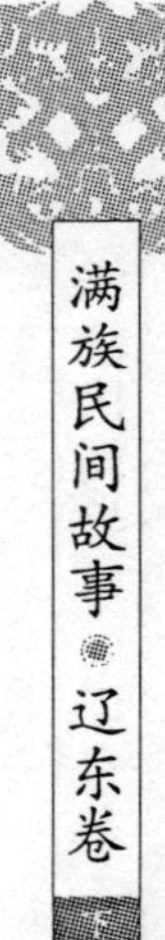

两口子分家

有那么一家子，就老两口，生活过得挺好，老两口三十多岁了生了一个小子，对这个小子也就太娇惯了，结果这小子从小就好耍钱。从两三岁的时候就学会掷骰子，十五六岁的时候，你是打麻将、看纸牌、推牌九没有他不会的。就整天泡在赌博场上，连饭都顾不得吃。一小玩，阿玛讷讷没想管，等到大了，管不住了。

这赌上瘾了可没个办法了。老两口这个愁啊，合计来合计去，就想给儿子说个厉害媳妇管他，这就托媒。有一家姓白，媒人就把老白家姑娘说给了这小子。老白家这个姑娘长得好，活计也好，人也好。老两口又盖了三间房，等把媳妇娶回来，叫他自己单过。告诉儿子，说：

“你就那三间小房，你媳妇带来多少嫁妆你就去造吧，从今往后不管了。家里钱财，老两口都看起来。

小两口子分出去了之后，这小子还是照常整天这么赌博，媳妇管不住，他把家里能当钱的东西全部都卖掉了，最后就剩这三间房子，就这房子他还想卖。他媳妇一看，说这日子不能过了，在早儿，人不兴打八刀（离婚），打八刀叫人笑话，早有那么一句话“好马不背双鞍颤，好女不嫁二夫郎”，“马驮双鞍无好马，女嫁二夫不算贤”。过不能过，打八刀又打不了，就想把家分开自己过。媳妇对丈夫说：

“你把你舅舅找来，我上我娘家把我娘家哥找来，咱俩把家分开，你是你我是我，你也别动我的我也不动你的，咱俩分开过。”

小子可也没说什么，分就分呗。

姑娘就上她娘家找她娘家哥去了，说：“我要分家，你去跟你妹夫分下。”

他哥哥给他妹妹好顿吵，说：“胡搞，两口子分家，我长这么大还没听说过有两口子分家的呢?”

这小子去找他舅舅，他舅舅也把他好一顿损，说：“天底下哪有两口子分家的？你也是太不像话了，你就这么赌，赌到什么时候是个头？你也该回回头了。”舅舅没找来，挨顿骂，回家了。

媳妇回娘家哥哥也没找来，媳妇就说：“他们都不来，咱俩自己合计合计，把家分了得了。”

小子说：“分就分呗。”

媳妇就说：“分家啊，你要一样我要一样，我得先要。”

小子说：“行，你先要。”

媳妇说“咱们不是三间房嘛，咱俩一人一间半，找个木匠在中间间壁下来。”

小子说：“行，你还要什么?”

媳妇说：“分家啊，我要一口大锅。”

小子说：“行，你要锅，我就要锅台。”

媳妇说：“行，锅台给你。我还要一铺大炕。”

小子说：“炕给你行，炕沿和窗台是我的。”

媳妇说：“行。还要一个烟袋。”早年人都抽烟袋。

小子说：“烟袋给你，烟袋口袋是我的。”

媳妇说：“你做饭，不许使我大锅。”

小子说：“你锅做饭，不准用我锅台。”

媳妇说：“我睡觉，我要在分的炕上睡。”

小子说：“你在你炕上睡行，你脑袋不准许碰我的炕沿，脚不许蹬我的窗台。”

媳妇说：“我不蹬。我抽烟就使我的大烟袋。”

小子说：“那你可不准许使我的烟袋口袋装烟。”

结果是媳妇没有锅台，锅做不了饭；小子光有锅台没有锅，还做不了饭。结果，媳妇做饭还得使那锅台，媳妇做饭小子就上她锅里盛饭吃。两个人一看没有办法，这家分也分不开，还在一起过。这阵

子，这个好赌的小子就想开了，就告诉他媳妇：

“家你也别分了，我从现在开始学好，我再也不赌、不要就是了。”

媳妇说：“你能发下这个狠，你能对天起誓你再也不耍了吗?”

小子说：“我要再耍一回，我耍一次，你就剁去我一个手指头。”

媳妇说：“我才不去那狠心剁你手指头的呢。”

小子说：“不用你剁，我自己剁!”

这小子搁这么也不赌了也不耍了，每天下地干活，很像过日子人的样了。一天呢，搁这赌博场门口路过，那些赌友看见他，硬把这小子拉进屋了，还要跟这小子推牌九。小子说：“我已经发誓了。”

赌友说：“发什么誓啊?”

这小子拿起刀，“咔”一下子把手指头剁掉一个，说：“我发的是断指为誓，我以后连赌场边都不沾。”

这小子剁掉一个手指头回家了，媳妇看见了，又给包又给扎又给买药上。之后，这小子再也不赌了，两口子日子过好了。阿玛和讷讷又给他们两个接回来了，一家人又和好了。

讲 述 者／张文英　男　65岁　小学　农民

采 录 者／刘　垚

采录时间／2008年8月23日

采录地点／辽宁省岫岩满族自治县岭沟乡西道村张家沟组

雷打恶人

据说这是个真事。

有一个老财主啊，作恶多端，欺压乡邻，租他地的这些佃户啊，一年种地除了交租，剩不了多少，他是个相当刻薄的老财主。

他跟前有一个佃户，两口子过日子，一直没有孩子，到四十岁了，一生生个大胖小子，这就乐坏了。就有不少亲属啊都来看欢喜（下奶），有拿鸡蛋的，也有拿粮米的。

说话不及，这就满月了。满族人啊有个特点，孩子满月这天啊，要请满月客（读qiě）。就是谁来看欢喜拿东西了，就请谁吃饭。这两口子做了不少菜，还把家里的一个大公鸡杀了，给这鸡肉炖锅里了，饭菜都准备齐了，两口子给孩子放在炕上，就分头出去请客去了。

就这个夹当，老财主家的鸡丢了，听见鸡叫唤，就哪也找不着，房前屋后的找也找不着。后来财主听说这家佃户今天请满月客，心想，能不能是他们把我鸡偷杀了？这就上他家去了。到那一看，两口子都没在屋，掀开锅盖一看呢，果然是一锅鸡肉。气得直蹦，我这鸡就是叫他偷来杀了！他见小孩儿在炕上躺着呢，拽过来，抱起来就把孩子摁锅里了，盖上锅盖。那灶里火还着得正旺呢。

这两口子请客回来了，进屋一看，孩子没有了，就想是谁家稀罕，抱去稀罕去了，也没找。客人陆续都来了，放桌子吃饭。桌放上了，碗筷摆好了，准备盛鸡肉，一掀锅，看孩子在锅里炖着呢，这两口子当时都晕过去了。

这阵子呢，西北天上就来了一团黑云，霹雷电闪围着财主家，把

财主家的烟囱打断了，把柴火垛打起火了，老财主开门想出来救火，一个炸雷“咔嚓”一下，把老财主给劈死了。这时有一只狐狸叼着一只公鸡在街（读gāi）上跑，又一个炸雷“咔嚓”一下，把这狐狸给劈死了。原来老财主的鸡是叫狐狸叼跑了。

讲 述 者／张文英　男　65岁　小学　农民

采 录 者／刘　垚

采录时间／2008年8月19日

采录地点／辽宁省岫岩满族自治县岭沟乡西道村张家沟组

不孝子回头

有这么一个小伙子，他身前还有个哥哥，没站住，死了，他排行老二，姓刘。人们叫他刘二。

这个刘二啊，八岁时候阿玛就死了，讷领着他过日子。讷就这么一个孩子，很娇惯，孩子要什么就给什么，孩子要干什么，讷就依从孩子，就把孩子惯坏了。长大之后，好吃懒做，还一点儿不孝顺。对他讷，就像对奴才似的，张口就骂，举手就打。刘二大了要娶媳妇，娶了媳妇进家门，讷寻思，这媳妇要是好样的，对她也能好点儿，没想到这媳妇和他儿子一样，一天到晚对他比刘二还浑。

刘二在地里铲地，中午不回家，每天，他讷都得提溜饭罐子上地里去给刘二送晌。这天呢，他讷又提溜饭罐子送晌，送晌搁家走得晚了点儿，已经过午了饭还没送到。刘二开始时候气很大，说这老死太太，到这时候饭也不给送来。他坐树底下等着，一看树顶上有一个喜鹊窝，小喜鹊崽子已经出飞了，两个大喜鹊叼食喂崽子累得啊毛都掉光了，膀都不能飞了，不能打食了。这两个大喜鹊在窝里头，这小喜鹊出去叼食，回来喂两个老喜鹊。

刘二看着老喜鹊，心里不是滋味儿，就想起讷讷了。我刘二阿玛老早就死了，讷把我拉扯大，给我娶媳妇成家，我对讷不报答，还给讷气受，我都赶不上这鸟，想着想着，就掉下眼泪来了，发誓要孝敬讷。望远一看，他讷讷提溜罐子一路小跑送饭来了，他看讷讷满头大汗，起身拎着锄头跑过去接他讷。

他讷一看刘二拎着锄头奔她走来，心说完了，这是因为我来晚

了，提溜锄头要来打我了。吓得放下罐子回身就跑，边跑边想，我这活着还有什么意思，活遭罪，这跟前就有棵大柳树，碰死了清净。就一头撞这柳树上，碰死了。

这刘二抱住他讷就放声大哭，说：“讷呀，我刚刚转变过来，想要孝敬孝敬你，你还碰死了，你这老太太咋就这么没福呢?”

刘二把讷讷的尸首背家去了，买个上等棺材发送了。

讷死之后，刘二总觉得心里有愧，就雇了一个木匠，刻了一个柳木像，就供老祖宗那了。这个柳木像刻得跟他讷一模一样。刘二一天吃三顿饭，就去供三遍，每天晚上都去磕头拜他讷，他媳妇搁那说：

“你这活着不孝死了乱叫。”

等刘二上外头干活，他媳妇把这柳木像搬下来，三斧子两斧子就给劈了，扔灶坑里烧火了。这工夫，天就下起了雨，霹雷闪电的，一道亮光照着刘二媳妇就打了过来，只听“咔嚓”一声，刘二媳妇就被打死了。

讲 述 者／张文英　男　65岁　小学　农民

采 录 者／刘　垚

采录时间／2008年8月24日

采录地点／辽宁省岫岩满族自治县岭沟乡西道村张家沟组

赶考的举子遇上狼

有这么一个赶考举子，上京城赶考，走到路上就遇到一帮猎人打猎，撵一只狼。这只狼被猎人撵得没场（地方）躲没场藏，看到这个赶考举子，就给他跪下了，说：

“你赶快救我命，后边有猎人撵我。”

赶考举子看这狼挺可怜的，就把书箱子打开了，把狼藏到书箱里，完了他往书箱上一坐，假装在这休息。

打猎人过来，就问：“你看见一只狼搁这过去没有？”

赶考举子手一指说：“看着了，这只狼往那边跑了。”

这帮猎人撵过去了。等猎人走了，赶考举子就把书箱打开了，这狼搁这书箱里面出来了，伸伸脖子，对举子说：

“杀人杀个死，救人救个活，你把我救了，但是，我几天没吃东西了，我饿得要死了，你让我把你吃了吧，你也算把我救了。”

赶考举子说：“我救了你，你怎么还能吃我呢？”

狼说：“你不让我吃了，我得饿死，那还不如让猎人把我打死呢！”

赶考举子见状就赶紧跟狼说小话：“你不能吃我，我救了你，你咋能吃我呢，你也太不讲究了。”

这狼说：“你不让我吃你，饿死我，你才不讲究。”

举子和狼围着书箱子转圈，互相埋怨对方不讲究。就在这个夹当，猎人没追到狼，又折回来了。狼一看猎人来了，就跟赶考举子说：

“我刚才跟你闹着玩儿呢，不是真的，那帮猎人又来了，你赶快把书箱打开，我还躲那里头。”

举子说："好吧。"把这书箱又打开了，狼又进去了。

这帮猎人过来了，这把赶考举子合计过味儿来了，这狼，真是不可交，我放了它它还得吃我，就告诉猎人说：

"这狼就在我这书箱里。"

猎人把书箱盖打开，老狼刚要跑，猎人们一起上去，一顿棒子把狼削死了。

这叫什么呢？山前没鹿山后狼，鹿狼结拜在山冈，狼要有难鹿搭救，鹿要有难狼躲藏，为人不交无义友，狼心狗肺不修长。

讲 述 者／张文英　男　65岁　小学　农民
采 录 者／刘　垚
采录时间／2008年8月19日
采录地点／辽宁省岫岩满族自治县岭沟乡西道村张家沟组

吹门人遇险

这个故事据说是一个真实故事，没考核，是不是真实的，说不定。有名有姓还有地点。这事发生在大营子孙家堡子，离这就四十里地。

孙家堡子有这么个人，拿个小喇叭，吹百家门。到谁家了，吹一段喇叭，谁赏两个钱，依靠这过日子，所以大伙都管他叫吹门的。

这年大年三十这一天，这吹门的挨家去吹门，过年这天大伙都高兴，吹门能格外多挣两个赏钱，所以他就瞅这个机会多吹两家。等在这北沟里挨家挨户地吹得了，就转过山头到南沟里去吹。这阵子天就黑了，等他转过这个山头的时候，一看山头有一间小房亮着灯，他走过去一看，屋里头坐了个老太太在那包饺子。这个吹门人会抽烟，上来烟瘾了，看桌子上点个油灯，就到屋了，说："哎，我到屋里抽袋烟，借个火。"

老太太不吱声，还在那低头包饺子。这个吹门的人就在那坐着，给烟口袋打开了，挖了一袋烟，对着灯去点烟。一对不要紧，灯灭了。他赶紧用手摸，一摸，身前身后，上下左右都是木板子，等再一摸。觉得自己身下有个死尸，他想，我怎么进棺材里来了，这就吓得不得了，怎么搁这棺材里出也出不去，顶也顶不开，一看棺材有个缝，他就弄小喇叭对着缝往外吹，寻思谁听着好来救他。

天亮了，就是大年初一这天，人都走亲戚去拜年，你上我家我上你家，南沟上北沟的人路过这山头，这小山头有个土丘子，这土丘子才修了不长时间，有个老太太横死，棺材放在这土丘子上。一听这老

太太棺材里怎么有吹喇叭的，人都吓跑了。等这事一传开，人们都觉得是怪事。

有一天，有个年轻人胆大，叫了一帮年轻力壮的小伙子，凑跟前儿看看怎么回事。到这土丘子边一听，这棺材里确实有吹喇叭声。把棺材盖撬开了，一个人晃悠悠地搁这出来了，一看是那个吹百家门的。

结果呢，这吹门人出来后，没上一个月工夫就得病死了。

讲 述 者／张文英　男　65岁　小学　农民
采 录 者／史建丹
采录时间／2008年8月28日
采录地点／辽宁省岫岩满族自治县岭沟乡西道村张家沟组

小炉匠遇险

吕爷爷讲的，他还说这是真事。吕爷爷原来在西边这沟住，沟口住了一家在旗的张家，直到现在，这沟还叫旗张沟。

旗张沟老张家有一个老太太，锅破了，要锔锅。也是夏天，来一个小炉匠给老张太太锔锅。天热，他就脱了衣服光膀子，他胸前有碗口那么大个疤。看起来当时伤势还挺重。老太太就问："哎呀，你怎么了，胸前那么大个大疤？"

小炉匠说："嗨，这个疤不要紧，差点儿把命送了。"

老太太说："咋回事，你讲讲。"

小炉匠就讲：

"我年轻时，挑着担子出去补锅。这天下黑儿，我找宿儿就找那么东家一家，这家有三间门房是闲的，俺们一起去三个人找宿儿，东家说；你们不嫌乎，就在那门房住下吧。俺们一看那门房也行，就在那住下了。等住下了，自己弄了点米，做饭自己吃。那两个都在炕头睡，数我岁数小就在炕梢躺下了。他们朝外面睡，我那天晚上就有点儿害怕，就觉得心里咯噔（读gē dēng）咯噔的，我就一会儿头朝外，一会儿头朝里，一直没睡着。

"等到二更天的时候，就看那屋'刷'的一下，就像白天似的，透亮。就听大梁顶上'刺啦'一声响，一看，一个女的脖颈子带着绳子，舌头伸出来能有一尺长，就搁那梁头上跳下来了。这长舌头女人等跳下来之后奔炕头头一个人，到脑袋上冲鼻子'呲喷呲喷'，吹了两口气，两手这么一挤，炕头那个人脑袋'咔刺'一声就给挤开了，三

口两口就给脑浆子喝了，人就不动弹了。第二个人，还是那么鼻子‘呲喷’两下，吹了三口气，又把脑袋挤开了，把脑浆喝了。等到我这了，闻闻是脚，闻了两下，站了挺长时间，寻思寻思走了。再一跳，又搁梁头上过去了，屋里又一片黑暗。

“当时门插着，又不敢走门，我炉匠袋撂在那了，人逃出去要紧，我就头朝窗一撞就把窗撞开了，我就逃跑了。这一跑一撞不要紧，就把这窗棂子插在心坎里。我逃出去了，治了半年多都没有干活。后来又置办锔锅袋才继续干活。”

讲 述 者／张文英　男　65岁　小学　农民

采 录 者／史建丹

采录时间／2008年8月19

采录地点／辽宁省岫岩满族自治县岭沟乡西道村张家沟组

赵才打狼

有这么一个地方闹狼，经常出现狼吃羊、狼把小孩子叼走的事。也有很多人比量（打算、尝试），要到这山里去打狼。这狼是个老花脸狼。多少人去打狼，狼没打着，结果，打狼的叫狼吃了。

有个叫赵才的猎人，就想，这狼打不死，咱们这个地方永远不得安宁，他就自己买了一把扎枪，经常要经常练，还求了个师傅教他枪法，自己觉得学得差不多了，就准备到山里去打狼。

到这山里就看见这老狼了，这个老花脸狼看见赵才之后，脑袋往地下一哈，前腿往地下这么一趴，“嗷——”就发出这种叫声，人哭不像人哭，鬼嚎不像鬼嚎，让人听了汗毛都能立起来。它这一声嗥叫不要紧，搁那边又来了两只狼。赵才一看三只狼，这可有点儿不好办了，他就先下手为强。一看这个老狼站起来，抱着一棵树，赵才也听人家说过，以前人打狼啊，也是狼一抱树，人就一扎枪扎过去，狼一躲，扎枪就扎到树上了，用力都用得过猛，扎枪都扎得深，拔扎枪的夹当，狼搁后头上去就把人扑倒了。

赵才心说，跟我玩儿这个，不灵了！赵才把扎枪倒过来，就往树上扎，老狼还用以往那规矩，往树上那么一抱，赵才假装往外拔枪的时候，狼已经到他身后了，赵才把枪往那么一拽，枪头往后一使劲儿，就扎狼肚子里去了，等他用力这么一挑，就把第一个花脸狼给扎死了。接着这两个狼，赵才用同样的方式，等狼到身后的时候，枪头往后使劲儿，不到半个时辰，三个狼就都叫赵才捅死了。

赵才把这三个狼都捅死了，他也累了，坐在那琢磨这三只死狼，

怎么往回拿啊？想来想去，还是回家去，套个车来拉回去。赵才这就回去了。

堡子里的人问他："赵才呀，你套车拉什么？"

赵才说："我上山拉狼。"

堡子里的人说："你拉狼？那狼还能叫你拉？"

赵才说："三个狼都叫我捅死了。"

他有个二叔，这二叔说话结结巴巴的，说话先带个"他妈巴的"，上前说："他妈巴的，你还能打死三只狼？三只狼还能叫你活命？多少人都叫狼吃了，你还能打死三只狼？"说死不信。

赵才上沟里把三只狼拉回来了，这堡子里人一看真是三只死狼，再看赵才的扎枪都挑弯了。大伙张罗摆了一桌酒席，家家献菜献酒，都来敬英雄赵才。

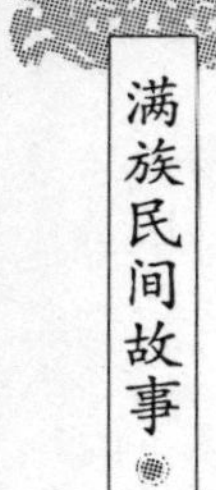

讲 述 者/张文英　男　65岁　小学　农民

采 录 者/刘　垚

采录时间/2008年8月24日

采录地点/辽宁省岫岩满族自治县岭沟乡西道村张家沟组

骡子下金蛋

有个小子名叫王财，常年给老财主家当长工。老财主总想贪小便宜，王财就想整整这个老财主。

王财家养了一头骡子，因为草料也跟不上去，这个骡子就挺瘦，个头也挺小。老财主家办事情，王财在那帮忙，他把骡子牵去了，拴在老财主家后面一棵树上。王财一会儿出去一趟，看看骡子屁股，扒拉扒拉骡子拉的粪，像拣点什么似的，一会儿又出去一趟，看看骡子屁股，扒拉扒拉骡子拉的粪。老财主觉得挺怪，等王财回屋，他也去扒拉扒拉。王财事先在骡子粪里埋了两块碎银子，等老财主过去一扒拉，在粪堆里扒拉出两块银子，心想：怪不得这小子老来扒拉，这头骡子还能拉银子。

老财主就去找王财，说是："王财你这个骡子卖给我得了。"

王财说："这我可不能卖。"

老财主说："多给你钱。"

王财说："多给我钱，我也不能卖。我这一家人全指着这个骡子呢。"

老财主假装试探，说："那你这骡子有什么特别，多给你银子你都不卖。"

王财说："我这个骡子有什么特别，我可不能告诉你。反正这骡子你给我多少钱，我也不能卖，你就是拿枣红大马跟我换，我也不能换。"

老财主一看，王财不卖，就更要花大价钱买这个骡子，说："你要

多少钱我给你多少钱。”

王财说：“我要三百两银子。”老财主嫌贵。

王财说：“我这头骡子可是个宝骡子，它一天最低能拉三两银子，那搁一百天就拉三百两银子，现在我这头骡子还带崽呢，它带的崽生下来就不是骡子，那就是个金马驹。它要是下了金马驹，那就更值钱了。”

老财主说：“还能下金马驹，这可是个宝骡子？”

花三百两银子把骡子留下了。老财主天天喂骡子好料，想让他多吃点儿，多拉点儿银子，整天撅着扒拉骡子粪，结果一块银子也没有。老财主去找王财，说：

“你这骡子怎么到我那不拉银子了呢？”

王财说：“那不对，在我家天天拉银子，怎么到你那就不拉银子呢？”

王财说我去看看，就和财主来了。王财假装左看看又看看，敲敲骡子肚子，说：

“啊，我找着毛病了，这骡子快要下崽了，它现在把银子都捣在金马驹身上了，所以它不拉银子了。”

老财主说：“还得多少天下崽儿？”

王财说“不超过三五天。”老财主一听高兴了。

王财回家弄了一个大窝瓜，外面糊上金纸。过了三天，趁晚上天黑，王财偷着送到老财主骡子圈里。第二天，老财主起来去看骡子下没下崽，一看骡子后屁股有这么大一个大金蛋子，乐颠颠的把大金蛋拿回屋了，正好往回捧着，王财过来了，说：

“老爷你捧什么呢？”

老财主说：“我没捧什么。”

王财说：“哎呀，是不是骡子下崽了？”

老财主说：“不是不是。”

王财说，“哎呀，这不是是什么？你这么拿不行，你多亏遇到我，你要不遇到我，这金马驹就让你闪死了。”

老财主让他一说，没了主意，问他：“你说咋办？”

王财说，“金马驹不是生下来就是金马驹，它是个金蛋子，还得有

人天天搁被窝儿里搂着，孵它，孵七七四十九天才能出金马驹，你这要不是看到我，干脆这金马驹就闪死了。”

老财主说：“是嘛。那得谢谢你。”

王财说：“你不用谢我，你还得找个可靠的人搂着，就像鸡趴窝抱蛋似的，别让金蛋透风，透风时间长了金马驹就闪死了。”

老财主一寻思，唉，就叫我老婆子搂这个蛋，她是自家人，她挺细心。于是，就叫老婆子天天搂这个糊金纸的大窝瓜。搂到七七四十九天，这大窝瓜被捂的发酸发臭了，直往外淌水。老财主这时候知道上当了，赶紧拿出去撇了。老财主往外这一扔，“扑通”一下，一个兔子在那窝里趴着，吓得窜出来跑了。兔子前面跑，老财主就在后面撵，这不真是金马驹跑了吗？结果兔子上山，财主也撵上山，兔子下沟，财主也撵下沟，人怎么能撵上兔子，撵来撵去就把老财主给累死了。

讲 述 者/张文英　男　65岁　小学　农民

采 录 者/史建丹

采录时间/2008年8月23日

采录地点/辽宁省岫岩满族自治县岭沟乡西道村张家沟组

能掐会算的三姑爷儿

有这么一个老财主，三个姑娘。大姑娘找个文官，二姑娘找个武官，三姑爷儿就是庄稼人，还用那句话就是庄稼耙子。等头一年老丈人过生日，三个姑爷儿、姑娘都去了。大姑爷儿两口子、二姑爷儿两口子那相当吃香，老丈人、老丈母娘待得相当好。等三姑娘两口子去了，人家待搭不稀理的，就觉得相当没面子，三姑娘自已都觉得老人太偏心眼了。

第二年，老财主又过生日，姑爷们又得去给老丈人拜寿。三姑爷儿就跟三姑娘合计，咱们去呢，谁都不理咱们，不去呢，又不是那么回事。三姑爷儿说：

"这回你去我不去，你叫你阿玛来请我。"

三姑娘说："你净说瞎话，你不去就不去了，他还能来请你?"

三姑爷儿说："我自有办法，你去，你就说我不舒服不能去了。上年咱们给你阿玛拜寿，二连襟对我最不好，简直不把我当人待，这回我要整整他。"

他媳妇说："你怎么整?"

他说："他最喜欢他骑的那匹枣红马，等晚上我就把那匹枣红马偷出来。等他们发现马丢了，你就说我能掐会算，他自然就来请我了。"

他媳妇一听，这个法好，就那么办。

大姑爷儿、二姑爷儿全家都去了，三姑娘就自己去了，说三姑爷儿在家里不舒服。大家听三姑娘这么一说，谁也没搭茬，三姑爷来不来，没人在乎。晚上，三姑爷儿就把二连襟的枣红马给偷跑了，拴一

个小沟里了。等第二天早上起来喂马，二姑爷儿发现自己的马没了，就炸了，说：

“完了，我这是一匹能征善战的宝马，这要是丢了多可惜。”

三姑娘说：“二姐夫，俺们家你妹夫他会掐算，掐算得可准了。”

二连襟一听老三能掐算，不相信。老丈人搁那面说：

“既然他能掐算，叫他过来掐掐试试。”

三姑娘说：“他过不来，他不舒服了。”

“咱们套个车把他接来。”老丈人套个车，去给三姑爷儿拉来了。

三姑爷儿假装问他什么时候丢的，掰着手指头掐算说：

“哎呀，这马还有救，就在这后沟里，人偷了要去杀，一进沟，你就喊，小偷，你可不敢杀我的马，小偷就跑了。”

二姑爷就按照三姑爷儿说的果然就去了。一进沟，就喊小偷你别杀我的马。一看马拴在一棵大树上，跟前还放着一个盆一把剪刀，二连襟一看马找到了，这可不得了，不能小瞧三连襟，他竟有掐算的能耐。老丈人看把二姑爷儿马找回来，也转过味来了。

大连襟回去了之后，大印丢了。他是个县官，县官印丢了，那是要杀头的。说是赶紧去人把三连襟抬来，叫他掐算掐算大印丢哪去了？大连襟就派人抬了一顶轿子，去请三连襟。老三心想，上次那是我做的扣，我能掐出来，这次我上哪找去？还得想个办法，想个什么办法？就告诉三姑娘，我走之后，你把柴火垛子点着，或许我还有点救。媳妇说好。不长时间他媳妇给柴火垛子点着，他跟抬轿子人说：

“你给我把轿子抬回去，俺家柴火垛子着火了。”

抬轿子的说：“你怎么知道的？”

他说：“我刚才算的，我家柴火垛子叫人点着了。”

抬轿子的把他抬回来，老远就看柴火垛子着火了，到跟前儿一看，果然是他家。救了火，他又走了，临走又告诉媳妇，说：

“我这把走了，你就抱着孩子去找先生治病，就说孩子病了。”

媳妇说好。等又走不远，他又说：“不行，刚才我算，我孩子病了，我还得回去看看，给孩子治好了，我才能去。”

轿子又抬回去，果然他媳妇抱孩子给孩子治病去了。

四个抬轿子的说：“你算的咋这么准!”他说：

"嗨，我算得百发百中，十拿九准的，我除非不算，一算非中不可。"

四个抬轿子就说："那你算算，咱们县官大印叫谁偷去了。"

他顺嘴说："不是张三就是李四，不是朱五就是王六。"

结果这四个抬轿子的就叫这四个名，县官大印真叫这四个抬轿子的偷去了。四个抬轿子的放下轿子，就说：

"老爷饶命，老爷饶命，大印确实叫我们偷来了。"

他问："你偷来给放什么地方了。

那四个人就说偷来放后花园那个夹壁墙里了。三姑爷说："你们配合我，我保准你们没事。"

抬轿的把三姑爷抬到县衙里了，大连襟就说："老三啊，我找你没有别的事。做官保不住大印就得掉脑袋，你帮我算算我这大印还能不能找到。"

三姑爷假装掐算掐算说："你这大印没丢。"

大连襟说："怎么叫没丢。"

三姑爷说："没出大门就不算丢。"

大连襟说："那在哪呢?"

三姑爷又在掐算，说："我知道在哪了，我给你取来。"

他走到后花园那夹壁墙，把土抠开，果然大印在那搁着呢。大连襟一看三连襟可不了得，把大印给找到了。给了三姑爷不老少银钱，还送了不老少粮米。

再说老丈人老母猪丢了，给三姑爷接去了。说三姑爷儿，我这老母猪丢两三天了，也没找着，你给我算算能不能找着。

三姑爷儿说："好吧，你做点儿好的给我吃，我算算能不能找着。"

老丈人说："你来了我还能不给你做好的？这杀的鸡，做的黄米饭。"

这三姑爷儿吃得了就上外面溜达，溜达了就憋了一泡屎，他就到后面山沟里去拉屎。这一拉屎不要紧，一个老母猪领着一窝崽"哏、哏"过来了。三姑爷儿连老母猪带猪崽领回去了。老丈人一看这三姑爷儿简直神了。

丈母娘的弟弟在城里住，家离城隍庙不远。他媳妇病了，吓着

了。怎么吓着了？上城隍庙许愿烧香，一看城隍那神像龇牙瞪嘴就吓着了，治也治不好。老丈母娘就问三姑爷：

“你会掐算，你会不会治病？”

三姑爷说：“会呀。”丈母娘就告诉弟媳妇怎么上的城隍庙，怎么得的病。

三姑爷说：“咱们去看看。”

到那一看，这小舅的媳妇真病得不轻，总疑心城隍跟来了。三姑爷跟老丈母娘说：

“你去做点黄米饭，你做黄米饭我就能给她治好。”

老丈母娘就给他做的黄米饭。做黄米饭得老搁锅铲那么翻。还没吃饭的时候，他就上外面溜达，溜达就溜达到城隍庙上去了。他就把准备好的黄米饭蔓到神像脑盖上去了。

等饭做好了，老丈人叫三姑爷儿吃饭。吃吃饭，这老三把饭碗使劲摔地下去了。

丈母娘说：“你这怎么回事？”

三姑爷说：“我刚才看见城隍进屋来了，不知道要干什么，叫我一饭碗打出去了。”

丈母娘说：“我们怎么没看到。”

三姑爷说：“你们不相信，到城隍庙上去看看，我这一碗饭正冲他脑瓜盖上。”

他们一家人都去城隍庙上，一看，城隍脑瓜盖上果然沾的黄米饭。小舅子媳妇也解疑了，也不害怕了。

三姑爷能掐会算也出名了。两个连襟、老丈人、老丈母娘谁也不敢小看三姑爷了。

讲 述 者/张文英　男　65岁　小学　农民

采 录 者/史建丹

采录时间/2008年8月26日

采录地点/岭沟乡西道村张家沟组

黄金与黄米饭

黄金是最值钱的东西，谁都喜欢。黄金与黄米饭相比，黄米饭根本没有法比。可在必要的时候，黄金没有用，黄米饭有用。这个故事讲的就是这个道理。

有这么一个大财主，有三个姑娘。姑娘大了，给姑娘找女婿，大姑娘找一个有钱的，二姑娘也找了个有钱的，三姑娘找个庄稼汉。老丈人过生日，大姑爷儿拿了一盘金给老丈人上寿，二姑爷儿拿了一盘银给老丈人上寿，三姑爷儿拿了一袋大黄米、一篮子大萝卜给老丈人上寿。老丈人一看大姑爷儿送的是金子、二姑爷儿送的是银子非常高兴，再看三姑爷儿送的是大黄米和大萝卜，这就来气了，说：

“我家不少这玩意儿，给我家狗都不吃。”

说完就把大黄米和大萝卜扔门外了。三姑娘、三姑爷儿一看这样，饭也没吃就回家了。

这年，天降大雨，连下半个月，河里涨大水，把房子、庄稼都淹没了。人们带点东西都跑到一个高岭子上去躲水灾。大姑爷儿带着金子、二姑爷儿带着银子、老丈人把家里值钱的划拉一起带着，三姑爷儿背着一袋子大黄米饭团子和一筐大萝卜，他们都跑到岭子上避水。

三天过去了，这水还是往上涨，山也下不去。大姑爷、二姑爷和老丈人全带的是金银，没带什么吃的，三天过去，饿得两眼冒金星，瞅着金银不能当饭吃。眼睁睁地看着三姑爷儿两口子就坐在那吃黄米饭团子就着大萝卜。老丈人走过去了，说：

“姑爷儿你不好给我点儿？”

三姑爷说："嗨，这玩意儿扔了狗都不能吃，你还能吃？不给。"

二姑爷和大姑爷也过去说："老三，我实在饿了，我用黄金白银跟你换，把你大黄米饭团子给我点儿吃。"

三姑爷说："你黄金多值钱，白银多值钱，你们还是留着吧！不换。"

又过了一天，老丈人、大姑爷、二姑爷饿得实在抗不了，就跪下了，说："我这些金子、银子都给你，你就给俺们点儿黄米团子吧。"

三姑娘过来了，说："你们还记得，我俩给你送大黄米你给扔门外了吧？今天知道黄米饭团子比黄金白银有用了？"

他阿玛点点头，说："姑娘说得对，金银我不能吃，黄米饭能吃，粮食才是命。"

讲 述 者／张文英　男　65岁　小学　农民

采 录 者／史建丹

采录时间／2008年8月21日

采录地点／辽宁省岫岩满族自治县岭沟乡西道村张家沟组

杀狗劝夫

以前呐，有这么一家姓赵，哥儿俩，老大叫赵连璧，老二叫赵连方。老大娶媳妇是王氏，老二娶媳妇姓张。妯娌俩处得都挺好，哥儿俩原来感情也挺好。等后来呢，树大没有不分枝的，他们哥儿俩就把家分开了。

分家是通过分家人，他们的东西分得一边多，地呀，房产，什么都是一扒两半儿。赵连璧呢，为人比较忠厚老实，就是种地，干家务活。赵连方呢交了一些朋友，整天在外边不是喝酒就是作乐，可就运气好，特别赵连方呢愿意赌博，经常看牌儿掷小骰子，运气好，怎么玩怎么赢。分家没过三年的工夫，赢得家财已经相当多了，土地田产也相当多了。越是这样，赵连方就越觉得自豪，整天吃喝嫖赌，没有他不干的。

赵连方有两个生死之交的朋友，一个叫车三，一个叫王二，三个人整个儿是形影不离。每次赵连方和这车三、王二一起喝酒，都是他拿钱，显他有钱，他装大爷。赵连璧说过兄弟，可是兄弟半点儿不听，还说：

"你一老本实种地，你现在过得能赶上我吗？你说我游手好闲，我可发了呢！你日子过得可就不敌我。"老大可也就没话可说了。

老大赵连璧忠厚老实，按理说，应该有个好结果，可他偏偏就没个好结果。这年冬天，粮食都收拾进家了，家灶起火了，把房子烧了，把仓里的粮食，管什么都烧了，烧得片瓦不留，这日子简直就没法过了。过年都没米下锅了，赵连璧就和王氏商量：

"咱们弟弟过得挺富足的，跟弟弟家借点粮，他不会不借。"

想得挺好，结果去了呢，跟他想得完全不一样。赵连璧拿着口袋上兄弟家去借粮，兄弟呢，没说不借也没说借，出去走了，就给哥哥撂家里了。赵连方的媳妇张氏很贤惠，这就又炒菜又烫酒留哥哥在那吃饭。等吃完饭了，赵连方也没有个人影。张氏就对丈夫非常不满，家里东西有的是，又是黏火烧又是黏豆包，又是米啊肉的，都给装得齐齐全全的，还给拿出来一套新衣裳，说是给嫂子带回去穿。赵连璧非常感激弟妹，带着东西回家了。

赵连方的媳妇张氏，想上街上去看看赵连方到底上哪去了。找到酒楼一看，赵连方正和车三、王二在那吃酒划拳呢。张氏就有点儿气得抗不了，他要是这么继续下去，有多少家财都得被他败坏光了。怎们办呢？想来想去想出一个招来，回家把他家的狗打死了，把毛都搁水烫掉了，给这狗呢，戴上了个帽子，穿上了衣裳，给扔到他家柴火垛后头了。完了，就去找赵连方，说：

"你还在这玩呢，咱们家出人命了！"

赵连方吓了一跳，说："怎么？咱家怎么出人命了？"

媳妇说："不道哪弄个死倒（死人），在咱们家柴火垛后头呢，你快回家去看看吧。"

赵连方就说："车三、王二，你们赶快去帮忙，要真是死倒的话，想办法帮着把这死倒扔出去埋了。"

结果呢，到这紧急关头，车三、王二你瞅瞅我我瞅瞅你，车三捅一下王二小声说："敲他一把。"王二点点头，俩人随赵连方夫妇俩，奔柴火垛后头看去了。

等着过去一看，那死倒穿着衣裳，根本看不出谁是谁，车三就说："哎呀，这不是我亲娘舅么？"

王二说："哎呀，这是我的姑舅叔！"

车三说："你打死我的亲娘舅，我这当外甥的不能不管这事，这事好赖我得经官。"

王二也说："你打死我的姑舅叔，我也不能袖手不管，我们这就报官去。要说这事，要是其他别人我能帮你，这我怎么帮你？不能连亲属都不顾啊！"

两个人就上县官那去告状去了。这县官一听，说是赵连方家出了人命了，打死车三的亲娘舅王二的姑舅叔，不得不来看看。这就坐着小轿，带着衙役来了。

这工夫赵连方傻眼了。张氏说："打虎还是亲兄弟，上阵还是父子兵。你赶快去找咱们家大哥去，想办法把这尸首埋掉。"

赵连方说："大哥来借粮我都没借给他，大哥能帮这个忙吗？"

张氏说："有几个像你这个小人心的，你去求求大哥，大哥会帮忙的。"

赵连方这就硬着头皮去找赵连璧去了，赵连璧奔儿也没打就来了，这阵天就已经黑了，也看不出是什么玩意儿，赵连璧扛起来了，扛到南山根子，冻地刨了个坑给埋上了。

第二天早上，这县老爷、衙役、车三、王二都来了，口口声声说赵连方打死他的亲娘舅，姑舅叔。县官这就把赵连方带去了审问，赵连方说他确实不知道此事。

赵连方的媳妇去了，说："你说打死你的亲娘舅，打死你的姑舅叔，你们空口无凭，要不然咱们就验尸看看，究竟是不是你的亲娘舅？究竟是不是你姑舅叔？要是你的亲娘舅，是你的姑舅叔的话，赵连方就给你亲娘舅，给你姑舅叔偿命。"

结果县官就说："好，咱们就扒开验尸。"

等一验尸，把衣裳脱下来，是条狗。车三也傻眼了，王二也傻眼了，两个人灰溜溜地跑了。

赵连方说："我把你们看做是生死弟兄，到紧要关头不但不帮我的忙，还反来告我，想害我，看起来这都是我赵连方的错。"

正像他媳妇说的那句话，打虎还是亲兄弟，上阵还是父子兵。就这么，哥儿俩以后和好了，赵连方亲自给赵连璧赔礼道歉，又给家里的粮食拉了一些去让他哥哥吃，帮着哥哥重新盖起了房子，赵连方不赌不嫖了，改邪归正了。

讲 述 者/张文英　男　65岁　小学　农民

采 录 者/刘　垚

采录时间/2008年8月24日

采录地点/辽宁省岫岩满族自治县岭沟乡西道村张家沟组

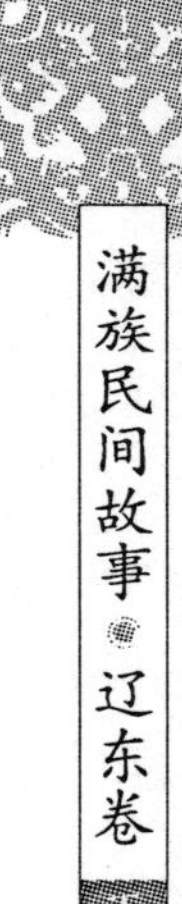

蛇　毒

据说这是岫岩的事。岫岩县在早有一个姓百的知县，是一个满族人，他断了一个奇案。

说有这么两家啊，相隔二三里，两家处得都挺好，什么说道都没有，一小两家就轧（读gá）的娃娃亲，虽说两家孩子还没到成亲年龄，但常来常往的谁也不避讳。两家过得都不怎么富裕，男方呢偏偏家里讷又得病了，这天呢，男方这个小子就到女方家来，想跟老丈人借俩钱给讷治病。

来了之后呢，老丈人、老丈母娘都出去赶集去了，就姑娘自己在家里看家。姑娘看自己的未婚夫来了，也挺热情的，快到晌午了，姑娘下地擀面条，给他未婚夫吃。面煮好了，盛了两碗，端过一碗给她未婚夫吃，另一碗就搁（gáo）在窗台上晾着。姑娘这阵呢也害怕来人了看着，这未婚的媳妇给丈夫做吃的，觉得不好意思，这晾一晾，他未婚夫能吃得快点，吃完好走。她自己还有两个体己钱，给他未婚夫拿上了。

等他未婚夫吃了这第二碗面，就感觉肚子疼，可他还是坚持着往家赶，没等走到家，死了。男方的阿玛和讷讷听人家说，他儿子死在道上了，赶紧跑过去看，一看，儿子果然死了。这阿玛和讷讷哭得不成样子，就到女方家去问。姑娘的阿玛讷讷还没回来，还是姑娘一个人在家。姑娘就说：

“怎么会死呢？我擀了两碗面条给他吃了。这人走的时候还好好儿的，怎么走回去半道就死了呢？”

这男方家一口咬定，说这姑娘嫌贫爱富，下毒给她未婚夫毒死了。这就一张状纸告到县官那去了。

这个县官姓百，叫百知县，知县就把姑娘传来，问这姑娘怎么回事，你怎么做面条给他吃的？姑娘就告诉县官，面条热，他也着急我也着急，我又没过门的姑娘，生怕来人看见，就把面条盛出来，搁在窗台上晾着，他把两碗面吃了就走了，我也不知道他怎么就死在道上了。

百知县一看，这姑娘也不像杀人的样，两家又打小定了娃娃亲，也觉得奇怪，这就带着人到姑娘家去查查，打听姑娘是不是跟别人还有什么关系。一打听，都说人家的姑娘是个好姑娘，三门不出四屋不进。乡亲就给证明，这姑娘绝对不能毒死她的未婚夫。

这事可就怪了，百知县说："姑娘，你能不能把你未婚夫怎么到你家去，你怎么做的面条，你怎么盛的面条，你面条都放在什么地方，你能不能再做一遍，我看看？"

姑娘说："我可以再做一遍。"

这姑娘还像原来似的，从罐里抓面，和水擀面，煮好，盛了一碗放在桌上，剩下一碗放在窗台上。百知县就坐在远地方看着，究竟有没有什么变化。结果面条放在窗台上，面条的香气就飘到房檐顶上了。房檐顶上啊，就伸出来那么长的一个长虫脑袋来，想够这个面条吃还够不着，够不着这面条吃不要紧，嘴里的毒液就往面条碗里直喇啦，百知县亲眼看到，起码能有三滴蛇毒滴在面条碗里。百知县端过碗，唤了一条狗，把这面条给狗吃了，狗吃了，不一会儿狗死了。

百知县说："姑娘，你没有罪过，害你未婚夫的是这条毒蛇。"

完了就叫手下的人把毒蛇扒下来，你一棍子我一棍子，把这毒蛇打死了。姑娘这就脱开罪名了。

百知县断了这奇怪的案子也名声大振。

讲 述 者／张文英　男　65岁　小学　农民

采 录 者／刘　垚

采录时间／2008年8月24日

采录地点／辽宁省岫岩满族自治县岭沟乡西道村张家沟组

出题破命案

说是一家杜家，一家秦家，两家关系处得挺好。秦家有个姑娘，杜家有个小子，都是同年生的，是同龄人。因为两家关系好，自小就轧了娃娃亲，这秦家的姑娘就许配给杜家了。

两家都挺富有的，杜家的孩子不到十岁就送到学堂念书去了，都称他杜生。秦家虽然是个女孩，也想读书识字，就找了个先生在家教她。秦家这姑娘非常聪明，长得还好看，先生教她念书，一教就会，一点就通。等杜家的杜生呢，在学校学习也不错。两家孩子都上到十六岁了，早年的时候，十六岁就到成亲年龄了。两家老人到一起这么一商量，就要把他们的婚事给办了。秦家准备嫁妆，杜家准备彩礼。到了吉日这天了，杜家到秦家去迎娶，秦家也陪送了不老少嫁妆，这秦小姐就跟杜生成亲了。

成亲这天晚上入洞房的时候，秦小姐就说杜生："听说你学习很好，诗作得不错，我出个下联，你对个上联，行不?"

杜生说："你出个下联，我看看。"

"我这下联是'挑灯登阁各读书'。"

杜生在这屋里头转了两圈，就没想起来怎么对这个上联，他就想上外面去风凉风凉去。秦小姐开玩笑，一边笑一边说：

"今晚上你要合不上来这首诗，你就别回来睡觉。"

杜生就怎么想也对不出上联，看看夜也深了，自己一想大正日子，叫媳妇给难住了，我还称名学习好，自己觉得挺丢面子的，就不想回去睡觉去。学堂学生有住处，他就回到住处去了，同学见杜生回

来了挺奇怪，都说：

“今天是你大喜日子，是小登科，怎么能到外边儿住呢？”

杜生就说：“唉，我叫我媳妇给难住了。”

他就说媳妇出了下联，叫他对上联，告诉我对不上来就不让我回去睡觉，我今天晚上也对不上来了，也没有脸回去睡觉了，就在这住了。”

第二天早上，杜生回家了，杜生就对秦小姐说：“你这题，直到现在我也没对上来，闹得我昨天晚上也没敢回家，你自己可受孤单了。”

秦小姐惊讶地说：“什么？你昨晚没回来住？”

杜生说：“我昨晚回学堂住的。”

这秦小姐再也没说什么。等吃完了早饭，杜生又上学堂读书去了。秦小姐回到新房把门插上了。等到中午了，丫环去叫秦小姐吃饭，门插得“噔噔”的，叫也不开，里面一点儿动静也没有。丫环着急了，转身回去禀报杜夫人说：

“秦小姐在西房插着门，叫也不答应，不知怎么回事。”

杜夫人就去叫门，说：“媳妇，你开门，我来了。”

里边也没声音。“媳妇你把门开开。”

里边还一点儿声音没有。杜夫人把窗户纸捅破了往屋里一瞅，秦小姐在梁陀上吊着呢，吊死了。

家里急忙把杜生找回来了，把秦家的阿玛和讷讷也找来了，找不出来什么原因，秦姑娘吊死了。秦家就说了：

“我这个姑娘啊，自打一小，性格就特殊，可能有什么不舒心的地方，她就上吊死了。”

可是早先这横死人，不往上禀告不行，就禀报到县衙那去了。县太爷坐轿下来，查问查问，也没查出什么原因，她确实是自己吊死的，这事就不了了之了。

等到了这年秋天了，县里要举行考试。原来上京赶考之前，得通过两场考试，先是通过县考试，就是考秀才；你考中秀才，才有资格到省城去考试，省城你再考中了，就是举人，举人才有资格去考进士、考状元。所以把赶考叫做考举子。大清朝也是这个惯例，等全县念书的人第二天要都来考试的这天晚上，正是八月十五，主考大人是

谁呢？就是来杜家验尸的县官。县官想：我明天出什么题呢？在家里思考了一气，觉得头脑发涨，就把椅子搬出去，坐在外面的长廊里。外面皓月当空，四处静悄悄的，县官就在那琢磨题。这个时候，就听大门“刷啦”一下开了，只见外面进来一个年轻的女人，脖子上带了一条带子，舌头伸在外边，忽悠悠地向县官移过来。县官一看，这个女人走起道来一点儿动静也没有，也看不出她是走还是飘呢，心里有点儿发毛。那女人往前动，他就往后这么挪，女人往前动，他就往后挪，挪来挪去挪不动了，怎么呢？这椅子撞到梧桐树上了。等县官回头看的时候，这女人没有了，抬头看看，高空仍是一团明月，四周仍是静悄悄的。

县官就想了，当我在想明天要出什么题的时候，出现这个女人，难道说这个女人是个鬼魂？给我出题来了？她出的什么题呢？县官就想刚才女鬼出现的情景，她往前走我往后挪椅子，挪来挪去就倚到梧桐树上，抬头看看，女鬼没有了，我就看着月亮。呀，上联有了，“挪椅倚桐同玩月”，对！我明天就出这个上联！

第二天全县的考生都来了，主考官宣布考试题，上联是“挪椅倚桐同玩月”，叫考生给合下联。杜生拿到这个考题，马上想起他媳妇给他出的下联“挑灯登阁各读书”，不正好合上这上联“挪椅倚桐同玩月”吗。没费多少时间，就交卷了。结果主考大人批卷的时候，批到两个答“挑灯登阁各读书”的卷子。一个是杜生，另一个是丁生。两个人答案一样，县官要找来两个考生问问，有没有抄袭。

叫人把杜生叫来，县官问他：“你这个‘挑灯登阁各读书’是根据什么来的？”杜生就把他跟秦小姐完婚那天晚上，小姐怎么出的这个下联“挑灯登阁各读书”，叫他对上联，他怎么没对上，晚上他没回新房睡觉，第二天回去吃早饭，秦小姐就上吊死了。

县官说：“啊，原来如此。”

杜生走后，县官派人了解丁生的情况，又把那个丁生叫来，问丁生：“你下联是‘挑灯登阁各读书’，你这个下联是怎么对来的？”

丁生说：“我想的啊！”

县官说：“你想的？我问你，杜生娶媳妇那天，你在没在住处睡？”

丁生说：“我在住处睡觉。”

县官又把和丁生一个住处睡觉的学生都叫来，大伙一口证明，说丁生那天晚上请假回家了，没在学校睡觉。

县大老爷说："这就对了。"这就喝令手下说："把丁生给我绑了。"

上来几个衙役就把丁生五花大绑起来。县官把惊堂木用力一拍，说："丁生，你可知罪？"

丁生早吓瘫了，说："我知罪！"

县官说："如实招来。"

丁生就招了。原来杜生那天晚上回学堂的时候，丁生就在跟前儿，就把秦小姐出的下联记住了，见杜生没回新房，深夜悄悄溜到秦小姐的新房，秦小姐以为是自己的丈夫就与他同眠共枕。天不亮他就回学堂了。

县官说："秦小姐第二天知道杜生没回来睡，才知铸了天大的错，没脸见人，才悬梁自尽。你该当何罪。"于是喝令左右，"给我推出去斩了。"于是众人押着丁生把他砍了。

县官来到杜家把小姐上吊的原因告诉了杜家和亲家，告诉他们丁生已被处死。县官对杜生说：

"你和秦小姐虽然没做成夫妻，秦小姐是个有情有义的人，她到阴曹地府都在帮你呀。"

从此以后，杜生更发奋读书，考取了功名，以后娶妻，都为妾，夫人的名分永远留给秦小姐。

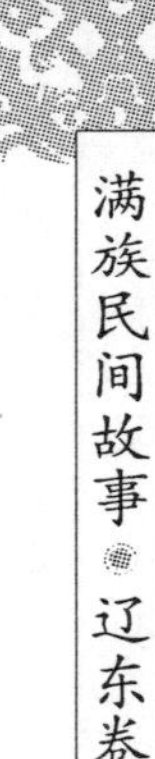

讲 述 者/张文英　男　65岁　小学　农民

采 录 者/刘　垚

采录时间/2008年8月21日

采录地点/辽宁省岫岩满族自治县岭沟乡西道村张家沟组

甜瓜奇案

早有一个种甜瓜的，他年年种甜瓜，年年瓜的收成都挺好。但是这个人啊，就是小气，他的瓜从来不能随便地让别人吃一个，谁要是想去他的地里揪个瓜吃，那简直就是动了他的心肝，就是他卖瓜也总是缺斤少两，所以周围的人对这个种甜瓜的印象一点儿都不好。

有这么个要饭花子，走得又饥又渴，他到瓜地里看到这个卖瓜的坐在瓜棚里打盹儿，要饭花子他不管那套，也不知道种瓜的人那么小气，到这个地里就揪了一个瓜蹲那吃。种瓜这个人根本没睡着，他眯着眼在那瞅有没有人来偷瓜，等看这个花子摘瓜吃时，他搁后面就拿着镢头去了，一镢子就给这个要饭花子打死了。打死了，就地挖了个坑，把尸首埋里了。

第二年他还在这个地里种瓜，看见他的瓜地里长出了一个特殊大个的瓜，这瓜种了这么多年也没结过这么大的瓜呀！

他想讨好这个县的县官，他就把这个瓜摘下来，通过当地的地保就送到了县里去，去孝敬县大老爷。这县大老爷一看这瓜也挺高兴，把这师爷什么都叫来，说咱们吃瓜。这大伙看见这瓜这么大个儿，都说这瓜种得比西瓜都大。

等县大老爷手下的人把瓜洗净了擦干了给它切开，这一切开不要紧，瓜里全是血水，淌得满地。这瓜根本不能吃，又腥又臭。这县大老爷就觉得奇怪，这瓜怎么能有血水呢？就叫衙役把种瓜的给他传来。县衙去了，就把种瓜的给传来了，县大老爷就问：

“这个瓜是你地里种的吗？”

他说："是呀，是我地里长出来的。"

他还以为县大老爷要奖赏他呢。县大老爷说："你的地里什么地方能长出这么大的瓜来呢?"

他就告诉县大老爷，这瓜在地里哪个地方。县大老爷说："你能不能带我到你的瓜地里去看看。"

这个种瓜的一心想讨赏，连连说："可以可以，我带县大老爷你去看看。"

本来这个大瓜的秧和他埋死尸的地方是隔得很远的，他虽说没记住自己埋死尸的地方，可是他确信大瓜的地方不是他埋死尸的地方。到了瓜地，他就指着一棵瓜秧说：

"大老爷，你看就是这棵秧结的瓜。"

县大老爷就告诉衙役把这地挖开，看看这地里有什么宝物，能把这瓜生得这么大。结果一挖，就这个瓜秧搁地里头干挖也挖不到根儿，一挖挖出个五六丈远，挖出来一具骷髅，这个瓜根就在他打死的那个花子的脑袋上长出来。

县大老爷见状，厉声喝道："把这个种瓜的给我捆起来。"

回到县衙，就问他这具尸首是怎么回事？这时候这种瓜的也隐瞒不了了，只好承认了。就把这个花子怎么偷他瓜，被他打死了的事都交代了。

县大老爷说："就吃了你一个瓜，你就要他一条命，看起来你这瓜比一条命还重，你这样的要是不斩了不足以平民愤。"

就吩咐衙役："推出去给我斩了。"

结果把这个种瓜人斩首给花子偿命了。

讲 述 者/张文英　男　65岁　小学　农民

采 录 者/史建丹

采录时间/2008年8月23日

采录地点/辽宁省岫岩满族自治县岭沟乡西道村张家沟组

镜　子

老早儿时候，满族人在深山老林里生活，没有镜子这东西。有这么一个老头儿和老太太，领着儿子、儿媳妇从长白山过来，落户在这里。老头儿的儿子，经常跑在外，做点儿小买卖。有时道远了就不回来，住到外面。媳妇在家伺候二老，日子过得虽然紧巴巴的，但是也算太平。

有一天，媳妇说："阿玛，听说集上有卖镜子的，能看见人，前院老张家的姑娘梳头时用镜子，那头梳得可利整了。"

老头儿说："镜子什么样？"

"我也没看着，只听人家说。"

老头儿见儿媳妇喜欢，就说："哪天我上集也给你买一个镜子。"

那时候人没有镜子，不知道自己什么模样。

这天，老头儿上集，办完了事，就到处找媳妇说的里面能看见人的镜子。看什么里面都没看见有人的物件儿。找来找去看见有人卖擦萝卜的擦子，萝卜擦子有眼儿，从眼儿这边能看到那边人。老头儿心想，可能这就是镜子。老头儿就把萝卜擦子买回来了。到家拿出萝卜擦子给媳妇说：

"我给你买镜子了。"

媳妇接过来了，说："谢谢阿玛。"

媳妇拿着萝卜擦子放这个眼睛上看看阿玛，放那个眼睛上看看讷讷，高兴啊，自己也有镜子了。打那天起，天天梳头把萝卜擦子摆在眼前，也看不见梳的好赖，以为这东西放在那，头梳得一定好看。心

里那个美呀。

这天，丈夫回家来了，看媳妇梳头面前放个萝卜擦子，说："你这是干什么？"

"这是阿玛上集上给我买的镜子。梳头用的。"

丈夫一听大笑起来，说："这哪是镜子啊，这是擦萝卜用的擦子。你喜欢镜子，我再出去给你买一个回来。"

媳妇说好。丈夫又离家做买卖去了。过了几天，从外边进来一个人，说：

"大嫂啊，这是你丈夫给你买的镜子，让我给你捎回来。"

媳妇一听镜子拿回来了，乐得跑着把镜子接过去了，接过来拿镜子一看，里面有个女人，媳妇哭着骂道：

"这个死鬼呀，在外面不学好，娶了二房了，还看着我笑。"

媳妇又哭又骂，老婆婆过来了，说："媳妇啊你这是骂谁呢？"

"我骂你的儿子呗，你看看，你儿子能耐了，又娶了个小老婆。叫人捎回来，让你看看！"

老太太把镜子接过去一照，说："哎呀！这个鬼小子，这哪是娶小老婆，这是娶了个老讷呀！"

也跟着媳妇骂起了儿子。这老头儿在后院子干活儿，听着这娘俩吵吵闹闹的，扛个锄头进来了。问她俩吵吵什么。

媳妇说："阿玛，你看看你儿子娶的小老婆。"

老太太在一边儿说："什么小老婆，娶了个老讷！"

老头儿一照镜子："我的天啊，不好了，他是抢人家的姑娘，人家阿玛不同意，拿锄头打我来了……"

就把镜子扔地上了，摔了个稀碎。

讲 述 者／张文英　男　65岁　小学　农民

采 录 者／刘　垚

采录时间／2008年8月26日

采录地点／辽宁省岫岩满族自治县岭沟乡西道村张家沟组

贪小便宜的县官

有个小子就是家里有钱，总想当官，就豁上家里钱，买了个县官。上任之前，就想选几个人，好将来给他当差。他就想选一个会挣钱的人，选一个性格相当好的人，选一个办事痛痛快快非常急的人，就想选这么三个人。这小子花钱买的官，他的钱自然也不是好道来的，就靠欺压百姓剥削穷人的损招。买官花的钱，还想靠他当官再把这钱挣回来。

他在上任之前，就要踅摸这三种人。这天，他到集镇上一家饭馆，要了几个菜，准备喝点儿小酒。菜还没端上来的时候，搁外面进来一个人，进屋就招呼掌柜的，赶紧给我炒菜，我有急事。掌柜的这就叫灶上的，说：

“这人着急，赶紧给他炒菜。”

灶上的把这菜炒好了，跑堂的把菜端上来，这急性人还没等吃，外面进来一个捡粪的，这捡粪的把这碗菜倒粪筐里挎走了。那个急性人就说：

“你这人怎么这么着急，你干吗把我菜倒筐里挎走?”

捡粪的说：“你着急，我比你还着急。我是捡粪的。你这盘菜吃了，它再变成粪，你再拉出来，我得等多长时间？一下倒筐里就得了。”

县官一看这个人挺有意思，这可真挺性急的，就问捡粪的叫什么名，县官把他记下了。正要吃饭的时候，外面又进来一个人，说给我捡一盘包子，掌柜的叫跑堂的给捡一盘包子。这人会占小便宜，兜里

掏出个刀，上包子上这么一弯，转一圈，这包子皮就拿下来了。给里面馅抠出来都吃了，给包子皮又摁上了，还像好包子一样。第一盘包子都这么把馅抠吃了，把包子皮留在那。招呼说："跑堂的你过来。"

跑堂的过来说"客官你什么事?"

买包子的说："这盘包子凉了，你再给我换一盘。"

结果把这盘包子拿下去，又换了一盘。他花了一盘包子钱，吃了一盘包子还外捎一盘包子馅。县官一看，这个人行，这便宜找得够巧的。又上去问问他什么名，家住在哪儿，都记下来了。

他吃完饭，又到一个戏院里去看戏，一个老头儿叼个大烟袋，"吧嗒吧嗒"抽着烟坐那看戏。外面就跑进来一个十来岁的孩子，说：

"爷爷，赶快回家，咱们家房子着火了。"

老头儿说："着什么急，等我这戏看完了再说。"还"吧嗒吧嗒"在那抽烟。

孩子说："咱们家着火了，你不能再看了。"就捞（读lào）他爷爷。他爷爷也不动弹，还在那"吧嗒吧嗒"抽烟。县官觉得这人性子可太慢了，就过去问老头儿叫什么名，家在哪住，又记下来了。

县官上任之后，打发手下，把这三个人都给请来了。手下就下去把这三人都请来了。

县官说："你们三个人都有什么特长，我都掌握。根据你们的特长，我安排活。"他跟性急的说："你性急，你性急有好处，老爷我也性急，我出门办事的时候就把你领着，有什么急事你帮我办。"

性急人这就磕头谢谢，下去了。

县官又把吃包子掏馅这人叫来了，说："你这人很会占便宜，老爷我这辈子就想占便宜，我这么想，你要给我跑外买东西，准差不了，你就给我当采买员，我要买什么东西你就给我出去买。"

那人也磕头谢谢，下去了。

县官又把慢性子老头儿叫来了，说："你呀，性格太好了，火上房都不着急这性格上哪找去。我家小少爷必须得有人哄，你这样性格就适合给我哄小少爷。哄孩子必须得性格好，你就给我哄孩子。"

老头儿说声谢谢，下去了。

河南堰有个大财主听说县里来了个新上任的官，派人送帖子，要

请县官到家吃饭，这县官临走时候，就把性急人带着。路过一条河，这河水不深，挽着裤子就可以过去。

县官问他：“你能蹚河吗？”

性急的人跟县官第一次一起出门，要表现表现，就说：“县老爷，我背你过去。”这就背县官过河。

县官说：“你这人太好了，背我过河，我回去赏你五两银子。”

这人性子急，给县官撂河里了，跪谢说：“我谢赏。”结果把县官身上湿得成落水鸡了。

县官一看身上湿这么样，宴也不能赴了，就往回走。回去一看，慢性子老头儿在大街上一个石桌子上坐着，石桌子旁边有一棵大柳树，柳树下面有一个枯井。老头儿坐那“吧嗒吧嗒”抽烟。县官就问：

“你在这坐着，小少爷哪去了？”

老头儿使劲儿抽两口烟，把烟袋锅往那鞋底磕两下，说：“小少爷掉井里了。”

县官说：“啊，小少爷掉井里，你怎么不着急？不赶快捞？”

慢性人说：“我烟还没抽完呢。”

县官气得大骂了他一顿。赶紧找人捞，等捞出来，小少爷已经灌死了。

小少爷死了，县官非常悲痛，叫人去买个棺材。叫来会占小便宜这人，说：“你给我上棺材铺去买个小棺材。”

那人拿钱上棺材铺，他没问小号棺材多少钱，问大号棺材多少钱。棺材分小号、中号、大号。棺材铺老板告诉他说多少多少钱。他没买小号棺材，买个大号棺材，瞅着棺材铺老板看不见的时候，捞一个小号棺材装大号棺材里去了。弄个车拉回来了。县官老爷就问：

“我叫你买小号棺材，你怎么买个大号棺材？”

占小便宜人说：“别吵吵了，老爷，便宜在里面呢。”

县官说：“什么便宜？”

占小便宜人给棺材盖打开了，说：“你看看，这小号棺材是白捡的。”

县官说：“小号棺材有用，你要这大棺材干什么？”

那人说：“老爷，你这就不明白了，小少爷死了搁（gáo）这小号

棺材往外抬，一旦大少爷死了不正好用这大棺材吗？到时不就不用买了？”

讲 述 者／张文英　男　65岁　小学　农民

采 录 者／史建丹

采录时间／2008年8月19日

采录地点／辽宁省岫岩满族自治县岭沟乡西道村张家沟组

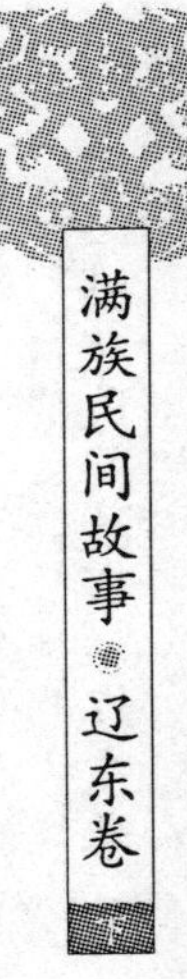

会陪客的哥

有那么两口子过日子，日子过得非常清贫。那天，男人上外面办事去了，妻子在家里，他男人的一个最要好的朋友来了，从远地来看他。到家里了，她男人又不在家，又不能让人家走，看看天都晌了（中午），怎么的也得留人吃晌（吃中午饭）走。家里一点儿细粮也没有了，翻来翻去，只有一小碗大黄米，心想，这一小碗米也不够啊？她就上他大伯（读bāi）子家想再去借点，就说：

"哥呀，你兄弟没在家，俺们家来客（读qiě）了，是你兄弟最好的朋友，还是从远地来的，天眼瞅晌了，怎么也得让人家吃了晌再走。我家也没有别的米，就一小碗大黄米，你借给我点，我就凑合把客招待了，等你兄弟回来了，我再还你。"

她大伯子就问："你有多少大黄米啊？"

她说："就那么一小碗大黄米。"

她大伯子说："够了，我去陪客，准保够。"

兄弟媳妇心寻思：我都愁客不够吃，你还要去陪客，这不更不够吃吗？大伯子聪明着呢，就说：

"你放心，我去陪客，准保够吃，还能有你吃的，你家有没有最小的碗？"

兄弟媳妇说："有，我家有最小的上供的碗，就这么大，五个小碗。"

大伯子说："妥了，你就搁（读gáo）那个小碗盛饭，你这一碗米啊，肯定能盛这么三碗饭，我和客人一人一碗，保证给你留出一碗。"

兄弟媳妇回来就把这一碗黄米做上了。弄小供碗盛饭，果然盛了三碗。她大伯子过来了，说：

“今个我兄弟没在家，就我弟妹在家，我这个当哥哥的过来，替我兄弟过来陪陪你。”

三人面前，摆着一人一小碗饭，大伯子说：“哎呀，这大黄米饭盛这么多，谁能吃了啊？兄弟你说是不是？”大伯子瞅着客又说：“可也真有能吃的，我就经着过。上次我家来的客，真能吃，就这个碗，吃了两碗黄米饭，你说他这不成了驴肚子了吗？”

这客吓得心里一炸一炸的，心说，就这么大的碗吃了两碗，就成驴肚子了，我可不能让人家笑话！他就吃了一小碗饭，就放下了，大伯子还劝再吃点儿，他说什么也不敢吃了。

大伯子把这碗饭吃了，放下筷子，把客送走了，笑着和他弟妹说：“弟妹怎么样，是不是还给你留出来一碗？”

讲 述 者／男　65岁　小学　农民

采 录 者／闻　良

采录时间／2008年8月26日

采录地点／辽宁省岫岩满族自治县岭沟乡西道村张家沟组

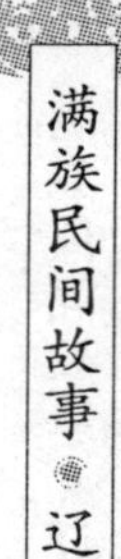

没事找事的拉拉蛄

在我们这，拉拉蛄的意思就是多事的人，没事找事。有这么两个拉拉蛄，一个姓江，一个姓郭。人家给他俩起外号叫江拉拉蛄、郭拉拉蛄。两个人是形影不离，狼狈为奸，在一起什么坏事都做，到哪专门捅娄子，惹是生非，多嘴多舌，所以人家给他俩起名叫拉拉蛄。

这天，两个拉拉蛄一起上城里去，晚上没回来，找个店住下了。店掌柜的是个女的，过来就问道："二位客爷贵姓啊，好写店簿。"

江拉拉蛄就说："我姓瘸腿羊爬姑娘。"

郭拉拉蛄说："我姓小小子不穿裤子。"

这女掌柜的相当聪明，说："啊，原来是江、郭二位客爷。"马上就回答上来了。

两个人一看，这店掌柜的不简单，就问："掌柜的你贵姓？"

店掌柜说："我姓横日挂金钩。"一听横日挂金钩，两个人闷唬住了，就不知道这横日挂金钩是什么。

住上店了，写上店簿了，要吃饭。店掌柜的问说："二位客爷，你们都用点什么？"

江拉拉蛄说："我要黄茸茸，白茸茸，弯弯曲曲一趟弓。"

店掌柜的马上就告诉跑堂的："你给炒盘鸡蛋，来盘饺子。"问郭拉拉蛄说，"你想用点什么？"

郭拉拉蛄说："我想吃吹吹打打，嘴对嘴。"

店掌柜的不假思索说："小二给拿炭火，五个火烧，一瓶酒。"

这怎么叫黄茸茸，白茸茸，弯弯曲曲一趟弓呢？鸡蛋里有蛋黄和

蛋白嘛，炒出来不就是黄茸茸，白茸茸的吗。弯弯曲曲一趟弓，饺子像弓似的。郭拉拉蛄要吹吹打打，嘴对嘴。是炭火烤火烧子，打一壶酒，不要酒杯。这火烧子通过炭火这么一烤，打是打灰，吹是吹灰，酒壶对嘴这么喝叫嘴对嘴。两个拉拉蛄一看，这个店家挺厉害，他俩没难住人家，反倒叫店家这个姓难住了，两个人就在那琢磨说“横日挂金钩，什么横日挂金钩”，琢磨一晚上也没琢磨出来。

第二天早晨，店掌柜的过来了，江拉拉蛄就问：“掌柜的，你姓横日挂金钩，这个字我们也不认识啊，你到底姓什么？”

店掌柜说：“我姓巴啊，这个日不是横写的嘛。”

郭拉拉蛄在那说：“哎呀，掌柜的，俺们俩为你这个巴，一宿也没睡觉。”这句话说得就带点双重含义了，要戏这个店掌柜的。

掌柜的更不示弱，说：“你们俩真没用，我这么大个巴，把你们俩憋住了。”这话把两个拉拉蛄造得脸通红。店掌柜的就问道：“二位客爷上哪去？”

两个拉拉蛄回说：“准备上城里办点事。”

掌柜的说：“回来还路过小店不？”

他俩说：“路过，路过。”

店掌柜说：“我想让二位客爷给我捎点东西。捎回来不白捎，我做二十样菜请你们。”

两个乐颠颠的，问：“捎什么东西？”

店掌柜的说：“我捎啊，腰中紧，怀中抱，歪歪切切把风冒。”

两个说：“好，可以可以。”

店掌柜的给拿出来二两银子买这些东西。

两个拉拉蛄走出大门了，郭拉拉蛄问江拉拉蛄说：“她叫咱们捎的这些东西，你知道是什么吗？”

江拉拉蛄说：“咱们先算算她这是什么玩意儿？”说腰中紧，两个人想老长时间想不起来，腰中紧是什么。说怀中抱，怀中抱是什么，也想不起来。歪歪斜斜把风冒，郭拉拉蛄说：

“哎呀，歪歪斜斜把风冒我知道，那是我二大爷。我二大爷是个瘸子，走得一歪一瘸的，累得大口喘粗气的，那不是歪歪切切把风冒嘛。”

江拉拉蛄说："那两样也不知道是什么，咱们也不打听好怎么给人买？买不回来，咱们还吃不上二十样菜。走，咱们再回去，回去问店掌柜的让咱们捎什么东西。"完了又去问店掌柜的。

江拉拉蛄就说："捎这前两样东西俺俩不知道是什么，第三样东西俺们知道。"

店掌柜说："前两样东西腰中紧是围裙，怀中抱是簸箕。那你说说歪歪切切把风冒，你知道什么？"

郭拉拉蛄说："那是我二大爷，我二大爷是瘸子，一走路歪歪斜斜的，大口喘气。"

店掌柜的笑了一笑，说："我也不缺儿子，我也不少孙子，我要你二大爷干什么？"

郭拉拉蛄说："那你说歪歪斜斜把风冒是什么？"

店掌柜说："我要的是扇子，你没看天热了嘛。"

两个人脸都红了，赶紧说："好，一定给买回来，一定给买回来。"

两个人到县城很快把事办好了，很注重这三件事，扇子、簸箕、围裙都给买回来了。往回走时两个人就侃上了，江拉拉蛄说：

"今儿个咱俩可要改善了，要吃二十样菜。"

郭拉拉蛄说："这二十样菜，那桌子能放下吗？"

江拉拉蛄说："那不要紧，往上摞呗，怎么能摆不下。"两个人乐颠颠地进了店，招呼说："店掌柜的，东西我都给买回来了，你做二十样菜请我们吧。"

店掌柜的出来把东西接过去了，说："你放心吧，我决不食言，做二十样菜请你们就是了。"

他俩这就坐这等着了，不一会儿端上来四样菜：一盘炒韭菜，一盘生韭菜，一盘大葱，一盘酱。两个人说："不呀对，不是二十样菜吗，这才四样，还有十六个呢。再等等。"

两个人不吃，还搁这等着。店掌柜的过来说："二位客爷，怎么还不用饭呢？"

江拉拉蛄说："你这菜也不够啊，你不答应做二十样菜嘛。"

店掌柜笑了笑，说："我这一样菜都不少。"

郭拉拉蛄说："怎么不少，还少十六样呢？"

店掌柜说："我这生韭加熟韭，二九一十八，大葱蘸大酱，整整二十样。"

江拉拉蛄说："就这二十个菜？"一口也没吃，出门就走了。

两个拉拉蛄再也不敢耍拉拉蛄了。说大江大河翻过去多少，今天翻在这小壕沟里去了。天外有人啊！

讲 述 者/张文英　男　65岁　小学　农民

采 录 者/史建丹

采录时间/2008年8月25日

采录地点/辽宁省岫岩满族自治县岭沟乡西道村张家沟组

秃头吕大的红缨帽

吕大啊，他阿玛和讷讷就这么一个儿子，人品啊哪方面都挺好，就是从小生了一头秃头疮，不长头发。你说人啊，貌相长得挺好，个头也不矮，脸盘都挺秀气，都挺受看的，就是长着一头秃头疮不招人待见。这个孩子，讷讷从小啊就做一个红缨帽给这孩子戴上。谁来抱孩子看，都说这小孩儿长得真漂亮，但是没有一个摘帽子看他这一头秃头疮。所以呢，谁也不知道他有秃头疮。

吕大长到十五六岁该娶媳妇的时候了，也是每天都戴着红缨帽，谁也不知道他有秃头疮。这要娶媳妇了，吕大就跟他阿玛说：

“我这红缨帽一直戴着，谁也不知道我是秃头疮，我娶了媳妇之后，我媳妇能不发现吗？”

他阿玛告诉他说：“你天天不吹灯不摘帽子，天不亮你先把帽子戴上，你媳妇不就看不见了嘛。”

这吕大又说：“我晚上不吹灯不摘帽子我能做到，可是我这人觉睡得死性，一觉睡得就是天大亮，我媳妇要是先醒了，她能看不到我是秃头子吗？”

他阿玛说：“那也不要紧，我天天早上啊，上你窗外去喊，我说‘清晨早早起，带上红缨帽’，你赶紧就坐起来给红缨帽戴上，你媳妇就指定发现不了。”

爷儿俩就这么定好了，把媳妇娶到家了，他就本着阿玛这么说的，不吹灯不摘帽子，早晨呢怕起不来，他阿玛就上窗外喊去“清晨早早起，带上红缨帽”，吕大慌慌张张起来了，就把帽子戴上了。第二

天又是“清晨早早起，带上红缨帽”，吕大又赶紧起来，把帽子戴上。媳妇心想，这是干什么，天天一早就“清晨早早起，带上红缨帽”。

这天呢，媳妇就留神了，吕大睡着了，她偷着把灯点上了，看看吕大怎么回事？一看是一头秃疮。媳妇心想，哎呀，就这么点儿小事，还用瞒我干什么？你就生秃疮，你人好心好，生个秃疮又能怎么地？根本就没在乎，就开了个玩笑，就把他帽子给藏起来了。

等第二天早上他阿玛又去喊“清晨早早起，带上红缨帽”。吕大赶忙起来就抓帽子，一抓帽子没有，找还找不着，这就着急，说：

“摸也摸不着，闹得我干急躁。”

他阿玛说：“家里没别人，跟你媳妇要。”

他媳妇说：“咱是新来人，俺可不知道。”

过了一会儿，他媳妇把帽子拿出来说：“你就头上长点儿秃疮，那又管什么呢？你人又好心又好，你待我也很好，就这点儿秃疮算什么？”

打这起，吕大出门带红缨帽，在家就根本不用避他媳妇了。

讲 述 者／张文英　男　65岁　小学　农民

采 录 者／刘　垚

采录时间／2008年8月24日

采录地点／辽宁省岫岩满族自治县岭沟乡西道村张家沟组

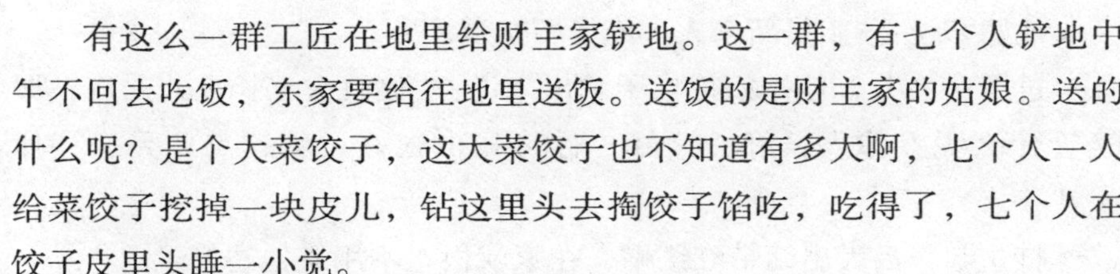

大脚女人

有这么一群工匠在地里给财主家铲地。这一群，有七个人铲地中午不回去吃饭，东家要给往地里送饭。送饭的是财主家的姑娘。送的什么呢？是个大菜饺子，这大菜饺子也不知道有多大啊，七个人一人给菜饺子挖掉一块皮儿，钻这里头去掏饺子馅吃，吃得了，七个人在饺子皮里头睡一小觉。

来了一个大老娃子（白鹭），就把这饺子皮叼跑了。这姑娘送得饭了在这乘凉，这还了得，这姑娘把这鞋脱下来甩天上去了，把老娃子扣底下了。搬开鞋怎么找这老娃子也没找着，最后在姑娘这鞋纳底子的绳扣里找到了。

讲 述 者／张文英　男　65岁　小学　农民

采 录 者／刘　垚

采录时间／2008年8月24日

采录地点／辽宁省岫岩满族自治县岭沟乡西道村张家沟组

说大话的山东人

有这么一家办事情，放的桌头非常多，能有个百八十桌。有人就说了，你看人家这势派有多大，办事情放这么多桌！

有个山东人说："哎呀，放百八十桌还算办大事情？到我们山东，你就是小孩子请满月客，那桌头都要比这多。不用说别的，就当我哥哥的孩子请满月客的时候，那都是骑走马下菜。"

有人说："骑走马下菜？那汤不都洒了吗？"

山东人又说了："全是干炸丸子，哪来的汤？"

又有人问了："骑走马下菜，桌子得放出去十里远，那菜不都凉了吗？"

山东人说："不能凉，五里地一回勺！有六十张桌子一百二十条凳子找不着了。最后在哪找着的呢？在葱蒜皮子里面扒拉出来的！"

讲 述 者／张文英　男　65岁　小学　农民

采 录 者／刘　垚

采录时间／2008年8月24日

采录地点／辽宁省岫岩满族自治县岭沟乡西道村张家沟组

山东人喝蛤蟆汤

东北人吃蛤蟆，山东人不吃蛤蟆。

有这么爷儿俩，从山东逃荒到东北来了，见当地人都吃蛤蟆，也想尝尝。爷儿俩在地里干活时就抓了些蛤蟆带回家。到家了,爹说:“儿子，今儿咱爷儿俩烀大饼子，炖蛤蟆吃。”儿子说：“好，咱也吃一顿蛤蟆。”

可是他俩也没见人家怎么做得，也不会做呀。爹就把水烧开了，把活蛤蟆倒锅里了。蛤蟆能搁开水锅里待着吗？一烫蛤蟆就蹦出去了，在锅台后趴着。

爷俩添柴火，大火烧，差不多了，就往碗里盛蛤蟆，结果，什么也没有，只有汤。爹说：“可能是蛤蟆不抗炖，火大炖化了。化了咱爷俩就喝汤。”

爹喝一口，说：“儿子啊，这汤真好喝。”

儿子喝一口也说：“爹，这汤真好喝。”

爷儿俩边喝边夸蛤蟆汤好喝，等喝完了汤，儿子刷碗，上锅台后一拿水瓢，看蛤蟆还在锅台那趴着呢，就和他爹说：“爹，这蛤蟆还没在锅里，在锅台上趴着，要在锅里，这蛤蟆汤得更好喝了。”

讲 述 者／张文英　男　65岁　小学　农民

采 录 者／刘　垚

采录时间／2008年8月24日

采录地点／辽宁省岫岩满族自治县岭沟乡西道村张家沟组

沈阳

东陵满堂乡满族民间故事

◉传说篇

鹅　　娘

古时候，在长白山的天池附近，有一个勤劳勇敢、正直善良的青年，成年爬山越涧，射猎为生。要说他的本事，山中的猛兽都要躲着他走，天上的飞禽也要绕过他飞。

一天他背着箭，挎着腰刀，骑着枣红马上山打猎。突然，从天空中传来一阵凄厉的叫声。他抬头一看，一只凶猛的大雕正在追扑着一只白色的天鹅，天鹅一边发出祈求的哀鸣，一边朝青年飞来，青年拈弓搭箭对准大雕尽力猛射，正中凶雕大腿。大雕负伤，带箭逃走。

青年举目眺望，一片碧空，几朵白云，却不见白天鹅踪影。正欲牵马前行，见一只白衣女郎，来到面前，向他深施一礼说道："我本是一只天鹅，久居此地，见天高气爽，百花盛开，只身飞来天池游玩，不料途中被恶雕看见要强迫我与它为妻。正在危难之际，遇到了阿哥的搭救。多谢阿哥的救命之恩。但不知阿哥家在哪里，姓氏名谁?"青年见姑娘美丽娴雅，举止端庄，不禁心中高兴，忙上前回礼道，"我叫巴哈布，家住天池边。家中只有老母同我相依为命，以打猎度日 ，不想幸遇姑娘于此，有失回避，望姑娘原谅。"天鹅姑娘见巴哈布诚实善良，勤劳孝顺，心中产生了爱慕之情，低声说："为报阿哥救命之恩，我愿跟阿哥到家过日子。你上山打猎，我侍候老母，做家务，不知阿

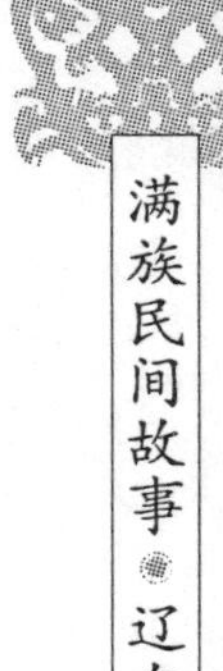

哥意下如何?”巴哈布羞红了脸，高兴地答应了，把姑娘接回了家中拜见了母亲，一家三口过上了相亲相爱的日子。

后来，天鹅姑娘生下一儿一女，男儿聪明伶俐，女儿美貌异常，孩子们都管他妈叫“鹅娘”。

十年后的一天，巴哈布出外打猎未归，一个黑大汉骑着一匹黑马，身背弓箭，腰中挎刀，来到鹅娘的房屋前说道：“我是过路的猎人，刚才追赶梅花鹿迷失了方向，现在肚中饥饿，到此求点儿吃的。”好心的鹅娘见此情景，从房里拿出最好的狍子肉，捧到黑大汉的面前。黑大汉见到鹅娘，猛地打掉她手中的狍子肉，把鹅娘抱起来，捆在了马背上，往深山密林中跑去。正在玩耍的一双儿女，见黑大汉抢走了鹅娘，急忙吹起了兽角。在山中打猎的巴哈布听到兽角声，箭一般奔回家中，听完儿子的哭诉，巴哈布飞身上马，顺着黑大汉逃走的方向追去。

巴哈布的马快，不到两个时辰就追到了七十二峰上，见黑大汉托着吓得昏迷不醒的鹅娘正没命地奔跑。巴哈布，左手拈弓，右手搭箭，一箭射出，正射中黑大汉的马腿，黑大汉翻身落马。巴哈布赶到眼前，黑大汉举起腰刀，与巴哈布厮杀起来。黑大汉抵挡不过，就地一滚，变成了一只大黑雕，恶狠狠地向巴哈布扑来，巴哈布不慌不忙，举起刀将恶雕劈成了两截。巴哈布救下了鹅娘，悲喜交加。鹅娘认出了这只恶雕，正是十年前要娶她为妻的那只雕，腿上还有被巴哈布射过的伤疤呢。

巴哈布将鹅娘救回家中，一双儿女见母亲死里逃生，更是喜出望外。从此以后，鹅娘孝敬老母，一家人过着幸福的生活。

讲 述 者/那永胜　男　满族
采 录 者/罗正贵
采录时间/1985年
采录地点/沈阳东陵区满堂满族乡

阿骨打封虎王

古代的东北虎头上没有“王”字，以后为什么有“王”字呢？其中有一段故事。

传说，女真族首领完颜阿骨打，刚起事时，因不满辽国天祚帝的残酷压迫，便毅然率兵反辽。由于阿骨打兵微将寡，被辽兵打得大败。阿骨打弃马，只身逃入长白山密林中躲藏，辽兵四面包围进行搜捕。正当阿骨打将要被擒之际，一只猛虎从林中窜出，卧到阿骨打的面前。阿骨打只顾逃命忘了害怕，猛地骑到老虎的背上。这老虎驮着阿骨打呼啸一声，闯出辽兵重围，跨过天池，越过三江平原，来到松花江畔。阿骨打又急、又怕、又饿，从虎背上摔倒在地。昏迷中觉得有是什么东西拱他，睁开眼一看，一只老虎俯卧在自己的身旁，又见旁边还有一只满身血污的死獐。阿骨打十分高兴，急忙弄了些树棒，点火烧獐充饥。

阿骨打很感激老虎的忠义和救命之恩，便用木炭蘸着上松花江水，在老虎头上写下个“王”字。打这以后，东北虎的头上就有个王字。

后来，阿骨打当了大金国皇帝，正式封老虎为“百兽之王”。从此，山中所有的走兽见到老虎都远远避开。

讲 述 者／那永胜　男　满族

采 录 者／罗正贵

采录时间／1985年

采录地点／沈阳东陵区满堂满族乡

努尔哈赤脱险

罕王爷，也就是努尔哈赤。因为他小名叫小罕子，所以后来被称作“罕王爷”。

小罕子十三四岁时，给当时明朝的辽东总兵李成梁当差。就是做做零活，喂喂马，就像个贴身的小使。

这天晚上，小罕子给李成梁洗脚，李成梁脚上有三颗痦子。小罕子到底是小，心眼不多，就说：

“我脚有7颗痦子。”

说者无意，听者有心。李成梁听了就想，明朝气数将尽，恐怕要被取代。他有7颗痦子，脚踩七星，是帝王之象，这事不好，我得有点防范。洗完脚以后，小罕子就回马棚子里去睡觉。李成梁合计来合计去，就觉得这事不好，干脆除掉他，免得后患。晚上回去就和他的小妾商量，说：

“我脚上有三颗痦子就当了总兵，小罕子脚上有7颗痦子，恐怕将来要坏事，今天晚上我就把他杀掉。”

说完他就呼呼睡着了。这个小妾心善，听了以后就想，小罕子对我多好，人勤快，平时干活也不用操心。恻隐之心人皆有之，于是她趁李成梁睡熟的时候，来到马棚，叫醒小罕子：

“小罕子，赶快醒醒，李成梁要杀你，赶快跑吧。”

小罕子揉了揉眼睛，急忙牵出一匹马就跑。他也没细看，这匹马叫大青，李总兵家最快的一匹马。小罕子着急，拽着马就跑，他的狗就在后面跟着。李成梁半夜醒了，就要去杀小罕子，就让底下人去把小罕子

抓来。一会儿有人来报，说小罕子跑了。李成梁一听，吩咐说：

“赶快去马棚，马少不少。”

底下人又来报说：“大青马没有了。”

李成梁急忙说：“这是骑马跑了。给我备二青，二青跑得快，能追上他。”

然后追了半夜，小罕子看见后面尘土飞扬，就知道李成梁追上来了。这时，到了一个山脚下，大青马倒地累死了。小罕子心里说，大青马把我驮到这，我也很感谢你，将来我有发达的一日，一定不会忘了你。小罕子拍拍大青马的尸体，赶快往一块洼地跑去。这片洼地长满了苇子。等他跑到了深处，李成梁也到了，一看大青马，就停下来。李成梁想，这么大一片苇塘，怎么找呢？决定放火烧。正好有点风，火就越烧越大。李成梁下令在这休息，打打尖。过了一阵子，李成梁就找来人说去看看小罕子烧死没烧死。这些人走到苇塘深处，看到一个小水坑不算太大，一个狗趴在旁边死了。旁边一个人形，上面落满了老鸹（乌鸦）。这些人一看，老鸹吃肉，人肯定是死了。就回来报告李成梁说，人已经死了。李成梁一听，就说：

“那行了，走吧。”

又过了一阵，小罕子醒了，感觉怎么浑身疼痛呢？一看，老鸹落了一身。再看看，狗死在身旁，浑身湿漉漉的，再摸摸自己也是浑身湿漉漉的，再一看旁边有个水塘，明白了：狗和乌鸦救了我啊。狗在水塘里打滚，然后在我身上打滚，湿了就烧不着了，然后狗累死了。乌鸦落在我身上，也就救了我。当时，小罕子就说：

“大青马救了我，狗啊，救了我，还有乌鸦，也救了我，有朝一日，我要有得势的一天，这些我都是要祭祀的。”

于是，后来满族人有了不吃狗肉、不带狗皮帽子的忌讳，和过年时在索伦杆子里放食物喂乌鸦的习俗。

讲 述 者／肇恒昌　男　63岁　大专文化　干部

采 录 者／黄明明

采录时间／2009年8月12日

采录地点／沈阳东陵区满堂满族乡

万历妈妈

从前，北方满族人家里为啥要供奉万历妈妈牌位？

相传，清太祖努尔哈赤，青年时期韬略超群，武艺出众，女真各部被他征服。他在塞外威名大振。

一天，努尔哈赤接到明朝万历皇帝封他为龙虎将军，并命他随钦差进京。努尔哈赤喜不自胜，正合他借机刺探军情的心意。

这天，是崇祯皇帝的母亲万历太后的七十寿辰，文武百官、宫娥彩女齐集万寿宫向太后祝寿，各族首领纷纷朝拜。努尔哈赤见万历太后慈眉善目，白发红颜，崇敬地向她三拜九叩，并用汉话说道："祝太后万寿无疆！"太后见努尔哈赤龙眉凤目，虎背熊腰，还会汉语，非常高兴，命他表演跑马射箭。努尔哈赤立即表演了"蹬里藏身"和"箭射金钱眼"，受到君臣喝彩。

一日早朝，忽有钦天监奏道："臣观天象，近日从东北方向发现一颗耀眼的大星，真犯紫微，现已落入京城之内。"万历皇帝大惊失色，传旨各州、府、县和京城内外缉拿"胸怀五痣、脚踏七星、手握日月"的人。御林军全城搜查，四门紧闭。

这天夜里，万历太后偶做一梦，见天空彩云翻飞，一个个金盔金甲、手捧玉旨的神人对太后宣读玉帝圣旨："今有新临凡紫微真主在你宫中有难，汝速搭救，若违背旨意将五雷轰顶。"太后惊醒后自语道："取代我家天下的真龙天子，莫非应在塞外努尔哈赤身上？"暗自叹道："社稷可失，天意不可违呀！"太后速派人把努尔哈赤叫到面前说道："御林军就要抓你，快到后宫化装汉人逃命去吧！"努尔哈赤含泪

向太后拜道："感谢太后娘娘救命之恩，将来我有得帝之日，我和我的子孙供你的牌位，永远给你烧香。"

努尔哈赤在盛京登基以后，下诏八旗军民家家供奉万历太后神位，称为"万历妈妈"。

讲 述 者 / 关恩泽
搜集整理者 / 罗正贵
搜集时间 / 1984年2月
搜集地点 / 英达乡后陵村

努尔哈赤智取哈达部

当年，上柱国的国王被明朝封为龙虎将军，称为哈达万罕，属地有好几千里，从辽宁省一直到黑龙江。哈达万罕有五个儿子，他临终时想要传位给五儿子。其他儿子不干，就开始和他打仗。这个五儿子叫乌尔古代，他就带着官印跑了。他带了十多个人，腰里绑着印，跑啊跑啊，正好遇见了建州女真的努尔哈赤出来打猎。乌尔古代上前去请努尔哈赤救命，因为他打不过他其他的哥哥和叔叔们。努尔哈赤一看，这不是哈达贝勒乌尔古代吗？就说：

"跟我来吧。"

就把乌尔古代带到了建州女真的住地。乌尔古代的叔叔、哥哥们也就没敢再追过来。

努尔哈赤对乌尔古代挺好，可以说是三天一小宴，五天一大宴。那时候呢，谁手里有明朝的敕书多，谁的权力就大。努尔哈赤就合计想要拉拢乌尔古代，把两个部落合一，就跟乌尔古代商量帮他当上哈达贝勒，然后把女儿嫁给他。乌尔古代到建州的时候还挺小，只有十八岁。当时呢，乌尔古代就没有同意，说：

"阿玛尸骨未寒，我不能娶妻。"

努尔哈赤说："你还是再考虑考虑吧。"

这一天呢，努尔哈赤又设宴。他亲自给乌尔古代斟酒，用金杯赐酒。这个乌尔古代就有点喝多了，努尔哈赤就让人扶他去西厢房住了。第二天，乌尔古代醒了一看，怎么旁边一个姑娘。他就问："你是谁？"

这个姑娘就下了地，跪在地上磕头，说："唉哏（满语，丈夫），你看我们已经有了夫妻之情了，我父汗是建州大贝勒努尔哈赤。"

原来，这就是努尔哈赤的女儿。弄得乌尔古代一看这样。这时候门开了，努尔哈赤走进来，哈哈大笑。这姑娘一看父汗到了赶忙起身，就同意成亲了。努尔哈赤大办婚事，张灯结彩吹吹打打的，乌尔古代就娶了努尔哈赤的女儿，成了努尔哈赤的额驸。乌尔古代就把官印交给了努尔哈赤。后来，努尔哈赤就收服了哈达地区。然后，乌尔古代带着妻子回到了哈达地区继续做哈达贝勒。

讲 述 者/那永胜　男　61岁　初中文化 工人
采 录 者/黄明明
采录时间/2009年8月12日
采录地点/沈阳东陵区满堂满族乡

努尔哈赤征服乌拉国

当年，努尔哈赤雄心勃勃想扩大他的势力。努尔哈赤很会用兵，小部落呢，他能打就打，大部落呢，打不过就通婚。当时有一种珍珠叫东珠。东珠是当时最好的珍珠，天然的，江里面的蚌产的，非常大。这种东珠，只有乌拉那个地方才有，别的地方都不产。当时，乌拉部落的首领是布占泰。布占泰的是努尔哈赤妻子的亲叔叔。布占泰的势力很大，努尔哈赤一想，要征服他得像砍大树一样，一斧一斧地砍，不能一下成功。努尔哈赤就派人去说媒，就把他的一个女儿嫁给了布占泰。努尔哈赤的这个女儿长得不太好看，布占泰娶的其他的蒙古部落的姑娘和叶赫部落的姑娘都挺漂亮。布占泰就说：

“这建州的格格长的也不好看啊。”

这句话被努尔哈赤的女儿听见了，说：“好啊，你敢说我长的不好看?”

这个布占泰性格挺倔犟，就说：“我说你怎么了，别以为你仗着努尔哈赤就了不起。”

满族人最忌讳的就是提名带姓。这个布占泰就说：“我家也是世代受明的封赐，我怕你个奴囚干什么?”

他管努尔哈赤叫奴囚。这个努尔哈赤的女儿就跟布占泰吵了起来。布占泰一怒之下，拿起箭，把努尔哈赤的女儿射死了。陪嫁过来的丫鬟就偷偷跑回了建州，报告努尔哈赤布占泰射死了格格。努尔哈赤一听，大怒：

“我努尔哈赤的女儿是你随便射杀的吗?”

然后就带着兵马，到了松花江岸，找到了布占泰。

努尔哈赤就说："你好大胆子，竟敢把我的女儿给射死了。"

布占泰也不服气，说："你有什么了不起的，你阿玛爷爷都是打猎的，我家世代为可汗呢。"

俩人就对骂越骂越激烈起来。双方就打了起来。第一次双方打成了平手，损失都不小。过了能有半年多，努尔哈赤气没消又率兵打了过去，这次布占泰吃了大亏，落荒跑到叶赫那边去了，再也不敢回来了。努尔哈赤后来寻思，乌拉这地方都是深山老林，也不好控制，他就收服了布占泰的小儿子。布占泰的小儿子归顺了努尔哈赤，努尔哈赤就把一个孙女嫁给了这个小儿子，从此乌拉国归顺了努尔哈赤。

讲 述 者/那永胜　男　61岁　初中文化　工人

采 录 者/黄明明

采录时间/2009年8月12日

采录地点/沈阳东陵区满堂满族乡

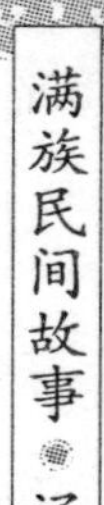

努尔哈赤劝潞王

“清水烧锅迷额真，饮酒误事罕王训；自古英雄争天下，弃酒负罪把兵进。”

这首民谣在沈阳市新城子区清水台乡流传了三百多年。说的是努尔哈赤劝潞王弃酒进兵的故事。沈阳城北六十多里有一座村镇，据说在古时这里有一眼清泉，泉水清亮亮的，有一股特殊的甜味。明朝末年，有一个山西人，来到这里开了一个烧锅（造酒厂），利用清泉酿酒。酿出的酒甜滋滋的，香气能传几里地，当地可出名了。地方官就把这酒作为贡品，送到北京，献给皇上。打这以后，这个地方出了名，被叫做清水池。由于生意日益兴旺，烧锅主人建造了几个石台，把泉水圈围起来，这个地方又叫清水台。这就是民谣中说的“清水烧锅”的来历。

当年努尔哈赤率领六万八旗军进攻沈阳，在辉山一带安营扎寨。潞王是固山额真，指挥七千多将士驻在辉山附近清水台练兵，准备攻明军。潞王是一个见了酒就不要命的大酒鬼，这回驻在清水台，可把他乐坏了。因为他早就听说这里的酒好喝，就在这里修一座小阁楼，把自己关在里面，一天三顿美酒，天天喝得醉醺醺的，他早把那习武练兵、攻明南下的事忘在了一边。努尔哈赤知道了这件事可气坏了，决定亲自查问一下。

有一天，努尔哈赤在点将台召集了五员大臣、十员都堂、正副都统、佐领开会，商讨进兵伐明。潞王刚刚吃完酒，晃晃悠悠地也来参加会议。努尔哈赤端坐在点将台正中，威风凛凛，文武将官台下两旁

侍立，静候训导。潞王头重脚轻，难以立直身体。努尔哈赤看在眼里，便问："潞王，你所管辖的正黄旗，共有兵多少人？有多少牛录额真？有多少甲喇额真？有多少梅勒额真？"潞王这回倒听清了，可由于他光顾饮酒不问军事只好默不作声。努尔哈赤不露声色，继续发问："有多少弓箭？多少匹战马？"潞王晃晃地双拳一抱，伸出六个手指，什么意思，谁也不懂，大家愣了。这回努尔哈赤可真生气了，大喝一声："潞王出列，跪下！"两旁文武官员都替潞王担心，不知道努尔哈赤怎么处置他。再看潞王吓得眼睛也直了，汗也冒出来了，酒也醒了，"扑通"跪在地上，一个劲儿地叩头请罪。努尔哈赤声色俱厉，继续训斥他："潞王你是一问三不知，还称什么都统？你说，该当何罪？"潞王心里有数，他知道努尔哈赤养兵伐明，爱将如子，如认真改正，是会原谅他的。当然，饶过死罪，重重处罚是免不了的。想到这里，不由得打了一个冷战，连忙叩头说："臣饮酒误事，愿负荆请罪，带兵攻城。愿限期破城，如果逾期不破，愿罪上加罪，甘愿受罚。"

努尔哈赤便命他戒酒领兵，限三天占领辽阳，如三天不破，按军法论处。潞王接令以后，就戒了酒，自己率领正黄旗主力，采取突袭办法，只用两天便攻占了辽阳城。第三天，努尔哈赤在辽阳城里为潞王摆了庆功宴。从此，潞王再也不敢饮酒贻误军机了。

讲 述 者／刘兢翔
采录整理者／张有海
采录时间／1986年6月
采录地点／沈阳市

努尔哈赤收秦亮

后金天命年间。有一天，努尔哈赤带领群臣在盛京郊外打猎回来，走到大东门附近的时候，看见路南那棵大柳树底下围着老多人，后面的人一个个把脖伸得老长，跷着脚跟往中间瞅。努尔哈赤大队人马哗哗开过来，他们没看见，还是你推我搡，争着抢着往里看。努尔哈赤觉得很奇怪，心想：那里究竟出了啥新鲜事，能引起大伙这样的兴趣呢？也想凑过去看看。

他传令将人马停下之后，只带了两名贴身侍卫步行到那里。众人见努尔哈赤来了，便纷纷后退让出路来。努尔哈赤跟大家打罢招呼，走到跟前一看，见一个十来岁的小男孩儿，身上插着草标，低着头跪在地上，面前摆放着一张白纸，上面写着：卖身葬母，纹银三百。努尔哈赤看罢心中酸酸的。暗想：这小孩儿所作所为真令人钦佩呀！一看那卖身价，又想，他起价那老高，一般人也买不起呀！便摇摇头，问："小孩儿，你自卖自身来安葬亲娘，看得出，你是个孝顺的孩子，可你为啥要那么老多银子呢？"令人奇怪的是，那小孩儿见努尔哈赤问他，头也不抬，朗声回答："娘亲生我恩比天高，情似海深，只用三百两银子安葬她咋能算多呢？如你有仁慈之心便将我买下，成全我娘亲厚葬，以慰她在天之灵。"那些呆看热闹的人听了小孩儿的话，不禁七嘴八舌纷纷议论，说这小孩儿真不一般，说出话来有条有理，句句咬人。此时，努尔哈赤更是赞叹，他年纪这样小，却能道出一般成年人也讲不出来的话，将来长大成人肯定会有出息！便命侍卫拿出三百两银子放在小孩儿面前。说道："小孩儿，我把你买下了，能告诉我你叫

啥名字，家在哪里吗？”小孩儿照旧低头回答：“我卖给圣上已成了奴才，沦为奴才的人便没了祖宗，我这不孝子孙，为啥要说出先人的姓氏给他们丢脸啊？请还是叫我小孩吧。”努尔哈赤听罢眉头一皱，这小孩儿好大的胆量呢！便微笑着说：“讲得好，小孩儿，你是否能抬起头来，让我看看你的容貌，咱们相互认识一下？”“奴才不敢。”“究竟为啥？”“奴才容貌太丑，恐怕惊了圣驾。”努尔哈赤是位马上皇帝，东讨西杀出生入死见的多了，听小孩儿说怕自己吓着，不禁捧腹大笑道：“真是孩子话，我不怪你就是了。”“谢皇上！”小孩儿说罢将脸往上一扬，把围观的百姓当时吓得往后退了三尺。虽然说努尔哈赤经多识广也不禁倒吸一口凉气。这小孩儿长得是蓝靛脸蛤蟆眼、朝天鼻子四楞子嘴，两颗獠牙支在嘴唇外边。他这副容貌，在大白天把众人吓成这样，谁若是黑夜里遇见了，准会以为他是十八层地狱里的恶鬼，取经路上的妖精。努尔哈赤虽觉得他容貌可怕，但心里确实喜爱。暗想：听他谈吐不凡，这真是奇貌奇才呀！便笑吟吟道：“容貌各异不足为怪，快快起来，拿上银两葬你娘亲去吧！”小孩儿叩头谢了恩，站起身道：“三天后到万岁驾前听命。”说罢转身要走。努尔哈赤将他喊住：“小孩儿，我再赐你纹银五百两厚葬娘亲，准你三年服孝期满再来宫中听用。”小孩便又叩谢，拿了八百两银子扬长而去。

一晃三年，那小孩儿准时回来。起初，努尔哈赤要他在宫内做些杂活，挂着他能有时间读书练字。谁知，没过两天便惹了麻烦。原来，那些嫔妃娘娘、宫娥彩女见不得他那副尊容，只要他一露面就吓得嗷嗷直叫，东躲西藏。努尔哈赤一看，也觉得这样安排欠妥，便打算把他留在自己身边。刚把这话音儿露出来，贴身侍卫道：“启禀皇上，奴才认为这小孩儿来历不明，看他这副凶相恐不是善良之辈。”努尔哈赤道：“为人都是父母所生，人心皆属肉长成，我以仁爱之心待他，不求他谢，也不至于恩将仇报哇！”侍卫见努尔哈赤主意已定，便不再言语。人常说，路旁说话草根听，隔墙有耳。这些话恰恰让小孩儿在窗外听了个老满，不由得暗中赞道：这努尔哈赤是真圣明之主。

说努尔哈赤独具慧眼识奇才，在三年前就看出这小孩儿有出息，今天看来果然不错。他读书过目不忘，侍奉人善察人意。他知道努尔哈赤一皱眉想啥，一伸手要啥，一抬脚去哪。这些越发使努尔哈赤喜

欢，有时吃饭和睡觉都在一起。

转眼半年过去了。这天正值中秋节，努尔哈赤和内亲家眷、心腹重臣在御花园饮酒赏月。喝到兴起，有人提请努尔哈赤打一趟拳让大家开开眼界。努尔哈赤情绪特别好，笑吟吟站起身脱去长衣，便在人前凝神提气练了起来。只见他闪展腾挪身轻如燕，拳路精熟沉稳刚健，真到了炉火纯青出神入化的境界。一趟拳打完，众人喝彩。努尔哈赤对小孩儿道："我这身功夫与你比如何？"小孩儿听罢先是一愣，随后跪倒，说道："圣上既已发现奴才行踪，请随便处置好了。"努尔哈赤笑道："你想杀朕报仇，朕早已知道，想处置你，还能有今天吗?"众人大吃一惊，方知这小孩儿是刺客。

原来，努尔哈赤第一次见到他，已察觉出他来路有些奇怪。许他重金葬母之后，便暗中派人跟踪打探，摸清他是明朝大将秦少彪之子秦亮。那秦少彪与努尔哈赤交战中阵亡，秦夫人为报夫仇，便把小秦亮送到峨眉山法禅大师那学习武艺。七年之后带他奔盛京想刺努尔哈赤。没想到途中染病死在店中。小秦亮探知努尔哈赤狩猎，便想在他归来途中下手，意想不到，努尔哈赤待他那样宽厚，手便软了。在守孝期间，法禅大师曾下山劝过他："亮儿，为师教你武艺是要你保护明君，那努尔哈赤是圣明君主，深得天下人喜爱。你若杀他恐要违背民心天意呀！"秦亮哭着说："我那杀父之仇就不报了?""唉，自古以来两军对阵难免伤亡，他们的后人若都去找冤头债主，那刀光血影何时能了呢？再者说，他许你重金葬母之恩也当报答才对！"法禅大师走后，秦亮仔细品味那话有些道理。待他来到努尔哈赤身边，并不知道人家已对他严加防范。自以为有几次下手机会，又觉得努尔哈赤待他太好了，所以把举起的钢刀又放了下来。努尔哈赤在暗中把这一切看得明明白白，摸透了他是一个有情有义知恩图报的人。

努尔哈赤在今天把话挑明，当时赦他无罪。小秦亮很是感激，打这以后，实心实意保驾努尔哈赤了。后来他当上了将军，为扶持大清屡建奇功。

讲 述 者/薛天智　男　53岁　汉族　初中文化
于洪区沙岭镇诺木珲村　农民
采 录 者/刘　敏　于洪区文化馆
采录时间/1985年
流传地区/沈阳一带

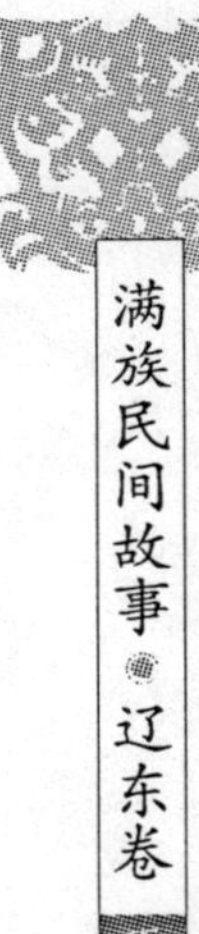

努尔哈赤封蛇王

努尔哈赤英勇善战，打赢多次大战，英名传天下。很多小部落纷纷归顺。努尔哈赤的势力也越来越大。

有一次，努尔哈赤带兵去打仗，被一座大山拦住了去路，这座山又高又大，努尔哈赤领着军队在山里走了好几天也走不出去，努尔哈赤感觉很奇怪，怎么麻哒山（迷路）了呢？立即找来当地的山民。

山民说："这座山有个大蟒守着，只有它让你过你才能过去，现在你们转不出去，就是它施了魔法。"

努尔哈赤一听，说："是这么回事啊！"努尔哈赤对着大山大喊："大蟒，你出来吧。我是带兵打仗的努尔哈赤。"

一会儿真出来一条大蟒，努尔哈赤说："我要去消灭杀死我阿玛的敌人，我要过这座山，你有要求对我说。"

大蟒说："让你过也行，但你得封我个官。"

努尔哈赤说："这好办，我封你为蟒将军。"

大蟒说："不行，太小了。"

努尔哈赤又说："那封你个王爷。"

大蟒还是不同意。

"那封你个宰相。"

大蟒还是摇头，最后努尔哈赤说："你说，要当什么官。"

大蟒说："我要当贝子。如果我当了贝子，从此我不再与你作对。"

努尔哈赤同意了，说："那我封你为青蟒贝子。"

封完之后，努尔哈赤带领着军队，很快就走出了这座大山。

讲 述 者/那永胜　男　61岁　初中文化　工人
采 录 者/苗莉莉
采录时间/2009年8月12日
采录地点/沈阳东陵区满堂满族乡

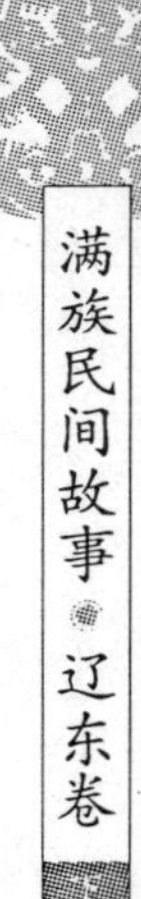

努尔哈赤与圣水泉

传说，努尔哈赤从新宾老城迁到辽阳，1625年又迁到盛京。他就合计，这江山能坐多牢呢？能不能坐久呢？有一天，他就在恍恍惚惚间，感觉一个太监来报，门口来一个老者求见，努尔哈赤就让人带进来。过了会儿，下人来报说，那个老头儿已经走了，但是他站过的石板上留下了几行字。努尔哈赤赶快出去看，一看地上写着“东去三十释君忧，庆、玉正逢圣水流，护住泉涌七十二，江山可保三百秋”。这什么意思呢？努尔哈赤就让大臣都看看是什么意思，大臣们也没有人解得出。正着急呢，他一激灵醒了，原来是个梦。

努尔哈赤醒了后，老搁心合计，这个梦是什么意思呢？努尔哈赤就要找人来解这个梦，说：

“给我叫庆、玉二将军来。”原来这庆、玉两位将军是国舅。

下边人回报说，庆、玉二将军打猎去了。罕王爷心里放不下这个梦，就说：

“给我备马，我要出宫走走。”

努尔哈赤出宫向东走了三十里，看见了一座山。哎呀，这个山太好了，山不算太高，山山相连，岭岭相护，群峰连绵起伏，古树参天，努尔哈赤禁不住喊了一声：

“好地方呀！”

他正在看呢，前边跑过来两匹白马。是谁呢？庆、玉二将军。两个人赶忙下马见驾。努尔哈赤就问两个人在这干什么呢，庆、玉二将军回答说：

“罕王爷，我俩遇着件事。”

努尔哈赤忙问：“什么事，快说来听听。”

这两个人就说了：有一天，我们俩来这山上打猎，遇着一只兔子，这只兔子立起来向我们俩招招手，然后就跑了。我们觉得奇怪，在后面跟着跑，一跑跑到山坡底下。兔子没影了，出来一个白胡子老头儿，这老头儿就说了：“我猜你们是努尔哈赤的将军吧，你们想不想为保卫这个江山立点功啊？”我俩连忙说了：“想啊，那谁不想啊。”这个老头儿手指着一个泉眼，泉水咕嘟嘟地往外冒，但是不往四处淌。他说：“这泉水不干，江山不倒，你们啊，把这个泉眼护住，就维护住了努尔哈赤的江山，你们也就立了大功了。”从那天起，我们天天来看护这泉眼。

努尔哈赤一听：“啊，原来是这样啊。你俩在这看了多长时间了？”

这两个人一算，说：“有七十二天了。”

努尔哈赤一下想起梦中的一句话“护住泉涌七十二”，这不正应了那句话吗？这是老天在帮我呀！

努尔哈赤对庆、玉二将军说：“你们为我江山立大功了。这山，这地，就封给你们俩了，这个泉水呢，我就给它起名叫做‘圣水泉’，你们要好好儿保护。”

从此，庆、玉二将军就驻扎在这里。世代相传，后来慢慢繁衍成了三个堡子，分别叫做上水泉、中水泉和下水泉。

讲 述 者／肇恒昌　男　63岁　大专文化　干部

采 录 者／黄明明

采录时间／2009年8月12日

采录地点／沈阳东陵区满堂满族乡

努尔哈赤迁都沈阳

努尔哈赤建立“后金”称汗以后，他的力量一天比一天强大起来。他这个人雄心可大了，总想统一东北，然后再夺取明朝江山。在萨尔浒打了大胜仗以后，努尔哈赤就由赫图阿拉城迁都辽阳，起名叫“东京”。可是他在辽阳只待了三年，又决定迁都沈阳。这是为什么呢？

传说有一天，努尔哈赤正跟众王公和贝勒们在一起议事，忽然门军报说有一个老人来求见，努尔哈赤传令请进。这个老人说：

“罕王爷，我家住在沈水南边的奉集堡，前天村东头的树林子飞来一只大鸟，长得可好看了，谁也不认识是什么鸟。后来我去一看，好像画里的凤凰。凤凰是鸟中之王，是吉祥之兆，我想这是罕王爷的洪福，凤凰才能飞来，我特来向罕王爷报喜。”

努尔哈赤听了大喜，赏过老人，便派人前去查看，果然有只凤凰落在树林里。努尔哈赤问众王公和贝勒：“你们谁能说说这是什么意思？”大伙你瞅瞅我，我看看你，谁也不吱声。这时四贝勒皇太极说道：“凤凰不落无宝之地，我想落凤之地一定风水好，这是上天指示我们迁都那里。”努尔哈赤一听，正对自己的心思，说道：“四贝勒之言有理，准备迁都！”众王公和其他贝勒也都点头赞成。

努尔哈赤一边派人察看地形，一边征集民工车马，大兴土木。说来也怪，刚一开工，那只凤凰一声长鸣飞走了，一直飞到沈水以北的沈阳城才落下，还不停地叫唤。努尔哈赤急忙传令停工，对大伙说：“看来这地方是凤凰落脚之处，现在凤凰落在沈阳城，长鸣不止，那里才是真正的风水宝地，新都应迁到那里。你们意下如何？”众王公和贝

勒都不吱声，有的认为迁来迁去劳民伤财；有的认为这地方不错了，还迁个啥劲？可是谁也没敢明说。努尔哈赤好像明白大家的心思，就又说："沈阳四通八达，在那建都，南可以进攻中原，北可以攻打蒙古，东可以出征朝鲜；沈阳山清水秀，野兽多，鱼虾肥，是出游打猎的好地方。上天指示我迁都那里，你们为什么不赞成？"大伙一看努尔哈赤决心已定，说得也在理，就都同意迁都沈阳了。

迁都沈阳以后，努尔哈赤就下令修筑城池和宫殿。不承想他在宁远打仗受了重伤，还没回到沈阳就死了。修筑沈阳城池和宫殿的愿望，只好由他的继承人皇太极来完成了。

讲 述 者/姜淑珍　女　不识字　农妇
采录整理者/那向果　杨喜君
采录时间/1986年6月
采录地点/沈阳东陵区古城子乡

努尔哈赤的猎鹰墓

在沈阳市东陵区英达堡的后面有一座鹰陵，至今墓碑还完好地立在那里。

相传，这里埋葬的是努尔哈赤的猎鹰。这只猎鹰跟随努尔哈赤南征北战，深得努尔哈赤的喜爱，最后为救努尔哈赤战死了。这只鹰，是一种名为海东青的猎鹰，生性凶猛，日夜跟随在努尔哈赤的身边，努尔哈赤打仗也把它带在身边。

在萨尔浒大战中，努尔哈赤兵力不敌明兵，一时陷于弱势。跟努尔哈赤对阵的这位明朝的武将外号叫刘大刀，一口刀使得出神入化。正在努尔哈赤和刘大刀两人陷入僵局时，猎鹰飞了出来，啄瞎了刘大刀的眼睛。努尔哈赤趁其不备，杀死了刘大刀，明朝的军队群龙无首乱作一团，很快被努尔哈赤的军队打败了。

这就是中国历史上以少胜多的典型战役“萨尔浒大战”。

但是，猎鹰却被明朝军队的箭射死了，努尔哈赤为了纪念这只猎鹰，将它埋葬并修了一座鹰坟。

讲 述 者／那永胜　男　61岁　初中文化　工人

采 录 者／苗莉莉

采录时间／2009年8月12日

采录地点／沈阳东陵区满堂满族乡

努尔哈赤为什么葬东陵

相传，努尔哈赤死后不久，其八子皇太极便继位，成了全国的第二代皇帝。皇太极为了江山兴盛，便派遣了许多阴阳先生，到各处去寻找埋葬父王“龙体”的风水宝地。

几个月过去了，各路阴阳先生回宫禀告：“没有选到上等风水宝地。”皇太极听了大为不悦。

一日早朝，皇太极对文武百官说：“为了祖宗基业，大清的兴盛，要选一块风水宝地埋葬父王遗骨，我派人踏遍千山万水也没有找到。众位大臣跟随父王南征北战，对各处山川河流了解颇多，望献计献策。”

朝中主管天文地理的钦天监出列奏道：“据臣观察，都城以东约二十里的地方有一座山，叫天目山，是先王生前同明军作战经那里时，曾封为‘天柱山’。这天柱山是长白山余脉的末端。山不高而雄伟，山不方圆却有几十里。此山，前临浑河，后靠大台山，中间还有一条‘兴隆岭’。常言道‘两山夹一岗，辈辈出皇上’。它不但依山傍水，林木葱茏，臣还听说，山中还有涌泉百眼，泉水来自长白天池，清澈甘美，土地滋润，实在是天下难得的风水宝地。先王的‘龙体’要埋在这里，何愁天下不平，四方不归顺矣！”

皇太极听后大悦，忙点精兵九十九，良将一员，共一百名军卒。限期一百天，要查到一百个泉眼的位置，画出草图回来禀告，自有封赏；如若延期，提头来见。

这一百名军卒来到天柱山上，虽见春光明媚，山花开放，绿草如

茵，可也无心观赏，只好拨开荆棘寻找起泉眼来。他们从南到北，从东到西，找了五九四十五天，终于找到九十九个泉眼。剩下最后一个泉眼，他们又纵横交错找了六九五十四天却毫无下落。领头的将军不安地说："明天是最后一天了，要找不出最后一个泉眼，我们都作刀下之鬼呀。"

第二天天刚亮，他们就在后山寻找起来。见一窝青草也要扒开看看，见一块石头也要搬开瞧瞧，生怕漏掉这个要命的泉眼。他们忍着饥饿，从上午找到中午，从中午找到黄昏，仍没有见到泉眼的影子。

正在他们饥渴交加、焦急万分之际，忽然听林中传来一阵爽朗的笑声。不一会儿，走出一位身背弓箭、手提猎物的人。众军卒举目一看，是一位须发皆白、身材魁伟、神情机警的老人。领头的将军见到这位"地里仙"就像见到救星一样，忙上前躬身施礼道："老人家尊姓大名，家住哪里，高寿几龄？"老猎人连忙还礼答道："草民贱姓英，在这山中已经度过七十多个春秋。各位将军若不嫌弃，请到山下寒舍喝茶歇息。"众军卒来到老猎人的窝棚前，一面吃着老猎人送给的兽肉，一面唉声叹气，愁容满面。老猎人问道："众位将军这么晚来到荒郊旷野，莫非为一个泉眼而忧虑吗？"领头的将军听罢不禁转忧为喜，躬身对老猎人说道："老人家，实不相瞒，我们是努尔哈赤宫中的御林军。奉皇上之命，限我们一百天要在这山中找出一百个泉眼。九十九个都找到了，最后一个泉眼怎么也找不到。今天限期已满，过几个时辰再找不到，我们就要被开刀问斩了。恳求老人家指条出路，搭救我们一百条性命吧！"

老猎人见众军卒态度诚恳，沉思片刻说道："草民年轻时在山前浑河边上，家中有父母妻小六口人，冬靠狩猎，夏以捕鱼为生。一天父亲病重时对我说，此山风水最好，死后让我把他的尸体埋在山后'天龙'出现的地方。不料，当晚下起暴雨，浑河发大水，我们一家全被卷进漩涡之中。我因年轻力壮，抱住棵大树才得了这条性命。从此，我孤身在此山打猎度日，渴了就喝山泉水，饿了就以兽肉为食。有一年冬天，连降三天大雪，漫山遍野白雪皑皑，唯有山后有个地方却热气腾腾、不见雪花，心中很觉奇怪。第二年夏天，一场大雨刚过，又见一条彩虹直插到热气升起的地方，我到近前一看，原来是一个碗大

的泉眼，上面布满了青草，正是我父亲说的‘大龙’出现的地方。我为了保护住这块‘百泉’之首的龙脉，就在这泉眼上盖起了这间窝棚，想在此了结我的残生。你们奉旨来此查泉，我早就看在眼里，断定你们是找不到的。我见众位将兵都很年轻，家中还有老父老母、妻子儿女等着你们，不忍心见死不救。再有，罕王爷领兵打仗，不但纪律严明，而且赶走了欺压百姓的明朝军队，过上了安稳的日子。所以我自愿把你们找不到的这眼宝泉交出来，献给仁德的罕王爷长眠吧！”说罢，他拿来铁锹，拆了锅台，揭开灶坑底下的石板，一股清泉立刻喷了出来。在场的军卒欢声跳跃，悲喜交加，都齐跪在地下向老猎人连连叩头，感谢他的救命之恩。

天聪三年，皇太极把努尔哈赤的遗骨从沈阳城迁到天柱山上，征集人伕大兴土木，光植松树。才有今天这座“万松耸翠”“大殿凌云”的东陵公园。

讲 述 者／王玉龙
采录整理者／罗正贵
采录时间／1984年2月
采录地点／沈阳东陵英达乡

皇太极继位

据说，努尔哈赤共有九子。在他临咽驾以前，把九个儿子都叫到榻前，准备选其中一个皇子继位。九位皇子奉诏前来，一齐跪在努尔哈赤面前。努尔哈赤说：“都起来吧，今天把你们找来，有一大事相商。我已到了暮年，近来身体又多病，怕是没多时支撑了，需立太子继位。我现在有九个‘独角塔’，依次交给你们立起来，谁要立住，就要谁来继承父位。”

而后，皇子们圆目查看，见此塔甚奇：八爪朝天一爪对地。皇子们正在推托由谁先立。努尔哈赤说：“随便吧，谁先立都行！”接着依次去立，而谁也没立住！不一会儿轮到了八皇子来立，只见他翻了个个儿，将八爪朝下，独角朝上一立，就立住了。努尔哈赤见此，甚喜，立即宣旨，王位让给了八皇子。

其余几个皇子很不服气，心想：“这么立位太容易！”罕王爷说：“八皇儿不仅立起此物，而又数立战功，立他为王，实为天意！”说罢，又亲自拿起八爪独角塔解释说：“这八个爪好比你们哥八个，那独角又好比八皇子。从今往后八皇子居你们之上，但必须由你们八个来做他的坚强支柱，不然，八皇子也立不了大臣！如若我归西那天，希望你们九个人能像此物一样，互相配合，互相团结，方能共同执掌一统江山。”九位皇子听后，感触万分，凄然泪下，异口同声说道：“谢父王训教，一定照办！”

讲 述 者 / 金绍俊

采录整理者 / 李东汉

采录时间 / 1986年6月

采录地点 / 沈阳东陵高坎镇三家子村

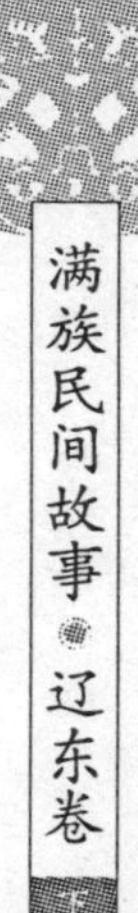

乾隆皇帝挂匾

乾隆爷带着大臣下江南，一天，来到了岳飞墓。乾隆爷就对大臣说：

“去买块匾来，我要祭祀下岳飞。”

这个大臣的满族意识比较强，就对乾隆爷说：“这事好吗？”

乾隆爷说：“这有什么不好的，你想，我们的祖先不是把明朝最后一个皇帝厚葬了吗？我们满族人要善待一切民族，更何况岳飞是民族英雄！”

大臣就去买来一块匾额，乾隆爷就开始题字。乾隆帝这个皇帝，最爱题字，现在的“到此一游”就是乾隆帝的遗风留下的。当然，这时乾隆完全是出于好心。乾隆帝题完字后，大臣就把匾往上挂，但挂了三次都没挂上。乾隆爷就对大臣说：

“你下来吧，我来。”

但他不是上去挂，而是上前去祷告：

“岳飞，金兀术是你的敌人，但我和金兀术同族不同宗，我对你的敬仰你应该接受，我希望你把这块匾收下。”

然后上前去上了一炷香。接着让大臣再上去挂匾，结果，一下就挂上了，但是匾稍稍有点歪，所以又叫做“歪匾”。

讲 述 者／肇恒昌　男　63岁　大专文化　干部

采 录 者／黄明明

采录时间／2009年8月12日

采录地点／沈阳东陵区满堂满族乡

乾隆与梅花鹿

有一年乾隆皇帝回到东北祭祖，一天闲来无事，带着几个大臣和贴身护卫去郊外打猎。皇上乃一国之君，出门自然身后跟着无数护卫，他在山上打猎，护卫们把整座山都围起来，不许任何人靠近。东北的山上值得打的东西太多了，乾隆皇帝在里面打猎打得过瘾，心情自然也特别好。乾隆皇帝骑着马走着走着，就看见前面有两只梅花鹿，是一个母鹿带着一只小鹿，这只小鹿因为受了惊吓慌不择路，竟然跑到了乾隆皇帝的马前，乾隆爷看这只小鹿很可爱，下马把小鹿抱在怀里，小鹿就像通人性似的，蜷缩在乾隆皇帝怀里，头靠在乾隆皇帝的胳膊上，还伸出舌头舔乾隆皇帝的手背，乾隆皇帝一高兴，赐给小鹿一枚金牌，用绳拴在小鹿的脖子上，并下令，任何人都不能射杀这只梅花鹿。从此再没人敢射杀这只鹿，山里的野兽也不敢吃它，皇帝是真龙天子，他的命令谁敢不听。慢慢地，小鹿长成大鹿，拴金牌的绳子磨断了，梅花鹿每次吃草时就把金牌放在旁边，吃完草再叼起来。这只鹿越长越漂亮，全身的毛都是金色的，像缎子一样，阳光一照反金光。这一年，从关里来了两个人，这俩人是小偷，他们不知道乾隆皇帝御赐金牌的事，抓住了这只鹿把金牌拿走了。很快当地的县官就知道了这件事，连夜上报给朝廷，当时的皇帝已是道光皇帝了，道光帝知道这件事后也来到东北见这只鹿，并又赐给它一块金牌。

讲 述 者／那永胜　男　61岁　初中文化　工人

采 录 者/苗莉莉

采录时间/2009年8月12日

采录地点/沈阳东陵区满堂满族乡

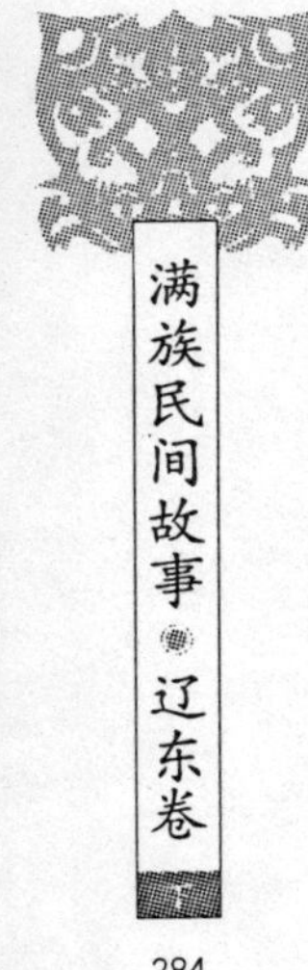

一夜皇妃

在沈阳市大东区老瓜堡子西面有个坟茔，三个朝南的大石龟驮石碑，三个碑后都是高三丈左右的小土坟。整个坟场有二十多亩地，栽了不少树。

这里埋的是谁呢？原来这里埋的是一代皇帝的妃子——安娘娘。

皇妃的坟怎么会是个小土堆呢？这话可就长了。

相传，清乾隆四十八年，弘历（即乾隆皇帝）到永陵祭祖，回京途中驻扎在盛京行宫。他住了几日，就什么都看腻了，整天打不起精神。这天，他与皇后在嘉荫堂看戏，一出《霸王别姬》演完了，他也没露一丝笑意，回到寝宫还是闷闷不乐。

月亮渐渐地爬上了房顶，保极宫前月光如银。乾隆皇帝想起李白月下独酌的雅趣，便吩咐御膳房做几个新鲜菜来，他要饮酒赏月。不一会儿，菜上来了，乾隆皇帝还是不快。这时，一个宫女前来斟酒，乾隆早就厌透了宫里的女人，一挥手就把她撵走了。站在乾隆皇帝身旁的太监看出了门道，对乾隆皇帝说："皇上，宫里憋闷得很，听说城北法轮寺的天地佛甚是奇特，何不到那一游？"乾隆说："好，明日我就微服一游。"

第二天一清早，乾隆皇帝头戴一顶青色小帽，身穿青色长衫，坐一乘小轿悄悄地来到法轮寺。上过香后，乾隆皇帝撩起佛前的帘子，惊得眼皮半天没眨一下，但见一对赤身男女正在行欢。乾隆皇帝心想这偌大的寺院供的竟是云雨之佛，可见男女之事就如同天地相合，随口吟道："梵语转轮王，又称帝释天，盖司世间者，皇王之谓然，世出

世间法，相需相得诠。”看罢天地佛，乾隆皇帝走出寺院，还在思想这天地佛之事，就觉得龙心已动，欲火上升。

猛然间，一阵悦耳的歌声从旷野里传来，乾隆皇帝一看，见不远处有一女子正在剜菜，便走了过去。这个女子听到有脚步声，回头一看，见是位和善的老者，笑着站起身来。这女子身穿蓝底白花家织布的上衣，下穿青色的裤子，头上还插着朵蓝色的喇叭花，油黑发亮的辫梢扎着绒嘟嘟的红头绳，额前的刘海被风一吹上下飘动，长长的睫毛下汪着两眼清泉，叫人一眼能瞧到底，还能感到透发出一股清亮亮的甜意。乾隆皇帝就觉得眼前不是姑娘，而是个含苞欲放的蓓蕾，忽地想起了太监昨晚说的话，不由得脸上微微一笑问道：“你是哪家的姑娘啊？住在哪里呀？”姑娘说她姓安，家住柳条湖。乾隆皇帝听后瞅了一眼太监，转身就走了。太监见皇上满面春风知道准是看中了这个姑娘，就对姑娘说：“你可知刚才与你说话的是谁吗？”姑娘说：“他不说，我哪儿知道哇？”太监说：“那就是当今的万岁。皇上有意纳你为妃，你快回家准备吧！”姑娘一时不知说啥好，眼睁睁地瞅着他们走了。

乾隆皇帝回到行宫。太监取出三百两黄金，十四绸缎，送到了安姑娘家中，叫她赶紧沐浴更衣，起更前务必进宫见驾，临行时还再三叮嘱一定要像早晨剜菜时那样打扮。

乾隆皇帝在迪光殿内等着，不是围着香炉转，便是倒背着手望天，要不就斜倚在椅上遐想。太监来报说，安姑娘已来见驾。乾隆皇帝忙吩咐宣上殿来。安姑娘一进迪光殿，飘飘下拜道：“吾皇万岁！万万岁！民女给皇上请安。”乾隆皇帝一见安姑娘龙颜大悦，急忙走下座来，伸手相搀，连说：“爱妃请起，爱妃请起。”乾隆皇帝拉着她的手，这边歪着头看看，那边歪着头看看，不住地点头，两人手拉手地向寝宫走去。

第二天，太阳升起一竿子高了，乾隆皇帝才醒来。想起今天就要起驾回京，赶紧穿戴好就要去迪光殿。出门口不远，正碰见皇后从迪光殿走来。皇后对乾隆皇帝说：“皇上，今天起驾，是不是也把安妃带着。”乾隆皇帝一听不对味，心想醋坛子还能流蜜？偷眼看皇后脸上就像挂了一层霜。乾隆皇帝装作若无其事的样子，侧过身向旁边踱了几

步，琢磨了片刻，转过身来对皇后说：“有你，我怎么还能要那朵野花呢！”就这样，把这个安娘娘撇在了盛京。

安娘娘既不是正式选进来的，又没受过皇封，北京去不得，家又回不得，只好在行宫里苦熬岁月。十二年后，乾隆皇帝驾崩，她感到再也没有指望了。决心做到活着是皇上的人，死也得随皇上去，便用条白绫子在宫里悬梁自尽了。当时谁也没把她当娘娘看待，再加上死得暴，便把尸首交她家里人，草草地埋在了城北的荒郊。

后来，这事被嘉庆皇帝知道了，念她忠心为先帝殉身，便予以册封，赐予谥号。小土坟前才竖起了石龟驮石碑，坟后堆起了后座。但是，不知为什么没给安娘娘重修坟。

事情又过了一百多年，到九一八事变前，安娘娘的坟就再也找不着了，可这一夜皇妃的故事至今仍在流传。

讲 述 者／王　胡　男

采 录 者／庄玉中　沈阳市菜刀厂工人

采录时间／1985年5月

采录地点／沈阳市大东区

流传地区／沈阳一带

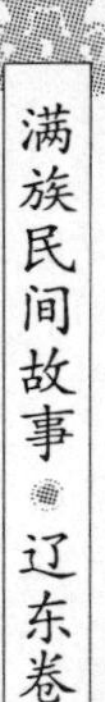

刘墉巧对乾隆帝

清朝乾隆年间，正逢太平盛世。

一天，乾隆皇帝召见群臣商讨国事完毕，叫刘墉陪他一起到小西天去溜达。一进门，迎面有尊大肚子弥勒佛，笑呵呵地望着乾隆皇帝。于是，乾隆皇帝问刘墉："你说，那个老头儿为何对我笑？"刘墉答："佛见佛笑！"因为清朝都管皇上叫老佛爷。刘墉这一答，乾隆皇帝很满意。但，乾隆皇帝转而又问："为什么对你也笑？"这一句，可把刘墉吓坏了！心想："方才已经说了'佛见佛笑'，而自己又不能称佛，这可怎么回答呢？"突然，急中生智地说："弥勒佛朝我笑，笑话我不成道！"

乾隆皇帝一听，哈哈大笑："好个能说会道的刘墉！"又继续往前走。当走到一座瑶池前，乾隆皇帝又问："君叫臣死臣如何？"刘墉吓了一头冷汗。忙说："君叫臣死臣就死！"乾隆皇帝故意难为他说："现在我让你跳进水里去！"刘墉走到瑶池边，往水一望，好似万丈深渊。心想："下去就玩完了！"于是就谎说："禀皇上，我看见屈原了。屈原说：'我当年跳水是乱世之秋，昏君无道；而今，太平盛世，皇恩浩荡，哪能跳水呢？！'"乾隆皇帝心想：这个刘墉真是个大才，救了自己一命不说，反把我赞扬一番。随后笑着说："如此说来，爱卿不要再跳水了。"

讲 述 者／刘新东

采录整理者／李东汉

采录时间／1986年2月

采录地点／沈阳东陵高坎镇

乾隆帝训和珅

乾隆皇帝身边有两个亲近的大臣，一个是和珅，一个是刘墉。一天，乾隆帝把两个人叫进宫，说，

“爱卿呀，朕有一题不解，今天特地请两位爱卿来，帮朕解答。”

和珅赶紧讨好，说：“皇上都猜不出来，臣就更猜不出来了。”

乾隆帝说：“什么高，什么低，什么在东，什么在西。”

和珅本来才气就不如刘墉，再加上急于在皇上面前抢功，张嘴就说：

“黄瓜高，土豆低，萝卜在东，白菜在西。”

乾隆帝听了皱皱眉没说话，转身问：“刘爱卿你说呢？”

刘墉答道：“皇帝高，臣子低，您在东，我在西。”

乾隆帝一听点了点头，面露微笑，说：“刘爱卿说说，为什么？”

刘墉说：“皇帝坐在大殿上，臣子跪在地上，自然是皇帝高，臣子低，在宫里东为尊，皇帝每天都是坐在东面看书啊，批阅奏折啊，大臣们站立西边候着，自然是皇帝在东，我在西了。”

乾隆帝看看和珅，说：“你平时多向刘爱卿学学。”

和珅只得不住地点头，脸上露出尴尬的笑。

讲 述 者／那永胜　男　61岁　初中文化　工人

采 录 者／苗莉莉

采录时间／2009年8月12日

采录地点／沈阳东陵区满堂满族乡

道光帝选妃

清朝有个规矩，皇帝选娘娘得从旗人的“格格”（姑娘）中挑选。道光帝是一位笃信天神的皇上，事事遵从天意，选娘娘也不例外。他下旨给钦天监，让钦天鉴观星，推算当今应选娘娘的星辰降到了哪里？择日定时去选。

事隔三天，钦天监上朝启奏：“万岁，臣观凤星降到盛京的城北，明日便是吉日，辰时是吉时，可派人去。”道光帝听了，心中大悦，立即下御旨，派一位钦差大臣去关外盛京选娘娘。那位钦差大臣连忙应声：“喳！”上前跪下叩拜，领了御旨。

第二天，那位钦差大臣坐着八抬大轿，带着一百多号人，前顶马，后跟班，一路上鸣锣开道，吹吹打打，浩浩荡荡地出了北京城。过了山海关。钦差大臣到了盛京，可就不转轴了：盛京城北人多地广，娘娘在哪呀，这岂不是大海捞针吗？钦差大臣越想越发愁，若选不着娘娘没法交差，担心的是脑袋难保呵。钦差大臣着急上火，嗓子肿得连饭都咽不下去了。这时，有一个亲兵看出钦差大臣的心事，就劝他说：“大人，以小人愚见，光愁也不顶事儿，请大人放宽心，还是挨村走走看吧。”于是，他们就挨村找娘娘。

一天早晨，钦差大臣带着人马来到了蒲河。老百姓听说是朝廷派来选娘娘的钦差大臣，这真是开天辟地头一回的新鲜事，男女老少都出来争着看热闹。有的姑娘还特意打扮打扮，挤在人群的前面争着被挑选。

别的不说，单表蒲河西胡同住着一家姓安的旗人。老安家有个人

称“豹花秃”的姑娘，她满脑袋秃疮，流浓淌血，十个人见了能有九个人恶心。她每天除了放鸭子，就是早晨到村东头儿豆腐坊拣两块豆腐。这天早晨，她刚从豆腐坊回来，听到吹吹打打，看见道两边挤满了人在看什么，她也往人群里挤。挤又挤不进去，她就骑在道北学堂的黄土墙上看，乐得直颠屁股。

钦差大臣坐在八抬大轿里，四下留心巡视。突然，他的目光落在那个骑在墙头儿上的“豹花秃”身上。只见那姑娘有十六七岁，一脑袋秃疮，浓眉大眼，长相俊俏，双手端着豆腐盘子。钦差大臣一愣神，心里像开扇窗户一样亮了起来，想起了起程时钦天监嘱咐的话，啊！这不就是要当选的娘娘吗？她身骑“黄龙”，头顶“凤冠”，手托“玉印”，可把钦差大臣乐坏了。他喜出望外，急忙下了八抬大轿，整整衣服，正正头上的亮红顶帽子，三步并作两步穿过人群，走到“豹花秃”姑娘面前，撩起天蓝色箭衣的前襟“扑通”一声跪在地上，连呼：“娘娘千岁！原谅小臣来迟。”这时，抬过来金顶轿，走过来两个宫女。宫女施礼后，一边一个搀着选中的娘娘，慢慢地把她扶上轿。安姑娘一路上想讷讷，哭哭啼啼，她哪里出过这样的远门，一连好几天没喝一滴水，没吃一口饭，她昏昏沉沉在轿里躺着。

这一天，来到京城。钦差大臣事先派出了报马，进午朝门报信儿。皇帝早已得到了消息，京城里的大道上铺好了黄沙，前门外预备了一顶崭新的橘黄色銮舆等在那里，为迎接新选的娘娘换轿，直接进宫见驾。

换轿时，前来接娘娘的宫女一掀轿帘，“啊”的一声吓晕过去了。这么一来，群臣侍女们吓呆了。原来是新选来的娘娘面色苍白，早已躺在轿子里死去了。

后来，安姑娘的遗体从京城运回了老家蒲河村安葬了。

讲 述 者／富自丰　满族

采录整理者／郎俊岐

采录时间／1986年4月

采录地点／沈阳东陵区古城子乡

溥仪封官

有一次，溥仪过生日，一个外国的大使送了他一辆自行车，溥仪很喜欢。只要下了朝没事，溥仪就骑着自行车在皇宫里转悠，宫里的太监怕皇上有什么危险，都在旁边扶着，溥仪挺生气，让太监们都把手拿开。太监们虽然担心皇帝，但也不敢违抗圣旨，都把手拿开了。

溥仪一个人骑着车，左转右转，心里好不痛快，突然一个不小心撞到一个人。这人是宫里点灯的，一看是皇上，赶紧跪下磕头，说：

“奴才罪该万死，惊扰了万岁爷。”

溥仪玩得心情好，心想，本来是自己撞到人家身上，人家却磕头谢罪，就说：

“你怎么样啊，没事吧。”

那人一听皇帝问他怎么样，今儿个赶上皇帝心情好，我可得抓住这次机会！就说：

“万岁爷！我没事，万岁爷撞到我，那是我的运气来了，您今天就封我个官吧。”

溥仪听了这人的话，觉得这人挺有意思，竟敢向他讨官，再看这人长得尖嘴猴腮的，就像天桥上杂耍艺人牵的那只猴，就想要逗要逗他。说：

“朕封你个镇桥猴吧。”

那人一听，封我个侯爷呢！这官挺大，挺高兴。

第二天，那人到内务府领官，内务府的人一听这事的经过，就明白了咋回事，说：“你回去吧，别做梦了，皇上跟你开玩笑呢。”

那人一听，什么？是开玩笑！不干了，说：“皇上金口玉牙，哪能随便开玩笑。”

内务府的人一听，是呀，皇上金口玉牙，不能随便开玩笑。这事传出去不好，就说：

“那就封你个灯官吧，以后皇宫里的灯都归你管。”

那人心想，灯官也是官，比没有强，这才罢休。

讲 述 者／那永胜　男　61岁　初中文化　工人

采 录 者／苗莉莉

采录时间／2009年8月12日

采录地点／沈阳东陵区满堂满族乡

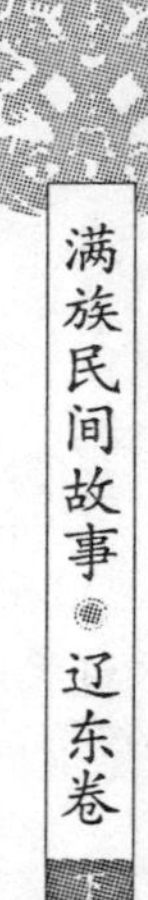

翠花格格

康熙二十四年十二月，皇帝下旨在距盛京西北三十五里的鳌拜家族坟茔地为自己的姐姐翠花格格建墓立碑。

翠花格格是民间老百姓传说的名字，她是顺治皇帝的第二个女儿，姓杨的庶妃所生。杨妃生她不久就去世了，由祖母孝庄皇太后收留抚养，她从小聪明过人，待人宽和谦恭，深得皇太后的喜欢。

幼时的翠花格格经常和康熙皇帝在一起玩耍，她比康熙皇帝大一岁，对弟弟处处宽和谦让，康熙皇帝对姐姐也特别敬重，姐弟俩情谊相投。太后喜爱、皇帝敬仰的格格却过早地下嫁给鳌拜家族的侄儿。为什么下嫁给人人咒骂、个个痛恨的鳌拜家族呢？这还得从康熙皇帝继位说起。

康熙皇帝八岁继承皇位，朝政大权由索尼、遏必隆、苏克萨哈、鳌拜四大臣掌管。在这四大臣中鳌拜最为跋扈，他广植党羽，京城要害部门都安插着他的亲信，他独断专行，根本不把年轻的皇帝放在眼里。他极力恢复旧时的圈地规矩，并借圈地之机，把盛京北部一块已开垦的肥沃良田圈为己有，做自己家族的坟地。他甚至身穿黄袍，在宫中随便进出，俨如皇帝。年幼的康熙皇帝见鳌拜太猖狂了，实在忍耐不住，要治罪鳌拜。在这危机时刻，孝庄皇太后及时阻止了康熙皇帝的鲁莽行动。她劝皇孙儿要忍耐，要不漏声色地等待时机。鳌拜的党羽都握有重权，咱要想办法麻痹他们一伙，扩大咱们的势力。

为了稳住鳌拜一伙，孝庄皇太后决定将自己身边心爱的孙女翠花格格忍痛下嫁给鳌拜的侄儿——拥有兵权的讷尔杜。

皇太后对翠花格格说："二格格为了大清的江山，稳固你兄弟的皇位，我想把你下嫁给鳌拜的侄儿。你同意不?"格格顿时惊呆了，半天才醒过腔来，流着泪说："太太 （满语，祖母）你这是把孩儿往火坑里投啊!"说着一头扎到皇太后的怀里，痛哭不止。皇太后抚摸着格格的头悲痛地说：

"格格，太太也不愿意把你投入火坑，可眼下形势危急，我担心皇孙儿忍耐不住要跟鳌拜硬拼，那样大清的江山就毁了。你下嫁讷尔杜就是要稳住鳌拜一伙，你是为保全大清江山而下嫁呀。"格格满脸泪痕，站起来呜咽着说："孩儿明白了，太太你去筹办吧。"康熙六年二月翠花格格下嫁给讷尔杜，稳住了鳌拜，为康熙皇帝收复权力赢得了时间。

康熙八年五月皇帝已暗中控制了京都的实权，清除鳌拜一伙的条件已经成熟，在皇太后的授意下，康熙皇帝与身边卫臣索额图计谋，事先在宫中埋伏了练有一身武功的布库（满语，摔跤）少年，当鳌拜单身入宫时，出其不意扣住了鳌拜，并把他的心腹党羽一网打尽。

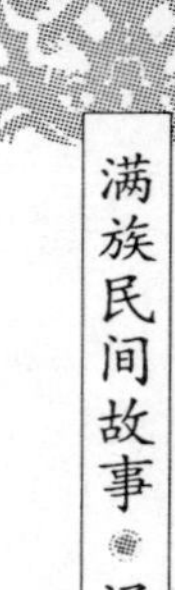

鳌拜下狱后，翠花格格的丈夫讷尔杜按罪应处极刑，但念格格之面免去死罪，革职遣送回籍，贬为庶人。康熙皇帝召见了翠花格格要她留在宫中。格格感激地说："皇上的恩德我终生不忘，我已是讷尔杜的人了，我要勉励额驸立功赎罪，以后为皇上效劳，请皇上宽心。"翠花格格随丈夫回到了原籍盛京以北三十五里的"息马跑"（ 清初八旗兵战马放牧休息之地)。

除掉了鳌拜集团，康熙皇帝很是快慰，第二年初春东巡盛京祭祖，闲暇时去牧场狩猎，无意中巧遇翠花格格。但见格格脸色憔悴，衣裳褴褛，心里很不好受地说："格格，你受苦了，跟我回京吧。"格格深情地说："见到皇上我很荣幸，我已适应了平民生活，也不能丢下额驸不管，以后额驸还能为皇上效劳呢。"康熙皇帝甚为感动，恋恋不舍地离开了翠花格格。回到京城后就下旨恢复了讷尔杜额驸的官职。翠花格格也随丈夫回到了京城，辅助丈夫为皇上尽忠尽职。康熙十五年因讷尔杜有功，被晋封为太子少师。康熙二十三年讷尔杜额驸去世，格格扶柩回籍，悲痛成疾，于康熙二十四年十月病逝。康熙皇帝闻讯深为悲痛，下旨为格格立碑、建墓，派遣官员致祭，同时追封翠

花格格为和硕恭懿长格格，意思是具有宽和恭谦美德的人，以此来悼念姐姐。

讲 述 者／何 贵
采录整理者／王明志
采录时间／1986年5月
采录地点／沈阳虎石台乡

关羽显圣

有一年，康熙皇帝南巡，路过一座宗庙，就进庙里休息。庙里有个老方丈，学识过人，康熙帝和老方丈交谈甚欢，这时有个长得清秀的小沙弥进来送茶。

其实这个小沙弥不是人，是个狐狸精。它在这附近的山上修行，经常想，这天下都归康熙皇帝管，这皇帝长的是什么样的呢？总想看看康熙皇帝长的什么样。一打听，康熙皇帝住在京城皇宫里，皇宫守备森严，也进不去。这次正好赶上康熙帝南巡路过此地，在庙里歇息，狐狸精心想，这回我一定要好好儿看看皇帝。转身一变变成一个小沙弥来给皇帝敬茶。狐狸精还没等走近康熙，没看清皇帝长什么样呢，从它对面走过来一个红脸大汉，手持青龙偃月刀，红脸大汉的后面还跟着一个黑脸大汉，狐狸精看见这俩人吓得“嗷”一声就跑了。两个大汉就在后面追，边追边喊“大胆妖孽，竟敢在皇帝身边放肆”。

原来，是庙里关公显圣了。皇帝是真龙天子，走到哪，都有各路神仙保驾，哪能让妖孽靠近呢？

讲 述 者／那永胜　男　61岁　初中文化　工人

采 录 者／苗莉莉

采录时间／2009年8月12日

采录地点／沈阳东陵区满堂满族乡

富郎阿巧遇山神

古时候，有个部落叫富尔加齐寨。寨中有个威望很高的老佐领，他膝下只有一子叫富郎阿。这富郎阿从小娇惯，养成一种目空一切和要小聪明的恶习，十几岁了也不知练功习武，父母为他十分恼火，可又舍不得打他一巴掌。

一天，老佐领从很远的地方请来一个叫“满柱”的神箭手教他武艺，可他认为，家有万只羊，金银柜里装，何必起早贪黑费那个气力去拉弓射箭呢！根本不把师傅放在眼里。

有一天，老佐领把儿子唤到跟前对他说：你不听我的话，又不向满柱师傅学习骑射和武艺，我死后你能继承我寨主的职位吗？遇到别的部落来抢掠，你又怎样率领部民前去抵抗，保卫我们的部民和牛羊呢？老佐领为自己不争气的儿子已是老泪纵横地再也说不下去了。富郎阿满不在乎地说：“请老阿玛放心，提起你的威名，虎狼也不敢来。有人胆敢来犯，我到时自有办法退敌的。”老佐领又说：“你要做个真正有本领的勇士，从今日起就要吃苦努力，刻苦练功，否则就对不起列祖列宗和部民的托付呀！”富郎阿连连答应退了出去。

第二天，富郎阿在神箭师傅的指导下开始了拉弓练臂力。没过几天，富郎阿的胳膊肿了、腰也酸了、腿也痛了，不管师傅怎样耐心劝导，也不学了，还瞪起眼睛说：“要不看在老阿玛的面子上，我早就把你撵跑了。”神箭师傅无奈，只好辞别老佐领走了。

有一天，富郎阿身佩弓箭到山中射猎玩耍，突然有只獐子从他身边跑过，他急忙取下弓箭追了过去，追了好久没有追上，追累了就坐

在横卧道旁的一根又粗又长的枯树上休息，他一边休息一边用箭头在枯树上刻划着。忽然，他见坐着的这根枯树动了一下，吓得他从树上跳了下来，仔细一看，见枯树中间有个黑洞，洞中升起一股蓝烟，升到半人多高的空中转了两转就落了下来，变成一个头戴貂裘帽、身穿武士衣、脚蹬虎皮靴、身挎弓箭的彪形大汉，惊得富郎阿目瞪口呆。只听彪形大汉开口说道："我是此处山神也。小阿哥你闯入我山中追赶我山民，还到此冲撞我，我是见你年幼原谅你，不然我会处罚你的。"富郎阿听说是山神，慌忙跪下叩头行礼。山神问道："你要是家中困苦，我把金银相送。"富郎阿两眼紧紧盯着山神那小巧发光的弓箭说："请把你的弓箭送给我吧。"山神犹豫片刻说："我这箭叫连珠穿云箭，是神箭，不用瞄准，不用费力就能百发百中。只有最勇敢、最有意志的人才能得到它。"富郎阿说："我愿做世上最勇敢的人。"山神取下弓箭给了富郎阿并忠告说："小阿哥，你要勤学苦练，改掉骄傲自大坏习，不然神箭也是无用的！"说罢，化股蓝烟腾空而去。富郎阿回到家里，忘记山神的忠告，从此他就更神气起来，再不去想练功的事情了。

临近依尔根部落的首领见富尔加奇寨水草茂盛、牛羊肥壮，忙召集千人前来抢夺富尔加齐寨的牛羊和财产。老佐领接报后，一面叫手下吹起号角召集部民前去抵抗，一面挎马提箭孤身冲到阵前迎敌。老佐领虽然勇敢善战，但怎能躲避敌兵阵上射来飞蝗般的箭，一支利箭射中了老佐领的胸上，险些掉下马来。正在这时，富郎阿带着部民赶到近前，举起神箭，也不用瞄，连连向敌人射去，只见敌人人马纷纷倒下，抱头逃窜。富尔加齐寨反败为胜，都夸奖富郎阿功劳大，本领强。富郎阿更扬扬得意，目空一切。

老佐领得救回寨自知活不了多久，召集部落中长者和儿子到榻前，宣布儿子富郎阿继承佐领职，叫手下人取出兵符大印交给富郎阿，留下几句遗嘱就死去了，全部落都悲痛地为他送葬。

富郎阿当了佐领以后，每天东游西逛坐享富贵，早把老阿玛的遗嘱忘得一干二净。山神送的连珠穿云箭也锁入柜中闲了起来。

几年后的一天，有个部民气喘吁吁地跑到佐领府报告，有辉发部率领许多人马来攻，请佐领快召集部民抵抗。富郎阿满不在乎地说："不用慌，我自有退兵之法。"话刚说完，又一部民来报，辉发兵快打

到佐领府了。富郎阿这才慌了手脚，急忙从柜子取出神弓神箭，可取出一看，弓弦被老鼠咬断了，箭头锈坏了。富郎阿续上别的弦，拿着弓箭向敌兵射去，连射三箭也没有射着一个敌兵。终因武艺不通，当场被擒做了俘虏，他和部民的牛羊全被夺去，他的部民成了辉发部的奴隶。

讲 述 者/那永胜　男　满族
采 录 者/罗正贵
采录时间/1985年
采录地点/沈阳东陵区满堂满族乡

北陵的传说

北陵，也叫昭陵，是清太宗皇太极的坟墓。听老年人讲，皇太极活着的时候，是想把自个儿的坟墓修在咱这杨士屯的仙女河边。可是因为河边有一个姓叶的老头儿跟他有仇口，结果没让他埋在那儿。

那是在后金天聪七年，山东登州的孔有德大将军带着家小和一万多名士兵过海来归顺皇太极，皇太极高兴地亲自领着诸王大臣到浑河岸边去迎接。在往浑河去的时候，他从仙女河路过。那时候，仙女河两岸还是一片荒草滩，河里小鱼小虾有的是，荒草稞子里是野鸡、野兔的窝，只有一个老头儿在河边压个土包房住着，靠打猎和捕鱼为生。那天天气挺好，连朵云彩影都不见。皇太极骑在大白马上，沿着河边走。突然，他看见河中间芦苇趟子里有七个穿着绫罗绸缎的姑娘，一个个都是瓜子形的脸蛋儿，长得粉嘟噜的，都笑模滋儿地朝他乐呢。里边有一个，越看还越觉得跟自个儿的爱妃博尔济吉特氏一影不差。还见她向他深深地鞠了一躬，说道："贱妃本是天上的仙女下凡与你婚配，今个姐妹们会我来这仙女河洗澡，等你已经半个时辰了。父母说咱们在人间的天数已定，还有八九年的日子，念你待我情意深，让我告诉你，待你百年之后，可接你上天廷，你我好永世相聚。不过得有一个条件，这仙女河是由一百个泉眼的水生成，你要都找到才行，缺一个也不能团圆。八年后我在这里等你，千万不要忘了呀！"说完，仙女们都不见了。皇太极使劲揉了揉眼睛，盯盯地往那苇塘里瞅，除了苇子以外，什么也没有，他觉得挺怪，就问身边的多尔衮："这是怎么回事呢？"多尔衮在马上听皇上突然冒出这么一句问话，愣

了，一点儿也摸不着头脑。原来，他是肉眼凡胎，压根儿没看见仙女，更没听见仙女对皇太极说的话。皇太极继续骑马沿着河边往浑河走，一边走一边对多尔衮说了刚才的事儿，还说："我死了以后，就葬在这里。明个儿你就派人来这找那一百个泉眼，都找齐了就动工修陵墓。"第二天，多尔衮按照皇上说的，专门派人找泉眼，到头来花了八年工夫只找到九十九个。找到九十九个也不能修陵墓啊！偏巧就在这年九月，皇太极的爱妃博尔济吉特氏突然得急病死了，皇太极伤心透了，整整三天三宿不吃不喝，他又想起了八年前河边的事，越寻思这事还越灵验，越寻思越觉得自个儿也不久于人世了，就把多尔衮叫来，问那第一百个泉眼找到没有，多尔衮说正在找。皇太极心里特别烦躁，就让他多多派人去找。这回，多尔衮派了一百个人，并限期三天之内一定要找到，如果找不到就坐牢。虽然这阵儿已经是秋天了，水已经凉冰冰的了，但给皇上找泉眼，谁也不敢耍滑，更有那找不到就做牢的限期。这一百个人整天在水里泡着，仔细地找，饿了不想吃饭，腿脚冻麻了就上岸跺跺脚、蹦跶蹦跶。有的嘴唇冻紫了，有的因为连冷带饿倒在水里，但还是挣扎着爬起来接着找，找到第三天晌午，还是连泉眼的影也没见到。有个人饿得头昏眼花，实在挪不动步了，寻思在这累死饿死连跟家里人见面都不能了，就是回去蹲大狱也得见家里人一面。就挣扎着上了岸，蔫么悄地钻进了河边那户小房里去找吃的。房里的老头儿拿兔子肉给他吃，并问他："你们整天在水里转悠啥？足足八年了，以前是五六个人成年累月在这转悠，打前个儿怎么忽拉家伙又来了百多号人，是找金子是找银子？瞧你折腾的这个样子！"那个人吃饱喝足了，听着老头儿的话心里更说不出来的难受，就贴耳根子把找泉眼的事从头到尾偷偷地泄露给老头儿了。这下子可糟了，他哪里知道这老头儿是皇太极的仇人。他姓叶，是叶赫部的后人。一听说皇太极在这闹哄哄的找泉眼是要把陵墓修在这儿，他恨得把牙咬得"咯咯"响，不由得想起了当年努尔哈赤领着皇太极等贝勒去平他们叶赫部的惨景。他们爷儿俩竟然杀死了叶赫部的头领金石台。金石台可是努尔哈赤老丈人，皇太极的姥爷呀！他自个在这场灾难中闹得个无家可归，只好隐姓埋名逃到这仙女河边过着与世隔绝的生活。想到这，他心里边一下子烧起了一股报复的火苗。心想，皇太

极他活着的时候，丧失了人伦，死了还要找个太平的世界，没门！我非找着那个泉眼把它堵上不可，让他死了往别处埋，升不了天廷！第二天，老头儿也开始找起泉眼来。找到第四天上午，突然飞来一块云彩把太阳盖住了，紧接着天黑得像锅底一样，几个大雨点子淋下来之后就哗哗地下起雨来了。这雨下得出奇的大，不到两个时辰仙女河就冒漾了，水浮盈浮盈地直往上涨，眼瞅着浸到他家的房根了，他赶忙刨沟圈埂子排水。干着干着，突然觉得脚下怎么冰凉冰凉的还像有一股劲儿直往上拱，忙蹲下用手扒开沙子，只见一股清泉水往上咕嘟咕嘟直冒，原来它正是那没找到的第一百个泉眼。老头儿一见乐坏了，庆幸这个泉眼叫自个儿发现了。于是，他脑袋转了个个儿，想定一个主意，借着这大雨和潮水推倒了房子，等到天晴日后，又重新盖起，把这个泉眼压在了屋里的灶坑底下。就这样，尽管皇太极催着多尔衮找这个泉眼，可哪里找得到哇。直到两年后皇太极死了，陵墓也没修成，结果只好找了个风水先生选了个地方把皇太极埋葬了。这地方就是现在的沈阳北陵。

讲 述 者/于福原　男　于洪区杨士乡杨士村人
采 录 者/胡廷烈
采录时间/1985年
采录地点/沈阳市于洪区

旧站的来历

有一年，乾隆帝到盛京祭祀祖先，先到东陵祭祀努尔哈赤，再到北陵祭祀皇太极。这次乾隆帝带人把这两个陵都祭祀结束了，下一步到哪去呢？下一步到赫图阿拉老城祭祀。皇帝一干人马那是车水马龙，十分壮观，不仅带着王公大臣，还有皇后嫔妃。

这一天，从盛京出来，就奔东走，到了第一站，就停下了，到了中午。乾隆帝下了轿子，问："这是什么驿站啊？"

底下人就回答："这是杨安屯。"

乾隆帝说："杨安屯？驿站总管在哪？"

这时出来一个老头儿，五十来岁，是负责这个驿站的。乾隆帝就问：

"你老人家贵姓啊？"

老头儿回答说："姓洪，本姓是爱新觉罗。"

乾隆帝一听，"哎呀，那咱们还是本家呢，那你老人家是什么辈儿啊？"

一说，这个老头儿是乾隆帝叔叔辈，皇帝吩咐："下午我不走了，要在这休息一下。"

然后就在杨安屯站和老洪头唠唠家常，因为君臣礼已经行完了，再就可以行家礼，乾隆帝把皇后找来，见过叔叔。于是老洪头先给皇后磕头行国礼，皇后再过来行家礼。唠来唠去，老洪头就说：

"我家福晋，也是皇族。"

皇后就说："是吗？那我去看看。"

于是，就来到了离杨安屯站不远的一个小堡子，见到了老太太，岁数也不是太大，四十多岁。也是先行国礼，再行家礼。老太太对皇后说：

“皇后娘娘，我会梳头，以前我在宫里待过。”

皇后一听：“哎呀，那太好了，那婶子给我梳个头吧。”

互相之间相处得非常融洽。等到了晚上，乾隆帝就又回到了杨安屯驿站。

第二天早上，又接着往东走，奔新宾赫图阿拉城。到了祭祀结束后几天，往回返的路上，又路过杨家屯这个驿站，乾隆帝就问：

“这是什么驿站啊？”

底下人告诉说：“这是杨安屯。”

乾隆帝一听：杨安屯，啊，就是我叔叔老洪头那个地方。于是说：“这是旧站啊。”

从此，杨安屯就改名“旧站”。

旧站就是现在的沈阳市东陵区高坎镇政府所在地。

讲 述 者/肇恒昌　男　63岁　大专文化　干部

采 录 者/黄明明

采录时间/2009年8月12日

采录地点/沈阳东陵区满堂满族乡

金龟山的来历

在沈阳城东有一个后陵村。它面对天柱山，后枕龙凤山，玉泉河水从村前流过，东有金龟山为屏障，是一个美丽富饶的好地方。过去有诗人曾写诗赞美这个地方说："面对福陵天柱山，太祖高眠在此间，背依龙凤呈祥瑞，右卧金龟饮玉泉。"这玉泉河现在都叫它"沿子河"，金龟山都管它叫"王八盖"山。

相传在明朝末年，建州努尔哈赤统领八旗军与明军作战。明军节节败退，八旗军乘胜追击。行至浑河岸边时，正是深秋季节，天气寒冷，水深流急。河上一无船只，二无桥梁，兵马难渡过河去，把努尔哈赤急得毫无办法。

忽然，河上狂风大作，黑雾弥漫，有一怪物在水中隐约可见。努尔哈赤掣出宝剑厉声问道："你是何方妖物，敢在此兴妖作怪阻止我大军渡河？"只听怪物口吐人言道："吾乃一老鼋也，在此修炼多年，能知过去未来。方今朱家天下气数已尽，后金当兴，吾愿保真主大军过河。"努尔哈赤说："若能保我大军过河，我不惜封赠。"老鼋昂首连点三点。刹那间，只觉寒风飕飕，漫天大雪席卷而下，滔滔河水冻得七裂八瓣儿。努尔哈赤驱动人马顶风冒雪平安而过。老鼋咬住努尔哈赤衣角讨封赠。努尔哈赤问道："你要当什么官？"老鼋翘首答道："我要当皇上。"努尔哈赤说："等我坐完天下后再坐吧。"旁边一武士见老鼋狂妄，抽出宝剑欲入水中杀死老鼋，老鼋使个金蝉脱壳潜入水底。这脱壳被一阵大风从浑河边一直刮到玉泉河北岸，化作一个圆溜溜、光秃秃的土山，当地居民叫它"金龟山"。

三百年后，窃国大盗袁世凯当了短命皇帝。满民说他是老鼋转世，都骂他“袁大头”。从此，金龟山叫成“王八盖子”了。

讲 述 者／那永胜　男　初中文化　工人
采录整理者／罗正贵
采录时间／1986年5月
采录地点／东陵区满堂满族乡

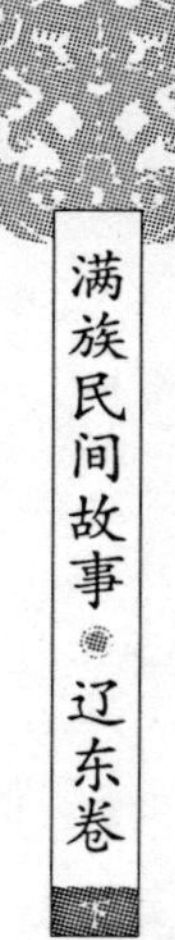

满堂沟的由来

传说，努尔哈赤带兵，刚刚建立了后金。这时候打仗很不顺，就在高坎这个地方，把第六子塔拜给砍了。行军时，就把塔拜的人头带着了，尸身没有带。这时是五逢六月，很快人头就要腐烂了。怎么办呢？努尔哈赤就想，我一时气大把自己儿子砍了，这心里总是不得劲儿。另一个儿子老七，看出了父皇的心思，就对努尔哈赤说：

“我去看看找个地方，还是让我哥入土为安吧。”

努尔哈赤说：“那是最好的。”

老七得到父皇的同意，就往北走，到了离高坎六七里的地方，看到一座山，山不是太高，但是看着很宏伟，有参天古树，山下有小溪，绿树葱葱，生机盎然。这时，老七看见来了一个老头儿，就问：

“老人家这是什么地方？”

老头儿一看，后边跟着卫兵，还是王爷打扮，就说：

“王爷有何吩咐啊？”

老七就说：“我想问问这个地方叫什么。”

老头儿说：“这地方没有什么名，就我们几户人家在这住。”

老七说：“你看这山瞅着挺好的。”

老头儿就说：“这山好，听我爷爷说，早年这山上落过凤凰。”

老七一想：哎呀，这地方好啊！俗话说，凤凰不落无宝之地。这是块宝地呀。于是就回去禀告了努尔哈赤，努尔哈赤一听就说：

“这地方好啊，那就埋在这吧，让你哥入土为安。”

于是，老七就把塔拜的人头埋在了一个山坡上，当时因为是行军

打仗，埋葬得很简单。老七跟老头儿说：

“老人家啊，我把我哥葬在这了。以后我们还得来厚葬。为了记住它，好找，这个地方以后就叫‘埋头沟’吧。”

老头儿说：“那行，我记住了，叫埋头沟。”

从此，这个地方就叫做了埋头沟。

后来，努尔哈赤带兵南征北战，皇太极继位后又建立了清王朝，多尔衮带领清兵入关，到了北京。满洲的宗祠们都觉得满洲人取得这种成功太不容易了。于是为了保护皇族的安全，清朝有了一条规定，皇族不得出京百里。塔拜的一个曾孙，叫裕德瑞，这个人不爱当官，就想出宫。他就想怎么办啊？后来想出了一个办法，去找他哥哥，他哥哥是御前侍卫。就跟他哥说：

“你帮我跟皇上说说，说我想出京去给我老祖守陵。”

他哥哥说：“行啊。”

后来，康熙帝同意了。于是裕德瑞带领四家满族、四家汉族在康熙四十四年就来到了“埋头沟”。在这里安营扎寨，过上了清净的日子。他们还把在京城学来的手艺，像做豆腐哇，做油啊，也带到了这里。

裕德瑞从京城来时带来一个儿子，到了此地又生了六个儿子，可谓是人丁兴旺，子孙满堂，“埋头沟”渐渐发展起来。裕德瑞觉得“埋头沟”的名字不太好听，于是改名“满堂沟”。

满堂沟就是东陵区满堂满族乡政府所在地。

讲 述 者／肇恒昌

采 录 者／黄明明

采录时间／2009年8月12日

采录地点／沈阳东陵区满堂满族乡

四塔镇纸妖

那时清兵还没入关，有一年皇太极病了，东北大旱，众人都没有办法。有个从西藏来的喇嘛正巧走到盛京，一看这个地方大旱，百姓民不聊生，心想，难道是这个地方的统治者昏庸无道，上天在惩罚他？但转念一想，不对，皇太极是有道的明君啊。再仔细看看，喇嘛明白了，这个地方有妖孽横行，有一个纸妖在天上把整个盛京都给盖住了，把雨水在半空中都给拦住了，难怪盛京会旱了。

喇嘛来到皇宫，告诉了皇太极这一切。皇太极忙问："有什么方法能降住这个妖孽？"

喇嘛说："要想降住这个妖孽并不难，只要在盛京城的东南西北四个角上各建一座塔，便能镇住这个纸妖。"

皇太极赶忙命人按照喇嘛说的，在盛京的东南西北四个角上各建了一座塔。塔建成后，果然天降喜雨，解除了大旱，皇太极的病也好了，盛京城从此风调雨顺，年年丰收直到现在。因为喇嘛是西藏人，所以这四个塔建造的也是天竺国风格。

讲 述 者／那永胜　男　61岁　初中文化　工人

采 录 者／苗莉莉

采录时间／2009年8月12日

采录地点／沈阳东陵区满堂满族乡

皇姑屯的传说

传说乾隆四十年，清高宗弘历从北京沿大御路来到盛京祭祖。祭祖完毕后回到宫中，他待在宫里觉得闷得慌，便换上了民服，叫几名随身侍从更装随后保驾。不大工夫来到了郊外。当时老百姓管这个地方叫“后地”，本地名叫“桂花屯”。这个地方是东一块水泡子，西一块苇塘，没有一块好地，风一刮眼睛都睁不开。乾隆帝看到眼前这副样，叹口气说：“此地多昝人丁兴旺？”他一边走，一边看，前面只有几间茅屋，东面几个人在京御路上有气无力地向前走。

乾隆帝便吟诗两首：

茸茸地上草，一年一枯荣，
刈割烧不尽，春风吹复生。
东西迷古道，南北风沙蒙，
可惜沼池地，何日能填平。

淡淡斜阳夕色收，片片云霞晚烟稠，
归鸦争噪村林里，阵阵东风动客愁。

保驾的跟在乾隆帝后面边走边看。

走着走着，乾隆帝抬头一看，云升西北，雾长东南。霎时间，风卷黄沙刮得天昏地暗。乾隆帝见景生情又吟诗一首：

嗖嗖云雾远，呼呼过山林。

海内波涛起，山滚石头沉。

沉沙迷宇宙，荒滩起鬼神。

风雨真浩荡，刮遍锦乾坤。

乾隆帝话音刚落，连风带雨沥沥拉拉就下起来了，乾隆帝一看没地方走了，后面保驾的还怕皇上被雨淋了，赶忙催促皇上说："万岁，快寻个避雨的地方去呀！"乾隆帝应了一声后，看前面有两间茅屋，当时也顾不得想什么了，紧跑几步就进去了，侍从也各自找个避雨之处。

乾隆帝一进屋，这风也刮大了，雨也下起来了。乾隆帝往屋里一看，有一个老太太，还有个姑娘正在做饭呢。原来这姑娘没事跟着妈妈开个大饼子铺做大饼子卖。老太太听到脚步声回头一看，从外边走进来一个人。这个人外表像买卖人打扮，面貌端正，举止庄重，仪表非俗，不是一般人。老太太说："客官请坐。"乾隆帝说："你看外面风雨这么大，我避避雨就走。"说也奇怪，这时外面电光雷鸣，雨越下越大。

乾隆帝一看，有些着急了。老太太说："客官不必着急，雨不停你就在这待着吧！"乾隆帝一看这位老太太和姑娘很朴实厚道，看样子挺善良，心想只好先待着吧。老太太接着说："客官你如不嫌弃的话就在我们这儿住，那面有铺炕，我和姑娘住在这铺炕。"说着话老太太就预备饭去了。做的什么饭呢？烙的大饼子，炒了两个菜，一个菜是炒绿豆芽，另一个菜是黄豆炒韭菜，还做了一个细粉豆腐汤，做好之后，给乾隆帝端上来了。老太太说："客官咱家没有好吃的，这粗菜淡饭请客官将就吃吧。"乾隆帝一看饭菜做好了，自己走出来半天了，肚子也真有点儿饿了，随声谢过老太太，自己就拿起碗筷吃上了。乾隆帝觉得很是适口，越吃越爱吃。心想，农家的饭菜真是别有风味，口味真香啊！吃完饭之后，雨照样下天也黑了，无奈就只得住在这儿了。

一夜过后，第二天早晨，雨过天晴，乾隆帝要走时就对老太太说：

"老讷讷，有笔和纸吗？拿来我给你写个条。"老太太找来了一支

笔和一张纸。乾隆帝接过笔和纸刷刷点点写完了一个条。乾隆帝说："老讷讷，你拿这个条到大青门凤凰楼去，要是有人拦你，你就把这个条拿出来。"又对老太太说："我昨天出门忘带钱了。那么的吧，我认你干讷讷，我认姑娘干妹妹。"乾隆帝又说了些客套话，还说久后来接他们去串门儿，说完就告辞了。老太太送走了客官心里也乐滋滋的。

事情过了半个多月，老太太忽然想起那位客官给写的那个纸条，就对姑娘说："明天要是个好天的话，咱娘儿俩就拿那位客官写的那个条去看看是怎么回事。"

第二天果然是好天，卖完大饼子，梳洗完毕，娘儿俩就起身了，直奔大青门凤凰楼那边走去。侍卫一看来了一个老太太和一个姑娘，上前拦住。喊道："你们往哪走，知道这是什么地方吗？"娘儿俩一楞，站住了。老太太被这侍卫喊声吓呆了，当时也不知说什么好了。姑娘在一旁对妈说："讷，客官写的那个条呢？"姑娘的话提醒了老太太。她一想，对呀，客官说了有人拦你们就拿出这个条来。她急忙从衣兜里掏出那张纸条，递给了侍卫。侍卫接过纸条这么一看，吓得好悬没趴地上。为什么看这张纸条吓成这个模样呢？原来纸条上面写道："清高宗弘历祭祖一游，如见此人立即奉库银二十两。"侍卫一想，这是皇亲哪，方才我得罪了老太太这还得了，脑袋不要搬家吗？便赶紧变了一副笑脸说："老讷讷请等候我去禀旨。"不多一时由宫廷里走出一位太监，身穿朝服，上前忙给老太太施上一礼，请老太太和姑娘到屋坐下，侍从奉茶后，这个人便温顺地向老太太说："老讷讷是怎么回事情？"老太太说："那天下大雨，有位客官在咱家避雨……，临走时给我写了这个条，让我拿这个条到这来。"太监听老太太这一说就全明白了，这是皇上的干讷和皇姑啊，岂敢慢待，忙吩咐侍从去取银两来。不多一会儿，侍从取来银两，太监恭恭敬敬地将银两奉上。老太太接过银子离开皇宫，母女就回家了。

再说，乾隆帝回到北京之后，天天吃的是御宴，就有点儿吃腻了，心想，吃什么适口呢？忽然，想起在盛京祭祖郊外闲游时在老太太家吃的饭了，就让侍从叫来御厨。乾隆帝对御厨说："我给你开个单，你照单上做吧。"单子开完交给了御厨。御厨接过单子退下后，往

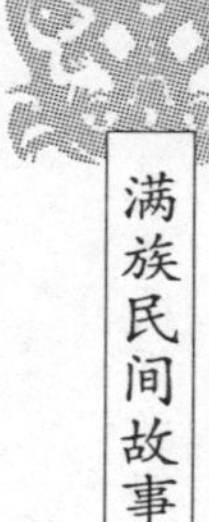

单子上一看，上面写了八句话，御厨怎么看也看不懂。

乾隆帝写道：

有叶还有根，黄雀串树林，
白龙浮水面，玉玦江底沉。
半面蒸和烙，红白两面皮，
吃着多适口，胜过御宴席。

御厨看不明白，心里着急，还不敢去问皇上，急得他一个劲儿地来回转悠。就在这个时候，刘墉走过来了，一看御厨两眉紧皱，手里拿张纸条一个劲儿地东转转西转转，还直门儿晃脑袋。刘墉想，今天御厨这是什么毛病呢？ 刘墉走到御厨面前说："天都这个时候了，你怎么还不去给皇上做饭去?"御厨一看刘墉站在他面前说话，就赶忙说道："回禀中堂大人，不是我不去做饭，你看皇上刚才给我开个单子，让我照单子上写的去做，可我看不明白呀。"刘墉接过单子一看，"嗯"了一声明白了，指着单子笑了笑对御厨说："'有叶还有根'，你买绿豆芽；'黄雀串树林'，是黄豆芽炒韭菜；'白龙浮水面'，做个细粉汤；'玉玦江底沉'，汤里放白豆腐块；'半面蒸和烙'，你烙大饼子；'红白两面皮'，红的是嘎巴儿，白的是大饼子上面；'吃着多适口，盛过御宴席'，就是非常好吃的饭菜。"御厨听刘墉一说，心里好像开窗户一样亮堂，不多一会儿，饭菜就做好了，急忙给皇上捧来了。乾隆帝一看，"啊呀"一声问道："谁告诉你做的饭菜?"御厨忙说："禀万岁，是刘中堂告诉我的。"乾隆帝就乐了，吃了两口对御厨说："你做的饭菜，可不如老太太做的饭菜好吃。"当即，命身旁一名侍从前往盛京去接老太太和姑娘。侍从来到盛京之后，经查找老太太已经死了，姑娘不知去向。侍从忙回京交旨。乾隆帝一想，找不到也没办法呀，长叹一声说："我留个纪念吧!"于是，乾隆帝就将"桂花屯"改名为"皇姑屯"了。

讲 述 者/ 李国荣
采录整理者/张明桢
采录时间/1986年3月
采录地点/沈阳于洪区

满都户的传说

在辽中县有一个村子叫满都户。

满都户原来叫满都一户，后来人们为了顺口，就把“一”字给扔了。这个地名咋来的呢？还得从清朝吴三桂叛乱说起。

康熙帝继位后，见吴三桂、尚可喜、耿仲明等人野心勃勃，势力越来越大，就在康熙八年上，下令撤掉三藩。吴三桂这伙人哪能甘心呢？他们偷偷地在暗中策划叛乱。

皇室里有位格格嫁给了吴三桂的儿子，这个驸马爷在宫廷里外势力也不小。

一天，八千岁对皇上说：“皇兄，吴三桂这伙子人，一准要叛乱，咱们不能不防啊！他的儿子，咱们的驸马，哪能不向着他爹呢？我看得先杀了驸马，省得他们里应外合。”皇上觉得有道理，就说等和大臣商量商量再说。

这个消息不知咋叫格格知道了，她连夜顶灯做了一双鞋，叫一个亲信骑上最快的马，送给吴三桂。她对送信的人说：“你让公公当面试试这双鞋合不合脚？问来告诉我。”

送鞋人见了吴三桂，把鞋递上去说：“格格孝顺，怕这鞋不合脚，请您现在就试试。”吴三桂乐呵呵地穿上鞋，两脚刚一落地，就觉得脚心扎得慌。他眼珠子一转，对送信人说：“告诉格格，我试过了，叫她放心吧！”送信人回来，把吴三桂的话向格格学了一遍，格格笑了。

吴三桂拆开了鞋底子第一层，看见了一个针尖直立在鞋底心，他歪着头琢磨：“格格故意放根针扎我的脚心，一定还有重要的事情密

告。”他又拆开第二层、第三层，果不然，鞋底里夹着一封信。吴三桂急忙看信，这一看，把个老吴头气得暴跳如雷：“好啊，还没等我杀你们，你们倒要先下手啦！”

为了救儿子，吴三桂率领大兵，星夜兼程奔往京都。离北京城只有几十里，皇上才得到消息。因为没有防备，城里又缺少精兵良将，吴三桂大兵一到，康熙帝慌啦！他急急忙忙向八千岁讨办法。八千岁说：“下令紧闭城门，不能放吴三桂进来，更不能叫他知道咱们这里是座空城。”

吴三桂带着人马来到城下，见四门关得严严实实，就高声大喊：“开门，快开门，再不开门我就要杀进去啦！”可是城里静悄悄的，连个回话的人也没有。吴三桂拿出纸笔，刷刷写了个条子，挑在箭头上，射进了城里。

康熙帝接到条子，见上面写着：“如不开门，就放我儿子出来。若不放我儿子，就拿八千岁的头来。如都不依，我就杀进城去。”皇上、八千岁和文武大臣们，都难住了。这三条一条也不能答应啊，可是不答应，吴三桂急了眼，这城门怕是挡不住他。这可咋办呢？

这阵，不知谁想出个主意说：“吴三桂不是要八千岁的头吗？那好办，抓个替身，杀了，割下头来扔出去，不就得了！”康熙帝觉得这是个办法，八千岁在一旁说话了：“不那么简单吧！谁不知我的头比一般人的头大呀！那吴三桂还能留这个空子给你钻？不行啊！”

人们听了八千岁的话，都拿眼盯着他的头。可不是咋的，八千岁的头果然比一般人的头大多了。一位大臣灵机一动，拿出个高招来，他说：“唉，全城这么多人，咱们就挑那头大的抓呗，再把面目弄模糊了，兴许瞒过吴三桂。”康熙帝事逼无奈，只好撒出人马抓大头。

那脑袋大的算是倒了霉。士兵们抓了一堆大头人，割下一个头来，往城外一扔，喊声：“八千岁的头来了，接着！”可那吴三桂是好糊弄的吗，他一看这头虽然不小，但眉目不清，就知道是替死鬼，又咕咚一声把人头扔回去了，还大呼大叫地说：“八千岁的头八斤半，这个人头才七斤，我们不收！”城里一听，又换了个更大的头砍了，扔出去。一会儿又被扔回来了，还是一个劲儿地喊：“咱这有秤哩，这个头不足秤。”

就这样，不知扔了多少个大头，都叫吴三桂扔回来了，他非要不多不少正好八斤半的人头不可，不交就要砸城门。

康熙帝愁得眉头结个大疙瘩。文臣武将都耷拉着脑袋，八千岁又说话了："皇兄啊，他吴三桂啥时候称过我的头？怎么知道是八斤半，这明明是要人哪！你就把我交出去吧，免得京城遭殃，圣上遭难，全城百姓跟着受苦！"康熙帝听了心似油煎，鼻子发酸，满城文武个个落泪。

这时，有个一直没说话的老臣，站起来说："皇上，大家都想错了，就是把八千岁整个人交出去，也不能了事，莫如请八千岁暂避一时。命全城兵将全力保护皇室。吴三桂不进来更好，若是进了城。咱们手中有他的儿子，谅他不敢轻易动刀枪。那时再同他商议，吾皇意下如何？康熙帝同意了老臣的主张。

八千岁无奈，只得洒泪辞别了皇兄和群臣，到后宫急忙收拾打点行装、盘费，同他的妻子、儿女准备逃难。这时格格来了，她的脸色苍白，哭得两眼又红又肿，一进门就给八千岁跪下了，说道："皇兄啊，我本不信吴三桂真要叛乱，夺我江山哪！现在看来，他大兵压城，真没安好心，我不想做吴家的媳妇，更不忍心看京城被困，请皇兄把我也带走吧！"

原来格格只想让吴三桂来一趟，向康熙帝表表心迹，别杀她的丈夫就行了，没想到惹了这么大乱子，这回她才看清了吴三桂的真面目。

八千岁带着家眷和格格，趁着夜色，悄悄地离开京城，逃往他乡了。

八千岁这一支人，背着包袱和行李，为了做饭吃，还背着铁锅呢，他们一路往北去了。走到一个地方，想住下来，八千岁哈腰抓把土看看，觉得这里土质不好，不能定居，又背起行李说声："走，往前走！"一家人拖着酸腿又往前走去。

他们走哇，走哇，又来到一个地方。抓了把土和原来那把土都用秤称了，一般轻重。八千岁又说声："走，往前走！"一家人互相搀扶着，没精打采地往前走。

就这样，他们每到一个地方，都要抓上一把土来比较。不知爬了几座山，过了几道河，最后来到辽河大平原。

八千岁抓把土一看，呵，这土色真好啊！又黑又亮，都能攥出油来，比哪个地方的土都肥。拿秤一称，分量也最轻。八千岁乐得忙招呼家人说：“快放下行装吧，不走啦！”大伙卸下背包，坐了下来。八千岁指着一片茫茫荒草地说：“这里就是咱们的家了，咱要祖祖辈辈留在这里，靠这块土地和一双手养活自己呢！”打这，八千岁一家子就定居在这里了。

这一大家子，人口也不少啊，一帮儿子，一帮儿媳妇，一群闺女，一群女婿，还有老婆和格格。八千岁领头，平地建家园。他们在这里盖了房屋，又开荒种地，养猪养鸡，后来又买牛买马。一个没有人烟的荒野，几年后，变成了一个热热闹闹、火火腾腾的村庄了。

因为这里没有别的人家，全是爱新觉罗一姓，又是从京都来的满族人，八千岁就给这个村子起了个名儿，叫满都一户。怕吴三桂发现，他们不得不隐姓埋名，全家人都改姓肇了。

康熙帝平定了三藩叛乱，皇帝想起了八千岁，就派人四处寻找，好不容易才找到满都一户。来臣对八千岁说，皇上请他们一家人回京。可是八千岁一家人对田园生活过惯了，觉得这里比京城更好，与世无争，春种秋收，自有乐趣。他们谢过了使臣，再没挪窝儿。

康熙帝不忘旧情，每月给八千岁一家人发来俸禄，出生小孩，一落地，就有银两。

现在的满都户，满族人仍占多数，姓肇的人家也很多。人们说，他们都是八千岁的后代。这里的格格坟，就是当年跟随八千岁逃出来的格格的陵墓。

讲 述 者 / 李　明
搜集整理者 / 赫丛青
采录时间 / 1986年5月
采录地点 / 沈阳东陵区古城子乡

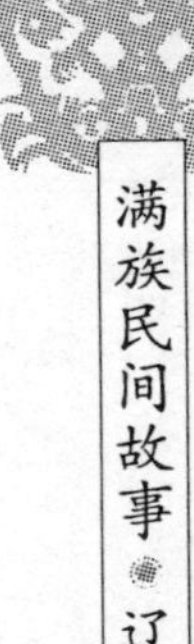

金牛山的来历

很久很久以前，在一座平地而拔、巍峨高耸、姿态雄伟的大山脚下，居住着一牛录勤劳勇敢以狩猎为生的满族人，他们过着丰衣足食的生活。

有一年夏季，大雨连绵，也不知下了多少天。就在一天夜晚，突然一声巨响，山上的一眼清泉塌陷，泉水浑浊，犹如海啸，向山下猛扑过来，眼看就要淹没村庄。这时，居住在山脚下的满族男女老少，临危不惧，纷纷前来堵塞泉口。大家昼夜奋战，拼命挖土抬石，但仍没有堵住。每个人都已累得筋疲力尽，一个叫金牛的小伙子站在那就睡着了。

梦中，他看见一个年过古稀的白胡子老人，手拄龙拐走近跟前，笑呵呵地说："小伙子，那泉口用土石是堵不住的，只有山上老槐树根底下那条龙才能镇妖降水。"说完白胡子老人就不见了。

金牛醒后，就半信半疑地边向大伙讲了方才做的梦，边在老槐树根底下一锹锹地挖。不一会儿，果真就挖出一条光闪闪的金龙。大家乐得连嘴都合不上了，有人说："是真龙，还是假龙，把它抬到泉口上试试吧。"说着，大家就抬的抬，推的推，把金龙真就弄到泉口上去了。也真怪，泉水确实就不冒了。就这样全村人都免遭了一场大水灾。

自从金牛这个小伙子挖出镇妖降水的金龙，为民造福以后，村里的男女老少就更加喜爱他了，特别是他的好心肠博得了无数姑娘们的爱。所以姑娘们也无不暗暗地向金牛投来爱慕的目光。可是，山下老猎手那尧的姑娘小妮与金牛是青梅竹马，她早爱上了金牛，金牛也早

就想摘下小妮这朵娇妍的“花”。

一天晚上，金牛和小妮蹚着洒满月光的羊肠小路，满载着一天的猎物，有说有笑地倾吐着各自的心里话。小妮问：“我们的事别人还不知，那谁来作证。”金牛指着天，笑着说：“月亮做媒，星星担保。”说着这对情人就会意地笑了。他们边说边往前走，眼看就要到家了，忽然听到山顶上好像有什么动静，定神一看，果然泉口上有三个鬼鬼祟祟的人，正在偷盗那条金龙。勇敢的金牛忙对小妮说：“你马上回去报信，让猎手们速来捉盗，我先去抵挡。”

“不行啊！你一个人去太危险！”

“小妮，不要惦记我，时间来不及了，万一金龙被盗，我们全族人的性命就难保了。”话音刚落，金牛已箭步冲上山了。

却说这三个盗贼见到了金龙，便垂涎三尺，抡起铁锤就要砸，可金龙纹丝不动。他们正急得团团转，金牛就箭步冲到身旁，手持宝刀，高声喊“捉贼”。三个盗贼被这突如其来的喊声吓得面如土色，可回头一看，只是金牛孤身一人，心中略有宽慰，一个小矬个子盗贼举刀向金牛砍来。另外两个盗贼也狐假虎威地拿着石头向金牛打来，可是金牛面无惧色，抡起宝刀就向小矬个子猛砍。交战几个回合，小矬个子的脑袋瓜就被金牛给削去了。瘸腿盗贼见势不妙，拔腿就跑，剩下的一个盗贼边喊“别怕，咱们打死他”，边向金牛投来一块大石头。金牛躲过一块又一块石头，心中只有一个念头，杀死盗贼，为乡亲们除害，便不顾一切地追打。不料瘸腿盗贼从背后打来一块大石头，正好打到他的头上。他顿时觉得天旋地转，两条腿不听使唤，就一头栽倒在地上。两个盗贼想趁机逃命。这时，山上传来了捉贼的喊声，原来是小妮和阿玛那尧带领着老猎手们围上来了。那两个盗贼见此情景吓得屁滚尿流，拼命地往树林子钻。就听“啊”的一声惨叫，有一个贼盗后背中了那尧的利箭，剩下那个瘸腿盗贼更是没命跑了。可他跑得再快也没有箭飞得快。又是“啊”的一声惨叫，瘸腿盗贼的咽喉中了小妮的毒箭。三个盗贼就这样得到了应有的下场。

当乡亲们赶上来的时候，只见泉口上的金龙完整无缺，可是勇敢的金牛却已倒在血泊之中，为大家献出了年轻的生命。小妮抱起金牛号啕大哭，眼前模糊一片。乡亲们含着热泪把金牛安葬在山顶上。小

妮摘下几朵野花放在金牛墓的周围，她的泪水像两条倒挂着的小河流起来没个完，为了纪念这位保护大伙利益而献身的英雄，人们就把那座大山叫成了金牛山。

讲 述 者／宁美珍
采录整理者／白明路
采录时间／1986年2月
采录地点／东陵区前进乡

辉山的来历

从前，有一座山，山下有一家，这家有个十七八岁的小伙子，以打柴为生。这天，他又上山去打柴，突然看见两个老头儿骑着鹤飞了过来，落在一块大石头上，大石头变成了棋盘和棋子，两个人就坐那下了棋。这个小伙子就在一边看，看着看着就看得入迷了。一个老头儿挥了挥手，一只鹤又飞了来，还叼来了个桃给了老头儿。老头儿吃完了桃就把桃核吐了。这个小伙子也渴了，就把桃核捡起来放在嘴里含着，这就看着棋盘上一会儿掉下来一片黄叶，一会儿掉下来一片绿叶，一会儿又掉下一片黄叶，一会儿又掉下一片绿叶。又过了一会儿，这两个老头儿下完了棋，跟小伙子说：

"年轻人你赶快回家去吧，我们也要走了。"

说完，两个人又骑着鹤飞走了。

这个小伙子这才想起背柴火回家，一看斧子都锈了，一找柴火也没了。一想家里还等着柴烧呢，就又搂了一捆柴火背着下山了。

小伙子下山了，发现路变宽了，堡子也变大了，而且堡子里的人他都不认识了。他就很奇怪，难道是走错了？他就找了个人问问，这是什么堡子，那个人告诉了他。他一听没走错啊，这怎么回事呢？然后他又找了个老人打听他阿玛和讷讷的名字，那个老头儿说：

"哎呀，听说有这么个人，那都是五六代以前的人了，他们有个儿子上山去砍柴就再也没回来。"小伙子说：

"我就是那个儿子啊。"

老头儿说"那你什么时候上的山啊？"

小伙子说：“就今天啊。”

“今天？那都是百十年前的事了。”

小伙又打听自己的弟弟，老头儿说：

“那都早没了啊。”

这个小伙子就后悔，后悔不该吃那个桃核，那是仙桃啊，这一下人间都过了百十年了，他连认识的人都没有了。从那以后，那个山就被叫做“悔山”。后来，渐渐说成了“辉山”了。

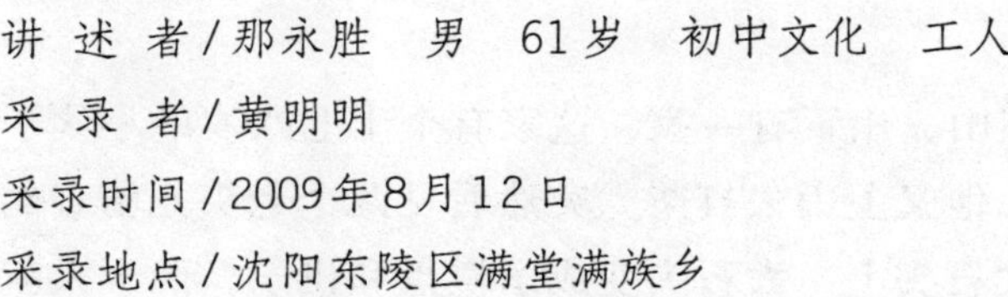

讲 述 者／那永胜　男　61岁　初中文化　工人

采 录 者／黄明明

采录时间／2009年8月12日

采录地点／沈阳东陵区满堂满族乡

双井屯传说

在沈阳北郊有一座山，叫五台山。山的北边，有个葛珊（满语，村子）叫杨树屯，住着一百来户人家。有个叫唐阿里的穷孩子，给噶珊里的老穆昆达（满语，族长）家放猪。老穆昆达对伙计和家人特别刻薄，是个“抱着元宝下井，舍命不舍财”的家伙。唐阿里一到他家，老穆昆达就死牙赖口地说：“你每天放这三十头猪，猪瘦了要挨打，临回来还得捎一背高高的稗草，没有草不许吃饭。看见了吧，得到五台山去割，听懂了吗?”说完，老穆昆达鸭子似的走开了。

唐阿里壮着胆子赶着猪，向五台山走去。来到一条霍洛（满语，峡谷）里，转过一个弯，在几块大岩石的后面，发现了一块稗草地，这草长得又高又嫩。唐阿里乐了，拔出小镰刀，嚓嚓地割了起来，割完，刚好一大捆。

黄昏，唐阿里赶着猪，背着草，哼着小调回到了老穆昆达家。老穆昆达正在院子里等他呢，看见唐阿里背上这一背又高又嫩的稗草和肚子吃得溜圆的猪，鼻子“哼”了一声，不言语了。第二天，唐阿里又来到他昨天放猪割草的霍洛里。他愣了。真是怪事!?昨天割过的地方又长出了一片又高又嫩的稗草。愣了一会儿，他又乐了。心想：不管它，割了再说。这一天，唐阿里又兴冲冲地赶回了家。老穆昆达看见吃饱的猪，一大捆和昨天一样的稗草，这才让他进屋。

打那以后，唐阿里天天到那儿放猪割草，天天背回一大捆稗草。一来二去，老穆昆达眨着“席篾拉”的小眼睛，起了疑心，脑子里打着鬼主意。

第二天，老穆昆达在背地里跟着唐阿里。唐阿里又来到老地方，他猪一放，先割那一小块青草，不多不少，刚好一大捆。然后，头枕着青草，趴在那儿晒太阳。老穆昆达一连跟了好几天，见唐阿里天天都在这儿放猪割草，这草还天天一样多，一样高，一样嫩。心想，说不定这草底下，有什么宝呢？

晚上，老穆昆达一个人拿着镐，深一脚浅一脚地来到了白天唐阿里割草的地方，“呼哧呼哧”地刨了起来。满头大汗地忙活了一阵，却只刨出了一个破黑盆。他丧气地踢了一脚，一屁股坐在地上。可这个小店儿（吝啬）家伙没把盆扔了，他想拿回去做猪食盆呢！

老穆昆达垂头丧气地回到家里，一进门，没好气地把破盆“当啷”一声扔到了猪圈里，就呼呼睡大觉去了。

第二天上午，老穆昆达吃过了饭，转悠到猪圈旁，冷不丁看了一眼，气得小眼珠子都要掉出来了。是谁把雪白的大米倒在他昨天扔这儿的破盆里喂猪了呢？这还了得！他从院子里骂到屋里，又从屋里骂到屋外，骂了大半天，做饭的大师傅才嚅嚅地说，他早起洗完米后，用泔水喂猪，泔水有几粒米掉在那只破黑盆里了。

老穆昆达一听，转了转黑豆似的小眼珠说：“得了，得了！”他急三火四地跑到猪圈，把那只破盆捡回来，放在自己的卧房里，又往里倒了一碗白米。第二天一大早，老穆昆达一看，嗬！满满的一盆白米。

啊呀！这难道是聚宝盆吗？

老穆昆达又向盆里扔一枚铜钱，第二天一大清早，他一看，乐得小眼珠子都看不见了。那满满的一盆铜钱，闪闪发光。

啊！真是聚宝盆。一下子，在老穆昆达的眼前出现了金山、银山；又一下子出现了他用钱养的兵；又一下子出现了他夺的皇位……

老穆昆达这下子可乐坏了，把那破盆洗了又洗，擦了又擦，藏在自己的大钱柜里，上了一把十斤重的大铁锁，然后躺在炕上，自言自语地说：“哈哈！我穆昆达老了，还有这个福气。”

殊不知，人过留名，雁过留声。世上的一切事，要想让人们不知道，那是办不到的。

再说，唐阿里第二天到那儿去割草，一看，他伤心地哭了，不但草没有了，地也被刨得乱七八糟。

晚上，他对自己的阿玛和讷讷和葛珊里的玛发（满语，对年老者的称呼）们说了。大人们都说那片草地底下肯定有宝贝。

有人说，看见老穆昆达上了五台山，还带着镐头，回来时拎了个破盆。老穆昆达家做饭的大师傅也说了他看见的奇怪事。

这个传，那个猜，老穆昆达在五台山下偷偷摸摸地捡了个聚宝盆的嘎咕（奇怪）事，一来二去地传开了。从这村传到那个屯，又从乡下传到县城，从县到府，一直传到京城皇帝那儿。

皇帝听了之后，心里琢磨：天下之宝，应为朕所有。传朕旨意，将聚宝盆送到京城。

钦差奉皇帝的旨意带了一员葛珊达（满语，地方中级武官），率领一牛录（满语，队伍。一牛录有五百人左右）亲军，马不停蹄、日夜兼程地赶到了杨树葛珊，在老穆昆达的门前高声呵斥："快快献出聚宝盆，否则灭门九族!"

老穆昆达正在屋里做着他的美梦呢。听人家说官兵奉旨来要聚宝盆，他哪舍得呀！这比挖心割肉还疼。他颤抖着声音叫喊："不行，死也不给！这聚宝盆是阿凯恩都里（满族中的神）赐给我的，谁也不能要。"

老穆昆达拿着聚宝盆从后门逃出去，被官兵发现了，就追他。他跑到一口大井边上，老家伙实在跑不动了，他瞅着向他逼近的官兵，一步一步地向后退。退呀，退呀，"扑通"一声，老穆昆达一下子掉进大井里去了。官兵们一见，赶紧七手八脚地打捞。

奇怪，捞了老半天，只捞上来一只死猪一样的尸体。聚宝盆，连影子都没有。钦差命令，把井淘干。一直淘了九天九夜，可还是没有聚宝盆。钦差没有办法了，禀报皇上后，让官兵们用石头和沙土把这口井给填平了。

过了几天，在填过井的旁边，又汩汩地流出了一汪清水，越流越大，而且这水又甜又清凉，唐阿里和葛珊里的人们就在流水的地方，又修了一口井。

打这以后，人们把杨树葛珊叫做双井噶珊——双井屯了。

讲 述 者 / 王树民

采录整理者 / 王铁柱

采录时间 / 1986年3月

采录地点 / 东陵区前进乡

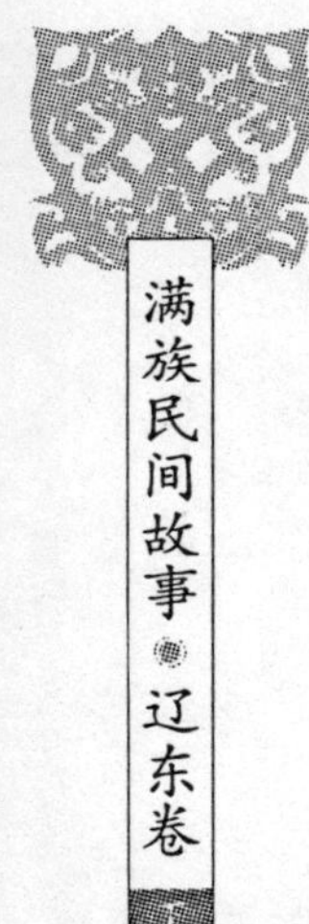

七间房的来历

努尔哈赤驾崩后，皇太极在盛京东郊，为他修建了一座陵墓。

传说皇太极的姨母赵氏，身居长白山脚下，修行多年，虽然霜鬓白发，仍风度翩翩，如同仙人。她从千里之遥来到此地，为努尔哈赤看陵守墓。

陵前陵后山峦起伏叠嶂，杂草丛生，一片荒凉。在陵的前面，唯有一条小小的山道，也很少有人路过。那是因为努尔哈赤葬后，有了看墓守陵的赵氏，不准任何人由此经过，怕有损于陵地风水。不管你是步行的，骑马的，赶车的，担担的，一律不准通过。所以小小的山道也长起了齐腰高的野草。草丛中时常可见到一堆堆的白骨。每到太阳落山时，更是狼嚎狐鸣……

在陵东边居住的人们，去盛京城里上集赶庙，焚香许愿必经此路，但因看陵的不准经过此路，人们只好半夜时偷偷地越过。

陵东有一姓韩的老者，早年丧妻，领着一个女儿。父女相依为命，过着清苦的日子。老者眼看着女儿一天天地长大成人了，不愿让女儿跟着他这年迈的老人受累赘，想把女儿早一些许配给一个称心如意的人家。这一天他好不容易才说服了女儿，没等天亮就带着随身的东西，领着女儿去盛京城里庙上许愿，让老天爷赐给女儿一个好人家。

老人手里拄着拐杖，女儿搀扶着老人，吃力地行走在高低不平的丘陵之间。当走到东陵附近的时候，天已黄昏。老人抬头看了看星辰说：“我们歇一歇，等天再黑点，我们好过陵墓。”说话间过了申时，天也黑得伸手不见五指了，老人这时才说“我们上路吧”。

天太黑，姑娘搀扶着老人，行走得更加艰难了。他们刚好走到陵的正门前，忽然从不远的地方传来了几声恶狼的嗥叫，就在他们进退两难的时候，草丛中发出沙沙的声音。从月光下，看见几只已饿得发疯的大灰狼，直奔他们而来。他们俩人，老的体弱多病，小的又是一瘦弱女子，再加一吓，紧张得不知如何是好，姑娘惊叫着，呼喊着，“救命啊”！在这荒郊野外，凄凉的夜晚，又有谁来搭救他们呢？顷刻之间，父女俩被恶狼你抢它夺地给活活咬死了，只剩下一推白骨。

在陵墓院内的赵氏，此时虽听到了这悲惨的声音，她也是无济于事，只好闭上双目，拱起双手，向天祈祷“阿弥陀佛”。赵氏身居此地甚久，荒山野岭恶狼出没无常，经常伤人致死，她是了如指掌的。

久而久之，这一带的百姓再也忍受不住了。大伙一起来到陵墓前，乞求赵氏奏明圣上，赵氏只好照办。皇帝传下圣旨，派人到附近地方修建了七间房屋，留给过往的行人歇脚。

后来这里的人，越来越多，房屋也越来越多，自然形成了一个上百户的村庄。到盛京城里办事的人们，再也不毛骨悚然了。人们过着安居乐业的生活。居住在这里的人们不忘圣上的恩典，给这个村子起名叫“七间房”。这个传说至今在当地广为流传。

讲 述 者／崔香林

采录整理者／郝广敏

采录时间／1986年3月

采录地点／沈阳白塔镇毛匠

鸽子石的传说

长白山系的余脉哈拉岭位于吉林省境内，其中有一座山叫大喇子山，山上有个鸽子洞，洞外有块鸽子石。本来山下百姓的生活过得很平稳，但是这一年，山里出事了，出什么事了呢？山上有个兔子成精了，总出来祸害人。它要是闲着没事啊，就出来，一扫尾巴，就把地里的庄稼都连根拔起，完事还不走，站在旁边又晃脑袋又摆手，在那气人，看到谁家姑娘好它就把人家姑娘掳到它洞里去。山下的百姓对它是恨得直咬牙，但拿它也没办法，根本打不着它，还没等猎人靠近，它就跑了。

有一个老猎人带着女儿从长白山里来，路过此地，听说这有个兔子成精了总祸害人，就留在堡子里要为民除害。老猎人去山里踩点，暗中观察兔子精，回来就跟女儿说，这兔子精已经成气候了，全身雪白，从头到脚有一条黑线，还有一条长尾巴不好对付啊，咱们不能轻举妄动。姑娘本来就年轻气盛，又看到兔子在前面招手气他们，这气就不打一处来，抬手就是一枪。这姑娘本来就年轻，经验不足，加上生气，这枪就打偏了，打到兔子精的尾巴上了，兔子精生气了，一扫尾巴，把姑娘的眼睛扫瞎了。堡子里的人听说姑娘为帮他们眼睛被兔子精扫瞎了，都过来看望姑娘，有给送吃的，有给送药的，附近的先生都看遍了，各种药方、偏方都吃了，姑娘的眼睛也没治好。这时候，有人给老猎人出了个主意，说你去山上抓一只小鸽崽，养七七四十九天，兴许这鸽子能治好你女儿的眼睛。老猎人一听，只要能治好我女儿，啥方法都得试试。

第二天就到山上抓了一只小鸽崽，回家后精心饲养，姑娘每天都给鸽子喂食喂水，和鸽子说话，渐渐地倒把治眼睛这事忘了，转眼七七四十九天过去了，鸽子飞走了，姑娘很伤心。又过了三天，鸽子又飞回来了，姑娘抱着鸽子这个亲热，又是亲又是贴脸的，鸽子在姑娘的眼睛上蹭了两下，姑娘的眼睛就睁开了。原来，鸽子这三天是飞去山里寻找一种神奇的泉水，用嘴含着泉水，滴在姑娘的眼睛上，姑娘的眼睛就好了。这下，姑娘的眼睛也好啦，更下定决心要杀死兔子。

一天，老猎人带着女儿和鸽子又来到山上，兔子精正在自己洞门口朝他们摆手气人呢，姑娘举手就是一枪，打到兔子腿上了，兔子精刚要扫尾巴，突然从鸽子的眼睛里射出两道血线，兔子精中了这两道血线后全身就僵住不能动了，姑娘趁机又是一枪，把兔子精打死了。兔子精打死了，也为民除害了，姑娘也报仇了，但回头一看鸽子也死了，因为它把全身的血都射向兔子精了。姑娘双手捧着鸽子就哭了，哭了一天一夜。再一看，鸽子变成了一块石头，从此人们就管这块石头叫鸽子石，管这个洞叫鸽子洞。

讲 述 者／那永胜　男　61岁　初中文化　工人

采 录 者／苗莉莉

采录时间／2009年8月12日

采录地点／沈阳东陵区满堂满族乡

浑河水为什么变浑

乾隆年间，浑河里有个鲶鱼怪。那时候，浑河还不叫浑河，叫鬼端河。一到秋天，这个鲶鱼精就作怪，河里就发大水。河北边有龙脉皇陵，水淹不过去，所以水就往南淹。

这一年，乾隆皇帝到新宾老陵祭祖，经过这条河。这个鲶鱼精就想啊，这是真龙天子啊，我应该去见见。这个鲶鱼精就变了个老道来求见皇上，说自己有仙术要给皇上。乾隆皇帝信佛，不太信道家，就问他：

"你有什么东西啊？"

这个老道就说："我有一本仙书，记载了怎么炼长生不老丹。我想呈给皇上，希望皇上能封我个官。"

皇帝说："你想当什么官啊？你住在哪啊？"

这个老道说："我就住在浑河里，我本是个鲶鱼精，想跟皇上讨封。"

皇帝一听，这是个妖精啊，这也不是人啊，就说："你滚。"

这鲶鱼精听了这句话，就记住了，从此只要他一不高兴，就在河里打滚，滚得水都浑了，后来人们就把这条河改名叫"浑河"。

讲 述 者／那永胜　男　61岁　初中文化　工人

采 录 者／黄明明

采录时间／2009年8月12日

采录地点／沈阳东陵区满堂满族乡

“种”姓的来历

在宋朝编的《百家姓》书中，是找不出“种”姓的。可是沈阳偏偏有姓“种”的，说起来还和清朝开国祖宗努尔哈赤有一段因缘呢。

传说，清太祖努尔哈赤，原来在明朝辽阳总兵李成梁部下当差，名叫小罕子。

一天晚上，李成梁发现小罕子脚儿上长有七个红痣子，认为是混龙出世，便想杀掉他，当天夜里就要把小罕子捉赴京城问斩。消息传到小罕子耳里，吓得他连夜从总兵府逃了出来，一气儿跑了三天三夜也不敢停脚。李总兵带领追兵在后面紧追不舍。

这时，已是深秋，地里的高粱已经割完，全都堆成垛子。小罕子为了逃避追兵，就猫到高粱垛子里，追兵来到高粱地，只见一垛子一垛子的高粱，却不见小罕子的影子。李总兵急了，命令追兵在高粱垛子里搜查。追兵把高粱垛子一个接一个地翻着的时候，只见高粱秆上、穗上、叶子上、地上爬满了虫子，还直往裤腿儿、衣袖里爬。这些追兵一看这么多的虫子，心想里面哪能猫人呢，就没有再往里面翻，当然也没找到小罕子。追兵从高粱地垂头丧气地出来，又往前追了好远，也不见小罕子的踪迹，只好撤兵回府。

小罕子见追兵已走远了，就从高粱垛里出来，发现自己身上和高粱捆上都是虫子。他明白了，一边抖衣服上的虫子，一边自言自语地说：“虫啊！今天是你们救了我呀！日后，我真要当上皇帝，一定让我的子孙姓虫，永远不忘你们的救命之恩。”

后来，小罕子真的在盛京坐了金銮殿，当上了皇帝。

有一天，努尔哈赤和大臣们去打围狩猎，路经一片高粱地，努尔哈赤想起了当年那段往事，情不自禁地说：“如果没有虫子救我，我哪有今天?”努尔哈赤便让他的一些子孙姓虫，来纪念虫子救命之功。传说，满族人姓种的就是努尔哈赤许的愿，把“虫”字写成“种”了。

讲 述 者／姜淑珍　女　不识字　农夫
采录整理者／李桂凤
采录时间／1986年3月
采录地点／沈阳东陵区古城子乡

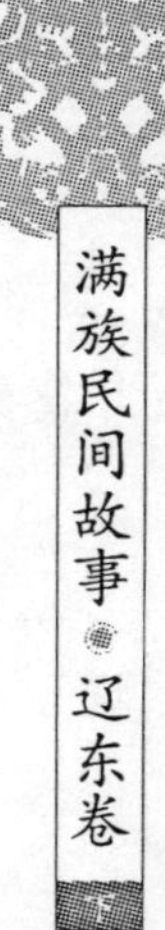

扣指的来历

乾隆爷时常下江南，有的时候是微服出访。

一天，乾隆爷带一个大臣微服出访，大臣的年龄比乾隆爷要大几岁，乾隆爷就扮成了大臣的随从。晌午的时候到了饭点要吃饭，乾隆爷就说："那得喝点酒啊。"

大臣就要去取酒，乾隆爷一把把大臣按在座位上说：

"你坐着吧，我来。"

说着就去把酒拿了过来。这时大臣是诚惶诚恐，觉得怎么能让皇上服侍自己呢。但乾隆爷觉得私访就得像，我是扮成你的随从，就应该我来干。于是就拿过了酒，往大臣酒盅里倒。大臣看了，吓得就要跪下磕头，乾隆爷拦住了他，说："你坐着吧。"

大臣坐下后就合计，这终究不是回事，他是皇上，我是臣子，我怎么能让皇上给我倒酒呢？当然这个大臣很有才华，用手指扣着桌子，顺嘴就说了："臣酒君斟，坐有不尊，以指代首，叩谢隆恩。"

后来，扣指的习俗就被中华民族广泛地应用，不仅仅是满族人，当然现在已经变成了一种表示尊敬的方式，人们倒酒时，用手指点点桌子表示谢意。

讲 述 者／肇恒昌　男　63岁　大专文化　干部

采 录 者／黄明明

采录时间／2009年8月12日

采录地点／沈阳东陵区满堂满族乡

穿寸子鞋由来

想当年，金国和辽国打仗。金兀术的妹妹百花格格也上阵打仗，那时候女真族的女子也都很厉害，都能上阵打仗。打仗就不可能遇见的全都是平坦的大道啊。这天，百花格格就带兵路过一片沼泽地，过不去啊。这时候，正好一个打柴的樵夫背着柴经过这个地方，百花格格看见就说：

"去把那个樵夫给我喊过来。"

底下人就过去跟樵夫说："我们姑娘请你过去一下。"

那时候，满族的称呼都是姑娘，不叫小姐。这边樵夫就过来了，百花格格就要了他砍的那些柴。然后命人把那些砍的树枝啊、叉子啊铺在了沼泽地上。这样，百花格格就带兵从沼泽地上过去了。到了那边，女真人勇猛啊，打败了辽国人，打了胜仗。为了纪念这次胜利，百花格格回去以后就决定在鞋底上加高，于是就有了后来的寸子鞋。从那以后，满族的女人就都开始穿寸子鞋了。

讲 述 者／那永胜　男　61岁　初中文化　工人

采 录 者／黄明明

采录时间／2009年8月12日

采录地点／沈阳东陵区满堂满族乡

黄鱼胶的来历

有这么一个人，是个木匠。有一天，天下着大雨，傍黑的时候就听见有人敲他家的门。他就想，这时候谁会来敲门呢？他家附近住的人家很少。他就走到门边趴在门缝上一看，是一个白胡子老头儿在敲门。木匠就开了门，老头儿说：

"我想在你家借住一宿儿。"

木匠看老头儿岁数挺大，就同意了。这老头儿什么都没拿，就拿了一根扁担。这木匠就问老头儿吃饭了吗？老头儿说没有。木匠就拿出点米饭给老头儿吃了，老头儿说：

"年轻人你心挺善啊。"

吃完饭老头儿说："给我个地方住吧。"

木匠就让老头儿上里屋炕上睡。

老头儿说："不用，你睡里屋，我睡外屋就行。"

木匠要给老头儿拿床被，老头儿说："不用。小伙子，你是干什么活的啊？"

木匠说："我是做木匠活的，闲时打点儿鱼。"

老头儿说："你是木匠，那你有刨子没？"

木匠说："有啊。"就把刨子拿了来。

这老头儿说："你去睡觉吧。我干点活，你就不用管了。"

这个小伙子就奇怪，老头儿要干什么呢？就在里屋看，老头儿就拿刨子把他那根扁担给刨了，弄了一地刨花。然后，老头儿就钻到刨花里去睡觉去了。这个木匠看了，啊？用刨花睡觉啊。

第二天早晨，老头儿起来挺早。木匠也醒了，就看老头儿在外屋吐了口唾沫，然后就搓刨花。搓着搓着，又搓出一根扁担来。木匠一看，哎呀，这不是老神仙吗？是不是鲁班爷爷下凡了啊？这时老头儿说：

“小伙，谢谢你啊，我要走了。”

木匠说：“老神仙啊，你是不是鲁班爷爷？你一定得教我点手艺。”

老头儿说：“我不会什么手艺，我也不是鲁班。”

木匠说：“我都看着你搓刨花了。”

老头儿说：“这样吧，你跟我来。”

老头儿就领着木匠来到了河边。老头儿往河里吐了口唾沫，就看见唾沫被黄鱼给吃了。木匠就奇怪，鱼怎么吃唾沫呢？

老头儿说：“你回去拿网来网吧。”

说完就走了。木匠就连忙回去拿了网来，一网，网上来一网大黄鱼。回家以后呢，剖开鱼肚一看，每条鱼里面都有一段胶。木匠用这胶一粘木头，严丝合缝，特别好使。从此，就有了黄鱼胶，木匠都用这个来粘木头。

讲 述 者／那永胜　男　61岁　初中文化　工人

采 录 者／黄明明

采录时间／2009年8月12日

采录地点／沈阳东陵区满堂满族乡

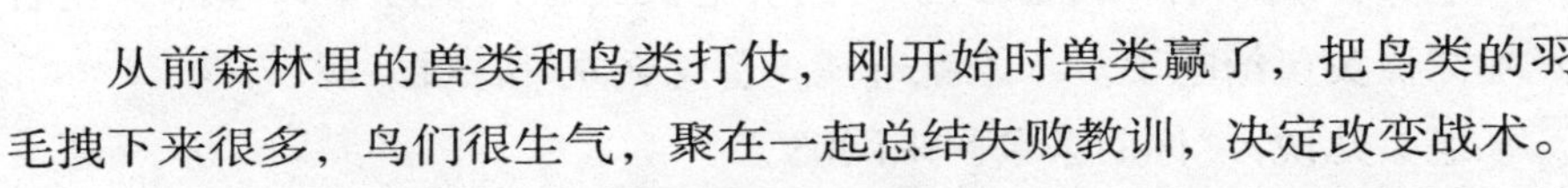

蝙蝠为什么晚上飞

从前森林里的兽类和鸟类打仗，刚开始时兽类赢了，把鸟类的羽毛拽下来很多，鸟们很生气，聚在一起总结失败教训，决定改变战术。

一天，鸟类们趁兽类防备松懈时突然袭击，专叨兽类的眼睛，终于把兽类打败了，俘虏了很多的松鼠、兔子那样的小动物，还抓到了一只蝙蝠。蝙蝠向鸟类求饶，说：

“我不是兽，我和你们一样是鸟，你看我有尖尖的嘴，还有翅膀。”

说完，还挥了挥翅膀。鸟们相信了，把蝙蝠放了。

后来，兽类和鸟类又打了一仗。这回兽类赢了，也俘虏了很多麻雀、鸽子等小鸟，蝙蝠又被抓住了。兽类要吃它。蝙蝠吓得直哆嗦，说：

“你们别吃我，我是兽啊。”边说边把翅膀赶紧收了起来，说：“你看我有锋利的牙齿。”

兽们也相信了蝙蝠，把蝙蝠放了。

再后来，兽类和鸟类议和了，大家都很瞧不起蝙蝠，蝙蝠羞愧得白天不敢出门，只有晚上等兽和鸟们都睡觉了，它才敢出来。

讲 述 者／那永胜　男　61岁　初中文化　工人

采 录 者／苗莉莉

采录时间／2009年8月12日

采录地点／沈阳东陵区满堂满族乡

贝子救格格

以前，一个满洲贝勒的儿子，成天游手好闲，但是他不干坏事。这一天，他阿玛把他叫进去了，说：

“孩子啊，你这整天不务正事，这要是别的部落来打我们，我们怎么抵抗啊？我这也老了。”

他说：“阿玛，打仗不一定靠武艺高，得靠智慧。”

他阿玛说：“你有什么智慧?”

他说：“那不一定，我一边长大一边学。”

他阿玛说：“你真让我失望。”

他说：“阿玛，你不要失望，一定会学好的。”

然后，他就离开了家。

走在路上，他就看见两个小树妖在那打架。他就问：“你们俩为什么打架啊?”

这俩说：“你是人类吧？你们人都挺聪明，你来给我们评评理吧。我们俩在争三样宝贝，一个是帽子，戴上以后谁都看不见；一个是葫芦，想吃什么，一点，就有什么；第三样是飞云靴，穿上能飞。”

这个贝子听了说：“这个好办，我来帮你们分，你俩相信我不?”

这俩说：“相信。”

他说："你俩把东西放在我这，你俩往前跑，谁能跑第一，东西就归谁。"

这俩树妖一听，也没问跑到哪，就开始往前跑。等到他俩跑得没影了，这个贝子就戴上帽子，穿上靴子，拿着葫芦飞走了。

飞啊，飞啊，就飞到一个小部落。他落下一看，部落的首领正在那哭。他就过去问：

"贝勒，你怎么了？"

这个贝勒就说："我有两个女儿，长得像花一样漂亮，有一天突然被一股旋风给卷走了。把奶娘、侍卫都治了罪，还是没找回来他们，到现在都两三年了。"

他听了就说："贝勒，那我帮你去找找吧。"

贝子在这个部落住了一宿，第二天早上就出发了。他戴上帽子，穿上飞云靴就飞了起来。飞到一个湖边，他看见落下12只白天鹅，这些白天鹅落到湖里就变成了人。还有12个小孩，叫那些天鹅"额娘，额娘。"原来，这是另一个部落的格格。这些天鹅就问这个贝子去哪，干什么。他就说自己是什么部落的贝子，两个姐姐被抢走了，去找姐姐。这些天鹅就告诉他说：

"你的两个姐姐啊，一个被大蛇精抓走了，一个被大鱼精抓走了。"

他就问："大蛇精在哪？大鱼精在哪？"

天鹅都告诉了他。

他先到了蛇精的洞外，小妖精问他找谁。他说："我是格格的弟弟。"

小妖精报告了大蛇精，蛇精就把他请了进去。见到了格格，格格说：

"我没有弟弟啊。"

他说："我是来救你的。"

然后，唠了一会儿，蛇精就找他们一起吃饭。这个贝子就说：

"姐夫，我这有酒，你想尝尝不？"

蛇精说："好啊。"他就拿出葫芦变出了酒和肉。蛇精一吃，"真是好吃。"然后，蛇精就喝醉了。他就戴上帽子，穿上靴子把格格带走了，把她送回了部落。

这个格格说："我还有个妹妹。"

贝子说："我知道她在哪。"

"你怎么知道的啊？"

他说："天鹅告诉我的。"

然后他就又出发了。

大鱼精在一个湖里。他到了那里还说是格格的弟弟，变出了酒菜给鱼精吃，鱼精也喝醉了。他就带着格格要走，那些虾兵蟹将要拦住他，他就说：

"格格这是回家探亲，你们敢拦吗？"

那是鱼精的妻子啊，这些虾兵蟹将也都不敢拦着他，就让他们走了。

回了部落，那个贝勒一看，两个女儿都回来了，就说：

"你太能干了，我的部落就和你的部落合并吧。"

这个贝子回家了，他阿玛一看他没有经过战争就合并了这么大的部落，就说：

"我儿子真是太能干了，真是太有智慧了。"

就把位子让给了这个儿子。

讲 述 者 / 那永胜　男　61岁　初中文化　工人

采 录 者 / 黄明明

采录时间 / 2009年8月12日

采录地点 / 沈阳东陵区满堂满族乡

乌拉特救白兔

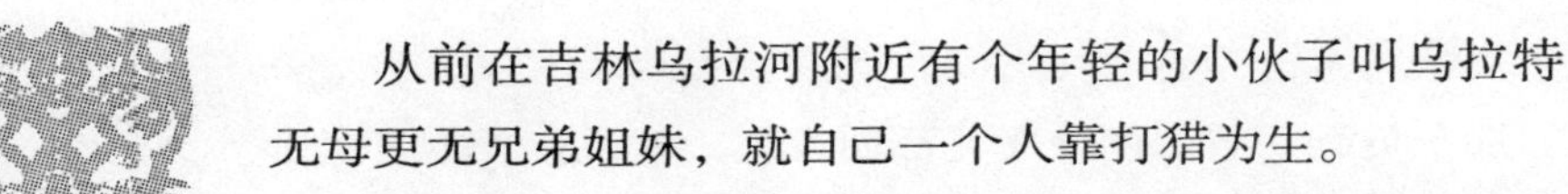

从前在吉林乌拉河附近有个年轻的小伙子叫乌拉特，乌拉特无父无母更无兄弟姐妹，就自己一个人靠打猎为生。

一天，乌拉特又准备进山打猎，还没走到山脚下就看见一只鹰和一只大白兔打架，显然鹰打赢了，两只爪子抓起兔子就要飞，乌拉特一枪就把鹰打死了，兔子一下就跑远了。

过不久就是新年了，别人家里又包饺子又放鞭炮的好不热闹，而乌拉特家里冷冷清清的，他一个大男人也懒得动弹。夜里，乌拉特在屋里听见有人敲门，上外面一看，门口站着一个大姑娘，穿着一身白色毛的袍子。姑娘看见乌拉特，大大方方的，说想给乌拉特包饺子过年，乌拉特一听，好啊，反正自己一个人也挺没意思的，有人要给自己包饺子，那还不好啊。

乌拉特把姑娘让进屋，两个人就坐下包饺子，边包饺子边说话，不一会儿饺子就包好了，乌拉特又留姑娘吃饺子。满族人吃饭哪能不喝酒呢，俩人边吃边喝，这姑娘酒喝多了，就现出原形了，原来是一只兔子。乌拉特一看，这不是我前一阵救的那只兔子吗。

姑娘一看自己现原形了，吓得酒全醒了，转身就跑，乌拉特坐在凳子上也不动，眼看着兔子跑远了。

原来，是那只兔子看乌拉特一个人过年太冷清了，想报恩，没想到自己反而喝多了，显了原形。

讲 述 者/那永胜　男　61岁　初中文化　工人

采 录 者/苗莉莉

采录时间/2009年8月12日

采录地点/沈阳东陵区满堂满族乡

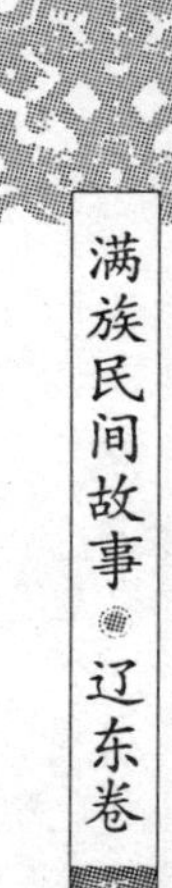

葵花姑娘和猎人

有一个姑娘，也就十八九岁，喜欢葵花，种了很多的葵花。这个姑娘长得也很漂亮，很多人喜欢这个姑娘，都想娶她为妻。但是这个姑娘呢，谁有三件宝物，我就嫁给谁。一件是银锄头，一件是夜明珠，一件是金线银线。

有一天，这个姑娘正坐着绣花呢，天上呜呜地刮过来一阵风，黑云翻滚着就过来了。那个黑云到她头顶就停住了，伸出一只大手就把姑娘抓了起来。姑娘大叫：

"救命啊！救命啊！"

这时候，正好一个猎人路过，听见了，急忙搭弓射箭，朝黑云射了过去。就听一声怪叫，姑娘扑通一声掉进了水里。正好渔夫的儿子在河边，就一个猛子扎下去把姑娘救了上来。那个姑娘连惊讶带被水淹，奄奄一息，一个郎中的儿子路过此地，给姑娘吃了一丸药，就把姑娘给救活了。

这姑娘病好以后，猎人的儿子想娶她，渔夫的儿子想娶她，郎中的儿子也要娶她。这个姑娘说：

"你看你们都救了我，但是我不能嫁给三个人啊。你们谁能找来银锄、夜明珠、金线银线三样宝物，我就嫁给谁。"

要找回这三样宝物可不容易啊，渔夫的儿子就说："那我可不能去，翻山越岭，再把命搭上可怎么办。"

郎中的儿子说："那我更不能去，我一书生，手无缚鸡之力。"

猎人的儿子说："我去。"就带了吃的和水出发了。

猎人的儿子翻过了四五座大山，穿过了七八条河。这天，他来到了一个洞前。走近去就看见一个大蟒，吐着芯子，要吃人的样。这个猎人的儿子很胆大，拔出腰刀就和大蟒搏斗，终于把大蟒给杀了。然后他就继续往里走，越走越亮，越走越宽敞。走到里面，看见一个白胡子老头儿。

老头儿问："你来干什么啊？"

猎人的儿子说："我来找宝物。"

老头儿说："我这哪有宝物啊！这样吧，你顺着原来的路回去就能找着，我只能给你一样宝物，我这有金银财宝，你随便挑吧，拿回去可以买地，盖房。"

猎人的儿子说："我不要这些。"说着话，他一下看见一把银闪闪的锄头就说："这个给我吧。"

老头儿说："那好，给你吧。"

猎人的儿子拿起银锄头就顺着原路往回走。走着走着遇见了一个老太太，问他：

"小伙子，你从什么地方来的啊？

猎人的儿子告诉老太太自己从什么地方来的。

老太太说："我好几天没吃饭了，你能不能给我点吃的啊？"

猎人的儿子说："行。"就把自己的饽饽都给了老太太。

老太太说："你心眼太好了，我也没有什么报答你的，我这有根针，给你吧。这根针可不一般啊，俺家小孙子好几岁不会说话。有一天我教他说话，看他嘴里有根针就给他拔出来了，送给你做个纪念吧。还有就是我家养了条蚕，好几年了都不吐丝，也送给你做个纪念吧。"

猎人的儿子就收下了。

猎人的儿子又继续往前走，走到一条河，过不去了，桥被水冲坏了。正好看见一个黑鱼正在和一个红毛鲤鱼打仗，红毛鲤鱼马上就不行了。他就拿出弓箭，朝着黑鱼射过去，黑鱼就游走了。这个红毛鲤鱼就说话了：

"大哥，谢谢你，我是这个河河神的女儿，刚才那个黑鱼要吃我，幸亏你救了我，谢谢你。我送你个珠子吧，然后我驮你过河。"

这个鲤鱼就吐出来个珠子，把他驮过了河，猎人的儿子把珠子拿在手里，是一颗夜明珠。

猎人的儿子带着三件宝物回来了，找到了葵花姑娘。这个姑娘就问："你得到那三样宝物了吗?"

猎人的儿子说："你看看是不是这些。"

癸花姑娘一看，一把亮闪闪的银锄头，那个蚕吐了不少丝，都是金线银线，那颗珠子拿到暗处一看，果然是夜明珠。葵花姑娘看着勇敢的猎人儿子，心里喜滋滋就嫁给了猎人的儿子，从此过上了美好的生活。

讲 述 者/那永胜　男　61岁　初中文化　工人

采 录 者/黄明明

采录时间/2009年8月12日

采录地点/沈阳东陵区满堂满族乡

小　银　鸟

过去有个穷人家姑娘，给王爷家放牧。这天下了大风雪，姑娘放羊回了王爷家，一查，少了两只羊。王爷就问姑娘：

“那两只羊呢？是被狼吃了还是丢了？”

姑娘说：“风吹得睁不开眼，我也不知道啊。”

再查一遍，还是少两只羊。王爷就说：

“你回去找去，找不着就别回来吃饭了。”

这姑娘只好回去找。走啊走啊，走到了放羊的山上，远远的就听见羊叫，但是就是看不见羊。走着走着就走到一个山洞口，感觉羊就在这里面叫，姑娘就走了进去。进去一看，里面有精美的珠帘，还有象牙的床，摆设非常地精美。里面还有个金丝笼子，笼子里有个小鸟，浑身发着银色的光。姑娘走过去，这鸟就说话了：

“姑娘，你喜欢鸟吗？”

姑娘说：“喜欢啊。”

这小鸟就问姑娘：“你多大了啊？”

姑娘说：“我十八了。”

小鸟说：“你为什么来这啊？”

姑娘就把找羊的事跟小鸟说了。小鸟说：“我是这洞的主人，你愿意做我的妻子吗？那你就不用回去了。”

姑娘说：“可你是鸟啊。”

小鸟说：“你要是同意就留下，要是不同意就走。”

姑娘想了想就同意了，从此就留在了洞里。

转眼到了第二年开春。王爷家举行摔跤、骑马、射箭比赛。赢了比赛的人，可以获得王爷的赏赐。这个姑娘知道了，就下山去看比赛。就看这个赛马的人里呀，一个小伙骑了匹白马，一边跑，一边射箭，箭箭中靶。一会儿就超过了所有的人，得了第一。姑娘心里这个爱慕呀，盯盯地看这个小伙儿。这时过来一个人问姑娘：

“你觉得这个小伙怎么样?”

姑娘说：“挺好。”

那个人就说：“你山洞里，是不是有一只小银鸟?”

姑娘说：“是啊。”

那人说：“他就是那小鸟变的。你只要现在回去把笼子里的鸟皮烧了，他就再也变不回去了。”

这个姑娘就赶快回去，一看鸟笼子里真有个鸟皮，她拿出来就给烧了。刚烧完，那个小伙儿就回来了，看见鸟皮被烧了，就说：

“哎呀，你可坑了我啊。没有鸟皮我就藏不住了，要被恶神抓走，这下可坏了。”

姑娘说：“什么是恶神啊?”

小伙说：“天上的恶神。一会儿,你如果听到哭声,我就是被恶神带走了。

姑娘说：“那我怎么能帮你啊?”

小伙说：“你念七七四十九天般若心经，除了吃饭不能停，你能坚持下来吗?”

姑娘说：“能。”小伙子说着就走到山洞外。一会儿洞外就传来激烈的打斗声，过了一会儿就传来哭声，这哭声越来越远。姑娘就知道小伙儿是被恶神带走了，就开始念经。

一念念到第四十九天，果然小伙儿骑着马回来了。小伙子跟姑娘说：“以后咱们再也不用分开了。”

从此，两个人过上了幸福的日子。

讲 述 者／那永胜　男　61岁　初中文化　工人

采 录 者／黄明明

采录时间／2009年8月12日

采录地点／沈阳东陵区满堂满族乡

白猿媳妇

从前有个书生，为了读书不被干扰，就借住到山上的一座寺庙。一天夜里，书生正在看书，推门进来一个大姑娘，穿着一身白衣服，模样很漂亮，进来也不说话，书生读书，她就在旁边研墨。夜深了，书生要睡觉了，姑娘在这屋里也不走，男女授受不亲，书生就要出去。姑娘把书生叫住了，说：

“我很仰慕书生的为人，我愿意做你的妻子，终身为伴。”

书生单身一个，看着姑娘的诚意，就同意了。俩人交换了信物，姑娘给书生一个簪子，书生从身上解下一个玉佩送给姑娘。不久，书生去京城赶考，考中了探花，被皇上派回来当知县，书生和姑娘成了亲。

过了一年，姑娘给书生生了一双儿女，日子过得挺好。等到孩子大了，书生就发现，俩孩子特别爱往山上跑，跑起来还一蹿腾一蹿腾的，上山就往树上爬，多高的树都敢爬。

又过了几年，书生被皇上调到另外一个地方当知府，全家也跟着迁走。一家四口骑着马，托着行李，路过一座大山，本来天气晴朗，可到了山下，雾气缭绕，对面看不见人，走不了了，全家停下来。书生往山上一看，山上有一棵参天大树，树上蹲着一群白猿。妻子看见白猿，脸色立马变了，蹭到丈夫跟前，说：

“我得走了，山上那些白猿是来接我的。我原本不是人，我是这山上一只白猿，修炼了千年可以幻化成人形。我来是向你报恩的。那年，我还没修炼成的时候，一次下大雨，雷公要劈我，是你把我抱到

屋里救了我，我给你生了一双子女，以后他们陪伴你，现在我的恩也报完了，该回去了。”

说完，看了看两个孩子，把身上的玉佩还给了书生，把衣服一脱变成一只大白猿，一跳一跳地往山上跑了。

等书生再一看时，也认不出哪只白猿是他妻子了。

书生到了任职的地方，请人画了一幅白猿的画像挂在墙上，每逢初一、十五都和孩子祭拜祭拜。

讲 述 者/那永胜　男　61岁　初中文化　工人

采 录 者/苗莉莉

采录时间/2009年8月12日

采录地点/沈阳东陵区满堂满族乡

火石为证

在早，有一家姓王，老两口领着一个儿子过日子，儿子叫王林。

王林二十岁这年，有人来给他保媒，经媒人一说合，婚事儿就成了。选个良辰吉日，小门小户的人家，也没怎么操办，就把姑娘娶了过来。

等到接盖头时，儿子一看，媳妇长得瘦饥格拉，个儿不高，眼睛不大，就皱起了眉头，心里不高兴，就出屋去了。

下晚儿吃团圆饭的时候，王林就不见了。院里院外找个遍，也没找着，亲戚朋友赶忙到左邻右舍去问，都说没见着。大家伙儿到全村三十多户人家打听，谁家都摇头说："没看着。"阿玛和讷讷急得火上房。气得直骂儿子，可又可怜新过门的媳妇，就哄着媳妇说：

"媳妇吃饭吧，他一会儿，兴许能回来。"

新婚之日，媳妇一个人儿空守洞房过了一夜。第二天，第三天，第四天，一个月，两个月，三个月过去了。王林一直没有音信。媳妇想，我和他拜了天地，就是他家的人了，两位老人身边没人照料哪能行？她每天很早就起来，烧火做饭、侍候公婆，屋里屋外忙个不停。老两口看到新过门的媳妇又能干又贤惠，打心眼里高兴，可媳妇越好，老两口越着急上火，盼望着儿子能回来陪伴媳妇。老两口偷偷落泪，总觉得对不起这新过门的媳妇。可又没招儿，不知儿子的下落。

再说，王林从家里出来，一口气儿跑到了边外。这天，他走到一个小县城里，正在街上转悠，碰见一个同乡。这人姓杨，个儿不高，三十开外的岁数，看上去挺和善。他在这个小县城里和人合伙儿开了

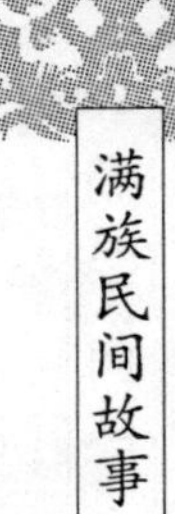

个小烧麦馆。这人拍着王林的肩膀说：

“这不是王林兄弟吗?”

王林说：“啊，杨大哥，是你呀!”

“你是从哪儿来的?”

“俺是从家里偷着跑出来的。”

“怎么偷着跑出来……”

杨大哥还要说啥，王林就抢过话茬儿说：“俺要出来挣钱，讷讷不放心。讷讷她说，出门在外不容易，好吃赖吃，大伙儿在一块凑合过。可俺寻思出来挣点儿钱，家里宽绰点儿，以后好娶个媳妇。”

王林怕说了实话儿，杨大哥非劝他回去不可，就说了这谎话。

杨大哥听了说：“当老人的都这样，俗话说得好，儿行千里母担忧。不过，你想的也对，二十多岁了，不能打一辈子光棍儿呀。”

王林点点头。杨大哥又问：“那你找着事儿干了吗?”

“没介呢。”

“那待会儿，你跟我一块儿去，我跟别人合股开了个烧麦馆，我给你跟他们商量商量，要是行，你就搁俺们这干，不行再说。”

王林说：“杨大哥，给你添麻烦了。”

杨大哥说：“唉！这算啥麻烦，你刚来这，人生地不熟的。走吧，咱俩这就回去。”

两个人边走边唠，杨大哥见到了老乡挺乐，打听家乡这事儿、那事儿，不一会儿，就到了烧麦馆。

杨大哥在前头，俩人一前一后进了后屋。这烧麦馆虽说是合伙开的，可也有个管事儿的。管事儿的正在八仙桌那打算盘。杨大哥上前用手指着王林说：“这小伙子是俺老乡，来这三天了，也没找着事儿干，咱这馆子里人手不够，就叫他在这干吧。”

管事儿的上下打量了一番，看王林老实厚道，就说：“行，就在这干吧，那你就是他的保人了。”

杨大哥说：“行！行！有啥事我兜着。”

就这样，王林在烧麦馆当了跑堂儿的。他殷勤能干，手勤脚快，招待主顾满脸赔笑，上门的主顾越来越多。

自打王林来这家烧麦馆，生意越来越兴隆，大伙儿都说是王林给

带来的财运。

春去秋来，一眨眼儿就是三年。

一天夜里，王林翻来覆去睡不着。他搁心想，当初自个儿一赌气从家里跑出来，这三年虽说是挣了不少银子，可也怪想家的，心里总不是滋味。他回想当初，阿玛、讷讷省吃俭用为他娶了媳妇，可自个儿连阿玛、讷讷都没告诉一声，就偷着跑出来了。对两位老人没尽一点孝心，也对不住媳妇。也不知道他们现在都怎么样？应该回家看看去。想到这，他翻身起来，把攒的银子，还有几件衣裳都包在一个小包儿里，推门就想走，一看，外面天还没亮，就又躺下眯了一会儿。

天刚蒙蒙亮，王林就找到管事儿的说："我一晃三年没回家了，我寻思回家看看去。"

管事的说："你搁家出来日子真不短了，那你就结账回去看看吧。"王林算完了工钱后和杨大哥说了。杨大哥说："是应该回家看看。"他一边说一边从怀里掏出二十两银子，往王林兜里揣。王林说啥也不留。说："杨大哥，快把钱揣起来，这几年您对俺没少帮助，俺也攒不少银子，都带上了。谢谢您吧。"

"你快拿着吧，你是你的，这是我一点儿意思，回去说个媳妇。好看赖看不说，是正经人，能过日子就行。"

听杨大哥这么一说，王林把当初自个儿从家为啥跑出来，又为啥糊弄杨大哥说自个儿还没娶媳妇的事说了。

杨大哥听完说："知道自个儿不对就好。你赶快回去看看吧。见着弟妹，好好和人家近乎近乎，赔个不是。咱吃模样？嚼模样？跟咱一心过日子就行。这银子你还是拿着。"王林见杨大哥诚心实意，不好再推谢，说："让俺怎么感谢您呀？"

"别这么说，人活在世上，说不上谁用着谁。你快赶路吧。别忘了代我向家里人问好。"

王林告别了杨大哥，背着小包儿上路了。

这天，他路过一片高粱地，突然，蹿出两个劫道的，没容分说，上前就把王林打昏了，把他三年攒的银子和行李都劫去了。当他醒过来一看，自己躺在地上，银子和行李都没了，就连上衣都扒掉了，只剩下身一条裤子了。王林想，幸亏是夏天，这要是在冬天，我就踢蹬

了（完了的意思），自个儿眼下这副寒酸相，怎么见家里人呀？不行，还得回去，到烧麦馆再干几年，攒了钱，非混个人样儿再回家不可。他从地上爬起来，一步一步往回走。天傍黑了，他想住店，可身上连杨大哥送的二十两银子也让人家劫去了。只好继续往前走，走了一会儿，看前面不远有座破庙，就奔破庙去了。

王林走得又累又乏，进到庙里就躺下了。可又睡不着，就坐起来，想抽袋烟。他从裤子上解下烟口袋和烟袋锅子。撮了一根火镰，装满了一锅烟，从兜里摸出了火石。刚要打火石点火镰，可火石“呱嗒”一声，掉到了地上。他在地上摸了一会儿没摸着。就自个儿说：“算了，不找了，明个儿天亮，就看着了。”说完，就躺下了，睡着了。

王林睡觉做了个梦。梦见他回到了家。家里收拾得干干净净。阿玛和讷讷体格还挺好。媳妇也不像以前那样了，变得好看多了，虽说个子不高，可身板挺匀称；虽说眼睛不大，却有神。家里人见他回来了都乐坏了，谁也没怪罪他。大伙儿和他唠了一会儿磕儿，就都出去了。屋里就剩下他和媳妇俩人了。这时，王林越看媳妇越好看。媳妇让他瞅得满脸通红，低下了头。王林摸着媳妇的手说：

“你还生俺的气吗？”

“俺天天盼你回来跟你过日子。今儿个你能平安回来，俺乐还乐不过来呢。”

王林一听，心窝儿里觉得甜不滋儿的。他说：“当初是俺不对，在家苦了你，这回俺再也不走了，天天陪着你。”

王林这么一说，媳妇反倒哭了。他把媳妇扶到炕上，给媳妇把眼泪擦掉，这时，媳妇脸上才露出了笑容。俩人儿手拉手入了洞房，同床共枕了。

王林一觉醒来，睁眼一看，是个梦。这时，天就亮了。

王林翻起身来，就找昨晚儿掉到地上的火石，可怎么找也没有。他想，真是怪事儿，明明白白是掉在这溜儿了，也没有旁人来，怎么就没有了呢？他怎么找，也没找着。一看，日上三竿了，就离开破庙，回烧麦馆去了。

无巧不成书。单说这天夜里，王林的媳妇在家也做了个梦。她梦见王林回家来了。丈夫见着她挺乐，说：

"看你这样好，当初我还兴许不走呢!"

"你上哪儿去了，连个信都没有，让家里多着急呀!"

媳妇说完，凑到丈夫跟前，依偎在丈夫怀里。俩人上炕同床共枕了。到天亮，媳妇醒来，原来也是一场梦。

早上吃完饭，媳妇就把昨晚做的这个梦和婆婆说了。婆婆说："这是个好梦，是个吉祥的事儿，把这个日子记住。"

自从媳妇梦见丈夫回来后，她真就有孕了。肚子一天比一天大。一晃儿，临产了，生了个小男孩儿。说也奇怪，这孩子生下来就有一个小拳头张不开，总是攥得紧紧的。

讷讷说："这是天赐给俺的孙子。"她不但没生气，还乐得嘴儿都合不上了。

光阴似箭，转眼过了三年。

王林自打从破庙里回来后，在杨大哥的帮助下，自个儿开了个小烧麦馆。他披星戴月，起早贪黑地干。一个子儿也舍不得乱花。这三年又积攒了不少银两。可他实在想家，就把小烧卖馆安排给杨大哥，回家来了。

这次回来，他买了一匹高头大马，一路人心似箭，马蹄如飞，不几日，就到家了。

这天傍晚，媳妇正在家烧火做饭。往外一瞅，一个人牵着高头大马往院儿里走。她不知道是哪儿来的贵客，她连手拿的瓢盆都没顾得放下，就迎了出来。到外仔细一看，是自己丈夫回来了。心里一乐，忘了手里拿着的东西，"叭嗒"一声，瓢盆掉到了地上。阿玛和讷讷听到声音就出来了。一看是儿子回来了，老两口可乐坏了。讷讷说："儿呀，你可回来了！快进屋吧。"

一进屋，王林跪在阿玛和讷讷跟前说："儿子不孝，让二老操心。你们就打俺一顿吧。"

讷讷说："快起来！快起来！你回来了，当老人的就乐了。"

阿玛说："你一走就是五年，连个信儿都没有。不管怎么你平安无事回来，就千喜万喜!"

讷讷又说："这些年可把媳妇累坏了，要不是她顾这个家，侍候俺俩，俺来早见阎王爷了。"

王林也觉得对不住媳妇，他转身对媳妇说："俺对不住你，让你受苦了，俺再也不走了。"这时，他才发现媳妇比他做梦时还好看，正在一边儿掉眼泪，身边靠着一个孩子。王林问：

"这是谁家的孩子呀？"

讷讷说："是我的孙子，你的儿子呗。"

"我哪来的儿子呀？"

她俩正说着，媳妇摆上桌子，饭菜也端上来了。讷讷说："吃完饭再唠。"这时，炕上的小孩儿往桌上爬，他刚爬到桌子旁，攥着的小手一下子张开了，"叭"的一声，掉到桌子上一块火石。大伙儿都愣了。

王林把火石拣起来，一看，正是自己在庙里丢的那块火石。他就把自己三年前回家时，让人劫了，回到庙里丢火石和做梦的事儿讲了一遍。讷讷听后说：

"儿呀，你说的一点儿不假，你媳妇那天下晚儿，也做了和你同样的梦。"

王林说："我，明白了，这是关老爷显圣，怕我不认儿子，以'火石'为证呀。"

王林把儿子抱起来，搂在怀里，摸了又摸看了又看，亲了又亲。

搁这么，夫妻和睦，一家人在一起安安乐乐地过日子了。

讲 述 者／姜淑珍　女　不识字　农妇

采录整理者／李桂凤

采录时间／1986年2月

采录地点／沈阳东陵区古城子乡

松树落泪

从前，在一个山坡上，有一棵大松树。这棵松树长得又高又大，他粗壮的身躯能给路过的行人乘凉，茂盛的枝叶能让飞禽在上面落脚栖息，地上的野兽也常在它粗壮的身上荡爪伸腰。

就在这个山上住着一对要好的朋友——蛇和虎。蛇，自称大哥，虎甘愿当老弟。

蛇大哥和虎老弟经常到山坡上的那棵大松树跟底下唠嗑儿。有时，蛇大哥到虎老弟家串门，经过这棵大松树这儿，就在树上盘几圈，伸伸腰。虎老弟到蛇大哥家去，经过这儿，也要在树上荡荡爪，然后再走。

大松树见蛇和虎相处的像同胞的亲兄弟一样，彼此常来常往，不分你我，它有些嫉恨，就在蛇和虎身上，打开了主意，使了坏心眼儿。

有一天，蛇大哥想：我好几天没见到虎老弟了，不知它是生病了，还是咋的啦？我得去看看。就这样，蛇大哥从家里出来，走到了老松树这儿，它和往常一样，爬上去，在老松树上盘上几圈，伸伸腰后，刚要走时，大松树说话了："蛇大哥，你是不是又到虎老弟那里去呀?"

"是！我有几天没有见着它了，怪想的，我去看看它去。"

"依我看，你去它那也行，不去它那也中。"

蛇冲着松树问："你说这话是啥意思?"

"那天，你那个虎老弟来我这儿，它给你好骂！说你不仁不义，说今后再也不愿意见到你了。"

蛇听松树这么一说，就气愤地说："我待它实心实意，它还骂我。它不愿意见到我，我这辈子也不再见它。"蛇大哥说完，就气呼呼地转身回家去了。

蛇大哥刚走不一会儿，虎老弟就来了。它到大松树上荡荡爪，刚要走，大松树又说话了："我说虎老弟你上哪儿去呀？"

"我是去蛇大哥家呀，不知蛇大哥有什么事儿，好几天没到我家去了，我看看它怎么啦。"

大松树挑拨地说："你还上它家去呢，那天，它说你最坏。还说你打来獐狍野鹿，从不送它吃，是个忘恩负义的人。"

"这是我蛇大哥说的？我不信！"

"信不信在你，要是别人，我还不告诉他呢！"

"蛇大哥，它真这么说？"

"绝对是这么说的，半句谎话也没有呀！"

虎老弟听松树这么一说，也气呼呼地回家了。大松树见蛇和虎都生气了，暗暗高兴。

再说蛇大哥回到家里，又憋气，又窝火儿，心想：它骂我不仁义，明个儿我得问问它去。

虎老弟回到家里，也是越合计越生气。它自言自语地说："只要我打来獐狍野鹿，都给它送去一半，真没良心，明天，我得找它说说去。"

第二天，蛇大哥和老虎弟一大早就从家里出来了，正巧走到大松树底下，两个见面了。蛇说："虎老弟，你为什么说我坏话？"

"你问我，我正要问你呢！"

蛇和虎你一句，我一句，越说越气愤。虎对蛇说："你以为我叫你大哥就是怕你吗？"蛇冲着虎说："那么，你以为，我见了你就会溜走吗？"说着，说着，蛇和虎就打起来了。双双施展出平生力气，好一场恶斗，结果都气尽力竭，瘫软在地上了。

大松树看此情景，误以为蛇和虎都死了，自己的阴谋得逞了，便哈哈大笑起来说："这回可好了，这里只剩下我一个人在这修行了。"这时，奄奄一息的蛇和虎，听到了大松树说的话，才恍然大悟，都知道自个儿上了当。可是，后悔已经来不及了。

这时候，从山下来了一个打柴的小伙子，看见大松树下有一只老虎和一条蛇，都已经死了。他想："蛇有蛇胆，虎有虎骨，这两样都有用。蛇肉还好吃，虎皮可以做皮袄，暖身防寒。"于是小伙子就把蛇和虎拽回家去了。

到了家，皮扒光了，放在锅里要煮肉，一看，没打来柴火，怎么办呢？小伙子忽然想起，虎蛇死的地方，有棵大松树，他拿起斧子来到大松树下，想砍点树枝，举起斧子刚要砍，这时，老松树说话了："小伙子，你砍我吧！不过在砍我之前，我要告诉你几句话，行吗？"小伙子心想：啊？怎么你还成气候了？就说："有话就说吧。"大松树伤心地落下泪说：

劝人双有义，诬挑两无功。
要有蛇虎在，不砍我老松。

大松树说着，说着，哭了起来，他边哭边悔恨地说：

"小伙子，你砍我吧！我知道，你只要砍下去，我全身都疼痛难忍，可这是我搬弄是非应得的下场。"

讲 述 者／姜淑珍　女　不识字　农妇
采录整理者／李桂凤
采录时间／1986年2月
采录地点／沈阳东陵区古城子乡

火燎缎

从前有个书生叫眉清，和他讷两个人相依为命。眉清画画好，靠卖画挣点钱，养活家。

这天，正好赶上个大集，眉清带上一幅画早早地来到集市，想卖个好价钱。集市上好多人，眉清刚把画打开，就有不少人围了上来，一会儿，就有人出大价钱买下了这幅画。眉清接过钱，刚要把画递给买主，画自己飞了，眉清就在后面追。画好像故意和眉清开玩笑似的，眉清跑得快，画就飞得快，眉清跑得慢，画也飞得慢，眉清跑累了站着休息，画也停下来。眉清一路追，追到了一片树林，画挂在一棵大树的树杈上，眉清跷脚伸手去够这工夫，就感觉有什么东西拽他，脚底下空了，一头就栽了下去。再一睁眼，发现自己在一个屋子里。这时，一个姑娘说话了：

“我叫目秀，我等你很长时间了。”

眉清一看，也不认识这个姑娘呀，再一看自己的画在墙上挂着呢，就想过去拿。这时，目秀又说话了：

“你先别急着摘画，咱先吃饭吧。”

眉清也确实饿了，也不推托，就坐下吃饭。吃完饭，眉清迷迷糊糊就睡着了，等他再醒过来，已经是第二天了。眉清一看，姑娘不在屋里，桌子上摆着饭。眉清起来，走到院子里，院子四周都是山，见东边墙院有个角门，眉清从角门出来，顺着小路想回家。看见一个老太太朝他招手，让他过来。眉清走过去，老太太告诉眉清，那姑娘不是人，但是心挺善良，她是真心对你好，她阿玛和讷讷不会同意，会

来追你，姑娘也会被她阿玛和讷讷押回深山。眉清一听，担心起姑娘来。老太太说：

“你要真心对姑娘，你就救出姑娘，带她远走高飞，去过你们自己的日子。”

说完，就送给眉清一支笔，小声叮嘱了一番，说完就不见了。

眉清拿着老太太给的这支笔又返回到目秀家，还是没见姑娘的影子。眉清等到半夜，就听一阵妖风，进来一个妖精，眼睛像两个大铜铃，张着血盆大口，两个手就跟两个石磨一样，进来就直奔眉清，张嘴要把眉清吃了。眉清看见妖精朝他来了，拿出老太太给的笔在纸上画了一道符，把符贴在妖精脑门儿上，嘴里还嘟囔“眉清目秀，夫妻成就”。

刚说完，妖精变成人样，说：“既然你和我姑娘有缘分，我就把姑娘许配给你。”

眉清记着老太太白天说的话，对妖精说：“这样不行，你们得发毒誓，不再祸害我和目秀。”

妖精一看，骗不了眉清，他手里还有符咒，不好对付，就发了毒誓。刚发完，妖精就化成一汪水，渗到地里了。目秀出现了，原来，她是被俩妖精看起来了。

眉清领着目秀回到家里，一看，他讷头发花白，眼睛都瞎了。原来，时间已经过去了一年，他讷在家不见儿子回来，以为儿子死了，天天哭，把眼睛哭瞎了。目秀用手一擦讷的眼睛，讷眼睛就好了。讷见儿子回来，又带回个漂亮媳妇，高兴得不得了。

讷说：“家里贫寒，你拿啥养媳妇啊，别叫人家受委屈。”

目秀说：“讷啊，没事，我会织缎子挣钱，咱日子穷不了。”

说完，目秀让眉清买来一台织布机，她每天坐在织布机前织布，织出的布，又结实又漂亮，目秀让眉清把布送给照顾过咱讷的人家，每家一匹，剩下的拿到集市上卖，每匹卖五个大钱。

眉清在集市上卖过画，知道行情，就说：“人家每匹缎子才卖一个大钱，咱要五个大钱，卖得出去吗！”

目秀笑笑说：“你不懂，咱这叫火燎缎，俗话说‘火燎缎火燎缎，越烧越新鲜’，不信你试试。”

眉清一试，果然这缎子用火烧完后，颜色更加娇艳。眉清按目秀说的话，把缎子送给照顾过讷的人家，剩下的就拿到集市上卖。

集市上有个土财主姓阎，平日里欺行霸市，强买强卖，人们背后都叫他“活阎王”。“活阎王”见眉清的缎子卖五个大钱一匹，心里奇怪，说：“什么缎子敢卖这么贵！”眉清当场就给他用火烧了一下，“活阎王”一看这缎子这么神奇，就问：

“这缎子怎么弄来的，是谁织的？”

眉清说：“是我媳妇目秀织的。”

“活阎王”心里打起了小算盘，琢磨着，我要是把目秀弄来，整天就给我织缎子，那我得挣多少钱哪！想到这，就跟眉清说：

“出一千两银子，今后目秀织的火燎缎都给我，你们就不用辛苦了。”

眉清说，要回家跟媳妇商量商量。回到家，眉清就把今天在集市上遇到的事跟目秀说了。目秀一口答应，但要再加一千两银子。眉清把目秀的话跟“活阎王”说了，“活阎王”又加了一千两银子，把目秀接走了。目秀到了“活阎王”家，日夜不停地织缎子，缎子堆满一屋又一屋。“活阎王”就等大集的日子卖。

大集的日子到了，“活阎王”把布搬到集市上，不一会儿，就围上来很多人。“活阎王”得意地和前来买缎的人介绍火燎缎有多么神奇，很多人买了回去。买回家，家里人都埋怨说买得贵，买的人就说，不贵，这叫火燎缎，用火一烧缎子更鲜亮，不信，你试试。家里人不信，就用火烧。结果用火一烧，缎子“呼”的一下，烧没了。买缎子的人一气之下都来找“活阎王”算账，说他骗人，“活阎王’也不信，拿来一匹缎，自己试试，结果一试，缎子着了，扑也扑不灭，火又把房子点着了，“活阎王”和房子烧成灰了。再找眉清和目秀早带着讷远走高飞了。

讲 述 者/肇恒昌　男　63岁　大专文化　干部

采 录 者/苗莉莉

采录时间/2009年8月12日

采录地点/沈阳东陵区满堂满族乡

但行好事　莫问前程

在长白山里，有一个小堡子。堡里的人都是世世代代在这以耕地为生，过得是十分艰苦。

有这么一家，娘儿俩，姓那。这个儿子叫那小，和他讷两个人过日子。这个那小成天上山砍柴，家里种那点地根本就不够吃。那小就跟他讷说：

“咱们怎么能不这么穷呢?”

他讷就说：“你想不这么穷啊，就得上西天找如来佛去。”

那小就问：“如来佛在哪啊?”

他讷说：“如来佛在哪啊我也不知道，听老人说上西天就能找着如来佛。”

那小说：“讷啊，那我去西天找如来佛吧！”

他讷说：“你上哪去找啊?”

那小说：“我就赶着走呗，我感觉这事心诚就行。”

他讷说：“那行，咱俩这么相依为命也没有出头之日，你要去我也同意。但是小子你要记住，一要诚实，二要厚道，说话一定要算数。宁可牺牲自己也要成全别人。”

那小说：“讷，我记住了。”

老太太连夜纳鞋底，做鞋。然后把家里仅有的面做成饼给那小带上。第二天，那小就出门了，往西走找如来佛。

走啊走啊，带的鞋都磨破了。他就光着脚走，走了能有两三年了，后来，那小在山上，光脚都能健步如飞了。这天晚上，那小走到

一个地方，看见远处有点儿亮光，走过去见是个房子。进去一看，屋里有一个和他讷岁数差不多的老太太，那小就说：

“大奶奶，我想在这吃点饭，借个宿儿。”

老太太就问：“你干啥去啊?”

那小说：“我上西天去找如来佛。”

老太太说：“我也听人家说过，西天有如来佛，你能找着吗?”

那小说：“我下定决心了，不找着就不回去了，我一定要找着。”

老太太说：“我也听人说过，如来佛什么都能办到，你能不能帮我个忙?”

那小说：“那你说吧。”

老太太一拍墙啊，屋里出来个姑娘。老太太说：“你看我这姑娘长得多好看，唯一的缺点就是个哑巴。你要找着如来佛啊，帮我问问，这哑巴怎么能治好呢?”

那小说：“记住了，我一定给你问问这个事。”

那小住了一晚上，第二天就接着走。

走啊，走啊，看见前面有一座庙，很多和尚都在那围着。那小走过去，和尚就说：“施主去哪呀?”

那小说：“我去西天找如来佛。”

和尚说：“哎呀，你看我们这庙盖得多好，现在要立旗杆，但怎么立也立不住，你要是见着如来佛帮我们问一下，为什么我们这个旗杆立不起来。”

那小说：“好。”就在这地方打打尖，继续往前走。

又不知道走了多久，走到一条大河。河水汹涌翻滚，这哪能过去啊?这时候过来一条大鲤鱼，这鲤鱼开口就说话了：

“小伙子，你上哪去啊?”

那小说：“不瞒你说，我上西天去找如来佛。”

鲤鱼说：“如来佛是帮人做好事啊，你能不能带我问个事呢?我修行多年，但是始终跳不过这龙门，你帮我问问如来佛，我为啥修行这么多年也跳不过去。”

那小说：“行。”鲤鱼就把那小背过河去了。

那小还继续走，一天晚上走到一个山坡下，看见一间草房。那小

进去一看，炕上坐着一个满头银丝的老太太，瞅着很有精神头。他进屋就跪下，说：

“大奶奶，想借个宿儿。”

老太太就问：“你这是上哪去啊？”那小说：“我去西天见如来佛主。”

老太太又问：“找如来佛干什么啊？”

那小说：“我想问问他，我和讷怎么能过上好日子。”

老太太说：“你这一路上遇着点什么事没有？”

那小就把遇见的那些事说了一遍。

老太太说：“你认识如来佛吗？”

那小说：“不认识。”

老太太说：“我听说过如来佛，但是如来佛有个规矩，你问他的事，只能给你解答三件事。多一件，他也不能给你办。你想问他哪几件事啊？”

那小一算加上自个的四件事啊。三件事才行，就想起来他讷跟他说的话，他一咬牙，自个的事不问了。那小就说：

“老奶奶，我要是遇着如来佛我就问他三件事。”

老太太说：“那你说说我听听。”

那小说：“我遇着一个姑娘，长得真挺好看，说不出来话，是个哑巴，怎么才能让她说话。”

老太太说：“那好办，你看她脑袋顶有三根红头发，给她拔下来，她就能说话。”

那小说：“还有一件事，我路过了一座庙，那庙建得挺好，就是旗杆立不起来。”

老太太说：“那也好办，你让他们再往下挖三尺，下面有三块金砖，把金砖拿出来，旗杆就能立住了。”

那小说：“还有就是过河时遇到鲤鱼，它修炼多年就是跳不过龙门去。”

老太太又说：“这个啊，它的鱼鳃下面一边一个夜明珠，你把它的夜明珠抠出来，它就能跃过去了。”

说完，呼啦，人没了。那小一看，我在哪坐着呢？在山坡地坐着

呢，啊，是不是这老太太就是如来佛祖啊？我既然把人家三件事都问着了，我也别合计自己的事了，我就赶快往回走吧，好告诉人家啊。

很快就走到河边了，鲤鱼说："我在这等着你呢，你见着没见着如来佛祖啊？"

那小就说："如来佛祖我没见着，不过你那个事我给你问了。你这个腮啊，一边一个夜明珠，必须得抠出来，抠出来你就跳过龙门了。"

这鲤鱼说；"那你给我抠吧。"

那小说："那你得别怕疼啊。"

鲤鱼说："我不怕疼。"

那小上去，一抠真抠出个夜明珠，从那边一抠，又抠出来个夜明珠。

这鲤鱼说："真太谢谢你了，这俩夜明珠就给你吧，我还给你驮过河。"那小揣俩夜明珠就过河了。

那小来到了那座庙，老和尚也正等着呢，见那小就问："施主，你见没见着西天如来啊？"

那小说："我没见着西天如来，但是你这个事我给你问了。你往这个旗杆底下再挖三尺，下面有三块金砖。"

老和尚就找人往下挖，一看真有三块金砖，把金砖拿出来，再立旗杆，立住了。这老和尚就说：

"我们出家人不贪财，这三块金砖就给你吧。"

那小就拿上三块金砖继续走。走到老太太家，老太太和姑娘在屋里正盼着那小回来呢，那小进屋就跟老太太说：

"我没见着如来佛祖，但是我知道怎么治姑娘的病了。"

那小就跟老太太说："你看看姑娘头顶是不是有三根红头发。"

老太太一看，说："有。"

那小说："你给她拔下来。"

一拔下来，姑娘说话了。这老太太高兴啊，说："你救了我姑娘，你就娶了她吧。"

那小说："我这有三块金砖，两颗夜明珠，我把它卖了，盖个大房子，把我讷接过来，咱们一起住。"

那小卖了夜明珠，盖起了新房子，雇了马车把讷接过来，两家合

一家，从此就过上了好日子。

讲 述 者／肇恒昌　男　63岁　大专文化　干部

采 录 者／黄明明

采录时间／2009年8月12日

采录地点／沈阳东陵区满堂满族乡

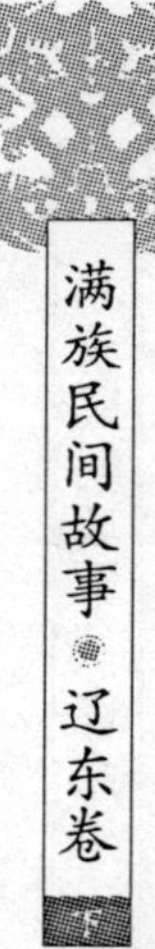

图小利　大事不成

长白山脚下的山窝窝里有一个小堡子，有这么一家姓关的，日子过得比较富裕，家里有三个儿子，都不怎么务正事，因为家里吃穿不愁，不需要他们去为吃喝奔波劳碌。老人为儿子们的将来担心。有一天，阿玛和讷讷把三个儿子叫到跟前，让他们去外面学点手艺，将来也好养家糊口，每人给了一百两银子让他们出去学手艺，三年后回来看他们谁有出息。

第二天，这哥仨就走了。老大走到一个集市，看到一个铺子挂着草标，就把这个铺子买了下来。老二遇到一木匠铺子，也把木匠铺子买了下来。老三走了一天，直到天黑才看见一个庙，庙门斑驳陆离，院墙断壁残垣，香火很不好，庙里只有一个老和尚。老三把钱都捐给了庙里，把庙从里到外重新修葺，庙里的香火也盛起来了。

转眼三年过去了，老大老二都成了大老板，老三把钱都给了庙里，自己一无所有，庙里的老和尚让老三去佛像下面抠点泥。老三就去了，这佛像是老三修的，这是他的心血啊，舍不得抠啊，就抠了鸡蛋黄那么大一块泥。老和尚把这块泥捏成个小人，告诉老三说：

“这小人叫小利，你需要什么就跟它要。”

出去时间长了，哥儿三个都往家走。老三边走边合计，这小利到底灵不灵啊，我得试试。正好走累了，老三拿出小人儿说：

“小利小利来匹马。”

话音一落，真过来一匹马，到老三面前就站下了，老三高高兴兴地骑上马继续走。走到快晌午了，老三坐在路边休息，离老远过来一

个人，骑着高头大马，穿着绫罗绸缎，好不气派，到跟前儿一看，是大哥，老大看见兄弟穿得破衣烂衫的，没和弟弟说话就过去了。过一会儿，又过来一骑马的，老三一看，是二哥，老二看着坐在地上的人，心里犯嘀咕，这人怎么这么像咱家老三呢，瞅那穷样，老二也没吱声过去了。老三越合计越生气，你们不就是都看我穷吗！拿出小人儿说：

“小利小利来顶轿子，小利小利轿子快跑。”

老三坐着轿子，一路快跑，不一会儿就超过了俩哥哥。老大、老二正不紧不慢地骑着马闲聊呢，老三在前面下了轿又坐到了道旁，老大就跟老二说：

“你看道旁那人怎么像咱家老三呢”，老二心里也划狐“是挺像，但也不能啊，他咋这副损像呢？”俩人还没吱声就过去了。

到家了，老头儿一看咋就老大老二回来了，老三呢？俩老人挺惦记，晚上，老太太就上三儿媳妇那去了，进门一看老三在屋呢。

第二天，老大老二就张罗着要分家，老三就要了离家很远的那块场院地。老讷讷不放心三儿子，让老大给老三拉去一车苞米秆子，让老三搭个窝棚，晚上不能睡露天地啊。老三到了场院地，拿出小利告诉媳妇，你想要啥就跟它说，要什么有什么。媳妇合计，要啥啊，要个带院套的砖瓦房，鸡鸭鹅犬全都有。老三就说：

“小利小利，要个带院套的三间大瓦房，鸡鸭鹅犬全都有。”

转眼就大院套，三间大瓦房，鸡鸭鹅犬满院跑。

第二天一早上，老讷讷放心不下这三儿子，这天也挺冷的，他们住哪呀。就去看看，走到地方，看见一个大院套，心合计，哪来这么好的三间大瓦房啊。再一看，三儿媳妇迎出来了，说：

“讷啊，赶快进屋坐啊。”

老太太就问儿子，老三心眼实，就跟他讷把事情说了。老太太回去就把事情跟老大老二说了。

老大媳妇贪心，让老大也整个小人儿回来。老大就顺着老三说的路线走，还真找到这庙了，也给庙里捐了钱，临走时老和尚也让老大去佛像下面抠了块泥，也捏了个泥人叫“大事”。回到家，老大两口子乐得不行，赶紧把门锁上。合计着要啥呢？老大媳妇说，要金子，要

银子，老大一叫“大事”，金银就堆了满满一房子。老大媳妇又想把小利也要来，给老大出了个主意，让他跟老三换房子，事先说好，房子里的东西不许拿。

第二天老大把老三找来吃饭，就把换房子的事说了，这老三面子矮，不好意思，大哥说的他也不好拒绝，就说：“那换就换吧。”

哥儿俩立了字据，就换了房子。老大老两口子提前把金银财宝和“大事”装了车，就到了老三的房子去住，这俩人可是乐坏了，心想，现在有了“大事”和“小利”，那还不是要啥有啥。到了晚上，“大事”跟“小利”说：

“师父让我来找你，让咱俩一块回去。”

小利说：“我已经报答了恩公，咱们可以走了。”

大事和小利就走了。

第二天早上，老大和媳妇醒来发现住露天地呢，什么都没了，那老房子也回不去了，都立了字据，这就叫图小利，大事不成。

讲 述 者 / 肇恒昌　男　63岁　大专文化　干部

采 录 者 / 苗莉莉

采录时间 / 2009年8月12日

采录地点 / 沈阳东陵区满堂满族乡

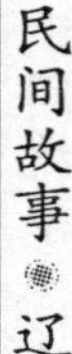

海水为什么变咸

从前，有两兄弟。哥哥心眼特别坏，阿玛和讷讷死了以后就占了全部家产，就给了弟弟两间小草房。这个弟弟呢，心地特别善良。这一天，弟弟出门去，走在路上，看见路旁一个老奶奶饿得不行了。弟弟就赶快把自己的一点儿吃的都给了老奶奶。

老奶奶说："小伙子，你心眼真好。我这有个小磨送给你吧，你说小磨小磨转转，他就能磨出盐来，说小磨小磨停停，它就停了。"

说完，老奶奶就不见了。

弟弟就拿着小磨回家了。回家一念"小磨小磨转转"，果然，出来了很多的盐。再一念 "小磨小磨停停"，小磨就停了。就这样，弟弟就靠卖盐，很快就挣了不少钱，日子变好了。哥哥嫂子看见了，就觉得奇怪，这小子怎么能一下子有了这么多钱呢？这天，哥哥和嫂子就来了弟弟家，问：

"兄弟呀，你怎么一下子日子就这么好了呢?"

弟弟心眼好，就把小磨的事都说了。

哥哥和嫂子回家以后就商量，嫂子说："咱要是有了小磨，就发大财了。"

哥哥说："他怎么能给咱呢?"

嫂子说："这样吧，你去跟你弟弟商量，把咱家的房子和地都给他，跟他换他的小磨。"

哥哥说："这能行吗?"

嫂子说："你就去吧。"

这个哥哥就去找弟弟了，跟弟弟一说，弟弟同意了。

“既然哥哥想换，那咱就换吧。”

然后两家说好了不能反悔，弟弟就搬进了哥哥的大房子。哥哥和嫂子拿了小磨，就雇了船出海，想去远的地方卖盐。在船上，嫂子就念：“小磨小磨转转。”小磨就开始往外冒盐，这给俩人乐坏了。冒了好长时间，想让小磨停下来，两个人却忘了怎么停。小磨就不停地往外冒盐，船越来越沉，很快就翻了。划船的人会游泳，就游回去了。哥哥和嫂子都不会游泳，就都淹死到大海里了。从此，海水就变成咸的了。

讲 述 者 / 那永胜　男　61岁　初中文化　工人

采 录 者 / 黄明明

采录时间 / 2009年8月12日

采录地点 / 沈阳东陵区满堂满族乡

压死的鸭子哥

长白山下，有一个大堡子。堡子东边，有这么一家是个财主，姓那，是从别的屯子搬来的。这个财主家有这么一个姑娘，这个姑娘都已经二十了，还没有找婆家。那时候一般十六七岁就已经成亲了，二十岁还不找婆家就算老姑娘了。

这年过年，她家要竖索伦杆子祭天，就让姑娘去剁点肉，放点粮食到索伦杆子里。姑娘就悄悄地把自己的一只绣花鞋放在了里面。然后杆子就立起来了，一般来说杆子都有一丈五六高。然后姑娘就在杆子下面贴了张纸，写着“谁要能知道我在索伦杆子里放了什么特殊的东西，我就嫁给他”。结果多少天也没有人猜出来。

这个堡子的尽西边有一家，娘三个过日子，一个老讷讷带俩儿子。

这个老大啊，天生就特殊，个啊也就一尺多，整个是个鸭子身子，就是脑袋是人脑袋。他有个弟弟是跟正常人一样。他们家穷啊，老大又是鸭子身子，娶不上媳妇，他弟弟也娶不上。这个老大，鸭子身子有两个翅膀。这一天，闲着没事，他就飞到了堡子的东边，看着这个索伦杆子写的这个字，趁别人不注意就飞上去了。一看，里面是一只绣花鞋！他就赶快回家跟他讷说：

“讷啊，东边财主家的姑娘，在索伦杆里放了一样东西，她说，谁猜着了她就嫁给谁。我知道那个索伦杆子里放的是只绣花鞋。我呢，是不可能成亲了，我弟弟这不正好没媳妇吗？就让我弟弟去吧。”

他讷说：“那可是好了。”就把二儿子叫了来，告诉了他这个事。

第二天，二儿子到了堡子东头财主家，说：“我知道索伦杆子里是

什么，找小姐出来一下。”

把门人就进去找了小姐。小姐出来了，问：“你说我放的是啥?”

“一只绣花鞋!”

这个姑娘一听，回答对了。再看小伙儿，瞅着挺顺溜，也没问他怎么知道的，再说姑娘大了，急着把自己嫁出去。就说；“我就嫁给你了。”赶快告诉阿玛和讷讷，新姑爷来了。财主两口子一看姑娘同意嫁了，高兴啊，赶紧招待新姑爷，招呼家人忙乎做饭。财主还做了个黑瞎子上炕，就是泥做的火盆里放木炭，上面放大勺，里面放酸菜血肠等。小伙子从来没吃过这么好吃的，乐坏了。吃完了以后，姑娘说：

“明天你就来娶我吧。”小伙就回家了。

回家以后，就跟他讷讲，他吃到了从来没吃过的黑瞎子上炕，吃得很高兴，他讷听了就说：

“怎么办呢?明天人家送亲的人来，至少也得准备一桌饭菜招待人家，可咱家啥都没有啊!”

老二就说：“老大是鸭子身，有肉啊，咱把老大杀了!”

他讷也想，这怎么办呢，做梦都没想到儿子能娶上媳妇，传宗接代这是大事呀，这也没办法了，这老大毕竟不是正常人，是个鸭子身。于是，晚上娘俩就把老大给杀了。

第二天了，老二去接，姑娘那边就吹吹打打地过来送亲了。老二家就张罗了一桌，用鸭子肉做的菜。要入洞房了，姑娘问：

“你怎么就知道我索伦杆子里放的是一只绣花鞋呢?你要不说实话，我不能跟你入洞房。”

老二没办法，就实话实说了，“是我哥告诉我的。”

姑娘连忙说；“那你哥呢?我要嫁的是知道索伦杆子里装的是什么东西的那个人。”

小伙就说：“我哥是鸭子身子，飞上去看见的。但是为了你来准备这顿吃的，把他杀了。”

姑娘说：“那你不是我丈夫。”然后哭着说：“丈夫啊，你真是冤啊，我晚来一步啊。”

最后，姑娘也没有嫁给老二，终身为老大守寡。

讲 述 者/肇恒昌　男　63岁　大专文化　干部

采 录 者/黄明明

采录时间/2009年8月12日

采录地点/沈阳东陵区满堂满族乡

酒　煞

有这么一个小伙，和她媳妇成亲一年多以后，就开始喝上了酒，成天喝酒。这酒喝得厉害啊，一天三顿，一顿三碗。不喝就不行，不喝就像是要死的人似的，把家业都喝没了。

日子过不下去了，他媳妇就领着他出去要饭了。要饭，人家能给点饭吃就不错了，谁能给酒啊？媳妇拖着丈夫，在长白山里转悠。遇着人家打猎的有带酒的，跟人家一说，就给点儿。这么他对付着，他才没死了。一连几天，没喝着酒，这人就像个死人一样。有一天媳妇拽着他往前走，走进一个堡子，来到一户人家，媳妇上去拍门，出来一个小伙儿，岁数能比自己丈夫小点儿的样。

小伙儿问："这个大哥怎么这样呢？"

媳妇就讲了，大概两年前开始，像得病了似的，不喝酒就不行，喝了酒就好，也不知道怎么样了。这个小伙姓王，是个外地人。一听，说：

"你算找对地方了，俺们家是烧锅，专门烧酒的。"

王烧锅就领着两个人进了屋，先吃饭，要喝酒就拿瓢出去扤。这人就咕嘟咕嘟开始喝，喝够了就有精神了。

王烧锅就说："这么的吧，我管你叫大哥，我这有的是房子，你就在这屋住吧，外屋就是酒，你什么时候想喝酒就什么时候喝。"

原来这王烧锅一眼就看出了这个人喝酒的原因，所以就让他在这住了。于是这两口子就在这住下了，有酒喝了，这人也和正常人一样了，可精神了，和王烧锅的一家关系处得也挺好。

他们两口子到王烧锅家快一年了。这天，王烧锅就找到这个喝酒的他媳妇说：

“大嫂啊，你看你这当家的这样，你想让他好不？”

他媳妇就说：“大兄弟呀，我怎么能不希望他好呢？他一天醉生梦死的，喝上酒就能好点，不喝酒就得死，这还有头吗？”

王烧锅说：“我会治他的病，你别心疼。”

他媳妇说：“我不心疼，只要他能好，你想怎么治就怎么治。”

这时候，又到了他要喝酒的时候了，这人没喝上酒就没有精神了。王烧锅找来两个徒弟说：

“你们两个把大哥绑起来。”

这俩人就把他绑了起来。然后大头冲下倒挂房梁，脑袋下面一尺远有个大酒缸，酒香就往外飘，这人就在上面“嗷嗷”叫唤。王烧锅在下面拿着个小盆等着。过了一会儿，就看见从这人的嘴里爬出来个东西，王烧锅拿盆一接，“扑通”掉进盆里去了。这个东西长得像个小蛤蟆似的。这时候，王烧锅说：

“赶快把大哥给放下来吧。”

放下来以后，这人长长地出了一口气，醒了，四处看看说：

“哎呀，这是什么地方啊？我怎么在这呢？这怎么回事啊？”

他媳妇说：“怎么回事，你成天喝得像个死人一样。家都让你败了，没家了。”

他自己一点儿都不知道。这时，王烧锅说：

“大哥，看这玩意儿，这个叫酒煞。你得着宝贝了。大哥啊，这几年，都是这个酒煞作怪，不是你要喝酒，是它要喝酒。现在它已经喝够三年了，已经成气候了。你刚来时，我就看出来了，可那时，酒煞还没到气候。这就又待了一年。咱哥儿俩挺投缘，你也好了，咱哥儿俩合开这个烧锅，还可以开三年，你看着。”

说着就把酒煞扔进了一碗水里，然后端给大哥喝。一喝，这哪是水啊？这不是酒吗？原来这酒煞放进水里，就能把水变成酒。于是，这两家就合开了这个烧锅。酒卖得好，都发财了。

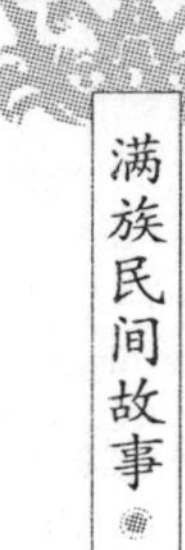

讲 述 者/肇恒昌　男　63岁　大专文化　干部

采 录 者/黄明明

采录时间/2009年8月12日

采录地点/沈阳东陵区满堂满族乡

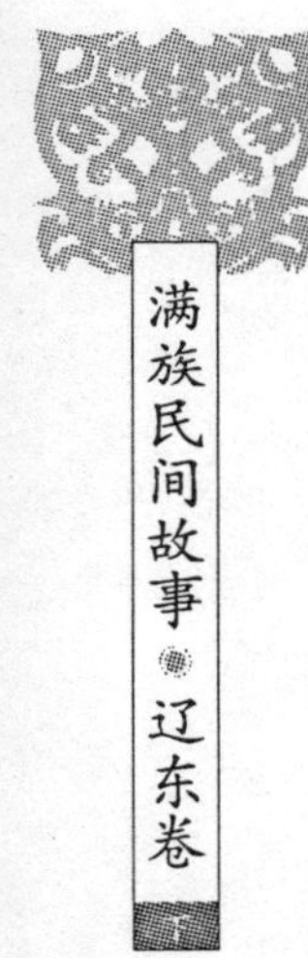

求仙不成变蛤蟆

相传啊，当年去西天取经的不止唐僧师徒四人，总共有十六个人。每人上路的时候，如来佛祖都送一个铁地瓜，让他们实在是饿得扛不住了再吃。唐僧领着十五个徒弟就上西天路了。去西天取经实在是太苦了，有两个人坚持不住就放弃了。也不知又走了多少天，一天走到一户人家前，猪八戒饿得走不动了，大伙也累得不行了，就到这户人家休息一下，进屋一看啊，这家也太穷了，家里就老两口子，啥吃的也没有。这老两口看一下进来这么多人，挺奇怪，就问：

"你们这是干什么去啊。"

有人就说了："我们去西天取经，回来就都成神仙啦。"

老两口说："那好啊，我俩也想去。"

唐僧一想，正好走了俩人，就同意了。唐僧说："这取经的路，说不定还得走多少天，先把佛祖给的铁地瓜烀熟了，好留在路上吃。"

于是众人挑水的挑水，打柴的打柴，烧火的烧火，分工明确，老两口就留在家里烀地瓜。边烧火边想，谁的地瓜先烀熟了，谁就能吃上，就能去西天取经成仙，咱俩得抢在他们前头，先成仙。趁人不注意，就把那地瓜捞出来，专烀他们那俩。又过了很长时间，唐僧准备上路，猪八戒扛不了饿，抓起铁地瓜就吃了，别的人也拿起铁地瓜咬了几口。老两口看别人的地瓜都能咬动，心想，咱俩的烀那么长时间肯定比他们的还好咬，一咬把牙都咯掉了，没咬动，也没吃着地瓜。

老两口跟着一行人往前走，走着走着，前面出现了一条大河，河面挺宽水挺急，那十四个人，跳到河里都浮起来过去了，这老两口不

敢跳。

老太太说：“咱都走到这了，怎么的也得试试啊。”老头儿觉得是这么个理儿。老太太又说：“要不你先跳，要是能过去你就摆摆手，我再跳。”

老头儿就跳下去了，跳下去就沉底了，老头儿伸手求救，老太太在岸上看看老头儿伸手了，还以为是向她摆手呢，就“咕咚”一下，也跳了下去，俩人下去都淹死了。

这老两口死后变成俩蛤蟆，心里这个悔啊，老觉得自己在烀铁地瓜这事上办的不对，就每天都“烀瓜”“烀瓜”地叫。

讲 述 者/肇恒昌　满族

采 录 者/苗莉莉

采录时间/2009年8月12日

采录地点/沈阳东陵区满堂满族乡

贪财的书生

从前有个年轻的书生，由于科考落榜，便有些心灰意冷，但他毕竟有文化，就想做个教书先生。

一天，他走到一个堡子，找到一个大户人家，问：

“你们要不要教书先生，我是一个落第的举子。”

老员外一看他书生模样：“你留下吧，我家正好有两间闲房，一间你做教室，一间你住。”书生就留了下来。

这个书生白天教孩子们读三字经、百家姓，晚上看看书，日子过得很清净。有一天晚上，书生看书看得累了，望望窗外，月色很好，就想出去溜达溜达。书生走出屋子，边赏月边往前走。走着走着，书生看到不远处有亮光，书生也没害怕，想走过去看看究竟。原来，树林里停放着一口棺材，亮光就是从棺材里发出来的。书生揭开棺材盖，里面躺着一个僵尸，僵尸四周塞满了金元宝。书生一看这么多金元宝，回头看看四处无人，抓起金元宝就往身上揣，身上都揣不下了也不停手。这时，就看僵尸慢慢地坐起来了，书生吓得抱着金元宝就跑，僵尸跳出棺材就在后面追。书生跑到堡子里，推谁家门谁也不开门，最后实在跑不动了，停下来喘气的工夫，听见有敲木鱼的声音，原来书生跑到了一座庙前，庙里有个老和尚正早起念经。书生跑到庙里，老和尚说：

“你是谁啊，没经过我允许就闯进来了。”

书生赶紧说：“师父，救我，后面有一个僵尸追我。”

说完也不管老和尚同不同意，就躲到庙里的一棵大树后面。僵尸

都怕佛，这个僵尸光顾着追书生了，没注意到这个庙，看见书生进去了，他也追进去了。

老和尚大喝一声，“妖孽！”念了一段佛经，把僵尸定住了，找来沙弥抬走烧了。

书生得救了，一低头看见自己怀里的金子原来都是纸做的。

老和尚说：“你枉为读书人，连死人的东西你都贪。”

说完，拂袖而去。书生没脸回去了，找棵歪脖树吊死了。

讲 述 者／那永胜　男　61岁　初中文化　工人

采 录 者／苗莉莉

采录时间／2009年8月12日

采录地点／沈阳东陵区满堂满族乡

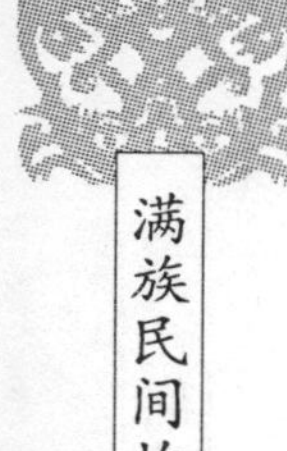

斩妖蟒

在深山里，有个古庙，庙里住了能有二十多个和尚。这个庙的后面有个大山洞，山洞里面住着一条大蟒。这个大蟒修炼多年，成了人形。这个大蟒认识了古庙的方丈，两个人经常在一起。这个蟒是个妖蟒，这个方丈心也不善。两个就合伙骗山下赶庙会的人。这个方丈告诉人们说：

“只要往庙里施舍钱财，就能得道飞升，上天成仙。每到初一、十五的晚上，天上就会点着灯笼，放下天梯，让人们上天去。”

一时间，很多人都争先来庙里施舍钱财，赠送果品、糕点之类的东西。

到了初一、十五的晚上，老方丈就让人们排好队在庙的后门前，一个一个出去。告诉人们打开门，出去就能看着。上面果然有两个很亮的，像是灯笼，一条长长的梯子从上面耷拉下来。爬上去的人爬几步就没有了，老方丈就说这就是飞升了。其实那都是大蟒变的，灯笼就是大蟒的眼睛。爬上去的人都被蟒吃了。就这样，这个庙的香火一直很旺。

有一天，有个人回家就跟自己的弟弟说：“那些去了庙里的人都没有回来的，是真的成仙了吗?”

他弟弟会武功，而且挺厉害，就说：“我才不相信有什么天灯和天梯呢，你是不是捐钱了?”

他哥哥说是。这个弟弟就说：“晚上我替你看看去。要是有什么事，阿玛和讷讷就靠你照顾了。”

晚上，他就带着弓箭和腰刀去了庙里。到了庙后门，方丈就跟他说："你看天灯点亮了，天梯下来了，去吧。"

他就上前去摸了一下天梯，湿乎乎的。他就退了回来，搭上弓箭射了两个天灯，又拿出腰刀砍了天梯几刀。就听见嘣里啪啦的声音，感觉有东西掉到山后坡去了。这个人去山坡那边一看，原来是一条盆口粗的大花蟒，死了。山坡上还有很多被大蟒吃掉的那些人的骨头。就这样，这个人为民除了害。

讲 述 者／那永胜　男　61岁　初中文化　工人
采 录 者／黄明明
采录时间／2009年8月12日
采录地点／沈阳东陵区满堂满族乡

狐狸精

从前在长白山下有个堡子叫那家堡，堡子里有个小伙子，人们都叫他那小，那小靠打柴为生，家里就他和讷两个人。

这一年冬天，雪下得特别大，那小和往常一样打完柴往家走，走到半山腰就隐隐约约听见哭声，循着声音找过去，看见一大姑娘坐地上哭呢。那小是个善良实在的人，看见姑娘哭，上前问姑娘出什么事了，姑娘一看是个年轻小伙，就说：

“我来找我叔叔，我叔叔姓胡，但我没找到，现在不知道该怎么办。”

那小一听，一个大姑娘大冬天的在这山上也不是个办法，就跟姑娘说：

“我就住在山下，你要是不嫌弃就在咱家先待着，我帮你找你叔叔。”

姑娘一想也是，这人生地不熟的，上哪找啊，就跟那小回家了。

那小他讷一看那小回来了，后面还跟一姑娘，就问那小怎么回事啊，那小就跟讷说了，他讷更是善良的人，就说那就住下吧。拉过姑娘就问长问短，姑娘就说自己家怎么没了，多么辛苦来找叔叔还没找到，自己多么可怜，说得那小他讷更加同情姑娘，对姑娘说：

“你就放心地在这住下，等过了冬天开春了，让那小帮你找叔叔，肯定能找着。”

姑娘听了忙下地给那小和他讷磕头。

转眼冬天就要结束，马上就要开春了，那小四处打听也没打听到

姑娘叔叔的消息。姑娘也不提找叔叔的事，跟老太太说：

“我在你家待着也挺好，我也不急着找我叔叔了，我给那小当媳妇吧。”

那小他讷一听，这姑娘长得挺好，还挺会来事，挺会说话的，对我和那小也挺好，就同意了。当天姑娘和那小就拜了天地。大家都不提帮姑娘找叔叔这事了。

过了一年，姑娘给那小生了俩儿子，日子过得虽不太富裕但挺乐和。俗话说“不怕没好事，就怕没好人”。这一天，那小的亲舅舅来看看姐姐。他舅舅是个石匠，会些法术。舅舅临走时就告诉他姐，让那小明天去他那，有点儿事。第二天那小就去了。舅舅跟那小说：

“我看你那媳妇有点儿问题，她不是人，你在哪遇的这个媳妇。”

那小跟舅舅就说了实话。舅舅更加确信外甥的媳妇不是人。舅舅说：“那小，你想想，她要是人，一个大姑娘大冬天的跑山里去干啥?”

那小还是不信。

“媳妇对我那么好，对我讷也好，也没害我们啊，你说她是妖精，她是什么妖精。”

舅舅很肯定地说：“她是狐狸精。她现在没害你们，那是没到时候。我给你俩凿子，你趁她不注意时，在她背后把她凿死。”

舅舅说得那样肯定，那小不得不接过凿子，但还是不忍心啊。但又一想，万一舅舅说得对，媳妇真是妖精呢。那小心里这个折磨啊！回到家，他媳妇还在门口等他。与往常不同的是，今天媳妇离他八丈远，那小看媳妇离他那么远，就问媳妇，你咋离我那么远呢。媳妇气哼哼地说，离得近就没命了。那小一听，挺吃惊，看来我媳妇真是个狐狸精啊。这一惊，舅舅给的凿子就掉到地上了，那小也没拣，跟媳妇进屋了。那小他舅舅就知道外甥善良，不能杀他媳妇。第二天，又来到姐姐家，说是要给姐姐磨磨，想趁机制住狐狸精，一会儿叫“外甥媳妇，给我倒点水”，一会儿叫“外甥媳妇，给我装袋烟”，叫了好多次，这狐狸精就是不靠前，每次都是远远放下东西就走了。舅舅一看，软的不行，干脆来硬的吧，就把手咬破了，把血抹在斧子上，挥斧子向狐狸精劈去，只见一道红光。狐狸精一看不好，转身就跑，一手还拽一个孩子，舅舅就在后面追，那小也追了出去。那小年纪轻，

跑得快，一会儿就追上了舅舅。前面出现了一条大河，他媳妇一手一个把孩子扔河里了，自己也跳了下去，那小一看，你们要都死了，我也不活了，也跳下去了。就见河里浮起四朵莲花，那小和媳妇、孩子坐在莲花上漂走了。

讲 述 者／肇恒昌　男　63岁　大专文化　干部

采 录 者／苗莉莉

采录时间／2009年8月12日

采录地点／沈阳东陵区满堂满族乡

坎　　肩

从前在长白山脚下，有个叫齐家窝棚的小堡子，堡子里有个人叫齐小二，家里有五个孩子，日子过得有上顿没下顿的。

这一天，家里又揭不开锅了，媳妇让他去娘家借点吃的，齐小二虽然心里不愿意，但还是去了。齐小二媳妇的娘家也不富裕，看到齐小二又来借吃的，小舅子拿话气他姐夫，说：

"你看你，能娶不能养。"

齐小二心里这个气啊，也不敢吱声。丈母娘招待女婿吃了顿饭，临走给装了点吃的。齐小二吃了饭，拿起粮食往家走，边走边想，这点吃的也不够啊。正想着，看见一只狐狸躺在一棵大树底下，齐小二上前踹踹，狐狸也不动弹，用手一摸，好像还有口气，齐小二心想，把它弄回家，也能顶点粮食，就把狐狸装口袋里了。

齐小二回到家，他媳妇看着狐狸挺可爱的，不忍心杀了它，两口子又出去想别的办法。等他们再一回家，发现炕上坐着一个白胡子老头儿，老头儿跟齐小二两口子说：

"我姓胡，今天喝多了，就躺在树下面睡着了，幸亏你们把我救了，我要报答你们。"

说完，就下炕来到外屋，拿起饭勺敲敲锅沿，马上就有了一锅香喷喷的米饭，让孩子们吃。老头儿又送了齐小二一个坎肩，说：

"你只要穿上这个坎肩，就谁也看不见你。"

说完一转身走了。齐小二看着这坎肩就合计，这到底好不好使，明天我得试试。第二天一早，他穿着坎肩就上集了。走到集市上，迎

面走过来熟人也不跟他打招呼，在店铺卖东西也没人跟他要钱，齐小二心想，看来这坎肩是真好使啊。打这以后，家里要是缺粮食，他就穿着坎肩去人家粮店扛袋米，要是缺油就去油店扻（读kuǎi）两勺油，家里从此就不缺吃喝了。

人啊，饱暖思淫欲，齐小二不愁吃喝了就动歪心眼了。

一天，他还穿着坎肩在市场上逛游，看见一顶轿子打身边经过，就钻人轿子里了，坐在轿子里的小姐就感觉边上有个人，但也看不见。齐小二就跟着小姐到了家，小姐总感觉身边有个人，叫来家丁一顿找也没找到，晚上睡觉时，齐小二钻小姐被窝儿里了，这回说话了：

“小姐，你别害怕，我不是鬼也不是神，我是人，我身上有宝贝，你看不见我，你要是从了我，我保证你以后吃香的喝辣的。”

小姐吓坏了，怎么光听见声看不见人，就跟齐小二说：

“我从你，你怎么也得让我看看你吧。”

齐小二一听人家小姐说这话，就把坎肩脱了下来。小姐拿过坎肩，扔进柜子锁起来，大喊：

“来人啊，有贼。”

家丁们一听有贼，忽地一下都进来了，把齐小二一顿暴打，打完了，又把齐小二吊在马棚里。

齐小二叫苦不迭，“胡大哥，胡大哥，你可把我害苦了。”

正哭呢，老头儿来了，一阵风就把齐小二带走了。齐小二被打得满身是伤，老头儿用手一拂，齐小二马上感觉不疼了。老头儿叹了一口气，说：

“人要作歹，神仙也不能帮了。”

说完一推，齐小二就掉了下来。齐小二一睁眼睛，在自己家炕上呢。从此，齐小二一病不起。最后死了。

讲 述 者／肇恒昌　男　63岁　大专文化　干部

采 录 者／苗莉莉

采录时间／2009年8月12日

采录地点／沈阳东陵区满堂满族乡

布恩查杀狐救母

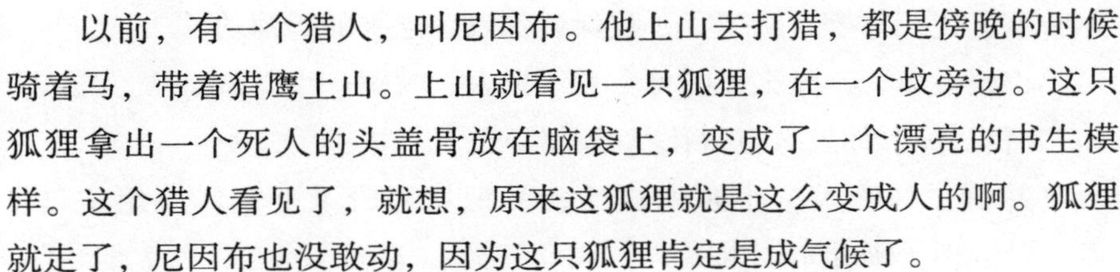

以前，有一个猎人，叫尼因布。他上山去打猎，都是傍晚的时候骑着马，带着猎鹰上山。上山就看见一只狐狸，在一个坟旁边。这只狐狸拿出一个死人的头盖骨放在脑袋上，变成了一个漂亮的书生模样。这个猎人看见了，就想，原来这狐狸就是这么变成人的啊。狐狸就走了，尼因布也没敢动，因为这只狐狸肯定是成气候了。

这个山下有一个堡子叫郎屯，堡子里有一家，男的当兵去了。这个女的就得病了，得了什么病呢？被狐狸媚住了。找萨满来看也看不好，找郎中来看也看不好。这怎么办呢？这家有个小孩，能有十四五岁吧，叫布恩查。他发现，一到晚上啊，他讷讷就起来穿上最好的衣裳，描眉画眼，打扮起来。然后就进一个厢房屋里把门关上，屋里就还有男人说话的声。他就想，这怎么回事呢？这天，布恩查上后山坡去玩，发现有三个人在那，看着和人长得差不多，后面都长着狐狸尾巴。其中一个年轻的狐狸就跟一个老狐狸说：

“你得上镇上去给我打酒去，我要喝酒，上回你打的酒都不够俺们哥儿俩喝的。”

老狐狸说：“我没有钱啊，我也不敢偷。”

年轻的狐狸说：“这回无论如何也得给我打回来，打一葫芦酒回来。”

老狐狸拿起葫芦就走了。年轻狐狸就又跟另一个狐狸说：

“你到前面的郎庄怎么样啊？”

那个狐狸说：“挺好，我跟一个八旗兵的媳妇，在一块挺好。”布

恩查听着这话就明白了，原来是他把我讷讷媚住了。

布恩查就上他舅舅家去了。他舅舅就是尼因布。布恩查就说：“舅啊，你把药狐狸的药给我点儿吧。”

他舅说：“你要那干什么？那会药死人的。”

布恩查说：“好舅，我不药人，我有用。”

他舅说：“你告诉我你拿去干什么。”

布恩查说：“那我不能说。不过，我保证我不是药人的。”

他舅就把药给了他。布恩查又说：“舅啊，你把那狐狸尾巴给我一个吧，我回去做点东西。”

他舅说：“要那干啥？”

布恩查就要哭，他舅一看，就把狐狸尾巴给了他。布恩查就把狐狸尾巴别在了后面的腰带上。

走到集市上，就看见了那个老狐狸。布恩查就过去说：“你是不是狐家的？”

那老狐狸说：“你谁家小孩儿？说什么呢？”

布恩查说：“我也是狐家的，不信你看。”就把狐狸尾巴给老狐狸看了看。老狐狸就相信了。说：“我得给我主人打酒去，但是我没有钱啊。”

布恩查已经预先打好了一葫芦酒，把药狐狸的药放在了里头。小孩就说：“看你这么大岁数，我这酒是刚打的，给我爷爷打的，先给你吧。”

老狐狸一听说：“那太好了，太谢谢你了。”

布恩查说：“不用谢，咱都是狐家的。”

这个老狐狸就拿着酒回了后山坡上，把酒给了年轻的狐狸。年轻狐狸说：“老东西，酒打来了？”

老狐狸说：“主人啊，我好不容易趁酒家不注意，把葫芦伸进酒缸里灌满就回来了。”

那个狐狸说：“行，挺能干，那边有半只鸡，你去吃了吧。”

然后，这俩狐狸就开始喝酒。

布恩查就在山坡后面趴着，趴了能有两三个时辰。就看见那狐狸都从人形变成了狐狸形，都死了。后来，他讷讷的病就好了。他阿玛

后来也回来了，就问布恩查：

“听说你讷讷病了，怎么好的?”

他就把这件事全部说了一遍。他阿玛听了说：“我儿子真聪明，将来肯定能当官。”

果然，布恩查长大后就当了提督尉。

讲 述 者/那永胜　男　61岁　初中文化　工人

采 录 者/黄明明

采录时间/2009年8月12日

采录地点/沈阳东陵区满堂满族乡

铲除猪精怪

以前有个小伙，要拜师学武。他到了一个山上，找到了一个武功很厉害的师傅，学了三年，学成告别师傅下山了。

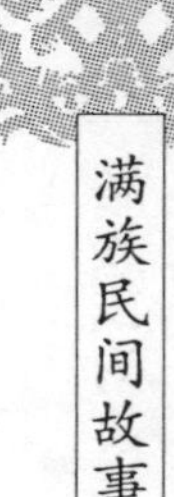

这天，他走到了一个堡子去借宿儿（读xiǔ）。见这个堡上静悄悄的，看不见人，他奇怪，大白天的，怎么不见人呢？正纳闷儿呢，有个人急匆匆地过来了，说：

“快走吧，今天晚上猪将军要来抢我们堡子的姑娘做他媳妇。”

小伙子说：“猪将军是谁呀，怎么能强抢民女呢？”

这人说：“猪将军是山里的精怪，每年这个时候都要抢一个姑娘做媳妇，不从，就吃掉全堡子的小孩儿，堡子里人能跑的都跑了，跑不了的只能轮流把姑娘给他，这样能消停一年。”

小伙子说：“你们为什么不杀了他？”

这人说：“杀不了啊，他太厉害了，来无踪去无影，刮起妖风能把堡子大树连根拔起，能把房屋扫平。”

小伙子说：“你们别害怕，我来收拾这个猪精怪！你带我去新娘子家里猫着。”堡子里人一听有人要收拾猪精怪，都非常高兴，这几年可把他们折磨苦了。到了晚上，小伙子就去了新娘子家猫起来。半夜，就听见外面刮来一阵风，猪精怪就来了。一进来就说：

“怎么这么黑，怎么不点灯呢？我的新人在哪呢？”

小伙子冲出来，手举两把砍刀朝着猪精怪砍过去，猪精怪这几年来堡子上自由来往，人们很顺从，都叫他将军，还供奉它的神像，没人敢说不字。今晚来这里，也以为是顺顺当当，没想到被砍了两刀，

转身就跑了。堡子里人赶忙点上灯一看，地上还有血。大家就顺着血迹，一路追，追到了离堡子二里多地山下的一个洞。大家就想，它肯定躲在这里头了。就在洞口用火点上硫黄开始烧，烧到天亮，火灭了，大家跟着小伙子进洞一看，一个足有两米多长的大猪，被烤焦了。猪精怪死了，从此，这里的人们太平了，跑出去的人家也陆续回来了。

讲 述 者／那永胜　男　61岁　初中文化　工人
采 录 者／黄明明
采录时间／2009年8月12日
采录地点／沈阳东陵区满堂满族乡

笊篱精

过去过年的时候，是家家户户最忙的时候，就叫忙年。男人们在屋外杀猪宰羊，女人们在屋里扫房贴窗花，包饺子蒸馒头，总之，一家老老少少都在忙活儿。过年的时候也是货郎们忙的时候，大姑娘小媳妇都愿意出来买点头花啊、香粉的。

一天，货郎到了这个堡子，靠一家房头卖货，买货的人很多，货郎一个个地应酬。这时，从这家院子里走出来个小媳妇，在货挑子里左挑右挑，买了七朵头花，跟货郎说：

“你等会儿，我进屋拿钱去。”

转身就进院了。货郎没当回事，因为这事儿经常有，先把货拿走，再回来送钱。再说，货郎看着这小媳妇从这院出来又进去的，你也不能跑了。货郎把货卖完了，收拾好要走了，往院儿里望望，还不见买花的小媳妇出来，心想可能是忙忘了，就进屋收钱去了。

屋里人一看货郎来了，这家的老太太忙招呼货郎进屋坐，货郎说：

“不坐了，天晚了，我得回去了。你们家刚才谁买我的头花了，还没给钱呢。”

老太太就问：“谁买头花赶紧给人钱，别让人等着。”

屋里几个女人，你看看我我看看你，谁都说：“没买啊，光忙活儿了，连屋都没出啊。”

货郎急了，说：“明明看见从你家院里出来，买完又进了你家院，怎么就不认账了呢？”

老太太也急了，说：“你非说是我家买的，那你就找吧。找出头花

来，我就给你钱。”

老太太就带着货郎满屋找，箱子柜子都打开了，没有。桌子底下，被垛里都划拉一遍也没有。最后看见水缸后面的笊篱头上插着七朵花。老太太把七朵花拔下来，货郎认出这正是刚才小媳妇买走的那七朵花。老太太更生气了，冲着自己的姑娘媳妇说：

“你们谁干的，买花不给钱，还把花插笊篱上了。”媳妇和姑娘说：

“讷，咱们不是一直在这包饺子吗，也没出门啊，再说，那笊篱在缸后面放多年了，那么埋汰，大过年的谁有花往那插呀。”

老太太听媳妇这么一说，心里琢磨着，会不会是这笊篱闹的事？一把拽出来，把笊篱顺着屋门就扔当院去了，老太太就往笊篱上浇点油，点上火烧了，烧得笊篱还吱吱叫唤。

当天晚上，老太太就做了一个梦，梦见一个小媳妇跟她说，我是笊篱姑姑，你今天把我烧死了，我要报复你全家不得安宁。老太太吓醒了，第二天赶紧叫人给笊篱姑姑画了像，供了起来，求笊篱姑姑保佑家宅平安。

讲 述 者／那永胜　男　61岁　初中文化　工人

采 录 者／苗莉莉

采录时间／2009年8月12日

采录地点／沈阳东陵区满堂满族乡

打海怪

从前，山东威海一带的渔民，大多数都靠打鱼、晒盐生活。有一年的秋天，人们正在海边晒盐、补船、补网，突然海水掀起一个大浪，在浪尖上有一个蓝脸的海怪，坐在一条大鱼上，来了就抓住一个渔民，一口给吃了，吓得其他人都跑回了家，不敢再出海了。

过来半年，海怪再也没出现，人们总还是要生活的，见海怪半年没出现了，一些胆子大的人就出海打鱼去了。结果海怪又出现了，把渔船一下子掀翻了，把船上的渔民都给吃了。

海怪说："要想不叫我吃人，就每天给我准备十二只鸡、十壶酒，不然就要抓人吃。"

渔民们把这件事报告给了县衙，县官派衙役去除海怪。衙役们你看看我我看看你，谁也不敢去。这时，人群中走出一个年轻的棒小伙儿，自告奋勇说：

"我去！请大老爷给我准备一匹马，一支长矛，十二只熟鸡，十壶酒。"

县官让手下把东西一一备齐，小伙儿带上东西来到海边。

小伙儿把十二只熟鸡和十壶酒放在海边，自己骑着马拿着长矛躲到岩石后面。晚上，海怪骑着大鱼出现了，拿起鸡就吃，拿起酒就喝，当他吃得正欢的时候，突然间小伙儿骑着马冲出来，举起长矛就刺在了海怪的肚子上，海怪受伤了逃回海里去，以后再也没敢出来过。

讲 述 者/那永胜　男　61岁　初中文化　工人

采 录 者/苗莉莉

采录时间/2009年8月12日

采录地点/沈阳东陵区满堂满族乡

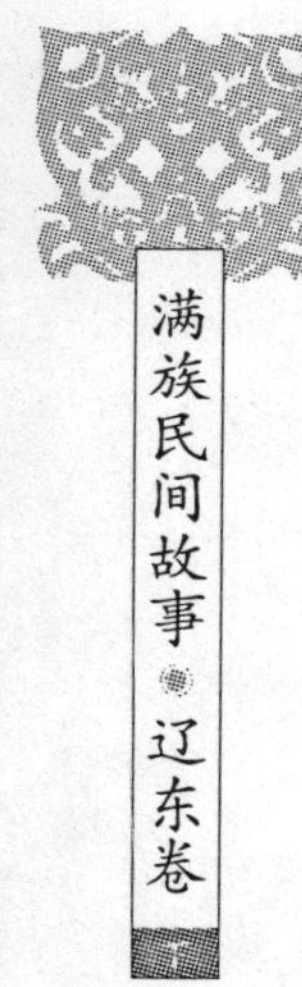

皇陵里的人参娃娃

东陵又被称为福陵，这里埋葬的是努尔哈赤。一天夜里，陵墓里巡夜的守备军发现城墙上有个小胖孩。小胖孩是个大胖小子，大概有三四岁的样子，在城墙上又蹦又跳，玩得正高兴呢。几个守备军心想，这是谁家的孩子，这么晚了还在这玩，这也不是你玩耍的地方啊，再说城墙那么高，万一掉下来摔着怎么办，咱们几个过去看看。

几个守备军拿着火把，向小胖孩儿走过去。小胖孩儿一看有人过来了，赶紧从墙上跳下来，没影了。守备军怎么找也没找到，感觉很奇怪。

第二天，几个守备军接着找，毕竟这里是皇陵，进来一个人没逮着，还被他跑了，这可不是闹着玩的，这要皇上知道了，整不好要被砍头的。几个守备军转着圈地找，没见小胖孩儿的踪影。继续找，也没有。找来找去，在小胖孩儿玩儿的墙下，发现了一棵大人参，有九品叶，挖出来一秤，足有七两多。守备军把人参献给皇太极，皇太极很高兴，皇陵里长出这么大的人参，这是皇族的吉祥啊！皇太极立即给这些守备军加官进爵，赏赐财物。

讲 述 者／那永胜　男　61岁　初中文化　工人

采 录 者／苗莉莉

采录时间／2009年8月12日

采录地点／沈阳东陵区满堂满族乡

打　鬼

从前在南方，由于经常下雨，每个县城的城门外都会建有一座接官亭。这一年，有个大官要到一个地方视察，当地的官吏知道了，安排了一个侍卫到接官亭先去等候。这个侍卫在接官亭等到了晚上也不见有人来，他也不敢走。夜里下起了雨，侍卫就发现，怎么天上的雷都往前面那棵树上劈。这时候又来了一道闪电，侍卫借着闪电看清楚了，树上蹲着一个披头散发、身穿白衣服、光着脚的人，侍卫心想这肯定不是好东西，不然雷不能劈他。每次一打闪电，他就把一块白布举起来，雷就劈不到他。侍卫心想，我助天一臂之力吧，再来一道闪电时，侍卫举起枪对着树上的人就开了一枪，树上这个人一分神忘了举白布了，一道雷把他劈了，掉到了地上。当时天太黑了，侍卫也没敢过去看。第二天，天亮了，雨也停了，侍卫才看清，那棵树下趴着一个人，穿着立整的，侍卫正奇怪呢，这人怎么到这来了呢？正奇怪呢，大官坐着轿子也来了，一看树下趴着个死人，就问怎么回事。侍卫就讲了经过。大官说："定是个不孝之人，去查一查。"县太爷派人去查，果然，这是个不孝的人，竟干些伤天害理的事，遭到雷公大怒，劈死。大官以此事为例，昭告世人，孝敬父母，尊老爱幼，会得到好报。

讲 述 者／那永胜　男　61岁　初中文化　工人

采 录 者／苗莉莉

采录地点／沈阳东陵区满族乡

采录时间／2009年8月12日

降妖宝镜

从前有个书生，考举人考了好几年都没考上。这一天，他走在路上，看见一个老头儿生病了，在地上没有人管。他就把老头儿扶了起来，背着他去了医馆，给请了郎中，买了药。这老头儿就跟他说：

"年轻人啊，你真是好人，我没有什么好报答你的，就有面镜子送给你吧。"

这书生接过来一看，是面铜镜，背面雕着花，还有宝剑。这书生谢过老人，拿着镜子走了。

晚上，走到一个山上，月亮很好。就看见前面来了两个人，一高一矮，书生就拿镜子照了一下，一看一个是个白猿，一个是个大猴子。这两个一被照就吓跑了，书生也吓了个够呛，继续走。

过了一会儿，下雨了，书生就到一个古庙避雨。这院里有棵大榆树，特别粗，有两个人搂着那么粗。书生看着这树就觉得有点儿说不上来的奇怪，就拿镜子照了一下，借着闪电光一看，一个大蟒蛇，特别粗。这一照啊，一个雷劈下来就把这蟒给劈死了。

这个书生到了一个朋友家做客。一个丫鬟出来倒茶，这个丫鬟长得特别漂亮。主人还没出来，书生就拿着镜子看，一下照到了这个丫鬟，这个丫鬟就跪在了地上，说：

"饶命啊，虽然我是千年狐精，但是我可没害过人啊。"

然后，这个狐精就求书生让她再给主人唱个歌跳个舞再死，书生同意了。这主人听书生说了以后，也觉得很惊奇。这个狐精给俩人唱了个歌，跳了个舞，然后就跪在地上拜了拜，现出一个狐狸形，死了。

这个书生往回走的路上经过一条河，坐船过河走到一半，突然河里的水掀起几丈高，水像竖了起来似的。这个书生赶忙拿镜子一照，看见水里原来有很多个龟把水给拦住了。被镜子一照，这些个龟就都跑了，河水就恢复正常了。

回家以后，一天晚上书生在睡觉，镜子里就走出了一个人跟书生说：

“我是宝镜之神。十五的晚上，我就要走了。”

书生说：“能留住你吗?”

宝镜说：“不能，我必须得走。”

到了十五这天晚上，书生就点着蜡烛等着，蜡烛烧完的时候，就听见镜子里传来“呜呜”哭泣的声音，然后看见一道光，镜子就飞走了。

讲 述 者/那永胜　男　61岁　初中文化　工人

采 录 者/黄明明

采录时间/2009年8月12日

采录地点/沈阳东陵区满堂满族乡

有钱能使鬼推磨

从前有一个人，生前孤苦伶仃没有一个亲人，死后又变成孤魂野鬼，也没有人给烧纸钱，送祭品，把他饿坏了。他看见一个老鬼，在那大吃大喝的，就问老鬼，你怎么能大吃大喝的呢？老鬼说："要想有吃有喝你得作（读zuó）妖。这个新鬼记住了。

他到一个财主家，财主家磨坊里有个磨，新鬼就去推磨，心想，这磨无缘无故隆隆转，肯定把财主一家吓得要死，他们就能给我送祭品。管家看见磨坊里的磨自己转了，觉得很奇怪，就报告给老财主。老财主也觉得奇怪，可财主是个吝啬鬼。告诉管家说：

"磨转还不好吗，你别让它空转，放里点豆子。"

就这样，新鬼磨了一天豆子，又累又饿，还是没有吃的。回去就跟老鬼说：

"你说让我作妖也不好使啊。"

老鬼说："你明天再换一招。"

新鬼第二天又去了。这回他推碾子，老财主让人放上高粱米，新鬼又碾了一天高粱米，还是没吃到一点东西。新鬼回去就跟老鬼说：

"你尽骗我，要我去作妖，害得我白给人家干了两天活。"

老鬼说："你用的招不对，你明天去，把他家房瓦往下扔。"

新鬼记住了，第二天直接到了老财主的房子上，揭下房瓦往下扔瓦片。老财主这次受不了了，就问：

"你是谁啊？"新鬼报了姓名。

老财主说："我记住了，你走吧，我保证供奉你。"

新鬼走后，老财主请人写了新鬼的名字，挂在墙上，逢年过节总要供些祭品，烧些纸钱。从此财主家消停了。

讲 述 者 / 那永胜　男　61岁　初中文化　工人

采 录 者 / 苗莉莉

采录时间 / 2009年8月12日

采录地点 / 沈阳东陵区满堂满族乡

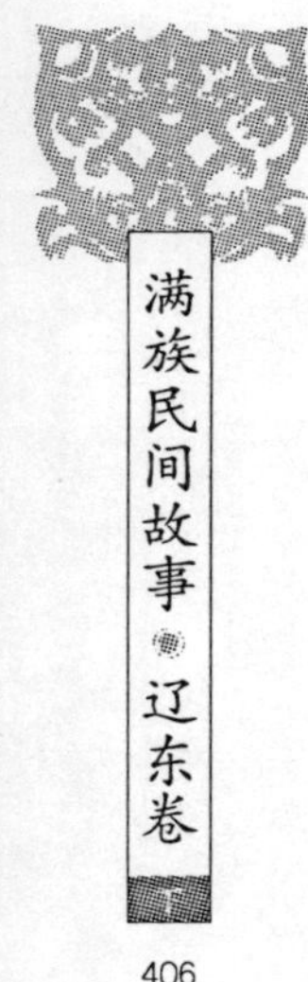

索老二还魂

很久很久以前，大山下有个索家堡，堡子里有兄弟二人，一个叫索老大，一个叫索老二。弟弟索老二有个喜好，这喜好很奇怪，别人爱酒如命，他爱西瓜如命。平时索老二只要手里有点闲钱，就都用来买西瓜。索老大劝弟弟，少吃点西瓜，攒点钱将来好娶个媳妇，索老二不听，仍然是有了钱就买西瓜吃。

这一天，索老二又买了西瓜，怕哥哥看见又得说他，就躲到堡子外一个破庙里，平时庙里没人去，索老二拿着西瓜去了破庙。索老二一拳头把西瓜砸成两半，自己拿一半，另一半就放在庙里小鬼的泥像前，索老二还跟泥像开玩笑，我吃一半你吃一半。说完拿起自己那半西瓜就吃，吃完去拿另一半，一看，那半个西瓜真让小鬼吃了，索老二也没说什么，笑笑就走了。以后再吃西瓜，索老二就来这破庙，还是他一半，小鬼一半。

转眼夏天过去了，秋天过去了，西瓜拉秧了。索老二没西瓜吃了，也不到庙里去了。这天，索老二在场院看粮食。夜里，索老二正在炕上躺着呢，门一响，进屋一个人，手里拿着一壶酒和一只鸡。索老二看这人面熟，就是说不上来在哪见过。这人见索老二看着自己不说话，就说：

"你不认识我啦，我就是破庙里那个小鬼吗？你请我吃了一夏天西瓜。"

索老二一听想起来了，这人长得是挺像庙里的那个泥像。俩人就坐下喝酒，越唠越近乎，索老二问小鬼你平时干些什么。小鬼说："我

在阎王爷手下当差，负责把阳寿尽了的人的魂抓到阴间。”

索老二一听，来了兴致，就说：“你能带我去看看吗？”

小鬼说：“那可不是闹着玩的，你阳寿没尽，让阎王爷发现了我不好交代。”

索老二说：“我就是看看阴间啥样就回来”。

小鬼也喝晕了，就答应了，但警告索老二：“你可千万别出声，让阎王爷发现了，咱俩都得完。”

索老二点点头说：“行。”小鬼带着索老二的魂走了，身体留在屋里。

来到阴间阎王殿，正赶上一个在阳间做了坏事的人被小鬼抓来，阎王爷判决，把这个人扔到油锅里炸了。索老二一看人被扔进油锅里，吓得“啊”了一声。阎王爷听到了，问：

“什么人叫？出来！”

小鬼和索老二赶紧跑出来跪下，小鬼就把事情一来二去都向阎王爷说了，阎王爷说：

“念在两人讲义气的情面上，不惩罚你们了，索老二的阳寿没尽，你送他回去吧。”

小鬼领着索老二魂儿回到阳间，进屋一看，傻眼了。怎么了？原来小鬼和索老二走的时候门没关严，野狼进来了，把索老二身体的内脏给吃了。小鬼没了主意，又把索老二带回到阴间，阎王爷不留。一巴掌把索老二打回了阳间。在离索老二家的堡子不远，有个王员外，王员外的儿子已经病了很长时间了，这天早上一口气没捯上来，咽气了。家人正在伤心哭呢，不一会儿，儿子又醒了，坐起来四处看，问：

“这是哪呀？你们是谁呀？”

王员外见儿子又活过来了，喜出望外，心想，儿子一定是得了一种怪病，什么都想不起来了，就找郎中给儿子瞧怪病。这时，门口来一个人，说自己是专治怪病的人，王员外赶紧把这人让进屋里。来人说：

“我看病，屋里不能有人。”

王员外把人都叫出去了，在屋外等着。

来的这个人是小鬼儿变的，原来这个王公子阳寿已经尽了，阎王

爷一掌把索老二推进了王公子身体里，借尸还魂。现在这个王公子的魂儿就是索老二的魂儿。小鬼说：“你以后就是王公子，门外那是你阿玛和讷讷，还有你媳妇，你得记住。”

索老二也是个聪明人，一听就明白了，立即出去叫阿玛叫讷讷。从此，索老二就借王公子的身体活到自己阳寿尽了。

讲 述 者/肇恒昌　男　63岁　大专文化　干部

采 录 者/苗莉莉

采录时间/2009年8月12日

采录地点/沈阳东陵区满堂满族乡

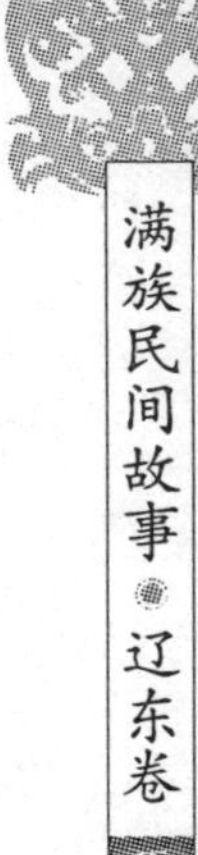

白无常收命

从前，有这么一个小堡子。这个堡子里的人都爱吃香瓜。大家你种一亩地的，我种二亩地的，都种的香瓜。有这么一天啊，有五个人一起上地里看瓜去。大家都带的饭，还有酒菜，就一起在窝棚里喝酒吃菜。过了一会儿，其中有个人喝多了，就趴下了。还有一个人呢，去厕所了。

这时候忽然听见棚子外很大的风声，这三个人就出去看。出去一看，天上刮来一股黑色的风，有好几丈高，像旋风似的。这个风旋转着，风上面站着个人，这个人穿着白袍子，带着白帽子，还拿着个白色拂尘。这三个人就瞅，怎么回事，风上怎么还有个人呢？这个人呢，眉毛很粗，眼睛发绿。人在风上拿着拂尘向这三个人各点了一下，这阵风就过去了。然后，这三个人就又回窝棚里面喝酒。

这件事过去不到一个月，这三个人竟然都相继死了。而那个上厕所的人和喝醉了的人却没有事。

后来，有老人说："那个穿白袍的人是白无常啊，凡人看见了他都要被带走的，不能留在阳间。"

从这以后，人们都记住了，天上刮黑风不能抬头去看。

讲 述 者/那永胜　男　61岁　初中文化　工人
采 录 者/黄明明
采录时间/2009年8月12日
采录地点/沈阳东陵区满堂满族乡

小包头

过去管二人转叫蹦蹦，艺人们都没有固定的居所，常年在外走堡子串巷，一般家里有红白事情就请他们过去唱几天。

一天，有个唱蹦蹦的戏班走到一个堡子，这个堡子里有个大户要请他们过去，连唱三天。为啥事呢？这个大户家里有很多地，没有儿子只有俩姑娘，大户平时特别疼这俩姑娘，可谁知这大姑娘才十七，就得痨病死了，大户这个伤心啊，一想到姑娘才十七就死了，就不忍心把姑娘抬出门，把棺材搁（gáo）在后院。他想请人来唱三天白戏。

过去唱蹦蹦的没有女人，都是长相秀气、嗓门儿细高的男人装扮成女人出来唱，俗称“上装”。这个戏班子里有个唱上装的，扮相好，嗓子也好，人们都叫他“小包头”。这天，小包头在台上唱戏，戏把头总感觉他今天唱得总走神，戏把头在后台往台下一看，看见一个小女子跟他眉来眼去的，小包头唱完了，小女子从台下蹦上来，拉起小包头就走，小包头妆也没卸就跟着小女子走了。蹦蹦戏的把头是个老江湖，就觉得这事挺蹊跷。吃饭了，小包头也没回来。就听这家人议论，说：

“咱家大小姐的棺材盖子上，怎么有只绣花鞋呢。”

戏把头听见了，来到后院一看，大小姐的棺材盖上真有一只绣花鞋。拿起来一看，正是小包头的。戏把头找来东家，把事一说，东家也觉得奇怪。戏把头说：

“我猜这小包头就在这棺材里呢，咱把乡保找来做个证，打开棺材，要是没有小包头，我给你免费唱十天，小包头要真在里面，咱不

是救下一条命吗？”

东家一听，戏把头说得在理，就叫人把乡保（乡约、地保的并称。泛指乡中小吏）找来。

当着乡保和众人的面，把小姐的棺材打开了，小包头真躺在里面，就剩一口气了。戏班人赶紧把小包头拽出来。戏把头对东家说：

“小姐岁数小呀，这是什么东西附体了，不能再停放了，烧了吧。”

东家虽然不舍得，但也没办法，不能让她害人啊。东家同意了，众人架起一堆火就把棺材烧了，班主让大家围成一个圈儿，告诉大家，看见有什么东西跑出来就打死。过不一会儿，果然，从火里突然跑出一个东西，大家一起上手打，原来是一只大耗子附体了。

讲 述 者／肇恒昌　男　63岁　大专文化　干部

采 录 者／苗莉莉

采录时间／2009年8月12日

采录地点／沈阳东陵区满堂满族乡

抓 替 身

从前在大山里面有一个堡子，堡子里有一家姓马的人家，家里有一个小伙子叫马小，和他讷俩人靠着到河边抓鱼过活。马小二十多了，因为家里穷，也没说上个媳妇。

一天，马小又来到河边抓鱼。这天也不知怎么了，那么不顺利，半天也没抓到几条鱼。突然听见不远处有一群小孩喊：

“有人掉到河里啦，有人掉到河里啦！”马小顺着喊声一看，一个小孩儿在水里，一会儿沉下去，一会儿浮上来。马小从小在河边长大，水性特别好，一个猛子扎下去，就把小孩救上来了，一看这孩子还活着，就告诉他们，这河以前淹死过人，很危险啊，以后别下河了。孩子们都走了，马小接着抓鱼。一会儿就见这河里的水跟开了锅似的，鱼虾直往上蹦，马小正纳闷儿呢，一抬头就看见从河窜出来个姑娘，半截身在水里半截身在水上面。姑娘走到马小身边站住了，就问：

“你是不是叫马小？”

马小说，“对呀。”

马小心里想，我也不认识她啊？姑娘说：

“你是不认识我？我们是邻居啊！”

马小糊涂了，我也没见过这个邻居呀！姑娘说：

“你们堡子是不是有个陶员外，他有个女儿。”

马小说：“是啊，我们堡是有个陶员外，但他女儿三年前掉河里淹死了。”

姑娘说："对，我就是那个淹死的陶小姐，三年了，我要能抓到替身，我就能转世。刚才好不容易抓到个小孩儿，还被你救了，你坏了我的好事。"

马小一看姑娘不像是个坏人，就壮着胆子说：

"你看你死的时候你阿玛和讷讷伤心啊，现在都过去三年了，他们差不多都要好了，今天这孩子要是死了，他阿玛和讷讷又得像你阿玛和讷讷当年那样伤心，将人心比自心，你也不能那么做啊。"

姑娘一听，这马小太善良了，罢了罢了，今天的事就算了，对马小说：

"我啊，死得不甘心，今年我一定要抓到替身，重新回到人间，从明天起，你三天不要来河边了。"

马小一听，说：

"那可不行，我不来河边，我和我讷吃什么啊。"

姑娘一想也是，就说：

"那这样吧，你现在就捕鱼，把你三天的份都带出来。"

说完一挥手，就见那河里的鱼虾都自己往岸上蹦，马小拿起竹筐一会儿就装了满满一筐。马小心里想，这陶小姐三天不让我来，肯定是还要抓替身，就问：

"你还要替身吗?"

陶小姐说："那当然啊，我十八岁就死了，我能甘心吗?"

因为马小是个好人啊，陶小姐对他也没有戒心，就说：

"明天有个姑娘要过河到城里头办事，我就在桥上把她抓下来。"

说完陶小姐走了。马小也回家了。

晚上，马小躺在炕上就想，这个姑娘岁数也不大，要是死了，阿玛讷讷得多伤心哪！不行，我得去救这个姑娘。第二天，马小一大早起来就去桥边等着，快中午了，果然过来一个姑娘，马小就给拦住不让姑娘过河。姑娘以为马小心怀不良，就骂他。马小也不生气，就说：

"今天无论如何你都不能过这河，河里有个淹死鬼要抓你当替身。"

姑娘一听河里有个淹死鬼要抓她当替身，吓得转身就往回跑。姑娘一走，陶小姐就出来了，责怪马小：不是不让你来吗，又坏我的事。马小就说：你看这姑娘才多大岁数，她要是死了，阿玛讷讷得想

啥样。”

陶小姐一听，这马小也太善良了，叹了一口气，走了，临走时警告马小，明天不准来了。马小嘴上答应，心想，明天我还来。

第二天天没亮，马小就来到了桥边，离老远就看见一个小媳妇要过河，马小赶紧给拦下，又跟小媳妇把河里淹死鬼抓替身这事说了一遍，小媳妇也吓得跑回家了。陶小姐这回真生气了，说：

“你是彻底把我的事破坏了，我要过了今天的日子，我还得等十年。本来我看咱俩挺有缘分，合计我要是活过来就给你当媳妇，现在也当不成了。”

马小说：“我宁可不要媳妇，也不能让你害人。”

陶小姐一看，这马小实在是太善良了，也不能再怪他了。陶小姐说：

“这样吧，我告诉你一件事，前面不远处有座庙，那也有个小姐，你要是能把她救了，她也能给你当媳妇。”

马小去了，找到了那座庙，这是一个供奉判官的庙，庙里也没什么人。马小就靠在泥像身上睡着了。半夜被一阵铁链子声吵醒了，睁眼一看，吓了一跳，看见一群小鬼押着一个姑娘，姑娘手脚还都用铁链子绑着，一个肩膀头上点着一盏灯。泥像说话了：

“堂上之人犯得什么罪?”

姑娘回答：“偷东西。”

判官大吼，“好啊，一个大姑娘还偷东西，打!”

姑娘旁边的小鬼照着姑娘就是一下子。判官又说：

“来啊，把油锅抬上来，把姑娘扔油锅里。”

马小在后面听到要把姑娘扔油锅里，吓得“啊”一声。判官问：“谁?”

马小从泥像后面出来了，这回也不害怕了。问姑娘：

“你是谁?”

姑娘回答：“我是刘员外的女儿。”

判官一看，这哪冒出来一小子，不把我放在眼里啊，在我的大堂上还跟姑娘问这问那的。就让小鬼儿拿了马小。

马小也不害怕，自己阳寿不尽，判官不能把自己咋样。他问判官：

“为什么抓这位姑娘”。

判官说：“这个刘小姐阳寿尽了，阎王爷命令前来拿她回去。”说完就在身上搓了几个泥球，给了马小，带着姑娘走了。

这时候鸡叫了，泥像又恢复白天的样子。马小拿着这几颗泥球，直奔刘家庄刘员外家。刘员外有个女儿病了三年了，请了多少先生也治不好，急得刘员外贴了告示，谁要是能治好刘小姐的病，岁数大的给他做女儿，岁数小的给他做媳妇。马小来到刘家，一看这个小姐正是昨晚在庙里见的那个姑娘。刘小姐一个肩膀上有一个大脓包，马小把判官给的泥球给刘小姐喂下去，刘小姐叹了一口气，醒了。刘小姐睁开眼看见马小，笑了，叫了一声“马小”，马小一听，是陶小姐的声音。原来刘小姐阳寿已尽，阎王念陶小姐年纪小，让陶小姐借尸还魂了。刘员外见女儿醒了，立即履行诺言，给马小和刘小姐，也就是陶小姐办了喜事。马小和陶小姐为了不让刘员外伤心，也不说破。从此，马小把讷接来，伺候两家老人，直到养老送终。

讲 述 者／肇恒昌　男　63岁　大专文化　干部

采 录 者／苗莉莉

采录时间／2009年8月12日

采录地点／沈阳东陵区满堂满族乡

小伙劝赌

从前，有个小堡子，这年开春，堡子里的男人都迷上了赌博，谁也不种地，眼看五月了，地还都荒着呢。在堡子的西头，有一家是从关里来的，小伙叫王成，家里还有一个老讷讷，王成平日里靠打点短工养活自己和讷，今年家家都不种地，自然也不雇人，王成没活干了，没活干挣不来钱，老讷讷就要挨饿。实在是没招儿了，王成就把老讷讷安顿好，想去堡里劝劝大家别赌了，种地吧。

从王成家到堡子里横着一条小河，河面不宽，河水也不深。王成从家里出来，刚来到河边，就看过来一个姑娘，姑娘过来就像王成招手说“背背！背背!”王成心想，一个大姑娘，我也不认识，来了就让我背，不像话啊。姑娘还在不停地说“背背！背背!”王成被说烦了，心想，背就背，我一个大小伙子还怕你一个姑娘？王成就蹲下了，姑娘趴在王成背上，这就过了河。王成边走边想，这个姑娘肯定不是什么好人，好人家的姑娘怎么会天没亮一个人在外面，见到人就让背呢。过了河，姑娘就喊“放下放下”，王成放下姑娘，头也不回就往堡子里走，王成就在后面跟着，跟到一家门口不见了。这时就听屋里孩子哇哇地哭，王成往里一看，不好了，孩子讷正往房梁上系绳准备上吊呢，孩子拽着讷讷的大腿哇哇哭。王成闯进去，就想把孩子讷拦住，就听见有人说“上吊好上吊好，又省裤子又省袄，不用吃饭自来饱”。王成循着声音一看，见房梁上蹲一个人，是让他背过河的那位姑娘，正向孩子讷讷招手呢。王成生气了，拿起一个锄把子就打，姑娘一闪又不见了。王成从凳子上把孩子讷拽了下来，说：

“大嫂，有啥想不开的呀。”

大嫂说：“大兄弟你不知道啊，孩子他阿玛一天到晚就知道赌，地也不种了，也不回家，我也不想死，总有人在旁边催我死。”

王成越听这事感觉越奇怪，他劝了大嫂就回家了。第二天，还是天不亮，王成又来到河边，又看见昨天的姑娘要过河，嘴里还是嘟囔“背背！背背！”这回王成啥也没说蹲下背起姑娘过了河，过了河姑娘还是喊“放下！放下！”王成也没答理她，背着她在堡子周围绕圈，一圈又一圈，直到鸡叫了，王成也没有停下来的意思，王成走着走着，就感觉背上突然变沉了，那也没理乎，还接着绕圈。

前面过来一个捡粪的老头儿，看见王成就说：“小伙子，你背块棺材板子一圈圈地走，干什么呢?”

王成听见老头儿这么说，赶紧把背上的东西放下来，一看，可不是一块棺材板子吗！这时候天大亮了，堡里人都出来了，都说这棺材板子是河边那座坟的，那坟里埋了一个小媳妇，刚完婚不长时间，丈夫就迷上赌博了，她一气之下上吊死了。噢，原来是这个小媳妇闹的，她让堡子里的男人都赌博，让女人上吊，她是报复这堡子上的人哪。当下和大伙一起把棺材板子烧了。从此，堡子里的男人们不再赌博了，都好好儿种地了。

讲 述 者/肇恒昌　男　63岁　大专文化　干部

采 录 者/苗莉莉

采录时间/2009年8月12日

采录地点/沈阳东陵区满堂满族乡

孙子打爷爷

从前这么一家人，六口人，家里有老头儿、老太太、儿子、儿媳妇和两个孙子，日子过得不太富裕，但也说得过去。

一年冬天，快过年的时候，老头儿要到集市上转转，孙子让他带点好吃的回来，老头儿满口答应。离老头儿家不到一里地有两个小鬼儿，听到了孙子和爷爷说的话，就变成孙子的模样，在老头儿回家的路上等着。老头儿逛完集回来了，说："爷爷，爷爷，给我买好吃的没？"老头儿说："没买，我的钱让小偷给偷了，什么也没买成。"两个小鬼儿不高兴了，说："你个老不死的，我们等你一天了，就等吃点好东西呢，你还什么也没买。"气得动手打老头儿，打完就朝村子里的方向跑了。老头儿被打了一顿，气得不得了。骂道："这两个畜生，竟敢打爷爷，太不像话了。"老头儿气哼哼地回到家，儿子正在院子里干活，老头儿看见儿子就问："那俩孩子呢？"儿子说："在屋里睡觉呢。"儿子看老爹挺生气的样子，就问："你这是跟谁生气了？"老头儿说："这俩畜生打我。"儿子说："不能啊，俩孩子压根儿就没出去。"老头儿听儿子这么说，更生气了，骂儿子："你个忤逆，两个孩子打了我，你还护着他！"举手就要打儿子。儿媳妇看见公公跟丈夫在院子要动手了，弄明白怎么回事后，跟公公说："这俩孩子确实没出去。"老头儿听儿媳这么一说，更生气了，说："你们就护犊子吧！"气得拿起袋烟到后院墙根蹲着抽闷烟。

过了几天，老头儿合计打点年纸、蜡烛，又去集市了，俩孙子又让爷爷带吃的。回来的路上，两个小鬼儿变成孙子还在道上等他，

看见他回来就围上去，“爷爷、爷爷，给我们买好吃的没？”老头儿没好气地说：“买了，回家吃。”俩小鬼儿一把把老头儿的筐抢了过去，说：“你拿来吧，什么回家吃，我们现在就要吃！”俩小鬼儿一看筐里没有他们爱吃的，又把老头儿打了一顿。老头儿回来又是一顿骂儿子、媳妇，他们还是说，两个孩子没出去，老头儿心里这个气呀。

再过几天就是三十了，老头儿家杀了一头猪，老头儿把吃不了的猪肉拿到集市上卖。这次儿子跟俩孙子说，你们去接爷爷，看看怎么回事，你爷爷怎么老说你们打他。俩孙子就去了，俩小鬼儿一看孙子这回来了，没敢再出来。爷爷回来又在村头看见两孙子等他，心想，干什么，又想要打我。俩孙子一看爷爷回来了，挺高兴，看爷爷背着袋子挺重的，上前想帮爷爷背。实际上爷爷背的是钱褡子，他以为孙子来抢他的钱，拿出割猪肉的刀一刀一个把两个孙子砍死了。心想，你们前两次打我，这次还要抢我的钱，长大也是祸害，我还留你们干什么。老头儿回到家，儿子就问；“俩孙子去接你了，看见没？”老头儿说：“这俩小畜生要抢我的钱，让我砍死了。”

讲 述 者／那永胜　男　61岁　初中文化　工人

采 录 者／苗莉莉

采录地点／沈阳东陵区满堂满族乡

采录时间／2009年8月12日

弟弟变虎报兄仇

从前，有兄弟两个，这个哥哥去给财主家扛活挣点钱。结果有一天，哥哥被财主给打死了。弟弟非常伤心，想要报仇却没有办法。财主家势力很大，还有亲戚在官府里面做官，告官也没有用。弟弟就把哥哥的尸体抬到了山上，把哥哥葬了。然后弟弟在旁边不停地哭，哭得特别伤心。哭着哭着就睡着了，等他醒来时看见一个白胡子老头儿。

老头儿说："年轻人，你为什么这么伤心啊?"

弟弟就把哥哥怎么死了，自己身单力薄没有办法给哥哥报仇的事情跟老头儿说了。

老头儿说："你怕疼不?"

弟弟说："我不怕。"

老头儿说："那我念个咒语把你变个老虎，让你去报仇吧。过两天财主要去祭祖，就会经过这个地方。"

老头儿就念了个咒语，弟弟就感觉撕心裂肺地难受。过了一会儿，一看，自己真的变成了个大老虎。过了三天，财主果然要去祭祖，骑着马，带着很多人。走到这个山下，突然窜出一只大老虎，朝着财主就扑了过去。旁边的人一看，大老虎，吓得扔下祭品跑了。财主就被老虎咬死了。老虎看见财主死了，哈哈大笑，一看地上还有很多祭品，就都吃了，还喝了点酒。吃饱喝足了，晃晃悠悠地往前走。走了一会儿，又遇见那个老头儿了。

老头儿说："你哥哥的仇报了吧?"

老虎点点头。老头儿就又念了个咒语，老虎又变回了弟弟。就这样，弟弟把哥哥的仇给报了，财主也死了，弟弟远走他乡，不知去向。

讲 述 者/那永胜　男　61岁　初中文化　工人

采 录 者/黄明明

采录时间/2009年8月12日

采录地点/沈阳东陵区满堂满族乡

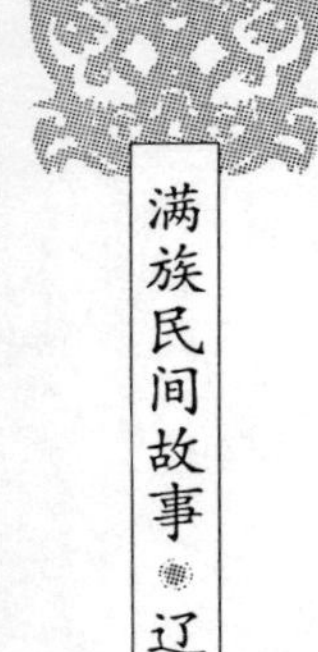

青蛙国王

从前有一片池塘，里面住着很多青蛙。有一天，一只大点儿的青蛙说："咱们这里有这么多青蛙，子子孙孙这么多代，应该成立个青蛙王国。"

青蛙们说，"成立个青蛙王国倒好说，可咱们也没有个国王啊。"

那只大青蛙说："那好办，咱们请天帝给咱们派一个国王。"

说完，青蛙们就向天帝请求，"天帝，我们要成立青蛙王国，给我们派一个国王吧。"

天帝在天上听见了青蛙的请求，心想，青蛙还要成立个王国，荒唐，太荒唐了！随手拿起一块木板子扔了下去。木板掉到水里发出"砰"的一声，吓得青蛙们都躲了起来，青蛙以为是天帝派的国王来了呢，心想，这个国王太厉害了，声这么大。青蛙们在水下猫着，不敢动弹。过了几天，见没有动静，天帝派的国王飘在水面上也不动弹。又过了几天，木板还不动弹，有胆大的青蛙游过去，在木板身边游过来游过去，木板还是没动静，后来青蛙们干脆就跳到木板上，又蹦又唱。青蛙们心想，这个国王不行，太不厉害了。青蛙又向天帝请求：

"天帝啊，再派下来一个厉害的国王吧。这个国王被我们踩在脚下它都不发脾气，还怎么治理国家呀！"

天帝一听，这群青蛙还要国王？真是胡闹，太胡闹了。天帝把鹈鹕派了下去，鹈鹕一到，就吃了青蛙，吃了很多青蛙。青蛙一看，这也不行啊，这叫什么国王啊，不保护我们，还吃我们。赶紧向天帝请

求，把鹈鸪带走吧，我们不要国王了。天帝一挥手，鹈鸪就飞走了。青蛙们再也不向天帝提成立青蛙王国的事了。

讲 述 者/那永胜　男　61岁　初中文化　工人

采 录 者/苗莉莉

采录时间/2009年8月12日

采录地点/沈阳东陵区满堂满族乡

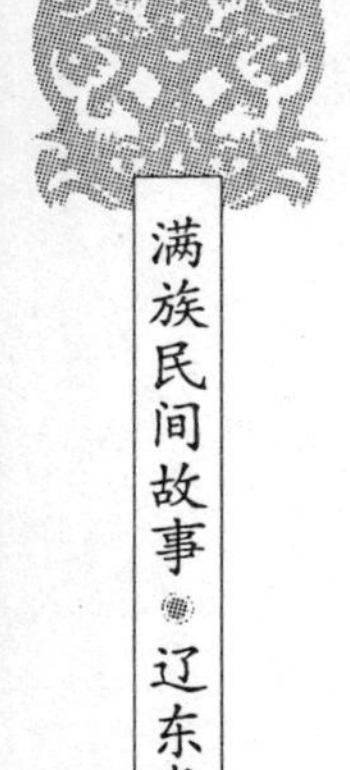

鱼和鹰

在早，东山里有一个小村子。这天，村里来了一个外地人。这个人呢，身上穿了件衣服很奇怪，衣服上有好几十个扣。村子里来了生人就挺惹眼，再看这人穿这件衣服上那么多扣，都好奇，有人就问："你这衣裳怎么有这么多扣啊?"这个外地人就说："我这衣裳可不是一般的衣裳啊，这是件宝衣，系上一个扣，就能离地一尺，系上两个扣就能离地两尺。"这个外地人还没说完，有一个小伙子就说："真有你说的那么神？我不信，你脱下来，我穿上试试。"那人不干，说："这可试不得，试出事儿来就麻烦了。"小伙子说："那你就是骗人，大老远的跑这来骗人。"说着，就招呼大家要把这外地人打出去。外地人一看，说："你要试就试吧。"就把衣裳脱下来给了小伙子。

这个小伙子穿上之后，就把扣全都系上了。结果"忽"地一下就离了地，飞起来了，越飞越高，越飞越远。这个小伙子的媳妇看见当家飞起来了，越飞越高，越飞越远，就在下面追。边追边喊："你下来！你快下来呀！"追啊追啊，就是追不上，小伙子在天上也下不来。这个媳妇只顾着看天上，一不小心，"扑通"掉进了一条河里。

这个媳妇到河里就变成了一种鱼，这种鱼呢，一直朝着天上看。那个小伙子呢，就变成了鹰。所以，鹰是一直往下看的。

讲 述 者/那永胜 男 61岁 初中文化 工人

采 录 者/黄明明

采录时间/2009年8月12日

采录地点/沈阳东陵区满堂满族乡

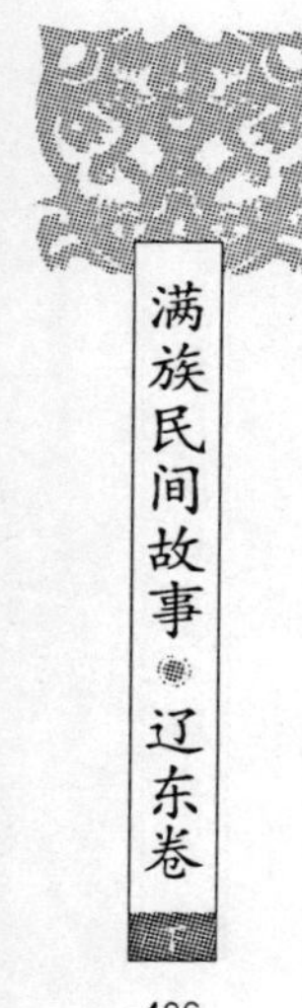

和黑熊做朋友

从前，有个人好游山玩水，四处游走。一天他遇到一只大黑熊，大黑熊跟他说，

“听说你们人类最智慧，我想跟你一起旅行，跟你学学智慧，另外有我在，别的动物也不敢吃你，你跟我在一起有好处。”

那人点头同意了，就一起上路。

走到中午，人累了，就跟黑熊说：“我累了，在树下睡会。”

黑熊说：“你睡吧，我给你看着。”

一会儿，飞过来一只瞎虻子，落在人的胸脯上。黑熊心想，人是我的好朋友，我怎么能让瞎虻子叮他呢。挥起熊掌就拍在人的胸脯上了。这一掌把人打醒了，人很生气，冲着黑熊就是一顿骂。黑熊赶紧解释，说：

“瞎虻子要叮你，要喝你的血，我能不打他吗?”

人说：“下回瞎虻子再来，你别拍，你这一拍还不把我拍死!”

说完又睡了。一会儿，瞎虻子又飞回来了，落在了人脑袋上，黑熊更生气了，心想，刚才就因为你，我挨了顿骂，现在你又飞回来了。刚要举手拍，想起人说不让拍，拍一下能把他拍死，这回我不拍了，我用屁股坐。

黑熊起身一屁股坐在人脑袋上，把人脑袋坐扁了。瞎虻子没坐着，飞了，人被坐死了。

讲 述 者/那永胜　男　61岁　初中文化　工人
采 录 者/苗莉莉
采录时间/2009年8月12日
采录地点/沈阳东陵区满堂满族乡

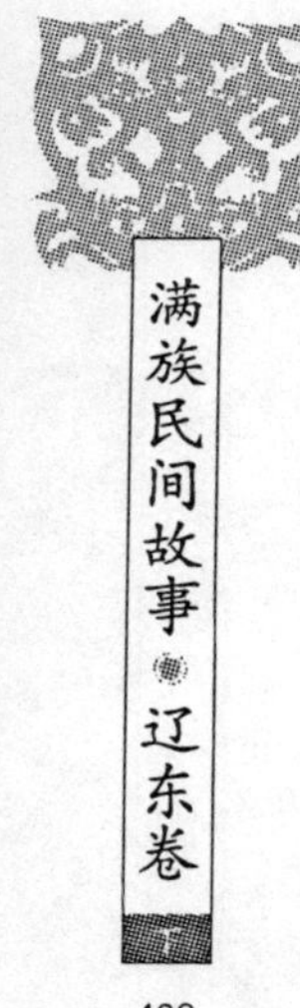

冤冤相报

在早，有这么一对儿夫妻，住在河边上。当家的是个船夫，靠摆渡为生。夫妻俩成婚多年，也没有儿女。

有一天，从远方来了一位外地老客，拉着一车绸缎，来找船夫过河。船夫和老客讲好了船费后，老客就把一车货搬上了船。

这天，河面上的风刮得挺大，摆渡的船夫就对老客说：

“今儿个，这风刮得太大啦，怕划到河当间儿有危险，等风停一停，再过吧。”

老客听他说得对，平安过河对谁都好。他就进船舱里去了。他打开包裹儿，盘点着随身带的盘缠。这时，船夫也进了船舱，看见老客正在摆弄一小堆金银。心里就犯了合计，他心想，我要是能得到这金银，就能换一大笔钱，用不着风里雨里再摆渡了。干脆，把他干掉。想到这，船夫就走出了船舱。

船夫出了船舱，就高声喊：“老客，风小了，咱们起船吧。”老客走出船舱，他们检查了一下船上的东西，船夫就摆船了。

不一会儿，船就摆到了河当间了。河深水浪大了，对岸也看不清人。这时，船夫大声喊：“老客！老客！快来看！一条鱼，长两个脑袋！”

在船舱里的老客，一听，一条鱼怎能长两个脑袋，真奇怪了，就急忙跑出来看。说：

“哪呢？”

“那不！”

“我怎么没看见呀？”

"那不，那不！"

老客低头一个劲儿地往河里瞅时，只听，"扑通"一声，船夫把老客推进河里去了。老客在水里扑腾了一会儿，就看不见影儿了。

船夫见河里没有什么动静，就把船头掉转过来，往回摆。到了岸，把东西运到家。

妻子见当家的回来了，又搬进屋里不少绸缎。就问：

"你又做亏心事儿啦？"

"做亏心事儿，又怎么样？人不为己，天诛地灭。"

"哎！我说你，你就是不听。咱穷过，富过，要走得正，行得端。你做亏心事，人家早晚找你算账。"

"算啥账，他早见阎王爷去了。"

"往后，你可别干摆船这个买卖了。"

"嗯，等我把这些东西卖了，就不摆船了。"

搁这么，船夫有了钱，成了财主。

说来也怪，自从船夫害死老客后，妻子突然怀了孕。两口子乐坏了。九月怀胎，十月头生了个胖小子。船夫更是心满意足了。

两口子对儿子如掌上明珠。一晃儿，孩子就长到七八岁了。可从来不管船夫叫爸爸。船夫要稀罕孩子时，可孩子不是打他，就是骂他。儿子到了十一二岁时，打骂船夫就成了家常便饭儿。

儿子虽这样，可船夫寻思是自己从小惯的，也舍不得管教。可天长日久，儿子更不像话了，又不论在家里外头、有人没人，见着船夫就打，船夫也受不住了。

一天，妻子对他说：

"我说老头儿子，你上庙去一趟。找老道算个卦，问问这是怎么回事儿。"

第二天，船夫来到庙上，见着老道说：

"道长，求您给我算一卦。"

"你金银财宝无数还算啥？"

船夫叹了口气说："我四十岁得个儿子，可他为啥总打骂我？"

老道说："那我给你算算，可话说回来，讲假话骗你我说不出，照直讲又怕伤了你。"

般夫说："你就照直说吧。"

老道说："你呀，面是个好人面，可心给你坑了，你孩子今年多大了？"

"今年十八岁。"

"这么大，不好办了。不过，你儿子再打你，你就说：'儿呀，你是我儿子，我是你父亲。父子心连心，打父为何因？'"

船夫回到家里，刚迈进门槛儿，儿子上前就是"啪啪"两个大嘴巴子，打得船夫两眼冒金花。这时，船夫想起老道告诉他的话。就一边捂着脸，一边说：

"儿呀，
你是我儿子，
我是你父亲。
父子心连心，
打父为何因？"

儿子回答说：

"谁是谁儿子，
谁是谁父亲。
打你为何故，
没有肝和心。"

船夫对儿子又说："儿呀，我可是你的亲生父亲呀！咱们哪来的仇？"

儿子说：

"十八年前大水流，
一个鲶鱼两个头。
金银绸缎归你有，
你说是仇不是仇。"

这时，船夫一愣，才想起十八年前的事儿……越想，心越窄。连声对自己说："害人如害己呀！害人如害己呀！"

当天晚上，船夫就悬梁自尽了。

讲 述 者/姜淑珍　女　不识字　农妇

采录整理者/李桂凤

采录时间/1986年7月

采录地点/沈阳东陵区古城子乡

今世不欠来世债

常言说："冤有头，债有主。""今世不欠来世债。"

这话，也有道理。

很早以前，有一个王员外，家里挺有钱，只有一个儿子，老伴去世多年了。

儿子不到二十岁时，就给儿子娶了个媳妇。拜堂成亲这天，王员外的小舅子赵生也来了。

喜事办完后，亲戚朋友也都走了，光剩下赵生没走。赵生对姐夫说：

"姐夫，我有事儿，想求你帮个忙，不知能行不？"

"有什么事儿，你就直说吧，还拐弯抹角儿地干啥？"

赵生说："姐夫，也有人给我保媒了。亲事也妥了，可就是我手头太紧，瞪眼媳妇娶不过来。我想和你借三百两银子，等我娶了媳妇之后，再慢慢还你行不？"

姐夫听赵生说完，没打奔儿，连声说：

"行！行！你娶妻成家是好事，姐夫愿意帮你这个忙。"

说着，王员外就让管家拿出三百两银子，递给了赵生。赵生接过银子说：

"谢谢姐夫，我回家选好良辰吉日，就给你们送信儿来。"

"行！不够你再来拿。"

"嗯！"

就这样，当天下晚儿，赵生拿着银子回到了家，就找媒人说合成

亲的事儿。

可到了媒人家，媒人说："你没钱娶媳妇，就打一辈子光棍吧。人家姑娘的讷讷嫌弃你穷，说你一年多也不下聘礼，是个穷光蛋。姑娘又许配给人家了。"

赵生一听，傻眼了。一气之下，他来到了酒馆。喝完了酒，就去赌钱。三赌两赌，就把三百两银子都输光了。

搁这么，赵生就再也不好意思到姐夫家去了。

日子如流水，转眼十四五年过去了。王员外的岁数也大了，身子骨儿一年不如一年了。

有一天晚上，王员外躺在炕上，把儿子叫到跟前说：

"儿呀，你舅舅欠咱们家三百两银子，一直没还。是你娶媳妇那年借的呢。这个钱数要是少，我就不告诉你了。不过，你舅舅要是不宽裕，你就别冲他要了，他也不是别人。"

"嗯，阿玛，我知道了，你就别挂心这些事儿啦。"

说完这些话没几天，老员外就去世了。

老员外的儿子是孝子，给老阿玛的丧事操办得可大了。整整搁了七七四十九天，才出殡。

儿子寻思，办这么大的丧事，舅舅哪能不来呀？可是，赵生真是头影儿没露。

老员外死后，儿子承受了家业。

一天，儿子在街上看到了舅舅，穿得破衣烂衫的。他刚要上前打招呼，可舅舅看见他就吓跑了。打这以后，就不知舅舅的下落了。

又过了三年。有一天，儿子睡晌午觉，做了一个梦。梦见舅舅来了，脖子上搭一个白布条。外甥说："舅舅，快进屋吧。"可舅舅说什么也不进屋。他说："外甥，我是还债来了。"

"舅舅，阿玛临死前，都告诉我不和你要了，你还还我什么债呀?"

"那可不行，今世不还，来世当驴做马也得还。"

舅舅说完，就直奔马棚去了。

一阵喊声，把儿子喊醒了。他睁开眼一看，原来是一场梦。

这时，外面喂马的正在喊："东家、东家，快来看呀，骡马下驹了。"

“是吗？”儿子到马棚一看，下了一匹枣红色的小马驹，就脖子上有一条白，像梦里舅舅脖子上的白布条一模一样。儿子搁心里寻思，是我舅舅托生了这匹小马，还债来了吧？

一晃，小马驹一天天长大了，员外儿子一看见小马驹就想起那天的梦来。他总想问问小马驹，可咋问？它是个哑巴物。不问，心里总觉得是个事儿似的。

有一天，员外儿子到马棚对小马驹说：“你要是我舅舅，你就点三下头。”话音刚落，只见小马驹真冲他点了三下头。搁这么，员外儿子不让小马驹干活，还净喂它好料。他走到哪儿，都牵着小马驹去，没有人时，就叫它舅舅，小马驹也点头。

又一天，员外儿子牵着小马驹进城回来，走到一座桥上，后面来了一个推瓦盆的人，推着一车大大小小的瓦盆。刚走到他俩身边时，小马驹对准车子抽冷子踢了好几下，把车踢翻了，瓦盆全摔碎了。这下，推车的人可不答应了。冲着员外儿子喊道：

“我这一车瓦盆全完了，你得赔！”

员外儿子对小马驹说：“舅舅、舅舅，你今儿个，可给我惹祸了，这可咋办呀？我身上也没带多少银子，离家又这么远，拿什么赔人家呀？”

推瓦盆的人问他说：

“小伙子，你怎么管牲口叫舅舅呢？”

“这你就不用问了，这么吧，你跟我到家去一趟，赔你多少钱都行，我随身没带那么多钱。”

“你家离这多远？”

“三十多里地吧？”

“那么远，不行！”

“那你说怎么办吧？”

“我不管你怎么办，我就让你赔这车瓦盆钱。”

“你说赔多少钱？”

推瓦盆的人理直气壮地说：“二十两银子。”

员外儿子对小马驹说：“舅舅，那你驮我回家，快点儿给人家取银子去，行不？”说着就骑到小马驹背上了。

可小马驹说啥也不动弹，员外儿子又说“舅舅，你倒是走哇？咱给人家弄碎了，就得赔人家。”

不管怎么说，小马驹就是不迈步，他只好从马上下来。

推瓦盆的人在一旁也直纳闷儿，心想，这人也怪，怎么直门管小马驹叫舅舅呢，就问：

“你直管这马驹叫舅舅干啥?”

“他真是我舅舅，不叫舅舅咋的。”

“这马是你舅舅托生的?”

“那你就不用细问了”。

“你舅舅叫什么名，干啥的?”

员外儿子就把舅舅的名字，住哪个村儿说了。推瓦盆的听完，愣了一会儿说：

“啊，是赵生呀!”

“怎么，你认得我舅舅?”

推瓦盆的人说：“认得，认得，太认得了。我哪知道是他呀？十年前，俺俩一块儿去耍钱，我和他借了二十两银子，他和我要了两回，俺也没钱给，后来，俺怕你舅舅碰见俺，跟俺要银子，就一气儿蹽出好几十里路，到这里讨生活来了。”

等推瓦盆的人说完，只见小马驹点点头。推瓦盆的人又说：“看来，你舅舅这是管我要债呀。那好吧，我欠赵生的债，也就是这车瓦盆钱，我看这事儿就这么地不用赔了，这就谁也不欠谁的债了。”

说完，他们各走各的了。搁这么，就留下了今世不欠来世债这段儿古儿。

讲 述 者／姜淑珍　女　不识字　农妇

采录整理者／李桂凤

采录时间／1986年6月

采录地点／沈阳东陵区古城子乡

仰箩借米哈箩还

在早，有这么一家，老头儿死得早，家里就一个老太太领着闺女和一个儿子过日子。后来，闺女大了，就找了人家。家里就剩下娘儿俩了，日子过得挺紧巴。有时吃了上顿没下顿。

闺女许配给本村儿一个小伙子。小伙子是个手艺人，经常在外耍手艺。小两口领着一个孩子，小日子过得比上不足比下有余。

虽说闺女出门在外，可离讷讷家也不远。老太太缺粮断米的时候，免不了到闺女家去借。

老太太上闺女家借米，每回都拿着个箩。闺女在家不管忙什么，一看见讷讷拿箩来了，知道她们又断顿儿了。赶忙放下手里的活儿，上粮食囤里装满满一箩，老太太乐呵呵地端回家去了。

老太太给闺女家还米时，每回都说："女儿呀，讷还米来了。"闺女都在忙干活儿。庄稼院房前屋后，一天到晚总有活儿。看见讷讷端着箩来了，也不在意。寻思，反正是自己讷讷，有什么亏空夹码的。就说："讷讷就倒在囤子里吧。"女儿连瞅也没瞅。时间一长，老太太就耍心眼了。她来还米的时候，就把箩翻过来，用箩底那面装米自己倒到囤里。这样，一来二去地，不知从闺女家借了多少回来。

过了几年，老太太岁数大了，就病死了。

老太太死后，到了阴曹地府。阎王说："你还得回阳间去，你欠人家的债还没还。"

"我不欠谁的债?"

"欠！你好好儿想想。"

“我真不知道欠谁的债？”

阎王爷提醒老太太说：“仰簸借米，哈簸还，这不是你欠的债吗？”

老太太一听，这才想起自个活着的时候，和闺女借米的事儿来。

阎王说：“想起来了吧，你投生回去还债吧。等把欠债还完了，就会让你回来的。”

老太太问：“那我怎么投生呀？”

阎王爷说：“有办法，你闺女家的老母鸡正在孵小鸡。以后你就投生一只小母鸡，去还债吧。”

就这样，阎王爷给老太太又打发到阳间，投生了一只小母鸡。小鸡慢慢长大了，能下蛋了。这只鸡一年三百六十五天，天天下一个蛋。一晃儿，下了三年蛋，足够老太太欠闺女的米钱了。这一天，下完最后一个蛋时鸡扑棱扑棱膀就死了。

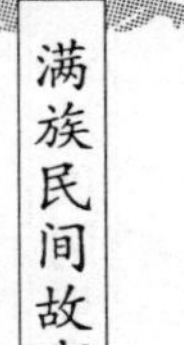

闺女看这只最爱下蛋的鸡刚才还好好儿的，怎么这一会儿就死了，挺心疼。孩子见鸡死了闹着要炖鸡肉吃，闺女对孩子说：

“乖孩子，听妈话，明儿个把你舅舅找来再吃。自从你姥姥死后，你舅舅一个人过日子，也挺可怜的。也没人挂着他。”

孩子说：“把鸡炖好了，给舅舅留点不就行了吗？”

闺女说：“那也行”。就把鸡放到锅里炖上了。炖好后，掰下两个鸡大腿，给舅舅留在碗架里了。

这天晚上，孩子的舅舅，在家做了一个梦。梦见讷讷哭着对他说：“儿呀，讷讷求你一件事儿，明个儿，你上你姐姐家，她给你留了两个鸡大腿儿，你可别吃呀，那是讷讷的两条腿。你要是吃了，就是吃讷讷呀！”

儿子问：“讷讷，您说的我没听懂，鸡腿怎能是你的腿呀？”

“孩子，你不知道呀，讷讷活着的时候，到你姐家借米，哪回都是仰簸借米哈簸还。讷死了以后，阎王爷让俺托生一只母鸡，到阳间给你姐家还债。债还完了，俺托生的鸡就死了，让你姐给你外甥炖上了。”

这一夜，孩子的舅舅一连三次，都做这个梦。他睁开眼，再也睡不着了。没等天亮，就上姐姐家去了。

姐姐见兄弟一大早就来了，对弟弟说：

“弟弟，你来得挺早，没吃饭吧。正好，昨个儿，俺家的老母鸡死了，让我给炖了，还有两个大腿儿，给你留着呢。你拿出来吃了吧。”

兄弟一听，姐姐家的老母鸡真死了，眼泪就止不住流了下来。姐姐见兄弟哭了，就问：“兄弟，你这是咋啦？有什么伤心的事儿吗？快和姐姐说出来，俺想什么办法也得帮你。”兄弟就把昨天下晚儿一连三回做着同样的梦和姐姐说了。

姐姐听完，痛哭流涕。姐弟俩儿一边哭，一边把留下的两个鸡腿深深地埋上了。兄弟说：“姐姐，你也别哭了。讷讷是警教咱们，无论和谁办事，都要一是一，二是二，实打实，不能办那亏空夹码的事儿。”

讲 述 者／姜淑珍　女　不识字　农妇
采录整理者／李桂凤
采录时间／1986年6月
采录地点／沈阳东陵区古城子乡

不行清风 难得细雨

俗话说："不行清风 难得细雨。"这话还有段故事呢。

李家庄有个李员外，李员外有三个女儿和一个老儿子。大女儿许配个举人，二女儿许配个秀才，三女儿许配给个庄稼人。

李员外的日子过得本来不错，可家里突然着了一场大火。眼看着家产快要烧光了，李员外一气之下，跳进火坑，也被大火烧死了。只剩下弟弟一个人儿过日子。

这一年，弟弟到京城赶考。可自己分文没有。只好到姐姐家去借。他对姐姐、姐夫说：

"我想上京城去赶考，可手里没有一文钱，打算和你们借点盘缠。"

大姐说："兄弟，我们这日子过得也挺难，哪有闲钱呀？你在我这吃晚饭，就回去吧。"

大姐说完，装着去抓鸡，可她到了鸡群里，一拍手，鸡都吓跑了。弟弟一看，大姐不是真心留自己吃饭，告诉大姐一声，就转身走了。

第二天，弟弟又到二姐家去借钱。二姐说："兄弟，你也知道，俺这人口多，哪张嘴不吃饭能行呀。你吃完饭就走吧，姐给你做鱼。"说完，二姐拿着鱼网到了鱼池，想捞点儿鱼。可怎么捞也捞不上来。弟弟一看，二姐净往没鱼的地方下网，还是不诚心留他吃饭，就告辞了二姐，到三姐家去了。

弟弟走到半路，正看见三姐在苞米地里掰苞米。三姐见弟弟来了，赶忙把弟弟让到家。可到家一看，三姐家里细粮没有了，只好给

兄弟煮苞米吃，还摘了几个香瓜给弟弟。弟弟对三姐说：

“我打算进京城赶考，可一个盘缠也没有，想让三姐和三姐夫给我张罗点钱，将来我一定还。”

“什么还不还的，弟弟你有难处，当姐姐的想什么法子，也得帮忙。”

三姐和三姐夫都是忠厚老实人，见兄弟有了难处都挺着急。三姐狠了狠心，把自己的耳环首饰都摘下来，还把成亲时娘家陪送的东西全卖掉给弟弟做盘缠，让弟弟进京赶考去了。

长话短说，员外的儿子揣着三姐给带的路费到了京城，考上了头名状元。这时，文武大臣都给他贺喜。皇上还封他为兵部尚书。

过了一段时间，朝廷重臣马大人，见新上任的兵部尚书办事精明，有才干，就托媒人，把自己女儿许配给了他。就这样，员外的儿子和马小姐拜堂成了亲。

成亲的第二天晚上，员外的儿子想起三姐和三姐夫，要不是他们资助，自个儿哪有今日呀？想到这，就翻身起来派差人给三姐家送去二百两白银，还捎了一封书信，给三姐带去，让他们有空儿到京城来串门儿。

三姐接到弟弟的信和白银，知道兄弟考上了状元，娶妻成家了。三姐三姐夫替弟弟高兴，农闲就进京看弟弟来了。

弟弟见三姐三姐夫来了，热情款待，一日三餐顿顿是七碟八碗。住了几日，姐姐、姐夫要回家时，弟弟又拿出三百两银子，让三姐三姐夫带回去。

三姐和三姐夫回到家里，用弟弟给他们的银子买下不少地，还盖了前出廊檐、后出梢的大瓦房，过上了好日子。

三姐家又盖房子又买地的事儿，不知怎么，传到了大姐二姐耳朵里了。

这一天，大姐二姐到三妹家来了。进屋就抠着挠着追问：

“三妹妹，你哪来的这么些钱呀？又盖房子又买地的？”

三妹妹是个实心人，就说：“咱弟弟考上了状元，是他给俺的钱。”

大姐二姐寻思，三妹和弟弟是同父异母的姐弟，俺们和弟弟才是一奶同胞，俺们到弟弟那去一趟，说不定会发大财呢。想到这，大姐

二姐急忙回家收拾收拾，进京找弟弟去了。

到了京城，大姐二姐见到了弟弟，弟弟对她们也是热情招待。也不说别的，愿意住就住，愿意走就走。大姐二姐想赶紧要些银子回家去，可咋要呢？又不好直说。一晃儿半个月过去了，大姐二姐等得心焦，找到弟弟说：

“兄弟，我们要回去了，你有什么事儿吗？”

“我没什么事儿，有空儿，你们可到我这儿串门儿。”

大姐二姐见弟弟不想送她们点儿什么东西，只好自个开口要了。

大姐说：“兄弟，这些年，我和你二姐的日子过得也挺紧巴，要是你手头宽裕的话，你就给俺俩点儿银子。”

弟弟说：“二位姐姐还不晓得吗？当初是三姐给我拿了盘缠，我才有了今日。再说，我也是刚成家立业，哪儿有什么余钱？”

弟弟说完，只见大姐二姐脸上红一阵、白一阵、青一阵、紫一阵，要多难看有多难看。再也没啥好说的了，只好灰溜溜地回家了。

这就是“不行清风，难得细雨”的故事。

讲 述 者/姜淑珍　女　不识字　农妇

采录整理者/李桂凤

采录时间/1986年3月

采录地点/沈阳东陵区古城子乡

人为财死　鸟为食亡

从前，有两个一奶同胞的兄弟。哥哥好吃懒做、爱财如命，兄弟勤劳朴实、忠厚善良。哥儿俩莳弄老人留下的几亩薄地。要是不遇天灾年荒，还能吃得上饭。日子过得虽说不宽绰，也算可以。后来，哥哥娶了个媳妇。

这个媳妇，格眼（不顺眼），心坏。刚过门儿，就挑拨丈夫和兄弟分家，让小叔子自个儿过。

嫂子成天吵吵闹闹，和哥哥干仗。哥哥寻思，和兄弟分家也好，要不，兄弟成了亲，家产也得分给他一半儿。不如趁他现在还没有媳妇，给他多少，也不能说啥。想到这，他就对媳妇说：

“明个儿，就和老二分家。”

“分可分，这屋里的东西，可没有他的份儿。”

“净给老二什么？”

“给他一间草房，南腰道儿那一亩半碱巴地。”

“还得给他一袋高粱种。”

“这就不少了，不给！”

“那哪行啊，没有高粱种，他咋种地呀？”

“给就给吧。”

两口子合计完，嫂子把兄弟喊过来。哥哥说：

“兄弟，咱哥儿俩分家吧，往后，早晚也得分，你自个儿过好了，好找个人儿。”

“我听哥哥的。”

“下屋那一间草房和南腰道儿那一亩半地归你，再给你一袋高粱种，行不?”

“行!”

嫂子一看，兄弟同意了，就偷着乐了。她眼珠一转，想出了坏道儿：她怕兄弟日子过好了，就把分给兄弟的一袋高粱种，偷偷倒在大锅里，炒个半熟。可有一粒高粱种，落在袋子角里，没倒出来，嫂子急三火四地把炒好的高粱种装在袋里，让兄弟背回家去了。

春天种地的时候，兄弟把高粱种撒到地里。可一亩半地，就出了一棵高粱苗儿。兄弟一看，这可糟了。是不是把土盖厚了，小芽拱不动土？他扒开土一看，里面的高粱粒儿，根本就没出芽。算了，一棵就一棵吧。

俗话说：“过了芒种，不可强种。”再种也不赶趟了。没有办法，兄弟只好天天莳弄那一棵高粱苗儿。这棵高粱苗，可也成全人，长得又高又壮，像棵树似的。

到了秋天，这棵高粱结的穗，足有六尺长，三尺宽。高粱粒像黄豆那么大。眼看，高粱就成熟了。这一天，飞来一只鸟。这只鸟可大了。长得五红大绿的，好看极了。落在高粱上，就叨高粱粒吃。兄弟看见了，也没撵它，寻思，这鸟饿了，吃就吃点儿吧。可这鸟吃起来就没完了。兄弟说：“你要都给我吃光了，这一冬，我就一点儿吃的也没有了。”话音刚落，大鸟就说话了：“你别愁，明天一早，我驮你到太阳山去拣金子。”兄弟半信半疑地回家了。

第二天一清早，兄弟到地里干活，一看，大鸟正在地里等着他呢。大鸟见兄弟来了，就说：

“你坐到我身上，闭上眼睛，我送你到太阳山。”

“真去拣金子?”

“快上来吧。”

兄弟就坐到大鸟身上，闭上了眼睛，就听耳边的风呼呼直响。不一会儿，大鸟慢慢落下来，对兄弟说：“到了，睁开眼睛吧。”

弟弟睁眼一看，满地的金银财宝，晃得睁不开眼睛。大鸟说：“金银有的是，你随便拣吧。我歇一会儿，再来找你。”说完，就飞走了。

兄弟只拣了一块金子，揣在怀里，就坐在那儿，等大鸟驮他回

家。他等着等着就睡着了。不知过了多长时间，大鸟回来了，叫醒兄弟说：

“这么多金银，你怎么不拣呀?”

“拣一块儿就行了。”

大鸟把他驮回来了。

回家后，兄弟把金子换了钱。盖了房子，买了地，又娶了媳妇。过上了好日子。

哥哥、嫂子见兄弟的日子过得一天比一天好，哥哥对嫂子说：

“你看，兄弟这小日子发起来了。”

“他地里就长了一棵高粱，打得再多，也没有那么多钱呀?”

“就说是呢?”

“不行，我得打听打听，他是怎么发的财?”

说完，哥嫂就来到了兄弟家。

嫂子问：“兄弟，你哪来这么多钱，又盖房子，又买地的?”

兄弟是老实人，就把自己怎么得到金子的经过，全跟哥嫂说了。

嫂子说：“兄弟，你发了财，哥嫂真替你高兴呀。不过，你们哥俩可是一奶同胞啊。南腰道那一亩半宝地，明年，得让俺种种啦。”

“嫂子，你们愿意种就种吧。”

就这样，第二年春，哥嫂把一袋炒熟的高粱种到地里。过些日子，地里也长出了一棵高粱苗，这可把哥嫂乐坏了。一晃，到了秋天，高粱长成了。两个人天天盼大鸟，来叨高粱粒。

这天，哥嫂俩刚走到地里，就看见那棵高粱上，有个大鸟在叨高粱粒。两人瞅着大鸟叨了一半了，哥哥也装着可怜的样子说：

“都吃了，我们可咋活呀?”

大鸟说：“你别愁，明个儿，我驮你去拣金子。”

听了这话，哥嫂俩抬脚就往家跑，去准备大口袋。

第二天一早，大鸟就驮着哥哥，拣金子去了。

到了太阳山，大鸟说：“你拣吧，我歇一会儿，就驮你回去。”哥哥见了满地的金银财宝，馋得哈喇子流出三尺长。他一手撑着口袋嘴，一手连胡搂带划拉，装了满满一口袋。

这时，大鸟回来了，说：“快走吧，一会儿太阳出来，咱就晒死

啦。”

哥哥说：“再等一会儿。”还不住地往口袋里边塞。

大鸟又说：“太阳眼看就出来了，快走吧。”

哥哥说：“再等一会儿。”还是不停地拣，口袋里塞满了，就往袖筒里装。最后，嘴里还含了一小块儿。

他抬头一看，大鸟已经飞走了。这时，太阳像一团火似的出来了。哥哥让太阳活活烤死了。

第二天一早，大鸟又飞到太阳山。一看，哥哥让太阳烤死了。一闻，哥哥的肉挺香，就吃起来了。它越吃越香，忘了太阳要出来了。不一会儿，太阳出来了，把大鸟也烤死了。

搁这么，就传下了“人为财死，鸟为食亡”这段故事。

讲 述 者／姜淑珍　女　不识字　农妇

采录整理者／李桂凤

采录时间／1986年6月

采录地点／沈阳东陵区古城子乡

“忍”字要比“饶”字高

有这么一家啊，三口人过日子，哥哥、嫂子加个小姑子。这个嫂子和小姑子关系处得相当好了。他家老人留下点儿财产，日子过得挺好。他们家附近有个庙，庙里有个和尚。这个书生觉得这个和尚道行很高，没事就去找他，两个人经常一起谈经论道。这年三十了，他家把里外灯笼都点好了，准备守岁。满族有个习惯，三十晚上，家里男人要接神。这天书生又要去庙里，他媳妇说：

“你去可以，但是一定得在半夜接神以前回来。”

他说：“行。”就走了。

到了庙里，俩人谈得起劲儿，要到半夜了也没回来。家里嫂子和小姑子就急了，那时候过年接神是件大事，不接神一年都不顺溜。嫂子和小姑子就商量怎么办呢？小姑子说：

“我哥不回来，要不我扮成我哥去吧。”

嫂子说：“只能这么办了。”

嫂子就把书生的衣服和帽子都找了来，让小姑子穿上了，出去接了神。

这个书生跟和尚越谈越投机，就听见外面鞭炮响。书生说：

“媳妇告诉我得在接神之前赶回去，要不俺家没人接神，我得赶快回去了。”

和尚说：“你把手伸过来，我给你写个字，你在危机的时候打开看看。”

写完了书生就急着往家跑。

到家的时候，他媳妇和妹妹接完神了，困了，没脱衣服都在小炕上躺下了。他急拉拉跑进屋一看，人呢？在小炕上，怎么一男一女在那躺着呢？一时怒冲心头，上去就要动手。突然想起和尚让他在危机的时候看手上的字，就伸开手一看“忍字忍，饶字饶，忍字要比饶字高”。他就想啊，这“忍”字和“饶”字，都是不让我动怒啊，要忍啊。他说：“行，那我忍，我饶。”他稳了稳神儿，然后叫炕上穿男装的人：

“醒醒，你是谁啊?”

炕上的人醒了，妹妹一看：“哎呀，我哥回来了。”

书生一看，原来是他妹妹。他自己也吓出了一身冷汗。

妹妹把自己替他接神的事说了，哥哥也把进屋后的事说了，又把和尚写在他手上的字给他们看，他还在那几句话后面又加了两句，“忍字忍，饶字饶，忍字要比饶字高，没有师傅这句话，误打小妹罪难饶”。

讲 述 者/肇恒昌　男　63岁　大专文化　干部

采 录 者/黄明明

采录时间/2009年8月12日

采录地点/沈阳东陵区满堂满族乡

人哪有知足的

这个堡子有一个老财主，家财万贯，大老婆、小老婆好几房。有一天，他吃饱了，喝足了，出来在堡子边溜达。财主身穿狐皮大衣，脚蹬鹿皮高靴。堡子边有个桥，冬天啊，桥下边的水都干了，长满了草。财主走着呢，就听见有人说话：

“哎呀，这地方太好了，今天我可知足了。”财主就找，谁说话呢？往桥下一看，草堆里有一个老乞丐，在草窝里一猫，直喊知足了。

财主就说：“哎，你上来。”

乞丐说：“我上去干啥去？我在这待得挺好。”

财主问：“你刚才说的什么？”

乞丐说：“我今天啊，要了不少饭，吃饱了也喝足了，你看我在草窝这么一呆，还背风，不冷了，我就知足了。”

财主说：“这样你就知足了？永远这样，你也知足吗?”

乞丐说：“能永远这样我当然知足啊。”

财主说：“你上来，你上我家去。看你还知足不知足。”

财主把乞丐领到家，告诉下人打扫一间房子出来，上面搁个匾“知足堂”。财主跟乞丐说：

“你以后就住这间房，你什么都不用干，我白养活你。”

财主想看看乞丐到底有没有不知足的一天。

这个乞丐就在财主家住了下来，什么也不干，衣来伸手，饭来张口，财主还给他找个丫鬟伺候他，这个丫鬟叫腊梅。财主隔三差五地领着老婆来乞丐这看看。乞丐一天到晚乐呵呵的，也确实挺知足的。

转眼就过了快一年了，这个乞丐有变化了，有时候腊梅给他送点饭，他借故伸手拽一下子；有时候腊梅给他整理床铺，他借机就摸一下腊梅的脸。这些事，都让财主看在眼里。

这天，财主过来了，拿了二十两银子，说："我在南方有个绸缎铺，这里有一封信，我看你在这待着也挺难受，你就去我的绸缎铺干点儿啥吧。"

乞丐一听就说："可不是怎的，我在这都待一年了。"

他就拿了二十两银子和信出门了。到了南方，找来找去，也没找到财主的绸缎铺。钱花没了，怎么办呢？他这才想起来还有封信呢，拿出来打开一看，信上写的是："知足堂前戏腊梅，忘了桥下草一堆，江南哪有绸缎铺，从今一去别想回。"

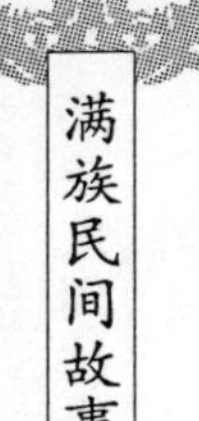

讲 述 者/肇恒昌　男　63岁　大专文化　干部

采 录 者/黄明明

采录时间/2009年8月12日

采录地点/沈阳东陵区满堂满族乡

报　应

从前有一家，两口子都四十多岁了还没有孩子，以在河里摆渡为生。

一天，一个中年商人要上船过河，看穿戴，就知道是个有钱人。闲谈中，两口子知道这中年人是个做买卖的，年底了随身带了不少银子，想回家看看。船到河水深的地方，两口子把这个商人推到河里，拿了人家的银子就跑了。从此不摆渡，找个地方又买房子又买地，成了当地的富户。

说来也巧，当年这个摆渡的媳妇怀孕了，可把这俩人乐坏了，中年得子啊，喜欢得心肝宝贝一样。孩子长到十八岁，得了一种怪病，老两口变卖家产，请名医给儿子治病也不见好，家里就剩一间房子和一头骡子了。一天，儿子就跟老两口说：

“我就想吃骡子心。”

家里就剩一头骡子了，那也把骡子宰了，可还没等骡子心烀熟呢，儿子死了，老两口这个伤心啊。

再说摆渡的有个妹妹，就是孩子的姑姑。这天姑姑在家，看见侄子骑着一头黑骡子来了，就问：

“你怎么来这啦。”

侄子说：“我去外地干点儿活。”

姑姑就问：“怎么去看你呀。”

侄子说，“往西走七七四十九天，就能找到我。”

说完骑着黑骡子就走了。姑姑在家，越想越不对劲儿，平时知道

哥嫂疼孩子，这回怎么舍得让孩子一个人出去了呢？不行，我得去我哥哥家看看。

孩子的姑姑到了哥家一看，哥哥两口子正坐家里哭呢，侄子死了。姑姑就把侄子去她家的事说了。老两口心里挺纳闷儿，一算时辰，孩子就是那个时辰咽的气，骡子也是那天杀的，怎么能去他姑姑家呢。听说孩子留话，说往西走七七四十九天，就能找到他，两口子想孩子都不想活了，就去找孩子去了。摆渡的两口子走了七七四十九天，走到一座庙前，遇上一个老道。

老道问："你们干什么来了？"

摆渡的两口子说："找儿子。"

老道说："你们再往前走，就能看见你们的儿子。但不能说话。"

摆渡的两口子记住了老道的话，继续往前走，看见儿子坐着和一个男人说话。摆渡的两口子刚要喊儿子，老道来了。

老道说："这不是你们的儿子了，是被你们推到河里的那个商人的儿子，他派他儿子去取他的钱，现在钱取回来了，他儿子也回到他身边了。你们别想了，你们图财害命，这是报应。"

摆渡的两口子后悔得不得了，跟着老道回到了庙里。从此遁入空门，每天面壁思过，求佛祖恕罪。

讲 述 者／肇恒昌　男　63岁　大专文化 干部

采 录 者／苗莉莉

采录时间／2009年8月12日

采录地点／沈阳东陵区满堂满族乡

修正果

有一家农户老两口信佛，每天都烧香，烧香的香灰都攒了起来，攒起来能有一大笸箩。这老两口就拿着这些香灰到西方去见如来佛祖，想要修成正果。

走在半路上，遇到一个穷人。这个穷人也要去西方拜见如来佛祖，于是他们就结伴一起走。走啊走啊，走到快到西方了，这个穷人病了，病得还挺严重。这个老太太就说：

“咱们还是别管他了，别耽误了咱们的时间，咱还得去见如来佛祖呢。”

于是他们就没管这个穷人，自己往前走了。这个穷人没有人管，过了一阵就病死了。

这老两口终于走到了西方，见到了如来佛祖。如来佛祖说：“回去吧，你们还是成不了正果。”

这老两口说：“为什么呢?”

佛爷说：“你们烧了这么多香，却忘了救人一命胜造七级浮屠，你们见死不救，等于害死了一条性命，怎么能成正果呢？你们的佛心不诚，回去吧。”

这老两口这才明白，人在做，天在看，如来佛祖都有账啊。

讲 述 者／那永胜　男61岁　初中文化　工人

采 录 者／黄明明

采录时间／2009年8月12日

采录地点／沈阳东陵区满堂满族乡

找活佛

俗话说："在家孝父母，何必远烧香。"

提起这段话，还有段故事呢。

从前，有这么一家，两口人，讷讷领着一个儿子过日子，儿子不到三岁时，阿玛就下世了。

没有个当家的，日子过得挺难。讷讷还是个小脚女人，力气活儿干不了。自个儿有时搁心里想，不如趁年轻再找个人家算了。可又怕儿子到人家受屈，还是苦和累让自个儿一人受吧，把儿子拉扯大就好了。就这样，讷讷吃苦受累，咬着牙领着儿子生活。天天盼儿子长高长大，自个儿也好有个帮手，日子能过得好一点儿。

可没想到，这家儿子从小就不爱干活，不体谅讷讷的苦处，对讷讷不贤不孝。有时讷讷让他干点儿活儿，他不是横眉立目，就是冲着讷讷骂，骂够了就"呱嗒"一声把门关上，不知上哪儿去了。有时，在外头遇上什么不顺心的事儿，回到家里就拿讷讷撒气，骂讷讷打讷讷成了家常便饭。

这儿子不孝敬老人的事儿，一传俩、俩传仨，七十二个加十八，十里八村都出了名。都二十好几岁了，谁也不敢给他保媒，哪家姑娘也不愿意给他当媳妇。

虽说儿子对讷讷不贤不孝，可他对佛可孝敬呢。

一天，儿子从外边蹓跶玩儿回家，一进屋，看讷讷还在炕上补衣服，没做饭，就火冒三丈，三说两说，举手就打讷讷。老讷讷忍气吞声，对儿子说：

“儿啊，你打讷，可有神佛看着你呀！”

讷讷知道儿子信神信佛，这么一说，儿子就不打了。儿子自个儿搁心里寻思，讷讷总说有神佛，俺怎么没看见过呢？人家和俺一般大的小伙子都成亲了，俺媳妇还没影儿呢。干脆，明个儿俺去找活佛，给活佛烧点香，让活佛保佑俺，也能娶个媳妇儿，省得人家老叫俺是光棍儿。

第二天一大早儿，儿子就起来了，他对讷讷没好声地说：“我去给活佛烧香去了。”说完，把门“呱嗒”一声关上就走了。

他走呀走呀，遇山爬山，遇水蹚河，见人就问，逢人就打听活佛在哪儿，可人家都摇头说不知道。他一连走了七七四十九天，也没找着活佛。这儿子也是对神佛信得太深，还是不灰心丧气，没盘缠就讨着吃，没钱住店，就睡桥洞、蹲房檐、趴墙根儿过夜，非要找到活佛不可。

这一天，他刚翻过一座山，从山上走来一个白胡子老头儿，他赶忙上前问道：

“老人家，你知道活佛在哪儿吗？”

白胡子老头儿说：“你找活佛呀？”

“对呀，我是找活佛，你知道就快告诉俺吧。”

“那好吧，俺告诉你活佛在哪儿。你就从这开始，照原道儿往回走，看见反穿皮袄、倒趿拉鞋的人，就是你要找的活佛。”

儿子说：“您是说往回去，准能找到活佛？”

“对！没差儿。”

儿子听白胡子老头儿说完，就磨身往回走。一路上边走边撒目（四处看）反穿皮袄、倒趿拉鞋的人。

他走呀走呀，一晃又走了七七四十九天，眼看，就要到家了，还是没找着反穿皮袄、倒趿拉鞋的活佛。

这天，天快黑的时候，儿子走到自个儿家门前，他心想，今晚儿，就回家住一宿，明儿个再往前走。他走到家门口用脚踢了两下门。这时，屋里讷讷刚脱下衣服要睡觉，一听是儿子回来了。她一骨碌从炕上起来，反穿上皮袄下地，倒趿拉着鞋，赶紧去开门。儿子进屋一看，愣住了。看见讷讷反穿着皮袄倒趿拉着鞋，这才恍然大悟，

儿子“扑通”一声给讷讷跪下了，磕头说：

“活佛在上，原谅孩儿吧，从今往后，俺再也不打骂您了，俺好好儿孝敬您老人家。”

讷讷见儿子回来了，乐得不得了，忙把儿子扶起来说：

“儿呀，快起来！快起来！你走了这么多日子，可把讷讷盼坏了，讷讷无时无刻不惦记着你呀！今晚你回来了，又改好了，讷讷心里就乐了。快起来吧，跟讷讷说说话儿。”

儿子起身坐在炕沿上，把在路上遇到白胡子老头儿的事儿和讷讷说了。讷讷听后说：

“儿呀，往后你要真往好里学，准会有媳妇儿的。”

儿子点点头。

搁这么，儿子就学好了，对讷讷再也不打骂了，样样事儿都不让讷讷操心。左邻右舍的大娘大婶都说这小子变好了，后来这小伙子真娶了一个贤慧的媳妇儿，过了一年后，添了个胖小子，一家人和和睦睦在一块儿生活，日子过得也一天比一天好。

讲 述 者／姜淑珍　女　不识字　农妇

采录整理者／李桂凤

采录时间／1986年3月

采录地点／沈阳东陵区古城子乡

穷与富命注定

从前，有一天，一个穷人一大早起来上山去打柴，走到堡子外，遇见一个老头儿跟他打听道，这人就看老头儿身上穿的绫罗绸缎，脚上蹬的皮靴，心想，这个人不是一般人物，怎么看着这么面生呢？就问老头儿：

“你是从哪来的？”

老头儿说：“我看你这个年轻人挺老实，我跟你说实话，我是天上的财神。”

这人一听，老头儿是财神，气就不打一处来，说：

“你这个财神太不公平了，怎么穷人总是穷，富人总是富？”

财神说：“你不知道，这都是命里注定的。”

穷人不相信，说：“难道这不能改变吗？”

财神说：“不能改变。”

正好旁边有个石板桥，财神说：“你看着，我把一个金元宝放在桥中间，穷命就发现不了它。”

穷人心想，那么大一个金元宝放在桥中间，谁会看不见。

不一会儿，果然过来两个穷人，一个挑挑的，一个担担的。挑挑的叫王三，担担的叫李五。走到桥头，王三问：

“李五，这个桥走过多少次了？”

李五说：“这个桥走的次数可多了，闭眼睛都能过去。”

王三说：“你闭眼睛能过去，我也能。”

俩人一起闭眼睛，一前一后走，走到桥中间，他俩都被金子硌了

一下脚，都以为是“土喀拉”（硬土块），谁也没在意，过了桥俩人还嘻嘻哈哈地笑呢，看咱俩多能耐，闭眼睛都能过来。

穷人和财神在旁边看着，穷人心里挺纳闷儿，难道真是命里注定？我还不信。财神看穷人还不相信，又把金元宝放在桥下的草棵里，用草把金元宝盖得严严实实，对穷人说：

“富命肯定能发现它。”

穷人心想，草盖得那么严实，谁能发现？

一会儿又过来个人，一个有钱的公子骑着高头大马，后面跟着书童，走到桥头，公子下了马去桥下撒尿。撒完尿正要走，就看见草棵里有东西，还发金光，拿起来一看，是个金元宝，顺手捡了起来，骑上马走了。

穷人还不服，说：“你放穷人能看见的地方，他们不就有钱了吗？”

财神说：“命里没有，他突然有钱，会要他们的命的。”

穷人不信。财神说：“咱们试试。”

财神带着穷人来到王三和李五住的破庙里，把金子放在他俩能看见的地方，躲在一边看着。

这俩人进了破庙，坐下拿出要来的饽饽刚要吃，王三就看见地下有一个东西，捡起来一看是锭金子，两人乐得直在地下打滚儿。乐了一会儿，王三跟李五说：

“咱们把金子卖了钱，先吃一顿好的。”

李五说：“对，得好好儿吃一顿，有钱人吃啥咱吃啥。”

两人上街，把金子换成钱，买了大鱼大肉，提了一大壶酒，回到破庙，一顿胡吃海喝，最后两人倒在地上没动静了。

财神对穷人说：“你过去看看吧。”

穷人走到两人跟前，扒拉扒拉王三，又推了推李五，两人撑死了。

穷人这回不得不相信，人一辈子是穷还是富，都是命里带的。

讲 述 者／那永胜　男　61岁　初中文化　工人

采 录 者／黄明明

采录时间／2009年8月12日

采录地点／沈阳东陵区满堂满族乡

老道教训卖梨的

有这么一天，天特别热。有个卖梨的推了一车梨在路边卖。这时候过来个老道，老道说：

“年轻人，你能不能施舍给我两个梨?”

这个卖梨的一看老道没有钱，不仅不给梨还骂了老道一顿。旁边的一个年轻人看不过去，就买了两个梨给了老道。

卖梨的说：“你装什么好人呀，要买你把这一车梨都买了给他!”

说着，一把抢过梨，扔回车里，不卖他了。

老道从兜里掏出一把钱，往卖梨的手里一摔，从车上拿了一个梨，在地上用脚踹出个坑，把梨埋上，运了一口气，一指这个坑，就看见坑里发芽了，不一会儿，长出了一棵梨树来，又不一会儿，就开花了，结出了一树梨。很多人都围在路边看，卖梨的也看傻了。

这个老道爬上了树，摘了梨就往下扔。树下的人都争着去接梨。不一会儿，梨就摘完了。老道下了树，就把树给砍了，头也不回地走了。路边的人也都散了。卖梨的也看傻眼了。

老道走了，卖梨的回过身来，一看自己的一车梨都没了，小推车的车把也没了。这怎么回事呢？小贩一想，肯定是刚才的老道施了什么法术，把他的梨都变到树上了。卖梨的这才回过神来，知道自己今天是遇到神仙了。梨车也不要了，一看老道刚走不远，他就赶快去追。老道在前面走，卖梨的在后面跑，跑了半天，一直是那个距离，就是追不上。卖梨的跪下来，说：

“老神仙，我错了，您度我修行，我改。”

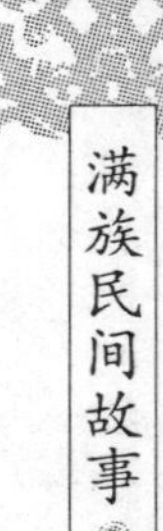

老道回过头来跟卖梨的说："年轻人，以后做什么事都别做绝了。回去吧，真要修行时时处处都能修。"

说完，就不见了。

卖梨的从此改悔，孝敬老人，善待邻里，后来也得道成仙了。

讲 述 者/那永胜　男　61岁　初中文化　工人

采 录 者/黄明明

采录时间/2009年8月12日

采录地点/沈阳东陵区满堂满族乡

媳妇认毡帽

有一个小伙子，他小时候很上进读书。他阿玛和一个船户曾经指腹为婚，后来那家果然生了个女儿，就和他定下了亲事。到这个小伙十四五岁时，他家乡发大水，他家的房子、地什么都被水冲走了。

他阿玛就跟他说："你去投奔你岳父吧，他是个船户，他女儿是你没过门的媳妇，你们是两家大人指腹为婚。"

告诉了他船户住在什么地方，怎么走，小伙子就去了。

这个船户姓刘，看见小伙子来了，开始对他挺好。可是过了不长时间，这个小伙子就得了病，很长时间都没好，这个老刘头就越来越不待见他。就想，我一个如花似玉的女儿怎么能嫁给你呢？没家产不说，还一身病，对他就越来越不好。

这一天，这个老刘头就跟小伙子说："姑爷啊，你也不能天天在家什么都不干啊，你上山去砍点儿柴吧。"

这个小伙子就只好去了。刚到山上，天就开始下雨。这小伙子就在山上找了个破庙进去避避雨。进了破庙一看，里面有一堆草和树枝盖着些什么。他就走过去，掀开一看，是一些箱子。打开箱子，里面装的都是金银财宝。他就想，这肯定是强盗抢来的财宝。他就到了江边，然后大叫：

"救命啊，救命啊。"就有划船的人听见了，就过来了。

这个小伙子说："大家帮帮我吧，我是个商人被强盗抢了，我也被抓了去。他们把我关在了破庙里头，我趁他们出去了，磨断绳子跑了出来，你们帮我把箱子搬回来吧，我有酬谢给你们。"

划船的同意了，帮他把箱子搬到船上。

后来，这个小伙子就让划船的把他送去了另一个地方。到了那之后，他就用那些钱，买了房子、良田、雇了家奴，把病也治好了，又养了半年，养得白胖的了，就决定回老刘家，他就雇了条船。正好在江上遇见了老刘头的船，他就派人去请老刘头过来。这老刘头的眼有病了，看东西看不清楚，就看见一艘有钱人的船过来了，听说请他去，非常高兴啊。这老刘头见到小伙子，眼睛不好使，再加上小伙子有钱以后穿的也不一样了，就认不出来了。小伙子让人准备了酒菜，俩人就开始吃喝。

这老刘头就问小伙："贵庚啊？有家室了没有啊？"

这小伙就说："还没有家室。"

老刘头一听，就想他这么年轻，还有钱，把我女儿嫁给他就好了。然后就跟小伙子说他有个女儿，小伙子愿意的话可以见见。这小伙就说：

"行啊，那就见吧。"

这小伙来到刘家，看见了他媳妇。他媳妇一看，怎么身形和说话都这么像他丈夫呢？再一看他戴的毡帽，那是她给他做的，还绣的花。这个姑娘就说：

"你这个冤家，回来了还不来相见，还说什么没有家室。你看，人家都说你死了，我到现在都还给你带着孝。"

这小伙一看，妻子对他太坚贞了，连忙上前拉着手相认。老刘头进来一看，怎么俩人进展这么快呢？他女儿说：

"这是李郎啊，当初你因为他有病，不想要他。"

这老头儿一听，羞愧得想钻到地缝里去。这个小伙子就说：

"岳父，过去了就算了吧，你跟我一起去我那住吧。"

于是，一家人都搬去新家住了。

讲 述 者／那永胜　男　61岁　初中文化　工人

采 录 者／苗莉莉

采录时间／2009年8月12日

采录地点／沈阳东陵区满堂满族乡

魔手套

有一个小孩儿，特别淘气，十五六岁了，还什么都不干。他阿玛就说："你得学点儿手艺啊，要不然就成了二流子了。"

这个小孩儿说："脏活累活我不学。"

他阿玛说："裁缝学不学？"

他问："裁缝是干什么的啊？"

他阿玛说："裁缝就是做衣裳的。"

他说："这个好，我学这个。"

他阿玛就把他送到县城里一个裁缝师父那学徒。

到了那以后呢，他还是不好好儿学，整天就是出去瞎逛，听戏。他师父说说他，他就不愿意，就说："我不学了。"收拾东西就要走。

他师父说："那你想学的时候再回来吧。"

他就出门往家走，走着走着，突然被绊了一下，一看是路上一块小红石头。他就挺生气，使劲踢了一脚，这个红石头就转转，冒了一股烟，出来一个白胡子老头儿。

老头儿说："你怎么打扰我休息呢？"

他说："你还打扰我走道呢！"

这个老头儿就说："那你这是干什么去啊？有什么事啊，咱俩唠唠吧。"

他就跟老头儿讲了，他怎么去学徒，又怎么不爱学。

老头儿说；"你这不对啊，得学点儿手艺才能养活自身啊。"

他说："我就想能快点学会的。"

老头儿说："慢慢学才能记在心里不忘，快学就只能记在眼里。"

他说："我就想快学。"

老头儿说："那好吧，你跟我来。"

老头儿拿出一副手套给了这个小孩，一副蓝色的手套，还带花。

老头儿说："你带上这个手套，就什么都能会干了。"

这个小孩说："那太好了。"

就拿了这个手套，也不回家了，又回了他师父的店里。正好一个女的正在店里要做身新式的衣裳。他就说了：

"师父我来做。"

就戴上了手套，都没用量身材，很快就裁剪出了要的样式。这样，他在县城里一下就出名了，连他师父都顶了，挣了不少钱。他就开始吃喝玩乐了，早上睡到太阳老高才起来。他师父就来劝他，他说：

"我愿意睡到什么时候就睡到什么时候，我现在什么都会了，你都赶不上我了，过两天我就自己开个大铺子，当大老板。"

他师父说："本事还得自己学，靠别的靠不住。"

这小孩儿说："怎么靠不住，我给你裁件衣服。"

他就戴上手套，给师父裁了一件，从此这个小孩就越来越骄傲了。整天就躺在椅子上，有人伺候着吃东西。手套他也不好好儿收拾着，到处扔。晚上，听见老鼠嗑东西的声音，他也没在意。过了两天，钱花完了，他就又得做衣服挣钱了，他就把手套拿了出来，一看，被老鼠咬了个洞，那也还是戴上了。结果戴上之后，什么也不会了，连剪都不会剪了。一剪，把人家的好料子给剪坏了，人家就让他赔。这时候，他师父来了说：

"孩子，你还是得好好儿学啊。"

这次，他终于听了师父的话，把手套扔了，从此开始好好儿学徒。最后，终于成了有名的裁缝。

讲 述 者／那永胜　男　61岁　初中文化　工人

采 录 者／黄明明

采录时间／2009年8月12日

采录地点／沈阳东陵区满堂满族乡

庙里说话句句当真

有一群书生考完试，等着发榜，闲着没事干，就和同学约定好一起去附近游玩。这天，三个书生聚到一起，到了一个河神庙。庙里挂着很多画像，几个书生开玩笑，一个书生指着画像中的一个姑娘说，我要娶这个姑娘。另一个书生指着另一幅画中的女孩说："我喜欢这个，我娶她。"

有个姓朱的书生，他看见一幅仕女画挺好，说："我要娶就娶这个小仕女。"说完他就看着这画，感觉画中的这个小仕女跟他眨了眨眼睛，有点眉目传情的意思。

几个书生看完画，就往庙的后面走，后面有河神的泥塑像，塑像后面还塑着很多的婢女，有手捧莲花的，有拿盒子的，其中有个婢女手上拿一把银色的扇子。姓朱的书生看见拿扇子的婢女塑像，说：

"这不是我的妻子小仕女吗？"说着，拿出自己的汗巾系在了拿扇子的婢女像的手腕上，边系边说：

"这就是咱俩的定情信物了啊。"

游玩结束了，书生们回到客栈继续等待发榜。三天后的晚上，书生们正在客栈里休息，就听见外面有敲门声，书生们往外一看，外面站着很多人，有轿子还有很多吹鼓手，就问：

"你们这是接谁呀？"

外面答："找姓朱的书生。"

书生们又问："你们找他干什么呀？"

外面答："接他去成亲。"

姓朱的书生一听，来人是接他的，心里纳闷儿，说："我也没跟谁定亲，怎么说接我去成亲呢？"

外面又说了，

"你不是在河神庙里和人定了亲，连信物都送了吗，在庙里说话句句当真，现在跟我们走吧。"

不由分说，闯开门就把书生带走了。其他的书生赶紧追了出去，一直追到河边，这群人走到河边就不见了。三天后，人们在河边发现了姓朱这位书生的尸体。

讲 述 者/那永胜　男　61岁　初中文化 工人

采 录 者/苗莉莉

采录时间/2009年8月12日

采录地点/沈阳东陵区满堂满族乡

老虎做媒

长白山里有这么一家姓洪的，娘儿俩过日子。这小子叫洪小，他成天就打柴。头一天打柴，第二天就挑到离家多老远的集市去卖，然后隔天再去打柴。

这天呢，洪小和往常一样去打柴，就听见“呜”一股狂风，吹得是飞沙走石，天昏地暗。洪小就坐到了山坡下，一看，一个斑斓猛虎站在他面前。洪小一看，吓得坐在地下不敢动弹，过会儿发现这老虎没吃它，就张着嘴干“啊”。洪小就想：这怎么回事呢？这个洪小心地特别善良，他走近去一看，老虎的喉咙里有个刺，好像是骨头卡在嗓子里。他就说：

“你是不是让我把骨头拽出来啊？”

老虎点点头。洪小就大着胆子，手伸进老虎的嘴里，捏着那个骨头给拽出来了。老虎就像磕头那样，脑瓜儿直点地。洪小也是跟着点点头，然后老虎就走了。

第二天，洪小又来打柴，老虎又来了。这回老虎没带来多大的风声，悄悄地走在洪小伴儿旯，他要砍的树，老虎拿尾巴一扫就倒了。一会儿就砍了一大捆柴。洪小就想：老虎是来报恩的啊！就说：

“老虎，你跟我拜干兄弟怎样？”

老虎点点头，这洪小就说：

“你有多大岁数呢？我管你叫虎大哥吧。”

老虎又点了点头。从这以后呢，洪小一来砍柴，老虎就跟着来。

这一天，这洪小正往家走，就觉着后面有什么东西跟着。他回头

一看，老虎在后面跟着呢。他就想，这不行啊，这走到堡子里让人看见了，那不把人吓坏了？他就跟老虎说：

“虎大哥，你要想跟我上俺家去，我也欢迎，但得等等。”然后就和老虎在山上等着，等到天黑了。虎大哥就让洪小把柴火搁到它身上，就跟在洪小后面走。洪小家有个院套，到了门口，老虎没用走门，嗖地一下就从墙上跳进去了。洪小开门进去了，说：

“讷啊，我虎大哥来了。”

他讷赶紧出来。洪小就介绍说：“这是我讷，这是虎大哥。”

老虎就趴在地上点头。从此以后啊，老虎天天下晚过来。

这天，老太太跟老虎唠嗑：“你看哪，你老弟什么都好，就是二十多岁了没有媳妇，这要是哪天他能娶个媳妇啊，我老了那天也能闭眼睛了。”

听完这话，老虎起身走了。第二天，第三天，洪小上山打柴都没见着老虎。第四天晚上，洪小就和他讷说：

“虎大哥怎么好几天没来了呢？”

正唠着呢，就听见院外有动静，“噌”地一声，老虎跳进来了。进来以后，就“啊，啊”地往外拽洪小。洪小就跟着出去了，出去一看，一个黑糊糊的东西在地上，仔细一看，这不是个人吗？摸摸还有气，洪小就知道这是老虎整的，就给背到屋。一看，是个大姑娘。洪小一想，老虎好几天没来，是给他找媳妇去了。老太太赶快给姑娘喂点儿水，拍一拍，一会儿，姑娘就醒了，说：

“这是什么地方啊？”

洪小和他讷就告诉姑娘这是什么地方。又问姑娘怎么来这了？姑娘说，他是一个财主的女儿。这天成亲，坐在轿里就感觉什么东西把她拽起来就跑，她一害怕，就什么都不知道了。洪小说：

“你说的那个地方我都没听说过，俺们世世代代都住在这大山里，没出过山。”

这姑娘说：“既然这样，我也回不去，我就认命了。就和你一起过日子吧。”

过了一年，姑娘就说：“我真想回家看看。可怎么回去呢？”

老虎听着了。点点头。洪小说：“虎大哥有办法。”

老虎让洪小和姑娘都骑在身上，“忽”地就起来了，天亮就到姑娘家了。这个姑娘就跟她阿玛和讷讷把事情经过说了一遍，又说：

“这是我的缘分啊。”

姑娘的阿玛和讷讷也挺通情达理的，见姑娘挺乐意，也不说什么了。他阿玛说：“这里条件比山里好，你们以后就住着吧，改天把你讷讷也接来。”她阿玛又问，“你们怎么来的?”

姑娘说：“是虎大哥带我们来的。”

她阿玛一看，就是这只老虎抢的他姑娘。挺生气的，姑娘说：“它是我俩的媒人，是我们的虎大哥。”

老虎走过来向姑娘的阿玛讷讷点点头，表示礼节。姑娘的阿玛讷讷也喜欢这只老虎。怕有人打它，就给老虎脖子上挂了个牌子，上面写着“义虎”。

以后，老虎又回山里接来了讷，从此，他们过上了幸福的生活。

讲 述 者 / 肇恒昌　男　63岁　大专文化　干部

采 录 者 / 黄明明

采录时间 / 2009年8月12日

采录地点 / 沈阳东陵区满堂满族乡

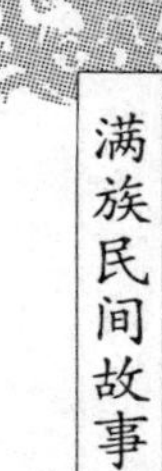

良缘

长白山的脚下，有这么一个挺大堡子，堡子里有一个学堂，有个学生叫那志。那志这个学生志向非常大，家里有钱的学生一边念书一边玩乐，他呢，一心念书，书念得好，心眼儿还特别好。

这天，先生就跟学生说："今天天气太热了，大家可以去苏子河里洗洗澡，下午咱们再好好儿上课。" 大家就都去河里洗澡了。

这个地方正是苏子河一个拐弯的地方，水倒不是很深，但是挺急。学生们都在水里嬉笑打闹。那志呢，洗了洗就上岸，躲到一边去看书了。正在这时，匆匆忙忙过来一个姑娘，满头大汗地要过河。她把裤腿挽起来，脱了鞋，走了两步水太急，站不住就又退了回来。在一边的那志看见了，他就过去了，不做声地就半蹲下去了，把两个手在后面一背。姑娘呢，也挺大方，搁后面就把手伸过去了。那志抓着两手一拽就给背起来了，两个人一起过河就不怕水急了。那志就给姑娘送过河去了。姑娘点了点头，表示谢谢，然后就走了。那志呢送完姑娘就又回来，接着看书。那志背姑娘过河的事，让学堂里的少爷看见了。正好人家平时觉得那志只顾学习不和他们玩儿，就有意见，这回就拿这个事臭臭他，就把这个事告诉了先生。先生一听，这还了得，读书人应知男女授受不亲的道理，哪还能背着过河呢？

下午，先生就把那志叫过去，问他："你今天中午都干什么了？"

那志说："跟他们一起去洗澡了。"

"还有什么？"

"还有就是看书了。"

先生又问："还有呢?"那志说："没有了。"

先生说："没有了？那姑娘怎么过的河?"

那志说："哦，那是姑娘有急事，她过不去，我把她背过去了，那还有啥好说的。"

先生说："那也不行，读书人得知书达理，男女授受不亲，你不知道吗？你一个大小伙子，人家一个大姑娘。你说吧，是认打还是认罚?"

那志问："认打怎么算?"

先生说："认打，就是在你手心打二十戒尺。"

那志又问："那认罚呢?"

先生说："认罚，你就把你做的这个事用一首诗说出来。"

那志说："那我还是认罚吧。"

然后他张口就作了一首诗："美女河边叹急流，书生变作渡人舟，吉祥玉手来相挽，犹如龙头靠凤头。轻轻放在河滩地，默默无言各自走。"

先生一听，哎呀，这首诗做得挺好啊，"行了，这事就算过去了，你也是出于好心，没有邪念。"

后来，那志就去参加科考，考中了，当了官，回来夸官了。回来以后，就有人保媒。两人见面一看，这姑娘正好是过河那姑娘。

讲 述 者／肇恒昌　满族

采 录 者／黄明明

采录时间／2009年8月12日

采录地点／沈阳东陵区满堂满族乡

骑马招婿

有一家，老两口子，只有一个姑娘。这个姑娘长得挺漂亮，眼睛像泉水一样清澈，皮肤像玉一样洁白，身材像仙女一样窈窕，脸蛋儿比牡丹还美。姑娘一好看，家里来的媒人就不断线儿，把门槛儿都踩平了。老两口一块合计说：

“女儿三六一十八岁了，该给女儿的婚事定下来了。”

经过媒人来回一说合，姑娘的婚事就说妥了：婆家姓王，家中也很厚成。小伙子长相也不错，也是独一个。老两口子对这门亲事挺乐意。

姑娘订婚了，就白天黑夜地做嫁妆，准备结婚。

有一天晚上，姑娘在油灯下做针线活儿。一不小心，就把头发燎上了。忽啦一下，一脑袋头发都烧掉了。接着，就起了满脑袋黄水疮，痒痒的。姑娘用手去摸，结果手上也起了满手疮。婆家见姑娘一头一手都是疮，就退了婚。

姑娘听说后挺生气。非要出去自己骑马找夫不可。阿玛和讷讷见劝阻不住，只好同意了。就给女儿准备了行装，鞴好了马，送女儿上路了。

姑娘骑着马，信马由缰走啊，走啊，走了三天三夜。这天晌午，马突然停下来了。不管怎样扬鞭，马还是不动。姑娘仔细一看：眼前是一间小草房。院儿四周夹秫秸杖子。她心想：这可能就是我归宿的地方了。姑娘下马，走进小草房。只见一个白发苍苍的老讷讷，正在缝衣裳。她上前亲切地叫了声：“讷讷。”老讷讷抬头一看，是一个俊

俏的大姑娘，头上还戴了一顶帽子，就赶忙让姑娘坐下了。姑娘红着脸问：

“老讷讷，你家里有几口人呀？”

“就我和一个儿子过日子。”

“你儿子，你儿子到哪去了？”

“我儿子到财主家做长工去了。”

姑娘又说：“我是特地到这里，找你儿子来了，这是天意，我就是你的儿媳妇呀。”

姑娘这么一说，给老讷讷说愣了。老讷讷说：“我们家里穷，儿子也娶不起媳妇。”

老讷讷嘴上这么说，心里却想：既然儿媳妇自己找上门来了，儿子有了媳妇也是件大喜事，是祖上积的德。老讷讷乐得合不拢嘴儿。

这时，儿子从财主家干活回来了，走到窗户底下，听屋里有人说话，他顺门缝儿往屋里一看，是一个漂漂亮亮的大姑娘，说话慢条斯理的。心想：这个姑娘要是我的媳妇该多好啊！小伙子心里这么想，可嘴里不注意却叨咕出来了。老讷讷听见儿子在外面，忙下地开门。只见儿子猫在门后，羞臊得满脸通红，转身要走。讷讷说：

“儿呀，别走，快进来。平日你没白孝顺讷讷，今儿个，就给你送上门儿来个贤惠媳妇。”

儿子被讷讷拽进屋。姑娘站起身，见这个小伙子，中等个儿，不胖不瘦，浓眉大眼，体格也壮实。低下头说：

“我骑马招夫，马在你家门口停下来了，这是天意。”

儿子一听，慌了神儿，说：“小姐，我家房无一间，地无一垄，连这小草房都是财主家的。你怎么肯……”

小伙子话还没说完，姑娘就抢先说：

“只要我们辛勤劳动，是能过上好日子的。”

讷讷说：“你们俩是天配的一对儿，前世的姻缘。等过几天，讷讷给姑娘做身新衣服，就给你们成亲。”

没过几天，老讷讷就给他们简简单单地完了婚。

结婚那天晚上，俩人恩恩爱爱。儿子一摸姑娘的头，头下脱下一个金头盔，露出一脑袋黑头发。一摸姑娘的手，手上脱下了一双银手

套，露出了一双白嫩的细手。姑娘比以前更俊秀了。

后来，儿子将金头盔、银手套都卖了钱，买了房子，买了地。再也不给财主当长工了。小两口和老讷讷一起生活，过上了好日子。

讲 述 者／姜淑珍　女　不识字　农妇

采录整理者／李桂凤

采录时间／1986年7月

采录地点／沈阳东陵区古城子乡

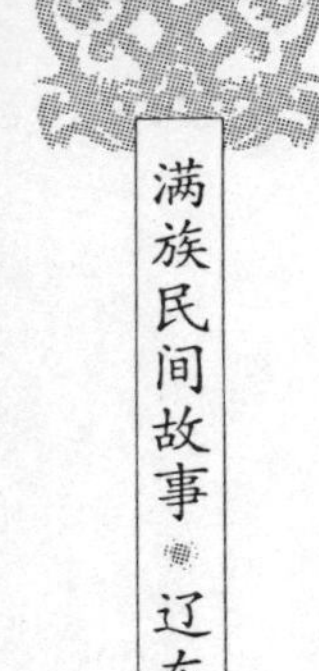

给国王变戏法

从前有个国王，根本不关心老百姓的生活，就只管自己玩乐。一天，宫外来了个变戏法的。国王手下的人就想，正好可以给国王解解闷，就去告诉国王。

国王说："那让他来吧。"

这个变戏法的就进了宫。国王问："你从哪来啊？"

变戏法的说："我来去不定，不必问我是从哪里来的。"他问国王："陛下，你知道王宫外面百姓的生活是怎么样吗？"

国王说："不是五谷丰登，很好吗？"

变戏法的说："你太不了解百姓的生活了，你想去体验一下吗？"

国王说："怎么体验？"

变戏法的说："你找个大盆来。"

国王就找人搬了个大盆来，又让人灌满了水。变戏法的说："你得先洗澡才行。"

国王就跟一个大臣说："你先洗。"

这个大臣想不去也不行，就进了盆里。

刚进了盆里，就感觉像掉进了大海里，瓦蓝瓦蓝的海水，波涛汹涌的。大臣在里面咕嘟咕嘟地灌了几口水，突然被人拽了起来。上来一看，一个老渔夫救了他。

老渔夫说："你是谁啊？从哪来的？"

大臣说："我是国王身边最亲近的大臣。"

老渔夫说："你是不是让海水呛糊涂了，什么大臣，你不就是个野

姑娘吗?”

大臣说:“我怎么能是姑娘呢?”

老渔夫说:“不信,你用海水照照。”

大臣一照,自己果然变成了个姑娘。

老渔夫说:“正好我没儿没女,你就给我当姑娘吧。”

大臣不同意,老渔夫说:“这大浪滔天的,你不跟我走,你还想让海水淹死你吗?”

大臣只好跟着渔夫回家了。

到了老渔夫家一看,这哪像个家呀,小土坯子房,东倒西歪的,四处漏风,屋里黑黢黢的,没一样像样的物件,炕上坐着一个瞎眼老太太。老渔夫跟老太太说:

“你看我给你带回什么来了?”

老太太说:“什么呀?今天打着鱼了,快煮上,我要饿死了!”

老渔夫说:“我今天救了个姑娘,让她给咱当孩子吧。”

老太太乐的,伸手去摸,抓住大臣的手,又愁了,家里穷得这样,拿什么给孩子吃呀?”

大臣感到了老人善良,打算住几天。

晚上,大臣躺在炕上,炕上没有席子和被,大臣望着漏天的房顶,想着王宫的生活,睡不着觉。第二天,大臣到堡子里走走,一看家家都是如此,觉得百姓的日子太苦了。大臣想帮渔夫干点儿什么,就跟他出海打渔,大臣哪干过这活儿,笨手笨脚,站起来拉网,扑通一下掉海里了,一下就被波涛汹涌的海水卷没了。过了一会儿,又被人拉了上来,睁开眼一看,这不是国王和变戏法的吗?我又回到王宫来了。

国王就问:“怎么样啊?”

大臣想让国王也体验一下,说:“太好了,百姓太热情了,我都不想回来了!”

国王一听说:“好,那我也去。”

他也脱了衣服,进了盆里。马上国王也感觉波涛汹涌的海水,呛了一口水,他就大喊“救命啊!救命。”。

正好,有渔船经过,伸出桨把国王拉上船来。国王说:“谢谢你,

我这个戒指送给你吧。”

就把手上的戒指送给了渔夫，这个渔夫挺贪财，就说：“把你那只手上的也给我吧。”

国王就把另一只手上的戒指也给了渔夫。渔夫说：“你是干什么的啊?”

国王大声说：“我是国王!”

渔夫哈哈大笑说：“你是国王？你看看你自己的打扮。”

国王一看，自己穿得破衣烂衫的。

渔夫说：“我看你肯定不是好人，这戒指肯定是你偷来的，你要想不经官，你就跟我去我家给我干活吧。”

然后，国王就跟着渔夫回到他家。渔夫家还不错，房子挺好，家里还雇着长工。渔夫对雇的人很不好。不是打就是骂，还不给饭吃。国王饿得不行了，就偷跑到了集市上，偷了人家的饼，卖饼的看他可怜，就又给了他一个饼。国王又到了卖苹果的地方，拿了一个苹果，卖苹果的看见也没说他，拿了就拿了。他又到了卖珠宝的地方，一看宝石挺好，就拿了块宝石。

宝石的主人马上大喊：“抓贼啊!”

就把国王抓住送了官府。官府把国王判了刑，扔进大海淹死。大家就把他捆了起来，从海边“咕咚”一声扔了下去。这国王又是喝了好几口水，才扑腾出来。上来一看，是自己的王宫。大家就问国王遇到了什么事，国王就都讲了，就是没讲自己偷东西的事。然后，国王说：

“看来恶人当道百姓的生活是挺苦的，这个国家是得好好儿治理了。”

从此，国王和大臣们开始治理国家，关心百姓的生活，还制定很多法律，国王经常出王宫到各处视察，大臣还找到了那个老渔夫的家，给了他们很多银子，老渔夫的日子也好了。

讲 述 者／那永胜　男　61岁　初中文化　工人

采 录 者／黄明明

采录时间／2009年8月12日

采录地点／沈阳东陵区满堂满族乡

伊林阿打老虎

有个王爷组织了一支猎队，经常上山去打猎。有一个小伙子叫伊林阿，是这个王爷家的包衣（家奴）。

他就去跟贝勒说：

“贝勒爷，我也想去打猎。”

贝勒爷说：“你个穷小子，还想去打猎？这都是贵族的猎队。”

伊林阿一看不要他，就决定自己去打猎，反正自己有的是力气。他就带了腰刀和长矛自己去了。他不随便打，专门打祸害人的兽，像狼啊什么的。

有一天傍晚，走到一个堡子，伊林阿看见男女老少都在哭。伊林阿就过去问：

“你们为什么哭啊？”

这个堡子的穆昆达（族长）就说：

“小伙子，你不知道啊，俺们眼前这个山上有个大老虎，这个老虎成精了，每年都要一个姑娘做媳妇。不给的话就要下山吃人，今天又是给他送姑娘的日子。”

伊林阿一听，“还有这样的事？我得去除了这个老虎。”

穆昆达说：“那老虎可是很厉害啊。”

伊林阿说：“我不怕。”

穆昆达说：“你要是能帮我们除了这个老虎，我们可是真的太感谢你了。”

穆昆达就告诉了伊林阿从哪条路上山，怎么怎么走。

伊林阿就上了山，走到半路，看见一个姑娘穿得挺漂亮在那哭。伊林阿就说：

“姑娘，这天都快黑了，你怎么还不回家啊？”

这个姑娘突然听见有人说话，吓了一跳，看见是个小伙子就说：

“你不要管我了，快走吧，一会儿就会有老虎来吃我了。”

原来这就是送给老虎当媳妇的姑娘。

伊林阿说：“姑娘你别怕，我是来杀老虎的，你相信我的话，就先藏起来。我去杀老虎。”

姑娘说：“我相信你。”然后就去找地方藏了起来。

伊林阿继续往前走，天渐渐全黑了。走到了山顶，山顶有个洞，伊林阿就在旁边先躲了起来。过了一会儿，果然从洞里出来一只大老虎。伊林阿就拿着长矛冲了过去。

“畜生，你敢伤人！”

老虎一看，也扑了过来。伊林阿就开始和老虎搏斗，斗了好多个来回，趁老虎扑过来的时候，伊林阿一长矛捅进老虎的脖子，老虎就死了。杀死了老虎，伊林阿开始往山下走，走到半山腰，找到了躲在那的姑娘，两个人就一起下山来了。

到了山下，堡子里的人一看伊林阿回来了，还带回了姑娘，都非常高兴地欢迎他们回来。伊林阿就讲了怎么杀死老虎的经过。穆昆达听了就说：

“我岁数也大了，以后你就来当我们堡子的穆昆达吧。”伊林阿同意了。

穆昆达又问姑娘：“你喜欢这个小伙子吗？喜欢的话就嫁给他吧。”

姑娘点点头。伊林阿就娶了姑娘，在这住了下来。他带领堡子里的人开荒种地，还组织了猎队上山打那些害兽，这个堡子人日子过得越来越好了。

讲 述 者／那永胜　男　61岁　初中文化　工人

采 录 者／黄明明

采录时间／2009年8月12日

采录地点／沈阳东陵区满堂满族乡

聪明媳妇

有这么一个大户人家，这个老头儿有三个儿子，大儿子、二儿子都娶了媳妇。老头儿年龄大了，想选个当家人来接替自己管家，但是感觉这两个儿媳妇都不是太理想。

这年夏天，有天下午，老头儿在下屋收拾收拾犁具，就听见大儿媳妇和二儿媳妇在院子里闲唠说：

"你看我这都半年多没回娘家看看了。"

二儿媳妇说："我也是啊。"

老头儿一听，也是，老不让人家回娘家，也不是那么回事。

老头儿出来说："你俩刚才说的话我都听见了，你俩明天就回娘家看看吧。同去同回。"

俩媳妇就问："去多少天啊？"

老头儿说："大媳妇呢去九六，二媳妇去八七。"

媳妇又问："回去串门带回点啥呀？"

老头儿说："大媳妇给我带开口饽饽，骨包肉。二媳妇给我带闭口饽饽，肉包骨。还有呢，我给你们一人一丈三尺布，做个大布衫，还得做一个被单，两个口袋，一个手巾。"

这俩儿媳妇听老头儿一说让回娘家，就乐了，老头儿说的话没往心里去。俩人就回屋各自收拾去了。一会儿，老头儿就把一丈三尺布一人给了一份。

第二天，妯娌俩就出门了。俩人一起走到了堡子西头，两个人就要分开了，一个往道南，一个往道北。这俩人就开始合计，要同去同

回，那到底是哪天回来啊？回来还要带什么东西，那些东西到底是什么呀？俩人想不出来，就在那愁上了。

这时，从前边过来一个放羊的姑娘，赶着一群羊。过来就问："二位姐姐愁啥呀？"

这俩人就把这事全说了一遍。这姑娘听了以后就说：

"我告诉你俩怎么办，你们俩都在娘家住十五天，九六是十五，八七还是十五，开口饽饽是馄饨，闭口饽饽是饺子，骨包肉就是鸡蛋，肉包骨就是枣，那个一丈三尺布就做个大布衫就行。"

"那俺们怎么说啊？"

"你们就说白天大布衫，晚上当被单，要用布袋挽俩袖，要用手巾拉后襟。"

这给妯娌俩乐坏了，高高兴兴地各自回娘家去了。

半个月以后，俩人就都回来了，一丈三尺布做了大布衫子，拿来了饺子馄饨鸡蛋和枣。老头儿挺满意。但是，老头儿怎么想这个事啊，都觉得不像俩儿媳做出来的事，肯定是有高人指点。正好二媳妇在屋里，老头儿就叫：

"你过来。我问你，那些事情是谁指点你们的。"

二媳妇就说："是一个放羊的小姑娘告诉我俩的，那天我们正好走到堡子西头遇到她。"

老头儿一听，心想，这个姑娘可不简单啊。

第二天，老头儿就找了个好媒人，去找放羊的姑娘提亲，要这个姑娘做他家三儿媳妇。老头儿家在这一带是大户人家啊，媒婆去了一提，姑娘家就同意了，这个姑娘就嫁了过来。

这天，老头儿带着三个儿子到地里去铲地，临走前，老头儿就问："今天谁做饭啊？"

大媳妇说："我做饭。"

老头儿说："今天中午我们不回来吃了，饭送到地头去。你啊，要筐装饭，手巾包水，走金铃铃地，过银铃铃地，最后送到老李家。"

大媳妇想，这是什么意思啊？一想，反正有老三媳妇呢。大媳妇就回去跟老三媳妇学了老头儿留下的话。

三媳妇说："你烙饼去吧，烙完饼我告诉你怎么整。"

一会儿，饼烙好了。三媳妇说："用筐装着饼，手巾包水呢，就是上地里摘几根黄瓜。走金铃地就是麦地，过银铃地就是棉花地，最后到李子树下就行了。"

大媳妇说："对，俺们家地头是有棵李子树。"

然后大媳妇就把饭送去了。老头儿一看就知道肯定这又是三媳妇告诉的。

第三天，爷儿仨又去下地，老头儿问："今天谁做饭啊？"

三儿媳妇说："我做饭。"

老头儿说："今天中午回家吃饭，饭做啥都行，菜做二十个。"

然后就干活去了。到了晌午了，爷儿仨都回来吃饭了。一看，做的是高粱米水饭，一盘炒韭菜，一盘韭菜花，一盘小葱，一盘大酱。

老头儿说："我不是让你做二十个菜吗？"

三媳妇说："炒韭菜，韭菜花，二九一十八，小葱蘸大酱，一共二十样。"

老头儿吃完饭了，就去了场地，把老三叫去了，说："你看你这媳妇多聪明啊！你们哥儿仨能有一个像她就好了。"

老三一听不乐意了："别说了。"

老头儿一看："好小子，我是想激励你们，你居然把我的话把给打了。"

提溜起锄头就追老三。老三就往家跑，跑到家，他媳妇问：

"跑啥呀？"

老三说："我阿玛要打我。"

"为什么打你啊？"

老三说："就因为他夸你，我不让他夸了，他说我把他话把给打了。"

三媳妇就说："好，好，你躲里屋去吧。"

说着呢，老头儿就进屋了，"老三呢？"

三媳妇就说："出去了。"

老头儿又问："干啥去了？上哪去了？"

三媳妇说："今天风大，他去刨风根去了。"

老头儿说："胡说，风哪有根？"

三媳妇就说：“阿玛啊，那你那话哪有把啊？”

第二天，老头儿当众把钥匙拿出来了，宣布从今以后三儿媳妇当家，所有的权力都交给三儿媳妇了。

讲 述 者／肇恒昌　男　63岁　大专文化　干部

采 录 者／黄明明

采录时间／2009年8月12日

采录地点／沈阳东陵区满堂满族乡

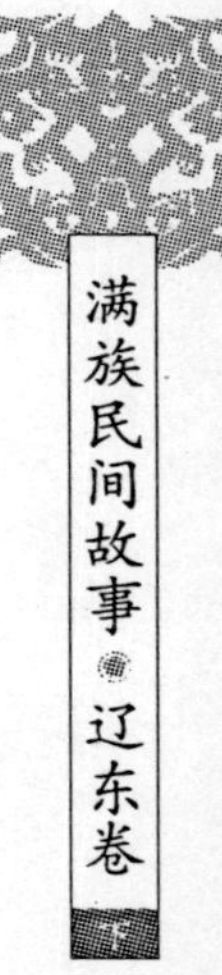

兄弟拾金

有这么一家，有哥儿俩。这个哥哥心眼不正，阿玛和讷讷死后呢，把家产都占了，就让他弟弟住两下层的小破房，像牛棚似的。哥哥和嫂子动不动就欺负这个弟弟。这一天，外面下大雪了，哥哥就跟弟弟说：

“家里没柴了你别在家待着，上山砍柴去。”弟弟就上山砍柴去了。

到了山上，弟弟砍了一捆柴以后，也不知道怎地，迷迷糊糊就倒在雪地里了。这时候，过来几个山鬼，这几个山鬼一看，这不是那个穷弟弟吗？他怎么在这死了呢？这几个就说：

“他是个苦命人，俺们把他抬到个好地方去吧。”

这几个山鬼就把弟弟抬了起来。走到一个小山坡的地方，弟弟忽地一下醒了。这几个山鬼吓得一下把他扔在地上，就跑了。这个弟弟就感觉地下什么东西硌得慌。他一看，四周都是银子。他就捡了很多的银子也回去了，就在这山下买房置地，买牛种田，日子就变好了。

哥哥和嫂子看见弟弟日子过好了，就很奇怪。嫂子就说：“你去问问你弟弟，他是偷的还是抢的啊？”

他哥哥就拿了点礼去找弟弟，去了就套近乎说：“弟弟啊，你看咱俩是一奶同胞啊，你跟我说实话，你从哪弄来这么些钱啊？”

这个弟弟心眼儿实啊，就把上山砍柴遇着的事都告诉哥哥了。哥哥就问：“你上哪个山上砍的柴啊？”

弟弟就告诉了他。然后，这个哥哥也去那个山上砍柴。砍了一会，也假装迷糊了。那几个山鬼就又来了，一看这不是有钱的哥哥

吗？他怎么在这死了呢？这几个就商量，这个人太坏了，把他抬得远远的吧。于是，抬起来他就走。走啊走啊，走到了大山涧子上，山涧很陡峭。这个哥哥闭着眼睛啊，他以为到地方了，就大喊了一声。这些个山鬼一害怕，就松手了，一扔，哥哥就被扔到悬崖下面摔死了。

讲 述 者／那永胜　男　61岁　初中文化　工人
采 录 者／黄明明
采录时间／2009年8月12日
采录地点／沈阳东陵区满堂满族乡

不孝子养母

从前有一家，老头儿死了，就剩一个老太太。老太太有两个儿子、一个女儿，俩儿子都烦老太太，谁也不愿意养老人。老太太到大儿子家，大儿子说，你又不是只生我一个儿子，凭什么非得我养你。老太太到二儿子家，二儿子说，我是小的，老大都不养你，我也不养。俩儿子都往外撵老太太，老太太最后没办法来到了女儿家。女儿听老太太说俩哥哥不养讷讷的事，气得不得了。气归气，还得想办法让他们养。女儿想出了一个主意，她把家里的锡化成元宝的形状，再在外面刷一层金粉，用袋子装好。

第二天，女儿给老太太换了身新衣服，又雇了辆大马车，就奔大儿子家来了。大儿子两口子离老远就看见妹妹送老太太来了，俩人挺生气，心想，这老太太怎么又回来啦。一看老太太变样了，穿着新衣裳，坐着大马车，妹妹手里拎着一个袋子，挺沉，不知是什么。妹妹喊过哥嫂说：

"这是阿玛临死前留下的金元宝，怕他死后没人养讷，给讷留的过路钱，放在我那了，今天我拿回来，锁在柜子里，等你们把讷讷伺候好，养老送终，论功行赏。"

说完，当着哥嫂的面，把金元宝锁在柜子里，钥匙拿走了。

讷讷说："这不，我想放在你妹妹那不放心，就给背回来了。"

老大和媳妇一听，赶紧把讷讷扶上炕，铺上家里最好的被褥。上街买鱼、买肉，给讷讷做好菜好饭。一天三顿，变着样地做。过了挺长时间，老二奇怪，这老大怎么没把老讷讷送来呢？一打听，原来是

这么回事。老大两口子是想独吞金元宝呀！恶毒，忒恶毒。老二和媳妇一路喊着“讷”，来接老太太了。老大一看老二两口子主动上门来了，知道是奔金元宝来的，不好说别的，只好说：

“讷讷在我家待得好好儿的，去你们那待不好咋办。”

老二说：“讷讷又不是只生了你一个儿子，就兴你养，不兴我孝顺孝顺我讷讷啊。”

二儿媳妇力气大，一下子把老大撞一边儿去了，背起老太太就往家里跑。

老太太对两个儿子说：“不到我死，你们谁也不能动这些金元宝，你们俩把我伺候到老，你们哥俩一人一半。”

哥儿俩开始轮流养老太太，直到把老太太送了终。

妹妹把柜打开，哥儿俩迫不及待地分了金元宝，花的时候，才发现是假的。哥儿俩坐家里就大哭，邻居都来看热闹，这哥儿俩怎么回事？他讷死的时候都没哭，这会儿怎么哭成这样。

讲 述 者／那永胜　男　61岁　初中文化　工人

采 录 者／苗莉莉

采录时间／2009年8月12日

采录地点／沈阳东陵区满堂满族乡

啥都没了

大山底下有这么一家，这家是老两口子带两个儿子，两个儿子都娶了媳妇，姑娘嫁出去了。这个老大精明强干，所以让他当家。老二呢，勤劳朴实，能干活，就让他侍弄家里几亩地。哥儿俩各尽所能，日子过得挺消停。

过日子不怕没好事，就怕没好人。有一天，老二媳妇就跟老二说："你说你们哥儿俩都是老太太生的。你一天从一大早起来就要侍弄地去，成天衣服也穿不出好样的。你看你大哥，人家当家，早晨太阳出来，人家才起来，出去办那么点事，人家多轻巧，你整天累得要命，这事有点儿不合理。"

老二说："那怎么办呢?"

他媳妇说："你明儿早上就不起来，就说你要当家。"

老二说："这能行吗?"

他媳妇说："行不行，你得提。"

老二很听媳妇的话，第二天早上就没起来。老头儿就觉得应该下地了，就叫：

"老二，老二，起来该下地了。"

老二媳妇就教他说："我要和我哥换换，我也要当家!"

老头儿听了就说："那行啊，跟你哥商量商量。"

大哥就过来了，说："二弟啊，你要当家，行，谁当都一样。今天，你穿着这衣服，去集市给驴交税去。"说着就拿来了绸缎的衣服给老二穿上。又嘱咐说："你牵驴去，集上人多千万别把人刮着碰着。"

老二就说："记住了。"说完，老大就下地干活了。

老二牵个驴，背着手，穿着好衣服上集市去了。集市上人多啊，老二就想起来大哥说的话，嘴里念叨"刮着碰着，刮着碰着"。有这么两个贼，看着老二，就想这是不是傻子啊，怎么总念叨"刮着碰着，刮着碰着"。两个人就悄悄地跟在后面，一个擎着驴绳，另一个就把绳给绞折了，把驴牵走了。老二还念叨着"刮着碰着，刮着碰着"。等到了地方了，要办事了，一回头，哎，驴没了。驴没了，怎么办事啊？这事没办成，老二就坐道沿那哭上了。这时候，那俩贼又过来了，穿着一身孝衫，就问：

"怎么的了？你哭什么啊？你有什么事解决不了，我们帮你忙。"

老二说："我驴没了。"

那俩贼人就说："别哭了，我们帮你找。"

老二说："你们能找着吗？"

"能找着是能找着，就是有一条，我们就算找着驴了，你的驴也不一定跟俺们走，驴认主人的衣裳。"

老二就问："那怎么办呢？"

这俩贼人就说："你把衣服换给我穿，再把你的钱褡子给我们搭上。"

老二说："那我穿啥？"

贼人说："你穿我这个。"

老二也不知道那是孝衫啊，就说："好吧。"就把自己的衣服和钱褡子都给了人家，把孝衫穿上了。

那俩贼人走了，他就在那坐着傻等。等啊等，天黑了，肚子饿了，驴没了，衣服也没了，钱褡子也给人家了。实在饿得了不得，这时候听那边喊："拔个牙给一个大钱，拔个牙给一个大钱。"

他一听，拔牙还给钱，正好饿得没钱买东西吃，算了算这满嘴牙都拔了钱才够吃顿饭的。他就喊："过来吧，拔牙的。"

拔牙的说："怎么，你要拔啊？拔几个啊？"

他说："都拔了吧。"

拔牙的三下五除二把老二满口牙都给拔了，说："给钱吧。"

老二说："谁给谁钱啊？不是说拔牙给钱吗？"

拔牙的一听，这肯定是个傻子，算我倒霉，就走了。老二就又开始哭了，驴没了，衣裳没了，钱褡子没了，现在牙也没了。后来一想，妹妹家在这附近住，我何不上他们家吃饭去呢？这时候都快半夜了，他才上妹妹家敲门。他妹妹听见了就问：

“这么晚了，谁呀？”

他就说：“我是你二哥。”

他妹妹说：“怎么这么晚来呢？”

就起来开门，一看，怎么穿的孝衫来的呢？就问老二：“谁没了？”意思就是两个老人哪个没了。

老二说：“都没了！”他心里就合计他那点事，张口就说。他妹妹坐在地上开始嚎。哭了一阵不哭了，就问：

“我讷他们都得什么病没的啊？”

他就说：“没得什么病啊，是我的驴没了，衣裳没了，钱褡子没了，牙也没了。这都是你二嫂老让我当家，弄得我什么都没了。我回家怎么交代呀！”

讲 述 者／肇恒昌　男　63岁　大专文化　干部

采 录 者／黄明明

采录时间／2009年8月12日

采录地点／沈阳东陵区满堂满族乡

小姨子扶枕头

咱北方有个风俗，新婚夫妇第三天得到女方家去，这叫回门。这故事就发生在回门的时候。

说有这么对小夫妻，完婚第三天回到媳妇的娘家，娘家除了媳妇的阿玛和讷讷之外，还有一个妹妹和一个弟弟，就是男方的小姨子和小舅子。这老丈人一看姑娘和女婿回来了，挺高兴，热情款待，小伙子不胜酒力就醉了，到后屋睡觉去了。

小姨子怕姐夫睡醒了口渴，就到后屋给姐夫送壶水，进屋看见姐夫的枕头眼瞅着就要掉地下了，就把水壶放在桌子上，顺手给扶了一下枕头，这一动，姐夫睡得迷得糊的，本能地一伸手，拽了小姨子的衣服。小姨子心里不怎么高兴，拿笔就在墙上写了一句话："好心来扶枕，不该拉我衣，不看我姐面，一定不依你，可恼可恼！"小姨子写完就出去了。

过了一会儿，姐夫醒了，看见墙上写的字就明白怎么回事了，也在墙上写道："好心来扶枕，不该拉你衣，以为我妻到，不知是小姨，得罪得罪！"写完也出去了。这工夫他媳妇进来了，看见墙上写的字也提笔写道"有意来扶枕，有意拉她衣，两人皆有意，好像故作地，可气可气！"写完也出去了。小舅子进门也看见墙上的字，心里合计写得好啊，我也来凑个热闹，也拿笔在墙上写了一句话："好心来扶枕，不该拉她衣，大的是你妻，小的是你姨，可笑可笑！"写完就出去了。

一会儿老丈人来了，老丈人一看，啊！原来是这么回事，提笔也写上："不该来扶枕，不该拉她衣，一把没抓住，跑了是便宜，胡闹胡

闹!”写完他也走了。老丈母娘看见这家里人好奇怪啊，一个接一个地进这屋又都出去了，心里就纳闷儿，这屋里到底有啥啊，我也得进去看看。她也进来了，也看见这墙上的字了，也提笔写了一句话：“也该来扶枕，也该拉她衣，姐夫戏小姨，世上常有的，没事没事!”

讲 述 者/肇恒昌　男　63岁　大专文化　干部

采 录 者/苗莉莉

采录时间/2009年8月12日

采录地点/沈阳东陵区满堂满族乡

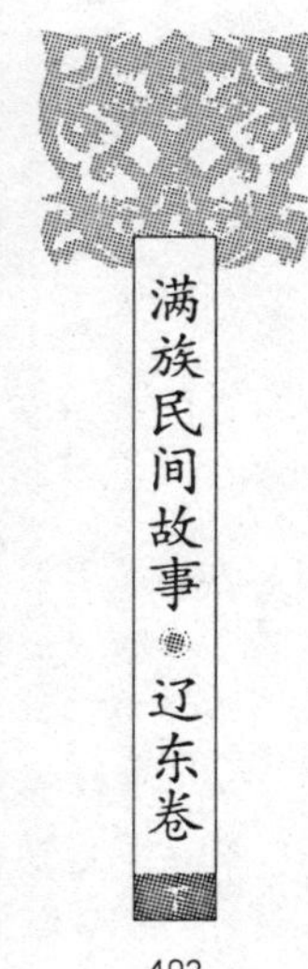

酱　瓜

有这么一个书生，家里比较富裕，是开烧锅（造酒）的。但是这个书生不爱念书，就爱喝酒，其实他们家酒也多。但是他爱喝酒，他阿玛不愿意，他媳妇儿也不愿意，觉得他应该好好儿读书求学业。

这天，书生到了学堂，一看先生在前面墙上写的字“清晨起来少饮蒙头春，多织绫罗穿在身，有朝一日亲朋到，看见衣服品评人”。

书生一看，这一定是对我说的啊，别人也没有爱喝酒的了，好啊，这肯定是我阿玛告诉先生的，不然先生也不会这么写。他就上前去写道：“清晨起来多饮蒙头春，少织绫罗穿在身，有朝一日阎王到，不看衣服只看人。”

到了快晌午了，要回家吃饭了，学堂先生就把这件事告诉了书生他阿玛，觉得他无可救药了。他阿玛听了后更是非常生气，这小子不好好儿念书，不学好，还尽歪词儿。

书生回来了。他阿玛就说：“来两个伙计，把他给我扔进酒缸里，上面拿个磨扇压上。”

伙计得听老板的话啊，就把书生扔了进去。这时候书生媳妇从外面回来听说了这个事，真是爱恨交加啊，就说：

“佳人一见泪汪汪，叫了一声爱酒的郎，你要早听为妻话，哪能死在大酒缸？”

书生听了就说：“学生闻酒乐美哉，叫声我妻你过来，你若还有恋夫意，磨眼里递个酱瓜来。” 还要喝呢！

讲 述 者/肇恒昌 男 63岁 大专文化 干部

采 录 者/黄明明

采录时间/2009年8月12日

采录地点/沈阳东陵区满堂满族乡

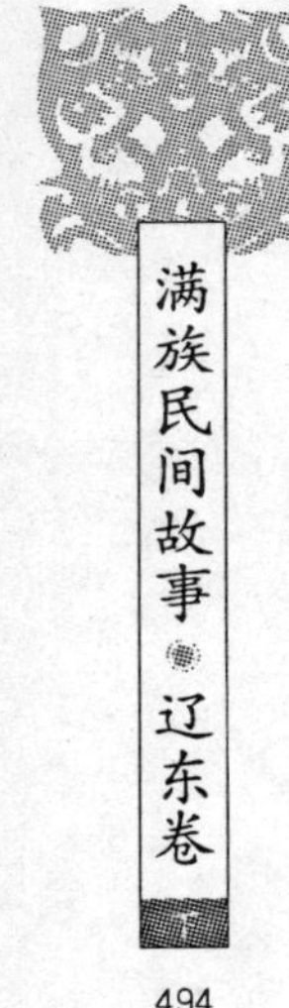

馋媳妇

有这么一个大户人家，种了几十垧地，老两口有四个儿子，娶了四房媳妇。这些媳妇们轮流做饭。单说这个四媳妇，没别的什么毛病，就是有点馋。她还不馋什么鸡鸭鱼肉，就馋大嫂、二嫂、三嫂生孩子时吃的小米水饭加煮鸡子儿。她就想，我怎么不生孩子呢？她丈夫在外面做买卖，很长时间才回来一次，所以她一直都没有孩子。

这一天，轮到她做饭了，老早儿就到仓房米缸去扤米，一看啊，米缸里有一个大耗子，这耗子能有一尺来长。四媳妇拿那扤米的瓢"啪"一下，就给耗子打晕乎了，又拿个农具给耗子打死了。四媳妇也挺剌扯（厉害），就把耗子给藏在了碗架子的缝里，然后，就接着做晚饭。做完晚饭了，她就把这耗子拿回屋去了。四房媳妇各住各的屋啊，她就回了自己的屋，烧点水，把耗子的毛给褪了，褪的血肉模糊的，然后就搁个布给包上了。包完了就推到炕梢的柜底下了。

第二天早上啊，她就找了块布把头给包上了，像生孩子似的。老婆婆就喊：

"四媳妇，起来做饭了！怎么还不起来，什么时候了！"

四媳妇就在屋里说："讷，我生孩子了。"

老婆婆一听，心想，也没听说她有喜啊，怎么就生孩子了呢？但是老太太毕竟是婆婆，就赶忙进来了，问：

"孩子在哪呢？"

四媳妇就指着柜下面说：

"没足月呢，那不在那嘛！"

老太太拽出来一看，红赤赤的，怪吓人的，她也没细看，就说：“你歇着吧。”就喊大媳妇，“大媳妇，你起来做饭去。我去给四媳妇做小米饭煮鸡子儿。”

过会儿，婆婆就给四媳妇端来了小米水饭俩鸡子儿。四媳妇一看这个乐啊，总算吃到嘴了。

一晃儿，吃了多少天了呢？吃了七天了。那正赶上是五逢六月，大热天，实在是不行了，耗子要有味了。白天几个媳妇有时候过来问她，她就说：“那不在那呢吗？也不足月。”

慢慢耗子开始臭了，实在是不行了，她就趁下晚儿黑，给拿到房后，挖了个坑，埋了。她一边埋啊，一边哭，就把实话儿说出来了：“尖尖嘴啊，四条腿啊，我还上哪去吃小米水饭俩鸡子儿啊……”

讲 述 者/肇恒昌　男　63岁　大专文化　干部

采 录 者/黄明明

采录时间/2009年8月12日

采录地点/沈阳东陵区满堂满族乡

一个字不认识

有这么一家，是个财主，姑娘要招女婿，这个财主就合计呀，我的女儿啊，怎么也得找个能识文断字的姑爷。这个地方识文断字的人很少，他就找一个会写梅花篆字的人，写了个榜文贴出去了。

有这么一个小伙儿，正好路过此地，就站在那看。旁边的人就问他："认识不?"

他就说："一个字不认识。"旁边的人一听赶快找人告诉小姐，有个小伙看榜文就一个字不认识，小姐说就一个字不认识那不算什么，赶快把人带进来。财主一看小伙长得挺好，同意了，姑娘也愿意，才主就给他们办了婚事。

财主给他们盖了房子，给他们买了点地。

转眼到了夏天,连着阴雨天,草苗一起长。这可怎么办呢？媳妇就说："你赶快写封信，让我阿玛派两个长工来，或者拿点钱来雇人把地铲了，要不庄稼都白扔了。"

到了下晚了，媳妇把墨给磨好了，笔准备好了，催他写。他不会写呀，一个字不认识。他就拖着不写，他媳妇后来急了说；

"我不管了，爱写不写。"

就睡觉去了。他就在那愁，不识字怎么写呀？正好一个蜘蛛从房上掉下来，掉在了墨里，爬到了纸上，他一看，就让那蜘蛛在纸上爬啊爬啊，整个纸爬得花里胡哨的。他把纸叠吧叠吧，第二天早上，跟他媳妇说：

"我写信了。"

媳妇问："在哪啊?"

他就说："那不在那吗。你找人给送去吧。"

他媳妇就找人给她阿玛送去了。

老丈人收到信，打开一看，什么玩意，看不懂，就想：咱这姑爷学问就是大，写的字咱都不认识。就跟送信的人说：

"你回去吧，让俺们姑娘和姑爷来一趟，来串串门。"

很快小夫妻俩就来了。

财主就说："姑爷，你有话就说呗，你写的这梅花篆字，俺们也不认识啊，你这写的什么啊？"

他说："我这没写啥，就写了我家种了五亩田，草苗连成一大片，要想雇人来铲地，可惜兜里没有钱。"

财主一听，"这事好说，你是让俺们长工去给你们干几天活，要不拿点钱，你们雇人干，别把庄稼撂了。"老财主马上安排，这事就算办完了。

到秋天了，庄稼都收完了。财主跟他老婆叨咕说："没有事干，咱们开个小买卖吧，卖点农具，杂货什么的。就是得找个管账的。"

他老婆就说："那不现成的管账的嘛，咱家姑老爷识文断字的，正好让他管账。"

老财主说："行。"就找人去把女婿叫来了。那时候，管账的就是要把卖的什么都记上。这个女婿不认识字啊，那也得硬着头皮来记啊。有人来买麻，他一看，怎么记呢？画了条长线。有人来买农具，就画了条短线。有人来买香油，香油滴答滴答的，就画了几滴答。有人买一升米，就画了个大圆圈。有人买半升米，就画个小圆圈。有人买猪头，就画俩耳朵尖尖的。下晚儿，老财主过来了，看看姑爷都卖了什么了，把账拿过来一看，

"哎呀，这都什么呀？"

姑爷说："来，我告诉你，长的是麻，短的是鞴，哩哩啦啦是香油，大圈小圈升半米，两耳尖尖是猪头。"

讲 述 者／肇恒昌　男　63岁　大专文化　干部

采 录 者／黄明明

采录地点／沈阳东陵区满堂满族乡

采录时间／2009年8月12日

白字先生

有这么两个人，都说自己认的字多，谁也不服谁。

有一天，两个人又凑到一起，又说自己认字多。大个子就说了："咱俩去比比，看谁认字多。"小个子说："怎么比?"大个子说："咱俩往前走，碰见字就念，看谁念得多。"

两个人一起往前走。走到一座孔子庙前，庙门上挂着一块匾额，上面写着"文庙"两个字。大个子看了，顺口就念："之庙。"小个子说："什么'之庙'，明明写的是'文朝'。"这两个人，就在犟，一个说"之庙"，一个说"文朝"，犟得脸红脖子粗的，谁也不让谁，犟得都要动手。

大个子说："咱俩别犟了，咱找个人问问，我要让你输得心服口服。"两人就到旁边的寺里找个和尚问问。进去一看，里面的和尚正在吃午饭，门口挂了个牌子，上面写着"午斋"。小个子说："咱别进去了。"大个子说："怎么了呢?"小个子说："你没看见门上挂的牌子吗?上面写着'牛齐'，和尚们正吃'牛齐'呢，咱们换个人问吧。"

然后两个人出来，正好看见一个捧着字簿的老和尚过来，两人上前施礼，问："师傅，这个庙门上匾额写的是'之庙'啊还是'文朝'呢?"老和尚说："你问我也白搭，我也不是苏东皮。"

讲 述 者/那永胜　男　61岁　初中文化　工人

采 录 者/黄明明

采录时间/2009年8月12日

采录地点/沈阳东陵区满堂满族乡

未卜先知

从前有这么一个老道，心术不太正，号称自己未卜先知，附近的很多人相信他，争着去上香火，求他破解家中的难事，老道就顺着劲儿骗取钱财，祸害妇女。当地百姓敢怒不敢言。

这年来了个新上任的州官，这个州官是从外地调过来的。州官来了以后下各地去体察民情，有人向他告状，说了老道种种罪孽。这个州官听了以后，想，这个老道民愤这么大，我得想法整治他，以除民愤。

他派人把老道找来，给州官和夫人算算卦。这个老道挺得意，心想，这个新州官来了就找我算命，可见我知名度有多大啊！老道乐颠颠地跟着差人来了。

老道来到府衙，见了州官，州官就问他："你算没算出来我找你来干什么？"

老道说："不是说让我来给你和夫人算算命吗？"

州官说："你错了，我今天找你来是想请你客。"

老道一听："请我客？"

州官说："你不是能未卜先知吗？没料到我要请你客吗？"

老道说："没合计你能请客。"

州官说："你知道我请你吃什么吗？"

老道说："不知道。"

州官说："我请你吃木头炖肉。"

"什么叫木头炖肉？没吃过。"

州官说：“吃了你就知道了。”一拍桌子，大喊一声，：“来人啊，给我打二十大板。”

衙役们早就准备好了，上来把老道按在地上，“噼里啪啦”打了二十大板，打得老道“嗷嗷”直叫唤。

州官问：“你还未卜先知不？你还骗人钱财不，你还欺男霸女不？”

老道说：“我不敢未卜先知了，我不骗人钱财了，我不欺男霸女了！”

州官说：“从此以后，不准你再算命骗人，滚出寺庙，下回你再敢欺骗，我还请你吃木头炖肉。”

老道回去以后就离开寺庙，不知去向。

讲 述 者／肇恒昌　男　63岁　大专文化　干部
采 录 者／黄明明
采录时间／2009年8月12日
采录地点／沈阳东陵区满堂满族乡

见了肉不要命

在一个市场上，有这么两个人交了朋友，一个是卖肉的，一个是卖豆腐的。这两个人关系特别好，一来二去，两个人就拜为兄弟了，卖豆腐的是大哥，卖肉的是弟弟。

一天，卖豆腐的就说："小弟到我家去做客吧。"

卖肉的说："行。"

下行了，就跟着哥哥去了。到他家了，哥哥做了一桌子菜，他是卖豆腐的啊，做的都是豆腐：炒豆腐，溜豆腐，炖豆腐，豆腐丸子……

卖肉的说：

"哥哥家都是豆腐啊。"

卖豆腐的就说："你不知道啊，豆腐就是我的命啊！"

过两天，卖肉的说："哥哥到我家去做客吧。"

卖豆腐的说："行。"

下行了，就到卖肉的家里去了。卖肉的做了一桌子各种肉菜，烧肉、炖肉、炸肉丸子，最后还做了个豆腐，知道哥哥离不开豆腐，豆腐是哥哥的命。上桌了以后，卖豆腐的呼噜呼噜干吃肉啊，一块豆腐都没碰，弟弟就说：

"哥啊，豆腐不是你的命吗？"

卖豆腐的说："是啊。"

弟弟又问："那你一块豆腐也没吃啊。"

他就说："见了肉我就不要命了！"

讲 述 者/肇恒昌　男　63岁　大专文化　干部

采 录 者/黄明明

采录时间/2009年8月12日

采录地点/沈阳东陵区满堂满族乡

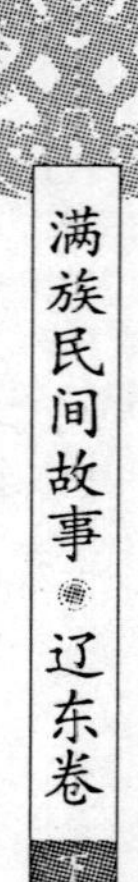

烟　　袋

一个书生，进京赶考，晚上了，到一家客店里住店。店里就一个店主和他女儿。书生一进屋，店主就问：

“客官啊，吃点什么?”

书生就说：“一个白大姐，没有骨头又没血。”

店主也没多合计就往后厨走，一边走一边叨咕：“一个白大姐，没有骨头又没血。”

正好碰上女儿就问：“这是啥意思?”

“阿玛，你说什么呢?”

“来了个客官，要一个白大姐，没有骨头又没血。”

姑娘就说：“那你就给他炖个豆腐吧。”

老头儿就给炖了，就给拿上去了。

书生就说：“老人家，我觉着你听的时候，不是那么顺溜，怎么就猜出来了？我想问问是谁告诉你的?”

店主说：“不瞒客官，是我姑娘告诉我的。”

书生就说：“那能否请姑娘一见?”

店主说：“行。”

开店家的姑娘毕竟见多识广，大大方方就过来了。书生心想，我得考考她，就说：

“大姐，我进京去赶考，回来时还经过你这个店，你有什么要带的东西吗?”

姑娘笑了笑，就说：“行，我要一件东西，你记好了。腰中锦，怀

中吊，一咧嘴，对面笑，哩哩啦啦我都要。”

书生说：“腰中锦，怀中吊，一咧嘴，对面笑，哩哩啦啦我都要。行。我保证给你带来。”

书生赶考回来了，又到了这个店里。把东西交给了姑娘，说：“这些都是你要的。”

姑娘一看，的确是裙子、荷包、镜子和耳环，就说；“这些多少钱啊？”

书生说；“钱呢，就不要了，你给我一样东西就行了。一头细，一头圆，解乏过瘾又解馋，好像八宝顺气丸。”

人家姑娘连忙给拿过来了，书生一看正是自己要的烟袋。

书生和姑娘经过这次交锋，彼此有了好感。书生考取功名后，也没忘记姑娘，娶了姑娘为妻。

讲 述 者／肇恒昌　男　63岁　大专文化　干部

采 录 者／黄明明

采录时间／2009年8月12日

采录地点／沈阳东陵区满堂满族乡

比道

以前很多和尚和老道，见面都不用嘴说，而是在身上比画，看谁的道行高。

有这么一个皮匠，白天出去干活，赶上下了一场大雨，晚上回不去了。正好这山上有座庙，他就上去拍拍庙门。出来一个小和尚，小和尚说：

“施主，有何吩咐？”

皮匠就说：“师傅，我晚上回不去家了，想在庙里借住一宿儿。”

小和尚说：“这个我得问问我师父，我不敢擅自做主啊。”

皮匠说：“行。”

小和尚就进去了，问师父：“师父啊，外面有个施主回不去家了，想在咱这过一宿儿，行不行？”

这个师父就说：“你去问问他会不会比道，会我就留他，不会，就走人。”

这皮匠哪知道这些事啊，心里合计：我先住下再说，就回答说：“我会比道。”

小和尚就告诉师父，师父说：“留下他吧。”

晚上皮匠就在这吃了点斋饭，睡下了。

第二天，庙里聚了不少人，都来看和尚比道，庙外也有很多人听说了，也都过来了。老和尚拉来皮匠，就说：

“施主啊，出题吧。”

皮匠想，出什么题啊，他啥也不知道啊！连比道是什么他都没听

说过，但是他还得装，就跟老和尚说：

“你先出吧。”心想，他怎么出我就怎么出。

老和尚说：“那我就先出了。”

老和尚伸出来一个手指头，皮匠一看，他伸出来两个手指头。老和尚看他伸出两个手指头，心说，这人还挺行。接着老和尚就伸出来仨手指头。皮匠他也不知道是什么意思，一看老和尚伸三个手指头，他就伸出来五个。两个人都是不出声啊。和尚指指上面，皮匠就指指下面。老和尚往东边指一下子，皮匠就往西边指。然后老和尚啪啪拍拍肚子，皮匠一看怎么办呢？他就甩甩袖子。然后老和尚就说了：

“比完了，我认输了。”

旁边看的人谁都不明白啊，皮匠更是莫名其妙。大伙就问老和尚：

“你怎么就认输了呢？凭什么认输呢？”

老和尚说：“你们看着没，我伸一个手指头是一尊佛，人家施主连忙就指俩，这叫俩菩萨。我指三这叫做三皇治世，他指五个叫做五帝为君，都比我厉害啊。我指上是天神，他指下是地神，我指东是印度神，他指西边是西天如来佛，还比我高。我拍拍肚子是大肚弥勒佛，他甩甩袖子是弥勒无边佛。你看他哪样都比我高，我就认输了。”

反过来，大伙就问皮匠说：“你知道你怎么赢的吗？”

皮匠说：“他指一个手指头要掌一支鞋，那我哪能愿意，我就说要掌就掌两只鞋，一个鞋我肯定不掌。他指三个手指头要给我三个大钱，那我能干吗？不给五个大钱我不掌。他往上指一下子，他想要牛的脊梁骨皮子，那我不能给他用，我只能给他用牛肚子皮子。他拍拍肚子，意思是他没钱，我呢就甩甩手，没钱啊，我不能给你掌。”

讲 述 者／肇恒昌　男　63岁　大专文化　干部

采 录 者／黄明明

采录时间／2009年8月12日

采录地点／沈阳东陵区满堂满族乡

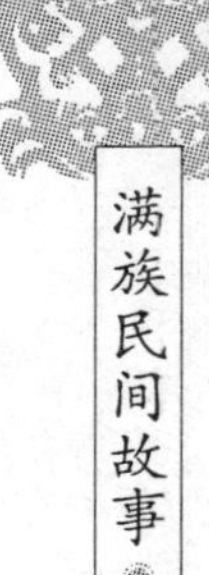

兵书迷

有这么一家，有个小伙子，对兵书特别着迷，已经快三十了还没娶媳妇。

一天，有人上门来提亲，对方是财主的女儿，年纪也不小了，小伙子阿玛讷讷同意，小伙子也满意了，忙下聘礼，择日完婚。

成亲当天晚上，新娘子盖着红盖头在炕上坐着，等着新姑爷来揭盖头，但是小伙子在地上看兵书就是不过来。晚上十点多了，小伙子突然把书放下，冲新娘子单膝跪地，一拱手说："启禀元帅，哪里安营扎寨？"姑娘没吱声，小伙子见姑娘没吱声，起身接着看书，又过了一个时辰，他又单腿跪地："启禀元帅，哪里安营扎寨？"姑娘还是没吱声，小伙子又接着看书，就这样过了一夜。第二天晚上，照样如此。

等到第三天，婆婆过来看媳妇，姑娘问婆婆："你儿子是不是有病啊？"

老太太说："没有啊。"

于是姑娘就把这几天的事跟婆婆说了，老太太也很纳闷儿，又回去跟老头儿说了。老头儿了解儿子，就让老太太跟媳妇说：

"他再问你哪里安营扎寨，你就说在此地安营扎寨。"

老太太紧忙过去告诉儿媳妇。第三天晚上，果然小伙子又问："启禀元帅，哪里安营扎寨？"

姑娘应："此地安营扎寨。"

小伙子喊"得令！"就上炕了。姑娘心里合计，这叫什么事啊，这人怎么这么怪呢？忍不住就乐了，这一乐不要紧，放了一个屁，小伙

子听见，一骨碌站起来，站在炕上大喊：

“哪里炮响，这地必有埋伏，赶快拔营起寨。”

跳下炕就跑了。

新媳妇气得回了娘家。

讲 述 者／肇恒昌　男　63岁　大专文化　干部

采 录 者／苗莉莉

采录时间／2009年8月12日

采录地点／沈阳东陵区满堂满族乡

一字之差

从前有这么一家，家里有老两口和小两口，老头儿和儿子在外面做买卖，留下婆婆和儿媳妇在家。平常老头儿和儿子一到年根儿就回家了，这一年生意特别好，老头儿就跟儿子说，活多人手不够，得多雇一个人，咱们今年晚点回家，还能多挣点儿钱。儿子一听也只能这样了，但总得告诉家里一声啊，免得老讷和媳妇担心。正好有个同堡子的人要回去，老头儿就写了一封信让带回去了，告诉家里人，他俩正月初一到家。老头儿又嘱咐回去的人说，你再问问那娘儿俩有什么东西要带没。同堡人就答应了。

回去后，同堡子这人先到老头儿家送了信就走了。娘儿俩在家接到老头儿的信很高兴，连相（马上）就打开看，信上提道"我们这故了一人"，把雇佣的"雇"写成故事的"故"了。老太太和媳妇一看以为死了一个人，坐家就开始哭啊。信上也没说是没了谁啊，俩人都合计自己丈夫没了呢。哭了一阵子，老太太就说，这眼看就要过年了，咱也不能挨家告诉咱家死了人啊，这让人家忌讳，咱就在门上挂个牌，写上"家有丧事"，媳妇就照做了。一般人家知道你家有丧事，也就不到你家来串门了。

话说这同堡子的小伙回家看看，待了几天，就要回去了。临走之前他来到老太太家，想问有什么要带的，走到门前看到"家有丧事"的牌子，也没敢进去就走了。回去跟老头儿和儿子说，他们家有丧事了，老头儿和儿子也哭上了，都以为是自己的媳妇死了。俩人一合计，还干什么活，赶紧回家吧，俩人急忙往家赶。

这爷儿俩没白没黑地往家奔，到了堡子了，老头儿实在是走不动了，就让儿子先回家看看，他歇一会儿。老头儿正好走到儿媳妇娘家门口，儿媳妇这会正在娘家，老头儿看见儿媳妇，心想，死的肯定是老太太了。儿媳妇看看公公回来了，没看见自个丈夫，那肯定是自个当家的没了，就哭上了。俩人也不吱声，就是哭。

再说小伙子回到家一看，迎接他的是他讷，心说，完了，死的肯定是我媳妇了。老太太一看儿子回来了，老头儿没回来，心想，指定是老头儿死了，这娘儿俩抱头大哭。哭了一会儿，儿子就问：

"我媳妇咋死的？"

老太太说："你媳妇也没死啊，回娘家了。"

这娘儿俩就往亲家赶。那边儿媳妇一寻思丈夫死了，自己活着还有什么意思啊，我也死了得了，就往门上撞，这一撞，门开了，正好撞她丈夫怀里，吓了一跳。这回四人聚齐了，才弄明白，这一字之差啊，闹这么大个笑话。

讲 述 者／肇恒昌　男　63岁　大专文化　干部

采 录 者／柴楠　苗莉莉　黄明明

采录时间／2009年8月12日

采录地点／沈阳东陵区满堂满族乡

巧嘴媒婆

过去啊当媒婆的人嘴必须得好使，得会说，但又不能乱说，把没说成有，那可不行，那不是骗人吗，所以啊，她们说的话，都是挑长处说，你得品着听，细琢磨，才能琢磨出来。

有这么个媒婆，经的多，有门道，经她保的媒十有八九都能成。她住的堡子，有两个长的有缺陷的人，小伙子没有鼻子，姑娘三瓣嘴，就是人们通常说的豁嘴。小伙子和姑娘岁数都不小了，就因为这点缺陷，小伙子找不到媳妇，姑娘也没人要，两家的老人都为这事发愁。媒婆就要给这两个人保媒。

这一天，媒婆来到小伙子家，小伙子家还挺困难，媒婆说："你也老大不小了，我给你说个媳妇吧。"

小伙子家人一听，都高兴。媒婆说："这姑娘哪都好就是嘴不好。"

小伙子合计，"嘴不好"，那就是爱说呗，忙说："嘴不好，那没事，媳妇嫁到哪家随哪家规矩。"

媒婆一听小伙子同意了，又来到姑娘家。正好姑娘和她讷讷都在，她讷讷为她姑娘嫁人的事都愁得不行了，一听媒婆来给他家姑娘介绍婆家，挺高兴。

媒婆跟姑娘和她讷讷说："这小伙子，别的都挺好，就是眼下没啥。"

姑娘和她讷合计，眼下没啥，就是穷点呗，就说："以后日子长着呢，只要他俩人好好儿过，日子越过就越好了。眼下没啥，不算事儿。"

媒婆见姑娘也同意了，就回去了。

过了几天，媒婆领着小伙子来到姑娘家，让俩人见见面。事先让小伙子戴一个大檐帽，把脸挡了一大半，让这姑娘说话时捂着点嘴，这俩人的缺陷就看不出来了。小伙子进屋一低头，姑娘假装害羞一捂嘴，这事就这么过去了，两家谁也没发现对方的缺陷，都挺满意。

第二天，媒婆又领着姑娘和她阿玛到小伙子家看看，走着走着，走到一片庄稼地里，媒婆指着这片地就对姑娘他阿玛说，这地是人家的，又指着前面的三间大瓦房说，那房也是人家的。姑娘他阿玛一合计，这小伙子家不错啊，咱家姑娘这样，还看啥啊，得了，这事就这么定了，也没到小伙子家，半道就回去了。择日两个人就成亲了。

新婚之夜，谁也没发现对方的缺陷，第二天早上起来一看，小伙子看见姑娘豁嘴，姑娘看见小伙子没鼻子，俩人心里都不高兴了，就一起来找媒婆。媒婆就说：你们岁数都不小了吧，我一点儿都没藏着掖着。对小伙子说，我不跟你说了吗，姑娘嘴不好，你还告诉我，嫁到谁家随谁家，把小伙子顶得一句话没有。又对姑娘说：我也跟你说了，小伙子眼下没啥，那眼下是啥？不就是鼻子？眼下没啥不就是没鼻子嘛！你说了没事。姑娘说，那你还说那地那房子是他的呢，可他家啥也没有啊？媒婆又说，我说那地那房子是人家的，也没说是他家的啊，把姑娘顶得又是一句话没有。媒婆说：

"我说你们俩啊，谁也不要吵，谁也别嫌谁，当初我要是直说，你俩到现在还挑单儿呢？回去好好儿过日子吧。"

小伙子和姑娘一听，双双跪下给媒婆磕了个头，俩人就回去了。

讲 述 者 / 肇恒昌　男　63岁　大专文化　干部

采 录 者 / 柴楠　苗莉莉　黄明明

采录时间 / 2009年8月12日

采录地点 / 沈阳东陵区满堂满族乡

重要讲述人小传

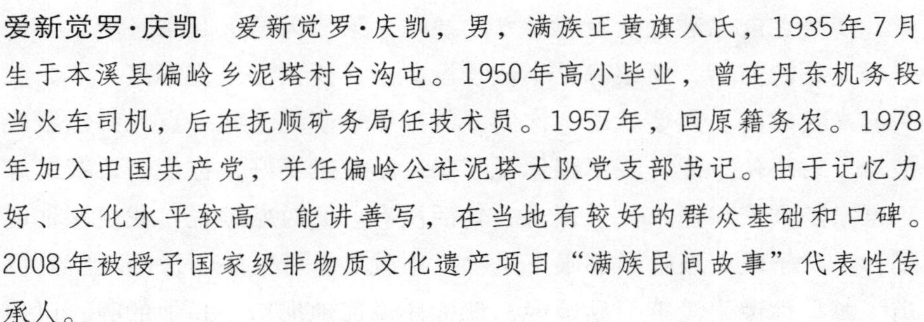

爱新觉罗·庆凯　爱新觉罗·庆凯，男，满族正黄旗人氏，1935年7月生于本溪县偏岭乡泥塔村台沟屯。1950年高小毕业，曾在丹东机务段当火车司机，后在抚顺矿务局任技术员。1957年，回原籍务农。1978年加入中国共产党，并任偏岭公社泥塔大队党支部书记。由于记忆力好、文化水平较高、能讲善写，在当地有较好的群众基础和口碑。2008年被授予国家级非物质文化遗产项目“满族民间故事”代表性传承人。

爱新觉罗·庆凯善长讲的故事主要有两类：一类是生活故事，一类是民间笑话。归纳起来，其讲述特点主要有：一、方言运用生动灵活，地域色彩浓厚。因爱新觉罗·庆凯是地道的满族人，从小生活在偏岭乡，中年后又回偏岭务农，对于当地的满族风情及民俗古迹了如指掌。而且，作为其故事来源的几个主要传承人也都是当地土生土长的老人、木匠，这样的传承谱系必定使其故事的地域色彩浓厚。尤其是当地俗语谚语的使用更使故事讲述幽默感十足，风趣撩人。例如在《哥俩吃鸡》中，称鸡脖子为“长挺儿”、鸡翅为“扇风”、鸡屁股为“粪坑儿”，“马屁股钉掌——离蹄（题）太远”等皆为当地方言俗语，描述形象生动。二、故事讲述类型丰富。爱新觉罗·庆凯生活经历复杂，少年时期便离家到抚顺、丹东各地参加工作，而且多样的兴趣爱好和职业变动又使其人生阅历比一般农民更为丰富，所以，其故事类型相当广泛。在他讲述的生活故事中，既有乾隆皇帝、康熙皇帝、关公等历史人物故事，例如《康熙和乾隆的一副对子》《关老爷和周仓二

人坐大堂》等，也有反映满族民风民俗、劝人行善的地方风物故事，例如《蛤蟆湾的传说》《太子河的故事》《南蛮子占坟》《卖寡妇》等，也有大量的说笑逗乐、反映社会心态的民间笑话，例如《圣贤愁》《三姑爷拜寿》《亲家俩逛城》《笨贼》《阔少爷学日本话》等。三、文学功底突出，有一定的时代感。因爱新觉罗·庆凯有一定的文化基础，参加过社会劳动，平时又喜欢收听评书、看电视节目，对当前社会上的新鲜事物及语汇接触较多。所以，他的故事中长篇大段的对仗、对偶词句较多，文学色彩较突出。

爱新觉罗·庆凯的故事传承线路比较清晰。故事来源主要有大爷：金衡革（木匠），三大爷：金衡双（郎中），村民：赵丙辰（木匠、警察）；传承人有儿子金硕，孙女金宏浩。

彭永发 男，满族镶红旗人氏，1924年生于本溪县连山关镇棒槌岭村。家中贫寒，世代以务农为业。彭永发3岁时就身患重病，双目失明。为了谋求生路，8岁起师从学艺，善唱东北民歌，17岁成为当地较著名的民间艺人。后来，四处游唱，足迹遍布辽、吉、黑三省，乃至内蒙古和河北部分地区。1962年，回到连山关镇。由于其惊人的记忆力和丰富的游走经历，彭永发的故事蕴藏量十分丰富。在民间文艺爱好者徐延顺同志的收集采录下，彭永发大约讲述故事200多篇，演唱民歌140多首。其较著名的故事编目有历史名人故事《老罕王学射箭》《老罕王看〈三国〉》《老罕王和亲》《老罕王巧占永陵坟》；生活故事《褚二把挖棒槌》《大姑姐偷嫁妆》《财神与穷神》《花子拣千金》；满族习俗故事《人为啥爱吃酸汤子》《黏火烧的故事》《连枷的来历》《满族人换盅的由来》《东北大秧歌的由来》《摇篮车的由来》《臭碴子的由来》《咸腊肉》等。

富察德升 满族，镶黄旗，中专文化，原桓仁县古城镇双岭子村村民，现迁居桓仁县城。1946年在桓仁县古城镇双岭子村出生。1962年初中毕业，在农村劳动了两年。财经学院毕业以后，因县人事局把其介绍信整丢没办法参加工作，一直在农村待了23年，大部分时间在双岭子，还在宽甸住了一年，在吉林住了5年。1990年，人事局重新调查

其档案，最终落实工作，到拐磨子镇文化站当站长。

富察德升人生阅历丰富，见多识广。他既是当地满族传统文化的典型代表，也是历史变迁的最好见证，其故事讲述和传承活动贯穿于他的整个人生轨迹。

富察德升的故事数量多，内容包罗万象，故事类型丰富，既有体现满族风俗习惯、地名来历的地方风物故事、女真和满族历史人物的传奇故事、富查世家的家族故事，也有鬼狐和人参成精等奇幻故事，还有生活故事和流传于木匠行业中的行业故事等。富察德升以讲述满族故事见长，且故事篇幅较长，情节曲折。他的故事传承轨迹既有当地历史文化的积淀和故事讲述传统的滋养，也包含着他对人生的态度和世事的感悟，还与影响他一生的故事传承人有着密切的联系。富察德升的故事讲述和传承活动主要受到以下七人的影响：二祖父富光璞、双岭子村的辛友先和苏德珍夫妇、已经成为双岭子村村民集体记忆一部分的“石瘫子”、宽甸满族自治县的老孙头儿、吉林省通化县的王木匠和现居桓仁县的李呈俊。

富察德升的故事类型丰富，内容包罗万象，既有满族族源故事《布库里雍顺与他的八兄弟》；英雄人物的传奇故事《老罕王名字的来历》《清马义犬索伦杆》《老罕王放山遇虎》《先祭王皋后祭永陵》《何和礼娶东果》《小英雄打虎救王忠》等；满族地名和风俗习惯来历的地方风物故事《大屁股沟的故事》《海青伙洛穆昆达》《灶王爷钻富台》；富查家族故事《富光珪刑场斗叛奴》《傅恒拒旨平叛司》；鬼狐精怪故事《狐仙女与八十二》《捎脚儿》等，此外还有木匠行业故事《凹留皮》；大量生活故事《公公穿错儿媳妇鞋》《仁义胡同》《二八扣》和经过文人修饰过的故事《康熙寻父》《顺治与修鞋匠》等。

黄振华　1942年出生，满族，镶蓝旗。文化程度为小学。家里有老伴，三个儿子，孙子、孙女。

工作经历：曾在采石队工作三年，负责采石打眼放炮。曾在水壶机械制造厂当过工人。1958年运动中下乡在上大堡生产队中劳动。后来一直在上大堡村居住，务农。在村中还组织过满族秧歌队。

故事来源主要是：奶奶、曹承志、张老八和于惠老人。奶奶的故

事大都是恐怖故事如《小白鞋》《小吊绳》。于惠老人的故事大都是本地风物传说、满族大鼓书和长篇讲唱。曹承志和张老八两人曾经走南闯北，他们两人的故事有闯关东的故事，吉林、黑龙江省的传说故事，较为庞杂。

黄振华老人爱说爱笑性格爽朗，具有很强的表现能力。另外他模仿能力极强，无论是讲故事、扭秧歌，还是唱大鼓书、讲评书都有独特的风格。他博闻强记，听过的故事大都能绘声绘色讲下来，而且爱好表演。用他自己话说就是："嘴不能闲着，就好这个（爱好讲故事）。"他回忆，曾经在济南到天津的火车上讲了一路故事，因为大家爱听他讲故事，全车厢的人都站他旁边。"列车长都来听了。瓜子、矿泉水、各种点心大家都往这拿，什么样的都有。每次生产队开会，大家都要求我先讲一段故事。"每当回忆起当年讲故事的壮观场面，老人非常自豪。

黄振华故事类型以人物传说、风物传说、生活故事、历史故事为主，同时还有大量的笑话、精怪故事。主要代表篇目有：《孔子劝学》《关公的来历》《济公捉妖》《招亲的故事》等。

查树元 男，满族，新宾镇供销社干部，1941年9月9日出生在永陵老城，祖籍新宾人。百则民间故事传承人，查树元的外祖父刘少朋是中医，擅长讲民间故事。父亲查宝庭是新宾粮库干部，会唱东北大鼓。母亲刘国英也爱讲民间故事，会讲努尔哈赤的一些传说和乡土故事。祖辈查步阁，曾在老城当差（武进士），跟爱新觉罗氏皇太极打天下，立过汗马功劳。查树元6岁至9岁跟外祖父学过《百家姓》《三字经》《名贤集》等书，并听他讲过一些民间故事。9至17岁在小学、初中学习毕业，爱好文学、曲艺，并经常注意搜集民间文学。18至21岁在新宾县卫生学校学习四年中医。22岁（1963年）参加供销社工作至今，经常下乡外出，由于职业的关系，广泛接触群众，听到不少民间故事，同时他也爱给别人讲故事，先后参加过县、市、省故事汇讲活动，并取得好成绩。他的故事来源是多方面的，大概有近二十几个传承人。他的故事特点：一是内容连续性较强，故事构成相对完整，能够形成系列。如《努尔哈赤出世》《小罕子问路》《努尔哈赤找活佛》

《努尔哈赤送酒》《努尔哈赤学艺》《努尔哈赤喜会佛三娘》等组成了一个集中的努尔哈赤系列。二、风物传说、精怪传说、生活故事、笑话等各种体裁并存，内容丰富多彩。三、满族气息浓郁，颇富地方特色。如《赫图阿拉城》《伴旯背》等。四、故事紧密联系生活，折射出生活万象。如《一文钱的故事》《一文钱与一头牛》《背夹子不能丢》。

那永胜　男，满族，祖籍沈阳人，初中文化。现居住在位于清福陵后山的英达镇后岭村。沈阳市六八〇一油库工人。英达一带是满族聚居区，这里曾埋葬着清朝开国元勋弘毅公额亦都的坟墓，那永胜的祖太爷系福陵掌关防护大臣，太爷系福陵四品骁骑校，爷爷系福陵四品尚膳正员。那永胜是当年清政权派驻在东陵一带，守护皇陵的官兵后裔中的一员。那永胜自幼生长在一个满族民间文学气息浓厚的家庭，秉承了先辈的民间故事喜好，从他父母及奶奶那里传承了数百则满族民间故事，是英达一带有名的故事篓子，也是“沈阳东陵满族民间故事”的主要传承人。

其讲述风格是娓娓道来，言语平和，常常配合丰富的面部表情及肢体语言。他的故事类型以满族人物传说、地域风物传说、历史故事、动植物故事、精怪传说为主。同时，由于社会的迅速发展，受时代气息的浸染，他的故事与生活关系密切，他的故事中融进了很多现实生活元素。其代表性故事篇目有：《射蟒救弟》《义犬救努尔哈赤》《英达堡的来历》等。

肇恒昌　男，满族，1947年出生，曾任满堂乡文化站长。满族姓氏为爱新觉罗，大专文化。工作单位是沈阳市东陵区满堂满族乡人民政府。已退休。

他9岁随母亲从沈阳市内回到了市郊老家的二道沟村同伯父共同居住生活。这个村50年代有近40户人家，几乎都是一大家子，他们称母亲为“诺”、“诺诺”，是兴祖（福满）三子索昌阿后裔，当地宿称“红带子”（离此三华里的满堂沟居住着努尔哈赤六子塔拜的后裔，当地俗称“黄带子”即宗室）。伯父、堂兄、姑姑轮番地“讲话儿”，什么《努尔哈赤脱险》《埋头沟的传说》等，充盈着没有电力照明的黑夜，

也充盈着他的童年。

他的第一位老师是和他共同生活的大伯父肇毓常，老人一生坎坷，见多识广，他的老家是新宾，经常往返于新宾和沈阳之间。为了生计他当过长工，做过抚顺煤矿的工人，当过奉天学校的伙夫等等。老人有讲不完的故事和传说。堂兄肇恒田，母亲崔桂芳（1924—2008年，黑龙江籍，满族人，国高毕业）以及早逝的姑姑都是他民间故事的老师。

1984年，辽宁省民族事务委员会批准成立了沈阳市第一个完全满族乡——沈阳市东陵区满堂乡人民政府，他负责民族事务。

1986年，中国民间文学三套集成工作开始进行，他便全身心投入到此项工作中，白天骑车到乡间搜集，晚上回家整理。在4个多月时间里，除了收集、整理肇毓常、崔桂芳等人的故事外，还收集整理了肇连禄（满族旗人，爱新觉罗氏，1922年出生，1990年去世，沈阳市民间故事家）、刘凤芳（女，汉族人，1938年出生，沈阳市民间故事家）、赵文有（男，满族人，喜塔腊氏，1937年出生）、赵德芳（男，满族人，喜塔腊氏，1926年出生）以及肇启福等80人300余篇。还有进入市资料本的。主要代表作有：《爱新觉罗氏始祖传说》《努尔哈赤历险》《埋头沟的来历》等。

目前尚能讲述150余篇满族民间故事和传说。

2007年6月，辽宁省文化厅授予他为辽宁省优秀民间艺人（民间故事）称号；

2008年11月，辽宁省文化厅命名他为省级非物质文化遗产项目沈阳东陵满族民间故事代表性传承人；

2009年6月，沈阳市文化局命名他为市级非物质文化遗产项目东陵满族民间故事代表性传承人。

他虽已退休，仍能利用一切机会讲述满族故事及传说，为发扬民族文化精神，促进民族团结而勤奋工作。

编余篇目

桓仁满族自治县

傅恒拒旨平叛司
赵德芳找儿子
富光珪刑场斗叛奴
仁义胡同
天上掉下紇升骨山
大年三十的故事
怪蛇
李光昌充军发配女儿国
骂阴阳先生
参花故事
人参娃儿
路遥知马力，日久见人心
聪明的仆臣
比穷
竹竿与猪肝
三个大舌头妞妞
牛马骡为什么听人使唤
少女招婚
八月十五月儿圆

本溪满族自治县

咕噜将打熊瞎子
狗腿子的来历
宫野长
王尔烈的故事
教书先生蒙人的故事
铁棒磨成针的故事
金棒槌
装袋上山
金宝刚
大清国号的来历
阔少爷说日本话
老罕王的故事
满人为什么不吃狗肉
泥塔温姓、马姓人家由来
巧骂大舅嫂
三连襟
三个姑爷
杀生遭报应

后 记

《满族民间故事·辽东卷》在经过长达两年的实地普查、整理、编辑工作之后，今天终于交卷了。120万字的满族民间故事，原打算分上下卷出版，由于文字量太大，最终分成了上中下三卷。这次实地采录是以长白山余脉——辽宁境内的六个满族自治县开始的，所以本书原定名为《辽东满族故事卷》，后考虑到，国务院公布的国家级非物质文化遗产名录是“满族民间故事”，辽东满族民间故事只是其中的一部分，同时兼顾以后再普查的连续性，因此定名为《满族民间故事·辽东卷》。

2008年6月，文化部公布第二批国家级非物质文化遗产名录，辽宁省民间文艺家协会申报的“满族民间故事”入选其中。我作为项目责任人，除了感到喜悦之外，还有沉甸甸的压力感。文化部非物质文化遗产专家委员会能把这个项目批准给辽宁省民间文艺家协会，是基于辽宁有一批在全国有影响的民间文艺专家学者，以及上千名民间文艺工作者在民间文学方面打下的深厚基础，我只有按照国家标准把各项工作做好才不辱使命。

1984年，根据文化部、国家民族事务委员会及中国民间文艺研究会的共同决定，我国开始着手编纂《中国民间故事集成》《中国歌谣集成》和《中国谚语集成》三套丛书。从1984年~1990年，辽宁省民间

文艺家协会组织我省各级相关部门，在全省开展了大规模的民间文学普查。至1987年，全省所辖各县以及部分市区累计出版县、区资料本133卷，共收录故事3716篇，约1167万字。在这次民间文学普查中，我省共发现能讲述百则以上的故事家百余人，编印故事家专辑11部。在上述出版的作品卷本中，收录了大量的在辽沈境内流传的满族神话、传说、故事等民间文学作品。这些都为我们重新展开的新一轮民间文学普查提供了珍贵的线索。

项目公布后，我向省文联的领导作了汇报，并按国家要求，制订了未来五年保护计划。正当我们着手调查摸底的时候，我们获悉了本溪满族自治县高官镇泥塔村一位重要的满族故事家去世的消息，这个消息给了我们很大的震动，使我们意识到“满族民间故事”项目的濒危性和工作的紧迫性，必须把“抢救”性普查放在第一位。于是，项目组经过研究决定，在国家保护经费下拨之前立即行动，对“满族民间故事”进行抢救性调查和采录。

关于新世纪的民间文学普查,特别是作为国家级非物质文化遗产项目的民间文学普查,国家有着严格的结项标准:不但要实地调查,采录“活态”的民间讲述作品，更要立体调查其传承的情境，撰写相关的研究性调查报告。

为更专业地做好“满族民间故事”项目，项目组特地邀请了辽宁大学、沈阳师范大学民俗学专业22位在读硕士研究生和6位博士承担了调查采录和调查报告撰写的任务。

2008年7月13日，“满族民间故事”项目组举行了“国家级非物质文化遗产项目‘满族民间故事’田野调查培训”。国家非物质文化遗产专家委员会副主任乌丙安先生到场，就全国非物质文化遗产保护的形势与任务，为学员们进行了讲座。辽宁省民间文艺家协会副主席、辽宁大学江帆教授依据国家关于非物质文化遗产保护项目的操作规范与学术要求，以及满族民间故事调查采录的方式方法进行了培训。我对培训人员进行了分组和具体事项安排。

这次大规模调查的具体任务包括：重访20世纪80年代民间文学集成普查时期的满族故事家，调查近30年来因社会生活变化给故事带来的变化；拾遗补阙，发现那些30年前被忽略、遗漏的讲述者以及故事；同时，还要深入考察满族民间故事传承区域的人文、历史、民俗

等，尤其要关注重点讲述者的个人生命史及传承情况，注重考察辽东地区满族文化圈形成的诸多因素：如区域自然生态、民族经济生活形态、社会生活与精神信仰、稳定的民族历史沿革、不稳定的民族迁徙和战争以及文化移动和融合，等等。

2008年7月19日，满族民间故事调查组30位成员分成六个小组，分赴清原满族自治县红透山镇上大堡子村、本溪满族自治县高官镇泥塔村、清河城，新宾满族自治县永陵镇，桓仁满族自治县拐磨子镇，岫岩满族自治县偏岭乡岭沟村，沈阳市东陵满族乡。在当地联络员的配合下，调查小组成员住在村民家中，开始了辐射周边的普查采录工作。十天里，调查小组成员为拜访一位故事讲述人，冒着酷暑，行走在乡间田野，忍受着汗流浃背又无处洗澡等种种生活困难。我和江帆教授穿梭于六个县之间，进行业务指导和协调解决普查中出现的问题。粗略统计，十天中六个小组共访问190余位村民，重点采录12位讲述人，采集满族民间故事800余则。项目组在普查期间，得到了本溪满族自治县文化馆，桓仁满族自治县文化局、文化馆，新宾满族自治县文化局、文化馆，岫岩满族自治县文化馆，沈阳市东陵文化馆的热情帮助和提供的诸多方便。

辽东文化圈内的六个县的调查报告分别由中国社会科学院、中央民族学院及辽宁大学、沈阳师范学院的六位博士李楠、李宏岩、隋丽、詹娜、徐迎新、柴楠负责撰写。为撰写出高质量的调查报告，六位博士在查阅了大量文献资料的基础上，深入所负责的县区，访问相关部门，对当地的满族老人进行访谈，重点了解了20世纪90年代以来辽东地区农村社会的变化：现代化媒体的普及、商业性的通俗文化给农村社会带来的冲击，农村城镇化的进程，中老年人与青年人的文化选择比较，民间故事受众群体的文化心理与审美情感上的变化，等等。这些通过田野调查所收获的资料与思考，都将体现在具体的调研报告中。

“满族民间故事”项目第一轮抢救式的普查结束了。通过这次实地采录，感慨良多。我们每到一处，那些满族老人都很兴奋，不但自己讲，还带领我们去找能讲满族故事的人，清原满族自治县上大堡子村的满族村民，一听说我们来采录满族故事，都主动上门来，挤满了一

屋子，告诉我们："你们来晚了，要早两年我们这有好几个能讲故事的，去年走了。"我们了解到，20世纪80年代集成普查时，上大堡子村属遗漏地区。村里讲故事能人黄振华开讲第一个故事，村民们就你讲一个他讲一个，互相补充，互相启发。当时正是秋收季节，村民们急着忙着把地里的活干完，好马上返回来接着讲。桓仁满族自治县拐磨子镇的满族故事家富查德升见到我们说："我们是最后一批能讲老祖故事的人了，我们不在了，就没人会讲了。"富察德升今年70多岁了，身体不太好，但是，他不停地讲，每天都讲到很晚，在别人的劝说下才肯休息，第二天，还要补充前一天哪儿讲的不对，哪儿地方漏掉了什么情节。六个县的重要讲述者大都年过七旬，虽然他们很热情，很想把记忆中的故事让我们全记录下来，但是毕竟年事已高，我生怕累着他们，就一再提醒他们注意休息。

录音整理出来之后，我才知道这工作量有多大。由于社会生活的变化，讲述环境没有了，讲述人长时间不讲故事，实地采录又是即兴讲述，所以很多故事只是提纲式的，没有细节，有的故事情节不完整，再加上整理录音的学生有的是省外的，对当地方言不了解，初稿很乱。为保证质量，我们聘请了铁岭韩雪峰、孙金英、高振民，本溪王庆福，大连刘益令，朝阳靳宏琴对初稿进行编辑整理，他们都是有着民间文学收集整理经验的学者。从800余则故事原始记录中，我们筛选出具有文化史价值、具有辽东满族特点的民间故事600余则。

在修订故事文本过程中，对原始记录完整的文本，我们直接进行整理；对原始材料有文化史价值但不够完整的，参考同地区不同讲述者的不同讲法进行综合整理。在整理时有的需要重新听录音，捕捉有价值的信息，保留讲述者语言与口语化的风格。

为了更好地展示辽东满族民间故事的特色，突出六个区域的不同特点，我们选入了部分集成资料本的老故事，重点选择了当年的讲述人，这次重新讲述的故事文本，进行比较研究，来展示满族民间故事30年来的发展变化。

从2008年启动工作到《满族民间故事·辽东卷》定稿，经过了两年多的时间。这段时间里，我大部分的时间精力，都放在了这部书上，采录、整理、编辑，六个县的800余则民间故事初稿，近200万字，我看了六遍，认真地核对原始记录和整理后的文本，还要把握保持各县

不同的地域风格。2010年9月终于编辑完成，交付辽宁民族出版社出版。看着厚厚的书稿，我长出了一口气，心里一下子轻松许多。离开电脑桌，悠闲地走在院子中，享受秋风的微拂和满院成熟的秋韵，这种心情只有经历了才能够体味出其中的复杂滋味。主编民间故事，不是写作，编出的故事也是“平淡无奇”，但却是最吃力的主编，因为整理编辑过程中不能改变讲述者的初衷。 编辑此书，虽然艰辛，但我从中受益匪浅。那些小时候经常听到的熟悉的故事，让我感到亲切，每看一遍故事文本，都感觉有一位智者在告诉你关于人生的密码。有人问我，民间故事不就是“瞎话”吗？我每次回答这个问题，都有些激动，我由衷地说，不读上一百篇民间故事，无法悟出民间故事所蕴藏的道和理。中国的民间故事堪比西方的“圣经故事”!

“满族民间故事”作为国家级非物质文化遗产项目，编辑出版故事文本，这只是项目的一部分。此外，更多的保护、传承和传播工作还在等着我们去做。新一轮的普查在等着我们，今后的任务还很艰巨。

“满族民间故事”从申报到故事文本出版，始终得到了省文联和辽宁省民间文化研究专家、学者的大力支持。省文联洪兆惠副主席随同项目组赴清原、岫岩现场采录，两年来他一直支持、鼓励我们把项目做好。

感谢国家非物质文化遗产专家刘锡成老师对满族民间故事项目的指导和关注，感谢著名民俗学专家乌丙安教授在我们最困难的时候给予我们支持。

感谢江帆教授对本项目的指导，难忘那些烈日下、大雨滂沱中行走在乡间土路的日子，辛苦与快乐，我们一起携手走过。感谢本溪县文化馆孟庆贺老师、东陵文化馆曹阳老师为本书提供的照片。

两年了，那些讲述满族民间故事的老人们的音容一直在我脑海里，挥之不去，我放不下他们，心里多了份牵挂。没有他们就没有这部《满族民间故事·辽东卷》，尽管出版时间长了些，但最终完成了，也是对他们有了交代。衷心感谢他们，希望他们保重身体。

由于编者水平有限，失误、疏漏、错误在所难免，恳请读者见谅。

夏秋

2011年1月

满族民间故事·辽东卷

下卷

夏秋 主编

辽宁民族出版社

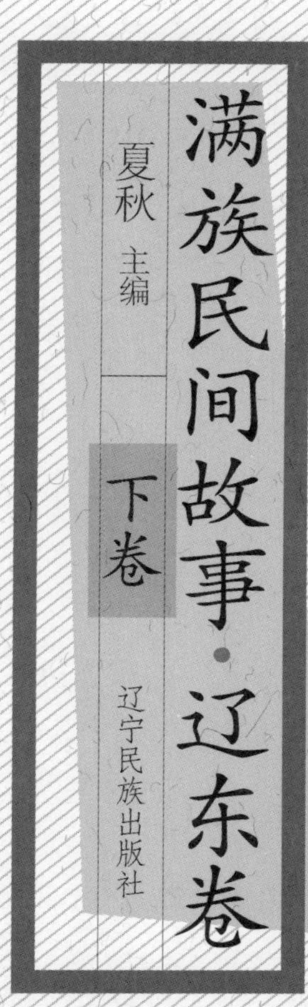

〔国家级非物质文化遗产保护名录〕

《满族民间故事·辽东卷》工作委员会

顾　问/乌丙安　江　帆

主　任/洪兆惠

副主任/武　斌

成　员/孟庆宇　金文莲　康喜鹏

　　　　景殿龙　乔小伟　李笑娟

《满族民间故事·辽东卷》编辑委员会

主　编/夏　秋

副主编/石少涛　詹　娜　隋　丽

编　委/韩雪峰　刘益令　王庆福

　　　　孙金瑛　高振民　靳宏琴